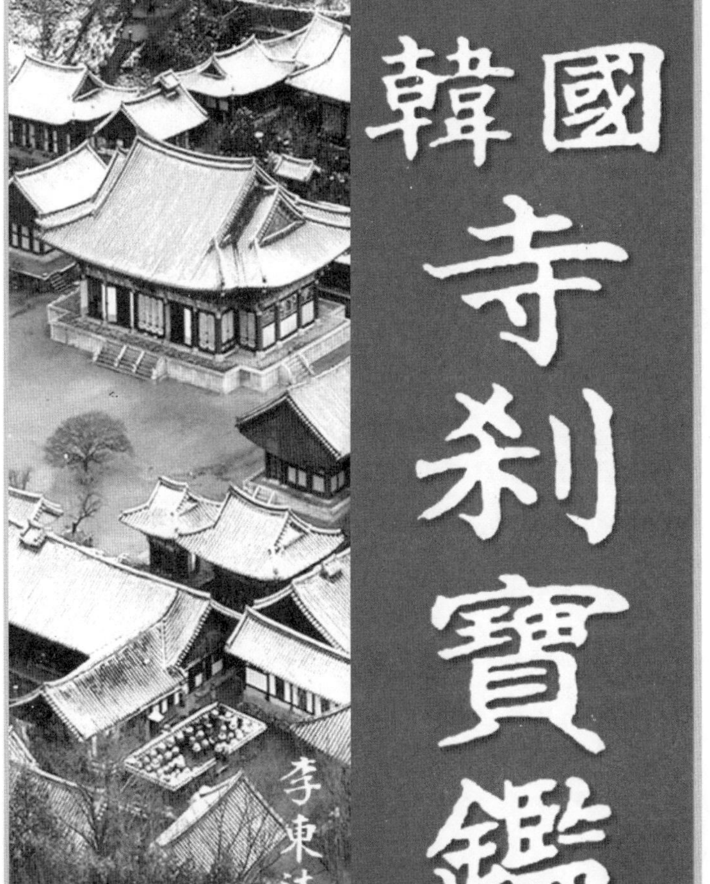

한국사찰 총목록
韓國 寺刹 寶鑑
李東述 編

韓國寺刹寶鑑

李東述 編

우리출판사

• 책 머리에 •

佛敎가 國內에 流入된 지 어언 1600여 년이 흘렀다. 그 세월 동안 수많은 불교서적이 출간되었으나 알기 쉽고 자세한 辭典式(가나다 순)의 寺刹辭典이 出刊되지 않아서 資料를 정리하고 참고함에 있어서 곤란과 불편을 느껴왔다. 따라서 數年 동안 苦心 끝에 1978년부터 원고 정리에 착수하여 1995년까지 18년간의 세월을 경과하여 脫稿하였다.

本資料는 각종 佛敎 및 寺刹資料·金石文·邑誌類·歷史類 그리고 文集類 萬餘種 중 10분의 1인 千餘種만 引用하여 脫稿한 데 대하여 유감스러움을 금할 길 없다.

기록에 의하면 中國에서 가장 오래되었다는 洛陽의 白馬寺(68년 창건) 보다 64년 일찍 創建되었다는 金剛山 楡岾寺(4년 : 신라 南解王 1년)를 爲始하여 1세기경 창건되었다는 寺刹이 더 있는 것으로 기록되어 있다. 이로 類推해 보면 이때부터 佛敎 流入이 싹트지 않았나 조심스레 짐작해 보고 싶다.

일반적으로 佛敎가 中國 陸路를 통하여 傳來되었다고 하지만 本資料에 의하면 佛敎 流入 以前에 창건되었다는 寺刹들이 대부분 동남부 海岸에 위치한 것이다. 이는 당시에 위험 부담은 안고 있지만 海路를 利用함이 더욱 효율적이 아닌가 여겨지는 동시에 傳說的인 것으로만 믿고 싶지 않다. 그러나 대다수의 전문가가 인정하지 않는 실정이나 이에 대한 실증과 규명이 조속히 이루어졌으면 하는 마음 간절하다.

본 자료 중 沿革이나 所藏 文化財類에 대한 기록은 우리의 역사 연구에 도움이 될 것이며, 흥미롭고 교훈적인 說話類나 記錄類를 통하여 역사와 불교사상 및 高僧에 대한 연구에 길잡이가 되리라 여겨진다.

본 자료를 정리함에 있어 현지 답사와 국내 모든 자료를 동원하지 못한 未洽함과, 더욱이 미수복 지구 북한에 대한 자료 이용이 충분치 못한 데 대하여 큰 아쉬움을 느낀다.

본 자료가 未洽하고 誤謬의 부분에 대하여는 이후에라도 篤志家가 나와서 완벽하게 증보·수정하여 발행해 주시기를 간절히 바라는 바이다.

아울러 기꺼이 출판을 맡아주신 우리출판사 대표 無垢 스님과 文玉善 編輯部長에게 감사의 말을 전한다.

1997. 10.

編者 識

5천 년의 장구한 우리나라의 역사를 통해 우리의 민족정신의 가장 큰 軌跡을 이루어 온 것은 바로 民族宗敎인 護國佛敎의 정신이다. 특히 寺刹은 민족문화의 産室로서 불교예술을 꽃피웠던 산 증거일 뿐 아니라 고래로부터 작게는 우리 여인네들이 기원하는 예배도량으로서, 크게는 國泰民安을 염원하던 善知識들의 숨결이 상주하는 자취이기도 하다.

이렇듯 우리 민족의 역사와 함께 호흡하며 발전과 퇴행을 거듭하여 왔기에 사찰 하나하나의 면모를 수집, 기록함은 지금까지의 전모 파악 뿐만 아니라 앞으로 전개될 불교 역사의 흐름을 예견할 수 있는 중요한 관건이라 아니할 수 없다.

그런데 이번에 前 국민대학교 古典室에 근무하던 李東述 선생이 18년에 걸쳐 자료를 발굴하고 정리하여 알기 쉽고 자세하게 사전식으로 엮어《韓國寺刹寶鑑》을 간행하였다.

이는 대체로 한말(1910年)까지의 국내에 건립된 사찰이나 遺址를 총망라하였으며, 기존 간행된 사찰자료 · 金石文 · 邑誌類 · 歷史類 · 文集類 등 많은 典籍과 史料를 색출 분석하여 가나다 순으로 분류 편집하였다.

《韓國寺刹寶鑑》이 우리나라 불교역사는 물론 각 자료에서 高僧에 대한 기록문과 문헌을 拔萃했으므로 한국불교의 역사와 사상을 연구함에 있어서 많은 도움이 될 것으로 기대한다.

佛紀 2541年 10月

大韓佛敎曹溪宗 敎育院長 岩 度 合掌

• 일러두기 •

寺刹蒐錄範圍
1. 대체로 韓末(1910年) 까지의 國內에 建立 또는 遺址의 寺刹로서 5,200 여 곳을 수록.
2. 韓末 以後 建立이라도 公益機關에서 발행한 것으로서 重建된 것으로 추정되는 寺刹.

記述 對象 및 順序
1. 寺刹名(가나다 순 배열)
2. 寺刹 位置·沿革·說話
3. 附屬庵子(가나다 순 배열)
4. 위치가 변경될 수 없는(즉 田土類) 文化財類(가나다 순)
5. 遺蹟 및 天然紀念物(가나다 순)
6. 建物 文化財類(가나다 순)
7. 塔碑·浮屠類(가나다 순)
8. 모든 參考文獻類로서 편저자 또는 項目(가나다 순)
9. 위치나 沿革이 未詳일 경우 參考文獻에 나타난 사건이나 등장인물의 生沒年代를 통하여 沿革年代를 推定케 함.
   參考文獻에서 別行을 하지 않은 것은 同一 撰者임.
10. 행정구역은 1978년 당시의 기준에 의했으나 당시의 구역을 분별할 수 없는 경우에는 인용 자료에 준거함.
11. 現存 與否는 대체로 인용 자료에 의거하되 현존하는 것은 "있는 절", 遺址만 남은 것은 "있던 절", 現存與否가 미확인 될 때는 "…에 위치" 로 각각 기록.

附錄
1. 각종 문헌류에 나타난 人名·字號를 가나다 순으로 배열
2. 부속암자를 제외한 寺刹을 市·道別로 구분하여 가나다 순에 의거 배열(1996년도 우편번호에 준거함)

ㄱ

가경사(佳景寺)
경기 金浦郡 頭陀山에 있던 절〈寺刹
全書, 3p〉

가공사(架空寺)
황해 海州市 紹賢書院 남쪽에 있던 절.
葛公庵을 栗谷 李珥가 架空寺로 개명.
『栗谷全書；松崖記』에 기록. 一名 架
空庵〈寺刹全書, 5p〉

가공암(架空庵)
전남 長興郡 冠山面 天冠山에 있던 절.
德達이 있던 곳〈寺刹全書, 5p〉

가구암(可久庵)
전남 長興郡 冠山面 天冠山에 있던 절
〈寺刹全書, 1p〉

가람사(伽藍寺)
경기 江華郡 別立山에 있던 절〈寺刹
全書, 1p〉

가림사(加〔嘉〕林寺)
경북 漆谷郡에 있던 절. 오랫동안 폐사
로 인해 1429년(世宗 11) 헐어서 창고
와 향교를 수리〈寺刹全書, 1p〉

가막사(伽漠寺)
전북 全州市 妙高山에 있던 절〈寺刹
全書, 1p〉

가미사(迦美寺)
전남 長興郡 冠山面 下鉢里에 있던 절.
고려 때 창건. 축대와 주초가 잔존〈文
化遺蹟總覽〉

가산사(佳山寺)
충북 沃川郡 安內面 菑陽里 彩雲山에
있던 절〈불교사전, 6p〉

가산사(加山寺)
평남 江東郡 三登面 龍淵里 架龍山에
있던 절. 一名 架山庵〈불교사전, 6p〉

가상사(佳祥寺)[1]
전남 長城郡 珍原面 珍原山에 있던 절
로 추정〈寺刹全書, 4p〉

가상사(佳〔嘉〕祥寺)[2]
전북 高敞郡 雅山面에 있던 절. 1376년
(고려 禑王 2) 倭亂을 피했고 杜會들
移設〈寺刹全書, 6p〉

가서갑사(嘉西岬寺)⇒嘉瑟岬寺 참조

가섭대(迦葉臺)
경남 晉陽郡 智異山 天王峰 香積寺 서
쪽 50里 지점에 있던 절. 李陸의『遊山
錄』에 기록〈寺刹全書, 3p〉

가섭사(迦葉寺)[1]
경남 居昌郡 渭川面 上川里에 있던 절.
一名 迦葉庵〈文化財大觀；寶物篇〉
迦葉庵址磨崖三尊佛 : 보물 제530호.
1971년 지정. 신라 때 제작 추정〈上同〉

가섭사(迦葉寺)[2]
충북 陰城郡 陰城邑 龍山里 迦葉山에
있는 절, 西迦葉寺인 듯. 신라 迦葉이
창건, 고려 懶翁(1320－1376) 중건,
1624년(仁祖 2) 碧岩 중수. 1938년경
소실, 얼마 뒤 住持 尹元根 중건〈文化
遺蹟總覽〉〈寺刹全書, 1p〉

가섭사(迦葉寺)[3]
충북 中原郡 薪尼面 馬水里 迦葉山에
있던 절. 지금은 석탑 1기가 잔존〈寺
刹全書, 2p〉

가섭암(迦葉庵)[1]
강원 淮陽郡 金剛山에 있던 절. 栗谷

李珥의 『楓嶽紀行』에 기록 〈寺刹全書, 2p〉

가섭암(迦葉庵)²
경남 統營郡 光道面 安井里 碧鉢山에 있는 절. 安靜寺의 부속 암자. 654년(신라 武烈王 1) 元曉 창건. 1751년(英祖 27) 仁閑 중건 〈불교사전, 6p〉

가섭암(迦葉庵)³
충남 公州郡 鷄龍山에 있던 절. 1447년(世宗 29) 判宗事 雲叟가 폐사된 터에 중건 〈寺刹全書, 2p〉
徐居正(1420-1488) 撰 「…迦葉庵重修記, 1452年」〈上同〉

가섭암(迦葉庵)⁴
평북 雲山郡 崇化山에 있던 절. 一名 迦葉寺 〈불교사전, 6p〉

가성사(佳城寺)
전남 長城郡에 위치 〈梅月堂集, 卷118張, 癸酉字本〉

가수굴(佳殊窟)
평남 中和郡에 위치 〈秋江集, 卷4 24張, 木板本〉
南孝溫(1454-1492)撰 「遊佳殊窟記」〈上同〉

가슬갑사(嘉瑟岬寺)
경북 淸道郡 雲山面 雲門山에 있던 절. 신라 圓光(?-630)이 隋나라에 다녀와서 이 절에 거주. 『三國遺事』에는 嘉西岬寺로 기록 〈寺刹全書, 7p〉

가야사(伽倻寺)
충남 禮山郡 德山面 上加里 伽倻山에 있던 절. 鐵尖石塔이 있는데 탑 四面에 石龕이 있으며, 각각 石佛을 봉안 〈寺刹全書, 1p〉

가엽(迦葉)⇒ 가섭 참조

가인사(佳仁寺)
전북 南原郡 南原邑 王井里 蛟龍山에 있던 절. 주위에 石佛이 잔존 〈불교사전, 7p〉

가장사(迦杖寺)

경기 華城郡 乾達山에 있던 절 〈불교사전, 7p〉

가지사(迦智寺)¹
전남 長興郡 有治面 鳳德里 迦智山에 있던 절. 지금의 寶林寺인 듯. 1407년(太宗 7) 曹溪宗에 소속 〈불교사전, 8p〉

가지사(迦智寺)²
전북 任實郡 聖壽山에 있던 절. 신라 普照의 도량 〈불교사전, 8p〉

가지사(迦智寺)³
함남 安邊郡 烏鴨山에 있던 절 〈불교사전, 8p〉

가토사(駕土寺)
황해 遂安郡 水口面에 있던 절 〈불교사전, 8p〉

가퇴사(迦頹寺)
함남 端川郡 新滿面 開坪里 萬德山에 위치 〈불교사전, 9p〉

가흥암(加興庵)
전북 完州(옛 高山)郡 大芚山에 있던 절. 安心寺의 부속 암자 〈寺刹全書, 1p〉

각고암(覺古庵)
경북 尙州郡(옛 物興村) 高峰 위에 있는 절 〈불교사전, 9p〉

각료암(覺了庵)
전북 井邑郡 五峰山에 있던 절 〈불교사전, 10p〉

각림사(覺林寺)
강원 原城郡 神林面 雉岳山 동쪽 30리에 있던 절. 太宗이 潛邸 때 독서하던 곳. 『太宗實錄』부터 『成宗實錄』까지 이 절에 대한 기록이 많이 남음 〈寺刹全書, 8p〉
1416년(太宗 16) 왕이 鐵 1千斤, 木材 1千株, 곡물 등을 하사하여 중건을 시도 〈李朝實錄佛敎鈔存, 1冊 83張〉
卞季良(1369-1430) 撰 「原州覺林寺重創慶讚法華法度疏」〈東文選, 卷113 10張, 木板本〉
惟政(1544-1610) 撰 「覺林寺尋劍堂

落成疏」〈四溟堂大師集, 7張〉

각명사(覺明寺)

황해 信川郡 九月山에 있던 절 〈불교
사전, 10p〉

각시사(覺時寺)

전남 潭陽郡 大田面 杏成里에 있던 절.
돌담 일부와 佛像 및 破塔이 잔존 〈불
교사전, 10p〉

각연사(覺淵寺)

충북 槐山郡 長延面 臺城里 寶蓋山에
있는 절. 신라말기 通一이 창건 〈불교
사전, 11p〉

覺淵寺石造毘盧舍那佛坐像 : 보물　제433
호. 1966년 지정. 高3.02m. 화강석으
로 통일신라 때 조성 추정 〈文化財大
觀 ; 寶物篇〉

覺淵寺通一大師塔碑 : 地有　제2호. 1974
년 지정. 高2.58m 幅1.28m 厚26cm. 10
세기경 건립 추정. 大師는 신라말기 승려
로서 俗姓은 金氏. 고려 太祖의 존경을
받았다. 碑文이 마멸되어 판독하기 어려
운 부분이 많다 〈文化遺蹟總覽〉

각원암(覺圓庵)

함남 高原郡 山谷面 院巨里 九龍山에
위치 〈불교사전, 11p〉

각호사(角呼寺)

경남 巨濟郡 見乃梁에 있던 절. 壬亂
때 忠武公 李舜臣이 절 앞바다에서 유
숙 〈文化遺蹟總覽〉〈寺刹全書, 1p〉

각화사(覺華寺)

경북 奉化郡 春陽面 石峴里 太白山에
있는 절. 686년(신라 神文王 6) 元曉
창건. 고려 睿宗(1105-1122) 때 戒膺
중건. 1926년 達玄 중건 〈불교사전,
11p〉

3층석탑(高3m)이 잔존 〈文化遺蹟總
覽〉

惺牛(1849-1912)　撰　「取隱和尙行
狀」取隱의 俗姓은 崔, 本은 海州, 諱
는 旻旭. 奉化 覺華寺에서 祝髮 〈鏡虛

集, 25張〉

각황사(覺皇寺)

서울 鍾路區 壽松洞에 있는 절. 1910년
僧尼의 의연금으로 건립. 동대문 밖 元
興寺에 있던 圓宗 宗務院을 이곳에 이
전. 曹溪寺가 건립될 때까지 한국불교
의 중앙기관 〈寺刹全書, 13p〉

간량사(間〔澗〕良寺)

충남 牙山郡 新昌面에 있던 절 〈寺刹全
書, 15p〉

간월사(澗月寺)

경남 蔚州郡 上北面 登億里 靈鷲山에
있던 절. 신라 때 창건 추정. 1673년(顯
宗 14)『賢首法數』를 開刊 〈불교사전,
13p〉

9세기경 건립으로 추정되는 석탑이 잔
존 〈文化遺蹟總覽〉

澗月寺址石造如來座像 : 보물　제370호.
1960년 지정. 高1.81m. 화강석으로 신
라 때 조성 추정 〈文化財大觀 ; 寶物篇〉

간장암(看藏庵)

강원 三陟郡 頭陀山에 있는 절. 고려 李
承休(1224-1300)가　容安堂을　짓고
있으면서 三和寺의 藏經을 빌려 보던
곳. 10년 뒤 승려에게 보시하여 절이 되
었다. 一名 看藏寺·黑岳寺 〈불교사전,
13p〉

安軸(1287-1348) 撰「看藏庵記」〈謹
齋集, 卷3 6張, 木板本〉

李承休(1224-1300)　撰　「看藏寺記」
〈動安居士集, 雜著1部, 木板本〉

「看藏庵重創記」〈上同〉

崔瀣(1287-1340) 撰「看藏庵重創記」
〈上同, 20張〉

「頭陀山看藏庵重營記」〈寺刹全書, 13p〉

갈경사(葛頸寺)

경북 漆谷郡 若木面에 있던 절인 듯
〈寺刹全書, 16p〉

갈공사(葛公寺)

경기 江華郡 喬桐面 古龜里 華蓋山에

있던 절. 한때 고려 李穡이 수양하던
곳〈불교사전, 13p〉
갈공사(葛控寺)
전남 羅州郡에 있던 절〈寺刹全書,
17p〉
갈공사(葛空寺)⇒妙蓮寺[3] 참조
갈공암(葛公庵)⇒架空寺 참조
갈궁사(葛宮寺)[1]
전북 淳昌郡 東溪面 內靈里에 있던 절.
寺址에 石物, 瓦片, 坐佛像臺가 잔존.
1940년 30㎝ 정도의 금동불상이 출토
〈文化遺蹟總覽〉
갈궁사(葛宮[弓]寺[2])⇒華藏寺[庵][4]
참조
갈래사(葛來寺)⇒淨岩寺 참조
갈복사(葛福寺)
전북 南原郡 南原邑에 있던 절. 5층석
탑(高4.5m), 石佛(高2.4m), 幢竿(高
8.4m)이 잔존〈불교사전, 14p〉
갈산사(葛山寺)[1]
강원 伊川郡 葛山에 있던 절〈寺刹全
書, 18p〉
갈산사(葛山寺)[2]
평북 義州郡 葛山에 있던 절〈寺刹全
書, 18p〉
갈양사(葛陽寺)⇒龍珠寺 참조
갈항사(葛項寺)
경북 金陵郡 南面 梧鳳洞 金烏山에 있
던 절. 신라 勝詮이 창건. 돌멩이 80개
에게『華嚴經』을 강설하던 곳〈寺刹全
書, 19p〉
　葛項寺三層石塔 : 국보 제99호. 1960년
지정. 東塔高4.3m 西塔高4m. 화강석
으로 758년(신라 景德王 17) 건립.
「天寶十七年戊戌(758)中立在之…」라
銘記. 1916년 현 위치에 이전. 이전 당
시 基壇 밑에서 舍利장치가 발견〈文
化財大觀 ; 國寶篇〉　〈朝鮮金石總覽,
上 43p〉
　梧鳳洞石造釋迦如來坐像 : 보물　제245

호. 1942년 지정. 葛項寺 金堂址 뒤에
위치. 高1.22m. 화강석으로 통일신라
때 조성 추정. 파손이 심하며 오른팔이
절단〈文化財大觀 ; 寶物篇〉
갈현사(葛峴寺)
경기 金浦郡 大浦에 있던 절〈寺刹全
書, 19p〉
감로사(甘露寺)[1]
강원 伊川郡 方丈面 葛山里 葛山에 위
치. 1885년(高宗 22) 敎海 중건〈불교
사전, 15p〉
1928년 李春興이 改金 佛事를 봉행〈楡
岾寺本末寺志, 861p, 鉛印本〉
敎海 撰「江原道伊川郡甘露寺大施主彰
功文, 1885年」〈上同, 863p〉
李必馨 撰並書 「伊川郡達磨山少林寺
事蹟碑銘並序, 1632年」〈上同, 864p〉
감로사(甘露寺)[2]
경기 開城市 五鳳峰 아래 있던 절. 고려
文宗 때 李子淵(?-1086) 창건〈寺刹
全書, 20p〉
權近(1352-1409)이 本寺에 관한 詩
와 記文을 撰함〈新增東國輿地勝覽, 卷
4 26張, 木板本〉
감로사(甘露寺)[3]
경남 金海郡 上東面 甘露里에 있던 절.
1237년(고려 高宗 24) 海安 창건. 禪宗
에 소속, 1407년(太宗 7) 慈恩宗에 소
속. 1731년(英祖 7) 鎭南樓를 건립. 寺
址에 3층 塔材 등이 있었으나, 1975년
東亞大學校에 이전〈文化遺蹟總覽〉
감로사(甘露寺)[4]
충남 牙山郡 溫陽邑에 위치〈樊岩集,
卷9 10張, 木板本〉
蔡濟恭(1720-1799) 詩 「甘露寺在溫
井…」〈上同〉
감로사(甘露寺)[5]
충북 沃川郡 環山에 있던 절〈寺刹全
書, 21p〉
감로사(甘露寺)[6]⇒泉隱寺 참조

감로암(甘露庵)[1]
강원 三陟郡 頭陀山에 있던 절 〈寺刹
全書, 22p〉
감로암(甘露庵)[2]
경북 月城郡 陽北面 虎岩里 含月山에
있는 절. 祇林寺의 부속 암자 〈寺刹全
書, 22p〉
감로암(甘露庵)[3]
전남 昇州郡 松光面 新坪里 曹溪山에
있는 절. 松廣寺의 부속 암자 〈寺刹全
書, 22p〉
1879년(高宗 16) 敬圓 중수 〈上同,
714p〉
圓鑑(1226-1293) 창건, 1877년(高
宗 15) 중건, 1950년 동란으로 일부 소
실, 1971년 중긴 〈文化遺蹟總覽〉
錦溟(寶鼎 ; 1861-1930) 撰 「甘露庵
重修化文」〈曹溪山松廣寺史庫, 98p,
筆寫本〉 「甘露庵東別堂新建記」〈上
同, 263p〉
감로암(甘露庵)[4]
함남 北靑郡 佳會面 馬山里 淸凉山에
위치 〈불교사전, 15p〉
감로원(甘露院)
경기 開城市 炭峴門 밖에 있던 절. 963
년(고려 光宗 14) 창건, 歸法寺를 고
려 文宗(1046-1082) 때 金廷俊이 중
수하여 甘露院이라 개명. 고려 崔冲
(984-1068)과 李奎報(1168-1241)
등이 수학하던 곳 〈文化遺蹟總覽〉
감막사(柑幕寺)
경북 金陵郡 鳳山面 太和洞에 있던 절.
寺址에 5층석탑(高2.31m)이 잔존
〈文化遺蹟總覽〉
감산사(甘山寺)
경북 月城郡 外東面 薪溪里에 있던 절.
719년(신라 聖德王 18) 金志誠 창건.
寺址에 石燈臺石이 잔존 〈文化遺蹟總
覽〉〈불교사전, 15p〉
甘山寺石造彌勒菩薩立像 : 국보제81호.

1959년 지정. 高1.83m. 화강암으로
720년(신라 聖德王 19) 조성. 1915년
景福宮에 이전 〈文化財大觀 ; 國寶篇〉
甘山寺石造阿彌陀佛立像 : 국보 제82호.
1959년 지정. 高1.74m. 화강암으로
720년(신라 聖德王 19) 조성. 1915년
景福宮에 이전 〈上同〉
甘山寺址三層石塔 : 寺刹 창건 당시 건
립. 1965년 중건 〈文化遺蹟總覽〉
甘山寺彌勒菩薩造像記 : 719년(신라 聖
德王 18) 重阿飡 金志誠이 그의 父母를
위해 조성 〈寺刹全書, 23p〉〈朝鮮金石
總覽, 上 34p〉
甘山寺阿彌陀如來造像記 : 720년(신라
聖德王 19) 奈麻聰 撰 〈寺刹全書, 23p〉
〈朝鮮金石總覽, 上 35p〉
一然(1206-1289) 撰 「南月山亦名甘
山寺」〈三國遺事, 卷3, 木板本〉
감악사(紺岳寺)[1]
경기 坡州郡 積城面 紺岳山에 있던 절.
고려 黃彬然이 독서함 〈寺刹全書, 25p〉
감악사(紺岳寺)[2]
경남 居昌郡 神院面 紺岳山에 있던 절.
8각 7층석탑이 보존 〈寺刹全書, 25p〉
감암사(紺岩寺)
충북 堤川郡 鳳陽面 明岩里 紺岩山에
있던 절. 一名 白蓮寺[庵] 〈寺刹全書,
26p〉
감은사(感恩寺)[1]
경북 星州郡 月恒面 大山洞 靈鷲山에
있는 절. 802년(신라 哀莊王 3) 普照
창건. 1752년(英祖 28) 李敏樹 중건.
1780년(正祖 4) 李奎鎭 중건. 1921년
李相珍 중건 〈寺刹全書, 27p〉
감은사(感恩寺)[2]
경북 月城郡 陽北面 龍堂里에 있던 절.
신라 文武王(661-680)이 倭兵을 진압
하기 위하여 건립 시작. 아들 神文王
(681-691)이 父王의 유지를 받들어
682년(神文王 2) 완공 〈文化遺蹟總

覽〉

感恩寺址 : 사적 제31호. 1936년 지정 〈指定文化財目錄〉

感恩寺址三層石塔 : 탑이 동서로 2기가 있다. 국보 제112호. 1962년 지정. 高 13.4m. 682년(신라 神文王 2) 절 창건 당시 화강암으로 건립 추정. 1960년 옛 터에 있던 탑을 수리하다가 西塔의 제 3層塔身 속에서 귀중한 舍利를 발견 〈文化財大觀 ; 國寶篇〉

感恩寺址西三層石塔內遺物(一括) :
① 靑銅製 舍利器 1式 : 高 약20cm
② 靑銅製 四角龕 1式 : 高 약31cm
보물 제366호. 1963년 지정. 청동으로 7세기 후반 조성 추정. 1960년 석탑 해 체 수리 때 출현. 그 뒤 國立中央博物 館에 이전 보관〈上同 ; 寶物篇〉

감응사(感應寺)
고려 李穡이 大德山 感應寺에서 詩를 지었다고 전함〈寺刹全書, 27p〉
李穡(1328-1396) 詩「兩侍中…入感 應寺…」〈牧隱詩稿, 卷35 1張, 木板 本〉

감탕사(甘湯寺)
충남 禮山郡 禮山邑 松林山에 있던 절 〈寺刹全書, 24p〉

감화사(甘華寺)⇒ 참(岾)화사 참조

갑사(甲[岾]寺)
충남 公州郡 雞龍面 中壯里 雞龍山에 있는 절. 백제 때 고구려 阿道 창건. 556년(백제 威德王 3) 惠明 중건. 679 년(신라 文武王 19) 義湘이 堂宇 천여 간을 증축하고 華嚴道場으로 함. 『釋 譜詳節』木板이 있다. 雞龍岾[甲]寺를 甲寺로 개명〈불교사전, 16p〉
內院庵, 大悲庵, 大聖庵, 獅子庵, 新興 庵, 表忠院 등이 山內에 부속

甲寺銅鐘 : 보물 제478호. 1968년 지 정. 高132.5cm 口徑92cm. 銅으로 1584 년(宣祖 17) 주성〈文化財大觀 ; 寶物

篇〉

『岾寺鐘記』에는 鐵 8천 근으로 주성했 다고 기록〈寺刹全書, 28p〉

甲寺浮屠 : 보물 제257호. 1942년 지정. 高2.05m. 화강석으로 고려초기 조성 추정. 甲寺 後方 雞龍山中에 있었던 것 으로 1917년까지 별 파손이 없었으나 그 뒤 일부 도괴되어 현지에 이전〈文 化財大觀 ; 寶物篇〉

甲寺事蹟碑 : 地有 제61호. 1976년 지 정. 1569년(宣祖 2) 건립. 驪州牧使 李 志賤 撰, 公州牧使 李志徽 書, 茂長縣監 洪錫龜 篆「公州雞龍山甲寺事蹟碑銘」 이라 篆額〈文化遺蹟總覽〉

甲寺鐵幢竿 및 支柱 : 보물 제256호. 1942년 지정. 高15m 支柱高3m 幢竿 直徑50cm. 幢竿은 鐵, 支柱는 화강석. 680년(신라 神文王 20) 건립 추정. 鐵 筒 28개를 연결했으나 4개가 부러지고 현재는 24節만 남음〈文化財大觀 ; 寶 物篇〉

갑산사(甲山寺)
경남 陜川郡 栗谷面 甲山里 淸溪山에 있던 절. 주위에 瓦片이 산재〈불교사 전, 27p〉

갑산사(岬山寺)
경북 月城郡 安康邑 甲山里에 있는 절. 주위에 초석이 산재〈불교사전, 17p〉

갑장사(甲長寺)
경북 尙州郡 尙州邑 智川里 蓮岳山에 있는 절. 1373년(고려 恭愍王 22) 懶翁 창건. 산봉우리에 懶翁의 탑이 보존 〈불교사전, 17p〉

甲長寺浮屠群(3기) : 高1.14m. 조선후 기 건립〈文化遺蹟總覽〉

甲長寺三層石塔 : 高2.03m. 고려 때 건 립 추정〈上同〉

강당사(講堂寺)⇒ 普願寺 참조

강련암(岡蓮庵)
평남 价川郡 동쪽 吉祥山에 있던 절

〈寺刹全書, 34p〉
강룡암(降龍庵)
전북 金堤郡 金山面 金山里 母岳山에
위치. 金山寺의 부속 암자〈寺刹全書,
1137p〉
강림사(江臨寺)[1]
전북 沃溝郡 五峰山에 있던 절〈寺刹
全書, 33p〉
강림사(江臨寺)[2]
제주 北濟州郡 朝天面 咸德里에 있던
절. 현재 우물 하나가 보존〈文化遺蹟
總覽〉
강서사(江西寺)
황해 延白郡 雲山面 江西里 雲達山에
위치. 신라 道詵이 梁富者에게 그의 집
을 절로 삼도록 권해서 절이 됨. 조선
世祖 때 圓覺寺의 丈六佛像을 이 절에
봉안〈불교사전, 17p〉
강선암(降仙庵)
강원 旌善郡에 있는 절〈불교사전,
17p〉
강성사(江城寺)
위치 未詳〈白谷集, 254p, 影印本〉
處能(1617−1680) 詩「題江城寺壁上,
二首」〈上同〉
강월암(江月庵)
위치 未詳. 逸庵居士 창건〈寺刹全書,
34p〉
강장사(江壯寺)
평북 楚山郡에 있던 절〈寺刹全書,
34p〉
강천사(剛泉[川]寺)
전북 淳昌郡 八德面 淸溪里 廣德山에
있던 절. 887년(신라 眞聖女王 1) 신
령 창건. 1316년(고려 忠肅王 3) 德玄
중건. 1482년(成宗 13) 申末舟 夫人
薛氏의 보시로 중건. 1950년 동란으로
소실〈寺刹全書, 35p〉
剛泉寺五層多寶塔 : 高2.5m. 1316년
(고려 忠肅王 3) 사찰 중건 때 건립.

1950년 동란으로 파괴. 1959년 보수 건
립〈文化遺蹟總覽〉
申景濬(1712−1781) 撰 「嵋月禪師靈
珠塔碑銘」師名은 一生, 號는 嵋月, 淳
昌 出生. 廣德山 剛泉寺에서 面壁 15년
수도. 80년간 생존〈旅庵遺稿, 卷11 24
張, 木活字本〉
趙文拔(?−1227) 撰 「福川寺夏安居圓
覺法會疏」〈東文選, 卷11 15張, 木板
本〉
강청암(江淸庵)
전북 南原郡 智異山에 있던 절. 一名 石
秀庵〈寺刹全書, 34p〉
개경사(開慶寺)
경기 楊州郡 九里邑 仁昌里 儉岩山에
있던 절. 健元陵(太祖)의 齋宮으로서
1408년(太宗 8) 開慶寺라 하고 曹溪宗
에 소속. 1412년(太宗 12) 慶州 栢栗寺
의 栴檀觀音像을 이 절에 이전〈불교사
전, 18p〉
卞季良(1369−1430) 撰 「開慶寺觀音
殿行法華法席疏」〈東文選, 卷113 2張,
木板本〉
개국률사(開國律寺)
경기 開城市 城 동남쪽에 있던 절. 開國
寺인 듯〈益齋集, 卷6 17張, 木板本〉
李齊賢 撰 「重修開國律寺記, 1326年」
〈上同〉
개국불사(開國佛寺)⇒ 開國寺 참조
개국사(開國寺)
경기 開城市 炭峴門 밖에 있던 절. 921
년(신라 景明王 5) 창건. 946년(고려
定宗 1) 이 절에 佛舍利를 봉안. 1018
년(고려 顯宗 9) 開國寺塔을 수리하고
佛舍利를 봉안. 1063년(고려 文宗 37)
왕이 태자에게 宋의 대장경을 봉안하고
도량을 설하라고 명령. 1087년(고려
宣宗 4) 왕이 이 절에 행차하여 대장경
의 성취를 경축. 1106년(고려 睿宗 1)
고려 肅宗의 睟容을 이 절에 移安.

1113년(고려 睿宗 8) 고려 明懿太后
(肅宗妃) 眞影을 봉안. 1115년(고려
睿宗 10) 睿宗이 肅宗의 忌日로 인
하여 분향. 1179년(고려 明宗 9) 明
宗이 百座講을 설함. 1292년(고려
忠烈王 18) 화재, 1323년(고려 忠肅
王 10) 木軒 丘公이 중건〈寺刹全書,
40p〉
李齊賢(1287-1367) 撰「〔開國寺〕重
修記」〈新增東國輿地勝覽, 卷5 14張〉

개동사(開同〔洞·桐〕寺)
전북 金堤郡 掘禪山에 있던 절〈寺刹
全書, 41p〉

개량사(開良寺)
전북 南原郡 犬首山에 있던 절〈寺刹
全書, 41p〉

개룡사(開龍寺)[1]
전남 光陽郡 鳳岡面 薪龍里 雞足山에
있던 절〈불교사전, 19p〉

개룡사(開龍寺)[2]
전남 光州市 無等山에 있던 절〈寺刹
全書, 41p〉

개룡암(開龍庵)
황해 雍津郡 寶雲山에 있던 절. 현재는
경기에 예속〈寺刹全書, 41p〉

개목암(開目庵)
경북 安東郡 西後面 台莊洞 天燈山에
있는 절. 1969년 중수 때 발견된 上梁
文에 의하면 「天順元年(1457)」으로
되어 있어 1457년 건립한 것으로 추정
〈文化遺蹟總覽〉
開目寺圓通殿 : 보물 제242호. 1942년
지정. 1457년(世祖 3) 건립〈文化財大
觀 ; 寶物篇〉

개법사(開法寺)
평남 安州郡 悟道山에 있던 절〈寺刹
全書, 42p〉

개봉사(開峰寺)
평남 中和郡에 있던 절〈寺刹全書,
42p〉

개북사(開北寺)
경기 金浦郡 開北山에 있던 절〈불교사
전, 19p〉

개사(介寺)
전남 谷城郡 梧山面 柯谷里에 있던 절.
주위에 瓦片이 산재〈文化遺蹟總覽〉

개산사(介山寺)
평북 碧潼郡 陀羅介山에 있던 절〈寺刹
全書, 36p〉

개선사(開善寺)
강원 原城郡 雉岳山에 있던 절. 智英이
출가한 곳〈寺刹全書, 42p〉

개선사(開仙寺)
전남 潭陽郡 南面 鶴仙里에 있던 절.
『石燈記』에 咸通 9년(868) 石燈을 건
립했다고 기록된 것으로 보아 이 절도
이때 창건으로 추정〈寺刹全書, 42p〉
開仙寺址石燈 : 보물 제111호. 1935년
지정. 高3.5m. 화강석으로 891년(신라
眞聖女王 5) 조성. 「文懿皇后主大娘主
願燈立…僧靈判建立石燈龍紀五年辛亥
(891)十月僧入雲京租…」 等 136字의
造燈記가 음각〈文化財大觀 ; 寶物篇〉

개선사(開善寺)⇒ 大乘庵[7] 참조

개성사(開聖寺)
경기 開豊郡 嶺北面 聖居山에 위치.
1868년(高宗 5) 소실, 1869년(高宗 6)
一虛 중건. 1907년(隆熙 1) 중건. 1931
년 羅漢殿 중건〈寺刹全書, 42p〉

개성암(開聖庵)
경기 開豊郡 嶺北面 古德里 聖居山에
위치. 雲興寺의 부속 암자. 1868년(高
宗 5) 화재, 1869년 一虛 중건. 1907년
化主 金敬峰이 羅漢殿을 중건. 1932년
주지 白具明이 寮舍를 중건〈寺刹全書,
42p〉
1897년 松月이 불상에 改金하고 各部
幀畫를 改彩〈傳燈本末寺誌, 219p, 鉛
印本〉

개심사(開心寺)[1]

경북 醴泉郡 醴泉邑 南本洞에 있던 절
〈寺刹全書, 43p〉
開心寺址五層石塔 : 국유 보물 제53호.
1934년 지정. 高4.33m. 화강석으로
1010년(고려 顯宗 1) 건립 〈文化財大
觀 ; 寶物篇〉
開心寺石塔記 : 1010년(고려 顯宗 1)
撰 〈寺刹全書, 43p〉
醴泉開心寺石塔記 : 1010년(고려 顯宗
1) 탑 조성 〈韓國金石全文, 中世上
433p, 許興植 編〉
개심사(開心寺)²
전북 高敞郡 雅山面 兜率山에 있던 절.
禪雲寺 부속 암자. 開心祖師의 수도장
〈寺刹全書, 43p〉
개심사(開心寺)³
충남 瑞山郡 雲山面 新昌里 象王山에
있는 절. 1475년(成宗 6) 소실, 그 뒤
중건 〈寺刹全書, 43p〉
開心寺大雄殿 : 보물 제143호. 1936년
지정. 1484년(成宗 15) 건립. 1941년
해체 수리 〈文化財大觀 ; 寶物篇〉
開心寺銘香垸 : 고려 때 조성 추정 〈韓國
金石全文, 中世下 1285p, 許興植 編〉
개심사(開心寺)⁴
충북 槐山郡 槐山面에 있는 절 〈寺刹
全書, 43p〉
개심사(開心寺)⁵
함남 新興郡 元平面 新成里 千佛山에
있는 절. 648년(신라 眞德女王 2) 元
曉 창건. 888년(신라 眞聖女王 2) 道
詵 중건. 그 뒤 여러 번 화재. 1882년
(高宗 19) 중건 〈寺刹全書, 43p〉
見佛庵, 麒麟寺, 大乘庵, 普門庵 등이
山內에 부속.
坎隱 撰 「開心寺極樂殿重建記, 1885
年」〈上同, 47p〉
權相老 撰「千佛山開心寺事蹟序, 1937
年」〈上同, 43p〉
李敦夏 撰「雨花樓重建上梁文」〈上同,
49p〉
利濟 撰「大雄殿極樂殿上梁文」〈上同,
48p〉
知濯(1750-1839) 撰 「贈千佛山開心
寺龍潭弘裕大師」〈三峯集, 10張〉
개심사(開心寺)⁶
함북 明川郡 上古面 開心洞 七寶山에
있는 절 〈寺刹全書, 50p〉
개심암(開心庵)¹
강원 淮陽郡 金剛山 12폭포 위에 있던
절. 南孝溫 『金剛山記』와 李景奭 『楓
嶽錄』에 이 절의 기록이 있다. 一名 開
心寺 〈寺刹全書, 50p〉
개심암(開心庵)²
경남 咸陽郡 咸陽邑 竹谷里 開心山에
있던 절 〈寺刹全書, 50p〉
개암사(開岩寺)
전북 扶安郡 上西面 甘橋里 邊山에 있
는 절. 고려 圓鑑(1226-1292) 창건,
1636년(仁祖 14) 1658년(孝宗 9) 각각
중건 〈文化遺蹟總覽〉
開岩寺大雄殿 : 보물 제292호. 1958년
지정. 1636·1658년 각각 중건, 1783
년(正祖 7) 중수 〈文化財大觀 ; 寶物
篇〉
妙蓮王址石塔 : 경내에 663년(신라 文
武王 3) 백제 장군 妙蓮大師가 羅唐 聯
合軍과의 전투에서 전사했으므로 후손
들이 그의 위업을 기념하기 위해 건립
〈文化遺蹟總覽〉
개운사(開雲寺)
강원 襄陽郡 五臺山에 있던 절 〈寺刹全
書, 51p〉
개운사(開運寺)
서울 城北區 安岩洞에 있는 절. 1396년
(太祖 6) 無學이 安岩山 기슭에 창건하
여 永導寺라 명명. 1779년(正祖 3) 正
祖 後宮 洪嬪의 明仁園을 이 절 곁에 쓰
고, 동쪽으로 800m쯤 되는 곳에 이 절
을 이전하여 開雲寺라 개명. 1873년

(高宗 10) 冥府殿을 중건. 1880년(高宗 17) 碧松이 大雄殿을 중건. 1921년 碧峰이 大房과 鐘閣을 건립. 1930년 化主 權梵雲 申靈山 등이 獨聖閣, 七星閣 등을 중건〈寺刹全書, 51p〉
大圓庵, 七星庵 등이 山內에 부속
朴漢永 撰 林靑 書 「大圓講院功德碑頌, 1936年」〈上同, 286p〉
林大恩. 撰 「高陽郡崇仁面開運寺大房重修記, 1921年」〈上同, 51p〉
鼎鎬(1870－1948) 撰 「大圓講院功德碑頌」〈石林草, 29張, 鉛印本〉
개원사(開元[院]寺)[1]
강원 橫城郡 鼎金山에 있던 절〈寺刹全書, 52p〉
개원사(開元寺)[2]
경기 廣州郡 中部面 南漢山城 안에 있던 절. 丙子胡亂 때 南漢總攝이 있던 곳. 5糾正所의 하나. 1637년(仁祖 15) 창건 추정. 1637년 西湖에 조그만 배 1척이 닿았는데, 거기에는 「中原開元寺開刊」이라고 쓰여 있는 大藏經冊函만 있고, 사람은 없으므로 仁祖가 이상하게 여겼다. 이리하여 절을 지어 開元寺라 명명하고 冊函을 이 절에 봉안한 것 같다. 1666년(顯宗 7) 1694년(肅宗 20) 두 차례 화재가 났으나 대장경은 타지 않았다고 전함〈寺刹全書, 51p〉
개원사(開元寺)[3]
경북 尙州郡 宰嶽山에 있던 절〈寺刹全書, 52p〉
개원사(開元寺)[4]
전남 光州市 無等山에 있던 절. 一名 開元庵〈寺刹全書, 52p〉
개원사(開元[院]寺)[5]
평북 定州郡 玉泉面 上端洞 地靈山에 위치〈寺刹全書, 52p〉
佛粮碑 : 1716년(肅宗 42) 雪岳山人 靈瑞 撰〈上同〉
개원사(開院寺)

함북 穩城郡 南陽面 豊利洞 金德山에 위치〈寺刹全書, 52p〉
개원사(開原寺)
충북 丹陽郡 錦繡山에 있던 절. 고구려 寶藏王(642－668) 때 開原 창건〈寺刹全書, 52p〉
개인사(開印寺)
경북 盈德郡 知品面 栗谷里에 있던 절〈불교사전, 21p〉
개천사(開天寺)[1]
전남 和順郡 春陽面 可東里 天台山에 있는 절. 823년(신라 憲德王 15) 道義 창건. 1950년 동란으로 소실, 그 뒤 중건〈불교사전, 21p〉
白蓮庵, 隱跡庵, 靑蓮庵 등이 山內에 부속
李奎報(1168－1241) 撰 「開天寺靑石塔記銘」〈東國李相國集, 卷24 14張, 木板本〉
개천사(開天寺)[2]
충남 天原郡 華山에 있던 절. 고려 廣陵侯 王沨이 시주하여 중건〈寺刹全書, 53p〉
開天寺靑石塔碑 : 李奎報(1168－1241) 撰〈東文選, 卷67 17張, 木板本〉
개천사(開天寺)[3]
충북 中原郡 淨土山에 있던 절.
고려 역대 實錄을 두었던 일이 있었다. 처음에는 海印寺에 두었다가 倭寇의 침입으로 인하여 善山 得益寺에 옮겼다가 이 절로 옮겼다. 그 뒤 또 安城 七長寺에 옮겼다가 다시 이 절에 옮겼다. 世宗 때 『高麗史』를 찬수하려고 서울에 옮겼다〈寺刹全書, 53p〉
開天寺碑 : 713－741년(唐 開元年間) 경 건립. 글자가 마멸되어 상세하지 않으며, 현재 天燈山에 위치〈上同〉
개천사(開天寺)[4]
평남 中和郡 高嶺山에 있던 절〈寺刹全書, 54p〉

개태사(開泰寺)
전북 高敞郡 雅山面 兜率山에 있던 절.
신라 眞興王(534−576)때 창건. 檢旦
의 수양처임〈寺刹全書, 54p〉
李奎報(1168−1241) 撰「開泰寺祖前
願文」〈東國李相國集, 卷38 6張, 木板
本〉
개태사(開泰寺)⇒道光寺 참조
개현사(開峴[現]寺)
충남 牙山郡 燕岩山에 있던 절〈寺刹
全書, 55p〉
개현암(開峴庵)⇒竹杖庵 참조
개화사(開花寺)¹
평남 中和郡에 있던 절〈寺刹全書,
55p〉
개화사(開花寺)²
함남 端川郡 南斗日面 新坪里 開花山
에 위치〈寺刹全書, 55p〉
개화사(開花寺)³⇒藥師庵⁶ 참조
개흥사(開興寺)¹
강원 襄陽郡 縣南面 下月川里에 있던
절〈寺刹全書, 55p〉
개흥사(開興寺)²
경남 泗川郡 臥龍山에 있던 절〈寺刹
全書, 55p〉
개흥사(開興寺)³
전남 寶城郡 得粮面 道村里 五峰山에
있던 절〈寺刹全書, 55p〉
거덕사(擧德寺)
경남 陜川郡 伽倻面 緇仁里 伽倻山에
있던 절. 大伽倻 太子 月光이 인연맺은
곳이라고 전함〈寺刹全書, 57p〉
거돈사(居頓寺)
강원 原城郡 富論面 鼎山里에 있던 절
〈불교사전, 22p〉
居頓寺址 : 사적 제168호. 1968년 지정
〈指定文化財目錄〉
居頓寺圓空國師勝妙塔 : 보물 제190호.
1939년 지정. 高2.68m. 화강석으로
1025년(고려 顯宗 16) 건립 추정. 이

탑은 원 위치를 떠나 서울에 거주하던
日本人 和田稔의 집에 있던 것을 1948
년 서울 景福宮에 이전〈文化財大觀 ;
寶物篇〉
居頓寺圓空國師勝妙塔碑 : 보물 제78호.
1939년 지정. 高2.45m 幅1.26m. 화강
석으로 1025년(고려 顯宗 16) 건립.
「太平乙丑(1025)秋七月」이라고 건립
연대가 기록.「贈諡圓空國師勝妙之塔」
이라 기록. 崔沖 撰, 金巨雄 書幷篆. 國
師의 諱는 智宗, 字는 神則, 俗姓은 李,
930−1018년까지 생존〈上同〉
居頓寺址三層石塔 : 高5.45m. 신라말−
고려초 건립 추정〈文化遺蹟總覽〉
거동사(巨洞寺)
경북 永川郡 紫陽面 普賢洞 普賢山에
있는 절〈寺刹全書, 56p〉
거문사(巨門寺)
경북 迎日郡 竹長面에 있던 절〈寺刹全
書, 56p〉
거빈굴(去賓窟)
강원 淮陽郡 內金剛面 長淵里 金剛山
摩訶淵 곁에 있던 절. 一名 罽賓窟〈寺
刹全書, 56p〉
거사암(居士庵)
황해 鳳山郡에 있던 절. 牧隱 李穡의 詩
가 있다〈寺刹全書, 56p〉
거선사(居仙寺)
황해 殷栗郡 九月山에 있던 절〈寺刹全
書, 56p〉
거조암(居祖庵)
경북 永川郡 淸通面 八公山에 있는 절.
738년(신라 孝成王 2) 元晶 창건〈寺
刹全書, 56p〉
居祖庵靈山殿 : 구국보 제68호로 지정
〈불교사전, 23p〉
銀海寺居祖庵靈山殿 : 국보 제14호.
1934년 지정. 고려말−조선초기 건립
추정. 高3.6m. 3층석탑이 보존〈文化
財大觀 ; 國寶篇〉

건달사(巾〔建〕達寺)
평남 江東郡 巾達山에 있던 절 〈寺刹全書, 57p〉
건덕사(乾德寺)
경기 開城市에 있던 절 〈寺刹全書, 57p〉
건동사(乾洞寺)[1]
경기 仁川市에 있던 절. 고려 忠肅王(1313－1330) 때 河元瑞 중건. 1328년(고려 忠肅王 15) 指空이 잠시 거주. 一名 乾洞禪寺 〈불교사전, 24p〉
李齊賢(1287－1367) 撰 「重修乾洞禪寺記」〈益齋集, 卷6 19張, 木板本〉
건동사(乾洞寺)[2]
황해 平山郡 省惡山에 있던 절 〈寺刹全書, 57p〉
건동선사(乾洞禪寺)⇒ 乾洞寺[1]참조
건봉사(乾鳳寺)
강원 高城郡 杆城面 新安里에 있는 절. 舊址는 巨津邑 冷泉里 金剛山. 520년(신라 法興王 7) 阿道 창건하여 圓覺寺라 명명. 758년(신라 景德王 17) 發徵 중건하여 念佛萬日會를 설함으로 인하여 국내 萬日會의 시초. 937년(고려 太祖 20) 道詵 중수하여 西鳳寺라 개명, 1358년(고려 恭愍王 7) 懶翁 중수하여 乾鳳寺라 개명. 1464년(世祖 10) 御室閣(혹은 正願堂)을 건립하여 역대 帝王의 원당으로 삼았다. 1878년(高宗 15) 寺庵 3,138간이 소실, 1879년(高宗 16) 碧梧 중건. 1950년 동란으로 인하여 대부분 소실, 寺址가 민통선 내에 위치하게 되자 현지에 신축. 舊址에 佛舍利 봉안. 9층탑을 비롯하여 7기의 塔, 48浮屠, 31碑石 등이 있다고 전한다 〈불교사전, 24p〉
1469년(睿宗 1) 王이 願堂으로 정하고 徭役을 면제. 1470년(成宗 1) 王이 奴婢・採藿場・鹽盆 등을 하사하고 四方 10里로 寺山을 定함. 1523년(中宗 18) 普琳 중수. 1552년(明宗 7) 王이 畓 10石落을 하사. 신라 慈藏이 佛齒牙와 舍利 등 通度寺에 봉안했던 것을 壬亂 때 倭賊이 이를 찬탈, 이것을 1605년(宣祖 38) 泗溟이 本寺에 봉안. 1606년 泗溟 惠能 등 중건. 1650년(孝宗 1) 王이 願堂으로 정하고 御室閣을 중건. 1652년 桂月堂이 화재, 1654년 尙眉 등 桂月堂을 중건. 1673년(顯宗 14) 修洽 등 大鐘을 주성. 1683년(肅宗 9) 千金을 하사하여 佛像에 改金. 1708년(同王 34) 凌波橋의 碑를 건립. 1712년(同王 38) 水北 八房이 화재, 곧 중건. 1723년(景宗 3) 文奎가 六松亭 石橋 건설, 1724년(同王 4) 彩寶가 九層塔 건립하여 佛齒牙를 봉안하니 明聖王后 千金을 하사. 1726년(英祖 2) 釋迦齒相塔碑를 건립. 1735년(同王 11) 緇淑 등 送月寮를 중수. 1753년(同王 29) 智海 등 十王像을 중수. 1754년 貞聖王后가 釋迦像을 조성하고 八相殿을 건립하여 願堂으로 정함. 1756년 桂月堂이 화재, 1757년 華谷이 桂月堂 중건. 1765년 玄鵬 등 六松亭 白雲橋를 중건하고 碑를 건립. 1776년 貞純王后가 國齋를 설함. 1788년(正祖 12) 本寺의 進貢을 혁파. 1796년(同王 20) 徐有防이 御室閣을 중수. 1799년(同王 23) 南公轍이 泗溟禪師紀績碑를 건립. 1800년 聳虛 등 泗溟酬忠閣・泗溟碑閣・御重樓를 창건. 1802년(純祖 2) 聳虛가 第二回 萬日會를 설함. 1804년 純元王后가 千金・烏銅香爐・烏銅花尊・陽傘 등을 하사하여 聖壽를 축원. 1805년 純元王后가 國齋를 설하고 金字大屛과 華嚴經 1部를 하사. 1818년 林貴嬪이 燈籠・日傘・令旗 등을 기증. 1820년 孝懿王后가 平床을 하사. 1828년 泗溟影閣을 건립 丹雘. 1846년(憲宗 12) 水北의 公殿 寮舍 21동이 소실, 1847년 仙岳이 일신 중

건. 1848년 純元王后가 金品과 什物을 하사. 1851년(哲宗 2) 碧梧侑聰이 第三回 萬日會를 설함. 1858년 祝聖庵 화재, 1859년 石潭 夢盧 등이 祝聖庵을 중건. 1879년(高宗 16) 趙大妃가 萬錢을 하사하여 冥府殿·四聖殿 등을 丹雘하고 十六殿 後幀을 조성. 1880년 凌波橋가 붕괴하므로 그 石材를 石雄殿과 山映樓 수축에 이용, 碧梧가 武達寺로부터 十王像을 移安, 寶雲이 寧邊 棲雲寺로부터 金鼓 1座를 移來, 長湍 心腹寺로부터 十六羅漢像을 移安, 趙大妃가 完和君의 靈을 위하여 千金을 하사하여 十王佛事를 봉행. 1881년 萬化寬俊이 第四回 念佛萬口會를 설행. 十王殿·十六殿 등을 丹雘, 十六羅漢後幀을 조성. 1882년 申尙宮이 預修齋를 설하고 佛具를 조성. 1885년 雲坡가 일부를 수리. 1890년 仁坡 등이 八相殿·眞影閣·爐殿·極樂殿 등을 중건. 1891년 神貞王后의 小祥齋를 설행. 梵雲이 佛齒牙를 天安 廣德寺 僧에게 얻어 八相殿에 봉안. 1893년 鏡月이 獨聖閣을 중건, 西峰이 丹雘. 1894년 萬化가 參禪室을 창건. 1897년 明成王后의 大祥齋를 설행. 1899년 應湖가 鳳棲樓를 중건, 大雄殿 佛像에 改金. 1901년 極樂殿 南別堂을 건립. 1902년 樂西庵 南別堂과 부속 寮舍를 이전. 1903년 大房後佛幀을 조성. 1905년 冥府殿을 重茸 丹雘하고 爐殿을 건립. 純明王后의 小祥齋를 설행. 1906년 事蹟碑를 건립, 釋迦靈牙塔奉安碑를 건립. 1908년 第四·五回 萬日會를 설행. 1910년 普眼院과 東持殿의 담과 水閣을 건립. 1911년 迎賓館을 건립. 1912년 上海로부터 『新刊大藏經』 1部를 구입. 1915년 31人 燒身臺에 浮屠를 건립. 1919년 中鐘 5座

와 佛器 30座를 비치. 1920년 不二門과 迎賓館 別室을 건립하고 文殊橋를 건설, 山映橋를 개수. 1925년 極樂殿과 萬日會의 附屬寺를 중건. 1927년 佛敎專門講院을 설하고, 佛像 7座에 改金하고, 葬具舍를 건립 〈乾鳳寺本末事蹟, 1－19p, 鉛印本〉

極樂庵, 大聖庵, 大願庵, 東臺庵, 望海庵, 般若庵, 白蓮庵, 白華庵〔祝聖庵〕, 菩提庵, 普琳庵, 普門庵, 鳳岩庵, 棲鳳庵, 安養庵, 靈龜庵, 圓寂庵, 隱禪庵, 日出庵, 寂明庵, 靑蓮庵 등이 山內에 부속

乾鳳寺의 浮屠：錦月堂浮屠, 湛然堂浮屠, 大梵華浮屠, 大印堂浮屠, 東峰堂浮屠, 明眞堂浮屠, 牧羊堂浮屠, 夢月堂浮屠, 白雲堂浮屠, 碧河堂浮屠, 石峰堂浮屠, 石坡堂浮屠, 松岳堂浮屠, 松虛堂浮屠, 松華堂浮屠, 馴羊堂浮屠, 信默堂浮屠, 影雲堂浮屠, 龍峰堂浮屠, 龍眼堂浮屠, 龍岩堂浮屠, 龍波堂浮屠, 雲岩堂浮屠, 雲坡堂浮屠, 月谷堂浮屠, 月峰堂浮屠, 遺骨浮屠, 日庵堂浮屠, 林幸復浮屠, 井源堂浮屠, 井波堂浮屠, 霽峰堂浮屠, 眞覺堂浮屠, 震谷堂浮屠, 眞浮堂浮屠, 震海堂浮屠, 淸潭堂浮屠, 靑岩堂浮屠, 抱雲堂浮屠, 楓岳堂浮屠, 河雲堂浮屠, 海岸堂浮屠, 海雲堂浮屠, 惠能堂浮屠, 華隱堂浮屠, □□堂浮屠, □□堂浮屠, □□堂浮屠 등 48座 〈上同, 22p〉

乾鳳寺의 碑：乾鳳寺事蹟碑, 乾鳳寺蓮會碑, 觀察使朴宗吉碑, 觀察使趙鶴年碑, 郡守金鎔碑, 郡守朴敦浩碑, 郡守徐有冕碑, 郡守宋在誼碑, 郡守李冕翼碑, 郡守李容學碑, 郡守李最源碑, 郡守李海魯碑, 郡守鄭在容碑, 凌波橋碑, 大小行人下馬碑, 大雲堂碑, 萬日會緣起碑, 萬化堂碑, 牧羊堂碑, 碧梧堂碑, 佛靈牙塔碑, 佛齒相塔碑, 泗溟堂碑, 石橋造成題名碑, 松岩堂碑, 聳虛堂碑, 雲坡堂

碑, 月峯堂碑, 六松亭虹橋碑, 日庵堂
碑, 海谷堂碑 등 31座〈上同, 23p〉
乾鳳寺의　眞影：錦城堂眞影, 麒峰堂眞
影, 樂貧堂眞影, 樂虛堂眞影, 大雲堂眞
影, 萬化堂眞影, 夢山堂眞影, 夢月堂眞
影, 發徽和尙眞影, 碧潭堂眞影, 碧岩堂
眞影, 碧梧堂眞影, 鳳溪堂眞影, 鳳林堂
眞影, 泗溟堂眞影, 雙月堂眞影, 石潭堂
眞影, 仙岳堂眞影, 仙園堂眞影, 聖鳳堂
眞影, 性圓堂眞影, 松岩堂眞影, 松源堂
眞影, 松坡堂眞影, 蓮藕堂眞影, 靈潭堂
眞影, 影波堂眞影, 影海堂眞影, 聳虛堂
眞影, 雲溪堂眞影, 圓惺堂眞影, 源湖堂
眞影, 月峰堂眞影, 應雲堂眞影, 仁坡堂
眞影, 眞覺堂眞影, 靑岩堂眞影, 淸虛堂
眞影, 楓溪堂眞影, 楓岳堂眞影, 鶴林堂
眞影, 慧庵堂眞影, 浩然堂眞影, 華隱堂
眞影 등 44位〈上同, 24p〉
乾鳳寺의　塔：桂雲堂塔, 金桂花塔, 同
時舍利塔, 佛舍利塔, 月堂童子塔, 月城
堂塔, 崔氏舍利塔, 浦岩堂塔 등〈上同,
22p〉
舊乾鳳寺址蓮會碑：현재　杆城面　塔峴
里에 위치. 1904년 건립. 碑座는 매몰.
碑文은 趙秉弼 撰, 金嘉鎭 書, 丁學教
篆〈文化遺蹟總覽〉
舊乾鳳寺址凌波橋碑：碑身의　크기 1.36
m×63cm×23cm, 碑蓋의 크기 60cm×
94cm×48cm. 1708년(肅宗 34) 건립.
淸眼 撰書篆〈上同〉
舊乾鳳寺址凌虛堂大禪師紀念碑：현재
杆城面 塔峴里 위치. 高1.39m 幅51.
5cm 厚21.5cm. 1928년 건립〈上同〉
舊乾鳳寺址萬化堂大禪師碑：현재　杆城
面 塔峴里에 위치. 碑文은 尹喜求 撰,
金敦熙 書篆. 1924년 건립. 大師의 法
名은 圓悟, 海南人, 1694－1758년까지
생존〈上同〉
舊乾鳳寺址牧羊堂靈眼大師之碑：현재
杆城面 塔峴里에 위치. 高1.85cm 幅

81cm 厚34cm. 1731년(英祖 7) 건립. 李
德壽 撰, 徐命均 書, 李徵夏 篆. 碑座는
매몰〈上同〉
舊乾鳳寺址碧梧大宗師碑：현재　杆城面
塔峴里에 위치. 碑文은 呂圭亨 撰, 李始
榮 書篆. 1904년 건립〈上同〉
舊乾鳳寺址浮屠：高1.52m. 世尊靈牙塔
옆에 위치. 八角臺石 위에 球形塔身의
浮屠〈上同〉
舊乾鳳寺址浮屠群：현재 杆城面 塔峴里
에 위치. 일부는 사찰 경내에서 떨어진
塔峴里 쪽에 있는데. 거의 盜掘되어 계
곡에 떨어져 있다. 원래는 100여 기라
고 전함〈上同〉
舊乾鳳寺址事蹟碑：현재 杆城面 塔峴里
에 위치. 1906년 건립. 碑文은 李根命
撰, 閔丙奭 書, 丁學教 篆〈上同〉
舊乾鳳寺址三十一人騰空塔：高 4m.
「發眞和尙 등이 念佛萬日會를 만들고,
향도　1,828人이　자원하고　발심하여
787년(신라 元聖王 3) 도량문 밖에 큰
홍수가 났을 때, 스님 31人은 肉身騰空
하여 염불향도 1,828명 중 913人은 단
정히 앉은 채 왕생하고, 18人은 상품중
생에 31人은 상품하생에 왕생하였다」
는 기록이 있는 塔〈上同〉
舊乾鳳寺址釋迦如來齒相塔：高1.73m
〈上同〉
舊乾鳳寺址釋迦如來齒相塔碑：1726년
(英祖 2) 건립. 月峰 撰書篆〈上同〉
舊乾鳳寺址世尊靈牙塔：1724년(景宗
2) 중건. 佛舍利와 佛齒牙를 봉안〈上
同〉
舊乾鳳寺址世尊靈牙塔碑：碑身　長1.83
m 幅57cm 厚27cm. 尹容善 撰, 朴箕陽
書篆. 1900년(光武 4)경 건립 추정.
1604년(宣祖 37) 惟政이 日本에 가서
佛의 齒牙와 舍利 등을 봉안했는데 이
는 慈藏이 唐나라에 가서 佛齒牙와 舍
利를 봉래하여 通度寺・月精寺 등 각

寺에 分奉했던 것을 壬亂 때 倭兵이 通
度寺에서 강탈해 갔던 碑〈上同〉
舊乾鳳寺址雲坡大師碑：현재 杆城面 塔
峴里에 위치. 碑文은 李宜顯 撰, 洪得
福 書, 兪拓基 篆. 1730년(英祖 6) 건
립. 大師의 字는 法藏, 俗姓은 金, 杆城
人, 1651－1717년까지 생존〈上同〉
舊乾鳳寺址日庵大師碑：현재 杆城面 塔
峴里에 위치. 1770년(英祖 46) 건립.
碑文은 金相肅 書「輔國崇祿大夫…□
□□撰幷篆」姓名 三字는 고의로 깎음
〈上同〉
李建命乾鳳寺事蹟碑：1906년 건립. 碑
文은 李建命(1663－1722) 撰〈寺刹全
書, 58p〉
金剛山乾鳳寺新成桂月堂記, 1758年
〈乾鳳寺本末事蹟, 27p, 鉛印本〉
南公轍(1760－1840) 撰, 許旴 書幷篆
「…弘濟尊者泗溟大師紀蹟碑銘幷序」
〈上同, 58p〉
大活 撰 近喆 篆 置寬 書「大雲堂碑銘
幷序」1799년 碑를 건립〈上同, 57p〉
萬化 撰 「大韓帝國金剛山乾鳳寺第二
彌陀會緣起碑, 1908年」〈上同, 45p〉
栢廣淸秀 撰 「乾鳳寺普眼院上梁文」
〈上同〉
寶雲亘葉 撰 「金剛山乾鳳寺重瓶記,
1889年」〈上同, 37p〉
雙式 撰 「有明金剛山海谷[處珍]堂大
師出世碑銘幷序」〈上同, 53p〉
肅宗大王(1661－1720) 御製 「朱雲折
檻圖序, 1709年」〈上同, 26p〉
醇溪居士 撰 「萬日院重修記, 壬午」
〈上同, 46p〉
勝還 撰 「皇明朝鮮國松岩堂大師碑銘
幷序」1651년 碑를 건립〈上同, 52p〉
新創萬日會事蹟日記, 1800年 〈上同,
28p〉
呂圭亨(1849－1922) 撰 「杆城乾鳳寺
事蹟碑銘」〈荷亭集, 卷3 12張, 鉛印

本〉「佛牙塔碑」〈上同, 卷3 15張〉
呂圭亨(1849－1922) 撰 「大韓國江原
道乾奉寺設第四蓮會碧梧大禪師遺蹟
碑」〈乾鳳寺本末寺蹟, 60p, 鉛印本〉
呂圭亨(1849－1922) 撰 「碧梧禪師碑
銘」禪師의 法名은 侑聰, 道號는 碧梧,
俗姓은 崔. 乾鳳寺에서 戒行〈荷亭集,
卷4 4張, 鉛印本〉
月峰 撰書幷篆「釋迦如來齒相立塔碑銘
幷序」1726년 碑를 건립〈乾鳳寺本末
事蹟, 27p, 鉛印本〉
「有明金剛山海谷堂大師出世碑銘幷序」
1739년 碑를 건립〈上同, 53p〉
月岩堂塔序：法名은 智厚. 1821년(純
祖 21) 건립〈上同, 114p〉
「有明朝鮮國口庵大師塔銘幷序」 金相
肅 書〈上同, 55p〉
柳夢寅(1559－1623) 撰 「贈乾鳳寺僧
洽序」〈於于集, 卷4 30張, 木板本〉「贈
乾鳳寺僧信聞序」〈上同, 卷3 46張〉
兪彦鎬(1730－1796) 撰幷篆 曹允亨 書
「有明朝鮮國大圓堂大禪師碑銘幷序」
〈乾鳳寺本末寺蹟, 112p, 鉛印本〉
尹喜求(1867－1926) 撰 金敦熙 書幷
篆 「…萬化堂大禪師碑銘幷序」〈上同,
62p〉
李德壽(1673－1744) 撰 「牧羊堂大師
靈眼碑銘幷序」〈上同, 51p〉
李福源(1719－1792) 撰 姜世晃 書幷篆
「有明朝鮮國龍岩堂大禪師碑銘幷序」
〈上同, 113p〉
李宜顯(1669－1745) 撰 洪得福 書 兪
拓基 篆「有明朝鮮國金剛山雲坡堂大師
碑銘幷序」〈上同, 54p〉
林鳴善 撰「金剛山乾鳳寺樂西庵山神閣
重建及丹雘記, 1893年」〈上同, 38p〉
淨念 撰 「金剛山乾鳳寺樂西庵築石記,
1919年」〈上同, 47p〉
「金剛山乾鳳寺樂西庵重建記, 1912年」
〈上同, 48p〉

「金剛山乾鳳寺樂西庵埋水鑄釜記,
1912年」〈上同, 50p〉
鄭元容(1783-1873)　撰　李勉人　書
「碧波堂大禪師碑銘」〈上同, 114p〉
精頤　撰篆　永盧宇平　書「有明朝鮮金剛
山乾鳳寺月峰大師碑銘幷序」　1693년
碑를 건립〈上同, 53p〉
趙秉弼(1835-1908)　撰「大韓國杆城
乾鳳寺萬日蓮會緣起」1904년　碑를 건
립〈上同, 39p〉
翰爲　撰　「桂雲堂永裕大師塔銘幷序,
1772年」〈上同, 60p〉
건성사(乾聖寺)[1]
경기 江華郡에 있던 절. 고려 高宗
(1213-1259)에서 元宗(1259-1274)
까지 왕이 행차〈寺刹全書, 61p〉
건성사(乾聖寺)[2]
경기 開城市 松岳에 있던 절. 921년
(고려 太祖4) 창건. 고려 高宗(1213-
1259)에서　太宗(1401-1418)때까지
역대 王이 행차〈寺刹全書, 60p〉
李奎報(1168-1241) 詩「宿乾聖寺贈
堂頭」〈東國李相國集, 卷2 11張, 木板
本〉
건원사(乾元寺)
경기 開城市에 있던 절. 1225년(고려
高宗 12) 창건〈寺刹全書, 62p〉
건지사(乾止寺)
황해 殷栗郡 乾止山에 있던 절〈寺刹
全書, 62p〉
吉祥庵, 禪林庵 등이 山內에 부속
건천사(乾川寺)[1]
충북 永同郡 黃岳山에 있던 절〈寺刹
全書, 62p〉
건천사(乾川寺)[2]
충북 沃川郡 東林山에 있던 절〈寺刹
全書, 62p〉
건흥사(乾興寺)[1]
경남 居昌郡 居昌邑 上洞 乾興山에 있
던 절〈불교사전, 25p〉

居昌上洞石造觀音立像 : 보물　제378호.
1960년 지정. 高3.5m. 화강석으로 고
려 때 조성 추정〈文化財大觀 ; 寶物
篇〉
건흥사(乾興寺)[2]⇒ 新興寺[7] 참조
검단사(黔丹寺)
경기 坡州郡 炭縣面 城洞里 鰲頭山에
있는 절. 847년(신라 文聖王 9) 黔丹
(慧昭)이 侍者를 시켜 黔丹山에 창건.
1731년(英祖 7) 현지에 이전〈寺刹全
書, 62p〉
1936년 주지 金正昊가 法堂을 중수〈傳
燈寺本末寺志, 139p, 鉛印本〉
검사(檢寺)
강원 鐵原郡 寅目面 檢寺里에 있던 절
〈寺刹全書, 191p〉
검산사(劍山寺)
경북 蔚珍郡 近南面 杏谷里에 있던 절
〈寺刹全書, 191p〉
견강사(見江寺)⇒ 仙岩寺[2] 참조
견고사(堅固寺)
황해 信川郡 九月山 貝葉寺 경내에 있
던 절〈寺刹全書, 69p〉
견불사(見佛寺)[1]
경남 咸陽郡 智異山에 있던 절〈寺刹全
書, 62p〉
견불사(見佛寺)[2]
황해 長淵郡 佛陀山에 있던 절〈寺刹全
書, 62p〉
견불사(見佛寺)[3]⇒ 江西寺 참조
견불사(見佛寺)[4]⇒ 懸岩寺[2] 참조
견불암(見佛庵)[1]
경북 金陵郡 代項面 黃岳山에 위치. 直
指寺의 부속 암자〈直指寺志, 86p, 筆
寫本〉
견불암(見佛庵)[2]
평북 寧邊郡 妙香山 爐峰 아래 있던 절
〈寺刹全書, 63p〉
鞭羊(1581-1644) 詩「香山見佛庵重
修募緣詩」〈上同〉

견불암(見佛庵)³
함남 新興郡 元平面 新成里 千佛山에
있던 절. 開心寺의 부속 암자〈寺刹全
書, 62p〉
견성사(見性寺)⇒奉恩寺³ 참조
견성암(見性庵)¹
강원 春城郡 北山面 淸平山 남쪽에 있
던 절〈寺刹全書, 65p〉
견성암(見性庵)²
경기 開城市 天磨山에 있던 절〈寺刹
全書, 64p〉
견성암(見性[聖]庵)³
경기 楊州郡 眞乾面 松陵里 天摩山에
있는 절. 고려초기 侍中 趙孟이 수양하
던 곳에 후손들이 선조 유적을 추모하
기 위해 절을 창건. 1861년(哲宗 12)
寶月慧昭가 法殿과 花雨樓를 일신 중
수. 1882년(高宗 19) 鳳城 瑞麟이 중
수〈寺刹全書, 65p〉
李道玄 撰 「見聖庵雨花樓記」〈上同,
66p〉
就虛 撰 「見聖庵重修各部幀新畫成記,
1883年」〈奉先本末寺誌, 116p, 鉛印
本〉
慧昭 撰 「見聖庵重修記, 1860年」〈寺
刹全書, 65p〉
견성암(見性庵)⁴
경남 梁山郡 千聖山에 있던 절〈寺刹
全書, 65p〉
견성암(見性[聖]庵)⁵
평북 雲山郡 雲山面 龍淵洞 白碧山에
위치〈寺刹全書, 67p〉
견성암(見性庵)⁶
전남 求禮郡 馬山面 黃田里 智異山에
있는 절. 一名 浮屠庵. 華嚴寺의 부속
암자〈불교사전, 30p〉
견성암(見性庵)⁷
충남 禮山郡 德山面 斜川里 德崇山에
있는 절. 定慧寺의 부속 암자. 1908년
滿空이 창건〈불교사전, 30p〉

견성암(見性庵)⁸
함남 永興郡 宣興面 平川里 斷俗山에
위치. 一名 見性寺〈寺刹全書, 65p〉
견성암(見性[聖]庵)⁹
황해 鳳山郡 雞遊山에 있던 절〈寺刹全
書, 67p〉
견성암(見聖庵)
함남 文川郡 雲林面 嶺前里 頭流山에
있는 절〈寺刹全書, 67p〉
견수암(見水庵)
전북 完州郡 大芚山 安心寺의 부속 암
자〈寺刹全書, 67p〉
견암사(見庵[岩]寺)⇒古見寺 참조
견암선사(見庵禪寺)⇒古見寺 참조
견일암(見日庵)
경북 尙州郡 外西面 兜率山에 있던 절
〈寺刹全書, 68p〉
鄭經世(1563-1663) 詩 「咸興僧妙淨
…住見日庵…」〈愚伏集, 卷1 12張, 木
板本〉
경고사(京庫寺)
서울에 있던 절. 1420년(世宗 2) 奴婢
를 하사한 기록이 있다〈寺刹全書,
69p〉
경국사(慶國寺)
서울 城北區 貞陵洞 三角山에 있는 절.
1325년(고려 忠肅王 12) 淨慈가 창건
하여 靑岩寺라 명명. 1340년(고려 忠
肅王復位 1) 蔡洪哲居士가 증축. 1693
년(肅宗 19) 蓮華 昇誠이 중수하고 天
台閣을 건립. 1737년(英祖 13) 浩岩 義
訥이 중수. 1842년(憲宗 8) 大隱 朗午
가 大房 중수. 1855년(哲宗 6) 禮峰이
법당 중건. 1868년(高宗 5) 七星閣·
山神閣 중건. 1915년 基松이 極樂寶殿
중건. 1930년 주지 寶鏡이 靈山殿·山
神閣·大房 등을 중수. 一名 靑岩寺
〈寺刹全書, 71p〉
楓南居士 撰 「天台聖殿上梁文」〈寺刹
全書, 71p〉

경덕사(敬德寺)
전북 南原郡 智異山에 있던 절. 1597년
(宣祖 30) 丁酉再亂 때 趙慶男이 유숙
〈寺刹全書, 71p〉

경룡사(驚龍寺)
충남 扶餘郡 望月山에 있던 절 〈寺刹
全書, 75p〉

경복사(景福寺)[1]
경기 開城市에 있던 절. 고려 毅宗
(1146－1170)이　행차　〈寺刹全書,
69p〉

경복사(景福寺)[2]
전북 完州郡 高達[大]山에 있던 절.
650년(고구려 寶藏王 9) 고구려 普德
이 盤龍山 延福寺에서 날려왔다는 飛
來方丈(암자임)이 있었다 〈불교사전,
36p〉
고려 李奎報의 『南行月日記』에 이 절
의 기록이 있다. 1424년(世宗 6) 敎宗
에 소속. 田 3.700結이 하사되고, 또
100結, 그 뒤 50結이 加給 〈寺刹全書,
69p〉
李奎報(1168－1241) 撰 「普德大士畫
像記」〈新增東國輿地勝覽, 卷33 14張,
木板本〉

경소암(警蘇庵)
충남 瑞山郡 八峰面 漁松里 八峰山에
있던 절 〈寺刹全書, 75p〉

경수사(慶壽寺)
경북 盈德郡 盈德面에 있던 절 〈寺刹
全書, 72p〉

경수암(慶壽庵)
충남 瑞山郡 八峰面 漁松里에 있던 절
〈寺刹全書, 72p〉

경암사(鯨岩寺)
서울 東大門區 淸凉里洞에 있던 절.
1477년(成宗8) 道泉 창건 〈寺刹全書,
74p〉

경암사(慶岩寺)
서울 鍾路區 崇仁洞에 있던 절. 寺址에

古瓦, 礎石, 龜趺 등이 산재 〈寺刹全書,
72p〉

경운사(慶雲寺)
평남 安州郡 悟道山에 있던 절 〈寺刹全
書, 72p〉

경원사(慶元寺)
경북 榮州郡 豊基邑 小白山에 있던 절
〈寺刹全書, 72p〉

경월암(擎月庵)
황해 信川郡 南部面 天峰里에 있던 절
〈寺刹全書, 74p〉

경일암(擎日庵)[1]
경기 始興郡 儀旺面 內蓀里 白雲山[慕
洛山]에 있는 절. 1457년(世祖 2) 臨瀛
大君이 창건. 1839년(憲宗 5) 仁含 중
건. 1858년(哲宗 9) 戒允이 중수. 1914
년 李松庵이 중수. 1938년 주지 金高山
이 大房을 중건 〈寺刹全書, 73p〉
仁含 撰 「慕洛山擎日庵法宇重建記,
1839年」〈寺刹全書, 73p〉

경일암(擎日庵)[2]
경북 奉化(옛 安東)郡 淸凉山에 있던
절 〈寺刹全書, 74p〉

경지사(頃只寺)
경북 慶州市 景德王陵 부근에 있던 절.
頃字가 項字의 誤字인 듯. 신라 景德王
(742－764) 때 창건 추정. 一名 項只寺
〈寺刹全書, 70p〉

경천사(慶天寺)
경기 開城에 있던 절. 1113년(고려 睿
宗 8) 王이 이 절 낙성식에 행차. 1318
년(고려 忠肅王 5) 王이 이 절에서 김
을 맸다 〈寺刹全書, 73p〉

경천사(敬[擎]天寺)[1]
경기 開豊郡 光德面 中蓮里 扶蘇山에
있던 절. 유명한 13층석탑이 있었으나,
1918년 日本 宮內部大臣 田中光顯이 日
本으로 훔쳐갔던 것을 찾아와서 國立中
央博物館에 안치. 당시 13층이 파손되
어 10층으로 되었다 〈불교사전, 38p〉

1118년(고려 睿宗 13)부터 역대 王이 행차하여 많은 道場을 설행. 1397년 (太祖 6) 王이 행차하여 妃 神德王后 의 천도를 위해 華嚴道場을 설행 〈寺 刹全書, 70p〉
敬天寺十層石塔 : 현재 서울 鍾路區 世 宗路 國立中央博物館內 위치. 高13.5 m. 대리석으로 1348년(고려 忠穆王 4) 건립. 「至正八年戊子(1348)三月 日」이라는 造塔銘이 있다. 원 위치에 서 1918년 日本으로 불법 반출했다가 파괴가 심하여 반환, 景福宮에 방치되 었다가 1960년 중건하여 博物館에 안 치 〈文化財大觀 ; 國寶篇〉
1924년경 西洋人이 이 塔은 9백만원의 가치가 있다고 했으며, 700년 전 고려 恭愍王 때 魯國公主가 塔 2기를 건립 토록 명했는데, 그 중 하나는 서울 파 고다공원에 안치, 1905년 日本 宮內部 大臣 田中光顯이 前 皇太子 嘉禮 때 賀 客의 특명을 받고 서울에 와서 兵士와 商人 등 50여 명으로 하여금 밤에 塔을 헐어서 반출토록 불법 명령했다. 이리 하여 東京 上野公園에 이전 〈寺刹全 書, 70p〉
敬天寺石塔 : 현재 景福宮에 소재. 1348 년(고려 忠穆王 4) 건립 〈韓國金石文 追補, 26p, 李蘭英 編〉
경천사(敬天寺)[2]
황해 黃州郡 荊岳 남쪽 기슭에 있던 절. 고려 均如의 기사가 있다 〈寺刹全 書, 71p〉
경흥사(慶興寺)[1]
경기 高陽郡 三角山에 있던 절. 肅宗 때 性能 창건 〈寺刹全書, 73p〉
池光翰(1695?−1756?) 詩 「慶興寺呼 韻」〈雪岳遺稿, 1册, 筆寫本〉
경흥사(慶興寺)[2]
경북 慶山郡 南川面 山田洞 動鶴山에 있는 절. 659년(신라 武烈王 6) 海公

창건. 壬亂 때 소실 〈文化遺蹟總覽〉
1897년(光武 1) 金士淑 중건 〈寺刹全 書, 73p〉
계룡갑사(雞龍甲寺)⇒ 甲寺 참조
계룡사(雞龍寺)⇒ 甲寺 참조
계림사(雞林寺)[1]
경북 金陵郡 開寧面 東部洞 甘文山에 있는 절. 신라 法興王(514−539) 때 고 구려 阿道가 창건. 1831년(純祖 31) 性 日이 중건. 1922년 春潭이 중건 〈寺刹 全書, 77p〉
劉荃(1051−1122) 詩 「遊雞林寺贈法 侶, 三絶」〈竹諫逸稿, 卷1 32張, 鉛印 本〉
계림사(雞林寺)[2]
전북 完州郡 鳳東面 隱下里에 위치. 신 라 眞平王(579−631) 때 惠明이 창건, 고려 恭愍王(1352−1374) 때 懶翁이 중건 〈文化遺蹟總覽〉
계명사(雞鳴寺)
경남 居昌郡 迦北面 朴岩里에 있던 절. 寺址에 瓦片이 산재 〈文化遺蹟總覽〉
계명암(雞鳴庵)
부산 東萊區(옛 경남 東萊郡 北面) 靑龍 洞 金井山에 있는 절. 梵魚寺의 부속 암 자 〈불교사전, 41p〉〈寺刹全書, 77p〉
惺牛(1849−1912) 撰 「梵魚寺鷄鳴庵 創建記」〈鏡虛集, 22p〉
계방사(憩房寺)
강원 高城郡 金剛山에 있던 절. 李景奭 (1595−1671)의 『楓岳錄』에 이 절의 기록이 있다 〈寺刹全書, 75p〉
계봉사(雞鳳寺)
충남 靑陽郡 木面 本義里에 있던 절. 1407년(太宗 7) 天台宗에 소속 〈불교 사전, 41p〉〈文化遺蹟總覽〉
雞鳳寺塔 : 高5m. 고구려 때 건립 추정 〈文化遺蹟總覽〉
계빈굴(罽賓窟)⇒ 去賓窟 참조
계선암(繫船庵)

강원　楓嶽山(곧　金剛山)에　있던　절
〈虛應堂集,　291p,　影印本〉
普雨(?－1565)　詩「宿繫般庵」〈上同〉
계성사(啓星寺)
강원　華川郡　下南面　啓星里　啓星山에
있던　절.　1915년　밭을　갈다가　놋시루를
발굴.　거기에「崇禎七年甲戌(1634)正
月十五日僧英俊造成　狼川郡西面通聖
山啓星寺」라고　刻字〈寺刹全書,　75p〉
華川啓星里石燈：국유　보물　제496호.
1968년　지정.　高2.3m.　화강석으로　고
려초기　건립　추정.　일반적으로　8각인
데　비해　이는　희귀한　6角石燈〈文化財
大觀；寶物篇〉
계성사(桂城寺)
경남　陜川郡　龍洲面　龍旨里에　있던　절
〈寺刹全書,　75p〉
계운사(繼雲寺)
강원　平康郡　高岩山에　있던　절〈寺刹
全書,　76p〉
계원사(溪原[源]寺)
경남　昌原郡　餘航山에　있던　절〈寺刹
全書,　75p〉
계조굴(繼祖窟)
강원　襄陽郡　天吼山에　있던　절〈寺刹
全書,　77p〉
계조암(繼祖庵)[1]
강원　高城郡　金剛山에　있던　절.　法宗
(1670－1733)의　『虛靜集；遊金剛山
錄』에　이　절의　기록이　있다〈寺刹全
書,　76p〉
계조암(繼祖庵)[2]
강원　束草市(옛　襄陽郡　道川面)　雪岳
山에　있는　절.　神興寺의　부속　암자.
652년(신라　眞德女王　6)　慈藏　창건.
1890년(高宗　27)　應化가　三聖閣을　창
건〈寺刹全書,　76p〉
1908년　東庵　丹艧.　東杲가　後佛幀　조성
〈乾鳳寺本末事蹟,　89p,　鉛印本〉
계조암(繼祖庵)[3]

경북　迎日郡　內迎山에　있던　절〈寺刹全
書,　76p〉
계조암(繼祖庵)[4]
경북　蔚珍郡　平海面　白岩山에　있던　절.
고려　達空이　창건.　두　폭포와　達空窟이
있다.　達空의　偈誓가　있었다〈寺刹全
書,　76p〉
계조암(繼祖庵)[5]
평북　寧邊郡　薪峴面　妙香山에　위치.　普
賢寺의　부속　암자〈寺刹全書,　76p〉
계조암(繼祖庵)[6]
황해　信川郡　九月山에　있던　절〈寺刹全
書,　77p〉
계조암(繼祖庵)[7]
황해　海州市　北崇山에　있던　절〈寺刹全
書,　77p〉
계조암(繼祖庵)[8]⇒華藏寺[庵][2]참조
계향사(桂香寺)
경기　金浦郡　桂陽面　蠶室里에　있는　절.
1960년경　개울　옆에서　彌勒을　발견한
사람에게　그날　밤　현몽하여　그곳에　절
을　지으라는　계시를　받고,　곧　시행했다
는　전설이　있다〈文化遺蹟總覽〉
고견사(古見寺)
경남　居昌郡　加祚面　水月里　牛頭山에
있는　절.　신라　哀莊王(800－808)　때　順
應　理貞　등이　창건.　1360년(고려　恭愍
王　9)　達順·小山·金臣佐　등이　중건.
太祖가　고려　王氏를　위하여　땅150結을
하사하고　해마다　두　차례씩　水陸齋를
설행.　一名　見庵[岩]寺·見庵禪寺〈불
교사전,　30·45p〉
李穡(1328－1396)　撰　「巨濟縣牛頭山
見庵禪寺重修之記」〈牧隱文藁,　卷5 10
張,　木版本〉
고경사(高慶寺)
전남　長城郡　北下面　笠岩山城에　있던
절〈寺刹全書,　82p〉
고경사(高境寺)
전북　茂朱郡　裳山面　西洞에　있던　절

〈寺刹全書, 82p〉

고녈암(高涅庵)

경남 咸陽郡 智異山에 있던 절 〈寺刹全書, 77p〉

金宗直(1431－1492) 詩 「宿古涅庵」〈佔畢齋詩集, 卷3 10張, 木板本〉

고달사(高達寺)[1]

경기 驪州郡 北內面 上橋里에 있던 절. 764년(신라 景德王 23) 창건〈불교사전, 45p〉

高達寺元宗大師慧眞塔 : 보물 제7호. 1934년 지정. 화강석으로 975년(고려 光宗 26) 건립 추정. 元宗大師는 869－958년까지 생존 〈文化財大觀 ; 寶物篇〉

高達寺元宗大師慧眞塔碑龜趺 및 螭首 : 보물 제6호. 1934년 지정. 현재 서울 鍾路區 世宗路 景福宮 勤政殿 廻廊에 위치. 龜趺高0.91m 長3.21m 幅2.97m, 螭首高1.09m 幅2.33m. 화강석으로 975년(고려 光宗 26) 건립. 「慧目山高達禪院國師元宗大師之碑」라 題額. 碑尾에 「開寶八年(975)…日立刻字李貞順」이라 刻字. 大師는 869－958년까지 생존. 1919년 도괴되었다가 그 뒤 현지에 이전. 碑身은 6片으로 금이 났으며 龜趺와 螭首는 高達寺址에 남음〈上同〉

高達寺址浮屠 : 국보 제4호. 1934년 지정. 高 3.4m. 화강암으로 신라말－고려초기 건립 추정〈上同〉

高達寺址雙獅子石燈 : 보물 제282호. 1958년 지정. 현재 서울 景福宮內에 위치. 高2.43m. 화강석으로 10세기경 건립 추정. 高達寺址에 도괴되었던 것을 부락민 李起中氏가 수습 보관하였다가, 1958년 서울 東苑禮式場 主人 鄭雲氏가 반출하여 後庭에 이전. 1959년 현지에 이전 〈上同〉

高達寺址石佛座 : 보물 제8호. 1934년 지정. 高1.48m. 화강석으로 고려 때 제작 추정〈上同〉

고달사(高達寺)[2]

황해 谷山郡 東村面 梨上里 高達山에 있는 절. 사냥꾼 高達이 창건. 一名 高達庵〈寺刹全書, 82p〉

고덕사(高德寺)

충남 扶餘郡(옛 鴻山縣) 飛鴻山에 있던 절〈寺刹全書, 82p〉

고도사(高道寺)

경북 義城郡(옛 比安縣)에 있던 절 〈寺刹全書, 82p〉

고도암(古道庵)

경북 奉化郡 淸凉山에 있던 절인 듯 〈藥峰集, 卷2 5張, 木板本〉

金克 (? 1585) 詩「古道庵古道兩畫像」〈上同〉

고란사(皐蘭寺)

충남 扶餘郡 扶餘邑 雙北里 扶蘇山에 있는 절. 백제 말기 창건. 일설에는 백제 때에 사라진 3천궁녀의 혼을 위로하기 위하여 1028년(고려 顯宗 19) 창건했다고 전함〈불교사전, 46p〉

李種徽(1731－?) 撰 「皐蘭寺重修記」〈修山集, 卷3 8張, 木板本〉

고령사(古靈[高領]寺)⇒ 普光寺[4] 참조

고령암(古靈庵)

황해 信川郡 九月山에 있던 절. 貝葉寺 山內에 있던 절〈寺刹全書, 78p〉

고룡사(古龍寺)

전남 昇州郡 西面 板橋里에 있던 절. 3층석탑과 浮屠가 남음 〈불교사전, 46p〉

고림사(古林寺)

전북 鎭安郡 鎭安面 郡上里 富貴山에 있는 절. 신라 元曉(617－686)가 창건. 1929년 소실, 1931년 중건〈불교사전, 46p〉

고문암(古文庵)⇒ 國享寺 참조

고방사(古[高]方寺)
경북 金陵郡 農所面 鳳谷洞 白馬山에 있는 절. 526년(신라 法興王 13) 창건. 1719년(肅宗 45) 守天이 중건. 1923년 碧岩이 중건〈寺刹全書, 78p〉

고봉사(高峰寺)[1]
경기 開城市에 있던 절.
고려 睿宗(1106-1122)이 消災道場을 설행〈寺刹全書, 83p〉

고봉사(高峰寺)[2]
경남 咸安郡 靈鷲山에 있던 절〈寺刹全書, 83p〉

고봉사(高峰寺)[3]
전북 高敞郡 新林面 加平里 半登山에 있던 절. 寺址에 돌담이 남음〈寺刹全書, 83p〉

고봉사(高峰寺)[4]
평남 中和郡 海鴨山에 있던 절〈寺刹全書, 83p〉

고봉암(高峰庵)[1]
경기 高陽郡에 있던 절〈불교사전, 47p〉

고봉암(高峰庵)[2]
전남 順天市에 있던 절〈寺刹全書, 83p〉

고사(古寺)[1]
전남 昇州郡 雞足山에 있던 절〈寺刹全書, 78p〉

고사(古寺)[2]⇒定慧[惠]寺[3] 참조
고사(高寺)⇒天龍寺[2] 참조

고산사(杲山寺)
강원 原城郡 雉岳山에 있던 절〈寺刹全書, 78p〉

고산사(孤山寺)[1]
경기 金浦郡 金浦面 望山에 있던 절〈寺刹全書, 78p〉

고산사(孤山寺)[2]
경북 安東郡 부근에 있던 절인 듯〈武陵別集, 卷2 17張, 木板本〉
周世鵬(1495-1554) 詩「孤山寺」〈上同〉

고산사(孤山寺)[3]
전남 靈岩郡 月出山에 있던 절〈寺刹全書, 79p〉

고산사(高山寺)[1]
경남 昌原郡 旃檀山에 있던 절〈寺刹全書, 84p〉

고산사(高山寺)[2]
서울에 있던 절. 大高山寺·小高山寺가 있었다고 전함. 1469년(睿宗 1) 王이 이 절 부근 靑坡驛에 宣傳官을 파견하여 賊徒 28명을 체포〈寺刹全書, 83p〉

고산사(高山寺)[3]
전남 潭陽郡 古西面 古邑里 鎭壓山에 있던 절. 寺址에 瓦片이 산재〈불교사전, 47p〉

고산사(高山寺)[4]
전남 咸平郡 母岳山 서쪽에 있던 절〈寺刹全書, 84p〉

고산사(高山寺)[5]
전북 南原郡 竺峙坊에 있던 절. 신라 때 煙起 창건. 一名 高山庵〈寺刹全書, 84p〉

고산사(高山寺)[6]
충남 唐津郡 高大面 唐津浦里 高山에 있던 절. 寺址에 瓦片이 산재〈寺刹全書, 84p〉

고산사(高山寺)[7]
충남 大德郡 山內面 大成里 食藏山에 있는 절. 신라 道詵(827-898)이 창건. 1641년(仁祖 19) 중수〈불교사전, 47p〉
法藏庵이 山內에 부속

고산사(高山寺)[8]
충남 洪城郡 結城面 無量里 靑龍山에 있는 절. 신라 道詵(827-898)이 창건〈寺刹全書, 83p〉
高山寺大雄殿：보물 제399호. 1963년 지정. 조선초기 건물〈文化財大觀；寶物篇〉

高山寺石塔 : 道詵國師의　추모탑 〈上同〉

고산사(高山寺)⁹
충북 堤川郡 德山面 新峴里 大德山에 있는 절 〈寺刹全書, 83p〉

고산사(高山寺)¹⁰
평남 江東郡 鳳尾山에 있던 절 〈寺刹全書, 84p〉

고산사(高山寺)¹¹
평남 龍岡郡 所串山에 있던 절. 寺址에 官正堂 貞默大師塔이 남음 〈寺刹全書, 84p〉

고산사(高山寺)¹²
황해 鳳山郡 洞仙面 高山里 慈悲山에 위치 〈寺刹全書, 84p〉

고신사(高山寺)¹³
황해 鳳山郡 政方山에 있던 절 〈寺刹全書, 84p〉

고산사(高山寺)¹⁴
황해 海州에 위치 〈梧陰遺稿, 卷1 7張, 木板本〉
尹斗壽(1533−1601) 詩「庚辰(1580) 二月十五日海州高山寺」〈上同〉

고산사(高山寺)¹⁵ ⇒ 法藏寺² 참조

고산사(古山寺)
전남 長興郡 長平面 龍岡里에 있던 절. 고려초기 건립 〈文化遺蹟總覽〉
石造藥師如來佛像 : 高1.8m. 1975년 조그만 암자를 건립하여 봉안 〈上同〉

고산암(高山庵)
함남 咸興郡 古山社에 있던 절 〈寺刹全書, 84p〉

고석사(古石寺)
경북 迎日郡 只杏面 芳山里 妙峰山에 있는 절. 「신라 善德女王(632−646) 당시 古石寺 바위 틈에서 3일 동안이나 서광이 비치므로 점을 치니, 그 바위를 다듬어 佛像을 조성하고 절을 지으면 吉하다 하여 이를 시행했다」는 전설이 있다 〈文化遺蹟總覽〉

고석사(孤石寺)
충남 舒川(옛 韓山)郡 月明山에 있던 절 〈寺刹全書, 79p〉

고선사(高仙寺)
경북 慶州市 暗谷洞에 있던 절 〈寺刹全書, 84p〉

高仙寺誓幢和尙塔碑 : 현재 서울 鍾路區 世宗路 景福宮內에 위치. 長90cm 幅93cm 厚24cm. 上部는 결실, 下部는 3片만 남음. 신라 元曉의 사적비로서 신라 惠恭王(765−779) 때 건립 추정. 和尙의 諱는 誓幢, 俗姓은 薛, 617−686년까지 생존. 1914년 경주에서 발견하여 현지에 이전 〈文化遺蹟總覽〉

高仙寺址龜趺 : 현재 慶州博物館에 위치. 長1.6m 〈上同〉

高仙寺址石燈臺石 : 현재 慶州博物館에 위치. 高38cm 長90cm. 1975년 현위치에 이전 〈上同〉

高仙寺址三層石塔 : 국유 국보 제38호. 1935년 지정. 高9.5m. 화강암으로 692−706년간 건립 추정. 686년(신라 神文王 6) 元曉가 入寂하므로, 이후 건립 추정. 德洞의 댐 공사로 인하여 수몰지역이 되므로 경주박물관에 1975년 이전 〈上同〉

고선암(高禪庵)
경기 開城市 天磨山에 있던 절 〈寺刹全書, 84p〉
權韠(1569−1612) 詩「宿高禪庵」〈石洲集, 卷7 13張, 木板本〉

고성사(高聲寺)
전남 康津郡 康津邑 南城里 報恩山에 있는 절. 조선중기 창건. 丁若鏞이 자주 왕래했다고 전함. 一名 高聲庵 〈文化遺蹟總覽〉
覺岸(1820−1896) 撰 「康津高聲庵中鍾施主案序」〈梵海禪師文集, 卷2 23張〉

고암굴(高岩窟)
전북 高敞郡 雅山面 兜率山에 있던 절.

禪雲寺의 부속 암자. 1596년(宣祖 29) 化主 徐同, 鄭道岩 두 거사가 창건. 丁卯胡亂 때 소실〈寺刹全書, 85p〉

고왕암(古王庵)
충남 公州郡 雞龍面 陽化里 雞龍山에 있는 절. 新元寺의 부속 암자〈불교사전, 48p〉
660년(백제 義慈王 20) 王이 창건. 1419년(世宗 1) 중건. 1928년 淸雲이 중건〈寺刹全書, 78p〉

고운사(孤[高]雲寺)[1]
경북 義城郡 丹村面 龜溪洞 騰雲山에 있는 절. 681년(신라 神文王 1) 義湘이 창건하여 高雲寺라 명명, 뒤에 崔致遠이 如智・如事와 함께 駕虛樓・羽化樓를 건립하고 孤雲寺로 개명. 948년(고려 定宗 3) 雲住・照通 등이 중건. 1018년(고려 顯宗 9) 天祐가 중건. 1695년(肅宗 21) 幸玉・泰運 등이 중수〈寺刹全書, 79p〉
1835년(憲宗 1) 화재, 그 뒤 晩松 등이 곧 중건〈불교사전, 49p〉
白蓮庵・雲水庵 등이 山內에 부속
孤雲寺事蹟碑 : 1729년(英祖 5) 申維翰이 碑文 撰〈寺刹全書, 79p〉1918년 吳始溫 撰, 吳致昇 書〈上同, 81p〉
孤雲寺釋迦如來坐像 : 보물 제246호. 1942년 지정. 화강석으로 통일신라 때 조성 추정〈文化財大觀 ; 寶物篇〉
李簠(1629−1710) 撰 「書孤雲寺禊帖後」〈景玉齋遺集, 木板本〉
許薰(1836−1907) 撰 「釋涵弘堂碑銘幷序」大師의 法名은 致能, 字는 雲寰, 俗姓은 金, 本은 金海. 1805년(純祖 5) 出生, 1878년(高宗 15) 義城 孤雲寺에서 入寂〈舫山集, 卷19 26張, 木板本〉

고운사(孤雲寺)[2]
충남 論山郡 伐谷面 水落里 大芚山에 있는 절. 원래 天護山에 있던 것을 1656년(孝宗 7) 현지에 이전, 新孤雲寺로 개명, 그 뒤 孤雲寺로 개명.〈寺刹全書, 79p〉

고장사(高長寺)
충남 禮山郡 鳳山面 鳳林里에 있던 절. 석축과 瓦片이 남아 있다가 현재는 鳳林저수지로 인해 수몰〈文化遺蹟總覽〉

고적대(高寂臺)
평북 熙川郡 南面 圓明洞 妙香山에 있던 절〈寺刹全書, 85p〉
秋鵬(1651−1706) 撰 「妙香山高寂庵重建慶讚疏」〈雪岩雜著, 卷3 58張, 木板本〉

고정사(高井寺)[1]
충남 牙山郡 高勇山에 있던 절〈寺刹全書, 85p〉

고정사(高井寺)[2]
황해 安岳郡 安岳邑 瑞山里 楊山에 있던 절. 一名 高井庵〈寺刹全書, 85p〉

고정사(高井寺)[3]
황해 殷栗郡 高井山에 있던 절〈寺刹全書, 85p〉

고정사(高井寺)[4]
황해 黃州郡 七峰山에 있던 절〈寺刹全書, 85p〉

고정암(高正庵)
충남 燕岐郡 (옛 全義縣) 高山에 있던 절〈寺刹全書, 85p〉

고중암(高中庵)
평북 江界郡에 있던 절〈寺刹全書, 85p〉

고진불암(古眞佛庵)
전남 海南郡 頭輪山에 있던 절〈寺刹全書, 78p〉

고혜음사(古惠陰寺)⇒ 惠蔭[陰]寺 참조

곡사(鵠寺)⇒ 崇福寺 참조

곡서사(鵠棲寺)
황해 長淵郡 槐林山에 있던 절. 四溟大師 影堂과 事蹟碑가 있다〈寺刹全書, 86p〉

곡성사(穀成寺)⇒ 雲谷寺[1] 참조
곡천사(谷泉寺)
함북 鍾城郡 鍾城面 錦山洞 五峰山에
위치〈불교사전, 50p〉
곤사암(昆沙庵)
평북 江界郡에 있던 절. 昆은 毘字의
착오인 듯〈寺刹全書, 87p〉
곤원사(坤元寺)
경북 慶州市 塔洞에 있던 절. 1170년
(고려 毅宗 24) 鄭仲夫亂 때 王을 巨濟
島로 추방.「1173년(고려 明宗 3) 金
甫當이 前王(毅宗)의 복위를 標榜하
고 亂을 일으켰으나 金甫當이 패하여
前王을 이 절 北淵 위에서 시해했다」
는 전설이 있다〈寺刹全書, 86p〉
곤유암(坤西庵)
전남 長興郡 부근 天冠山에 있던 절
〈枕肱集, 卷2 2張, 木板本〉
懸辯(1616－1684) 詩「謹次天冠山坤
酉庵板上韻」〈上同〉
골굴암(骨窟庵)
경북 月城郡 陽北面 安洞里에 있던 절
〈寺刹全書, 87p〉
骨窟庵磨崖如來坐像 : 高4m. 통일신라
때 조성 추정〈文化遺蹟總覽〉
골내사(骨乃寺)
경북 安東郡 禮安面 靈芝山에 있던 절
〈寺刹全書, 87p〉
골암사(鶻岩寺)
경북 安東郡 鶴駕山에 있던 절.「신라
義湘의 제자 悟眞이 이 절에 있으면서
밤이면 팔을 뻗쳐서 浮石室의 등불을
켰다」고 전한다〈寺刹全書, 87p〉
공덕대사(功德大寺)
충남 扶餘郡에 있던 절〈寺刹全書,
88p〉
공덕사(功德寺)
경북 永川郡 母子山에 있던 절. 太宗
때 華嚴宗에 소속〈寺刹全書, 88p〉
공림사(公[空]林寺)

충북 槐山郡 靑川面 沙潭里 落影山에
있는 절. 太宗 때 慈恩宗에 소속〈寺刹
全書, 87p〉
得通(1376－1433) 詩「遊空林寺」〈涵
虛語錄, 47p〉
雨霽 撰「公林寺重修記, 壬戌(1742)」
〈寺刹全書, 87p〉
공암사(孔岩寺)
평남 孟山郡 元南面 杏山里 孔岩山에
있던 절〈寺刹全書, 88p〉
공전사(公田寺)
충북 堤川郡 鳳陽面 公田里 朴達山에
있던 절. 3층석탑(高7m) 1기가 日帝
때까지 있었다고 전함〈文化遺蹟總覽〉
과안사(過鴈寺)
충남 牙山郡 西達山에 있던 절〈寺刹全
書, 88p〉
관국사(關國寺)
경기 仁川市 富平洞에 있던 절. 寺址에
서「康熙十八年(1679)三月日重修」라
는 瓦片이 출토. 그 밖에 고려 청자 조
각이 많이 출토된 것으로 볼 때 고려 때
건립 추정〈文化遺蹟總覽〉
관남사(觀南寺)
황해 平山郡 滅惡山에 있던 절〈寺刹全
書, 91p〉
관란사(觀瀾寺)
경기 開城市에 있던 절〈불교사전,
58p〉1165년(고려 毅宗 19) 王이 행차
〈寺刹全書, 91p〉
金富軾(1075－1151) 詩「觀瀾寺樓」
〈東文選, 卷12 12張, 木板本〉
관람사(觀覽寺)
경북 榮州郡 順興面 石橋里에 있던 절
〈寺刹全書, 91p〉
관룡사(觀龍寺)
경남 昌寧郡 昌寧邑 玉泉里 觀龍山에
있는 절, 신라 脫解王 40년 己酉에 창건
〈寺刹全書, 91p〉
1617년(光海 9) 靈雲이 중건〈上同〉

脫解王은 23년간 집권했으며 己酉年도 없었다〈編者〉

極樂庵, 靑龍庵 등이 山內에 부속

觀龍寺大雄殿 : 보물　제212호.　1940년 지정.　1401년(太宗 1) 창건.　壬亂으로 소실,　1617년(光海 9) 중건.　1749년 (正祖 25) 중건〈文化財大觀 ; 寶物篇〉

觀龍寺藥師殿 : 보물　제146호.　1936년 지정〈上同〉

觀龍寺龍船臺石造釋迦如來坐像 : 보물 제295호.　1958년 지정.　高3.24m.　화강 석으로 통일신라 때 조성 추정〈上同〉

觀龍寺石造如來坐像 : 보물 제519호. 1970년 지정〈上同〉

觀龍寺藥師殿三層石塔 : 地有 제11호. 1972년 지정.　高2m.　신라말ー고려초 기 건립 추정〈文化遺蹟總覽〉

관묘암(觀妙庵)
평남 江西郡 淸凉山에 있던 절〈불교 사전, 58p〉

관북사(關北寺)
경기 仁川市 南區 萬壽洞에 있던 절. 寺址에서 고려・조선조의 瓦片이 출토 〈文化遺蹟總覽〉

관북사(館北寺)
황해 平山郡 麟山面 麒麟里 聖跡山에 있는 절. 聖跡山은 원래 猫山이었는데, 1636년(仁祖 14) 孝宗이 潛邸 때 瀋陽 에 볼모로 갔다가 귀국길에 이 山에 올 라 漢城을 바라보았기 때문에 聖跡山 이라고 개명. 一名 石鍾寺〈寺刹全書, 89p〉

관불사(觀佛寺)[1]
경기 開豊郡 嶺北面 天磨山 박연폭포 위에 있던 절〈寺刹全書, 91p〉

관불사(觀佛寺)[2]
황해 鳳山郡 正[政]方山城 안에 있던 절〈寺刹全書, 91p〉

관사(關寺)
충북 沃川郡 伊院面 伊院里에 있던 절.

고려 때 창건. 5층탑(高 약3m)이 있었 다. 山頂 오른쪽에 烽燧臺가 있었던 것 으로 추정〈文化遺蹟總覽〉

관서사(觀西寺)
충남 牙山郡 燕岩山에 있던 절〈寺刹全 書, 91p〉

관선암(觀禪庵)⇒留仙庵 참조

관성암(觀性庵)
전북 沃溝郡(옛 臨陂縣) 三星山에 있 던 절〈寺刹全書, 92p〉

관성암(觀聖庵)
太白山에 있던 절인 듯〈陽園集, 卷1 104張, 影印本〉
申箕善(1851-1909) 詩 「題落迦山觀 聖庵」〈上同〉

관성암(寬性庵)
황해 鳳山郡 雞遊山에 있던 절〈寺刹全 書, 89p〉

관악사(冠岳寺)
경기 始興郡 冠岳山에 있던 절. 1550년 (明宗 5) 이 절 승려 戒膺이 明宗에게 虎皮를 진상하니 王이 포상〈寺刹全書, 88p〉
成侃(1427-1456) 撰 「遊冠岳寺北岩 記」〈東文選, 卷82 15張, 木板本〉

관운암(寬雲庵)
경기 高陽郡 碧蹄面에 있던 절. 판서 兪 集一의 願堂〈寺刹全書, 89p〉

관음굴(觀音窟)[1]
강원 襄陽郡 降峴面 前津里 洛山에 있 는 절. 一名 紅蓮庵. 洛山寺의 부속 암 자. 676년(신라 文武王 16) 義湘이 창 건. 1619년(光海 11) 중건. 1752년(英 祖 28) 眞麟이 중수. 1797년(正祖 21) 惠昊이 중건. 1868년(高宗 5) 장마로 도괴,1869년 義演이 중건. 1908년 도 괴, 1911년 興雲・晴湖 등이 중수〈寺 刹全書, 106p〉
1683년(肅宗 9) 佛像 改金 후 한 明珠 가 공중에서 내려짐. 釋謙이 明珠를 보

관하기 위하여 塔을 조성. 1908년 觀音窟 도괴. 1911년 興雲 등이 觀音窟을 중건 〈乾鳳寺本末事蹟, 117－120p〉
海水觀音空中舍利碑：紅蓮庵 입구 좌측에 위치. 1694년(肅宗 20) 자연 암벽을 깎아 조성. 碑文은 李玄錫 撰書篆 〈文化遺蹟總覽〉
箕玟 撰 「洛山寺觀音窟上梁文, 1911年」〈乾鳳寺本末事蹟, 140p〉「洛山寺觀音窟重創記, 1911年」〈上同〉
金坵(1211－1278) 撰 「洛山寺觀音慶讚疏」〈寺刹全書, 106p〉
李奎報(1168－1241) 撰 「洛山觀音腹藏修補文幷頌」〈上同〉
崔秉復 撰 「紅蓮庵重建記, 1810年」〈乾鳳寺本末事蹟, 140p〉

관음굴(觀音窟)²
경기 開豊郡 嶺北面 박연폭포 위에 있던 절 〈寺刹全書, 104p〉
1395년(太祖 4) 王이 행차. 그 뒤 여러 번 행차 〈李朝實錄佛教鈔存, 卷1 11張〉
權近(1352－1409) 撰 「觀音窟落成慶讚華嚴經疏」〈陽村集, 卷27 6張, 木板本〉
「觀音窟行水陸齋疏」〈東文選, 卷113 18張, 木板本〉

관음굴(觀音窟)³
경북 榮州郡(옛 順興) 小白山에 있던 절. 退溪 李滉이 이 절에 유숙한 적이 있었다고 함 〈寺刹全書, 105p〉

관음굴(觀音窟)⁴
전남 靈岩郡 達磨山에 있던 절 〈寺刹全書, 105p〉

관음굴(觀音窟)⁵
평북 義州郡 馬頭山에 있던 절 〈寺刹全書, 108p〉

관음방(觀音房)¹
경기 開城 부근에 있던 절인 듯. 1343년(고려 忠肅王復位 4) 王이 이 절에

행차하여 嬖臣 金善莊으로 하여금 忌日齋를 설행 〈寺刹全書, 108p〉

관음방(觀音房)²
경북 達城郡(옛 玄風縣)에 있던 절 〈寺刹全書, 108p〉

관음방(觀音房)³ ⇒ 海雲庵⁴ 참조

관음사(觀音寺)¹
강원 江陵市 錦鶴洞에 있는 절. 月精寺와 乾鳳寺 兩本山에서 연합하여 1922년 창건. 1923년 月精寺에 소속. 신라 無盡寺址에서 출토된 塔材를 이전. 1794년(正祖 18) 普賢寺에서 주조한 梵鐘(크기 : 90×58cm)이 있다 〈文化遺蹟總覽〉

관음사(觀音寺)²
강원 楊口郡 四明山에 있던 절 〈寺刹全書, 99p〉

관음사(觀音寺)³
강원 伊川郡 高達山에 있던 절 〈불교사전, 60p〉

관음사(觀音寺)⁴
강원 旌善郡 飛鳳山 절벽 위에 위치. 신라 義湘이 있던 절 〈寺刹全書, 99p〉

관음사(觀音寺)⁵
강원 通川郡 通川面 兌里 金剛山에 있는 절. 675년(신라 文武王 15) 義湘이 창건. 1846년(憲宗 12) 影潭이 중건. 1867년(高宗 4) 중수 〈寺刹全書, 98p〉 1744년(英祖 20) 宗勤·性泗 등이 騎鶴堂浮屠를 건립. 1890년(高宗 27) 性覺이 東翼廊 중건. 1897년 裵善化가 山神閣 건립. 1910년 羅漢鏡 주지가 改金佛事를 봉행. 1921년 羅漢鏡 和尙이 西翼廊 중건. 1925년 羅漢鏡 和尙이 蓮海樓 건립. 1933년 李慧月 和尙이 중수 〈楡岾寺本末寺志, 749p〉
洛迦庵, 上內院庵, 地藏庵, 下內院庵 등이 山內에 부속
禪教兼講普濟群迷扶宗傳法騎鶴堂大師斗策之塔碑：1744년 건립〈上同, 752p〉

松田大師石鐘 : 觀音寺에 위치〈上同〉
金啓駿 撰 「觀音寺蓮海樓創建及募緣
記, 1925年」〈上同, 754p〉
白牛 撰「通川郡觀音寺創建事蹟, 1929
年」〈寺刹全書, 98p〉
太守 撰「觀音寺重修記, 丁卯(1925?)」
〈上同〉
관음사(觀音寺)[6]
강원 洪川郡 石花山에 있던 절〈寺刹
全書, 99p〉
관음사(觀音寺)[7]
경기 開豊郡 嶺北面 古德里 天磨山 박
연폭포 상류에 위치. 970년(고려 光宗
21) 法印이 창건하여 觀音窟이라 명명
〈傳燈本末寺志, 228p〉
고려 忠烈王(1274-1308)이 행차〈寺
刹全書, 94p〉
1383년(고려 禑王 9) 太祖가 東北面
都元首 때 중건. 1393년(太祖 2) 확장.
1646(仁祖 24) 正明이 중건, 1797년
(正祖 21) 成訓이 중수. 1923년 高明
眞이 중수. 1935년 주지 李根植이 법당
중수. 寮舍 중건〈上同, 93p〉
1654년(孝宗 5) 敬倫이 盖瓦 수선.
1660년 重建碑를 건립. 1920년 慧鏡이
三尊佛像 改金〈傳燈本末寺志, 223p-
228p〉
權近(1352-1409) 奉敎撰 「觀音窟落
成慶讚華嚴經疏」〈陽村集, 卷27, 木板
本〉「觀音窟行水陸齋疏」〈上同, 卷28〉
金石山 識幷書 「天磨山觀音寺三尊佛
像改金功德誦, 1920年」〈傳燈本末寺
志, 226p〉
花園居士 撰 「天磨山觀音寺重建碑,
1660年」〈寺刹全書, 93p〉
관음사(觀音寺)[8]
경기 漣川郡 旺澄面 佳川里 靈原山에
있던 절. 1407년(太宗 7) 慈恩宗에 소
속〈寺刹全書, 92p〉
관음사(觀音寺)[9]

경남 晉陽郡 仙遊山에 있던 절〈寺刹全
書, 98p〉
관음사(觀音寺)[10]
경남 昌寧郡 都泉面 松津里에 있는 절.
경내에 石佛(高1.4m)이 있고, 고려 때
건립으로 추정되는 3층석탑(高1.62m)
이 있다〈文化遺蹟總覽〉
관음사(觀音寺)[11]
경남 咸安郡 伽倻面 末山里에 있는 절.
1935년 건립〈文化遺蹟總覽〉
관음사(觀音寺)[12]
경북 大邱市 中區 三德洞에 있는 절
〈불교사전, 60p〉
관음사(觀音寺)[13]
경북 聞慶郡 聞慶邑 觀音里에 있던 절.
통일신라 때 保國安民을 위해 창건. 몽
고의 침입으로 소실. 3층석탑과 石佛立
像(高3.55m)이 남음〈文化遺蹟總覽〉
관음사(觀音寺)[14]
서울 冠岳區 舍堂洞 冠岳山에 있는 절.
895년(신라 眞聖女王 9) 道詵이 암자
를 건립하여 수도. 1863년(哲宗 14) 行
稔이 金汶根의 희사금으로 중수. 1924
년 劉桂燁 등이 大房을 중건. 1925년
寮舍를 중수. 1929년 鄭泰善이 七星閣
을 중건. 1930년 山神閣을 건립. 1932
년 龍華殿을 건립. 1942년 極樂殿을 중
수〈寺刹全書, 92p〉
行德 撰「觀音寺重修記, 1924年」〈上同〉
관음사(觀音寺)[15]
전남 谷城郡 梧山面 善世里 聖德山에
있는 절. 300년(신라 基臨王 3) 처녀
聖德이 창건〈불교사전, 60p〉
1374년(고려 恭愍王 23) 중건. 丁酉再
亂 때 거의 소실. 1623년(光海 15) 勝
블이 正門을 중건. 1624년(仁祖 2) 釋
行·惠淨 등이 禪僧 2寮를 중건. 1636
년(仁祖 14) 三學이 圓通殿을 중수.
1718년(肅宗 44) 楚玉이 중수. 1950년
圓通殿을 소실〈寺刹全書, 95p〉

大隱庵, 地藏庵 등이 山內에 부속
白梅子 撰 「聖德山觀音寺事蹟, 1729
年」〈上同, 96p〉
呂昌鉉(1897-1975) 撰 「觀音寺法堂
重建記」〈雲沙遺稿, 卷3 54張〉
鼎鎬(1870-1948) 撰 「錦浪閣重建記,
1940年」〈寺刹全書, 97p〉
관음사(觀音寺)[16]
전남 光州市 東區 忠壯路에 있는 절.
통일신라 때 창건 추정. 경내에 통일신
라 때 건립으로 추정되는 허물어진 石
塔이 있다 〈文化遺蹟總覽〉
관음사(觀音寺)[17]
전남 莞島郡 莞島邑 郡內里에 있는 절.
1936년 건립 〈文化遺蹟總覽〉
관음사(觀音寺)[18]
전북 茂朱郡 雪川面 所川里에 있는 절.
1938년 창건 〈文化遺蹟總覽〉
관음사(觀音寺)[19]
전북 完州郡 鳳東邑 堤內里에 있던 절.
寺址에 돌담과 주초석이 남음 〈寺刹全
書, 94p〉
관음사(觀音寺)[20]
제주 濟州市 二徒洞에 있는 절 〈불교
사전, 60p〉
관음사(觀音寺)[21]
충남 牙山郡 靈仁面 牙山里에 있는 절
〈文化遺蹟總覽〉
관음사(觀音寺)[22]
충남 天原郡 稷山面에 있던 절. 1415년
(太宗 15) 주위에 지진이 발생 〈寺刹
全書, 94p〉
관음사(觀音寺)[23]
충남 洪城郡 象星山에 있던 절 〈寺刹
全書, 94p〉
관음사(觀音寺)[24]
충북 報恩郡 俗離山에 위치 〈涵虛語
錄, 影印本〉
관음사(觀音寺)[25]
평남 价川郡 鳳東面 鳳下里 姑射山에

있는 절 〈寺刹全書, 100p〉
관음사(觀音寺)[26]
평남 德川郡 觀音山에 있던 절 〈寺刹全
書, 100p〉
관음사(觀音寺)[27]
평남 孟山郡 孔岩山에 있는 절 〈寺刹全
書, 100p〉
관음사(觀音寺)[28]
평남 順川郡 倭架山에 있던 절 〈寺刹全
書, 100p〉
관음사(觀音寺)[29]
평남 順川郡 殷山面 天聖里 天聖山에
있는 절 〈寺刹全書, 100p〉
法宗(1670-1733) 撰 「天聖山觀音寺
碑銘幷序」〈虛靜集, 下 13張, 木板本〉
관음사(觀音寺)[30]
평남 陽德郡 三方山에 있던 절 〈寺刹全
書, 100p〉
관음사(觀音寺)[31]
평남 平原郡 德山面 三井里에 있던 절
〈寺刹全書, 100p〉
관음사(觀音寺)[32]
평남 平原郡 龍湖面 南陽里 臥龍山에
있던 절 〈寺刹全書, 100p〉
관음사(觀音寺)[33]
평북 江界郡에 있던 절 〈寺刹全書,
100p〉
관음사(觀音寺)[34]
평북 寧邊郡 藥山에 있던 절 〈寺刹全
書, 100p〉
관음사(觀音寺)[35]
평북 博川郡(옛 嘉山縣) 曉星山에 있
던 절 〈寺刹全書, 100p〉
관음사(觀音寺)[36]
평북 朔州郡 劍隱山에 있던 절 〈寺刹全
書, 100p〉
관음사(觀音寺)[37]
평북 厚昌郡 厚昌面 郡內洞 天摩山에
있는 절 〈寺刹全書, 100p〉
관음사(觀音寺)[38]

함남 北靑郡 泥谷面 上里 八峰山에 있
는 절 〈寺刹全書, 99p〉
관음사(觀音寺)[39]
함남 定平郡 到城山에 있던 절 〈寺刹
全書, 99p〉
1412년(太宗 12) 이 절의 北窟 佛像에
서 땀이 났다 〈李朝實錄佛敎鈔存, 卷1
72張〉
관음사(觀音寺)[40]
함북 鍾城郡 南山面 細川洞 洛迦山에
있는 절 〈불교사전, 61p〉
관음사(觀音寺)[41]
황해 延白郡 雉岳山에 있던 절 〈寺刹
全書, 100p〉
관음사(觀音寺)[42]
황해 黃州郡 黃州邑에 있던 절 〈寺刹
全書, 100p〉
관음사(觀音寺)[43] ⇒ 無爲寺 참조
관음사(觀音寺)[44] ⇒ 三幕〔藐〕寺 참조
관음암(觀音庵)[1]
강원 高城郡 外金剛面 金剛山에 있던
절 〈寺刹全書, 101p〉
관음암(觀音庵)[2]
강원 金化郡 赤斤山에 있던 절 〈寺刹
全書, 101p〉
관음암(觀音庵)[3]
강원 伊川郡 山內面 開運山에 있던 절.
一名 觀音寺 〈寺刹全書, 101p〉
觀音寺碑 : 1730년(英祖 6) 건립 〈上
同〉
碧庵大師碑 : 1734년(英祖 10) 건립
〈上同〉
圓明庵碑 : 1734년(英祖 10) 건립 〈上
同〉
天谷大師碑 : 1734년(英祖 10) 건립
〈上同〉
翠雲大師碑 : 1734년(英祖 10) 건립
〈上同〉
幻虛惠谷大師舍利塔 : 1734년(英祖 10)
건립 〈上同〉

관음암(觀音庵)[4]
강원 鐵原郡 金化邑에 있던 절 〈불교사
전, 61p〉
관음암(觀音庵)[5]
강원 平昌郡 五臺山에 있던 절 〈陽村
集, 卷14 2張, 木板本〉
權近(1352-1409) 撰 「五臺山觀音庵
重創記」〈上同〉
관음암(觀音庵)[6]
강원 平昌郡 珍富面 滿月山에 있는 절.
月精寺의 부속 암자 〈寺刹全書, 101p〉
관음암(觀音庵)[7]
강원 淮陽郡 金剛山에 있던 절. 秋江 南
孝溫의 「金剛山記」에 이 절의 기록이
있다 〈寺刹全書, 101p〉
관음암(觀音庵)[8]
경남 晉陽郡 仙遊峰에 있던 절 〈寺刹全
書, 101p〉
관음암(觀音庵)[9]
경남 忠武市 鳳坪洞 彌勒山에 있는 절.
龍華寺의 부속 암자 〈불교사전, 61p〉
관음암(觀音庵)[10]
경북 大邱市 東區 道洞 洛迦山에 있는
절. 834년(신라 興德王 9) 心地가 창
건. 1933년 海山이 중건 〈寺刹全書,
101p〉
관음암(觀音庵)[11]
서울 道峰區 道峰洞 道峰山 天竺寺 서
쪽에 있는 절. 조선 太祖가 기도하던
곳. 1938년 天竺寺 주지 鎔泰가 중건
〈寺刹全書, 100p〉
관음암(觀音庵)[12]
충남 禮山(옛 德山)郡 德山面 上伽里
象王山에 있는 절. 報德寺의 부속 암자
〈불교사전, 61p〉
관음암(觀音庵)[13]
함남 北靑郡 泥穀山에 있던 절 〈寺刹全
書, 101p〉
관음암(觀音庵)[14]
함남 新興郡 西古川面 中興里 洛迦山에

에 있는 절 〈寺刹全書, 101p〉
관음암(觀音庵)[15]
함남 咸興郡 觀音坊에 있던 절 〈寺刹
全書, 101p〉
관음암(觀音庵)[16] ⇒ 觀音窟[1] 참조
관음전(觀音殿)[1]
경북 達城郡 玉浦面 盤松洞 琵瑟山에
있는 절. 龍淵寺의 부속 암자 〈불교사
전, 61p〉
관음전(觀音殿)[2]
경북 尙州郡 內西面 露岳山에 위치. 南
長寺의 부속 암자. 신라 眞鑑이 창건.
1668년(顯宗 9) 申義益이 중건. 1752
년(英祖 28) 化主 喚應이 祖室을 건
립. 1797년(正祖 21) 靑坡가 祖室을
중건 〈寺刹全書, 102p〉
암자 안에 主尊佛은 土製의 觀音菩薩
坐像이며 木刻佛幀, 靑銅飯子 등이 있
다. 木刻佛幀은 1694년(肅宗 20) 제작
하여 天柱山 想蓮庵에 봉안되었던 것
을 1819년 이 절에 移安 〈文化遺蹟總
覽〉
括虛沙門 撰 「露陰山南長寺觀音殿祖
室新建上梁文」〈寺刹全書, 102p〉
龍峯 撰 「南長寺觀音殿佛像及後佛木
幀改金記, 1841年」〈上同, 103p〉
淸坡 撰 「南長寺觀音殿重建記, 1797
年」「南長寺觀音殿祖室重建記, 1802
年」〈上同, 102p〉
관음전(觀音殿)[3]
충남 禮山郡 德山面 上加里 象王山에 있
는 절. 一名 觀音庵 〈寺刹全書, 101p〉
관음전(觀音殿)[4]
황해 鳳山郡에 있던 절. 고려 李穡의
詩가 있다 〈寺刹全書, 104p〉
관응사(觀應寺)
강원 華川郡 華川面 中里 觀應山에 있
는 절. 1909년 柳成敏이 부근 靑蓮庵의
흩어진 재목을 이전하여 觀應寺라 명
명. 1916년 韓龍化가 大雄殿을 건립.

1923년 韓龍化 주지가 山神閣을 건립.
1925년 韓龍化 수리 〈楡岾寺本末寺志,
879p, 鉛印本〉
金明濟 撰 「觀應寺山神閣重建記, 1923
年」〈楡岾寺本末寺志, 884p, 鉛印本〉
柳成敏 撰 「華川郡石結山觀應寺創建
記, 1911年」〈寺刹全書, 108p〉
韓龍化 撰 「華川郡石結山觀應寺法堂重
建記, 1916年」〈楡岾寺本末寺志, 882p,
鉛印本〉「華川郡石結山觀應寺重修記,
1925年」〈上同, 883p〉
관적사(觀寂寺)
황해 谷山郡 覓美面 摩訶里 五倫山에
위치 〈寺刹全書, 109p〉
丁若鏞(1762-1836) 撰 「觀寂寺記」
〈與猶堂全書, 1集 卷14 13張〉
관정사(觀靜寺)
경기 開豊郡 帝釋山에 있던 절. 1004년
(고려 穆宗 7) 창건. 1157년(고려 毅宗
11) 王이 행차 〈寺刹全書, 109p〉
관정사(觀正寺)
충남 禮山郡 道高山에 있던 절 〈寺刹全
書, 109p〉
관정사(觀淨寺)
황해 黃州郡 仁橋面 文秀里 天柱山에
있는 절. 觀井寺인 듯 〈寺刹全書, 109p〉
관족사(觀足寺) ⇒ 觀燭寺 참조
관집사(觀集寺)
충북 忠州市에 있던 절. 1402년(太宗
2)부터 佛典과 文籍을 보관. 1425년
(世宗 7) 春秋館에서 各 州·府·郡·
縣의 裨補寺刹을 창립토록 啓했다 〈寺
刹全書, 110p〉
관촉사(灌燭寺)
충남 論山郡 恩津面 灌燭里 般若山〔盤
樂山〕에 있는 절. 968년(고려 光宗 19)
창건. 법당은 1386년(고려 禑王 12) 창
건 〈寺刹全書, 89p〉
1412년(太宗 12) 石佛에서 땀이 났다
〈李朝實錄佛敎鈔存, 卷1 74張〉

1581년(宣祖 14) 貌只가 중수. 1674년
(肅宗 1) 智能이 중수. 1735년(英祖
11) 性能이 개수. 一名 灌足寺〈寺刹全
書, 89p〉
경내에　己未獨立運動記念碑가　있다
〈文化遺蹟總覽〉
灌燭寺石燈 : 보물 제232호. 1940년 지
정. 高5.45m. 화강석으로 968년(고려
光宗 19) 건립 추정〈文化財大觀 ; 寶
物篇〉
灌燭寺石造彌勒菩薩立像 : 보물 제218호.
1970년 지정. 동양 최고의 石佛立像.
高18.12m. 화강석으로 968년(고려 光
宗 19) 般若山 서북쪽에 큰 돌이 솟아
있던　것을　조정에서　慧明을　시켜
970−1006년 37년 동안 조성. 圓筒形
冠 위에 이중 4각형 寶髻. 그 네 모퉁이
에 銅鈴을 장식. 속칭「恩津彌勒」이라
고도 함〈上同〉
灌燭寺禮拜石 : 地有　제62호.　1976년
지정. 菩薩立像의 禮拜石. 長2m 幅1m
의 長方形. 8葉蓮花 3개가 蓮枝에 달려
있는 조각이 있다. 화강암으로 菩薩像
과 동시(968) 조성 추정〈文化遺蹟總
覽〉
관해사(觀海寺)
함북 鏡城郡 鏡城面 城南洞 雲住山에
위치. 조선중기 창건. 1806년(純祖 6)
중수. 1862년(哲宗 13) 洪義範・李祉
松 등이 중수. 1890년(高宗 27) 중수.
1938년　大雄殿을　중건〈寺刹全書,
110p〉
관해암(觀海庵)[1]
평남 平原郡 兩花面 新成里 檢山에 있
던 절〈寺刹全書, 110p〉
관해암(觀海庵)[2]
함남 利原郡 南松面 浦津里 黃龍山에
위치〈寺刹全書, 110p〉
관화사(貫華寺)
경기 華城郡 南陽面에 있던 절. 1407년

(太宗 7) 太祖의 주선으로 창건. 많은
하사물이 있음〈寺刹全書, 89p〉
광경사(廣景寺)
충남 洪城郡 洪城邑 昭香里에 있던 절.
고려말기 창건〈文化遺蹟總覽〉
廣景寺石塔 : 5층석탑. 高2.3m. 화강암
으로 고려말기 寺刹 창건 당시 건립. 현
재는 洪城女高에 이전. 3층만 남음〈上
同〉
광교사(光敎寺)
경기 開城에 위치〈稼亭集, 卷2 5張, 木
板本〉
李穀 撰「京師報恩光敎寺記, 1336年」
〈上同〉
광국사(廣國寺)
서울 鍾路區 東小門 밖에 있던 절〈寺
刹全書, 111p〉
광당(廣堂)
경북 義城郡에 있던 절. 寺址에 石佛이
있다〈寺刹全書, 111p〉
광대사(廣大寺)
경북 蔚珍郡 遠南面 吉谷里에 있던 절.
고려 때 창건. 현재는 石塔만 남음〈蔚
珍郡志, 田永璟 編, 1971印〉
광덕사(廣德寺)[1]
경기 開城市에 있던 절. 1331년(고려
忠惠王 2) 王이 행차하여 물놀이를 구
경〈寺刹全書, 111p〉
광덕사(廣德寺)[2]
경기 安養市 安養里에 있던 절〈寺刹全
書, 111p〉
광덕사(廣德寺)[3]
충남 天原郡 廣德面 廣德里 泰華山에
있는 절. 652년(백제 義慈王 12) 慈藏
이 창건하고서 佛齒牙를 봉안. 石塔, 石
獅子, 浮屠 4기, 御筆敎旨 등을 보관
〈文化遺蹟總覽〉
1414년(太宗 14) 王이 廣德寺 소장『大
般若經』1秩을 日本僧 圭籌에게 하사하
라고 禮曹에 칙령〈寺刹全書, 111p〉

吉祥庵, 東殿, 安養庵 등이 山內에 부속

廣德寺高麗寫經(6冊) : 보물 제390호. 1963년 지정. 고려말기-조선초기 간행 추정. 1963년경 東國大學校博物館에 보관〈文化財大觀 ; 寶物篇〉

廣德寺五層石塔 : 652년(백제　義慈王 12) 寺刹 창건 당시 건립〈文化遺蹟總覽〉

韓繼禧(1423-1482) 撰, 鄭蘭宗 書 「華山廣德寺舍利閣銘, 1463年」〈寺刹全書, 111p〉

광덕사(廣德寺)[4]
함남 安邊郡 烏鴨山에 있던 절〈寺刹全書, 112p〉

광덕사(廣德寺)[5]⇒ 北水寺 참조
광덕사(廣德寺)[6]⇒ 安養寺[3] 참조
광덕사(光德寺)[1]
경기 平澤郡 玄德面 新旺里 高登山에 있던 절. 寺名은 전설에 의함. 10세기경 창건. 15-17세기경 폐사. 寺址로부터 약20m 아래 계곡에 목과 右手가 절단된 石佛이 방치됨〈文化遺蹟總覽〉

광덕사(光德寺)[2]
충북 槐山郡 道安面 光德里에 있는 절. 신라말기 창건 추정. 10세기경 조성으로 보이는 佛像(高4.8m)이 있다〈文化遺蹟總覽〉

광도사(廣度寺)
경북 蔚珍郡 平海面 厚浦里에 위치〈蔚珍郡志, 田永璟 篇, 1971印〉

광릉사(光陵寺)
경기 楊州郡에 위치〈樊岩集, 卷17 6張, 木板本〉

蔡濟恭(1720-1799) 詩 「宿光陵寺」〈上同〉

광명사(廣明寺)
경기 開城市 滿月洞에 있던 절. 고려 太祖가 옛 집을 절로 만들고, 西海 龍女와 같이 살았다고 전하며, 太宗 때까

지 역대 帝王이 많은 행사를 설행. 1405년(太宗 5) 쌀·콩 등 50石과 奴婢를 하사, 1424년(世宗 6) 밭 100結을 加給. 世宗 때 敎宗에 소속〈寺刹全書, 112p〉

權近(1352-1409) 撰 「廣明寺行狐鳴聲鴉鴇鳥爭噪毘盧舍那道場兼太一祈禳疏」〈陽村集, 卷27 2張, 木板本〉

李奎報(1168-1241) 撰 「廣明寺禪會設齋請說禪文」〈東國李相國集,　卷41 10張〉

광명사(光明寺)
평남 安州郡 大尼面 鳳鳴里 光明山에 있던 절〈寺刹全書, 110p〉

광법사(廣法寺)[1]
평남 大同郡 林原面 松岩里 大聖山에 위치. 고구려 阿道가 창건. 고려 懶翁(1320-1376)이 거주〈불교사전, 64p〉 鹿水庵이 山內에 부속

李時恒(1627-1736) 撰, 黃敏厚 書, 洪鉉輔 篆「有明朝鮮國箕城大聖山廣法寺事蹟碑銘幷序, 1727年」〈寺刹全書, 114p〉

秋鵬(1651-1706) 撰 「平壤府大聖山廣法寺重修記」〈雪岩雜著, 卷3 67張〉

광법사(廣法寺)[2]
평북 龜城郡 靑龍山에 있던 절〈寺刹全書, 114p〉

광복사(廣福寺)
황해 信川郡 信城山에 있던 절〈寺刹全書, 115p〉

광산사(匡山寺)
경남 昌原郡 內西面 新甘里 匡廬山에 있는 절〈불교사전, 64p〉

朴世貞(1667-1732) 詩「匡山寺」〈閒臥窩集, 卷1 2張, 木板本〉

張志淵(1864-1921) 撰 「匡山寺重修上梁文」〈寺刹全書, 110p〉

광석사(廣石寺)[1]
경남 昌原郡 熊山에 있던 절. 一名 廣

石庵〈寺刹全書, 115p〉
광석사(廣石寺)[2]⇒ 西廣寺 참조
광석암(廣石庵)
함남 安邊郡 新茅面 黃龍山에 있던 절
〈寺刹全書, 115p〉
광선암(廣禪庵)
전남 長興郡 冠山面 天冠山 蓮花峰 아
래 있던 절〈寺刹全書, 116p〉
광수원(廣修院)
충북 中原郡에 있던 절. 一名 彌勒院
〈寺刹全書, 115p〉
林椿(고려 毅宗朝人) 撰「送志謙上人
中原廣修院法會序」〈上同〉
광암사(光岩寺)⇒ 普濟寺[3] 참조
광엄사(光嚴寺)⇒ 普濟寺[3] 참조
광원암(廣遠庵)
전남 昇州郡 松廣面 曹溪山에 있는 절.
松廣寺의 부속 암자〈寺刹全書, 116p〉
1652년(孝宗 3) 化主 致淳이 중수.
1917년 龍舟가 중수〈寺刹全書, 714p〉
錦溪(寶鼎 ; 1861－1930) 撰「廣遠庵
重修緣化文, 1893年」〈曹溪山松廣寺
史庫, 99p, 筆寫本〉
광은사(廣恩寺)
경기 金浦郡 大串面 藥岩里에 있는 절.
「범이 항상 꼬리를 우물에 담그며 위
엄을 보여 주민들을 해칠까 두려워,
1922년경 그곳에 절을 건립했다」고 전
함〈文化遺蹟總覽〉
광장사(廣壯寺)
서울 城東區 廣壯洞 峩嵯山 광나루 언
덕에 있던 절〈寺刹全書, 116p〉
광적사(廣積寺)[1]
함북 鶴城郡 鶴西面 細川洞 雪峰山에
위치〈寺刹全書, 116p〉
광적사(廣積寺)[2]
함북 吉州郡에 있던 절. 太祖 御筆이
있었다고 전함〈寺刹全書, 116p〉
광정암(廣井庵)
전북 高敞郡 雅山面 兜率山에 있던 절.

禪雲寺의 부속 암자. 신라 때 창건.
1466년(世祖 12) 智淵이 중건〈寺刹全
書, 117p〉
광제사(廣濟寺)[1]
경기 開城市에 있던 절. 1372년(고려
恭愍王 21) 王이 忠肅王 忌日에 행차
〈寺刹全書, 117p〉
李奎報(1168－1241) 撰「廣濟寺安宅
法席疏」〈東國李相國集, 卷41 10張〉
「普濟寺行五百聖殿祈雨文」〈上同, 卷
41 12張〉
惠勤(1320－1376) 撰「廣濟禪寺開堂」
〈懶翁和尙語錄, 15張〉
광제사(廣濟寺)[2]
평북 熙川郡 妙香山에 있던 절〈寺刹全
書, 117p〉
광제사(廣濟寺)[3]
함남 北靑郡 北靑邑 北上里 大德山에
위치〈寺刹全書, 117p〉
광조사(廣照寺)
황해 碧城郡 錦山面 冷井里 須彌山에
위치〈寺刹全書, 117p〉
崔彦撝(868－944) 撰 「眞徹大師碑」
〈寺刹全書, 117p〉
광진사(廣眞寺)
경기 開城市에 있던 절. 고려 文宗
(1046－1082) 때 창건 〈寺刹全書,
117p〉
광통보제선사(廣通普濟禪寺)⇒ 普濟
寺[3] 참조
광평사(廣平寺)
강원 平康郡에 있던 절 〈寺刹全書,
120p〉
洪敬謨 撰「廣平寺大佛頂尊勝陀羅尼壓
□□幢, 1826年」〈上同〉
광흥사(廣興寺)[1]
경기 開城市에 있던 절. 936년(고려 太
祖 19) 창건〈寺刹全書, 120p〉
광흥사(廣興寺)[2]
경북 安東郡 西後面 者品洞 鶴駕山에

있는 절. 신라 義湘(625－702)이 창
건. 1946년 일부 화재. 1954년 極樂殿
이 도괴. 1962년 鶴棲庵 및 大房이 도
괴〈文化遺蹟總覽〉
極樂庵이 山內에 부속
白紙墨書妙法蓮華經(2冊)：보물 제315
호. 1959년 지정. 1389년 간행. 1959년
경 國立中央博物館에 이전 보관〈文化
財大觀；寶物篇〉
翠紙金泥妙法蓮華經(2冊)：보물 제314
호. 1959년 지정. 고려말－조선초기
간행 추정. 1959년경 國立中央博物館
에 이전 보관〈上同〉
時聖(1710－1776) 撰「廣興寺應眞殿
追遠錄序」〈野雲集, 卷2 4張, 木板本〉
「廣興寺燔瓦記」〈上同, 5張〉「廣興寺
大雄殿佛像改金幀畫成記」〈上同, 9
張〉
광흥사(廣興寺)³
경북 蔚珍郡 溫井面 德山里 天竺山에
있는 절〈寺刹全書, 120p〉
광흥사(廣興寺)⁴
함남 咸州郡 西面 新興里 白雲山에 위
치〈寺刹全書, 120p〉
韓章錫(1832－1894) 詩「夜飮廣興寺
…」〈眉山集, 卷3 22張, 鉛印本〉
광흥사(廣興寺)⁵
함남 洪原郡 香坡山에 있던 절〈寺刹
全書, 120p〉
교룡사(蛟龍寺)
경남 咸陽 부근에 있던 절인 듯〈澹虛
齋集. 卷1 21張. 木活字本〉
金之白(仁祖朝人) 詩「蛟龍寺夜歸路
中逢國益」〈上同〉
구(龜)⇒ 귀 참조
구담사(瞿曇寺)⇒ 龍宮寺 참조
구덕사(九德寺)
부산 西區 東大新洞 九德山에 있던 절.
18세기 중엽 日本人의 침입으로 佛像
을 약탈당하고 폐사. 조선 이전부터 있

었던 것으로 추정〈文化遺蹟總覽〉
구련사(九蓮寺)
충남 禮山郡 新陽面 車洞里 億百山에
있는 절〈寺刹全書, 121p〉
구련암(九蓮庵)
전북 長水郡 靈鷲山에 있던 절〈寺刹全
書, 121p〉
구룡(龜龍)⇒ 귀룡 참조
구룡사(九龍寺)¹
충남 公州郡 反浦面 上莘里에 있던 절.
幢竿支柱를 비롯하여 초석, 부도대석,
탑재, 와당 등이 발견〈文化遺蹟總覽〉
公州上莘里[九龍寺址]幢竿支柱：高3.6
m. 현재 1柱만 남음〈上同〉
구룡사(九龍寺)²
충남 公州郡 反浦面 上莘里에 있던 절
인 듯〈韓國金石全文, 1287p, 許興植
編〉
公州傳九龍寺址高僧碑：고려 때 건립
추정. 碑片이 寺址에서 출토된 것을 현
재 東國大博物館에서 收藏〈上同〉
구룡사(九[具]龍寺)³
충남 唐津郡 沔川面 申庵山에 있는 절
〈寺刹全書, 121－122p〉
구룡사(九龍寺)⁴
충북 淸州市 上黨山城에 있던 절〈寺刹
全書, 121p〉
구룡사(九龍寺)⁵⇒ 龜龍寺 참조
구룡사(九龍寺)⁶⇒ 佛影寺 참조
구불사(舊佛寺)
충남 扶餘郡에 있던 절〈西溪集, 卷8
12張, 木板本〉
朴世堂(1629－1703) 撰「平濟塔碑跋」
〈上同〉
구수사(九岫寺)
전남 靈光郡 九岫山에 있던 절〈寺刹全
書, 121p〉
구순사(狗脣寺)⇒ 歸信寺 참조
구업사(區業寺)⇒ 貝葉寺 참조
구요당(九曜堂)

경기 開城市 松岳에 있던 절. 925년
(고려 太祖 8) 창건. 一名 七星壇〈불
교사전, 81p〉
李奎報(1168-1241) 撰「九曜堂行天
變祈禳十一曜淸災道場兼設醮禮文」
〈東國李相國集, 卷39 19張, 木板本〉
구원사(久遠寺)
경북 月城郡(옛 慶州府沙梁部)에 있
던 절.『三國遺事』卷5에 本寺에 관한
기록이 있음〈寺刹全書, 122p〉
구정암(九精庵)
전남 長興郡 天冠山에 있던 절. 南岳
法亮이 있으면서 陀羅尼를 얻은 곳
〈寺刹全書, 121p〉
구주사(九州寺)
경기 江華郡 鳳錦山 동쪽 언덕에 있던
절〈寺刹全書, 121p〉
구주사(鳩住寺)
경북 慶山郡 南川面 動鶴山에 있던 절.
禪宗에 소속. 일명 鳩住庵〈寺刹全書,
122p〉
구지사(口池寺)
경남 昌寧郡 昌寧邑에 있던 절.「石佛
像記」에 기록〈寺刹全書, 121p〉
구천동사(九千洞寺)
전북 茂朱郡 雪川面 德裕山에 있던 절
〈불교사전, 84p〉
구층암(九層庵)
전남 求禮郡 馬山面 智異山에 있는 절
〈불교사전, 84p〉
1771년 건립. 3층석탑, 石燈이 있다
〈文化遺蹟總覽〉
黃玹(1855-1910) 撰 「九層庵重修
記」〈梅泉集, 卷6 13張, 鉛印本〉
구품사(九品寺)
경기 開城에 있던 절로 추정〈寺刹全
書, 121p〉
李奎報(1168-1241) 詩「九品寺」〈東
文選, 卷9 15張, 木板本〉「題九品寺」
〈東國李相國集, 卷1 18張, 木板本〉

구화암(九華庵)
경북 金泉市 校洞에 있는 절. 直指寺의
부속 암자〈불교사전, 86p〉
국구암(國救庵)⇒ 普德庵[3] 참조
국녕사(國寧寺)
경기 楊州郡 北漢山 義湘峯 아래 있던
절. 淸徹 徹禪 등이 창건〈寺刹全書,
122p〉
국녕암(國寧庵)
경기 開豊郡 天磨山에 있던 절〈寺刹全
書, 122p〉
국사방(國師房)
경북 慶州에 있던 절〈寺刹全書, 122p〉
국사암(國師庵)
경남 河東郡 花開面 雲樹里 智異山에
있는 절. 雙溪寺의 부속 암자〈불교사
전, 86p〉〈寺刹全書, 122p〉
黃玹(1855-1910) 詩 「偕趙東石由雙
溪寺上國師庵…」〈梅泉集, 卷1 13張,
鉛印本〉
국신사(國信寺)⇒ 歸信寺 참조
국안사(國安寺)
평남 江西郡(옛 咸從縣) 廣東山에 있
던 절〈寺刹全書, 123p〉
국일암(國一庵)
경남 陜川郡 伽倻面 緇仁里 伽倻山에
있는 절. 海印寺의 부속 암자〈불교사
전, 87p〉
국정사(國淨寺)
경기 江華郡 高麗山에 있던 절〈寺刹全
書, 123p〉
국창사(國昌寺)
함남 永興郡에 있던 절. 1467년(世祖
13) 반란자 李施愛의 기록이 있다.
1412년(太宗 12) 石佛에서 땀이 났다
고 전함〈李朝實錄佛敎鈔存, 卷1 72
張〉
국청사(國淸寺)[1]
경기 開豊郡 土城面 麗陵里에 있던 절.
1089년(고려 宣宗 6) 王妃가 창건.

1284년(고려 忠烈王 10) 國淸寺 金塔
을 수리. 고려 역대 帝王이 道場과 齋
를 설행〈寺刹全書, 123·124p〉
閔漬(1248-1326) 撰「國淸寺金堂主
佛釋迦如來舍利靈異記」〈上同, 124p〉
妙應大禪師墓誌銘 : 大師의 諱는 敎
雄, 字는 應物, 法號는 妙應. 長慶寺에
서 祝髮. 1076-1142년간 생존. 1142
년 門人 等誌〈寺刹全書, 126p〉〈傳燈
本末寺誌, 329p, 鉛印本〉
義天(1055-1101) 撰「新創國淸寺啓
講辭」〈大覺集, 卷3, 木板本〉
국청사(國淸寺)²
경기 廣州郡 中部面 山城里 南漢山城
西門 안에 있던 절. 1624년(仁祖 2) 南
漢山城을 쌓을 때 覺性 스님이 國淸寺·
寒興寺의 두 절을 창건. 1905년 乙巳勒
約으로 인하여 兵火〈寺刹全書, 126p〉
국청사(國淸寺)³
부산 東萊區 金城洞 金井山에 있는 절
〈寺刹全書, 127p〉
국청사(國淸寺)⁴
평북 鐵山郡 站面 東川洞 彌勒山에 위
치〈寺刹全書, 127p〉
국청사(國淸寺)⁵⇒ 寧國寺² 참조
국청암(國淸庵)
충북 報恩郡 內俗離面 俗離山에 있던
절. 法住寺의 부속 암자〈寺刹全書,
127p〉
국향사(國享寺)
강원 原州市 杏邱洞 雉岳山에 있는 절.
신라 敬順王(927-935) 때 無着이 창
건, 古文庵이라 함. 定宗(1398-1400)
때 公主의 병이 이곳에서 완치되었으
므로 王命으로 중건. 東岳壇을 設하고
春秋로 護國大祭를 봉행. 1680년(肅宗
6) 王命으로 國享寺라 개명. 1949년 중
수. 普庵堂浮屠 1기가 있다. 一名 古文
庵·下普門寺〈文化遺蹟總覽〉
智庵 撰 「國享寺觀世音菩薩造成記,

1937年」〈寺刹全書, 127p〉
군각사(郡覺寺)
충남 論山郡(옛 石城縣) 望月山에 있
던 절〈寺刹全書, 128p〉
군니사(君尼寺)
전남 咸平郡에 있던 절. 太宗(1401
-1418) 때 中神宗에 소속. 一名 君遊
寺〈寺刹全書, 127p〉
군유사(君遊寺)⇒ 君尼寺 참조
군자사(君子寺)
경남 咸陽郡 馬川面 君子里에 있던 절. 연
경사라 하다가, 신라 眞平王(579-631)
이 여기에서 피란하다가 아들을 낳아 君
子寺라 개명했다는 전설. 현재 寺址에 栗
峰堂浮屠 등 3기가 남음〈寺刹全書,
128p〉
군장사(窘長寺)
1498년(燕山君 4) 永膺大君 夫人 宋氏
가 本寺에서 聽法함〈寺刹全書, 128p〉
굴불사(掘〔窟〕佛寺)
경북 慶州市 東川洞에 위치. 신라 景德
王(742-764)이 栢栗寺에 행차했다
가, 땅 속에서 唱佛소리가 나는 것을 듣
고 땅을 파니 4面에 佛像이 조각된 큰
돌이 나와서 여기에 절을 건립. 뒤에 掘
石寺라고도 했다〈寺刹全書, 128p〉
掘石寺址石佛像(1群) : 보물 제121호.
1935년 지정. 西面 本尊高3.51m, 左侍像
高2.49m, 右侍像高2.92m, 東面藥師如
來像高2.06m, 南面如來像高1.36m, 菩
薩像高1.45m, 北面彌勒菩薩像高1.61m,
線刻佛像高1.79m. 화강석으로 통일신
라 때 조성 추정〈文化財大觀 ; 寶物
篇〉
굴사(窟寺)¹
전남 珍島郡에 있던 절.『成宗實錄』卷
105 23項에 이 절의 기록이 있다〈寺刹
全書, 129p〉
굴사(窟寺)²
황해 碧城郡 羅德面 內谷里에 있던 절

石窟 안에 座佛像 5座가 남음 〈寺刹全書, 129p〉

굴산사(掘[堀]山寺)

강원 溟州郡 邱井面 鶴山里에 있던 절. 847년(신라 文聖王 9) 梵日이 창건 〈寺刹全書, 128p〉

掘山寺址 : 地記 제11호. 1971년 지정 〈文化遺蹟總覽〉

掘山寺址幢竿支柱 : 국유 보물 제86호. 1934년 지정. 高5.4m. 화강석으로 통일신라 때 건립 추정 〈文化財大觀 ; 寶物篇〉

掘山寺址浮屠 : 보물 제85호. 1934년 지정. 高3.5m. 화강석으로 고려 때 건립 추정. 이 浮屠는 本寺 창건주 梵日國師의 舍利塔. 889년(신라 眞聖女王 3) 국사의 入寂과 동시에 건립했다고 전함 〈上同〉

掘山寺址石佛 : 地記 제11호. 高1.3m. 幢竿支柱를 중심으로 西南北으로 각각 약500m씩 떨어져 있다. 승려가 풀을 뜯는 소를 보기만 하면 잡아먹다가 벼락을 맞아 죽은 뒤 石佛도 승려가 벼락 맞는 것과 같이 벼락을 맞아 부분적으로 파손된 곳이 있다고 전한다. 고려 때 작품으로 추정 〈文化遺蹟總覽〉

굴석사(掘石寺)⇒ 掘佛寺 참조

굴선암(掘禪庵)

전북 完州郡(옛 金溝縣) 九城[掘禪]山에 있던 절 〈寺刹全書, 128p〉

굴암(窟庵)[1]

경남 昌原郡 熊東面 大壯里에 있던 절 〈寺刹全書, 129p〉

굴암(窟庵)[2]

경북 善山郡 淵岳山에 있던 절 〈寺刹全書, 129p〉

굴암(窟庵)[3]

평북 熙川郡 北面 价古介洞 頭疊山에 있던 절 〈寺刹全書, 129p〉

굴암사(窟岩寺)[1]

충남 天原郡(옛 稷山縣) 聖居山에 있던 절 〈寺刹全書, 129p〉

굴암사(窟岩寺)[2]

평북 龜城郡 龜城面 上端洞 窟岩山에 있던 절 〈寺刹全書, 129p〉

굴암사(窟岩寺)[3]⇒ 龍德寺[1] 참조

굴암사(崛庵寺)

충북 鎭川郡에 있던 절. 『世祖實錄』(世祖 10) 卷33 18項에 이 절의 기록이 있다 〈寺刹全書, 129p〉

궁곡사(弓谷寺)

경북 金陵郡 知禮面 沙伴岾山에 있던 절 〈寺刹全書, 130p〉

궁방사(宮房寺)⇒ 靈隱寺[1] 참조

귀래사(歸來寺)

충남 公州 부근에 위치한 듯 〈澹虛齋集, 卷1 5張, 木板本〉

金之白(仁祖朝人) 詩 「歸來寺留別…」 〈上同〉

귀로암(歸老庵)

전남 昇州郡 廬山에 있던 절. 1265년 (고려 元宗 6) 閑庵이 이 절에서 「楞嚴經環解删補記」를 지음 〈寺刹全書, 130p〉

귀룡사(龜[九]龍寺)

강원 原城郡 所草面 鶴谷里 雉岳山에 있는 절. 666년(신라 文武王 6) 義湘이 창건 〈불교사전, 72p〉

龜龍寺大雄殿 : 地有 제24호. 1970년 보수. 1971년 지정 〈文化遺蹟總覽〉

龜龍寺浮屠群 : 5기 浮屠. 원래는 碑 2기도 함께 보존 〈上同〉

귀룡사(歸龍寺)

경남 泗川郡 歸龍山에 있던 절 〈寺刹全書, 130p〉

귀미사(龜尾寺)

전북 淳昌郡 玉出山에 있던 절 〈寺刹全書, 137p〉

귀민사(龜玟[珉]寺)

경북 聞慶郡 虎溪面 龜山里에 있던 절

〈寺刹全書, 137p〉
大隱 撰「龜珉庵佛事記, 1813年」〈上同〉
귀법사(歸法寺)[1]
경기 開豊郡 嶺南面 龍興里에 있던 절.
936년(고려 光宗 14) 창건〈寺刹全書, 130p〉
歸法寺寂炤首座玄應墓碑: 1139년(고려 仁宗 17) 건립〈韓國金石全文, 中世上 621p, 許興植 篇〉
귀법사(歸法寺)[2]⇒甘露院 참조
귀산사(龜山寺)
경기 開城市 昭格殿 동쪽에 있던 절. 929년(고려 太祖 12) 창건. 이 해 6월 天竺 三藏 摩睺羅를 영접. 그는 930년 (太祖 13) 이곳에서 入寂. 고려 역대 王이 행차〈寺刹全書, 137p〉
귀석사(龜石寺)[1]
충북 槐山郡 坐龜山에 있던 절. 槐山邑을 창설할 때 俗離山이 높은 것을 꺼려 이 절을 건립했다고 전함〈寺刹全書, 138p〉
귀석사(龜石寺)[2]
함북 富寧郡 冬郎山에 위치〈寺刹全書, 138p〉
귀신사(鬼神寺)
신라 道允이 入山한 절〈寺刹全書, 130p〉
귀신사(歸信寺)
전북 金堤郡 金山面 淸道里 母岳山에 있는 절. 676년(신라 文武王 16) 義湘 창건. 고려 圓明[冲鑑](1274-1338) 중건. 壬亂 때 소실, 그 뒤 중건. 1873년 春峰이 중건하여 歸信寺로 개명. 一名 國信寺・狗脣寺〈寺刹全書, 131p〉
歸信寺浮屠: 地有 제63호. 1974년 지정. 高2.5m. 논 가운데 매장되었던 것을 日帝 때 발굴하여 중건〈文化遺蹟總覽〉
歸信寺三層石塔: 地有 제62호. 1974년

지정. 高4.5m〈上同〉
歸信寺石獸: 地有 제64호. 1974년 지정. 이곳 地形이 口脣穴이라 하여 동물왕 사자상을 조각〈上同〉
子秀(1644-1737) 撰「母岳山歸信寺八相殿記」〈無竟集, 5張, 木板本〉
「金州母岳山歸信寺事蹟詞小引」〈上同, 38張〉
귀암사(龜岩寺)[1]
경남 金海郡 神魚山에 있던 절〈寺刹全書, 139p〉
귀암사(龜岩寺)[2]
경남 南海郡 昌善面 鎭洞里 望峙山에 있던 절. 주위에 초석과 와편이 산재〈불교사전, 81p〉
귀암사(龜岩寺)[3]
전남 潭陽郡 金城山城 西門 밖에 있던 절〈寺刹全書, 138p〉
귀암사(龜岩寺)[4]
전북 淳昌郡 福興面 鳳德里 靈龜山에 있는 절. 634년(신라 善德女王 3) 崇濟가 창건. 구한말 때 奇正鎭, 金正喜 등의 수학처. 1950년 동란으로 소실, 1957년 중건. 1959년 소실, 1973년 중건. 寺刹 入口에 거북 같은 바위가 있어 龜岩寺라 함〈文化遺蹟總覽〉
鼎鎬(1870-1948) 撰「重修龜岩寺記」〈石林草, 57張, 鉛印本〉
귀암사(龜庵寺)
충남 天原郡 聖居山에 있던 절〈寺刹全書, 138p〉
귀정사(歸正寺)
경기 開城에 있던 절로 추정〈東國李相國集, 卷41 11張, 木板本〉
李奎報(1168-1241) 撰「歸正寺住持行圓覺法會疏」〈上同, 卷41 18張〉
귀정사(歸政寺)
전북 南原郡 山東面 大上里 萬行山에 있는 절. 515년(신라 法興王 2) 창건〈寺刹全書, 131p〉

1534년(中宗 29) 玄一이 중건 〈불교
사전, 91p〉
南庵, 大隱庵, 上庵 등이 山內에 부속
귀주사(歸州寺)
함남 咸州郡 東川面 慶興里 雪峰山에
위치. 一名 淨水寺. 太祖(1335-1408)
가 潛邸 때 독서하던 곳. 1401년(太宗
1) 淨水寺를 歸州寺로 개명. 1878년
(高宗 15) 소실, 1880년(高宗 17) 중
건 〈寺刹全書, 131p〉
權相老 撰 「…歸州寺重創事蹟碑銘并
序, 1932年」〈上同, 132p〉「…歸州寺
重創記, 1932年」〈上同, 134p〉「…歸
州寺大雄殿上梁文」〈上同, 135p〉
金炳地 撰 沈宜斗 書「歸州寺重建紀績
碑銘并序, 1881年」〈上同, 131p〉
「歸州寺無量壽閣上梁文, 1926年」〈上
同, 136p〉
咸州郡雪峰山歸州寺無量壽閣上梁文
〈上同, 141p〉
귀진사(歸眞寺)
황해 瑞興郡 栗里面 松月里 高[崇]德
山에 위치. 一名 星宿寺 〈寺刹全書,
137 · 672p〉
1563년(明宗 18) 『龍龕手鑑』을 開刊
〈龍龕手鑑, 卷末, 木板本〉
규봉사(圭峰寺)⇒ 紫岩寺 참조
규봉암(圭[奎]峰庵)
전남 和順郡 西面 永坪里 無等山에 있
는 절 〈불교사전, 91p〉
權克和(世宗朝人) 記가 있다. 一名 圭
峰寺〈寺刹全書, 139p〉
權克和(世宗朝人)가 本寺에 관한 記
文을 撰 〈新增東國輿地勝覽, 卷40 37
張, 木板本〉
극락당(極樂堂)
전남 長興郡 冠山面 天冠山에 있던 절
〈寺刹全書, 142p〉
극락사(極樂寺)[1]
경기 開城市에 있던 절 〈불교사전,

92p〉
극락사(極樂寺)[2]
경기 龍仁郡 遠三面 竹陵里 九峰에 있
는 절 〈寺刹全書, 140p〉
극락사(極樂寺)[3]
경기 長湍郡 五冠山에 있던 절. 1121년
(고려 睿宗 16) 王이 消災道場을 設行
〈寺刹全書, 140p〉
극락사(極樂寺)[4]
전남 潭陽郡 大田面 杏成里에 있던 절.
寺址에 돌담, 瓦片 등이 산재 〈寺刹全
書, 140p〉
극락사(極樂寺)[5]
평북 博川郡 鳳麟山에 있던 절 〈寺刹全
書, 140p〉
극락사(極樂寺)[6]
평북 定州郡 大田面 雲鶴洞 雉岳山에
위치 〈寺刹全書, 140p〉
극락사(極樂寺)[7]
황해 海州市에 있던 절. 1428년(世宗
10) 觀察使가 이 절을 헐어서 靑丹驛을
건립 〈寺刹全書, 140p〉
극락사(極樂寺)[8]⇒ 上院寺[7] 참조
극락암(極樂庵)[1]
강원 高城郡 杆城面 新安里 乾鳳寺의
부속 암자. 945년(고려 惠宗 2) 창건.
1878년(高宗 15) 소실, 1881년(高宗
18) 奉直이 중건 〈寺刹全書, 141p〉
극락암(極樂庵)[2]
강원 平昌郡 美灘面 平安里 太白山에
있는 절 〈寺刹全書, 141p〉
극락암(極樂庵)[3]
강원 淮陽郡 內金剛面 金剛山 長安寺
부근에 있던 절 〈寺刹全書, 141p〉
극락암(極樂庵)[4]
경기 江華郡 穴口山에 있던 절 〈寺刹全
書, 140p〉
극락암(極樂庵)[5]
경기 安城郡 二竹面 七張里 七賢山에
있는 절. 七長寺의 부속 암자. 옛날은

彌陀庵〈불교사전, 92p〉
蔡濟恭(1720-1799) 撰 「海月大師浮
屠碑銘」 大師는 晩年에 七賢山 極樂庵
에서 30년간 수도〈樊岩集, 卷57 12張,
木板本〉
극락암(極樂庵)[6]
경기 長湍郡 寶鳳山에 위치. 華藏寺의
부속 암자. 1906년 중건〈寺刹全書,
1189p〉
在桐 撰 「長湍郡寶鳳山華藏寺極樂庵
重建記, 1906年」〈上同〉
海衍 撰 「長湍郡寶鳳山華藏寺極樂庵
重建記, 1906年」〈上同〉
극락암(極樂庵)[7]
경남 居昌郡 靈鷲山에 있던 절〈불교
사전, 92p〉
극락암(極樂庵)[8]
경남 南海郡 古縣面 大谷里 望雲山에
있는 절. 花芳寺의 부속 암자〈불교사
전, 92p〉
극락암(極樂庵)[9]
경남 梁山郡 下北面 芝山里 靈鷲山에
있는 절. 通度寺의 부속 암자〈불교사
전, 92p〉
1344년(고려　忠肅王復位　5)　창건.
1758년(英祖 34) 哲弘이 중건〈寺刹
全書, 141p〉
극락암(極樂庵)[10]
경남 昌寧郡 昌寧邑 玉泉里 觀龍山에
있는 절. 觀龍寺의 부속 암자〈寺刹全
書, 140p〉
극락암(極樂庵)[11]
경남 昌寧郡 昌寧邑 玉泉里 靈鷲山에
있는 절. 1742년(英祖 18) 月河가 창
건〈寺刹全書, 140p〉
극락암(極樂庵)[12]
경남 昌寧郡 昌寧邑 玉泉里 火旺山에
있는 절〈寺刹全書, 140p〉
극락암(極樂庵)[13]
경남 陜川郡 伽倻面 緇仁里 伽倻山에

있는 절. 一名 極樂殿. 海印寺의 부속
암자〈불교사전, 92p〉
극락암(極樂庵)[14]
경북 金陵郡 甑山面 坪村里 佛靈山에
있는 절. 靑岩寺의 부속 암자. 일명 極
樂殿 〈불교사전,　93p〉〈寺刹全書,
141·142p〉
극락암(極樂庵)[15]
경북 安東郡 吉安面 金谷洞 黃鶴山에
있는 절. 龍潭寺의 부속 암자〈불교사
전, 92p〉
극락암(極樂庵)[16]
경북 安東郡 西後面 者品洞 鶴駕山에
있는 절. 廣興寺의 부속 암자〈불교사
전, 92p〉
극락암(極樂庵)[17]
경북 醴泉郡 龍門面 內地里 小白山에
있는 절. 龍門寺의 부속 암자〈불교사
전, 93p〉
극락암(極樂庵)[18]
부산 東萊區(옛 경남 東萊郡 北面) 靑
龍洞 金井山에 있는 절. 梵魚寺의 부속
암자〈불교사전, 92p〉
1344년(고려　忠惠王復位　5)　창건.
1758년(英祖 34) 弘哲이 중건〈寺刹全
書, 141p〉
극락암(極樂庵)[19]
서울 西大門區 天然洞에 있는 절. 1894
년(高宗 31) 愚敏이 창건〈寺刹全書,
140p〉
극락암(極樂庵)[20]
전북 全州市 牛牙洞 富興山에 있는 절.
1920년 창건〈文化遺蹟總覽〉
극락암(極樂庵)[21]
함남 咸州郡 東川面 雪峰山에 위치. 歸
州寺의 부속 암자〈寺刹全書, 141p〉
극락암(極樂庵)[22]
함북 會寧郡 花豊面 仁溪洞 五臺山에
있는 절〈寺刹全書, 142p〉
극락전(極樂殿)⇒ 極樂庵[14] 참조

극일암(極一庵)
경북 奉化郡 清凉山에 있던 절 〈寺刹全書, 142p〉

금강굴(金剛窟)[1]
서울 鍾路區 仁旺山 서쪽에 있던 절. 1503년(燕山君 9) 폐사 〈寺刹全書, 145p〉

금강굴(金剛窟)[2]
평북 寧邊郡 北薪峴面 妙香山에 위치. 普賢寺의 부속 암자 〈寺刹全書, 145p〉

금강대(金剛臺)
경북 聞慶郡 山北面 雲達山에 있던 절 〈寺刹全書, 144p〉

금강사(金剛社)[1]
강원 平昌郡 五臺山에 있던 절.『三國遺事』卷3에 이 절의 기록이 있다 〈寺刹全書, 146p〉

금강사(金剛社)[2]
경남 金海郡에 있던 절. 고려 忠烈王(1274-1308)이 이 절에 행차 〈寺刹全書, 145p〉
河崙(1347-1416) 撰「不毁樓記」〈上同〉

금강사(金剛寺)[1]
경기 開城에 있던 절 〈寺刹全書, 142p〉
李奎報(1168-1241) 撰「同京金剛寺文豆婁道場文」〈東國李相國集, 卷39 9張, 木板本〉

금강사(金剛寺)[2]
경기 安城郡 白雲山에 있던 절 〈寺刹全書, 142p〉

금강사(金剛寺)[3]
경기 坡州郡 坡平面 金坡里 彌羅山에 있던 절. 고려 仁宗(1122-1146) 때 金剛居士 尹彦頤의 별장을 法堂으로 만들어 金剛寺라 했다고 전함 〈寺刹全書, 142p〉

금강사(金剛[崗]寺)[4]
경북 慶州市 塔洞에 있던 절. 金光寺인

듯. 7세기경 신라 明朗이 창건하고 落成會를 설행.『三國遺事』4·5卷에 이 절의 기록이 있다 〈寺刹全書, 143p〉

금강사(金剛寺)[5]
전남 谷城郡(옛 玉果縣) 聖德山에 있던 절 〈寺刹全書, 143p〉

금강사(金剛寺)[6]
전남 長興郡 長興邑 獅子山 북쪽에 있던 절. 一名 竹寺. 신라 때 元曉와 義湘이 있었다고 전함 〈寺刹全書, 142p〉

금강사(金剛寺)[7]
전남 海南郡 金剛山에 있던 절 〈寺刹全書, 142p〉

금강사(金剛寺)[8]
충남 扶餘郡 恩山面 琴谷里에 있던 절. 앞에는 錦江이 흐르고, 백제의 瓦當이 출토 〈文化遺蹟總覽〉

금강사(金剛寺)[9]
평남 大同郡 林原面 青岩里에 있던 절. 고려 宣宗 肅宗 睿宗 등이 행차『高麗史』에 이 절의 기록이 있다 〈寺刹全書, 143p〉

금강사(金剛寺)[10]
평남 順川郡 金剛山에 있던 절 〈寺刹全書, 143p〉

금강사(金剛寺)[11]
평북 義州郡 松長面 金光洞 石崇山에 위치 〈寺刹全書, 143p〉

금강사(金剛寺)[12]
황해 金川郡(옛 江陰縣) 天神山에 있던 절 〈寺刹全書, 144p〉

금강사(金剛寺)[13]
황해 信川郡 用珍面 貝葉里 九月山 貝葉寺 경내에 있던 절 〈寺刹全書, 143p〉

금강사(金剛寺)[14]
황해 海州郡 池城山에 있던 절 〈寺刹全書, 144p〉

금강사(金剛寺)[15] ⇒ 勝蓮寺 참조

금강암(金剛庵)[1]
경기 楊州郡 白石面 普光寺 곁에 있던

절 『明宗實錄』卷2에 이 절의 기록이
있다〈寺刹全書, 144p〉
금강암(金剛庵)[2]
경남 密陽郡 密陽邑에 있던 절〈寺刹
全書, 144p〉
금강암(金剛庵)[3]
경북 金陵郡 代項面 黃岳山에 위치. 直
指寺의 부속 암자〈直指寺志, 86p, 筆
寫本〉
금강암(金剛庵)[4]
경북 月城郡 山內面 牛羅里 石頭山에
있는 절. 385년(신라 奈勿王 30) 道庵
이 창건. 928년(신라 敬順王 2) 月峰
이 중건. 1216년(고려 高宗 3) 靜庵이
중건. 1830년(純祖 30) 중건. 1928년
海空이 중건〈寺刹全書, 144p〉
금강암(金剛庵)[5]
부산 東萊區(옛 경남 東萊郡 北面) 靑龍
洞 金井山에 있는 절. 梵魚寺의 부속 암
자〈불교사전, 99p〉〈寺刹全書, 144p〉
惺牛(1849－1912) 撰「梵魚寺金剛庵
七星閣創建記」〈鏡虛集, 23張〉
금강암(金剛庵)[6]
전남 昇州郡 樂安面 城北里 金錢山에
있는 절〈寺刹全書, 144p〉
금강암(金剛庵)[7]
전남 長城郡 北下面 藥水里 白羊山에
있던 절. 一名 金剛臺. 1950년 동란으
로 소실. 白羊寺의 부속 암자〈불교사
전, 99p〉〈寺刹全書, 144p〉
금강암(金剛庵)[8]
충남 保寧郡 嵋山面 龍水里 羊角山에
있는 절. 玉溪寺의 前身〈寺刹全書,
144p〉
금강암(金剛庵)[9]
충남 禮山郡 德山面 斜川里 德崇山에
있는 절. 定慧寺의 부속 암자. 1921년
滿空이 창건〈불교사전, 99p〉
금강암(金剛庵)[10]
평남 德川郡에 있던 절.『英祖實錄』卷

43에 이 절의 기록이 있다. 一名 金剛寺
〈寺刹全書, 144p〉
금강암(金剛庵)[11]
평남 平原郡 順安面 曡華里 曡華山에
위치. 一名 東金剛庵〈寺刹全書, 144p〉
금경사(金經寺〔社〕)
경기 開城에 있던 절.
고려 忠烈王(1274－1308)이 행차〈寺
刹全書, 146p〉
금계사(金雞寺)[1]
평북 博川郡(옛 嘉山縣) 華岳山에 있
던 절〈寺刹全書, 146p〉
금계사(金雞寺)[2]
황해 金川郡(옛 兔山縣) 鶴峰山에 있
던 절〈寺刹全書, 146p〉
금곡사(金谷寺)[1]
경남 昌寧郡 高岩面 牛川里에 있던 절.
주위에 瓦片이 산재〈寺刹全書, 147p〉
금곡사(金谷寺)[2]
경남 陜川郡 雙栢面 外草里에 있던 절.
瓦片에 「順治丁酉(1657)四月日 化主
敬昊」라고 刻字〈寺刹全書, 147p〉
금곡사(金谷寺)[3]
경북 慶州市에 있던 절〈寺刹全書,
147p〉
금곡사(金谷寺)[4]
경북 月城郡 安康邑 斗流里에 있던 절.
신라(579－631) 때 건립. 寺址에 圓光
法師浮屠인 3층석탑이 있는 데 도괴되
었던 것을 중건『三國遺事』卷4－5에
이 절의 기록이 있다〈寺刹全書, 147p〉
금곡사(金谷寺)[5]
경북 漆谷郡 架山面 金華洞 架山에 있
는 절. 638년(신라 善德女王 7) 金蘭이
창건〈불교사전, 101p〉
금곡사(金谷寺)[6]
전남 康津郡 郡東面 琶山里 報恩山에
있는 절. 密奉이 창건하여 城門寺라 명
명. 壬亂 때 소실. 한말 때 중건하여 金
谷寺라 개명. 경내에 3층석탑과 5층석

탑이 있었는데 3층석탑은 현재 없다.
一名 城門寺〈文化遺蹟總覽〉
金谷寺五層石塔 : 처음 5층이었으나 石
塔 뒤에 있는 墓의 후손들이 2개층을 헐
어버렸다고 하며, 지금은 3층만 남아 있
어 相輪部는 하나도 없다〈上同〉
금골암(金骨庵)
전남 珍島郡 郡內面 蓮山里에 있는 절
〈文化遺蹟總覽〉
金骨庵佛像 : 彌勒座像　高3.5m.　12세
기경 제작 추정. 佛像 배꼽에서 쌀이
나왔다는 전설이 있다〈上同〉
금광사(金光寺)[1]
경북 慶州市 塔洞에 있던 절. 7세기경
신라 明朗이 唐나라에서 道를 배우고
귀국 길에 龍宮에 가서 黃金 千兩을 보
시 받아와서 자기 집을 절로 만들고,
塔像을 도금, 장식하여 金光寺라 명명
〈寺刹全書, 148p〉
금광사(金光寺)[2]
경북 榮州郡 平恩面 金光里에 있던 절.
高1.8m 幅2.4m의 石門이 있고. 부근
에 砂器片이 산재. 1,500羅漢을 봉안
했으나, 佛敎가 쇠퇴하자 洞民들이 羅
漢像을 모두 강물에 던졌더니, 彌勒이
현몽하여 1680년경 彌勒堂을 건립〈文
化遺蹟總覽〉
금굴사(金崛寺)
충남 瑞山郡에 있던 절〈寺刹全書,
148p〉
금단사(金壇寺)⇒ 金塘寺[1] 참조
금답사(金笞寺)
경북 漆谷郡 架山面 金華洞에 있는 절
〈文化遺蹟總覽〉
금당(金堂)⇒ 新林寺[2] 참조
금당사(金堂寺)[1]
전남 谷城郡(옛 玉果縣) 雪山에 있던
절〈寺刹全書, 148p〉
금당사(金堂寺)[2]⇒ 修道寺[4] 참조
금당사(金塘寺)[1]

경북 奉化郡 春陽面 西碧里에 있던 절.
一名 金壇寺〈寺刹全書, 148p〉
금당사(金塘寺)[2]
전북 完州郡 雲洲面 金塘里 天燈山 기
슭에 있던 절. 寺址에 초석, 돌담, 瓦片
등이 산재〈寺刹全書, 148p〉
금당사(金塘[堂]寺)[3]
전북 鎭安郡 馬靈面 東村里 馬耳山에
있는 절〈寺刹全書, 148p〉
814년(신라 憲德王 6) 중국 慧鑑이 창
건. 18세기경 중건. 현재 경내에 4층석
탑(高1.75m)이 남음〈文化遺蹟總覽〉
금당암(金堂庵)[1]
경북 達城郡 公山面 道鶴洞 八公山에
있는 절. 桐華寺에 부속. 고려 普照
(1158－1210)가 창건. 1838년(憲宗
4) 武益이 중건〈寺刹全書, 148p〉
桐華寺金堂庵三層石塔(2기) : 보물 제248
호. 1942년 지정. 高 東塔 5.62m 西塔
5.24m. 화강암으로 통일신라 때 건립
추정. 1957년 해체 수리〈文化財大觀 ;
寶物篇〉
朴宗永(高宗時人)　詩　「朝起到金塘庵
·自金塘乘輿…」〈松塢遺稿, 卷7 22
張, 鉛印本〉
금당암(金堂庵)[2]
경북 善山郡 海平面 太祖山에 있는 절
〈불교사전, 102p〉
泰安元年銘鐘 : 1085년(고려　宣宗　2)
주성〈韓國金石全文, 中世上 528p, 許
興植 編〉
금당암(金堂庵)[3]
경북 榮州郡 小白山에 있던 절. 退溪 李
滉의 『遊小白山錄』에 이 절의 기록이
있다〈寺刹全書, 148p〉
금당암(金堂庵)[4]
전북 全州市(옛 金溝縣) 妙高山에 있
던 절〈寺刹全書, 148p〉
금대암(金臺庵)[1]
강원 淮陽郡 金剛山에 있던 절. 白軒

李景奭의 『楓嶽錄』에 이 절의 기록이 있다〈寺刹全書, 149p〉

금대암(金臺庵)²

경남 咸陽郡 馬川面 佳興里 智異山에 있는 절. 世宗(1418－1449) 때 天台宗 判事 行乎가 중건. 壬亂 때 여기서 전투한 기록이 있다〈寺刹全書, 148p〉

金臺寺三層石塔 : 地有 제34호. 高2.5m. 고려말기 건립 추정〈文化遺蹟總覽〉

應允(1743－1804) 撰「金臺庵記」〈鏡岩集, 卷下 35張, 木板本〉

금동사(金同寺)¹

강원 淮陽郡 金剛山 盆淵 위에 있던 절. 고려 때 金同이 건립한 것으로 指空(?　1363)이 摩訶淵에서 사던 날 밤에 소나기로 이 절이 盆淵에 침몰〈寺刹全書, 149p〉

금동사(金同寺)²

평남 安州郡 大尼面 龍興里에 있던 절. 金洞寺인 듯〈寺刹全書, 149p〉

금동사(金洞寺)

평남 安州郡 悟道山에 있던 절. 7세기경 고구려 無上 金趣 등이 함께 창건〈寺刹全書, 149p〉

금동암(金洞庵)

전북 全州市 妙高山에 있던 절〈寺刹全書, 149p〉

금둔사(金芚寺)

전남 昇州郡(옛 樂安縣) 金錢山에 있던 절〈寺刹全書, 149p〉

금련대(金蓮臺)⇒ 靈隱寺¹ 참조

금련암(金蓮庵)

평북 義州郡 大蝦山에 있던 절〈寺刹全書, 149p〉

금룡사(金龍寺)⇒ 김룡사 참조

금륜사(金輪寺)

전남 羅州郡 南平面에 있던 절〈寺刹全書, 149p〉　.

금린사(金麟寺)

평북 義州郡 古寧朔面 一寧洞 天摩山에 위치〈寺刹全書, 171p〉

금몽암(禁夢庵)

강원 寧越郡 寧越邑 永興里에 있는 절. 668년(신라 文武王 8) 義湘이 창건. 1161년(고려 毅宗 15) 雲虛 元敬 등이 증축〈寺刹全書, 190p〉

端宗이 禁中에서 꿈을 꾸고 창건. 壬亂 때 소실. 1610년(光海 2) 魯陵庵으로 개명. 1662년(顯宗 3) 중건하여 旨德庵으로 개명. 1698년(肅宗 24) 莊陵으로 승격한 뒤 암자 터에 큰 절을 짓고 報德寺라 함. 1745년(英祖 21) 莊陵參奉 羅蔘이 옛 터에 새로 암자를 짓고 禁夢庵이라 함. 1792년(正祖16) 중수〈불교사전, 102p〉

尹拯(1629－1714) 撰 「魯陵庵重建通文」〈明齋遺稿, 卷31 18張, 木活字本〉

洪良浩(1724－1802) 撰 「禁夢庵重修記」〈耳溪集, 卷14 18張, 全史字本〉

금법사(金法寺)

경북 安東에 있던 절. 1592년(宣祖 25) 金允明 裵龍吉 등이 이 절에서 義兵을 倡起하자는 招諭 檄文을 돌림〈寺刹全書, 171p〉

금봉암(金鳳庵)¹

경남 梁山郡 下北面 千聖山에 위치. 內院寺의 부속 암자. 646년(신라 善德女王 15) 창건. 1694년(肅宗 20) 太希가 중건. 1792년(正祖 16) 普津이 중건〈寺刹全書, 171p〉

금봉암(金鳳庵)²

충북 堤川郡 淸風面 月岳山에 있던 절〈寺刹全書, 171p〉

금사사(金沙寺)

황해 長淵郡(옛 海安坊)에 있던 절. 趙慶男의『亂中雜錄』卷1에 이 절의 기록이 있다〈寺刹全書, 171p〉

금산사(金山寺)¹

경기 開城市 大安門 안에 있던 절.

1051년(고려 文宗 5) 창건〈寺刹全書, 171p〉

금산사(金山寺)²

전북 金堤郡 金山面 金山里 母岳山에 있는 절. 599년(백제 法王 1) 王의 복을 빌기 위해 조그맣게 창건. 그 뒤 766년(신라 惠恭王 2) 신라 眞表律師가 彌勒佛의 授記를 받고 중수 확장하여 敎宗寺刹로 開創. 901년(후백제 甄萱 10) 견훤이 중창. 견훤이 그의 맏아들 神劍에 의해 유폐. 1079년(고려 文宗 33) 중건. 1597년 정유재란 때 소실. 1626년(仁祖 4) 守文이 중건. 2년 뒤 牧使 宋興周 등이 仁城君 珙 등의 역모 사건에 연루된 자들을 수색키 위해 집회. 1773년(英祖 49) 중수〈金山寺志. 102p〉

降龍庵, 佛日庵, 西殿, 深源庵, 慈悲庵, 曹溪庵, 竹祖庵, 淸溪庵, 靑蓮庵, 解虎庵 등이 山內에 부속

金山寺大藏殿 : 地有 제6호. 1972년 지정. 본래 佛像이나 經典을 보관하는 건물. 1635년(仁祖 13) 중건〈文化遺蹟總覽〉

金山寺大寂光殿 : 보물 제476호. 1968년 지정. 조선중기 건립 추정〈文化財大觀 ; 寶物篇〉

金山寺彌勒殿 : 국보 제62호. 1940년 지정. 1635년(仁祖 13) 중건. 이 건물은 밖으로는 3층, 안으로는 단층으로 된 국내 유일의 법당〈上同 ; 國寶篇〉

金山寺露柱 : 보물 제22호. 1934년 지정. 高2.3m. 화강석으로 고려 때 건립 추정. 이는 上·中·下 石塔 모양으로 됨〈上同 ; 寶物篇〉

金山寺幢竿支柱 : 보물 제28호. 1934년 지정. 高3.55m. 화강석으로 8세기경 건립 추정〈上同〉

金山寺六角多層石塔 : 보물 제27호. 1934년 지정. 高2.18m. 粘板岩으로 고려초 건립 추정. 원래 13층으로 추정되나 지금은 11층 屋蓋石까지만 남음. 奉天院에 있던 것을 현 大寂光殿 앞에 이전〈上同〉

金山寺石蓮臺 : 보물 제23호. 1934년 지정. 高1.67m 下臺石徑1.03m. 화강석으로 10세기경 조성 추정〈上同〉

金山寺石鐘 : 보물 제26호. 1934년 지정. 석종형의 塔. 高2.27m. 화강석으로 고려초기 건립 추정〈上同〉

金山寺五層石塔 : 보물 제25호. 1934년 지정. 高7.2m. 화강석으로 고려초기 건립 추정〈上同〉

金山寺慧德王師眞應塔碑 : 보물 제24호. 1934년 지정. 高2.78m 幅1.5m. 碑身은 대리석, 龜趺는 화강석. 1111년(고려 睿宗 6) 건립. 「贈諡慧德王師眞應之塔碑銘」이라 題額. 李顗 撰, 鄭允 書, 蔡惟誕 陰書. 碑文에 「睿宗六年辛卯(1111)建」이라 기록. 王師의 諱는 詔顯, 字는 範圍, 俗姓은 李, 慶源人, 949－1097년까지 생존〈上同〉

大崇恩福元寺高麗第一代師圓公碑 : 碑銘은 李穀(1298－1351) 撰. 禪師의 諱는 海圓, 號는 慧鑑, 俗姓은 趙(불교사전에는 金), 咸悅人. 父는 大護軍 奕, 母는 完山郡夫人 李氏. 10세에 金山寺 釋宏에게서 승려가 됨. 元에 있으면서 金山寺의 주지가 됨. 元의 大崇恩福元寺에 거주. 1340년(忠肅王復位 1) 入寂〈稼亭集, 卷6 10張, 木板本〉

斗定 撰 溫萬斗 書 「金山寺冥府殿重創記, 1860年」〈寺刹全書, 174p〉

璇一 撰 「金山寺重修記, 1872年」〈上同, 181p〉

松潭 撰 「湖南金溝縣東母岳山金山寺大法堂重修記, 1783年」〈上同, 173p〉

吳光運 撰 趙命采 篆隷 「南嶽大師碑銘」1744년(英祖 20) 碑를 건립〈上同, 181p〉

李景奭 撰 趙晉錫 書幷篆「逍遙堂大師
碑銘…浮屠碑銘幷序」 1651년경 碑를
건립〈上同, 179p〉
子秀(1664-1737) 撰「金溝縣母岳山
金山寺事蹟詞引」〈無竟集, 45張, 木板
本〉
鼎鎬(1870-1948) 撰「金山龍冥堂大
師行略」〈石林草, 39張, 鉛印本〉
금생사(金生寺)⇒ 김생사 참조
금석암(錦石庵)[1]
전남 光州市 無等山에 있던 절〈寺刹
全書, 191p〉
금석암(錦石庵)[2]
전남 光州市 瑞石山에 있던 절〈불교
사전, 103p〉
금신대(金仙臺)[1]
경북 聞慶郡 山北面 金龍里 雲達山에
있는 절. 金龍寺의 부속 암자. 一名 金
仙庵. 587년(신라 眞平王 9) 雲達이
창건. 1635년(仁祖 13) 芙蓉 靈觀 등
이 중건. 1688년(肅宗 14) 중건〈불교
사전, 103p〉
景雲 撰「金仙臺重修記, 1864年」〈寺
刹全書, 184p〉
大隱 撰 「尙州牧北嶺雲達山雲峰寺金
仙庵佛寺記, 1822年」「金龍寺金仙庵
念佛契記, 1822年」〈上同〉
금선대(金仙臺)[2]
전남 求禮郡 智異山에 있던 절〈中觀
大師遺稿, 424張, 影印本〉
海眼(宣祖時人) 撰 「智異山金仙臺落
成略疏」〈上同〉
금선대(金仙臺)[3]
충남 禮山郡 德山面 斜川里 德崇山에
있는 절. 定慧寺의 부속 암자. 1905년
滿空이 창건〈불교사전, 103p〉
금선대(金仙臺)[4]
평북 寧邊郡 妙香山에 있던 절인 듯
〈淸虛堂集, 卷3 23張, 木板本〉
休靜(1520-1604) 撰 「妙香山法王臺

金仙臺二庵記」〈上同〉
금선대(金仙臺)[5]
평북 熙川郡 眞面 杏川洞 妙香山에 위
치〈寺刹全書, 185p〉
금선사(金僊寺)
서울 鍾路區 舊基洞 남쪽에 있던 절. 聾
山이 10년 동안 문 밖에 나오지 않고
1790년(正祖 14) 坐化함과 동시에 이
상한 징후가 있으므로 王이 肖像을 그
리게 하고 공양〈寺刹全書, 185p〉
금선암(金仙庵)[1]
경남 晉州市 望京南洞에 있는 절. 20세
기경 건립 추정〈文化遺蹟總覽〉
丹城石造如來坐像 : 국유 보물 제371호.
1960년 지정. 高2.20m. 화강석으로 통
일신라 때 조성 추정. 경남 山淸郡 丹城
面 寺院里 폐사址에서 金仙庵 주인 박
수 할머니가 1957년 현지에 이전하고
佛閣을 건립하여 봉안〈文化財大觀 ;
寶物篇〉
금선암(金仙庵)[2]
전남 谷城郡 雪山에 있던 절〈불교사
전, 104p〉
금선암(金仙庵)[3]
전남 長興郡 冠山面 天冠山 天冠寺 白
蓮堂 남쪽에 있던 절〈寺刹全書, 183p〉
금성사(金城寺)[1]
전남 潭陽郡 龍面 山城里에 있던 절
〈寺刹全書, 185p〉
金城寺址幢竿支柱 : 高80cm. 구한말 때
건립 추정〈文化遺蹟總覽〉
금성사(金城寺)[2]
평남 德川郡 金城山에 있던 절〈寺刹全
書, 185p〉
금수굴(金水窟)
경북 善山郡에 있던 절인 듯〈旅軒集,
卷1 20張, 木板本〉
張顯光(1554-1637) 詩 「金水窟古風
三篇幷序」〈上同〉
금수암(金水庵)[1]

경기 龍仁郡 駒城面 中里에 있던 절
〈寺刹全書, 185p〉
금수암(金水庵)²
경남 梁山郡 千聖山에 있던 절 〈寺刹
全書, 185p〉
금수암(金水庵)³
부산 東區 草梁洞 龜溪山에 있는 절.
一名 金水寺 〈寺刹全書, 185p〉
權相老 撰 「釜山市金水庵尋牛堂新建
記」〈上同, 185p〉「釜山直轄市龜溪山
金水寺大光明殿新建記, 1963年」〈上
同, 187p〉「釜山市龜溪山金水庵尋牛
堂上梁文, 1953年」〈上同, 186p〉
금수암(金水庵)⁴
전남 長興郡 冠山面 天冠山 天冠寺 迎
日庵 위에 있던 절 〈寺刹全書, 185p〉
금수암(金水庵)⁵
충남 舒川郡 庇仁面 兩儀山에 있던 절
〈寺刹全書, 185p〉
금수암(金水庵)⁶
함남 咸州郡 金水窟에 있던 절 〈불교
사전, 104p〉
금수암(金水庵)⁷
함남 咸州郡 白雲山에 있던 절. 一名
成佛寺 〈불교사전, 104p〉
금신굴(金身窟)
경기 開城의 金身寺인 듯 〈寺刹全書,
188p〉
금신사(金身[神]寺)
경기 開城市 聖居山에 있던 절. 1166년
(고려 毅宗 20) 王이 행차 〈寺刹全書,
188p〉
금신암(金神庵)
경기 開城 부근에 위치했던 절인 듯
〈梅月堂集, 卷9 6張, 癸酉字本〉
金時習(1435-1493) 詩 「遊金神庵」
〈上同〉
금신암(金信庵)
경남 蔚州郡 文殊山에 있던 절. 신라
때 창건 〈寺刹全書, 188p〉

금안사(金安寺)
『淨兜寺五重石塔記』를 참조 〈寺刹全
書, 188p〉
금암사(錦岩寺)
충남 公州郡 熊津 부근에 있던 절.
1907년 창건 〈寺刹全書, 191p〉
금오암(金鰲庵)⇒ 向日庵² 참조
금옹사(金甕寺)
강원 平昌郡 五臺山에 있던 절. 李詹
(1345-1405)의 重修記가 있다 〈寺刹
全書, 188p〉
금우암(金牛庵)
경북 月城郡 西面 五峰山에 있는 절. 朱
砂庵의 부속 암자 〈불교사전, 104p〉
금자대장원(金字大藏院)⇒ 金字院 참
조
금자원(金字院)
경기 開城市에 있던 절. 一名 金字大藏
院. 1299년(고려 忠烈王 25) 王이 행차
하여 大藏經을 慶讚 〈寺刹全書, 188p〉
금장사(金藏[莊]寺)¹
경북 月城郡 見谷面 金丈里에 있던 절
〈寺刹全書, 188p〉
금장사(金藏寺)²
전남 長興郡 龍頭山에 있던 절. 991년
(고려 成宗 11) 明眞이 창건 〈寺刹全
書, 188p〉
李憕(高麗朝人) 撰 「龍頭山金藏寺金
堂主彌勒三尊改金記」〈東文選, 卷68 6
張, 木板本〉
금장사(金藏寺)³
함남 明川郡 七寶山에 있던 절 〈寺刹全
書, 189p〉
금장암(金藏[莊]庵)
강원 淮陽郡 內金剛面 長淵里 金剛山에
있던 절. 長安寺의 부속 암자 〈불교사
전, 104p〉
금정암(金井庵)¹
경남 陜川郡 雙栢面 安溪里에 있던 절.
주위에 瓦片이 산재 〈寺刹全書, 190p〉

금정암(金井庵)²

경북 月城郡 西面 泉村里 回龍山에 있는 절. 716년(신라 聖德王 15) 元曉가 창건. 1338년(고려 忠肅王復位 7) 平眼이 중건. 1936년 伯鉉이 중건〈寺刹全書, 190p〉

금정암(金井庵)³

부산 釜山鎭區 溫泉洞에 있는 절. 一名 金井寺·曉義寺〈불교사전, 104p〉

금정암(金井庵)⁴

전남 求禮郡 馬山面 黃田里 智異山에 있는 절. 華嚴寺의 부속 암자〈불교사전, 104p〉

금정암(金井庵)⁵

전남 靈光郡 弘農面 柱馬里에 있는 절. 1627년(仁祖 5) 창건. 1873년(高宗 10) 중수〈文化遺蹟總覽〉

금정암(金鼎[晶]庵)

경북 榮州郡 順興面 文殊山에 있던 절〈寺刹全書, 190p〉

금조사(金潮寺)

위치 未詳.『雪岊集』金潮寺詩에 이 절의 기록이 있다〈寺刹全書, 190p〉

금종사(金鍾寺)

경기 開城市 松嶽 기슭에 있던 절〈寺刹全書, 190p〉

李穡(1328-1396) 詩「夏日與諸公游金鍾寺, 二首」〈牧隱詩藁, 卷4 10張, 木板本〉

금지사(金地[池]寺)

충남 論山郡 恩津面 摩耶山에 있던 절. 一名 金地庵〈寺刹全書, 190p〉

금지암(金池[地]庵)

충남 扶餘郡 內山面 金池里 月明山에 있는 절〈寺刹全書, 190p〉

금천사(金川寺)

위치 未詳〈東文選, 卷19 13張, 木板本〉

崔致遠(857-?) 詩「贈金川寺主」〈上同〉

李純仁(1543-1592) 詩「金川寺」〈孤潭逸稿, 卷2 1張, 木活字本〉

금천사(琴泉寺)

위치 未詳〈重峰集, 卷1, 影印本〉

趙憲(1544-1592) 詩「琴泉寺次權汝明」〈上同〉

금천사(金泉寺)⇒ 消災寺 참조

금천암(金泉庵)

경북 奉化郡 物野面 北枝里에 있던 절. 주위에 초석과 와편이 산재〈寺刹全書, 190p〉

금탑사(金塔寺)

전남 高興郡 浦頭面 鳳林里 天燈山에 있는 절. 637년(신라 善德女王 6) 元曉가 창건. 丁酉再亂(1597) 때 소실, 그 뒤 王淳 등이 중건〈불교사전, 105p〉

高興金塔寺의 비자나무숲 : 천연기념물 제239호. 1972년 지정. 39,937坪〈指定文化財目錄〉

금탑암(金塔庵)

전남 光州市 瑞石山에 있던 절〈寺刹全書, 190p〉

금학사(金鶴寺)

경북 聞慶郡 鳳鳴山에 있던 절〈寺刹全書, 190p〉

기기암(奇奇庵)

강원 淮陽郡 內金剛面 長淵里 金剛山에 있던 절. 一名 奇支庵. 表訓寺의 부속 암자〈불교사전, 106p〉

柳夢寅(1559-1623) 撰「贈涅槃山奇奇庵沙彌敬允序」〈於于集, 卷4 32張, 木板本〉

기기암(寄寄庵)

경북 永川郡 淸通面 治日洞에 있는 절. 816년(신라 憲德王 8) 正秀가 창건. 1546년(明宗 1) 快善이 중건〈불교사전, 106p〉

기도사(己道寺)

경남 咸陽郡 柳林面 花村里에 있던 절. 주위에 주초석과 와편이 산재〈文化遺

蹟總覽〉

기룡사(起龍寺)

경남 泗川郡 泗南面 花田里 花田山에 있는 절. 一名 起龍庵. 1886년(高宗 23) 普文이 중건. 1926년 啓明이 중건 〈寺刹全書, 204p〉

기린사(麒麟寺)[1]

전북 全州市 中老松洞에 있는 절. 1965년 중건. 太古宗에 소속 〈文化遺蹟總覽〉

기린사(麒麟寺)[2]

충남 牙山郡 西達山에 있던 절 〈寺刹全書, 204p〉

기린사(麒麟寺)[3]

함남 新興郡 元平面 新成里 千佛山에 위치. 開心寺의 부속 암자 〈寺刹全書, 205p〉

기림사(祇林寺)

경북 月城郡 陽北面 虎岩里 含月山에 있는 절. 옛날은 林井寺. 643년(신라 善德女王 12) 光有가 창건. 1578년(宣祖 11) 쓴禪이 중건. 1863년(哲宗 14) 寮舍 113간이 소실, 1905년 慧訓 등이 중건 〈寺刹全書, 192p〉

甘露庵, 南寂庵 등이 山內에 부속

祇林寺乾漆菩薩[觀音]坐像 : 보물　제415호. 1965년 지정. 高91cm. 1501년(燕山 7) 건립. 木造 原體 위 錦布로 싸고 胡粉으로 塗裝. 보살상의 下臺上面에서 「弘治二[一]十四年…新羅含月山西水庵堂主造洛山□觀音菩薩造佛…」의 墨書銘이 발견 〈文化財大觀 ; 寶物篇〉

祇林寺內木塔址 : 藥師殿 앞에 위치. 高70cm. 木塔址礎石이 정연하게 배열 〈文化遺蹟總覽〉

祇林寺三層石塔 : 冥府殿 앞에 위치. 初層屋身은 장대하나 2층부터는 체감률이 심함 〈上同〉

「祇林寺重建記, 1864年」〈寺刹全書,

199p〉

聞佾 撰 「新羅含月山祇林寺事蹟, 後跋, 1658年」〈寺刹全書, 192p〉

「別本祇林寺事蹟」〈上同, 199p〉

기원사(祇園寺)[1]

경북 慶州에 있던 절인 듯 〈寺刹全書, 204p〉

566년(신라 眞興王 27) 창건 〈三國遺事, 卷4, 木板本〉

기원사(祇園寺)[2]

충남 舒川郡 靈鷲山에 있던 절 〈寺刹全書, 204p〉

기출암(起出庵)

전북 高敞郡 雅山面 三仁里 兜率山 石窟 안에 있던 절. 신라 때 창건. 義雲이 16羅漢像을 봉안. 1628년(仁祖 6) 중건 〈寺刹全書, 204p〉

길마사(吉馬寺)

경기 仁川市 南區 文鶴洞 吉馬山에 있던 절. 吉馬山 중턱에 寺址가 있다고 전함 〈文化遺蹟總覽〉

길상사(吉祥寺)[1]

경기 開城市 聖居山에 있던 절. 1280년(고려 忠烈王 6) 王이 공주와 함께 행차, 그 뒤 역대 제왕이 행차. 1422년(世宗 4) 太宗의 병이 점차 심해지자 戶曹判書 申浩로 하여금 羅漢齋를 설행토록 함 〈寺刹全書, 205p〉

길상사(吉祥寺)[2]

전북 群山市 沙龍洞 千房山에 있던 절 〈寺刹全書, 205p〉

길상사(吉祥寺)[3]

충북 鎭川郡 胎靈山에 있던 절 〈寺刹全書, 205p〉

길상사(吉祥寺)[4]

평남 中和郡 中和面 靑龍山에 있는 절 〈寺刹全書, 206p〉

金涌(1557-1620) 詩 「宿中和吉祥寺」〈雲川集, 卷1 4張, 木板本〉

길상사(吉祥寺)[5]

평북 龜城郡 天劍山에 있던 절〈寺刹
全書, 205p〉
길상사(吉祥寺)[6]⇒法住寺 참조
길상암(吉祥庵)[1]
강원 高城郡 金剛山 世尊川 곁에 있던
절〈寺刹全書, 206p〉
길상암(吉祥庵)[2]
전남 谷城郡 谷城面 月峰里 動樂山에
있는 절. 道林寺에 부속〈寺刹全書,
206p〉
길상암(吉祥庵)[3]
충남 公州郡 反浦面 鶴峰里 鷄龍山에
있는 절. 東鶴寺에 부속〈寺刹全書,
206p〉
길상암(吉祥庵)[4]
충남 天原郡 廣德面 廣德里 泰華山에
있는 절. 廣德寺의 부속 암자〈불교사
전, 109p〉
길상암(吉祥庵)[5]
함남 端川郡 白蓮山에 있던 절〈寺刹
全書, 206p〉
길상암(吉祥庵)[6]
황해 殷栗郡 九月山에 있던 절. 乾止寺
의 부속 암자〈寺刹全書, 62p〉
김룡사(金龍寺)
경북 聞慶郡 山北面 金龍里 雲達山에
있는 절. 588년(신라 眞平王 10) 雲達
이 開山하여 雲峰寺라 명명, 또는 金龍
寺라 함. 1624년(仁祖 2) 慧聰이 중건.
1643년(仁祖 21) 소실. 1649년(仁祖
27) 義允·無盡·太休 등이 大雄殿을
건립. 1650년(孝宗 2) 有珠가 梵鐘樓,
大稔이 瞻星閣, 法規 瑞軒이 禪堂, 靈
卓 杜淸이 僧堂, 敏雲이 正門을 각각
건립. 1690년(肅宗 16) 延河堂을 건
립. 1695년(肅宗 21) 滿月堂을 건립.
1705년(肅宗 31) 水月寮를 건립. 1708
년(肅宗 34) 應眞殿을 건립. 1709년
(肅宗 35) 極樂·靈山·寒山·圓通殿
등을 건립. 雪岑이 上室·中室·香積

殿 등을 건립. 1714년(肅宗 40) 曇有·
密卓이 冥府·東殿 등을 건립. 1719년
(肅宗 45) 性天 梵鐘樓를 건립. 1726년
(英祖 2) 自寬이 靈山殿·冥府殿을 중
수. 1727년(英祖 3) 智圓이 回轉門을
건립. 聖卓이 紅霞門을 건립. 1734년
(英祖 10) 克允이 山影樓를 건립. 1740
년(英祖 16) 守演이 靑霞殿을 건립.
1781년(正祖 5) 庚子甲契員이 冥府殿
을 중수. 1791년(正祖 15) 慧眼이 大雄
殿을 중건. 1846년(憲宗 12) 大雄殿을
중수. 1867년(高宗 4) 枕溪가 凝香閣
을 중수. 1889년(高宗 26) 鏡虛가 七星
閣을 건립. 1893년(高宗 30) 枕溪가 東
殿을 중수. 1930년 주지 仁澤이 說禪堂
後閣을 중건. 1940년 주시 炳浩가 說禪
堂·萬歲樓 등을 중수〈寺刹全書,
150p〉
景雲 撰「金龍寺凝香閣重修記, 1867
年」〈上同, 157p〉「雲達山金龍寺說禪
堂重創上梁文, 1870年」〈上同, 166p〉
「雲峰寺萬歲樓重創上梁文, 1870年」
〈上同, 167p〉
觀周 撰「金龍寺重修大雄殿記, 1960
年」〈上同, 159p〉
刮虛 撰「金龍寺大雄殿三尊佛靈山殿及
地藏改金記, 1761年」〈上同, 160p〉
「雲峰寺冥府殿重修記, 1781年」〈上同,
161p〉
權相老 撰「金龍寺佛事與丹艧記, 1929
年」〈上同, 157p〉「雲達山金龍寺說禪
堂及萬歲樓重建記, 1941年」〈上同,
165p〉「雲達山金龍寺萬歲樓重建上梁
文, 1940年」〈上同, 168p〉「雲達山金
龍寺說禪堂重建上梁文, 1940年」〈上
同, 170p〉「金龍寺東香閣重修記, 1892
年」〈上同, 155p〉「金龍寺冥府殿丹靑
有功序文, 1895年」〈上同, 157p〉
「金龍寺住持案錄序」〈上同, 154p〉
金相鳳 撰「金龍寺事蹟記跋, 1725年」

〈上同, 153p〉
金楊仁 撰「金龍寺說禪堂重修記, 1870年」〈上同, 155p〉
金鴻圭(號 磊陰) 撰 「金龍寺事蹟記」〈上同, 152p〉
登階尙尊 撰「金龍寺事蹟記, 1725年」〈上同, 151p〉「事蹟後錄, 1744年」〈上同, 153p〉「金龍寺梵鐘樓正門重建記, 1719年」〈寺刹全書, 155p〉
富閏 撰 「雲達山金龍寺甲子甲稧獻畓記, 1830年」〈上同, 165p〉

김생사(金生寺)
충북 中原郡 金加面 遊松里에 있던 절.
8세기경 신라 명필 金生(711－791)이 수도하던 곳. 주초와 와편이 출토. 1664년(顯宗 5) 건립한 古屋이 남음. 수해 방지를 위해 金生이 쌓았다는 金生堤가 200m 정도 남음〈불교사전, 103p〉

김생암(金生庵)
경북 奉化郡 淸凉山에 있던 절〈錦溪外集, 卷1 11張, 木板本〉
黃俊良(1517－1563) 詩「金生庵」〈上同〉

김천사(金泉寺)⇒ 消災寺 참조

ㄴ

나대사(羅代寺)
경북 慶州市 拜洞에 있던 절. 신라 때
창건 추정. 주위에 瓦片이 산재〈文化
遺蹟總覽〉
나아동사(羅阿洞寺)
평북 楚山郡에 있던 절〈寺刹全書,
206p〉
나안사(羅安寺)⇒ 羅漢寺[2] 참조
나암사(羅岩寺)
경기 高陽郡에 있던 절〈寺刹全書,
206p〉
나암사(蘿岩寺)[1]
경기 高陽郡 碧蹄面에 있던 절. 吳挺昌
이 절을 헐어 墓를 쓰고, 절은 건너편
산에 이전하였다가 폐사. 1754년(英祖
30) 중건〈寺刹全書, 207p〉
나암사(蘿岩寺)[2]
전남 谷城郡(옛 玉果縣) 雪山에 있던
절〈寺刹全書, 207p〉
나한당(羅漢堂)⇒ 慈悲寺[2] 참조
나한사(羅漢寺)[1]
경기 龍仁郡 外四面 朴谷里에 있던 절.
寺址에 4층석탑이 남음〈寺刹全書,
206p〉
나한사(羅漢寺)[2]
평남 平原郡 漢川面 甘五里에 있던 절.
一名 羅安寺〈寺刹全書, 206p〉
나한사(羅漢寺)[3]
평북 義州郡 古城面 臺山洞 白馬山城
에 있는 절〈寺刹全書, 206p〉
나한암(羅漢庵)
강원 鐵原郡 乃文面 班石里에 있던 절.

石窟속에 石佛 1구가 남음〈寺刹全書,
206p〉
낙가사(洛伽寺)
강원 溟州郡 江東面 正東津里에 있던
절〈불교사전, 191p〉
원래 燈明寺. 三更에 등산하여 불을 밝
히고 기도하면 及第가 빠르다는 전설이
있다. 1955년 옛 터에 준건하여 洛伽寺
로 개명〈文化遺蹟總覽〉
燈明寺址五層石塔 : 地有 제37호. 1971
년 지정〈上同〉
낙가암(洛迦庵)[1]
강원 通川郡 通川面 兒里 金剛山에 위
치. 觀音寺의 부속 암자. 1825년(純祖
25) 祐哲이 중건〈寺刹全書, 208p〉
1780년(正祖 4) 守一이 內院禪社를 창
건〈榆岾寺本末寺志, 749p, 鉛印本〉
낙가암(洛迦庵)[2]
서울 道峰區 道峰洞 道峰山에 있는 절.
1846년(憲宗 12) 大義가 창건. 1920년
松月이 중건〈寺刹全書, 208p〉
金寗漢(1878－1950) 詩「偕青農諸人
遊道峰洛迦庵」〈及愚齋集, 卷3 16張,
鉛印本〉
낙가암(洛迦庵)[3]⇒ 普光庵[1] 참조
낙달사(樂達寺)
황해 信川郡 天奉山에 있던 절〈寺刹全
書, 213p〉
낙도암(樂道庵)
경기 開豊郡 天磨山에 있던 절〈寺刹全
書, 213p〉
낙산사(洛山寺)[1]

강원 襄陽郡 降峴面 前津里 洛山에 있는 절. 676년(신라 文武王 16) 義湘이 창건. 그 뒤 화재, 858년(신라 憲安王 2) 중건. 1467년(世祖 13) 1469년(睿宗 1) 각각 중건. 1631년(仁祖 9) 화재, 곧 宗密 學祖 등이 중건. 1777년(正祖 1)화재, 1778년(正祖 2) 化主 雲鶴 등이 중건. 1930년 화재, 1932년 주지 晩翁이 중건〈寺刹全書, 208p〉 신라 義湘이 觀音菩薩을 친견하려고 本寺 부근 해변에서 기도했으나 성취가 안되자 이는 정성이 부족한 탓이라고 여기고 죽기를 결심하고 바다에 몸을 던지니, 곧 觀音菩薩이 연꽃을 타고 올라오다가 義湘을 연꽃에 싣고 같이 올라와서 구슬염주를 내려주니 義湘은 이의 보답으로 절을 지음. 觀音菩薩이 印度 남해안 補陀落迦(中國音譯)에 거주한다고 하여 落山寺라고 命名〈1997년 1월 25일 06:45분 불교방송 교리강좌〉 1950년 동란으로 화재, 1953년 중건〈불교사전, 114p〉 676년(신라 文武王 16) 3층석탑을 건조하여 寶珠를 보관하고 16羅漢像을 塑成. 786년(元聖王2) 대부분 소실. 858년(憲安王 2) 梵日이 正趣菩薩石像을 냇가에서 얻어 佛殿을 건립하고 봉안. 1467년(世祖 12) 王이 행차하여 香幣를 하사하고 절을 중건. 王이 學悅에게 명하여 3층석탑을 9층으로 개조. 1469년(睿宗 1) 王이 大鐘을 주성토록 하고 田地와 奴婢를 하사. 1470년(成宗 1) 王이 田畓과 奴婢를 下賜 恩典. 1854년(哲宗 5) 鏡峰 등이 圓通殿과 龍船殿을 중수. 1888년(高宗 25) 賓日樓를 중건. 1891년 應岩 등이 龍船殿을 중건. 1893년 仙鶴 등이 靈山殿을 중건 丹�‍艧. 1912년 賓日樓를 중건. 1914년 海星이 天王門을 중건, 天王像을 改彩,

寮舍을 수리, 1918년 法殿·寮舍를 수리. 1924년 金奎鉉이 住持되어 寺院과 道場을 수리. 1925년 義湘臺를 건립〈乾鳳寺本末事蹟, 117·120p, 鉛印本, 1977 影印〉 洛山寺垣墻 : 地有 제34호. 1971년 지정. 圓通寶殿의 둘레를 方形으로 싼 垣墻. 後長5.8m 左側2.1m 右側8m 高3.76m. 平瓦와 赤土로써 군데군데 화강암을 박았다. 世祖朝에 축조〈文化遺蹟總覽〉 洛山寺圓通寶殿 : 地有 제35호. 1973년 지정. 676년(신라 惠恭王 3) 義湘이 창건. 그 뒤 수차 중건. 1950년 동란으로 전소. 그 당시 1군단장 李亨根 장군과 각계 인사들이 협력하여 1953년 중건. 圓通寶殿 현판은 崔泓熙 書〈上同〉 洛山寺義湘臺 : 地有 제35호. 1971년 지정. 1926년 洛山寺 入口 東海邊에 6角亭을 건립하여 義湘의 화상을 봉안하고 義湘臺라 함. 1936년 쓰러진 것을 1937년 중수. 義湘臺 현판은 金敦熙(1871−1946) 書〈上同〉 洛山寺虹霓門 : 地有 제33호. 1971년 지정. 1466년(世祖 12) 王이 洛山寺에 행차하여 寺刹을 중수케 하고 虹霓門을 건조. 樓閣은 1962년 道費보조로 건립〈上同〉 洛山寺浮屠群(3기) : ① 靜松堂浮屠 塔身만이 구렁에 넘어짐. 高1.035m. 舍利孔이 있다. ② 高1.75m. ③ 蓮河堂大師浮屠 高1.05m〈上同〉 洛山寺碑 : 舍利碑, 觀察使金升集碑, 府使金用圭碑, 察訪金鼎爕碑 등 4座〈乾鳳寺本末事蹟, 124p, 鉛印本〉 洛山寺舍利塔[海水觀音空中舍利塔] : 高3.55m. 8角圓堂形 長大石으로 1692년(肅宗 18) 조성. 1638년(仁祖 16) 釋謙이 공중에서 얻은 寶珠를 봉안하므로 「空中舍利塔」이라고도 함 〈文化遺蹟

總覽〉
碑銘은 李玄錫(1647-1703) 撰幷書篆
1694년 碑를 건립 〈乾鳳寺本末事蹟,
133p, 鉛印本〉
洛山寺七層石塔 : 보물 제499호. 1968
년 지정. 高6.2m. 화강석(相輪은 靑
銅)으로 1467년(世祖 13) 건립 추정
〈文化財大觀 ; 寶物篇〉
洛山寺塔 : 9층석탑, 蓮河堂塔, 空中舍
利塔, 靜松堂塔, □□塔 등 5座 〈乾鳳
寺本末事蹟, 124p, 鉛印本〉
洛山寺銅鐘 : 보물 제479호. 1968년 지
정. 高1.58m 口徑98cm. 銅으로 1469
년(睿宗 1) 주성 〈文化財大觀 ; 寶物
篇〉
鐘銘은 金守溫 奉敎撰 鄭蘭宗 奉敎書
〈乾鳳寺本末事蹟, 125p, 鉛印本〉
璟郁 撰 「五峰山洛山寺靈山殿重修佛
事丹臒記, 1893年」〈上同, 139p〉
「高麗僧盆莊記」〈寺刹全書, 209p〉
金坵(1211-1278) 撰 「洛山觀音慶讚
疏」〈止浦集, 卷3 14張〉
金東圭 撰「洛山寺賓日樓重修記, 1912
年」〈乾鳳寺本末事蹟, 142p, 鉛印本〉
卞季良(1369-1430) 撰 「洛山寺行消
災法席疏」〈東文選, 卷113 8張, 木板
本〉
炳肇 撰 「永世不忘記, 1913年」〈乾鳳
寺本末事蹟, 144p, 鉛印本〉
勝和 撰 「洛山寺圓通寶殿御室閣修補
記, 1854年」〈上同, 137p〉
雲鶴 撰「僧堂上梁文, 1778年」〈上同〉
李奎報(1168-1241) 撰 「洛山寺觀音
腹藏修補文幷頌」〈寺刹全書, 106p〉
李秉龍 撰 金重昱 書「洛山寺奉安御室
閣改建上梁文, 1891年」〈乾鳳寺本末
事蹟, 138p, 鉛印本〉
李齊賢(1287-1367) 撰 「洛山觀音腹
藏修補文幷序」〈東文選, 卷50 24張,
木板本〉

盆莊(高麗僧) 本寺記를 撰함 〈新增東
國輿地勝覽, 卷44 39張〉
一然(1206-1289) 撰 「洛山二大聖觀
音正趣調信」〈三國遺事, 卷3, 木板本〉
鼎鎬(1870-1948) 撰 「洛山寺義湘台
六角亭重建記」〈石林草, 58張, 鉛印
本〉「洛山寺重建上梁文」〈上同, 65張〉
蔡彭胤(1669-1731) 撰「御製詩板序,
1722年」〈乾鳳寺本末事蹟, 134p, 鉛印
本〉
鶴庵 撰「襄陽郡洛山寺四天王塑像彩繪
及殿閣重建記, 1914年」〈上同, 144p〉
韓繼禧(1423-1482) 撰 「洛山寺記,
1470年」〈上同, 127p〉
韓龍雲(1879-1944) 撰 「義湘臺記,
1925年」〈上同, 145p〉
낙산사(洛山寺)²
경기 長湍郡 聳岩山에 있던 절. 1275년
(고려 忠烈王 1) 王과 공주가 행차.
1367년(고려 恭愍王 16) 王이 행차.
1465년(世祖 11) 절 뒤 언덕이 무너져
東門 밖으로 이전 〈寺刹全書, 208p〉
낙산사(洛山寺)³
황해 信川郡 草里面 興鶴里 九月山에
위치 〈寺刹全書, 213p〉
낙서암(樂西庵)¹
강원 高城郡 梧垈面 冷泉里에 위치한
듯. 乾鳳寺의 부속 암자 〈乾鳳寺本末寺
蹟, 50p, 鉛印本〉
雲坡 撰「金剛山乾鳳寺樂西庵埋水鑄釜
記」〈上同〉
法堅(仁祖時僧?) 撰 「金剛山樂西庵重
創記」〈奇岩集, 卷3, 木板本〉
낙서암(樂西庵)²
경남 固城郡 下二面 臥龍里 臥龍山에
있는 절. 雲興寺의 부속 암자. 1628년
(肅宗 8) 凝化가 창건 〈불교사전,
114p〉
낙서암(樂西庵)³
경남 蔚州郡 江東面 大安里 含月山에

있는 절. 新興寺의 부속 암자〈불교사전, 114p〉

1830년(純祖 30) 松谷이 창건〈寺刹全書, 213p〉

낙서암(樂棲庵)

전남 海南郡 三山面 平活里 飛鳳山에 있는 절. 大興寺에 부속〈불교사전, 114p〉

낙선암(落仙庵)

평남 德川郡 月峰山에 위치〈寺刹全書, 213p〉

낙수암(落水庵)[1]

경기 廣州郡 光教山에 위치〈寺刹全書, 213p〉

낙수암(落水庵)[2]

경북 尙州郡 外南面에 있던 절. 北長寺의 부속 암자〈寺刹全書, 213p〉

낙수암(樂壽庵)

위치 未洋〈白谷集, 306p, 影印本, 1974印〉

處能(1617−1680) 詩 「樂壽庵」〈上同〉

낙안사(樂安寺)

평남 平壤에 위치〈梅月堂集, 卷3 28張, 癸酉字本〉

金時習(1435−1493) 詩 「遊樂安寺」〈上同〉

낙영사(落影寺)

위치 未詳〈晩洲遺集, 卷4 25張, 木活字本〉

洪錫箕(1606−1680) 詩 「晩洲遺稿集」〈上同〉

낙타사(駱駝寺)

경북 安東郡 葛蘿山에 위치〈寺刹全書, 213p〉

金涌(1557−1620) 詩 「駱駝寺樓逢法上人次軸中韻, 二首」〈雲川集, 卷1 13張, 木板本〉

낙풍암(樂豊庵)

평북 熙川郡 北面 妙香山에 위치〈寺

刹全書, 213p〉

난계사(蘭溪寺)

전북 淳昌郡 東溪面 壽墻里에 있던 절. 1720년까지 있었던 것으로 추정〈文化遺蹟總覽〉

난암(卵庵)

경북 金陵郡 黑雲山에 위치. 一名 卵含庵〈寺刹全書, 214p〉

난암사(卵岩寺)

함남 利原郡 靈鷲山에 위치〈寺刹全書, 214p〉

난초사(蘭草寺)

충북 忠州市 迦葉山에 있던 절〈寺刹全書, 214p〉

난함암(卵含庵)⇒ 卵庵 참조

난흥사(蘭興寺)

함남 咸州郡 下朝陽面 三興里에 위치. 碑石과 浮屠가 있었다〈寺刹全書, 214p〉

남가섭암(南迦葉庵)

충남 公州郡 寺谷面 佳橋里 泰華山에 있는 절. 麻谷寺에 부속〈寺刹全書, 214p〉

남간사(南澗寺)

경북 慶州市 塔洞에 위치. 南澗寺 沙門 一念이 「厭觸香墳禮佛結社文」을 撰〈寺刹全書, 214p〉

寺址에 幢竿支柱가 있다〈불교사전, 117p〉

남강사(南江寺)

경남 智異山 부근에 있던 절인 듯〈鶴川遺集, 卷1, 木板本〉

李逢春(1542−1625) 詩「題南江寺, 三首」〈上同〉

남계사(南溪寺)

경기 開城市에 위치〈寺刹全書, 214p〉

남계원(南溪院)

경기 開城市 德岩洞에 있던 절〈文化遺蹟總覽〉

南溪院七層石塔 : 현재 서울市 鍾路區

世宗路 景福宮內에 위치. 국유 국보 제
100호. 1960년 지정. 高7.54m. 화강석
으로 13세기경 건립 추정. 開國寺에 속
했다가 뒤에 南溪院으로 알려짐. 1915년
현지에 이전〈文化財大觀；國寶篇〉

남고사(南固[高]寺)
전북 完州郡 上關面 高德山에 위치.
1881년(高宗　18) 중건〈寺刹全書,
214p〉
전북 全州市 東棲鶴洞에 있는 절. 원래
高德山에 있던 것을 20세기경 현 東棲
鶴洞에 이전한 것으로 추정〈文化遺蹟
總覽〉

남관음암(南觀音庵)
강원 平昌郡 五臺山에 있던 절〈寺刹
全書, 214p〉

남단사(南壇寺)
경기 廣州郡 中部面 南漢山城 안에 위
치〈寺刹全書, 214p〉

남대암(南臺庵)
경남 晉陽郡 智異山 天王峰 동구에 위
치〈寺刹全書, 215p〉
智異山 天王峰은 현재의 咸陽·山淸郡
경계임〈編者〉

남두사(南頭寺)
평북 龜城郡 天摩面 天摩山에 위치
〈寺刹全書, 214p〉

남망일사(南望日寺)
평남 平壤市 麻屯山에 위치〈寺刹全
書, 215p〉

남명암(南明庵)
황해 信川郡 九月山에 있던 절〈寺刹
全書, 215p〉

남미륵암(南彌勒庵)
전남 海南郡 三山面 九林里에 있던 절.
大興寺에 부속.『雜林古記』에 天神이
童男童女 두 사람을 이 山에 내려보냈
는데 女는 北彌勒, 男은 南彌勒이 각각
되었다고 전함〈寺刹全書, 215p〉

남방사(南方寺)

황해 平山郡 滅惡山에 있던 절〈寺刹全
書, 215p〉

남백사(南白寺)
경남 昌原郡 北面 北桂里 白月山에 위
치. 一名 南寺·南庵·南白月寺·磊房
〈寺刹全書, 215p〉
주위에 石築 일부와 통일신라 때 건립
으로 추정되는 3층석탑이 남음〈文化
遺蹟總覽〉
周世鵬(1495－1554) 詩「棲白月山南
白寺燈下有感」〈武陵集, 卷2 19張, 木
板本〉

남백월사(南白月寺)⇒南白寺 참조

남복선원(南福禪院)
전북 全州市에 있던 절. 洞眞이 甄萱의
청으로 거주하던 곳〈불교사전, 118p〉

남북사(南北寺)
경기 富川郡(옛 南洞面 萬壽里)에 있
던 절〈寺刹全書, 215p〉

남사(南寺)¹
충남 錦山郡 濟院驛 南山에 위치〈寺刹
全書, 215p〉

남사(南寺)²⇒南白月寺 참조

남산사(南山寺)¹
강원 橫城郡(옛　縣南　60리)에 위치
〈寺刹全書, 216p〉

남산사(南山寺)²
경북 慶州市(옛　慶州郡　內東面) 南山
洞에 위치. 지금은 3층석탑만 남음〈불
교사전, 118p〉

남산사(南山寺)³
경북 金陵郡(옛　知禮縣) 南山에 있던
절〈寺刹全書, 215p〉

남산사(南山寺)⁴
충남 牙山郡 西達山에 위치〈寺刹全書,
215p〉

남산사(南山寺)⁵
충남 靑陽郡 官婢山에 있던 절〈寺刹全
書, 215p〉

남산사(南山寺)⁶

충북 堤川郡에 위치 〈西坡集, 卷4 30張, 芸閣印書體字本〉
吳道一(1645-1703) 詩 「堤川南山寺夜會次箕雅韻」〈上同〉
남산사(南山寺)[7]
평남 寧遠郡 駝大山에 있던 절 〈寺刹全書, 216p〉
남산사(南山寺)[8]
평북 博川郡(옛 嘉山縣) 曉星嶺에 위치 〈寺刹全書, 216p〉
남산사(南山寺)[9]
평북 義州郡 古邑坊에 위치 〈寺刹全書, 216p〉
남산사(南山寺)[10]
함남 永興郡 耀德山에 위치 〈寺刹全書, 216p〉
남산사(南山寺)[11]
황해 安岳郡 紅岩山에 있던 절 〈寺刹全書, 216p〉
남산사(南山寺)[12]⇒ 長安寺[4] 참조
남산사(南山寺)[13]⇒ 蒼龍寺 참조
남쌍련암(南雙蓮庵)
경기 開豊郡 聖居山에 위치 〈寺刹全書, 216p〉
남석사(南碩寺)
함북 富寧郡 連川社에 위치 〈寺刹全書, 216p〉
남선사(南禪寺)
평남 順天郡 八峰山 天將坊에 위치 〈寺刹全書, 216p〉
남성거암(南聖居庵)
경기 開豊郡 聖居山에 위치 〈寺刹全書, 216p〉
남숭사(南嵩寺)⇒ 仙鳳寺[1] 참조
남신사(南神寺)
경기 開城에 위치. 1389년(고려 恭讓王 1) 王이 행차 〈寺刹全書, 217p〉
남악사(南岳寺)[1]
경북 醴泉郡 醴泉邑에 위치 〈寺刹全書, 217p〉

남악사(南岳寺)[2]
충북 淸原郡 上黨山城에 위치 〈寺刹全書, 217p〉
남암(南庵)[1]
강원 高城郡 金剛山 12폭포 위에 위치 〈寺刹全書, 218p〉
남암(南庵)[2]
강원 鐵原郡 新西面 內山里 寶蓋山에 있는 절. 深源寺의 부속 암자. 860년(신라 憲安王 4) 梵日이 창건 〈불교사전, 119p〉
남암(南庵)[3]
경남 泗川(옛 昆陽)郡 鳳鳴山에 있던 절. 棲鳳寺의 부속 암자 〈寺刹全書, 217p〉
남암(南庵)[4]
경북 聞慶郡 義陽山에 위치. 鳳岩寺의 부속 암자 〈寺刹全書, 218p〉
남암(南庵)[5]
경북 尙州郡 內西面 天柱山에 있던 절. 北長寺의 부속 암자 〈寺刹全書, 218p〉
남암(南庵)[6]
경북 蔚珍郡 天竺山에 위치. 佛影寺의 부속 암자 〈寺刹全書, 218p〉
남암(南庵)[7]
전남 海南郡 三山面 頭輪山에 위치 〈寺刹全書, 217p〉
남암(南庵)[8]
전북 高敞郡(옛 興德縣) 逍遙山에 있던 절 〈寺刹全書, 217p〉
남암(南庵)[9]
전북 南原郡 山東面 大上里 萬行山에 위치. 歸政寺의 부속 암자 〈寺刹全書, 217p〉
남암(南庵)[10]
전북 完州(옛 金溝)郡 妙高山에 있던 절 〈寺刹全書, 217p〉
남암(南庵)[11]
충남 公州郡 雞龍面 陽化里 鷄龍山에 있는 절. 新元寺의 부속 암자 〈불교사

전, 119p〉

明宗(1545－1567) 때 창건. 1603년(宣祖 36) 惠宣이 중건. 1854년(哲宗 5) 法允이 중수〈寺刹全書, 217p〉

남암(南庵)¹²

충남 靑陽郡 赤谷面 花山里 七甲山에 있는 절. 定惠寺의 부속 암자〈불교사전, 119p〉

남암(南庵)¹³

평남 順川(옛 殷山)郡 天聖山 觀音寺 곁에 위치〈寺刹全書, 218p〉

남암(南庵)¹⁴⇒ 南白寺 참조

남암사(南庵寺)¹

전북 鎭安郡 程川面 葛龍里에 있는 절. 1845년(憲宗 14) 道琳比丘尼가 건립. 1939년 중건〈文化遺蹟總覽〉

남암사(南庵寺)²

평남 平原郡(옛 永柔縣) 米豆山에 있던 절〈寺刹全書, 218p〉

남암사(南庵寺)³

평남 平原(옛 順安)郡 法弘山에 있던 절〈寺刹全書, 218p〉

남양사(南陽寺)

경북 安東郡 祿轉面 元川洞에 있던 절. 3층석탑이 있다〈寺刹全書, 218p〉

신라 善德王(632－646)때 大矩和尙의 舍利를 봉안하기 위해 南陽寺와 3층석탑을 건립. 壬亂때 절은 소실〈文化遺蹟總覽〉

남원사(南原寺)

전북 益山郡 礪山面 濟南里에 있는 절〈寺刹全書, 218p〉

831년(신라 興德王 6) 창건. 그 뒤 소실. 1592년(宣祖 25) 중건하여 南原寺라 개명. 5층석탑이 있다〈文化遺蹟總覽〉

남원산사(南原山寺)

전북 南原郡에 위치. 1733년(英祖 9) 左議政 徐命均이 「南原山寺 石佛像에 凶書가 걸려 있다」고 上奏〈寺刹全書, 218p〉

남월산사(南月山寺)⇒ 甘山寺 참조

남장사(南長寺)

경북 尙州郡 內西面 南長里 露岳山에 있는 절. 832년(신라 興德王 7) 眞鑑이 蓮院洞에 창건하여 長栢寺라 명명. 眞鑑 이전에 창건했다는 설도 있다. 1186년(고려 明宗 16) 覺圓이 현지에 이전하여 南長寺라 개명. 1203년(고려 神宗 6) 金堂을 건립. 1473년(成宗 4) 金堂을 중건. 1483년(成宗 14) 절을 중건. 1621년(光海 13) 明海가 靈山殿을 건립. 1635년(仁祖 13) 金堂 중건. 1704년(肅宗 30) 眞影閣을 건립. 1709년(肅宗 35) 旻世가 靈山殿을 중건. 1753년(英祖 29) 靈山殿을 중건. 1761년(英祖 37) 上爐殿을 중건. 1765년(英祖 41) 宗븝이 淸泉寮를 중건. 1776년(英祖 52) 下爐殿을 중건. 1807년(純祖 7) 上爐殿을 중건. 1856년(哲宗 7) 化主 鎭虛가 極樂殿·無量壽殿·祖師閣 등을 중건. 1868년(高宗 5) 化主 應月이 靈山殿, 1889년(高宗 26) 普光殿을 각각 중건. 1903년(光武 7) 化主 涵月이 七星閣을 건립. 1926년 주지 濟應이 下爐殿을 중건. 1927년 上爐殿과 影閣을 중건. 1934년 淸泉寮를 중건〈寺刹全書, 219p〉

觀音殿, 白蓮庵, 中寄庵 등이 山內에 부속

南長寺普光殿에 主尊佛, 鐵造毘盧舍那佛坐像(地有 제57호) 그 뒤에 木刻佛幀(地有 제58호)이 있다〈文化遺蹟總覽〉

南長寺浮屠群(4기)：塔身 側面 下記와 같이 銘文

  ① 醉眞堂銘浮屠：高1.65m

  ② 昭影堂大師神鏡銘浮屠：高1.16m

  ③ 喚翁大師三應銘浮屠：高1.63m

  ④ 雙圓堂銘浮屠：高1.85m

모두 조선후기의 石鐘型 浮屠
諸祖師 眞影(12幅)
　①先師印月堂大仁之眞影
　②尙南堂永察禪師之眞影
　③白峰堂大師信嚴之眞影
　④栢雪堂大禪師贊修之眞影
　⑤晩惺堂大禪師元曄眞影
　⑥眞鑑國師眞影
　⑦達摩祖師眞影
　⑧懶翁尊者眞影
　⑨淸虛和尙眞影
　⑩幻寂禪師眞影
　⑪昭影禪師眞影
　⑫泗溟和尙眞影〈上同〉
覺性 撰 「南長寺極樂殿無量壽殿祖師
閣重建記, 咸豊七年丙辰(1856)」〈寺
刹全書, 219p〉
括虛 撰「尙州南長寺統領錄幷序, 辛未
(1751)」〈上同, 223p〉
金萬源 撰 「南長寺念佛堂記, 戊申
(1908)」〈上同, 221p〉
懶融子 撰 「南長寺有功錄, 甲子
(1804)」〈上同, 224p〉
聖奎(1728-1812) 撰「南長寺掛佛新
畫成記, 1788年」〈上同, 220p〉
粹精 撰 「南長寺靈山殿重建記, 戊辰
(1868)」〈上同〉
龍河 撰 「露岳山南長寺淸泉寮重修上
梁文, 甲戌(1934)」〈上同, 225p〉
李漢膺 撰 「露岳山南長寺七星閣創建
記, 光武七年(1903)」〈上同, 222p〉
鄭東轍(號 義堂) 撰「南長寺上下爐殿
重修記, 庚午」〈上同〉
昶然 撰「南長寺普光殿重建與丹艧記,
辛卯(1891)」〈上同, 220p〉
竺昕 撰 「南長寺念佛堂成造序, 丁未
(1907)〈上同, 221p〉
沖虛 撰 「露陰山南長寺淸泉寮火後重
修上梁文, 乙酉(1765)」〈上同, 224p〉
海雲 撰「南長寺井室記, 戊寅」〈上同,
222p〉

남적사(南寂寺)⇒靈隱寺[1] 참조
남적암(南寂庵)[1]
경북 月城郡 陽北面 虎岩里 含月山에
있는 절. 祇林寺의 부속 암자〈寺刹全
書, 226p〉
남적암(南寂庵)[2]
경북 迎日郡 義昌邑(옛 達田面) 鶴川
洞 禱蔭山에 있는 절. 泉谷寺의 부속 암
자〈불교사전, 119p〉
남정대(南靜臺)
평북 寧邊郡 北薪峴面 妙香山에 위치.
一名 南靜庵. 普賢寺의 부속 암자〈寺
刹全書, 226p〉
남지장사(南地藏寺)
경북 達城郡 嘉昌面 友鹿洞에 있는 절.
684년(신라 神文王 4) 良漢이 창건.
1263년(고려 元宗 4) 普覺이 중건.
1653년(孝宗 4) 印惠 중건. 1767년(英
祖 43) 慕溪가 중건〈불교사전, 120p〉
〈寺刹全書, 226p〉
1972년 중수〈文化遺蹟總覽〉
白蓮庵, 靑蓮庵 등이 山內에 부속
義沾(1746-1796) 撰 「南地藏寺殿宇
塑畫重修記」〈仁岳集, 卷2 15張, 木板
本〉
「南地藏寺冥府殿重修上樑文」 〈上同,
21張〉
남초암(南草庵)
강원 高城郡 西面 金剛山 毘盧峰 남쪽
에 있던 절. 楡岾寺의 부속 암자〈불교
사전, 120p〉
『寺刹全書』에는 彌勒峰 남쪽 소재로
기록〈寺刹全書, 226p〉
남태사(南泰寺)
경북 慶山(옛 河陽)郡 匙山에 있던 절
〈寺刹全書, 227p〉
남포사(藍浦寺)
충남 靑陽郡(옛 定山縣) 雞鳳山에 있
던 절〈寺刹全書, 227p〉

남학사(南鶴寺)⇒ 藥師寺[2] 참조
남항사(南巷寺)
경북 慶州市 西平里에 있던 절. 신라 神文王(681－691) 때 창건한 듯. 石佛 1座가 남음. 一名 南花寺〈寺刹全書, 227p〉
남현사(南縣寺)
평남 大同郡 大同江面 貞助里 大同江 언덕에 위치〈寺刹全書, 227p〉
남혈사(南穴寺)⇒ 南穴院 참조
남혈원(南穴院)
충남 公州郡 公州邑 金鶴洞에 있던 절. 靜眞이 출가한 곳. 寺址에서 蓮花紋瓦當, 銘文瓦當, 六朝風金銅菩薩立像(21cm 정도) 石塔材의 일부가 발견. 一名 南穴寺〈文化遺蹟總覽〉〈寺刹全書, 227p〉
남화사(南花寺)⇒ 南巷寺 참조
납석사(納石寺)⇒ 文殊寺[12] 참조
낭월사(朗月寺)
경기 開城에 있던 절인 듯〈容齋集, 卷4 29張, 木板本〉
李荇(1478－1534) 詩 「朗月寺盤松」〈上同〉
낭적사(狼迹寺)⇒ 僧伽寺[1] 참조
내도솔사(內兜率寺)⇒ 兜率寺[1] 참조
내불당(內佛堂)
서울 鍾路區 仁旺山에 있던 절. 1419년(世宗 1) 佛齒牙・舍利・頭骨・袈裟・貝葉經 등을 興天寺에서 移安. 1453년(端宗 1) 重臣들이 內佛堂 철훼를 상소. 世祖 때부터 睿宗 때까지 많은 행사를 설행. 역대 重臣들의 많은 革罷疏가 있었으나 中宗 때까지 王室에서 보호 유지〈寺刹全書, 228p〉
金守溫(1409－1481) 撰「舍利靈應記, 1449年」〈上同, 248p〉
내빈발암(內賓鉢庵)
평북 寧邊郡 妙香山에 위치. 절 뒤에 굴이 있었는데 檀君이 거주했다고 전

함〈寺刹全書, 231p〉
내소사(來蘇寺)
전북 扶安郡 山內面 石浦里 邊山에 있는 절. 633년(백제 武王 34) 惠丘가 창건. 1633년(仁祖 11) 青旻이 중건. 1902년(光武 6) 觀海가 중건. 大雄殿 앞에 3층석탑이 있다. 蘇來寺・小蘇來寺・大蘇來寺라고도 했다〈불교사전, 123p〉
唐의 蘇定方이 와서 건립했다 하여 來蘇寺라 함〈旅菴遺稿, 卷4 34張, 申景濬(1712－1781) 著, 木活字本〉
城藏庵, 青蓮庵 등이 山內에 부속
來蘇寺大雄寶殿 : 보물 제291호. 1958년 지정. 조선중기 건립 추정〈文化財大觀; 寶物篇〉
來蘇寺高麗銅鐘 : 보물 제277호. 1957년 지정. 高103cm 口徑67cm. 銅으로 고려 때 주성. 撞座 사이에「青林寺銘 扶安邊山中有青林 三韓前寺革古鼎今 堂宇宏麗禪居盍簪 命白公等鑄發鯨音 停離輪苦警悟昏沈 凡有耳者開覺本心 壬午(1222)六月日社主禪師湛默誌」라는 鐘銘이 있다. 이 종은 원래 青林寺鐘으로 1222년(고려 高宗 9) 주성. 1853년(哲宗 4) 來蘇寺에 이전〈上同〉
法華經折本寫本(7冊) : 보물 제278호. 1957년 지정. 1415년(太宗 15) 간행. 1957년경 來蘇寺에 있던 것을 全州市立博物館에 이전 보관〈上同〉
申景濬(1712－1781) 撰 「卞山來蘇寺記」〈旅庵遺稿, 卷4 34張, 木活字本〉
내원(內院)
경기 開城에 위치. 1344년(고려 忠穆王 1) 王이 靈寶道場을 설행〈寺刹全書, 231p〉
내원당(內願堂)[1]
경기 開城에 위치. 1314년(고려 忠肅王 1) 王이 행차. 太宗 때까지 있었다〈寺刹全書, 244p〉

내원당(內願堂)²
서울 鍾路區 臥龍洞 昌德宮 안 文昭殿
곁에 있던 절. 1409년(太宗 9) 창건.
1438년(世宗 20) 文昭殿 金玉佛像을
여기에 移安. 1439년(世宗 21) 成均生
員 李永山 등 648人이 內願堂 혁파를
상소. 그 뒤에도 많은 혁파 상소가 있
었으나 不允했으며 많은 행사가 있었
다. 1449년(世宗 31) 혁파. 奴婢·田
畓 등을 革奪하라는 상소가 빈번. 1566
년(明宗 21) 田畓을 內需司에 移屬
〈寺刹全書, 244p〉

내원사(內院寺)¹
경남 固城郡 下二面 蜂[峰]院里 臥龍
山에 위치〈寺刹全書, 232p〉
寺址에 石段과 초석이 산재. 石佛이 출
토. 石鐘形浮屠(高1.2m) 3기가 있다
〈文化遺蹟總覽〉

내원사(內院寺)²
경남 梁山郡 下北面 龍淵里에 있는 절.
一名 內院庵. 646년(신라 善德女王
15) 元曉가 창건하여 內院庵이라 명
명. 1898년(光武 2) 石潭有性이 修禪
寺를 창설하여 內院寺로 개명〈불교사
전, 124p〉
1646년(仁祖 24) 義天이 중건. 1846년
(憲宗 12) 龍雲이 중건. 1876년(高宗
13) 海嶺이 중건. 1950년 동란으로 소
실, 1959년 주지 守玉이 중건〈寺刹全
書, 239p〉
金鳳庵, 大芚庵, 成佛庵, 安寂庵, 曹溪
庵 등이 山內에 부속.
金仁寺鈑子 : 1091년(고려 宣宗 8) 조
성〈韓國金石全文, 中世上 530p, 許興
植 編〉

내원사(內院寺)³
경남 陜川郡 伽倻面 緇仁里 海印寺 북
쪽에 있던 절. 玉明이 창건〈寺刹全書,
231p〉
金馹孫(1464-1498) 撰 「釣賢堂記」

〈上同〉

내원사(內院寺)⁴
전북 淳昌郡 避老山(혹은 鐵馬山)에
위치〈寺刹全書, 231p〉

내원사(內院寺)⁵
평북 寧邊郡 妙香山에 위치. 一名 內院
庵〈寺刹全書, 233p〉

내원사(內院寺)⁶ ⇒ 興龍寺¹ 참조

내원사(內源寺)
경남 山淸郡 三壯面 大浦里에 있던 절.
신라 때 창건 추정〈文化遺蹟總覽〉
內源寺三層石塔 : 地有 제75호. 1974년
지정. 신라 때 건립으로 추정. 파손된
것을 근년에 복원〈上同〉
內源寺石造如來坐像 : 地有 제76호. 1974
년 지정〈上同〉

내원암(內院庵)¹
강원 高城郡 金剛山 楡岾寺 북쪽에 위
치〈寺刹全書, 242p〉

내원암(內院庵)²
강원 三陟郡 頭陀山에 위치〈寺刹全書,
243p〉

내원암(內院庵)³
강원 束草市(옛 襄陽郡 道川面) 雪岳
山에 있는 절. 神興寺의 부속 암자. 652
년(신라 眞德女王 6) 慈藏이 창건하여
能仁庵이라 함. 698년(신라 孝昭王 7)
화재, 孝宗(1649-1659)때 龍岩이 중
건하여 內院庵이라 함. 1860년(哲宗
11) 화재, 곧 慧峰이 중건. 1885년(高
宗 22) 화재, 곧 勁峰이 중건. 1936년
화재, 그 뒤 중건〈불교사전, 124p〉
〈寺刹全書, 242p〉
1644(仁祖 22) 龍岩이 能仁庵을 古址
에 중건하고 內院庵이라 개명. 1882년
(高宗 19) 勁峰이 獨聖殿을 건립하고.
山神幀을 조성. 1890년 眞影閣이 퇴폐
하여 眞影을 雲霞堂에 移安. 1891년 後
佛幀·七星幀·神將幀 등을 조성〈乾
鳳寺本末事蹟, 85-90p, 鉛印本〉

觀我散人 撰 「襄陽大都護府地北維雪
岳山神興寺內院庵重修記,   1887年」
〈上同, 109p〉
法咸 撰 「襄陽大都護府地北維雪岳山
神興寺之內院庵重修上梁文, 1887年」
〈上同, 110p〉
龍船 撰 「雪岳山神興寺內院庵後閣重
建記文, 1902年」〈上同, 111p〉
내원암(內院庵)[4]
경기 開豊郡 嶺北面 月古里 聖居山에
위치. 圓通寺의 부속 암자. 1626년(仁
祖 4) 仁均이 중건. 1881년(高宗 18)
善明 비구니가 중수. 1934년 戒法 性和
등이 중수〈불교사전, 124p〉
金演守 撰 「內院庵重修記, 1936年」
〈寺刹全書, 238p〉
「聖居山圓通寺內院庵重修記, 1881年」
〈上同, 237p〉
「圓通寺內院庵幀畫佛事有功記, 1915
年」〈傳燈本末寺誌, 201p, 鉛印本〉
내원암(內院庵)[5]
경기 安城郡 瑞雲面 靑龍里 瑞雲山에
있는 절. 靑龍寺의 부속 암자. 한말 때
부터 강당으로 유명〈불교사전, 124p〉
내원암(內院庵)[6]
경기 楊州郡 別內面 靑鶴里 水落山에
위치. 1794년(正祖 18) 光膺殿을 건
립. 1796년(同王 20) 四聖殿을 건립.
1824년(純祖 24)·1831년(同王 31)
조정에서 중건. 1880년(高宗 17) 중
수. 1958년 중건〈불교사전, 124p〉
〈寺刹全書, 233p〉
1851년(哲宗 2) 庸庵長老가 光膺殿을
중건. 高僧의 기도로 王世子가 탄생했
다는 많은 전설이 있다〈奉先本末寺
誌, 87·106p〉
「光膺殿重建記, 辛亥(1851)」〈寺刹全
書, 236p〉
肯愚 撰 「內院庵四聖殿記, 戊午(1798)」
〈上同, 234p〉

「內院庵七星閣新建記,   甲寅(1794)」
〈上同〉
善影 撰 「內院庵重創記, 辛卯(1831)」
〈上同, 233p〉「內院庵知足樓記, 乙酉
(1825)」〈上同, 235p〉
允權 撰「內院庵重修及佛事記文, 庚辰
(1880)」〈上同, 237p〉
내원암(內院庵)[7]
경남 密陽郡 丹場面 載藥山에 있는 절.
表忠寺의 부속 암자. 1702년(肅宗 28)
枕盧가 창건〈불교사전, 124p〉
내원암(內院庵)[8]
경남 蔚州郡 江東面 大安里 含月山에
있는 절. 新興寺의 부속 암자〈불교사
전, 124p〉
내원암(內院庵)[9]
경남 蔚州郡 溫陽面 雲化里 佛光山에
있는 절〈불교사전, 124p〉
내원암(內院庵)[10]
경북 慶山郡 龍城面 龍田洞 九龍山에
있던 절. 盤龍寺의 부속 암자. 1716년
(肅宗 42) 卓日이 창건〈寺刹全書,
241p〉
申維翰(1681-?) 撰 「內院庵記」〈靑
泉續集, 卷2 37張, 木活字本〉
내원암(內院庵)[11]
경북 軍威郡 靑華山에 위치〈寺刹全書,
240p〉
내원암(內院庵)[12]
경북 金陵郡 代項面 黃岳山에 위치. 直
指寺의 부속 암자. 1911년 폐사〈直指
寺志, 86·215p, 筆寫本〉
내원암(內院庵)[13]
경북 達城郡 公山面 道鶴洞 八公山에 있
는 절. 桐華寺에 부속. 1626년(仁祖 4)
惟贊이 창건. 1827년(純祖 27) 霽月이
중건. 1937년 寶月이 중건〈寺刹全書,
239p〉
姜瑋(1820-1884) 詩「桐華內院示夏峰
上人」〈古歡堂收艸, 卷2 9張, 鉛印本〉

내원암(內院庵)[14]
경북 尙州郡 天燈山에 있던 절. 萬景寺에 부속 〈寺刹全書, 240p〉

내원암(內院庵)[15]
경북 迎日郡(옛 淸河縣) 內迎山에 위치 〈寺刹全書, 240p〉

내원암(內院庵)[16]
경북 醴泉郡 上里面 鳴鳳里 小白山에 있는 절. 鳴鳳寺에 부속. 1687년(肅宗 13) 錦溪가 창건. 1752년(英祖 28) 醉月이 중건 〈寺刹全書, 239p〉
錦溪(1675-1740) 撰 「小白山鳴鳳寺內院庵創建及修粧盖瓦記, 1693年(肅宗 19)」〈上同, 240p〉
時聖(1710-1776) 撰 「小白山內院菴丹艧記」〈野雲集, 卷2 7張, 木板本〉
雲亭 撰「鳴鳳寺內院庵重修記, 1753年(英祖 29)」〈寺刹全書, 240p〉

내원암(內院庵)[17]
경북 淸道郡 雲門面 新院洞 虎踞山에 있는 절. 雲門寺의 부속 암자 〈불교사전, 124p〉

내원암(內院庵)[18]
부산 東萊區(옛 경남 東萊郡 北面) 淸龍洞 金井山에 있는 절. 梵魚寺의 부속 암자 〈寺刹全書, 239p〉
李觀吾(1760-1834) 詩 「內院庵用崔農夅天翼韻贈慧上人」〈竹塢集, 卷1 20張, 木板本〉

내원암(內院庵)[19]
서울 東大門 안에 있던 절 〈寺刹全書, 233p〉

내원암(內院庵)[20]
전남 求禮郡 馬山面 黃田里 智異山에 있는 절. 華嚴寺의 부속 암자 〈불교사전, 124p〉
海眼(?-1636) 撰 「智異山三神洞內院庵三老影堂上梁文」〈中觀遺稿, 木板本〉

내원암(內院庵)[21]
전남 潭陽郡 玉泉山에 위치 〈寺刹全書, 239p〉

내원암(內院庵)[22]
전남 長興郡 冠山面 天冠山 天冠寺 위에 있던 절 〈寺刹全書, 239p〉

내원암(內院庵)[23]
전북 高敞郡 古水面 隱士里 淸凉山에 있는 절. 文殊寺에 부속. 1618년(光海 10) 仁海가 창건, 1690년(肅宗 16) 宗僖가 중건 〈寺刹全書, 238p〉〈文化遺蹟總覽〉

내원암(內院庵)[24]
전북 高敞郡 雅山面 兜率山에 있던 절. 禪雲寺의 부속 암자. 1618년(光海 10) 印海가 창건. 1690년(肅宗 16) 宗信이 중건 〈寺刹全書, 238p〉

내원암(內院庵)[25]
전북 鎭安郡 崀崒山에 위치 〈寺刹全書, 238p〉

내원암(內院庵)[26]
충남 公州郡 雞龍面 中壯里 雞龍山에 위치. 甲寺의 부속 암자. 1808년(純祖 8) 淸潭이 창건 〈寺刹全書, 238p〉

내원암(內院庵)[27]
충남 扶餘郡(옛 鴻山縣) 萬壽山에 위치 〈寺刹全書, 238p〉

내원암(內院庵)[28]
충남 洪城郡 長谷面 廣城里 烏棲山에 위치 〈寺刹全書, 238p〉

내원암(內院庵)[29]
평남 价川郡 北面 仁興里 內院山에 위치 〈寺刹全書, 243p〉

내원암(內院庵)[30]
평남 龍岡郡 黃龍山城안에 있던 절 〈寺刹全書, 243p〉

내원암(內院庵)[31]
평북 泰川郡 江東面 北松里에 위치 〈寺刹全書, 243p〉

내원암(內院庵)[32]
함남 新興(옛 咸興)郡 千佛山에 위치 〈寺刹全書, 243p〉

내원암(內院庵)[33]
함남 安邊郡 文山面 沙器里 雪峰山에 위치. 釋王寺의 부속 암자 〈불교사전, 124p〉〈寺刹全書, 243p〉

내원암(內院庵)[34]
황해 載寧郡 長壽山에 위치 〈寺刹全書, 244p〉

내원통암(內圓通庵)⇒ 圓通庵[3] 참조

내은암(內隱庵)
전남 昇州郡 曹磎山에 있던 절 〈枕肱集, 10張, 木板本〉
懸辯(1616-1684) 撰 「曹磎山內隱庵燔瓦勸善文」〈上同〉

내은적암(內隱寂庵)
智異山에 있던 절. 신라말기 居胥干이 창건 〈淸虛堂集, 卷4 9張, 木板本〉
休靜(1520-1604) 撰 「頭流山內隱寂新搆募緣文」〈上同〉「內隱寂盖瓦募緣文」〈上同, 卷4 11張〉「內隱寂淸虛堂上梁文」〈上同, 卷4 21張〉

내장사(內藏寺)
전북 井邑郡 內藏面 內藏山에 있는 절. 백제 武王(600-640)때 靈隱이 開山하여 창건 〈寺刹全書, 253p〉
1098년(고려 肅宗 3) 幸安이 증축. 壬亂 때 希默이 중건. 丁酉再亂 때 소실, 1639년(仁祖 17) 1779년(正祖 3) 각각 중건. 1950년 동란으로 소실, 1958년 일부 중건 〈文化遺蹟總覽〉
碧〔白〕蓮庵, 佛出庵, 靈隱庵〔寺〕, 圓寂庵, 月照庵, 淨齋庵 등이 山內에 부속
鼎鎬(1870-1948) 撰 「內藏山鶴鳴禪師舍利塔銘幷序」 禪師의 法名은 啓宗, 號는 鶴鳴. 靈光 白樂采家에서 出生. 母는 朴氏. 1867-1929년까지 생존 〈寺刹全書, 254p〉
「內藏山比丘尼世萬功德紀念碑, 1939年」〈上同〉

내제석사(內帝釋寺)⇒ 內帝釋院 참조

내제석원(內帝釋院)
경기 開城宮城 밖에 위치. 一名 內帝釋寺. 919년(고려 太祖 2) 창건. 1056년(고려 文宗 10) 本寺 스님 海麟으로 王師를 삼음 〈寺刹全書, 255p〉

내천왕사(內天王寺)
경기 開城에 위치. 936년(고려 太祖 19) 창건 〈寺刹全書, 255p〉

노곡사(蘆谷寺)⇒ 排房寺 참조

노덕암(老德庵)
함남 北靑郡(옛 老德社)에 위치 〈寺刹全書, 255p〉

노동사(蘆洞寺)
함남 端川郡 五峰山에 있던 절 〈寺刹全書, 255p〉

노릉암(魯陵庵)⇒ 禁夢庵 참조

노만사(露滿寺)
전남 新安(옛 務安)郡 岩泰面 水谷山에 위치 〈寺刹全書, 255p〉

노승암(老僧庵)
전남 長興郡 冠山面 下鉢里에 있던 절. 고려초기 창건. 고려말기 폐사 〈文化遺蹟總覽〉

노적사(露積寺)⇒ 祥雲寺 참조

녹수암(鹿水庵)
평남 大同郡 林原面 松岩里 大聖山에 위치. 廣法寺의 부속 암자 〈寺刹全書, 256p〉

녹천사(綠泉寺)
전남 潭陽郡 昌平面 三川里에 있는 절. 1910년 綠泉亭을 건립. 1950년 綠泉寺로 만듦 〈文化遺蹟總覽〉

뇌방(磊房)[1]
경기 開城市 부근에 있던 절. 1294년(고려 忠烈王 20) 王과 公主가 행차 〈寺刹全書, 256p〉

뇌방(磊房)[2]⇒ 南白寺 참조

뇌사(磊寺)
평남 价川郡 五峰山에 있던 절 〈寺刹全書, 256p〉

늑암사(勒岩寺)

황해 延白(옛 白川)郡 黃衣山에 위치
〈寺刹全書, 256p〉
능가사(楞迦寺)
전남 高興郡 占岩面 聖基里 八影山에 있
는 절. 一名 普賢寺〈寺刹全書, 256p〉
420년(백제 久爾辛王 1) 창건하여 普
賢寺라 명명. 壬亂 때 소실. 1644년(仁
祖 22) 碧川이 중건하여 楞迦寺라 개
명. 廣照·碧川·泗影·秋溪 등 8기의
浮屠가 있다.
萬景庵, 西佛庵 등이 山內에 부속
道安(1638-1715) 撰 「湖南楞迦寺拈
頌說話繡梓跋」〈月渚集, 419p, 影印
本〉
懸辯(1618-1684) 撰 「八嶺山楞伽寺
大殿募緣文」〈枕肱集, 19張, 木板本〉
능라사(綾羅寺)¹
전남 高興(옛 興陽)郡에 위치〈寺刹全
書, 257p〉
능라사(綾羅寺)²
전남 光陽郡에 있던 절. 梧溪 李宜白의
日記에 이 절의 기록이 있다〈寺刹全
書, 257p〉
능암사(陵菴寺)
경북 榮州 兜率峰 부근에 있던 절인 듯

〈錦溪外集, 卷1 19張, 木板本〉
黃俊良(1517-1563) 詩 「兜率峯凌菴
寺」〈上同〉
능암사(能庵寺)
충남 唐津郡 泰山에 위치 〈寺刹全書,
256p〉
능엄사(楞嚴寺)
경기 坡州郡 陵谷에 있던 절 〈불교사
전, 131p〉
능여암(能如庵)
경북 金陵郡 代項面 雲水里 黃岳山에
있던 절. 直指寺의 부속 암자. 신라말
기 能如가 수도. 1950년 화재 〈불교사
전, 131p〉
1911년 폐사 〈直指寺志, 215p, 筆寫
本〉
능인암(能仁庵)¹
강원 淮陽郡 內金剛面 長淵里 金剛山에
있던 절. 表訓寺의 부속 암자 〈불교사
전, 131p〉
능인암(能仁庵)²
충남 禮山(옛 德山)郡 伽倻山에 위치
〈寺刹全書, 256p〉
능인암(能仁庵)³⇒ 內院庵³ 참조
니중암(尼衆庵)⇒ 이중암 참조

ㄷ

다남사(多男寺)⇒ 丹岩寺 참조

다라암(陀羅庵)

충남 禮山郡 禮山邑에 있던 절〈寺刹全書, 1110p〉

다방사(茶房寺)

경기 開城市(옛 茶房里)에 위치. 고려 恭愍王 때 절 우물에서 소 울음소리 같은 것이 났다고 전함〈寺刹全書, 257p〉

다보사(多寶寺)[1]

전남 羅州郡 羅州邑 錦城山에 위치〈寺刹全書, 257p〉

661년(신라 文武王 1) 元曉가 창건. 일설은 1184년(고려 明宗 14) 知訥이 창건. 1568년(宣祖 1) 淸虛가 중건〈불교사전, 136p〉

다보사(多寶寺)[2]

전남 海南郡 金剛山에 있던 절〈寺刹全書, 257p〉

圓鑑(1226-1293) 詩 「多寶寺海南」〈增補海東詩選, 331p, 李圭瑢 編, 鉛印本〉

沖止(1226-1293) 詩 「多寶寺吟…」〈圓鑑詩補遺, 76張, 鉛印本〉

다보암(多寶庵)

함남 利原(옛 利城)郡에 위치〈寺刹全書, 257p〉

다솔사(多率寺)

경남 泗川郡 昆陽面 龍山里에 있는 절. 一名 靈岳寺·靈風寺〈寺刹全書, 257p〉

503년(신라 智證王 4) 緣起가 창건하여 靈岳寺라 명명. 636년(신라 善德女王 5) 증축하여 多率寺라 개명. 666년(신라 文武王 6) 義湘이 靈風寺라 개명. 신라 景文王(860-874) 때 道詵이 증축하여 多率寺라 개명. 1326년(고려 忠肅宗 13) 중수〈文化遺蹟總覽〉

彌勒庵, 奉安庵, 奉日庵 등이 山內에 부속

應允(1743-1804) 撰 「多率寺八相殿重建記」〈鏡岩集, 卷下 41張, 木板本〉

다정암(茶井庵)

전북 高敞郡 雅山面 兜率山에 있던 절. 禪雲寺의 부속 암자〈寺刹全書, 257p〉

다천사(茶川寺)

경남 南海郡 二東面 茶丁里에 위치. 691년(신라 神文王 11) 元曉가 창건하였으나 龍沼里 龍門寺에 合寺〈文化遺蹟總覽〉

茶川石塔 : 地有 제73호. 1974년 지정. 高1.6m. 고려때 건립 추정〈上同〉

단교암(短〔斷〕橋庵)

강원 三陟郡 下長面 中峰里에 있던 절〈寺刹全書, 257p〉

단군굴(檀君窟)

평북 寧邊郡 妙香山에 위치〈寺刹全書, 257p〉

단석사(斷石寺)

경북 月城郡 內南面 斷石山에 위치. 신라 金庾信將軍이 神劍으로 큰 돌을 베었다는 전설이 있다〈寺刹全書, 258p〉

단속사(斷俗寺)

경남 山淸郡 丹城面에 위치. 신라 景德王(742-764) 때 孔宏(李純)이 창건. 崔致遠이 쓴 「廣濟嵒門」4字의 刻石이

있고, 그의 독서당이던 방은 뒷날 大鑑
의 影堂이 됨. 신라 率居가 그린 「維摩
像」이 있었다고 함. 옛날은 「槽淵寺」
라 함. 槽淵小寺를 다시 건립하여 큰 절
을 만들고 斷俗寺라 명명. 高2m의 幢竿
支柱 2기가 있다〈寺刹全書, 257p〉
763년(景德王 22) 本寺 창건〈三國史
記, 卷9, 木板本〉
丹城斷俗寺神行禪師碑 : 813년(신라 憲
德王 5) 건립. 碑文은 伊干 金獻貞 撰
〈朝鮮金石總覽, 卷上 113p〉
斷俗寺眞定大師塔碑 : 寺址에서 발굴하
여 國立博物館에 이전. 975년(고려 光
宗 26) 건립〈上同, 215p〉
斷俗寺址東三層石塔 : 보물 제72호. 1934
년 지정. 高5.3m. 화강석으로 통일신라
때 건립 추정〈文化財大觀 : 寶物篇〉
斷俗寺址西三層石塔 : 보물 제73호. 1934
년 지정. 高5.3m. 화강석으로 통일신라
때 건립 추정〈上同〉
眞定大師塔碑 : 高9.6m 幅7.2m. 975년
(고려 光宗 26) 건립. 1900년경 國立
中央博物館에 이전. 고려 金殷舟가 碑
銘을 撰〈寺刹全書, 257p〉
金獻貞(신라 兵部令) 撰 「神行碑銘」
〈寺刹全書, 257p〉
李奎報(1168－1241) 撰 「曹溪山第二
世故斷俗寺住持修禪社主贈諡眞覺國師
碑銘幷序奉宣述」〈東國李相國集, 卷
35 5張, 木板本〉
李之茂(고려 毅宗時人) 撰 「大鑑碑
銘」〈寺刹全書, 257p〉
단암사(丹岩寺)
전북 完州郡 所陽面 竹節里 終南山에
위치. 一名 多男寺. 1930년 海雁이 중
건〈寺刹全書, 257p〉
崔輔烈(1847－1922) 詩 「粉洞歸路憩
丹岩寺」〈篔亭集, 卷1 28張, 鉛印本〉
단원사(團圓寺)
충남 保寧郡 熊川面 水芙里에 있는 절.

신라 梵日(810－889) 창건. 壬亂 때 소
실, 1937년 중건. 경내에 浮屠가 있다
〈文化遺蹟總覽〉
保寧水芙里〔團圓寺〕龜趺 및 螭首 : 地有
제32호. 1974년 지정. 龜趺 高45cm 幅
1.45m 화강암으로 龜甲紋을 조각. 螭
首 高63 幅1.45m 화강암으로 龜甲紋을
조각. 螭首 高63cm 幅1.45m 화강암으
로 複線으로 十字를 조각. 寺刹 창건 당
시 제작 추정〈上同〉
단월대(丹月臺)⇒ 靈鷲寺 참조
단호사(丹湖寺)
충북 忠州市 丹月洞에 있던 절〈文化遺
蹟總覽〉
丹湖寺鐵佛坐像 : 보물 제512호. 1969년
지정. 高1.3m. 鐵로 고려 때 조성 추정
〈文化財大觀 ; 寶物篇〉
忠州丹月洞三層石塔 : 丹湖寺 藥師殿 앞
에 위치. 「邑南藥師殿三層石塔」이라
기록. 통일신라 때 건립 추정〈文化遺
蹟總覽〉
달공굴(達公窟)
경북 蔚珍郡 平海面 白岩山에 있던 절
〈寺刹全書, 258p〉
달공사(達空寺)
전북 南原郡 智異山 般若峰 아래 猪淵
옆에 있던 절〈寺刹全書, 258p〉
달마사(達摩寺)
황해 鳳山郡 文井面 龍潭里에 있던 절
〈寺刹全書, 259p〉
崔鉉九(高宗朝人) 詩 「贈訥菴上人達
摩寺僧」〈蘭史集, 卷1 7張, 木活字本〉
달마암(達摩庵)¹
전북 完州郡 所陽面 大興里 嶞岥山에
있던 절. 威鳳寺의 부속 암자〈불교사
전, 141p〉
달마암(達摩庵)²
충북 報恩郡 內俗離面 俗離山에 있던
절. 法住寺의 부속 암자〈寺刹全書,
259p〉

달마암(達摩庵)³
황해 信川郡 用珍面 九月山에 위치. 月精寺의 부속 암자. 阿沙峰 아래 神祖(檀君)가 西巡하고 昇天했다는 유적지 〈寺刹全書, 259p〉

달성사(達城寺)
전남 木浦市 竹橋洞에 있는 절. 1914년 노대련이 창건. 1759년 조성한 梵鐘이 있다 〈文化遺蹟總覽〉

달전사(達田寺)
경북 星州郡 乞水山에 있던 절 〈寺刹全書, 259p〉

담담사(澹澹寺)
평북 慈城郡 慈母山城 안에 있던 절 〈寺刹全書, 259p〉

담암사(曇岩寺)
경북 慶州市 塔洞(옛 慶州府內南面) 五陵 남쪽에 있던 절. 一名 曇嚴寺. 지금은 五陵 남쪽 논 가운데 幢竿支柱와 3층석탑 1기가 남음 〈寺刹全書, 259p〉

담엄사(曇嚴寺) ⇒ 曇岩寺 참조

담화사(曇和寺)
평남 平壤市에 있던 절. 1174년(고려 明宗 4) 西京 역적 趙位寵의 殘黨이 점거했던 곳 〈불교사전, 143p〉

당사(唐寺) ⇒ 演福寺 참조

당석사(唐石寺) ⇒ 西廣寺 참조

당원사(當願寺)
就堅의『奇巖集』에 이 절의 詩가 있다 〈寺刹全書, 259p〉

대가람(大伽藍) ⇒ 夫人寺 참조

대견사(大見寺)
경북 達城郡 瑜伽面 琵瑟山 남쪽에 있던 절. 신라 憲德王(809−825)이 창건. 1416년(太宗 16), 1423년(世宗 5) 觀音石像에서 땀이 났다고 전함 〈寺刹全書, 259p〉

대고산사(大高山寺)
서울에 있던 절 〈寺刹全書, 260p〉

대곡사(大谷寺)¹
경남 蔚州郡 靑良面 三亭里에 있던 절 〈文化遺蹟總覽〉

大谷寺址五層石塔：地有 제9호. 1972년 지정. 高3.2m. 舊寺址에 있던 것을 1966년 발견하여 이전 복원 〈上同〉

대곡사(大谷寺)²
경남 河東郡에 위치 〈寺刹全書, 260p〉

대곡사(大谷寺)³
경북 慶山郡 南山面 安心洞에 위치 〈寺刹全書, 260p〉

대곡사(大谷寺)⁴
경북 月城郡 乾川邑(옛 慶州郡 西面) 大谷里에 있던 절. 石塔과 礎石이 산재 〈寺刹全書, 260p〉

대곡사(大谷寺)⁵
경북 義城郡 多仁面 鳳井洞 飛鳳山에 있는 절. 1368년(고려 恭愍王 17) 指空이 창건. 壬亂 때 화재. 1605년(宣祖 38) 坦祐가 중건. 1687년(肅宗 13) 太顚이 중건. 처음은 大國寺였으나 뒤에 大谷寺로 개명하여 禪宗에 소속. 石燈臺石이 남음 〈寺刹全書, 260p〉〈불교사전, 145p〉
寂照庵이 山內에 부속

대곡사(大谷寺)⁶
서울 城北區 安岩洞에 있던 절 〈寺刹全書, 260p〉〈불교사전, 145p〉

대곡사(大谷寺)⁷ ⇒ 大福寺 참조

대관사(大官寺)
위치 未詳. 660년(신라 武烈王 7) 羅麗 전투로 인함인지 本寺의 우물은 피로 변했고, 金馬郡(지금 益山)에서는 땅에서 피가 나온 뒤 王이 곧 승하함 〈三國史記, 卷5 20張, 木板本〉

대광사(大光寺)
전남 昇州郡 住岩面 大光里 母后山에 있던 절. 寺址에 浮屠 2기가 있다 〈寺刹全書, 261p〉
吳廷碩(高麗朝人) 詩 「贈大光寺堂頭」 〈東文選, 卷13 1張, 木板本〉

李晔光(1563-1628) 詩「大光寺」〈芝峰集, 卷18 166張, 木板本〉
대국사(大國寺)[1]
전북 南原郡 城西에 위치. 王亂 때 惟情이 유숙한 적이 있었다고 함〈寺刹全書, 260p〉
대국사(大國寺)[2]⇒ 大谷寺[5] 참조
대굴사(大崛寺)
전남 務安郡 大崛山에 있던 절. 1407년(太宗 7) 天台宗에 소속〈寺刹全書, 260p〉
대길상사(大吉祥寺)⇒ 松廣寺[1]참조
대내법운사(大內法雲寺)⇒ 大法雲寺 참조
대도리사(大兜利寺)
경북 金陵(옛 開寧)郡 金烏山에 있던 절〈寺刹全書, 261p〉
대동사(大同寺)[1]
함북 鏡城郡 朱乙邑 大同山에 위치〈寺刹全書, 261p〉
대동사(大同寺)[2]
함북 明川郡에 위치〈寺刹全書, 261p〉
대동사(大同寺)[3]⇒ 伯岩寺 참조
대둔사(大芚寺)[1]
경남 固城郡 大可面 薪田里에 있던 절. 주위에 주초석 일부가 산재〈寺刹全書, 262p〉
대둔사(大芚寺)[2]
경북 善山郡 玉城面 玉冠洞 伏牛山에 위치〈寺刹全書, 263p〉
幢竿支柱: 高1.01m. 支柱石 북쪽 측면에 「康熙五年丙午(1666)」라 음각된 것으로 보아 당시에 건립 추정〈文化遺蹟總覽〉
浮屠(2기): 高1.15m 1.43m. 18세기 전후 작품으로 추정〈上同〉
性波大師碑: 高1.76m 幅63.5cm 厚2.82cm. 1812년 건립.「性波大師碑銘」이라 篆額, 進士 沈能泰 撰〈上同〉
대둔사(大芚寺)[3]

경북 月城郡 鵄述嶺 서쪽에 있던 절〈寺刹全書, 261p〉
대둔사(大芚寺)[4]
경북 漆谷郡 架山面 架山洞 架山에 있는 절〈불교사전, 147p〉
대둔사(大芚寺)[5]
충남 錦山(옛 珍山)郡 大芚山에 있던 절〈寺刹全書, 261p〉
대둔사(大芚寺)[6]
충남 舒川郡 千方山에 있던 절〈寺刹全書, 261p〉
대둔사(大芚寺)[7]⇒ 大興寺[9] 참조
대둔암(大芚庵)
경남 梁山郡 下北面 千聖山에 위치. 內院寺의 부속 암자. 646년(신라 善德女王 15) 元曉가 창건. 1694년(肅宗 20) 太希가 중건. 1792년(正祖 16) 普淨이 중건〈寺刹全書, 263p〉
대련사(大蓮寺)
충남 禮山郡 光時面 東山里 大興山에 있는 절. 백제 義慈王(641-660) 때 義覺 道深 등이 창건. 845년(신라 文聖王 7) 신라 無染이 중수〈寺刹全書, 263p〉〈불교사전, 147p〉
657년(백제 義慈王 17) 無量이 건립한 石塔이 있다〈文化遺蹟總覽〉
대룡사(大龍寺)
경남 梁山(옛 機張)郡 鐵馬面 林基里 鐵馬山에 있던 절. 一名 船餘寺. 신라 元曉(617-686)가 창건하여 船餘寺라 명명, 뒤에 大龍寺로 개명. 지금은 石塔 7기만 존재〈寺刹全書, 263p〉〈불교사전, 456p〉
대림사(大林寺)
평남 价川郡 大林山에 있던 절〈寺刹全書, 263p〉
대명암(大明庵)
강원 高城郡 金剛山 世尊川 곁에 있던 절〈寺刹全書, 263p〉
대모암(大母庵)

전북 淳昌郡 淳昌面 白山里에 있는 절.
1933년 鶴成이 창건. 1973년 중수 〈文
化遺蹟總覽〉
대목사(大目寺)
위치 未詳〈定齋後集, 卷1 6張, 木板本〉
朴泰輔(1654-1689) 詩 「大目寺…」
〈上同〉
대법운사(大法雲寺)¹
경기 開城에 있던 절. 一名 大內法雲
寺. 1027년(고려 顯宗 18) 창건. 고려
靖宗(1034-1046)이 질병으로 인하여
이 절에 移御. 1105년(고려 肅宗 10)
王이 행차하여 仁王道場을 설행 〈불교
사전, 150p〉〈寺刹全書, 261·263p〉
대법운사(大法雲寺)²⇒ 法住寺² 참조
대복사(大福寺)
전북 南原郡 南原邑 王亭里 蛟龍山에
있는 절. 一名 大谷寺. 893년(신라 眞
聖女王 7) 창건. 「어느 날 南原 아전
大福이 신임 郡守를 맞으려고 집을 나
선 뒤 그의 아내는 어떤 比丘尼에게 袈
裟 한 벌을 만들어서 시주하기로 했다.
남편이 돌아와서 그가 없는 사이에 아
내가 제멋대로 시주하려고 하는 것을
알고서 분노하여 아내를 죽이려고 활
을 쏘았다. 그때 새로 지은 袈裟에 두
구멍이 뚫린 것을 보고 감동하고 아울
러 신기하게 여겼다. 그러다가 평소에
오가던 다리 밑에서 만났던 구렁이를
제도하기 위해 이 절을 창건하여 大谷
寺라 명명했다」는 전설. 그 뒤 廢寺되
었던 것을 1938년 朴敬贊과 信女 黃氏
가 중건하여 大福寺라 개명 〈불교사
전, 151p〉〈寺刹全書, 265p〉
대복암(大福庵)
전북 南原郡 南原邑 麒麟山에 위치.
876년(신라 憲康王 2) 道詵 창건.
1863년(哲宗 14) 중건 〈寺刹全書,
265p〉
대불사(大佛寺)

경기 開城市 興春宮 곁에 위치 〈寺刹全
書, 265p〉
대비갑사(大悲岬寺)⇒ 大悲寺 참조
대비사(大悲寺)
경북 淸道郡 錦川面 珀谷里 虎踞山에
있는 절. 옛날은 大悲岬寺. 589년(신라
眞平王 11) 圓光이 창건. 고려 仁宗
(1122-1146) 때 圓應이 중건. 경내에
石塔이 있다 〈불교사전, 152p〉〈寺刹
全書, 265p〉
대비암(大妃庵)
경북 聞慶郡 山北面 田頭里 四佛山에
있던 절. 大乘寺의 부속 암자 〈寺刹全
書, 265p〉
대비암(大悲庵)¹
경북 迎日郡(옛 淸河縣) 常泰山에 위
치 〈寺刹全書, 266p〉
李象靖(1710-1781) 詩 「上大悲庵呼
韻得深字」〈大山集, 卷2 2張, 木板本〉
대비암(大悲庵)²
충남 公州郡 鷄龍面 中壯里 鷄龍山에
있는 절. 甲寺의 부속 암자. 一名 大慈
庵. 1897년(光武 1) 士律이 법당을 건
립 〈寺刹全書, 266p〉
대사(大寺)¹
경남 咸安郡 餘航山에 있던 절 〈寺刹全
書, 266p〉
대사(大寺)²
서울 鍾路區 三淸洞에 있던 절 〈寺刹全
書, 266p〉
대사(大寺)³
함북 明川郡 白鹿山에 위치 〈寺刹全書,
266p〉
대사(大寺)⁴
황해 金川(옛 兎山)郡 兎山에 있던 절
〈寺刹全書, 266p〉
대산사(臺山寺)¹
경북 達城郡 琵瑟山에 위치. 一名 龍鳳
寺 〈寺刹全書, 307p〉
대산사(臺山寺)²

경북 淸道郡 角南面 玉山洞 月隱山에
있는 절. 신라 元曉(617－686)가 창건
이라 하나 확실한 연대를 알 수 없다.
신라 때 月支國에서 남해 해상으로 표
류하여 온 42좌의 관세음보살상을 봉
안. 조선중기 때 화재당한 것을 王室에
서 중건. 1876년(高宗 13) 義文이 중
건하여 龍鳳寺라 명명하던 것을 臺山
寺로 개명. 1930년 화재, 그 뒤 圓應이
중건 〈불교사전, 152p〉〈寺刹全書,
307p〉

대산사(臺山寺)³
평남 江東郡 歡喜山에 위치 〈寺刹全
書, 307p〉

대산사(垈[岱]山寺)
평남 成川郡에 위치 〈寺刹全書, 307p〉

대상암(臺上庵)
충남 公州郡 寺谷面 雲岩里 泰華山에
있던 절. 麻谷寺에 부속 〈寺刹全書,
307p〉

대설사(大雪寺)
위치 未詳 〈惺所覆瓿藁, 卷2 影印本,
成均館大, 1972印〉
許筠(1569－1618) 詩 「旅舍用大雪寺
韻」〈上同〉

대성사(大聖寺)¹
충북 沃川郡 東林山에 있던 절 〈寺刹
全書, 268p〉

대성사(大聖寺)²
함북 鍾城郡에 있던 절 〈寺刹全書,
268p〉

대성암(大聖庵)¹
강원 高城郡 杆城面 新安里에 있던 절.
乾鳳寺의 부속 암자. 945년(고려 惠宗
2) 창건 〈寺刹全書, 269p〉
1161년(고려 毅宗 15) 창건 〈乾鳳寺
本末事蹟, 2p, 鉛印本〉

대성암(大聖庵)²
강원 三陟郡 北坪邑(옛 北三面)에 있
는 절. 三和寺의 부속 암자 〈寺刹全書,

269p〉

대성암(大聖庵)³
경기 楊州郡 九里邑 峨川里 峨嵯山에
있는 절. 647년(신라 眞德女王 1) 義湘
이 창건하여 梵窟寺라 명명. 1375년
(고려 禑王 1) 懶翁이 중건. 그 뒤 폐
사. 1750년(英祖 26) 方智性이 草庵 1
간 건립. 1882년(高宗 19) 兵火. 1912
년 正念이 寮舍를 건립. 1913년 極樂殿
을 중건. 1926년 주지 安寶光이 衆聖殿
을 중건 〈불교사전, 153p〉〈寺刹全書,
268p〉
李檀庵 撰 「大聖庵遺蹟記, 1935年」
〈寺刹全書, 268p〉

대성암(大聖庵)⁴
부산 東萊區(옛 경남 東萊郡 北面) 靑
龍洞 金井山에 있는 절. 梵魚寺의 부속
암자 〈불교사전, 153p〉〈寺刹全書,
269p〉

대성암(大聖庵)⁵
충남 公州郡 鷄龍面 中壯里 鷄龍山에
있는 절. 甲寺의 부속 암자 〈寺刹全書,
269p〉

대성암(大成庵)
경북 聞慶郡 山北面 金龍理 雲達山에
있는 절. 金龍寺의 부속 암자. 1800년
(正祖 24) 穎月이 靑霞堂을 새 터에 이
전하여 大成庵이라 함. 1886년(高宗
23) 憚性이 중수 〈寺刹全書, 266p〉
敬訓 撰「大成庵改金造幀燔瓦及諸事造
成記, 庚辰(1820)」〈上同, 267p〉
大隱 撰「大成庵初創記, 丁卯(1807)」
〈上同, 266p〉
非非子 撰 「大成庵燈燭契記, 乙亥
(1815)」〈上同, 267p〉
昶休 撰「大成庵重修記, 戊子(1888)」
〈上同, 266p〉

대소래사(大蘇來寺) ⇒ 來蘇寺 참조
대송라암(大松蘿庵)
강원 淮陽郡 金剛山 萬瀑洞에 위치. 表

訓寺에서 냇가를 따라 5리 정도 떨어
진 곳에 위치. 신라 麻衣太子가 거주하
던 곳〈寺刹全書, 282p〉

대송사(大宋寺)
경북 淸松郡 鶴山에 있던 절〈寺刹全
書, 282p〉

대수성보덕사(大壽聖報德寺)⇒ 楡岾
寺 참조

대숭복사(大崇福寺)
경북 月城郡 外東面 末方里 初月山에
위치〈寺刹全書, 282p〉
崔致遠(857－?) 撰「大嵩福寺碑」〈孤
雲集, 141p, 影印本〉

대승사(大乘寺)[1]
경북 聞慶郡 山北面 田頭里 四佛山에
있는 절. 587년(신라 眞平王 9) 칭긴.
1862년(哲宗 13) 意雲·就越·德山
등이 중건. 1956년 불교 분규로 인하여
소실. 1960년 주지 基琮이 중건〈寺刹
全書, 269p〉〈불교사전, 155p〉
大妃庵, 妙寂庵, 文殊庵, 彌勒庵, 般若
庵, 雙蓮庵, 潤筆庵 등이 山內에 부속
大乘寺阿彌陀木刻佛幀附關係文書:보물
제575호. 이 木刻幀은 원래 榮州 浮石
寺에 봉안했던 것을 여기에 移安한 것
으로 後佛幀畫를 나무를 깎아 浮彫나
透彫技法의 조각으로 표현한 것. 조선
후기에 이런 木刻幀이 상당히 유행했
는데 이것은 그 가운데 대형이면서 뛰
어난 기량을 보여주는 걸작품. 이 작품
은 阿彌陀佛과 八大菩薩像을 조각한
것. 關係文書는 各像에 이름이 쓰여져
있고 浮石寺의 분쟁으로 書狀이 往來
後 1876년(高宗 13)에 완결된 관계문
서〈文化財大觀；寶物篇〉
聞慶大乘寺觀世音菩薩坐像:보물 제991
호. 이는 腹藏 觀音菩薩願文에「正德
十一年丙子(1516)四月日」이라는 기
록으로 보아 조선 中宗 11년(1516) 改
金하기 이전에 조성된 것으로 추정

〈上同〉
權相老(1879－1965) 撰「四佛山大乘
寺開山祖亡名比丘之碑銘幷序」〈寺刹
全書, 278p〉「四佛山大乘寺新鑄鐘銘,
1959年」 「四佛山大乘寺重創上梁文,
1960年」〈上同, 279p〉
碧天 撰「大乘寺事蹟記, 乙酉(1705)」
〈上同, 270p〉
印信 撰 「大乘寺事蹟後記, 癸丑
(1733)」〈上同, 275p〉
致泓 撰「大乘寺重創記, 癸酉(1873)」
〈上同, 276p〉

대승사(大乘寺)[2]
위치 未詳. 고구려 智藪가 창건〈寺刹
全書, 269p〉

대승암(人乘庵)[1]
강원 高城郡 外金剛面 金剛山에 있던
절. 神溪寺의 부속 암자. 1803년(純祖
3) 翠峰이 창건〈寺刹全書, 282p〉
知濯(1750－1839) 撰「大乘禪院新建
記」〈三峯集, 34張〉

대승암(大乘庵)[2]
강원 三陟郡 頭陀山에 위치. 신라 道詵
(827－898)이 거주〈寺刹全書, 282p〉

대승암(大乘庵)[3]
강원 寧越郡에 위치〈寺刹全書, 282p〉

대승암(大乘庵)[4]
강원 麟蹄郡에 위치〈寺刹全書, 282p〉

대승암(大乘庵)[5]
강원 鐵原郡 寶盖山에 위치. 一名 破執
庵. 1621년(光海 13) 頤凜이 창건〈불
교사전, 155p〉〈寺刹全書, 281p〉
彦機(1581－1664) 撰「寶盖山大乘庵
記」〈鞭羊集, 卷2, 木板本〉

대승암(大乘[勝]庵)[6]
강원 淮陽郡 金剛山에 있던 절〈寺刹全
書, 282p〉

대승암(大乘庵)[7]
경북 慶州市 金鰲山에 있던 절. 처음은
開善寺. 1652년(孝宗 3) 화재, 1691년

(肅宗 17) 중수하여 大乘庵이라 개명
〈寺刹全書, 42p〉
대승암(大乘庵)[8]
경북 奉化郡 清凉山에 있던 절인 듯
〈武陵集, 卷3 8張, 木板本〉
周世鵬(1495－1554) 詩「大乘庵」〈上
同〉
대승암(大乘庵)[9]
전남 昇州郡 雙岩面 竹鶴里 曹溪山에
있는 절. 仙岩寺의 부속 암자〈불교사
전, 155p〉
李建昌(1852－1898) 詩「順天大乘庵
僧惠勤號擎月」〈明美堂集, 卷5 12張,
鉛印本〉「順天仙岩寺大乘庵重修記」
〈上同, 卷10 29張〉
鄭寅普(1892－?) 撰「擎雲大師碑」大
師의 法名은 元奇, 俗姓은 金, 本은 金
海, 1852－1936년까지 생존. 仙岩寺
大乘庵에서 入寂〈薝園文錄, 卷5 486
張, 影印本〉
黃玹(1855－1910) 詩「次寧齋大乘菴
韻贈別演上人」〈梅泉集, 卷1 33張, 木
板本〉「南庵」〈上同, 卷2 5張〉「題大
乘庵雲公手鐵華嚴經後」〈上同, 卷6 20
張〉
대승암(大乘庵)[10]
평북 厚昌郡 東興面 天摩山에 위치
〈寺刹全書, 282p〉
대승암(大乘庵)[11]
함남 高原郡 九龍山에 위치. 一名 大乘
寺〈寺刹全書, 282p〉
海源(1691－1770) 撰「高原郡九龍山
大乘庵事蹟」〈天鏡集, 卷下〉
대승암(大乘庵)[12]
함남 新興郡 元平面 新成里 千佛山에
있는 절. 開心寺의 부속 암자〈寺刹全
書, 282p〉
韓章錫(1832－1894) 詩「白岳觀瀑千
憩大乘庵」〈眉山集, 卷3 16張, 鉛印本〉
대안사(大安寺)[1]

경기 開城市 天摩山에 위치. 1048년
(고려 文宗 2) 창건. 고려 文宗 때부터
毅宗 때까지 역대 제왕이 행차. 1180년
(고려 明宗 10) 太祖·靖宗의 神御를
이 절에 移安〈寺刹全書, 282p〉
李奎報(1168－1241) 撰「大安寺同前
牓」〈東國李相國集, 卷25 10張〉
대안사(大安寺)[2]⇒ 泰安寺 참조
대암사(臺嵓寺)
전북 南原(옛 雲峰縣)郡에 위치〈寺刹
全書, 308p〉
대왕흥륜사(大王興輪寺)⇒ 興輪寺[1]
참조
대운사(大雲寺)[1]
경기 開城市에 위치. 고려 靖宗(1034
－1046) 창건. 1064년(고려 文宗 18)
王이 나라의 명복을 빌기 위하여 良田
100結을 하사. 1078년(고려 文宗 32)
東林·大雲 두 절에서 祝壽齋를 설행
〈불교사전, 157p〉〈寺刹全書, 283p〉
대운사(大雲寺)[2]
경남 蔚州郡 佛光山에 위치〈寺刹全書,
283p〉
대운사(大雲寺)[3]
경북 慶州市에 있던 절〈桂苑筆耕集,
卷16, 木板本〉
崔致遠(857－?) 撰「求化修大雲寺疏」
〈上同〉
대운사(大雲寺)[4]
전북 金堤郡 象頭山에 위치〈寺刹全書,
283p〉
대운암(大雲庵)
경북 清道郡 清道邑(『寺刹全書』에는
大城面) 楡湖洞 龍角山에 있는 절로 기
록. 1866년(高宗 3) 福雨가 창건. 1936
년 梵海가 중건〈불교사전, 158p〉〈寺
刹全書, 283p〉
대원사(大圓寺)
경기 楊平郡 玉泉面에 있던 절. 刹竿石
柱가 남음〈寺刹全書, 285p〉

대원사(大源寺)

경남 山淸郡 三壯面 坪村里 智異山에 있는 절. 一名 平原寺·大源庵. 548년 (신라 眞興王 9) 緣起가 창건하여 平原寺라 명명. 豪族亂 때 소실, 고려 때 중건. 1685년(肅宗 11) 중건하여 大源庵이라 개명. 1890년(高宗 27) 九峰이 확장하여 大源寺라 개명. 1913년 소실, 1917년 중건. 1950년 동란으로 소실, 1959년 法一 比丘尼가 중건. 坪村里 논 가운데 銅佛像과 石塔이 있다 〈寺刹全書, 284p〉〈불교사전, 158p〉

大源寺九層石塔 : 地有 제30호. 1972년 지정. 646년(신라 善德女王 15) 慈藏이 佛舍利를 봉안. 조선 때 중건. 1972년 보수〈文化遺蹟總覽〉

應允(1743-1804) 撰 「大源庵燔瓦重修記」〈鏡岩集, 卷下 32張, 木板本〉「大源庵記」〈上同, 卷下 34張〉

鼎鎬(1870-1948) 撰 「智異山大源寺重建記, 1918년」〈寺刹全書, 284p〉

대원사(大原寺)[1]

경남 蔚州郡 佛光山에 위치〈寺刹全書, 284p〉

대원사(大原[元]寺)[2]

전남 寶城郡 文德面 竹山里 天[中]鳳山에 있는 절. 503년(백제 武寧王 3) 창건. 1260년(고려 元宗 1) 慈眞이 중건. 天鳳山을 中鳳山으로 개명. 黃喜 정승의 影堂이 있었다고 전함〈文化遺蹟總覽〉〈寺刹全書, 283p〉

寶城大原寺入口浮屠 : 地有 제36호. 1973년 지정. 八角圓堂型浮屠〈文化遺蹟總覽〉

寶城大原寺慈眞國師浮屠 : 地有 제35호. 高3m. 1973년 지정. 松廣寺 제5대 慈眞國師의 浮屠. 八角圓堂型塔身에 「慈眞圓悟國師碑」라고 기록〈上同〉

處能(1617-1680) 詩 「大元寺遇印大師夜活口號寺在天鳳山」〈白谷集, 257p, 影印本〉

대원사(大原[元·圓]寺)[3]

전북 完州郡 母岳山에 있던 절. 고구려 寶藏王(642-668) 때 一乘 心正 大原 등이 창건〈寺刹全書, 283p〉

대원사(大院寺)

전북 完州郡 九耳面 元基里 母岳山에 있는 절〈文化遺蹟總覽〉

1066년(고려 文宗 20) 圓明이 창건. 1374년(고려 恭愍王 23) 懶翁이 중건. 1621년(光海 4) 震默이 중건. 1733년 (英祖 9) 千照가 중건. 1886년(高宗 23) 錦谷이 중건〈寺刹全書, 285p〉

大院寺龍刻浮屠 : 地有 제71호. 1976년 지정. 高2.2m. 쌍룡과 여의주를 조각〈文化遺蹟總覽〉

大王庵, 水王庵 등이 山內에 부속

대원사(大圓寺)

충북 忠州市 龍山洞 龍山에 있는 절〈寺刹全書, 285p〉

대원암(大願庵)[1]

강원 高城郡 杆城面 新安里에 위치. 乾鳳寺의 부속 암자. 1359년(고려 恭愍王 8) 창건. 1878년(高宗 15) 소실, 1883년(高宗 20) 成允·淨心 두 비구니가 중건. 1888년(高宗 25) 소실〈寺刹全書, 286p〉

대원암(大願庵)[2]

경남 密陽郡 丹場面 九川里 載藥山에 있는 절. 一名 圓通庵. 1714년(肅宗 40) 藥峰이 창건. 1858년(哲宗 9) 讚仁 比丘尼가 중건. 1930년 富盛 比丘尼가 중건〈불교사전, 158p〉〈寺刹全書, 286·922p〉

대원암(大圓庵)[1]

서울 城北區 安岩洞에 있는 절. 開運寺의 부속 암자. 1845년(憲宗 11) 智峰이 창건. 1927년 映湖가 講院 개설. 1938년 映湖가 독서당을 중건. 1945년까지 學人을 교육〈불교사전, 158p〉

鄭寅普(1892-?) 撰 「石顚[映湖]上
人小傳」上人의 俗姓은 朴, 俗名은 漢
永, 全州人, 法名은 鼎鎬, 號는 映湖
〈薝園文錄, 卷1 121張, 影印本〉
대원암(大圓庵)[2]
충남 公州郡 寺谷面 泰華山에 있는 절.
麻谷寺의 부속 암자 〈寺刹全書, 286p〉
대원암(大院[源]庵)
경북 尙州郡 化北面 淸溪山에 있던 절
〈寺刹全書, 285p〉
대은사(大隱寺)
경기 驪州郡 大抱山에 있던 절. 大隱庵
이라고도 함 〈寺刹全書, 286p〉
대은암(大隱庵)[1]
전남 谷城郡 梧山面 善世里 聖德山에
있는 절. 觀音寺의 부속 암자 〈불교사
전, 159p〉
대은암(大隱庵)[2]
전북 南原郡 山東面 萬行山에 있던 절.
歸政寺의 부속 암자 〈寺刹全書, 287p〉
海眼(?-1636) 撰 「大隱庵說」〈中觀
大師遺稿, 450p, 影印本〉
대인사(大仁寺)
함남 北靑郡 上車書面 中乭里 嚴住山
에 위치 〈寺刹全書, 287p〉
대자사(大慈寺)[1]
경기 高陽郡 碧蹄面 大慈里 大慈山에 있
던 절. 一名 明寂庵. 1418년(太宗 18)
昭頃公(太宗 四子禎)의 墓를 위해 창건.
大慈庵이라 명명 〈寺刹全書, 287p〉
1450년(文宗 1) 여러 大君이 왕림하여
施食禮拜할 때, 마당에 長竿이 부러져
首陽大君의 이마에서 流血됐다 〈李朝
實錄佛敎鈔存, 491p〉
1451년(文宗 1) 중건. 壬亂 때 兵火.
慶安大君의 墓를 쓸 북쪽으로 100보
되는 곳에 이전하고 明寂庵이라 개명
〈불교사전, 160p〉
대자사(大慈寺)[2]
전남 光州市 瑞石山에 있던 절 〈寺刹

全書, 287p〉
대자암(大慈庵)⇒ 大悲庵[2] 참조
대작갑사(大鵲岬寺)⇒ 雲門寺[1] 참조
대작압사(大鵲鴨寺)⇒ 雲門寺[1] 참조
대장경판당(大藏經板堂)
경기 江華郡 西門 밖에 있던 절. 1251년
(고려 高宗 38) 藏經板을 완성하여 여기
에 봉안하고, 이를 축하하기 위해 王이
百官을 인솔하고 행차하여 분향. 그 뒤
海印寺에 移安 〈寺刹全書, 290p〉
대장사(大藏寺)
평북 博川郡 大藏山에 있던 절 〈寺刹全
書, 290p〉
대장암(大藏庵)[1]
강원 高城郡 金剛山에 있던 절 〈寺刹全
書, 290p〉
대장암(大藏庵)[2]
충북 報恩郡 內俗離面 俗離山 觀音峰
아래 있던 절 〈寺刹全書, 290p〉
대장암(大藏庵)[3]⇒ 靑龍寺[2] 참조
대저암(大楮庵)⇒ 大楮岩寺 참조
대저암사(大楮岩寺)
충북 丹陽郡 大崗面 龍夫院里 小白山에
있던 절. 一名 大楮庵. 寺址에 瓦片이
산재 〈寺刹全書, 290p〉
대적사(大寂寺)[1]
경남 河東郡 長嶺에 있던 절 〈寺刹全
書, 290p〉
대적사(大寂寺)[2]
경북 淸道郡 華陽面 松金洞 動鶴山에
있는 절. 1635년(仁祖 13) 중건 〈寺刹
全書, 290p〉
대적암(大寂庵)[1]
강원 高城郡 金剛山 楡岾寺 서쪽에 있
던 절 〈寺刹全書, 291p〉
秋鵬(1651-1706) 撰 「金剛山大寂庵
盖瓦慶讚疏」〈楡岾寺本末寺志, 127張,
鉛印本〉
대적암(大寂庵)[2]
경북 慶山郡 龍城面 龍田洞 九龍山에

있던 절. 盤龍寺의 부속 암자 〈寺刹全書, 291p〉

대전사(大典寺)¹
경기 開豊郡 五冠山에 있던 절. 920년(고려 太祖 2) 창건 〈寺刹全書, 291p〉

대전사(大典寺)²
경북 靑松郡 府東面 上宜洞 周王山에 있는 절. 「周王傳大典道君遺蹟」이 있다 〈寺刹全書, 291p〉
672년(신라 文武王 12) 義湘이 창건. 조선중기 중건 추정. 경내에 3층석탑 2기가 있다 〈文化遺蹟總覽〉
白蓮庵, 周王庵 등이 山內에 부속

대정사(大井寺)
경기 江華郡 內可面 德政山 서쪽에 있던 절 〈불교사전, 161p〉

대조사(大鳥寺)
충남 扶餘郡 林川面 舊校里 聖興山에 있는 절 〈불교사전, 162p〉
大鳥寺石造彌勒菩薩立像 : 보물 제217호. 1940년 지정. 高10m. 화강석으로 고려 때 조성 추정. 恩津彌勒과 비슷한 巨作 〈文化財大觀 ; 寶物篇〉
大鳥寺石塔 : 高4.55m. 고려초기 石塔으로 추정. 屋蓋石 3枚가 있을 뿐 塔身은 逸失. 1975년 塔身 발견 중건 〈文化遺蹟總覽〉

대조암(大祖庵)
전남 長城郡 森溪面에 있던 절 〈불교사전, 162p〉

대존암(大尊庵)
위치 未詳 〈虛應堂集, 293p, 影印本〉
普雨(1515−1565) 詩 「大尊庵」 〈上同〉

대천사(大川寺)
경북 蔚珍郡 近南面 老音里에 있던 절. 신라 때 창건. 현재는 石塔만 남음 〈蔚珍邑志, 72p, 鉛印本〉

대통사(大通寺)
충남 公州郡 公州邑 班竹洞에 있던 절. 529년(백제 聖王 7) 창건. 일설은 527년 창건 〈寺刹全書, 302p〉
石槽 2기·蓮花文瓦當·鴟尾片·大通寺 銘瓦 등 발견 〈文化遺蹟總覽〉
公州班竹洞幢竿支柱 : 大通寺址에 위치. 국유 보물 제150호. 1950년 지정. 高3.29m. 화강석으로 통일신라 때 건립 추정. 1950년 동란으로 일부 파괴 〈文化財大觀 ; 寶物篇〉
公州班竹洞石槽 : 국유 보물 제149호. 1938년 지정. 直徑(外)1.88m 高(外) 75cm. 화강석으로 백제 때 제작 추정. 大通寺址에 있던 것을 1940년 公州博物館에 이전. 현재는 班竹洞石槽라 함 〈上同〉
公州中洞石槽 : 국유 보물 제148호. 1936년 지정. 直徑(內)1.34m 高(外) 72cm. 화강석으로 백제 때 제작 추정. 大通寺址에 있던 것을 1940년 公州博物館에 이전하여 公州中洞石槽라 함 〈上同〉

대평사(大平寺)⇒ 太平寺 참조

대학사(大鶴寺)
충남 天原郡 花山에 있던 절 〈寺刹全書, 302p〉

대혈사(大穴寺)
경북 善山郡 金烏山 북쪽에 있던 절. 고려 冶隱 吉再 先生이 독서한 涵碧樓가 있다 〈寺刹全書, 302p〉
吉再(1353−1419) 詩 「金鼇山大穴寺廣寒樓」 〈東文選, 卷2 7張, 木板本〉

대화사(大和寺)
경남 蔚州郡에 있던 절. 신라 慈藏이 창건. 慈藏이 中國 五臺山에서 가져온 舍利를 봉안 〈寺刹全書, 307p〉

대화엄사(大華嚴寺)
경기 長湍 부근 五冠山에 위치 〈傳燈本末寺誌, 309張, 鉛印本〉
金富軾(1075−1151) 撰 「高麗國五冠山大華嚴寺贈諡大覺國師碑銘幷序」 〈上同〉

대흥륜사(大興輪寺)⇒ 興輪寺¹ 참조
대흥륭사(大興隆寺)
위치 未詳〈虛白集, 69p, 影印本〉
明照(1593－1661) 詩「大興隆寺」〈上
同〉
대흥사(大興寺)¹
경기 開豊郡 嶺北面 古德里 天磨山에
위치. 920년(고려 太祖 3) 五冠山에
창건. 「三國遺事」에는 922년, 「高麗
史」에는 921년으로 각각 창건 기록.
1354년(고려 恭愍王 3) 懶翁이 天磨山
에 이전하여 大興寺로 명명. 그 뒤 폐
사. 1676년(肅宗 2) 熙衍·洞寬 등이
중건〈寺刹全書, 302p〉
1763년(英祖 39) 三訥이 中鐘을 개주.
1783년(正祖 7) 徐有防이 중수. 1814
년(純祖 14) 謹岑 등이 十王殿을 중수
丹艧. 1924년(純祖 24) 戒訓이 冥府殿
을 중수. 1910년 冥府殿을 제외하고 전
부 소실. 1914년 漢松이 十王像을 重修
改彩〈傳燈本末寺誌, 233·240p, 鉛
印本〉
重建大興寺碑 : 碑銘은 1690년(肅宗 16)
任相元 撰, 南宮鈺 書. 同年 碑를 건립
〈寺刹全書, 302p〉
謹岑 撰「大興寺十王殿重修及丹靑記,
1814年」〈傳燈本末寺誌, 239張, 鉛印
本〉
대흥사(大興寺)²
경남 昌寧(옛 靈山)郡 靈鷲山에 있던
절〈寺刹全書, 305p〉
戒悟(1773－1849) 撰「靈山大興寺大
雄殿上梁文」〈伽山藁, 卷4 21張, 影印
本〉「靈山大興寺大雄殿上梁文」〈上
同, 卷4 22張〉
대흥사(大興寺)³
경남 河東郡 辰橋面 古梨里에 있던 절
〈寺刹全書, 305p〉
대흥사(大興寺)⁴
경북 慶山郡 慈仁面 金鶴山에 있던 절.

처음은 圓通庵. 壬亂 때 화재. 1638년
(仁祖 16) 守機가 중건하여 大興寺라
개명〈寺刹全書, 306p〉
望果庵, 上庵, 石松庵, 中庵 등이 山內
에 부속
대흥사(大興寺)⁵
경북 蔚珍郡 蔚珍面 井林里에 있던 절.
1510년(中宗 5) 산불로 폐사. 壬亂 때
또 兵火, 그 뒤 중건. 1674년(顯宗 15)
일부 소실, 폐사되었던 것을 1963년 邑
內里 蔚珍布敎堂大雄殿으로 이전〈文
化遺蹟總覽〉
大興寺初創事蹟 : 戊寅謄書　　〈寺刹全
書, 306p〉
完文 : 嘉慶七年壬戌(1802)…立標石
〈上同〉
대흥사(大興寺)⁶
경북 蔚珍郡 蔚珍面 大興里에 위치. 신
라 때 義湘 건립〈蔚珍郡志, 田永璟 編,
1971印〉
대흥사(大興寺)⁷
경북 漆谷郡(옛 仁同縣) 棲鶴山에 있
던 절〈寺刹全書, 306p〉
대흥사(大興寺)⁸
전남 昇州郡 月燈面 月龍里 鳳頭山에 있
는 절. 一名 龍臺庵〈寺刹全書, 304p〉
대흥사(大興寺)⁹
전남 海南郡 三山面 九林里 頭輪山에
있는 절. 一名 大芚寺·表忠祠. 546년
(신라 眞興王 7) 眞興王이 어머니 昭只
夫人을 위하여 창건. 1630·1693년 각
각 중수. 1743년(英祖 19) 중건. 西山
大師의 八道十六宗都總攝의 敎旨와 衣
鉢을 간직한 절이라 하여 1788년(正祖
12) 表忠祠라 함〈文化遺蹟總覽〉
514년(신라 法興王 1) 阿度가 창건.
1667년(顯宗 8) 大法堂을 중건. 1737
년(英祖 13) 法明이 八相殿을 중건.
1743년(同王 19) 斗元이 香積殿을 중
수. 1761년(同王 37) 靑雲堂을 중건.

龜岩堂, 樂西堂, 綠坡堂, 道庵堂, 萬化堂, 冥眞堂, 撫松堂, 白蓮堂, 白華堂, 碧海堂, 碧虛堂, 思隱大師 霜月堂, 雪峰堂, 雪岩堂, 性柔大師 聖珠堂, 信庵堂, 阿度和尙 羊岳堂, 蓮潭堂, 燕海堂, 靈谷堂, 靈松堂, 玩虎堂, 龍谷堂, 月渚堂, 月海堂, 銀岩堂, 應星堂, 義菴堂, 靜岩堂, 定月堂, 中峰堂, 智月堂, 珍峰堂, 淸虛堂, 艸衣堂, 楓潭堂, 虛靜堂, 虎岩堂, 華岳堂, 喚醒堂, 등의 浮屠가 있다 〈大芚寺誌, 10·92p, 筆寫本〉 樂棲庵, 南彌勒庵, 道場庵, 挽日庵, 明寂庵, 北彌勒庵, 深[尋]寂庵, 赤蓮庵, 眞佛庵, 淸神[新]庵, 七星庵 등이 山內에 부속

大興寺十佛殿：地有 제48호. 1974년 지정. 1811년(純祖 11) 소실, 1813년(純祖 13) 중건. 三尊佛像은 木造이고, 주위의 千佛像은 玉造 〈文化遺蹟總覽〉

大興寺蓮潭和尙塔：法名은 有一, 號는 蓮潭, 字는 無二, 俗姓은 千, 和順人, 1720－1799년까지 생존 〈上同〉

大興寺事蹟碑：544년(신라 眞興王 5) 건립. 건립 이래 8차에 걸쳐 중건. 碑文에 「朝鮮國…大芚寺事蹟碑」라고 기록된 것으로 보아 최후에는 朝鮮時代에 중건된 것으로 추정 〈文化遺蹟總覽〉

大興寺霜月大師塔：〈上同〉
法名은 聖封, 號는 霜月, 字는 混遠, 俗姓은 孫, 順天人, 1687－1767년까지 생존 〈불교사전, 438p〉

大興寺西山大師浮屠：地有 제57호. 1974년 지정. 高2.6m. 大興寺 入口에 碑와 浮屠가 집중되었는데, 그 중의 하나 〈文化遺蹟總覽〉
法名은 休靜, 號는 淸虛, 字는 玄應, 俗姓은 崔, 安州人, 1520－1604년까지 생존 〈불교사전, 974p〉

大興寺月渚大師塔：大師의 舍利 3개를 이 塔에 봉안 〈文化遺蹟總覽〉
大師의 法名은 道安, 號는 月渚, 俗姓은 劉, 平壤人, 1638－1715년까지 생존 〈上同, 174p〉

大興寺應眞殿前三層石塔：보물 제320호. 1959년 지정. 화강석으로 통일신라 때 건립 추정. 1967년 해체 수리 때 銅造如來坐像 1구가 발견됨 〈文化財大觀; 寶物篇〉

大興寺艸衣大師塔：〈文化遺蹟總覽〉
大師의 法名은 意恂, 號는 艸衣, 字는 仲孚, 俗姓은 張, 羅州人, 1786－1866년까지 생존 〈불교사전, 703p〉

大興寺楓潭大師塔：〈文化遺蹟總覽〉
大師의 法名은 義諶, 號는 楓潭, 俗姓은 柳, 通津人, 1592－1665년까지 생존 〈불교사전, 703p〉

大興寺虎岩大師塔：〈文化遺蹟總覽〉
大師의 法名은 體靜, 號는 虎岩, 俗姓은 金, 興陽人, 1687－1748년까지 생존 〈불교사전, 856p〉

大興寺喚醒堂墓塔：〈文化遺蹟總覽〉
大師의 法名은 志安, 號는 喚醒, 俗姓은 鄭, 春州人, 1664－1729년까지 생존 〈불교사전, 822p〉

頭輪山大興寺重創碑：1743년(英祖 19) 건립 〈文化遺蹟總覽〉

塔山寺銅鐘：大興寺 소유. 보물 제88호. 1934년 지정. 高79cm 口徑43cm. 銅으로 고려후기 주성 추정. 挽日庵에 전전하다가 大興寺에 보관 〈文化財大觀; 寶物篇〉

華嶽禪師碑：禪師의 法名은 文信, 俗姓은 金, 海南人. 大芚[大興]寺에 출가 〈與猶堂全書, 1集 卷17 5張, 丁若鏞 撰, 鉛印本〉
1629－1707년까지 생존 〈불교사전, 232p〉
覺岸(1820－1896) 撰 「大芚寺志略記」 〈梵海禪師文集, 卷1 6張〉 「大芚寺無量

會募緣疏」〈上同, 卷2 24張〉
戒悟(1773-1849) 撰 「靈山大興寺大
雄殿上梁文」〈伽山集, 卷4 20張〉
權敦仁(1783-1859) 撰 「大芚寺玩虎
大師碑銘」大師의 法名은 倫佑, 號는
玩虎, 姓은 金, 海南人, 1758-1826년
간 생존〈大芚寺誌, 305p, 筆寫本〉
金相福(1714-1782) 撰 「涵月大宗師
碑銘」 大師의 法名은 海源, 1691
-1770년간 생존〈大芚寺誌, 41p, 筆
寫本, 1980影印〉
「有明朝鮮國八道禪敎十六宗糾正涵月
大師碑銘」1762년 碑를 本寺에 이전
〈上同, 290p〉
金宇亨(1616-1694) 撰 「楓潭大宗師
碑銘」禪師의 法名은 義諶, 號는 楓潭,
俗姓은 柳, 通津 출신〈上同, 24p〉
「頭輪山楓潭大師碑銘」〈上同, 250p〉
金眞商(1684-1755) 撰 「雪峰大宗師
碑銘」大師의 法名은 懷淨, 字는 允中,
俗姓은 曹, 朗州人, 1678-1738년간
생존〈上同, 35p〉
「東方第十二祖雪峰大師碑銘」 大師의
字는 允中, 法名은 懷淨, 俗姓은 曹, 朗
州人, 1678-1738년간 생존 〈上同,
282p〉
「東方第十四祖晶岩大師碑銘」 大師의
諱는 郎圓, 字는 離隅, 姓은 金, 1738
-1794년간 생존〈上同, 296p〉
南啓禧 撰 曹命采 書「有明朝鮮國虎岩
堂大師碑銘, 崇禎壬午(1642)」禪師의
法名은 體靜, 俗姓은 金〈上同, 287p〉
南秉哲(1817-1863) 撰 「東方第十七
祖鐵船和尙碑銘」大師의 法名은 惠楫,
號는 鐵船, 俗姓은 金, 靈岩人, 1791
-1858년간 생존〈上同, 308p〉
徐有隣(1738-1802) 撰 「西山大師表
忠祠紀績碑銘」1791년 碑를 건립〈上
同, 152p〉「西山大師表忠祠紀蹟碑銘」
〈上同, 241p〉

申穩(1810-1888) 撰 「大芚寺艸衣大
師碑銘」大師의 法名은 意恂, 字는 仲
孚〈上同, 311p〉
有一(1720-1799) 撰 「建表忠祠事蹟
碑, 1792年」〈上同, 248p〉「點眼疏大芚
寺甲申春」〈蓮潭大師林下錄, 卷3 6張〉
「大芚寺靑雲臺上梁文」〈上同, 29張〉
李景奭(1595-1671) 撰 「東方第八祖
逍遙大師碑銘」〈上同, 273p〉
李德壽(1673-1744) 撰 「月渚大宗師
碑銘」大師의 法名은 道安, 姓은 劉,
1638-1715년간 생존〈大芚寺誌, 27p,
筆寫本〉「雪岩大宗師碑銘」大師의 法
名은 秋鵬, 姓은 金, 1651-1706년간
생존〈上同, 30p〉「有明朝鮮國全羅南
道海南頭輪山大芚寺月渚大師塔銘」
1739년 碑를 건립〈上同, 254p〉「有名
朝鮮國全羅南道海南頭輪山大芚寺雪岩
禪師碑銘幷序」1739년 碑를 건립 〈上
同, 258p〉
李毅敬 撰 「碧霞大宗師碑銘」大師의
法名은 大愚, 姓은 朴, 靈岩人, 1676
-1763년간 생존〈上同, 33p〉
「東方第十三祖松坡大師碑」大師의 法
名은 覺暄, 號는 松坡, 俗姓은 金, 本은
金海〈上同, 293p〉
李廷龜(1564-1635) 撰 「月沙李相國
所撰西山大師碑碑在金剛山」 〈上同,
166p〉
李忠翊(1744-1816) 撰 「蓮潭大宗師
碑銘」大師의 諱는 有一, 字는 無二, 號
는 蓮潭, 姓은 千, 和順人, 1720-1799
년간 생존〈上同, 42p〉
張維(1587-1638) 撰 「海南縣大興寺
淸虛大師碑銘」〈上同, 122p〉
「東方第七祖淸虛大師碑銘」 〈上同,
233p〉
丁若鏞(1762-1836) 撰 「東方第十五
祖蓮坡大師碑銘」大師의 法名은 惠藏,
字는 無盡, 號는 蓮坡, 兒庵, 姓은 金,

塞栞縣人, 1772-1811년간 생존 〈上同, 299p〉「兒岩藏公塔銘」大師의 法名은 惠藏, 號는 煙波, 字는 無盡, 俗姓은 金, 海南人. 大芚〔大興〕寺에 出家〈與猶堂全書, 1集 卷17 5張, 鉛印本〉

大師는 1772-1811년까지 생존〈불교사전, 9p〉「華嶽禪師碑銘」〈與猶堂全書, 1集 卷17 5張, 鉛印本〉

鼎鎬(1870-1948) 撰「頭輪山月初堂和尙彰功頌碑」〈石林草, 32張, 鉛印本〉「大興寺尋眞橋建造碑記」〈上同, 33張, 鉛印本〉「頭輪山草衣禪寺塔銘記陰」〈上同, 13張〉

蔡濟恭(1720-1799) 撰「霜月大宗師碑銘」大師의 法名은 璽篈, 俗姓은 孫, 1687-1767년간 생존〈大芚寺誌, 38p, 筆寫本〉「朝鮮國國一都大禪師霜月大師碑銘幷序」1782년 碑를 건립〈上同, 26p〉

蔡彭胤(1669-1731) 撰「全羅道海南郡大興寺事蹟碑銘幷序」〈上同, 223p〉

崔惟淸(1095-1174) 撰「道詵國師碑銘」〈上同, 15p〉

漢永 撰「大興寺尋眞橋建造碑記, 1940年」「頭輪山月初堂和尙彰功頌碑」〈寺刹全書, 304p〉

韓致愈 撰「醉如大宗師碑銘」禪師의 法名은 三愚, 俗姓은 鄭, 康津人. 萬德山 白蓮社에 出家. 1622-1684년간 생존. 影幀 1本은 白蓮社, 1本은 大芚寺에 봉안〈大芚寺誌, 25p, 筆寫本〉

「華嶽大宗師碑銘」大師의 法名은 文信, 俗姓은 金, 海南 華山人, 1629-1707년간 생존〈上同, 29p〉

韓致應 撰「東方第十祖醉如大師碑銘」大師의 法名은 三愚, 俗姓은 鄭, 康津縣人, 1622-1684년간 생존 〈上同, 278p〉「東方第十一祖華岳大師碑銘」大師의 法名은 文信, 海南 花山人. 大芚寺에서 祝髮. 1629-1707년간 생존

〈上同, 280p〉

海眼(?-1636) 撰 金禹鼎 書「全羅道海南縣頭輪山大芚寺事蹟, 1722年」〈上同, 321p〉

惠藏(1772-1811) 撰「大芚寺碑閣茶禮祝文」〈兒菴遺集, 卷2 4張〉「華嶽大師碑銘幷序」〈上同, 卷2 5張〉

洪啓禧(1703-1771) 撰「喚醒大宗師碑銘」大師의 法名은 志安, 姓은 鄭. 彌智山 龍門寺에서 祝髮〈大芚寺誌, 32p, 筆寫本〉「虎岩大宗師碑銘」大師의 法名은 體淨, 俗姓은 金, 1687-1748년간 생존〈上同, 40p〉撰幷篆額「有明朝鮮國喚醒大師碑銘」〈上同, 267p〉

洪起燮 撰「東方第九祖海雲大師碑銘」〈上同, 275p〉

대흥사(大興寺)[10]
전북 南原郡 智異山에 있던 절. 一名 波根寺. 876년(신라 憲康王 2) 창건. 1597년(宣祖 30) 趙慶男의 전투 기록이 있다〈寺刹全書, 303·1120p〉

대흥사(大興寺)[11]
충북 丹陽郡 大崗(옛 大興)面 黃庭里 檜嶺에 있던 절〈寺刹全書, 303p〉
직경 약 2m 정도 되는 큰 종이 있었는데, 이 종을 울리면 사방 10리까지 울려 퍼졌다고 하며, 그 뒤 金剛山에 이전했다고 한다〈文化遺蹟總覽〉

대흥사(大興寺)[12]
평북 龍川郡 龍骨山城 안에 있던 절〈寺刹全書, 307p〉

대흥사(大興寺)[13]
함남 端川郡 迦頹山에 있던 절〈寺刹全書, 307p〉

대흥사(大興寺)[14]
함남 定平郡 靜庵山에 있던 절〈寺刹全書, 306p〉

대흥사(大興寺)[15]
함북 鏡城郡 龍城面 直洞에 위치〈寺刹全書, 307p〉

대흥사(大興寺)[16]
함북 會寧郡에 있던 절 〈寺刹全書, 307p〉

대흥사(大興寺)[17]
황해 黃州郡 政方山에 있던 절 〈寺刹全書, 307p〉

대흥암(大興庵)[1]
경기 楊州郡 佛谷山에 있던 절 〈寺刹全書, 307p〉

대흥암(大興庵)[2]
경북 蔚珍郡 鼎峯에 있던 절 〈寺刹全書, 307p〉

덕구사(德仇寺)
황해 鳳山郡 慈悲嶺에 있던 절 〈寺刹全書, 308p〉

덕림사(德林寺)
경북 軍威郡 山城面 花本洞에 위치. 고려 때 창건 추정. 石燈材와 고려 때 건립으로 보이는 5층석탑이 있다 〈文化遺蹟總覽〉

덕림암(德林庵)
충남 扶餘郡(옛 林川縣) 天燈山에 있던 절 〈寺刹全書, 308p〉

덕방암(德方庵)
서울 부근에 위치한 듯. 1442년(世宗 24) 이 절 승려가 유람하러 간 成均館 儒生 수십 명을 폭행 겁박하여 물의를 일으킴. 이 해 11月 成均館 儒生 수십 명이 寶燈寺(寶燈寺는 없는 듯하며 寶字가 僧字의 誤字인 듯)에 가서 佛經을 탈취하고 승려를 포박하여 義禁府에 이첩 〈李朝實錄佛敎鈔存, 卷3 76·79張〉

덕봉사(德峰寺)
경남 咸陽郡 瓶谷面 光坪里 智異山에 있던 절 〈寺刹全書, 308p〉

덕봉사(德奉寺)
경북 醴泉郡 下里面 塔洞에 있던 절. 주초석과 「德奉寺」라는 銘瓦가 출토. 寺址에 3층석탑이 있다 〈文化遺蹟總覽〉

덕사(德寺)[1]
경북 淸道郡 華陽面 所羅洞 走狗山에 있는 절. 1816년(純祖 16) 壯玉이 창건 〈寺刹全書, 308p〉

덕사(德寺)[2]
함남 高原郡 山谷面 乾川里에 있던 절 〈寺刹全書, 308p〉

덕사(德寺)[3]⇒ 興國寺[4] 참조

덕산사(德山寺)
경남 晋州 부근에 있던 절인 듯 〈台溪集, 卷1 59張, 木板本〉
河溍(1597－1658) 詩 「德山寺吟」〈上同〉

덕수암(德水庵)[1]
평남 平原郡 朝雲面 朝雲里 朝雲山에 있던 절 〈寺刹全書, 308p〉

덕수암(德水庵)[2]
함북 吉州郡 成佛山에 있던 절 〈寺刹全書, 308p〉

덕음사(德蔭寺)
전북 南原郡 朱川面 漁峴里에 있는 절 〈文化遺蹟總覽〉

덕장사(德藏寺)
경기 江華郡 德政山에 있던 절. 절 곁에 큰 石窟이 있다 〈寺刹全書, 308p〉

덕적사(德積寺)[1]
경기 安城(옛 陽城)郡 白雲山에 있던 절 〈寺刹全書, 308p〉

덕적사(德積寺)[2]
경기 華城郡 楊甘面 古念里에 있던 절 〈寺刹全書, 308p〉
世宗(1418－1450) 때 高英喆이 창건. 1613년(光海 5) 선지 중건 〈文化遺蹟總覽〉

덕주사(德周寺)
충북 堤川郡 寒水面 松界里 月岳山에 있던 절. 591년(신라 眞平王 13) 德周夫人이 창건하여 德周寺라 함 〈寺刹全書, 308p〉
1950년 동란으로 소실. 寺址에는 磨崖

佛 1기, 浮屠 4기, 약간 허물어진 牛塔 1기가 있다. 「牛塔은 본 건물이 협소하여 당시 승려들이 부속 건물을 지으려고 할 때, 어디선가 소가 나타나 심심풀이로 材木을 실어놓으니 소가 움직이기 시작하여 가는 곳을 따라가 보니, 현재 磨崖佛 밑에 서 있어 그곳에다 부속 건물을 지으려는데, 소는 材木을 다 실어다 놓고 그 자리에서 죽자, 그 곳에 牛塔을 세웠다」는 전설이 있다〈文化遺蹟總覽〉

덕지사(德智寺)

경기 華城郡 楊甘面 古念里에 위치. 世宗 때 德과 智를 겸한 人士가 있었다 하여 德智寺라 명명, 그 뒤 폐사. 1930년 중건〈文化遺蹟總覽〉

덕천사(德泉寺)

충북 丹陽郡 부근에 있던 절인 듯. 1280년(고려 忠烈王 6) 주지 益藏이 永春縣吏를 때려죽이고, 玉眞을 奸通했다는 죄목으로 海島에 유배된 사실이 있었다. 益藏은 고려 元宗(1219－1274) 寵姬의 자식〈寺刹全書, 309p〉

덕흥사(德興寺)

함북 會寧郡 八乙面 小豊山에 위치〈寺刹全書, 309p〉

도갑사(道岬寺)

전남 靈巖郡 郡西面 道岬里 月出山에 있는 절. 신라 道詵이 수행하던 곳〈寺刹全書, 319p〉

1457－1473년 중건, 1960년 중수. 경내에 石井이 있다. 창건 당시 제작으로 보이는 八角燈臺石이 있다〈文化遺蹟總覽〉

1656년(孝宗 7) 중건하여 水南寺라 개명〈文谷集, 卷26 19張, 金壽恒 著, 木板本〉

上見性庵, 上東庵 등이 山內에 부속

道岬寺大雄寶殿：地有 제42호. 1974년 지정. 신라 道詵이 창건. 조선중기 중

건. 1977년 소실〈文化遺蹟總覽〉

道岬寺三層石塔：조선초기 건립〈上同〉

道岬寺石造如來坐像：보물 제89호. 1934년 지정. 高3m. 화강석으로 고려 때 조성 추정〈文化財大觀；寶物篇〉

道岬寺守眉碑：地有 제38호. 1974년 지정. 高4.8m 幅1.42m. 1633년(仁祖 11) 건립. 조선 守眉王師를 찬양하기 위해 건립〈文化遺蹟總覽〉

道岬寺五層石塔：高5m 정도. 조선초기 건립 추정〈上同〉

道岬寺解脫門：국보 제50호. 1936년 지정. 1457－1473년 信眉 守眉의 발원으로 중건. 1975년 중수〈文化財大觀；國寶篇〉

金壽恒(1629－1689) 撰 「水南寺記」〈文谷集, 卷4 10張, 木板本〉

도계사(道界寺)

전남 求禮郡 光義面 智異山에 있는 절. 泉隱寺의 부속 암자. 一名 道界庵〈寺刹全書, 319・320p〉

1379년(고려 禑王 2) 懶翁이 창건. 1918년 豊雲이 중건〈文化遺蹟總覽〉

도곡사(道谷寺)

경북 英陽郡 日月面 道谷洞에 있던 절. 1940년 靑杞面 唐洞에 佛像을 이전〈文化遺蹟總覽〉

도관사(道觀寺)⇒書院庵 참조

도광사(道光寺)

충남 論山郡 連山面 天護山에 있는 절. 一名 開泰寺. 936년(고려 太祖 19) 王이 後百濟와 싸워 이기고 開泰寺를 창건하여 고려의 願堂으로 삼음. 조선시대에 폐사〈寺刹全書, 54p〉

1930년 金光榮이 5층석탑과 매몰된 石佛을 찾아 세우고. 寺址에 절을 중건하여 道光寺라 개명. 당시 절에서 쓰던 큰 솥은 連山面事務所 부근에 있다〈文化遺蹟總覽〉

開泰寺石佛立像 : 국유. 보물　제219호. 1940년 지정. 高는 本尊 4.15m 右侍像 3.21m. 화강석으로 고려 때 조성 추정. 투박한 느낌이 있다〈文化財大觀 ; 寶物篇〉

開泰寺址石塔 : 5층석탑으로　고려초기 조성 추정〈文化遺蹟總覽〉

도덕사(道德寺)
함남 端川郡 何多面 松坡里 天摩山에 위치〈寺刹全書, 320p〉

도덕암(道德庵)¹
경북 月城郡 安康邑 玉山里 道德山에 있는 절. 壬亂 때 鄕校의 位牌를 이 절에 移安하여 禍를 면함〈寺刹全書, 320p〉

도덕암(道德庵)²
경북 漆谷郡 東明面 九德洞 八公山에 있는 절. 신라 때 창건. 快善이 중건〈寺刹全書, 320p〉

도덕암(道德庵)³
충북 槐山郡 七星面 杜川里 鳥嶺山에 있는 절〈寺刹全書, 320p〉

도등사(道登寺)
평남 大同郡 靑龍面 山寺里 靈鷲山에 있던 절〈寺刹全書, 320p〉

도량사(道場寺)
경북 慶州市 金剛山에 있던 절. 신라 蛇福이 그의 어머니를 묻은 곳에 창건〈寺刹全書, 320p〉

도량암(道場庵)
전남 海南郡 黃山面 冠春里 寶陀山에 있던 절. 大興寺에 부속〈寺刹全書, 320p〉
신라 聖德王(702－736) 때 건립. 그 후 450년을 지나 중건. 1935년 중건〈文化遺蹟總覽〉

도리사(桃李寺)
경북 善山郡 海平面 松谷洞 太祖山에 있는 절. 阿道가 있던 곳이라 하며, 혹은 3세기경 阿道가 창건이라 함〈寺刹

全書, 312p〉

桃李寺石塔 : 보물　제470호.　1968년 지정. 高4.5m. 화강석으로 고려 이후 건립 추정. 현재는 5층으로 보이며. 模博石塔 같이도 보임〈文化財大觀 ; 寶物篇〉

世尊舍利塔 : 高1.63m.　石鐘型　浮屠. 1977년 기단과 난간을 만들고 좌우에 石燈을 건립〈文化遺蹟總覽〉

阿道和尙石像 : 高97cm.　자연석에 治石하여 제작. 1976년 경내 華嚴石塔 및 담장을 정비하다가 발견〈文化遺蹟總覽〉

碑銘은 南翊 撰, 梁有仁 書「朝鮮國慶尙道善山府冷山桃李寺阿度[道]和尙事蹟碑」〈寺刹全書, 313p〉

도림사(道林寺)¹
경북 慶州市 九黃洞에 있던 절.
신라 景文王(861－874)은 귀가 갑자기 길어져 나귀 귀처럼 되었다. 王后나 宮人들 모두 다 몰랐으나, 幞頭匠 한 사람만 알았다. 그 사람이 죽을 때 道林寺 竹林中 사람 없는 곳에 들어가 대[竹]를 향하여 외치기를「우리 임금의 귀는 나귀 귀 같다」하였더니 그 뒤로 바람이 불면 그 소리가 들린다는 전설이 있다.
寺址에 碑, 四面에 세웠던 四天王像과 磨石, 屋蓋石 등이 남음〈寺刹全書, 321p〉〈文化遺蹟總覽〉

도림사(道林寺)²
전남 谷城郡 谷城面 月峰里 動樂山에 있는 절. 神德寺라 하다가 660년(武烈王 7) 元曉가 四佛山 華嚴寺로부터 이주하여 道林寺라 개명〈寺刹全書, 321p〉〈文化遺蹟總覽〉
吉祥庵이 山內에 부속

도림사(道林寺)³
충남 靑陽郡 赤谷面 赤谷里에 있던 절〈寺刹全書, 321p〉

道林寺址石塔：地有 제27호. 1973년 지정. 高4.15m. 고려중기 건립 추정. 3층석탑으로 一面에 童子를 조각〈文化遺蹟總覽〉

도명사(道明寺)[1]
충남 牙山郡 道高面 道高山에 있던 절〈寺刹全書, 321p〉

도명사(道明寺)[2]
충북 淸原郡 俗離山에 있던 절〈寺刹全書, 321p〉

도미사(道美寺)
위치 未詳〈遁村遺稿, 卷2 16張〉
李集(1314-1387) 詩「寄示子途在道美寺作」〈上同〉 「道美寺病中雜詠」〈上同, 卷2 20張〉
李穡(1328-1396) 詩 「右道美寺樓上寄敬之」〈牧隱詩藁, 卷12 1張, 木板本〉

도봉사(道峰寺)
전남 靈巖郡 郡西面에 있던 절. 寺址에 石塔 2기가 남음〈寺刹全書, 321p〉

도산사(都山寺)
강원 淮陽郡 內金剛面 長淵里 金剛山에 있던 절. 表訓寺의 부속 암자. 1339년(고려 忠肅王復位 8) 戒淸 趙林이 창건〈불교사전, 171p〉
李穀(1298-1351) 撰 「李穀創置金剛山都山寺記」〈稼亭集, 卷3 2張〉

도선굴(道詵窟)
경북 善山郡 金烏山 부근에 있는 절〈寺刹全書, 324p〉

도선사(道詵寺)[1]
경기 開豊郡 靑郊面 炭洞里 進鳳山에 위치. 一名 道詵庵. 865년(신라 景文王 5) 道詵이 창건. 1809년(純祖 9) 世奎가 중건. 1925년 濟永이 중건〈寺刹全書, 323·324p〉

도선사(道詵寺)[2]
서울 道峰區 牛耳洞 三角山에 있는 절. 862년(신라 景文王 2) 道詵 창건. 1863년(哲宗 14) 金在根이 七星閣을

건립. 1887년(高宗 24) 任準이 釋尊舍利五層塔을 건립. 1904년(光武 8) 중건. 1912년 홍수로 일부 漂失〈寺刹全書, 321p〉

道詵寺磨崖觀音石佛：高8.43m, 862년(신라 景文王 2) 道詵이 조성. 1863년(哲宗 13) 나라의 기도 도량으로 지정〈文化遺蹟總覽〉
「法堂上梁文, 1904年」〈寺刹全書, 322p〉
「釋迦如來舍利齒牙寶塔碑銘幷序, 1887年」〈上同, 323p〉

도선사(道詵寺)[3]
서울 東小門 밖에 있던 절. 三角山 道詵寺로 추측〈寺刹全書, 321p〉

도선사(道仙寺)
경북 達城郡 玄風面 琵瑟山에 있던 절〈寺刹全書, 321p〉

도선암(道詵庵)[1]
전남 昇州郡 上沙面 飛村里 雲動山에 있는 절〈寺刹全書, 324p〉

도선암(道詵庵)[2]
전남 靈岩郡 始終面에 있던 절. 신라 道詵이 창건. 「寺址의 바위 틈에서 매일 2인분의 식량이 나왔는데, 어떤 사람이 그 구멍을 해치므로 식량이 나오지 않았다」는 전설이 있다〈文化遺蹟總覽〉

도선암(道詵庵)[3]⇒ 上耳庵 참조

도성사(道成寺)[1]
경북 達城郡 琵瑟山에 있던 절. 신라 때 觀機와 道成이 있던 곳이라 함〈寺刹全書, 324p〉

도성사(道成寺)[2]
경북 英陽郡 釖磨山에 있던 절. 一名 道義寺〈寺刹全書, 324p〉

도성암(道成庵)[1]
강원 高城郡 朴達山에 있던 절〈寺刹全書, 325p〉

도성암(道成庵)[2]
강원 金化(옛 金城)郡 窟岩에 있던 절

〈寺刹全書, 325p〉
도성암(道成庵)[3]
경남 昌寧郡 昌寧邑(옛 邑內面) 松峴洞 火旺山에 있는 절. 1797년(正祖 21) 중건 〈불교사전, 172p〉〈寺刹全書, 325p〉
고려 때 건립으로 추정되는 3층석탑이 있다 〈文化遺蹟總覽〉
도성암(道成庵)[4]
경남 陜川郡(옛 草溪縣) 國師峰에 있던 절 〈寺刹全書, 325p〉
도성암(道成庵)[5]
경북 達城郡 瑜伽面 琵瑟山에 있는 절. 瑜伽寺의 부속 암자. 신라 興德王(826-835) 때 道成이 창건 〈寺刹全書, 325p〉
도성암(道成庵)[6]
서울 道峰區 水踰洞 三角山에 있는 절. 1926년 孫德仁이 건립 〈寺刹全書, 324p〉
도성암(道成庵)[7]
서울 三角山 동쪽에 있던 절. 貞懿公主의 願刹 〈寺刹全書, 324p〉
도성암(道成庵)[8]
전북 高敞郡 雅山面 兜率山에 있던 절. 禪雲寺의 부속 암자. 신라 때 창건. 1568년(宣祖 1) 化主 一宗이 중건 〈寺刹全書, 325p〉
도성암(道成[星]庵)[9]
황해 海州 北崇山에 있던 절 〈寺刹全書, 325p〉
도속사(道俗寺)
위치 未詳. 「淨兜寺五重石塔記」에 이 절의 기록이 있다 〈寺刹全書, 325p〉
도솔사(兜率寺)[1]
전북 扶安郡 邊山에 있던 절. 一名 內兜率寺 〈寺刹全書, 314p〉
도솔사(兜率寺)[2]
황해 黃州郡 政方山에 있던 절 〈寺刹全書, 315p〉

도솔암(兜率庵)[1]
강원 高城郡 西面 百川橋里 金剛山에 위치. 楡岾寺의 부속 암자. 1623년(仁祖 1) 性熙가 창건 〈불교사전, 173p〉
1545년(仁宗 1) 性熙 창건. 1548년(明宗 3) 極樂殿을 중건 〈楡岾寺本末寺志, 4p, 鉛印本〉
도솔암(兜率庵)[2]
강원 高城郡 外金剛面 金剛山에 있던 절. 神溪寺의 부속 암자 〈불교사전, 173p〉
도솔암(兜率庵)[3]
강원 淮陽郡 內金剛面 長淵里 金剛山에 위치. 長安寺의 부속 암자 〈불교사전, 173p〉
1921년 化主 懿龍이 중건. 1925년 화재 〈寺刹全書, 319p〉
『불교사전』에는 表訓寺의 부속 암자인 兜率庵이 더 있다고 기록 〈編者〉
도솔암(兜率庵)[4]
경기 楊州郡 白石面 靈場里 古靈山에 있는 절. 普光寺의 부속 암자 〈寺刹全書, 315p〉〈불교사전, 173p〉
도솔암(兜率庵)[5]
경남 忠武市 鳳坪洞 彌勒山에 있는 절. 龍華寺의 부속 암자 〈불교사전, 173p〉
943년(고려 太祖 26) 兜率이 창건 〈寺刹全書, 318p〉
도솔암(兜率庵)[6]
경남 咸陽郡 馬川面 智異山에 있는 절. 靈源寺의 부속 암자 〈寺刹全書, 316p〉
도솔암(兜率庵)[7]
경북 金陵郡 代項面 黃岳山에 위치. 直指寺의 부속 암자 〈直指寺志, 138p, 筆寫本〉
도솔암(兜率庵)[8]
경기 聞慶郡 山北面 金龍里 雲達山에 있는 절. 金龍寺의 부속 암자. 1889년(高宗 26) 惠雲이 중건. 1904년(光武 8) 就虛가 중수 〈寺刹全書, 318p〉

就虛 撰 「雲達山兜率庵重修記, 1905
年」〈寺刹全書, 318p〉
도솔암(兜率庵)⁹
전남 驪川郡 三日面 中興里 靈鷲山에
있는 절. 興國寺의 부속 암자 〈불교사
전, 173p〉
金允植(1835－1922) 詩 「六月二十四
日禱雨靈鷲山題兜率庵」〈雲養集, 卷3
14張, 鉛印本〉
도솔암(兜率庵)¹⁰
전남 靈岩郡 達磨山에 있던 절 〈寺刹
全書, 316p〉
도솔암(兜率庵)¹¹
전북 高敞郡(옛 興德縣) 逍遙山에 있
던 절 〈寺刹全書, 316p〉
呂昌鉉(1897－1975) 詩 「初夏與朴易
齋入禪雲寺宿兜率庵」〈雲沙遺稿, 卷1
8張, 石印本〉
도솔암(兜率庵)¹²
전북 高敞郡 雅山面 兜率山에 있는 절.
禪雲寺의 부속 암자 〈寺刹全書, 315p〉
鼎鎬(1870－1948) 撰 「兜率山兜率庵
大雄殿上梁文」〈石林草, 70張〉
도솔암(兜率庵)¹³
충남 扶餘郡 外山面 萬壽里 萬壽山에
있는 절. 無量寺의 부속 암자 〈寺刹全
書, 315p〉
도솔암(兜率庵)¹⁴
충남 瑞山郡에 있던 절 〈寺刹全書,
315p〉
도솔암(兜率庵)¹⁵
충북 報恩郡 內俗離面 俗離山에 있던
절. 法住寺의 부속 암자 〈寺刹全書,
315p〉
도솔암(兜率庵)¹⁶
함남 洪原郡 妙峯山에 있던 절. 「元나
라 太祖가 使者를 보내 공양했다」고
전함 〈寺刹全書, 319p〉
도솔암(兜率庵)¹⁷
함북 明川郡 七寶山에 있던 절 〈寺刹

全書, 319p〉
金昌協(1651－1708) 詩 「兜率庵敬次
家君韻」〈農岩集, 卷2 20張, 鉛印本〉
도솔암(兜率庵)¹⁸
황해 金川(옛 牛峰)郡 聖居山에 있던
절 〈寺刹全書, 319p〉
도솔암(兜率庵)¹⁹
황해 信川(옛 文化)郡 九月山에 있던
절. 貝葉寺의 부속 암자 〈寺刹全書,
319p〉
도솔원(兜率院)¹
강원 金剛山 부근에 있던 절인 듯 〈惺
所覆瓿藁, 卷16 157張, 影印本〉
許筠(1569－1618) 詩 「兜率院有僧方
精進」〈上同〉 「重修兜率院彌陀殿碑
銘」〈上同〉
도솔원(兜率院)²
위치 未詳 〈東文選, 卷12 12張, 木板
本〉
金富軾(1075－1151) 詩 「兜率院樓」
〈上同〉 撰 「兜率院鐘銘」〈上同, 卷49
13張〉
劉義(고려 毅宗朝人) 撰 「兜率院占察
會疏」〈上同, 卷110 23張〉
도수사(道修寺)
강원 伊川郡(옛 安峽縣) 八峰山에 있
던 절. 一名 修道寺 〈寺刹全書, 325p〉
도숭암(道崇庵)
경남 咸陽郡 鷲岩山에 있던 절 〈寺刹全
書, 325p〉
도신사(道新寺)¹
전북 益山郡 礪山面 源水里에 있던 절
〈寺刹全書, 325p〉
도신사(道新寺)²
전북 益山郡 礪山面 濟南里에 있던 절
〈寺刹全書, 325p〉
도안사(道安寺)¹
경기 始興郡(옛 果川) 三聖山에 있던
절. 權踶(1387－1445)와 그의 네 친구
가 독서하여 登科했다는 절 〈寺刹全

書, 325p〉

도안사(道安寺)[2]

함남 定平郡 道安山에 있던 절 〈寺刹
全書, 325p〉

金昌協(1651-1708) 詩 「定平道安寺
次吳上舍羽達韻」〈農岩集, 卷1 1張,
鉛印本〉

李敏坤(1695-1756) 詩 「定平道安寺
觀日出」〈林隱遺編, 卷1 32張, 筆寫本〉

도암(道庵)

경북 榮州(옛 順興)郡 文殊山에 있던
절 〈寺刹全書, 326p〉

도양사(道陽寺)

옛 百濟 땅에 있던 절. 660년(백제 義
慈王 20) 塔에 落雷〈三國史記, 卷28〉

도영암(倒影庵)

경기 漣川郡에 있던 절. 眉叟 許穆
(1595-1682)의 『橫山記』에 이 절의
기록이 있다〈寺刹全書, 312p〉

도원암(道源庵)

경북 星州郡 伽倻山에 있던 절 〈寺刹
全書, 326p〉

도의사(道義寺)⇒ 道成寺[2] 참조

도인사(道印寺)

전북 南原郡 南原邑 鄕校里에 있는 절
〈文化遺蹟總覽〉

도일사(道日寺)

경기 開城市 大安門 안에 있던 절.
1051년(고려 文宗 5) 창건 〈불교사전,
176p〉〈寺刹全書, 326p〉

도장동사(道藏洞寺)

서울에 있던 절. 1470년(成宗 1) 폐사
〈寺刹全書, 326p〉

도장사(道藏寺)[1]

전남 長興郡 大德邑 大盖山에 있던 절
〈寺刹全書, 326p〉

도장사(道藏寺)[2]

전남 海南郡에 있던 절 〈寺刹全書,
326p〉

도장암(道場庵)⇒ 도량암 참조

도장암(道藏庵)[1]⇒ 深源寺[4] 참조

도적사(道寂寺)

강원 襄陽郡 鼎足山에 있던 절 〈寺刹全
書, 326p〉

도정암(道正庵)

경남 居昌郡(옛 巨濟縣) 牛頭山에 있
던 절 〈寺刹全書, 326p〉

도중사(道中寺)

위치 未詳. 신라 善德王(632-646) 때
生義가 거주했던 절 〈寺刹全書, 326p〉

도증암(道證庵)

황해 鳳山郡 政方山에 있던 절 〈寺刹全
書, 326p〉

도창사(道昌寺)

함남 文川郡 文川面 盤龍山에 있던 절.
절에 큰 나무가 있었는데, 1388년(고
려 禑王 14) 죽었다가, 1392년(太祖 1)
다시 살아났다. 이는 조선의 開國을 알
리는 징조라고 함〈寺刹全書, 326p〉

도천사(道川寺)[1]

경북 聞慶郡 山北面 書中里에 있던 절.
寺址에 3층석탑이 있다 〈寺刹全書,
326p〉

도천사(道川[泉]寺)[2]

충남 扶餘郡 鷲靈山에 있던 절 〈寺刹全
書, 326p〉

도천사(道穿寺)

위치 未詳. 신라 道詵(827-898)이 이
절에서 受戒했다고 전함 〈寺刹全書,
326p〉

도피안사(到彼岸寺)

강원 鐵原郡 東松面 觀雨里 花盖山에
있는 절. 865년(신라 景文王 5) 道詵이
창건. 1898년(光武 2) 화재, 月運이 중
건. 1950년 동란으로 퇴락. 1959년 제
15사단장 李明載 장군이 중건 〈寺刹全
書, 309p〉

1914년 姜大容이 七星閣 山神閣을 중
건. 1927년 全義權 주지가 寺宇를 수리
〈楡岾寺本末寺志, 845p, 鉛印本〉

到彼岸寺三層石塔：보물 제223호.
1940년 지정. 高4.1m. 화강석으로 865
년(신라 景文王 5) 건립 추정 〈文化財
大觀；寶物篇〉
到彼岸寺鐵造毘盧舍那佛坐像：국보　제
63호. 1940년 지정. 高91㎝. 865년(신
라 景文王 5) 佛像 背面에「咸通六年
(865)…」이란 造像記가 음각 〈上同；
國寶篇〉
鐵原郡花開山到彼岸寺事蹟,　1926年
〈楡岾寺本末寺志, 847p, 鉛印本〉
李霖宰 書「鐵原花盖山到彼岸寺重建
記, 光武二年戊戌(1898)」〈寺刹全書,
311p〉
晦明日昇 撰 炳湖 書「…到彼岸寺事
蹟. 1931年」〈上同, 849p〉
黃琦淵 撰「到彼岸寺重修記, 1914年」
〈寺刹全書, 311p〉

도홍사(道弘寺)
전남 羅州郡 錦城山에 있던 절 〈寺刹
全書, 326p〉

독덕사(獨德寺)
함북 鍾城郡에 있던 절 〈寺刹全書,
326p〉

독락사(獨樂寺)
위치 未詳 〈月沙集, 卷3 12張, 木板本〉
李廷龜(1564－1635) 詩「次獨樂寺韻,
二首」〈上同〉
金壽恒(1629－1689) 詩「獨樂寺」〈文
谷集, 卷3 14張, 木板本〉

독정사(獨亭寺)
황해 鳳山郡 洞仙面 獨亭里 慈悲山에
위치. 一名 普門[聞]寺. 정자를 지어
行人들의 旅舍로 쓰다가 정자가 폐쇄.
뒤에 절을 이전하여 獨亭寺라 명명
〈寺刹全書, 326p〉

돈도암(頓道庵)
강원 淮陽郡 內金剛面 長淵里 金剛山
에 위치. 表訓寺의 부속 암자. 1540년
(中宗 35) 承雲이 중건. 1866년(高宗

3) 幻定이 중건 〈寺刹全書, 327p〉
1866년(高宗 3) 중건 〈楡岾寺本末寺
志, 478p, 鉛印本〉
休靜(1520－1604) 撰「楓岳山頓道庵
記」〈淸虛堂集, 卷3 19張, 木板本〉

돈성암(頓惺庵)
충남 洪城(옛 結城)郡 烏棲山에 있던
절 〈寺刹全書, 327p〉

돈수사(頓水寺)
함남 新興(옛 咸興縣)郡 千佛山에 있
던 절 〈寺刹全書, 327p〉

돈적암(遯跡庵)
경북 靑松郡 石廩峰 서쪽 기슭에 있던
절.『大典寺周王傳』에 本寺의 기록이
있다 〈寺刹全書, 327p〉

돈증굴(頓證窟)
경기 高陽郡 神道邑 北漢山城 義湘峰
아래 있던 절 〈寺刹全書, 327p〉

돌백사(埃白寺)
경기 開城에 있었는 듯.『三國遺事』五
明朗神印條에 이 절의 기록이 있다 〈寺
刹全書, 328p〉

동가타암(東伽陀庵)
경북 榮州郡 小白山에 있던 절 〈寺刹全
書, 328p〉

동계사(東鷄寺)⇒ 東鶴寺 참조

동고사(東固寺)
전북 全州市 校洞에 위치. 신라 道詵이
창건. 韓末 때 德眞이 중건 〈文化遺蹟
總覽〉

동고사(東皋寺)
황해 碧城郡 東雲面 雲陽里 雲達山에
있는 절 〈寺刹全書, 328p〉

동고사(東古寺)
위치 未詳 〈修岩集, 卷1 56張, 影印本〉
柳袗(1582－1635) 詩「…東古寺基…」
〈上同〉

동고산사(東高山寺)
황해 碧城郡 東高山에 있던 절 〈寺刹全
書, 328p〉

동곡사(洞鵠寺)
경북 月城郡 外東面 末方里에 있던 절.
3층석탑 2기가 있다 〈寺刹全書, 334p〉
동관음사(東觀音寺)¹
경북 尙州郡 化西面 俗離山에 있던 절
〈寺刹全書, 328p〉
동관음사(東觀音寺)²
경북 寧邊郡 妙香山에 위치 〈月渚集,
卷下〉
道安(1638－1715) 撰 「香山東觀音寺
法堂盖瓦重修記」〈上同〉
동관음암(東觀音庵)¹
강원 平昌郡 五臺山에 있던 절 〈寺刹
全書, 328p〉
동관음암(東觀音庵)²
평북 寧邊郡 寧邊面 東部洞 藥山에 위
치 〈寺刹全書, 328p〉
동굴암(東窟庵)
평남 中和郡(옛 祥原)에 있던 절 〈寺
刹全書, 334p〉
동금강암(東金剛庵)⇒金剛庵¹⁰참조
동대비원(東大悲院)
경기 開城市에 있던 절. 1053년(고려
文宗 7) 창건 〈불교사전, 182p〉
동대암(東臺庵)
강원 高城郡 杆城面 新安里 乾鳳寺의 부
속 암자. 1708년(肅宗 34) 창건. 1846
년(憲宗 12) 소실 〈寺刹全書, 328p〉
동덕사(東德寺)
함남 端川郡 利中面 樂仁里 五峰山에
있는 절 〈寺刹全書, 328p〉
동도사(東度寺)
경기 龍仁郡 二東面 魚肥里에 있는 절
〈文化遺蹟總覽〉
龍仁魚肥里三層石塔：고려 때 건립 추
정. 壬亂 때 절이 소실된 후 寺址에 塔
이 있던 것을 住民들이 파손된 부분을
보수하여 같은 장소에 건립. 1963년 貯
水池 공사로 수몰하게 되어 東度寺 주
지 車壯業이 本寺에 이전 〈上同〉

동동암(東洞庵)
평북 雲山郡 丫好美底에 있던 절 〈寺刹
全書, 328p〉
동리사(桐裡寺)⇒ 泰安寺 참조
동림사(東林寺)¹
경기 開城에 있던 절 〈불교사전, 183p〉
李奎報(1168－1241) 撰 「東林寺行疫
病祈禳召龍道場文」〈東國李相國集, 卷
39 7張, 木版本〉
동림사(東林寺)²
경기 廣州郡 中部面 南漢山 外 城蜂岩
아래 있던 절 〈寺刹全書, 328p〉
朴齊家(1750－?) 詩 「東林寺歸路」
〈貞蕤詩集, 卷1 22p, 國史編纂委員會,
鉛印本〉
동림사(東林寺)³
경기 長湍郡 湧岩山 아래 있던 절.
1078년(고려 文宗 32) 宋帝節日에 祝
壽齋를 設行 〈寺刹全書, 328p〉
동림사(東林寺)⁴
경북 蔚珍郡 蔚珍面 邑內里에 위치. 1952
년 佛影寺 住持 金龍浩가 布敎堂으로 건
립 〈蔚珍郡志, 田永璟 編, 1971印〉
동림사(東林寺)⁵
전남 和順郡에 있던 절 〈與猶堂全書, 1
集, 卷13 32張〉
丁若鏞(1762－1836) 撰 「東林寺讀書
記」〈上同〉
동림사(東林寺)⁶
평남 江東郡 三登面 鳳儀里 東林山에
위치 〈불교사전, 183p〉
동림사(東林寺)⁷
평남 江西郡 中鶴山에 있던 절 〈寺刹全
書, 329p〉
동림사(東林寺)⁸
평남 順川郡 龍住山에 있던 절 〈寺刹全
書, 329p〉
동림사(東林寺)⁹
평남 平原郡에 있던 절인 듯 〈梅月堂
集, 卷9 33張, 癸酉字本〉

金時習(1435－1493) 詩 「遊東林寺」
〈上同〉
동림사(東林寺)[10]
평북 雲山郡 東林山에 있던 절 〈寺刹
全書, 329p〉
동림사(東林寺)[11]
황해 鳳山郡 山水面 聖壽里 嘉德山에
있던 절. 1721년(景宗 1) 건립한 史蹟
碑가 있다 〈寺刹全書, 329p〉
동림사(東[桐]林寺)[12] ⇒ 雲興寺[6] 참
조
동림사(桐林寺)[1]
충남 牙山郡 桐林山에 있던 절. 신라 文
聖王(839－856) 때 창건, 仁祖(1623
－1649) 때 중건 〈寺刹全書, 334p〉
동림사(桐林寺)[2]
충북 淸州市 龍子山에 있던 절 〈寺刹
全書, 334p〉
동망일사(東望日寺)
평남 平壤市 所羅山에 있던 절 〈寺刹
全書, 329p〉
동문암(東門庵)
경북 淸道郡 梅田面 內洞에 있는 절.
신라 善德女王(632－646) 때 청정화
법성화 등이 창건 〈불교사전, 183p〉
동문암(東文庵)
평북 博川郡(옛 嘉山縣) 大定江 서쪽
언덕에 있던 절 〈寺刹全書, 329p〉
동방사(東方寺)[1]
경북 慶州市 東方洞에 있던 절. 寺址에
주초와 塔材가 산재 〈文化遺蹟總覽〉
동방사(東方寺)[2]
경북 尙州郡 尙州邑에 있던 절 〈寺刹
全書, 329p〉
동방사(東方寺)[3]
경북 星州郡 星州面 京山洞에 있던 절.
신라 哀莊王(800－808) 때 창건 〈文
化遺蹟總覽〉
東方寺址七層石塔 : 地有 제60호. 1974
년 지정. 寺刹 창건 당시 건립. 건립 당

시는 9층이었으나. 壬亂 때 7층까지만
남음 〈上同〉
동방사(東方寺)[4]
경북 榮州郡 榮州邑 休川里에 있던 절.
寺址에 瓦片이 산재 〈文化遺蹟總覽〉
동백련사(東白蓮寺)
경북 聞慶郡 功德山에 있던 절. 米糆寺
인 듯 〈寺刹全書, 329p〉
동불사(東佛寺)
평북 朔州郡 淸龍山에 있던 절 〈寺刹全
書, 329p〉
동불암(東佛庵)
전북 高敞郡 雅山面 兜率山에 위치. 禪
雲寺의 부속 암자 〈文化遺蹟總覽〉
禪雲寺東佛庵磨崖佛像 : 地有 제30호.
1973년 지정. 高13m 幅3m 〈上同〉
동사(東寺)
충남 瑞山郡 浮石面 芝山里 富春山에
있는 절 〈寺刹全書, 329p〉
동사(桐寺) ⇒ 桐華寺[2] 참조
동산사(東山寺)
평남 平原(옛 肅川)郡 片雲山에 있던
절 〈寺刹全書, 329p〉
道安(1638－1715) 撰 「東山寺佛像改
金功德供養布施引勸說」 「東山寺雪岩
碑銘」〈月渚集, 卷下, 木板本〉
동상암(東上庵)
경남 密陽郡 丹場面 九川里 載藥山에
있는 절. 一名 眞佛庵. 表忠寺의 부속
암자. 888년(신라 眞聖女王 2) 普佑가
창건. 1844년(憲宗 10) 옛 터에서 서쪽
으로 50步 되는 곳에 月坡가 이전 중건
하여 眞佛庵으로 改額 〈불교사전,
184・831p〉〈寺刹全書, 329p〉
동석사(動石寺)
전남 靈岩郡 月出山에 있던 절 〈寺刹全
書, 335p〉
동석암(動石庵)
강원 高城郡 外金剛面 金剛山 九龍淵 아
래 있던 절. 蓬萊 楊士彦(1517－1584)

이 창건 〈寺刹全書, 335p〉
동선암(東禪庵)
강원 淮陽郡 金剛山 毘盧峰 衆香城에
있던 절 〈寺刹全書, 330p〉
동손암(桐孫庵)
전북 完州郡(옛 金溝縣) 妙高山에 있
던 절 〈寺刹全書, 334p〉
동수(桐藪) ⇒ 桐華寺[2] 참조
동심사(東深寺)
충남 牙山郡에 있던 절. 1279년(고려
忠烈王 5) 王이 世子를 이 절에 피신시
킴 〈寺刹全書, 330p〉
동심사(桐深寺)
충남 牙山郡 燕岩山에 있던 절 〈寺刹
全書, 334p〉
동악사(東岳寺)
경북 醴泉郡 醴泉邑 東本洞 冷井山에
있던 절. 고려 때부터 있었다고 전함
〈불교사전, 185p〉
동안사(東安寺)
함남 定平郡 歸林面 長興里 洛伽山에
위치 〈寺刹全書, 330p〉
동암(東庵)[1]
강원 麟蹄郡 北面 雪嶽山에 있던 절.
百潭寺의 부속 암자 〈寺刹全書, 330p〉
동암(東庵)[2]
강원 束草市에 있던 절. 神興寺의 부속
암자 〈寺刹全書, 330p〉
동암(東庵)[3]
경남 咸安郡(옛 靈山縣) 靈鷲山에 있
던 절 〈寺刹全書, 330p〉
동암(東庵)[4]
경북 達城郡 玄風面 琵瑟山에 있던 절.
瑜伽寺의 부속 암자 〈불교사전, 185p〉
동암(東庵)[5]
경북 聞慶郡 山北面 金龍里 雲達山에
있던 절. 金龍寺의 부속 암자. 지금의
東殿인 듯 〈寺刹全書, 330p〉
동암(東庵)[6]
경북 尙州郡 化西面 俗離山에 있던 절

〈寺刹全書, 330p〉
동암(東庵)[7]
전북 高敞郡 雅山面 兜率山에 있던 절.
禪雲寺의 부속 암자. 신라 때 창건.
1578년(宣祖 11) 性淳이 중건 〈寺刹全
書, 330p〉
동암사(東庵寺)
평북 龜城郡 盖帽山에 있던 절 〈寺刹全
書, 331p〉
동양암(東陽庵)
경북 善山郡 金烏山에 있던 절 〈寺刹全
書, 331p〉
동운사(東雲寺)
경기 開城市에 있던 절 〈寺刹全書,
331p〉
동운암(東雲庵)[1]
전북 高敞郡 雅山面 兜率山에 있는 절.
1692년(肅宗 18) 天性이 願堂을 건립.
1705년(肅宗 31) 法眼 등이 일부 중건
〈寺刹全書, 331p〉
동운암(東雲庵)[2]
전북 井邑郡 古阜面 斗升山에 있던 절
〈寺刹全書, 331p〉
동인암(東仁庵)
경남 蔚州郡 上北面 德峴里 伽智山에
있는 절. 石南寺의 부속 암자. 1747년
(英祖 23) 창건 〈불교사전, 185p〉
동일사(東日寺)
평남 中和郡(옛 祥原縣) 禾山에 있던
절 〈寺刹全書, 331p〉
동일암(東日庵)[1]
전남 谷城郡 竹谷面 元達里 桐裏山에
위치. 泰安寺의 부속 암자 〈寺刹全書,
331p〉
동일암(東日庵)[2]
황해 信川郡 文化面 九月山에 있던 절.
月精寺의 부속 암자 〈불교사전, 185p〉
동자복사(東資福寺)[1]
전남 靈光郡에 있던 절 〈東文選, 卷15
19張, 木板本〉

尹汝衡(高麗人) 詩 「客寓靈光東資福寺」〈上同〉

동자복사(東資福寺)²
충남 扶餘郡 聖興山에 있던 절. 돌로 만든 짐대가 있었다〈寺刹全書, 331p〉

동자복사(東資福寺)³ ⇒萬壽寺 참조

동전(東殿)¹
충남 公州郡 反浦面 鶴峰里 鷄龍山에 있는 절. 東鶴寺에 부속〈寺刹全書, 331p〉

동전(東殿)²
충남 天原郡 廣德面 廣德里 泰華山에 있는 절. 廣德寺의 부속 암자〈불교사전, 186p〉

동조암(東照庵)
경남 山淸郡에 있던 절. 玉山寺의 부속 암자〈秋波集, 14張, 木板本〉
泓宥(1718-1774) 撰「山陰玉山寺東照庵記」〈上同〉

동천사(東泉寺)
경북 慶州市에 있던 절. 신라 眞平王(579-631) 창건. 淸池라는 샘이 있었는데, 東海龍이 왕래하면서 說法을 들었다고 전함. 眞平王이 五百羅漢殿과 五層塔을 건립했다고 전함〈寺刹全書, 332p〉

동천사(東川寺)
경북 慶州市에 있던 절인 듯. 경내에 年中 無休로 핀다는 꽃이 있었다고 전함〈梅月堂集, 卷12 7張, 癸酉字本〉
金時習(1435-1493) 詩「東川寺看四季花」〈上同〉

동축사(東竺寺)
경남 蔚山市(옛 蔚山郡 方魚津邑) 東部洞 摩骨山(『寺刹全書』에는 東大山)에 있는 절. 573년(신라 眞興王 34) 창건. 574년(신라 眞興王 35) 주성한 三尊佛像이 있었다. 929년(신라 敬順王 3) 중건. 1931년 翫性이 중건〈불교사전, 186p〉

동토굴(東土窟)
강원 束草市 雪嶽山에 있던 절. 新興寺의 부속 암자〈寺刹全書, 332p〉

동학사(東鶴寺)
충남 公州郡 反浦面 鶴峰里 鷄龍山에 있는 절. 백제 懷義가 창건. 신라 道詵(827-898)이 중건. 937년(고려 太祖 20) 신라가 망하자 신라를 추모하여 東鷄寺를 건립. 1394년(太祖 3) 吉再가 이곳에서 고려 王族과 鄭夢周를 위하여 薦度. 뒤에 李貞幹(1360-1439)이 三隱閣을 건립. 1456년(世祖 2) 金時習이 死六臣을 祭享. 端宗 승하 후 金時習 嚴興道 등이 端宗의 衣服을 모시고 薦度. 그 이듬해 世祖가 端宗·安平大君·錦城大君·金宗瑞 등 이밖에 억울하게 죽은 이들의 명복을 빌었다. 또 山과 土地를 하사하여 每年 10月에 그들을 薦度, 東鷄寺를 東鶴寺로 개명〈불교사전, 187p〉
1728년(英祖 4) 申永天의 亂 때 소실, 1814년(純祖 14) 月印이 중건. 1864년(高宗 1) 普善이 새로 40간의 招魂閣을 건립. 경내에 肅慕殿·東鷄祠·表忠祠·三隱壇 등이 있다〈文化遺蹟總覽〉
海眼(?-1636) 撰「鷄龍山東學寺浮屠殿佛器勸化說」〈中觀遺稿〉

동해사(東海寺)
경북 尙州郡 尙州邑 花開里 息山에 있는 절. 일명 寒山寺〈불교사전, 187p〉
1384년(고려 禑王 10) 無學 창건. 1838년(憲宗 4) 龍潭이 중건. 1879년(高宗 16) 信士 朴貞善 李挺豪 등이 옛 터에서 이전, 시공하여 1881년(高宗 18) 朴仁亨이 준공〈寺刹全書, 332p〉
在成 撰「東海寺事蹟記, 1881年」〈上同, 333p〉

동혈사(桐[東]穴寺)
충남 公州郡 儀堂面 月谷里 東穴山에 있던 절〈寺刹全書, 333p〉

동화사(桐華寺)¹
강원 原城郡 文幕面 桐華里 鳴鳳山에
있던 절〈寺刹全書, 335p〉
金時習(1435-1493) 詩 「宿桐花寺原
州」〈梅月堂集, 卷10 17張, 癸酉字本〉
동화사(桐華寺)²
경북 達城郡 公山面 道鶴洞 八公山에
있는 절〈불교사전, 187p〉
493년(신라 炤智王 15) 極達이 창건하
여 瑜伽寺라 명명. 832년(신라 興德王
7) 心地가 중건. 公山을 八公山으로,
瑜伽寺를 桐華寺로 개명. 934년(신라
敬順王 8) 靈照가 중건. 고려 太祖 때
桐藪라고도 했다. 1190년(고려 明宗
20) 普照가 중건. 1298년(고려 忠烈王
24) 弘眞이 중건. 1606년(宣祖 39) 泗
溟이 중건. 1677년(肅宗 3) 尙訔이 중
건. 1732년(英祖 8) 冠虛 등이 중건
〈寺刹全書, 334p〉
金堂庵, 內院庵, 浮屠庵, 毘盧庵, 養眞
庵, 念佛庵 등이 山內에 부속
桐華寺幢竿支柱: 보물 제254호. 1942
년 지정. 高3.1m. 화강석으로 9세기경
건립 추정〈文化財大觀 ; 寶物篇〉
桐華寺浮屠群: 보물 제601호. 1976년
지정. 桐華寺에서 修行한 역대 高僧의
몸에서 나온 舍利를 安置하는 塔으로
절 뒤편 산 중간에서 일정 간격을 두고
10기가 있는데, 霽月堂·箕城堂·聖
岩堂·海月大師 등의 것은 알아볼 수
있으나, 나머지는 마멸되어 거의 알아
볼 수 없는 상태〈上同〉
桐華寺入口磨崖佛坐像: 보물 제243호.
1942년 지정. 高1.89m. 화강석으로 통
일신라 때 조성 추정. 지금은 주차장으
로 사용하고 있는 넓은 공지의 바른쪽
은 岩壁을 이루고 있으며, 이 암벽을
다듬어서 坐像을 조각〈上同〉
桐華寺弘眞國尊眞應塔碑: 1298년(고려
忠烈王 24) 건립. 碑銘은 金暄 撰, 金

恂 書.「弘眞國尊碑銘」이라 篆額. 俗姓
은 康, 法名은 惠永, 諡號는 弘眞,
1228-1305년까지 생존〈文化遺蹟總
覽〉
許薰(1836-1907) 撰 「八公山桐華寺
重修釋迦如來舍利塔碑銘幷序」 〈舫山
集, 卷19 24張, 木板本〉
동화사(桐華寺)³
전남 昇州郡 別良面 大龍里 開雲山에
있는 절〈寺刹全書, 334p〉
1090년(고려 宣宗 7) 義天 창건. 1921
년 중수. 境內에 3층석탑과 浮屠 2기가
있다〈文化遺蹟總覽〉
桐華寺大雄殿: 地有 제61호. 1976년 지
정〈上同〉
동화사(桐華寺)⁴
충북 淸原郡 南二面 文東里에 있던 절.
신라 때 창건이라 전한다. 壬亂 때 전
소. 1895년(高宗 32) 成氏 宗中에서 중
건, 埋沒된 佛像을 正座. 1949년 文義
面 南溪里 韓氏宗中과 裵氏宗中에서 개
수〈文化遺蹟總覽〉
동환희사(東歡喜寺)
충북 淸州市 洛迦山에 있던 절〈寺刹全
書, 334p〉
두덕암(斗德庵)
경북 慶州市 道德山에 있던 절. 壬亂 때
鄕校 位版을 여기에 봉안하여 兵火를
면함〈寺刹全書, 335p〉
두라사(豆羅寺)
황해 安岳郡 九月山에 있던 절〈寺刹全
書, 336p〉
두류암(頭流庵)
경남 咸陽郡 智異山에 있던 절. 丁酉再
亂 때의 戰蹟 기록이 있다〈寺刹全書,
336p〉
두모사(頭毛寺)
경북 星州郡 聖岩山에 있던 절〈寺刹全
書, 336p〉
두무사(頭[豆]無寺)¹

평남 孟山郡 頭無山에 있던 절 〈寺刹
全書, 336p〉

두무사(豆無寺)[2]

평남 陽德郡 頭無山에 있던 절 〈寺刹
全書, 336p〉

두무사(杜舞寺)

평남 平原郡 鷺池面 楸興里 金剛山에
있던 절 〈寺刹全書, 336p〉

두방암(斗蒡庵)

경남 晉陽郡 文山面 象文里 牙山에 있
는 절 〈寺刹全書, 336p〉

十三層石塔 : 高3m. 고려말기 — 조선초
기 건립 추정. 원래 法輪寺에 있던 것
을 法輪寺가 폐사되므로 조선말기 현
지에 이전 〈文化遺蹟總覽〉

두역사(頭逆寺) ⇒ 龍門寺[4] 참조

두운암(逗[斗]雲庵)

강원 高城郡 西面 百川橋里 金剛山에
있던 절. 楡岾寺의 부속 암자 〈불교사
전, 188p〉

두운암(杜雲庵)

경북 醴泉郡 龍門面 內地里 小白山에
있는 절. 龍門寺의 부속 암자. 一名 碑
殿. 1846년(憲宗 12) 隱虛가 淸淨庵을
이전하여 杜雲庵이라 개명 〈불교사전,
188p〉

두정사(頭正寺)

경남 梁山郡에 있던 절 〈韓國金石全
文, 中世下 1261p, 許興植 編〉

己亥銘頭正寺鐘 : 13세기경 주성 추정.
현재 고려대학교 藏 〈上同〉

두첩암(頭疊庵)

평북 熙川郡에 있던 절 〈寺刹全書,
337p〉

두타사(頭陀寺)[1]

강원 楊口郡 頭陀山에 있던 절 〈寺刹
全書, 337p〉

두타사(頭陀寺)[2]

경북 榮州(옛 順興)郡 小白山에 있던
절 〈寺刹全書, 336p〉

두타사(頭陀寺)[3]

제주 南濟州郡 漢拏山 白鹿潭 남쪽에 있
던 절. 一名 雙溪寺 〈寺刹全書, 336p〉

두타사(頭陀寺)[4]

평남 大同郡 林原面 魯聖里 大聖山에
위치.「이 山에서 어떤 夫人이 아홉 쌍
둥이를 출산하여 不吉하다고 생각하고
바다에 버리자. 이를 본 中國人이 거두
어 길렀다」고 전함 〈寺刹全書, 337p〉

두타암(頭陀庵)[1]

전북 南原郡 楓岳山에 있던 절. 1436년
(世宗 18) 창건 〈寺刹全書, 337p〉

두타암(頭陀庵)[2]

평북 寧邊郡 妙香山에 있던 절 〈寺刹全
書, 337p〉

두타암(頭陀庵)[3]

평북 熙川郡 眞面 杏川洞 妙香山에 위
치 〈寺刹全書, 337p〉

둔사(屯寺)

전남 海南郡 溪谷面 鼉頭里 駕鶴山에 있
던 절. 一名 黑石寺 〈寺刹全書, 337p〉

둔전사(屯田寺)

강원 襄陽郡 降峴面 屯田里에 있던 절
〈寺刹全書, 337p〉

屯田寺址三層石塔 : 국보 제122호.
1966년 지정 〈文化財大觀 ; 國寶篇〉

득모암(得母庵)

전북 完州郡 大屯山에 있던 절. 처음은
白雲庵이라 함. 壬亂 때 咸悅縣의 孫姓
을 가진 사람이 亂으로 인하여 山에서
모친을 잃고. 이 절에서 水陸齋를 設하
여 모친을 찾았으므로 得母庵이라 개명
〈寺刹全書, 337p〉

득봉사(得峰寺)

경남 咸陽郡 馬川面 德田里에 있던 절
〈文化遺蹟總覽〉

咸陽馬川面磨崖如来立像 : 보물 제375호.
1960년 지정. 고려 때 寺刹로 추정되는
得峰寺址 주위에 있다 〈文化財大觀 ;
寶物篇〉

득산사(得山寺)
경남 咸陽郡 瓶谷面 光坪里에 있던 절.
주위에 건물 基壇·石築·瓦片 등이
산재〈文化遺蹟總覽〉

득익사(得益寺)
경북 善山郡 玉城面 台峰洞 伏牛山에
있던 절. 고려 때부터 있었던 절로 추
정. 현재 瓦片이 출토되었다. 倭寇 때
문에 海印寺에 있던 高麗 때의 歷代實
錄을 이 절에 移安. 그 뒤 忠州 開天寺
에 移安〈寺刹全書, 338p〉

등계사(燈溪寺)
전북 井邑郡 古阜面 斗升山에 있던 절
〈寺刹全書, 338p〉

등고사(登高寺)
평남 江西郡 舞鶴山에 있던 절. 一名
登龜寺. 無鶴山頂에 千丈의 層岩이 있
다〈寺刹全書, 338p〉
鄭知常(?－1135) 詩 「題登高寺」〈東
文選, 卷12 16張, 木板本〉
秋鵬(1651－1706) 撰 「江西縣舞鶴山
登龜寺應眞殿重建記」〈雪岩雜著, 卷3
40張〉

등귀사(登龜寺)[1]
경남 咸陽郡 悟道峰에 있던 절〈寺刹
全書, 338p〉

등귀사(登龜寺)[2] ⇒ 登高寺 참조
등귀암(登龜庵)

황해 平山郡 江西面 德興里에 있던 절
〈寺刹全書, 338p〉

등라사(藤蘿寺)
충남 公州郡 鷄龍山에 있던 절〈寺刹
全書, 338p〉

등명사(燈明寺)⇒ 洛伽寺 참조

등심사(燈心寺)
위치 未詳〈懶隱集, 卷2 24張, 木板本〉
李東標(1644－1700) 詩 「遊燈心寺次
延陵君李萬元韻」〈上同〉

등암사(燈[藤]岩寺)
황해 延白郡 天燈山에 있던 절. 고려
恭愍王이 탄생한 곳이라 함. 1338년
(고려 忠肅王復位 7) 王이 이 절에 행
차〈寺刹全書, 338p〉

등운암(騰雲庵)[1]
강원 春城郡 北上面 淸平里에 있던 절.
淸平寺의 부속 암자〈불교사전, 191p〉

등운암(騰雲庵)[2]
충남 公州郡 鷄龍面 陽化里 鷄龍山 天
峰에 있는 절. 新元寺의 부속 암자〈불
교사전, 191p〉
665년(신라 文武王 5) 騰雲이 창건.
1394년(太祖 3) 王命으로 중건하여 壓
鄭寺라 개명. 그 뒤 서편 台上에 이전하
여 靈泉庵이라 속칭. 1943년 春坡가 축
소 중건〈寺刹全書, 339p〉

口

마가사(摩訶寺) ⇒ 마하사 참조
마감사(磨鑑寺)
위치 未詳〈栢潭集, 卷3 6張, 具鳳齡
著, 木板本, 1982影印〉
마곡사(麻谷寺)[1]
경기 利川郡 五音山에 있던 절〈寺刹
全書, 339p〉
마곡사(麻谷寺)[2]
충남 公州郡 寺谷面 雲岩里 泰華山에
있는 절. 642년(백제 義慈王 2) 慈藏
이 창건. 그 뒤 道詵(827−898)이 중
수. 覺淸이 修葺〈寺刹全書, 339p〉
신라말−고려초까지 100년 동안 폐사.
고려 明宗(1170−1197) 때 知訥이 중
건〈불교사전, 196p〉
世祖(1455−1468) 遊行 때「靈山殿」
3字를 御書〈寺刹全書, 339p〉
壬亂과 丙子胡亂으로 60년간 폐사.
1651년(孝宗 2) 覺淳이 중건〈불교사
전, 196p〉
南迦葉庵, 臺上庵, 大圓庵, 白蓮庵, 北
迦葉庵, 上院庵, 靈隱庵, 隱寂庵, 靑蓮
庵 등이 山內에 부속
麻谷寺大光寶殿 : 地有 제47호. 1976년
지정. 643년(백제 義慈王 3) 慈藏이
창건. 현판은 신라 金生의 글씨라고 전
함. 현재의 건물은 조선 때 건립〈文化
遺蹟總覽〉
麻谷寺靈山殿 : 地有 제12호. 1973년 지
정. 신라 慈藏이 창건. 壬亂 後 覺淳이
중건. 현판은 世祖의 御筆이라고 전함
〈上同〉

麻谷寺五層石塔 : 地有 제19호. 1973년
지정. 高8.7m정도. 1972년 해체 복원.
복원 당시 石塔에서 盒子 1개, 鐵香爐 2
개, 문고리 3개, 金布에 새긴 卍자 1장
이 출현〈上同〉
紺紙銀泥妙法蓮華經(卷第一)·보물 제
269호. 1942년 지정. 고려말기 간행 추
정. 公州 麻谷寺에 있던 것을 1942년
경 國立中央博物館에 이전 보관〈文化
財大觀 ; 寶物篇〉
紺紙銀泥妙法蓮華經(卷第六) : 보물 제
270호. 1942년 지정. 1388년(고려 禑
王 14) 간행. 公州 麻谷寺에 있던 것을
1942년경 國立中央博物館에 이전 보관
〈上同〉
宋相琦(1657−1723) 撰「遊麻谷寺記」
〈玉吾齋集, 卷13 18張, 芸閣印書體字
本〉
마곡사(磨谷寺)
전남 務安郡 夢灘面 百達山里에 있는
절〈文化遺蹟總覽〉
마니사(摩尼寺)[1]
충북 永同郡 陽山面 竹山里 摩尼山城에
있던 절〈寺刹全書, 340p〉
마니사(摩尼寺)[2] ⇒ 重華寺 참조
마룡사(馬龍寺)
전남 長興郡 安良面 雲興里에 있던 절
〈文化遺蹟總覽〉
마명암(馬鳴菴)
충남에 있던 절인 듯. 백제 王이 난리에
이 산에 도망가서 말[馬]을 잃었는데,
하루는 말이 어디선지 달려와 이곳에서

우므로 馬鳴菴이라 했다〈韓山世稿,
卷8 ; 翁齋稿, 28張, 石印本〉
李思質(英祖朝人) 詩「馬鳴菴…」〈上
同〉
마본암(馬本庵)
평북 博川郡 長壽山에 있던 절〈寺刹
全書, 339p〉
마애사(磨碍寺)⇒ 磨磚寺 참조
마운사(摩雲寺)
위치 未詳〈白谷集, 243p, 處能 著, 影
印本, 1974印〉
處能(1617－1680) 詩 「摩雲寺」〈上
同〉
마적사(馬迹寺)
경남 咸陽郡 智異山에 있던 절. 馬迹이
있던 곳〈寺刹全書, 339p〉
마전사(麻田寺)
충북 報恩郡 懷南面 鳥谷里 老城山에
있던 절〈寺刹全書, 339p〉
寺址 앞에 은행나무 한 그루가 있었는
데 수령이 약 500년, 高30m. 주위
11m의 巨木이 있었다. 世宗이 순방하
다가 비를 피하기 위해 이곳에 와서 베
옷을 말리고 麻田寺라 명명. 은행나무
는 國亂의 징후가 있으면「꿍꿍」하고
울었다고 전함〈文化遺蹟總覽〉
마전사(摩田寺)
평남 江西郡(옛 咸從縣) 石古介山에
있던 절〈寺刹全書, 343p〉
마전사(磨磚寺)
평북 价川郡에 있던 절. 一名 磨磚寺
〈寺刹全書, 343p〉
마점사(馬占寺)
충남 天原郡 玉字[王子]山에 있던 절.
고려 太祖가 駐馬하던 곳이라 하여 馬
占寺라 함〈寺刹全書, 339p〉
마정계사(摩頂溪寺)
경북 大邱市 城北에 있던 절〈寺刹全
書, 340p〉
崔致遠(857－?) 撰「新羅壽昌郡護國

城八角燈樓記」〈上同〉
마정사(馬井寺)[1]
경북 軍威郡 馬井山에 있던 절〈寺刹全
書, 339p〉
마정사(馬井寺)[2]
경북 聞慶郡 虎溪面 鷲岩里에 있던 절
〈寺刹全書, 339p〉
마하대(摩訶臺)
충북 報恩郡 內俗離面 俗離山에 있던
절. 法住寺의 부속 암자〈寺刹全書,
343p〉
마하사(摩訶寺)
부산 東萊區 蓮山洞 金蓮山에 있는 절.
신라 때 阿道가 창건. 壬亂 때 소실. 그
뒤 여러 번 중건〈文化遺蹟總覽〉
마하연(摩訶衍)
강원 淮陽郡 內金剛面 長淵里 金剛山에
위치. 表訓寺의 부속 암자. 661년(신라
文武王 1) 義湘이 창건. 1831년(純祖
31) 龍潭 龍岩 月松 등이 중건. 1932년
亨眞이 중건〈寺刹全書, 340p〉
1717년(肅宗 43) 부마도위 尹宜善 등
이 摩訶衍雲板을 주성. 1735년(英祖
11) 府使 魚有鵬이 本庵을 중수. 1761
년 高世萬 등이 佛粮畓을 헌납. 1832년
(純祖 32) 龍潭이 중건. 1848년(憲宗
14) 大雲이 摩訶衍後院禪室을 건립.
1855년(哲宗 6) 應奎가『華嚴經』66卷
을 手寫하여 보장. 1886년(高宗 23) 중
수. 1892년 應月이 摩訶衍附建禪室을
이전. 1932년 李華應이 중건〈楡岾寺
本末寺志, 415p, 鉛印本〉
金剛山摩訶衍重創緣化所記, 丙辰〈上
同, 491p〉「金剛山摩訶衍禪室創建佛
粮施主記文」〈上同, 492p〉
肯演 撰「摩訶衍禪房移建與一新修補緣
起, 1894年」〈上同, 488p〉
宋秉璿(1836－1905) 撰「自萬瀑洞至
摩訶淵記」〈淵齋集, 卷20 10張, 木板
本〉

有安 撰 「金剛山摩訶衍重創緣化所記
文, 1832年」〈楡岾寺本末寺志, 486p,
鉛印本〉
日昇 撰 性觀 書「金剛山摩訶衍第三回
重建記文, 1932年」〈上同, 489p〉性觀
書 「金剛山摩訶衍獻畓記念碑銘幷序,
1932年」〈上同, 519p〉
鼎鎬(1870－1948) 撰 「金剛山摩訶衍
重建事蹟碑銘幷序」〈石林草, 48張〉
慧彦 撰 「朝鮮國江原道淮陽府表訓寺
摩訶衍重創上梁記文, 1832年」〈楡岾
寺本末寺志, 504p, 鉛印本〉
華嶽(1629－1707) 撰 「金剛山表訓寺
摩訶衍重建記」〈寺刹全書, 340p〉〈楡
岾寺本末寺志, 484p, 鉛印本〉
華隱 撰 「摩訶禪室新創記, 1851年」
〈楡岾寺本末寺志, 485p, 鉛印本〉
華隱 撰 「金剛山表訓寺摩訶衍重建記,
1851年」〈寺刹全書, 340p〉
만경사(萬景寺)¹
경기 高陽郡 碧蹄面 城石里 三角山에
있는 절. 一名 萬景庵. 宣祖(1567－
1607) 때 慕堂 洪復祥이 자신의 願堂
으로 건립. 英祖(1724－1775) 때 八代
孫 洪命周가 중건〈寺刹全書, 343p〉
만경사(萬景寺)²
경북 尙州郡 萬岳[天燈]山에 있던 절.
옛날은 龍岩寺라 했다 〈寺刹全書,
344p〉
山內에 內院庵이 부속
李東標(1644－1700) 撰 「萬景寺勝會
序」〈懶隱集, 卷5 1張, 木板本〉
만경사(萬景寺)³
함북 會寧郡 古豊山에 있던 절 〈寺刹
全書, 345p〉
만경암(萬景庵)¹
강원 通川郡 歙谷面 金剛山에 있던 절
〈寺刹全書, 345p〉
만경암(萬景庵)²
전남 高興郡 占岩面 八影山에 위치. 楞

迦寺의 부속 암자〈寺刹全書, 345p〉
만경암(萬景庵)³
평북 宣川郡 舞鶴山에 있던 절〈寺刹全
書, 345p〉
만경암(萬景庵)⁴
평북 義州郡 回軍川 가에 있던 절〈寺
刹全書, 345p〉
만경암(萬景庵)⁵
평북 定州(옛 郭山)郡 凌漢山城에 있
던 절〈寺刹全書, 345p〉
만경암(萬景庵)⁶
함남 德源郡 北城面 鹽中里 盤龍山에
위치〈寺刹全書, 345p〉
만경암(萬景庵)⁷
함남 北靑郡 車書社에 있던 절〈寺刹全
書, 345p〉
만경암(萬景庵)⁸
함북 鏡城郡 雲住山에 있던 절〈寺刹全
書, 345p〉
만경암(萬慶庵)
평북 江界郡 漁雷面에 있던 절〈寺刹全
書, 345p〉
만기사(萬奇寺)
경기 平澤郡 振威面 東泉里 舞鳳山에
있던 절. 924년(고려 太祖 7) 창건〈文
化遺蹟總覽〉
世祖(1455－1468) 때 중건〈寺刹全書,
345p〉
萬奇寺鐵造如來座像 : 보물 제567호.
1972년 지정〈文化財大觀 ; 寶物篇〉
만년사(萬年寺)
평북 龜城郡 龜城面 古部洞 靑龍山에
위치〈寺刹全書, 346p〉
만능사(萬能寺)
평북 龜城郡 東山面 南山洞에 있던 절
〈寺刹全書, 346p〉
만덕사(萬德寺)¹
경기 開城市에 있던 절. 1351년(고려
忠定王 3) 창건〈寺刹全書, 346p〉
金坵(1211－1278) 撰 「萬德社開設冬

安居士法會疏」〈止浦集, 卷3 17張〉
본 자료에 의하면 1351년 이전 건물임이 입증됨〈編者〉
만덕사(萬德寺)²
부산市 北區 萬德洞에 있는 절〈寺刹全書, 348p〉〈文化遺蹟總覽〉
1351년(고려 忠定王 3) 창건. 寺址 주위에 연자방아・石塔・幢竿支柱 등이 있다〈文化遺蹟總覽〉
만덕사(萬德寺)³
전남 康津郡에 있는 절. 1407년(太宗 7)『太宗實錄』卷14에 이 절의 기록「孝寧大君施僧文」이 있다〈寺刹全書, 346p〉
本寺는 高麗 八國師의 道場 當時 白蓮社라 함. 白蓮社는 萬德山에 위치. 신라 때 창건. 1211년(고려 熙宗 7) 圓妙가 중수. 1430년(世宗 12) 行乎가 중건. 1760년(英祖 36) 소실. 1761년 圓潭 允哲 등이 중건〈萬德寺志, 7張, 木板本〉
南九萬(1629－1711) 撰「孝寧大君施僧文」〈寺刹全書, 346p〉
第一圓妙國師…：國師의 諱는 了世, 字는 安貧〈萬德寺志, 10張, 木板本〉
第二靜明國師…：國師의 諱는 天恩, 姓은 朴〈上同, 34張〉
第三圓睆國師…〈上同, 39張〉
第四眞靜國師…：國師의 諱는 天頎, 字는 蒙旦, 姓은 申. 고려 高宗時人〈上同, 42張〉
第五圓照國師…：白蓮社의 第五祖師〈上同, 55張〉
第六圓慧國師…〈上同, 57張〉
第七眞鑑無畏國師…：고려 忠烈王時人〈上同, 60張〉
第八牧菴無畏國師…：國師의 諱는 混其, 字는 玲丘, 俗姓은 趙〈上同, 68張〉
第一逍遙大師…：大師의 諱는 太能,

俗姓은 吳, 潭陽人〈上同, 120張〉
第二海運大師…：大師의 諱는 敬悅, 1580－1646년까지 생존〈上同, 123張〉
第三醉如大師…：大師의 諱는 三愚, 俗姓은 鄭〈上同, 125張〉
第四華岳大師…：大師의 法名은 文信, 俗姓은 金, 海南人〈上同, 127張〉
第五雪峰大師…：大師의 諱는 懷淨, 字는 允中, 俗姓은 曹, 朗州人〈上同, 130張〉
第六松坡大師…：大師의 法名은 覺暄, 俗姓은 金〈上同, 133張〉
第七晶岩大師…：大師의 諱는 郎圓, 字는 離隅, 1738－1794년까지 생존〈上同, 135張〉
第八蓮坡大師…：大師의 法名은 無盡〈上同, 139張〉
…無染國師戴之爲祖其謬易辨：신라 武烈王 八代孫〈上同, 71張〉
…普照國師指之爲先德亦是錯認：國師의 名은 知訥, 號는 牧牛子〈上同, 73張〉
…醉如三愚大師…：洗心庵에 大師의 影幀이 봉안〈上同, 118張〉
…行乎大師…：俗姓은 崔〈上同, 114張〉
…迴微國師…：大師의 諱는 迴微, 號는 先覺. 946년(고려 定宗 1) 碑를 건립〈上同, 204張〉
…慧日禪師…〈上同, 75張〉
만덕사(萬德寺)⁴
전북 南原郡에 있던 절. 丁酉再亂 때 이 절의 기록이 남음〈寺刹全書, 346p〉
만덕사(萬德寺)⁵
충남 錦山郡 進樂山에 있던 절〈寺刹全書, 346p〉
만덕사(萬德寺)⁶
충남 舒川郡 大屯山에 있던 절〈寺刹全書, 346p〉
만덕사(萬德寺)⁷ ⇒ 普德庵³ 참조

만덕사(萬德社)
위치 未詳〈止浦集, 卷3 17張, 木板本〉
金坵(1211-1278) 撰 「萬德社同設冬
安居士法會疏」〈上同〉
趙文拔(?-1227) 撰 「萬德社請說禪
文」〈東文選, 卷114 13張, 木板本〉
만복사(萬福寺)[1]
전남 順天市 長泉洞에 있던 절. 주위에
石材가 남음〈寺刹全書, 349p〉
順天長泉洞九層石塔 : 高2.3m. 신라말
기 건립〈文化遺蹟總覽〉
만복사(萬福寺)[2]
전북 南原郡 南原邑 王亭里에 있는 절.
신라 道詵(827-898)이 창건〈불교사
전, 201p〉
南原郡 麒麟山에 위치. 동쪽에는 五層
殿, 서쪽에는 二層殿이 있는데, 안에는
35尺이나 되는 銅佛像이 있었다. 1047
년(고려 文宗 1) 창건. 丁酉再亂 때 거
의 소실. 1678년(肅宗 4) 중건〈寺刹
全書, 348p〉
萬福寺址幢竿支柱 : 국유 보물 제32호.
1934년 지정. 高3m. 화강석으로 고려
초기 건립 추정〈文化財大觀 ; 寶物篇〉
萬福寺址石佛立像 : 국유 보물 제43호.
1934년 지정. 高2m. 화강석으로 고려
때 조성 추정〈上同〉
萬福寺址石座 : 국유 보물 제31호. 1934
년 지정. 高1.4m. 화강석으로 11세기경
조성 추정. 6각형의 蓮華臺座. 민가 돌담
속에 하부 일부가 매몰〈上同〉
萬福寺址五層石塔 : 보물 제30호. 1934
년 지정. 高5.5m. 화강석으로 고려 때
건립〈上同〉
만복사(萬福寺)[3]
충남 天原郡 華山에 있던 절〈寺刹全
書, 348p〉
만복사(萬福寺)[4]
함남 端川郡 天樞山에 있던 절〈寺刹
全書, 349p〉

만복사(萬福寺)[5]
함남 北靑郡 大德山에 있던 절. 普德庵
이던 것을 定宗(1398-1400) 때 萬福
寺로 개명〈寺刹全書, 349p〉
만봉암(萬峰庵)
경기 水原市에 있던 절〈寺刹全書,
349p〉
만선사(萬善寺)
경기 安城郡(옛 竹山縣)에 있던 절
〈寺刹全書, 349p〉
만세암(萬世庵)⇒萬壽庵[1] 참조
만수사(萬水寺)
경기 金浦郡 象頭山에 있던 절〈寺刹全
書, 349p〉
만수사(萬壽寺)
제주 濟州市 健入洞에 있던 절. 일명 東
資福寺〈寺刹全書, 349p〉
만수암(萬壽庵)[1]
충북 報恩郡 內俗離面 墓幕里에 있던
절. 一名 萬世庵〈寺刹全書, 349p〉
신라 때 창건. 1860년(哲宗 11) 경 폐
사. 절이 대단히 커서 쌀 씻은 물이
10km나 내려갔다고 전하며. 승려가 수
천 명이었다고 전함〈文化遺蹟總覽〉
만수암(萬壽庵)[2]
평북 熙川郡 眞面에 있던 절〈寺刹全
書, 349p〉
만시사(晩時寺)
충남 天安市 龍洞에 있던 절. 寺址에 瓦
片이 산재〈文化遺蹟總覽〉
만어사(萬魚寺)
경남 密陽郡 三浪津邑 龍田里 慈聖山에
있는 절. 駕洛國 首露王 5년 王이 창건.
1506년(中宗 1) 化日이 중건〈寺刹全
書, 349p〉
萬魚寺三層石塔 : 보물 제466호. 1968년
지정. 高3.7m. 화강석으로 1181년(고
려 明宗 11) 경 건립 추정〈文化財大觀
; 寶物篇〉
만연사(萬淵寺)

전남 和順郡 和順邑 洞口里 羅漢山에 있는 절. 1407년(太宗 7) 資福寺로 삼음. 16세기 萬淵이 중건. 17세기 중건 〈文化遺蹟總覽〉
有一(1720－1799) 撰 「萬淵寺三淸閣記」〈蓮潭大師林下錄, 卷3 12張〉「萬淵寺兩國師影子重修記」〈上同, 15張〉
丁若鏞(1762－1836) 撰 「普照國師畵像贊在和順萬淵寺」〈與猶堂全書, 1集 卷12 32張, 鉛印本〉

만운사(萬雲寺)[1]
전남 谷城郡 大德山에 있던 절 〈寺刹全書, 350p〉

만운사(萬雲寺)[2]
충남 論山郡(옛 連山縣) 鷄龍山에 있던 절 〈寺刹全書, 350p〉

만월사(滿月寺)[1]
경남 馬山市 斗尺洞 斗尺山에 있던 절. 寺址에 瓦片 등이 산재 〈寺刹全書, 352p〉

만월사(滿月寺)[2]
함북 慶源郡에 있던 절 〈寺刹全書, 352p〉

만월사(滿月寺)[3]
황해 松禾郡 大藥山에 있던 절 〈寺刹全書, 352p〉

만월사(滿月寺)[4] ⇒ 寧國寺[2] 참조

만월암(滿月庵)[1]
경북 奉化郡(옛 安東) 淸凉山에 있는 절 〈寺刹全書, 353p〉
趙穆(1524－1606) 詩 「題滿月庵壁上」〈月川集, 卷1 4張, 木板本〉

만월암(滿月庵)[2]
서울 道峰區 道峰洞 道峰山에 있던 절. 1940년 徐光前이 중건 〈寺刹全書, 352p〉
權相老 撰 「楊州郡道峰山滿月庵記, 1941年」〈上同〉

만의사(萬義[儀]寺)
경기 華城郡 東灘面 中里 舞鳳山에 있

는 절. 통일신라 때 창건. 1669년(顯宗 11) 현지에 이전 〈文化遺蹟總覽〉
고려 禑王(1375－1387) 때 李成桂가 이 절에서 回軍을 논의. 고려 恭讓王(1389－1391)이 功牌・奴婢・土地를 하사. 『太宗實錄』에 이 절의 기록이 있다 〈寺刹全書, 350p〉
權近(1352－1409) 撰 「水原萬儀寺祝上華嚴法華會衆目記」〈陽村集, 卷12 2張, 木板本〉

만일사(萬日寺)[1]
경기 仁川市 北區 公村洞 桂陽山에 있던 절. 고려－조선초기로 인정되는 瓦片과 磁器片이 출토 〈寺刹全書, 351p〉

만일사(萬日寺)[2]
전북 淳昌郡 龜林面 安亭里 回[四]門山에 있는 절. 백제 武王(600－640) 때 창건. 太祖(1392－1398) 때 無學이 중건하여 太祖의 등극을 위해 萬日을 기도했기에 萬日寺라 명명. 1950년 동란으로 소실. 1954년 중건 〈文化遺蹟總覽〉

만일사(萬日寺)[3]
전북 井邑郡 都順山에 있던 절 〈寺刹全書, 352p〉

만일사(萬[晩]日寺)[4]
충남 天原郡 聖居面 天興里 聖居山에 있던 절. 1002년(고려 穆宗 5) 창건 〈寺刹全書, 352p〉〈文化遺蹟總覽〉

만일암(挽日庵)
전남 海南郡 三山面 九林里 頭輪山에 위치. 大興寺의 부속 암자 〈寺刹全書, 343p〉
丁若鏞(1762－1836) 撰 「重修挽日菴記」〈與猶堂全書, 1集 卷13 29張〉「挽日菴重修上梁文」〈上同, 卷22 25張〉
惠藏(1772－1811) 撰 「頭輪山挽日菴重建上梁文」〈兒庵遺集, 卷2 1張〉

만전사(萬全寺)
평북 慈城郡 慈母山城에 있던 절 〈寺刹全書, 352p〉

만합사(滿合寺)
평북 寧邊郡 耳山에 있던 절 〈寺刹全書, 353p〉

만행사(萬行寺)¹
전북 南原郡 金池面 文德峰 아래 있던 절 〈寺刹全書, 352p〉

만행사(萬行寺)²
함남 北靑郡 佳會社에 있던 절 〈寺刹全書, 352p〉

만회암(萬灰[回]庵)
강원 淮陽郡 內金剛面 長淵里 金剛山에 위치. 表訓寺의 부속 암자. 1809년(純祖 9) 栗峰이 중건 〈불교사전, 203p〉
661년(신라 文武王 1) 義湘 창건. 1618년(光海 10) 중건. 1809년(純祖 9) 栗峰이 중건 〈楡岾寺本末寺志, 412·416p, 鉛印本〉
法堅(1552-1634) 撰 「金剛山船岩萬廻二庵重修落成疏」〈奇岩集, 卷2 7張〉

만흥사(萬興寺)¹
전남 昇州郡에 있던 절 〈寺刹全書, 352p〉

만흥사(萬興寺)²
전남 和順郡 綾州面 千佛山에 위치 〈存齋全書, 下册 428p, 影印本〉
魏伯珪(1727-1798) 撰 「千佛山萬興寺大雄寶殿上梁文」〈上同〉

망경암(望京庵)
강원 三陟郡 道溪邑 古武陵里 頭陀山에 있던 절 〈寺刹全書, 354p〉

망고암(望杲庵)
경북 慶山郡 慈仁面 金鶴山에 위치. 大興寺의 부속 암자 〈寺刹全書, 354p〉

망덕사(望德寺)¹
경북 慶州市 排盤洞에 있던 절. 685년(신라 神文王 5) 국가 안전을 위해 창건 〈寺刹全書, 354p〉
755년(景德王 14) 塔에 落雷 〈三國史記, 卷9〉798년(元聖王 14) 本寺의 두 塔이 마주쳤다 〈上同, 卷10〉804년(哀莊王 5) 두 塔에 落雷 〈上同〉816년(憲德王 8) 두 塔에 落雷 〈上同〉
望德寺址 : 사적 제7호. 1935년 지정 〈文化遺蹟總覽〉
望德寺址幢竿支柱 : 국유 보물 제69호. 1934년 지정. 高2.44m. 화강석으로 寺刹 창건 당시(685년) 건립 추정 〈上同〉

망덕사(望德寺)²
충남 舒川郡 千方山에 있던 절 〈寺刹全書, 354p〉

망선암(望仙庵)
경북 奉化郡 豊樂山에 있던 절 〈寺刹全書, 354p〉

망성암(望城庵)
서울市에 있던 절. 1470년(成宗 1) 창건 〈寺刹全書, 354p〉

망심사(望心寺)¹
충남 扶餘郡(옛 鴻山) 望心山에 있던 절 〈寺刹全書, 355p〉

망심사(望心寺)²
충남 扶餘郡 鷲靈山에 있던 절 〈寺刹全書, 355p〉

망운암(望雲庵)
경남 南海郡 古縣面 望雲山에 있는 절. 花芳寺의 부속 암자 〈寺刹全書, 355p〉

망월대(望月臺)
전남 長興郡(옛 康津) 大德面 天盖山에 있던 절. 順治年間(1644-1661)까지 존재 〈寺刹全書, 359p〉

망월사(望月寺)¹
경기 廣州郡 中部面 南漢山城 안에 있던 절. 南漢 九寺 중에서 가장 오래된 절 〈寺刹全書, 358p〉

망월사(望月寺)²
경기 金浦郡에 있던 절 〈불교사전, 204p〉

망월사(望月寺)³
경기 議政府市 虎院洞 道峰山에 있는 절. 639년(신라 善德女王 8) 海浩가 開山. 1066년(고려 文宗 20) 慧炬가 중

건, 그 뒤 14번 흥폐. 1691년(肅宗 17)
喬明이 중건. 1779년(正祖 3) 映月이
先月堂 건립. 1780년(正祖 4) 映月이
大雄殿 중건. 1800년(正祖 24) 映月이
靈山殿 터에 先月堂을 이전. 1818년
(純祖 18) 七星閣 건립. 1880년(高宗
17) 玩松이 七星閣 중건. 1882년(高宗
19) 玩松이 靈山殿 중건. 1884년(高宗
21) 仁坡가 獨聖閣 건립. 1888년(高宗
25) 玩松이 藥師殿 건립. 1901년(光武
5) 仁坡가 大房 보수. 1906년(光武
10) 晦光이 禪室과 說法樓를 수리.
1941년 金應運이 藥師殿 중건, 獨聖閣
증축〈寺刹全書, 356p〉
本葉 撰「望月寺蹟, 1913年」〈上同〉
水觀居士 撰 「新修望月寺記」〈上同,
357p〉
義沽(1746-1796) 撰「楊州道峰山望
月菴重修記」〈仁岳集, 卷2 12張, 木板
本〉
망월사(望月寺)[4]
경북 慶山郡 東鶴山에 있던 절〈寺刹
全書, 358p〉
망월사(望月寺)[5]
전북 淳昌郡 瑞龍山에 있던 절〈寺刹
全書, 358p〉
망월사(望月寺)[6]
전북 井邑郡(옛 古阜縣) 都順山에 있
던 절〈寺刹全書, 358p〉
망월사(望月寺)[7]
충남 扶餘郡 望月山에 있던 절〈寺刹
全書, 358p〉
망월사(望月寺)[8]
평남 平原郡 東松面 雲平里에 있던 절
〈寺刹全書, 359p〉
망월사(望月寺)[9]
평북 慈城郡 慈母山城 안에 있던 절
〈寺刹全書, 358p〉
망월사(望月寺)[10] ⇒ 太白寺 참조
망월암(望月庵)[1]

경기 安養市(옛 始興郡 西二面) 冠岳
山에 있는 절. 1407년(太宗 7) 信眉가
王命으로 5층탑을 三聖山 서쪽에 세우
고 그곳에 望日寺를 창건. 그 뒤 望月庵
으로 개명. 1779년(正祖 3) 東湖가 중
건. 1928년 李鍾植이 法殿을 중수.
1929년 大房을 중수. 1934년 法字를 중
수〈寺刹全書, 359p〉
망월암(望月庵)[2]
경기 利川郡 利川邑 北岳山에 있던 절.
20세기경 폐사〈寺刹全書, 359p〉
망월암(望月庵)[3]
경남 昌原郡(옛 熊川縣) 長福山에 있
던 절〈寺刹全書, 359p〉
망월암(望月庵)[4]
경북 尙州郡 天峰山頂에 있던 절〈寺刹
全書, 359p〉
망월암(望月庵)[5]
경북 醴泉郡 望月山에 있던 절〈寺刹全
書, 359p〉
망일사(望日寺)[1]
경기 金浦郡에 있던 절〈寺刹全書,
355p〉
망일사(望日寺)[2]
전북 淳昌郡 瑞龍山에 있던 절〈寺刹全
書, 355p〉
金麟厚(1510-1560) 詩 「宿望日寺題
素屛」〈河西全書, 卷6 25張, 木板本〉
망일사(望日寺)[3]
충남 公州郡 雙樹山城에 있던 절〈寺刹
全書, 355p〉
망일사(望日寺)[4]
충남 瑞山郡 大山面 望日山에 있던 절.
一名 望日庵〈寺刹全書, 355p〉
망일사(望日寺)[5]
평남 成川郡 鳳頭山에 있던 절〈寺刹全
書, 355p〉
망일사(望日寺)[6]
평남 平原郡 肅川面 片雲山에 있던 절.
一名 望月寺〈寺刹全書, 355p〉

망일사(望日寺)[7]
평북 鐵山郡 望日山에 있던 절 〈寺刹
全書, 355p〉
망일사(望日寺)[8]
황해 信川郡 南部面 靑陽里에 있던 절.
一名 望日庵. 石佛 3尊이 있었다 〈寺刹
全書, 355p〉〈불교사전, 205p〉
망일사(望日寺)[9]
황해 黃州郡 天柱山에 있던 절 〈寺刹
全書, 355p〉
망일암(望日庵)[1]
경남 梁山郡 鼎冠面 龍崗里에 있는 절.
1907년 信女 若華가 창건 〈불교사전,
205p〉
망일암(望日庵)[2]
경남 晋陽郡 防禦山에 있던 절. 1378년
(고려 禑王 4) 兵亂을 당함 〈寺刹全書,
356p〉
망일암(望日庵)[3]
평북 義州郡 楊下坊에 있던 절 〈寺刹
全書, 356p〉
망일암(望日庵)[4]
황해 鳳山郡 雞遊山에 있던 절 〈寺刹
全書, 356p〉
망일암(忘日庵)
충북 沃川郡 (옛 靑山縣) 德義[懿]山
에 있던 절 〈寺刹全書, 354p〉
망천사(輞川寺)
경북 安東郡 豊山邑 麻厓洞에 있던 절
〈寺刹全書, 361p〉
망천사(望天寺)
경북 安東郡 豊山邑 下里洞에 있던 절.
寺址에 1.85m의 3층석탑이 있다. 輞川
寺인 듯하다 〈文化遺蹟總覽〉
安東麻厓洞石造毘盧遮那佛坐像 : 地有
제17호. 1972년 지정. 12支像이 조각
되었다. 통일신라 때 조성 추정 〈上同〉
망한사(望漢寺)
경기 平澤郡 彭城面 客舍里 望漢山에
있는 절 〈寺刹全書, 359p〉

망해사(望海寺)[1]
경기 甕津郡 靑岩山에 있던 절 〈寺刹全
書, 360p〉
망해사(望海寺)[2]
경남 蔚州郡 靑良面 栗里 文殊山에 있
던 절 〈불교사전, 205p〉
一名 新房寺. 신라 憲康王(875－885)
이 開雲浦에 유람갔다가 환궁하려는데,
갑자기 안개 때문에 길을 잃게 되어 좌
우에 물으니, 東海龍이 변덕부린 것이
라고 하자, 王이 龍을 위해 佛寺를 창건
하라고 명했더니, 雲霧가 흩어지므로
開雲浦라 명명했다. 東海龍이 기뻐서 7
子를 데리고 王 앞에 나타나서 춤과 奏
樂으로써 王의 德을 찬양하고 7子 중 1
子를 正政에 輔佐토록 했다. 이기 비로
處容이었다고 전한다. 靈鷲山 동쪽 기
슭에 龍을 위해 절을 짓고 新房寺라 명
명 〈寺刹全書, 360p〉
望海寺址浮屠(2기) : 보물 제173호. 1938
년 지정. 동서로 위치. 화강석으로 통일
신라 때 건립 추정. 1960년 중건 〈文化
財大觀 ; 寶物篇〉
망해사(望海寺)[3]
전북 金堤郡 進鳳面 深浦里 進鳳山에
있는 절. 신라 浮雪居士가 창건. 1624
년(仁祖 2) 震默이 중건. 1915년 桂山
이 중건. 1933년 整禧가 중건 〈寺刹全
書, 359p〉〈불교사전, 205p〉
망해사(望海寺)[4]
평남 中和(옛 祥原)郡에 있던 절. 一名
望海庵 〈寺刹全書, 360p〉
망해사(望海寺)[5]
평남 平原郡 龍湖面 中巷里 石蓮山에
있던 절 〈寺刹全書, 360p〉〈불교사전,
205p〉
망해사(望海寺)[6]
함남 咸州郡 牛頭山에 있던 절 〈寺刹全
書, 360p〉
망해사(望海寺)[7]

황해 長淵(옛 康翎)郡에 있던 절. 一名 臨江寺〈寺刹全書, 360p〉

망해암(望海庵)¹
강원 高城郡 杆城面 新安里 乾鳳寺의 부속 암자. 1828년(純祖 28) 창건〈寺刹全書, 361p〉

망해암(望海庵)²
경기 金浦郡 黔丹面 金谷里 歌絃山에 있던 절. 寺址에 우물 하나만 남음〈寺刹全書, 360p〉〈불교사전, 205p〉

망해암(望海庵)³
경기 安養市(옛 始興郡) 安養洞 冠岳山에 있는 절. 신라 元曉(617-686)가 창건. 1803년(純祖 3) 洪大妃가 중건. 1863년(哲宗 14) 大連이 중건. 1922년 화재. 1926년 주지 湖南이 중건. 1939년 주지 劉昌興이 중건. 1940년 大房 중수. 1941년 三聖閣 중건〈寺刹全書, 360p〉〈불교사전, 205p〉

망해암(望海庵)⁴
전남 長興郡 冠山面 天冠山에 있던 절〈寺刹全書, 361p〉

망해암(望海庵)⁵
전북 井邑郡 七寶山에 있던 절〈寺刹全書, 360p〉

망해암(望海庵)⁶⇒ 濟衆庵 참조

매굴(梅窟)
평북 寧邊郡 妙香山에 위치. 주위에 萬仞이나 되는 절벽이 있다고 전함〈寺刹全書, 361p〉

매림사(梅林寺)
위치 未詳〈顔樂堂集, 卷2, 影印本〉
金訢(1448-1492) 詩 「遊梅林寺次韻」〈上同〉

멸악사(滅惡寺)
경남 南海郡 南海面 坪里 猿山에 있던 절. 1846년(憲宗 12) 창건. 1847년(憲宗 13) 폐사〈寺刹全書, 361p〉〈불교사전, 206p〉

멸연암(滅緣庵)

전남 長興郡 冠山面 天冠山에 있던 절〈寺刹全書, 361p〉

명경대(明鏡臺)
충북 報恩郡 內俗離面 俗離山에 있던 절. 法住寺의 부속 암자〈寺刹全書, 361p〉

명경암(明鏡庵)¹
경북 榮州郡 小白山에 있던 절〈寺刹全書, 361p〉

명경암(明鏡庵)²
황해 長淵郡(옛 海安坊)에 있던 절〈耳溪集, 卷4 5張, 全史字本〉
洪良浩(1724-1802) 詩 「宿明鏡庵」〈上同〉

명봉사(鳴鳳寺)
경북 醴泉郡 上里面 鳴鳳里 小白山에 있는 절. 875년(신라 憲康王 1) 杜雲이 창건. 1662년(顯宗 3) 화재, 同年 중건. 1668년(顯宗 9) 화재. 1678년(肅宗 4) 크게 중건. 1807년(純祖 7) 幸善이 중건〈寺刹全書, 364p〉
內院庵, 法華庵 등이 山內에 부속
鳴鳳寺境內境淸禪院慈寂禪師浚雲塔碑: 地有 제3호. 1972년 지정. 高1.9m 厚20cm. 941년(고려 太祖 24) 건립〈文化遺蹟總覽〉

명석사(命石寺)
황해 碧城郡 牛耳山에 있던 절〈寺刹全書, 363p〉

명성암(明性庵)
경기 廣州郡 南終面 歸歟里 南漢山에 있는 절. 金錫冑의 齋室이던 것이 절이 됨〈불교사전, 208p〉〈寺刹全書, 361p〉

명수암(明水庵)
강원 淮陽郡 金剛山에 있는 절〈寺刹全書, 361p〉

명월사(明月寺)¹
경기 仁川市 北區 公村洞 桂陽山에 있던 절. 寺址에 유명한 약수터만 남음〈寺刹全書, 361p〉〈文化遺蹟總覽〉

명월사(明月寺)²⇒興國寺⁷ 참조

명월암(明月庵)¹

경북 尙州郡 功城面 回龍山에 있던 절 〈寺刹全書, 362p〉

명월암(明月庵)²

경북 迎日郡(옛 長鬐縣)에 있던 절 〈寺刹全書, 362p〉

洪世泰(1653-1725) 詩「明月庵」〈柳下集, 卷7 22張, 芸閣印書體字本〉「明月庵曉起」〈上同, 卷7 27張〉

명월암(明月庵)³

전북 扶安에 있던 절 〈多山詩稿, 6張, 鉛印本〉

朴榮喆(1879-?) 詩「扶安明月菴, 丁巳」〈上同〉

명월사(明月庵)⁴

평북 江界郡에 있던 절 〈寺刹全書, 362p〉

명적사(明寂寺)¹

평북 鐵山郡 東顧山에 있는 절 〈寺刹全書, 362p〉

명적사(明寂寺)²

함남 德源郡 府內面 永康里 盤龍山에 위치. 一名 明寂庵 〈寺刹全書, 362p〉〈불교사전, 210p〉

海源(1691-1770) 撰「德源明寂寺鑄鍾記」〈天鏡集, 卷中〉

명적암(明寂庵)¹

강원 高城郡 西面 金剛山에 있던 절 〈寺刹全書, 363p〉

1909년 암자가 허물어짐 〈楡岾寺本末寺志, 11p, 鉛印本〉

명적암(明寂庵)²

강원 淮陽郡 金剛山 仙潭 서쪽에 있던 절 〈寺刹全書, 363p〉

명적암(明寂庵)³

경기 高陽郡 碧蹄面 大慈里 大慈山에 있는 절. 壬亂 때 兵火. 慶安大君 묘소가 되어서 100m 정도 북으로 이전. 誠齋 閔以升이 이 절에서 독서함 〈寺刹

명적암(明寂庵)⁴

경남 陜川郡 雙栢面 栢亦里에 있던 절. 축대 일부와 瓦片이 남음 〈寺刹全書, 362p〉

명적암(明寂庵)⁵

경북 慶山郡(옛 慈仁縣) 顯[賢]聖山에 있던 절 〈寺刹全書, 362p〉

명적암(明寂庵)⁶

경북 金陵郡 代項面 黃岳山에 위치. 直指寺의 부속 암자 〈直指寺志, 86p, 筆寫本〉

명적암(明寂庵)⁷

경북 達城郡 玉浦面 盤松洞 琵瑟山에 있는 절. 龍淵寺의 부속 암자 〈불교사전, 210p〉

명적암(明寂庵)⁸

경북 聞慶郡 山北面 雲達山에 있던 절. 金龍寺에 부속. 1734년 건립 〈寺刹全書, 363p〉

時聖(1710-1776) 撰「雲達山明寂庵創建記」〈野雲集, 卷2 9張, 木板本〉

명적암(明寂庵)⁹

전남 谷城郡 竹谷面 元達里 桐裏山에 위치. 泰安寺의 부속 암자 〈寺刹全書, 362p〉

명적암(明寂庵)¹⁰

전남 海南郡 三山面 九林里 頭輪山에 위치. 大興寺에 부속 〈寺刹全書, 362p〉

명적암(明寂庵)¹¹

충남 扶餘(옛 石城)郡 鳳凰山에 있던 절 〈寺刹全書, 362p〉

명적암(明寂庵)¹²⇒大慈寺[庵]¹ 참조

명조암(明照庵)

평북 楚山郡에 있던 절 〈寺刹全書, 363p〉

명주사(明珠寺)

강원 襄陽郡 縣北面 漁城田里 滿月山에 위치. 1009년(고려 穆宗 12) 惠明·大珠가 창건. 1861년(哲宗 12) 화재, 同

年 月盧가 중건. 1879년(高宗 16) 화재. 1880년(高宗 17) 중건. 1897년(光武 1) 화재. 山內의 圓通庵에 이전하여 明珠寺라 함. 1906년(光武 10) 圓通庵을 중건 확장. 1917년 주지 金白月이 중수. 1927년 주지 尹雪昊가 중수〈寺刹全書, 363p〉

1950년 동란으로 폐사. 1963년 중건〈文化遺蹟總覽〉

1009년(고려 穆宗 12) 毘盧遮那像을 조성. 1701년(肅宗 27) 碧玉樓를 건립. 1860년(哲宗 11) 山內 각 암자와 本寺가 화재, 月盧가 私財로써 곧 중건. 1878년(高宗 15) 화재, 1879년 중건. 1887년 日峰이 龍船殿 건립. 1897년 화재, 1899년 香爐殿 중건. 1915년 砧庫 건립. 1918년 중수. 1925년 수리. 1926년 寮舍를 飜瓦〈乾鳳寺本末寺事蹟, 161p, 影印本〉

寶蓮庵, 雲門庵, 圓通庵, 靑蓮庵 등이 山內에 부속

明珠寺石造浮屠群 : 數基의 浮屠가 경내 여러 곳에 산재〈文化遺蹟總覽〉

明珠寺中峯堂浮屠 : 화강암으로　조성〈上同〉

明珠寺의 碑 : 聳岳堂, 蓮坡堂碑, 麟谷堂碑, 鶴雲堂碑 등이 있다〈乾鳳寺本末事蹟, 166p, 鉛印本〉

明珠寺의 塔 : 無瑕堂塔, 尙淨居士塔, 雪月堂塔, 晟月堂齒舍利塔, 安谷堂塔, 蓮坡堂塔, 月盧堂塔, 麟盧堂塔, 中峰堂塔, 楸庵堂塔, 忠庵堂塔, 皓月堂塔 등 12기〈上同〉

明珠寺의 眞影 : 大隱堂, 夢庵堂, 無瑕堂, 雪峰堂, 性月堂, 蓮坡堂, 影雲堂, 聳岳堂, 圓峰堂, 月盧堂, 義龍堂, 麟谷堂, 印潭堂, 楸庵堂, 鶴雲堂, 咸虛堂, 喚惺堂 등 17位〈上同〉

徐龍輔(1757－1824) 撰 兪漢芝 書幷篆 「有明朝鮮國蓮坡堂大禪師碑銘幷

序」〈上同, 171p〉

許薰(1836－1907) 撰 「聳岳堂禪師碑銘」禪師의 法名은 普衡, 俗名은 金, 本은 金海. 18세 때 本寺에 출가〈舫山集, 卷19 28張, 木板本〉

洪顯周 撰幷書「有明朝鮮國麟谷堂禪師碑銘」1852년 碑를 건립〈乾鳳寺本末事蹟, 172p, 鉛印本〉

명통사(明通寺)
서울에 있던 절. 국가에서 장님을 위하여 창건했다고 함〈寺刹全書, 363p〉

1413년(太宗 13) 王이 盲人 등에게 쌀 30石을 하사〈李朝實錄佛敎鈔存, 卷1 78張〉

1426년(世宗 8) 王이 本寺에서 祈雨하고 盲人 등에게 쌀 30石을 하사〈上同, 卷2 66張〉

명패암(明沛庵)
평북 熙川郡 西面 克城洞 白山에 위치〈寺刹全書, 363p〉

모기사(毛祇寺)⇒ 毛只寺 참조

모량사(毛良寺)
경북 月城郡 乾川邑 毛良里에 있던 절. 주초석과 石燈下臺石이 남아 있다. 日帝 때 石物을 수습하여 일부를 慶州博物館에 이전〈文化遺蹟總覽〉

모방사(茅房寺)
경남 晉州市 牛山에 있던 절. 고려 姜民瞻(?－1021) 장군이 창건. 姜民瞻의 遺像이 현존〈寺刹全書, 364p〉

모운암(暮雲庵)
경북 安東郡 南後面 儉[檢]岩洞 聖住山에 있는 절. 신라 때 창건. 1860년(哲宗 11) 大蓮이 중수. 高 1m의 3층석탑이 있다〈文化遺蹟總覽〉

모은암(母恩庵)
경남 金海郡 生林面 生鐵里 無着山에 있는 절. 옛날은 無雙寺. 金首露王이 그의 모친을 위해 창건했다고 전함〈文化遺蹟總覽〉

모지사(毛只寺)
경북 慶州市 西山에 있던 절. 一名 毛祇寺. 신라 景明王(917－923)이 金庾信을 興武大王으로 추봉하고, 陵은 西山 毛只寺의 동북향 走峯에 안치〈寺刹全書, 364p〉

목련암(目蓮庵)
전북 益山郡(옛 龍安縣) 龍頭山에 있던 절〈寺刹全書, 365p〉

목부사(木鳧寺)⇒ 遠燈庵 참조

목사(木寺)
충남 牙山郡 排芳山에 있던 절〈寺刹全書, 364p〉

목암(牧庵)
위치 未詳〈陽村集, 卷11 6張, 木板本〉權近(1352－1409) 撰 「牧庵記」〈上同〉

목우암(牧牛庵)[1]
전남 務安郡 夢灘面 達山里 僧達山에 있는 절〈寺刹全書, 365p〉

목우암(牧牛庵)[2]
충북 淸州市 臥牛山에 있던 절〈寺刹全書, 365p〉

목정굴(木精窟)
서울 三角山 남쪽에 있던 절. 기도장으로 유명. 英祖(1724－1776) 때 많은 逸話가 있다〈寺刹全書, 364p〉

몽계사(夢溪寺)
경남 陜川郡(옛 三嘉縣) 佳會面 中村里 黃山에 있던 절. 주위에 塔址와 瓦片이 남음〈寺刹全書, 365p〉〈文化遺蹟總覽〉

몽성사(夢成寺)
경북 慶州市 馬洞에 있던 절. 신라 景德王(742－764) 때 金大城이 잡은 곰의 현몽에 의해 창건. 寺址에 3층석탑이 있다〈寺刹全書, 365p〉〈文化遺蹟總覽〉

몽성암(夢醒庵)
전북 高敞郡 雅山面 兜率山에 있던 절.

禪雲寺의 부속 암자〈寺刹全書, 365p〉

몽월암(夢月庵)
함남 德源郡 北城面 盤龍山에 위치〈寺刹全書, 365p〉

몽천사(夢泉寺)
강원 高城郡 三日浦 북쪽 언덕에 있던 절〈寺刹全書, 365p〉

몽천암(夢泉庵)
강원 高城郡 外金剛面 金剛山에 있던 절. 神溪寺의 부속 암자〈불교사전, 213p〉
楠景 撰 「夢泉庵法堂勸善文」〈楡岾寺本末寺志, 269p, 鉛印本〉
混元 撰「高城郡金剛山夢泉庵重修上梁文」〈上同, 252p〉

묘각사(妙覺寺)[1]
경기 開城市 永平門 밖에 있던 절. 921년(고려 太祖 4) 창건. 1284년(고려 忠烈王 10) 王과 王妃가 이 절에 행차하여 경찬〈寺刹全書, 365p〉
李穡(1328－1396) 詩 「妙覺寺高井方丈」〈牧隱詩藁, 卷30 9張, 木板本〉

묘각사(妙覺寺)[2]
경북 永川郡 紫陽面 龍化洞 麟龍山에 있는 절. 신라 義湘(625－702)이 창건. 1760년(英祖 36) 三性이 중건〈寺刹全書, 366p〉

묘각사(妙覺寺)[3]
충남 大德郡에 있던 절〈寺刹全書, 366p〉

묘각사(妙覺寺)[4]
황해 信川郡 文武面 妙覺里 九月山에 위치〈寺刹全書, 366p〉

묘각암(妙覺庵)[1]
함남 咸州郡 白雲山에 위치〈寺刹全書, 366p〉

묘고사(妙高寺)
충북 淸原郡(옛 文義縣) 國師郎山에 있던 절〈寺刹全書, 366p〉

묘광사(妙光寺)

위치 未詳〈寺刹全書, 366p〉
林椿(고려 毅宗 당시) 撰「妙光寺十六
聖衆繪像記, 1169年」〈上同〉
묘길상사(妙吉祥寺)
강원 通川郡 碧山에 있던 절〈寺刹全
書, 366p〉
묘길상암(妙吉祥庵)
강원 淮陽郡 內金剛面 長淵里 金剛山
에 있던 절. 表訓寺의 부속 암자〈불교
사전, 213p〉
묘덕사(妙德寺)
강원 淮陽郡 內金剛面 長淵里 金剛山
에 있던 절. 일명 妙德庵. 表訓寺의 부
속 암자〈불교사전, 213p〉〈寺刹全書,
367p〉
묘덕암(妙德庵)[1]
강원 淮陽郡 內金剛面 長淵里 金剛山
에 있던 절. 長安寺의 부속 암자〈불교
사전, 213p〉
묘덕암(妙德庵)[2]
경기 楊平郡 彌智山에 있는 절〈寺刹
全書, 367p〉
묘련사(妙蓮寺)[1]
경기도 江華郡에 있던 절〈寺刹全書,
371p〉
묘련사(妙蓮寺)[2]
경기 開城市에 있던 절. 1283년(고려
忠烈王 9) 洪恕가 창건. 忠烈王이 여러
번 행차〈寺刹全書, 367p〉
李齊賢(1287－1367) 撰「妙蓮寺石池
竈記, 1337年」〈益齋集, 卷6 24張, 木
板本〉「妙蓮寺重興碑」〈上同, 卷6 26
張〉
묘련사(妙蓮寺)[3]
경기 驪州郡 金沙面 梨浦里 葛空山에
있는 절. 一名 葛空寺. 1808년(純祖 8)
仁庵이 창건. 1922년 중건〈寺刹全書,
371p〉〈불교사전, 213p〉
洪泰裕(1672－1715) 撰「妙蓮菴添修
勸善文」〈耐齋集, 卷2 17張, 木板本〉

묘련사(妙蓮寺)[4]
제주 濟州市에 있던 절〈寺刹全書,
371p〉
묘련사(妙蓮寺)[5] ⇒ 蓮花寺[3] 참조
묘명사(妙明寺)
평남 中和郡 牛童山에 위치〈寺刹全書,
371p〉
묘문암(妙門庵)
경북 達城郡(옛 玄風縣) 琵瑟山에 있
던 절〈寺刹全書, 371p〉
묘봉사(妙峰寺)[1]
전북 南原郡 智異山에 있던 절. 壬亂 때
의 戰史가 기록됨〈寺刹全書, 371p〉
묘봉사(妙峰寺)[2]
충남 靑陽郡(옛 定山縣) 七甲山에 있
던 절〈寺刹全書, 371p〉
묘봉암(妙峰庵)[1]
강원 淮陽郡 內金剛面 長淵里 金剛山에
있던 절. 長安寺의 부속 암자〈불교사
전, 214p〉
묘봉암(妙峰庵)[2]
경남 河東郡 智異山 般若峰 서쪽에 있
던 절〈寺刹全書, 371p〉
묘봉암(妙峰庵)[3]
경북 聞慶郡 山北面 田頭里 四佛山에
있는 절. 1656년(孝宗 7) 一玉이 신건
〈寺刹全書, 372p〉
묘봉암(妙峰庵)[4]
경북 尙州郡 妙峰山에 있던 절〈寺刹全
書, 372p〉
묘봉암(妙峰庵)[5]
경북 榮州郡(옛 順興府) 小白山에 있
던 절〈寺刹全書, 371p〉
黃俊良(1517－1563) 詩 「次退溪韻贈
妙峯菴宗粹上人」〈錦溪集, 卷1 16張,
木板本〉
묘봉암(妙峰庵)[6]
경북 永川郡 淸通面 八公山에 있는 절.
833년(신라 興德王 8) 心地가 창건
〈寺刹全書, 372p〉

묘봉암(妙峰庵)⁷
서울 道峰山에 있던 절 〈於于集, 卷4
38張, 木板本〉
柳夢寅(1559－1623) 撰 「贈道峰山妙
峰庵僧惟天序」〈上同〉
묘봉암(妙峰庵)⁸
충북 報恩郡 內俗離面 俗離山에 있던
절. 法住寺의 부속 암자 〈寺刹全書,
371p〉
묘봉암(妙峰庵)⁹
함남 北靑郡 居山社에 있던 절. 洞口에
石門이 있다 〈寺刹全書, 372p〉
묘선굴(妙仙窟)
황해 信川郡(옛 文化縣) 九月山에 있
던 절 〈寺刹全書, 372p〉
묘암사(妙岩寺)
충북 報恩郡(옛 懷仁縣) 牧監山에 있
던 절 〈寺刹全書, 372p〉
묘운사(妙雲寺)
평남 成川郡 鶴宮山에 있던 절 〈寺刹
全書, 372p〉
묘운암(妙雲庵)
경기 驪州郡 象頭山에 있던 절 〈寺刹
全書, 372p〉
묘은사(妙隱寺)⇒ 靈隱寺⁷ 참조
묘음사(妙音[陰]寺)
황해 載寧郡 長壽面 東林里 長壽山에
위치 〈寺刹全書, 372p〉
權復仁(高宗朝人) 詩 「妙陰寺」〈天遊
稿, 第2册, 筆寫本〉
權相老 撰 「長壽山妙音寺重建碑銘」
〈寺刹全書, 375p〉
邊東鎭 撰 「禪敎兩宗妙音寺改建記,
1901年」〈寺刹全書, 373p〉
申益均 撰 「妙音寺重修記, 1935年」
〈寺刹全書, 374p〉
李益材 撰 崔世夏 書「妙陰寺事蹟碑,
1701年」〈寺刹全書, 372p〉
趙炳鎬 撰「祝誠文, 1903年」〈寺刹全
書, 374p〉

묘자사(妙慈寺)
황해 碧城郡 牛耳山에 있던 절 〈寺刹全
書, 376p〉
묘장사(妙藏寺)
경북 盈德郡(옛 寧海府)에 있던 절
〈寺刹全書, 376p〉
묘적사(妙寂寺)¹
경기 楊州郡 瓦阜面 月文里 妙寂山에
있는 절. 신라 文武王(660－680) 때 元
曉가 창건 〈寺刹全書, 376p〉
1895년 圭昕가 山神閣을 건립〈奉先本
末寺誌, 128p, 鉛印本〉
金敎憲 撰「妙寂山山神閣創建記, 1895
年」〈上同〉
묘적사(妙寂寺)²
충남 丹陽郡 兜率山에 있던 절 〈寺刹全
書, 376p〉
묘적사(妙寂寺)³
평북 義州郡 紫雲山에 있던 절 〈寺刹全
書, 376p〉
묘적사(妙寂寺)⁴⇒ 淨水寺³ 참조
묘적암(妙寂庵)¹
경북 金陵郡 代項面 黃岳山에 위치. 直
指寺의 부속 암자 〈直指寺志, 87p, 筆
寫本〉
묘적암(妙寂庵)²
경북 聞慶郡 山北面 田頭里 四佛山에
있는 절. 大乘寺의 부속 암자. 고려 懶
翁이 출가한 절. 1668년(顯宗 9) 性日
이 중건. 1900년(光武 4) 就圓이 중건
〈寺刹全書, 377p〉
金炳先 撰 「妙寂庵重修記, 1900年」
〈上同〉
묘적암(妙寂庵)³
전남 昇州郡 松廣面 新坪里 曹溪山에
있는 절. 一名 南庵. 松廣寺의 부속 암
자 〈寺刹全書, 376p〉
詠月(光海朝人) 撰 「松廣寺妙寂庵重
修記」〈上同, 377p〉
묘적암(妙寂庵)⁴

황해 殷栗郡 一道面 寶林洞에 있던 절
〈寺刹全書, 378p〉

묘지사(妙智寺)
경기 江華郡 華道面 沙器里에 있던 절.
「1264년(고려 元宗 5) 王이 친히 三郎
城에 五星道場을 3일간 설하고, 또 이
절에서 星壇에 제사지냈다」고 전함
〈寺刹全書, 378p〉

묘지사(妙指寺)
경기 開豊郡 聖居山에 있던 절〈寺刹
全書, 378p〉

묘통사(妙通寺)[1]
경기 江華郡 華道面 興旺里 摩尼山 塹
星壇 아래 있던 절.「고려 文宗・肅宗
・睿宗・熙宗 등이 이 절에 와서 摩尼
支天道場을 설했다」고 전함. 고려 忠
穆王(1344-1348) 때까지 역대 제왕
이 행차〈寺刹全書, 378p〉

묘통사(妙通寺)[2]
경기 開豊郡 鳳鳴山 아래 있던 절〈寺
刹全書, 378p〉
1051년(고려 文宗 5) 창건〈불교사전,
251p〉
權近(1352-1409) 撰「妙通寺水陸齋
疏」〈陽村集, 卷27 1張, 木板本〉

묘통암(妙通庵)
평북 定州郡 鳳頭山에 있던 절〈寺刹
全書, 380p〉

묘향사(妙香寺)
평북 碧潼郡 達覺山에 있던 절〈寺刹
全書, 380p〉

묘혜사(妙惠寺)
평북 宣川郡 瑞雲山에 있던 절〈寺刹
全書, 380p〉

묘회암(妙會庵)
경기 廣州郡 都尺面 大海山에 있던 절
〈寺刹全書, 380p〉

무가암(無可菴)
위치 未詳〈中觀大師遺稿, 卷43 1張,
影印本〉

海眼(?-1636) 撰「無可菴記」〈上同〉

무골사(無骨寺)
평북 宣川郡 無骨山에 있던 절〈寺刹全
書, 380p〉

무달사(武達寺)
함남 德源郡 赤田面 武羅里 盤龍山에
있던 절〈寺刹全書, 380p〉

무량사(無量寺)[1]
전남 光州市(옛 光州郡) 無等山에 있
던 절〈寺刹全書, 380p〉

무량사(無量寺)[2]
충남 扶餘郡 外山面 萬壽里 萬壽山에
있는 절. 金時習이 세상을 피했다가 별
세했다는 절〈寺刹全書, 380p〉
兜率庵, 雙溪庵, 太祖庵 등이 山內에 부
속

無量寺極樂殿: 보물 제356호. 1960년
지정. 2층 건물로 조선중기 건립 추정
〈文化財大觀；寶物篇〉

無量寺金時習浮屠: 地有 제25호. 1973
년 지정〈文化遺蹟總覽〉

無量寺幢竿支柱: 地有 제66호. 1976년
지정. 화강석으로 無量寺 창건 당시 건
립 추정〈上同〉

無量寺石燈: 보물 제233호. 1940년 지
정. 高2.5m. 화강석으로 10세기경 건
립 추정. 下臺는 圓形, 蓮花臺 上臺蓋는
8角形〈文化財大觀；寶物篇〉

無量寺五層石塔: 보물 제185호. 1939년
지정. 高7.5m. 화강석으로 고려 때 건
립 추정〈上同〉

무량수사(無量壽寺)
위치 未詳. 고려 崔彦撝가 지은「大鏡
大師碑」가 있다〈寺刹全書, 381p〉

무림사(霧林寺)⇒ 霧[務]岩寺 참조

무봉사(舞鳳寺)
경남 密陽郡 密陽邑 內一洞 衙北山에
있는 절. 一名 舞鳳庵. 773년(신라 惠
恭王 9) 法照가 창건. 壬亂으로 소실.
1605년(宣祖 38) 慧澄이 일부 중건.

1628년(仁祖 6) 敬義가 중건. 1899년 (光武 3) 慶蓬이 중건 〈寺刹全書, 382p〉

舞鳳寺石造如來坐像: 보물 제493호. 1969년 지정. 高97㎝. 화강석으로 통일신라 때 조성 추정. 舞鳳山 嶺南寺址에 있던 것을 현지에 이전 〈文化財大觀;寶物篇〉

金在瀅 撰 「舞鳳庵法堂重修記, 1629年」〈寺刹全書, 382p〉

무쌍사(無雙寺)[1]

경남 金海郡 生林面 生鐵里 無雙山에 있던 절 〈寺刹全書, 381p〉

무쌍사(無雙寺)[2] ⇒ 母恩庵 참조

무선암(舞仙庵)

상원 橫城郡에 있던 절 〈寺刹全書, 382p〉

무암사(霧[務]岩寺)

충북 堤川郡 錦城面 城內里 錦繡山에 있던 절 〈寺刹全書, 384p〉

신라 文武王(660-680) 霧林寺를 창건. 그 뒤 霧岩寺로 개명. 현재 水月堂舍利塔 1기, 無名舍利塔 1기, 水月堂 1동이 있다. 「주인 없는 황소 한 마리가 우연히 나타나 절 부근에서 일하다가 죽어서 화장했더니 舍利가 나와 水月堂 舍利塔과 나란히 봉안했다」고 전함 〈文化遺蹟總覽〉

무우암(無憂庵)

전남 昇州郡 雙岩面 曹溪山에 위치. 仙岩寺의 부속 암자. 浮屠가 있다 〈文化遺蹟總覽〉

무위갑사(無爲岬寺) ⇒ 無爲寺 참조

무위사(無爲寺)

전남 康津郡 城田面 月下里 月出山에 있는 절. 일명 觀音寺·無爲岬寺. 617년(신라 眞平王 39) 元曉가 창건하여 觀音寺라 명명 〈불교사전, 226p〉〈寺刹全書, 381p〉

946년(開雲 3) 道詵 창건이라 하나 道詵은 898년 入寂 〈寺刹全書, 381p〉 1556년(明宗 11) 太甘이 중건하여 無爲寺라 개명 〈불교사전, 226p〉

無爲寺極樂殿: 국보 제13호. 1934년 지정. 本寺는 617년 元曉가 觀音寺로 창건. 그 뒤 無爲岬寺라 개명. 현존 건물은 1555년(明宗 10) 중건한 것임. 極樂殿만은 1476년(成宗 4) 이전 건물로 판명 〈文化財大觀;國寶篇〉

無爲寺彌勒堂內石佛立像: 고려말기 조성 추정 〈文化遺蹟總覽〉

無爲寺舍利塔: 875년(신라 惠康王 1) 道詵이 佛舍利를 봉안 건립 〈上同〉

無爲寺先覺大師塔: 塔身部는 풍화작용에 의해 많이 파손 〈上同〉

無爲寺先覺大師遍光塔碑: 보물 제507호. 1969년 지정. 高 약2.35m 幅1.12m. 화강석으로 946년(고려 定宗 1) 건립. 碑文은 崔彦撝 撰 柳勳律 書. 碑尾에 「…開運三年歲次丙午(946) 五月庚寅朔二十九日戊午立…」라 기록. 大師의 諱는 逈微, 俗姓은 崔, 864-918년까지 생존 〈上同〉

무위암(無爲庵)

경남 南海郡 玉盆島 七峰山에 있던 절 〈寺刹全書, 381p〉

무장사(鍪藏寺)

경북 慶州市 暗谷洞에 있던 절. 신라 元聖王(785-798)의 父 大阿干 孝讓이 창건. 고려 통일 후 兵鍪를 谷中에 간직하였으므로 鍪藏寺라 명명. 碑가 있었으나 거의 파괴되고 초석만 남음 〈寺刹全書, 383p〉

鍪藏寺阿彌陀佛造像事蹟碑螭首 및 龜趺: 현 위치는 景福宮內. 국유 보물 제125호. 1935년 지정. 螭首 高0.65m 幅0.81m, 龜趺 高0.58m 幅1.68m 長1.10m. 화강석으로 799년(신라 昭聖王 1) 건립. 이는 昭聖王妃(桂花夫人)가 王의 명복을 빌고자 阿彌陀佛像을 奉造

했을때 건립. 碑는 파괴되고, 1915년 斷石 3片만 國立中央博物館에 수장. 「阿彌陀佛□□」이라 題額. 6字를 2行으로 縱刻. 斷片 佐側面에 阮堂 金正喜의 探査記文이 별도로 「…丁丑四月二十九日金正喜題識」라 記刻〈文化財大觀；寶物篇〉

鍪藏寺址三層石塔：보물 제126호. 1935년 지정. 高4.94m. 화강석으로 통일신라 때 건립 추정. 1962년 보충 중건〈上同〉

一然(1206－1289)　撰　「鍪藏寺彌陀殿」〈三國遺事, 卷3, 木板本〉

洪良浩(1724－1802)　撰　「題鍪藏寺碑」〈耳溪集, 卷16 40張, 全史字本〉

무주사(無住寺)

강원 伊川郡 鶴鳳山에 있던 절. 一名 無住庵〈寺刹全書, 382p〉

무주암(無住庵)

경남 咸陽郡 馬川面 三丁里 智異山에 있던 절. 靈源寺의 부속 암자. 一名 上無住庵〈寺刹全書, 382p〉〈불교사전, 227・430p〉

無己(高麗僧) 詩「無住庵咸陽」〈增補海東詩選, 48p, 李圭瑢 編, 鉛印本〉

應允(1743－1804) 撰「無住庵記」〈鏡岩集, 下 34張, 木板本〉

무진사(無盡寺)⇒龍池寺 참조

무착사(無着寺)

서울 道峰區 三角山에 있던 절. 1400년 (定宗 2) 큰비로 인하여 三角山 돌이 무너져 本寺가 압축〈寺刹全書, 382p〉

무착암(無着庵)

강원 准陽郡 內金剛面 長淵里 金剛山에 있던 절. 表訓寺의 부속 암자〈불교사전, 228p〉

661년(신라 文武王 1) 창건〈楡岾寺本末寺志, 412p, 鉛印本〉

무학당(舞鶴堂)

전남 長興郡 冠山面 天冠山에 있던 절

〈寺刹全書, 383p〉

무학사(舞鶴寺)[1]

경남 咸安郡 山仁面 松汀里 舞鶴山에 있는 절. 日帝말기 건립 추정〈文化遺蹟總覽〉

무학사(舞鶴寺)[2]

평북 定州郡 舞鶴山에 있던 절〈寺刹全書, 383p〉

무학암(無學庵)

강원 准陽郡에 있던 절〈寺刹全書, 382p〉

무후사(武候寺)

전남 谷城郡 梧山面 靑丹里에 있던 절. 조선초기 창건 추정〈文化遺蹟總覽〉

묵계사(默契寺)

경남 晉陽郡 智異山에 있던 절〈寺刹全書, 385p〉

묵계사(默溪寺)

경남 咸陽郡 栢田面 白雲里 白雲山 上蓮台 아래 있는 절. 一名 默溪庵〈寺刹全書, 385p〉

默溪가 창건. 1970년 法典 比丘尼가 중건〈文化遺蹟總覽〉

묵방사(墨房寺)[1]

경남 陜川郡 佳會面 中村里에 있던 절. 주위에 돌담 흔적이 있다〈寺刹全書, 384p〉

墨房寺址浮屠：조선시대　浮屠　11기가 있었으나 수해로 인하여 매몰. 현재는 1기만 남음〈文化遺蹟總覽〉

泓宥(1718－1774)　撰　「遊三嘉默房寺記」〈秋波集, 卷3 10張, 木板本〉「默房寺曹溪庵記」〈上同, 卷3 11張〉

묵방사(墨房寺)[2]

황해 碧城郡 天鳳山에 있던 절〈寺刹全書, 384p〉

묵방사(墨房寺)[3]

황해 平山郡 成佛山에 있던 절〈寺刹全書, 384p〉

묵방암(墨房庵)

경북 尙州郡 銀尺面 黃嶺山에 있던 절.
黃嶺寺의 부속 암자 〈寺刹全書, 384p〉
묵사(墨寺)[1]
경기 開豊郡 土城面 土城里 廣德山에 있
던 절. 일명 神孝寺 〈寺刹全書, 384p〉
921년(고려 太祖 4) 창건 〈文化遺蹟總
覽〉
1282년(고려 忠烈王 8) 公主가 병이
들어 王과 公主가 이 절에 거주한 적이
있음 〈寺刹全書, 760p〉
고려 忠烈王(1275-1308) 때 중흥
〈稼亭集, 卷5 2張, 木板本〉
李穀 撰「神孝寺新置常住記, 1349年」
〈上同〉
묵사(墨寺)[2]
서울市에 있던 절. 『世宗實錄』에 이
절의 기록이 있다 〈寺刹全書, 384p〉
묵왕사(墨王寺)
경기 江華郡 江華邑 甲串里에 있던 절
〈寺刹全書, 384p〉
문달사(文達寺)
경남 泗川郡(옛 昆陽縣) 諸方[防]山
에 있던 절 〈寺刹全書, 385p〉
문산사(文山寺)
경남 宜寧郡 正谷面 中橋里에 있는 절.
1971년 재벌 李秉喆이 그의 父의 유언
에 의해 건립. 경내에 670년(신라 文
武王 10)경의 7층석탑(高2.5m)을 江
原道에서 이전 〈文化遺蹟總覽〉
문수갑사(文殊岬寺)
강원 平昌郡 五臺山에 있던 절.『三國
遺事』에 本寺의 기록이 있다 〈寺刹全
書, 385p〉
문수굴(文殊窟)[1]
황해 谷山郡 淸凉山에 있던 절 〈寺刹
全書, 397p〉
문수굴(文殊窟)[2] ⇒ 文殊寺[14] 참조
문수당(文殊堂)
강원 江陵에 있던 절 〈寺刹全書, 396p〉
金克己(高麗人) 詩「金克己文殊堂詩」

〈上同〉
문수사(文殊寺)[1]
강원 江陵市 城內洞에 있던 절. 一名 寒
松寺. 高麗 李穀의 『東遊記』에 本寺의
기록이 있다 〈寺刹全書, 391·1134p〉
1927년경 중건 〈文化遺蹟總覽〉
寒松寺石造菩薩坐像 : 현재 國立中央博
物館內에 위치. 국유 국보 제124호.
1967년 지정. 高92.4㎝. 백대리석으로
고려 때 조성 추정. 1912년 日本으로
반출, 1966년 반환, 현지에 보관 〈文化
財大觀 ; 國寶篇〉
寒松寺址石佛坐像 : 현재 江陵市 城內洞
溟州郡廳內에 위치. 국유 보물 제81호.
1934년 지정. 高56㎝. 백대리석으로 고
려 때 조성 추정. 寒松寺址에 있던 이 佛
像은 韓日協定 때 日本에서 반환되어 溟
州郡廳에 이전. 이 佛像은 머리와 바른
팔 부분이 缺失 〈文化遺蹟總覽〉
李穀(1298-1351) 撰「東遊記」〈新增
東國興地勝覽, 卷44 18張〉
문수사(文殊寺)[2]
강원 五臺山에 있던 절 〈三國遺事,
312p, 影印本, 民族文化推進會 印〉
白雲子(高麗人) 撰 「五臺山文殊寺石
塔記, 1156年」〈上同〉
문수사(文殊寺)[3]
강원 原城郡 雉岳山에 있던 절 〈寺刹全
書, 391p〉
문수사(文殊寺)[4]
경기 開豊郡 聖居山에 있던 절. 919년
(고려 太祖 2) 창건 〈寺刹全書, 387p〉
李穡(1328-1396) 撰 「聖居山文殊寺
記, 1377年」〈牧隱文藁, 卷4 4張, 木板
本〉
문수사(文殊寺)[5]
경기 金浦郡 月串面 城東里 文殊山에
있는 절. 一名 文殊庵. 1614년(光海 6)
道旭이 중건. 1809년(純祖 9) 중건.
1936년 南星이 중수. 楓潭의 浮屠와 碑

가 있다〈寺刹全書, 388p〉
1668년(顯宗 9) 楓潭碑浮屠를 건립.
1927년 住持 朴普潤이 中鐘을 구입.
1936년 南星이 大雄殿 중건〈傳燈本末
寺志, 133·135p, 鉛印本〉
趙絅(1586－1669) 撰「有明朝鮮國禪
敎大宗師楓潭堂碑銘」1668년 碑를 건
립〈上同, 133p〉
문수사(文殊寺)[6]
경기 龍仁郡 遠三面에 있던 절. 현재는
초석 몇 개만 남음〈寺刹全書, 388p〉
문수사(文殊寺)[7]
경남 咸陽郡 智異山에 있던 절〈寺刹
全書, 390p〉
문수사(文殊寺)[8]
경북 慶州市 南山에 있던 절.『三國遺
事』에 本寺의 기록이 있다〈寺刹全書,
390p〉
문수사(文殊寺)[9]
경북 金陵郡(옛 開寧) 伏牛山에 있던
절〈寺刹全書, 390p〉
문수사(文殊寺)[10]
경북 奉化郡에 있던 절〈愼齋全書, 卷3
30張, 木板本〉
周世鵬(1495－1554) 詩 「宿文殊寺」
〈上同〉
문수사(文殊寺)[11]
경북 善山郡 桃開面 新谷洞에 있던 절.
옛날은 納石寺. 경내에 石塔材가 있다
〈文化遺蹟總覽〉
문수사(文殊寺)[12]
경북 善山郡 善山面 仁德洞에 있는 절.
옛날은 仁德寺〈文化遺蹟總覽〉
善山仁德洞石佛坐像：1965년 山東國民
學校에 이전. 高94cm. 9세기경 조성 추
정〈上同〉
문수사(文殊寺)[13]
경북 善山郡 海平面에 있던 절〈寺刹
全書, 390p〉
문수사(文殊寺)[14]

경북 淸道郡 琵瑟山에 있던 절. 禪宗에
소속〈寺刹全書, 390p〉
문수사(文殊寺)[15]
서울 鍾路區 舊基洞 三角山에 있는 절.
一名 文殊窟·文殊庵. 1109년(고려 睿
宗 4) 坦然이 창건. 1451년(文宗 1) 延
昌公主가 중건. 1921년 주지 京先이 七
星閣을 창건. 1950년 6·25동란으로
화재, 1957년 信洙가 중건〈寺刹全書,
385p〉〈불교사전, 230p〉
權相老 撰 「三角山文殊庵重創上梁文,
1957年」「三角山文殊庵重修丹靑及佛
像奉安記, 1957年」〈寺刹全書, 386p〉
李德懋(1741－1793) 撰「文殊寺」〈青
莊館全書；嬰處文稿, 卷3 70張, 影印
本, 서울大〉
문수사(文殊寺)[16]
전남 求禮郡 智異山에 있던 절. 1867년
(高宗 4) 攝律이 창건〈寺刹全書, 389p〉
復初 撰「智異山文殊庵記」〈上同〉
문수사(文殊寺)[17]
전북 高敞郡 古水面 隱士里 淸凉山에
있는 절. 643년(신라 善德女王 12) 慈
藏이 唐에서 求法 후 귀국 도중 이 慈藏
窟에서 7일간 기도 중 文殊菩薩이 현몽
하여 창건〈文化遺蹟總覽〉〈寺刹全書,
389p〉
內院庵, 養眞庵 등이 山內에 부속
文殊寺大雄殿：地有 제51호. 1974년 지
정. 1823년(純祖 23)·1879년(高宗
16) 각각 중수〈文化遺蹟總覽〉
文殊寺文殊殿：地有 제25호. 1974년 지
정. 신라 慈藏에게 文殊菩薩이 현몽하
여 건립〈上同〉
문수사(文殊寺)[18]
전북 高敞郡 雅山面 三仁里 禪雲寺 서
쪽에 있던 절〈불교사전, 230p〉
문수사(文殊寺)[19]
전북 金堤郡 鳳山面 鳳山里 鳳凰山에
있는 절. 一名 文殊庵. 624년(백제 武

王 25) 惠德이 창건. 957년(고려 光宗
8) 慧林이 중건. 1105년(고려 肅宗
10) 淸元이 중건. 1232년(고려 高宗
19) 仁溪가 중건. 1914년 寶龍이 중건
〈寺刹全書, 395p〉〈불교사전, 231p〉
문수사(文殊寺)[20]
전북 扶安郡 下西面 白蓮里에 있던 절
〈寺刹全書, 389p〉
신라 眞表가 세운 石浮屠가 있었던 것
으로 보아 眞表가 이전 창건으로 추정
〈文化遺蹟總覽〉
문수사(文殊寺)[21]
전북 益山郡 礪山面 壺山里 壺山에 있
는 절 〈寺刹全書, 389p〉〈불교사전,
230p〉
815년(신라 憲德王 7) 惠鑑이 창건
〈文化遺蹟總覽〉
문수사(文殊寺)[22]
충남 瑞山郡 雲山面 胎封里 象王山에
있는 절 〈寺刹全書, 388p〉
655년(백제 義慈王 15) 창건. 1976년
보수 〈文化遺蹟總覽〉
文殊寺極樂寶殿 : 地有 제13호 〈上同〉
문수사(文殊寺)[23]
충남 瑞山郡(옛 海美縣) 文殊山에 있
던 절 〈寺刹全書, 389p〉
문수사(文殊寺)[24]
충북 沃川郡 靑山面 文殊山에 있던 절
〈寺刹全書, 388p〉
문수사(文殊寺)[25]
평남 安州郡 大尼面 文南里 悟道山에
있던 절 〈寺刹全書, 394p〉
문수사(文殊寺)[26]
평북 龜城郡 西山面에 있던 절 〈寺刹
全書, 394p〉
문수사(文殊寺)[27]
함남 永興郡에 있던 절. 1464년(世祖
10) 비로 인해 집이 허물어져 승려 10
여 명이 죽음 〈寺刹全書, 394p〉
문수사(文殊寺)[28]

함북 慶源郡 阿山面 次洞 塔香山에 위
치 〈寺刹全書, 394p〉
문수사(文殊寺)[29]
황해 金川(옛 牛峯)郡 聖居山에 있던
절 〈寺刹全書, 394p〉
李穡(1328-1396) 撰 「聖居山文殊寺
記」〈牧隱文藁, 卷4 4張, 木板本〉
문수사(文殊寺)[30]
황해 金川郡 天神山에 있던 절 〈寺刹全
書, 394p〉
문수사(文殊寺)[31] ⇒ 淸平寺 참조
문수암(文殊庵)[1]
강원 淮陽郡 金剛山에 있던 절 〈寺刹全
書, 396p〉
문수암(文殊庵)[2]
경기 加平郡 花山에 있던 절 〈寺刹全
書, 395p〉
문수암(文殊庵)[3]
경기 開豊郡 嶺南面 半程里 天摩山에
있던 절 〈寺刹全書, 394p〉
문수암(文殊庵)[4]
경남 固城郡 上里面 武仙里 淸凉山에
있는 절. 신라 義湘(625-702)이 창
건. 1642년(仁祖 20) 중건 〈불교사전,
231p〉
문수암(文殊庵)[5]
경남 蔚州郡 靑良面 栗里 淸凉山에 있
는 절 〈불교사전, 231p〉
朴文逵(1805-1888) 詩 「登靈鷲山文
殊庵在蔚山府西」〈天游詩集, 98張, 鉛
印本〉
문수암(文殊庵)[6]
경남 咸陽郡 休川面 松田里 智異山에
있는 절 〈寺刹全書, 395p〉
문수암(文殊庵)[7]
경북 聞慶郡 山北面 田頭里 四佛山에
위치. 大乘寺의 부속 암자. 1678년(肅
宗 4) 海允이 창건 〈寺刹全書, 396p〉
〈불교사전, 231p〉
문수암(文殊庵)[8]

경북 迎日郡(옛 淸河縣) 內迎[延]山에 있던 절 〈寺刹全書, 396p〉

문수암(文殊庵)[9]
전남 光州市(옛 光州郡) 瑞石山에 있던 절 〈寺刹全書, 395p〉

문수암(文殊庵)[10]
전남 靈巖郡 達磨山에 있던 절 〈寺刹全書, 395p〉

문수암(文殊庵)[11]
전남 長興郡 冠山面 天冠山에 있던 절 〈寺刹全書, 395p〉

문수암(文殊庵)[12]
전남 和順郡(옛 同福縣) 白鶴山에 있던 절 〈寺刹全書, 395p〉

문수암(文殊庵)[13]
전북 完州郡(옛 金溝縣)에 있던 절 〈寺刹全書, 395p〉

문수암(文殊庵)[14]
제주 濟州市에 있던 절 〈寺刹全書, 395p〉

문수암(文殊庵)[15]
충남 公州郡 反浦面 鶴峰里 鷄龍山에 있는 절. 東鶴寺에 부속 〈寺刹全書, 395p〉

문수암(文殊庵)[16]
충남 唐津郡(옛 藍浦縣) 峨眉山에 있던 절 〈寺刹全書, 395p〉

문수암(文殊庵)[17]
충북 堤川郡(옛 淸風縣) 待彌山에 있던 절 〈寺刹全書, 395p〉

문수암(文殊庵)[18]
평북 寧邊郡 妙香山에 위치 〈淸虛堂集, 卷3 39張, 木板本〉
休靜(1520-1604) 撰「敬聖堂[一禪 ; 休翁]行蹟」〈上同〉

문수암(文殊庵)[19]
황해 金川郡(옛 兎山縣) 鶴鳳山에 있던 절 〈寺刹全書, 396p〉

문수암(文殊庵)[20]⇒ 寒松寺 참조

문수암(文秀庵)

평남 中和郡(옛 祥原縣)에 있던 절 〈寺刹全書, 385p〉

문수원(文殊院)⇒ 淸平寺 참조

문장암(文章庵)
강원 淮陽郡 金剛山에 있던 절 〈寺刹全書, 397p〉

문장암(文藏庵)
충북 報恩郡 內俗離面 俗離山에 있던 절. 法住寺의 부속 암자 〈寺刹全書, 397p〉

문주사(文珠寺)
童津山에 위치 〈東文選, 卷14 8張, 木板本〉
李藏用(1201-1272) 詩「題童津山文珠寺次韻」〈上同〉

문학사(文鶴寺)
경기 仁川市 南區 文鶴洞에 있던 절. 현재 자연석의 축대 흔적이 있다 〈文化遺蹟總覽〉

물외암(物外庵)
전남 長城郡 北下面 白羊山에 있는 절. 白羊寺의 부속 암자 〈寺刹全書, 397p〉
吳道一(1645-1703) 詩「物外寺吟示靑岩督郵」〈西坡集, 卷8 37張, 木板本〉

미관사(彌串寺)
평북 龍川郡에 있던 절 〈寺刹全書, 406p〉

미라사(彌羅寺)[1]
전남 潭陽郡에 있던 절. 1457년(世祖 3) 이 절의 승려 慧明이 謨亂했다는 기록 〈寺刹全書, 399p〉

미라사(彌羅寺)[2]
충남 天原郡(옛 稷山) 良田山에 있던 절 〈寺刹全書, 399p〉

미라암(彌羅庵)
경기 加平郡 雲岳山에 있던 절 〈寺刹全書, 399p〉

미륵굴(彌勒窟)
황해 碧城郡 彌栗[勒]面 安谷里에 있던 절. 石佛立像(高1.5m)이 굴에 봉

안 〈寺刹全書, 402p〉
미륵불광사(彌勒佛光寺)
위치 未詳.『朝鮮佛教通史』에 이 절의
기록이 있다 〈寺刹全書, 401p〉
미륵사(彌勒寺)[1]
경기 江華郡 河岾面 新鳳里 奉天山에
있던 절 〈寺刹全書, 400p〉〈文化遺蹟
總覽〉
미륵사(彌勒寺)[2]
경기 開城市 城內에 있던 절. 936년
(고려 太祖 19) 창건. 1262년(고려 元
宗 3) 중건 〈寺刹全書, 399p〉
미륵사(彌勒寺)[3]
부산 東萊區 金城洞 金井山에 있는 절.
國淸寺의 부속 암자 〈寺刹全書, 400p〉
미륵사(彌勒寺)[4]
서울에 있던 절.『定宗實錄』에 本寺의
기록이 있다 〈寺刹全書, 399p〉
미륵사(彌勒寺)[5]
전남 谷城郡 天德山에 있던 절 〈寺刹
全書, 400p〉
미륵사(彌勒寺)[6]
전남 羅州郡 鳳凰面 鐵川里에 있는 절
〈文化財大觀 ; 寶物篇〉
羅州鐵川里石佛立像 : 寺址에 위치. 국
유 보물 제462호. 1968년 지정. 高
5.38m. 화강석으로 고려 때 조성 추정.
현재(20세기) 鐵川里 山頂에 彌勒寺를
창건하여 石佛을 봉안 〈上同〉
미륵사(彌勒寺)[7]
전북 完州郡 所陽面 新村里 萬德山에
있는 절. 경내에 石塔 1기가 있다 〈寺
刹全書, 400p〉〈불교사전, 233p〉
미륵사(彌勒寺)[8]
전북 益山郡 金馬面 箕陽里 龍華山에
있던 절. 「武康王이 馬韓을 건립하여
善化夫人과 함께 獅子寺에 행차했다가
龍華山 아래 큰 못가에 이르렀는데, 못
가운데서 彌勒三尊이 出現하므로 행차
를 멈추고 致敬했다. 善化夫人이 이곳

에 大伽藍을 창건해 달라고 王에게 請
願하니 王이 허락하여 法師가 神力으로
하룻밤에 山을 무너뜨려 못을 메우고
절을 창건했다」는 전설. 東方에 제일
높은 石塔이 있다 〈寺刹全書, 400p〉
〈불교사전, 233p〉
彌勒寺址 : 사적 제150호. 1966년 지정
〈文化遺蹟總覽〉
719년(신라 聖德王 18) 本寺에 지진
〈三國史記, 卷8〉
彌勒寺址幢竿支柱(2기) : 국유 보물 제
236호. 1963년 지정. 高3.95m. 화강석
으로 통일신라 때 건립 추정 〈文化財大
觀 ; 寶物篇〉
彌勒寺址石塔 : 국보 제11호. 1934년 지
정. 高14.24m. 원래 7층으로 추정되나
현재 6층 일부까지만 남음. 화강석으로
600-640년대 건립으로 추정. 동양 최
대의 미륵석탑 〈文化財大觀 ; 國寶篇〉
신라 眞興王(540-575)이 이 塔 건립
에 百工을 보내 도왔다고『三國遺事』
「二武王條」에 기록 〈寺刹全書, 400p〉
覺岸(1820-1896) 撰 「礪山彌勒寺重
修募緣疏」〈梵海禪師文集, 卷2 27張,
木板本〉
미륵사(彌勒寺)[9]
충남 錦山郡 福壽面 芝良里 天庇山에
있던 절 〈불교사전, 233p〉
미륵사(彌勒寺)[10]
충남 扶餘郡에 있던 절. 600년(백제 法
王 1) 창건 〈寺刹全書, 400p〉
미륵사(彌勒寺)[11]
충북 槐山郡 增坪邑 漣灘里에 있던 절.
고려 때 창건 〈文化遺蹟總覽〉
미륵사(彌勒寺)[12]
충북 中原郡 上芼面 彌勒里에 있던 절.
石塔과 石佛立像이 현존하는 것으로 보
아 石佛立像 건립 당시(신라말기) 寺
刹인 것 같다. 寺址에서 平瓦에 「彌勒
堂草」라고 새긴 銘文瓦를 1977년 淸州

大學에서 발굴〈文化遺蹟總覽〉

中原彌勒里三層石塔 : 彌勒寺址에 위치. 地有　제33호. 1976년 지정. 高3.3m. 밭가 돌무덤 위에 있다. 신라 때 건립 추정〈上同〉

槐山彌勒里石佛立像 : 彌勒寺址에 위치. 보물 제96호. 1935년 지정. 이는 갓[笠]까지 합쳐 6개의 돌을 쌓아 올려 하나의 거대한 佛像을 구성. 高10.6m. 화강암으로 고려 때 조성.「신라 麻衣太子가 나라의 멸망을 서러워하여 이곳에 와서 佛像을 조성하고 皆骨山에 入山했으며, 太子의 동생은 堤川 德周寺立佛을 조성했다」는 전설이 있다〈文化財大觀 ; 寶物篇〉

槐山彌勒里五層石塔 : 彌勒寺址에 위치. 보물 제95호. 1935년 지정. 高6m. 화강암으로 고려 때 건립. 현재 基壇 하부가 매몰. 相輪部에는 큼직한 露盤과 彫飾없는 半球形의 覆鉢을 남기고, 頂上에 鐵製擦柱가 남아 귀한 예가 된다〈上同〉

中原彌勒里石龜 : 彌勒寺址에 위치. 보물 제95호. 5층석탑 옆에 1/3정도 매몰〈上同〉

中原彌勒里石燈 : 彌勒寺址에 위치. 地有 제19호. 1976년 지정. 高2.3m. 화강암으로 고려말기 조성 추정. 基壇部는 蓮花臺石. 中臺石은 四角柱로 되어 있고, 그 뒤에 蓮花紋을 새긴 甲石 1枚가 놓임〈上同〉

미륵사(彌勒寺)[13]

평북 義州郡 松山에 있던 절〈寺刹全書, 400p〉

미륵암(彌勒庵)[1]

강원 高城郡 外金剛面 金剛山에 위치. 神溪寺의 부속 암자. 1917년 劉慶華가 維摩庵의 옛 터에 창건〈寺刹全書, 402p〉

東宣淨義 撰 崔基南 書「金剛山神溪寺

彌勒禪院…　清信夫人優曇華碑.　1929年」〈楡岾寺本末寺志, 259p, 鉛印本〉

미륵암(彌勒庵)[2]

경기 楊州郡 別內面 高山里 芙蓉山에 있는 절. 世宗(1418－1450) 때 慧庵이 중건. 1892년(高宗 29) 雲松이 중수〈寺刹全書, 401p〉〈불교사전, 234p〉 1924년 鶴松이 山祭閣을 중건. 1937년 山神·獨聖 兩位의 幀畫 佛事를 성취〈奉先本末寺誌, 107p, 鉛印本〉

미륵암(彌勒庵)[3]

경남 金海郡 金海邑 佛岩洞에 있는 절. 주위에 磨崖佛像(高1.8m)이 있다〈文化遺蹟總覽〉

미륵암(彌勒庵)[4]

경남 泗川郡 昆陽面 龍山里에 위치. 多率寺의 부속 암자〈寺刹全書, 401p〉

미륵암(彌勒庵)[5]

경북 聞慶郡 山北面 田頭里 四佛山에 있는 절. 大乘寺의 부속 암자. 신라 때 창건. 1384년(고려 禑王 10) 白瑠이 중건〈寺刹全書, 401p〉〈불교사전, 234p〉 權近(1363－1409) 撰「彌勒庵記」〈寺刹全書, 401p〉「四佛山彌勒庵重創記」〈陽村集, 卷11 7張, 木板本〉

미륵암(彌勒庵)[6]

釜山市 東萊區(옛 東萊郡)에 있는 절〈불교사전, 234p〉

미륵암(彌勒庵)[7]

전북 高敞郡 雅山面 兜率山에 있던 절. 禪雲寺의 부속 암자. 1700년(肅宗 26) 明祐가 창건〈寺刹全書, 401p〉

미륵암(彌勒庵)[8]

전북 完州郡 雨林面 石佛里(옛 행정구역) 高德山에 있는 절〈불교사전, 234p〉 定慧[惠]庵이 山內에 부속〈寺刹全書, 1009p〉

미륵암(彌勒庵)[9]

전북 完州郡 雨田面(옛 행정구역) 高德山에 위치〈寺刹全書, 401p〉

雨林面 石佛里 彌勒庵과 같은 것으로
추정〈編者〉
미륵원(彌勒院)[1]
황해 鳳山郡 慈悲嶺에 있던 절. 1053년
(고려 文宗 7) 王이 행차한 적이 있었
다〈寺刹全書, 402p〉
미륵원(彌勒院)[2]⇒廣修院 참조
미륵원(彌勒院)[3]⇒尋香寺 참조
미리사(美理[利]寺)
경북 達城郡에 있던 절. 신라 義湘
(625-702) 당시 창건인 듯하다.『三
國遺事』「甄萱傳」에 이 절의 기록이
있다〈寺刹全書, 398p〉
미면암(米麵庵)
경북 聞慶郡 山北面 田頭里 四佛山에
있는 절. 一名 白蓮社·米麵寺. 신라
元曉·義湘의 眞容이 있었다〈寺刹全
書, 397p〉
天頙 撰 「高麗眞静國師遊四佛山記」
〈上同〉
미봉사(彌峰[鳳]寺)
경북 善山郡 飛鳳山 동쪽에 있던 절.
壬亂 때 소실. 석축과 주초가 남음〈寺
刹全書, 402p〉
미산사(眉山寺)
경남 咸安郡 餘航山에 있던 절〈寺刹
全書, 399p〉
미적사(米積寺)
전북 鎭安(옛 龍潭)郡 崎峯山에 있던
절〈寺刹全書, 398p〉
미타사(彌陀寺)[1]
강원 淮陽郡 金剛山에 있던 절〈寺刹
全書, 405p〉
미타사(彌陀寺)[2]
경기 開城市 城南에 있던 절〈寺刹全
書, 402p〉
1051년(고려 文宗 5) 창건〈불교사전,
236p〉
李穀(1298-1351) 撰 「京師金孫彌陀
寺記」〈稼亭集, 卷2 6張, 木板本〉

미타사(彌陀寺)[3]
경기 金浦郡 開花山에 있는 절. 1820년
(純祖 20) 권준서가 창건〈불교사전,
236p〉
미타사(彌陀寺)[4]
경기 坡州郡 坡平面 訥老里 坡平山에
있는 절. 尹彦頤 貫乘 등 창건. 1848년
(憲宗 14) 化主 雙運이 중수. 1898년
(建陽 2) 化主 智燁이 중수〈寺刹全書,
402p〉〈불교사전, 236p〉
1808년(純祖 8) 成坡가 彌陀尊像에 改
金. 1889년(高宗 26) 三濟가 七星幀畫
를 조성. 많은 전설이 있다〈奉先本末
寺誌, 210·216p, 鉛印本, 1978 影印〉
彌陀寺改金記, 1808年〈寺刹全書, 403p〉
彌陀寺重修及改金記, 1848年 〈上同,
402p〉
彌陀寺重修記, 1897年〈上同, 403p〉
彌陀寺七星幀畫施主序, 1889年〈上同,
404p〉
미타사(彌陀寺)[5]
경남 晉州에 있던 절. 신라 景德王
(742-764) 창건. 萬日契를 설행〈寺
刹全書, 404p〉
미타사(彌陀寺)[6]
경남 咸陽郡 沙斤城山에 있던 절〈寺刹
全書, 404p〉
미타사(彌陀寺)[7]
경남 陜川郡 赤中面 墨方里 彌陀山에
있던 절. 주위에 돌담 일부가 남음〈寺
刹全書, 404p〉
미타사(彌陀寺)[8]
서울 東大門區 新設洞에 있는 절〈寺刹
全書, 404p〉
미타사(彌陀寺)[9]
서울 城東區 玉水洞에 있는 절〈불교사
전, 236p〉
미타사(彌陀寺)[10]
서울 龍山區 終南山에 있는 절〈불교사
전, 236p〉

미타사(彌陀寺)[11]
평남 安州郡 馬頭山에 있던 절 〈寺刹全書, 405p〉

미타사(彌陀寺)[12]
황해 信川郡(옛 文化縣) 九月山에 있던 절 〈寺刹全書, 405p〉

미타사(彌陀寺)[13] ⇒ 金剛寺[3] 참조

미타암(彌陀庵)[1]
강원 高城郡 外金剛面 金剛山에 있던 절. 神溪寺의 부속 암자. 1860년(哲宗 11) 南曄 比丘尼가 文殊庵을 창건했다가 彌陀庵이라 개명. 1905년 壽永 比丘尼가 중수 〈寺刹全書, 406p〉
太崖 撰 自益 書「金剛山神溪寺彌陀庵新建記, 1867年」〈楡岾寺本末寺志, 245p, 鉛印本〉
非非子 撰 「金剛山神溪寺彌陀庵重修記, 1905年」〈上同, 246p〉

미타암(彌陀庵)[2]
강원 高城(옛 襄陽)郡 土城面 新坪里 金剛山에 위치. 一名 地藏庵, 華嚴寺의 부속 암자. 1401년(太宗 1) 地藏庵을 옛 터의 동쪽에 이전하여 彌陀庵으로 개명 〈불교사전, 236p〉
1796년(正祖 20) 彌陀庵 華膺殿을 願堂으로 삼고, 觀音像 1좌와 御屛을 하사 〈寺刹全書, 406·1041p〉

미타암(彌陀庵)[3]
강원 淮陽郡 金剛山에 있던 절 〈寺刹全書, 406p〉

미타암(彌陀庵)[4]
경기 開豊郡 嶺南面 寶鳳山에 위치. 華藏寺의 부속 암자. 1878년(高宗 15) 眉山이 중건 〈寺刹全書, 405p〉
京畿右道…彌陀庵重建記, 1878年 〈上同, 1189p〉

미타암(彌陀庵)[5]
경남 梁山郡 熊上面 召周里 千聖山에 있는 절. 신라 元曉(617-686)가 창건. 1376년(고려 禑王 2) 중건. 1888년(高宗 25) 正眞이 중건 〈불교사전, 236p〉〈寺刹全書, 406p〉
彌陀庵阿彌陀如來立像 : 地有 제19호. 1972년 지정. 高1.49m. 화강암으로 조성 추정 〈文化遺蹟總覽〉

미타암(彌陀庵)[6]
경북 達城郡 公山面 八公山에 있는 절. 把溪寺의 부속 암자. 1628년(仁祖 6) 戒寬이 창건 〈寺刹全書, 406p〉

미타암(彌陀庵)[7]
전남 長興郡 冠山面 彌陀洞에 있던 절. 天冠寺의 부속 암자. 1767년(肅宗 2) 허물어짐 〈寺刹全書, 406p〉

미타암(彌陀庵)[8]
함남 利原郡(옛 利城)에 있던 절 〈寺刹全書, 406p〉

미탄사(味呑寺)
경북 慶州市(옛 慶州郡 內東面) 九黃洞 狼山 서쪽에 있던 절. 신라 崔致遠 古宅이라고 전함. 寺址에 무너진 3층석탑이 있다 〈寺刹全書, 398p〉

미황사(美黃寺)
전남 海南郡 松旨面 達摩山에 있는 절. 749년(신라 景德王 8) 義湘이 창건 〈불교사전, 236p〉
義湘은 702년 入寂이므로 착오인 듯 〈編者〉
일설은 725년(신라 聖德王 24) 義照가 창건. 1597년 소실, 1598년(宣祖 31) 1754년(英祖 30) 각각 중건. 高1m 정도의 幢竿支柱가 있다 〈文化遺蹟總覽〉
上岫庵이 山內에 부속
美黃寺浮屠群 : ①26기의 浮屠群이 5기의 碑와 함께 1630년(仁祖 8) 건립 ②1群에서 500m 정도 떨어진 곳에 3기가 있다 〈上同〉
美黃寺事蹟碑 : 高3m 橫1.3m 厚30cm. 1692년(肅宗 18) 社忍이 건립. 浮屠 ① 群 부근에 위치 〈上同〉
美黃寺石槽 : ①深50cm 橫2m 縱60cm.

조선 때 제작. ②浮屠 ①群이 있는 부근에 있다. 深50㎝ 橫2m 縱 1m 조선 때 제작〈上同〉
有一(1720-1799) 撰 「川邊佛事疏乙未冬美黃寺」〈蓮潭大師林下錄, 卷3 7張〉「川邊十王疏」〈上同, 9張〉

미흘사(彌屹寺)
경북 義城郡(옛 比安縣) 鳳尾山에 있던 절〈寺刹全書, 406p〉

민장사(敏藏寺)
경북 慶州市에 있던 절. 신라 敏藏角干이 자기집을 절로 만들었다. 745년(신라 景德王 4) 王이 土地와 財貨를 하사〈寺刹全書, 407p〉
一然(1206-1289) 撰「敏藏寺」〈三國遺事, 卷3, 木板本〉

민지사(閔漬寺)⇒ 西岩寺 참조

민천사(旻天寺)[1]
경기 開城市 下紙廛 水陸橋 곁에 있던 절. 1277년(고려 忠烈王 3) 王이 壽寧宮을 절로 만듦. 역대 帝王이 행차하여 많은 행사를 설행〈寺刹全書, 406p〉

민천사(旻天寺)[2]
경기 利川郡(옛 陰竹縣)에 있던 절. 1428년(世宗 10) 경기 감사가 이 절을 헐어서 本縣 倉庫를 건립하기를 上奏

하여 允許를 얻어 시행 〈寺刹全書, 407p〉

밀곡사(密谷寺)
경북 月城郡 江東面 旺信里에 있던 절. 신라 때 창건 추정. 1976년 安東權氏 門中에서 雲谷書院을 복원〈文化遺蹟總覽〉
魚得江(1470-1550) 詩 「密谷寺別冬課諸生」〈灌圃集, 22張, 木板本〉
李彦迪(1491-1553) 詩 「遊密谷寺」〈晦齋集, 卷2 14張, 木板本〉

밀봉암(蜜峰庵)
경남 蔚州郡 上北面 楊等里 伽智山에 있던 절. 1927년 道虛가 중건 〈寺刹全書, 408p〉〈文化遺蹟總覽〉

밀암사(密岩寺)
경북 慶山郡 南川面 九日洞에 있던 절. 禪宗에 소속 〈寺刹全書, 408p〉
寺址에 3층석탑이 있다 〈文化遺蹟總覽〉

밀월사(密月寺)
황해 新溪郡 五峰山에 있던 절〈寺刹全書, 408p〉

밀향사(密香寺)
황해 信川郡 九月山에 있던 절〈寺刹全書, 408p〉

ㅂ

박달라사(朴達羅寺)
충북 永同郡 朴達山에 있던 절 〈寺刹
全書, 409p〉

박타사(博陀寺)
경북 軍威郡 朴達山에 있던 절 〈寺刹
全書, 409p〉

반고사(磻高寺)
경남 蔚州郡 靈鷲山 서북쪽에 있던 절.
신라 元曉(617－686)가 있던 곳 〈寺
刹全書, 416p〉

반룡사(盤龍寺)[1]
경기 水原市에 있던 절 〈寺刹全書,
415p〉

반룡사(盤龍寺)[2]
경북 慶山郡 龍城面 龍田洞 九龍山에
있는 절. 1303년(고려 忠烈王 29) 창
건 〈불교사전, 242p〉
한때 신라 圓應이 있던 곳. 1641년(仁
祖 19) 戒雲 明彦 등이 중건. 일설은
신라 心地가 창건. 1623년(仁祖 1) 唯
贊이 중건. 1920년 雲鶴이 중건 〈寺刹
全書, 416p〉
內院庵, 大寂庵, 安寂庵, 隱仙庵, 翠雲
庵 등이 山內에 부속

반룡사(盤龍寺)[3]
경북 高靈郡 雙臨面 龍洞 美崇山에 있
는 절. 敎宗에 소속 〈불교사전, 242p〉
802년(신라 哀莊王 3) 창건. 신라말기
普照(804－880)가 중건. 고려 懶翁
(1320－1376)이 중건. 壬亂 때 소실,
四溟(1544－1610)이 중건. 그 뒤 소
실, 1764년(英祖 40) 縣監 尹心協이

중건. 1930년 중수. 경내에 3층석탑(高
2.4m)이 있다 〈文化遺蹟總覽〉

반룡사(盤龍寺)[4]
전북 鎭安郡 聖壽面 龍浦里 聖壽山에
있던 절. 고려말기 창건. 지금은 隱禪庵
만이 남음 〈寺刹全書, 415p〉〈文化遺
蹟總覽〉

반룡사(盤龍寺)[5]
충남 公州郡 茂城山에 있던 절 〈寺刹全
書, 415p〉

반룡사(盤龍寺)[6]
평남 龍江郡에 있던 절. 고구려 寶藏王
(642－668) 때 普德이 거주하다가 나
라에서 道敎를 구하려고 唐나라에 特使
를 보내니, 道敎가 성행하면 나라가 망
할 줄 알고, 650년(고구려 寶藏王 9)
神力으로 方丈을 날려 完州 高大[達]
山으로 옮겨 살았다고 한다 〈寺刹全書,
416p〉

반룡사(盤龍寺)[7]
함남 利原(옛 利城)郡 鎭山에 있던 절
〈寺刹全書, 416p〉

반석암(盤石庵)
전북 井邑郡 內藏山에 있던 절 〈寺刹全
書, 416p〉
1950년 동란으로 화재 〈불교사전, 242p〉

반수암(伴睡庵)
강원 春城郡 華岳山에 있던 절 〈寺刹全
書, 409p〉
金昌協(1651－1708) 詩「伴睡庵」〈農
岩集, 卷3 22張, 鉛印本〉

반야굴(般若窟)[1]

전남 長興郡 冠山面 天冠山에 있던 절.
天冠寺의 부속 암자 〈寺刹全書, 415p〉

반야굴(般若窟)²
전북 高敞郡 雅山面 兜率山에 있던 절.
禪雲寺의 부속 암자 〈寺刹全書, 415p〉

반야대(般若臺)
충북 報恩郡 內俗離面 俗離山에 있던
절. 法住寺의 부속 암자 〈寺刹全書,
415p〉

반야사(般若寺)¹
경남 蔚州郡 凡西面 斗山里에 있던 절.
지금은 부서진 기왓장에 「右甲山般若」
라고 새긴 것이 있다 〈寺刹全書, 409p〉

반야사(般若寺)²
경남 陜川郡 伽倻面에 있던 절. 주위에
石物이 남음 〈寺刹全書, 409p〉

般若寺元景王師碑 : 陜川 海印寺 境內
위치. 국유 보물 제128호. 1935년 지
정. 高2.3m 幅1.2m. 화강석으로 12세
기경 건립. 般若寺址에 있던 것을 1968
년 현지에 이전 중건. 「贈諡元景王師
碑銘」이라 題額. 金富佾 撰 李元符 書.
法號는 悟空 · 通慧, 名은 樂眞, 字는
子正, 俗姓은 申, 1050-1119년까지
생존 〈文化財大觀 ; 寶物篇〉

반야사(般若寺)³
경북 尙州郡 白華山에 있던 절 〈寺刹
全書, 413p〉

반야사(般若寺)⁴
전북 井邑郡 五峰山에 있던 절. 一名
般若庵 〈寺刹全書, 409p〉

반야사(般若寺)⁵
충북 永同郡 黃澗面 友梅里 天摩山에
있는 절 〈寺刹全書, 409p〉
720년(신라 聖德王 19) 相源이 창건.
1325년(고려 忠肅王 12) 信眉 등이 중
건 〈불교사전, 244p〉
信眉는 世祖 때 승려인데 고려말기와
는 연대가 착오인 듯하다 〈編者〉
普門庵, 上觀音庵, 友梅寺, 中觀音庵,

眞佛庵, 下觀音庵 등이 山內에 부속
般若寺木獅子 및 文殊 : 절로부터 북쪽
100m 지점, 白華山과 地丈山 사이 望
景臺가 있는데. 「世祖가 행차하여 체류
할 때 文殊童子가 사자를 타고 望景臺
를 안내하여 가보니, 약수가 있어 그 약
수를 마시고 병이 나았다」는 전설이 있
다 〈文化遺蹟總覽〉
般若寺三層石塔 : 高3.15m. 고려 이후
건립 추정. 1950년경 주지 曹性學이 인
근에 있던 塔을 운반하여 중건 〈文化遺
蹟總覽〉

반야사(般若寺)⁶
평북 雲山郡 白碧山에 있던 절 〈寺刹全
書, 413p〉

반야사(般若寺)⁷
평북 義州郡 松山에 있던 절. 1427년
(世宗 9) 遠接使 李孟畇이 明의 使臣들
이 이 절에 유람온다고 보고했다 〈寺刹
全書, 413p〉

반야사(般若寺)⁸
황해 延白郡에 있던 절. 1329년(고려
忠肅王 16) 王이 本寺에 행차 〈寺刹全
書, 413p〉

반야사(般若寺)⁹ ⇒ 奉元寺 참조

반야암(般若庵)¹
강원 高城郡 杆城面에 있던 절. 乾鳳寺
의 부속 암자. 533년(신라 法興王 20)
창건. 1906년(光武 10) 소실 〈寺刹全
書, 414p〉

반야암(般若庵)²
강원 高城郡 西面 金剛山에 위치. 楡岾
寺의 부속 암자. 1285년(고려 忠烈王
11) 行田이 창건. 1842년(憲宗 8) 春桂
長老가 중건. 1900년 應煥이 중건 〈寺
刹全書, 414p〉
淨義(1856-1936) 撰 「楡岾寺般若庵
重修記」〈楡岾寺本末寺誌, 66p〉

반야암(般若庵)³
강원 三陟郡 近德面에 있는 절 〈寺刹

全書, 415p〉
반야암(般若庵)⁴
강원 束草市(옛 襄陽郡 道川面) 雪嶽山에 있던 절. 神興寺의 부속 암자 〈불교사전, 245p〉
반야암(般若庵)⁵
강원 淮陽郡 金剛山 摩訶淵 동쪽에 있던 절 〈寺刹全書, 414p〉
반야암(般若庵)⁶
경기 楊平郡(옛 砥平縣) 彌智山에 있던 절 〈寺刹全書, 413p〉
반야암(般若庵)⁷
경남 統營郡 光道面 安井里 碧鉢山에 있는 절. 安靜寺의 부속 암자. 1909년 桂成이 창건 〈불교사전, 244p〉〈寺刹全書, 413p〉
반야암(般若庵)⁸
경북 聞慶郡 山北面 田頭里 四佛山에 있는 절. 大乘寺의 부속 암자. 1415년(太宗 15) 得通이 이 절에서 『般若經設誼』를 지음. 1899년(光武 3) 文峰이 大乘寺 부근에 이전 〈寺刹全書, 413p〉〈불교사전, 244p〉
元奎 撰「大乘寺般若庵移建記」〈寺刹全書, 413p〉
반야암(般若庵)⁹
서울 西大門區 延禧洞에 있던 절. 奉元寺의 부속 암자. 1905년 寶潭이 창건 〈寺刹全書, 413p〉
반야암(般若庵)¹⁰
전남 羅州郡 茶道面 岩亭里 德龍山에 있는 절. 雲興寺의 부속 암자 〈불교사전, 244p〉
반야암(般若庵)¹¹
전북 金堤郡(옛 金溝縣) 妙高山에 있던 절 〈寺刹全書, 413p〉
반야암(般若庵)¹²
황해 遂安郡 彦眞山에 있는 절 〈寺刹全書, 415p〉
반야암(般若庵)¹³

황해 信川郡 中嶺에 있던 절 〈寺刹全書, 415p〉
반약(般若)⇒ 반야 참조
반월암(半月庵)
경기 安養市(옛 始興郡) 三聖山 三幕寺 동쪽에 있는 절. 元曉는 三幕寺, 義湘은 二幕寺, 尹弼은 一幕寺를 각각 창건했다는 전설이 있다. 一·二幕寺는 없어지고 三幕寺만 남아 있다. 고려 懶翁이 一幕寺를 중건하려고 먼저 이 절을 창건. 1919년 圓翁이 중수. 1920년 뒷산이 무너져 法殿과 寮舍 일부가 파괴된 것을 보수 〈寺刹全書, 409p〉
반향사(反香寺)
경북 慶州市에 있던 절 〈寺刹全書, 409p〉
발삽사(勃颯寺)⇒ 龍貢寺 참조
발연사(鉢淵寺)
강원 高城郡 外金剛面 龍溪里 金剛山에 있던 절. 一名 鉢淵庵·鉢淵藪. 770년(신라 惠恭王 6) 眞表가 창건. 1657년(孝宗 8) 화재, 1659년(孝宗 10) 勝燦이 중건 〈불교사전, 249p〉〈寺刹全書, 417·418p〉
一然(1206−1289) 撰 「關東楓岳鉢淵藪石記」〈三國遺事, 卷4, 木板本〉
存窩 撰 「鉢淵寺事蹟記後, 1662년」〈楡岾寺本末寺志, 264p, 鉛印本〉
瑩岑 撰「金剛山鉢淵寺開創祖師眞表律師事蹟碑」1199년 鉢淵寺에 碑를 건립 〈上同, 261p〉
발연수(鉢淵藪)⇒ 鉢淵寺 참조
발족암(跋足庵)
전북 金堤郡(옛 金溝縣) 妙高山에 있던 절 〈寺刹全書, 417p〉
방산사(訪山寺)
위치 未詳 〈東文選, 卷20 11張, 木板本〉
李奎報(1168−1241) 詩「春日訪山寺」〈上同〉

白文節(?-1282) 詩「訪山寺」〈上同, 卷20 20張〉

방어사(防禦寺)
경남 咸安郡 郡北面 下林里에 있던 절. 통일신라 때 창건 추정〈文化遺蹟總覽〉
防禦山磨崖佛 : 보물 제159호. 1936년 지정. 高5m. 右侍像 팔꿈치에「貞元十七年辛巳(801)三月」이란 銘文이 있는 것으로 보아 801년(신라 哀莊王 2) 작품임을 짐작〈文化財大觀 ; 寶物篇〉

방처사(方處寺)
평남 平原郡 東岩面(옛 東頭面) 栗花里 西方山 기슭에 있던 절〈寺刹全書, 420p〉

방패사(防牌寺)
함북 鏡城郡 漁郎面 江陵山에 있던 절〈寺刹全書, 420p〉

방현사(坊縣寺)⇒ 松蘿寺 참조

방화사(訪花寺)
함남 新興郡 永高面 松興里에 있던 절〈寺刹全書, 420p〉

배방사(排房〔芳〕寺)
경남 泗川郡 臥龍山에 있던 절. 고려 顯宗(1009-1031)이 잠저 때 잠시 있던 곳〈寺刹全書, 421p〉

배암사(培岩寺)
경기 金浦郡 陽村面 興新里에 있던 절. 빈대가 많아 폐사되었다고 전함〈文化遺蹟總覽〉

배암사(背岩寺)
황해 延白(옛 白川)郡 雉岳山에 있던 절〈寺刹全書, 420p〉

배야사(排也寺)
경기 開豊郡 靑郊面 排也里에 있던 절〈寺刹全書, 421p〉

백광암(白光庵)
전북 全州市 校洞에 있는 절. 1933년 창건〈文化遺蹟總覽〉

백단사(白檀寺)

강원 三陟郡 黃池邑 穴里에 있는 절. 1961년 창건〈文化遺蹟總覽〉

백담사(百潭寺)
강원 麟蹄郡 北面 龍垈里 雪嶽山에 있는 절〈불교사전, 253p〉
647년(신라 善德女王 15) 寒溪里에 慈藏이 창건하여 寒溪寺라 명명. 690년(신라 神文王 10) 화재, 719년(신라 聖德王 18) 중건. 785년(신라 元聖王 1) 또 화재, 790년(元聖王 6) 宗演 등이 30리 아래 이전하여 雲興寺라 개명. 984년(고려 成宗 3) 화재, 987년(고려 成宗 6) 洞薰 등이 북쪽으로 60里 떨어진 곳에 이전하여 深源寺라 개명. 1432년(世宗 14) 화재, 1434년 義俊 등이 30리 떨어진 곳에 이전하여 旋龜寺라 개명. 1443년(世宗 25) 화재, 1447년(世宗 29) 서쪽 1리 쯤 떨어진 곳에 이전하여 靈鷲寺라 개명. 1456년(世祖 1) 화재, 1457년 載益 등이 옛 터 위편 20리(현지) 지점에 이전하여 百潭寺라 개명. 1772년(英祖 48) 화재, 1775년(英祖 51) 最鵬 등이 중건하여 尋源寺라 개명. 1783년(正祖 7) 다시 百潭寺로 개명. 1915년 160여 간이 화재, 1919년 주지 印空이 중건〈寺刹全書, 444p〉
1950년 동란으로 화재, 1957년 중건〈불교사전, 253p〉
1632년(仁祖 10) 王室에서 小型의 七層玉塔을 雪淨에게 하사하여 本寺에 봉안. 1781년(正祖 5) 大雄殿과 香閣을 건립. 1921년 法華室, 事務室, 寮舍를 중건〈乾鳳寺本末事蹟, 66p, 鉛印本〉
東庵, 白蓮庵, 普門庵, 伏虎庵, 鳳頂庵, 深寂庵, 永矢庵, 五峰庵, 五歲庵〔觀音庵〕, 圓明庵, 隱仙庵, 慈藏庵, 地藏庵, 祝聖庵, 通禪庵, 玄高寺, 興成庵 등이 山內에 부속
百潭寺의 浮屠 : 雪潭堂浮屠, 蓮浦堂浮屠, 處士築尋浮屠 등〈上同, 72p〉

百潭寺의 塔: 佛舍利塔, 旋龜寺塔, 深寂庵塔, 雲興寺塔, 寒溪寺塔, 玄高寺塔 등〈上同, 72p〉

頓旭 撰 「雪嶽山尋源寺事蹟記, 1783年」〈上同, 73p〉

無盡 撰 「百潭寺重建記」〈寺刹全書, 444p〉

雪月 撰 「雪華山百潭寺新鐘序, 1921年」〈乾鳳寺本末事蹟, 77p, 鉛印本〉

栗庵 撰 「江原道麟蹄郡雪嶽山百潭寺建築上梁文, 1919年」〈上同, 76p〉

在軒 撰 「雪嶽山百潭寺山神堂創建記, 1882年」〈上同, 74p〉

백련사(白蓮社)

강원 平昌郡 五臺山에 있던 절〈寺刹全書, 432p〉

백련사(白蓮寺)¹

경기 江華郡 河岾面 富近里 高麗山에 있는 절〈文化遺蹟總覽〉

416년(고구려 長壽王 4) 天竺이 開山. 고려 때 大藏經을 보관. 1806년(純祖 6) 舍利碑와 浮屠를 건립. 佛像 2구가 있었다고 전한다. 1905년 忍庵이 중건〈寺刹全書, 425p〉

1908년 朴寶月이 佛像 改金과 各部 幀畫 佛事를 봉행. 朴寶月이 中鐘 1座를 구입〈傳燈本末寺誌, 72p, 鉛印本〉

惠安 撰 「江華府西維高麗山白蓮寺重建記, 1905年」〈寺刹全書, 425p〉

백련사(白蓮寺)²

경기 廣州郡 實村面 大華山 중턱에 있던 절. 둘레 20尺의 浮屠가 남음〈寺刹全書, 426p〉

백련사(白蓮寺)³

경기 安養市(옛 始興郡) 三聖山에 있던 절〈寺刹全書, 425p〉

백련사(白蓮寺)⁴

경기 楊州郡에 있던 절. 臨海君(1574－1609)의 願堂〈寺刹全書, 425p〉

백련사(白蓮寺)⁵

경북 安東郡 盧(廬字의 誤字인 듯)山에 있던 절. 禪宗에 소속〈寺刹全書, 426p〉

백련사(白蓮寺)⁶

경북 迎日郡(옛 興海縣) 禱陰山에 있던 절〈寺刹全書, 426p〉

백련사(白蓮寺)⁷

경북 義城郡 靑華山에 있던 절. 一名 白蓮庵〈寺刹全書, 426p〉

백련사(白蓮寺)⁸

서울(옛 高陽郡 平恩面) 西大門區 弘濟洞 三角山에 있는 절. 一名 淨土寺. 746년(신라 景德王 5) 眞表가 창건하여 淨土寺라 명명. 1399년(定宗 1) 無學이 중건. 1413년(太宗 13) 定宗이 이 절에서 피병. 1546년(明宗 1) 白蓮寺라 개명. 壬亂으로 화재, 그 뒤 중건. 1662년(顯宗 3) 법당 중건. 1701년(肅宗 27) 화재, 1702년 중건. 1774년(英祖 50) 洛昌君 李樘이 중건. 1891년(高宗 28) 景芸이 중건. 1911년 冥府殿 중수. 1914년 化主 西翁이 三聖殿 중건. 1917년 事務室 건립. 1944년 事務室 화재, 1944년 중건〈寺刹全書, 421p〉

權相老 撰 「大施主淸信士金公星基功德碑陰記, 1939年」〈寺刹全書, 424p〉 「大施主淸信女孫喜順功德碑, 1939年」〈上同, 425p〉

魏洪源 撰 「藥師佛因緣記, 1886年」〈寺刹全書, 423p〉

李盆鉦 撰 「白蓮寺事蹟幷序, 1760年」〈寺刹全書, 421p〉 「重修白蓮寺記, 1760年」〈上同, 423p〉

車天輅(1556－1615) 撰 「淨土寺重創募財勸善文」〈寺刹全書, 424p〉〈五山集, 卷6 36張〉

백련사(白蓮寺)⁹

전남 康津郡 道岩面 萬德里 萬德山에 있는 절. 839년(신라 文聖王 1) 無染이

창건 〈불교사전, 254p〉고려 때 圓妙
중수. 世宗(1418-1450) 때 行乎 중
수. 孝宗(1649-1659) 때 중수 〈文化
遺蹟總覽〉
白蓮寺事蹟碑 : 孝宗 때 건립 〈上同〉
白蓮寺圓妙國師中眞塔 : 孝宗 때 事蹟碑
와 같이 건립 〈上同〉
白蓮寺의 柊柏林 : 천연기념물 제151호.
1959년 지정. 3,900평에 1,500수 정도
임 〈上同〉
閔仁鈞(高麗人) 撰 「萬德山白蓮社主
了世贈諡圓妙國師敎書」〈東文選, 卷
27 16張, 木板本〉
守初(1590-1668) 撰 「康津萬德山白
蓮社萬景樓勸化疏」〈翠微集, 196p, 影
印本〉
尹淮(1380-1436) 撰 「萬德山白蓮社
重創記」〈東文選, 卷81 23張, 木板本〉
林桂一(高麗人?) 撰 「萬德山白蓮社靜
明國師詩集序」〈上同, 卷83 20張〉
崔滋(1188-1260) 撰 「萬德山白蓮社
圓妙國師碑銘幷序」〈上同, 卷117 13張〉
休靜(1520-1604) 撰 「萬德山白蓮社
重創募緣文」〈淸虛堂集, 卷4 11張, 木
板本〉

백련사(白蓮寺)[10]
전남 莞島郡 靑山面 復興里 大蓬山에
있는 절 〈寺刹全書, 426p〉
海南 大興寺의 부속 암자라고도 함.
〈文化遺蹟總覽〉

백련사(白蓮寺)[11]
전북 扶安郡에 있던 절.「1412년(太宗
12) 觀音鑄像이 東向에서 北向으로 自
轉했다」고 함 〈李朝實錄佛敎鈔存, 卷1
74張〉

백련사(白蓮寺)[12]
전북 任實郡 江津面 白蓮里에 있는 절.
1910년 중건 〈文化遺蹟總覽〉

백련사(白蓮寺)[13]
전북 任實郡 靈鷲山에 있던 절 〈寺刹

全書, 426p〉

백련사(白蓮寺)[14]
전북 井邑郡 內藏山에 있던 절. 宣祖
(1567-1608) 때 惟政이 창건. 혹 內藏
寺의 異名이라고도 하나 未詳 〈寺刹全
書, 426p〉

백련사(白蓮寺)[15]
함북 鍾城郡 龍溪面 涪溪洞 松林山에
위치 〈불교사전, 254p〉〈寺刹全書,
426p〉

백련사(白蓮寺)[16]⇒ 紺岩寺 참조
백련사(白蓮寺)[17]⇒米麵寺〔庵〕참조
백련사(白蓮寺)[18]⇒ 天恩寺[1] 참조

백련사(白蓮社)
충남 錦山郡에 있던 절. 一名 廬岳寺.
萬曆年間(1573-1615) 智辨이 창건
〈寺刹全書, 431p〉
蔡濟恭 撰 「文谷大師碑銘」大師의 諱
는 永誨. 13세 때 長水寺에 出家. 만년
에는 德裕山 白蓮社에서 入寂〈樊岩集,
卷57 14張, 木板本〉

백련암(白蓮庵)[1]
강원 高城郡 杆城面 新安里 乾鳳寺의
부속 암자. 1359년(고려 恭愍王 8) 창
건. 1726년(英祖 2) 훼철. 1906년(光
武 10) 蓮湖가 중건 〈寺刹全書, 430p〉

백련암(白蓮庵)[2]
강원 高城郡 西面 百川橋里 金剛山에
있던 절. 楡岾寺의 부속 암자 〈불교사
전, 255p〉
1799년(正祖 23) 處悟가 중건. 1800년
檪庵이 중건. 1913년 도괴 〈楡岾寺本
末寺志, 卷6 14p, 鉛印本〉
旻冠 撰 「楡岾寺白蓮庵重創記, 1800
年」〈上同, 77p〉

백련암(白蓮庵)[3]
강원 高城郡 鳴波驛 북쪽에 있던 절
〈寺刹全書, 430p〉

백련암(白蓮庵)[4]
강원 麟蹄郡 北面 龍垈里 雪嶽山에 있

던 절. 百潭寺의 부속 암자〈불교사전,
255p〉〈寺刹全書, 431p〉
백련암(白蓮庵)[5]
강원 三陟郡 頭陀山에 있던 절〈寺刹
全書, 431p〉
백련암(白蓮庵)[6]
강원 平康郡 虎岩山에 있던 절〈寺刹
全書, 431p〉
백련암(白蓮庵)[7]
강원 淮陽郡 金剛山에 있던 절〈寺刹
全書, 430p〉
백련암(白蓮庵)[8]
경기 開豊郡 聖居山에 있던 절〈寺刹
全書, 427p〉
백련암(白蓮庵)[9]
경기 高陽郡에 있던 절〈寺刹全書,
427p〉
백련암(白蓮庵)[10]
경기 廣州郡 建業山에 있던 절〈屯庵
集 卷2 20張, 木板本〉
申昉(1685-1736) 詩「廣州建業山白
蓮庵…」〈上同〉
백련암(白蓮庵)[11]
경기 廣州郡 鵞子山에 있던 절〈寺刹
全書, 427p〉
백련암(白蓮庵)[12]
경기 龍仁郡 蒲谷面 稼室里에 있는 절
〈불교사전, 254p〉〈寺刹全書, 427p〉
801년(신라 哀莊王 2) 新應이 창건.
1393년(太祖 2) 天空이 중수. 1791년
(正祖 15) 石潭이 중건. 無學이 조성했
다고 전하는 羅漢像이 18좌가 있었으
나, 지금은 11좌만 남음〈文化遺蹟總
覽〉
백련암(白蓮庵)[13]
경남 巨濟(옛 統營)郡 東部面 山陽里
水晶山에 있는 절〈불교사전, 255p〉
〈寺刹全書, 428p〉
백련암(白蓮庵)[14]
경남 南海郡 二東面 龍沼里 虎丘山에

있는 절. 龍門寺의 부속 암자〈불교사
전, 255p〉
백련암(白蓮庵)[15]
경남 梁山郡 下北面 芝山里 靈鷲山에
있는 절. 通度寺의 부속 암자〈불교사
전, 255p〉
1374년(고려 恭愍王 23) 月華가 창건.
1634년(仁祖 12) 懸岩이 중건〈寺刹全
書, 428p〉
백련암(白蓮庵)[16]
경남 蔚州郡 東大山 서쪽에 있던 절
〈寺刹全書, 428p〉
백련암(白蓮庵)[17]
경남 宜寧郡 嘉禮面 介承里 闍崛山에
있는 절〈불교사전, 255p〉
1893년(高宗 30) 周善이 창건〈寺刹全
書, 428p〉
백련암(白蓮庵)[18]
경남 統營郡 東部面 水晶山에 있는 절
〈寺刹全書, 428p〉
백련암(白蓮庵)[19]
경남 陜川郡 伽倻面 緇仁里에 있는 절.
海印寺의 부속 암자〈불교사전, 255p〉
應允(1743-1804) 撰 「海印寺白蓮庵
重創記」〈鏡岩集, 下 30張, 木板本〉
백련암(白蓮庵)[20]
경북 軍威郡 青華山에 있던 절. 一名 白
蓮寺〈寺刹全書, 430p〉
백련암(白蓮庵)[21]
경북 金陵郡 甑山面 坪村里 佛靈山에
있는 절. 青岩寺의 부속 암자〈불교사
전, 255p〉
백련암(白蓮庵)[22]
경북 達城郡 嘉昌面 最頂山에 위치. 南
地藏寺의 부속 암자. 1679년(肅宗 5)
勝敏이 창건. 1914년 擎雲이 중수〈寺
刹全書, 429p〉
백련암(白蓮庵)[23]
경북 聞慶郡 加恩面 義陽山에 있는 절.
鳳岩寺의 부속 암자. 1871년(高宗 8)

裕[有]謙이 중수〈寺刹全書, 429p〉
朴東宣 撰「鳳岩寺白蓮庵重修記, 1871
年」〈上同〉
백련암(白蓮庵)[24]
경북 聞慶郡 山北面 金龍里 雲達山에
있던 절. 金龍寺의 부속 암자〈寺刹全
書, 430p〉
백련암(白蓮庵)[25]
경북 奉化郡 物野面 梧田里에 있던 절.
浮石寺의 부속 암자〈寺刹全書, 430p〉
백련암(白蓮庵)[26]
경북 尙州郡 內西面 露岳山에 있던 절.
南長寺의 부속 암자〈寺刹全書, 430p〉
백련암(白蓮庵)[27]
경북 永川郡 淸通面 治日洞 八公山에
있는 절. 銀海寺의 부속 암자〈불교사
전, 255p〉
백련암(白蓮庵)[28]
경북 義城郡 丹村面 龜溪洞 騰雲山에
위치. 孤雲寺의 부속 암자〈寺刹全書,
430p〉
백련암(白蓮庵)[29]
경북 靑松郡(옛 安德縣) 母子山에 있
던 절〈寺刹全書, 428p〉
柳方善(1388−1443) 撰 「白蓮庵記」
〈東文選, 卷81 21張, 木板本〉
백련암(白蓮庵)[30]
서울 鍾路區 三淸洞에 있던 절. 조선
초기 慧澈 雲壽道人이 있던 곳〈寺刹
全書, 426p〉
백련암(白蓮庵)[31]
전남 海南郡에 있던 절. 신라 金生
(711−791)이 거주〈甁窩全書 ; 永陽
續錄, 卷1 92p, 影印本〉
李衡祥(1653−1733) 詩 「白蓮庵…」
〈上同〉
백련암(白蓮庵)[32]
전남 和順郡 春陽面 可東里 天台山 開
天寺의 부속 암자〈불교사전, 255p〉
백련암(白蓮庵)[33]

전북 高敞郡 雅山面 三仁里 兜率山에
있던 절. 1671년(顯宗 12) 靈照가 창건
〈불교사전, 254p〉〈寺刹全書, 427p〉
백련암(白蓮庵)[34]
전북 求禮郡에 있던 절〈寺刹全書,
428p〉
백련암(白蓮庵)[35]
전북 茂朱郡 雪川面 三公里 德裕山에
있던 절〈불교사전, 254p〉〈寺刹全書,
428p〉
신라 神文王(681−691) 때 白蓮禪師가
은거하던 곳에 白蓮이 솟아 나와 절을
창건. 1900년 縣監 李夏燮이 중수.
1950년 동란으로 소실, 1961년 중건.
1968년 증축〈文化遺蹟總覽〉
梅月堂浮屠：地有 제43호. 1973년 지
정. 高2m. 1784년 건립.「梅月堂雪欣
之塔」이라 刻字〈上同〉
백련암(白蓮庵)[36]
전북 益山郡 礪山面 壺山에 있는 절
〈寺刹全書, 427p〉
백련암(白蓮庵)[37]
충남 公州郡 寺谷面 南二里 泰華山에
있는 절. 麻谷寺에 부속〈寺刹全書,
427p〉
백련암(白蓮庵)[38]
충남 瑞山郡 浮石面 看月島里에 있던
절〈寺刹全書, 427p〉
백련암(白蓮庵)[39]
충북 報恩郡 內俗離面 俗離山에 있던
절. 法住寺의 부속 암자〈寺刹全書,
427p〉
백련암(白蓮庵)[40]
충북 堤川郡 鳳陽面 明岩里 紺岩山에
있는 절. 一名 紺岩寺, 白蓮寺〈불교사
전, 254p〉〈寺刹全書, 427p〉
吳道一(1645−1703) 詩 「宿白蓮庵將
向水門」「過中臺將向白蓮庵路中」
〈西坡集, 卷4 23張, 芸閣印書體字本〉
백련암(白蓮庵)[41]

평북 楚山郡에 있던 절 〈寺刹全書,
431p〉
백련암(白蓮庵)⁴²
평북 熙川郡 北面 明垈洞 妙香山에 위치
〈寺刹全書, 431p〉〈불교사전, 255p〉
백련암(白蓮庵)⁴³
함남 高原郡 郡內面 新昌里 國泰山에
위치 〈불교사전, 255p〉
백련암(白蓮庵)⁴⁴
함남 安邊郡 文山面 沙器里 雪峰山에
위치. 釋王寺의 부속 암자 〈불교사전,
255p〉
백련암(白蓮庵)⁴⁵
황해 金川郡(옛 兔山縣)에 있던 절
〈寺刹全書, 431p〉
백련암(白蓮庵)⁴⁶
황해 碧城郡 定方山에 있던 절 〈寺刹
全書, 431p〉
백련암(白蓮庵)⁴⁷
황해 海州市 北崇山에 있던 절 〈寺刹
全書, 431p〉
백련암(白蓮庵)⁴⁸⇒ 碧蓮庵 참조
백련암(白蓮庵)⁴⁹⇒ 白雲庵⁹ 참조
백론사(白論寺)
경기 開豊郡 嶺南面 深川里에 있던 절
〈寺刹全書, 432p〉
백룡암(白龍庵)¹
경남 金海郡 大東面 德山里 神魚山에
있는 절 〈불교사전, 255p〉
백룡암(白龍庵)²
경남 昌原郡 北面 新村里에 있는 절.
古石塔材를 수집하여 근년에 石塔(高
2.2m) 1기를 건립 〈文化遺蹟總覽〉
백률사(栢栗寺)
경북 慶州市 東川洞 小金剛山에 있는
절. 一名 刺楸寺 〈寺刹全書, 446p〉
528년(신라 法興王 15) 신라 異次頓의
순교를 기념하기 위해 창건하고 刺楸
寺라 명명. 817년(신라 憲德王 9) 異
次頓의 순교를 추모하여 石幢을 건립.

1377년(고려 禑王 3) 고려 尹承順 등이
西樓를 중건 〈불교사전, 255p〉
栢栗寺金銅藥師如來立像：慶州博物館에
소재. 국보 제28호. 1934년 지정. 高
1.77m. 銅造鍍金으로 통일신라 때 조
성 추정. 1930년 현지에 移安 〈文化財
大觀 ; 國寶篇〉
慶州栢栗寺石幢記：818년(신라 憲德王
10) 건립 〈朝鮮金石總覽, 上 50p〉
朴長遠(1612－1671) 撰 「送浮屠印祐
師歸鷄林栢栗寺序」〈久堂集, 卷14 19
張, 木板本〉
一然(1206－1289) 撰「栢栗寺」〈三國
遺事, 卷3 24張, 木板本〉
全思敬이 本寺의 西樓記를 撰함 〈新增
東國輿地勝覽, 卷21 19張, 木板本〉
백묘사(白妙寺)
경북 蔚珍郡 溫井面 溫井里 白岩山에
있던 절 〈寺刹全書, 432p〉
백산암(栢山庵)
경기 水原市 雙阜山에 있던 절 〈寺刹全
書, 447p〉
백석사(白石寺)
평남 平原郡 東松面 白石里 老骨山에
있던 절. 19세기경 폐사 〈寺刹全書,
432p〉
金時習(1435－1493) 詩「白石寺」〈梅
月堂集, 卷3 29張, 癸酉字本〉「題白石
寺」〈上同, 卷9 32張〉
백설암(白雪庵)⇒ 得母庵 참조
백악암(白岳庵)
함남 新興郡 千佛山에 있던 절 〈寺刹全
書, 433p〉
朴宗永(高宗時人) 詩 「登咸興千佛山
白岳庵」〈松塢遺稿, 卷2 5張, 鉛印本〉
백암사(百岩寺)
경남 晉州에 있던 절. 敎宗에 소속 〈寺
刹全書, 445p〉
백암사(伯岩寺)
경남 陜川郡 大陽面 伯岩里에 있던 절.

一名 大同寺. 신라 때 창건 추정〈文化
遺蹟總覽〉
陜川伯岩里石燈：국유　보물　제381호.
1961년 지정. 高2.53m. 화강석으로 8
세기경 조성 추정. 오래 전부터 寺址에
흩어졌던 것을 20세기경 복원〈文化財
大觀；寶物篇〉
石造如來坐像：高1.5m. 신라 때 제작
추정〈文化遺蹟總覽〉
백암사(白岩寺)[1]
경북 奉化郡 才山面 東面里에 있던 절.
3층석탑이 있다〈寺刹全書, 433p〉
백암사(白岩寺)[2]
경북 蔚珍郡 溫井面 溫井里 白岩山에
있던 절. 주위에 돌담이 있다〈寺刹全
書, 434p〉
백암사(白岩[庵]寺)[3]⇒白羊寺 참조
백암사(白庵寺)
충남 瑞山郡 雲山面 龍賢里에 있던 절.
조선 때 창건. 현재의 普賢寺址를 중심
으로 99암자가 있었는데, 本寺를 건립
하여 百暗자를 채웠기 때문에 모두 망
했다는 전설이 있다〈文化遺蹟總覽〉
백암선원(白岩禪院)⇒清平寺 참조
백암수(白嵒藪)
전북 南原郡에 있던 절. 935년(고려
太祖 18) 神卓이 있던 곳〈불교사전,
257p〉
백양사(白楊[陽]寺)
경남 蔚山市 聖安洞 含月山에 있는 절
〈불교사전, 257p〉
933년(신라 敬順王 7) 白楊이 창건.
1678년(肅宗 4) 衍淨이 중건. 1753년
(英祖 29) 雪仁이 중건. 1923년 雪皐
가 중건〈寺刹全書, 434p〉
백양사(白羊寺)
전남 長城郡 北下面 藥水里 白羊山에
있는 절〈불교사전, 257p〉
632년(신라 善德女王 1) 知幻이 창건.
1034년(고려 德宗 3) 中延 중건. 1574

년(宣祖 7) 喚羊이 중건하여 白羊寺라
개명〈文化遺蹟總覽〉
一名　白庵寺・白巖寺・淨土寺〈寺刹
全書, 433・1020p〉
金剛庵[臺], 物外庵, 西陽庵, 藥師庵,
靈泉庵, 雲門庵, 天眞庵, 清流庵 등이
山內에 부속
白羊寺비자나무分布北限地帶：천연기념
물 제153호. 1960년 지정. 90萬坪〈指
定文化財目錄〉
白羊寺極樂殿：地有 제32호. 1972년 지
정. 1578년경 건립 추정. 1976년 보수
〈文化遺蹟總覽〉
白羊寺大雄寶殿：地有　제43호. 1974년
지정. 1917년 건립〈上同〉
白羊寺四天工門：地有　제44호. 1974년
지정. 白羊寺 正門으로 1917년 건립
〈上同〉
白羊寺九層塔：대웅전 뒤에 위치한 佛
舍利塔〈上同〉
逍遙스님浮屠：地有 제56호. 1974년 지
정. 高1m 徑1m〈上同〉
奇正鎭(1791−1876) 撰「白岩山淨土
寺事蹟序」〈蘆沙集, 卷14 23張, 木活字
本〉「淨土寺記」〈上同, 卷16 26張〉
李穡(1328−1396) 撰「長城縣白岩寺雙
溪樓記」〈牧隱文藁, 卷3 11張, 木板本〉
鄭寅普(1892−?) 撰 「白羊寺紀蹟碑」
〈薝園文錄, 卷1 37張, 筆寫本〉
鼎鎬(1870−1948) 撰 「楞伽山重興法
主滿虛禪師碑銘」〈石林草, 22張, 鉛印
本〉
「白岩山道岩堂大師行略」〈上同, 34張〉
「白岩山華曇[法璘]禪師塔銘」〈上同,
18張〉
「華嚴宗主鏡潭[瑞寬]大律師碑銘幷序」
〈上同, 15張〉
「華嚴宗主雪寶堂[有炯]大師碑銘幷序」
〈上同, 17張〉
백양사(白楊寺)

평남 順川郡 鶴川坊에 있던 절 〈寺刹
全書, 434p〉
백양암(白楊庵)
강원 三陟郡 近德面 橋谷里 葛夜山城
에 있던 절. 寺址에 石佛 1구가 있었다
〈寺刹全書, 434p〉
백엄사(伯嚴寺)
경남 陜川郡 草溪面에 있던 절. 906년
(신라 孝恭王 6) 陽孚가 改造. 1065년
(고려 文宗 19) 秀立이 佛舍利 42과를
봉안하여 5층석탑을 건립〈寺刹全書,
446p〉
一然(1206-1289) 撰「伯嚴寺石塔舍
利」〈三國遺事, 卷3 54張, 木板本〉
백운굴(白雲窟)
전북 高敞郡 雅山面 兜率山에 있던 절.
禪雲寺의 부속 암자〈寺刹全書, 438p〉
백운사(白雲寺)[1]
강원 溟州郡 連谷面 柳等里에 있던 절
〈寺刹全書, 435p〉
1953년 옛 터에 중건. 현재는 비구니
寺刹. 寺址에 石造浮屠材가 출토〈文
化遺蹟總覽〉
溟州柳等里寺址石槽〔白雲寺石槽〕: 현지
에 묻혀 있던 것을 절을 중건하려고 터
를 닦다가 출토〈上同〉
백운사(白雲寺)[2]
경기 開豊郡(옛 豊德縣) 如利山에 있
던 절〈寺刹全書, 434p〉
백운사(白雲寺)[3]
경기 始興郡(옛 水原) 儀旺面 旺谷里
白雲山에 있는 절. 礎石 몇 개와 石塔
臺石 1기가 있다. 원래 廣州郡 旺倫面
에 있던 것이 1894년(高宗 31) 화재.
1895년(高宗 32) 현지에 이전. 1916년
敬欣이 중수〈寺刹全書, 434p〉
현재 건물은 1970년 건립. 원래 白雲寺
는 현재 白雲寺에서 3km정도 올라간
지점이었다고 함〈文化遺蹟總覽〉
백운사(白雲寺)[4]

경기 抱川郡(옛 永平) 白雲山에 있던
절. 고려 때 창건〈寺刹全書, 434p〉
1399년(定宗 1) 붉은 비〔血雨〕가 내렸
다〈李朝實錄佛敎鈔存, 卷1 23張〉
백운사(白雲寺)[5]
경북 星州郡 修倫面 白雲洞에 있던 절
〈文化遺蹟總覽〉
백운사(白雲寺)[6]
전남 康津郡 月出山에 있던 절〈寺刹全
書, 435p〉
백운사(白雲寺)[7]
전남 靈巖郡 月出山 佛頂峰 아래 있던
절〈寺刹全書, 438p〉
백운사(白雲寺)[8]
전북 高敞(옛 興德)郡 火矢山에 있던
절〈寺刹全書, 435p〉
백운사(白雲寺)[9]
전북 扶安郡 保安面 南浦里에 있던 절.
주위에 돌담과 瓦片이 남음〈文化遺蹟
總覽〉
백운사(白雲寺)[10]
전북 益山郡 礪山面 壺山里에 있는 절.
928년(고려 太祖 11) 白楊이 창건〈文
化遺蹟總覽〉
백운사(白雲寺)[11]
충남 保寧郡 嵋山面 聖住里 聖住山에
있는 절. 郎慧大師의 頌德文이 조각
〈文化遺蹟總覽〉
一名崇巖寺·崇嚴寺〈寺刹全書, 735p〉
백운사(白雲寺)[12]
충남 舒川郡 千方山에 있던 절〈寺刹全
書, 435p〉
백운사(白雲寺)[13]
충북 陰城郡 三城面 龍城里 白雲山에
있던 절. 碑·石佛座像 3구가 있다〈寺
刹全書, 435p〉
백운사(白雲寺)[14]
충북 中原郡에 있던 절 〈寺刹全書,
435p〉
백운사(白雲寺)[15]

평남 大同郡 柴足面 松鶴里 靑雲山에
있던 절 〈寺刹全書, 435p〉
백운사(白雲寺)[16]
평남 陽德郡 大倫面 卦松里 靑龍山에
있던 절 〈寺刹全書, 435p〉
백운사(白雲寺)[17]
평남 平原郡 靑山面 舊院里 大圓山에
있던 절 〈寺刹全書, 435p〉
백운사(白雲寺)[18]
평북 鐵山郡 白雲山에 있던 절 〈寺刹
全書, 435p〉
백운사(白雲寺)[19]
함남 安邊郡 白雲山에 있던 절. 一名
白雲庵〈寺刹全書, 435p〉
백운사(白雲寺)[20]
함북 茂山郡 延上面 文岩洞 靑龍山에
있는 절 〈寺刹全書, 435p〉
백운사(白雲寺)[21]
황해 鳳山郡 所伊山에 있던 절 〈寺刹
全書, 435p〉
백운사(白雲寺)[22]
황해 載寧郡 長壽山에 있던 절 〈寺刹
全書, 435p〉
백운사(白雲寺)[23] ⇒ 龍宮寺 참조
백운암(白雲庵)[1]
강원 高城郡 金剛山 12폭포 위에 있던
절 〈寺刹全書, 437p〉
백운암(白雲庵)[2]
강원 金化(옛 金城)郡에 있던 절 〈寺
刹全書, 437p〉
백운암(白雲庵)[3]
강원 麟蹄郡 北面 寒溪山에 있던 절
〈寺刹全書, 437p〉
백운암(白雲庵)[4]
강원 原州 부근에 있던 절 〈牧隱詩藁,
卷26 16張〉
李穡(1328－1396) 詩 「…原州瑞谷寺
之洞白雲庵走筆附呈」〈上同〉
백운암(白雲庵)[5]
강원 淮陽郡 內金剛面 長淵里 金剛山

에 있던 절 〈寺刹全書, 437p〉
백운암(白雲庵)[6]
경기 廣州郡에 있던 절 〈寺刹全書,
436p〉
백운암(白雲庵)[7]
경기 驪州郡 黃鶴山에 있던 절 〈寺刹全
書 435p〉
백운암(白雲庵)[8]
경기 楊州郡 東豆川邑(옛 伊淡面) 上
鳳岩里 逍遙山에 있는 절. 自在庵의 부
속 암자. 1925년 白月이 창건 〈불교사
전, 257p〉
백운암(白雲庵)[9]
경남 金海郡 上東面 餘次里 無着山에
있는 절 〈불교사전, 258p〉
옛날은 白蓮庵. 경내에 舍利浮屠 2기와
石臼(高80cm) 1기가 있다 〈文化遺蹟總
覽〉
백운암(白雲庵)[10]
경남 梁山郡 下北面 芝山里 靈鷲山에
있는 절 〈불교사전, 258p〉
652년(신라 眞德女王 6) 早日이 창건.
1810년(純祖 10) 枕虛가 중건 〈寺刹全
書, 436p〉
백운암(白雲庵)[11]
경남 晉陽郡(옛 晋州) 防禦山에 있던
절 〈寺刹全書, 436p〉
백운암(白雲庵)[12]
경북 慶山郡(옛 慈仁) 顯聖山에 있던
절. 1700년(肅宗 26) 信寬이 창건 〈寺
刹全書, 436p〉
백운암(白雲庵)[13]
경북 軍威郡 靑華山에 있던 절 〈寺刹全
書, 437p〉
백운암(白雲庵)[14]
경북 金陵郡 南面 飛鳳山에 있는 절.
1864년(高宗 1) 林琪範이 중건 〈寺刹
全書, 436p〉
백운암(白雲庵)[15]
경북 金陵郡 代項面 黃岳山에 위치. 直

指寺의 부속 암자 〈直指寺志, 86p, 筆寫本〉

백운암(白雲庵)16
경북 聞慶郡 加恩面 義陽山에 있는 절. 鳳岩寺의 부속 암자. 1864년(高宗 1) 소실, 1865년 宥[有]謙이 중건 〈寺刹全書, 437p〉
金槩仁 撰「鳳岩寺白雲庵重修記, 1925年」〈上同〉

백운암(白雲庵)17
경북 尙州郡 內西面 白雲山에 있던 절 〈寺刹全書, 436p〉

백운암(白雲庵)18
경북 永川郡 淸通面 治日洞 八公山에 있는 절. 銀海寺의 부속 암자. 1546년(明宗 1) 天敎가 창건 〈불교사전, 258p〉

백운암(白雲庵)19
경북 月城郡 內南面 蘆谷里에 있던 절. 옛날은 石水庵. 통일신라 때 창건 추정. 주위에 축대가 남아 있고, 瓦片이 산재 〈文化遺蹟總覽〉

백운암(白雲庵)20
평북 靑松郡 部東面 周王山에 있던 절 〈寺刹全書, 436p〉

백운암(白雲庵)21
전남 光陽郡 玉龍面 東谷里 白雲山에 있는 절. 一名 上白雲庵 〈불교사전, 258p〉〈寺刹全書, 436p〉
1181년(고려 明宗 11) 普照가 창건. 壬亂과 丙子胡亂 때 소실, 1914년 致賢이 중건. 麗水反亂事件(1948) 때 소실, 1963년 중건 〈文化遺蹟總覽〉
下白雲庵이 山內에 부속

백운암(白雲庵)22
전북 高敞郡 雅山面 兜率山에 있던 절. 1707년(肅宗 33) 智輝가 창건 〈寺刹全書, 436p〉

백운암(白雲庵)23
전북 益山郡 礪山面 壺山에 있는 절 〈寺刹全書, 436p〉

백운암(白雲庵)24
충남 瑞山郡 仁旨面에 있는 절 〈寺刹全書, 436p〉

백운암(白雲庵)25
충북 報恩郡 內俗離面 俗離山에 있던 절. 法住寺의 부속 암자 〈寺刹全書, 436p〉
黃俊良(1517-1563) 詩「白雲庵」〈錦溪外集, 卷1 11張, 木板本〉

백운암(白雲庵)26
충북 堤川郡(옛 淸風) 上岳山에 있던 절 〈寺刹全書, 436p〉
吳道一(1645-1703) 詩「白雲庵」〈西坡集, 卷4 20張, 芸閣印書體字本〉

백운암(白雲庵)27
충북 中原郡 嚴政面 槐東里 白雲山에 있는 절. 大智國師碑(구국보 제26호)가 있다 〈불교사전, 257p〉〈寺刹全書, 436p〉
1886년(高宗 23) 건립 〈文化遺蹟總覽〉

백운암(白雲庵)28
평남 江西郡 咸從面 咸從里 白雲山에 있던 절 〈寺刹全書, 438p〉

백운암(白雲庵)29
평남 德川郡 德川面 邑東里 白川山에 위치 〈寺刹全書, 438p〉

백운암(白雲庵)30
평북 博川(옛 嘉山)郡 吾恩弄山에 있던 절 〈寺刹全書, 438p〉

백운암(白雲庵)31
평북 寧邊郡 北面에 위치 〈寺刹全書, 438p〉

백운암(白雲庵)32
평북 定州郡(옛 郭山) 臨海山에 있던 절 〈寺刹全書, 438p〉

백운암(白雲庵)33
함남 北靑郡 德城面 水東里 大德山에 위치 〈寺刹全書, 438p〉

백운암(白雲庵)34
함남 安邊郡 白雲山에 있던 절 〈寺刹

全書, 437p〉
백운암(白雲庵)³⁵ ⇒ 得母庵 참조
백운원(白雲院)
寶月山에 있던 절〈大覺文集, 218p, 影印本〉
義天(1055-1101) 詩「留題寶月山白雲院」〈上同〉
백월암(白月庵)
충남 靑陽郡 白月山에 있던 절〈寺刹全書, 438p〉
백자암(栢子庵)
경북 慶山郡 聖賢山에 있던 절〈寺刹全書, 447p〉
백장사(白丈寺)¹
경남 咸陽郡 智異山에 있던 절. 丁酉再亂(1597) 때의 선투 기록이 있다. 趙慶男의『亂中雜錄』에 이 절의 기록이 있다〈寺刹全書, 440p〉
백장사(白[百]丈寺)²
경북 義城郡 飛鳳山에 있던 절〈寺刹全書, 441p〉
백장사(白場寺)
경북 慶州市 부근에 있던 절인 듯〈晦齋集, 卷3 11張, 木板本〉
李彦迪(1491-1553) 詩「白場寺吟得二律錄呈眉叟求和與宋眉叟約會此寺」〈上同〉「遊白場寺又得尋字錄奉眉叟使軒」〈上同, 卷3 12張〉
백장암(百丈庵)
전북 南原郡 山內面 立石里 智異山에 있는 절. 옛날은 百丈寺〈불교사전, 259p〉
百丈寺銅銀入絲香爐 : 보물 제420호. 1965년 지정. 高30cm 上徑30cm. 靑銅으로 1584년 조성. 1965년경 全州市立博物館에 이전〈文化財大觀 ; 寶物篇〉
實相寺百丈庵石燈 : 보물 제40호. 1934년 지정. 高2.37m. 8각석등. 화강석으로 9세기경 제작 추정〈上同〉

實相寺百丈庵三層石塔 : 국보 제10호. 1934년 지정. 高5m. 화강암으로 9세기경 건립 추정〈文化財大觀 ; 國寶篇〉
백전암(栢[白]田庵)
강원 高城郡 金剛山에 있던 절〈寺刹全書, 441·447p〉
許筠(1569-1618) 詩「白田庵」〈惺所覆瓿藁, 卷1 42p, 影印本〉
백전암(白巓庵)
강원 金剛山에 있던 절인 듯〈虛應堂集, 卷上 5張, 木板本〉
普雨(?-1565) 詩「白巓庵」〈上同〉
백족사(百足寺)
경기 利川(옛 陰竹)郡 百足山에 있던 절〈寺刹全書, 445p〉
백족사(白足寺)
충북 淸原郡 加德面 上野里 白足山에 있는 절. 조선초기 건립. 옛날에는 尋眞庵이라 함. 白足山은 수목이 없는 白砂로 된 山으로 그 생긴 모양이 발등 같다는 데서 유래되었다. 경내에 3층석탑과 石佛立像이 있다〈文化遺蹟總覽〉
백종사(百種寺)
경기 廣州郡 東部面 黔丹山에 있던 절. 신라 黔丹이 창건〈寺刹全書, 445p〉
백중사(伯仲寺)
서울 江南區(옛 廣州 九川面) 岩寺洞 漢江 연안에 있던 절. 一名 岩寺·岩回寺〈寺刹全書, 446p〉
백지사(栢旨寺)
경북 永川郡 八公山에 있던 절. 一名 栢旨庵〈寺刹全書, 447p〉
柳方善(1388-1443) 詩「栢旨寺永川」〈增補海東詩選, 73p, 李圭瑢 編, 鉛印本〉
李衡祥(1653-1733) 詩「栢旨寺次柳泰齋韻」〈瓶窩全書, 卷1 94張, 影印本〉
백천사(白川寺)¹
경기 開城 부근에 있던 절인 듯〈武陵集, 卷3 24張, 木板本〉

周世鵬(1495-1554) 詩 「白川寺」〈上同〉

백천사(白川寺)²
경남 巨濟郡에 있던 절. 壬亂 때 元均이 전투한 기록이 있다 〈寺刹全書, 441p〉

백천사(百泉寺)
경남 晉陽郡 臥龍山에 있던 절. 조선 法藏의 逸話가 있다 〈寺刹全書, 445p〉
河溍(1597-1658) 詩 「次百泉寺韻」〈台溪集, 卷1 50張, 木板本〉

백천사(栢川寺)
전남 光州市 芝山洞에 있던 절. 통일신라 때 창건 추정 〈文化財大觀 ; 寶物篇〉
光州東五層石塔 : 보물 제110호. 1935년 지정. 高7.24m. 화강석으로 통일신라 때 건립 추정. 1955년 해체 수리. 1961년 수리 〈上同〉

백천사(白泉寺)
함북 會寧郡 八乙面 金生洞 五峰山에 있던 절 〈불교사전, 260p〉〈寺刹全書, 441p〉

백하암(白霞庵)⇒ 表忠庵 참조

백학사(白鶴寺)¹
경기 始興郡 果川面(옛 新洞) 莫溪里에 있던 절. 지금은 2尺5寸의 石佛이 남아있으나 머리 부분이 없다 〈寺刹全書, 441p〉

백학사(白鶴寺)²
평남 安州郡 悟道山에 있던 절 〈寺刹全書, 441p〉

백학암(白鶴庵)
강원 襄陽郡 襄陽面 雪嶽山에 있던 절. 靈穴寺의 부속 암자. 1764년(英祖 40) 妙覺이 창건. 1853년(哲宗 4) 폐사 〈乾鳳寺本末事蹟, 175p, 鉛印本〉

백화사(白花寺)
경남 咸陽郡 柳林面 柳坪里 花長山 동남쪽에 있던 절. 축대 흔적과 瓦片이

산재 〈寺刹全書, 441p〉

백화사(白華寺)¹
경북 醴泉(옛 龍宮)郡 天德山에 있던 절. 一名 白華禪院. 默庵이 창건 〈寺刹全書, 442p〉
李齊賢(1287-1367) 撰 「白華禪院政堂樓記」〈益齋集, 卷6 21張, 木板本〉

백화사(白華寺)²⇒ 白鶴寺¹ 참조

백화선원(白華禪院)⇒ 白華寺¹ 참조

백화암(白華庵)¹
강원 高城郡 杆城面 新安里에 있는 절. 乾鳳寺의 부속 암자. 一名 祝聖庵. 845년(신라 文聖王 7) 창건, 1846년(憲宗 12) 소실, 1858년(哲宗 9) 石潭 夢虛 등이 중건. 1878년(高宗 15) 소실, 1879년(高宗 16) 중건 〈寺刹全書, 443p〉

백화암(白華庵)²
강원 束草市(옛 襄陽郡) 雪嶽山에 있던 절. 神興寺의 부속 암자 〈불교사전, 261p〉

백화암(白華庵)³
강원 淮陽郡 內金剛面 長淵里 金剛山에 위치. 表訓寺의 부속 암자 〈불교사전, 261p〉
1366년(고려 恭愍王 15) 懶翁이 바위에 새긴 三佛像이 있다. 1845년(憲宗 11) 圓遏이 중건. 1869년(高宗 6) 玩星·月河 등이 影閣을 건립. 1914년 화재 〈寺刹全書, 443p〉
1632년(仁祖 10) 淸虛의 碑와 浮屠 건립. 1644년 鞭羊의 碑와 浮屠 건립. 1662년(顯宗 3) 虛白의 碑와 浮屠 건립. 1668년(顯宗 9) 楓潭의 碑와 浮屠 건립. 1869년(高宗 6) 玩星 月河 등이 影閣 건립. 1870년 諸影幀 改畫. 1914년 影閣이 화재를 입음 〈楡岾寺本末寺志, 414p, 鉛印本〉
淸虛堂碑, 虛白堂碑, 鞭羊堂碑, 楓潭堂碑, 淸虛堂浮屠, 楓潭堂浮屠, 鞭羊堂浮屠, 雪峰堂浮屠, 霽月堂浮屠, 醉眞堂浮

屠, 虛白堂浮屠 등〈上同, 451p〉
指空和尙眞影, 懶翁和尙眞影, 無學和
尙眞影, 淸虛和尙眞影, 四溟和尙眞影,
圜隱堂眞影, 玩星堂眞影, 獜溪堂眞影,
萬溪堂普閑眞影, 寶庵堂眞影, 華山堂
眞影, 印潭堂眞影, 東庵堂眞影, 應月堂
眞影, 漢月堂眞影〈上同〉
白華庵影閣新建記, 1870年 〈上同,
479p〉
法堅(1552-1634) 撰 「金剛山白華寺
立碑跋記」〈奇岩集, 卷3 12張〉
백화암(白華庵)[4]
경기 楊州郡 州內面 維楊里 佛谷山에
있는 절. 신라 道詵(827-898)이 창
건. 1868년(高宗 5) 祝聖樓 건립.
1923년 月河기 중수. 白華庵重修記가
있다〈寺刹全書, 442p〉
1950년 1동만 남고 소실〈文化遺蹟總
覽〉
龍夏 撰 「白華庵重修記, 1923年」〈奉
先本末寺誌, 147p, 鉛印本〉
백화암(白華庵)[5]
경북 聞慶郡 山北面 金龍里 雲達山에
있던 절〈寺刹全書, 443p〉
백화암(白華庵)[6]
함남 安邊郡 文山面 沙器里 雪峰山에
있던 절〈寺刹全書, 444p〉
백흥암(百興庵)
경북 永川郡 淸通面 治日洞 八公山에
있는 절. 銀海寺의 부속 암자. 873년
(신라 景文王 13) 惠哲이 창건〈불교
사전, 261p〉
銀海寺百興庵極樂殿須彌壇: 보물 제486
호. 1968년 지정. 高1.25m 幅4.13m.
木으로 조선후기 제작 추정. 阿彌陀三
尊像을 봉안하는 佛壇으로 조각이 정
교함〈文化財大觀 ; 寶物篇〉
번적사(番蹟寺)
전남 潭陽郡 南面에 있던 절. 高2.25m
佛像이 남음〈寺刹全書, 448p〉

범굴사(梵窟寺)⇒ 大聖庵[3] 참조
범륜사(梵輪寺)⇒ 雲溪寺[1] 참조
범수암(泛水庵)
함남 咸州郡 川西社에 있던 절〈寺刹全
書, 448p〉
범액사(梵額寺)
경남 山淸郡(옛 山陰縣) 梵額山에 있
던 절. 敎宗에 소속〈寺刹全書, 448p〉
범어사(梵魚寺)
부산 東萊區(옛 東萊郡 北面) 靑龍
洞 金井山에 있는 절. 華嚴十刹 중의
하나. 678년(신라 文武王 18) 義湘
이 창건. 835년(신라 興德王 10) 중
건. 壬亂으로 화재, 1602년(宣祖 35)
중건. 곧 화재, 1613년(光海 5) 중
건. 매년 음력 3월 15일 보살계를 시
행 〈불교사전, 265p〉〈寺刹全書,
448p〉
鷄鳴庵, 極樂庵, 金剛庵, 內院庵, 大聖
庵, 獅子庵, 安養庵, 元曉庵 등이 山內
에 부속
梵魚寺一柱門: 地有 제2호. 1972년 지
정. 1614년(光海 6) 妙全이 건립〈文化
遺蹟總覽〉
梵魚寺幢竿支柱: 地有 제15호. 1972년
지정. 高4.5m〈文化遺蹟總覽〉
梵魚寺大雄殿: 보물 제434호. 1966년
지정. 조선중기 건립 추정〈文化財大觀
; 寶物篇〉
梵魚寺三層石塔: 보물 제250호. 1942년
지정. 高4m. 화강석으로 835년(신라
興德王 10) 건립 추정〈文化財大觀 ;
寶物篇〉
梵魚寺石燈: 地有 제16호. 高2.62m.
830년(신라 興德王 5) 건립 추정〈文
化遺蹟總覽〉
梵魚寺元曉庵西三層石塔: 地有 제12호.
1972년 지정. 신라말기 건립 추정〈上
同〉
梵魚寺등나무群生地: 私有. 천연기념물

제176호. 1966년 지정. 16,920坪〈上
同〉

범흥사(梵興寺)
경북 盈德郡 柄(옛 梅)谷面 榮洞에 있
던 절. 3층석탑(高1.2m)과 立像彌勒
1기가 남음〈寺刹全書, 448p〉

범흥암(梵興庵)
황해 延白郡(옛 白川) 天燈山에 있던
절〈寺刹全書, 448p〉

법계사(法界寺)
경남 山淸郡 矢川面 中山里 智異山에
있는 절〈文化遺蹟總覽〉
法界寺三層石塔 : 보물　제473호.　1968
년 지정. 高3.6m. 화강석으로 고려초
기 건립 추정〈文化財大觀 ; 寶物篇〉

법계사(法戒寺)
경남 晉陽(옛 晉州)郡 智異山 天王峰
동쪽 아래에 있던 절〈寺刹全書, 448p〉
法界寺인 듯〈불교사전, 268p〉

법광사(法光[廣]寺)
경북 迎日郡 神光面 土城洞에 있던 절.
신라 眞平王(579－631) 때 元曉가 金
堂殿을 건립, 뒤에 폐사. 1746년(英祖
22) 5층석탑을 중수하려고 헐었을 때
맨 아래층에 玉函 하나가 있었는데, 그
속에서 佛舍利 22과가 들어 있어서, 銅
函을 만들어 그 속에 넣고 塔 2층에 봉
안. 그 해 塔前에 법당을 건립〈불교사
전, 269p〉〈寺刹全書, 448p〉
法光寺釋迦佛舍利塔重修碑 : 1750년(英
祖 26)건립. 碑銘은 靑泉 申維翰 撰
〈上同, 449p〉
申維翰 撰 「飛鶴山法廣寺中興創建記
略」〈上同, 450p〉
法光寺石塔誌 : 846년(신라　文聖王　8)
건립〈韓國金石全文, 古代 173p, 許興
植 編〉

법기암(法起庵)
강원 高城郡 外金剛面 倉垈里 金剛山
에 위치. 神溪寺의 부속 암자. 1883년

(高宗 20) 吳德仁이 창건. 1907년 圓空
이 西來閣을 건립. 1926년 彌勒庵이라
개명〈寺刹全書, 448p〉
金慧溟 撰「金剛山神溪寺法起庵西來閣
記」〈楡岾寺本末寺誌, 247p〉

법달굴(法達窟)
경기 開豊郡 聖居山에 있던 절. 위에 굴
은 西域 스님 法達이 있던 곳. 아랫굴은
제자가 있던 굴〈寺刹全書, 451p〉

법련사(法蓮寺)
평남 德川郡 太極面 永昌里 法達山에
있는 절〈불교사전, 271p〉

법룡사(法龍寺)
경북 安東市 玉洞 花山에 있는 절. 864
년(신라 景文王 4) 道詵이 창건. 本殿
은 고려 때 건물. 1950년 동란으로 화
재. 1962년 법당과 寮舍를 건립〈寺刹
全書, 451p〉〈불교사전, 271p〉
權昌植(1724－1804) 撰 「法龍寺重修
記」 1443년(世宗　25)　1493년(成宗
24) 1618년(光海 10) 각각 改修. 1778
년(正祖 2)경 중수〈潛溪集, 卷2 10張,
石印本〉

법류사(法流寺)
경북 慶州市에 있던 절.「신라 宣德王
(632－646) 때 丞相 金良圖가 어렸을
때 몸이 굳어지고 말도 못하므로 그의
아버지가 이 절의 승려를 청하여 經을
읽게 했는데, 큰 귀신이 작은 귀신을 시
켜 철퇴로 승려의 머리를 때려 죽였다」
고 한다〈寺刹全書, 451p〉
741년(孝成王 6) 王의 遺命으로 本寺
남쪽에서 王의 柩를 실어서 東海에 散
骨〈三國史記, 卷9, 木板本〉

법륜사(法輪社)
강원 平昌郡 五臺山 중대에 있던 절. 一
名 寶川庵. 신라 淨神王 太子 寶川이 창
건. 禪宗에 소속 〈불교사전,　272・
304p〉〈寺刹全書, 452・506p〉
신라 淨神王의 창건이라고 했으나 신

라 淨神王은 역대 帝王 기록이 없다
〈編者〉
법륜사(法輪寺)¹
경남 晉陽郡 文山面 月牙山에 있던 절
〈文化遺蹟總覽〉〈寺刹全書, 452p〉
李滉(1501-1570) 詩 「到法輪寺…」
〈退溪全書遺集, 外篇 13張, 筆寫本〉
법륜사(法輪寺)²
서울 駱駝山에 있는 절. 1623-1649년
경기 廣州郡 淸凉山 永昌大君墓 곁에
창건. 1860년(哲宗 11) 중수. 그 뒤 현
지에 이전〈寺刹全書, 451p〉
「京畿左道廣州郡靈長山法輪寺上樑文,
1860年」〈上同〉
법륜사(法輪寺)³
전남 羅州郡 羅州邑 서쪽에 있던 절
〈寺刹全書, 452p〉
林惟正(고려 明宗朝人) 詩 「法輪寺羅
州」〈增補海東詩選, 157p, 李圭瑢 編,
鉛印本〉
법림사(法林寺)¹
경북 慶州에 있던 절. 신라 宣德王
(632-646) 때 良志가 主佛 三尊과 左
右金剛神을 조성하고 현판을 썼다〈寺
刹全書, 452p〉
법림사(法林寺)²
경북 安東市 東部洞에 있던 절. 敎宗에
소속〈불교사전, 272p〉
安東東部洞五層塼塔：보물 제56호.
1937년 지정. 高8.35m. 화강암으로 된
7층탑이었으나 1958년 5층으로 개축.
소재는 法林寺址로 추정〈文化財大觀
；寶物篇〉
법림암(法林庵)
경기 開豊郡 大興洞 天磨山에 있던 절
〈寺刹全書, 452p〉
李泰淵(1615-1669) 詩 「法林庵洞口
口號」〈韓山世稿, 卷1；訥齋稿, 31張,
石印本〉
법수사(法水寺)

경북 星州郡 修倫面 白雲洞 伽倻山에
있던 절. 신라 哀莊王(800-808) 때 창
건〈文化遺蹟總覽〉〈寺刹全書, 452p〉
法水寺三層石塔：地有 제86호. 1975년
지정. 高6m. 寺刹 창건 당시 건립한 것
으로 추정〈文化遺蹟總覽〉
法水寺址幢竿支柱：地有 제87호. 1975
년 지정. 高3.7m. 寺刹 창건 당시 건립
〈上同〉
법왕대(法王臺)¹
경북 聞慶郡 山北面 金龍里 雲達山에
있던 절〈寺刹全書, 457p〉
법왕대(法王臺)²
평북 寧邊郡 北薪峴面 妙香山에 위치.
普賢寺의 부속 암자〈寺刹全書, 457p〉
休靜(1520-1604) 撰 「妙香山法土臺
金仙臺二庵記」〈淸虛堂集, 卷3 23張,
木板本〉
법왕사(法王寺)¹
강원 溟州郡 邱井面 於丹里 擔石山에
위치. 一名 七星庵. 신라 慈藏이 창건하
여 七星庵이라 명명. 1946년 옛 터에
중건하여 法王寺라 개명〈文化遺蹟總
覽〉〈寺刹全書, 1108p〉
法王寺浮屠群：현재 法王寺 입구에 2기
의 石鐘型浮屠와 碑 1座가 있다
浮屠 ①「桂月堂」이라 陰刻縱書
　　　　高1.4m
　　　②「月峯堂禪師溟謀立」이라 陰刻.
　　　　高1m
浮屠碑：高1.64m. 前面에 「蓮坡堂大禪
師」「翫坡堂大禪師」「蓮潭堂大禪師」
後面에 「八道都院長兼摠攝舍利碑閣」
이라 銘文〈文化遺蹟總覽〉
법왕사(法王寺)²
경기 江華郡 江華邑 官廳里에 있던 절.
20세기경 밭에서 金佛像을 발견〈文化
遺蹟總覽〉
경기 江華郡 見子山에 있던 절〈寺刹全
書, 457p〉

법왕사(法王寺)³
경기 開城 延慶宮 동쪽에 있던 절. 919
년(고려 太祖 2) 王이 건국 초에 지은
十寺 중 으뜸가는 절. 981년(고려 景
宗 6) 王이 八關會를 비롯하여 많은 행
사를 설행〈寺刹全書, 453p〉
權近(1352-1409) 撰「法王寺祖師堂
記」〈陽村集, 卷14 11張, 木板本〉
李穀(1298-1351) 撰「大都天台法王
寺記」〈稼亭集, 卷4 3張, 木板本〉
李奎報(1168-1241) 撰「法王寺八關
說經文」〈東國李相國集, 卷39 14張,
木板本〉
법왕사(法王寺)⁴
전북 高敞郡 雅山面 兜率山에 있던 절.
禪雲寺의 부속 암자〈寺刹全書, 457p〉
법운사(法雲寺)¹
경기 開城에 있던 절. 1106년(고려 睿
宗 1) 王의 행차를 비롯하여 역대 帝王
의 많은 행차와 행사가 있었다〈寺刹
全書, 452p〉
법운사(法雲寺)²
전북 淳昌郡 回門山에 있던 절〈寺刹
全書, 453p〉
「淳昌回門山法雲寺創建序」〈上同〉
上草庵이 山內에 부속
申景濬(1712-1781) 撰 「法雲庵記」
〈旅庵遺稿, 卷4 33張, 木活字本〉
법운암(法雲庵)¹
강원 高城郡 外金剛面 金剛山에 위치.
神溪寺의 부속 암자〈寺刹全書, 453p〉
법운암(法雲庵)²
평남 大同郡 龍山面 龍峰里 龍岳山에
위치〈불교사전, 278p〉
道安(1638-1715) 詩「登龍鶴山法雲
庵」〈月渚集, 279p, 影印本〉
법운암(法雲庵)³
함남 定平郡 朱伊面 白雲山에 위치. 歡
喜寺의 부속 암자〈寺刹全書, 453p〉
법원사(法源寺)

위치 未詳〈牧隱詩藁, 卷3 36張, 木板
本〉
李穡(1328-1396) 詩「游法源寺」〈上
同〉
법장사(法藏寺)¹
경북 慶州市 皇吾洞에 있는 절. 曹溪宗
경주지구 포교당임. 1820년(純祖 20)
건립〈文化遺蹟總覽〉
법장사(法藏寺)²
경북 大邱市 南區 鳳德洞에 있는 절. 一
名 高山寺. 신라말기 어느 王이 王子가
없음을 근심하다가 꿈에 의하여 이곳에
高山寺를 건립하고 기도한 뒤 年年生으
로 두 王子를 낳고, 그 공덕으로 釋迦如
來眞身寶塔을 건립했다는 전설이 있다.
壬亂 때 화재. 이 塔을 헐고 보물을 훔
쳐가려던 순간 갑자기 벼락이 떨어져
倭兵은 즉사하고 塔 일부가 파손되고
高山寺는 폐사. 1961년 信女의 노력으
로 法藏寺를 건립. 法藏寺 3층석탑은
형태는 잘 알 수 없고 塔身만 남아 있
다. 法藏寺 건립으로 塔도 대부분 복원
〈文化遺蹟總覽〉
법장사(法藏寺)³
평북 江界郡 奉香山에 있던 절〈寺刹全
書, 458p〉
법장암(法藏庵)
충남 公州郡 寺谷面 食藏山에 있던 절.
大德郡 山內面 大成里 食藏山 高山寺의
부속 암자〈寺刹全書, 458p〉
법적방(法積房)
경남 昌原郡 白月山에 있던 절. 努肹夫
得・怛怛朴朴이 함께 승려가 된 절〈寺
刹全書, 458p〉
법정사(法定寺)
경북 星州郡(옛 一利縣)에 있던 절. 신
라 惠恭王(765-779) 때 聖覺이 있던
곳. 晉州人 聖覺居士가 귀가한 뒤 老母
가 병이 들자 그는 자기 다리를 빚어 老
母를 먹이는 등 지극한 효성을 보이

므로 王이 양곡 300石을 하사〈寺刹全書, 458p〉

법주굴(法主窟)

경남 晉陽郡에 있던 절〈寺刹全書, 458p〉

법주사(法住[柱]寺)¹

경북 軍威郡 召保面 達山洞 青華山에 있는 절. 신라 炤智王(479－499) 때 창건〈불교사전, 281p〉〈寺刹全書, 459p〉

큰 掛佛·石佛立像·5층석탑 등이 있다〈文化遺蹟總覽〉

법주사(法住寺)²

충북 報恩郡 內俗離面 舍乃里 俗離山에 있는 절. 一名 吉祥寺·大法雲寺·俗離寺. 553년(신라 眞興王 14) 義信이 창건. 776년(신라 惠恭王 12) 眞表가 중건. 1624년(仁祖 2) 碧岩이 중수. 대부분이 조선후기 건물. 주위에 林慶業 장군의 전설이 있는 慶業臺·立石臺가 유명하고 太祖의 전설이 있는 鶴巢臺가 있다〈불교사전, 280p〉

國淸庵, 達摩庵, 兜率庵, 摩訶臺, 明鏡臺, 妙峰庵, 文藏庵, 般若臺, 白蓮庵, 白雲庵, 福泉庵[寺], 本吉祥庵, 本俗離庵, 本耳庵, 不思議房, 舍那寺, 上庫庵, 上觀音庵, 上彌勒庵, 上普賢庵, 上獅子庵, 雙松庵, 上庵, 上院庵, 上地藏庵, 上歡庵, 西方甲, 釋迦庵, 石松庵, 成佛庵, 須彌臺, 水晶庵, 汝寂庵, 牛陀窟, 隱仙臺, 住雲庵, 中庫庵, 中觀音庵, 中彌勒庵, 中普賢庵, 中獅子庵, 中地藏庵, 中歡庵, 青蓮庵, 脫骨庵, 土窟岩, 下庫庵, 下觀音庵, 下彌勒庵, 下普賢庵, 下獅子庵, 下地藏庵, 下歡庵, 紅蓮庵 등이 山內에 부속

俗離山法住寺一圓 : 사적 및 명승 제4호. 1966년 지정. 5,815,421坪〈指定文化財目錄〉

法住寺石蓮池 : 국보 제64호. 1940년 지정. 高1.95m 周圍6.65m. 화강석으로 8세기경 조성 추정〈文化財大觀 ; 國寶篇〉

法住寺圓通寶殿 : 地有 제1호. 1974년 지정. 현존하는 건물은 조선후기 건립. 本殿의 主尊佛인 金色觀世音菩薩은 유명함〈文化遺蹟總覽〉

法住寺捌相殿 : 국보 제55호. 1939년 지정. 高17m. 국내 유일한 木造5層塔. 5層屋蓋는 4角 지붕으로 됨. 1624년(仁祖 2) 중건. 1968년 해체 복원〈文化財大觀 ; 國寶篇〉

法住寺幢竿 : 高22m 周圍80cm. 1006년(고려 穆宗 9) 銅鐵로 건립. 1866년(高宗 3) 파괴, 1907년 洋錫으로 중건. 1927년 피괴, 1954년 중긴〈文化遺蹟總覽〉

法住寺磨崖如來佛像 : 보물 제216호. 1940년 지정. 高5m. 화강석으로 고려 때 건립 추정. 이 佛像은 커다란 蓮峰 위에 걸터앉아 있다〈文化財大觀 ; 寶物篇〉

法住寺碧岩大師碑 : 碑高2.1m 幅1.1m 厚35cm. 1664년(顯宗 5) 건립. 法住寺 金剛門 앞 巨盤石 위에 홈을 파서 세웠다. 碑銘은 鄭斗卿 撰, 郎善君(李俁) 書, 福昌君(李禎) 篆. 大師의 號는 碧岩, 字는 澄圓, 俗姓은 金. 仁祖 때 八道都摠攝이 되어 많은 功勞를 세웠다. 1575－1660년간 생존〈文化遺蹟總覽〉

法住寺四天王石燈 : 보물 제15호. 1934년 지정. 高3.9m. 화강석으로 통일신라(776년경) 때 제작 추정. 1965년 보수〈文化財大觀 ; 寶物篇〉

法住寺雙獅子石燈 : 국보 제5호. 1934년 지정. 高3.3m. 화강석으로 통일신라 때 건립 추정〈文化財大觀 ; 國寶篇〉

法住寺石槽 : 高1.3m 周圍10.8m 厚21cm. 신라 때 조성된 것으로 추정. 石造로 된 물 저장 용기로 사용〈文化遺

蹟總覽〉
法住寺世尊舍利塔 : 地有　제16호.　1976
년 지정.　八角浮屠.　高3.5m.　1362년
(고려 恭愍王 11) 건립.　王이 북방 紅
巾賊을 격파하고 俗離山 法住寺에 왕
림하여 梁山 通度寺에 봉안되어 있던
佛舍利 1과를 移安.　1973년 철책으로
보수〈上同〉
法住寺慈淨國尊碑 : 岩石을　파고　세운
碑로서 碑身의 下部 左側이 일부 파손.
1342년(고려 忠惠王復位 3) 건립.　碑
銘은 李叔琪 撰, 全元發 書幷篆.　曹溪
山 16國師의 한 분.　國師의 號는 彌授,
俗姓은 金.　1240－1327년까지　생존
〈上同〉
法住寺喜見菩薩像 : 高2m.　720년(신라
聖德王 19) 조성된 立佛像.　부분적인
수리를 가하였다〈上同〉
震河大禪師碑 : 高2.6m 幅50cm.　法住寺
주지 震河와 坦應碑 등 碑碣 3座와 舍
利塔으로 되었으며, 1927년 건립.　震
河碑銘은 權相老 撰, 坦應碑銘은 石霜
撰幷書〈上同〉
道生僧統 : 諱는 竀.　고려 文宗의 第6王
子로서 大覺國師의 아우.　報恩 俗離寺
住持에 취임〈金山寺誌, 119p〉
海眼(?－1636) 撰「俗離山大法住寺大
雄大光明殿佛相記」〈中觀遺稿〉
법천사(法泉寺)[1]
강원 原城郡 富論面 法泉里 鳴鳳山에
있던 절.　世祖 때 名臣 權擥 韓明會 등
이 塔上에 題詠한 것이 있다〈增補海
東詩選, 68p, 鉛印本〉
法泉寺智光國師玄妙塔 : 현재는 서울 景
福宮에 소재.　국유 국보 제101호.　1960
년 지정.　高6.1m.　화강석으로 1085년
(고려 宣宗 2)경 건립 추정.　1915년경
日本 大阪에 반출되었다가 반환되어
현 위치에 이전.　1950년 동란으로 포탄
피해를 입었다.　1957년 보수〈文化財

大觀 ; 國寶篇〉
法泉寺智光國師玄妙塔碑 : 현재는　서울
景福宮에 위치.　국유 국보 제59호.
1939년 지정.　高 약4.55m 幅1.42m.　화
강석으로 1085년(고려 宣宗 2) 건립.
碑文은 鄭惟産 撰, 安民原 書.　國師의
俗名은 海麟, 984－1067년까지 생존
〈上同〉
法泉寺址幢竿支柱 : 高3.9m 幅53cm　厚
64cm〈文化遺蹟總覽〉
**戊子銘法泉寺懸爐・戊子銘青銅香垸・戊
子銘法泉寺燔具** : 고려 때 조성 추정〈韓
國金石全文, 中世下 1267p, 許興植 編〉
許筠(1569－1618) 撰「遊原州法泉寺
記」〈惺所覆瓿藁, 卷6 87p, 影印本〉
법천사(法泉寺)[2]
경기 開城에 있던 절.　1160년(고려 毅
宗 14) 王이 이 절에 행차〈寺刹全書,
459p〉
법천사(法泉寺)[3]
경남 固城郡 無量山에 있던 절〈寺刹全
書, 459p〉
법천사(法泉寺)[4]
경남 河東郡 法山에 있던 절.　教宗에 소
속〈寺刹全書, 459p〉
법천사(法泉寺)[5]
전남 務安郡 夢灘面 達山里 僧達山에
있는 절.　725년(신라 聖德王 24) 西域
金地國의 淨明이 창건.　1131－1162년
간 印度의 圓明이 중건.　壬亂 때 소실
〈寺刹全書, 459p〉
1658년(孝宗 9)경 영욱이 중건〈文化
遺蹟總覽〉
覺岸(1820－1896) 撰「務安法泉寺袈
裟及千燈募緣疏」〈梵海禪師文集, 卷2
27張, 木板本〉
有一(1720－1799) 撰「法泉寺童行削
髮疏乙亥」〈蓮潭大師林下錄, 卷3 4張〉
「法泉寺法堂上梁文」〈上同, 34張〉
법천사(法泉寺)[6]

충남 大德(옛 懷德)郡 鷄足山 남쪽에
있던 절〈寺刹全書, 459p〉
법천사(法泉寺)[7]
평남 龍岡郡 三和面 忠興里 法泉山 남
쪽 기슭에 있던 절〈寺刹全書, 460p〉
1705년(肅宗 31) 건립한 石佛과 碑가
있다〈불교사전, 282p〉
道安(1638-1715) 撰 「三和法泉寺供
養具記」〈月渚集, 卷下, 木板本〉
법천사(法川寺)
충북 槐山郡 永登山에 있던 절〈寺刹
全書, 459p〉
법해암(法海庵)
전남 長興郡 冠山面 天冠山 九龍峰 서
쪽 아래 있던 절〈寺刹全書, 460p〉
법호사(法護寺)
충북 丹陽郡 乾止山에 있던 절〈寺刹
全書, 461p〉
법화굴(法華窟)
전북 高敞郡 雅山面 兜率山에 있던 절.
禪雲寺의 부속 암자〈寺刹全書, 463p〉
법화사(法華寺)[1]
경기 開城에 있던 절. 1287년(고려 忠
烈王 10) 王과 공주가 행차〈寺刹全
書, 462p〉
법화사(法華寺)[2]
경기 廣州郡 中部面 南漢山 蜂岩城 밖
에 있던 절. 一名 法華庵〈寺刹全書,
462p〉
朴齊家(1750-?) 詩 「法華庵」〈貞蕤
詩集, 卷1 22p, 鉛印本〉
법화사(法華寺)[3]
경북 永川郡(옛 新寧) 八公山에 있던
절〈寺刹全書, 463p〉
李衡祥(1653-1733) 撰 「永川法華寺
新作西亭記」〈瓶窩全書 : 雅山桂石錄,
404p, 影印本〉
법화사(法華寺)[4]
제주 南濟州郡 中文面 河源里에 있던
절. 1273년(고려 元宗 14) 제주도에서

항거하던 三別抄의 잔당을 고려와 몽고
의 연합군이 평정하고, 元의 佛教와 神
教가 들어와 寺刹과 神堂이 성행하여졌
는데, 이 절은 이때 창건〈寺刹全書,
462p〉〈文化遺蹟總覽〉
法華寺址 : 地記 제13호. 1971년 지정
〈文化遺蹟總覽〉
元나라 良工이 주성한 彌陀三尊이 있었
다〈李朝實錄佛教鈔存, 卷1 49張〉
법화사(法華寺)[5]
충남 象王山에 있던 절〈寺刹全書,
462p〉
법화사(法華寺)[6]
충남 洪州郡 月山에 있던 절〈寺刹全
書, 462p〉
법화사(法華寺)[7]
평남 中和郡(옛 祥原) 城山에 있던 절
〈寺刹全書, 463p〉
법화사(法華寺)[8]⇒ 鳳林寺[4] 참조
법화암(法華庵)[1]
경남 昌寧郡 靈山面 九溪里 靈鷲山에 있
는 절. 一名 法華寺〈불교사전, 284p〉
669년(신라 文武王 9) 창건〈文化遺蹟
總覽〉
신라 때 창건. 1850년(哲宗 1) 1857년
國儀가 각각 중건〈寺刹全書, 463p〉
靈山法華庵青石塔 : 地有 제69호. 1974
년 지정. 高75cm〈文化遺蹟總覽〉
법화암(法華庵)[2]
경남 咸陽郡 休川面 文正里 智異山에
있는 절. 一名 法華寺〈文化遺蹟總覽〉
〈寺刹全書, 463p〉
법화암(法華庵)[3]
경북 醴泉郡 上里面 鳴鳳里 小白山에
있는 절. 鳴鳳寺에 부속. 1887년(高宗
24) 梵雲이 중건〈寺刹全書, 463p〉
법화암(法華庵)[4]
전남 莞島郡 象王峰에 있던 절〈寺刹全
書, 463p〉
법흥사(法興寺)[1]

강원 寧越郡 水周面 法興里 獅子山에 있는 절. 一名 興寧寺 〈寺刹全書, 462p〉〈불교사전, 285p〉

法興寺寂滅堂寶宮舍利塔: 643년(신라 善德女王 12) 慈藏이 中國 淸涼山에서 수도하던 중 文殊菩薩을 친견하여 佛舍利와 袈裟를 전수하여 귀국. 上院寺·淨庵寺·通度寺·興寧寺[法興寺] 등에 舍利를 봉안 〈文化遺蹟總覽〉

寧越武陵里[法興寺]三層石塔: 武陵里에 소재. 高2.44m. 신라말기 興寧寺[法興寺]의 法要執行上 對靈祭를 지내기 위해 조성했다는 전설이 있다 〈上同〉

寧越武陵里[法興寺]五層石塔: 武陵里에 소재. 高1.4m. 靑石塔. 부근에 高3.5m의 磨崖如來坐像이 있다 〈上同〉

寧越酒泉里[法興寺]三層石塔: 興寧寺[法興寺] 창건 당시 건립한 것이라고 전한다. 현재 法興寺 入口에 있다. 高2.5m. 고려말-조선초기 건립 추정 〈上同〉

寧越興寧寺證曉大師塔碑: 국유 보물 제612호. 1977년 지정 〈文化財大觀; 寶物篇〉

936년(고려 太祖 19) 건립. 碑文은 崔彦撝(868-944) 撰, 崔潤 書 〈寺刹全書, 1214p〉

澄曉國師寶印之塔碑: 高2.37m. 신라 憲德王(809-825) 때 獅子山의 開祖인 澈監(798-868)의 제자로 景文王(860-874)의 총애를 받았다. 이 碑는 「天福九年歲在甲辰(944)六月十七日立」이라고 음각. 옆에 澄曉의 8角浮屠가 있다. 大師의 法名은 折中, 826-900년까지 생존 〈文化遺蹟總覽〉

興寧禪院址: 地記 제6호. 1971년 지정. 9세기경 신라 憲康王(809-825) 때 九山禪門이 번창할 때 獅子山門派인 華嚴宗 澈監이 開山. 제자 折中에 의해

번창. 그 후 891년(신라 眞聖女王 5) 兵火로 소실, 943년(고려 惠恭王 1) 중건. 계속되는 재해로 폐허. 현재 禪院址만 남아 있다. 현재 法興寺 부근 〈上同〉

법흥사(法興寺)²

강원 橫城郡 隅川面 南山里 南山에 있던 절 〈寺刹全書, 462p〉

南山里는 현재 橫城面 소속. 9세기말경 폐사. 佛像은 晴日面 鳳腹寺에 移安. 浮屠 5기와 맷돌은 春城 普光寺에 보관 〈文化遺蹟總覽〉

법흥사(法興寺)³

경북 安東市 法興(옛 新世)洞에 있던 절 〈寺刹全書, 461p〉

安東新世洞七層塼塔: 국유 국보 제16호. 1934년 지정. 高17m 幅7.7m. 벽돌로 8세기경 건립 추정. 1487년(成宗 18) 개축. 本塔의 소재지명을 法興이라 속칭하는 점으로 보아 옛 法興寺에 속했던 것으로 추정 〈文化遺蹟總覽〉

金九容(1338-1384) 詩 「寄法興寺長老」〈惕若齋集, 上 11張, 木板本〉

법흥사(法興寺)⁴

경북 月城郡 西面 斷石山 아래 위치 〈寺刹全書, 461p〉

權相老 撰 「法興寺創建記, 1953年」〈上同〉

법흥사(法興寺)⁵

평남 平原郡 公德面 法弘山에 위치 〈寺刹全書, 462p〉

신라 때 菩提流支가 亢龍山 동량사 터에 창건. 고려 때 法興이 중건. 1125년(고려 仁宗 3) 징오가 중건. 壬亂 때 休靜이 義兵僧을 모아 훈련하던 곳 〈불교사전, 285p〉

唐太宗(626-649)이 寺刹 건립을 명령하고, 또 褚遂良 등이 七學士에게 功德碑를 건립하라고 명했다. 고려 鄭襲明(?-1151)이 중건 〈新增東國輿地勝

覽, 卷52 12張, 木板本〉
道安(1638－1715) 撰 「法興寺南樓重修記」〈月渚集, 卷下　379p, 木板本〉
「法興寺拈頌集開刊文」〈上同, 407p〉
법희사(法喜寺)
京畿道에 있던 절인 듯〈晩洲遺集, 卷4 19張, 木活字本〉
洪錫箕(1606－1680)詩「宿法喜寺…」〈上同〉
벽계암(碧溪庵)
智異山 부근에 있던 절인 듯〈直庵遺集, 卷2 34張, 鉛印本〉
朴遠鍾(1887－1944) 詩「碧溪庵」〈上同〉
宋秉珣(1839－1912)　詩　「碧磎菴夜坐」〈心石齋集, 卷1 35張, 木活字本〉
벽귀암(碧龜庵)
충북 堤川(옛 淸風)郡에 있던 절〈寺刹全書, 463p〉
벽련암(碧蓮庵)
전북 井邑郡 內藏面 內藏山에 위치. 內藏寺의 부속 암자. 一名 白蓮庵. 660년(백제 義慈王 20) 幻海가 창건. 1950년 동란으로 소실〈文化遺蹟總覽〉
벽사(壁寺)
위치 未詳〈松岩續集, 卷2 26張, 木板本〉
權好文(1532－1587)詩「雨中過壁寺」〈上同〉
벽사(甓寺)⇒ 神勒寺[1] 참조
벽송사(碧松寺)
경남 咸陽郡 馬川面 楸城里 智異山에 있던 절. 1520년(中宗 15) 碧松이 창건, 뒤에 증축. 1950년 동란으로 화재〈불교사전, 286p〉〈寺刹全書, 463p〉
碧松寺三層石塔 : 보물 제474호. 1968년 지정. 高3.5m. 화강석으로 本寺 당시 건립 추정〈文化財大觀 ; 寶物篇〉
應允(1743－1804) 撰「碧松庵記」〈鏡岩集, 下 35張, 木板本〉

벽송암(碧松庵)[1]
전북 全州市 中老松洞에 위치. 1957년 중건〈文化遺蹟總覽〉
벽송암(碧松庵)[2]
함남 新興郡 西古川面 中興里 洛迦山에 위치〈寺刹全書, 464p〉〈불교사전, 286p〉
벽운사(碧雲寺)
평북 雲山郡에 있던 절〈寺刹全書, 464p〉
벽운암(碧雲庵)[1]
서울 道峰區 上溪洞에 있던 절〈寺刹全書, 464p〉
벽운암(碧雲庵)[2]
평남 江東(옛 三登)郡 廣德山에 있던 설〈寺刹全書, 464p〉
벽하암(碧荷庵)
경북〔榮州郡〕小白山에 위치. 1731년(英祖 7) 건립〈野雲集, 卷2 6張, 木板本〉
時聖(1710－1776)　撰　「小白山碧荷庵創建佛像畫成記」〈上同〉
벽해사(碧海寺)
황해 延白(옛 白川)郡 居鵲山에 있던 절〈寺刹全書, 464p〉
벽해암(碧海庵)
함남 北靑郡 良家面 大德山에 위치〈寺刹全書, 464p〉
변암(邊庵)
위치 未詳〈頤齋續稿, 卷1 39張, 影印本〉
黃胤錫(1729－1791) 詩「寄邊庵詩僧」〈上同〉
별연사(鼈淵寺)
강원 江陵에 있던 절〈寺刹全書, 464p〉
許筠(1569－1618) 撰「鼈淵寺古迹記」〈上同〉
별진사(別津〔珍〕寺)
전남 海南郡 溪谷面 星津里 黑石山 동남쪽에 있던 절〈寺刹全書, 464p〉

1947년 尹相奎가 중건. 매년 주민들이 제향〈文化遺蹟總覽〉

병봉사(餠奉寺)
경북 慶州市 부근에 있던 절인 듯〈梅月堂集, 卷12 15張, 癸酉字本〉
金時習(1435－1493) 詩「餠奉寺看梅」〈上同〉

병사(餠寺)
경북 淸道郡 淸道邑 犬山에 있던 절. 고려 太祖가 東征할 때 이 절의 기록이 있다〈寺刹全書, 465p〉

병풍사(屛風寺)
함남 永興郡 서쪽에 있던 절. 一名 屛風庵. 壬亂 때 조선 太祖 影幀을 이 절에 移安〈寺刹全書, 465p〉

병풍암(屛風庵)
경북 安東郡 陶山面 汾川洞에 있던 절〈退溪全書別集, 卷2〉
李滉(1501－1570) 詩 「…遊屛風庵…」〈上同〉

병풍암사(屛風岩寺)
경기 江華郡 江華邑 南山里에 있던 절〈寺刹全書, 465p〉

보각사(普覺寺)
충남 扶餘郡 望月山에 있던 절〈寺刹全書, 471p〉

보경사(寶鏡寺)
경북 迎日郡 松羅面 中山里 內迎山에 있는 절. 67년(신라 脫解王 11) 西域 僧侶 馬騰, 竺法蘭 등이 佛經을 가지고 中國에 올 때 12面圓鏡과 8面圓鏡을 가지고 왔다. 12面圓鏡을 東國으로 보내 終南山〔內迎山〕 아래 100尺 되는 못을 메워 거울을 묻고, 法堂을 짓게 되었으므로 寶鏡寺라 했다〈寺刹全書, 498p〉〈불교사전, 293p〉
고려 高宗(1213－1259) 때 圓眞이 중건. 1677년(肅宗 3) 道仁 등이 중건〈文化遺蹟總覽〉
瑞雲庵, 靑蓮庵 등이 山內에 부속

寶鏡寺浮屠：보물 제430호. 1965년 지정. 高4.5m. 화강석으로 1224년 건립 추정〈文化財大觀 ; 寶物篇〉
寶鏡寺五層石塔：一名 金堂塔. 高5m. 1023년(고려 顯宗 14) 건립〈文化遺蹟總覽〉
寶鏡寺圓眞國師碑：보물 제252호. 1942년 지정. 高1.83m 幅1.04m 厚0.17m. 碑身은 砂岩, 龜趺는 화강석. 1224년(고려 高宗 11) 건립.「圓眞國師碑銘」이라 題額. 碑銘은 고려 李公老 撰, 金孝印 書. 碑尾에「甲申(1224)五月日沙門 慧寂等立石」이라 기록. 國師의 諱는 承迥. 字는 永回, 俗姓은 申. 1180－1231년까지 생존〈文化財大觀 ; 寶物篇〉
鼎鎬 撰 「普鏡寺雪山和尙功德碑記, 1922年」〈寺刹全書, 498p〉
李奎報(1168－1241) 撰 「故寶鏡寺住持大禪師贈諡圓眞國師敎書官誥」〈東國李相國集, 卷34 7張, 木板本〉

보곡사(保谷寺)
충북 丹陽郡 大崗面(옛 金剛) 龍夫院里 小白山에 있던 절. 一名 寶國寺〈寺刹全書, 466p〉

보광사(普光寺)[1]
강원 春城郡 西面(옛 西下) 德斗院里에 있는 절. 1933년 載學이 鞍化寺 터에 창건〈寺刹全書, 476p〉
1931년 鄭載學이 鞍化寺 옛터를 개척하고 普光寺라 명명〈楡岾寺本末寺志, 826p, 鉛印本〉
鄭載學 撰 「普光寺重修喜捨請助文, 1933年」〈寺刹全書, 476p〉

보광사(普光寺)[2]
경기 高陽郡 神道邑 三角山에 있던 절. 雪輝가 창건〈寺刹全書, 472p〉
李德懋(1741－1793) 撰「普光寺」〈靑莊館全書, 卷3 70張, 影印本〉

보광사(普光寺)[3]
경기 始興郡 果川面 文原里에 있는 절.

彌勒立像과 三尊石塔을 근처 寺址에서
이전〈文化遺蹟總覽〉
보광사(普光寺)[4]
경기 楊州郡 白石面 靈場里 古靈山에
있는 절〈불교사전, 293p〉
一名 古靈寺. 894년(신라 眞聖女王 8)
道詵이 창건. 1215년(고려 高宗 2) 圓
眞이 중건. 1388년(고려 禑王 14) 無
學이 중건. 1667년(顯宗 8) 智侃 釋蓮
등이 중수. 1901년(光武 5) 仁坡가 중
수〈寺刹全書, 471p〉
兜率庵, 守口庵 등이 山內에 부속
보광사(普光寺)[5]
경남 居昌郡 修道山에 있던 절〈寺刹
全書, 476p〉
보광사(普光寺)[6]
경북 靑松郡 靑松面 德洞 普光山에 있
던 절〈불교사전, 293p〉〈寺刹全書,
476p〉
昭憲王后의 조상 靑松沈氏 始祖墓를
수호하기 위해 창건〈文化遺蹟總覽〉
보광사(普光寺)[7]
전남 羅州郡 錦城山에 있던 절. 신라
善德王(632－646) 때 安信이 錦城山
維摩窟에서 22년 동안 수도하여 五色
구름과 함께 서쪽으로 갔다고 전함
〈寺刹全書, 475p〉
海眼(?－1636) 撰「錦城山葆光寺翠微
樓上樑文」〈中觀遺稿〉
보광사(普光寺)[8]
전북 全州市 母岳山에 있던 절. 백제
때 高德山에 창건, 고려 高龍鳳이 중
수. 조선 때 현지에 이전〈寺刹全書,
474p〉
李穀(1298－1351) 撰「重興大華嚴普
光寺記」〈稼亭集, 卷3 4張, 木板本〉
「新作心遠樓記」〈上同, 卷3 5張〉
보광사(普光寺)[9]
충남 大德郡 白月山에 있던 절〈寺刹
全書, 474p〉

보광사(普光寺)[10]
충남 扶餘郡 林川面 加神里 聖住山에
있던 절. 고려 때 圓明이 있던 곳〈불교
사전, 293p〉〈寺刹全書, 472p〉
普光寺重創碑 : 普光寺址에 있던 것을
현재 扶餘博物館에 이전. 보물 제107
호. 1935년 지정. 高1.97m. 片磨岩으로
1358년(고려 恭愍王 7) 건립.「高麗國
林州普光禪師碑」라 題額. 碑銘은 危素
撰, 揭濮 書, 周伯琦 篆. 碑尾에「至正
十八年戊戌(1358)…門人等入石刻字懷
正」이라 기록. 裏面에는 1750년(英祖
26) 중건 기록이 있다〈文化財大觀 ; 寶
物篇〉
康好文(고려 禑王時人) 撰「普光寺扶
餘」〈增補海東詩選, 68p, 李圭瑢 編,
鉛印本〉
보광사(普光寺)[11]
충북 槐山郡 沙梨面 沙潭里 普光山에
있던 절. 一名 鳳鶴寺. 1600년(宣祖
33) 경까지도 巨刹이었으나 폐사. 1925
년 寺址에서 權鳳柱 승려가 石佛을 발
굴하여 1941년 法堂을 건립하여 봉안.
寺址 일대는 경작지로 변경. 石塔材와
石燈臺石・柱礎石・塼 등이 남아 있다
〈寺刹全書, 472p〉〈文化遺蹟總覽〉
鳳鶴寺址五層石塔 : 地有 제29호. 1976
년 지정. 高4.97m. 고려초기 건립 추
정. 1967년 중건 당시 墨書記紙本이 들
어있는 靑銅製 方形龕이 출품되어 현재
國立中央博物館에 이전 보관. 고려초기
조성으로 보이는 佛像이 있다〈文化遺
蹟總覽〉
보광사(普光寺)[12]
평북 宣川郡 菩提山에 있던 절〈寺刹全
書, 476p〉
보광사(普光寺)[13]
평북 鐵山郡 雲暗山에 있던 절〈寺刹全
書, 477p〉
보광사(普光寺)[14] ⇒ 象頭寺 참조

보광사(寶光寺)
경기 楊州郡 和道面 嘉谷里 天摩山에 있는 절. 고려 光宗(949-975) 때 慧炬가 창건. 1780년(正祖 4) 華潭이 중건. 高宗(1864-1907) 때 李裕元이 중건. 1950년 동란으로 일부 화재. 1960년 大雄殿 6간 화재. 지금은 寮舍 6간만 남음 〈불교사전, 293p〉
1851년(哲宗 2) 李裕元이 창건. 1894년 鳳城이 중수 〈奉先本末寺誌, 133p, 鉛印本〉
勝蓮 撰「華潭禪師影讚」〈上同, 134p〉
李裕元(1814-1888) 撰「華潭堂大禪師影讚」〈上同, 134p〉
慧昭 撰「華潭禪師影讚」〈上同, 134p〉

보광암(普光庵)[1]
강원 高城郡 外金剛面 金剛山에 위치. 神溪寺의 부속 암자. 899년(신라 孝恭王 3) 抱含이 창건하여 洛迦庵이라 함. 1800년(正祖 24) 玟惠가 중건. 1848년(哲宗 14) 鷲峰 등이 중수하여 普光庵이라 개명. 1871년(高宗 8) 明虛 義惺 등이 중건 〈불교사전, 293p〉
「金剛山洛迦庵記」〈寺刹全書, 477p〉
「金剛山洛迦庵記」〈榆岾寺本末寺志, 241p, 鉛印本, 1977影印〉
「金剛山神溪寺普光庵蓋瓦記」〈上同, 244p〉
肯遊 撰「神溪寺普光庵重建記, 1848年」〈寺刹全書, 477p〉
「神溪寺普光庵重建記, 1871年」〈上同, 478p〉
「普光庵佛事記, 1873年」(高宗 10)〈上同, 265p〉
誠腕 撰「神溪寺普光庵重建記, 1871年」〈上同, 243p〉
李奭信 撰「神溪寺普光庵萬日會叙事」〈上同, 268p〉

보광암(普光庵)[2]
충남 靑陽郡 大峙面 七甲山에 있던 절. 長谷寺의 부속 암자 〈불교사전, 293p〉

보광암(普光庵)[3]
충북 堤川(옛 淸風)郡 月岳山에 있던 절 〈寺刹全書, 477p〉
吳道一(1645-1703) 詩「月岳山寶光菴洞口」〈西坡集, 卷4 13張, 芸閣印書體字本〉

보광암(普光庵)[4]
황해 安岳郡 九月山에 있던 절 〈寺刹全書, 478p〉

보광전(普光殿)⇒ 寒山寺[2] 참조

보국사(寶國寺)[1]
경기 開城에 있던 절. 1371년(고려 恭愍王 20) 王이 忠肅王 忌日에 이 절에 행차 〈寺刹全書, 501p〉

보국사(寶國寺)[2]
경북 漆谷郡 架山面 架山洞 架山에 있는 절. 1887년(高宗 24) 鳳林이 중건 〈寺刹全書, 501p〉〈불교사전, 294p〉

보국사(寶國寺)[3]⇒ 保谷寺 참조

보국사(補國寺)[1]
경기 開城市 고려 正宮 서쪽에 있던 절 〈寺刹全書, 498p〉
東·西補國寺가 있었다. 921년(고려 太祖 4) 창건 〈불교사전, 293p〉

보국사(補〔輔〕國寺)[2]
전남 潭陽郡 龍面 山城里 金城山에 있는 절 〈寺刹全書, 498p〉〈불교사전, 293p〉
1533년(中宗 28) 改築. 1762년(英祖 38) 僧禪殿과 觀音殿 소실. 1766년(英祖 42) 중건 〈旅菴遺稿, 卷4 31張, 木活字本〉
申景濬(1712-1781) 撰「金城補國寺重建記」〈上同〉

보국사(輔國寺)
경기 楊州郡 北漢山에 있던 절. 琢心 明坦 등이 창건 〈寺刹全書, 498p〉

보국사(保國寺)
평북 慈城郡 慈母山城 밖 牛馬城 안에

있던 절 〈寺刹全書, 466p〉
보국암(報國庵)
경남 咸陽郡 天王岾에 있던 절 〈寺刹全書, 496p〉
보당암(寶幢庵)
경북 達城(옛 玄風)郡 苞山에 있던 절. 982년(고려 成宗 2) 成梵이 창건 〈寺刹全書, 501p〉
閔漬(1248-1326) 撰 「普覺國尊(一然)碑」〈上同, 502p〉
李詹(1345-1405) 撰 「寶幢庵重創法華三昧懺疏」〈東文選, 卷111 24張, 木板本〉
보덕굴(普德窟)¹
강원 淮陽郡 內金剛面 長淵里 金剛山에 위치. 表訓寺의 부속 암자. 一名 普德庵 〈불교사전, 294p〉
627년(고구려 榮留王 10) 普德이 창건. 1156년(고려 毅宗 10) 懷正이 중건. 1540년(中宗 35) 1675년(肅宗 1) 각각 중건. 1726년(英祖 2) 內帑金으로 중수. 1808년(純祖 8) 栗峰이 중수 〈寺刹全書, 479p〉
1540년(中宗 35) 大內에서 일신 중수. 1674년(肅宗 1) 조정에서 중건. 1726년(英祖 2) 內帑金으로 중수. 1808년(純祖 8) 栗峰이 중수 〈楡岾寺本末寺志, 414p, 鉛印本〉
道安(1638-1715) 撰 「香山隱峯寄普德窟自澄大師」〈月渚集, 310p, 影印本〉
保郁 撰 「普德窟事蹟拾遺錄, 1845年」〈寺刹全書, 480p〉
洪奭周(1774-1842) 撰 「普德窟永明都尉洪顯周供佛發願文, 1818年」〈楡岾寺本末寺志, 548p, 鉛印本〉
보덕굴(普德窟)²
경북 聞慶郡 籠岩面 大峀山에 있는 절. 一名 普德庵. 고구려 普德이 창건 〈寺刹全書, 478p〉

보덕사(報德寺)¹
강원 寧越郡 寧越邑에 있던 절. 신라 義湘(625-702)이 창건 〈불교사전, 294p〉 英祖(1724-1776) 때 報德寺로 개명 〈寺刹全書, 496p〉
보덕사(普德寺)²
경기 華城郡 雨汀面 梨花里에 있는 절. 三國 때 창건. 1750년(英祖 26) 중수. 1977년 보수. 至靈堂만 현존 〈文化遺蹟總覽〉
보덕사(報德寺)³
충남 禮山郡 德山面 上伽里 象王山에 있는 절. 1871년(高宗 8) 창건. 伽倻寺의 後身인 듯하다 〈文化遺蹟總覽〉
山內에 觀音庵이 부속
報德寺石塔 : 高宗(1864-1907) 때 興宣大院君이 그의 父親 南延君의 墓를 쓸 때 건립 〈上同〉
禮山上伽里石燈 : 1950년 伽倻寺址에서 報德寺에 이전. 高1.2m. 8角石燈 〈上同〉
보덕사(報德寺)⁴
평남 龍岡郡 龍岡面 玉桃里 依城山에 있던 절. 4尺 佛像 1구, 1尺 佛像 7구가 남음 〈寺刹全書, 478p〉
道安(1638-1715) 詩 「普德寺慶席次主倅韻…」〈月渚集, 275p, 影印本〉
보덕사(報德寺)⁵ ⇒ 禁夢庵 참조
보덕사(寶德寺)
평북 宣川郡 劍山에 있던 절 〈寺刹全書, 502p〉
보덕암(普德庵)¹
강원 金化郡 近北面 五聖山에 위치. 水泰寺의 부속 암자. 1809년(純祖 9) 善定 등이 중건 〈楡岾寺本末寺志, 790p, 鉛印本〉
「金化郡五聖山普德庵記」〈上同, 797p〉
보덕암(普德庵)²
경북 月城郡 陽南面 羅山里 含月山에 있는 절. 一名 國救庵. 신라 敬順王

(927－935) 때 창건〈불교사전, 294p〉
보덕암(普德庵)³
함남 北靑郡 新北靑面 大德山에 위치.
定宗(1398－1400) 때는 萬德寺, 肅宗
(1674－1720) 때는 興福寺, 憲宗
(1834－1849) 때는 普德庵이라 각각
개명〈寺刹全書, 478p〉
보덕암(普德庵)⁴⇒華溪寺 참조
보라사(寶羅寺)
평북 義州郡 枇峴面 廣下洞 馬頭山에
있던 절〈寺刹全書, 502p〉
보련사(寶蓮寺)¹
강원 襄陽郡 五臺山에 있던 절〈寺刹
全書, 502p〉
보련사(寶蓮寺)²
충북 中原郡 老隱面 蓮河洞에 있던 절.
石佛 1기와 石築 15m정도가 남음〈寺
刹全書, 502p〉
보련암(寶蓮庵)
강원 襄陽郡 縣北面 漁城田里 滿月山에
위치. 明珠寺의 부속'암자. 1676년(肅
宗 2) 창건하여 香爐庵이라 함. 1860년
(哲宗 11) 화재, 1861년 암자 동쪽에 중
건하고 寶蓮庵이라 개명〈乾鳳寺本末
事蹟, 161－163p, 鉛印本〉
보련암(普蓮庵)
강원 華川郡 內面 豊山里에 있던 절
〈寺刹全書, 483p〉
보록사(寶錄寺)
평북 宣川郡 普光山에 있던 절〈寺刹
全書, 502p〉
보리사(菩提寺)¹
경기 楊平(옛 砥平)郡 龍門面 延壽里
에 있던 절. 937년(고려 太祖 20)경 창
건 추정〈寺刹全書, 466p〉〈文化遺蹟
總覽〉
菩提寺大鏡大師塔碑: 현재는 서울 景福
宮에 위치. 국유 보물 제361호. 1960년
지정. 高3.5m 幅0.89m. 碑身은 砂岩,
龜趺는 화강석. 939년(고려 太祖 22)

건립. 碑尾에「天福四年己亥(939)…立
弟子…」라고 기록. 裏面에 大師 門徒
名目을 列記. 「天福七年歲次壬寅
(942)」이라 기록. 碑文은 崔彥撝 撰,
李桓樞 書. 1960년경 현지에 이전. 大
師의 諱는 麗嚴, 俗姓은 金, 雞林人.
930년(고려 太祖 22) 入寂〈文化財大
觀；寶物篇〉
보리사(菩提寺)²
경남 宜寧郡 嘉禮面 甲乙里 闍崛山에
있던 절. 寺址 부근 논에 石槽 1기가 남
음〈寺刹全書, 468p〉
1600년경까지 절이 있었다고 전한다.
현재는 밭에 주춧돌과 기단부 장대석
등이 남음〈文化遺蹟總覽〉
보리사(菩提寺)³
경북 慶州市(옛 慶州郡 內東面) 排盤
洞에 있던 절. 886년(신라 憲康王 1)
창건〈寺刹全書, 468p〉
慶州南山彌勒谷石佛石坐像: 보물 제136
호. 1936년 지정. 高4.36m. 886년 石造
로서 寺址에 남아 있다〈文化財大觀；
寶物篇〉
石造釋迦如來坐像과 허물어진 石塔이
남아 있다〈寺刹全書, 468p〉
菩提寺址磨崖如來坐像: 高11.5m〈文化
遺蹟總覽〉
보리사(菩提寺)⁴
경북 達城郡 八公山에 있던 절인 듯
〈寺刹全書, 468p〉
보리사(菩提寺)⁵
경북 榮州郡 小白山에 있던 절. 신라 때
阿干 貴珍家의 婢인 郁面이 그의 上典
인 阿干을 따라 부근 彌陀寺에 가서 9
년 동안 念佛하여 이 절을 창건하게 되
었다는 전설이 있다〈寺刹全書, 468p〉
보리사(菩提寺)⁶
충북 丹陽郡 竹嶺에 있던 절. 一名 一菩
提寺〈文化遺蹟總覽〉
보리암(菩提庵)¹

강원 高城郡 巨津邑 冷泉里 金剛山에 위치. 乾鳳寺의 부속 암자. 1161년(고려 毅宗 15) 창건 〈乾鳳寺本末事蹟, 2p, 鉛印本〉

보리암(菩提庵)²
경기 開豊郡 嶺北面 天摩山 박연폭포 위에 있던 절 〈寺刹全書, 469p〉

보리암(菩提庵)³
경남 南海郡 二東面 錦山에 있는 절 〈寺刹全書, 469p〉
683년(신라 神文王 3) 元曉가 창건 〈文化遺蹟總覽〉
南海錦山靈應紀蹟碑 : 조선 太祖가 기도한 곳. 高2m. 1903년 건립 〈上同〉
菩提庵前三層石塔 : 地有 제74호. 1974년 지정. 高1.65m. 1970년 해체 복원 〈上同〉

보리암(菩提庵)⁴
전남 潭陽郡 龍面 月桂里 秋月山에 있는 절. 고려 普照(1158-1210)가 창건 〈불교사전, 296p〉〈寺刹全書, 469p〉
子秀(1664-1737) 撰 「秋月山菩提庵記」〈無竟集, 11張, 木板本〉

보리암(菩提庵)⁵
황해 海州郡 北嵩山에 있던 절 〈寺刹全書, 483p〉

보리암(菩提庵)⁶
황해 鳳山郡 慈悲嶺에 있던 절 〈寺刹全書, 469p〉

보리암(普利庵)
경기 開豊郡 摩尼[馬利]山에 있던 절 〈寺刹全書, 483p〉

보림사(普琳[林]寺)
강원 高城郡 杆城面 新安里 乾鳳寺의 부속 암자. 553년(신라 法興王 20) 창건. 1523년(中宗 18) 普琳이 중건. 1897년(光武 1) 鶴林 龍成 등이 중건 〈불교사전, 297p〉
1880년(高宗 17) 화재, 1881년 碧梧 幻應 등이 중건. 1882년 碧梧 幻應 등

이 중건 〈乾鳳寺本末寺蹟, 1p, 鉛印本〉

보림사(寶林寺)¹
경남 昌寧郡 靈山面 九溪里 靈鷲山에 있던 절. 西域의 指空(?-1363)이 般若樓를 3일 동안 건립하여 『般若經』을 설하던 곳이라 한다. 절 터에 鎭鏡의 寶月凌空塔碑가 있으며, 碑文에 923년(고려 太祖 6) 건립한 浮屠가 있다 〈불교사전, 297p〉
고려 때 건립으로 추정되는 3층석탑이 있었는데, 근년에 靈山國民學校에 이전 〈文化遺蹟總覽〉

보림사(寶林寺)²
전남 康津郡 有治面에 있던 절. 870년(신라 景文王 10) 창건 추정 〈韓國金石文追補, 16p〉
寶林寺石塔誌[南北] : 本寺址에서 3층석탑 발견. 870년(신라 景文王 10) 건립 〈上同, 16-20p〉

보림사(寶林寺)³
전남 長興郡 有治面 鳳德里 迦智山에 있는 절. 860년(신라 憲安王 4) 신라 普照가 종래의 草庵을 확장하여 절을 창건. 1950년 동란으로 대웅전 소실, 그 뒤 곧 중건 〈불교사전, 296p〉〈寺刹全書, 504p〉
寶林寺東浮屠 : 보물 제155호. 1938년 지정. 8角浮屠. 高3.6m. 화강석으로 통일신라 때 건립 추정 〈文化財大觀 ; 寶物篇〉
寶林寺普照禪師彰聖塔 : 보물 제157호. 1938년 지정. 880년(신라 憲康王 6) 入寂. 塔碑는 884년(同王 10) 건립 〈上同〉
寶林寺普照禪師彰聖塔碑 : 보물 제158호. 1938년 지정. 高3.46m 幅1.37m. 龜趺螭首는 화강석, 碑身은 대리석. 884년(신라 憲康王 10) 건립. 「迦智山普照禪師碑銘」이라 題額. 碑銘은 金穎 撰, 金薳·金彦卿 共書. 普照의 諱는 體澄,

俗姓은 金, 熊津人. 碑尾에 「中和四年歲次甲辰(884)…建」이라 　　기록. 804-880년까지 생존〈上同〉

寶林寺三層石塔 및 石燈：국보 제44호. 1936년 지정. 塔 2기, 燈 1기. 南塔高5.4m 北塔高5.9m 燈高3.12m. 화강암으로 塔은 870년(신라 景文王 10) 건립. 石燈은 건립년도가 塔과 같은 것으로 추정〈上同；國寶篇〉

寶林寺西浮屠(2기)：보물 제156호. 1938년 지정. 8角浮屠. 화강석으로 고려중기 건립 추정. 1944년 중건〈上同；寶物篇〉

寶林寺長栍：高12m 周圍4.5m. 760년(신라 景德王 19) 조성〈文化遺蹟總覽〉

寶林寺鐵造毘盧舍那佛坐像：국보 제117호. 1963년 지정. 高2.51m. 鐵材로 858년(신라 憲安王 2) 조성. 현재 座臺와 光背를 잃었다〈文化財大觀；國寶篇〉

李建芳(高宗時人) 撰「蓮潭禪師碑銘」禪師의 諱는 有一, 字는 無二, 俗姓은 千. 1720-1799년까지 생존. 長興 寶林寺에서 入寂〈蘭谷存稿；文錄, 影印本〉

松臺庵이 山內에 부속

長興寶林寺南塔誌・寶林寺北塔誌：870년(신라 景文王 10) 조성〈韓國金石全文古代, 183p, 許興植 編〉

鼎鎬(1870-1948) 撰「華嚴宗主蓮潭堂〔有一〕大師第二碑陰記」〈石林草, 12張, 影印本〉

보림사(寶林寺)[4]
전북 井邑郡 北(옛 寶林)面 寶林里 七寶山에 있는 절〈불교사전, 296p〉 1539년(中宗 34) 李恒이 門人들과 더불어 수학하던 곳. 李恒 歿後 승려들이 居守〈文化遺蹟總覽〉

보림사(寶林寺)[5]

충남 牙山郡 桐林山에 있던 절〈寺刹全書, 502p〉

보림사(寶林寺)[6]
평남 龍岡郡 大代面 梧山里 牛山에 위치. 一名 寶林庵〈불교사전, 297p〉〈寺刹全書, 503p〉

보림사(寶林寺)[7]
황해 松禾郡 龍門山에 있던 절〈寺刹全書, 504p〉

보명사(寶明寺)
평남 龍岡郡 高靜山에 있던 절〈寺刹全書, 503p〉

보명사(普明寺)
평남 龍岡郡 多美面 普明里 月見山 기슭에 있던 절. 聖谷堂眞智塔銘이 있다〈寺刹全書, 483p〉

보문사(普門寺)[1]
강원 原州市(옛 原州郡 板富面) 杏邱洞 雉岳山에 있는 절〈불교사전, 297p〉 寺址에서 조선시대의 작품으로 보이는 五層靑石塔이 출토〈文化遺蹟總覽〉

보문사(普門寺)[2]
경기 江華郡 三山面 煤音里 洛迦山에 있는 절. 一名 普門庵. 635년(신라 善德女王 3) 懷正 창건. 649년(신라 眞德女王 3) 부근 어부들이 佛像과 羅漢, 天眞石像 22구를 바다에서 얻어 절 오른편 石窟에 봉안. 1812년(純祖 12) 이 절 승려가 洪鳳章과 함께 중건. 1867년(高宗 4) 석굴 안에 羅漢閣을 건립. 1893년(高宗 30) 明成皇后가 客室과 寮舍를 건립하라고 전교. 1918년 金大圓이 觀音法堂을 중건. 1935년 주지 裵善周가 羅漢法堂을 중건〈寺刹全書, 484p〉〈불교사전, 297p〉 1897년 京山이 石窟羅漢 改粉佛事를 봉행. 1928년 住持 裵善周가 寺後 層岩절벽에 觀音尊像을 刻成. 1931년 裵善周가 觀音菩薩像을 서울 靑岩寺에서 조성하여 本寺에 移安. 1932년 客室 7간

을 건립〈傳燈本末寺志, 91p, 鉛印本〉
普門寺磨崖石佛坐像 : 地有 제65호.
1975년 지정. 高9.2m 幅3.3m. 암벽에
양각한 觀音菩薩像과 石燈 1기가 있
다. 1928년 조성〈文化遺蹟總覽〉
普門寺石室 : 地有　제57호.　1974년 지
정. 3개의 입구에 虹霓門을 두고, 천연
동굴에 22구의 天眞石像을 봉안. 면적
97평. 高 8m〈上同〉
鼎鎬(1870-1948) 撰 「普門寺法堂重
建記」〈傳燈本末寺誌, 93p, 鉛印本〉
洪鳳章 撰 「普門寺勸善文, 1812年」
〈上同, 92p〉
보문사(普門寺)[3]
경북 慶州市(옛 慶州郡 內東面) 普門
洞 南山 밑에 있던 절. 東·西 2塔과 金
堂의 주춧돌이 남음〈불교사전,
〈寺刹全書, 486p〉
慶州普門里幢竿支柱 : 普門寺址에 위치.
국유 보물 제123호. 1935년 지정. 高
3.8m. 화강석으로 통일신라 때 건립
추정〈文化財大觀 ; 寶物篇〉
慶州普門里石槽 : 普門寺址에 위치. 국
유. 보물 제64호. 1934년 지정. 外長
2.73m 幅2.14m 高0.87m 厚0.15m 深
0.61m. 화강석으로 통일신라 때 조성
추정〈上同〉
보문사(普門寺)[4]
경북 尙州郡 白華山에 있던 절. 1568년
(宣祖 2) 『水陸無遮平等齋儀式撮要』
를 開板〈寺刹全書, 486p〉
보문사(普門寺)[5]
경북 醴泉郡 普門面 首溪洞 鶴駕山에
있는 절. 677년(신라 文武王 17) 義湘
이 창건. 1184년(고려 明宗 14) 知訥
이 중건. 1407년(太宗 7) 敎宗에 소속.
1569년(宣祖 2) 法宇를 중수〈寺刹全
書, 485p〉〈불교사전, 297p〉
壬亂 때 대부분 소실. 1967년 중수. 경
내에 고려 때 건립으로 추정되는 3층

석탑(高3.3m)이 있다〈文化遺蹟總覽〉
1926년 중수〈寺刹全書, 485p〉
雲溪庵이 山內에 부속
崔就墟 撰「醴泉郡普門寺佛殿僧寮重建
記, 1926年」〈寺刹全書, 486p〉
보문사(普門寺)[6]
서울 城北區 普門洞에 있는 절. 一名 탑
골 승방. 1115년(고려 睿宗 10) 奉恩
曇眞 등이 창건. 1826년(純祖 26) 秀峰
이 萬歲樓와 法堂을 단청. 1925년 주지
互垣이 萬歲樓를 중수. 1946년 주지 互
垣이 중수. 1959년 주지 恩榮이 보수
〈寺刹全書, 484p〉
權相老 撰 「普門寺一新建築記, 1962
年」〈寺刹全書, 484p〉
보문사(普門寺)[7]
전남 長興郡 蓉山面에 있던 절〈寺刹全
書, 485p〉
보문사(普門寺)[8]
제주도에 있던 절〈寺刹全書, 485p〉
보문사(普門寺)[9]
충남 論山(옛 恩津)郡 摩耶山에 있던
절〈寺刹全書, 485p〉
보문사(普門寺)[10]
충남 大德郡 山內面 無愁里 普門山에
있던 절. 고려말기 창건 추정. 寺址에는
銘刻이 마멸되어 잘 판독할 수 없는 石
柱·石槽·맷돌 등의 石造物이 방치
〈文化遺蹟總覽〉〈寺刹全書, 485p〉
보문사(普門寺)[11]
충남 天原郡 木川面 校村里 太祖山에
있는 절〈불교사전, 297p〉
木佛 3구와 石佛 4구가 있다〈文化遺蹟
總覽〉
보문사(普門[聞]寺)[12]⇒獨亭寺 참조
보문사(普門寺)[13]⇒ 圓通寺[6] 참조
보문사(普門社)
충남 天原(옛 木川)郡 聖居山에 있던
절〈寺刹全書, 487p〉
보문암(普門庵)[1]

강원 高城郡 杆城面 新安里에 위치. 乾
鳳寺의 부속 암자. 1359년(고려 恭愍
王 8) 창건. 1878년(高宗 15) 소실
〈寺刹全書, 486p〉
보문암(普門庵)²
강원 麟蹄郡 北面 龍垈里 雪嶽山에 있
던 절. 百潭寺의 부속 암자. 1864년(高
宗 1) 櫟庵이 창건. 1919년 폐사 〈寺刹
全書, 487p〉
보문암(普門庵)³
경남 河東郡 智異山에 있던 절. 一名
黃嶺庵 〈寺刹全書, 486p〉
보문암(普門庵)⁴
충북 永同郡 黃澗面 友梅里 天摩山에
있던 절. 般若寺의 부속 암자 〈寺刹全
書, 486p〉
보문암(普門庵)⁵
함남 新興郡 元平面 新成里에 위치. 千
佛山 開心寺의 부속 암자 〈寺刹全書,
487p〉
보문암(普門庵)⁶
함남 安邊郡 文山面 沙器里 雪峰山에
위치. 釋王寺의 부속 암자 〈불교사전,
298p〉〈寺刹全書, 487p〉
보문암(普門庵)⁷
함남 咸州郡 川西面 上雲興里 聖德山
에 있는 절 〈寺刹全書, 487p〉〈불교사
전, 298p〉
보문암(普門[聞]庵)⁸
함남 洪原郡 靈覺山에 있던 절 〈寺刹
全書, 487p〉
보문암(寶門庵)
강원 高城郡 金剛山에 있던 절 〈寺刹
全書, 503p〉
보민사(保民寺)
평북 慈城郡 慈母山城 안에 있던 절
〈寺刹全書, 466p〉
보법사(報法寺)
경기 開豊郡 大聖面 舊邑里 末訖山에
있던 절. 고려 太祖妃 柳氏가 자기 집

을 절로 만들었다가 중년에 폐사된 것
을 忠惠王(1330－1344) 때 尹侍中이
禪源 法蘊과 함께 중건 〈寺刹全書,
496p〉〈불교사전, 298p〉
보봉암(普峰庵)
경북 善山郡 金烏山에 있던 절. 一名 普
峰寺 〈寺刹全書, 487p〉
金烏山磨崖石佛立像: 普峰庵址에 위치.
국유 보물 제490호. 1968년 지정. 高
55m. 화강석으로 고려 때 조성 추정.
『一善誌』에 普峰寺에 관해서 「金烏山
最上峰下有小刹是也…」라는 기록으로
보아 普峰寺로 추정 〈文化財大觀 ; 寶
物篇〉
보살사(菩薩寺)¹
강원 伊川郡 山內面 開運里 高達山에
있는 절. 1395년(太祖 4) 無學이 창건.
1723년(景宗 2) 性源이 중건. 1921년
鄭쓴仁이 중수 〈寺刹全書, 470p〉〈불
교사전, 299p〉
1931년 靜惠가 改金佛事를 봉행 〈楡岾
寺本末寺志, 855p, 鉛印本〉
菩薩寺事蹟碑: 高1.2m. 1725년(英祖 1)
淸和가 건립. 碑銘은 1395년(太祖 4)
圓照 撰, 性源 書幷篆 〈寺刹全書,
470p〉
金俊學 撰「伊川郡菩薩寺改金佛事喜捨
文, 1931年」〈楡岾寺本末寺志, 859p,
鉛印本〉
金昌善 撰「伊川郡高達山菩薩寺重修序
文, 辛酉」〈上同, 858p〉
圓照 撰 覺初 書幷篆「…菩薩寺事蹟碑
銘幷序」1725년(英祖 1) 碑를 건립
〈上同, 857p〉
보살사(菩薩寺)²
충북 淸州市 龍岩里 洛迦山에 있는 절.
567년(신라 眞興王 28) 義信이 창건.
778년(신라 惠恭王 14) 眞表 제자 融宗
이 중건. 918년(고려 太祖 1) 證通이
중건. 1107년(고려 睿宗 2) 慈靜이

중건. 1628년(仁祖 6) 瓊特이 중건.
1683년(肅宗　9)　중수〈寺刹全書,
469p〉〈불교사전, 299p〉
1872년(高宗 9) 중수〈文化遺蹟總覽〉
菩薩寺重修碑：1683년 건립. 碑銘은 尹
深 撰〈寺刹全書, 469p〉
石造二尊並立如來像：地有 제24호.
1976년 지정. 1970년 菩薩寺 뒤에서 二
尊 如來佛像이 出土된 것으로 보아 통일
신라 때 작품으로 추정〈文化遺蹟總覽〉
보석사(寶石寺)
충남 錦山郡 南二面 石洞里 進樂山에
있는 절. 885년(신라 憲康王 11) 창건.
壬亂 때 화재. 壬亂 때 騎虛가 僧兵을
모집하여 싸우다가 전사한 사적이 있
다. 高宗 때 明成皇后가 중긴하여 願堂
으로 삼았다. 靈圭(?－1592)의 影幀
과 碑가 있다〈寺刹全書, 503p〉
靈泉庵, 元曉庵 등이 山內에 부속
義兵僧將〔靈圭大師〕碑：高4m. 1840년
(憲宗 6) 錦山郡守 趙寂永이 寶石寺
입구에 건립. 1940년 日本人들이 매
장. 1945년 鄭堯臣이 중건. 碑銘은 趙
寅永 撰. 靈圭의 號는 騎虛, 俗姓은 朴,
密陽人. 西山의 高弟로 壬亂 때 趙憲과
같이 僧兵을 이끌고 錦城面 義塚里에
서 1592년 전사〈寺刹全書, 503p〉〈文
化遺蹟總覽〉
보선사(寶禪寺)
위치 未詳〈梅月堂集, 卷3 29張, 癸酉
字本〉
金時習(1435－1493) 詩 「宿寶禪寺」
〈上同〉
보선암(報先庵)
경기 金浦(옛 通津)郡 餘釜山에 있던
절〈寺刹全書, 497p〉
보성암(寶聖庵)[1]
경기 開豊郡 天摩山에 있던 절〈寺刹
全書, 504p〉
보성암(寶聖庵)[2]

함남 北靑郡 新浦面 伽倻山에 위치〈寺
刹全書, 505p〉
보성암(普成庵)
함남 安邊郡 文山面 雪峰山에 있던 절.
釋王寺의 부속 암자〈불교사전, 300p〉
〈寺刹全書, 487p〉
보성암(寶城庵)
함남 利原郡 南面 大德山에 위치〈寺刹
全書, 504p〉
보안사(寶安寺)
충북 槐山郡 淸安面 孝根里에 있는 절.
고려중기 창건 추정. 20세기 중건〈文
化遺蹟總覽〉
寶安寺石塔：高3.25m. 화강암. 3층석
탑. 고려중기 건립 추정〈上同〉
보암(寶庵)
경남 平原郡 肅川面에 위치〈梅月堂集,
卷9 33張, 癸酉字本〉
金時習(1435－1493) 詩「遊寶庵肅川」
〈上同〉
보암사(普庵寺)
경남 晉陽郡 智異山에 있던 절〈寺刹全
書, 487p〉
보암사(寶岩寺)
경남 陜川(옛 三嘉)郡 黃山에 있던 절
〈寺刹全書, 505p〉
보운사(普雲寺)
경기 開城市 長慶宮 남쪽에 있던 절
〈寺刹全書, 487p〉
1027년(고려 顯宗 18) 창건〈불교사
전, 302p〉
보운암(普雲庵)[1]
강원 高城郡 外金剛面 倉垈里 金剛山에
위치. 본래는 宗二庵. 神溪寺의 부속 암
자. 528년(신라 法興王 15) 普雲이 창
건. 1904년 화재, 1907년 化主 雪湖 등
이 중건〈불교사전, 302p〉〈寺刹全書,
487p〉
1878년(高宗 15) 映河가 중건. 1909년
三聖閣　건립〈楡岾寺本末寺志，　205p,

鉛印本〉

보운암(普雲庵)[2]

평북 江界郡에 있던 절 〈寺刹全書, 487p〉

보원사(普願寺)

충남 瑞山郡 雲山面 龍賢里 象王山에 있던 절. 一名 講堂寺〈불교사전, 303p〉 통일신라 때 창건〈寺刹全書, 487p〉

普願寺法印國師寶乘塔 : 普願寺 경내 위치. 보물 제105호. 1935년 지정. 高4.7m. 화강석으로 978년(고려 景宗 3) 건립. 基壇 下部를 1962년 발굴〈文化財大觀 ; 寶物篇〉

普願寺法印國師寶乘塔碑 : 국유 보물 제106호. 1935년 지정. 高4.25m 幅1.2m. 화강석으로 978년(고려 景宗 3) 건립.「贈諡法印三重大師之碑」라 題額. 金廷彦 撰, 韓允 書. 法號는 坦文, 字는 大悟, 俗姓은 高. 廣州人. 900－975년까지 생존. 碑尾에「太平興國三年(978)…立金承廉刻字」라 기록〈上同〉

普願寺址幢竿支柱 : 국유 보물 제103호. 1935년 지정. 高4.2m. 화강석으로 통일신라 때 건립 추정〈上同〉

普願寺址石槽 : 국유 보물 제102호. 1935년 지정. 長3.5m 幅1.8m 高0.9m. 화강석으로 10세기경 제작 추정. 長方形 石槽로 두 군데나 금이 났다〈上同〉

普願寺址五層石塔 : 보물 제104호. 1935년 지정. 高 약9m. 화강석으로 고려초기 건립 추정. 相輪部에 擦竿이 남음〈上同〉

崔致遠 撰 「法藏和尙傳」〈寺刹全書, 487p〉

보월사(寶月寺)[1]

강원 平康郡 縣內面 林丹里 雲摩山에 있던 절〈寺刹全書, 505p〉

보월사(寶月寺)[2]

평북 寧邊郡 百嶺面 牛峴洞 妙香山에

위치 〈불교사전, 303p〉〈寺刹全書, 505p〉

보월사(步月寺)

경기 開豊郡 北一面 三所里에 있던 절. 尹永熙의 집을 절로 만듦〈寺刹全書, 466p〉

보월사(普月寺)

평북 寧邊郡 百嶺山에 있던 절. 일명 着月庵〈寺刹全書, 488p〉

보월암(寶月庵)[1]

강원 伊川郡 安峽面 擧城里 萬景山에 위치. 一名 懸雲寺. 1876년(高宗 13) 鷲頭山에 있는 深谷寺를 이전하여 懸雲寺라 했다. 1906년(光武 10) 李完龜가 중수하여 寶月庵이라 개명〈불교사전, 303p〉〈寺刹全書, 505p〉

1929년 주지 林永順이 梵鐘 구입. 1933년 林永順이 일신 중수〈楡岾寺本末寺志, 873p, 鉛印本〉

黃宗南 撰「萬景山寶月庵懸鐘記, 1929年」〈上同, 876p〉

黃宗魯 撰「萬景山寶月庵重修記, 1933年」〈寺刹全書, 505p〉

보월암(寶月庵)[2]

경남 咸陽郡 智異山에 있던 절〈寺刹全書, 505p〉

보월암(寶月庵)[3]

황해 金川(옛 牛峰)郡 聖居山 위에 있던 절〈寺刹全書, 505p〉

보윤암(普潤庵)

평북 寧邊郡 北薪峴面 妙香山에 위치. 普賢寺의 부속 암자〈寺刹全書, 487p〉

보은사(報恩寺)[1]

함북 富寧郡 雪峰山에 있던 절〈寺刹全書, 497p〉

보은사(報恩寺)[2] ⇒ 神勒寺[1] 참조
보은사(報恩寺)[3] ⇒ 圓通寺[6] 참조
보은암(普恩庵)

강원 通川郡(옛 歙谷縣) 金剛山 동쪽에 있던 절〈寺刹全書, 497p〉

보응사(普膺寺)
경기 開城市에 있던 절. 一名 天禪院.
919년(고려 太祖 2) 王이 창건. 十大
寺刹 중의 하나〈寺刹全書, 487p〉

보장사(寶藏寺)
경기 抱川(옛 永平)郡 寶藏山에 있던
절〈寺刹全書, 505p〉

보적사(寶積寺)
경기 華城郡 烏山邑 紙串里 石臺山에
있는 절〈불교사전, 303p〉〈寺刹全書,
505p〉
三國 때 창건. 중건을 거듭하다가 正祖
(1776-1800) 때 龍珠寺 건립 당시 중
건했다고 함〈文化遺蹟總覽〉

보적사(寶寂寺)
충북 鎭川郡 胎靈山에 있던 설〈寺刹
全書, 505p〉

보적암(寶積庵)
전남 求禮郡 馬山面 黃田里 智異山에
있는 절. 華嚴寺의 부속 암자〈불교사
전, 303p〉

보정사(普正寺)
황해 信川郡 山川面 龍亭里에 있던 절
〈寺刹全書, 488p〉

보제(菩提)⇒ 보리 참조

보제사(普濟寺)[1]
경기 江華郡 華道面 摩尼山 북쪽에 있
던 절. 1151년(고려 毅宗 5) 王이 五百
羅漢齋를 설행〈寺刹全書, 491p〉

보제사(普濟寺)[2]
경기 開城에 있던 절. 1037년(고려 靖
宗 3) 王이 행차하여 五百羅漢齋를 설
행. 뒤에도 많은 역대 제왕이 행차하고
아울러 五百羅漢齋도 설행〈寺刹全書,
488p〉

보제사(普濟寺)[3]
경기 開豊郡 土城面 麗陵里에 있던 절.
一名　廣通普濟禪寺·光岩寺·光嚴寺·
雲岩寺〈寺刹全書, 117p〉
1051년(고려 文宗 5) 창건〈불교사전,

303p〉
1372년(고려 恭愍王 21) 중건하여 王
의 願堂으로 始興宗에 소속〈上同,65p〉
1368년(고려 恭愍王 17) 王이 이 절에
白米 30石을 하사. 1397년(太祖 6) 王
이 柳珣을 보내「星變祈禱消災法度」를
설행〈寺刹全書, 110p〉
開城廣通普濟禪寺碑 : 1377년(고려 禑王
3) 건립〈韓國金石全文, 中世下 1200p,
許興植 編〉
權近(1352-1409) 撰 「光巖寺重創第
三法會慶賛華嚴三昧懺疏」〈陽村集, 卷
27 3張, 木板本〉
申緯(1769-1847) 撰 「題高麗魯國公
主正陵願刹普濟廣通寺碑拓本後」〈警
修堂全藁, 卷14, 影印本〉
李奎報(1168-1241) 撰 「普濟寺行五
百聖殿祈雨文」〈東國李相國集, 卷41
12張, 木板本〉
李穡(1328-1396) 撰「杲菴記」〈牧隱
文藁, 卷6 8張, 木板本〉「廣通普濟禪寺
碑銘幷序」〈上同, 卷14 1張〉

보제사(普濟寺)[4]
평남 平原郡 順安面 星二里에 있던 절
〈寺刹全書, 491p〉

보제사(普濟寺)[5]⇒ 演福寺 참조

보제사(普提寺)
경북 尙州(옛 咸昌)郡 宰嶽山에 있던
절〈寺刹全書, 483p〉

보제암(普濟庵)[1]
경남 南海郡 錦山 大藏峰 아래 있던 절
〈寺刹全書, 491p〉

보제암(菩濟庵)[2]
경북 榮州(옛 豊基)郡 小白山에 있던
절〈寺刹全書, 491p〉

보제암(普濟庵)[3]⇒ 惠國寺 참조

보제암(普提庵)
황해 海州郡 北嵩山에 있던 절〈寺刹全
書, 483p〉

보조암(普照庵)

전남 昇州郡 松廣面 新坪里 曹溪山에 있는 절. 松廣寺의 부속 암자. 1200년 (고려 神宗 3) 普照가 건립하여 普照庵이라 扁額. 壬亂 때 소실, 1606년(宣祖 39) 應禪 靈機 등이 중건. 1726년 (英祖 2) 허물어짐, 이듬해 중건. 1904년 증축 수리〈寺刹全書, 491-492p〉
錦溟(高宗朝僧) 撰 「普照庵淸遠樓重建上梁文, 1905年」〈上同, 492p〉
碧梧(英祖朝僧) 撰 「松廣寺普照庵重創記, 1727年」〈上同, 491p〉

보주암(普珠庵)
위치 未詳〈秋江集, 卷3 3張, 木板本〉
南孝溫(1454-1492) 詩 「普珠庵次祖成韻」〈上同〉

보천사(寶泉寺)[1]
경남 宜寧郡 宜寧(옛 豊德)面 下里 碧華山에 있던 절〈寺刹全書, 506p〉
寶泉寺址浮屠 : 보물 제472호. 1968년 지정. 高3.35m. 화강석으로 고려전기 건립 추정〈文化財大觀 ; 寶物篇〉
寶泉寺址三層石塔 : 보물 제373호. 1960년 지정. 高4.57m. 화강석으로 고려 때 건립 추정. 1967년 보수〈上同〉

보천사(寶泉寺)[2]
경북 善山郡 海平面 海平洞에 있던 절〈文化財大觀 ; 寶物篇〉
善山海平洞石造如來坐像 : 寶泉寺址에 위치. 국유 보물 제492호. 1968년 지정. 高2.41m. 화강석으로 통일신라 때 조성 추정. 군데군데 마멸됨〈上同〉

보천암(寶川庵)[1]
강원 平昌郡 五臺山 中臺에 있던 절. 一名 華藏寺. 신라 寶川 孝明 등이 창건〈寺刹全書, 506p〉

보천암(寶川庵)[2]⇒ 法輪社 참조

보천암(寶泉庵)
전북 沃溝郡 瑞穗面 鷲東里에 있던 절. 신라 때 창건〈文化遺蹟總覽〉

보타암(寶陀庵)

경남 梁山郡 下北面 靈鷲山에 있는 절. 通度寺의 부속 암자〈불교사전, 305p〉
1927년 在德 浩典 두 비구니가 창건. 1935년 증축〈寺刹全書, 507p〉
懶翁(1320-1376) 詩 「題東海寶陀窟」〈懶翁集, 395p, 影印本〉

보통사(普通寺)
경기 開城市 永平門 밖에 있던 절. 921년 (고려 太祖 5) 창건〈寺刹全書, 492p〉

보통사(寶通寺)
충남 錦山郡 錦山邑(옛 전북 錦山郡) 桂珍坪에 있던 절〈寺刹全書, 507p〉

보해사(普海寺)
경남 居昌郡 修道山에 있던 절〈寺刹全書, 492p〉
加北面 龍山里에 위치. 寺址에 축대가 일부 남음〈文化遺蹟總覽〉

보해암(普海庵)
경기 龍仁(옛 陽智)郡 定水山에 있던 절〈寺刹全書, 493p〉

보현사(普賢寺)[1]
강원 高城(옛 杆城)郡 天吼山에 있던 절〈寺刹全書, 494p〉

보현사(普賢寺)[2]
강원 金化郡 大聖山에 있던 절〈寺刹全書, 494p〉

보현사(普賢寺)[3]
강원 溟州郡 城山面 普光里 滿月山에 있는 절. 940년(고려 太祖 23) 창건 추정〈불교사전, 306p〉〈寺刹全書, 493p〉
溟州普光里〔普賢寺〕石佛坐像 : 全高1.92m. 如來坐像 下臺下半部가 매몰〈文化遺蹟總覽〉
普賢寺朗圓大師悟眞塔 : 보물 제191호. 1939년 지정. 화강석으로 940년(고려 太祖 23) 건립 추정〈文化財大觀 ; 寶物篇〉
普賢寺朗圓大師悟眞塔碑 : 보물 제192호. 1939년 지정. 高1.88m 幅0.98m 厚0.2m. 화강석으로 940년(고려 太祖

23) 건립. 大師의 諱는 開淸, 俗姓은 金, 鷄林人, 854－933년까지 생존〈上同〉

보현사(普賢寺)⁴

강원 寧越郡 梁山에 있던 절〈寺刹全書, 494p〉

보현사(普賢寺)⁵

강원 淮陽郡 內金剛面 長淵里에 있던 절〈寺刹全書, 494p〉〈불교사전, 306p〉

보현사(普賢寺)⁶

경기 開城市에 있던 절. 고려 毅宗(1146－1170)이 여러 해 동안 많은 공양을 한 적이 있다〈寺刹全書, 493p〉

보현사(普賢寺)⁷

경북 靑松郡 普賢山에 있던 절〈寺刹全書, 493p〉

보현사(普賢寺)⁸

전남 高興(옛 興陽)郡 八嶺山에 있던 절〈寺刹全書, 493p〉

보현사(普賢寺)⁹

전남 長興郡 冠山面 天冠山에 있던 절. 신라 聖德王(702－736) 때 魏翁이 창건할 때 九法堂을 건립〈寺刹全書, 493p〉

보현사(普賢寺)¹⁰

충남 扶餘(옛 鴻山)郡 萬壽山에 있던 절. 一名 普賢庵〈寺刹全書, 493p〉

보현사(普賢寺)¹¹

충남 瑞山郡 象王山에 있던 절. 1216년(고려 高宗 3) 건립〈寺刹全書, 493p〉

보현사(普賢寺)¹²

충남 舒川(옛 庇仁)郡 月明山에 있던 절〈寺刹全書, 493p〉

보현사(普賢寺)¹³

평남 成川郡 藥水山에 있던 절〈寺刹全書, 495p〉

보현사(普賢寺)¹⁴

평남 安州郡 悟道山에 있던 절〈寺刹全書, 495p〉

보현사(普賢寺)¹⁵

평북 朔州郡 九曲面 新安洞 彌勒山에 위

치〈寺刹全書, 494p〉〈불교사전, 306p〉

보현사(普賢寺)¹⁶

평북 寧邊郡 北薪峴面 下杳里 妙香山에 위치. 31本山 중의 하나. 평북에서 제일 큰 절. 968년(고려 光宗 19) 探窟 廣廓 등이 창건〈불교사전, 306p〉

本寺碑는 고려 文宗 題額, 金富軾 撰, 李公裕 書한 것으로 1142년(고려 仁宗 20) 건립. 本寺에 明나라 李如松이 淸虛와 왕래한 簡札과 詩가 있고, 淸虛가 오래 머물렀다〈寺刹全書, 494p〉

繼祖庵, 金剛窟, 南靜臺〔庵〕, 法王臺, 普潤庵, 佛靈臺, 佛智庵, 王聖臺, 上毘盧庵, 上院庵, 雪靈臺, 安心寺, 龍井庵, 潤筆庵, 中毘盧庵, 中獅子庵, 祝聖庵, 下毘盧庵, 海藏殿, 華藏庵〔寺〕 등이 山內에 부속

寧邊普賢寺釋迦舍利碑 : 1603년(宣祖 36) 건립〈朝鮮金石總覽, 809p〉

金富軾 撰 「妙香山普賢寺記, 1141年」〈韓國金石全文, 中世下 626p, 許興植 編〉

法宗(1670－1733) 撰 「普賢寺多寶殿記」〈虛靜集, 下 5張〉「普賢寺盖瓦改覆記」〈上同, 下 8張〉「香山普賢寺四天王重修勸文」〈上同, 下 17張〉

普雨(?－1565) 撰「妙香山普賢寺重創勸善文」〈虛應堂集, 下〉

彦機(1581－1664) 撰「普賢法堂勸文」「普賢寺法堂重創勸文」「妙香山普賢寺萬歲樓覆瓦勸文」〈鞭羊集, 卷2〉

李景奭(1595－1671) 撰「淸虛大師碑」〈寺刹全書, 494p〉

李奎報(1168－1241) 撰 「妙香山普賢寺堂主毘盧遮那如來丈六塑像記」〈東國李相國集, 卷24 15張〉

秋鵬(1651－1706) 撰 「妙香山普賢寺大藏殿兼刊大藏經慶讚三位疏」〈雪岩雜著, 卷3 62張〉

休靜(1520－1604)撰 「普賢寺慶讚疏」

〈淸虛堂集, 卷4 1張, 木板本〉「普賢寺
普光殿改瓦慶讚疏」〈上同, 卷4 3張〉
보현사(普賢寺)[17]
평북 寧邊郡 延山에 있던 절 〈寺刹全
書, 494p〉
보현사(普賢寺)[18]
평북 熙川郡 新豊面 裳嵋山에 있는 절
〈寺刹全書, 495p〉
보현사(普賢寺)[19]
함남 端川郡 何多面 裳嵋山에 위치. 浮
屠 2기가 있었다 〈寺刹全書, 494p〉
보현사(普賢寺)[20]
함남 安邊郡 新茅面 新坤里 黃龍山에
위치. 740년(신라 孝成王 4)경 창건.
고려 때 유물로 石塔 2기가 있다. 西山
과 四溟이 거주하던 곳. 목조 건물은
1761년(英祖 37) 건립 〈불교사전,
306p〉〈寺刹全書, 494p〉
보현사(普賢寺)[21]
함남 安邊郡 烏鴨山에 있던 절 〈寺刹
全書, 494p〉
보현사(普賢寺)[22]
함남 永興郡 國泰山에 위치 〈寺刹全
書, 494p〉
1412년(太宗 12)·1415년(太宗 15)
각각 石佛像에서 땀이 났다 〈李朝實錄
佛敎鈔存, 卷1 72張〉
보현사(普賢寺)[23]
함북 慶興郡 阿吾地邑(옛 上下面) 松
上洞 松眞山에 위치 〈불교사전, 306p〉
〈寺刹全書, 494p〉
보현사(普賢寺)[24]
함북 吉州郡 長白面 英湖洞 成佛山에 위
치 〈寺刹全書, 494p〉〈불교사전, 306p〉
圓通庵이 山內에 부속
보현사(普賢寺)[25]
황해 金川(옛 江陰)郡 天神山에 위치
〈寺刹全書, 495p〉
보현사(普賢寺)[26]
황해 碧城(옛 海州)郡 錦山面 冷井里

佛足에 위치. 一名 普賢庵. 경내에 史蹟
碑가 있다 〈寺刹全書, 495p〉
보현사(普賢寺)[27]⇒ 楞迦寺 참조
보현사(寶玄[賢]寺)
전북 南原郡 萬行山에 있던 절. 一名 城
南寺. 1306년(고려 忠烈王 32) 元나라
萬恒이 와서 거주. 1308년 중건. 1313
년(忠肅王 1) 건립 〈寺刹全書, 507p〉
보현암(普賢庵)[1]
강원 高城郡 金剛山 九淵洞에 있던 절
〈寺刹全書, 496p〉
보현암(普賢庵)[2]
강원 高城郡 西面 百川橋里 金剛山에
있던 절. 楡岾寺의 부속 암자 〈불교사
전, 306p〉
보현암(普賢庵)[3]
강원 淮陽郡 金剛山 盆淵 위에 있던 절.
고려 元宗(1259-1274) 때 智堅이 있
던 곳 〈寺刹全書, 495p〉
보현암(普賢庵)[4]
경기 開豊郡 天磨山에 있던 절. 農岩 金
昌協(1651-1708)의 『松京記』에 本寺
의 기록이 있다 〈寺刹全書, 495p〉
보현암(普賢庵)[5]
경기 坡州(옛 交河)郡 炭縣面 錦山里
에 있던 절 〈寺刹全書, 495p〉
보현암(普賢庵)[6]
경북 聞慶郡 四佛山에 있던 절 〈寺刹全
書, 495p〉
보현암(普賢庵)[7]
경북 榮州郡 小白山에 있던 절 〈忘窩
集, 卷1 2張, 木板本〉
金榮祖(1557-1648) 詩「小白山普賢,
二首」〈上同〉
보현암(普賢庵)[8]
전남 海南郡 頭輪山에 있던 절 〈寺刹全
書, 495p〉
보현암(普賢庵)[9]
전북 完州(옛 高山)郡 大芚山에 있던
절. 安心寺의 부속 암자 〈寺刹全書,

495p〉
보현암(普賢庵)[10]
평북 定州郡 邑部面 崴嵋山에 위치
〈寺刹全書, 496p〉
보현암(普賢庵)[11]
함남 北靑郡 北靑面 三角山에 위치
〈寺刹全書, 496p〉
보현암(普賢庵)[12]
황해 海州郡 佛足山에 있던 절 〈寺刹
全書, 496p〉
보현암(普賢庵)[13]⇒ 淸平寺 참조
보현암(普玄庵)
경북 尙州郡 白雲山에 있던 절 〈寺刹
全書, 493p〉
보현원(普賢院)
경기 開城市에 있던 절. 1170년(고려
元宗 11) 황혼에 王이 절문을 들어갈
때 武臣 李高가 王을 호위하던 文臣들
을 죽인 일이 있었다 〈불교사전.307p〉
惠文(?-1235) 詩「普賢院」〈東文選,
卷14 4張, 木板本〉
보혈사(普[寶]穴寺)
평북 博川郡 吾思弄山에 있던 절 〈寺
刹全書, 496p〉
보회사(保會寺)
충남 唐津(옛 沔川)郡 多佛山에 있던
절〈寺刹全書, 466p〉
보희암(報喜庵)
강원 淮陽郡 金剛山에 있던 절 〈寺刹
全書, 497p〉
보흥사(寶興寺)
위치 未詳〈滄溪集, 卷2 33張, 木板本〉
林泳(1649-1696) 詩 「寶興寺題壁」
〈上同〉
복녕사(福寧寺)
경기 開豊郡 中西面 鵠嶺里에 있던 절.
1358년(고려 恭愍王 7) 王이 이 절에
행차하여 기도 〈寺刹全書, 508p〉
曉星庵[窟]이 山內에 부속
복두암(幞頭庵)

경북 慶州 富山城에 있던 절 〈寺刹全
書, 512p〉
복령사(福靈寺)[1]
경기 江華郡에 있던 절 〈寺刹全書,
509p〉
고려가 천도한 뒤 창건 〈불교사전,
308p〉
복령사(福靈寺)[2]
경기 開城 松岳 서쪽 기슭에 있던 절.
1309년(고려 忠烈王 34) 중건. 고려 肅
宗(1095-1105) 이후 역대 제왕이 많
이 행차 〈寺刹全書, 508p〉
曉星庵[窟]이 山內에 부속
普雨(?-1565) 撰 「福靈寺四聖重修
記」〈虛應堂集, 下〉
복룡사(伏龍寺)
경북 金陵(옛 金山)郡 黑雲山에 있던
절〈寺刹全書, 507p〉
복세암(福世庵)
서울 鍾路區 仁旺山에 있던 절. 世祖
(1455-1468) 때 건립. 1503년(燕山
9) 폐사〈寺刹全書, 509p〉
1469년(睿宗 1) 王이 足疾이 있어 이
절에서 기도 〈李朝實錄佛敎鈔存, 卷6
39張〉
복숭사(福崇寺)
평북 昌城郡 堂阿里山에 있던 절〈寺刹
全書, 509p〉
복안사(伏安寺)
경북 淸道郡 雲門面 新院洞 虎踞山 雲
門寺 경내에 위치. 迎日 寶鏡寺 圓眞國
師碑에 本寺의 기록이 있다〈寺刹全書,
507p〉
복암사(伏岩寺)
전남 羅州郡 多侍面 佳雲里 伏岩山에
있는 절 〈寺刹全書, 507p〉〈불교사전,
308p〉
복연암(福淵庵)
강원 金化郡 七星山에 있던 절 〈寺刹全
書, 509p〉

복전암(福田庵)⇒ 福泉寺[2] 참조
복천사(福泉寺)[1]
강원 橫城郡에 있던 절 〈韓國金石全文, 中世下 1027p, 許興植 編〉
福泉寺鈑子 : 1238년(고려 高宗 25) 주성〈上同〉
복천사(福泉寺)[2]
충북 堤川郡 堤川邑 校洞에 있는 절. 1929년 노춘식이 山神閣을 건립. 이 해에 강규순이 福田庵을 건립. 1975년 福泉寺로 개명. 石塔이 山神閣 건립 이전부터 있었던 것으로 보아 寺刹 창건 건립 연대가 이보다 앞설 것으로 추정〈文化遺蹟總覽〉
복천사(福川[泉]寺)⇒ 剛泉[川]寺 참조
복천암(福泉庵)
충북 報恩郡 內俗離面 俗離山에 있는 절. 一名 福泉寺. 法住寺의 부속 암자〈寺刹全書, 509p〉
世宗(1418－1450)이 信眉를 위해 중건〈李朝實錄佛敎鈔存, 卷5 21張〉
世祖(1455－1468)가 本寺에 행차〈寺刹全書, 509p〉
福泉庵秀庵和尙塔 : 地有 제12호. 1975년 지정. 高3.02m. 1485년(成宗 16) 건립. 世祖의 王師로 法名은 信眉. 慧覺尊者라 시호를 내렸다〈文化遺蹟總覽〉
福泉庵學祖燈谷和尙塔 : 地有 제13호. 1975년 지정. 高2.96m. 화강암으로 된 8角浮屠. 1514년(中宗 9) 건립. 法名은 學祖, 號는 燈谷, 黃岳山人. 1488년(成宗 19) 仁粹大妃의 명으로 海印寺를 중수. 1500년(燕山 6) 王妃 愼氏의 명으로 海印寺 고려대장경을 신쇄하여 跋文을 지었다〈上同〉
金守溫(1409－1481) 奉命撰 「福泉寺重修普勸文」〈寺刹全書, 509p〉
복혜암(福慧庵)
강원 鐵原郡 鐵原邑 寶盖山에 위치. 一名 福喜庵. 安養寺의 부속 암자. 936년(고려 太祖 19) 洞眞이 창건. 1892년(高宗 29) 性月이 중건 〈寺刹全書, 512p〉
東河 撰 「寶盖山福慧庵改瓦施主募緣文. 1916年」〈楡岾寺本末寺志, 840p, 鉛印本〉
복호암(伏虎庵)
강원 麟蹄郡 北面 龍垈里 雪嶽山에 있던 절. 百潭寺의 부속 암자〈불교사전, 309p〉〈寺刹全書, 507p〉
복흥사(福興寺)[1]
강원 春城郡 三岳山에 있던 절. 一名 興福寺〈寺刹全書, 512·1221p〉
복흥사(福興寺)[2]
경기 開城에 있던 절〈寺刹全書, 512p〉
義天(1055－1101) 詩 「和國原公題福興寺」〈大覺文集, 230p, 影印本〉
복흥사(福興寺)[3]
九龍山에 있던 절〈韓國金石全文, 中世上 499p, 許興植 編〉
景德國師墓誌 : 1066년(고려 文宗 20)〈上同〉
복흥사(福興寺)[4]
함남 利原郡 東面 龍山里 萬德山에 위치〈寺刹全書, 512p〉〈불교사전, 309p〉
복흥사(福興寺)[5]
함북 鏡城郡 朱乙邑 花上洞 大德山에 위치 〈寺刹全書, 512p〉〈불교사전, 309p〉
복흥사(復興寺)[1]
충북 淸州市에 있던 절 〈涵虛語錄, 48p, 影印本〉
得通(1376－1433) 詩「遊西原復興寺」〈上同〉
복흥사(復興寺)[2]
함북 吉州郡 雪嶽山에 있던 절〈寺刹全書, 508p〉
복흥사(復興寺)[3]

황해 金川(옛 牛峰)郡에 있던 절 〈寺
刹全書, 508p〉
복희암(福禧庵)
강원 春城郡 北山面 淸平里에 있던 절.
淸平寺의 부속 암자 〈불교사전, 309p〉
본길상암(本吉祥庵)
충북 報恩郡 內俗離面 俗離山에 있던
절. 法住寺의 부속 암자 〈寺刹全書,
512p〉
본속리암(本俗離庵)
충북 報恩郡 內俗離面 俗離山에 있던
절. 法住寺의 부속 암자 〈寺刹全書,
513p〉
본이암(本耳庵)
충북 報恩郡 內俗離面 俗離山에 있던
절. 法住寺의 부속 암자 〈寺刹全書,
513p〉
본적암(本寂庵)
太白山에 있던 절. 고려말기 惠勤
(1320-1376)의 門人 達空이 건립. 休
靜이 在世時 修粧 〈淸虛堂集, 卷4 10
張, 木板本〉
休靜(1520-1604) 撰 「太白山本寂庵
修粧募緣文」〈上同〉
蔚珍 達空窟로 추측 〈編者〉
봉갑사(鳳甲[岬]寺)[1]
전남 寶城郡 福內面 鳳川里에 있던 절.
신라 때 창건 〈寺刹全書, 543p〉
鳳甲寺址五層石塔 : 高 5.5m. 1016년
(고려 顯宗 7) 건립 추정 〈文化遺蹟總
覽〉
最訥(1717-1790) 撰 「鳳岬寺幀畫勸
善疏」〈默庵集, 659p, 影印本〉
봉갑사(鳳甲[岬]寺)[2]
전남 寶城郡 文德面 丹陽里 中鳳山에
있던 절. 신라 때 창건 〈寺刹全書,
543p〉
봉경사(鳳敬寺)
강원 伊川郡 樂壤面 支下里에 있던 절.
鐵佛坐像・石佛立像・3층석탑　등이

남음 〈寺刹全書, 544p〉
봉곡사(鳳谷寺)[1]
경북 金陵郡 大德面 釣龍里 飛山에 있
는 절 〈寺刹全書, 544p〉〈불교사전,
313p〉
신라 慈藏(7세기경) 창건 추정. 大雄殿
은 1815년(純祖 15) 津悟가 4차 중건.
石塔이 있다 〈文化遺蹟總覽〉
봉곡사(鳳谷寺)[2]
충남 牙山郡 松岳面 楡谷里 泰華山에 있
는 절. 一名 釋迦庵・石庵[岩]寺・鳳棲
庵. 본래 釋迦庵・石庵이라 잘못 부르더
니, 1584년(宣祖 17) 鳳棲庵이라 했다.
1794년(正祖 18) 鳳谷寺라 개명 〈寺刹
全書, 544p〉〈불교사전, 313p〉
釋迦庵이 山內에 부속
봉국사(奉國寺)[1]
경기 開城에 있던 절. 1308년(고려 忠
烈王 34) 王과 淑昌院妃가 함께 행차.
1313년(고려 忠肅王 1) 上王(忠烈王)
이 행차 〈寺刹全書, 513p〉
봉국사(奉國寺)[2]
서울 城北區 貞陵洞 三角山에 있는 절.
一名 藥師寺. 1395년(太祖 4) 無學이
창건. 藥師如來像 봉안으로 藥師寺라
하던 것을 뒤에 奉國寺라 개명. 1469년
(端宗 1) 중건. 1882년(高宗 19) 兵火,
1883년(高宗 20) 漢溪・德雲 등이 중
건. 1898년(光武 2) 雲潭 등이 冥府殿
을 중건. 1913・1938년 각각 일부 중건
〈寺刹全書, 513p〉〈불교사전, 313p〉
봉국사(奉國寺)[3]
서울 鍾路區 三淸洞에 있는 절. 一名 三
覺寺. 1674년(顯宗 15) 조정에서 쓰尊
을 시켜 廣州 南漢山에 건립. 1924년
權斗晶이 중수 〈불교사전, 313p〉
1932년 春城이 현지에 이전을 시작하여
沈慧雲이 1939년 준공〈寺刹全書,513p〉
處能 撰 「奉國寺新創記, 1674年」〈上
同〉

봉국사(奉國寺)⁴
평남 大同郡 柴足面 鐵峰里에 있던 절.
寺址에 石佛像(高90cm)이 있었다〈寺
刹全書, 514p〉
봉귀사(鳳歸寺)
전남 麗川郡에 있던 절. 고려 元宗
(1123-1146) 때 普幻이 거주하던 곳
〈寺刹全書, 544p〉
봉귀암(鳳歸庵)
경북 尙州郡에 있던 절〈寺刹全書,
544p〉
봉녕사(奉寧寺)
경기 水原市 牛滿洞에 있는 절. 一名
奉德寺. 1208년(고려 熙宗 4) 圓覺이
창건. 1469년(睿宗 1) 慧覺이 중건
〈文化遺蹟總覽〉
봉대암(鳳臺庵)
평남 德川郡 鳳門山에 있던 절〈寺刹
全書, 544p〉
봉덕사(奉德寺)¹
경북 慶州市에 있던 절. 신라 聖德王
(702-736)이 武烈王을 위해 창건
〈寺刹全書, 514p〉
798년(元聖王 14) 本寺 남쪽에서 王의
棺柩를 불살라 흩었다〈三國史記, 卷10〉
聖德大王神鐘〔속칭 에밀레종〕: 현재는
慶州博物館에 보관. 국보 제29호.
1934년 지정. 이 종은 724년(신라 景
德王 2)〔『三國遺事』에는 738년(신라
孝成王 3)으로 기록〕景德王이 先王
(聖德王)을 위하여 黃銅 12만근으로
만들다가 미완성하고, 771년(신라 惠
恭王 7)〔『三國遺事』에는 770년〕惠恭
王이 완성하여 奉德寺에 달고「聖德大
王神鐘」이라 했다. 이는 국내에서는
가장 크고 독특한 미술적 가치가 있다.
1460년 靈妙寺에 이설. 1915년 현지에
이설〈文化遺蹟總覽〉
聖德大王神鐘之銘 : 신라 翰林郎 金弼
奧〔朝鮮人名辭書에는 奚로 기록〕奉教

撰〈三國遺事, 241p, 影印本, 民族文化
推進會, 1973印〉
金弼奧(신라 惠恭王時人)가 本寺의 鐘
銘을 撰함〈新增東國輿地勝覽, 卷21
28張〉
一然(1206-1289) 撰「奉德寺鐘」〈三
國遺事, 卷3〉
봉덕사(奉德寺)²
전북 高敞郡 雅山面 鳳德里에 있던 절
〈불교사전, 313p〉
봉덕사(奉德寺)³⇒ 奉寧寺 참조
봉두사(鳳頭寺)¹
경남 陜川郡 三嘉面 一部里 闍崛山에
있던 절〈寺刹全書, 544p〉
1973년 중건〈文化遺蹟總覽〉
봉두사(鳳頭寺)²
경북 尙州에 있던 절로 추정〈東國李相
國集, 卷6 6張, 木板本〉
李奎報(1168-1241) 詩 「題鳳頭寺」
〈上同〉
봉래방장(蓬來房丈)
孤大山에 위치〈東文選, 卷19 20張, 木
板本〉
朴椿齡(고려 毅宗時人) 詩「孤大山蓬
來房丈普德聖師眞」〈上同〉
봉래사(逢萊寺)¹
경기 華城郡 雨汀面 花樹里 垂柳山에
있는 절〈불교사전. 313p〉〈寺刹全書,
550p〉
1919년 李德元이 창건. 1971년 宋榮福
이 증축〈文化遺蹟總覽〉
봉래사(逢萊寺)²
전남 高興郡 逢萊面 新錦里에 있는 절.
원래 신흥암이 있었는데 증축하여 逢萊
寺라 개명〈文化遺蹟總覽〉
봉령사(奉靈寺)
경기 開城에 있던 절. 1165년(고려 毅
宗 19) 鄭誠이 王을 이 절에 移御하고
祝釐〈寺刹全書, 515p〉
봉록암(鳳麓庵)

황해 延白(옛 白川)郡 飛鳳山에 있던
절. 일명 鳳麓寺〈寺刹全書, 544p〉
봉릉사(奉陵寺)
경기 金浦郡 金浦(옛 郡內)面 豊舞里
金井山에 있는 절. 1627년(仁祖 5) 元
宗陵을 이곳에 모시고, 부근에 있던 폐
사를 이전하여 奉陵寺라 명명하고 章
陵(元宗陵)을 수호. 1920년 주지 永松
이 중수. 1938년 주지 性化가 중건〈불
교사전, 314p〉〈寺刹全書, 515p〉
1934·1937년 住持 鄭性化가 佛殿 寮
舍를 중수키 위하여 재료를 구입〈傳
燈本末寺誌, 127p, 鉛印本〉
봉림사(鳳林寺)[1]
경기 華城郡 南陽(옛 陰德)面 北陽里
舞鳳山에 있는 절〈불교사전, 314p〉
〈寺刹全書, 544p〉
신라 眞德女王(647－653) 때 고구려
의 남침을 佛道의 힘으로 막으려고 창
건〈文化遺蹟總覽〉
봉림사(鳳林寺)[2]
경남 馬山市 鳳林洞 鳳林山에 있던 절
〈寺刹全書, 544p〉
3층석탑이 있었는데, 知歸洞 上北國民
學校 校庭에 이전. 寺址에 磨崖佛像이
있다〈文化遺蹟總覽〉
鳳林寺眞鏡大師寶月凌空塔 : 현재　서울
景福宮에 위치. 보물 제362호. 1960년
지정. 高2.9m. 통일신라시대의 石造浮
屠. 전형적인 8角圓堂形浮屠이지만 표
면의 장엄조각은 적은 편이어서 석재
의 색조와 아울러 청초한 감을 준다.
이 부도의 조성연대는 진경대사가 입
적한 해인 923년(新羅 景明王 7)경으
로 추정.
鳳林寺眞鏡大師寶月凌空塔碑 : 현재　서
울 景福宮에 위치. 국유 보물 제363호.
1960년 지정. 高3.37m 幅1m 정도. 화
강석으로 10세기경 건립. 「故眞鏡大師
碑」라 題額. 碑銘은 신라 景明王

(917－923) 撰, 幸期 書. 篆額은 崔仁
渷이 씀. 1919년 현 위치에 이전하여
절단 마멸된 부분을 보수. 大師의 諱는
審希, 俗姓은 金. 854－923년까지 생
존. 1919년 현지에 이전〈上同〉
봉림사(鳳林寺)[3]
경북 安東郡 西後面 城谷洞에 있던 절.
寺址에 3층석탑(高3.35m) 1기가 남아
있고, 仁同 張氏 정자를 건립〈文化遺
蹟總覽〉
봉림사(鳳林寺)[4]
경북 永川郡 華北面 慈川洞 鶴棲山에 있
는 절. 一名 法華寺 靑松郡 普賢山에 있던
法華寺를 이전. 1742년(英祖 18) 澄月이
창건. 1857년(哲宗 8) 詔月이 중건〈寺
刹全書, 545p〉〈불교사전, 314p〉
봉림사(鳳林寺)[5]
전북 完州郡 高山面 三奇里에 있던 절.
寺址에 7층석탑(高6.9m)이 있다〈寺
刹全書, 544p〉
봉림사(鳳林寺)[6]
전북 益山郡 三箕面에 있던 절〈文化遺
蹟總覽〉
봉림사(鳳林寺)[7]⇒ 薪屯寺 참조
봉림암(鳳林庵)
황해 九月山에 있던 절〈月渚集, 258p,
影印本〉
道安(1638－1715) 詩 「次題九月山鳳
林庵」〈上同〉
봉명암(鳳鳴庵)
평북 定州郡 邑部面 城田洞 巍嵋山에
위치 〈불교사전, 314p〉〈寺刹全書,
545p〉
봉무동사(鳳舞洞寺)
함북 慶源郡에 있던 절 〈寺刹全書,
545p〉
봉미사(鳳尾寺)
위치 未詳〈梅月堂集, 卷3 29張, 癸酉
字本〉
金時習(1435－1493) 詩「鳳尾寺」〈上

同〉
봉복사(鳳腹[奉福]寺)
강원 橫城郡 晴日(옛 甲川)面 新垈里 德高山에 있는 절. 647년(신라 眞德女王 1) 慈藏 元曉 등이 창건. 669년(신라 文武王 9) 화재. 671년(同王 11) 元曉가 중건. 672년(신라 同王 12) 大雄殿·天王門 등을 건립. 1901년 倭兵이 방화. 뒤에 주지 翠雲이 중건〈불교사전, 314p〉〈寺刹全書, 545p〉
봉불암(奉佛庵)
경북 尙州郡에 있던 절.『高王觀世音經』刊記에「崇禎四年辛未(1631)四月日慶尙道尙州牧地奉佛庵」이라　기록〈寺刹全書, 516p〉
봉산사(蓬山寺)
전남 羅州郡 楓山에 있던 절〈寺刹全書, 550p〉
봉상사(奉常寺)
경남 河東郡 花開面 塔里에 있던 절〈寺刹全書, 516p〉
신라 때 창건〈文化遺蹟總覽〉
花開三層石塔[奉常寺塔]:地有　제130호. 1974년 지정. 高6m. 마을 寺址에 산재되어 있던 것을 1968년 花開우체국에 중건〈上同〉
봉서사(鳳棲寺)[1]
경남 陜川郡 伽倻山에 있던 절.『高峯禪要』刊記에「弘治十四年辛酉(1501)秋有日慶尙道陜川土伽倻山鳳棲寺開板」이라 기록〈寺刹全書, 545p〉
봉서사(鳳棲寺)[2]
경남 陜川郡 草溪面 元堂里 臺岩山에 있던 절. 주위에 돌담과 초석 瓦片이 남음〈寺刹全書, 545p〉
봉서사(鳳棲寺)[3]
경북 聞慶郡 虎溪面 鳳棲里에 있던 절〈寺刹全書, 545p〉
봉서사(鳳棲寺)[4]
경북 安東郡 北後面 瓮泉洞 金鶴山에

있던 절〈寺刹全書, 545p〉
李簠(1629-1710)　詩　「鳳棲庵前竹」〈景玉齋遺集, 木板本〉
봉서사(鳳棲寺)[5]
전북 完州郡 龍進面 澗中里 西方山에 있는 절〈寺刹全書, 545p〉〈불교사전, 545p〉
727년(신라 聖德王 26) 창건. 고려 恭愍王 때 懶翁(1320-1376) 중건. 1950년 동란으로 소실. 1963년 寮舍, 1975년 三聖閣을 각각 중건. 震默의 浮屠가 있다〈文化遺蹟總覽〉
上雲庵, 西殿庵 등이 山內에 부속
呂圭亨(1849-1922)　撰「奇峰禪師碑銘」1776년(英祖 52) 和順에서 出生. 禪師의 法名은 藏旿, 字는 隱翁, 號는 奇峰, 俗姓은 崔. 崔慶會의 11代孫. 全州 鳳棲寺에서 祝髮. 1853년 入寂〈荷亭集, 卷4 2張, 鉛印本〉
鼎鎬(1870-1948)　撰「震默祖師無縫塔頌幷序」〈石林草, 1張〉
봉서사(鳳棲寺)[6]
충남 錦山郡 萬仞山에 있던 절〈寺刹全書, 545p〉
봉서사(鳳棲寺)[7]
충남 大德(옛 懷德)郡 食藏山에 있던 절〈寺刹全書, 545p〉
봉서사(鳳棲寺)[8]
충남 舒川郡 韓山面 虎岩里 乾芝山에 있는 절.　一名　鳳棲庵〈불교사전, 314p〉〈寺刹全書, 545p〉
永慕庵으로 추측〈編者〉
高敬命(1533-1592)　詩「癸未抄秋宿永慕庵　庵在牧隱墓側書院之傍〈霽峯集, 卷5 3張, 木板本〉
봉서사(鳳棲寺)[9]
함남 甲山郡 飛鳳山에 있던 절〈寺刹全書, 545p〉
봉서암(鳳棲庵)[1]
경남 山淸(옛 丹城)郡 屼栗山에 있던

절〈寺刹全書, 546p〉
봉서암(鳳棲庵)²
경북 聞慶郡 山北面 金龍里 雲達山에 있던 절. 金龍寺의 부속 암자〈寺刹全書, 546p〉
봉서암(鳳棲庵)³
경북 尙州郡 化西面에 있던 절〈寺刹全書, 546p〉
봉서암(鳳棲庵)⁴
충남 燕岐郡 雞山에 위치〈藥軒集, 卷89張, 木活字本〉
徐宗華 撰「鳳棲庵募緣文」〈上同〉
봉서암(鳳棲庵)⁵⇒ 鳳谷寺² 참조
봉서암(鳳瑞庵)
전남 谷城郡 竹谷面 元達里 桐裏山에 위치. 泰安寺의 부속 암지〈寺刹全書, 546p〉
秀演(1651－1719) 撰「泰安寺鳳瑞庵新建募緣文」〈無用集, 520張, 影印本〉
봉선사(奉先寺)¹
경기 開城에 있던 절. 1366년(고려 恭愍王 15) 王이 이 절에 행차하여 星象圖를 관찰했다. 그 뒤에도 여러 번 행차했고 많은 행사를 설행〈寺刹全書, 516p〉
1405년(太宗 5) 佛像에서 땀이 났다〈李朝實錄佛敎鈔存, 卷1 42張〉
義天(1055－1101) 詩「送門人樂眞大師歸奉先寺」〈大覺文集, 242張, 影印本, 1974印〉「奉先寺翼乘大師…」〈上同, 249張〉
봉선사(奉先寺)²
경기 楊州郡 榛接面 富坪里 雲岳〔注葉〕山에 있는 절〈寺刹全書, 516p〉〈불교사전, 314p〉
968년(고려 光宗 20) 坦文이 창건〈文化遺蹟總覽〉
1469년(睿宗 1) 貞喜王后의 명으로 光陵(世祖)을 위하여 조정에서 창건〈불교사전, 314p〉

1471년(成宗 2) 南怡 장군이 廣州 土地를 이 절에 시주〈李朝實錄佛敎鈔存, 卷6 66張〉
1551년(明宗 6) 敎宗 首寺刹이 되어 敎宗 僧科를 試取. 壬亂·丙子胡亂 때 兵火, 1637년(仁祖 15) 戒敏 중건. 1749년(英祖 25) 再露 중수. 1848년(憲宗 14) 誠庵 月城 등이 중수. 1926년 月初가 중수. 1951년 中共軍이 光陵을 점거했을 때 화재, 그 뒤 곧 중건〈불교사전, 314p〉
1804년(純祖 4) 放跡堂이 화재, 1806년(同王 6) 錦溟이 중건. 1841년(憲宗 7) 大雄殿藥師如來像 改金. 1845년(同王 11) 誠庵이 淸風樓를 중건. 1898년 幻翁喚眞이 判事室 別館을 건립. 1914년 일부 건물 수리. 朗慧大師와 世祖의 影幀을 봉안했다가 壬亂時 賊火로 인하여 朗慧 影幀은 妙香山 普賢寺로, 太祖·世祖 影幀은 京城 宗廟에 각각 移安〈奉先本末寺誌, 1－27p, 鉛印本, 1978 影印〉
奉先寺大鐘：보물 제397호. 1963년 지정. 高2.38m 口徑1.68m 厚23cm. 重量25,000斤. 銅으로 1469년(睿宗 1) 주성. 鐘銘은 姜希孟(1424－1483) 撰〈文化財大觀；寶物篇〉
敬義 撰「奉先寺重修記」〈寺刹全書, 518p〉
權椺 撰「奉先寺法堂重修記, 1749年」〈奉先本末寺誌, 6p, 鉛印本〉
金守溫(1409－1481)이 本寺에 관한 記文을 撰함〈新增東國輿地勝覽, 卷116張, 木板本〉
錫淵 撰「奉先寺法堂重修上梁文」〈奉先本末寺誌, 9p, 鉛印本〉
龍夏 撰「奉先寺三聖閣上梁文, 1926年」〈上同, 10p〉「奉先寺淸風樓重修記」〈上同, 14p〉
元奎 撰「奉先寺別館新建記, 1898年」

〈上同, 13p〉
鼎鎬(1870-1948) 撰「雲嶽山奉先寺記實碑」〈石林草, 7張〉
布燁 撰「大雄殿重修記, 1926年」〈奉先本末寺誌, 8張, 鉛印本〉「奉先寺淸風樓重建記, 1845年」〈上同, 12張〉

봉선암(奉僊庵)
전남 靈岩郡 月出山에 있던 절. 1621년(仁祖 1) 雪綻이 건립하여 거주. 1639년(仁祖 17) 제자 應均이 증축〈寺刹全書, 520p〉

봉선암(奉先庵)
충북 淸原(옛 文義)郡 槐方山에 있던 절〈寺刹全書, 520p〉

봉선홍경사(奉先弘慶寺)⇒ 弘慶寺 참조

봉성사(奉聖寺)¹
경남 密陽郡에 있던 절. 신라말기 寶壤이 거주하던 곳〈寺刹全書, 521p〉

봉성사(奉聖寺)²
경북 慶州에 있던 절. 685년(신라 神文王 5) 창건. 창건 당시 건립한 塔이 있었다〈寺刹全書, 520p〉

봉성암(奉聖庵)
경기 高陽郡 神道邑 三角山에 있던 절. 肅宗(1674-1720) 때 性能 창건. 1860년(哲宗 11) 중수〈寺刹全書, 521p〉

봉성암(鳳城庵)
전남 珍島郡 臨淮面 竹林里 女貴山에 있던 절. 이 절에 있던 塔을 上萬寺로 이전했다고 전한다〈寺刹全書, 546p〉〈文化遺蹟總覽〉

봉송사(奉松寺)
경북 盈德(옛 寧海)郡에 있던 절〈寺刹全書, 521p〉

봉수사(奉水寺)
경기 廣州郡 漢山에 있던 절〈寺刹全書, 521p〉

봉수암(鳳首庵)

충남 禮山郡에 있던 절〈寺刹全書, 546p〉

봉승사(峰昇寺)
평남 中和郡 坤開山에 있던 절〈寺刹全書, 543p〉

봉안사(鳳安寺)
경기 安城郡 九苞山에 있던 절〈寺刹全書, 546p〉
鳳安寺鐘 : 1216년(고려 高宗 3) 주성〈韓國金石全文, 中世下 965p, 許興植 編〉

봉안사(奉安寺)
충남 論山郡 豆磨面 夫南里에 있는 절〈文化遺蹟總覽〉

봉안암(奉安庵)
경남 泗川郡 昆陽面 龍山里에 위치. 多率寺의 부속 암자. 고려말기 창건 추정. 石佛座像(高1.3m) 13구가 안치〈文化遺蹟總覽〉
多率寺奉安庵石窟 : 地有 제39호. 1972년 지정〈上同〉

봉암사(鳳岩寺)¹
경기 坡州(옛 漣川)郡 積城面 客峴里 紺岳山에 있는 절. 1858년(哲宗 9) 暢憲이 중건〈불교사전. 315p〉〈寺刹全書, 546p〉

봉암사(鳳岩寺)²
경북 聞慶郡 加恩邑 院北里 曦陽山에 있는 절. 一名 陽山寺. 879년(신라 憲康王 5) 智證이 창건, 935년(고려 太祖 18) 靜眞이 중건. 得通(1376-1433)이『金剛經說誼』를 지은 곳. 1674년(顯宗 15) 화재, 信和가 중건. 1703년(肅宗 29) 일부 중건. 1907년(隆熙 1) 兵火, 1915년 주지 世煜이 중건. 1927년 주지 尹世煜이 신라 智證國師의 碑閣과 翼廊을 건립〈寺刹全書, 546p〉〈불교사전, 315p〉

南庵, 白蓮庵, 白雲庵, 西庵, 幻寂庵 등이 山內에 부속

鳳岩寺三層石塔 : 보물　제169호.　1938
년 지정.　高6.31m.　화강석으로 9세기
초기경 건립 추정 〈文化財大觀 ; 寶物
篇〉

鳳岩寺靜眞大師圓悟塔 : 보물　제171호.
高 약5m.　화강석으로 965년(고려 光
宗 16)　건립 추정.　靜眞大師(878－
956)의 八角二層墓塔이다 〈上同〉

鳳岩寺靜眞大師圓悟塔碑 : 보물 제172호.
1938년 지정.　高2.73m　幅1.64m　厚
0.26m.　靑石으로 965년(고려 光宗16)
건립.「靜眞大師碑銘」이라 題額.　碑尾
에는 「乾德三年歲在乙丑(965)…日辛
卯立彫割業僧臣遑律奉勅刻字」라　　기
록.　碑銘은 李夢游 撰, 張端說 書.　大師
의　諱는　兢讓,　俗姓은　王,　公州人.
888－965년까지 생존 〈上同〉

鳳岩寺智證大師寂照塔 : 보물 제137호.
1936년　지정.　高3.41m.　화강석으로
882년(신라 憲康王 8) 大師의 入寂과
동시 건립 추정 〈上同〉

鳳岩寺智證大師寂照塔碑 : 보물 제138호.
1936년　지정.　高2.73m　幅1.64m　厚
23cm.　片麻岩으로 924년(고려 太祖 7)
건립.　碑銘은 崔致遠(857－?) 撰.「…
龍德四年歲次甲申(924)六月日竟建」
이라 기록.　大師의 號는 道憲, 字는 智
詵, 俗姓은 金, 824－882년까지 생존
〈上同〉

知守　撰　「鳳岩寺事實略錄, 1783年」
〈寺刹全書, 546p〉

봉암사(鳳岩寺)³
평북 宣川郡 深川面 鳳岩山에　위치
〈寺刹全書, 549p〉

봉암사(鳳岩寺)⁴ ⇒ 棲[栖·西]鳳寺
참조

봉암암(鳳岩庵)
강원 高城郡 杆城面 新安里에 위치.　乾
鳳寺의 부속 암자.　945년(고려 惠宗
2) 창건.　1742년(英祖 18) 海雲이 중

건 〈불교사전, 315p〉

봉엄사(奉嚴寺)
경기 開城市 鳳鳴山에 있던 절.　1127년
(고려 仁宗 5) 창건 〈寺刹全書, 521p〉

봉업사(奉業寺)
경기 安城(옛 竹山)郡 飛鳳山에 위치.
고려 太祖 御眞을 봉안.　1363년(고려
恭愍王 12) 王이 이 절에 행차하여 太
祖 御眞을 奉審 〈寺刹全書, 521p〉

奉業寺址幢竿支柱 : 高4.7m　幅80cm　厚
50cm.　조각이나 銘文은 없으며, 현재
논 가운데 있다.　寺刹 창건 당시 건립
추정 〈文化遺蹟總覽〉

奉業寺盤子 : 1217년(고려 高宗 4) 주성
〈韓國金石全文, 中世下 966p, 許興植
編〉

奉業寺香垸 : 1081년(고려　文宗 35)에
조성 〈上同, 509p〉

竹州奉業寺貞祐五年銘飯子 : 현재　　서울
西大門區 新村洞 延世大學校博物館 內
에 보관.　보물 제576호.　1973년 지정.
奉業寺에 있던 것을 현 위치에 이관
〈文化財大觀 ; 寶物篇〉

봉영사(奉永寺)
경기 楊州郡 榛接面 內閣里 泉岾山에
있는 절.　600년(신라 眞平王 22) 開山
하여　奉仁庵이라 명명.　1737년(英祖
13) 太顚이 중건.　1755년(英祖 31) 奉
永寺라 개명.　1877년(高宗 14) 內帑金
四千貫으로 중수.　1924년 주지 西耕이
중수 〈寺刹全書,　521p〉 〈불교사전,
315p〉

金敎成　撰　「奉永寺重修記, 1877年」
〈寺刹全書, 522p〉

兪寅植 撰「奉永寺住持和尙全東熙大功
德記, 1925年」〈上同〉

秋月　撰　「泉岾山奉仁庵重修懸板記,
1737年」〈上同〉

봉운사(鳳雲寺)
경기 廣州郡에 있던 절, 一名 奉獻寺

〈寺刹全書, 549p〉

봉원사(奉元寺)

서울 西大門區 奉元洞에 있는 절. 一名 般若寺·新寺. 889년(신라 眞聖女王 3) 道詵이 延禧洞 懿寧園 부근에 건립하여 般若寺라 명명. 1396년(太祖 5) 三尊像을 조성하여 봉안하고, 이어 御影을 봉안. 壬亂으로 兵火를 당한 후 智仁이 중건. 1651년(孝宗 2) 화재, 克齡 休嚴 등이 중건. 1748년(英祖 24) 현지에 이전하고 이듬해 奉元寺라 改名 御筆. 1855년(哲宗 6) 銀峰이 법당 중건. 1894년(高宗 31) 주지 性谷이 藥師殿 건립. 1933년 주지 安心山이 大房을 중수. 1939년 주지 金英菴이 冥府殿을 중수 〈불교사전, 315p〉〈寺刹全書, 540p〉

般若庵이 山內에 부속

權相老 撰 「趙娘子碑閣記, 1934年」 〈寺刹全書, 541p〉

金祖淳(1765-1831) 撰 「記奉元寺遊」〈楓皐集, 卷15 20張, 整理字本〉

朴漢永 撰「大施主金星基頌德碑, 1934年」〈寺刹全書, 541p〉

鄭之益 撰 「京畿道楊州郡三角山奉元寺事蹟記, 1665年」〈上同, 540p〉

鼎鎬(1870-1948) 撰 「京西奉元寺大檀越紀念碑」〈石林草, 29張, 鉛印本〉

봉은사(奉恩寺)[1]

경기 江華郡 河岾面 長井里 奉天山에 있던 절 〈文化遺蹟總覽〉

고려말기 奉天佑가 그의 先祖를 위하여 창건. 寺址에 奉天塔[七寶石塔]이 있다고 전한다. 1234년(고려 高宗 21) 王이 燃燈행사 때 행차함을 비롯하여 그 뒤에도 행사가 잦았다 〈寺刹全書, 529p〉

봉은사(奉恩寺)[2]

경기 開城에 있던 절. 一名 大奉恩寺. 951년(고려 光宗 2) 城 남쪽에 창건하여 太祖의 願堂으로 삼았다. 또한 고려 太祖의 眞影을 봉안하였으며, 燃燈을 누차 설함과 아울러 역대 帝王의 많은 행차가 있었다 〈寺刹全書, 523p〉

普愚(1301-1382) 撰 「奉恩寺重修慶讚諸像點眼法會疏」〈懶庵雜著〉

李奎報(1168-1241) 撰 「奉恩寺告太祖眞前文」〈東國李相國集, 卷38 1張, 木板本〉 「奉恩寺燃燈道場文」〈上同, 卷39 11張〉

「王后殿還願佛宇通行齋文」 〈東文選, 卷114 6張〉「修文殿行佛頂道場文」〈上同, 卷111 7張〉「康安殿秀月大歲道場文」〈上同, 卷114 8張〉

봉은사(奉恩寺)[3]

서울 江東區(옛 廣州郡 彦州面) 三成洞 修道山에 있는 절. 31本山 중의 하나. 794년(신라 元聖王 11) 王이 창건하여 緣會를 맞아 주지로 삼았다. 1498년(燕山 4) 宣陵(成宗陵)을 위하여 陵 동편에 있는 見性寺를 중건하여 奉恩寺라 명명. 1499년(同王 5) 各道 寺刹 收稅를 이 절에 移給하라고 전교했으며, 그 뒤 많은 하사물이 있었다. 1551년(明宗 6) 禪宗 首寺刹로 지정하고 普雨가 禪宗 判事와 奉恩寺 주지가 되어 禪宗 僧科를 試取. 1562년(明宗 17) 修道山에 이전. 壬亂·丙子胡亂 때 兵火, 1637년(仁祖 15) 중건. 1665년(顯宗 6) 화재, 1692년(肅宗 18) 중건하고 王이 錢帛을 하사. 1757년(英祖 33) 중수. 1789년(正祖 13) 兵火, 1825년(純祖 25) 중수. 1855년(哲宗 6) 永奇가 「華嚴經疏鈔」 80卷을 板刻하여 봉안. 1939년 화재, 1941년 주지 泰旭이 일부 중건 〈불교사전, 315p〉〈寺刹全書, 530p〉

至正四年在銘高麗青銅鏤銀香爐: 현재 서울 東國大博物館에 보관. 보물 제321호. 1959년 지정. 高37cm 口徑51cm. 青

銅 및 銀으로 1344년(고려 忠穆王 1)
주성. 1959년경 서울 奉恩寺에 있던 것
을 현지에 이전 보관〈文化財大觀；寶
物篇〉
姜瑋(1820-1884) 撰「艸衣尊者碑代
作」大師의 法名은 意恂, 字는 中孚,
俗姓은 張, 本은 務安〈古歡堂收草, 卷
3 5張, 木活字本〉
權相老 撰「朝鮮禪宗甲刹大本山京畿道
廣州郡修道山奉恩寺事蹟碑銘幷序,
1932年」〈寺刹全書, 532p〉
道安(1638-1715) 撰「奉恩寺法堂佛
像勸文」〈月渚集, 卷下, 木板本〉
卞鍾運(1790-1866) 撰「淸谿惠圓師
傳」〈歠齋文鈔, 卷2 14張, 鉛印本〉
本葉[寶雲] 撰 「奉恩寺華嚴板殿瓻瓦
築墻重修錄, 1878年」〈寺刹全書, 538p〉
李宜翼 撰 「海東朝鮮國寶盖山石臺庵
南湖律師開刊華嚴碑銘幷序, 1875年」
〈上同, 535p〉
鼎鎬(1870-1948) 撰 「修道山奉恩寺
大雄殿重建上梁文」〈石林草, 66張〉
處能(1617-1680) 撰「奉恩寺重修記」
〈白谷集, 335p, 影印本〉「奉恩寺記」
〈寺刹全書, 531p〉
混虛 撰 1856년(哲宗 7)「京畿左道廣
州修道山奉恩寺華嚴板殿上梁文」〈上
同, 537p〉
華隱 撰 「京畿左道廣州修道山奉恩寺
華嚴板殿新建記,1856年」〈上同,536p〉
休靜(1520-1604) 撰「奉恩寺記」〈淸
虛堂集, 卷3 15張, 木板本〉

봉은암(鳳隱庵)
충남 大德郡 懷德面 邑內里 鷄足山에
있는 절. 옛 奉恩庵〈불교사전, 316p〉
〈寺刹全書, 539・549p〉

봉인사(奉印寺)
경기 楊州郡 眞乾面 天摩山에 있던 절
〈불교사전, 316p〉
浮圖庵이 山內에 부속

봉인암(奉仁庵)⇒ 奉永寺 참조

봉일사(鳳逸寺)
강원 淮陽郡 蘭谷面 土洞里 天寶山에
있는 절. 일명 鳳逸庵・天寶庵. 1533년
(中宗 28) 淮陽府使 柳鳳逸이 天寶庵을
이전〈불교사전, 316p〉
1642년(仁祖 20) 善特이 聚日大師碑
浮屠를 건립. 1793년(正祖 17) 致瑛 등
이 深印大師石鐘을 건립. 1908년 주지
柳成敏이 羅漢殿을 중수〈楡岾寺本末
寺志, 677p, 鉛印本〉
羅漢殿 上梁文에「新羅法興王二十五年
(538)高峰律師開山」이라 기록〈上同,
682p〉
柳成敏 撰「淮陽郡蘭谷面天寶山鳳逸寺
羅漢殿重修序, 1908年」〈上同, 681p〉

봉일사(奉日寺)[1]
경기 富川(옛 富平)郡 桂陽山에 있던
절〈寺刹全書, 540p〉
奉日寺三層石塔：2, 3층이 유실된 것을
白龍寺에서 1975년 화강암으로 조성
수리〈文化遺蹟總覽〉

봉일사(奉日寺)[2]
평남 順川郡 雲頭山에 있던 절〈寺刹全
書, 540p〉

봉일암(奉日庵)
경남 泗川郡 昆陽面 龍山里에 위치. 多
率寺의 부속 암자〈寺刹全書, 540p〉

봉정사(鳳停寺)[1]
경북 安東郡 西後面 台庄洞 天燈山에
있는 절. 672년(신라 文武王 12) 義湘
이 창건. 국내 木造 건물로 가장 오랜
大雄殿이 있다〈불교사전, 316p〉〈寺
刹全書, 549p〉
靈山庵, 知照庵 등이 山內에 부속
鳳停寺古今堂：보물 제449호. 1967년
지정. 조선중기 건립 추정. 1616・1969
년 각각 중수〈文化財大觀；寶物篇〉
鳳停寺極樂殿：국보 제15호. 1934년 지
정. 고려초기 이전. 고대 건물 양식이

다. 1268년(고려 元宗 9)경 건립 추정. 1368년(고려 恭愍王 17) 중수〈上同 ; 國寶篇〉
鳳停寺大雄殿 : 보물 제55호. 1934년 지정. 조선초기 건립. 1809년(純祖 9) 중수〈上同 ; 寶物篇〉
鳳停寺華嚴講堂 : 보물 제448호. 1967년 지정. 조선중기 건립. 1588년(宣祖 21) 중수. 1969년 해체 복원〈上同〉
鳳停寺三層石塔 : 高3.35m. 화강암으로 고려 때 건립 추정〈文化遺蹟總覽〉
李東標(1644−1700) 撰 「覽德樓記」〈懶隱集, 卷5 2張, 木板本〉
봉정사(鳳停寺)²
전남 靈光郡 磨岾山에 있던 절〈寺刹全書, 549p〉
봉정사(鳳停寺)³
전남 長城郡 森溪面 新基里에 있는 절. 壬亂 때 소실, 그 뒤 중건. 1950년 소실, 그 뒤 중건〈文化遺蹟總覽〉
봉정암(鳳頂庵)
강원 麟蹄郡 北面 龍垈里 雪嶽山에 있는 절. 百潭寺의 부속 암자〈불교사전, 316p〉
644년(신라 善德女王 13) 慈藏이 창건. 677년(신라 文武王 17) 元曉가 중건. 1188년(고려 明宗 13) 普照가 중수. 1518년(中宗 13) 幻寂이 중수. 1548년(明宗 3) 騰雲이 중수. 1632년(仁祖 10) 雪淨이 중건〈寺刹全書, 550p〉
鳳頂庵釋迦舍利塔 : 地有 제31호. 1971년 지정. 644년(신라 善德女王 13) 5층석탑을 건립하여 佛舍利를 봉안〈文化遺蹟總覽〉
「江原道麟蹄縣雪嶽鳳頂庵七創事蹟記, 1870年」〈乾鳳寺本末事蹟, 78p, 鉛印本〉
關東散人 撰 「鳳頂庵重修記, 1781年」〈上同, 77p〉
봉정암(鳳停庵)

경북 尙州(옛 幕谷村 뒤)郡 兜率山에 있던 절. 北長寺의 부속 암자〈寺刹全書, 550p〉
봉주사(鳳住寺)
충남 大德(옛 懷德)郡 雞足山에 있던 절〈寺刹全書, 550p〉
봉지사(鳳池寺)
황해 新溪郡 太一山에 있던 절〈寺刹全書, 550p〉
봉진사(鳳進寺)
평남 平原(옛 永柔)郡 米頭山에 있던 절〈寺刹全書, 550p〉
봉천사(鳳泉寺)
경남 密陽郡 府北面 大項里 華岳山에 있던 절〈寺刹全書, 550p〉
봉천사(奉天寺)
평북 江界郡 玄館面 天摩山에 위치〈寺刹全書, 543p〉
봉천암(鳳泉庵)
전남 求禮郡 馬山面 黃田里 智異山에 있는 절. 華嚴寺의 부속 암자〈불교사전, 316p〉
黃玹(1855−1910) 詩 「…鳳泉庵信宿…」〈梅泉集, 卷4 8張, 鉛印本〉
봉학사(鳳鶴寺) ⇒ 普光寺¹¹ 참조
봉헌사(奉獻寺) ⇒ 鳳雲寺 참조
봉화사(峰華寺)
경남 金海郡 進永邑 本山里에 있는 절. 前身은 伽倻 때 寺址로 전해지고 돌담이 남았으나 지금은 峰華寺가 건립됨〈文化遺蹟總覽〉
봉화사(烽火寺)
충남 唐津郡 貞美面 壽堂里 烽火〔安國〕山에 있던 절. 1929년 주지 任龍準이 중건, 그 뒤 폐사. 石佛立像 2구가 있다〈文化遺蹟總覽〉
봉황사(鳳凰寺)¹
황해 鳳山郡 文井面 龍潭里에 있던 절. 石塔 1기가 있다〈寺刹全書, 550p〉
봉황사(鳳凰寺)²

황해 殷栗(옛 長連)郡 鳳凰山에 있던
절〈寺刹全書, 550p〉

봉황사(鳳凰寺)[3] ⇒ 黃山寺[2] 참조.

봉흥사(奉興寺)
경기 廣州郡에 있던 절. 19세기경 폐사
〈寺刹全書, 543p〉

부강사(扶江寺)
충남 扶餘郡에 있던 절인 듯〈愚谷集,
卷19張, 石印本〉
姜栢(1690－1777) 詩「宿扶江寺」〈上
同〉

부개사(夫蓋寺)
경북에 있던 절. 신라 惠空이 거주하던
곳. 늘 술에 취하여 삼태기를 쓰고 거
리에 다니면서 춤을 추었기 때문에 負
簣和尙이라고 불렀으므로 이 절을 大
蓋寺라 명명〈寺刹全書, 551p〉

부귀암(富貴庵)
경북 永川郡 新寧面 旺山洞 八公山에
있는 절. 一名 富貴寺. 1873년(高宗
10) 曇華가 창건〈불교사전, 317p〉
〈寺刹全書, 555p〉

부도사(浮屠[圖]寺)[1]
경남 陜川郡 大幷面 大枝里에 있던 절.
一名 舍那寺. 지금은 敷石 12개 가운데
「雍正二年(1724)四月化主玄訓」이란
刻字가 있는 것으로 보아 1724년(景宗
4) 건립 추정〈寺刹全書, 553p〉

부도사(浮屠寺)[2]
경남 陜川郡 三嘉面에 있던 절. 一名
舍那寺〈寺刹全書, 552p〉

부도암(浮屠[圖]庵)[1]
경기 楊州郡 眞乾面 松陵里 天摩山에
있던 절. 원래 奉印寺의 부속 암자.
1619년(光海 11) 창건. 1854년(哲宗
5) 普惠가 중수. 1928년 화재〈불교사
전, 317p〉
1864년(高宗 1) 慧庵·幻翁 등이 塔
法堂을 창건. 1925년 東坡가 수리〈奉
先本末寺誌, 121p, 鉛印本〉

李道玄 撰 「奉印寺浮圖庵記」〈上同〉
「奉印寺浮圖庵塔法堂創建丹雘記文,
1928年」〈上同, 123p〉
李惟簡 撰「有明朝鮮國天磨山奉印寺楓
岩大師取愚浮圖碑銘幷序」1767년 碑를
건립〈上同〉
翠碧山人 撰 「奉印寺浮圖庵金鐘記,
1854年」〈上同, 125p〉

부도암(浮屠庵)[2]
경북 達成郡 公山面 道鶴洞 八公山에
있는 절. 桐華寺의 부속 암자. 1658년
(孝宗 9) 道悟가 창건. 1790년(正祖
14) 春坡가 중건〈寺刹全書, 553p〉

부도암(浮屠庵)[3]
경북 榮州 부근에 있던 절인 듯〈忘窩
集, 卷1 13張, 木板本〉
金榮祖(1577－1648) 詩「浮屠庵書事」
〈上同〉

부도암(浮屠庵)[4]
전남 昇州郡 松廣面 新坪里 曹溪山에
있는 절. 松廣寺의 부속 암자〈寺刹全
書, 552p〉

부도암(浮屠庵)[5]
전북 高敞郡 雅山面 兜率山에 있던 절.
禪雲寺의 부속 암자. 1620년(光海 12)
坦惠가 창건〈寺刹全書, 552p〉

부도암(浮屠庵)[6]
전북 南原郡 山內面 智異山에 위치. 實
相寺의 부속 암자〈寺刹全書, 552p〉

부도암(浮屠庵)[7]
전북 扶安郡 邊山 實相寺 북쪽에 위치
〈寺刹全書, 552p〉

부도암(浮屠庵)[8]
전북 扶安郡 山內面 邊山에 있던 절
〈寺刹全書, 552p〉

부도암(浮圖庵)[9] ⇒ 剛泉[川]寺 참조

부사의방(不思議房)
충북 報恩郡 內俗離面 俗離山에 있던
절. 法住寺의 부속 암자〈寺刹全書,
563p〉

부사의방장(不思議方丈)[1]
전남 光山郡 瑞石山에 있던 절 〈寺刹
全書, 563p〉
金時習(1435－1493) 詩 「不思議房有
眞表律師剝皮圖像」〈梅月堂集, 卷11 9
張, 癸酉字本〉

부사의방장(不思議方丈)[2]
전북 扶安郡 邊山에 있던 절. 一名 不
思議庵. 신라 眞表가 있던 곳. 철사로
집을 얽어 바위 위에 박았으며, 100尺
사다리를 타고 오르내렸다고 한다 〈寺
刹全書, 562p〉

부사의암(不思議庵)[1]
강원 金剛山에 있던 절. 신라 때 창건.
上·中·下 不思議庵이 있었다고 전함
〈寺刹全書, 562p〉

부사의암(不思議庵)[2]⇒ 不思議方丈[2]
참조

부산사(浮山寺)
충남 扶餘郡 浮山에 있던 절 〈寺刹全
書, 554p〉
處能(1617－1680) 詩 「題浮山寺」〈白
谷集, 265p, 影印本〉

부석사(浮石寺)[1]
강원 平康郡 高岩山에 있던 절 〈寺刹
全書, 555p〉

부석사(浮石寺)[2]
경북 榮州郡 浮石面 北枝里 鳳凰山에
있는 절. 676년(신라 文武王 16) 義湘
이 창건. 義湘이 짚던 지팡이를 꽂아
놓은 것이 살았다는 仙飛花나무가 祖
師堂 앞에 있다. 弓裔(?－918)가 이
절의 壁畫를 찢었다고 전한다. 1016년
(고려 顯宗 7) 圓融이 중건. 1377년
(고려 禑王 3) 祖師堂을 중건 〈寺刹全
書, 554p〉〈불교사전, 320p〉
「신라 義湘이 華嚴十刹을 창건하기 위
한 일환으로 이곳에 절을 지으려고 하
니 이곳이 산적떼의 소굴이기에 절을
지을 수 없어서 苦心하던 중 善妙神龍

이 산적떼를 逐出하기 위하여 집채같
은 바위를 드놓으니 산적들이 기겁을
하여 도망가 이곳에 절을 창건했다고
함. 이때 바위를 드놓은 것이 바위가
뜬 것 같아 浮石寺라고 命名했다」고
함 〈1997. 1. 25. 06：45분, 불교방송
교리강좌〉

白蓮庵, 靈山庵 등이 山內에 부속

浮石寺祖師堂 : 국보 제19호. 1934년 지
정. 1373년(고려 恭愍王 22) 건립 추
정. 日帝 때 수리. 처마에 신라 義湘이
심었다고 전하는 나무 한 그루가 있는
데, 退溪 李滉의 詩가 있다 〈文化財大
觀 ; 國寶篇〉

浮石寺祖師堂壁畫(6面) : 국보 제46호.
1936년 지정. 各面長205cm 廣75cm. 고
려 말기의 벽화. 1面은 菩薩像, 2面은
多聞天王像, 3面은 廣目天王像, 4面은
增長天王像, 5面은 持國天王像, 6面은
菩薩像〈上同〉

浮石寺幢竿支柱 : 보물 제255호. 1942년
지정. 高4.28m. 화강석으로 절 창건 당
시 건립 추정 〈上同 ; 寶物篇〉

浮石寺無量壽殿 : 국보 제18호. 1934년
지정. 1376년 중건. 1916년 해체 수리.
木造 건물로 국내에서 가장 오랜 것이
다 〈上同 ; 國寶篇〉

浮石寺無量壽殿 앞 石燈 : 국보 제17호.
1934년 지정. 高2.97m. 화강석으로 통
일신라 때 건립 추정 〈上同〉

浮石寺佛舍利塔(2기) : 高3.6m. 梵鐘樓
앞에 東西로 위치 〈文化遺蹟總覽〉

浮石寺三層石塔 : 보물 제249호. 1942년
지정. 高5.26m. 화강석으로 통일신라
때 축조 추정. 1960년 해체 수리 때 많
은 유물 발견 〈文化財大觀 ; 寶物篇〉

浮石寺塑造如來坐像 : 국보 제45호.
1936년 지정. 總高2.78m. 木心塑造. 고
려초기 조성 추정 〈上同 ; 國寶篇〉

浮石寺圓融國師碑 : 高1.86m 幅96cm.

1054년 건립. 碑銘은 高聰 撰, 林顥 書
篆. 國師의 字는 慧日, 諡號는 圓融, 俗
姓은 金. 964－1053년까지 생존〈文化
遺蹟總覽〉
榮州北枝里石造如來坐像(2구) : 浮石寺
慈忍堂內에 안치. 국유 보물 제220호.
1940년 지정. 高261㎝. 화강암으로 통
일신라 때 조성 추정. 이 두 불상은 浮
石寺 동쪽 산 너머 어떤 廢寺址에 있던
것을 또 하나의 불상과 같이 浮石寺에
이전〈文化財大觀 ; 寶物篇〉
李奎報(1168－1241) 撰「浮石寺丈六
前願文」〈東國李相國集, 卷38 2張, 木
板本〉
부석사(浮石寺)³
충남 瑞山郡 浮石面 翠坪里 富春山에
있는 절〈寺刹全書, 554p〉〈불교사전,
320p〉
浮石寺金銅觀音鑄成記 : 1330년(고려
忠肅王 17) 주성〈韓國金石全文, 中世
下 1138p, 許興植 篇〉
부소암(扶蘇庵)
경남 南海郡 錦山에 있던 절. 그 아래
에「徐市過此」라는 큰 篆字를 큰 석벽
에 새김〈寺刹全書, 551p〉
부암(父〔浮〕庵)
경남 密陽郡 天臺岩山에 있던 절〈寺
刹全書, 551p〉
부왕사(扶旺寺)⇒ 扶〔浮〕皇寺 참조
부용암(芙蓉庵)
충남 公州郡 寺谷面 太華山 麻谷寺 근
처에 있던 절〈寺刹全書, 552p〉
부은암(父恩庵)¹
경남 金海郡 進永邑 本山里 嶒岩山에
있던 절. 長遊가 창건〈寺刹全書,551p〉
부은암(父恩庵)²
경남 密陽郡 丹場面에 있는 절〈寺刹
全書, 551p〉
부인사(夫人寺)
경북 達城郡 公山面 八公山에 있던 절.

신라 憲德王(809－825) 때 창건〈寺刹
全書, 551p〉
義沾(1746－1796) 撰「夫仁寺冥府殿
移建記」〈仁岳集, 卷2 14張, 木板本〉
「夫人寺冥府殿移建上梁文」〈上同, 卷2
20張〉
李奎報(1168－1241) 撰「大藏刻板君
臣祈告文」〈東國李相國集, 卷25 18張〉
부인사(符仁寺)
경북 永川郡 八公山에 있던 절. 폐사되
었던 것을 신축. 1202년(고려 神宗 5)
慶州 別抄軍이 전투한 기록이 있다〈寺
刹全書, 555p〉
부주암(不住庵)
위치 未詳〈愚谷集, 卷4 53張, 石印本〉
姜栢(1690－1777) 詩「宿不住庵」〈上
同〉
부혜사(浮惠寺)
경북 月城郡 安康邑 玉山里에 있던 절
〈寺刹全書, 555p〉
부황사(扶〔浮〕皇寺)
경기 高陽郡 神道邑 北漢里 三角山에
있는 절. 1717년(肅宗 43) 尋雲이 창건
하여 扶旺寺라 명명. 뒤에 扶皇寺라 개
명. 1939년 주지가 靈山殿과 別堂을 건
립. 1942년 李柱王이 修道院을 건립
〈寺刹全書, 551p〉〈불교사전, 323p〉
李鍾益 撰「北漢山城扶旺寺記, 1943
年」〈寺刹全書, 551p〉
부흥사(富興寺)
강원 原城(옛 原州)郡 本部面 富興洞
에 있던 절. 寺址에는 신라말－고려초
기로 보이는 石塔材가 있다〈寺刹全書,
555p〉
북가섭암(北迦葉庵)
충남 公州郡 寺谷面 雲岩里 泰華山에
있는 절. 麻谷寺의 부속 암자〈寺刹全
書, 555p〉
북고사(北固寺)¹
전북 茂朱郡 茂朱面 邑內里 香爐山에

있는 절 〈寺刹全書, 555p〉〈불교사전, 323p〉

姜瑋(1820－1884) 詩 「北固寺與同人結夏」〈古歡堂收艸, 卷8 1張, 木活字本〉

북고사(北固寺)² ⇒ 鎭北寺 참조

북대암(北臺庵)¹

강원 平昌郡 五臺山에 있던 절 〈寺刹全書, 555p〉

북대암(北臺庵)²

경북 淸道郡 雲門面 新院洞 虎踞山에 있는 절. 雲門寺의 부속 암자 〈불교사전, 323p〉

북도솔사(北兜率寺)

전북 高敞郡 雅山面 三仁里에 있던 절 〈寺刹全書, 555p〉

북도솔암(北兜率庵)

전북 高敞郡 雅山面 兜率山에 있던 절. 禪雲寺의 부속 암자. 1703년(肅宗 29) 崔太信이 창건 〈寺刹全書, 556p〉

북망일사(北望日寺)

평남 平壤市 所山에 있던 절 〈寺刹全書, 556p〉

북명사(北榆寺)

경북 月城郡 內南面 榆溪里에 있던 절 〈寺刹全書, 556p〉

金時習(1435－1493) 詩 「北榆寺看牧丹」〈梅月堂集, 卷12 16張, 癸酉字本〉

북미륵암(北彌勒庵)

전남 海南郡 三山面 九林里 頭輪山에 있는 절. 大興寺의 부속 암자 〈寺刹全書, 556p〉

大興寺北彌勒庵磨崖如來坐像 : 보물 제48호. 1934년 지정. 高4.2m. 화강석으로 고려 때 조성 〈文化財大觀 ; 寶物篇〉

大興寺北彌勒庵三層石塔 : 보물 제301호. 1959년 지정. 高4m. 고려 때 건립. 1754년(肅宗 41) 수리 〈上同〉

북쌍련암(北雙蓮庵)

경기 開豊郡 聖居山에 있던 절 〈寺刹全書, 556p〉

북성거암(北聖居庵)

경기 開豊郡 聖居山에 있던 절 〈寺刹全書, 556p〉

金鎭商(1684－1755) 詩 「北聖居庵登七星臺分韻得北字」〈退漁堂遺稿, 卷19張, 木板本〉

북수사(北水寺)

전북 鎭安郡 馬靈面 江亭里에 있던 절. 一名 廣德寺. 신라 때 창건. 1914년 중건하여 北水寺라 개명 〈文化遺蹟總覽〉

북수사(北峀寺)

황해 平山郡 平山面 隱潭里 方圓山에 위치 〈寺刹全書, 556p〉〈불교사전, 323p〉

북신사(北辰寺)

전북 完州郡 天壺山에 있던 절 〈寺刹全書, 561p〉

북악사(北岳寺)¹

경북 醴泉郡 醴泉邑에 있던 절 〈寺刹全書, 557p〉

북악사(北岳寺)² ⇒ 映月庵¹ 참조

북암(北庵)¹

경기 始興(옛 水原)郡 儀旺面 淸溪山 북쪽에 있던 절 〈寺刹全書, 557p〉

북암(北庵)²

경남 昌原郡 白月山에 있던 절. 一名 板房 〈寺刹全書, 557p〉

북암(北庵)³

전남 海南郡에 있던 절인 듯 〈梵海詩集, 卷2 9張〉

覺岸(1820－1896) 詩 「訪北庵」〈上同〉

북암(北庵)⁴

전북 高敞(옛 興德)郡 逍遙山에 있던 절 〈寺刹全書, 557p〉

북암(北庵)⁵

전북 全州에 있던 절. 威鳳寺의 부속 암자 〈불교사전, 324p〉

북암(北庵)⁶

황해 碧城郡 西席面 神光里 首陽山에 위치. 神光寺의 부속 암자 〈불교사전, 324p〉

북장사(北長寺)

경북 尙州郡 內西面 北長里 天柱山에 있는 절. 833년(신라 興德王 8) 眞鑑이 창건. 壬亂 때 화재. 1624년(仁祖 2) 明의 승려 10여 명이 와서 중건. 1650년(孝宗 1) 화재. 瑞默 忠雲 등이 중건. 1657년(同王 8) 화재. 1658년(同王 9) 현지에 이전. 1663년(顯宗 4) 化主 忠雲이 尋釰堂을 건립.1668년(顯宗 9) 현지에 이전. 1663년(顯宗 4) 化主 忠雲이 尋釰堂을 건립. 1668년(同工 9) 化主 呂行이 極樂殿을 긴립. 1669년(同王 10) 化主 文湜이 寂寥堂을 건립. 1673년(同王 14) 化主 處雄이 明月堂을 건립. 1676년(肅宗 2) 化主 勝블이 大香爐殿・香積殿, 淸允이 小香爐殿, 三周가 白蓮堂 등을 각각 건립. 1677년(同王 3) 幸宗이 六和堂을 건립. 1685년(同王 11) 主學이 三綱室을 건립. 1688년(同王 14) 禪旭이 黃鶴樓를 건립. 1692년(同王 18) 勝블이 寒松堂을 건립. 1695년(同王 21) 思察이 窮玄堂을 중건. 1699년(同王 25) 玉淸이 冥府殿을 건립. 1704년(同王 30) 華藏殿・正門 등을 건립. 1736년(英祖 12) 소실, 곧 일부 중건. 1875년(高宗 12) 雲峰이 極樂殿을 중건. 1880년(高宗 17) 奇峰 중수, 1900년(光武 4) 1901년(光武 5) 奇峰이 각각 중수 〈寺刹全書, 557p〉〈불교사전, 324p〉

경내에 石燈材・銅鐘・浮屠 등이 있고, 부근에 磨崖佛頭(高 2.5m)가 있다〈文化遺蹟總覽〉

落水庵, 南庵, 鳳停庵, 想蓮庵, 上庵, 松台庵, 須彌窟庵, 須彌庵, 隱仙庵 등

이 山內에 부속

金萬源 撰 「北長寺重修記, 1897年」〈寺刹全書, 559p〉「北長寺水月庵盖瓦記」〈上同, 561p〉

「北長寺事蹟記, 1646年」〈上同, 557p〉

智榮 撰 「極樂殿重創記, 1875年」〈上同, 561p〉

북종사(北鍾寺)

평북 朔州郡 南西面에 있던 절〈寺刹全書, 561p〉

북지장사(北地藏寺)

경북 達城郡 公山面 道鶴洞 八公山에 있는 절. 1192년(고려 明宗 22) 普照가 창건 〈寺刹全書, 561p〉〈불교사전, 324p〉

북천사(北泉寺)

평남 順川郡 春日山에 있던 절〈寺刹全書, 561p〉

북천왕사(北天王寺)

평남 平原(옛 永柔)郡 米頭山에 있던 절〈寺刹全書, 561p〉

북한사(北漢寺)

서울 부근에 위치한 듯〈竹林集, 卷2 3張, 木活字本, 1899印〉

黃基源(1817-1879) 詩「北漢寺」〈上同〉

북혈사(北穴寺)

충남 燕岐郡 全義面에 있던 절〈寺刹全書, 562p〉

북홍경원(北弘景院)

위치 未詳〈東國李相國集, 卷39 6張, 木板本〉

李奎報(1168-1241) 撰 「北弘景院行鎭兵金經藥師道場文」〈上同〉

분사(粉寺)

전남 順天市에 있던 절 〈寺刹全書, 562p〉

분황사(芬皇寺)

경북 慶州市 明活山에 있는 절. 634년(신라 善德女王 3) 창건. 고려 肅宗

(1095-1105) 때 구리 306,700근으로
藥師如來佛像을 조성. 그 뒤 고쳐서 점
점 작게 되었다. 신라 慈藏이 가져온
藏經 일부를 봉안. 元曉가 있던 곳. 고
려 韓文俊(?-1190)이 지은 「和靜國
師碑」가 있었다. 幢竿支柱와 塼塔은
신라 때의 유일한 遺物. 塔은 처음에는
9층이던 것이 지금은 3층만 남아 있다.
유명한 火珠가 있었으나 많이 훼손되
었다. 현재는 柏栗寺에 옮겨졌다고 전
한다 〈寺刹全書,　562p〉〈불교사전,
326p〉

芬皇寺石塔 : 국보　제30호.　1934년 지
정.　高9.3m 幅；南北13.2m 東西13m.
安山岩 3층석탑으로　634년(善德女王
3) 건립.　1915년 수리 당시 많은 유물
이 나왔다〈文化財大觀；國寶篇〉

芬皇寺藥師〔銅像〕：755년(신라 景德王
14) 주성.　重 306,700斤〈三國遺事,　卷
3 19張,　木板本〉

率居 筆蹟「芬皇寺觀音菩薩像」〈寺刹
全書,　562p〉

義天(1055-1101)　撰「祭芬皇寺曉聖
文」〈大覺文集,　188p,　影印本〉

一然(1206-1289)　撰「芬皇寺藥師‧
芬皇寺千手大悲盲兒得眼」〈三國遺事,
卷3,　木板本〉

불각사(佛覺寺)¹
경기 開城에 있던 절인 듯〈牧隱詩藁,
卷34 11張,　木板本〉

李穡(1328-1396)　詩「望佛覺寺」〈上
同〉

불각사(佛覺〔角〕寺)²
황해 遂安郡 彦眞山에 있던 절〈寺刹
全書,　563p〉

불갑사(佛甲〔岬〕寺)
전남 靈光郡 佛甲面 母岳里 母岳山에
있는 절. 신라 때 창건. 일설은 백제 武
王(600-640) 때　창건　〈불교사전,
327p〉〈寺刹全書,　563p〉

佛臺庵,　修道庵,　錢日庵,　海佛庵 등이
山內에 부속

佛甲寺眞覺國師碑：高1.3m　幅63㎝　厚
8㎝.　1359년　건립.　碑銘은　李達衷(?
-1385) 撰〈文化遺蹟總覽〉

불개사(佛盖寺)
전남 高興(옛　興陽)郡 八巓山에 있던
절〈寺刹全書,　564p〉

李齊賢(1287-1367) 撰「圓悟國師碑」
〈上同〉

불곡사(佛谷寺)¹
경기 安養市 安養里에 있던 절. 지금은
石塔‧石燈‧龜趺 등만 남음〈寺刹全
書,　564p〉

불곡사(佛谷寺)²
경기 楊州郡 州內面 佛谷山에 있던 절.
지금의 白華庵인 듯〈寺刹全書,　564p〉

불곡사(佛谷寺)³
경남 馬山市 大方洞에 있는 절. 신라 때
창건〈文化遺蹟總覽〉

佛谷寺碑：高3.85m 幅62㎝「佛谷寺創
建及恩重塔施主記碑」라 碑銘〈上同〉

佛谷寺石造毘盧舍那佛坐像：보물　제436
호.　1966년 지정.　高1.90m. 화강석으로
통일신라 때 조성 추정〈文化財大觀；
寶物篇〉

佛谷寺石塔：935년(고려 太祖 18) 眞經
이 건립〈文化遺蹟總覽〉

佛谷寺一柱門：地有　제133호.　1974년
지정.　1693년(肅宗 19) 건립.　1943년
우담이 현지에 이전〈上同〉

불교암(佛敎庵)
경기 開豊郡 天磨山에 있던 절〈寺刹全
書,　564p〉

불국사(佛國寺)¹
경북 慶州市 進峴洞 吐含山에 있는 절.
540년(신라 法興王　27) 창건.　574년
(신라 眞興王 35) 중건.　751년(景德王
10) 재상 金大城이 國家의 復興과 父母
의 幸福을 위하여 殿堂‧寮舍 등 70여

채와 釋迦塔 多寶塔 등 27개 石造物을 확장 중건. 3차 중건 당시 건물은 2천여 간이 넘는 巨大한 寺刹. 887년(眞聖女王 1) 1024년(고려 顯宗 15) 1312년(忠宣王 4) 1436년(世宗 18) 1490년(成宗 21) 1564년(明宗 19) 1623년(仁祖 1) 각각 중건. 1650년(孝宗 1) 중수. 1659년(孝宗 10) 중건. 1895년(高宗 32) 兵火로 인하여 大雄殿·紫霞門·極樂殿·寮舍 등 몇 채만 남고 모두 소실 〈불교사전, 329p〉〈寺刹全書, 564p〉
石窟庵이 山內에 부속
慶州佛國寺境內 : 사적 및 명승 제1호. 117,636坪 〈指定文化財目錄〉
佛國寺金銅毘盧舍那佛坐像 : 국보 제26호.
1934년 지정. 高1.77m. 銅造鍍金으로 8세기경 조성 추정 〈文化財大觀 ; 國寶篇〉
佛國寺金銅阿彌陀如來坐像 : 국보 제27호. 1934년 지정. 高1.66m. 銅造鍍金으로 8세기경 조성 〈上同〉
佛國寺多寶塔 : 국보 제20호. 1934년 지정. 高10.4m 幅4.4m. 화강석으로 8세기 중엽 건립 추정. 1925년 수리. 이 塔은 多寶如來가 釋迦如來와 幷座하여 說法을 증명하는 相으로 해석된다고 한다〈上同〉
751년(신라 景德王 10) 건립. 솜씨가 세련되어 中國·日本 등지에서도 유래를 찾아볼 수 없는 우수 석조 건물 〈불교사전, 329p〉
佛國寺幢竿支柱(2기) : 七寶橋 앞 넓은 광장에 위치. 원래 佛幢을 걸어놓기 위하여 시설 〈文化遺蹟總覽〉
佛國寺蓮花橋·七寶橋 : 국보 제22호. 1934년 지정. 화강석으로 통일신라 때 건립 추정. 蓮花橋 高2.31m 幅1.48m로 10段, 七寶橋 高4.06m 幅1.16m. 8

段 〈文化財大觀 ; 國寶篇〉
佛國寺浮屠(5기) : 1기는 경내에 있고 1기는 佛國寺郵遞局 옆, 나머지는 3기는 石窟庵 등산로의 서편에 각각 위치 〈文化遺蹟總覽〉
佛國寺舍利塔 : 보물 제61호. 1934년 지정. 高2.06m. 화강석으로 고려초기 건립 추정. 1906년 日本에 반출. 1935년 반환. 寺蹟記에는 「光學浮屠」로 되어 있다 〈文化財大觀 ; 寶物篇〉
佛國寺三層石塔〔釋迦塔〕 : 국보 제21호. 1934년 지정. 高8.2m 幅4.4m. 화강석으로 751년(신라 景德王 10) 건립 추정. 이 塔은 동쪽 多寶塔에 대한 호칭으로 釋迦塔이라고도 함 〈上同 ; 國寶篇〉
佛國寺二層石塔內發見遺物(一括) : 국보 제126호. 1967년 지정
① 金銅製舍利外函 1개
② 銀製舍利外盒 1개
③ 銀製舍利內盒 1개
④ 儒香 3封
⑤ 金銅方形舍利盒 1개
⑥ 無垢淨光大陀羅尼經 1軸
⑦ 銅環 2개
⑧ 硬玉製曲玉 1개
⑨ 紅瑪瑙丸玉 12개
⑩ 水晶切子玉 1개
⑪ 水晶寶珠形玉 1개
⑫ 水晶丸玉 1개
⑬ 綠色유리丸 1개
⑭ 淡青色유리製瓜形玉 1개
⑮ 유리製小玉 약간
⑯ 香木片 약간
⑰ 青銅製飛天像 1개
⑱ 銅鏡 2개
⑲ 銅製釵子 4개
⑳ 木塔 12개
㉑ 水晶大玉 1개
㉒ 紅瑪瑙 13개
㉓ 水晶製가지形玉 1개

㉔ 유리製瓜形玉 2개
㉕ 유리小玉 약간
㉖ 沈香片 약간
㉗ 纖維殘缺 一括
㉘ 墨書紙片 一括〈上同〉

佛國寺石槽：신라 때 石槽 가운데 가장 큰 것으로 石物이 지니는 鈍重한 느낌을 볼 수 없고 경쾌한 형태를 드러내준다. 이 밖에도 3개의 石槽가 있다〈文化遺蹟總覽〉

佛國寺青雲橋·白雲橋：국보 제23호. 1934년 지정. 화강석으로 통일신라 때 건립 추정. 青雲橋 高3.82m 幅5.14m 18段, 白雲橋 高3.15m 幅5.09m 16段〈文化財大觀；國寶篇〉
戒悟(1773-1849) 撰「佛國寺極樂殿上樑文」〈伽山集, 卷4 15張, 木板本〉
李德懋(1741-1791) 撰「書多寶塔碑帖後」〈青莊館全書, 卷4 76張, 影印本〉
崔錫鼎(1646-1715) 撰「養性堂禪師惠能浮屠碑銘」〈佛國寺誌, 515p〉
崔致遠(857-?) 撰「大華嚴宗佛國寺毘盧遮那文殊普賢像讚並序」〈孤雲集, 213p, 影印本〉「大華嚴宗佛國寺阿彌陀佛像讚並序」〈上同, 216p〉「華嚴佛國寺繡釋迦如來像幡贊并序」〈東文選, 卷50 28張, 木板本〉

불국사(佛國寺)²
서울 江東區(옛 廣州郡 大旺面) 逸院洞 玳瑁山에 있는 절. 一名 藥師寺. 1353년(고려 恭愍王 2) 眞靜이 창건. 1880년(高宗 17) 네번째 현지에 이전. 1936년 주지 暎潭이 중수〈불교사전, 329p〉〈寺刹全書, 564p〉

불굴사(佛窟寺)¹
경북 慶山郡 瓦村面 江鶴里에 있는 절. 690년(신라 神文王 10) 玉熙가 창건. 18세기 중건〈文化遺蹟總覽〉
佛窟寺三層石塔：보물 제429호. 1965년 지정. 高7.43m. 화강석으로 통일신라 때 건립 추정〈文化財大觀；寶物篇〉

불굴사(佛窟[堀]寺)²
경북 永川(옛 新寧)郡 八公山에 있던 절〈寺刹全書, 566p〉

불귀사(佛歸寺)
경북(옛 江原) 蔚珍郡 白岩山에 있던 절. 신라 義湘(625-702) 창건.「佛歸寺古蹟小志」가 있다〈寺刹全書, 566p〉

불귀암(佛龜庵)
강원 金剛山에 있던 절〈增補海東詩選, 74p, 李圭瑢 編, 鉛印本〉
成任(1421-1484) 詩「佛龜庵金剛山」〈上同〉

불당사(佛堂寺)¹
경기 龍仁郡 遠三面 社倉里에 있던 절. 현재는 초석 3개만 남음〈寺刹全書, 566p〉
龍仁社倉里三層石塔：高2m. 현재 논 가운데 있다. 2층까지만 남아 있는데 佛堂寺의 塔으로 추정〈文化遺蹟總覽〉

불당사(佛堂寺)²
경북 奉化郡 明湖面에 있던 절. 寺址에 天然石이 남음〈寺刹全書, 566p〉

불당사(佛堂寺)³
평북 龜城郡 蘆洞面 白石洞에 있던 절. 초석과 瓦片이 산재〈寺刹全書, 566p〉

불당암(佛堂庵)
함남 洪原郡 雲鶴面 南豊里에 있던 절. 手足이 떨어진 石佛 1구가 있다〈寺刹全書, 566p〉

불대사(佛臺寺)
전남 高興(옛 興陽)郡 曹溪山에 있던 절〈寺刹全書, 566p〉
冲止(1226-1293) 詩「辛卯(1291)首夏因避亂抵佛臺寺…」〈圓鑑錄, 59張, 鉛印本〉

불두사(佛頭寺)¹
전남 羅州郡 羅州邑 青洞里에 있는 절. 12세기경 창건 추정. 1913년 중건.

1962년 붕괴, 1962년 중건 〈文化遺蹟
總覽〉
佛頭寺石造如來坐像: 高1.2m. 12세기
경 조성 추정 〈上同〉
불두사(佛頭寺)²
전북 茂朱郡 白雲山에 있던 절 〈寺刹
全書, 566p〉
불령대(佛靈臺)
평북 寧邊郡 北薪峴面 妙香山에 위치.
普賢寺의 부속 암자 〈寺刹全書, 567p〉
불령사(佛靈寺)
경북 淸道郡 梅田面 龍山洞 虎養山에
있는 절. 신라 元曉(617-686)가 창
건. 1912년 奉周가 중건. 1930년 李鍾
台가 중수 〈불교사전, 330p〉〈寺刹全
書, 567p〉
불명암(佛明庵)
전남 光州市 無等山에 있던 절 〈寺刹
全書, 567p〉〈불교사전, 331p〉
불무사(佛無寺)
경북 慶州市 南山에 있던 절. 757년
(신라 景德王 16) 창건 〈불교사전,
331p〉〈寺刹全書, 567p〉
불복장사(佛福藏寺)
경기 開城市에 있던 절. 1366년(고려
恭愍王 15) 王이 이 절에 행차하여 千
禧를 방문 〈寺刹全書, 567p〉
불봉사(佛峰寺)
황해 谷山郡 高達山에 있던 절 〈寺刹
全書, 567p〉
불사의(不思議) ⇒ 부사의 참조
불성사(佛性[成·聖]寺)
경기 安養市 飛山洞에 있는 절. 675년
(신라 文武王 15) 義湘이 창건. 1428
년(世宗 10) 冠岳山 佛成峰이 무너져
승려 5명이 압사. 1590년(宣祖 23) 화
재, 곧 淸虛가 중건. 1905년 화재, 章熙
가 중건. 1936년 화재, 1937년 靑雲이
중건 〈寺刹全書, 567p〉
冠岳山人 誌「冠岳山佛成寺略誌, 1937

年」〈寺刹全書, 567p〉
불암(佛庵)¹
전남 長城郡 月出山에 위치 〈西坡集,
卷8 36張, 芸閣印書體字本〉
吳道一(1645-1703) 詩「佛庵·佛庵
曉吟」〈上同〉
불암(佛庵)²
전북 南原郡 靈鷲山[長安山]에 있던
절 〈寺刹全書, 568p〉
불암(佛庵)³
충남 牙山郡 新昌面 道高山에 있던 절
〈불교사전, 335p〉〈寺刹全書, 568p〉
불암사(佛岩寺)¹
경기 楊州郡 別內面 花蝶里 天寶山에
있는 절. 신라 智證(824-882)이 창
건. 道詵(827-898)이 중건. 無學
(1327-1405)이 중수. 1855년(哲宗
6) 慧月 등이 중수 〈불교사전, 335p〉
〈寺刹全書, 568p〉
1776년(英祖 52) 瑞岳이 禪堂을 창건.
1782년(正祖 6) 瑞岳이 大雄殿·極樂
殿을 중수하고 霽月樓를 改建. 1844년
(憲宗 10) 各 殿과 寮舍를 중수. 1853
년 寶城이 霽月樓 중수. 春峰은 香爐殿
중건. 1855년(哲宗 6) 慧月·寶城 등
이 各 殿과 寮舍를 중수 〈奉先本末寺
誌, 75·84p, 鉛印本〉
石泉寺[庵]가 山內에 부속
李德壽(1673-1744) 撰 曹命敎 並篆
書「有明朝鮮國楊州天寶山佛岩寺事蹟
碑」1731년(英祖 7) 건립 〈上同, 76p〉
喆昊 撰「佛岩寺重修記, 1786年, 附鐘
銘」〈上同, 78p〉
太和 撰「樓閣重建記, 1853年」〈上同,
81p〉「香爐殿重建記」〈上同, 82p〉〈天
寶山佛岩寺重修記, 1855年」〈上同, 83p〉
불암사(佛岩寺)²
전북 淳昌郡 赤城面 石山里 瑞龍山에
있던 절. 寺址 뒷면에 磨崖佛像(高
2.65m)이 있고, 주위에 돌담·瓦片 등

이 남음 〈寺刹全書, 569p〉
불암사(佛庵寺)
충남 論山(옛 連山)郡 鷄龍山에 있던
절 〈寺刹全書, 568p〉
불영대(佛影臺)¹
전남 長興郡 冠山面 天冠山 佛影峰 북
쪽에 있던 절 〈寺刹全書, 574p〉
1768년(英祖 44)경 헐림 〈文化遺蹟總
覽〉
불영대(佛影臺)²
전남 靈光郡 佛甲面 母岳里 母岳山에
있는 절. 佛甲寺의 부속 암자 〈불교사
전, 335p〉〈寺刹全書, 574p〉
불영대(佛影臺)³
평북 寧邊郡 北薪峴面 妙香山에 위치.
普賢寺의 부속 암자 〈寺刹全書, 575p〉
불영사(佛影寺)
경북(옛 강원) 蔚珍郡 西面 下院里 天
竺山에 있는 절. 一名 佛影庵·九龍寺.
신라 文武王(660－680) 때 義湘이 浮
石寺 창건 후 동쪽에도 名山이 있음을
曙氣로 직감하고 여기에 당도하니, 산
세의 妙가 印度의 天竺山과 비슷하므
로 天竺山이라 하고, 앞의 큰 못에 九
龍을 呪文으로 쫓아낸 뒤, 그 자리에
절을 창건하여 九龍寺라 명명. 그 뒤
서쪽에 한 바위가 있었는데, 거기에 佛
影이 비치므로 佛影寺라 개명. 1397년
(太祖 6) 소실, 그 뒤 小雲이 중건. 또
소실, 1500년(燕山 6) 養性이 중건.
1609년(光海 1) 性元이 중건. 1701년
(肅宗 27) 眞性이 수리. 1721년(景宗
1) 중건. 1899년 雪耘이 중수. 신라 때
조성한 「無影三層石塔」이 있다 〈文化
遺蹟總覽〉〈寺刹全書, 569p〉
651년(신라 善德女王 5) 義湘이 창건
〈불교사전, 335p〉
南庵이 山內에 부속
**佛影寺事蹟碑·養性堂禪師浮屠·養性堂禪
師浮屠碑** : 조선 때 건립 추정 〈文化遺

蹟總覽〉
權相老(1879－1965) 撰 「蔚珍郡佛影
寺重創記」〈寺刹全書, 573p〉「蔚珍郡
佛影寺…雪雲堂大禪師碑銘幷序」〈上
同, 574p〉
南旺 撰 「佛影寺重創勸文」〈上同,
571p〉圓通殿重修與靑蓮庵移建記 〈上
同, 573p〉
柳伯儒 撰 「天竺山佛影寺記, 1370年」
〈上同, 569p〉
李文命 撰 「還生殿記, 1408年」〈上同,
569p〉
任萬休 撰 「佛影寺法堂丹靑勸文」〈上
同, 572p〉
黃中允 撰 「佛影寺重創記, 1611年」
〈上同, 570p〉
불영암(佛影庵)¹
경기 開豊郡 天摩山에 있던 절 〈寺刹全
書, 574p〉
불영암(佛影庵)²
전남 長興郡 冠山面 天冠山 佛影峰 남
쪽에 있던 절 〈寺刹全書, 574p〉
불은사(佛恩寺)
경기 開城市 琵瑟山에 있던 절. 951년
(고려 光宗 2) 창건. 고려 玄悟가 중건
〈불교사전, 335p〉
1106년(고려 睿宗 1) 王이 이 절에 행
차함을 비롯하여 역대 제왕이 행차한
적이 있었다 〈寺刹全書, 575p〉
李穀(1298－1351) 撰 「高麗國天台佛
恩寺重興記」〈稼亭集, 卷3 1張〉
불일대(佛日臺)
경북 聞慶郡 靑華山에 있던 절. 890년
(신라 眞聖女王 4) 大雲이 창건 〈寺刹
全書, 576p〉
불일사(佛日寺)¹
경기 開城市 東郊에 있던 절. 951년(고
려 光宗 2) 창건 〈불교사전, 336p〉
불일사(佛日寺)²
경기 長湍郡 津西面 景陵里에 있던 절.

951년(光宗 2) 太祖의 願堂으로 창건. 6층석탑(高6m)·石佛 4구·舍利塔 2기·幢竿支柱 등이 남음 〈寺刹全書, 576p〉

불일사(佛日社)
경남 密陽郡 琵瑟山에 있던 절. 고려 元宗(1259-1274) 때 普覺이 중수 〈寺刹全書, 576p〉

불일암(佛日庵)¹
경남 河東郡 花開面 雲樹里 智異山에 있던 절. 고려 普照(1158-1210)가 창건. 암자 곁에 佛日폭포가 있다. 폭포 앞 바위에 「翫習臺」라고 쓴 崔致遠(857-?) 친필이 있다고 전함 〈불교사전, 336p〉〈寺刹全書, 576p〉
應允(1743-1804) 撰「佛日庵記」〈鏡岩集, 下 37張, 木板本〉

불일암(佛日庵)²
전북 金堤郡 金山面 金山里 母岳山에 있던 절. 金山寺의 부속 암자 〈寺刹全書, 576p〉

불장사(佛藏寺)
평북 義州郡 古寧朔面 天摩洞에 있던 절 〈寺刹全書, 577p〉

불장암(佛藏庵)¹
전북 金堤(옛 金溝)郡 妙高山에 있던 절 〈寺刹全書, 577p〉

불장암(佛藏庵)²
충남 德山에 있던 절. 1685년(肅宗 11)까지는 존재한 듯 〈寺刹全書, 577p〉

불정대(佛頂臺)
강원 高城郡 西面 百川橋里 金剛山에 있던 절. 一名 佛頂庵. 楡岾寺의 부속 암자 〈불교사전, 336·367p〉
善修(1543-1615) 詩「佛頂臺」〈浮休堂集, 46p, 影印本〉

불정사(佛頂寺)¹
경기 長湍郡에 있던 절. 1107년(고려 睿宗 2) 중수하여 資薦寺라 함. 肅宗의 冥福을 기도 〈寺刹全書, 577p〉

불정사(佛頂寺)²
평북 龍川郡 東上面 東部洞에 있던 절. 六角形으로 된「五層陀羅尼幢」이 있는데, 일면에는 「大佛頂陀羅尼幢」이라 새기고, 다른 면에는 모두 梵字를 새김 〈寺刹全書, 577p〉

불정사(佛井寺)
평북 義州郡 古寧朔面 天摩洞에 있던 절 〈寺刹全書, 577p〉

불주사(佛住寺)
위치 未詳. 1196년(고려 明宗 26) 樞密院使 李俊昌을 보내 宣孝寺에 봉안했던 毅宗(1146-1170)의 神御를 이 절에 移安한 것으로 보아 開城 부근에 있던 절인 듯 〈寺刹全書, 577p〉

불주암(不住庵)⇒ 부주암 참조

불지사(佛池寺)
경남 梁山郡 圓寂山에 있던 절 〈寺刹全書, 577p〉

불지사(佛智寺)¹
전북 沃溝郡 羅浦面 將相里 鷲城山에 있는 절 〈불교사전, 338p〉
백제 義慈王(642-660) 때 건립. 경내에 고려초기 건립으로 추정되는 浮屠 1기가 있다 〈文化遺蹟總覽〉

불지사(佛智寺)²
황해 鳳山郡 慈悲嶺에 있던 절 〈寺刹全書, 579p〉

불지사(佛知寺)
황해 載寧郡 天摩山에 있던 절 〈寺刹全書, 578p〉

불지암(佛地〔知·池〕庵)¹
강원 淮陽郡 內金剛面 長淵里 金剛山 摩訶衍 동쪽에 위치. 表訓寺의 부속 암자. 一名 知佛庵. 666년(고구려 寶藏王 25) 義湘이 창건. 1807년(純祖 7) 金祖淳의 보시로 중수. 1932년 亨眞이 중수 〈불교사전, 338·820p〉
1824년(純祖 24) 金祖淳의 보시로 중

건. 1854년(哲宗 5) 純元王后가 金 5
百兩을 佛粮으로 하사. 金左根이 5百
兩을 헌납. 1864년 金炳冀가 金 5百兩
을 佛粮으로 헌납. 1877년 檀徒貞敬夫
人 鄭氏·金用均 등이 七星閣을 건립.
1878년 梁氏 女史가 七星幀을 조성.
1879년 善昕·西賓 등이 중수. 1882년
永運이 중수. 1932년 중수. 蓬萊閣을
건립〈楡岾寺本末寺志, 417p, 鉛印本〉
敬軒(1542-1632) 撰「金剛山佛地庵
記」〈霽月堂集, 下〉
穎樵 撰「佛地庵重修記, 己卯」〈寺刹
全書, 578p〉
李源升(號 素雲) 撰「佛地庵蓬萊閣記,
壬申」〈楡岾寺本末寺志, 493p, 鉛印本〉
日昇 撰 「內金剛山佛地庵重修功德記
文, 1932年」〈上同, 494p〉

불지암(佛地庵)²
함남 咸州郡 下朝陽面 興德里 白雲山
에 위치. 龍興寺의 부속 암자. 一名 佛
池寺〈불교사전, 338p〉
韓章錫(1832-1894) 詩 「早登佛地
庵」〈眉山集, 卷3 14張, 鉛印本〉

불지암(佛智庵)
평북 寧邊郡 北薪峴面 妙香山에 위치.
普賢寺의 부속 암자〈寺刹全書, 579p〉

불출암(佛出庵)
전북 井邑郡 內藏面 內藏山에 위치. 內
藏寺의 부속 암자〈寺刹全書, 579p〉
1950년 동란으로 소실 〈불교사전,
338p〉

불탑사(佛塔寺)¹
경북 英陽郡 立岩面 山海洞에 있던 절.
五層塼塔만이 남음〈寺刹全書, 579p〉

불탑사(佛塔寺)²
제주 濟州市 三陽洞에 있는 절. 고려
때 창건 추정〈文化遺蹟總覽〉
佛塔寺五層石塔：地有 제1호. 1971년
지정. 高3.45m. 1300년 元나라 奇皇后
가 건립했다고 전함〈上同〉

불호사(佛護寺)⇒ 佛會寺 참조

불화사(佛華寺)
충남 錦山郡 德裕山에 있던 절〈寺刹全
書, 579p〉

불회사(佛會寺)
전남 羅州郡 茶道面 馬山里 德龍山에
있는 절. 圓眞·休靜·惟政 등의 眞影
이 있다〈寺刹全書, 579p〉
384년(백제 辰斯王 1) 印度 摩羅難陀
가 창건. 신라 道詵(827-898)이 중
건. 圓眞이 중건. 1402년(太宗 2) 大雄
殿을 건립〈文化遺蹟總覽〉
水南庵, 日封庵 등이 山內에 부속
佛會寺大雄殿：地有 제3호. 1972년 지
정. 1402년(太宗 2) 건립〈文化遺蹟總
覽〉
佛會寺幢竿支柱：高1.2m〈上同〉
羅州佛會寺石長栍(2기)：중요민속자료
제11호. 1968년 지정〈指定文化財目
錄〉
佛會寺圓眞國師浮屠：高1.7m. 1317년
(고려 忠肅王 4) 건립「圓眞國師通照
之墓延祐四年丁巳(1317)五月日」이라
刻字〈文化遺蹟總覽〉

비구사(比丘寺)
황해 延白(옛 白川)郡 黃衣山에 있던
절〈寺刹全書, 579p〉

비금사(琵琴寺)
강원 麟蹄郡 雪嶽山에 있던 절. 옛날 華
川郡에 있던 것을 百潭寺[寒溪寺]에
이전했다고 전함〈寺刹全書, 586p〉

비금암(飛金庵)
전북 南原郡에 있던 절 〈寺刹全書,
585p〉

비래방장(飛來方丈)
전북 完州郡 高達山에 있던 절. 고구려
盤龍山 延福寺에 있던 것을 656년(고
구려 寶藏王 15) 普德이 神力으로 이곳
에 날려온 것이라 전함 〈寺刹全書,
585p〉

비래사(飛來寺)
충남 大德郡 懷德面 比來里 鶴足山에
있는 절. 一名 飛來庵 〈불교사전,
342p〉〈寺刹全書, 585p〉
1647년(仁祖 25) 宋氏들이 건축. 이는
당초부터 佛敎보다 오히려 文人들의
휴양소로 건축, 주지로 하여금 그 건물
을 보호하게 했던 것으로 추측〈文化
遺蹟總覽〉
1647년(仁祖 25) 〔宋〕學祖가 중창
〈宋子大全, 卷143 4張, 木板本〉
宋時烈(1607-1689) 撰「飛來庵故事
記」〈上同〉

비로사(毘盧寺)
경북 榮州郡 豊基邑 三街洞 小白山에
있는 절. 一名 毘盧庵. 683년(신라 神
文王 3) 義湘의 제자 眞空의 지극한 효
성에 감동하여 창건. 1385년(고려 禑
王 11) 幻庵이 중건. 1469년(睿宗 1)
金守溫이 祈福道場으로 만들었다. 壬
亂 때 兵火, 1609년(光海 1) 慶喜가 중
건. 1907년 兵火, 1919년 주지 泛船이
法堂을 중수하고, 1927년 寮舍를 중
건. 1932년 法堂을 중수. 신라「敬順王
事蹟碑」가 있었다〈불교사전, 342p〉
〈寺刹全書, 579p〉
毘盧寺眞空大師普法塔碑：地有 제4호.
1972년 지정. 高90㎝. 939년(고려 太
祖 22) 건립. 碑銘은 崔彦撝 撰, 李桓
樞 書篆, 855-937년까지 생존〈文化
遺蹟總覽〉
榮州三街洞石造幢竿支柱：地有 제7호.
1972년 지정. 高 4.2m〈上同〉
海雲 撰「毘盧寺事蹟記, 1918年」〈寺
刹全書, 579p〉

비로암(毘盧庵)[1]
강원 高城郡 金剛山 毘盧峰 아래 있던
절〈寺刹全書, 584p〉

비로암(毘盧庵)[2]
경남 金海郡 生林面 都要里 無雙山에 있

던 절. 一名 飛露庵. 舍利塔(高2.25
m)이 있다고 전함〈寺刹全書, 584p〉

비로암(毘盧庵)[3]
경남 梁山郡 下北面 芝山里 靈鷲山에
있는 절. 通度寺의 부속 암자〈불교사
전, 343p〉
1345년(고려 忠穆王 1) 靈淑이 창건.
1578년(宣祖 11) 太欽이 중건, 또 蓮波
德之가 중건, 또 檜峰志五 중건〈寺刹
全書, 584p〉

비로암(毘盧庵)[4]
전남 昇州郡 雙岩面 竹鶴里 曹溪山에
있는 절. 仙岩寺의 부속 암자〈불교사
전, 342p〉

비로암(毘盧庵)[5]⇒ 仙岩寺[4] 참조

비로전(毘盧殿)
경북 達城郡 公山面 道鶴洞 八公山에
있는 절. 一名 毘盧庵. 桐華寺에 부속
〈寺刹全書, 584p〉
桐華寺毘盧庵石造毘盧舍那佛坐像：보물
제244호. 1942년 지정. 9세기경 건립
추정〈文化財大觀；寶物篇〉
桐華寺毘盧庵三層石塔：보물 제247호.
1942년 지정. 통일신라 때 건립 추정.
1967년 해체 수리〈上同〉

비마라사(毘摩羅寺)
강원 原城郡에 있던 절〈寺刹全書,
585p〉

비봉사(飛鳳寺)[1]
경기 龍仁郡 棲鳳山에 있던 절〈寺刹全
書, 585p〉

비봉사(飛鳳寺)[2]
경기 華城(옛 南陽)郡에 있던 절〈寺
刹全書, 585p〉

비사문사(毘沙門寺)
함남 定平郡 城山에 있던 절. 1108년
(고려 睿宗 3) 王이 使者를 보내 四天
王道場을 설하여 변방의 安全을 기도
〈寺刹全書, 585p〉

비사암(毘沙庵)⇒ 昆沙庵 참조

비암사(碑岩[庵]寺)
충남 燕岐郡 全東(옛 全義)面 多方里 雲住山에 있는 절. 신라 道詵(827－898)이 창건. 浮屠가 있다〈寺刹全書, 586p〉
癸酉銘全氏阿彌陀佛三尊石像 : 현재 ‧서울 國立中央博物館 소재. 국보 제106호. 1960년 지정. 3층석탑 꼭대기에서 「癸酉銘全氏阿彌陀佛三尊石像」이 발견되어 원 위치(碑岩寺址)에서 현지에 이전〈文化財大觀 ; 國寶篇〉
彌勒菩薩半跏石像 : 현재 서울 國立中央博物館에 위치. 국유 보물 제368호. 1960년 지정. 高41cm. 蠟石類(軟質石材)로 673년(신라 文武王 13)경 조성 추정. 碑岩寺에서 발견된 3石 중 가장 작은 것으로 4면에 조각. 1960년 현지에 이전 보관〈上同 ; 寶物篇〉
權相老 撰 「碑岩寺重修, 1958年」〈寺刹全書, 586p〉

비엽사(比葉寺)
경북 淸道郡 琵瑟山에 있던 절. 禪宗에 소속〈寺刹全書, 579p〉

비장암(臂長庵)
전북 金堤郡 妙高山에 있던 절〈불교사전, 348p〉
徐宗華(1700－1748) 詩「臂長庵」〈藥軒集, 卷1 5張, 木活字本〉
子秀(1664－1737) 撰 「母岳山臂長庵枕虛樓記」〈無竟集, 5張, 木板本〉

비조사(飛鳥寺)
충북 丹陽郡 永春(옛 車衣谷)面 斜只院里에 있던 절. 지금은 石佛坐像(高39cm 幅24cm)만 남음〈寺刹全書, 585p〉

비족사(飛足寺)
경기 安城(옛 竹山)郡 九峯山에 있던 절〈寺刹全書, 586p〉

빈발사(賓鉢寺)
충북 中原(옛 忠州)郡 宗堂山에 있던 절. 一名 賓鉢庵〈寺刹全書, 587p〉

빈발사(鬂髮寺)
황해 碧城(옛 海州)郡 北嵩山에 있던 절. 丁卯(1627)·丙子胡亂(1637) 때 避兵〈寺刹全書, 588p〉

빈발암(賓鉢庵)
평북 寧邊郡 妙香山에 있던 절. 1635년(仁祖 13) 性天이 중수. 처음은 冰鉢庵〈寺刹全書, 587p〉
彦機(1581－1644) 撰 「妙香山賓鉢庵記」〈鞭羊集, 50p, 影印本〉

빈신사(頻迅寺)
충북 堤川郡 寒水面 松界里 月岳山에 있던 절. 一名 獅子頻申寺. 石塔 건립이 1022년(고려 顯宗 13)이므로 寺刹 창건도 이보다 약간 앞선 것으로 추정〈文化遺蹟總覽〉
獅子頻迅寺址石塔 : 보물 제94호. 高 약 4.5m. 화강석으로 1022년(고려 顯宗 13) 건립. 원래 9층인 것 같으나 지금은 5층까지만 남음〈文化財大觀 ; 寶物篇〉

빙발암(冰鉢庵)
전남 光山(옛 光州)郡 無等山에 있던 절〈寺刹全書, 588p〉

빙발암(冰發庵)·
전북 南原郡 古南山에 있던 절〈寺刹全書, 588p〉

빙발암(冰鉢庵)⇒ 賓鉢庵 참조

빙산사(冰山寺)
경북 義城郡 春山面 冰溪洞 冰山에 있던 절〈文化遺蹟總覽〉
『兪好仁記』가 있음〈寺刹全書, 588p〉
義城冰山寺址五層石塔 : 보물 제327호. 1959년 지정. 高8.15m. 화강석으로 10세기경 건립 추정 〈文化財大觀 ; 寶物篇〉
鄭夢周(1337－1392) 詩「寄冰山住持」〈圃隱集, 卷2 17張, 木板本〉

사근사(沙斤寺)[1]
서울 城東區 杏堂洞 漢陽大學校 자리
에 있던 절. 신라 때 창건했다고 전함
〈文化遺蹟總覽〉

사근사(沙斤[芹]寺)[2]
충남 唐津郡 利背山에 있던 절 〈寺刹
全書, 590p〉

사근암(沙根庵)
강원 淮陽郡 金剛山에 있던 절 〈寺刹
全書, 590p〉

사나방(舍那房)
서울 三角山에 있던 절 〈大覺文集,
239p, 影印本〉
義天(1055−1101) 詩 「贈三角山舍那
房主」〈上同〉

사나사(舍那寺)[1]
경기 開城宮城 밖에 있던 절. 919년
(고려 太祖 2) 창건. 1279년(고려 忠
烈王 5) 王이 잠시 머물렀다고 전함
〈寺刹全書, 590p〉

사나사(舍那寺)[2]
경기 楊平郡 玉泉面 龍川里 龍門山에
있는 절. 923년(고려 太祖 6) 大鏡·
融闡 등이 창건. 1367년(고려 恭愍王
16) 太古가 중건. 1907년 兵火, 1909년
戒憲이 大房을 건축. 1937년 주지 玄愚
가 法堂·祖師堂殿을 건축 〈寺刹全書,
590p〉〈불교사전, 355p〉
舍那寺浮屠 : 四角基壇 위에 세운 石鐘
形 浮屠. 高2m 幅1m. 1386년(고려 禑
王 12) 太古의 제자 達心이 건립한 圓
證國師[太古]塔墓 〈文化遺蹟總覽〉

舍那寺三層石塔 : 각층 屋身과 屋盖石은
1石으로 됨. 屋盖 받침은 3段, 相輪部는
없음. 高4m. 923년(고려 太祖 6) 건립
〈上同〉

圓證國師碑 : 高1.5m 幅1m. 화강석으로
1773년(英祖 49) 건립. 法名은 普愚,
號는 太古[普虛], 俗姓은 洪, 洪州人,
1301−1382년까지 생존 〈上同〉

鄭道傳 撰, 誼聞 書「彌智山舍那寺圓證
國師石鐘銘幷序, 1386年」碑는 門人 達
心이 건립 〈寺刹全書, 590p〉

國師의 法名은 普愚[普虛], 諡號는 圓
證, 俗姓은 洪氏, 洪州人. 1301−1382
년까지 생존 〈불교사전, 302p〉

漢永 撰 「楊平小雪山舍那寺重建上樑
文, 1936年」〈寺刹全書, 590p〉

사나사(舍那寺)[3]
경기 華城(옛 水原)郡 八灘面 箕川里
舍那山에 있던 절 〈寺刹全書, 591p〉
통일신라−고려초기 창건 추정 〈文化
遺蹟總覽〉

사나사(舍那寺)[4]
전남 珍島郡 智力山에 있던 절 〈寺刹全
書, 592p〉

사나사(舍那寺)[5]
충남 保寧郡 白月山에 있던 절 〈寺刹全
書, 592p〉

사나사(舍那寺)[6]
충북 報恩郡 內俗離面 俗離山에 있던
절. 法住寺의 부속 암자 〈寺刹全書,
592p〉

사나사(舍那寺)[7] ⇒ 浮圖寺[1] 참조

사뇌사(思惱寺)
충북 淸原郡에 있던 절. 曹溪山『眞覺
國師語錄』이 있었다고 전함〈寺刹全
書, 529p〉
사대사(四大寺)
전북 完州郡 高德山에 있던 절〈寺刹
全書, 588p〉
사동암(寺洞庵)
평북 楚山郡에 있던 절〈寺刹全書,
590p〉
사라사(娑羅寺)
경북 慶山(옛 慈仁)郡에 있던 절. 元
曉의 전설이 있다〈寺刹全書, 595p〉
사리굴(邪離窟)
경북 淸道郡 雲門面 新院洞 虎踞山에
있는 절. 雲門寺의 부속 암자〈불교사
전, 359p〉
사림사(沙林寺)
강원 襄陽郡 西面에 있던 절. 浮屠臺石
・三層塔・石燈・龜趺 등이 있다〈寺
刹全書, 590p〉
沙林寺弘覺禪師碑: 현재는 서울 景福宮
안에 안치. 長54cm 幅48cm의 1片만
남아있다. 王羲之書를 集刻. 886년(신
라 定康王 1) 건립 추정. 20세기경 沙
林寺에 있던 것을 현지에 이전한 것으
로 추정〈文化遺蹟總覽〉
사명암(泗溟庵)
경남 梁山郡 下北面 芝山里 靈鷲山에
있는 절. 通度寺의 부속 암자〈불교사
전, 361p〉
1573년(宣祖 6) 信白이 창건. 뒤에 西
坡가 중건〈寺刹全書, 590p〉
致益(1862-?) 撰 「泗溟庵重創上梁
文」〈曾谷集, 卷2 41張〉
사벽사(沙壁寺)
황해 谷城郡 雲連山에 있던 절〈寺刹
全書, 590p〉
사사(沙寺)[1]
경북 尙州郡 熊耳山에 있던 절. 一名

靈水寺・靈水庵〈寺刹全書, 590p〉
사사(沙寺)[2]
전북 金堤(옛 萬頃)郡 南山에 있던 절
〈寺刹全書, 590p〉
사성암(四聖庵)
전남 求禮郡 文尺面 竹麻里 鰲山에 있
는 절〈불교사전, 371p〉〈寺刹全書,
588p〉
543년(백제 聖王 21) 緣起가 창건.
그 뒤 元曉 義湘 道詵 眞覺 등이 수
도했다하여 四聖庵이라 함. 화강암
佛像 29좌와 木佛像 1좌가 있다〈文
化遺蹟總覽〉
사신암(謝身庵)
경기 始興(옛 果川)郡 修理山에 있던
절〈寺刹全書, 595p〉
사안사(蛇眼寺) ⇒ 龍華寺[12] 참조
사암(舍庵)
충남 洪州郡 鳳首山에 있던 절〈寺刹全
書, 592p〉
사옹사(四擁寺)
강원 襄陽郡 雪峰山에 있던 절〈寺刹全
書, 588p〉
사왕사(四王寺)[1]
경기 江華郡 松岳山 남쪽에 있던 절
〈寺刹全書, 588p〉
사왕사(四王寺)[2]
황해 信川(옛 文化)郡 九月山에 있던
절〈寺刹全書, 588p〉
사자갑사(獅子岬寺)[1]
경기 開城 남쪽 獅子山에 있던 절. 고려
崔瀣(1287-1340)가 거주하던 곳〈寺
刹全書, 593p〉
사자갑사(獅子岬寺)[2]
경북 盈德郡 知品面 龍德洞 大屯山에
있던 절〈寺刹全書, 593p〉
사자굴(獅子窟)
전남 長興郡 冠山面 天冠山에 있던 절
〈寺刹全書, 595p〉
사자빈신사(獅子頻迅寺) ⇒ 頻迅寺

참조
사자사(獅子寺)[1]
강원 春川市(옛 春川郡 西上面) 圓坪里
華岳山에 있던 절〈寺刹全書, 593p〉
사자사(獅[師]子寺)[2]
경북 慶州市(옛 慶州郡 內東面) 東方
洞에 있던 절. 911년(신라 孝恭王 16)
창건. 무너진 3층석탑이 남음〈寺刹全
書, 593p〉
3층석탑이 있었는데 신라말기 건립 추
정. 현재는 慶州驛 廣場에 이전〈文化
遺蹟總覽〉
사자사(獅子寺)
전북 井州(옛 泰仁)郡에 있던 절. 신
라 景文王(861－874)때 창건〈修山
集, 卷3 25·26張〉
李種徽 (1731－?) 撰「獅子庵記」〈上
同〉
사자암(獅子庵)[1]
강원 平昌郡 珍富面 地爐山에 있는 절.
月精寺의 부속 암자. 1400년(定宗 2)
太祖의 명으로 창건〈불교사전, 379p〉
權近(1352－1409) 撰「五台山獅子庵
重創記」〈陽村集, 卷13, 木板本〉
사자암(獅子庵)[2]
강원 淮陽郡 金剛山 摩訶淵 서쪽에 있
던 절〈寺刹全書, 594p〉
普雨(1515－1565) 詩「師子庵」〈虛應
堂集, 289p, 影印本〉
사자암(獅子庵)[3]
경기 楊州郡 逍遙山에 있던 절〈寺刹
全書, 593p〉
사자암(獅子庵)[4]
경남 蔚州(옛 蔚山)郡 千聖山에 있던
절〈寺刹全書, 594p〉
사자암(獅子庵)[5]
부산 東萊區(옛 경남 東萊郡 北面) 靑
龍洞 金井山에 있는 절. 梵魚寺의 부속
암자〈불교사전, 379p〉〈寺刹全書,
594p〉

사자암(獅子庵)[6]
서울 冠岳區 上道洞(옛 경기 始興郡 東
面) 冠岳山에 있는 절. 1407년(太宗 7)
弓橋山에 조정에서 창건. 1915년 주지
敬庵이 중수. 1936년 法堂을 중수〈불
교사전, 378p〉〈寺刹全書, 593p〉
사자암(獅[師]子庵)[7]
전북 益山郡 金馬面 新龍里 彌勒山에
있는 절. 一名 獅子寺. 백제 武王(600
－640)때 知命이 창건〈불교사전,
379p〉〈寺刹全書, 594p〉
일설은 신라 眞平王(579－631)이 善化
公主와 薯童과의 사건으로 인하여 王妃
의 청으로 창건했다 함〈寺刹全書,
592p〉
1974년 法堂을 보수〈文化遺蹟總覽〉
사자암(獅子庵)[8]
충남 公州郡 雞龍面 中壯里 鷄龍山에
있는 절. 甲寺의 부속 암자〈寺刹全書,
594p〉
夏時贊(1750－1828) 詩「登鷄龍山獅
子庵, 九月念日」〈悅菴集, 卷1 33張,
木板本〉
사자암(獅子庵)[9]
충남 禮山郡 德山面 德崇山에 있는 절.
定慧寺의 부속 암자. 1922년 滿空이 창
건〈寺刹全書, 594p〉
사자암(獅子庵)[10]
충북 俗離山 부근에 위치〈負暄堂集,
卷2 3張, 木板本〉
金楷(1633－1716) 詩「獅子庵」〈上同〉
사자암(獅子奄)[11]
평북 龜城郡 窟庵山에 있던 절〈寺刹全
書, 595p〉
사제사(四祭寺)
경북 慶州市(옛 月城郡 內南面) 塔洞
부근에 있던 절〈寺刹全書, 588p〉
사천왕사(四天王寺)
경북 慶州市(옛 慶州郡 內東面) 排盤
洞에 있던 절. 679년(신라 文武王 19)

국가 안위을 위하여 明朗이 창건. 「文武王(660－680)때 唐兵이 무수히 海上을 돌고 국경에 침입하므로 明朗法師가 首座가 되어 瑜伽僧 12人으로 하여금 文豆婁秘法을 행하니, 唐兵은 교전하기 전에 풍랑을 만나 후퇴했다」고 전함. 1066년(고려 文宗 20)에도 이를 행하여 外兵을 물리쳤다고 전함〈寺刹全書, 588p〉

679년(신라 文武王 19) 本寺에 額號를 내림〈三國史記, 卷6, 木板本〉

四天王寺碑 : 구 서울國立中央博物館內에 위치. 幅10.5cm. 신라 文武王(660－680) 때 조성 추정. 移轉 연도는 미상〈文化遺蹟總覽〉

四天王寺址幢竿支柱 : 高2.65m. 四天王寺址 서편 民家門前에 위치했으므로 四天王寺의 幢竿支柱로 추정〈上同〉

사치사(蛇雉寺)

충남 瑞山郡 八峰山에 있던 절. 雲岩寺 主峰 아래 위치〈寺刹全書, 592p〉

사현사(沙峴寺)

서울 西大門區 弘濟洞 三角山에 있던 절. 구국보 제281호인 5층석탑이 있다〈불교사전, 389p〉

1045년(고려 靖宗 11) 창건. 慧炤國師 碑銘이 있다〈寺刹全書, 590p〉

사효사(思孝寺)

황해 谷山郡 甑擊山에 있던 절〈寺刹全書, 592p〉

산계사(山溪寺)

강원 溟州(옛 江陵)郡 玉溪面 山溪里 石屛山 동쪽에 있던 절. 三國 때 창건〈寺刹全書, 595p〉

溟州山溪里三層石塔〔山溪寺三層石塔〕: 高1.73m. 基壇部는 매몰. 相輪部는 일실, 도괴된 것을 중건〈文化遺蹟總覽〉

산계암(山溪庵)

함남 利原郡에 있던 절〈寺刹全書, 595p〉

산길사(山吉寺)

충남 瑞山郡에 있던 절〈寺刹全書, 595p〉

산방사(山房寺)

충북 堤川(옛 淸風)郡 白夜山에 있던 절〈寺刹全書, 596p〉

산성사(山城寺)[1]

강원 原州 領原城 중에 있던 절. 金悌男이 전사한 곳. 절 서쪽에 壇을 쌓고 가물면 官員을 보내 致祭로서 戰沒 將士들을 위로〈寺刹全書, 596p〉

산성사(山城寺)[2]

전북 南原郡에 있던 절. 壬亂 때 四溟(1544－1610)이 住錫하던 곳〈寺刹全書, 596p〉

산성사(山城寺)[3]⇒ 護國寺[1] 참조

산암사(山庵寺)

황해 平山郡 成佛山에 있던 절〈寺刹全書, 596p〉

산탄사(山灘寺)

전북 任實郡 高德山에 있던 절. 一名 山灘庵〈寺刹全書, 596p〉

산해사(山海寺)

경북 英陽郡 立岩面 山海洞에 있던 절. 寺址에 退溪書院을 건립했다가 철폐되고, 승려 徐大師가 1940년경 奉佛하다가 폐사〈文化遺蹟總覽〉

산혜암(山惠庵)⇒ 石蓮寺[1] 참조

삼각사(三角寺)[1]

평남 价川郡 白雲山에 있던 절〈寺刹全書, 596p〉

李德馨(1561－1613) 詩「贈三角寺僧」〈漢陰文稿, 卷19張, 木板本〉

삼각사(三覺寺)[2]⇒ 奉國寺[3] 참조

삼각암(三角庵)

평북 楚山郡에 있던 절〈寺刹全書, 596p〉

삼경사(三擎寺)

전북 全州市 棲鶴洞에 있는 절. 1947년 중건. 華嚴宗에 소속〈文化遺蹟總覽〉

삼곡사(三谷寺)

경남 晉陽郡 井村面 加佐里에 있던 절.
金山面 葛田里 靑谷寺에 있던 石佛立
像을 여기에 이전 〈文化遺蹟總覽〉
삼공사(三公寺[祠])⇒三和寺 참조
삼귀사(三歸寺)
경기 開城市 城內에 있던 절. 968년(고
려 光宗 19) 창건 〈寺刹全書, 597p〉
삼기사(三歧寺)
전북 南原郡 智異山에 있던 절. 1593년
(宣祖 26) 倭賊과 전투한 기록이 있다
〈寺刹全書, 596p〉
삼기산사(三岐山寺)
경북 月城郡 安康邑에 있던 절. 신라
圓光(?－630)이 수도하던 곳. 그는
600년(신라 眞平王 22) 중국에서 11년
만에 귀국하여 많은 일화를 남겼다
〈寺刹全書, 597p〉
삼덕암(三德庵)
평남 寧遠郡 永樂面 陽城里 德陽山에
위치 〈불교사전, 397p〉〈寺刹全書,
598p〉
삼도관사(三都關寺)
함남 永興郡에 있던 절. 一名 雲住庵
〈寺刹全書, 597p〉
삼랑사(三郞寺)
경북 慶州市 城乾(옛 乾城)洞에 있던
절. 597년(신라 眞平王 19) 창건. 신라
文武王(660－680) 때 憬興이 住錫하
던 곳 〈寺刹全書, 598p〉〈불교사전,
398p〉
883년(憲康王 9) 王이 행차하여 文臣
들에게 詩 一首씩을 짓도록 명령 〈三
國史記, 卷11, 木板本〉
慶州三郞寺址幢竿支柱：국유 보물 제12
호. 1935년 지정. 高3.66m. 화강석으
로 597년(신라 眞平王 19) 건립 추정
〈文化財大觀 ; 寶物篇〉
삼막사(三幕[藐]寺)
경기 安養市 安養洞 冠岳山에 있는 절.
一名 觀音寺. 677년(신라 文武王 17)

元曉가 창건. 뒤에 道詵(827－898)이
觀音寺라 개명. 고려 太祖(918－943)
때 중건하고 三藐寺라 개명. 1348년
(고려 忠穆王4) 懶翁이 거주. 1407년
(太宗 7) 王命으로 중건.「壬亂 때 倭
賊이 방화했으나 타지 않아 이상하게
여겨 倭賊이 분향 참죄하고 도망했다」
고 한다. 1880년(高宗 17) 義旻이 冥府
殿을 건립. 1881년(高宗 18) 七星閣을
건립. 1896년(建陽 1) 應月이 大雄殿
을 중건. 1935년 元昕가 大雄殿・望海
樓를 중수.「望海樓는 名僧들의 道場으
로 청명한 날 서쪽을 바라보면 바다가
보인다」고 함 〈불교사전, 400p〉〈寺刹
全書, 598p〉
甘露井石槽：龜形의 石槽로 長1.5m 幅
1m 高60cm. 龜頭 밖에는 조각이 없다.
거북 後面에 「淸朝八代祖道光帝時代」
라고 음각 〈上同〉
三幕寺磨崖佛：자연 암벽에 陽刻한 三
尊佛. 本尊(阿彌陀佛)佛像 左右에 觀
音・大勢至菩薩像이 脇侍. 石佛 아래
「乾隆二十八年癸未(1763)八月日化主
悟心」이라 기록 〈文化遺蹟總覽〉
三幕寺三層石塔：高2.55m. 파손된 부분
이 많다 〈上同〉
三聖山三幕寺事蹟, 1771年 記 〈寺刹全
書, 598p〉
삼백암(三百庵)
경북 安東郡(옛 豊山縣)에 있던 절
〈寺刹全書, 600p〉
삼봉사(三峰寺)
경남 居昌郡에 위치 〈記言 ; 別集, 卷9
4張, 木板本〉
許穆(1595－1682) 撰 「居昌三峰寺題
名記」〈上同〉
삼불암(三佛庵)
강원 淮陽郡 內金剛面 長淵里 長安寺
위에 있던 절 〈寺刹全書, 600p〉
삼상암(三相庵)

경기 驪州郡 金沙面 金沙里에 있던 절
〈寺刹全書, 600p〉

삼석암(三石庵)
전북 高敞(옛 興德)郡 逍遙山에 있던
절〈寺刹全書, 600p〉

삼선암(三仙庵)[1]
경남 陜川郡 伽倻面 緇仁里 伽倻山에
있는 절. 海印寺의 부속 암자〈불교사
전, 406p〉

삼선암(三仙庵)[2]
충남 瑞山郡 瑞山邑 邑內里 富春山에 있
는 절. 一名 三仙寺〈불교사전, 406p〉
〈寺刹全書, 600p〉

삼성굴(三聖窟)
전북 高敞郡 雅山面 兜率山에 있던 절.
禪雲寺의 부속 암자〈寺刹全書, 602p〉

삼성대(三聖臺)
평북 寧邊郡 北薪峴面 妙香山에 위치.
普賢寺의 부속 암자〈寺刹全書, 602p〉

삼성암(三聖庵)[1]
강원 高城郡 外金剛面 金剛山에 위치.
神溪寺의 부속 암자. 1880년(高宗 17)
龍船이 창건〈寺刹全書, 601p〉

삼성암(三聖庵)[2]
경북 金陵郡 代項面 周禮洞 黃岳山에
있는 절. 直指寺의 부속 암자〈불교사
전, 407p〉
三聖庵重修記, 1892년 記〈直持寺志,
267p, 筆寫本〉

삼성암(三聖庵)[3]
경북 永川郡에 있던 절. 銀海寺의 부속
암자〈寺刹全書, 601p〉

삼성암(三聖庵)[4]
경북 昌寧郡 桂城面 金里 火旺山에 있
는 절. 1866년(高宗 3) 文寮이 중건.
1912년 瑄海가 중건〈불교사전, 407p〉
〈寺刹全書, 601p〉

삼성암(三聖庵)[5]
경북 靑松郡(옛 眞寶縣) 葦井山에 있
던 절〈寺刹全書, 601p〉

삼성암(三聖庵)[6]
서울 道峰區 水踰洞 三角山에 있는 절.
華溪寺의 부속 암자. 1872년(高宗 9)
高尙鎭이 창건하고 小蘭若라 명명.
1882년 朴銑默이 獨聖閣을 건립하고 三
聖庵이라 개명. 1936년 東雲이 七星閣
을 건립. 1942년 폭우로 파괴된 것을
華溪寺 住持 會鏡이 중건〈불교사전,
407p〉

삼성암(三聖庵)[7]
[경남] 千聖山에 위치〈古歡堂收草, 卷
2〉
姜瑋(1820〜1884) 撰 「千聖山三聖庵
結社募緣文」〈上同〉

삼성암(三聖庵)[8]
평북 義州郡 馬頭山에 있던 절〈寺刹全
書, 602p〉

삼성암(三聖庵)[9]
평북 熙川郡 北面 价古介洞 頭疊山에 위
치〈불교사전, 407p〉〈寺刹全書, 602p〉

삼성암(三聖庵)[10]
함남 北靑郡 大德山에 있던 절〈旅菴遺
稿, 卷11 23張, 木活字本〉
申景濬(1712-1781) 撰 「碧峯禪師碑
銘」〈上同〉

삼성암(三聖庵)[11]
황해 白岳山에 있던 절〈寺刹全書,
602p〉

삼성암(三聖庵)[12]
황해 松禾(옛 豊川)郡 縛石山에 있던
절〈寺刹全書, 602p〉

삼수암(三水庵)
전남 長興郡 天冠面 天冠山에 있던 절.
一名 一水庵〈寺刹全書, 602p〉

삼수암(三邃庵)
함남 安邊郡 文山面 上塔里에 위치. 釋
王寺의 부속 암자〈불교사전, 408p〉
〈寺刹全書, 602p〉

삼신사(三申寺)
강원 金化郡 三神山에 있던 절〈寺刹

全書, 602p〉
삼악사(三岳寺)
위치 未詳〈白湖全書, 卷2 60張, 鉛印
本〉
尹鑴(1617－1680) 詩「三岳寺示朴昌
夏李達夫, 庚申三月」〈上同〉
삼악사(三岳寺)[2] ⇒ 興國寺[1] 참조
삼일암(三日庵)[1]
강원 鐵原郡 新西面 內山里 寶盖山에
있던 절. 深源寺의 부속 암자〈불교사
전, 416p〉
삼일암(三日庵)[2]
강원 淮陽郡 內金剛面 長淵里 金剛山
에 있던 절. 表訓寺의 부속 암자〈불교
사전, 416p〉
삼일암(三日庵)[3]
전남 谷城郡 竹谷里 元達里 桐裏山에
위치. 泰安寺의 부속 암자〈無用集,
523p, 影印本〉
秀演(1651－1719) 撰「泰安寺三日庵
新建募緣文」〈上同〉
삼일암(三日庵)[4]
전남 光山(옛 光州)郡 瑞石山에 있던 절
〈寺刹全書 ,604p〉〈불교사전, 416p〉
삼일암(三日庵)[5]
전남 求禮郡 光義面 智異山에 있는 절.
泉隱寺의 부속 암자〈寺刹全書, 602p〉
삼일암(三日庵)[6]
전남 昇州郡 松廣面 新坪里 曹溪山에
있는 절. 松廣寺의 부속 암자. 1906년
중건〈寺刹全書, 603p〉
錦溟(高宗時僧) 撰「松廣寺三日庵重
建緣起, 1906年」「三日庵重創記, 1906
年」〈上同〉
宋會 撰 「三日庵重創及丹靑記, 1916
年」〈上同, 604p〉
삼일암(三日庵)[7]
전남 長興郡 冠山面 天冠山에 있던 절.
天冠寺의 부속 암자〈寺刹全書, 602p〉
삼일암(三日庵)[8]

평남 大同郡 大城山 廣法寺 부근에 있
던 절〈寺刹全書, 604p〉
삼일암(三日庵)[9]
평북 碧潼郡 三日山에 있던 절〈寺刹全
書, 604p〉
삼장사(三藏寺)[1]
강원 三陟郡 三陟邑 城內里에 있는 절.
원래 竹長寺로 1403－1662년까지 있었
다고 전함. 1925년 李愚榮이 중건하여
三藏寺라 개명. 1948년 天恩寺의 佛像
3구를 移安〈文化遺蹟總覽〉
삼장사(三藏寺)[2]
경기 開城에 있던 절. 1299년(고려 忠
烈王 25) 王이 壽康宮에서 宴會할 때
이 절에 대해 환담〈寺刹全書, 605p〉
삼장사(三藏[壯]寺)[3]
경남 晉陽郡 智異山에 있던 절〈寺刹全
書, 604p〉
삼장사(三藏寺)[4]
함남 定平郡 長谷에 있던 절〈寺刹全
書, 605p〉
金錫周(1634－1684) 撰 「翠微禪師守
初浮圖碑銘」禪師의 法名은 守初, 號는
翠微, 俗性은 成, 1590－1668년까지 생
존. 三藏寺에서 入寂〈息庵遺稿, 卷23
37張, 木板本〉
삼장사(三壯寺)
경남 山淸郡 三壯面 坪村里에 있던 절.
신라 때 창건 추정. 鐵佛如來坐像과 石
燈이 있었다고 전하나 현재는 基壇만
남음〈文化遺蹟總覽〉
三壯寺址幢竿支柱：石塔 부근에 2기가
있다〈上同〉
三壯寺址三層石塔：地有 제31호. 신라
때 5층석탑이었으나 현재는 3층만 남음
〈上同〉
삼장암(三藏庵)[1]
강원 淮陽郡 內金剛面 長淵里 金剛山에
있던 절. 表訓寺의 부속 암자〈불교사
전, 417p〉

奇岩法堅 撰 「三藏庵盖瓦勸善文」〈楡
岾寺本末寺志, 545p, 鉛印本〉
삼장암(三藏庵)²
강원 淮陽郡 內金剛面 長淵里 金剛山
에 있던 절. 長安寺의 부속 암자. 一名
三藏寺〈불교사전, 417p〉
柳夢寅(1559-1623) 撰 「贈金剛山三
藏庵小沙彌慈仲序」〈於于集, 卷4 19
張〉 「贈楓嶽三藏菴泂敏法師靑鶴非鶴
論」〈上同, 卷6 38張〉
삼존사(三尊寺)
충남 洪城郡 三尊山에 있던 절〈寺刹
全書, 605p〉
삼존암(三尊庵)
전남 康津郡 月出山에 있던 절〈寺刹
全書, 605p〉
삼천굴(三千窟)
전북 高敞郡 雅山面 兜率山에 있던 절.
禪雲寺의 부속 암자〈寺刹全書, 602p〉
삼천사(三川寺)
경기 高陽郡 神道邑 三角山에 있던 절.
1027년(고려 顯宗 18) 禁酒令을 범한
승려가 있었다. 옛 터는 北漢山 小南門
안이었으며, 큰 石槽가 있다고 전함
〈寺刹全書, 605p〉
李靈幹(高麗人) 撰「大智國師碑」〈上
同〉
三川寺址磨崖立像 : 보물 제657호. 高
3m. 화강석. 고려초기 조성 추정〈文
化財大觀 ; 寶物篇〉
삼화사(三和寺)
강원도 三陟郡 北坪邑(옛 北三面) 三
和里 頭陀山에 있는 절. 640년(신라
善德女王 9) 慈藏이 창건하여 黑蓮寺
라 명명. 藥師殿에 玩虛堂·淸潭堂의
眞影이 있다〈文化遺蹟總覽〉
신라말기에 세 神人이 會議했고, 뒤에
品日이 佛祠를 건립하여 三公祠라 함
太祖(1392-1398) 때 三和寺라 개명
〈불교사전, 426p〉

1820년(純祖 20) 화재, 1824년(純祖
24) 중건. 1829년(純祖 29) 화재, 1873
년(高宗 10) 일부 중건〈寺刹全書,
605p〉
大聖庵, 指祖庵 등이 山內에 부속
三和寺雲岩堂尙俊大師浮屠 : 高1m.
「雲岩堂尙俊大師」라 刻字한 石鐘型 浮
屠〈文化遺蹟總覽〉
三和寺元谷堂大禪師浮屠 : 元谷堂碑와
함께 있다. 高1.4m〈上同〉
三和寺元谷堂大禪師碑 : 碑身高1.04m
幅45cm 厚13.5cm. 1807년(純祖 7)
건립. 「元谷堂大禪師碑」라 縱書로 題
額〈上同〉
三和寺三層石塔 : 高4.95m. 642년(신라
善德女王 11)건립 추정〈上同〉
金鑣卿 撰 「三和寺重建記, 1898年」
〈寺刹全書, 611p〉
息影庵(僧侶)이 本寺의 記文을 撰함
〈新增東國輿地勝覽, 卷44 30張〉
崔始榮 撰 「頭陀山三和寺古今事蹟,
1847年」〈寺刹全書, 606p〉
洪勉燮 撰 「三和寺重修記, 1868年」
〈寺刹全書, 609p〉
상가타사(上伽陀寺)
경북 榮州郡 小白山에 있던 절. 一名上
伽陀庵. 希善이 처음 거주. 知訥
(1158-1210)이 9년 동안 수도하던 곳
〈불교사전, 427p〉〈寺刹全書, 612p〉
상개심사(上開心寺)
강원 高城郡 金剛山에 있던 절. 上開心庵
〈寺刹全書, 612p〉〈불교사전, 427p〉
상견성암(上見性庵)
전남 靈岩郡 西面 月出山에 있는 절. 道
岬寺의 부속 암자〈寺刹全書, 612p〉
상계사(霜桂寺)⇒ 雙溪寺²³ 참조
상고암(上庫庵)
충북 報恩郡 內俗離面 俗離山에 있는
절. 法住寺의 부속 암자. 720년(신라
聖德王 19) 창건. 1876년(高宗 13) 개

축. 1897년(光武 1) 晋峰 중건. 1961
년 신축 〈불교사전, 428p〉〈文化遺蹟
總覽〉
趙秀三(1762-1849) 詩「上庫」〈秋齋
集, 卷2 3張, 鉛印本〉
상곡사(象谷寺)
전남 求禮郡 馬山面 沙圖里에 있던 절.
신라 때 창건. 寺址에 고려초기 제작으
로 추정되는 화강암 彌勒佛像(高1.27
m)이 있다 〈文化遺蹟總覽〉
상관음암(上觀音庵)[1]
서울 道峰區 道峰山에 있던 절. 天隱이
창건 〈寺刹全書, 612p〉
상관음암(上觀音庵)[2]
충북 報恩郡 內俗離面 俗離山에 있던
절. 法仕寺의 부속 암자 〈寺刹全書,
612p〉
상관음암(上觀音庵)[3]
충북 永同郡 黃澗面 友梅里 天摩山에
있던 절. 般若寺의 부속 암자 〈寺刹全
書, 612p〉
상남암(上南庵)
전북 高敞郡 雅山面 兜率山에 있던 절.
禪雲寺의 부속 암자. 1672년(顯宗 13)
思俊이 창건 〈寺刹全書, 612p〉
상내원(上內院)
강원 通川郡 通川面 兒里 金剛山에 있
던 절. 觀音寺의 부속 암자 〈불교사전,
429p〉
상내원암(上內院庵)
강원 高城郡 金剛山에 있던 절 〈寺刹
全書, 613p〉
상대사(上臺寺)
경북 安東郡 豊山邑 安郊洞에 있던 절
〈文化遺蹟總覽〉
상대암(上臺庵)⇒ 飛金庵 참조
상도솔암(上兜率庵)[1]
경남 南海郡 錦山에 있던 절 〈寺刹全
書, 613p〉
상도솔암(上兜率庵)[2]

전북 高敞郡 雅山面 兜率山에 있던 절.
禪雲寺의 부속 암자. 唐 貞觀年間
(626-649) 중건. 1511년(中宗 6) 智
誾이 중건. 1694년(肅宗 20) 太憲이 중
건 〈寺刹全書, 613p〉
상도솔암(上兜率庵)[3]
전북 完州郡(옛 高山) 大芚山에 있던
절. 安心寺의 부속 암자 〈寺刹全書,
613p〉
상동암(上東庵)
전남 靈岩郡 郡西面 月出山에 있는 절.
道岬寺의 부속 암자 〈寺刹全書, 613p〉
상두사(象頭寺)
전북 井邑(옛 泰仁)郡 象頭山에 있던
절 〈寺刹全書, 621p〉
상락사(常樂寺)
경남 昌寧郡 昌靈邑에 있던 절.「石佛
造像記」에 本寺의 기록이 있다 〈寺刹
全書, 621p〉
상련대(上蓮臺)
경남 咸陽郡 柏田面 白雲山(또는 智異
山)에 있는 절. 一名 上蓮庵, 上蓮台庵
〈寺刹全書, 613p〉
경남 咸陽郡 柏田面 白雲里 白雲山에
소재.「924년(신라 景哀王 1) 崔致遠
이 咸陽太守로 재임 당시 모친이 관음
보살이 현존하는 곳이며, 老人星의 정
기가 어린 곳에 道를 이룰만한 자리를
찾아서 암자를 짓고 佛心을 닦고 싶다
는 말을 듣고 그는 자리를 찾던 중 智異
山 千王峯에 올라가 五色 찬란한 타원
형의 거대한 靈氣가 뻗치는 곳을 찾아
보니 바로 이곳이어서 백일기도로써 관
음보살을 친견하고 土蓮이라는 계시를
받고 절을 건립하고 수도하여 신선이
되어 伽倻山으로 갔다」는 전설이 있다.
고려초기에는 승려가 천여 명에 이르는
곳으로 선종의 本山이라까지 할만하였
다고 전하며, 大覺國師가 선원을 열음.
조선에 이르기까지 많은 고승들이 수도

했다고 전함. 1196년 중창. 1443년 無
學이 중창. 1635년 休靜이 주석. 1657
년 惟政이 중창. 1923년 白龍成이 보
수. 1935년 조금 아래 지점에 默溪庵을
짓고 分院으로 함. 1980년 無慮가 전면
보수하여 禪房으로 개방 〈불자수첩,
6p, 우리출판사〉
상련대암(上蓮臺庵)⇒ 上蓮臺 참조
상련암(想蓮庵)
경북 尙州郡 內西面 天柱山에 있던 절.
北長寺의 부속 암자 〈寺刹全書, 621p〉
상련암(上蓮庵)⇒ 上蓮臺 참조
상령대(上靈臺)
강원 金剛山에 있던 절 〈寺刹全書,
613p〉
상림사(上林寺)[1]
평남 順天市에 있던 절 〈寺刹全書,
613p〉
상림사(上林寺)[2]
전남 長城郡 加利山에 있던 절 〈불교
사전, 430p〉
상만사(上萬寺)
전남 珍島郡 臨淮面 上萬里에 있던 절.
고려 때 창건 추정 〈文化遺蹟總覽〉
上萬寺址五層石塔 : 高4m. 고려 때 건
립 추정. 이 절 동남쪽 3km 정도 떨
어진 塔里라는 마을에 위치했는데.
14－15세기경 현지에 이전 〈文化遺
蹟總覽〉
상무주암(上無住庵)⇒ 無住庵 참조
상미륵암(上彌勒庵)
충북 報恩郡 內俗離面 俗離山에 있던
절. 法住寺의 부속 암자 〈寺刹全書,
613p〉
상백운사(上白雲寺)
강원 襄陽郡에 있던 절 〈韓國金石全
文, 中世下 1272p, 許興植 編〉
辛卯銘白雲寺香垸 : 고려 때 조성 추정.
日本 長谷寺藏 〈上同〉
상보현암(上普賢庵)

충북 報恩郡 內俗離面 俗離山에 있던
절. 法住寺의 부속 암자 〈寺刹全書,
613p〉
상봉악사(上鳳岳寺)
충북 陰城郡 陰城邑(옛 郡內面) 龍山里
迦葉山에 있던 절. 현재 石塔·礎石·
瓦片 등이 남음 〈寺刹全書, 613p〉
상부사의암(上不思議庵)
강원 高城郡 外金剛面 神溪寺 남쪽에
있던 절 〈寺刹全書, 613p〉〈불교사전,
430p〉
상불암(上佛庵)
경기 安養市 三聖山 三幕寺 동쪽에 있
던 절 〈寺刹全書, 614p〉
상비로암(上毘盧庵)
평북 寧邊郡 北薪峴面 妙香山에 위치.
普賢寺의 부속 암자 〈寺刹全書, 614p〉
處能(1617－1680) 詩 「登香山毗盧峰
日晚宿毗盧庵」 〈白谷集, 285p, 影印
本〉
상사자암(上獅子庵)
충북 報恩郡 內俗離面 俗離山에 있던
절. 法住寺의 부속 암자 〈寺刹全書,
614p〉
상서대사(上西臺寺)⇒ 西臺寺 참조
상서전암(上西殿庵)
전북 金堤(옛 金溝)郡 妙高山에 있던
절 〈寺刹全書, 614p〉
상선암(上禪庵)
전남 求禮郡 光義面 智異山에 있는 절.
一名 上禪寺 〈寺刹全書, 614p〉
상선암(上禪庵)
太白山에 위치. 1558년(明宗 13) 義雄
이 창건 〈淸虛堂集, 卷3 23張, 木板本〉
休靜(1520－1604) 撰 「太白山上禪庵
記」〈上同〉
상수미암(上須彌庵)
위치 未詳 〈虛應堂集, 291p, 影印本〉
普雨(?－1565) 詩「上須彌庵」〈上同〉
상수암(上岫菴)

전남 海南郡 松旨面 達摩山에 위치. 美
黃寺의 부속 암자〈梵海遺集補遺, 19p〉
覺岸(1820-1896)詩「美黃寺上岫菴」
〈上同〉
상수암(上水菴)
위치 未詳〈霽月堂大師集, 334p, 影印
本〉
敬軒(1542-1632) 撰 「上水菴丈室
書」〈上同〉
상승암(上乘[勝]庵)
강원 麟蹄郡 北面 寒溪寺 동쪽에 있던
절〈寺刹全書, 614p〉
상안사(詳安寺)⇒龍華寺[12] 참조
상암(上庵)[1]
경남 密陽郡 石骨山 日出峰에 있던 절
〈寺刹全書, 614p〉
상암(上庵)[2]
경북 慶山郡 慈仁面 金鶴山에 위치. 大
興寺의 부속 암자〈寺刹全書, 615p〉
상암(上庵)[3]
경북 尙州郡 內西面 天柱山에 있던 절.
北長寺의 부속 암자〈寺刹全書, 614p〉
상암(上庵)[4]
전북 高敞(옛 興德)郡 逍遙山에 있던
절〈寺刹全書, 614p〉
상암(上庵)[5]
전북 高敞郡 雅山面 兜率山에 있던 절.
禪雲寺의 부속 암자. 1671년(顯宗 12)
化主 敬信이 중건〈寺刹全書, 614p〉
상암(上庵)[6]
전북 金堤(옛 金溝)郡 妙高山에 있던
절〈寺刹全書, 614p〉
상암(上庵)[7]
전북 南原郡 山東面 大上里 萬行山에
위치. 歸政寺의 부속 암자〈寺刹全書,
614p〉
상암(上庵)[8]
충남 牙山郡 廣德山에 있던 절〈寺刹
全書, 614p〉
상암(上庵)[9]

충북 槐山郡 延豊面 院豊里 島嶺에 있
는 절〈寺刹全書, 614p〉
상암(上庵)[10]
충북 報恩郡 內俗離面 俗離山에 있던
절. 法住寺의 부속 암자〈寺刹全書,
614p〉
상암(上庵)[11]
평북 碧潼郡 達覺山에 있던 절〈寺刹全
書, 615p〉
상암(上庵)[12]
평북 泰川郡 陽和山에 있던 절〈寺刹全
書, 615p〉
상암(上庵)[13]
황해 遂安郡 南碣山에 있던 절〈寺刹全
書, 615p〉
상암사(上庵寺)[1]
충남 論山(옛 連山)郡 鷄龍山에 있던
절〈寺刹全書, 615p〉
상암사(上庵寺)[2]
평북 昌城郡 達覺山에 있던 절〈寺刹全
書, 615p〉
상암사(上庵寺)[3]
황해 平山郡 雲達山에 있던 절〈寺刹全
書, 615p〉
상양사(上陽寺)
경기 坡州郡 白雲山에 있던 절〈寺刹全
書, 615p〉
상왕사(霜旺寺)[1]
강원 原州市 부근에 있던 절〈及愚齋續
集, 卷1 5張, 鉛印本〉
金簹漢(1878-1950) 詩 「原州霜旺寺
拈微室」〈上同〉
상왕사(霜旺寺)[2] ⇒ 興旺寺[2] 참조
상왕암(象王庵)
강원 平昌郡 珍富面 象王山에 있는 절.
月精寺의 부속 암자〈寺刹全書, 621p〉
상운사(祥雲寺)
경기 高陽郡 神道邑 北漢里 三角山에
있는 절. 1722년(景宗 2) 懷秀가 130여
간의 절을 짓고 露積寺라 함. 1813년

(純祖 13) 智聰이 중건. 1864년(高宗 1) 互弘이 극락전을 중건. 1898년 漢庵이 큰방을 중건. 1942년 주지 法延이 법당을 중수〈寺刹全書, 621p〉〈불교사전, 433p〉

李德懋(1741－1791) 撰「祥雲寺」〈靑莊館全書, 卷3 ; 嬰處文稿, 卷1 71p, 影印本〉

상운사(翔雲寺)

서울 부근에 있던 절인 듯〈靑莊館全書, 卷2 ; 嬰處詩稿, 40張, 影印本, 서울大, 1966印〉

李德懋(1741－1791) 詩「翔雲寺」〈上同〉

상운사(上雲寺)

황해 新溪郡 鶴峰山에 있던 절〈寺刹全書, 615p〉

상운암(上雲庵)¹

강원 高城郡 外金剛面 金剛山에 위치. 神溪寺의 부속 암자. 540년(신라 眞興王 1) 普雲이 창건〈寺刹全書, 615p〉『寺刹全書』에는 眞興王 9년 庚申으로 되었으나 庚申은 眞興王 1년임〈編者〉 1920년 閔蒲山 등이 중건〈楡岾寺本末寺志, 207p, 鉛印本〉

상운암(上雲庵)²

강원 淮陽郡 內金剛面 長淵里 金剛山에 있던 절. 表訓寺의 부속 암자〈불교사전, 434p〉

상운암(上雲庵)³

경기 華城郡 淸溪山에 있던 절〈虛應堂集, 卷下, 木板本〉

普雨(?－1565) 詩 「宿上雲菴在淸溪山」〈上同〉

상운암(上雲庵)⁴

경기 安城(옛 竹山)郡 七賢山에 있던 절〈寺刹全書, 615p〉

상운암(上雲庵)⁵

전북 完州郡 龍進面 澗中里 西方山에 있는 절. 鳳棲寺의 부속 암자〈불교사

전, 433p〉〈寺刹全書, 615p〉

상운암(上雲庵)⁶

평북 寧邊郡 妙香山에 있던 절〈寺刹全書, 615p〉

상운암(上雲庵)⁷

평북 泰川郡 東面 松峴洞 香積山에 있는 절〈寺刹全書, 615p〉

상운암(上雲庵)⁸

황해 安岳郡 常山에 있던 절〈寺刹全書, 615p〉

상운암(上雲庵)⁹

靈鷲山에 위치. 1713년(肅宗 39) 雙玄이 중건〈無竟集, 卷2 12張, 木板本〉

子秀(1664－1737) 撰 「靈鷲山上雲庵記」〈上同〉

상운점암(上雲岾庵)

강원 淮陽郡 金剛山 望高臺 위에 있던 절〈寺刹全書, 615p〉

상원사(上院寺)¹

강원 原城郡 神林面 城南里 雉岳山에 있는 절〈불교사전, 434p〉〈寺刹全書, 618p〉

신라말기 無着이 창건. 「無着이 수도 중 큰 뱀에게 먹히게 된 꿩을 구해주었다. 하지만 이 때문에 오히려 한밤중에 종이 울리지 않으면 無着이 죽게 되었는데, 꿩이 자신을 부딪쳐 종을 울리고 죽으므로, 無着의 생명을 구했다」는 전설이 있다. 그러므로 은혜에 보답하기 위해 연약한 꿩이 자신을 희생시켜 종소리가 全國 寺刹에서 울리는 起寢法의 시초가 되었다는 이야기와, 이런 유래로서 雉岳이라는 山名이 생겼다고 전함〈文化遺蹟總覽〉

上院寺石塔光背：地有 제25호. 1971년 지정. 大雄殿 앞에 3층석탑 2기가 동서로 위치. 고려 때 건립 추정〈上同〉

상원사(上院寺)²

강원 春城郡 西面 德斗院里 三岳山에 있는 절〈寺刹全書, 618p〉〈불교사전,

434p〉
1858년(哲宗 9) 楓溪 高精庵을 중건하고, 上院寺라 改扁. 1904년 주지 昔最雄이 山神閣·七星閣 등을 건립. 1930년 주지 金寶蓮이 중건〈楡岾寺本末寺志, 819p, 鉛印本〉
上院寺重建上梁文, 1930年 〈上同, 821p〉
弘經 撰 「上院寺觀音殿重建募緣文, 1930年」〈上同, 822p〉

상원사(上院寺)[3]
강원 平昌郡 珍富面 東山里 淸凉山에 있는 절. 月精寺의 부속 암자. 一名 文殊庵·眞如院·華嚴寺. 724년(신라 聖德王 23) 창건. 1376년(고려 禑王 2) 영안이 중건. 1464년(世祖 10) 信眉 學悅 등이 이전. 世祖의 願刹〈불교사전, 434p〉〈寺刹全書, 618p〉
上院寺銅鐘 : 국보 제36호. 1934년 지정. 高167cm 徑91cm. 銅으로 725년(신라 聖德王 22) 주성. 安東樓門에 걸렸던 것을 1469년(成宗 1) 王命에 의하여 현 위치에 이전〈文化財大觀 ; 國寶篇〉
鐘記 : 727년(신라 聖德王 24) 撰〈朝鮮金石總覽, 上 37p〉
李穡(1328-1396) 撰 「五臺山上院寺僧堂記」〈牧隱文藁, 卷6 4張, 木板本〉

상원사(上元[院]寺)[4]
경기 楊平(옛 砥平)郡 彌智山에 있던 절. 1462년(世祖 8) 王이 행차. 孝寧大君의 願刹로 지정〈寺刹全書, 616p〉
고려 때 창건 추정. 20세기경 신축한 法堂·山神閣·寮舍 등이 있다〈文化遺蹟總覽〉

상원사(上院寺)[5]
경기 驪州郡 彗日山에 있던 절〈寺刹全書, 618p〉

상원사(上院寺)[6]
경기 漣川郡 寶盖山에 있던 절. 一名

圓寂寺〈寺刹全書, 618p〉

상원사(上院寺)[7]
경남 咸陽郡 西上面 玉山里에 있는 절. 통일신라 때 창건 추정. 옛날은 極樂寺〈文化遺蹟總覽〉
極樂寺址石造如來立像 : 地有 제44호. 1972년 지정. 高2.6m. 통일신라 때 작품 추정. 1957년 주민에 의해 발견. 몸체가 두 동강 나고, 팔과 코가 없었는데 새로 보충〈上同〉

상원사(上院寺)[8]
전남 潭陽(옛 平昌)郡 夢仙山에 있던 절〈寺刹全書, 618p〉

상원사(上院[元]寺)[9]
전북 高敞郡 高敞邑 月谷里에 있는 절. 고려말기 창건 추정. 11층 靑石塔이 있다〈寺刹全書, 618p〉

상원사(上院[元]寺)[10]
전북 益山郡 金馬面 新龍里 龍華山에 있던 절. 주위에 초석이 남음〈寺刹全書, 618p〉

상원사(上院寺)[11]
전북 鎭安郡 馬耳山에 있던 절. 一名 上院庵〈寺刹全書, 618p〉

상원사(上院寺)[12]
충남 公州郡 鷄龍山에 있던 절. 寺址에서 「萬曆二十五年(1597)化主僧惠慈」라고 새겨진 기와 조각이 출토〈寺刹全書, 618p〉

상원사(上院寺)[13]
황해 鳳山郡 政方山에 있던 절〈寺刹全書, 619p〉

상원사(上元寺)[1]
경북 尙州(옛 咸昌)郡 宰岳山에 있던 절〈寺刹全書, 617p〉

상원사(上元寺)[2]
경북 榮州郡(옛 順興) 小白山 上元峰에 있던 절〈寺刹全書, 617p〉

상원사(上元寺)[3]
경북 永川郡 八公山에 있던 절〈寺刹

全書, 617p〉
상원사(上元寺)[4]
전북 茂朱郡 赤裳山城에 있던 절〈寺
刹全書, 617p〉
상원암(上院庵)[1]
강원 高城郡 巨津邑 冷泉里 金剛山 乾
鳳寺 곁에 있던 절〈寺刹全書, 620p〉
1359년(고려 恭愍王 8) 창건〈乾鳳寺
本末事蹟, 2p, 鉛印本〉
李德壽(1673－1744) 撰 「牧羊堂大師
靈眼碑銘幷序」〈上同, 51p〉
상원암(上院庵)[2]
강원 三陟郡 頭陀山에 있던 절〈寺刹
全書, 620p〉
상원암(上院庵)[3]
강원 束草市(옛 襄陽郡) 雪嶽山에 있
던 절. 神興寺의 부속 암자〈寺刹全書,
620p〉
상원암(上院庵)[4]
강원 伊川郡 熊灘面 海浪里 悟道山에
위치 〈寺刹全書, 620p〉〈불교사전,
434p〉
상원암(上院庵)[5]
경기 楊平郡 龍門面 延壽里 龍門山에
있는 절. 龍門寺의 부속 암자. 1398년
(太祖 7) 祖眼이 중건. 1463년(世祖
8) 王이 행차하매 觀音菩薩이 化現함
으로 인하여 중창 명령. 1907년 兵火로
소실되고 法堂만 남음. 1918년 주지 華
松이 大房을 중건. 1934년 주지 璟彦이
중수〈불교사전, 434p〉
1934년 주지 崔璟彦이 客室을 건립
〈寺刹全書, 619p〉
상원암(上院庵)[6]
경북 慶山郡 河陽邑 公山 環城寺 뒤에
있던 절〈寺刹全書, 620p〉〈文化遺蹟
總覽〉
상원암(上院庵)[7]
경북 金陵郡 代項面 黃岳山에 위치. 直
指寺의 부속 암자〈直指寺志, 86p, 筆

寫本〉
상원암(上院庵)[8]
전남 求禮郡 馬山面 黃田里 智異山에
있는 절. 華嚴寺의 부속 암자〈불교사
전, 434p〉
惺牛(1849－1912) 撰 「華嚴寺上院庵
復設禪室定完規文」〈鏡虛集, 13張〉
상원암(上院庵)[9]
전남 海南郡 頭輪山에 있던 절〈寺刹全
書, 620p〉
覺岸(1820－1896) 撰 「頭輪山上院庵
新建七星殿上梁文」〈梵海禪師文集, 卷
2 7張〉
상원암(上院庵)[10]
전북 完州郡 龍進面에 있는 절〈寺刹全
書, 620p〉
상원암(上院庵)[11]
전북 完州(옛 高山)郡 大芚山에 있던
절. 安心寺의 부속 암자 〈寺刹全書,
620p〉
상원암(上院庵)[12]
충남 公州郡 寺谷面 雲岩里 泰華山에
있는 절. 麻谷寺의 부속 암자〈寺刹全
書, 620p〉
상원암(上院庵)[13]
충북 報恩郡 內俗離面 俗離山에 있던
절. 法住寺의 부속 암자 〈寺刹全書,
619p〉
朴雲(1493－1562) 詩 「宿俗離山上院
菴」〈龍岩集, 卷1 12張, 木板本〉
상원암(上院庵)[14]
평북 寧邊郡 北薪峴面 妙香山에 위치.
普賢寺의 부속 암자〈寺刹全書, 620p〉
洪良浩(1724－1802) 詩 「登上院觀三
瀑」「自上院又轉…」「引虎石…」〈耳
溪集, 卷7 15張, 全史字本〉
상원암(上元庵)[1]
강원 淮陽郡 金剛山에 있던 절〈寺刹全
書, 618p〉
상원암(上元庵)[2]

전북 益山郡에 위치〈荷亭集, 卷1 1張, 鉛印本〉

呂圭亨(1849－1922) 詩「益山上元庵 對月有作」〈上同〉

상이암(上耳庵)

전북 任實郡 聖壽面 聖壽里 聖壽山에 있는 절. 875년(신라 憲康王 1) 道詵이 창건하여 道詵庵이라 명명. 고려 太祖(877－943)가 100일기도 후 上耳庵이라 개명〈文化遺蹟總覽〉

1912년 大圓이 중건〈寺刹全書, 615p〉

上耳庵浮屠群(3기) : 3기 중 하나는 未詳.「慧月堂·社谷堂」이라고 새긴 것은 확실〈文化遺蹟總覽〉

상적암(上寂庵)

경북 聞慶郡 四佛山에 있던 절. 1740년(英祖 16) 옛 터에 중건〈寺刹全書, 620p〉

상주사(上柱寺)

전북 沃溝郡 瑞穗面 鷲東里 鷲城山에 있는 절. 606년(신라 眞平王 28) 惠空이 창건. 1362년(고려 恭愍王 11) 懶翁이 중건. 1641년(仁祖 19) 鷲溪, 1762년(英祖 38) 鶴峰이 각각 중건〈寺刹全書, 620p〉〈불교사전, 436p〉

上柱寺大雄殿 : 地有 제37호. 1973년 지정〈文化遺蹟總覽〉〈불교사전, 436p〉

상지장암(上地藏庵)

충북 報恩郡 內俗離面 俗離山에 있던 절. 法住寺의 부속 암자〈寺刹全書, 620p〉

상청량사(上淸凉寺)

경북 奉化郡 明湖面 淸凉山에 있던 절〈寺刹全書, 621p〉

상청사(上淸寺)

전남 長城(옛 珍原)郡 佛臺山에 있던 절〈寺刹全書, 621p〉

신라 때 창건 추정〈文化遺蹟總覽〉

상초암(上草庵)[1]

경북 金陵郡 代項面 黃岳山에 위치. 直

指寺의 부속 암자〈直指寺志, 139p, 筆寫本〉

상초암(上草庵)[2]

전북 淳昌郡 回門山에 있던 절. 法雲寺의 부속 암자〈寺刹全書, 621p〉

상초암(上草庵)[3]

충남 鷄龍山에 위치〈淸虛堂集, 卷3 31張, 木板本〉〈上同〉

智嚴(1464－1534)이 1491년(成宗 22)이 절에서 祝髮〈上同〉

休靜(1520－1604) 撰「碧松堂行蹟」〈上同〉

상태사(常泰寺)

경북 迎日(옛 淸河)郡 呼鶴山에 있던 절〈寺刹全書, 621p〉

상학사(上鶴寺)

위치 未詳〈南皐集, 卷2 15張, 木活字本〉

朴應衡(1605－1658) 詩「題上鶴寺」〈上同〉

상함화암(上含花庵)

경남 密陽郡 山內面 院西里 伽智山에 있던 절. 石骨寺의 부속 암자〈伽山集, 卷4 4張〉

戒悟(1773－1849) 撰「石骨寺上含花庵」〈上同〉

상환암(上歡庵)

충북 報恩郡 內俗離面 俗離山에 있는 절. 法住寺의 부속 암자〈寺刹全書, 621p〉

720년(신라 聖德王 19) 창건. 1391년(고려 恭愍王 3) 李成桂가 이곳에서 100일기도. 世祖(1455－1468)가 7일 기도할 때 太祖의 유적을 추모하는 즐거움이 비할 데 없다면서 上歡庵이라 칭했다고 한다. 壬亂 때 소실. 1963년 李法雲이 일부 중건〈文化遺蹟總覽〉

쌍계사(雙溪寺)[1]

강원 洪川郡 乃村面 瑞谷里에 있던 절. 寺址에 瓦片이 산재〈寺刹全書, 623p〉

雙峰堂大禪師舍利塔碑 : 高1.22m 幅55cm
厚21cm〈上同〉
쌍계사(雙溪寺)²
경기 楊平郡(옛 楊根) 通方山에 있던
절. 一名 雙溪庵〈寺刹全書, 622p〉
쌍계사(雙溪[雞]寺)³
경기 甕津郡 大阜面 北里 大金山에 있
는 절. 1689년(肅宗 15) 창건하여 水
井庵이라 함. 1841년(憲宗 7) 폐사.
1869년(高宗 6) 중수. 寺刹 左右에 개
천이 있다하여 雙溪寺라 개명〈文化遺
蹟總覽〉
쌍계사(雙溪寺)⁴
경남 山青郡에 있던 절〈寺刹全書,
623p〉
쌍계사(雙溪寺)⁵
경남 河東郡 良甫面 長岩里 安定峰에
있던 절〈文化遺蹟總覽〉
쌍계사(雙溪寺)⁶
경남 河東郡 花開面 雲樹里 智異山에
있는 절. 一名 玉泉寺. 723년(신라 聖
德王 22) 三法이 창건. 唐나라 六祖 慧
能의 頭像을 봉안했다는 塔이 金堂에
건립〈불교사전, 428p〉
840년(신라 文聖王 2) 慧昭가 중건하
여 玉泉寺라 함. 唐나라 慧能의 影堂을
건립하고 影幀을 봉안. 신라 憲康王
(875-885) 때 雙溪寺라 개명. 崔致遠
이 독서하던 곳. 1595년(宣祖 28) 碧
岩이 증축. 5층석탑이 있다〈文化遺蹟
總覽〉〈寺刹全書, 622p〉
國師庵, 佛日庵, 七佛庵 등이 山內에
부속
雙溪寺金剛門 : 地有 제127호. 1974년
지정. 高8m. 840년(신라 文聖王 2) 眞
鑑이 창건. 碧岩(1575-1660)이 중건
〈文化遺蹟總覽〉
雙溪寺大雄殿 : 보물 제500호. 1968년
지정. 조선중기 건립 추정〈文化財大
觀 ; 寶物篇〉

雙溪寺羅漢殿 : 地有 제124호. 1974년
지정. 840년(신라 文聖王 2) 眞鑑이 창
건. 1641년(仁祖 19) 碧岩이 중수〈文
化遺蹟總覽〉
雙溪寺磨崖如來坐像 : 高1.35m. 「阿彌
陀佛」이라 刻字〈文化遺蹟總覽〉
雙溪寺冥府殿 : 地有 제123호. 1974년 지
정. 1687년(肅宗 13) 창건. 1710년(肅
宗 36) 信眉가 중수〈文化遺蹟總覽〉
雙溪寺六祖頂相塔殿 : 地有 제125호.
1974년 지정. 722년(신라 聖德王 21)
三法이 唐나라에 가서 慧能 畫像을 가
져와서 봉안〈上同〉
雙溪寺一柱門 : 地有 제87호. 1974년 지
정. 1641년(仁祖 19) 창건. 碧岩
(1575-1660)이 중건〈上同〉
雙溪寺天王門 : 地有 제126호. 1974년
지정. 1704년(肅宗 30) 백봉이 창건.
1825년(純祖 25) 인정이 중수〈上同〉
雙溪寺八相殿 : 地有 제87호. 1974년 지
정. 1290년(고려 忠烈王 16) 眞靜이 창
건. 1466년(世祖 12) 선비가 중수.
1678년(肅宗 4) 천봉이 중수. 1801년
(純祖 1) 화학이 중수〈上同〉
雙溪寺浮屠 : 보물 제380호. 1961년 지
정. 高2.05m. 화강석으로 신라말-고
려초기 건립 추정. 眞鑑禪師 墓塔〈文
化財大觀 ; 寶物篇〉
雙溪寺浮屠群(4기) : 1582년(宣祖 15)
건립〈文化遺蹟總覽〉
雙溪寺眞鑑禪師大空塔碑 : 국보 제47호.
1936년 지정. 總高3.63m 碑高2.02m
幅1m. 龜趺 및 螭首는 화강석, 碑身은
흑대리석. 887년(신라 眞聖女王 1) 건
립. 碑文은 崔致遠(875-?) 撰書〈文
化財大觀 ; 國寶篇〉
時聖(1710-1776) 撰「雙溪寺寂默堂重
修募緣文」〈野雲集, 卷2 3張, 木板本〉
應允(1743-1804) 撰 「重錄雙溪寺寺
蹟記」〈鏡岩集, 卷下 46張, 木板本〉

崔錫鼎(1646-1715) 撰 「白谷禪師塔銘」 禪師의 法名은 處能, 字는 愼守, 號는 白谷, 俗姓은 全. 智異山 雙溪寺 碧岩에게서 法을 받음〈明谷集, 卷21 34張, 木板本〉
休靜(1520-1604) 撰 「雙磎寺重創慶讚疏」〈清虛堂集, 卷4 6張, 木板本〉「智異山雙磎寺重創記」〈上同, 卷3 13張〉
쌍계사(雙溪寺)[7]
경북 慶山郡 馬鞍山에 있던 절〈寺刹全書, 623p〉
쌍계사(雙溪寺)[8]
경북 金陵郡 甑山面 坪村里 佛靈山에 있는 절. 青岩寺의 부속 암자〈불교사전, 428p〉
쌍계사(雙溪寺)[9]
경북 聞慶郡 聞慶邑 唐浦里에 있던 절〈寺刹全書, 623p〉
쌍계사(雙溪寺)[10]
경북 星州郡에 위치. 1773-1849년간 明眞堂을 중건〈伽山藁, 卷4 4張, 木板本〉
戒悟(1773-1849) 撰 「星州雙溪寺青岩明眞堂重創記」〈上同〉
쌍계사(雙溪寺)[11]
경북 青松郡 普賢山에 있던 절〈寺刹全書, 623p〉
쌍계사(雙溪寺)[12]
전남 羅州郡 雙溪山에 있던 절. 854년(신라 文聖王 16) 白雲이 창건. 1263년(고려 元宗 4) 僧阿가 절 앞 용못을 메우고 큰절을 지었다고 전함〈寺刹全書, 622p〉
쌍계사(雙溪寺)[13]
전남 珍島郡 義新面 斜川里 尖刹山에 있는 절〈불교사전, 428p〉
857년(신라 憲安王 1) 道詵이 창건. 1618년(光海 10) 義雄이 중건〈文化遺蹟總覽〉
雙溪寺三層石塔 : 高2.37m. 1920년 중

건〈上同〉
雙溪寺月下堂浮屠 : 조선후기 조성 추정
雙溪寺正見堂浮屠 : 1700년경 조성 추정〈上同〉
覺岸(1820-1896) 撰 「沃州雙溪寺重修記」〈梵海禪師文集, 卷1 4張, 木板本〉
惠藏(1772-1811) 撰 「珍島雙溪寺十王殿重修上梁文」〈兒菴遺集, 卷2 3張, 木板本〉
쌍계사(雙溪寺)[14]
전남 和順郡 和順面 鸚南里 雙溪山에 있던 절. 寺址가 현재는 논으로 변천〈寺刹全書, 622p〉
河永清(英祖朝人) 詩 「雙溪寺待安溪諸宗不來, 壬申」「雙溪戲贈摠攝僧自愚, 士申」「雙溪寺同宗兄寬夫, 壬申」〈屛岩遺稿, 52・53p, 影印本〉
쌍계사(雙溪寺)[15]
전북 金堤郡 妙高山에 있던 절〈寺刹全書, 622p〉
쌍계사(雙溪寺)[16]
전북 淳昌郡 福興面 舟坪里에 있던 절. 고려 때 창건 추정. 주위에 돌담과 瓦片이 남음〈寺刹全書, 622p〉
쌍계사(雙溪寺)[17]
충남 論山郡 可也谷面 中山里 佛明山에 있는 절〈寺刹全書, 427p〉
1730년(英祖 6) 중건 추정〈文化遺蹟總覽〉
雙溪寺大雄殿 : 보물 제408호. 1964년 지정. 1730년경 건립 추정〈文化財大觀 ; 寶物篇〉
雙溪寺浮屠 : 雙溪寺 入口에 9기의 浮屠. 高1.5m. 石鐘型 浮屠〈文化遺蹟總覽〉
雙溪寺重建碑 : 자연석 기단 위에 長方形의 碑身. 1739년(英祖 15) 건립. 「雙溪寺重建碑銘」이라 篆刻. 金樂曾 撰, 李華重 書, 金樂祖 篆〈上同〉
쌍계사(雙溪寺)[18]
충북 槐山郡 冰角山에 있던 절〈寺刹

全書, 622p〉
쌍계사(雙溪寺)[19]
평남 大同郡 龍岳面 上次里에 있던 절
〈寺刹全書, 624p〉
쌍계사(雙溪寺)[20]
평남 孟山郡 都里山에 있던 절 〈寺刹
全書, 624p〉
쌍계사(雙溪寺)[21]
함남 定平郡 五峰山에 있던 절 〈寺刹
全書, 623p〉
쌍계사(雙溪寺)[22]
함북 鏡城郡 漁郎面 白鹿山에 있던 절
〈寺刹全書, 624p〉
쌍계사(雙溪寺)[23]
함북 明川郡 上雩南面 富岩洞 白鹿山에
위치. 一名 霜桂寺 〈불교사전, 428p〉
〈寺刹全書, 624p〉
쌍계사(雙溪寺)[24]
황해 新溪郡 鶴峰山에 있던 절 〈寺刹
全書, 624p〉
쌍계사(雙溪寺)[25]
황해 信川郡 九月山에 있던 절. 貝葉寺
의 부속 암자 〈寺刹全書, 624p〉
쌍계사(雙溪寺)[26]
황해 載寧郡 鐵峴에 있던 절 〈寺刹全
書, 624p〉
쌍계사(雙溪寺)[27]⇒頭陀寺[3] 참조
쌍계사(雙溪寺)[28]⇒長安[2] 참조
쌍계사(雙溪寺)[29]⇒淨水寺[3] 참조
쌍계암(雙溪庵)[1]
강원 洪川郡 東面 孔雀山에 위치. 壽陀寺
의 부속 암자. 1650년(孝宗 1) 道詮이
창건 〈乾鳳寺本末事蹟, 183p, 鉛印本〉
쌍계암(雙溪庵)[2]
경기 廣州郡에 있던 절 〈寺刹全書,
624p〉
쌍계암(雙溪庵)[3]
전남 珍島郡 尖察山에 있던 절 〈寺刹
全書, 624p〉
쌍계암(雙溪庵)[4]

전북 完州郡 所陽面 大興里 嶹崒山에
있는 절. 威鳳寺의 부속 암자 〈불교사
전, 428p〉
子秀(1664－1737) 撰 「雙溪庵重創上
梁文」〈無竟集, 67張, 木板本〉
「嶹崒山雙溪庵事蹟詞引」〈上同, 71張〉
쌍계암(雙溪庵)[5]
충남 扶餘郡 外山面 萬壽里 萬壽山에
있는 절. 無量寺의 부속 암자 〈寺刹全
書, 624p〉
쌍계암(雙溪庵)[6]
평남 陽德郡 太白山에 있던 절 〈寺刹全
書, 624p〉
쌍계암(雙溪庵)[7]
평북 江界郡에 있던 절 〈寺刹全書,
624p〉
쌍계암(雙溪庵)[8]
평북 楚山郡에 있던 절 〈寺刹全書,
624p〉
쌍계암(雙溪庵)[9]
함남 文川郡 盤龍山에 있던 절 〈寺刹全
書, 624p〉
쌍계암(雙溪庵)[10]
함남 北靑郡 平浦社에 있던 절 〈寺刹全
書, 624p〉
쌍계암(雙溪庵)[11]
함남 咸州郡 加平社에 있던 절 〈寺刹全
書, 624p〉
쌍계암(雙溪庵)[12]
황해 新溪郡 鶴峰山에 있던 절. 一名 雙
溪寺 〈寺刹全書, 625p〉
쌍계암(雙溪庵)[13]
황해 長淵郡 尊澤面 鶴峴里 松月山에
위치 〈寺刹全書, 625p〉
쌍계암(雙溪庵)[14]
황해 海州 北崧山에 있던 절 〈寺刹全
書, 624p〉
쌍련암(雙蓮庵)
경북 聞慶郡 山北面 田頭里 四佛山에
있는 절. 大乘寺의 부속 암자 〈寺刹全

書, 625p〉
權相老 撰 「四佛山大乘寺雙蓮庵萬日
會新創記, 1910年」〈上同, 276p〉
쌍령사(雙嶺寺)
경기 龍仁(옛 陽智)郡 聖輪山에 있던
절〈寺刹全書, 625p〉
쌍령암(雙嶺庵)
경북 善山郡 魚口山에 있던 절〈寺刹
全書, 625p〉
쌍룡사(雙龍寺)
평남 陽德郡 溫泉面 隱牛里 亏羅鉢山
에 있던 절〈寺刹全書, 625p〉
쌍룡암(雙龍庵)
평남 陽德郡 溫泉面 巨次里에 있던 절
〈寺刹全書, 625p〉
쌍림사(雙林寺)
충북 永同(옛 黃澗)郡 黃岳山에 있던
절〈寺刹全書, 625p〉
1497년(燕山 3) 本寺 승려가 婢에게
장가들어 자식을 낳았으므로 寺田을
縣과 鄕校에 분배〈李朝實錄佛敎鈔存,
卷11 67張〉
쌍명암(雙明庵)
島嶺 부근에 있던 절〈樊岩集, 卷4 10
張, 木板本〉
蔡濟恭(1720-1799) 詩 「汝愚上人自
雙明菴…」〈上同〉
쌍문사(雙門寺)
황해 載寧郡 長壽山에 있던 절〈寺刹
全書, 626p〉
쌍봉사(雙峰寺)[1]
경기 開城에 있던 절. 1329년(고려 忠
肅王 16) 王이 질병으로 인하여 本寺
에 移御〈寺刹全書, 626p〉
쌍봉사(雙峰寺)[2]
전남 和順郡 梨陽面 甑里 中條山에 있
는 절〈불교사전, 430p〉〈寺刹全書,
626p〉
신라 景文王(861-847) 때 창건. 壬亂
으로 소실. 1690년(肅宗 16) 1724년

(景宗 4) 1786년(正祖 10) 각각 중건.
1962년 大雄殿을 해체 수리〈文化遺蹟
總覽〉
雙峰寺大雄殿 ; 보물 제163호. 1938년
지정. 3층 건물. 신라 景文王(861-
874) 때 창건. 1690년(肅宗 16) 중건.
1724년(景宗 4) 중건. 1962년 해체 수
리〈文化財大觀 ; 寶物篇〉
雙峰寺澈鑒禪師塔 ; 보물 제57호. 1939
년 지정. 高1.4m. 八角圓堂型浮屠. 9세
기경 건립. 塔墓身은 日帝 때 파괴되어
오랫동안 방치되었다가 1957년 중건
〈上同〉
雙峰寺澈鑒禪師塔碑 ; 보물 제170호.
1938년 지정. 龜趺長1.4m. 화강석으로
9세기경 건립. 無身碑. 禪師號는 雙峰,
俗姓은 朴, 諡號는 澈鑒, 漢州人, 798-
868년까지 생존〈上同〉
雙峰寺創建碑文 : 「崇禎紀元後三丙午
(1786)」라 刻字. 사실은 重建碑〈文化
遺蹟總覽〉
쌍봉사(雙鳳寺)[1]
평남 江東(옛 三登)郡 建達山에 있던
절〈寺刹全書, 626p〉
쌍봉사(雙鳳寺)[2]
황해 金川(옛 江陰)郡 天神山에 있던
절〈寺刹全書, 626p〉
쌍봉암(雙峰庵)[1]
충북 堤川(옛 淸風)郡에 있던 절〈寺
刹全書, 626p〉
吳道一(1645-1703) 詩「雙峰庵」〈西
坡集, 卷4 25張, 芸閣印書體字本〉
쌍봉암(雙峰庵)[2]
평북 楚山郡에 있던 절〈寺刹全書,
626p〉
쌍비사(雙飛寺)
경북 金陵(옛 金泉)郡 牙浦面 大聖(옛
會聖)洞 金烏山에 있던 절〈寺刹全書,
626p〉
쌍송암(雙松庵)

충북 報恩郡 內俗離面 俗離山에 있던
절. 法住寺의 부속 암자 〈寺刹全書,
626p〉

쌍수암(雙水庵)
평북 楚山郡에 있던 절 〈寺刹全書,
626p〉

쌍악사(雙岳寺)
경북 醴泉郡 上里面 道村洞에 있던 절.
寺址에 浮屠(高1.6m) 1기가 있다 〈寺
刹全書, 626p〉

쌍암(雙菴)
鞍嶺 아래 있던 절 〈白谷集, 242p, 影
印本〉
處能(1617－1680) 詩 「題雙菴」〈上
同〉

쌍암사(雙岩寺)[1]
경기 議政府市 長岩洞 水落山에 있는
절. 一名 雙庵 〈불교사전, 433p〉
1880년(高宗 17) 佛雲이 중건 〈奉先
本末寺誌, 142p, 鉛印本〉
雙岩寺重建記 〈上同〉
尤五 撰 「水落山雙岩寺法堂重修記,
1880年」〈上同, 143p〉

쌍암사(雙岩寺)[2]
경남 陜川郡 大幷面 長灘里에 있던 절.
주위에서 礎石과 瓦片이 출토 〈寺刹全
書, 626p〉
雙岩寺址雙獅子石燈 : 국유 보물 제353
호. 1960년 지정. 高2.31m. 화강석으
로 통일신라 때 조성 추정. 이는 원래
靈岩寺址에 있던 것을 1933년경 日本
人들이 불법 반출하는 것을 부락 有志
들이 탈환하여 佳會面事務所에 안치했
다가 1959년 面民들이 本寺址에 암자
를 신축하여 원 위치에 복원 〈文化財
大觀 ; 寶物篇〉

쌍암사(雙岩寺)[3]
경북 靑松郡(옛 松生縣)에 있던 절
〈寺刹全書, 626p〉

쌍암사(雙庵寺)

황해 平山郡 牡丹山에 있던 절 〈寺刹全
書, 626p〉

쌍천암(雙泉庵)
경북 善山郡 鳳山에 있던 절 〈寺刹全
書, 626p〉

생양사(生陽寺)
전남 長興郡 長興邑 向陽里에 있던 절.
주위에서 주초석·석비·석불의 조각
이 발견 〈文化遺蹟總覽〉

생의사(生義寺)
경북 慶州市 塔洞에 있던 절. 一名 性義
寺. 644년(신라 善德女王 13) 창건. 이
때 生義가 道中寺에 거주했는데, 꿈에
한 승려가 인도하여 南山에 올라가서
풀을 맺어 표하게 하고, 山의 남쪽 동리
에 가서 하는 말이 「내가 여기 묻혔으
니, 그대가 파서 嶺에 올려다 달라」고
했다. 이 꿈을 깨고 나서 다른 벗과 함
께 꿈에 표한 데를 가 보고, 남쪽 동리
에 가서 돌미륵을 파내어 三花嶺 위에
모시고 절을 창건하니. 이때가 바로
644년이다. 뒤에 生義寺라 했다. 忠談
이 해마다 3月 3日과 9月 9日에 茶를 올
려 공양한 것이 이 미륵상이다. 이는 현
재 慶州博物館에 이전 〈寺刹全書,
621p〉〈文化遺蹟總覽〉
一然(1206－1289) 撰 「生義寺石彌勒」
〈三國遺事, 卷3, 木板本〉

서가섭사(西迦葉寺)⇒迦葉寺[2] 참조

서경사(西慶寺)
경기 楊州郡 北漢山에 있던 절 〈寺刹全
書, 627p〉『불교사전』에는 高陽郡 北
漢山으로 기록 〈불교사전, 442p〉

서고사(西固[高]寺)
전북 完州郡 助村面 萬成里 黃虎山에
있는 절. 碧峰이 창건. 1907년 虛翁이
중건 〈寺刹全書, 627p〉〈불교사전,
442p〉
趙秀三(1762－1849) 詩 「西高寺」〈秋
齋集, 卷5 33張, 鉛印本〉

서고산사(西高山寺)
황해 海州 西高山에 있던 절 〈寺刹全
書, 627p〉
서공사(西孔寺)
평북 博川郡 鳳麟山에 있던 절 〈寺刹
全書, 627p〉
서광사(西廣寺)
경남 鎭海市(옛 昌原郡 熊邑面)에 있
던 절. 一名 唐石寺・廣石寺. 신라 때
창건. 唐石寺 터에 正祖(1776-1800)
때 熊川縣監 金命爀이 중건 〈文化遺蹟
總覽〉〈寺刹全書, 627p〉
서금강사(西金剛寺)
평남 平原(옛 順安)郡 西金剛山에 있
던 절 〈寺刹全書, 627p〉
서기암(瑞氣庵)
충북 淸州市(옛 淸州郡 北八里)에 있
던 절 〈寺刹全書, 634p〉
서남사(西南寺)
전북 南原郡 長安山에 있던 절 〈寺刹
全書, 627p〉
서대사(西臺寺)
충남 錦山(옛 全北 珍山)郡 西臺山에
있던 절 〈寺刹全書, 627p〉
高敬命(1533-1592) 詩 「送學雨歸西
臺寺」〈霽峯集, 卷5 30張, 木板本〉
서대암(西臺庵)
강원 平昌郡 五臺山에 있던 절 〈寺刹
全書, 627p〉
應允(1743-1804) 撰 「五臺山西臺重
建記」〈鏡岩集, 下 41張, 木板本〉
서덕암(瑞德庵)
전북 井邑郡 山內面 大井里에 있는 절.
828년(신라 興德王 3) 洪涉이 창건
〈文化遺蹟總覽〉
서동사(瑞洞寺)
전남 海南郡 花原面 錦坪里 雲車山에
있는 절 〈불교사전, 443p〉〈寺刹全書,
634p〉
신라 崔致遠(857-?)이 開基. 1592년

(宣祖 25) 壬亂으로 소실, 곧 중건.
1945・1970년 각각 중수 〈文化遺蹟總
覽〉
서련사(瑞蓮寺[社])
충남 靑陽(옛 定山)郡 鷄鳳山에 있던
절 〈寺刹全書, 634p〉
서룡사(瑞龍寺)
전남 淳昌郡 瑞龍山에 있던 절 〈寺刹全
書, 634p〉
서룡암(瑞龍庵)
강원 麟蹄郡에 있던 절 〈寺刹全書,
634p〉
서림사(西林寺)¹
강원 襄陽郡 西面 西林里에 있던 절. 石
佛・石塔 1기씩 남음 〈寺刹全書, 627p〉
서림사(西林寺)²
경남 金海郡 神魚山에 있던 절 〈寺刹全
書, 627p〉
서림사(西林寺)³
경남 昌寧(옛 靈山)郡 靈鷲山에 있던
절 〈寺刹全書, 627p〉
서림사(西林寺)⁴
충남 禮山(옛 德山)郡 象王山에 있던
절 〈寺刹全書, 627p〉
서림사(西林寺)⁵
평남 江西郡 正林山에 있던 절 〈寺刹全
書, 628p〉
서림사(西林寺)⁶
평남 孟山郡 藹田面 豊林里 頭尾山에
있는 절 〈寺刹全書, 628p〉〈불교사전,
443p〉
서림사(西林寺)⁷
평남 順川郡 順川邑(옛 郡內面) 上洞
에 있던 절 〈寺刹全書, 628p〉
서림사(西林寺)⁸
평남 平原郡 檢山面 檢楊里 檢山에 있
던 절 〈寺刹全書, 628p〉
서림사(西臨[林]寺)⁹
평북 雲山郡 北鎭面 三山洞 天摩山에
위치 〈불교사전, 443p〉〈寺刹全書,

628p〉

서림사(西林寺)[10]

황해 平山郡 束聳山에 있던 절 〈寺刹全書, 628p〉

서망일사(西望日寺)

평남 平壤 西山에 있던 절 〈寺刹全書, 628p〉

서방갑사(西方甲寺)

충북 報恩郡 內俗離面 俗離山에 있던 절. 法住寺의 부속 암자 〈寺刹全書, 628p〉

서방굴(西方窟)

전남 靈岩郡 達磨山에 있던 절 〈寺刹全書, 628p〉

서방사(西方寺)[1]

경기 楊州(옛 楊根)郡 馬遊山에 있던 절 〈寺刹全書, 628p〉

서방사(西方寺)[2]

충남 洪城郡 月山에 있던 절 〈寺刹全書, 628p〉

서보통사(西普通寺)

경기 開城에 있던 절. 1253년(고려 高宗 40) 王이 행차. 1308년(고려 忠宣王 1) 王이 「釋服道場」을 설행 〈寺刹全書, 628p〉

李奎報(1168－1241) 撰 「西普通寺行同前牓」〈東國李相國集, 卷25 12張, 木板本〉「西普通寺行別例談禪文」〈上同, 卷39 4張〉

서봉사(瑞峰寺)[1]

경기 龍仁郡 水枝面 新鳳里 光敎山에 있던 절 〈불교사전, 444p〉〈寺刹全書, 634p〉

瑞峰寺玄悟國師塔碑 : 국유 보물 제9호. 1934년 지정. 高1.88m 幅0.97m. 身石은 粘板岩. 臺石은 화강석. 1185년(고려 明宗 15) 건립. 「贈諡玄悟國師碑銘」이라 題額. 碑銘은 李知命(1127－1191) 撰, 柳公權(1132－1196) 書. 碑尾에 「大定二十五年乙巳

(1185)…門人等奉宣瑞峰寺立石…」이라 刻字. 1185년은 國師 入寂後 7년. 1111－1178년까지 생존. 碑石 중간에 절단된 흔적이 있다 〈文化財大觀 ; 寶物篇〉

河潤九(1570－1646) 詩 「瑞峰寺和曹觀夫…, 丁丑」〈錦沙集, 卷1 31p, 影印本〉

서봉사(瑞峰寺)[2]

전남 潭陽郡 南面 鼎谷里 無等山에 있던 절. 掛佛臺・石柱・浮屠・3층석탑・5층석탑 등이 있다 〈寺刹全書, 635p〉

서봉사(瑞峰寺)[3]

전북 高敞(옛 茂長)郡 高山에 있던 절 〈寺刹全書, 634p〉

서봉사(棲[栖・西]鳳寺)[1]

경남 泗川郡 昆明面 龍山里 鳳鳴山에 있던 절. 一名 鳳岩寺. 신라 神文王(681－691) 때 창건 추정 〈寺刹全書, 631p〉

寺址로부터 300m 정도 떨어진 곳에 중건 〈文化遺蹟總覽〉

南庵이 山內에 부속

李穀 撰 「西鳳寺事蹟, 1336年」〈寺刹全書, 631p〉

崔應天 撰 「栖鳳寺記, 1657年」〈寺刹全書, 632p〉

서봉사(西鳳寺)[2]⇒乾鳳寺 참조

서봉사(瑞鳳寺)

전남 潭陽郡 昌平面 無等山에 있던 절 〈寺刹全書, 635p〉〈朝鮮寺刹一覽〉

서봉암(棲鳳庵)[1]

강원 高城郡 杆城面 新安里에 있던 절. 乾鳳寺의 부속 암자 〈寺刹全書, 634p〉〈朝鮮寺刹一覽〉

서봉암(棲鳳庵)[2]

강원 高城郡 杆城面 天吼山에 있던 절 〈朝鮮寺刹一覽〉〈寺刹全書, 634p〉

서봉암(西峰庵)

전북 金堤郡 妙高山에 있던 절 〈寺刹

全書, 628p〉

서부도암(西浮屠庵)

충남 扶餘(옛 林川)郡 聖住山에 있던
절〈寺刹全書, 629p〉

서부사암(西不思庵)

위치 未詳〈默庵集, 602p, 影印本〉
最訥(1722-1795) 詩 「題西不思庵」
〈上同〉

서불사암(西不思庵)⇒ 서부사암 참조

서불암(西佛庵)

전남 高興郡 占岩面 八影山에 위치. 楞
迦寺의 부속 암자〈寺刹全書, 629p〉
申箕善(1851-1909) 詩 「題西佛菴,
甲午」〈陽園集, 卷1 43張, 影印本〉撰
「西佛庵重修記」〈上同, 卷9 219張〉

서시암(西舍庵)

황해 黃州郡 九聖面 竹垈里 聖居山에
위치. 一名 西舍寺 〈朝鮮寺刹一覽〉
〈寺刹全書, 629p〉

서산사(西山寺)[1]

경북 尙州郡 靑里面 西山에 있던 절.
休靜・惟政의 眞影을 봉안. 尙州牧使
李漢膺이 親葬한 후 곧 폐사〈寺刹全
書, 629p〉
李德馨(1561-1613) 詩 「…西山寺戲
松雲占, 一絕」〈漢陰文稿, 2卷 38張,
木板本〉

서산사(西山寺)[2]

전남 谷城郡 谷城面 校村里에 있는 절.
1938년 정씨의 祭閣으로 건립했는데,
그 사람들이 죽자 西山寺로 만듦〈文
化遺蹟總覽〉

서산사(棲山寺)

전라도에 있던 절인 듯〈河西集, 卷9
12張, 木板本〉
金麟厚(1510-1570) 詩 「棲山寺寄仲
吉」〈上同〉

서산암(西山庵)

황해 白岳山에 있던 절 〈寺刹全書,
629p〉

서상사(瑞祥寺)

전남 咸平郡 君尼山에 있던 절〈寺刹全
書, 635p〉

서상암(西上庵)[1]

경남 密陽郡 丹場面 九川里 載藥山에
있는 절. 表忠寺의 부속 암자. 一名 極
樂庵. 653년(신라 眞德女王 7) 元曉가
창건. 1881년(高宗 18) 靜坡가 중건
〈불교사전, 92・448p〉

서상암(西上庵)[2]

평북 熙川郡 北面 頭疊山에 위치〈寺刹
全書, 629p〉

서성거암(西聖居庵)

경기 開豊郡 聖居山에 있던 절. 옛 聖人
5人이 이 山에 이르러 초암을 짓고 살
면서 得道했으나, 이름은 未詳. 南雙蓮
・西聖居・北雙蓮・南聖居・北聖居庵
등이 있었다고 전함〈寺刹全書, 629p〉

서악사(西岳寺)[1]

경북 安東市 太華洞 泰華山에 있는 절.
신라 道詵(827-898)이 창건. 처음에
는 雲台寺라 했다〈文化遺蹟總覽〉〈寺
刹全書, 629p〉〈불교사전, 445p〉

서악사(西岳寺)[2]

경북 醴泉郡 醴泉邑 大心洞 鳳德山에
있는 절〈불교사전, 445p〉〈寺刹全書,
629p〉

서암(西庵)[1]

경남 南海郡 古縣面 大谷里 望雲山에
있는 절. 花芳寺의 부속 암자〈불교사
전, 445p〉

서암(西庵)[2]

경북 聞慶郡 加恩面 曦陽山에 있던 절.
鳳岩寺의 부속 암자〈寺刹全書, 630p〉

서암(西庵)[3]

전남 長興郡 冠山面 天冠山에 있던 절.
天冠寺의 부속 암자〈寺刹全書, 630p〉

서암(西庵)[4]⇒ 西殿 참조

서암사(西岩寺)

경기 高陽郡 神道邑 北漢山 扶皇寺 서

쪽 水口門 안에 있던 절. 廣軒이 창건
하여 閔漬寺라 명명. 절 곁에 閔漬
(1248-1326)의 遺址가 있었으므로
避諱하여 西岩寺라 改名 〈寺刹全書,
630p〉
李德懋(1741-1791) 撰「西岩寺」〈靑
莊館全書, 卷3 71p ; 嬰處文稿 1, 影印
本〉
서암사(西菴寺)
경북 安東 부근에 있던 절인 듯〈滄溪
集, 卷3 17張, 木板本〉
文敬同(1457-1521) 詩「西菴寺訪士
輝平甫諸公」〈上同〉
서양암(西陽庵)
전남 長城郡 北下面 藥水里 白羊山에
있는 절. 白羊寺의 부속 암자〈불교사
전, 445p〉〈寺刹全書, 630p〉
서영사(西瑩寺)⇒ 瑩原寺 참조
서운사(瑞雲寺)
경기 開豊郡에 위치〈韓國金石全文,
中世上 286p〉
許興植 編「開豊瑞雲寺了悟和尙眞原
塔碑」937년(고려 太祖 20) 건립〈上
同〉
서운사(棲雲寺)¹
충남 扶餘(옛 鴻山)郡 天寶山에 있던
절〈寺刹全書, 634p〉
서운사(棲雲寺)²
평북 江界郡 外貴面 乾上洞 天摩山에
위치〈寺刹全書, 634p〉〈불교사전,
445p〉
서운사(棲雲寺)³
평북 宣川郡 棲雲山에 있던 절〈寺刹
全書, 634p〉
서운사(棲雲寺)⁴
평북 寧邊郡 寧邊面 西部洞 藥山에 위
치. 一名 雲棲寺〈寺刹全書, 634p〉
〈불교사전, 445p〉
趙秀三(1762-1849) 詩「遊藥山棲雲
寺」〈秋齋集, 卷5 20張, 鉛印本〉

서운사(棲雲寺)⁵
함남 高原郡 熊望山에 있던 절〈寺刹全
書, 634p〉
서운암(棲雲庵)
강원 通川郡에 있던 절〈月渚集, 卷上〉
道安(1638-1715) 詩「奉淸河道士」
〈上同〉
서운암(瑞雲庵)¹
경기 安城郡 瑞雲面 靑龍里에 있는 절.
靑龍寺의 부속 암자〈불교사전, 445p〉
서운암(瑞雲庵)²
경남 梁山郡 下北面 芝山里 靈鷲山에
있는 절. 通度寺의 부속 암자〈불교사
전, 445p〉
1346년(고려 忠穆王 2) 冲絢이 창건.
1859년(哲宗 10) 卷性이 중건〈寺刹全
書, 635p〉
서운암(瑞雲庵)³
경북 迎日郡 松羅面 內迎[延]山에 있
는 절. 寶鏡寺의 부속 암자〈寺刹全書,
635p〉
경내에 高 2m인 9기의 浮屠가 있다. 松
溪堂·海月堂·晦迹堂·眞心堂·淸波
堂·海峯堂 등의 浮屠를 제외한 나머지
3기는 未詳〈文化遺蹟總覽〉
서운암(瑞雲庵)⁴
경북 永川郡 淸通面 治日洞 八公山에 있
는 절. 銀海寺의 부속 암자. 1546년(明
宗 1) 天敎가 창건〈불교사전, 446p〉
서운암(瑞雲庵)⁵
경북 義城郡 新坪面 龍腰山 地藏寺 서
쪽에 있던 절. 쁘卞이 건립〈寺刹全書,
635p〉
서운암(瑞雲庵)⁶
전남 長興郡 冠山面 天冠山 天冠寺 부
근에 있던 절〈寺刹全書, 635p〉
서운암(瑞雲庵)⁷
전북 南原(옛 雲峰)郡 智異山에 있던
절. 1597년(宣祖 30) 丁酉亂 때 趙慶男
이 여기에서 倭賊을 피함〈寺刹全

書, 635p〉

서운암(瑞雲庵)[8]
평북 楚山郡에 있던 절 〈寺刹全書, 635p〉

서운암(棲雲庵)
경북 星州郡 武屹山에 있던 절 〈寺刹全書, 634p〉

서원암(書院庵)
황해 黃州郡 黃州邑 城北里 天柱山에 위치. 道觀寺였으나 書院庵으로 개명 〈寺刹全書, 635p〉〈불교사전, 446p〉

서이사(西耳寺)
전북 任實郡 白雲山에 있던 절 〈寺刹全書, 630p〉

서자복사(西資福寺)[1]
충남 扶餘(옛 林川)郡 乾止山에 있던 절.「統和十五年丁酉(997)五月日餘州功德大寺繡帳…」이라고 한 繡帳이 있음 〈寺刹全書, 630p〉

서자복사(西資福寺)[2]⇒ 海輪寺 참조

서자암(西子庵)
강원 伊川郡(옛 安峽縣)에 있던 절 〈寺刹全書, 630p〉

서전(西殿)[1]
전북 金堤郡 金山面 金山里 母岳山에 있는 절. 金山寺의 부속 암자. 1904년 (光武 8) 振月이 중건. 一名 西庵·下西殿 〈寺刹全書, 630p〉
海眼(?－1636) 撰 「金山寺西庵改立說」〈中觀遺稿, 447p〉

서전(西殿)[2]
전북 完州郡 龍進面 澗中里 西方山에 있는 절. 一名 西庵·西殿庵. 鳳棲寺의 부속 암자 〈불교사전, 446p〉〈寺刹全書, 630p〉

서전(西殿)[3]
충남 天原郡 稷山面에 있는 절 〈寺刹全書, 630p〉

서전(西殿)[4]⇒ 西殿庵[1] 참조

서전암(書殿庵)

강원 高城(옛 杆城)郡 天吼山에 있던 절 〈寺刹全書, 635p〉

서전암(西殿庵)[1]
경북 金陵郡 代項面 雲水里 黃岳山에 있는 절. 一名 西殿. 直指寺의 부속 암자 〈불교사전, 446p〉
1903년 申淸月이 중건 〈直指寺志, 214p, 筆寫本〉

서전암(西殿庵)[2]⇒ 西殿[2] 참조

서정암(西淨庵)
평남 龍岡(옛 三和)郡 牛山에 있던 절 〈寺刹全書, 631p〉

서진사(棲眞寺)
황해 海州 首陽山에 있던 절 〈寺刹全書, 634p〉

서진암(瑞眞庵)
전북 南原郡 山內面 大井里 智異山에 있는 절 〈寺刹全書, 635p〉〈불교사전, 447p〉

서천암(逝川庵)
제주 朝貢川 위에 있던 절 〈寺刹全書, 635p〉

서청암(西清庵)
평북 鐵山郡 西林城 안에 있던 절 〈寺刹全書, 631p〉

서토굴(西土窟)
강원 束草市(옛 襄陽郡) 雪嶽山에 있던 절. 神興寺의 부속 암자 〈寺刹全書, 631p〉

서혈사(西穴寺)
충남 公州郡 西穴山에 있던 절 〈寺刹全書, 631p〉
公州邑 熊津洞에 위치. 1974년 公州教育大學에서 西穴寺 三寶인 銘文瓦片·石佛基壇石 등을 발굴하여 현재 公州博物館에 이전 보관 〈文化遺蹟總覽〉

서흥사(西興寺)
함남 長津郡 長津面에 위치 〈寺刹全書, 631p〉

석가사(釋迦寺)

경북 月城郡 內南面 茸長里에 있던 절.
697년(신라 孝昭王 6) 창건. 石塔이
남음 〈불교사전, 447p〉〈寺刹全書,
645p〉

석가암(釋迦庵)[1]
충북 報恩郡 內俗離面 俗離山에 있던
절. 法住寺의 부속 암자 〈寺刹全書,
645p〉

석가암(釋迦庵)[2] ⇒ 鳳谷寺[2] 참조

석경사(石逕寺)
강원 原州市 杏邱洞 雉岳山에 있는 절
〈寺刹全書, 636p〉〈불교사전, 447p〉

석골사(石骨寺)
경남 密陽郡 山內面 院西里 伽智山에
있는 절. 779년(신라 惠恭王 9) 法照가
창건. 1735년(英祖 11) 含花가 중건
〈불교사전, 447p〉〈寺刹全書, 636p〉
戒悟(1773-1849) 撰 「石骨寺上含花
庵重創記」〈伽山藁, 卷4 4張, 木板本〉

석굴사(石窟[堀]寺)
경북 淸道郡에 있던 절. 신라 때 창건
추정 〈寺刹全書, 636p〉

석굴암(石窟庵)[1]
경기 楊州郡 長興面 橋峴里 五峰山에
있는 절 〈불교사전, 448p〉
1443년(世宗 25) 雪庵寬益이 중수. 端
宗后(定順王后 ; 1440-1521)의　　願
刹. 1453년(端宗 1) 雪庵寬益이 地藏
羅漢兩尊石像을 募緣 造成 〈奉先本末
寺誌, 144p, 鉛印本〉
佛國翁 撰 「石窟地藏羅漢兩尊石像雕塑
奉安芳緣錄並序, 乙亥」〈上同, 146p〉
陳韓 撰 「石窟庵新雕石像地藏菩薩那
畔尊者二尊像緣化錄序, 癸酉」〈上同,
145p〉
石窟庵重修記〈上同, 144p〉

석굴암(石窟庵)[2]
경북 月城郡 陽北面 凡谷里 吐含山에
있는 절. 一名 石佛寺. 佛國寺의 부속
암자. 신라 景德王(742-764) 때 金大

城이 창건. 吐含山頂을 등지고 동남향
으로 위치. 화강석재로 조성. 그 위를
흙으로 덮어 자연의 岩山을 파 뚫은 것
같은 外樣. 굴 안의 石佛과 石壁에 浮彫
한 보살상은 동양 제일의 조각. 3층석
탑이 있다 〈불교사전, 448p〉〈寺刹全
書, 636p〉

石窟庵石窟 : 국보 제24호. 1934년 지
정. 長14.8m 徑7.2m 高9.3m. 화강석
으로 통일신라 때 조성. 凡谷里 吐含山
중턱에 동남향하여 東海에 대하고 있다
〈文化財大觀 ; 國寶篇〉

석굴암(石窟庵)[3]
서울 道峰區(옛 楊州郡) 道峰山 天竺
寺 북쪽에 있는 절 〈불교사전, 448p〉
1935년 化主 姜應潭이 金秉龍의 시주로
중건 〈寺刹全書, 636p〉

석굴암(石窟庵)[4]
충남 靑陽郡 赤谷面 花山里 七甲山에
있는 절. 七甲寺의 부속 암자 〈불교사
전, 448p〉

석남사(石南寺)[1]
강원 原州郡 雉岳山에 있던 절. 弓裔의
기록이 있다 〈寺刹全書, 637p〉

석남사(石南寺)[2]
경기 安城郡 金光面 上中里 瑞雲山에 있
는 절. 華德이 중건 〈불교사전, 448p〉
一名 城南寺〈寺刹全書, 636·672p〉
680년(신라 神文王 6) 奭善師가 창건.
壬亂 때 소실. 1637년(仁祖 15) 丙子胡
亂 때의 기록이 있다. 현재의 건물은 20
세기경 중건. 조선후기 조성으로 추정
되는 石塔 2기가 있다 〈文化遺蹟總覽〉

石南寺磨崖佛 : 高7m 幅6.5m. 자연 암
벽에 양각한 立佛像 〈文化遺蹟總覽〉

석남사(石南[楠]寺)[3]
경기 利川(옛 陰竹)郡 百足山에 있던
절 〈寺刹全書, 636p〉

석남사(石南寺)[4]
경기 仁川市 北區 石南洞에 있던 절.

조선 때 창건 〈文化遺蹟總覽〉
석남사(石〔碩〕南寺)[5]
경남 蔚州(옛 蔚山)郡 上北面 德峴里
伽智山에 있는 절. 824년(신라 憲德王
16) 道義가 창건. 壬亂 때 소실, 1674
년(顯宗 15) 卓靈이 중건. 1803년(純
祖 3) 중수. 1912년 友雲이 중건 〈불교
사전, 448p〉
1957년 보수. 浮屠 2기가 있다 〈文化
遺蹟總覽〉
東仁庵이 山內에 부속
石南寺浮屠 : 보물 제369호. 1960년 지
정. 高3.53m. 화강석으로 10세기경 건
립 추정. 1962년 해체 수리. 이 浮屠는
本寺 창건 祖師인 道義國師의 舍利塔
이라고 전한〈文化財大觀 ; 寶物篇〉
石南寺三層石塔 : 地有 제22호. 1972년
지정. 高2.5m. 화강암으로 신라말－고
려초 건립 추정 〈文化遺蹟總覽〉
戒悟(1773－1849) 撰 「石南寺鬭役有
功碑銘幷書」〈伽山藁, 卷4 25張, 木板
本〉
致益(1862－?) 撰 「石南寺講禪堂說要
記」〈曾谷集, 卷2 39張〉「龍華殿重修
上梁文」〈上同, 卷2 40張〉
석남사(石南寺)[6]
경북 迎日郡 只杏(옛 長鬐)面 芳山里
에 있던 절 〈寺刹全書, 637p〉
신라 때 창건이라 전함 〈文化遺蹟總
覽〉
南破大師碑 : 高2.5m 幅1m. 1818년(純
祖 18) 건립. 大師의 諱는 華默, 字는
白隱, 號는 南破, 俗姓은 李, 月城人,
1740－1817년까지 생존 〈上同〉
석남원(石南院)
강원 旌善郡 舍北邑에 있던 절. 신라
慈藏이 창건 〈寺刹全書, 637p〉
석담사(石潭寺)
전북 金堤郡 白鷗面 石潭里에 있는 절.
20세기경 건립. 太古宗에 소속 〈文化

遺蹟總覽〉
석대암(石臺庵)[1]
강원 寧越郡에 있던 절 〈寺刹全書,
637p〉
석대암(石臺庵)[2]
강원 鐵原郡 新西面 內山里 寶盖山에
있는 절. 深源寺의 부속 암자. 720년
(신라 聖德王 19) 사냥꾼 李順石이 승
려가 되어 이 절을 창건. 뒤에 中悅이
중건. 1400년(定宗 2) 중건. 1861년
(哲宗 12) 內帑金으로 중건. 1887년
(高宗 24) 중건. 1931년 중수. 1935년
주지 徐相仁이 중건 〈불교사전, 448p〉
〈寺刹全書, 637p〉
1320년(忠肅王 7) 事蹟碑 건립. 1400
년(定宗 2) 寺僧이 중건. 1635년(仁祖
13) 地藏이 靈驗碑를 건립. 1874년(高
宗 11) 閔奎顯이 事蹟碑를 重書. 1891
년 李晩惺이 畓 4斗落을 헌납. 1895년
性旭이 中鐘 1口를 買入. 1906년 土地
12,237坪을 買獻. 1931년 중수. 1935년
徐相仁이 募緣 重修 〈楡岾寺本末寺志,
601p, 鉛印本〉
敬軒(1542－1632) 撰 「寶盖山石臺庵
重修募勸文」〈霽月堂大師集, 330p, 影
印本〉
閔漬 撰 「寶盖山石臺庵記, 1307年」
〈寺刹全書, 638p〉
性旭 撰 「石臺庵佛粮獻納序, 1891年」
〈楡岾寺本末寺志, 621p, 鉛印本〉
李穡(1328－1396) 撰 「寶盖山石臺庵
地藏殿記」〈牧隱文藁, 卷5 8張, 木板
本〉
석대암(石臺庵)[3]
경남 昌寧(옛 靈山)郡 靈鷲山에 있던
절 〈寺刹全書, 637p〉
석대암(石臺庵)[4]
전남 長興郡 蓉山面 佛聳山에 있던 절
〈寺刹全書, 637p〉
석대암(石臺庵)[5]

전북 完州(옛 高山)郡 大芚山에 있던
절. 安心寺의 부속 암자 〈寺刹全書,
637p〉
석대암(石臺庵)⁶
황해 松禾(옛 豊川)郡 大藥山에 있던
절 〈寺刹全書, 639p〉
석두사(石頭寺)
황해 金川郡 外柳面 石頭里 石頭山에
있던 절. 1544년(中宗 39) 『顯正論』
을 간행한 기록이 있다 〈寺刹全書,
640p〉
석두암(石頭庵)¹
전남 長興郡 冠山面 天冠山 天冠寺 부
근에 있던 절 〈寺刹全書, 640p〉
석두암(石頭庵)²
전남 海南郡 駕鶴山에 있던 절 〈寺刹
全書, 640p〉
석련사(石蓮寺)¹
충남 洪城郡 龜項面 五鳳里(옛 洪州面
예속) 白月山에 있는 절. 원래 山惠庵
〈불교사전, 448p〉〈寺刹全書, 640p〉
석련사(石蓮寺)²
평남 平原(옛 永柔)郡 石蓮山에 있던
절 〈寺刹全書, 640p〉
석련사(石蓮[連]寺)³
평북 定州郡 炭古介山에 있던 절 〈寺
刹全書, 640p〉
석련사(石蓮寺)⁴
황해 瑞興郡 內德面 石蓮里 鼎足山에
있던 절 〈寺刹全書, 640p〉〈불교사전,
448p〉
석령사(錫鈴寺)
충남 洪城(옛 結城)郡 白月山에 있던
절 〈寺刹全書, 645p〉
석로암(石老庵)⇒ 尖山寺 참조
석륜사(石崙寺)
경북 榮州郡 小白山에 있던 절 〈寺刹
全書, 640p〉
周世鵬(1495-1554) 詩 「石崙寺…」
〈武陵集, 卷1 28張, 木板本〉「…石崙

寺僧」〈上同, 卷4 25張〉
석림사(石林寺)¹
경기 議政府市 長岩洞 水落山에 있는
절. 一名 石林庵 〈불교사전, 448p〉〈寺
刹全書, 640p〉
1796년(正祖 20) 裕淡이 三笑閣 중수
〈奉先本末寺誌, 140張, 鉛印本〉
朴南源 撰「三笑閣記, 1797年」〈上同〉
朴世堂(1629-1703) 撰 「石林庵記」
「石林庵上梁文」〈西溪集, 卷8, 木板
本〉
석림사(石林寺)²
함북 明川郡 七寶山에 있던 절 〈寺刹全
書, 640p〉
석문사(石門寺)¹
전남 康津郡 道岩面 石門里에 있는 절.
1947년 건립. 경내에 古瓦가 출토된 것
으로 보아 古刹이 있었음을 짐작 〈文化
遺蹟總覽〉
석문사(石門寺)²
황해 瑞興郡 雲磨山에 있던 절 〈寺刹全
書, 640p〉
석문암(石門庵)¹
전남 光州市 瑞石山에 있던 절 〈불교사
전, 449p〉
석문암(石門庵)²
함북 明川郡 七寶山에 있던 절 〈寺刹全
書, 640p〉
석방사(石房寺)
경기 開城 松岳에 있던 절 〈寺刹全書,
640p〉
석보사(石寶寺)
함남 安邊郡 白雲山에 있던 절 〈寺刹全
書, 640p〉
석봉사(石峰寺)¹
평북 鐵山郡 熊骨山에 있던 절 〈寺刹全
書, 641p〉
석봉사(石峰寺)²
황해 延白(옛 白川)郡 飛鳳山에 있던
절 〈寺刹全書, 641p〉

석봉사(石峰寺)[3]
황해 長淵郡 石峰山에 있던 절 〈寺刹全書, 641p〉

석부암(石付庵)
전남 高興郡 浦頭面 車洞里에 있는 절.
1350년(고려 忠定王 2) 懶翁이 창건.
그 뒤 폐사. 1952년 중건. 1965년 증축
〈文化遺蹟總覽〉

석불사(石佛寺)[1]
전북 扶安郡 下西面 晴湖里에 있는 절.
1909년 창건 〈文化遺蹟總覽〉

석불사(石佛寺)[2]
전북 益山郡 三箕面 蓮洞里에 있는 절.
1965년 건립 〈文化遺蹟總覽〉
益山蓮洞里石佛坐像 : 보물 제45호.
1934년 지정. 高1.69m 〈文化財大觀 ;
寶物篇〉

석불사(石佛寺)[3] ⇒ 石窟庵[2] 참조

석불암(石佛庵)[1]
경남 固城郡 固城邑 校社里에 있는 절.
1942년 柳普城이 창건. 주위에 방치된
石佛을 봉안 〈文化遺蹟總覽〉

석불암(石佛庵)[2]
서울 麻浦에 위치 〈何庭遺稿, 17p, 鉛
印本〉
洪霖植(1897-1976) 詩「麻浦石佛庵,
1978年」〈上同〉

석불암(石佛庵)[3]
전남 和順郡 二西面 永坪里에 있는 절.
10-11세기경 창건 추정 〈文化遺蹟總
覽〉
石佛庵磨崖如來坐像 : 高1.3m. 10-11
세기경 작품 추정 〈上同〉

석상암(石象庵)
강원 鐵原郡 葛末面 芝浦里 鳴聲山에
있던 절. 滑石으로 조성한 石佛坐像이
있다 〈寺刹全書, 641p〉〈불교사전,
449p〉

석상암(石床庵)
전북 高敞郡 雅山面 兜率山에 있는 절.

禪雲寺의 부속 암자. 1665년(顯宗 6)
化主 學哲이 중건 〈寺刹全書, 641p〉

석선사(石仙寺)
평남 大同郡 靑龍面 萊島里에 있던 절
〈寺刹全書, 642p〉〈불교사전, 449p〉

석송암(石松庵)[1]
경북 慶山郡 慈仁面 金鶴山에 위치. 大
興寺의 부속 암자 〈寺刹全書, 642p〉

석송암(石松庵)[2]
충북 報恩郡 內俗離面 俗離山에 있던
절. 法住寺의 부속 암자 〈寺刹全書,
642p〉

석수사(石水寺)
경남 蔚州(옛 彦陽)郡 夫老山에 있던
절 〈寺刹全書, 642p〉

석수암(石水庵)[1]
경남 陜川郡 冶爐面 羅帶里에 있던 절
〈寺刹全書, 642p〉

석수암(石水庵)[2]
경북 安東市 安奇洞에 있는 절 〈寺刹全
書, 642p〉
李箎 (1629-1710) 詩 「石水庵…」
〈景玉齋遺稿, 木板本〉

석수암(石水庵)[3]
전남 犖确山에 위치. 長城 부근인 듯
〈西坡集, 卷8 38張, 芸閣印書體字本〉
吳道一(1645-1703) 詩「石水庵」〈上
同〉

석수암(石水庵)[4]
전남 長城郡에 있던 절 〈寺刹全書,
642p〉

석수암(石水庵)[5]
전남 長興郡 蓉山面 佛聳山에 있던 절
〈寺刹全書, 642p〉

석수암(石水庵)[6]
전북 南原郡 月桂山에 있던 절 〈寺刹全
書, 642p〉

석수암(石水庵)[7]
충남 唐津(옛 沔川)郡 倉宅串에 있던
절 〈寺刹全書, 642p〉

석수암(石水庵)[8]
평남 江西(옛 咸從)郡 牙善山에 있던 절〈寺刹全書, 642p〉

석수암(石水庵)[9]
평북 鐵山郡 館後山에 있던 절〈寺刹全書, 642p〉

석수암(石守庵)
경북 善山郡 金精山에 있던 절〈寺刹全書, 642p〉

석수암(石秀庵)⇒ 江淸庵 참조

석암사(石岩寺)[1]
충북 淸原郡 九龍山에 있던 절〈불교사전, 449p〉

석암사(石庵[岩]寺)[2]⇒ 鳳谷寺[2] 참조

석양사(夕陽寺)
황해 金川(옛 兎山)郡 鶴峰山에 있던 절〈寺刹全書, 636p〉

석왕사(釋王寺)
함남 安邊郡 文山面 沙器里 雪峰山에 위치. 응진전(구국보 제147호) 호지문(구국보 제148호) 등이 있다〈불교사전, 449p〉

太祖(1335-1408) 잠룡 때 꿈에 서까래 3개가 太祖에게 떨어져서 깨어보니 꿈이었다. 山 土窟에 있는 異僧(無學)에게 물어보니, 王字라고 하므로 太祖는 곧 土窟에 터를 닦고 절을 창건하여 釋王寺라 명명. 1401년(太宗 1) 太祖는 太上王이 되어 이 절에서 16일을 머물면서 나무를 심고, 園門에다「雪峰山釋王寺」라 題額. 太祖 御筆인 册字가 있었다고 전하며, 肅宗과 英祖의 御筆小記가 있었다고 전함〈寺刹全書, 646p〉

1401년(太宗 1) 太祖가 여기에 宮을 지으라고 명령〈李朝實錄佛敎鈔存, 卷1 31張〉

內院庵, 白蓮庵, 普門庵, 普成庵, 三逢庵, 圓寂庵, 香積庵 등이 山內에 부속

釋王寺藏經碑 : 1377년(고려 禑王 3) 건립〈韓國金石全文, 中世下 1194p, 許興植 編〉

權近(1352-1409) 奉敎撰 「釋王寺堂主毗盧遮那左右補處文殊普賢腹藏發願文」〈陽村集, 卷33 4張, 木板本〉

金彪(1840-1911) 撰 「安邊雪峰山釋王寺御製碑閣上梁文」〈鶴山集, 卷2 7張〉「釋王寺義重樓重修記」〈上同, 2卷 69張〉

守初(1590-1668) 撰 「安邊雪峰山釋王寺重修序」〈翠微集, 199p, 影印本〉

有一(1720-1799) 撰「謹題 御製釋王寺碑文後」〈蓮潭大師林下錄, 卷3 37張, 木板本〉

鼎鎬(1870-1948) 撰 「雪峯山釋王寺雪城東樓重建記」〈石林草, 56張〉「靈龜山雪乳堂大師行略」〈上同, 36張, 木板本〉

海源(1691-1770) 撰 「釋王寺法堂重修及六大菩薩金像造成記」「釋王寺五百羅漢錦袈裟改造記」〈天鏡集, 卷中, 木板本〉「釋王寺管應堂記」「釋王寺冥府殿重創記」「釋王寺事蹟後跋」「釋王寺大雄殿上樑文」〈上同, 卷下〉

석은사(石恩寺)
충북 永同郡 龍山面 新項里에 있던 절. 이 부근에 약 700년생으로 추정되는 느티나무 한 그루가 있다〈文化遺蹟總覽〉

石恩寺址磨崖三尊佛 : 本尊 高1.96m. 통일신라 때 조성 추정〈上同〉

석이암(石耳庵)
경기 驪州郡에 있던 절〈寺刹全書, 642p〉

法堅 撰「石耳庵勸善文」〈上同〉

석자사(石甾寺)
위치 未詳〈西坡集, 卷5 42張, 芸閣印書體字本〉

吳道一(1645-1703) 詩「…石甾寺韻」

〈上同〉
석장사(錫杖寺)
경북 月城郡 月谷面 金丈里에 있던 절.
신라 때 良志가 있던 곳〈寺刹全書,
645p〉
「신라 善德王(632-646) 때 良志가
錫丈에 포대를 걸어놓으면 錫丈이 저
절로 施主할 집에 날아가 흔들어 울리
면 사람들이 알고 포대에 施主物을 넣
으면 날아 돌아온다」고 전함〈文化遺
蹟總覽〉
석존사(釋尊寺)
위치 未詳〈瀨魚山館集, 卷3 2張, 鉛印
本〉
鄭丙朝(1863-1945) 詩「釋尊寺」〈上
同〉
석종사(石鍾寺)⇒ 館北寺 참조
석천사(石泉寺)[1]
강원 鐵原郡 龍華山에 있던 절. 절 옆
에 三釜淵이 있는데, 金昌翕이 이 절에
거주하면서 三淵이라 自號〈寺刹全書,
643p〉
葛末面 軍炭里 鳴聲山에 위치.「龍華
寺에 있던 승려가 바위 틈에서 매일 1
인분의 쌀과 약수가 나온다는 이곳에
암자를 짓고 수도하던 중 욕심을 부려
바위틈을 크게 뚫었더니, 그때부터 쌀
이 안 나오고 샘이 터져 뱀이 몰려 샘
을 흐리게 하므로 승려는 이곳을 떠났
다」고 전함. 현재 이곳에는 돌담만 남
음〈文化遺蹟總覽〉
석천사(石泉寺)[2]
강원 平康郡 靈山에 있던 절〈寺刹全
書, 643p〉
석천사(石泉寺)[3]
강원 橫城郡 南山에 있던 절〈寺刹全
書, 643p〉
석천사(石泉寺)[4]
경남 昌寧郡 都泉面 於萬里 石泉山에
있던 절. 石窟 속에 石佛 1구가 있다

〈寺刹全書, 643p〉
석천사(石泉寺)[5]
경북 善山郡에 있던 절. 一名 石泉庵
〈寺刹全書, 643p〉
석천사(石泉寺)[6]
전남 麗水市 德忠洞 鍾高山에 있는 절
〈불교사전, 450p〉
고려 普照(1158-1210)가 창건〈文化
遺蹟總覽〉
석천사(石泉寺)[7]
전남 和順(옛 綾州)郡 石泉山에 있던
절〈寺刹全書, 643p〉
석천사(石泉寺)[8]
충남 錦山郡 進樂山에 있던 절〈寺刹全
書, 643p〉
석천사(石泉寺)[9]
충남 牙山(옛 新昌)郡 道高山에 있던
절〈寺刹全書, 643p〉
석천사(石泉寺)[10]
평남 价川郡에 있던 절〈寺刹全書,
644p〉
석천사(石泉寺)[11]
평남 順川郡 內南面에 있던 절〈寺刹全
書, 644p〉
석천사(石泉寺)[12]
평남 安州郡에 있던 절〈寺刹全書,
644p〉
석천사(石泉寺)[13]
평남 龍岡郡 池雲面 新村里 石泉山에
있던 절. 佛粮碑가 있다〈寺刹全書,
644p〉
석천사(石泉寺)[14]
황해 信川郡 九月山에 있던 절. 貝葉寺
의 부속 암자〈寺刹全書, 644p〉
석천사(石泉寺)[15]
황해 載寧郡 天磨山에 있던 절〈寺刹全
書, 644p〉
석천사(釋天寺)
전북 長水郡 靈鷲山에 있던 절〈寺刹全
書, 647p〉

석천암(石泉庵)¹
경기 楊州郡 別內面 花蝶里 天寶山에 있는 절. 一名 石泉寺. 1922년 중건 〈불교사전, 450p〉

석천암(石泉庵)²
경북 聞慶郡 籠岩面 大峴山에 있는 절 〈寺刹全書, 644p〉
普德窟이 山內에 부속
一祐 撰 「聞慶郡籠岩面大峴山石泉庵改金幀畫記, 甲寅」〈上同〉

석천암(石泉庵)³
전남 長興郡 冠山面 天冠山 天冠寺 부근에 있던 절 〈寺刹全書, 644p〉

석천암(石泉庵)⁴
충남 論山郡 伐谷面 水落里 大芚山에 있는 절 〈불교사전, 450p〉〈寺刹全書, 644p〉
權以鎭(1668－1734) 詩 「遊石泉庵」〈有懷堂集, 卷11張, 木板本〉

석천암(石泉庵)⁵
함남 安邊郡 白雲山에 있던 절 〈寺刹全書, 645p〉

석천암(石川庵)
경기 金浦(옛 通津)郡에 있던 절 〈寺刹全書, 643p〉

석탑암(石塔庵)
경북 安東郡 北後面 石塔洞 鶴駕山에 있는 절. 一名 石塔寺 〈불교사전, 451p〉〈寺刹全書, 645p〉
신라 때 창건 추정. 1800년(正祖 24)경 중건 추정 〈文化遺蹟總覽〉

선경암(仙鏡庵)
강원 楊口郡 東面 兜率山에 있던 절. 深谷寺의 부속 암자 〈乾鳳寺本末事蹟, 201p, 鉛印本〉

선계사(仙啓寺)
전북 扶安郡 保安面 牛東里에 있던 절. 고려 太祖(1335－1408)가 南征할 때 군사를 주둔했던 곳. 壬亂 때 소실. 현재는 돌담과 瓦片이 남음 〈文化遺蹟總覽〉〈寺刹全書, 647p〉

선관암(善觀庵)
경기 開城 天磨山에 있던 절 〈寺刹全書, 656p〉

선국사(善國寺)
전북 南原郡 南原邑 山谷里 蛟龍山에 있는 절. 一名 善國庵・龍泉寺. 769년(신라 惠恭王 5) 창건. 일설은 685년(신라 神文王 5) 창건. 1917년 주지 玄岩이 중수 〈불교사전, 452p〉〈寺刹全書, 655p〉

선귀사(旋龜寺)⇒ 百潭寺 참조

선녈암(先涅庵)
경남 咸陽郡 智異山에 있던 절 〈寺刹全書, 654p〉

선도암(善道庵)
경기 江華郡 別立山에 있던 절. 속칭은 선돌암 〈寺刹全書, 656p〉

선돌암⇒ 善道庵 참조

선동식암(仙洞息庵)⇒ 息庵 참조

선동암(仙洞庵)
강원 春城郡 北山面 淸平里에 있던 절. 一名 息庵인 듯. 淸平寺의 부속 암자 〈寺刹全書, 648p〉〈불교사전, 453p〉
地有 제51호. 1976년 지정 〈文化遺蹟總覽〉

선랑사(禪郎寺)
충남 大德(옛 懷德)郡 食藏山에 있던 절 〈寺刹全書, 656p〉

선림사(禪林寺)¹
충남 保寧郡 鰲川面 蘇城里 烏棲山에 있는 절 〈불교사전, 453p〉〈寺刹全書, 656p〉

선림사(禪林寺)²⇒ 千房寺 참조

선림암(禪林庵)
황해 殷栗郡 九月山에 있던 절. 乾止寺의 부속 암자 〈寺刹全書, 656p〉

선림원(禪林院)
강원 襄陽郡 西面 黃耳里에 있던 절. 「貞元廿(804)年」 銘이 있는 新羅 梵鐘

이 1948년 출토된 것으로 보아 당시에
창건한 것으로 추정〈文化遺蹟總覽〉
禪林院址浮屠：보물　제447호.　1966년
지정.　高1.2m.　화강석으로 통일신라
때 건립 추정. 1965년 복원〈文化財大
觀；寶物篇〉
禪林院址石燈：보물　제445호.　1966년
지정.　高2.92m.　화강석으로 통일신라
때 조성 추정〈上同〉
禪林院址三層石塔：보물 제444호. 1966
년 지정.　高5m.　화강석으로 통일신라
때 건립 추정. 1965년 복원〈上同〉
禪林院址弘覺禪師塔碑：국유　보물　제
446호.　1966년 지정.　화강석으로 886
년(신라 定康王 1) 건립 추정.　身石片
은 서울 景福宮 勤政殿 西廻廊에 신설.
「弘覺禪師碑銘」이라 陽刻 題額. 崔瓊
篆書〈上同〉

선방사(禪房寺)

경북 慶州市 부근에 있던 절인 듯〈梅
月堂集, 卷12 1張, 癸酉字本〉
金時習(1435－1493) 詩「禪房寺」〈上
同〉

선본암(禪本庵)

경북 慶山郡 瓦村面 大閑洞 八公山에
있는 절. 一名 禪本庵. 496년(신라 炤
知王 18) 極達이 창건. 1641년(仁祖
19) 秀聰이 중건〈寺刹全書, 656p〉

선봉사(仙鳳寺)[1]

경북 漆谷(옛 仁同)郡 金烏山 동쪽에
있던 절. 一名 南嵩寺〈寺刹全書,648p〉
僊鳳寺大覺國師碑：보물 제251호.
1942년 지정.　화강석으로 고려 때 건
립.「天台始祖大覺國師碑銘」이라 題
額.　碑文은 고려 睿宗(1105－1122) 때
의　林存　撰.　大師의　諱는　義天.
1055－1101년까지 생존〈文化財大觀
；寶物篇〉

선봉사(仙鳳寺)[2]

황해 信川郡 南部面 天峰里에 있던 절

〈寺刹全書, 651p〉

선사암(仙槎庵)

경북 達城郡 馬川山에 있던 절. 신라 崔
致遠(857－?)의 洗硯池가 있다. 또 爛
柯臺, 武陵橋가 있고, 후에 伊江書院을
이전〈寺刹全書, 651p〉

선석사(禪[仙]石寺)

경북 星州郡 月恒面 仁村洞 棲鎭山에
있는 절〈불교사전, 455p〉
신라 義湘(625－702)이 창건하여 神光
寺라 함. 고려 懶翁(1320－1376)이 중
수하여 禪石寺로 개명. 壬亂 때 소실.
1684년(肅宗 10) 王命으로 중건〈文化
遺蹟總覽〉
692년(신라 孝昭王 1) 창건. 世宗의 태
실과 英祖御筆이 보관〈1986. 3. 27. 방
송공사, 전국일주 프로그램〉
中庵이 山內에 부속

선수암(善首庵)

경기 江華郡 華道面 摩尼山에 있던 절
〈寺刹全書, 656p〉

선악사(仙岳寺)[1]

경남 東萊郡에 있던 절.〈韓國金石全
文, 中世上 501p, 許興植 篇〉
仙岳寺鐘：1066년(고려 文宗 20) 주성
〈上同〉

선악사(仙岳寺)[2]

경북 義城郡 多仁面에 있던 절〈寺刹全
書, 651p〉

선암(船庵)

강원 淮陽郡 內金剛面 長淵里 金剛山에
위치. 表訓寺의 부속 암자. 고려 光宗
(945－975) 때 朴彬이 창건〈寺刹全
書, 654p〉
1618년(光海 10) 중건. 1836년(憲宗
2) 중건. 1932년 洪華峰이 중수. 金太
虛가 山神閣을 중건〈楡岾寺本末寺志,
414p, 鉛印本〉
法堅 撰「金剛山船庵萬廻二庵重修落成
疏」〈上同, 547p〉「船庵重修落成疏」

〈上同, 548p〉

日昇 撰 「金剛山表訓寺船庵重修記文,
1933年」〈上同, 481p〉

선암(禪庵)¹

경북 醴泉郡 下柯山에 있던 절 〈寺刹
全書, 657p〉

선암(禪庵)²

제주 漢拏山 頂上에 있던 절 〈寺刹全
書, 656p〉

선암(仙庵)

전남 長興郡 冠山面 天冠山 天冠寺 부
근에 있던 절. 1759년(英祖 35) 폐사
〈寺刹全書, 651p〉

선암사(仙岩寺)¹

경기 開城에 있던 절. 1308년(忠宣王
1) 『高麗史』에 이 절의 기록이 있다
〈寺刹全書, 652p〉

선암사(仙岩寺)²

부산 東萊區 巨堤洞 金井山에 있는 절
〈寺刹全書, 653p〉

675년(신라 武烈王 4) 元曉가 창건,
見江寺라 함. 1483년(成宗 14) 覺招가
중건, 仙岩寺라 함. 1568년(宣祖 1) 信
衍이 중수. 1918년 중수. 1955년 주지
慧秀가 중수〈불교사전, 456p〉
고려 때 건립으로 추정되는 3층석탑이
있다〈文化遺蹟總覽〉

선암사(仙岩寺)³

전남 光山郡 松汀邑 仙岩里에 있던 절.
고려말기 창건 추정〈文化遺蹟總覽〉

仙岩寺址三層石塔 : 高1.5m. 고려말기
건립 추정〈上同〉

선암사(仙岩寺)⁴

전남 昇州郡 雙岩面 竹鶴里 曹溪山에
있는 절. 529년(신라 法興王 16) 창건
하여 毘盧庵이라 함. 신라 道詵(827-
898)이 중건하여 仙岩寺라 개명. 1092
년(고려 宣宗 9) 義天이 중건. 壬亂 때
화재, 1660년(顯宗 1) 중건. 1766년
(英祖 42) 화재, 그 뒤 곧 중건. 1825

년(純祖 25) 중건〈불교사전, 455p〉
〈寺刹全書, 652p〉
大覺庵, 大乘庵[南庵], 無憂庵, 毘盧
庵, 禪助庵, 雲水庵, 靑蓮庵, 香爐庵 등
이 山內에 부속

仙岩寺大雄殿 : 地有 제41호. 529년(신
라 法興王 16) 창건. 壬亂 때 소실, 그
뒤 중건〈文化遺蹟總覽〉

仙岩寺八相殿 : 地有 제60호. 1976년 지
정. 33祖師의 幀畫를 봉안〈上同〉

仙岩寺三層石塔 : 보물 제395호. 1963년
지정. 東西로 위치. 화강석으로 9세기
경 건립 추정〈文化財大觀 ; 寶物篇〉

仙岩寺昇仙橋 : 보물 제400호. 1963년
지정. 화강석으로 壬亂 후 寺刹 중건 당
시 조성〈上同〉

仙岩寺重修碑 : 1707년(肅宗 33) 건립
〈文化遺蹟總覽〉

仙岩寺向西堂墓塔 : 高2m〈上同〉

仙岩寺護岩堂墓塔 : 高2m〈上同〉

仙岩寺華山大師舍利塔 : 高4m. 조선 때
건립〈上同〉

秀演(1651-1719) 撰 「曹溪山仙岩寺
迎聖樓記」〈無用集, 529p, 影印本〉

有一(1720-1799) 撰 「仙岩寺霜月和
尙大會疏」霜月의 俗姓은 孫, 本은 順
天, 字는 混遠, 諱는 璽封〈蓮潭大師林
下錄, 卷3 2張, 木板本〉

應允(1743-1804) 撰「仙岩寺記」〈鏡
岩集, 下 40張, 木板本〉

鄭寅普(1892-?) 撰「雲岳禪師碑」大
師의 法名은 頓覺, 俗姓은 金, 本은 光
山. 19세 때 景鵬禪師에 의하여 出家하
여 順天 仙岩寺에 거주. 52세 때 入寂
〈薝園文錄, 卷1 35p, 影印本〉

鼎鎬(1870-1948) 撰 「仙岩寺光州布
敎堂大法殿上梁文」〈石林草, 68張〉

蔡濟恭(1720-1799) 撰 「霜月大師碑
銘」大師의 名은 璽篈, 俗姓은 孫, 順天
人. 11세 때 仙岩寺에 出家〈樊岩集, 卷

57 15張, 木板本〉
懸辯(1616-1684) 撰「曹磎山仙岩寺
地藏殿諭善說」〈枕肱集,11張,木板本〉
선암사(仙岩寺)[5]
전남 長興郡 冠山面 天冠山에 있던 절.
天冠寺의 부속 암자〈寺刹全書, 652p〉
선암사(禪巖寺)[1]
경북 蔚珍郡 溫井面에 위치. 黃中允 ·
黃命河 등의 詩가 있다〈蔚珍郡志, 田
永璟 編, 1971印〉
선암사(禪岩[庵]寺)[2]
경북 蔚珍(옛 平海)郡 白岩山에 있던
절〈寺刹全書, 657p〉
선암사(仙庵寺)
황해 信川(옛 文化)郡 九月山에 있던
절〈寺刹全書, 651p〉
선암암(禪岩庵)
경기 開豊郡 天磨山에 있던 절〈寺刹
全書, 657p〉
선압사(仙押[狎]寺)
전북 任實郡 靈鷲山에 있던 절〈寺刹
全書, 651p〉
선여사(船餘寺)⇒ 大龍寺 참조
선열암(禪悅庵)
경북 迎日(옛 淸河)郡 內迎山에 있던
절〈寺刹全書, 657p〉
선운사(禪雲寺)
전북 高敞郡 雅山面 三仁里 兜率山에
있는 절. 신라 眞興王(540-575)때 창
건. 檢旦이 거주하던 곳. 당시는 重愛
寺라고 했다. 1472-1483년 行乎가 중
건. 1597년(宣祖 30) 화재, 1613년(光
海 5) 一寬이 중수. 1839년(憲宗 5) 중
건〈불교사전,456p〉〈寺刹全書,657p〉
開心寺, 高岩窟, 廣井庵, 內院庵, 茶井
庵, 道成庵, 兜率庵[寺], 東佛庵, 東
庵, 東雲庵, 明深庵, 夢醒庵, 彌勒庵,
般若窟, 白雲窟, 法王寺, 法華窟, 浮屠
庵, 北兜率庵, 三聖窟, 三千窟, 上南庵,
上兜率庵, 上庵, 石床庵, 聖臺庵, 成道

庵, 水窟庵, 水多寺, 修道庵, 修善庵,
修行窟, 安養庵, 蓮臺庵, 裂石窟, 龍華
窟, 雲庵, 圓寂庵, 圓通庵, 月出庵, 隱
仙庵, 隱寂庵, 義敬庵, 左邊庵, 中南庵,
懺堂庵[大懺寺], 千燈庵, 泉利庵, 天上
窟, 天柱窟, 靑蓮庵, 淸風臺, 層雲庵,
塔禪寺, 下兜率庵, 寒山殿 등이 山內에
부속
禪雲寺大雄殿：보물　제290호.　1958년
지정. 1615년(光海 7) 건립〈文化財大
觀；寶物篇〉
高敞三仁里九層石塔：地有　제29호.　禪
雲寺 경내에 위치. 1973년 지정. 高5m.
禪雲寺 창건 당시 9층이었으나 홍수로
3개층이 유실되었다. 지금은 禪雲寺 大
雄殿 앞마당에 위치〈文化遺蹟總覽〉
禪雲寺金銅菩薩坐像：보물 제279호.
1957년 지정. 高1m. 銅造鍍金으로 조
선초기 조성 추정〈文化財大觀；寶物
篇〉
禪雲寺地藏菩薩坐像：보물 제280호.
1957년 지정. 高96.9cm. 銅造鍍金으로
고려 때 조성 추정〈上同〉
契嵩 撰「禪雲寺大法堂丈六殿八相殿改
金十王各幀重修記」〈寺刹全書,663p〉
奇正鎭(1798-1876) 撰 「茂長縣禪雲
寺大法堂事蹟記」〈上同〉
禪雲寺事蹟序〈上同, 657p〉
性皓 撰「禪雲寺重新記, 康熙三十七年
戊寅(1698)」〈上同, 662p〉
樂齋 撰「湖右松沙縣禪雲寺勝蹟跋, 庚
寅」〈上同, 661p〉
鼎鎬(1870-1948) 撰 「兜率山幻應堂
大師舍利塔銘幷序」〈石林草, 19張〉
蔡濟恭(1720-1799) 撰 「雲坡大師碑
銘」大師는 孝寧大君　11世孫. 일찍이
父母을 여의고 19세 때 高敞 禪雲寺에
出家. 85세 때 入寂〈樊岩集, 卷57 19
張, 木板本〉
玄益 撰「兜率山禪雲寺創修勝蹟記, 康

熙四十六年赤猪, 1707年」〈寺刹全書, 658p〉

선원사(禪源寺〔社〕)

경기 江華郡 仙源面 智山里에 있던 절. 고려 高宗(1213－1259) 때 崔瑀가 창건. 忠烈王이 이 절에 와서 보고 實錄을 여기에 이전. 뒤에 掌苑署, 果苑이 됨. 1290－1292년까지 고려 忠烈王이 契丹兵을 피한 곳. 고려대장경판을 보존했다가 1398년(太祖 7)에 서울 支天寺에 옮김〈寺刹全書, 667p〉

江華仙〔禪〕源寺址 : 사적 제259호. 1977년 지정〈指定文化財目錄〉

金坵(1211－1278) 撰 「復禪源寺疏」〈東文選, 卷111 19張, 木板本〉

朴景亮〔瑄〕(?－1320) 撰 「禪源寺慶讚法會疏」〈上同, 16張〉

息影庵(高麗朝僧?) 撰「禪源寺毘盧殿丹靑記」〈上同, 卷65 20張〉

崔瀣(1287－1340) 撰 「禪源寺齋僧記」〈拙藁千百, 卷1 14張, 木板本〉

선원사(禪院寺)[1]

전남 光州에 있던 절〈寺刹全書, 667p〉

선원사(禪院寺)[2]

전북 南原郡 南原邑 道通里 萬行山에 있는 절. 875년(신라 憲康王 1) 道詵이 창건. 丁酉再亂(1597) 때 소실, 1755년(英祖 31) 府使 金世平이 중수. 1960년 5층석탑, 塔碑 등 건립〈寺刹全書, 667p〉

禪院寺鐵造如來坐像 : 보물 제422호. 1965년 지정. 高1.15m. 銅造鍍金으로 고려 때 조성 추정〈文化財大觀 ; 寶物篇〉

선월사(禪月社)

경기 開城에 있던 절. 閔漬(1248－1326) 撰 普覺國尊(一然)碑에 1261년(고려 元宗 2) 牧牛和尙이 거주했었다고 전함〈寺刹全書, 669p〉

선월사(仙月寺)

경기 開城市 松嶽에 있던 절〈寺刹全書, 653p〉

선월사(禪月寺)

위치 未詳〈東文選, 卷14 9張, 木板本〉

李藏用(1201－1272) 詩 「禪月寺四涼亭次韻」「遊禪月寺」〈上同〉

선유암(仙遊庵)

충북 永同(옛 黃澗)郡 聖住山에 있던 절〈寺刹全書, 653p〉

선일암(先日庵)

강원 束草市(옛 襄陽郡) 雪嶽山에 있던 절. 神興寺의 부속 암자〈寺刹全書, 654p〉

선장사(禪長寺)

경기 龍仁郡 蒲谷面 新院里 禪長山에 있던 절〈寺刹全書, 669p〉

太祖 駙馬인 李爰의 위패를 봉안〈文化遺蹟總覽〉

선적사(善積寺)[1]

경기 抱川郡 二東面 都坪里에 있던 절〈寺刹全書, 656p〉

신라말기 창건. 高1m 정도인 3층석탑이 있다〈文化遺蹟總覽〉

선적사(善積寺)[2]

전남 順天市에 있던 절〈寺刹全書, 656p〉

선적사(先寂寺)

충북 鎭川郡 胎靈山에 있던 절〈寺刹全書, 654p〉

선적암(禪寂庵)

황해 載寧郡 長壽山에 있던 절〈寺刹全書, 669p〉

선전암(善殿庵)

전북 井邑(옛 古阜)郡 斗升山에 있던 절〈寺刹全書, 656p〉

선정사(仙庭寺)

충남 扶餘(옛 鴻山)郡 峨眉山에 있던 절〈寺刹全書, 653p〉

선정사(禪頂寺)

충북 槐山(옛 延豊)郡 朴達山에 있던

절 〈寺刹全書, 669p〉
선정사(禪定寺)¹
황해 延白(옛 白川)郡 高麗山에 있던
절 〈寺刹全書, 669p〉
선정사(禪定寺)²
황해 海州市 達磨山에 있던 절 〈寺刹
全書, 669p〉
선정사(禪定寺)³ ⇒ 神興寺¹ 참조
선정암(禪定庵)
평북 寧邊郡 妙香山에 있던 절.『禪門
拈頌說』刊記에 「康熙三十五年丙子
(1696)六月日刻于妙香山禪定庵」이라
기록 〈寺刹全書, 669p〉
선조암(禪助庵)
전남 昇州郡 雙岩面 竹鶴里에 위치
〈文化遺蹟總覽〉
禪助庵浮屠: 신라　景德王(742−764)
때 道詵이 층계 형식의 方型塔으로 건
립 〈上同〉
선종암(禪宗庵)
전북 群山市 少龍洞에 있던 절. 舊韓末
까지 존재했으나 日本人들이 저수지를
만들면서 폐사 〈文化遺蹟總覽〉
선주암(善住庵) ⇒ 潤筆庵 참조
선진암(先津庵)
위치 未詳. 長城人 省齋 奇參衍이 1901
년(隆熙 1) 義兵을 운집하던 곳 〈寺刹
全書, 653p〉
선찰암(仙刹庵)
경북 安東郡 吉安面 龍溪洞 藥山에 있
는 절 〈寺刹全書, 654p〉
선학원(禪學院)
서울 鍾路區 安國洞에 있는 절. 禪道
場. 1921−1923년 창건. 한국 불교의
일본화에 대항하고 佛祖의 정맥을 굳
게 계승하기 위해 禪宗의 중앙 기관으
로 이 절을 건립. 日帝寺刹令의 지배를
받지 않기 위해 院이라 이름지어 禪客
들을 통솔. 1934년 「재단법인 조선불
교중앙선리참구원」으로 발족. 광복 후

재단법인 「禪學院」으로 정관을 개정
〈불교사전, 459p〉
선효사(宣孝寺)
경기 開城市 동쪽에 있던 절. 1181년
(고려 明宗 11) 吳彌院을 고쳐 절로 만
들어서 海安寺에 봉안했던 毅宗 御眞을
宣孝寺에 移安. 1196년(고려 明宗 26)
樞密院事 李俊昌을 보내 宣孝寺의 毅宗
神御를　佛住寺에　移安 〈寺刹全書,
654p〉
선흥사(禪興寺)¹
경기 開城市에 있던 절. 1320년(고려
忠肅王 7) 王이 이 절에 행차. 1410년
(太宗 10) 王이 朴子青에게 開慶寺의
塔을 이 절로 이전하라고 명령 〈寺刹全
書, 669p〉
선흥사(禪興寺)²
경기 長湍郡 東郊에 있던 절 〈寺刹全
書, 669p〉
설령대(雪靈臺)
평북 寧邊郡 北薪峴面 妙香山에 위치.
普賢寺의 부속 암자 〈寺刹全書, 669p〉
설봉사(雪峰寺)
함남 咸興郡 歸州洞에 있던 절. 일명 雲
峰寺 〈寺刹全書, 669p〉
설암(雪庵)
강원 旌善郡에 있던 절 〈寺刹全書,
669p〉
설암사(雪庵寺)
황해 延白(옛 延安)郡 龍縛山에 있던
절 〈寺刹全書, 669p〉
성거사(聖居寺)
전남 光州市 西區 龜洞에 있던 절 〈文
化遺蹟總覽〉
光州西五層石塔: 보물 제109호. 1935년
지정. 高약 7m. 고려초기 건립 추정.
1961년 해체 수리 〈文化財大觀;寶物
篇〉
성계사(聖啓[成桂]寺) ⇒ 仙啓寺　참
조

성기암(聖祈庵)
전남 谷城郡 竹谷面 元達里 桐裏山에
위치. 泰安寺의 부속 암자〈寺刹全書,
673p〉
성기암(聖起庵)
충남 洪城(옛 結城)郡 碧霧山에 있던
절〈寺刹全書, 673p〉
성남사(城南寺)[1]
강원 原州市 雉岳山에 있던 절〈寺刹
全書, 673p〉
성남사(城南寺)[2]⇒ 寶玄[賢]寺 참조
성남사(城南寺)[3]⇒ 石南寺[2] 참조
성당사(聖堂寺)[1]
충남 唐津郡 高大面 眞館里 聖堂山에
있는 절〈寺刹全書, 673p〉
성당사(聖堂寺)[2]
충남 保寧郡 烏棲山에 있던 절〈寺刹
全書, 673p〉
성당암(聖堂庵)
충남 燕岐郡 松峙峴에 있던 절〈寺刹
全書, 673p〉
성대암(聖臺庵)
전북 高敞郡 雅山面 兜率山에 있던 절.
禪雲寺의 부속 암자. 신라 때 창건.
1486년(成宗 17) 化主 冏修가 중건
〈寺刹全書, 673p〉
성덕사(成德寺)
강원 橫城郡 公根面 上洞里에 있던 절
〈文化遺蹟總覽〉
성도암(成道庵)[1]
강원 三陟郡 頭陀山에 있던 절〈寺刹
全書, 670p〉
성도암(成道庵)[2]
강원 通川(옛 歙谷)郡 金剛山 동쪽에
있던 절〈寺刹全書, 670p〉
李種徽(1731-?) 詩「蓬萊山成道庵創
建記」〈修山集, 卷3 9張, 木板本〉
성도암(成道庵)[3]
경남 咸陽郡 八良峴에 있던 절〈寺刹
全書, 670p〉

성도암(成道庵)[4]
경북 迎日(옛 清河)郡 常泰山에 있던
절. 圓覺祖師碑가 있다〈寺刹全書,
670p〉
성도암(成道庵)[5]
전남 海南郡 頭輪山에 있던 절인 듯
〈梵海遺集補遺, 20p, 鉛印本〉
覺岸(1820-1896) 詩「成道庵」〈上
同〉
성도암(成道庵)[6]
전북 高敞郡 雅山面 三仁里 兜率山에
있던 절. 禪雲寺의 부속 암자. 1713년
(肅宗 39) 창건〈寺刹全書, 669p〉
성도암(成道庵)[7]
함남 安邊郡 衛益面 風流山(雪峰山)에
위치〈寺刹全書, 670p〉
성도암(成道庵)[8]
함남 利原郡 利原面 大吾里 五峰山에
있던 절〈寺刹全書, 670p〉
성도암(成道庵)[9]
황해 殷栗郡 花川에 있던 절〈寺刹全
書, 670p〉
성도원(成道院)
서울 道峰區 道峰山 天竺寺 入口에 있
던 절. 1939년 信士 金弘奎가 건립〈寺
刹全書, 670p〉
성등암(聖燈庵)
경기 長湍郡 五冠山에 있던 절. 고려 太
祖(918-943) 때 창건. 1398년(定宗
1) 王이 중건. 1399년(同王 2) 토지
100結·奴婢 19명을 하사〈불교사전,
466p〉
權近(1352-1409) 撰「五冠山聖燈庵
重創記, 1399年」〈陽村集, 卷13 7張,
木板本〉
성룡사(成龍寺)
평남 寧遠郡 成龍面 坪垈里 成龍山에
있던 절〈寺刹全書, 670p〉
성류굴(聖留窟)⇒ 聖留寺 참조
성류사(聖留寺)

경북 蔚珍郡 近南面 九山里 白蓮山 聖
留窟 곁에 있던 절. 一名 聖留窟·聖留
庵·撑天窟. 신라 때 元曉 義湘 등이
거주. 신라 神文王(681−691)의 寶川
太子가 聖留窟에서 수도한 뒤 창건
〈寺刹全書, 674p〉〈蔚珍郡志, 田永璟
編, 1971印〉
李穀(1298−1351) 撰「聖留寺記」〈寺
刹全書, 674p〉
성림사(聖林寺)
충남 扶餘郡 世道面 沙山里에 있던 절.
파손된 石塔材가 산재〈寺刹全書,675p〉
성망암(星望庵)
평남 平壤 부근에 위치하던 절인 듯
〈梅月堂集, 卷9 15張, 癸酉字本〉
金時習(1435−1493) 詩「星望庵」〈上
同〉
성모암(聖母庵)
전북 金堤郡 萬頃面 火浦里에 있는 절.
震默大師 모친의 묘가 있는 곳에 1931
년 창건〈文化遺蹟總覽〉
성묵사(星默寺)
평남 成川郡 星台面 大馬里에 있던 절.
寺址에 石塔이 있다〈寺刹全書, 672p〉
성문사(城門寺)[1]
강원 春城郡 新北面 池內里에 있던 절.
立佛像 2구와 무너진 舍利塔이 있다
〈寺刹全書, 673p〉
성문사(城門寺)[2]⇒ 金谷寺[6] 참조
성방사(城方寺)
강원 洪川郡 八峰山에 있던 절〈寺刹
全書, 673p〉
성불사(成佛寺)[1]
강원 華川郡 春東面 楡林里 龍華山에
있던 절. 瓦片이 산재. 5층석탑이 무너
져 있다〈寺刹全書, 671p〉
성불사(成佛寺)[2]
경기 龍仁郡 光敎山에 있던 절〈寺刹
全書, 670p〉
성불사(成佛寺)[3]

경북 軍威(옛 義興)郡 國通山에 있던
절〈寺刹全書, 671p〉
성불사(成佛寺)[4]
전남 康津郡 兵營面 修仁山 남쪽에 있
던 절. 1774년(英祖 50) 화재〈寺刹全
書, 671p〉
성불사(成佛寺)[5]
전남 谷城郡 動樂山에 있던 절〈寺刹全
書, 670p〉
성불사(成佛寺)[6]
전남 光陽郡 鳳崗面 鳥嶺里에 있는 절
〈寺刹全書, 671p〉
1962년 중건. 1975년 중건〈文化遺蹟
總覽〉
성불사(成佛寺)[7]
선남 長興郡 長興邑 成佛里에 있던 절
〈文化遺蹟總覽〉
성불사(成佛寺)[8]
전북 益山(옛 咸悅)郡 咸羅山에 있던
절〈寺刹全書, 670p〉
성불사(成佛寺)[9]
충남 舒川(옛 庇仁)郡 月明山에 있던
절〈寺刹全書, 670p〉
성불사(成佛寺)[10]
충남 天安市 安棲洞 太祖山에 있는 절
〈寺刹全書, 670p〉
신라말기　道詵(827−898)이　창건.
1002년(고려 穆宗 2) 湛慧가 중건.
1271년(고려 元宗 12) 無學이 중수
〈불교사전, 467p〉
성불사(成佛寺)[11]
충북 槐山郡 松明山에 있던 절〈寺刹全
書, 670p〉
성불사(成佛寺)[12]
충북 清原(옛 文義)郡 摩物城山에 있
던 절〈寺刹全書, 670p〉
성불사(成佛寺)[13]
함남 定平郡 長原面 西成里 五峰山에
있던 절〈寺刹全書, 671p〉
성불사(成佛寺)[14]

함남 咸州郡 白雲山에 있던 절. 一名
金水庵〈寺刹全書, 671p〉
성불사(成佛寺)[15]
황해 鳳山郡에 있던 절〈月沙集, 卷10
12張, 木板本〉
李廷龜(1564-1635) 詩 「宿鳳山成佛
寺…」〈上同〉
성불사(成佛寺)[16]
황해 平山郡 成佛山에 있던 절〈寺刹
全書, 671p〉
성불사(成佛寺)[17]
황해 黃州郡 州南面 正方里 正[政]方
山에 위치〈寺刹全書, 671p〉
고려 때 전통을 농후하게 전하는 조선
초기 건축. 극락전(구국보 제130호),
응진전(구국보 제131호) 등이 있다
〈上同, 620p〉
上院庵이 山內에 부속
성불사(成佛寺)[18]⇒ 金水庵[6] 참조
성불사(成佛寺)[19]⇒ 繞鳳寺 참조
성불사(成佛寺)[20]⇒ 華蓮庵 참조
성불암(成佛庵)[1]
강원 高城郡 西面 百川橋里 金剛山에
있던 절. 楡岾寺의 부속 암자〈불교사
전, 467p〉
普雨(?-1565) 詩 「成佛庵」〈虛應堂
集, 293p, 影印本〉
성불암(成佛庵)[2]
경기 楊州郡 榛接面 富坪里 雲嶽山 奉
先寺 동북쪽에 있던 절〈寺刹全書,
671p〉
성불암(成佛庵)[3]
경기 長湍郡 江上面 德積里에 있던 절.
瓦片이 산재〈寺刹全書, 671p〉
성불암(成佛庵)[4]
경남 梁山郡 下北面 千聖山에 위치. 內
院寺의 부속 암자〈寺刹全書, 671p〉
성불암(成佛庵)[5]
경북 尙州郡 西山 盤石洞에 있던 절
〈寺刹全書, 671p〉

성불암(成佛庵)[6]
경북 尙州郡 咸昌邑 宰岳山에 있던 절
인 듯〈寺刹全書, 672p〉
성불암(成佛庵)[7]
전남 光陽郡 鳳崗面 鳥嶺里에 있던 절
〈寺刹全書, 671p〉
明月隱峰之塔 : 高1.2m의 浮屠〈上同〉
성불암(成佛庵)[8]
전북 長水郡 八功山에 있던 절〈寺刹全
書, 671p〉
성불암(成佛庵)[9]
제주 南濟州(옛 旌義)郡 成佛岳에 있
던 절〈寺刹全書, 671p〉
성불암(成佛庵)[10]
충북 報恩郡 內俗離面 俗離山에 있던
절. 法住寺의 부속 암자〈寺刹全書,
671p〉
성불암(成佛庵)[11]
평북 熙川郡 熙川邑 加羅之洞 白山에
있던 절〈寺刹全書, 672p〉
성불암(成佛庵)[12]
함남 高原郡에 있던 절 〈寺刹全書,
672p〉
法宗(1670-1733) 撰 「高原鶴山成佛
庵記」〈虛靜集, 下 5張, 木板本〉
성산사(城山寺)
위치 未詳〈鶴峰集, 卷1 42張, 木板本〉
金誠一(1538-1593) 詩 「城山寺次周
愼齋世鵬韻」〈上同〉
성선사(醒仙寺)
평남 成川郡 西三里 巫山에 있던 절. 일
명 醒仙庵〈寺刹全書, 677p〉
성수암(聖壽庵)
경기 開豊郡 嶺南面 大院里 大德山에
위치〈朝鮮寺刹一覽〉
1743년(英祖 19) 大眞이 王命으로 건
립하여 聖壽庵이라 사액. 1858년(哲宗
9) 聖峰이 法堂을 중수. 1917년 化主
田金成이 大房을 중수. 1925년 田金成
이 중수〈寺刹全書, 675p〉

田金成　撰　「聖壽庵重修記，　1925年」
〈上同〉
성수원(聖壽院)
경기　開城에　있던　절.　고려　毅宗
(1146－1170)　때　覺倪가　창건〈寺刹
全書，675p〉
성숙사(星宿寺)⇒歸眞寺　참조
성신암(成申庵)
경북　安東郡　臥龍面　道谷洞에　있던　절.
地記　제3호.　1973년　지정.　1947년　文公
部에서「成申庵」「朴山」이라는　銘瓦
片을　발굴.　鐵丁·白磁片　등　조선　때의
것으로　추정하는　유물이　출토〈文化遺
蹟總覽〉
성암사(聖岩寺)[1]
경북　慶山郡　東鶴山에　있던　절.　禪宗에
소속〈불교사전，468p〉
성암사(聖岩寺)[2]
부산　南區　門峴洞에　있는　절〈불교사
전，468p〉
성암사(聖岩寺)[3]
황해　延白(옛　白川)郡　雉岳山에　있던
절〈寺刹全書，675p〉
金得臣(1604－1684)　詩「聖岩寺」〈栢
谷集，卷3　2張，木板本〉
성월사(城月寺)
충남　天原郡　木川面　西里　太祖山에　있
는　절〈寺刹全書，673p〉
성의사(性義寺)⇒生義寺　참조
성일사(聖日寺)
황해　延白郡　雉岳山에　있던　절〈불교
사전，469p〉
성재암(聖在庵)
경기　坡州郡　交河面　瓦洞里에　있던　절
〈寺刹全書，675p〉
성재암(聖齋庵)
경북　慶山(옛　慈仁)郡　賢聖山　북쪽에
있던　절.　신라　때　창건이라고　전함〈寺
刹全書，675p〉
성적암(聖寂庵)

경기　楊州郡　榛接面　富坪里　注葉山　奉
先寺　동북쪽에　있던　절〈寺刹全書，
676p〉
성전(聖殿)[1]
경남　晉陽郡　二班城面　長安里　艅艎山에
있는　절.　一名　聖殿庵〈寺刹全書，
676p〉
신라　道詵(827－898)이　창건.　仁祖의
위패를　봉안〈文化遺蹟總覽〉
성전(聖殿)[2]
경북　慶山郡　河陽邑　沙器洞　八公山에
있는　절.　環城寺의　부속　암자〈불교사
전，469p〉
성전(聖殿)[3]
경북　達城郡　公山面　八公山에　있는　절.
把溪寺의　부속　안자.　1915년　保寧이　중
건〈寺刹全書，676p〉
성전암(聖典庵)
충북　中原郡　蘇台面　五良洞에　있던　절
〈寺刹全書，676p〉
성전암(聖殿庵)[1]
평북　博川郡　大藏山에　있던　절〈寺刹全
書，676p〉
성전암(聖殿庵)[2]
황해　黃州郡　黃州邑　齊安里　天柱山에
위치〈寺刹全書，676p〉
성전암(聖殿庵)[3]⇒聖殿[1]　참조
성조암(聖祖庵)[1]
경남　金海郡　金海邑　打鼓山에　있는　절
〈寺刹全書，676p〉
성조암(聖祖庵)[2]
경북　蔚珍郡　北面　周仁里에　위치.　肅宗
(1674－1720)　때　건립〈蔚珍郡志，
1971印，田永璟　編〉
성조암(聖祖庵)[3]
충북　堤川(옛　淸風)郡　鳳棲山에　있던
절〈寺刹全書，676p〉
성조암(星照庵)
전북　任實郡　新德面　照月里　正覺山에
있는　절.　1915년　性潭이　창건〈寺刹全

書, 676p〉

성조암사(成造岩寺)
함북　鍾城郡에　있던　절〈寺刹全書, 672p〉

성좌암(星座庵)
전북　任實郡　江津面　訪賢里에　있던　절. 1950년　동란으로　소실〈文化遺蹟總覽〉

성주사(聖住寺)¹
강원　原州市　昭君山에　있던　절〈寺刹全書, 677p〉

성주사(聖住寺)²
경남　馬山市　遷善洞　佛母山에　있는　절. 一名　熊神寺. 827년(신라　興德王　2) 無染이　창건. 신라말기에　침입하는　倭寇를　無染國師가　道力으로　몰아내므로 그의　은혜를　갚기　위해　국력으로　건립. 壬亂　때　화재, 그　뒤　중건〈불교사전, 469p〉
1681년(肅宗　7)　중건. 1817년(純祖 17)　증축〈文化遺蹟總覽〉
聖住寺浮屠群(4기)
　①「金唯堂禪師圓慧之碑　乾隆三十八年癸巳(1773)八月」
　②「智月堂慶世　乾隆辛丑(1781)十月日」
　③「花峯堂慶悟大師化德成　上之十年辛亥三月」
　④未詳의　碑文이　있다〈上同〉
聖住寺三層石塔 : 地有　제25호. 1972년 지정. 高2.92m. 고려　때　건립　추정〈上同〉

성주사(聖住寺)³
충북　陰城郡　普賢山에　있던　절〈寺刹全書, 676p〉

성주사(聖住寺)⁴
충남　保寧郡　嵋山面　聖住里　聖住山　북쪽에　있던　절〈寺刹全書, 676p〉
『三國史記』·『三國遺事』에는　백제　法

王에　의해　창건된　것으로　기록되었다. 鳥合寺가　바로　聖住寺라는　사실이 1960년부터　收拾되는　碑片으로　확인. 신라　文聖王(839-857)　때　이르러　唐에서　온　朗慧和尙을　맞아　크게　중창하여　願堂으로　됨〈文化遺蹟總覽〉
聖住寺朗慧和尙白月葆光塔碑 : 국보　제8호. 1934년　지정. 高4.55m 幅1.5m. 黑大理石, 龜趺　및　螭首는　화강석. 890년 (신라　眞聖女王　4)　건립　추정. 碑文은 崔致遠　撰, 崔仁渷　書. 朗慧和尙의　法名은　無染, 號는　無住, 俗姓은　金, 武烈王 8代孫, 801-888년까지　생존〈文化財大觀 ; 國寶篇〉
聖住寺址東三層石塔 : 地有　제26호. 1973년　지정. 高　약4.6m. 화강암으로 통일신라　때　건립. 金堂　前面에　위치 〈文化遺蹟總覽〉
聖住寺址西三層石塔 : 보물　제47호. 1934년　지정. 高4m. 화강석으로　9세기경　건립　추정. 朗慧和尙이　창건했던　聖住寺域에　위치〈文化財大觀 ; 寶物篇〉
聖住寺址石燈 : 地有　제40호. 1974년　지정. 高1.85m. 화강암으로　제작〈文化遺蹟總覽〉
聖住寺址五層石塔 : 보물　제19호. 1934년　지정. 高6.6m. 화강석으로　9세기경 건립　추정〈文化財大觀 ; 寶物篇〉
聖住寺址中央三層石塔 : 보물　제20호. 1934년　지정. 高3.7m. 화강석으로　9세기경　건립　추정〈上同〉
金立之　撰「金立之撰聖住寺事蹟碑片」 통일신라　때　조성〈韓國金石全文, 古代 263p, 許興植　編〉

성주사(聖住寺)⁵
황해　信川郡　九月山　貝葉寺　경내에　있던　절〈寺刹全書, 677p〉

성주사(聖主寺)⇒ 聖住庵² 참조

성주암(聖住庵)¹

강원 鐵原郡 新西面 內山里 寶盖山에 있는 절. 深源寺의 부속 암자. 860년 (신라 憲安王 4) 梵日이 창건 〈불교사전, 469p〉
1398년(太祖 7) 無學이 중건. 1854년 (哲宗 5) 信鶴 등이 중건. 1876년(高宗 13) 玄虛가 중건. 1906년 內賜金으로 土地 31,499坪을 買獻 〈楡岾寺本末寺志, 602p, 鉛印本〉

성주암(聖住庵)[2]
서울 冠岳區 新林洞 冠岳山에 있는 절. 一名 聖主寺. 1917년 주지 滿月이 중건. 1939년 주지 趙貴吉이 大雄殿을 보수 〈寺刹全書,676p〉〈불교사전,469p〉

성주암(聖住庵)[3]
평남 江西(옛 甑山)郡 國靈山에 있던 절 〈寺刹全書, 677p〉

성주암(聖住庵)[4]
함북 茂山郡 梨谷山에 있던 절 〈寺刹全書, 677p〉

성천사(聖泉寺)
경북 安東(옛 禮安)郡 邀聖山에 있던 절 〈寺刹全書, 677p〉
文敬仝(1457-1521) 詩 「到聖泉寺感舊, 二首」〈滄溪集, 卷3 24張, 木板本〉 「拾古句書聖泉寺禪堂示僧, 三絶」〈上同, 卷4 2張〉
李滉(1501-1570) 詩 「聖泉寺示李大成, 己丑」〈退溪全書遺集, 卷1 外篇, 木板本〉「…宿聖泉寺次二友韻」〈退溪續集, 卷2 30張, 木板本〉

성천사(成川寺)
평남 順川郡 豊山面 城中洞 慈母山城 內에 있던 절. 주위에 瓦片이 산재 〈寺刹全書, 672p〉

성해사(性海寺)
경기 開豊郡 天磨山에 있던 절 〈寺刹全書, 672p〉

성혈암(聖穴庵)
경북 榮州郡 順興面 德峴里 小白山에 있는 절. 一名 聖穴寺 〈寺刹全書, 677p〉

성혜암(聖惠庵)
평남 孟山郡에 있는 절 〈寺刹全書, 677p〉

성황사(城隍寺)
전북 扶安郡 扶安邑 東中里 上蘇山에 있는 절 〈寺刹全書, 673p〉
1105년(고려 肅宗 10) 창건. 1870년 (高宗 7) 중건 〈文化遺蹟總覽〉

성흥사(聖興寺)
경남 昌原郡 熊東面 佛母山에 있는 절 〈寺刹全書, 677p〉

세규사(世逵寺)
강원 溟州郡에 있던 절로 추정. 일설은 경북 慶州에 있던 절로도 추정. 일명 世達寺. 景文王(861-874) 때 있던 절로 추정 〈寺刹全書, 677p〉

세달사(世達寺) ⇒ 世逵寺 참조

세동사(細洞寺)[1]
경북 尙州郡 山北面에 있던 절. 金龍寺에 통섭 〈寺刹全書, 679p〉
山內에 玉溪庵이 부속 〈上同, 852p〉 〈불교사전, 628p〉

세동사(細洞寺)[2]
황해 遂安郡 五峯山에 있던 절 〈寺刹全書, 679p〉

세동사(細東寺)
전남 海南郡에 있던 절 〈寺刹全書, 679p〉

세란사(世蘭寺)
경기 江華郡에 있던 절 〈寺刹全書, 679p〉

세심사(洗心寺)
충남 牙山郡 鹽峙面 山陽里에 있는 절 〈文化遺蹟總覽〉
牙山山陽里多層塔:高3m. 9층탑으로 645년(백제 義慈王 5) 慈藏이 건립. 현재 洗心寺에서 관리 〈上同〉

세정암(洗淨庵)

강원 鐵原郡에 있던 절 〈寺刹全書, 679p〉

세지암(世至庵)

경북 尙州郡 化西面에 있던 절. 鄭經世 (1563－1633)의 題名이 있었다 〈寺刹全書, 679p〉

세진암(洗塵庵)[1]

강원 束草市 雪嶽山에 있던 절. 神興寺의 부속 암자 〈寺刹全書, 679p〉

세진암(洗塵庵)[2]

경남 巨濟郡 巨濟面 東上里 水晶山에 있는 절 〈寺刹全書, 679p〉

세진암(洗塵庵)[3]

황해 遂安郡 江津山에 있던 절 〈寺刹全書, 679p〉

소고산사(小高山寺)

서울에 있던 절. 서울 小大高山寺가 있었다 〈寺刹全書, 679p〉

소괴사(消恠寺)

경남 山淸郡 丹城面 沙月里 消怪山에 있던 절. 신라 때 창건. 현재는 望楸亭이 있다 〈文化遺蹟總覽〉

소래사(蘇來寺)⇒ 來蘇寺 참조

소리암(蘇利庵)

경남 陜川郡 伽倻面 緇仁里 伽倻山에 있던 절. 신라 때 창건. 1449년(世宗 31) 權聰의 施財로 중건. 〈불교사전, 474p〉〈寺刹全書, 684p〉

徐居正(1420－1488)이 本庵 重創記를 撰함 〈新增東國輿地勝覽, 卷30 34張, 木板本〉

소림굴(少林窟)⇒ 少林寺[3] 참조

소림사(少[小]林寺)[1]

강원 伊川郡 伊川面 達磨山에 있던 절. 1642년(仁祖 20) 道欽이 중건 〈불교사전, 474p〉〈寺刹全書, 682p〉

達磨山少林寺事蹟碑 : 1692년(肅宗 18) 건립. 通德郞 李必馨 幷書 〈寺刹全書, 682p〉

소림사(小[少]林寺)[2]

경북 尙州(옛 功城)郡에 있던 절. 1174년(고려 明宗 4) 金令儀가 중건 〈寺刹全書, 679p〉

林椿(고려 毅宗朝人) 撰 「小林寺重建記」〈上同〉

소림사(少林寺)[3]

서울 西大門區 弘濟洞 三角山에 있는 절. 1396년(太祖 5) 慧哲이 창건, 少林窟이라 함. 1817년(純祖 17) 觀海가 중건. 1913년 西輪 斗三이 큰방을 건립. 1933년 주지 聾湖가 七星閣을 건립. 1935년 大雄殿을 건립. 1942년 大房과 山神閣을 건립 〈寺刹全書, 681p〉

李萬善(號 怡堂) 撰 「少林寺重創記」〈上同, 682p〉

소림사(少林寺)[4]

제주 濟州市에 있던 절 〈寺刹全書, 679p〉

소림사(少林寺)[5]

평남 孟山郡 秀羅山에 있는 절 〈寺刹全書, 681p〉

소림암(少林庵)

강원 束草市 雪嶽山에 있던 절. 神興寺의 부속 암자. 662년(신라 文武王 2) 창건 〈寺刹全書, 683p〉

소마사(小馬寺)

충북 槐山郡 普光山에 있던 절 〈寺刹全書, 681p〉

소보갑사(所寶岬寺)

경북 淸道郡 雲門山에 있던 절 〈寺刹全書, 683p〉

소설암(小雪庵)

경기 楊平郡 龍門面 彌智山에 있던 절. 고려 普愚(1302－1382)의 舍利塔과 陽村 權近이 지은 碑銘이 있다. 고려 普愚가 中國에서 귀국하여 여기에 거주하면서 自號를 小雪山人이라 하므로 小雪庵이라 명명 〈寺刹全書, 681p〉

權近(1352－1409) 撰 「迷源縣小雪山

庵圓證國師舍利塔銘幷序」　〈陽村集,
卷37 5張, 木板本〉
소성불사(小成佛寺)
황해 平山郡 晩[滿]松山에 있던 절
〈寺刹全書, 681p〉
소소래사(小蘇來寺) ⇒ 來蘇寺 참조
소송라암(小松蘿庵)
강원 淮陽郡 金剛山 萬瀑洞에 있던 절
로 表訓寺에서 냇가를 따라 5리 정도
떨어진 거리에 大松蘿庵 곁에 위치
〈寺刹全書, 681p〉
明照(1593-1661) 詩「小松蘿庵」〈虛
白集, 57p, 影印本〉
소수도암(小修道庵) ⇒ 下修道庵 참조
소악사(小岳寺)
충북 堤川郡 松鶴面 柴谷里 大德山에
있던 절. 신라말기 창건 추정. 石造三
層石塔(高1.95m) 石佛立像(高1.65m)
이 있다〈寺刹全書, 681p〉
소요사(逍遙寺)[1]
경기 楊州郡 東豆川邑(옛 伊淡面) 上
鳳岩里 逍遙山에 있던 절〈寺刹全書,
684p〉
金時習(1435-1493) 詩「逍遙寺」〈梅
月堂集, 卷10 12張, 癸酉字本〉
소요사(逍遙寺)[2]
전북 高敞郡 富安面 劍山里 逍遙山에
있는 절. 一名 逍遙庵〈寺刹全書,684p〉
신라 眞興王(540-575) 때 창건. 1950
년 동란으로 소실. 1961년 중건〈文化
遺蹟總覽〉
소운암(小雲庵)
경기 楊州郡 逍遙山에 있던 절〈寺刹
全書, 681p〉
소월암(笑月庵)
경남 統營郡 光道面 安井里 碧鉢山에
있는 절. 安靜寺의 부속 암자. 1887년
(高宗 24) 善元 비구니가 창건〈불교
사전, 479p〉〈寺刹全書, 683p〉
소위포사(少爲浦寺)

평북 龍川郡 烟臺山에 있던 절〈寺刹全
書, 683p〉
소은굴(小隱窟)
전남 光山郡 瑞石山에 있던 절〈寺刹全
書, 681p〉
소작갑사(小鵲岬寺) ⇒ 雲門寺[1] 참조
소작압사(小鵲鴨寺) ⇒ 雲門寺[1] 참조
소재사(消災寺[社])
경북 達成(옛 玄風)郡 瑜伽面 龍洞 琵
瑟山에 있는 절. 1701년(肅宗 27) 淸心
이 창건. 부근에 옛 절이 있었던 것으로
추측. 1841년(憲宗 7) 玩山이 중건〈불
교사전, 480p〉〈寺刹全書, 684p〉
消災社香垸臺座 : 1358년(고려 恭愍王
7) 조성〈韓國金石全文, 中世下 1192p,
許興植 編〉
소지암(素池庵)
위치 未詳〈玄洲集, 卷7 5張, 石印本〉
趙纘韓(1572-1631) 詩「素池庵呼韻,
二十四韻」〈上同〉
소학사(巢鶴寺)
경남 陜川郡 巢鶴山에 있던 절〈불교사
전, 480p〉
朴世貞(1667-1732) 詩 「巢鶴寺立春
謝全大卿見招」〈間臥窩集, 卷1 8張, 木
板本〉
속리사(俗離寺) ⇒ 法住寺[2] 참조
송계암(松溪庵)
경남 居昌郡 北上面 蘇井里 德裕山에
있는 절〈불교사전, 482p〉
浮圖 1기가 있다〈寺刹全書, 686p〉
惺牛(1849-1912) 撰 「德裕山松溪庵
回錄後成造勸善文」〈鏡虛集, 20p〉
송광사(松廣寺)[1]
전남 昇州郡 松光面 新坪里 曹溪山에
있는 절. 국내 三寶寺刹 중의 하나로 僧
寶寺刹. 一名 大吉祥寺·修禪寺[社].
신라 慧璘이 창건. 창건 당시는 조그만
암자였는데, 고려 仁宗(1122-1146)
때 釋照가 大刹을 건립하려고 준비했

으나 이루지 못하고, 明宗(1170－1197) 때 第1祖인 知訥이 경북 達城郡 八公山 淸凉窟에서 이 절에 와서 1196년(明宗 27) 시공하여 1205년(熙宗 1) 준공. 모두 18國師가 배출되어 僧寶寺刹이 되었으며, 국내 禪宗의 第1道場이 되었다. 고려 熙宗(1204－1211)이 山은 曹溪, 社는 修禪이라 御筆 題額. 1420－1428년까지 90여 간을 중건. 丁酉再亂으로 많은 손실이 있었다. 1601년(宣祖 34) 水閣・臨鏡堂・普照庵・天子庵 등을 차례로 건립. 1612년(光海 4) 覺性 등이 중건. 1842년(憲宗 8) 2,152간이 모두 화재, 그 뒤 奇峰・龍雲 등이 곧 중건. 1922년 주지 雪月이 중건. 普照國師 이하 16國師의 肖像・佛齒牙・木槽・鍮錫佛器 등이 있다. 이 佛器는 能見難思라고 한다〈寺刹全書, 686p〉〈불교사전,482p〉〈文化遺蹟總覽〉

1895년 龍雲禪師碑・默庵禪師碑・斗月禪師浮屠 등을 건립〈曹溪山松廣寺史庫, 849p, 筆寫本〉

甘露庵, 廣遠庵, 妙寂庵[南庵], 普照庵, 浮屠庵, 三聖窟, 三日庵, 三千窟, 上南庵, 上兜率庵, 上庵, 慈靜庵, 天子庵, 淸眞庵 등이 山內에 부속

昇州松廣寺仙岩寺一圓: 명승 제5호. 1975년 지정. 6,712,027坪〈指定文化財目錄〉

松廣寺의 곱향나무雙香樹: 천연기념물 제88호. 1962년 지정. 樹齡 784년 정도. 高12.5m(지정 당시) 周圍3.98m. 普照國師와 그의 제자 湛堂國師가 중국에서 올 때 지팡이를 나란히 꽂은 것이라 전한다〈上同〉

松廣寺國師殿: 국보 제56호. 1939년 지정. 조선초기 건립 추정〈文化財大觀；國寶篇〉

松廣寺藥師殿: 보물 제302호. 1959년

지정. 1636년(仁祖 14) 丙子胡亂으로 소실, 1751년 중건〈上同；寶物篇〉

松廣寺靈山殿: 보물 제303호. 1959년 지정. 1639년(仁祖 17) 건립. 1736년(英祖 12) 중수〈上同〉

松廣寺羽化閣: 地有 제59호. 1700－1711년 건립. 虹橋 위에 건립된 門樓. 一名 凌虛橋〈文化遺蹟總覽〉

松廣寺下舍堂: 보물 제263호. 1943년 지정. 조선초기 건립 추정. 1899년 중수〈文化財大觀；寶物篇〉

松廣寺開創碑: 1636년(仁祖 14) 건립〈文化遺蹟總覽〉

松廣寺桂月大師塔: 高1.45m. 新浮屠嶝에 위치〈上同〉

松廣寺高峰和尙塔: 高2.21m. 1429년(世宗 11) 건립. 和尙의 法名은 法藏. 甘露庵 동쪽 기슭에 위치〈上同〉

松廣寺琴峰和尙堂碑: 高3.2m. 1918년 건립〈上同〉

松廣寺奇峰禪師碑: 1918년 건립〈上同〉

松廣寺綺山禪師碑: 高3.5m〈上同〉

松廣寺待價融妙塔: 高2.7m. 甘露庵 동쪽 언덕에 위치〈上同〉

松廣寺桐月大師塔: 高1.35m. 新浮屠嶝에 위치〈上同〉

松廣寺斗月大師碑: 高3.4m. 1916년 건립〈上同〉

松廣寺斗月大師塔碑: 高2m. 浮屠庵 北原에 위치. 1916년 건립〈上同〉

松廣寺雷静眞靈塔: 高1.9m. 浮屠庵 北原에 위치〈上同〉

松廣寺龍雲大師碑: 高3.2m. 大師의 號는 龍雲, 別號는 萬海, 法名은 奉玩, 俗姓은 韓, 洪城人, 1879－1944년까지 생존〈上同〉

松廣寺龍雲禪師碑: 高2.7m. 1895년 건립〈上同〉

松廣寺柳影大師塔: 高1.9m. 浮屠庵 北庵 北原에 위치〈上同〉

松廣寺無用大師塔：高2.2m. 1719년(肅宗 45) 건립. 大師의 號는 無用, 法名은 秀演, 俗姓은 吳, 1651−1719년까지 생존〈上同〉

松廣寺默庵大師碑：高3.5m. 號는 默庵, 法名은 最訥, 字는 耳食, 興陽人. 1722−1795년까지 생존〈上同〉

松廣寺默庵大師塔：高2.1m. 1790년(正祖 14) 건립〈上同〉

松廣寺默庵禪師碑：高3m. 1897년(光武 1) 건립〈上同〉

松廣寺栢庵大師塔：高1.5m. 1700년(肅宗 26) 건립. 浮屠庵 北原에 위치〈上同〉

松廣寺栢庵禪師碑：高3.9m. 號는 栢庵, 法名은 性聰, 俗姓은 李, 南原人, 1631−1700년까지 생존〈上同〉

松廣寺碧潭大師碑：高4m〈上同〉

松廣寺碧潭大師塔：高2.1m. 1799년(正祖 23) 건립. 浮屠庵 北原에 위치〈上同〉

松廣寺碧岩圓照塔：高2.7m. 1660년(顯宗 1) 건립. 浮屠庵 北原에 위치〈上同〉

松廣寺碧梧大師塔：高2.1m. 浮屠庵 北原에 위치〈上同〉

松廣寺葆月道祐塔：高1.4m. 1817년(純祖 17) 건립. 新浮屠嶝에 위치〈上同〉

松廣寺普照甘露塔：高2.5m. 1210년(고려 熙宗 6) 건립. 松廣寺 第1祖師 普照國師 浮屠塔〈上同〉

松廣寺普照國師碑：高3.5m. 1678년(肅宗 4) 건립. 國師의 法名은 知訥〈上同〉

松廣寺浮休大師碑：高3.2m. 1910년 건립. 大師의 號는 浮休, 俗姓은 金, 1543−1615년까지 생존〈上同〉

松廣寺浮休大師塔：高1.5m. 1616년(光海 8) 건립. 大師의 法名은 善修〈上同〉

松廣寺佛日普照國師甘露之塔碑：高2.6m. 1678년(肅宗 4) 건립. 國師는 1158−1210년까지 생존〈上同〉

松廣寺嗣院事蹟碑：高2.5m. 1678년(肅宗 4) 건립〈上同〉

松廣寺松溪靈覺塔：高2.2m. 1650년(孝宗 1) 건립. 浮屠庵 北原에 위치〈上同〉

松廣寺影海大師塔：高2.1m. 1754년(英祖 30) 건립. 大師의 字는 守訥, 俗姓은 金, 高興 출신, 1668−1754년까지 생존. 浮屠庵 北原에 위치〈上同〉

松廣寺五珠大師塔：高1.45m. 新浮屠嶝에 위치〈上同〉

松廣寺玩華大師塔：高2.8m. 浮屠庵 北原에 위치〈上同〉

松廣寺友溪大師塔：高1.8m. 浮屠 北原에 위치〈上同〉

松廣寺圓鑑國師碑：高2.5m. 1314년(고려 忠肅王 1) 건립. 1770년(英祖 46)경 중건. 國師는 1226−1292년까지 생존〈上同〉

松廣寺圓鑑寶明塔：1293년 건립. 妙寂庵 北原에 위치〈上同〉

松廣寺二珠大師塔：高1.4m. 新浮屠嶝에 위치〈上同〉

松廣寺一珠大師塔：高1.6m. 浮屠庵 北原에 위치〈上同〉

松廣寺慈覺守定塔：高1.5m. 浮屠庵 北原에 위치〈上同〉

松廣寺慈覺澄靈塔：高2.4m. 慈覺國師는 松廣寺 第8祖師. 甘露庵 北原에 위치한 浮屠〈上同〉

松廣寺霽雲大師碑：高3.7m〈上同〉

松廣寺霽雲大師塔：高3m. 1902년 건립. 浮屠庵 北原에 위치〈上同〉

松廣寺眞覺國師圓炤塔碑：高2.2m. 1235년(고려 高宗 22) 건립. 1178−1234년까지 생존〈上同〉

松廣寺翠微大師塔：高2m. 1669년(顯宗

10) 건립. 法名은 守初. 浮屠庵 北原에 위치 〈上同〉

松廣寺楓岩靈珠塔 : 高2.1m. 1767년(英祖 43) 건립. 1688년(肅宗 14) 출생. 浮屠庵 北原에 위치 〈上同〉

松廣寺慧鑑國師廣照塔碑 : 高2.2m. 1319년(고려 忠肅王 6) 건립. 碑銘은 李齊賢(1287－1367) 撰 〈上同〉

松廣寺慧空大師塔 : 高1.7m. 浮屠庵 北原에 위치 〈上同〉

松廣寺幻海大師塔 : 高2.1m. 1809년(純祖 9) 건립. 浮屠庵 北原에 위치 〈上同〉

松廣寺幻海禪師碑 : 高2.1m 〈上同〉

松廣寺會溪靈珠塔 : 高2.1m. 1806년(純祖 6) 건립. 浮屠庵 北原에 위치 〈上同〉

松廣寺華潭快律塔 : 高1.7m. 1819년(純祖 19) 건립. 新浮屠嶝에 위치 〈上同〉

松廣寺華峰枾葉禪師塔碑 : 高3m 〈上同〉

松廣寺華雲大師塔 : 高2.2m. 1902년 건립. 浮屠庵 北原에 위치 〈上同〉

松廣寺曉峯大宗師舍利塔 : 1968년 건립. 근대 한국 불교의 고승 曉峯大宗師의 舍利 浮屠 〈上同〉

松廣寺休岩大師塔 : 浮屠庵 北原에 위치 〈上同〉

木彫三尊佛龕 : 松廣寺에 보존. 국보 제42호. 1936년 지정. 高13.9m. 龕徑6.9m. 신라말기－고려초기 제작 추정 〈文化財大觀 ; 國寶篇〉

松廣寺金銅搖鈴 : 보물 제176호. 1938년 지정. 高20.6cm 徑6.6cm. 靑銅으로 신라말－고려초 제작 추정. 전래해온 佛具의 하나 〈上同 ; 寶物篇〉

經帙(2枚) : 보물 제134호. 1935년 지정. 竹으로 고려 때 제작. 松廣寺에 보관. 經卷을 말아 두는 것으로 가는 대쪽으로 제작 〈上同〉

高麗高宗制書(1軸) : 松廣寺에 보존. 국보 제43호. 1936년 지정. 1216년(고려 高宗 3) 高宗 制書. 內容은 「高麗 高宗이 曹溪山 第二世 眞覺國師惠諶에게 大禪師의 號를 下賜할 것을 裁可」한 것이라 했다 〈上同 ; 國寶篇〉

松廣寺經牌(43개) : 보물 제175호. 1938년 지정. 高12.2－16.2cm 幅2.3－3.5cm. 木으로 고려 때 제작. 佛經을 넣은 木函 곁에 달아서 내용을 표시하는 데 사용. 각종 글씨 무늬, 보살상 등을 조각 〈上同 ; 寶物篇〉

松廣寺高麗文書(2軸) : 보물 제572호. 1973년 지정 ① 修禪社形止記 ② 奴婢帖 〈上同〉

松廣寺金剛般若經疏開玄鈔(1冊) : 보물 제207호. 1938년 지정. 縱36cm 橫35cm. 1098년(고려 肅宗 3) 간행. 1461년(世宗 7) 복간 〈上同〉

松廣寺大般涅槃經疏(1冊) : 보물 제90호. 1934년 지정. 1099년(고려 肅宗 4) 간행. 世祖(1455－1468) 복간 〈上同〉

松廣寺大乘阿毘達磨雜論疏(1冊) : 보물 제205호. 1939년 지정. 1093년(고려 宣宗 10) 간행. 世祖(1455－1468) 때 복간 〈上同〉

松廣寺妙法蓮華經觀世音菩薩普門品三玄圓贊科文(1冊) : 보물 제204호. 1939년 지정. 1099년(고려 肅宗 4) 간행. 世祖(1455－1468) 때 복간. 〈上同〉

松廣寺妙法蓮華經讚述(1冊) : 보물 제206호. 1939년 지정. 1095년(고려 獻宗 1) 간행. 世祖(1455－1468) 때 복간 〈上同〉

鏡岩(1743－1804) 撰 「曹溪山松廣寺記」 〈寺刹全書, 711p〉

璟恩 撰 「四天王與丹艧第四重修記, 1892年」 〈曹溪山松廣寺史庫, 704p, 筆寫本〉

高楠順次郎 撰 「大正新修大藏經, 刊行

趣旨, 1923年」〈上同, 804p〉

教萍 撰「成功重創錄序, 1747年」〈上同, 869p〉

權近(1352-1409) 撰「送雲雪嶽上人序」〈上同, 502p〉「…普覺國師碑銘幷序」〈上同, 515p〉

錦溟(普鼎 ; 1861-1930) 撰「松廣寺願佛堂重建上梁文, 1896年」〈寺刹全書, 702p〉「松廣寺枕溪樓重建上梁文, 1897年」〈上同, 703p〉「松廣寺下舍堂重建上梁文, 1899年」〈上同, 704p〉「松廣寺行解堂重建上梁文, 1902年」〈上同, 705p〉「松廣寺國師殿重建上梁銘幷序, 1919年」〈上同, 706p〉「松廣寺七星閣上梁文, 1923年」〈上同, 707p〉「松廣寺極樂橋淸凉閣上梁文, 1924年」〈上同, 708p〉「松廣寺龍華堂重建上梁文, 1924年」〈上同, 709p〉「華嚴五十殿重修記, 1905年」〈曹溪山松廣寺史庫, 250p, 筆寫本〉「國師殿重修記, 1919年」〈上同, 257p〉「尋釖堂重修記, 1923年」〈上同, 265p〉「龍華堂重修記, 1925年」〈上同, 272p〉「海淸堂重修記, 1927年」〈上同, 278p〉「法性寮重修記, 1927年」〈上同, 284p〉「華嚴佛祖殿石築爐殿重創記, 1927年」〈上同, 287p〉「楓岩大師, 行狀」〈上同, 624p〉〈臥月大師, 行狀」〈上同, 630p〉「會溪大師, 行狀」〈上同, 633p〉「退隱大師, 行狀」〈上同, 634p〉「優曇大師, 行狀」〈上同, 645p〉「虛舟大師, 行狀」〈上同, 646p〉「洞虛大師, 行狀　附錄鑑圓國師逸蹟」〈上同, 665p〉「華嚴佛祖羅漢三殿佛像重修記, 1924年」〈上同, 711p〉「四天王第五重修記, 1926年」〈上同, 712p〉「普濟堂三佛改金與佛粮畓記, 1928年」〈上同, 716p〉「十王幀新成記, 1900年」〈上同, 728p〉「眞影堂移建及新造影記, 1918年」〈上同, 731p〉「極樂橋記,

1917年」〈上同, 828p〉「楓岩祖師浮屠奉安碑殿記, 1917年」〈上同, 830p〉「臨鏡堂石井新成銘, 1918年」〈上同, 833p〉「碧潭會溪兩塔移安碑殿及築墻記, 1918年」〈上同, 834p〉「佛日普照國師甘露塔改修記, 1927年」〈上同, 843p〉「大智殿獻畓記, 1905年」〈上同, 1003p〉「觀音殿佛糧獻畓記, 1928年」〈上同, 1004p〉

互葉 撰「松廣寺修理廳序, 1863年」〈上同, 899p〉

綺山 撰「松廣寺沿革, 1928年」〈上同, 58p〉「住持系譜, 序, 1931年」〈上同, 1016p〉

金君綏(高麗 高宗朝人 ; 金富軾子) 撰「曹溪山修禪社佛日普炤國師碑銘」〈東文選, 卷117 22張, 木板本〉「大安三年辛未(1211)刊 崇慶二年癸酉(1213) 金振奉 宣立石」〈上同, 381p〉

金相福(1714-1782) 撰「…栢庵大師碑銘幷序」1766년(英祖 42) 碑를 건립〈上同, 575p〉

金曛 撰「曹溪山第六世贈諡圓鑑國師碑銘幷序」1314년(고려 忠肅王 1) 건립. 1701년(肅宗 27) 중건〈上同, 456p〉「…圓鑑國師碑銘幷序」1314년 碑를 건립〈上同, 669p〉

南刃 撰「普照塔移安舊址記」〈上同, 815p〉

茶松子 撰「慈靜國師塔毁壞記, 1922年」〈上同, 839p〉「普濟堂石井記, 1929年」〈上同, 846p〉

待價堂 撰「十六國師眞影記, 1621年」〈上同, 722p〉

「待價大師, 事蹟」〈上同, 562p〉

大傑 撰「別行錄跋, 1486年」1570년(宣祖 3) 海州山神光寺開刊〈上同, 856p〉

道源 撰「臨鏡堂·水閣·天子庵·普照庵重創記, 1612年」〈寺刹全書, 696p〉

「無用大師, 行狀」〈曹溪山松廣寺史庫, 587p, 筆寫本〉

文周 「三殿下祝聖殿記, 1896年」〈上同, 239p〉

磐桓子 撰「浮休堂集序, 1619年」〈上同, 753p〉

性聰(1631－1700) 撰「重竪碑慶懺疏, 1678年」〈上同, 387p〉「奉安普照國師舍利疏」〈上同, 817p〉「普照塔移安記 高峰原記, 1687年」〈上同, 817p〉「普照國師碑浮屠殿新建勸善辭」〈上同, 991p〉

卞季良(1369－1430) 撰「無學王師…妙嚴尊者塔銘幷序」〈上同, 505p〉

性敏 撰 「書記案冊新改序, 1851年」〈上同, 897p〉

性洪 撰 「寺畓文序, 1802年」〈上同, 892p〉

「松廣寺法性寮重創上梁文, 1839年」〈寺刹全書, 698p〉

宋泰會 撰幷書「…幻海大師碑銘幷序」碑陰은 浩鵬振弘 識. 1920년 碑를 건립〈曹溪山松廣寺史庫, 626p, 筆寫本〉

秀演(1651－1719) 撰「曹溪山松廣禪院水石亭記, 1714年」〈寺刹全書, 710p〉「松廣寺普光殿丹艧改新募緣詩」〈無用集, 455p, 影印本〉「松廣寺大佛殿改新丹艧募緣行」〈上同, 456p〉「松廣寺次溪堂板上韻」〈上同, 471p〉「曹溪山松廣寺含淸閣丹艧募緣說」〈上同, 521p〉「松廣寺改建橋閣記, 1711年」〈上同, 992p〉

申錫禧(1808－1873) 撰「松廣寺說法殿上樑文, 1855年」〈寺刹全書, 699p〉「說法殿重修緣化文, 1854年」〈曹溪山松廣寺史庫, 90p, 筆寫本〉

沈膺泰 撰「曹溪山松廣寺重創記, 1856年」〈寺刹全書, 696p〉「松廣寺大藏殿重建上梁文, 1856年」〈上同, 701p〉「大藏殿重建募緣文, 1856年」〈曹溪山

松廣寺史庫, 93p, 筆寫本〉

若坦(1668－1754) 撰「普照塔移安舊址記, 1723年」〈上同, 821p〉

呂圭亨(1849－1922) 撰「…奇峰大禪師碑銘幷序」碑陰은 宋泰會 識. 1918년 碑를 건립〈上同, 637p〉

「影海大師, 行狀」法名은 若坦〈上同, 594p〉

宇宙翁 撰「古拈話跋, 1538年」〈上同, 858p〉

魏國良 撰「圓鑑國師逸蹟」〈上同, 667p〉

有一(1720－1799) 撰「松廣寺影海和尙大會疏, 庚午」影海의 俗姓은 金, 本은 光山, 字는 守訥, 諱는 若坦〈蓮潭大師林下錄, 卷3 1張〉

尹容善(1829－1904) 撰「聖壽殿上梁文, 1903年」〈曹溪山松廣寺史庫, 160p, 筆寫本〉

尹雄烈 撰「祝聖殿萬歲稧序, 1896年」〈上同, 909p〉

尹政浩 撰「華嚴經板開刊記, 1641年」〈上同, 755p〉

尹喜求(1867－1926) 撰「…碧潭大宗師碑銘幷序」碑陰은 宋泰會 識. 1918년 건립〈上同, 615p〉「…斗月大宗師碑銘幷序」碑陰은 鼎鎬 誌. 1918년 건립〈上同, 620p〉

隱玄 撰 「堂司庶物都錄改謄序, 1758年」〈上同, 888p〉

「應庵大師」諱는 朗允, 字는 退翁〈上同, 606p〉

應允(1743－1804) 撰「曹溪山松廣寺記」〈鏡岩集, 下 39張, 木板本〉

李建昌(1852－1898) 撰「…离峰大和尙碑銘幷序」碑陰은 猊雲惠勤 識. 1918년 碑를 건립〈曹溪山松廣寺史庫, 658p, 筆寫本〉詩「松廣寺」〈明美堂集, 卷5 6張, 鉛印本〉「赦歸宿松廣寺」〈上同, 卷5 19張〉

李景奭(1595－1671) 撰「碧岩大師, 行

狀・碑文」1663년(顯宗 4) 碑를 건립
〈曹溪山松廣寺史庫, 548p, 筆寫本〉
李奎報(1168－1241) 撰 「松廣寺主大
禪師…」〈東國李相國後集, 卷11 2張〉
「寄松廣社主禪師夢如手書」〈上同, 卷
12 1張〉「答松廣社主手書」〈上同, 卷
12 2張〉
李達衷(?－1385) 撰「…覺眞國師碑銘
幷序」〈東文選, 卷118 31張, 木板本〉
李穡(1328－1396) 撰 「…普濟尊者諡
禪覺塔銘幷序」 〈曹溪山松廣寺史庫,
489p, 筆寫本〉 「負暄堂記」〈上同,
500p〉
李淳翼 撰「松廣寺聖壽殿上梁文, 1903
年」〈寺刹全書, 705p〉
李容元(高宗朝人) 撰 「默庵大師, 碑
文」〈曹溪山松廣寺史庫, 601p, 筆寫
本〉
李盆培(?－1292) 撰「曹溪山第五世贈
諡慈眞圓悟國師碑銘幷序」 〈上同,
443p〉
李齊賢(1287－1367) 撰 「…妙明尊者
贈諡慧鑑國師碑銘幷序」〈益齋集, 卷7
6張〉
李宗秉 撰 「春曹勸善文, 癸卯」〈曹溪
山松廣寺史庫, 87p, 筆寫本〉
李忠翊 撰「刊修心訣眞心直說跋, 1799
年」〈上同, 758p〉
逸庵 撰「增補拈頌跋, 1243年」〈上同,
855p〉
鄭萬朝(1858－1936) 撰 「…霽雲大禪
師碑銘幷序」1918년 碑를 건립〈上同,
609p〉
鼎鎬(1870－1948) 撰 「曹溪山景鵬堂
大師碑銘陰記」〈石林草, 15張〉「曹溪
山擎雲堂大師碑記陰」〈上同, 28張〉
「曹溪山碧波禪師碑記陰代作」〈上同,
27張〉
「曹溪山修禪社重創祖高峰和尙行狀,
1431年」〈曹溪山松廣寺史庫, 526p, 筆

寫本〉
曹錫亨 撰 「松廣寺大雄殿重建上樑文,
1843年」〈寺刹全書, 698p〉
趙性熹 撰 錦溟寶鼎 書「…龍雲大宗師
碑銘幷序」碑陰은 栗庵贊儀 識. 1924년
碑를 건립〈曹溪山松廣寺史庫, 651p,
筆寫本〉
趙宗著(1631－1690) 撰 「松廣寺嗣院
事蹟碑文」碑는 1678년(肅宗 4) 건립
〈上同, 27p〉
湊炘 撰 「聖壽殿創建記, 1904年」〈上
同, 242p〉
智圓 撰 「金公願佛堂記, 1793年」〈上
同, 208p〉
志元 撰 「判廳先生案序, 1808年」〈上
同, 893p〉
贊儀 撰 「金公願佛堂重建記, 1896年」
〈上同, 240p〉 「毓祥宮願堂始終記,
1928年」〈上同, 292p〉「藏經奉安經閣
修理與帳丹雘文, 1900年」 〈上同,
792p〉「松廣寺各樣文卷修飾名目流傳
序, 1894年」〈上同, 907p〉
處能(1617－1680) 撰 「…浮休堂碑銘
幷序」1920년 碑를 건립〈上同, 538p〉
處益 撰「龍華堂重修記, 1885年」〈上
同, 290p〉「松廣寺事蹟」〈上同, 43p〉
「松廣寺別膳錄序, 1866年」 〈上同,
902p〉
處海 撰 「影海和尙華嚴大會都錄序,
1750年」〈上同, 870p〉
最訥(1717－1790) 撰 「松廣寺影子殿
上梁文」〈默庵集, 579p, 影印本〉「浮
圖殿創設詩跋」 〈曹溪山松廣寺史庫,
202p, 筆寫本〉
崔詵(?－1209) 撰 「大乘禪宗曹溪山修
禪社重創記, 1207年」〈寺刹全書, 694p〉
崔守魯 撰 「臨鏡堂三淸閣四次重建記,
1797年」〈曹溪山松廣寺史庫, 211p, 筆
寫本〉
崔滋(1188－1260) 撰 「曹溪宗禪師混

元爲大禪師敎書」〈上同, 436p〉
「翠微大師, 行狀」〈上同, 564p〉
「楓岩大師, 行狀」諱는 世察〈上同, 598p〉
學明 撰「結社文重刊記, 1609年」〈上同, 751p〉
赫鎔 撰 「八萬經閣丹艧記, 1902年」〈上同, 338p〉「轉讀大藏經緣起跋文, 1905年」〈上同, 798p〉「八萬經殿佛粮願入功德記, 1904年」〈上同, 1002p〉
洪奭周(1774－1842) 撰「曹溪山松廣寺遊山錄, 1828年」〈寺刹全書, 712p〉

송광사(松廣寺)²
전북 完州郡 所陽面 大興里 終南山에 있는 절. 867년(신라 景文王 7) 普照가 창건. 1623년(光海 14) 德琳이 중건 〈불교사전, 482p〉〈寺刹全書, 686p〉

松廣寺大雄殿 : 地有 제70호. 1976년 지정. 1206년(고려 熙宗 2) 知訥이 확장 〈文化遺蹟總覽〉

松廣寺十字閣 : 地有 제3호. 1974년 지정. 1466년 碧溪가 창건. 壬亂 때 소실. 1856년(哲宗 7) 霽峰이 중건〈上同〉

松廣寺一柱門 : 地有 제4호. 1974년 지정. 1207년(고려 熙宗 3) 知訥이 중건. 壬亂 때 소실. 1608년(宣祖 41) 碧岩이 복원〈上同〉

松廣寺浮屠群(14기) : 제1기 碧靈堂浮屠. 제2기 碧汝堂浮屠. 제3기 秋溪堂浮屠. 제4기 性心大師浮屠. 제5기 禪月堂浮屠. 제6기 雲虛堂浮屠. 이밖의 浮屠는 碑文을 판독하기 곤란〈上同〉

松廣寺事蹟碑 : 地有 제5호. 1974년 지정. 1636년(仁祖 14) 震默이 건립〈上同〉

子秀(1664－1737) 撰「全州終南山松廣寺事蹟詞序」〈無竟集, 41張, 木板本〉

송광암(松廣庵)

전남 高興郡 錦山面 於田里 楓岳山에 있는 절. 신라 普照(804－880)가 창건 〈불교사전, 482p〉
일설은 1570년경 선조국사가 창건〈文化遺蹟總覽〉

송대사(松大寺)
충남 瑞山郡 八峰面 漁松里에 있던 절 〈寺刹全書, 714p〉

송대암(松臺庵)¹
경북 尙州郡(옛 幕谷村 뒤) 兜率山에 있던 절 〈寺刹全書, 714p〉

송대암(松臺庵)²
전남 長興郡 有治面 迦智山에 있던 절. 寶林寺의 부속 암자〈寺刹全書, 714p〉

송대암(松臺庵)³
전남 和順郡 和順邑 洞口里 天台山에 있는 절. 萬淵寺의 부속 암자 〈불교사전, 482p〉

송덕사(松德寺)
함북 明川郡 下古面 大浦洞 長德山에 위치 〈불교사전, 482p〉〈寺刹全書, 714p〉

송라사(松蘿寺)
강원 溟州郡 連谷面 坊內里에 있는 절. 신라 때 창건하여 坊縣寺라 함. 1937년 옛 터에 중건하여 松蘿寺라 개명〈文化遺蹟總覽〉

송라암(松蘿庵)
강원 淮陽郡 內金剛面 長淵里 金剛山에 있던 절. 表訓寺의 부속 암자. 一名 大松蘿庵. 신라 麻衣・草衣太子가 있던 곳〈불교사전, 153・482p〉
1156년(고려 毅宗 10) 중수〈楡岾寺本末寺志, 412p, 鉛印本〉
金時習(1435－1493) 詩「松蘿庵」〈梅月堂集, 卷10 8張, 癸酉字本〉

송령사(松嶺寺)
경기 利川郡에 있던 절 〈寺刹全書, 715p〉

송림굴(松林窟)¹

강원 高城郡 朴達山 圓通庵 서쪽에 있
던 절〈寺刹全書, 717p〉
송림굴(松林窟)²
강원 高城郡 西面 百川橋里 金剛山에
위치. 楡岾寺의 부속 암자〈불교사전,
482p〉
張斗奎 撰「金剛山松林寺盖瓦重修記,
1897年」〈楡岾寺本末寺誌, 70p, 鉛印
本〉
송림사(松林寺)¹
경기 開城市 龍首山 북쪽에 있던 절
〈寺刹全書, 715p〉
1396년(太祖 5) 梁山 通度寺에 佛頭骨·
舍利·菩提樹經 등을 倭寇로 인하여
本寺에 移安〈李朝實錄佛教鈔存, 卷1
12張〉
송림사(松林寺)²
경남 居昌郡 渭川面 上川里에 있던 절.
신라 때 창건 추정〈文化遺蹟總覽〉
迦葉庵이 山內에 부속
송림사(松林寺)³
경북 慶山郡 龍城面 松林洞에 있던 절.
3층석탑이 있었다〈寺刹全書, 715p〉
송림사(松林寺)⁴
경북 漆谷郡 東明面 九德洞 八公山에
있는 절. 신라 哀莊王(800-808) 때
창건. 壬亂 때 많이 소실. 1858년(哲宗
9) 永樞가 중건. 경내에 石燈·浮屠群
·幢竿支柱 등이 있다〈寺刹全書,
715p〉
道德庵이 山內에 부속
松林寺五層塼塔: 보물 제189호. 1939
년 지정. 塼 및 화강석으로 통일신라
때 건립. 1959년 해체 수리 때 많은 文
化財가 발견〈文化財大觀: 寶物篇〉
松林寺五層塼塔內遺物(一括): 보물 제
325호. 1959년 지정. 동년 해체 수리
때 발견하여 國立中央博物館에 이전
① 金銅製舍利塔 1기
② 綠色琉璃杯 1개

③ 綠色琉璃製舍利瓶 1개
④ 金銀製樹形裝飾具 1개
⑤ 金銀製圓輪 2개
⑥ 玉類 1連(9종) 등 출현〈上同〉
송림사(松林寺)⁵
전남 昇州(옛 順天)郡 樂安面 上松里
에 있던 절〈寺刹全書, 715p〉
송림사(松林寺)⁶
전북 南原郡 智異山에 있던 절. 丁酉再
亂(1597) 때의 기록이 있다〈寺刹全
書, 715p〉
송림사(松林寺)⁷
충남 禮山(옛 大興)郡 松林山에 있던
절〈寺刹全書, 715p〉
송림사(松林寺)⁸
평남 大同郡 在京里面 松林里 松林山에
있던 절. 寺址에 돌담과 瓦片이 산재
〈寺刹全書, 716p〉
송림사(松林寺)⁹
평남 龍岡(옛 三和)郡 金堂山에 있던
절〈寺刹全書, 716p〉
송림사(松林寺)¹⁰
평북 博川郡 松林山에 있던 절. 一名 松
林庵〈寺刹全書, 716p〉
송림사(松林寺)¹¹
평북 泰川郡 江東面 松南洞 三角山에
있던 절. 瓦片이 산재하고 佛享碑가 있
었다〈寺刹全書, 716p〉
송림사(松林寺)¹²
함남 德源郡 松山에 있던 절〈寺刹全
書, 716p〉
송림사(松林寺)¹³
함남 利原(옛 利城)郡 五峰山에 있던
절〈寺刹全書, 716p〉
송림사(松林寺)¹⁴
황해 遂安郡 大靑山에 있던 절〈寺刹全
書, 717p〉
송림사(松林寺)¹⁵
황해 黃州郡 松林邑 楮田里 松林山에
있던 절〈寺刹全書, 716p〉

송림사(松林寺)[16]⇒ 龍隱寺[2] 참조

송림신암(松林新庵)
강원 高城郡 金剛山에 위치. 楡岾寺의
부속 암자〈寺刹全書, 717p〉

송림암(松林庵)
강원 高城郡 金剛山에 위치. 楡岾寺의
부속 암자〈寺刹全書, 717p〉

송방사(松防寺)
경남 咸安郡 郡北(옛 竹南)面 迎運里
에 있던 절. 寺址에 六層方塔 1기와 四
層方塔 1기가 있다〈寺刹全書, 717p〉

송방사(松房寺)
황해 黃州郡 乾之山에 있던 절〈寺刹
全書, 717p〉

송불암(松佛庵)
충남 論山郡 連山面 連山里에 있던 절
〈文化遺蹟總覽〉

송악사(松嶽寺)
경기 江華郡 江華邑 大山里 松岳山에
있던 절〈文化遺蹟總覽〉〈寺刹全書,
717p〉

송암(松庵)[1]
강원 平昌郡 平昌邑에 있던 절〈寺刹
全書, 717p〉

송암(松庵)[2]
전남 長興郡 冠山面 天冠山 天冠寺 부
근에 있던 절〈寺刹全書, 717p〉

송양사(松讓寺)
평북 慈城郡 慈母山城 안에 있던 절
〈寺刹全書, 717p〉

송어암(松魚庵)
강원 襄陽郡 縣南面에 있던 절〈寺刹
全書, 717p〉

송월암(松月庵)
위치 未詳〈秋江集, 卷3 2張, 木板本〉
南孝溫(1454－1492) 詩 「松月庵次宗
之韻」〈上同〉

송천사(松泉寺)[1]
경기 始興郡 修理山에 있던 절〈寺刹
全書, 717p〉

송천사(松泉寺)[2]
충북 淸原郡 龍子山에 있던 절. 고려말
기 覺連이 중수〈寺刹全書, 717p〉
李穡(1328－1396) 撰 「松泉寺懶翁眞
堂記」〈寺刹全書, 717p〉「淸州龍子山
松泉寺懶翁冥堂[眞]堂記」〈牧隱文藁,
卷6 9張, 木板本〉

송천사(松泉寺)[3]
황해 新溪郡 松泉山에 있던 절〈寺刹全
書, 718p〉

송천사(松川寺)
전남 光陽郡 玉龍面 東谷里 白鷄山에
있던 절. 壬亂 때 僧兵으로서 功을 세운
해은·性輝 두 禪師가 수도한 곳. 해은
의 碑가 있고, 건물의 瓦片이 남음〈文
化遺蹟總覽〉
李玄逸(1627－1704) 詩 「松川寺次徐
生蓋龜韻」〈葛庵集, 卷1 37張, 木板本〉

송청사(松靑寺)⇒ 靑松寺[5] 참조

송태사(松泰寺)
평남 大同郡 古平面 廣灘里 大寶山 동
남쪽에 있던 절〈寺刹全書, 718p〉

송화방(松花房)
경북 慶州市에 있던 절〈寺刹全書,
718p〉

송흥사(松興寺)
평북 定州郡 五峰山에 있던 절〈寺刹全
書, 718p〉

쇄암사(碎岩寺)
전북 鎭安郡 馬耳山에 있는 절〈寺刹全
書, 718p〉

수경사(壽慶寺)
경기 開城에 있던 절『藏乘法數』刊記
에 「洪武乙巳(1389)甘露坊壽慶寺開
板」이라 기록. 牧隱 李穡(1328－1396)
의 跋이 있다〈寺刹全書, 730p〉

수경암(水鏡庵)
충북 堤川(옛 淸風)郡 月岳山에 있던
절〈寺刹全書, 718p〉

수고암(水庫庵)

전북 高敞(옛 茂長)郡 高山 瑞峰寺 남
쪽에 있던 절〈寺刹全書, 718p〉
수광암(水光庵)
강원 淮陽郡 內金剛面 長淵里 金剛山
에 있던 절. 表訓寺의 부속 암자〈불교
사전, 484p〉
수구암(守口庵)
경기 楊州郡 白石面 靈場里 古靈山에
있는 절. 普光寺의 부속 암자〈불교사
전, 484p〉〈寺刹全書, 725p〉
수국사(守國寺)[1]
강원 淮陽郡 淮陽面 鐵嶺 路邊에 있던
절〈寺刹全書, 725p〉
수국사(守國寺)[2]
서울 西大門區 葛峴洞(원래 경기 高陽
郡 神道邑 龍頭里 西五陵 構內 敬陵 동
쪽)에 있던 절. 1458년 敬陵(德宗·昭
惠王后)의 원당으로 창건. 正因寺라
함. 1471년(成宗 2) 仁粹大妃 명으로
중건. 1900년 巨淵이 중건. 守國寺로
개명 〈文化遺蹟總覽〉〈寺刹全書,
725p〉
1504년(燕山 10) 失火〈李朝實錄佛敎
鈔存, 卷12 19張〉
1907년 開山主 月初和尙이 金幀畵 佛
事를 성취. 1908년 月初가 通·梵 兩
寺의 佛事自願補助金을 引受하여 掛佛
幀과 金剛幡 31位의 佛事를 성취〈奉
先本末寺誌, 217-246p, 鉛印本〉
수국사(守國寺)[3]
평북 寧邊郡 北城 안에 있던 절〈寺刹
全書, 725p〉
수굴암(水窟庵)
전북 高敞郡 雅山面 兜率山에 있던 절.
禪雲寺의 부속 암자〈寺刹全書, 719p〉
수남사(水南寺)⇒道岬寺 참조
수남암(水南庵)
전남 羅州郡 茶道面 德龍山에 있는 절.
佛會寺의 부속 암자〈寺刹全書, 719p〉
수다사(水多寺)[1]

강원 江陵市에 있던 절. 신라 慈藏이 창
건하여 거주〈寺刹全書, 719p〉
李承休(1224-1300) 詩 「水多寺留題
幷序」〈動安居士行錄, 卷1, 木板本〉
수다사(水多寺)[2]
경기 開城에 있던 절로 추정〈東國李相
國集, 卷2 4張, 木板本〉
李奎報(1168-1241) 詩 「次韻惠文長
老水多寺, 八詠」〈上同〉
수다사(水多寺)[3]
경북 善山郡 舞乙面 上松洞 太祖山에
있는 절〈寺刹全書, 719p〉〈불교사전,
485p〉
805년(哀莊王 6) 眞鑑이 창건하여 淵
華寺라 함. 고려 景宗(975-981) 때 일
부 소실. 明宗(1170-1197) 때 覺園이
중건하여 聖岩寺라 개명. 元宗(고려
1259-1274) 때 홍수로 피해. 조선 宣
祖(1567-1608) 때 惟政이 중건. 肅宗
때 일부 소실〈文化遺蹟總覽〉
3층석탑과 石鐘型浮屠(高1.7m) 2기가
있다〈上同〉
中庵이 山內에 부속
수다사(水多寺)[4]
전북 高敞郡 雅山面 兜率山에 있던 절.
신라 때 창건. 1469년(端宗 1) 戒活이
중건〈寺刹全書, 719p〉
수다사(水多寺)[5]
황해 碧城郡 靑岩山에 있던 절〈寺刹全
書, 719p〉
수덕사(修德寺)
충남 禮山郡 德山面 斜川里 德崇山에
있는 절. 599년(백제 法王 1) 智明이
창건. 600년(백제 武王 1) 曇徵이 그린
大雄殿의 벽화가 유명함. 그 뒤 元曉가
중수. 647년(백제 義慈王 7) 崇濟가 여
기서『法華經』강설. 1679년(肅宗 6)
鏡虛가 거주. 1898년 滿空이 여기서 禪
風을 떨침〈불교사전, 485p〉〈寺刹全
書, 728p〉

實相庵, 歡喜臺 등이 山內에 부속
修德寺大雄殿 : 국보 제49호. 1936년 지
정. 1308년 건립. 1937년 수리 〈文化
財大觀 ; 國寶篇〉
修德寺浮屠群(5기) : 石鐘型의　浮屠로
서 도괴되어 산재. 조선시대 제작 〈文
化遺蹟總覽〉
修德寺三層石塔 : 화강암으로　제작.　파
손된 부분이 있다 〈上同〉
修德寺如來塔 : 5층석탑.　1308년(고려
忠烈王 34) 건립 〈上同〉
修德寺多寶塔 : 1930년 주지 滿空이 7층
석탑을 건립 〈上同〉
수도사(修道寺)¹
경기 廣州郡 都尺面 芳都里 南漢山에
있는 절. 1859년(哲宗 10) 金左根이
창건. 1943년 化主 震虛가 法堂을 창
건, 大房을 중수 〈寺刹全書，726p〉
〈불교사전, 485p〉
수도사(修道寺)²
경기 平澤郡 浦升面 遠井里에 있던 절.
三國 때 창건. 15세기경 뒷산이 무너져
폐사 〈文化遺蹟總覽〉
수도사(修道寺)³
경남 宜寧郡 龍德面 新德山에 있는 절.
신라 元曉(617-686) 창건. 1420년
(世宗 2) 國律 鼎岩 柳谷 등이 중건
〈寺刹全書, 726p〉
수도사(修道寺)⁴
경북 永川郡 新寧面 雉山洞 八公山에
있는 절 〈朝鮮寺刹一覽〉
본래 金堂寺. 647년(신라 眞德女王 1)
元曉 慈藏 등이 창건. 1296년(고려 忠
烈王 22) 중건. 1805년(純祖 5) 澄月
이 중건 〈寺刹全書, 726p〉
수도사(修道寺)⁵
충남 瑞山(옛 海美)郡 伽倻山에 있던
절 〈寺刹全書, 726p〉
수도사(修道寺)⁶⇒ 道修寺 참조
수도암(修道庵)¹

강원 原城郡 雉岳山에 있던 절 〈寺刹全
書, 727p〉
수도암(修道庵)²
경기 華城郡 八灘面 梅谷里에 있는 절.
1900년경 창건 〈文化遺蹟總覽〉
수도암(修道庵)³
경남 泗川郡 臥龍山에 있던 절 〈寺刹全
書, 727p〉
수도암(修道庵)⁴
경남 梁山郡 下北面 靈鷲山에 위치.
1372년(고려 恭愍王 21) 爾寬이 창건.
그 뒤 定信이 중건 〈寺刹全書, 727p〉
수도암(修道庵)⁵
경북 金陵郡 甑山面 佛靈山에 있는 절.
靑岩寺의 부속 암자 〈寺刹全書, 727p〉
修道里에 소재. 신라 道詵(827-898)
이 창건. 1894년 소실. 1900년 抱應이
중건 〈文化遺蹟總覽〉
靑岩寺修道庵三層石塔(2기) : 보물 제297
호. 1958년 지정. 9세기 후반 건립 추정
〈文化財大觀 ; 寶物篇〉
靑岩寺修道庵石造毘盧舍那佛坐像 : 보물
제307호. 1959년 지정. 통일신라 때 조
성 추정 〈上同〉
靑岩寺修道庵藥光殿石佛坐像 : 보물　제
296호. 1958년 지정. 고려 때 건물 추정
〈上同〉
수도암(修道庵)⁶
경북 達城郡 玄風面 琵瑟山에 있는 절. 瑜
伽寺의 부속 암자. 肅宗(1674-1720)
때 淸心이 창건 〈寺刹全書, 727p〉
수도암(修道庵)⁷
경북 榮州郡 平恩面 江東里에 있던 절.
주위에 瓦片 초석이 산재. 좌상 석불 1
구가 있었다 〈寺刹全書, 727p〉
수도암(修道庵)⁸
경북 蔚珍郡 蔚珍面 大興寺 主峯 아래
있던 절 〈寺刹全書, 728p〉
수도암(修道庵)⁹
전남 高興郡 豆原面 雲垈里 雲嵐山에

있는 절. 1370년(고려 恭愍王 19) 道喜가 창건. 그 뒤 개수 확장 〈불교사전, 485p〉

수도암(修道庵)[10]
전남 求禮郡 光義面 智異山에 위치. 泉隱寺의 부속 암자 〈寺刹全書, 727p〉

수도암(修道庵)[11]
전남 靈光郡 佛甲面 母岳山에 위치. 佛甲寺의 부속 암자 〈寺刹全書, 727p〉

수도암(修道庵)[12]
전남 長城郡 半登山에 있던 절 〈寺刹全書, 727p〉

수도암(修道庵)[13]
전남 長興郡 冠山面 天冠山 天冠寺 부근에 있던 절 〈寺刹全書, 727p〉

수도암(修道庵)[14]
전북 高敞郡 雅山面 兜率山에 있던 절. 禪雲寺의 부속 암자. 化主 靈照가 창건 〈寺刹全書, 727p〉

수도암(修道庵)[15]
전북 金堤(옛 金溝)郡 妙高山에 있던 절 〈寺刹全書, 727p〉

수도암(修道庵)[16]
전북 南原郡 萬行山에 있던 절. 無學(1327-1405)이 거주 〈寺刹全書, 727p〉

수도암(修道庵)[17]
황해 安岳郡 安岳邑 板六里 楊山에 있던 절 〈寺刹全書, 728p〉

수락사(水落寺)[1]
전북 任實郡 德峙面 佳谷里 元通山에 있던 절. 초석과 석축이 남음 〈文化遺蹟總覽〉〈寺刹全書, 719p〉

수락사(水落寺)[2]
함남 永興郡에 있던 절 〈寺刹全書, 719p〉

수락사(水落寺)[3] ⇒ 興國寺[5] 참조

수량사(修量寺) ⇒ 水淨寺[1] 참조

수륙암(水陸庵)
경기 江華郡 花山에 있던 절 〈寺刹全書, 719p〉

수리사(修理寺)[1]
경기 廣州郡 修理山에 있던 절 〈寺刹全書, 728p〉

수리사(修理寺)[2]
경기 華城郡 半月面 速達里 見佛山에 있는 절 〈불교사전, 487p〉
신라 眞興王(540-575) 때 창건. 1950년 동란으로 화재, 1955년 중건 〈文化遺蹟總覽〉

수마암(須摩庵)
위치 未詳 〈晉菴集, 卷1 21張, 芸閣印書體字本〉
李天輔(1698-1761) 詩 「宿須摩菴」 〈上同〉

수명사(水明寺)
전북 南原郡에 있던 절 〈寺刹全書, 719p〉

수목사(水目寺)
전북 高敞郡 富安面 龍山里에 있던 절 〈寺刹全書, 719p〉

수문암(水門庵)
전북 南原郡 八公山 서쪽에 있던 절 〈寺刹全書, 720p〉

수미굴암(須彌窟庵)
경북 尙州郡 內西面 天柱山에 있던 절. 北長寺의 부속 암자 〈寺刹全書, 730p〉

수미대(須彌臺)
충북 報恩郡 內俗離面 俗離山에 있던 절. 法住寺의 부속 암자 〈寺刹全書, 730p〉

수미사(須彌寺)
충북 沃川郡 道家山(옛 靑山)에 있던 절 〈寺刹全書, 729p〉

수미암(須彌庵)[1]
강원 淮陽郡 內金剛面 長淵里 金剛山에 위치. 表訓寺의 부속 암자. 元曉(617-686)가 창건. 1888년(高宗 25) 浩翁이 중수 〈불교사전, 488p〉
1843년(憲宗 9) 南月定日 중건. 1888

년 浩翁이 중수. 1933년 중수. 京城에
서 佛像을 移安 〈楡岾寺本末寺志,
417p, 鉛印本〉
金永 撰 「須彌庵重修記, 1888年」〈上
同, 482p〉「須彌庵重修上梁文」〈上
同, 502p〉

수미암(須彌庵)²
경북 尙州郡 天柱山에 위치. 北長寺의
부속 암자 〈寺刹全書, 729p〉

수발사(鬚髮寺)
황해 碧城郡에 있던 절. 인근 주민들이
丁卯(1627)·丙子(1636)胡亂 때 피
란한 곳 〈寺刹全書, 734p〉

수비사(首庇寺)
경북 安東郡에 있던 절 『長壽經』刊記
에 「弘治元年以戊申(1488)正月日安
東首庇寺開板」이란 기록으로 미루어
1488년(成宗 19)까지 있었던 것으로
추정 〈寺刹全書, 726p〉

수선사(修禪寺)¹ ⇒ 內院寺² 참조

수선사(修禪寺[社])² ⇒ 松廣寺¹ 참
조

수선암(修善庵)
전북 高敞郡 雅山面 兜率山에 있던 절.
일명 修善寺. 禪雲寺의 부속 암자. 신
라 때 창건. 1596년(宣祖 29) 徐同 鄭
道岩 등이 중건 〈寺刹全書, 728p〉

수성암(水聲庵)
전북 南原(옛 雲峰)郡 德斗山에 있던
절 〈寺刹全書, 720p〉

수성원(壽成院)
서울에 있던 절. 比丘尼가 있던 곳으로
1623년(仁祖 1) 폐사 〈寺刹全書, 730p〉

수심사(修心寺)
전북 沃溝(옛 臨陂)郡 五聖山에 있던
절 〈寺刹全書, 728p〉

수암사(水嵒寺)¹
경기 開城市에 있던 절로 추정 〈東國
李相國集, 卷12 9張, 木板本〉
李奎報(1168-1241) 撰 「水嵒寺華嚴

結社文」〈上同〉

수암사(水岩寺)²
함남 北淸郡 俗厚面 梧梅里 雪峰山에
있는 절. 世祖(1455-1468) 때 天眞庵
이라 함 〈寺刹全書, 720p〉〈朝鮮寺刹
一覽〉

수암사(秀岩寺)¹
경기 始興郡 秀岩面 秀岩里에 있던 절
〈寺刹全書, 726p〉

수암사(秀岩寺)²
전남 康津郡 月出山에 있던 절 〈寺刹全
書, 726p〉

수암사(水庵寺)¹
경북 淸道郡에 있던 절 〈寺刹全書,
720p〉

수암사(水庵寺)²
충남 禮山(옛 德山)郡 八峰山에 있던
절 〈寺刹全書, 720p〉

수암사(水庵寺)³
충북 槐山(옛 淸安)郡 七寶山에 있던
절 〈寺刹全書, 720p〉

수암사(水庵寺)⁴
함남 咸州郡 麒麟山에 있던 절 〈寺刹全
書, 720p〉

수암사(燧[修]岩寺) ⇒ 雲興寺⁶ 참조

수연사(隨緣寺)
전남 靈光郡 隨緣山에 있던 절 〈寺刹全
書, 734p〉

수연원(修淵院)
충남 公州郡에 있던 절 〈韓國金石全文,
中世下 1265p, 許興植 編〉
戊寅銘修淵院小鐘 : 고려 때 주성 추정.
尹章燮 藏 〈上同〉

수열암(樹烈庵)
백제 枕流王(384-385) 때 胡僧 摩羅
難陀가 晋나라로부터 王宮에 들어와 男
女寺를 건립. 喪夫하여 改嫁하지 않으
려고 하는 자를 모두 모아 法을 받들어
승려가 되게 권유. 그리하여 節夫守烈
함으로 인하여 樹烈庵이라 이름. 그러

다가 義慈王(641-660)에 이르러는
남편을 죽이고 또는 처녀가 出嫁하지
않고 승려가 되기도 하는 폐단까지 있
었다〈寺刹全書, 730p〉
수왕암(水王庵)
전북 完州郡 九耳面 元基里 母岳山에
있는 절〈불교사전, 491p〉
金潤相(1869-1926) 詩「登母岳山水
王庵」〈一庭金公詩集, 20張, 石印本〉
수운사(水雲寺)
평북 寧邊郡 藥山에 있던 절〈寺刹全
書, 720p〉
수운암(水雲庵)
강원 寧越郡에 있던 절. 一名 雲水庵
〈寺刹全書, 720p〉
수운암(峀雲庵)
위치 未詳〈澤堂別集, 卷11 19張, 木板
本〉
李植(1584-1647) 撰「峀雲庵記」〈上
同〉
수원사(水原〔源〕寺)[1]
경기 抱川郡 水原〔源〕山에 있던 절
〈寺刹全書, 720p〉
수원사(水原〔源〕寺)[2]
충남 公州郡 公州邑 玉龍洞 月城山에
있던 절〈文化遺蹟總覽〉
신라 眞智王(576-578) 때 興輪寺의
眞慈가 彌勒仙花를 만나던 곳. 통일신
라 때의 塔材와 小塔 등이 남음〈寺刹
全書, 720p〉
수월사(水月寺)[1]
경기 江華郡 河岾面 奉天山에 있던 절
〈寺刹全書, 720p〉〈文化遺蹟總覽〉
수월사(水月寺)[2]
전북 高敞郡 富安面 龍山里 逍遙山에
있던 절. 1770년(英祖 46)경 林監使가
경내에 墓를 쓰기 위해 폐사. 주위에
高10m 정도의 굴과 폭포가 있다〈文
化遺蹟總覽〉
수월사(水月寺)[3]

황해 信川(옛 文化)郡 九月山에 있던
절〈寺刹全書, 721p〉
수월사(水月寺)[4]
황해 延白郡 鳳在山에 있던 절〈寺刹全
書, 721p〉
수월사(峀月寺)
평남 中和郡 洞丘山에 있던 절〈寺刹全
書, 726p〉
수월암(水月庵)[1]
강원 鐵原郡 鐵原邑 寶盖山에 위치. 安
養寺의 부속 암자〈불교사전, 492p〉
1895년 華雲이 중건〈寺刹全書, 721p〉
守永 撰「寶盖山水月庵創建文」〈楡岾
寺本末寺志, 840p, 鉛印本〉
수월암(水月庵)[2]
강원 淮陽郡 內金剛面 長淵里 金剛山에
있던 절. 長安寺의 부속 암자〈불교사
전, 492p〉
수월암(水月庵)[3]
경기 始興郡 安陽山에 있던 절〈寺刹全
書, 721p〉
수월암(水月庵)[4]
충북 堤川(옛 淸風)郡 鳳棲山에 있던
절〈寺刹全書, 721p〉
수월암(水月庵)[5]
함북 茂山郡 茂山邑 篤所洞 白龍山에
있던 절〈寺刹全書, 721p〉〈朝鮮寺刹
一覽〉
수인사(修因〔仁〕寺)
전남 康津郡 兵營面 枳路里에 있는 절
〈朝鮮寺刹一覽〉
동학란 때 日本人의 방화로 소실, 그 뒤
1950년 동란으로 소실. 그 뒤 중건〈文
化遺蹟總覽〉
수일암(守一庵)
충북 丹陽郡에 있던 절〈寺刹全書,
726p〉
洪良浩(1724-1802) 詩「守一庵」〈耳
溪集, 卷5 42張, 全史字本〉
수정굴(水晶〔精〕窟)

전남 靈岩郡 達摩山에 있던 절 〈寺刹
全書, 721p〉
수정사(水精寺[社])
강원 平昌郡 五臺山 西臺에 있던 절.
일명 水精庵. 신라 때 창건. 1404년(太
宗 2) 중건 〈寺刹全書, 721p〉
權近(1352-1409) 撰「五臺山西臺水
精庵重創記, 1404年」〈陽村集, 卷14
10張, 木板本〉
수정사(修淨寺)[1]
경기 安城(옛 陽城)郡 白雲山에 있던
절 〈寺刹全書, 729p〉
수정사(修淨寺)[2]
경북 安東郡 水多山에 있던 절. 敎宗에
소속 〈寺刹全書, 729p〉
수정사(修淨寺)[3]
전남 長興郡 冠山面 天冠山에 있던 절.
天冠寺의 부속 암자. 조선의 行乎가 거
주 〈寺刹全書, 729p〉
수정사(水淨寺[庵])[1]
경북 義城郡 金城面 水淨洞 金鶴山에
있는 절. 一名 水淨庵·修量寺 〈寺刹
全書, 721·728p〉〈朝鮮寺刹一覽〉
수정사(水淨寺)[2]
경북 靑松(옛 眞寶)郡 南角山에 있던
절 〈寺刹全書, 721p〉
수정사(水淨寺)[3]
평남 平原郡 永柔面 月晶里 慈華山에
있던 절 〈寺刹全書, 721p〉
수정사(水淨寺)[4]
황해 遂安郡 彦眞山에 있던 절 〈寺刹
全書, 721p〉
수정사(水精寺)[1]
제주 濟州市 外都洞에 있던 절. 1304년
(忠烈王 30) 元의 皇后가 창건. 현재는
주초석이 남음 〈文化遺蹟總覽〉
수정사(水精寺)[2]
황해 金川(옛 牛峰)郡 聖居山에 있던
절. 일명 水精窟 〈寺刹全書, 722p〉
수정사(水晶寺)

경북 靑松郡 巴川面 松江洞 水晶山에
있던 절. 고려 恭愍王(1351-1374) 때
懶翁이 창건 〈寺刹全書, 721p〉〈朝鮮
寺刹一覽〉〈文化遺蹟總覽〉
수정사(水精社)⇒ 五臺寺 참조
수정암(水精庵)
강원 淮陽郡 金剛山에 있던 절 〈寺刹全
書, 722p〉
수정암(水晶庵)[1]
경기 楊州郡 瓦阜面 雲吉山에 있던 절
〈寺刹全書, 721p〉
수정암(水晶庵)[2]
충북 報恩郡 內俗離面 俗離山에 위치.
法住寺의 부속 암자. 1911년 比丘尼의
암자로 泰守가 중건 〈寺刹全書, 721p〉
수정암(水晶庵)[3]
위치 未詳 〈水色集, 卷4 20張, 木板本〉
許礪(1563-?) 詩「與諸少友上水晶菴
夜宿曉題」〈上同〉
수정암(首頂庵)[1]
경기 開豊郡 嶺北面 朴淵폭포 위에 있
던 절 〈寺刹全書, 726p〉
수정암(首頂庵)[2]
서울에 있던 절. 1470년(成宗 1) 폐사
〈寺刹全書, 726p〉
수종사(水鍾寺)
경기 楊州郡 瓦阜面 松村里 雲吉山에
있는 절 〈불교사전, 493p〉
1439년(世宗 21) 貞懿翁主의 浮屠를
건립. 1459년(世祖 5) 창건. 1890년 慧
一이 內帑金 8千兩으로 중건. 1891년 4
千兩을 얻어 佛像 4尊·幀畫 3軸을 조
성, 大法堂·羅漢殿·御香閣·山王閣
등을 丹靑. 1939년 洪泰旭이 大雄殿·
西禪樓·大房 등을 중건. 1940년 주지
洪泰旭이 靈山殿·獨聖閣·山神閣·
御影閣·應接室 등을 건축 〈寺刹全書,
722p〉
水鍾寺八角五層石塔:地有 제22호.
1972년 지정, 1957년 해체. 初層塔身

등 세 곳의 圓孔에서 金銅佛 15구 등이 발견되어 國立博物館에 이전. 그 중 가장 오랜 것은 發願文에 따라서 1493년 조성으로 추정 〈文化遺蹟總覽〉

水鍾寺浮屠內遺物(一括): 국유 보물 제259호. 1942년 지정. 14세기경 浮屠를 건립. 1939년 浮屠를 중수할 때 遺物 발견. 그 뒤 서울 國立中央博物館에 이전 보관

① 靑磁有蓋壺 1개

② 金銅製九層塔 1개

③ 銀製鍍金六角龕 1개 등이 발견 〈文化財大觀 ; 寶物篇〉

林叔英(1576−1623) 撰 「遊水鍾寺記」〈疎菴集, 卷4 1張, 木板本〉

丁若鏞(1762−1836) 撰「海剋將游水鍾寺以雨而止」〈與猶堂全書, 1集, 卷6 41張〉「遊水鍾寺記」〈上同, 卷13 34張〉

慧一 撰「水鍾寺重修記, 1890年」〈寺刹全書, 723p〉

수종암(水鍾庵)

평북 泰川郡 長林面 新上洞에 있던 절 〈寺刹全書, 724p〉

수증사(壽增[修證]寺)

황해 松禾郡 松禾面 龍井里 壽增山[墨山]에 있는 절 〈寺刹全書, 729p〉〈불교사전, 494p〉

權韠(1569−1612) 詩 「遊修證寺」〈石洲集, 卷3 19張, 木板本〉

許筠(1569−1618) 詩「修證寺, 二首」〈惺所覆瓿藁, 卷1 9張, 影印本〉「修證寺楊侍中夫婦畫像記」〈上同, 卷7 94張〉

수진사(修眞寺)

경북 蔚珍(옛 平海)郡 動八里山에 있던 절 〈寺刹全書, 729p〉

『蔚珍郡志』에는 平海面 梧谷里 위치로 표기

수천암(水泉庵)

충북 淸原(옛 淸州)郡 玉山面에 있던 절 〈寺刹全書, 724p〉

수청사(水淸寺)

전남 康津郡 佛聳山에 있던 절 〈寺刹全書, 724p〉

수층암(隨層庵)

전남 長興郡 冠山面 天冠山 天冠寺 부근에 있던 절 〈寺刹全書, 734p〉

수타사(壽陀[水墮]寺)

강원 洪川郡 東面 德峙里 孔雀山에 있는 절. 708년(신라 聖德王 7) 元曉가 牛跡山에 창건하여 日月寺라 함. 1569년(宣祖 2) 현지에 이전, 水墮寺라 개명. 壬亂 때 화재, 1636년(仁祖 14) 工쑥이 중건. 1644−1683년 學俊 등이 계속 중건. 1811년(純祖 11) 壽陀寺라 개명. 1861년(哲宗 12) 潤洽이 중수 〈불교사전, 731p〉

1639년(仁祖 17) 戒一이 白蓮堂을 건립. 1644년 學俊이 禪堂을 중건. 1647년 戒哲이 僧堂을 중건. 1650년(孝宗 1) 道詮이 正門을 중건. 1658년 勝海 등이 興懷樓를 창건. 1670년(顯宗 11) 正特 등이 大鐘을 주성. 1674년 法倫이 鳳凰樓를 창건. 1676년(肅宗 2) 汝湛이 四天王像을 塑成. 1677년 天海가 靑蓮堂을 신건. 1680년 汝敏이 香積殿을 건립. 1681년 智海 등이 白蓮堂을 중건. 1682년 性敏 등이 送月堂을 창건. 1683년 省念 등이 咏月堂 창건. 1709년 쓴草 등이 燔瓦. 1762년(英祖 38) 贊仁 등이 大寂光殿의 佛像을 改金하고 後佛幀을 조성. 1764년 惠澄이 번와. 1869년(高宗 6) 德波가 僧堂을 중건. 1882년 德波가 大寂光殿을 중수. 1885년 勝欽 등이 大寂光殿을 丹艧. 1903년 翠雲이 禪堂을 중수. 1910년 雪峰이 大寂光殿을 중수 〈乾鳳寺本末事蹟, 183p, 鉛印本〉

玉水庵이 山內에 부속

壽陀寺大寂光殿：地有 제17호. 1971년 지정. 工岑이 중건〈文化遺蹟總覽〉
瑞谷大師舍利塔碑：壽陀寺 경내에 위치. 高1.62m 幅55㎝ 厚28㎝. 1769년(英祖 43) 건립. 碑文은 金相福 撰 金相肅 書. 瑞谷의 俗姓은 金, 1702－1768년까지 생존. 壽陀寺에서 入寂〈上同〉
壽陀寺浮屠群：절 입구 좌측에 일렬로 浮屠와 浮屠碑가 羅列
① 靑松堂大師塔：高2m
② 淇虛堂大演大師塔：高70㎝
③ 瑞谷大師浮屠：高2.1m. 바로 옆에 舍利塔碑가 있다
④ 遊華堂大師妙暐之塔：高2m의 鐘形 浮屠
⑤ 中峯堂塔：高1.22m의 鐘形 浮屠
⑥ 洪波大師勝王塔：길쭉한 彈頭形 浮屠
⑦ 紅藕堂浮屠：高2.15m〈上同〉
壽陀寺碑：瑞谷堂舍利碑·石階重修碑·林光鉉碑·紅藕堂浮屠碑〈乾鳳寺本末事蹟, 188p, 鉛印本〉
水陀寺三層獅子石塔：高1.35m. 官에서 탑을 이전하려 했으나 맹호의 방해로 미수〈文化遺蹟總覽〉
壽陀寺三層石塔：각 층의 相輪部는 없어졌다. 고려 때 건립 추정〈上同〉
壽陀寺塔：麒虛堂塔·瑞谷堂塔·遊華堂塔·日月寺塔·中峰堂塔·紅藕塔·洪波堂塔·未祥塔 2기 등〈上同, 187p〉
紅藕大師浮屠碑：壽陀寺 경내에 위치. 高1.43m 幅53㎝ 厚17㎝. 대리석으로 건립. 碑文은 李士元 撰〈上同〉
壽陀寺眞影：德波堂·瑞谷堂·淸虛堂·海雪堂·華峰堂〈上同, 188p〉
江原道洪川縣東有孔省山水墮寺法堂重創丹雘記文, 1885年〈乾鳳寺本末事蹟, 197p, 鉛印本〉
景益(號 蘆月堂) 撰「孔雀山水墮寺重修記, 1861年」〈上同, 196p〉
鏡燦 撰「水墮寺東禪堂新建大有功記幷序, 1903年」〈上同, 197p〉
頓旭 撰 「孔雀山水墮寺盖瓦記, 1764年」〈上同, 195p〉
沼暎 撰 頓旭 書「水墮寺常住毘盧佛改金記文, 1762年」〈上同, 195p〉
定基 撰 「孔雀山水墮寺大雄寶殿重修記, 1882年」〈上同, 196p〉
淨源(1621－1709) 撰 「紅藕堂大師浮屠碑銘幷序, 1690年」〈上同, 198p〉
洪川縣東孔雀山水墮寺事蹟 〈上同, 189p〉 後錄은 霜峰淨源(1621－1709) 述〈上同, 192p〉
花山縣東嶺孔雀山水墮寺重覆盖瓦記, 1709年〈上同, 194p〉

수태사(水汰寺)
강원 高城郡 杆城面 金水里에 있던 절〈寺刹全書, 724p〉

수태사(水泰寺)[1]
강원 金化郡 近北面 乾川里 五聖山에 있는 절. 일명 水泰庵. 520년(法興王 7) 惠覺이 창건. 974년(고려 光宗 25) 朴彬거사가 命名. 1674년(顯宗 15) 禪房을 이전하여 靈隱寺라 개명. 1834년(純祖 34) 禪房을 옛터로 이전. 1894년(高宗 31) 定庵이 중수. 1928년 주지 正完이 중수〈寺刹全書, 724p〉〈불교사전, 494p〉
1614년(光海 6) 懷彥·道安 등이 萬歲樓를 건립. 1635년(仁祖 13) 懷彥 法凜 등이 寺蹟碑를 건립. 1682년(肅宗 8) 印建 憲忍 등이 退休堂時勝大師碑를 건립. 1751년(英祖 27) 道淑 妙慧 등이 松藕堂性初大師碑를 건립. 1759년 禪房을 수리. 1770년 學贊 등이 晦雲堂大鈞大師碑를 건립 〈楡岾寺本末寺志, 789－790p, 鉛印本〉
普德庵이 山內에 부속

扶宗樹教…性初大師之塔廟 : 1751년(英祖 27) 碑를 건립〈上同, 799p〉

…松籟堂性初大師之塔廟 :〈上同, 799p〉

晦雲堂大鈞大師之碑 : 1770년(英祖 46) 碑를 건립〈上同, 799p〉

金普 撰 洪命箕 書篆「退休堂時勝大師 碑銘幷序, 1682年」〈上同, 800p〉

性初 撰「像及重修記文」〈上同, 795p〉

廉斗會 撰「靈隱寺禪房新建上梁, 1894年」〈上同, 798p〉

尹濟民 撰 吳羾進 書並篆「有明朝鮮國…水泰寺寺蹟碑銘幷序」 1695년(肅宗 21) 碑를 건립〈上同, 793p〉

수태사(水泰寺)[2]
경북 軍威郡 義興面 芝湖洞 般岩山에 있는 절. 一名 水泰庵. 711년(신라 聖德 10) 義湘이 창건〈寺刹全書, 724p〉〈朝鮮寺刹一覽〉

수행굴(修行窟)
전북 高敞郡 雅山面 兜率山에 있던 절. 禪雲寺의 부속 암자〈寺刹全書, 729p〉

숙릉사(肅陵寺)
경기 開城市 永平門 밖에 있던 절. 921년(고려 太祖 4) 창건〈불교사전, 495p〉 1294년(고려 忠烈王 20) 元의 使臣이 本寺에 유숙했음〈寺刹全書, 734p〉

숙수사(宿水寺)
경북 榮州郡 順興面 邑內里에 있던 절〈寺刹全書, 734p〉
통일신라 때 창건. 1542년(中宗 37) 훼철하고, 紹修書院을 건립. 1953년 紹修中學校 운동장 공사 중 幢竿支柱 서쪽에서 金銅佛像 25구가 출토되어 국립박물관에 수장. 국내 書院의 효시〈文化遺蹟總覽〉

宿水寺址幢竿支柱 : 국유 보물 제59호. 1934년 지정. 高3.65m. 화강석으로 7세기경 건립 추정. 紹修書院 入口 松林 속에 현존하는 바 서원 경내에는 아직도 당시 宿水寺의 모든 유물이 잔존함

과 아울러 이 支柱로 원위치를 추정〈文化財大觀 ; 寶物篇〉

숙천사(肅川寺)
평남 順川郡 慈母山城 안에 있던 절〈寺刹全書, 734p〉

순안사(順安寺)
평남 順川郡 豊山面 城中洞에 있던 절〈寺刹全書, 734p〉

순천사(順天寺)
경기 開城 順天館 북쪽에 있던 절〈寺刹全書, 734p〉
1027년(고려 顯宗 18) 창건〈불교사전, 497p〉
李奎報(1168-1241) 撰「爲晉康公重修順天寺慶讚華嚴章疏法席疏」〈東國李相國集, 卷41 4張, 木板本〉「同前寺藥師如來點眼疏」〈上同, 卷41 5張〉

순천사(順川寺)
평남 順川郡 豊山面 城中洞에 있던 절〈寺刹全書, 734p〉

숭각사(崇角寺)
충남 扶餘郡 鷲靈山에 있는 절〈寺刹全書, 734p〉

숭교사(崇教寺)
경기 開城 南部 歡喜坊에 있던 절. 지금은 長竿 跌石이 남음. 李奎報(1168-1241) 등 10여 人士가 宴會 詩賦, 1009년(穆宗 12) 王이 창건하여 願刹로 삼음. 千秋太后(第4代王 景宗妃)의 핍박으로 인하여 顯宗(992-1031)이 12세(1009년) 때 祝髮하여 본사에서 거주. 이때 어떤 승려가「큰 별이 떨어져서 용으로 변했다가 또 사람으로 변하여 王에 즉위한」꿈이 있은 후 모두 12세의 沙彌僧을 奇異하게 여김. 1180년(明宗 10) 王이 法華會를 설행. 1217년(高宗 4) 安宗·顯宗·康宗 등 神御 三位를 玄化寺에서 奉遷 1343년(忠惠王復位 4) 王이 宴會〈寺刹全書, 734p〉

497p〉
숭덕사(崇德寺)
위치 未詳〈牧隱詩藁, 卷1 1張, 木板本〉
李穡(1328－1396) 詩 「新寓崇德寺」〈上同〉
숭림사(崇林寺)
전북 益山郡 熊浦面 松川里 咸羅山에 있는 절〈불교사전, 497p〉
1345년(고려 忠穆王 5) 창건〈文化遺蹟總覽〉
숭법사(崇法寺)
경기 開城市에 있던 절〈寺刹全書, 735p〉
1111년(고려 睿宗 6) 창건〈불교사전, 497p〉
숭복사(崇福寺)
경북 月城郡 外東面 末方里에 있던 절. 一名 鵠寺〈寺刹全書, 735p〉
신라 善德王 이전에 金元良이 창건하여 鵠寺라 함. 獻康王(875－886) 때 崇福寺라 개명. 1960년경 발견된 金銅製 · 金具 · 斷碑片石 등은 慶州博物館에 보관〈文化遺蹟總覽〉
慶州崇福寺碑：539－575년(신라 眞興王) 당시 건립〈朝鮮金石總覽, 上 120p〉
崇福寺址東西塔：西塔은 3층석탑으로 下層甲石 일부가 파괴. 東塔은 일부 파괴된 基壇部와 1층 塔身과 2개 옥개석만 남음〈文化遺蹟總覽〉
숭산사(崇山寺)
경기 開城市 宮城 북쪽에 있던 절. 1028년(고려 顯宗 19) 창건〈寺刹全書, 735p〉
숭산사(嵩山寺)
황해 海州에 있던 절. 923년(고려 太祖 6) 尹質이 後梁에서 가져온 羅漢畫를 봉안. 海州 神光寺인 듯〈寺刹全書, 735p〉

숭선사(崇善寺)
경기 開城市에 있던 절. 954년(光宗 5) 창건〈寺刹全書, 735p〉
숭암사(崇岩寺)[1]
전북 鎭安(옛 龍潭)郡 九峰山에 있던 절〈寺刹全書, 735p〉
子秀(1664－1737) 撰 「崙峯山崇巖寺鑄鐘記」〈無竟集, 4張, 木板本〉
숭암사(崇岩寺)[2] ⇒ 白雲寺[11] 참조
숭엄사(崇嚴寺) ⇒ 白雲寺[11] 참조
숭의전(崇義殿) ⇒ 阿彌寺 참조
숭정사(崇井寺)
충남 舒川(옛 韓山)郡 麒麟山에 있던 절〈寺刹全書, 735p〉
숭학사(崇學寺)
충남 唐津郡 倉澤山에 있던 절〈寺刹全書, 735p〉
숭화사(崇化寺)
경기 開城市 북쪽 城에 있던 절〈寺刹全書, 735p〉
1051년(고려 文宗 5) 창건〈불교사전, 498p〉
승가굴(僧伽窟) ⇒ 僧伽寺[1] 참조
승가사(僧伽寺)[1]
서울 鍾路區 舊基洞 三角山에 있는 절. 一名 僧伽窟 · 狼迹寺〈불교사전, 499p〉
756년(신라 景德王 15) 狼迹寺僧 秀台가 창건. 1024년(고려 顯宗 15) 智光 등이 중건. 1090년(고려 宣宗 7) 領賢이 중수. 1422년(世宗 4) 7宗을 합하여 禪敎 양종으로 정할 때 禪宗에 소속. 1880년(高宗 17) 明成皇后가 新福齋를 설하고 大房을 중건. 1941년 주지 道空이 山神閣을 중건. 1942년 藥師殿을 중건. 1957년 비구니 道圓이 중수〈불교사전, 499p〉〈寺刹全書, 736p〉
北漢山舊基里磨崖釋迦如来坐像：僧伽寺 경내 위치. 국유 보물 제25호. 1940년 지정. 高 약5m 膝幅5.04m. 花崗石으로 고려 때 조성 추정. 大磨崖石窟임이 명

백〈文化財大觀 ; 寶物篇〉
僧伽窟重修碑 : 1106년(고려 睿宗 1)
건립. 〈韓國金石全文, 中世下 537p,
許興植 編〉
僧伽寺石像 : 1024년(高麗 顯宗 15) 조
성 〈上同, 460p〉
李預(肅宗朝人) 撰 「三角山重修僧伽
窟記, 1106年」〈東文選, 卷64 23張, 木
板本〉
李猨(高麗人)이 本寺의 重修記를 撰
〈新增東國輿地勝覽, 卷3 37張〉
印錫龜 撰 「朝鮮國正憲大夫城月堂塔
碑銘幷序」〈寺刹全書, 738p〉
승가사(僧伽寺)² ⇒ 興福寺⁴ 참조
승가암(僧伽庵)
전북 完州郡에 있던 절. 威鳳寺이 부속
암자 〈寺刹全書, 736p〉
승광사(僧光寺)
충북 堤川郡 松鶴面 松寒里에 있던 절
〈寺刹全書, 738p〉
승련사(勝蓮寺)
전북 南原郡 萬行山에 있던 절. 처음은
金剛寺. 고려말기 弘慧가 거주. 1325
년(고려 忠肅王 12) 衍岊이 중건하고
勝蓮寺라 개명. 1358년(고려 恭愍王
7) 覺雲(龜谷)이 住持 〈불교사전,
501p〉〈寺刹全書, 739p〉
李穡(1328－1396)撰「勝蓮寺記, 1364
年」〈牧隱文藁, 卷1 9張, 木板本〉
승림사(僧林寺)
경북 榮州郡 順興面 東湖里에 있던 절.
石佛坐像(高 84cm) 3구가 남음 〈寺刹
全書, 738p〉
승안사(昇安寺)
경남 咸陽郡 水東面 昇安里에 있던 절
〈寺刹全書, 735p〉
昇安寺址三層石塔 : 보물 제294호. 1958
년 지정. 화강석으로 고려초기 건립 추
정. 1494년(成宗 25) 이전 추정. 1962
년 서남 약 15m 지점으로 이전. 원 위

치를 정확히 알 수 없다. 7점의 유물 발
견〈文化財大觀 : 寶物篇〉
昇安寺址石造如來坐像 : 地有 제33호.
1972년 지정. 高2.8m. 바른팔이 逸失
〈文化遺蹟總覽〉
승암(勝庵)
황해 信川郡 用珍面 九月山 貝葉寺 경
내에 있던 절 〈寺刹全書, 739p〉
승암사(僧岩寺)
전북 全州市 校洞 僧岩山에 있는 절.
1894년 隱庵이 창건. 1945년 金萬應이
중건 〈文化遺蹟總覽〉
上關面 僧岩山에 있는 僧岩寺와 同一寺
刹이 아닌가 싶다. 『寺刹全書』738p에
는 完州郡 上關面 僧岩山으로 기록됨
〈編者〉
승왕궁(僧王宮)
황해 金川郡 西北面 江陰里 天祭山 북
쪽 기슭 밭 가운데 있던 절 〈寺刹全書,
739p〉
승왕사(僧王寺)
경기 長湍郡(옛 長送面 上里)에 있던
절 〈寺刹全書, 739p〉
승의사(僧義寺)
서울에 있던 절 〈寺刹全書, 739p〉
승장사(勝長寺)
경북 尙州郡(옛 長川部谷)에 있던 절.
1281년(忠烈王 7) 金方慶이 일본을 칠
때 王이 머물렀다. 天台宗에 소속 〈寺
刹全書, 740p〉
金尙直(成宗以前人)이 本寺의 重創記
를 撰함 〈新增東國輿地勝覽, 卷28 11
張〉
승지사(勝地寺)
경남 昌寧郡 火王山에 있던 절 〈寺刹全
書, 740p〉
승천사(勝天寺)
충남 天原(옛 木川)郡 黑城山에 있던
절 〈寺刹全書, 740p〉
승현사(僧賢寺)

평남 安州(옛 孟州)郡에 있던 절 〈寺
刹全書, 739p〉

시랑사(侍郎寺)

충북 堤川郡 白雲面 茅亭里에 있던 절
〈寺刹全書, 740p〉

시왕굴(十王窟)

경기 始興(옛 水原)郡 儀旺面 清溪山
에 있던 절 〈寺刹全書, 781p〉

시왕사(十王寺)

경기 開城市 宮城 서북쪽에 있던 절.
1004년(고려 穆宗 7) 金致陽이 창건.
1146년(고려 仁宗 24) 王의 쾌유를 本
寺에서 기도 〈寺刹全書, 781p〉

시정암(始淨庵)

경북 善山郡 鳳岩山에 있던 절 〈寺刹
全書, 740p〉

시혈암(詩穴庵)

경기 開豊郡 天摩山에 있던 절 〈寺刹
全書, 740p〉

식암(息庵)[1]

강원 春城郡 清平山에 있던 절. 仙洞息
庵·清平息庵이라고도 함 〈寺刹全書,
740p〉

金昌協(1651−1708) 詩「息庵」〈農岩
集, 卷4 19張, 鉛印本〉

식암(息庵)[2]

서울 三角山에 있던 절 〈寺刹全書,
740p〉

義天(1055−1101) 詩「留題三角山息
庵」〈大覺文集, 238p, 影印本〉

식장암(食莊庵)

전북 南原郡 鴈峙 서쪽 기슭에 있던 절
〈寺刹全書 740p〉

신계사(神溪寺〔新戒寺〕)

강원 高城郡 外金剛面 倉垈里 金剛山
에 위치. 519년(신라 法興王 6) 普雲
이 開山. 653년(신라 眞德女王 7) 金
庾信이 중수. 682년(신라 神文王 27)
金庾信 夫人이 중건. 786년(신라 元聖
王 2) 소실, 泰能이 중건. 886년(신라

定康王 1) 王瀛이 중수. 968년(고려 光
宗 19) 法印이 보수. 1130년(고려 仁宗
8) 妙清이 중건. 1332년(고려 忠肅王
復位 1) 尤深이 중수. 1452년(文宗 2)
海波가 중건. 1485년(成宗 16) 智了가
중수. 1533년(中宗 28) 宥還이 중건.
1597년(宣祖 30) 黃謹中이 중건. 1669
년(顯宗 10) 石喆이 중건. 1711년(肅
宗 37) 清暉가 중건. 1782년(正祖 6)
載雨 寬性 등이 香爐殿을 중수. 1821년
(純祖 21) 宥信이 香爐殿을 중수. 1835
년(憲宗 1) 일신 중수. 1869년(高宗
6) 性宜가 靈山殿을 중건하고 瞻星閣을
건립. 1871년(高宗 8) 翠岩이 七星閣
을 건립. 1874년(高宗 11) 翠岩 義惺
등이 寂默堂을 중건. 1880년(高宗 17)
義惺 止潭 등이 琉璃殿을 중수. 1887년
(高宗 24) 大雄殿을 중건, 靈山殿을 이
전. 1893년(高宗 30) 七星閣을 중수.
1914년 大香閣을 중건. 1919년 化主 金
雨化가 最勝殿을 건립. 1922년 龍華殿
이 소실. 1929년 萬歲樓를 중건 〈寺刹
全書, 741p〉

679년(신라 文武王 19) 金欽純 金仁問
등이 大雄殿을 보수. 1767년(英祖 43)
思信尼의 靈骨碑를 건립. 1789년(正祖
13) 內帑金 三千兩으로 願佛殿·御香
閣을 건립하여 莊祖의 薦福 伽藍으로
삼음. 1917년 梵鐘閣을 중건. 1927년
40尺의 掛佛幀을 畫成 〈楡岾寺本末寺
志, 201p, 鉛印本〉

大乘庵, 兜率庵, 夢泉庵, 彌勒庵〔維摩
庵〕, 彌陀庵〔文殊庵〕, 法起庵, 法雲庵,
普光庵〔洛迦庵〕, 普雲庵〔宗仁庵〕, 獅
子窟庵, 三聖庵, 上雲庵, 寂滅庵, 中觀
音庵, 千丈庵, 香爐庵, 華藏庵 등이 山
內에 부속

洛庵堂尼首座思信之浮屠碑：姜思信의
浮屠 〈楡岾寺本末寺志, 257p〉

浮屠：洛庵堂思信尼浮屠,　影湖大師之

塔, 映月堂浮屠〈上同, 228p〉
碑 : 金公圭復永世不忘碑, 洛庵堂尼首
座思信尼碑, 懶雲大禪師碑, 大應大禪
師碑, 鉢淵寺眞表律師事蹟碑 〈上同,
228p〉
影幀 : 慶雲堂, 桂月堂, 幾峰堂, 楠景堂,
大應堂, 明盧堂, 普雲祖師(此寺創建
主) 西谷堂蓮宗, 西峰堂, 瑞峯堂, 石舟
堂禪德大法師, 雪月堂, 映月堂, 玩空
堂, 應庵堂, 中庵堂, 止潭堂, 眞表大律
師, 坡平尹公夢悟處士之眞, 楓溪堂慧
一, 海月堂, 混盧堂 등 22位를 龍船殿
影堂에 봉안〈上同, 229p〉
權啓萬 撰 權亨萬 書幷篆「懶雲大禪師
碑銘幷序」〈上同, 254p〉
金剛山神溪寺靈山殿記 : 1871년　玉洞
病夫記〈上同, 236p〉
金剛山神溪寺法堂重修上梁文 〈上同,
251p〉
金剛山華藏精舍記〈上同, 249p〉
肯遊 撰 「神溪寺普光殿重建記, 1848
年」〈上同, 241p〉
金圭復 撰 「金剛山神溪寺法堂重修上
梁文, 1887年」〈上同, 251p〉
宋秉璿(1836－1905) 撰 「自楡岾至神
溪寺記」〈淵齋集, 卷20 16張, 木板本〉
「見九龍淵還神溪寺記」〈上同, 卷20 17
張〉
神溪寺萬歲樓重建記, 己巳 〈楡岾寺本
末寺志, 240p, 鉛印本〉
神溪寺說禪堂重建記〈上同, 238p〉
神溪寺香爐殿重建記〈上同〉
申獻求 撰 金九鉉 書 李承五 篆「華嚴
宗主大應堂大禪師之碑銘幷序」〈上同,
255p〉
嚴永濟 撰「神溪寺大香閣重建記, 1914
年」〈楡岾寺本末寺志, 239p, 鉛印本〉
「靈山殿法堂記, 1871年」〈上同, 237p〉
映湖(1870－1948) 撰「神溪寺記念錄,
1905年」〈上同, 251p〉

劉漢翼 撰幷書「崇祿大夫金公圭復永世
不忘碑」〈上同, 258p〉
侖璇 撰 「普光殿念佛會設始序, 1849
年」〈上同, 267p〉
一圓 撰 楞準 書「普光殿重建記, 1871
年」〈上同, 243p〉「金剛山神溪寺七星
契序, 1874年」〈上同, 266p〉
淨義 撰 崔基南 書「金剛山…劉氏淸信
夫人優曇華碑」〈上同, 259p〉
知濯 撰「大乘禪院新建記」〈上同, 248p〉
知幻 撰 榮邰 書 「金剛山神溪寺事蹟,
1824年」〈上同, 233p〉
混元 撰「高城郡金剛山夢泉庵重修上梁
文, 癸未」〈上同, 253p〉
瑩岑 撰「金剛山鉢淵寺開創祖師眞表律
師事蹟碑」 1199년(고려 神宗 2) 건립
〈上同, 261p〉
신계사(新溪寺)
평북 龜城郡 五峰面 士氣洞에 있던 절
〈寺刹全書, 764p〉
신고운사(新孤雲寺)⇒ 孤雲寺² 참조
신광사(神光寺)¹
경북 月城(옛 慶州)郡 內南面 日南里
에 있던 절. 石柱와 瓦片이 산재〈寺刹
全書, 743p〉
신광사(神光寺)²
전남 潭陽郡 大田面 佛臺山에 있던 절
〈寺刹全書, 743p〉
吳道一(1645－1703) 詩 「神光寺…」
〈西坡集, 卷2 38張, 芸閣印書體字本〉
신광사(神光寺)³
전북 淳昌郡 墨山에 있던 절 〈寺刹全
書, 743p〉
신광사(新[神]光寺)⁴
전북 長水郡 天川面 臥龍里에 있는 절.
831년(興德王 6) 無染(801－888)이
창건 〈불교사전, 509p〉〈寺刹全書,
742 · 764p〉
신광사(神光寺)⁵
충북 堤川郡 龍頭山에 있던 절. 一名 神

神光庵〈寺刹全書, 743p〉
신광사(神光寺)[6]
황해 碧城郡 西席面 神光里 首陽山에 있던 절〈朝鮮寺刹一覽〉
923년(고려 太祖 6) 건립 추정. 1026년(고려 顯宗 17) 王이 행차. 역대 제왕의 행사가 있었다. 1342년(忠肅王 復位 3) 元의 順帝가 願刹을 건립키 위해 太監 宋骨兒를 시켜 金佛像 1구로 고려 侍中 金石堅, 密直使 李守山 등을 시켜 殿堂을 건립. 1677년(肅宗 3) 소실, 1678년 중건〈寺刹全書, 743p〉
北庵, 安養庵, 雲水庵 등이 山內에 부속
錦溟 撰 「黃海道海州郡首陽山神光寺普光殿重修記, 1847年」〈寺刹全書, 744p〉
洞俊 撰 「黃海道海州郡首陽山神光寺普光殿重修記, 1817年」〈上同, 744p〉
惠勤(1320－1376) 撰 「神光寺入院」〈懶翁和尙語錄, 15張〉
黃坡老人 撰 「神光寺事蹟, 1720年」〈上同, 745p〉
신광사(神光寺)[7] ⇒ 禪[仙]石寺 참조
신녈사(新涅寺)
경남 咸陽郡 智異山에 있던 절. 一名 新涅庵〈寺刹全書, 764p〉
신대사(新臺寺)
전남 莞島郡 莞島邑 郡內里에 있는 절. 1936년 건립〈文化遺蹟總覽〉
신대암(新臺庵)
경북 善山郡 牙山에 있던 절〈寺刹全書, 764p〉
신덕사(申[神]德寺)[1]
전남 谷城郡 動樂山에 있던 절〈寺刹全書, 751p〉
신덕사(神德寺)[2]
평남 龍岡郡 牙石山에 있던 절〈寺刹全書, 751p〉
신덕사(神德寺)[3] ⇒ 道林寺[2] 참조

신둔사(薪芚[新屯]寺)
경북 淸道郡 華陽面 東川洞 華岳山에 있는 절. 1173년(고려 明宗 3) 普照가 창건. 1667년(顯宗 8) 尙堅이 중건. 鳳林寺를 1877년(高宗 14) 薪芚寺로 개명. 1926년 松湖가 중건〈寺刹全書, 767p〉〈불교사전, 510p〉
신득사(新得寺)
황해 黃州郡에 있던 절〈牧隱詩藁, 卷 19 31張, 木板本〉
李穡(1328－1396) 詩 「龍頭大選云往黃州新得寺」〈上同〉
신라암(新羅庵)
황해 遂安郡 彦眞山에 있던 절〈寺刹全書, 764p〉
신락사(新樂寺)
경남 陜川郡 妙山面에 있던 절. 주위에 瓦片이 산재〈寺刹全書, 764p〉
신룡사(神龍寺)
강원 橫城郡에 있던 절인 듯.〈韓國金石全文, 中世下 1027p, 許興植 編〉
神龍寺小鐘 : 1238년(고려 高宗 25) 주성〈上同〉
신륵사(神勒寺)[1]
경기 驪州郡 北內面 上橋里 鳳尾山에 있는 절. 一名 報恩寺·甓寺. 신라 때 창건 추정. 1376년(고려 禑王 2) 懶翁이 入寂한 곳. 1379년 覺信 覺珠 등이 절을 大創하고 懶翁의 浮屠를 세움. 1440년(世宗 22) 중수. 1473년(成宗 4) 조정에서 韓明澮 등에게 확장토록 명하여 英陵(世宗大王) 願刹을 삼고 報恩寺라 개명, 당시 건물 200여 간. 1671년(顯宗 12) 戒軒이 중수. 1702년(肅宗 28) 偉學 天心 등의 여러 승려가 중수. 1726년(英祖 2) 化主 法密이 東台塔을 중수. 1797년(正祖 21) 執禪 등이 泛中樓 食堂 등을 신축. 1858년(哲宗 2) 金炳冀가 王命에 의해 중수. 1925년 涅槃堂을 신축. 1929년 주지 性

仁이　冥府殿을　중건　〈불교사전,
510p〉〈寺刹全書, 751p〉

神勒寺多層石塔 : 보물　제225호. 1940
년　지정. 高3m. 大理石으로 1472년
(成宗 3) 건립 추정. 8층 이하는 원형
태로 남음〈文化財大觀 ; 寶物篇〉

神勒寺多層塼塔 : 보물　제226호. 1940
년　지정. 高 약 9.4m. 塼・花崗岩으로
고려 때 건립 추정. 1726년(英祖 2)
중수. 현재는 7층까지 남았으나 屋蓋
形이 없다〈上同〉

神勒寺大藏閣記碑 : 보물　제230호.
1940년 지정. 高1.33m 幅0.88m. 碑身
은　대리석, 碑臺・屋蓋는　화강석.
1383년(고려 禑王 9) 건립. 李穡과 懶
翁의 門人들이 발원히여 經律論을 인
출 수장하던 집. 碑文은 李崇仁 撰, 權
鑄 書. 많은 부분이 파손〈上同〉

神勒寺普濟尊者石鐘 : 보물　제228호.
1940년 지정. 高1.9m. 花崗石으로 1379
년(고려 禑王 5) 건립 추정. 懶翁寶濟
尊者(1320－1376)의 墓塔〈上同〉

神勒寺普濟尊者石鐘碑 : 보물　제229호.
1940년 지정. 高2.12m 幅0.61m. 碑身
은　대리석, 碑臺・屋蓋는　화강석.
1379년(고려 禑王 5) 건립. 普濟尊者
懶翁(1320－1376)의 墓碑. 李穡 撰 韓
俋 書. 碑尾에 「蒼龍己未[1379]…門
人…等立石…」이라 기록. 初名은 元
惠, 法名은 惠勤, 俗姓은 牙, 寧海人
〈上同〉

神勒寺普濟尊者石鐘 앞 石燈 : 보물 제231
호. 1940년 지정. 高1.94m. 화강석으로
고려말경 건립 추정. 尊者의 石鐘・墓碑
와 함께 건립한 8각 石燈〈上同〉

神勒寺祖師堂 : 보물　제180호. 1939년
지정. 神勒寺가 조선 睿宗(1468－14
70) 때 중수되었으므로, 本 건물도 이때
건립 추정. 중앙에 懶翁과 左右에 指空
・無學大師의 영정을 봉안〈上同〉

金守溫(1409－1481) 撰 「報恩記」〈寺
刹全書, 753p〉

李穡(1328－1396) 撰 「驪江縣神勒寺
普濟舍利石鐘記」〈牧隱文藁, 卷2 13
張, 木板本〉「驪興神勒寺禪覺眞堂詩幷
序」〈東文選, 卷87 17張, 木板本〉

林㙷配　撰　「法堂重修碑記, 1706年」
〈寺刹全書, 755p〉

鄭夢周(1337－1392)　撰　「驪興郡神勒
寺大藏閣記」〈圃隱集, 卷4 19張, 木板
本〉

曹夏望(1682－1747)　撰　「神勒寺勸善
文」〈西州集, 卷5 44張, 全史字本〉

處能(1617－1680)　撰　「驪州鳳尾山神
勒寺重修事蹟記」〈寺刹全書, 752p〉

신륵사(神勒寺)[2]

충북　堤川郡　德山面　月岳里　月岳山에
있는 절〈寺刹全書, 757p〉〈불교사전,
511p〉

582년(신라　眞平王 4) 창건. 文武王
(661－680) 때 元曉 중수. 無學(1327
－1405)과 惟政(1544－1610)이　각각
중수〈文化遺蹟總覽〉

神勒寺三層石塔 : 地有　제4호. 1974년
지정. 高 약4m. 화강암으로 582년(신
라 眞平王 4) 사찰 창건과 동시 건립
〈上同〉

신륵사(新勒寺)

전남 羅州郡 錦城山에 있던 절. 一名 鬱
牙寺〈寺刹全書, 764p〉

신림사(新林寺[神琳寺])[1]

강원 淮陽郡 內金剛面 金剛山에 있던
절. 일명 神林庵. 表訓寺의 부속 암자
〈寺刹全書, 757・764p〉

673년(신라 文武王 13) 神琳祖師가 창
건. 1839년(憲宗 5) 중수. 1882년(高
宗 19) 法正이 중건. 1905년 度權 性慧
등이 중수. 1924년 度權 등이 번와. 9층
석탑이 산재〈楡岾寺本末寺志, 412p,
鉛印本〉

신림사(新林寺)²

경북 慶山(옛 河陽)郡 無落山에 있던 절 〈寺刹全書, 764p〉

신림사(新林寺)³

경북 慶山(옛 慈仁)郡 賢聖山에 있던 절. 신라 神文王(681－691) 때 元曉가 창건, 金堂이라 함. 그 뒤 白楊이 禪堂을 증축, 新林寺라 개명. 壬亂 때 화재, 1621년(光海 13) 法性이 중건 〈寺刹全書, 764p〉

신림사(神林寺)

경기 龍仁(옛 陽智)郡 神花山에 있던 절 〈寺刹全書, 757p〉

신방사(新房寺)⇒ 望海寺² 참조

신보라사(新寶羅寺)

평북 義州郡 馬頭山에 있던 절 〈寺刹全書, 764p〉

신복사(神福寺)

강원 江陵市 內谷洞에 있던 절 〈불교사전, 512p〉

神福寺址三層石塔 : 보물 제87호. 1934년 지정. 高4.55m. 화강석으로 고려초기 건립 〈文化財大觀 ; 寶物篇〉

神福寺址石佛坐像 : 보물 제84호. 1934년 지정. 高165cm. 화강석으로 고려초기 조성 추정. 머리에 石燈屋蓋 같은 것이 얹혀짐 〈上同〉

신복사(新福寺)

경기 華城郡 廣德山에 있던 절 〈寺刹全書, 764p〉

신복사(神伏寺)

위치 未詳. 신라 때 良家女가 崛山에 살면서 나이 넘도록 시집을 못갔는데, 하루는 우물에서 빛이 나와 배를 비추니 아비 없는 자식을 잉태하여 출산하였다. 집안 사람들이 이상히 여겨 얼음 위에 버려두니, 새들이 덮어주고 보호했다. 그리하여 이름은 「梵」이라 했다. 장성하여 승려가 되어 신통 묘용했으며, 神伏・堀山 두 산에 大刹과 塔을

건립. 朴仁範(신라말기)이 影贊한 글이 있다 〈寺刹全書, 758p〉

신복선사(神福禪寺)

경기 廣州郡 南漢山에 있던 절. 1314－1323년 永丘가 중건. 元의 朴瑣魯兀大가 땅 15結을 보시 〈寺刹全書, 758p〉

李穀(1298－1351) 撰 「大元高麗國廣州神福禪寺重興記」〈稼亭集, 卷3 11張, 木板本〉

신불암(新佛庵)

경남 梁山郡 熊上面 龍塘里에 있던 절. 주위에 瓦片이 출토 〈寺刹全書, 764p〉 〈文化遺蹟總覽〉

신사(新寺)¹

강원 溟州郡 注文津邑 三橋里에 있던 절. 寺址에 鐵佛立像이 있다 〈寺刹全書, 765p〉

신사(新寺)²

경기 安養市(옛 始興郡 東面) 安養里 冠岳山에 있던 절 〈寺刹全書, 764p〉

신사(新[薪]寺)³

경기 坡州郡 坡平面 栗谷里에 있던 절 〈寺刹全書, 765・767p〉

신사(新寺)⁴

평남 大同郡 柴足面 乾芝里에 있던 절 〈寺刹全書, 765p〉

신사(新寺)⁵⇒ 奉元寺 참조

신사(薪寺)

평남 平原郡에 있던 절. 1415년(太宗 15) 羅漢像에 땀이 났다 〈李朝實錄佛敎鈔存, 卷1 82張〉

신선사(神仙寺)

경북 月城郡 西面 松仙里에 있던 절인듯. 〈韓國金石全文, 中世下 1294p, 許興植 篇〉

夫體道者銘斷石山神仙寺造像 : 고려 때 조성 추정 〈上同〉

신선암(神仙庵)¹

경북 慶州市 南山洞에 있는 절 〈文化

遺蹟總覽〉
신선암(神仙庵)²
경북 慶州市 南山洞 南山에 있던 절.
磨崖菩薩像이 있는 것으로 보아 절이
있었던 것으로 추정 〈文化財大觀 ; 寶
物篇〉
慶州南山神仙庵磨崖菩薩半跏像 : 국유
국보 제199호. 1939년 지정. 高1.9m.
화강석으로 통일신라 때 조성 추정. 南
山 七佛庵 뒤쪽 거대한 磨崖石窟에 조
각〈上同〉
신수암(申秀庵)
평남 中和郡 雲峰山에 있던 절 〈寺刹
全書, 740p〉
신심사(神心寺)
충남 牙山郡 鹽峙面 山陽里 靈仁山에
있는 절 〈寺刹全書, 759p〉
신안사(身安寺)
충남 錦山郡 濟原面 身安里 靈神山에
있는 절 〈불교사전, 513p〉
583년(신라 眞平王 5) 慈藏이 창건.
敬順王이 휴양하고 몸을 안정한 곳이
라 하여 安身寺라 하였다고 전함 〈文
化遺蹟總覽〉
身安寺大光殿 : 地有 제3호. 1973년 지
정. 1974년 수리 〈上同〉
신암(新庵)¹
충남 扶餘(옛 鴻山)郡 峨眉山에 있던
절 〈寺刹全書, 765p〉
신암(新庵)²
황해 碧城(옛 海州)郡 雲山面 館洞里
에 있던 절. 寺址에 石佛 2구가 있다
〈寺刹全書, 765p〉
신암사(新岩寺)¹
경기 開豊郡 嶺南面 龍興里에 있던 절
〈寺刹全書, 765p〉
신암사(新岩寺)²
경북 淸道郡 淸道邑 鰲山에 있던 절.
滯氣와 臂痛에 특효가 있는 약물이 있
다고 전함 〈寺刹全書, 765p〉

신암사(新岩〔庵〕寺)³
충북 沃川(옛 靑山)郡 文殊山에 있던
절 〈寺刹全書, 765p〉
신암사(神岩寺)¹
경기 漣川郡 紺岳山에 있던 절 〈寺刹全
書, 759p〉
신암사(神岩寺)²
황해 殷栗(옛 長連)郡 九月山에 있던
절 〈寺刹全書, 759p〉
신암사(申庵寺)
충남 唐津(옛 沔川)郡에 있던 절 〈寺
刹全書, 740p〉
신암사(新庵寺)
충남 天原(옛 稷山)郡 聖居山에 있던
절 〈寺刹全書, 765p〉
신왕사(新旺寺)
서울 북쪽에 있던 절인 듯 〈桐巢遺稿,
卷4 32張, 石印本〉
南夏正(1678-1751) 撰 「新旺寺曲樓
重建上梁文」〈上同〉
신왕사(神王寺)
전남 羅州郡 錦城山에 있던 절 〈寺刹全
書, 759p〉
신원사(神元寺)
경북 慶州市(옛 慶州郡 內南面) 塔洞
에 있던 절. 신라 眞平王(579-631) 당
시 있었던 것으로 추정. 幢竿支柱가 있
다. 瓦片, 礎石 등이 산재 〈寺刹全書,
759p〉
신원사(新元寺)
충남 公州郡 鷄龍面 陽化里 鷄龍山에
있는 절. 651년(신라 眞德女王 5) 普德
이 창건 〈불교사전, 514p〉
고려 成宗(981-997) 때 如哲이 중수.
1298년(고려 忠烈王 24) 淨庵이 중건.
1394년(太祖 3) 無學이 중건. 1876년
(高宗 13) 普蓮 중수 〈文化遺蹟總覽〉
古王庵, 南庵, 騰雲庵〔壓鄭寺 · 靈泉
庵〕 등이 山內에 부속
新元寺五層石塔 : 地有 제31호. 1974년

지정. 652년(신라 眞德女王 6) 건립. 당시는 「7층 사리탑」이라고 전하나 지금은 2층 기단 위에 4층까지만 남음 〈上同〉

鷄龍山中岳壇 : 地有 제7호. 1973년 지정. 新元寺 동북쪽에 있는 것으로 鷄龍山을 제사지내는 祠堂. 신라 때는 계룡산을 5岳 중에 中岳이라 하여 中祀禮를 지내고, 조선 때는 春秋로 제사. 현재는 香奠만 올림 〈上同〉

신원사(神院寺)
충남 公州郡에 있던 절. 지금의 新元寺인 듯 〈寺刹全書, 759p〉

신응사(神凝寺)
경남 河東郡 智異山에 있던 절. 一名 神凝庵 〈寺刹全書, 759p〉
曹植(1501-1572) 詩 「讀書神凝寺」 〈南冥集, 卷1 9張, 鉛印本〉

신인사(神印寺)
경북 慶州市 排盤洞에 있던 절 〈文化遺蹟總覽〉

慶州南山塔谷磨崖彫像群 : 국유 보물 제201호. 1939년 지정. 高 ; 南面中尊像 1.45m 東面北側如來像1.75m 西面如來像1.45m 獨立菩薩像2.14m. 화강석으로 통일신라 때 조성 추정 〈上同〉

神印寺址廢塔 : 高1.40m. 3층석탑으로 도괴 〈上同〉

신일사(新日寺)
경기 廣州郡 門懸山에 있던 절 〈寺刹全書, 765p〉

신장암(信莊庵)
경북 聞慶郡 山北面 金龍寺 雲達山에 있던 절. 金龍寺의 부속 암자 〈寺刹全書, 740p〉

신적사(新寂寺)[1]
평남 平原郡 妙法山에 있던 절 〈寺刹全書, 765p〉

신적사(新寂寺)[2]
함북 鏡城郡 五峰山에 있던 절 〈寺刹

全書, 765p〉

신정사(神定寺)
위치 未詳 〈白谷集, 267p, 影印本〉
處能(1617-1680) 詩 「題神定寺望南樓」〈上同〉

신중사(神衆寺)
경북 慶州市에 있던 절 〈寺刹全書, 759p〉

신중암(神衆庵)
전남 長興郡 支提山에 위치. 天冠寺의 부속 암자 〈寺刹全書, 760p〉

신중원(神衆院)
경기 開城市에 있던 절. 924년(고려 太祖 7) 창건. 1222년(고려 高宗 9)까지 역대 帝王이 여러 번 행사를 설행 〈寺刹全書, 759p〉

신진불암(新眞佛庵)
전남 海南郡 頭輪山에 있던 절 〈寺刹全書, 765p〉

신통사(神通寺)
경기 驪州郡 歡喜山에 있던 절 〈寺刹全書, 760p〉

신혈사(神穴寺)
서울 西大門區 津寬外洞에 있던 절. 고려 成宗(981-997) 때 加哲이 창건. 고려 顯宗(1009-1031)이 잠룡 때 있었다. 1110년(고려 睿宗 5)까지 고려 역대 帝王이 행차 〈寺刹全書, 760p〉

신호사(神護寺)[1]
경기 開城市 補國寺 곁에 있던 절. 921년(고려 太祖 4) 창건 〈불교사전, 515p〉
1102년(고려 肅宗) 수리하여 大藏會를 설행 〈寺刹全書, 760p〉

신호사(神護寺)[2]
평남 平壤市 蒼光山에 있던 절 〈寺刹全書, 760p〉

신효사(神孝寺) ⇒ 墨寺[1] 참조

신흥사(新興寺)[1]
강원 三陟郡 近德面 東幕里 太白山에

있는 절. 838년(신라 閔哀王 1) 梵日이
창건. 一名 雲興寺〈불교사전, 516p〉
靑蓮庵이 山內에 부속
新興寺石造浮屠 : 高1.27m 〈文化遺蹟
總覽〉
新興寺影潭大師碑 : 高1.40m 幅49.5cm
厚14cm. 1860년(哲宗 11) 건립〈上
同〉
新興寺珠雲堂大師浮屠 : 高1.60m.　　中
央 一面에「珠雲堂」이라 縱刻〈上同〉
新興寺花雲堂大師浮屠 : 高1.62m.　　碑
와 같이 있다〈上同〉
新興寺花雲堂大師碑 : 高70cm 幅31.8cm
厚11cm. 1771년(英祖 47) 건립.「花
雲堂玄辰大師浮屠碑銘」이라 縱書 陰
刻〈上同〉

신흥사(新興寺)[2]
경기 開城宮城 밖에 있던 절. 919년
(고려 太祖 2) 창건. 940년(太祖 23)
중수. 功臣堂을 두고 東西壁에 三韓功
臣을 벽화하고 無遮大會를 설행〈寺刹
全書, 765p〉

신흥사(新興寺)[3]
경기 漣川郡 官仁面 中里에 있던 절
〈寺刹全書, 766p〉
고려초기부터 1950년 동란까지 있었다
함. 右肢가 파손된 石佛坐像 1구가 있
다〈文化遺蹟總覽〉

신흥사(新興寺)[4]
경기 利川郡 長湖院邑 善邑里 雪城山
에 위치〈朝鮮寺刹一覽〉
신라 때 창건. 지용을 겸비한 신라 武
將을 도와 諸臣들이 5일만에 건립했다
는 전설이 있다. 현재 건물은 20세기경
건립 추정〈文化遺蹟總覽〉〈寺刹全書,
765p〉

신흥사(新興寺)[5]
경기 華城郡 西新面 尙安里에 있는 절.
1930년경 九峰山 옛 唐城內에 石佛이
있으니, 이를 모셔다 절을 이룩하라는

九峰山 신령의 현몽에 따라 住持 張德
仁이 이 절을 창건했다는 전설이 있다
〈文化遺蹟總覽〉

신흥사(新[神]興寺)[6]
경남 梁山郡 院洞面 泳浦里 靈鷲山에
있는 절〈朝鮮寺刹一覽〉
301년(신라 基臨王 4) 信本이 창건.
1582년(宣祖 15) 性淳이 중건. 1801년
(純祖 1) 浩溟이 중건〈寺刹全書, 766p〉

신흥사(新興寺)[7]
경남 蔚州郡 江東面 大安里 含月山에
있는 절〈불교사전, 516p〉
673년(신라 文武王 13) 明朗이 창건.
옛날은 建興寺. 1626년(仁祖 4) 普閑
이 중건〈寺刹全書, 766p〉
樂西庵, 內院庵, 念佛庵 등이 山內에 부
속

신흥사(新興寺)[8]
경남 河東郡 智異山에 위치〈寺刹全書,
766p〉

신흥사(新興寺)[9]
경북 軍威郡 友保面 達山洞 到鳳山에
있는 절. 一名 新興庵. 신라 慈藏이 창
건. 六行이 중건. 玉岑이 중건〈불교사
전, 517p〉

신흥사(新興寺)[10]
경북 金陵郡 農所面 鳳谷洞 白馬山에
있는 절. 834년(신라 興德王 9) 迦智山
道儀가 창건. 950년(고려 光宗 1) 普照
가 중건. 1726년(英祖 2) 玄覺 浮岩이
중건. 1901년(光武 5) 화재, 1959년 住
持 雪牛가 중건〈寺刹全書, 766p〉

신흥사(新興寺)[11]
경북 蔚珍郡 遠南面 新興里. 신라 眞德
女王(647－653) 때 창건 〈蔚珍郡志,
田永璟 編, 1971印〉

신흥사(新興寺)[12]
전남 長城郡 北二面 院德里에 있던 절.
백제 때 창건이라 전함. 현재 고려 때의
미륵불상이 철도변에 서 있고, 초석

이 산재〈文化遺蹟總覽〉

신흥사(新興寺)[13]

전남 長興郡 長興邑에 있는 절. 1927년 중건〈文化遺蹟總覽〉

신흥사(新興寺)[14]

전북 高敞郡 新林面 加平里 半登山에 있던 절. 寺址에 초석이 남음〈寺刹全書, 766p〉

신흥사(新興寺)[15]

전북 任實郡 館村面 上月里 獅子山에 있는 절. 一名 新興庵. 신라 眞鑑(774-850)이 창건. 일설은 백제 聖王 7년(529) 창건〈寺刹全書, 766p〉〈불교사전, 516p〉

子秀(1664-1737) 撰「任實新興寺事蹟詞引」〈無竟集, 43張, 木板本〉

신흥사(新興寺)[16]

충남 論山郡 鷄龍山에 있던 절〈寺刹全書, 766p〉

신흥사(新興寺)[17]

충북 堤川郡 鳳陽面 明岩里에 있던 절. 현재는 林野로 변천〈寺刹全書, 766p〉

신흥사(新興寺)[18]

평남 順川郡에 위치〈寺刹全書, 767p〉

신흥사(新興寺)[19]

평북 龍川郡 龍骨山에 위치〈寺刹全書, 767p〉

신흥사(新興寺)[20]

함남 定平郡 文山面 豊城里에 위치. 石佛 1구가 존재. 一名 新興庵〈寺刹全書, 767p〉

신흥사(新興寺)[21]

함남 咸興郡 雲住山에 있던 절〈寺刹全書, 767p〉

신흥사(新興寺)[22]

함북 鏡城郡 朱北面 花山洞 五峰山에 있던 절〈寺刹全書, 767p〉

신흥사(新興寺)[23]

함북 明川郡에 있던 절〈寺刹全書, 767p〉

신흥사(新興寺)[24]

황해 松禾郡 九王山에 위치. 신라 憲德王(809-825) 때 慈藏이 開創, 그 뒤 之行이 중건, 그 뒤 玉岑이 중건. 一名 新興庵〈寺刹全書, 767p〉

신흥사(新興寺)[25] ⇒ 興天寺[3] 참조

신흥사(神興寺)[1]

강원 束草市 雪嶽洞 雪嶽山에 있는 절〈文化遺蹟總覽〉

『寺刹全書』에는 襄陽郡 道川面 獐項里 위치로 표기. 652년(신라 眞德女王 6) 慈藏이 雪嶽山 동쪽에 香城寺를 창건. 698년(신라 孝昭王 7) 소실. 701년(同王 10) 義湘이 山內의 能仁庵 터에 중건하여 禪定寺라 개명. 1642년(仁祖 20) 소실. 1644년 옛 터에서 10리 되는 지점에 중건하여 神興寺라 개명〈불교사전, 516p〉

652년(신라 眞德女王 6) 慈藏이 9층석탑을 조성하여 佛舍利를 봉안. 義湘이 彌陀像·觀音像·大勢至像 등을 조성. 壬亂 때 9층탑을 파괴. 1647년(仁祖 25) 靈瑞 등이 大雄殿을 창건. 1650년(孝宗 1) 大內서 香爐 1座를 하사. 1661년(顯宗 2) 海藏殿을 창건. 1715년(肅宗 41) 說禪堂 화재. 1717년 就眞 등이 說禪堂을 중건. 1725년(英祖 1) 海藏殿을 중수. 1737년(同王 13) 冥府殿을 창건하고 地藏菩薩像을 塑成. 1740년 雷運 등이 飜瓦. 1748년 圓覺居士가 大鐘·中鐘·金鼓 각 1座를 주성. 1749년 覺重이 大雄殿을 중수. 1761년 弘徵 등이 大雄殿 石階를 築造. 1770년 大雄殿과 普濟樓를 중수. 1774년 俊龍이 佛菩薩像에 改金. 1788년(正祖 12) 弘漢이 大鐘과 金鼓를 改鑄, 麟谷이 海藏殿을 중수. 1797년 暢悟巨寬이 冥府殿을 중수, 昊葉 등이 海藏殿을 丹雘. 1798년 十王像을 改彩하고 地藏幀을 조성. 1801년(純祖 1) 碧波 등이 龍船殿

을 창건하고 列聖朝의 位牌를 봉안.
1813년 周雲 등이 不二門과 斷俗門 등
을 건립. 碧波 등이 普濟樓를 중수.
1821년 巨寬 등이 極樂寶殿을 중수.
1827년 極樂寶殿을 丹艧. 1829년 法
閒이 中鐘 1座를 주성. 1858년(哲宗
9) 海藏殿을 應眞殿이라 改額하고 小
香閣을 건립. 1871년(高宗 8) 尙念이
寂默堂을 중수. 雪月이 寂默堂後閣을
건립. 1892년 眞影閣의 遺材로 三聖
閣을 건립. 1893년 東杲 등이 十王像
을 改彩하고 寮舍를 수리. 1902년 敬
隱이 大雄殿과 寮舍를 飜瓦. 1905년
滿月이 佛像을 改金하고 幀畫를 重彩.
1909년 龍船殿이 毀損. 1910년 應眞
殿이 화재. 1919년 應眞殿을 중건.
1921년 法殿과 寮舍를 수리. 1924년
說禪堂後閣을 중건〈乾鳳寺本末事蹟,
85p, 鉛印本〉
繼祖庵, 內院庵［能仁庵］, 東庵, 東土
窟, 般若庵, 白華庵, 上院庵, 西土窟,
先日庵, 洗塵庵, 少林庵, 安心庵, 安養
庵, 智無庵, 香爐庵 등이 山內에 부속
神興寺極樂寶殿: 地有 제14호. 1971년
지정. 1644년(仁祖 22) 신축. 1816년
(純祖 16) 중수. 1977년 보수〈文化遺
蹟總覽〉
神興寺碑: 寺蹟碑, 龍岩堂碑, 大圓堂
碑, 碧波堂碑 등〈乾鳳寺本末事蹟,
94p, 鉛印本〉
神興寺塔: 勁峰堂塔, 桂松堂塔, 貫虛
堂塔, 曡花塔, 大圓堂塔, 東坡塔, 白玉
堂塔, 碧潭堂塔, 不空塔, 聖谷堂塔, 笑
蓮堂塔, 遙圓堂塔, 龍岩堂塔, 月巖堂
塔, 隱海堂塔, 獜峰堂塔, 海岩居士塔,
向西堂塔 外에 未詳인 塔 8기〈上同,
93p〉
香城寺址三層石塔: 보물 제443호.
1966년 지정, 화강석으로 통일신라 때
축조 추정〈文化財大觀 ; 寶物篇〉

神興寺眞影: 鏡峰性悅, 鏡成泰厚, 觀性
尙淳, 貫雲靈瑞, 貫虛富聰, 麒峰定順,
勒庵政奎, 達摩祖師, 東坡弘敏, 東河
應潤, 萬愚處欣, 明星義鼎, 溟洲法察,
碧溪淨心, 碧峰雨沾, 碧松智嚴, 碧波
巨寬, 芙蓉靈觀, 四溟惟政, 三明翰義,
仙谷松默, 仙岳淨雄, 仙鶴景宜, 雪谷
冲筆, 雪潭泰闊, 雪岩秋鵬, 聖谷載憲,
性月昌玩, 松月再熏, 蓮谷石泉, 蓮庵
和悅, 了星啓玩, 龍船侑幸, 龍岩體照,
雲虛義寅, 圓峰尙機, 圓性順覺, 月岩
智厚, 印虛海眼, 靜虛弘漢, 靑岩可雲,
淸虛休靜, 秋潭大眞, 春潭, 春峰得靑,
春坡可成, 太古普愚, 鞭羊彦機, 楓潭
義諶, 海溟, 香坡寬星, 慧峰勝定, 混虛
明圖, 花峰道圓, 花月坦洪, 幻峰, 幻學
等學 등 57位〈乾鳳寺本末事蹟, 94p,
鉛印本〉
景麟 撰「雪嶽山神興寺海藏殿重修記,
1788年」〈上同, 100p〉
金夢華 撰「雪嶽山神興寺大鐘重鑄銘
幷序, 聖上卽位十二年」〈上同, 101p〉
道相 撰「雪嶽山神興寺丹靑記, 1797
年」〈上同〉
東衍 撰「神興寺羅漢殿重建記, 1919
年」〈上同, 108p〉
無畏 撰「雪嶽山神興寺改瓦重覆記,
1743年」〈上同, 96p〉
富摠 撰「雪嶽山神興寺冥府殿重建大
佛事記, 1798年」〈上同, 102p〉「龍船
殿記, 1803年」〈上同, 103p〉「影閣移
建記, 1832年」〈上同, 106p〉
「雪嶽山神興寺大法堂重創記, 1750年」
〈上同, 98p〉
雪嶽山神興寺事蹟銘幷序 : 1824年　碑
를 건립〈上同, 99p〉
性明 撰「襄陽郡雪嶽山神興寺改金彩
畫記, 1904年」〈上同, 108p〉
沈東潤 撰幷寫「襄州雪嶽山神興寺極
樂寶殿重修上梁文, 1823年」〈上同,

104p〉

沈鎭濂 撰 「神興寺極樂殿重修記, 玄羊」〈上同, 106p〉

月岩堂塔序：1821년 塔을 건립. 大師의 法名은 智厚, 俗姓은 南, 本은 宜寧, 1734－1819년까지 생존〈上同, 114p〉

俞彦鎬 撰幷篆 曹允亨 書「有明朝鮮國大圓堂大禪師碑銘幷序」 1792년 碑를 건립〈上同, 112p〉

尹之鉉 撰 李啓潢 書「普濟樓重修記, 1816年」〈上同, 103p〉

李福源(1719－1792) 撰 姜世晃 書幷篆 「有明朝鮮國龍岩堂大禪師碑銘幷序」〈上同, 113p〉

壯表 撰 「雪嶽山神興寺僧堂後閣重修記, 1871年」〈上同, 107p〉

張孝永 撰「雪嶽山神興寺鱐瓦重修記, 辛酉」〈上同, 108p〉

鄭元容(1783－1873) 撰 李勉人 書「有明朝鮮國碧波堂大禪師碑銘幷序」 1828년 碑를 건립. 大師의 法名은 巨寬, 號는 碧波〈上同, 114p〉

精頤 撰「雪嶽山神興寺說禪堂重修記, 1727年」〈上同, 96p〉

體照 撰 「雪嶽山神興寺鑄鐘記, 1748年」〈上同, 97p〉「雪嶽山神興寺大法堂石砌記, 1761年」〈上同, 98p〉

신흥사(神興寺)²

경기 開城市에 있던 절. 936년(고려 太祖 19) 창건〈寺刹全書, 762p〉

신흥사(神興寺)³

경남 晉陽郡 智異山에 위치〈寺刹全書, 762p〉

休靜(1520－1604) 撰 「頭流山神興寺凌波閣記, 1564年」〈淸虛堂集, 卷3 12張, 木板本〉

신흥사(神興寺)⁴

경남 陜川郡에 있던 절 〈寺刹全書, 762p〉

신흥사(神興寺)⁵

전남 寶城郡 伏雉山에 있던 절 〈寺刹全書, 762p〉

신흥사(神興寺)⁶

충북 堤川郡 紺岳山에 있던 절 〈寺刹全書, 762p〉

신흥암(新興庵)¹

경기 漣川(옛 朔寧)郡 豆毛山에 있던 절 〈寺刹全書, 767p〉

신흥암(新興庵)²

충남 公州郡 鷄龍面 中壯里 鷄龍山 甲寺의 부속 암자. 1905년(光武 9) 松永이 법당을 건립〈寺刹全書, 767p〉

신흥암(新興庵)³

함남 文川郡 盤龍山에 있던 절 〈寺刹全書, 767p〉

신흥암(新興庵)⁴

황해 載寧郡에 있던 절. 一名 新興寺 〈寺刹全書, 767p〉

신흥암(神興庵)

평북 熙川郡 眞面 長坪洞 妙香山에 위치 〈朝鮮寺刹一覽〉

실상사(實相寺)¹

전북 南原郡 山內面 立石里 智異山에 있는 절. 一名 實相庵. 828년(신라 興德王 3) 證覺이 창건. 1681년(肅宗 7) 碧岩이 중수〈文化遺蹟總覽〉

신라 道詵(827－898)이 창건. 고려 普月(1127－1130)이 중수 〈寺刹全書, 768p〉

百丈庵, 浮屠庵, 藥水庵 등이 山內에 부속

實相寺極樂殿：地有 제45호. 1974년 지정. 1597년 소실, 1684년 중건〈文化遺蹟總覽〉

南原實相寺石長栍(2기)：민속자료 제15호. 1969년 지정〈指定文化財目錄〉

實相寺浮屠：보물 제36호. 1934년 지정. 8각 2층탑. 高3.2m. 화강석으로 고려초기 건립 추정〈文化財大觀；寶物篇〉

實相寺三層石塔(2기)：보물 제37호.

1934년 지정. 實相寺 中心 法堂인 普光
殿 前庭에 東西 2기로 위치. 本寺 開基
는 828년(신라 興德王 3)으로 전하며.
石塔 축조도 동시로 추정〈上同〉
實相寺石燈: 보물 제35호. 1934년 지
정. 高5m. 화강석으로 9세기 건립 추
정. 828년 實相寺 창건 연대와 비슷한
것으로 추정〈上同〉
實相寺秀澈和尚楞伽寶月塔: 보물 제33
호. 1934년 지정. 화강석으로 9−10세
기경 건립 추정〈上同〉
實相寺秀澈和尚楞伽寶月塔碑: 보물 제
34호. 1934년 지정. 高2.9m 幅1.12m.
靑石으로 897−912년 건립 추정. 1714
년(肅宗 40) 중건.「楞伽寶月塔記」라
題額. 和尙은 816−893년까지 생존
〈上同〉
實相寺證覺大師凝廖塔: 보물 제38호.
1934년 지정. 高2.42m. 8각 2층. 화강
석으로 9세기경 건립 추정〈上同〉
實相寺證覺大師凝廖塔碑: 보물 제39호.
1934년 지정. 螭首 高1.03m 幅0.72m,
龜趺地臺幅1.61m. 화강석으로 9세기
경 건립. 碑身石은 逸失되고 龜趺·螭
首만 남음. 證覺은 一名 洪陟, 南漢祖
師로서 禪門九山의 하나인 實相山派를
開基한 고승〈上同〉
實相寺鐵造如來坐像: 보물 제41호.
1934년 지정. 高2.69m. 鐵(4,000斤)
로 통일신라 때 조성 추정〈上同〉
實相寺片雲浮圖:910년(後百濟) 조성.
〈韓國金石全文, 古代 246p, 許興植 篇〉
靈休 書「智異山實相寺重興事蹟詩序,
1687年」〈寺刹全書, 767p〉
실상사(實相寺)²
전북 扶安郡 山內面 中溪里 邊山에 있
는 절. 世祖(1455−1468)때 王이 중건
〈寺刹全書, 771p〉〈불교사전, 519p〉
실상암(實相庵)¹
강원 伊川郡 古味灘에 있던 절〈三峯

集, 2張, 木板本〉
知濯(1750−1839) 詩 「過伊川古味灘
實相庵」「贈實相庵雄大師」〈上同〉
실상암(實相庵)²
경기 開豊郡 嶺北面 박연폭포 위에 있
던 절〈寺刹全書, 771p〉
실상암(實相庵)³
충남 禮山郡 德山面 德崇山에 있는 절.
修德寺의 부속 암자. 1935년 滿空이 창
건〈寺刹全書, 771p〉
실상암(實祥庵)
전북 淳昌郡 淳昌面 淳化里에 있는 절.
1936년 桂雲이 창건.「이 절을 지을 때
淳化三層石塔으로부터 상서로운 빛이
이곳에 비쳤다 해서 實祥庵」이라고 한
다〈文化遺蹟總覽〉
실제사(實際寺)
566년(신라 眞興王 27) 창건〈三國史
記, 卷4, 木板本〉
경북 慶州에 있던 절인 듯. 신라 景德王
(742−764)이 供養〈寺刹全書, 771p〉
실제암(實際庵)
평북 宣川郡 所山에 있던 절〈寺刹全
書, 771p〉
심경암(心鏡庵)
전북 鎭安郡 龍潭面에 위치〈淸虛堂集,
卷1 9張, 木板本〉
休靜(1520−1604) 詩 「心鏡庵」〈上
同〉
심곡사(深谷寺)¹
강원 楊口郡 東面 八郞里 兜率山에 있
는 절. 879년(신라 憲康王 5) 道詵이
창건. 959년(고려 光宗 10) 화재. 960
년(光宗 11) 道敏이 중건. 1717년(肅
宗 43) 화재. 1721년(景宗 1) 休洗 등
이 內院庵을 중건하여 深谷寺라 함.
1770년(英祖 46) 惠哲 등 중수. 1775년
(英祖 51) 智詢이 중수. 1878년(高宗
15) 肯讚이 중수. 1915년 定典이 중수.
1923년 枕松이 중수〈불교사전, 520p〉

〈寺刹全書, 773p〉
898년(신라 孝恭王 2) 道詵이 入寂하
니, 塔을 本寺 北岡에 건립하고 證聖慧
燈이라 했다. 919년(고려 太祖 2) 5층
탑을 건립. 1426년(世宗 8) 金剛杵·
烏銅香爐를 주성. 1785년(正祖 9) 地
藏幀과 現王幀을 조성. 1871년(高宗
8) 肯讚이 중수. 1900년 惠庵이 大雄殿
·山神閣을 중건. 1902년 梵堂을 중
수. 1905년 惠庵 등이 梵堂을 丹艧.
1914년 佛像에 改粉, 佛幀을 조성.
1925년 중수〈乾鳳寺本末事蹟, 199p,
鉛印本〉
仙鏡庵, 月峰庵 등이 山內에 부속
「兜率山深谷寺佛像改粉及畵幀佛事記,
1914年」〈上同, 206p〉
朴弘均 撰 「深谷寺梵室塗壁記, 1905
年」〈上同, 205p〉
邊慧庵堂 撰 「兜率山內院庵重修記,
1915年」〈上同, 206p〉
普演 撰 「兜率山內院庵記, 1667年」
〈上同, 203p〉
徐翼龍 撰「深谷寺梵堂重丹靑記, 1905
年」〈上同, 205p〉
「深谷寺中鐘大施主記, 1879年」〈上
同, 204p〉
尹亨相 撰「兜率山內院庵改金事記,
1871年」〈上同, 204p〉
심곡사(深谷寺)²
강원 伊川(옛 安峽)郡 萬景山 동편에
있던 절〈寺刹全書, 772p〉
심곡사(深谷寺)³
전북 益山郡 朗山面 朗山里 彌勒山에
있는 절. 一名 深谷庵〈불교사전,520p〉
신라말기 창건〈文化遺蹟總覽〉
深谷寺浮屠群 : 각종 형식으로 7기의 浮
屠가 있다〈上同〉
深谷寺七層石塔 : 高3.95m〈上同〉
呂圭亨(1849−1922) 詩 「深谷寺次吳
在玉」〈荷亭集, 卷1 11張, 鉛印本〉

「礪山深谷寺虛舟長老眞影…」〈上同,
卷1 13張〉
심곡사(深谷寺)⁴
충북 槐山(옛 延豊)郡 公正山에 있던
절〈寺刹全書, 772p〉
심곡사(深谷寺)⁵
평남 江西郡 舞鶴山에 있던 절〈寺刹全
書, 773p〉
심곡사(深谷寺)⁶
평남 汶川郡 五峰〔鳳〕山에 있던 절
〈寺刹全書, 773p〉
심곡사(深谷寺)⁷
평남 中和郡 水山面 成才里 深谷山에
있던 절〈寺刹全書, 773p〉
심묘사(深妙寺)
충북 永同(옛 黃澗)郡 白華山에 있던
절. 여덟 곳의 절경이 있다〈寺刹全書,
773p〉
심복사(尋福寺)
강원 溟州郡 城山面에 있던 절. 石塔
(高4.2m) 石佛(高1.59m) 등이 남음
〈寺刹全書, 780p〉
심복사(心腹寺)
경기 長湍郡 江上面 率浪里 龍鳳山에
있는 절. 891년(신라 眞聖女王 5) 신라
慈藏이 開山. 1219년(고려 高宗 6) 天
希가 중건. 1396년(太祖 5) 無學이 중
건. 壬亂 때 1천여 간이 화재. 1644년
(仁祖 22) 印鑑 등이 중건. 1649년(仁
祖 27) 頤怡 등이 중건. 1932년 주지 泰
化가 중건〈寺刹全書, 771p〉
1681년(肅宗 7) 說誾이 事蹟碑를 건
립. 1684년(同王 10) 大衆이 多寶塔을
중수. 1924년 林泰化가 觀音幀 1軸을
製造하고 1926년 또한 大雄殿과 寮舍
를 건립. 1929년 林泰化가 上壇神衆山
神幀畵 3軸을 製造. 1931년 또한 緣故
林 130여町의 양여 허가를 받음. 1935
년 賊徒 10여 명이 住持가 출장시를 이
용하여 十層多寶塔을 부수고 寶物을

절취〈傳燈寺本末寺志, 183p, 鉛印本〉
金普 撰「月澄山心腹寺碑銘幷序, 1681
年」〈寺刹全書, 771p〉
宗軒 撰「長湍郡龍鳳山心腹寺事蹟記,
1632年」〈上同, 772p〉
知濯(1750－1839) 撰「長湍心腹寺普
光庵松月樓重修記」〈三峯集, 46張, 木
板本〉
심복사(深福寺)
경기 平澤(옛 振威)郡 玄德面 德睦里
廣德山에 있는 절〈寺刹全書, 773p〉
〈불교사전, 521p〉
深福寺石造毘盧舍那佛坐像 : 보물 제565
호. 1972년 지정. 高1.21m. 화강암으
로 조성〈文化財大觀 ; 寶物篇〉
심수사(深水寺)
경북 蔚珍郡 多乎川山에 있던 절〈寺
刹全書, 773p〉
심원사(深源寺)[1]
강원 三陟郡 黃池邑 黃池里에 있는 절.
觀音殿과 寮舍가 있다〈文化遺蹟總覽〉
심원사(深源寺)[2]
강원 鐵原郡 新西面 寶盖山에 위치.
647년(신라 眞德女王 1) 靈源이 창건
하여 興林寺라 함. 859년(신라 憲安王
3) 梵日이 중건. 1393년(太祖 2) 소실.
1396년(太祖 5) 無學이 중건하여 深源
寺라 개명. 兵火로 소실되었던 것을
1595년(宣祖 28) 印崇 등이 중건.
1907년 倭人의 放火로 건물과 1,602位
의 佛像이 소진. 1909년 주지 劉蓮叟가
점차 복구. 1931년 주지 李鎭學이 중수
〈寺刹全書, 775p〉
1950년 동란으로 소실. 1955년 주지
金相基가 新西面 舊地에서 현지 東松
面 上路里에 이전. 1,602位의 불상 중
地藏菩薩像만 이 절에 移安. 鹿閑居士
·敬軒大師碑·翠雲堂碑·石臺事蹟
碑·濟心女朴基佑基石施惠碑 등이 경
내에 있다〈文化遺蹟總覽〉

1636년(仁祖 14) 霽月堂敬軒大師碑를
건립. 1652년(孝宗 3) 翠雲大師碑를
건립. 1689년(肅宗 15) 朴信允이 5층
석탑을 건립. 1710년(肅宗 36) 大侃 등
이 無學台를 石刻. 1893년(高宗 30) 李
正燁이 日製 梵鐘 1좌를 헌납. 1906년
下賜金으로 土地 28,583坪을 買獻.
1910년 北靑郡 大同寺로부터 木製佛像
8位를 移安. 1918년 千佛像을 조성.
1928년 李鎭學 등이 新興四大橋를 가
설. 1929년 土地 36,500坪 買入. 1930
년 土地 23,015坪을 募緣 買收. 1931년
李鎭學이 수리. 中鐘 2좌를 매입. 1933
년 金信女가 土地 12,958坪을 헌납.
1934년 李鎭學이 土地 3,779坪을 매입.
1935년 李鎭學이 土地 49,9097坪을 매
입. 1939년 주지 李鎭學이 千佛殿 奉香
閣을 건립〈楡岾寺本末寺志, 601－
605p, 鉛印本〉
심원사 법당 설화 : 묘선스님이 불상 이
마를 도끼로 찍은 뒤에 30년 동안 그 법
당 문이 안 열려서 苦心끝에 당시 철원
신관 사또의 원력에 의하여 乞人 행색
한 묘선스님이 불상 이마에 찍힌 도끼
를 빼고보니「化主施主邂逅」의 6자가
도끼에 선명하게 새겨졌으므로 묘선스
님이 因果法則을 크게 깨달았다는 說話
〈1996. 3. 24. 16時 불교방송 설화시간〉
南庵, 三日庵, 石臺庵, 聖住庵, 地藏庵
[寺] 등이 山內에 부속
權相老 撰 「普盖山深源寺地藏殿上梁
文, 1962年」〈寺刹全書, 777p〉
「大施主朴氏功德碑銘幷序,　1935年」
〈楡岾寺本末寺志, 636p, 鉛印本〉
卞榮世 撰 「寶盖山深源寺住持李鎭學
(春山)有功記, 1933年」〈上同, 625p〉
雪岶(1651－1706) 撰 「深源寺山影樓
記」〈寺刹全書, 776p〉
申維翰(1681－?) 撰 「寶盖山念佛契
序」〈楡岾寺本末寺志, 623p, 鉛印本〉

申翊聖(1588-1644) 撰 李珖 書幷篆
「虛閑居士敬軒大師碑銘並序(霽月大
師)」1636년 碑를 건립〈上同, 630p〉
鄭斗卿(1597-1673) 撰「寶盖山深源
寺翠雲堂大師碑銘並序」1652년 碑를
건립〈上同, 633p〉
崔東植 撰 尹泰興 書「寶盖山深源寺
千佛殿重建上樑文, 1917年」〈寺刹全
書, 776p〉
彦機(1581-1644) 撰「寶盖山萬歲樓
重建記」〈楡岾寺本末寺志, 622p, 鉛
印本〉
심원사(深源[元]寺)[3]
경남 咸安郡 郡北面 舍村里에 있던 절.
부근에 돌담 일부가 남음〈寺刹全書,
774p〉
심원사(深源寺)[4]
경북 聞慶郡 籠岩面 內西里 道藏山에
있던 절. 660년(신라 武烈王 7) 元曉
가 창건하여 道藏庵이라 명명. 890년
(眞聖女王 4) 大雲이 佛日臺를 건립.
壬亂으로 화재. 100여년 동안 황폐되
었던 절을 樂貧이 중건하여 深源寺라
扁額. 1775년(英祖 51) 南岳이 중건.
1922년 주지 海應이 山神閣을 건립
〈寺刹全書, 774p〉
심원사(深源寺)[5]
경북 星州郡 伽倻山 남쪽에 있던 절
〈寺刹全書, 775p〉
심원사(深源寺)[6]
경북 月城(옛 慶州)郡 山內面 日富里
虎距山에 있는 절. 1913년 和俊이 중건
〈寺刹全書, 775p〉
심원사(深源寺)[7]
전북 南原郡 山內面 立石里에 위치. 秀
澈和尙楞伽寶月塔碑가 존재〈寺刹全
書, 773p〉
심원사(深源寺)[8]
전북 淳昌郡 回文山에 위치〈寺刹全
書, 773p〉

심원사(深源寺)[9]
전북 龍潭郡에 위치. 1903년 義兵將 李
錫庸이 여기에서 전투한 기록이 있다
〈寺刹全書, 773p〉
심원사(深源寺)[10]
전북 任實郡 聖壽山에 위치〈寺刹全書,
773p〉
심원사(深源寺)[11]
평북 博川郡 東南面 堂上洞 鳳麟山에
있던 절〈寺刹全書, 779p〉
심원사(深源寺)[12]
평북 朔州郡 郡內面 溫豊洞에 위치. 부
근에 瓦片이 산재. 碑銘이 있었다〈寺
刹全書, 779p〉
심원사(深源寺)[13]
평북 定州郡 深原山에 위치〈寺刹全書,
773p〉
심원사(深源寺)[14]
평북 定州郡 高安面 鳳鳴山에 있던 절
〈寺刹全書, 779p〉
심원사(深源寺)[15]
황해 黃州郡 餘界山에 위치〈寺刹全書,
779p〉
심원사(尋[深]源寺)[16]⇒ 百潭寺 참조
심원사(深院寺)[1]
서울 부근에 있던 절인 듯〈晋菴集, 卷
1 12張, 芸閣印書體字本〉
李天輔(1698-1761) 詩「深院寺」〈上
同〉
심원사(深院寺)[2]
전북 鎭安郡 程川面 鳳鶴里에 있는 절.
신라 때 창건. 1950년 동란으로 소실.
그 뒤 부근에 比丘尼가 사재로 草家 1
동을 건립하여 深院寺라 함〈文化遺蹟
總覽〉
심원사(深原寺)
평북 江界郡 善仙山에 있던 절〈寺刹全
書, 773p〉
심원사(尋源寺)
평북 碧潼郡에 위치〈寺刹全書, 780p〉

심원사(心源寺)
황해 黃州郡 龜洛面 德隅[陽]里 慈悲山에 있던 절. 寶光殿(구국보 제129호)이 보존 〈불교사전, 521p〉

심원암(深源庵)[1]
경북 太白山에 있던 절로 추정. 861년(신라 景文王 1) 杜雲이 太白山에서 草庵을 짓고 深源庵이라 하고 거주 〈寺刹全書, 779p〉

심원암(深源庵)[2]
전남 長興郡 冠山面 天冠山 天冠寺 부근에 있던 절 〈寺刹全書, 779p〉

심원암(深源庵)[3]
전북 金堤郡 金山面 金山里 母岳山에 있는 절. 金山寺의 부속 암자. 1635년(仁祖 13) 守文이 창건 〈寺刹全書, 779p〉

金山寺深源庵北崗三層石塔：보물 제29호. 1934년 지정. 高4.5m. 화강석으로 고려때 건립 추정 〈文化財大觀；寶物篇〉

심원암(深源庵)[4]
전북 南原郡 智異山 第一峰 아래 있던 절 〈寺刹全書, 779p〉

심적사(深寂寺)[1]
강원 三陟郡 黃池邑 黃池里에 있는 절. 1967년 건립. 주지 鄭大悟에 의하면 이 절은 신라 元曉가 공부하던 곳이라는 옛 절터에서 이전했다고 전함 〈文化遺蹟總覽〉

심적사(深寂寺)[2]
강원 平康郡 戲靈山에 있는 절. 一名 深寂庵 〈寺刹全書, 779p〉

심적사(深寂寺)[3]
경남 山淸郡 山淸面 智異山에 있는 절 〈寺刹全書, 779p〉
929년(신라 敬順王 3) 창건. 1950년 동란으로 소실. 同年 東峰이 三峰山 同龍洞에 이전 중건 〈文化遺蹟總覽〉
徐尙勳(1849－1881) 詩 「山淸深寂寺偶遊閒咏」〈華谷遺稿, 卷1 50張, 木活字本〉
泓宥(1718－1774) 撰「山陰深寂庵記」〈秋波集, 卷3 12張, 木板本〉

심적사(深寂寺)[4]
전북 淳昌郡 秋月山에 있던 절 〈寺刹全書, 779p〉
奇遵(1492－1521) 詩「深寂寺次兄韻」〈服齋集, 卷1 12張, 木板本〉

심적사(深寂寺)[5]
평남 平原(옛 順安)郡 靑龍山에 있던 절 〈寺刹全書, 779p〉

심적사(深寂寺)[6]
평북 寧邊郡 藥山에 있던 절 〈寺刹全書, 779p〉

심직사(深跡寺)
함북 鏡城郡 五峰山에 있던 절 〈寺刹全書, 780p〉

심적암(深寂庵)[1]
강원 高城郡 金剛山 12폭포 위에 있던 절 〈寺刹全書, 780p〉

심적암(深寂庵)[2]
강원 麟蹄郡 北面 龍垈里 雪嶽山에 있던 절. 百潭寺의 부속 암자. 1777년(正祖 1) 창건 〈불교사전, 522p〉〈寺刹全書, 780p〉

심적암(深寂庵)[3]
경기 甕津郡 靑岩山에 있던 절 〈寺刹全書, 780p〉

심적암(深寂庵)[4]
경남 蔚州(옛 蔚山)郡 上北面에 있는 절 〈寺刹全書, 780p〉

심적암(深寂庵)[5]
경북 金陵郡 代項面 黃岳山에 위치. 直指寺의 부속 암자 〈直指寺志, 87p, 筆寫本〉

심적암(深寂庵)[6]
전남 長興郡 冠山面 天冠山에 있던 절. 天冠寺의 부속 암자 〈寺刹全書, 780p〉

심적암(深[尋]寂庵)[7]

전남 海南郡 三山面 九林里 頭輪山에 있는 절. 大興寺에 부속 〈寺刹全書, 779p〉

심적암(深寂庵)[8]
함남 安邊郡 雪峰山에 있던 절 〈寺刹全書, 780p〉
海源(1691－1770) 撰 「雪峰山深寂庵廣興樓創建記」〈天鏡集, 卷中〉

심적암(深積庵)
황해 鳳山郡 慈悲嶺에 있던 절 〈寺刹全書, 780p〉

심정사(深淨寺)
평남 价川郡에 있던 절 〈寺刹全書, 780p〉

심진암(尋眞庵) ⇒ 白足寺 참조

심천사(深泉寺)
경북 慶山郡 動鶴山에 있던 절. 禪宗에 소속 〈寺刹全書, 780p〉

심향사(尋香寺)
전남 羅州郡 羅州邑 大湖里 錦城山에 있는 절. 옛 彌勒院. 신라 元曉(617－686)가 창건. 1358년(고려 恭愍王 7) 중수 〈불교사전, 523p〉
1789년(正祖 3) 夢守가 중건 〈文化遺蹟總覽〉

십선사(十善寺)
경남 金海郡 神魚山에 있던 절 〈寺刹全書, 780p〉

십신사(十信寺)
전남 光州市 西區 林洞에 있던 절 〈寺刹全書, 781p〉
光州十信寺址石佛：地有 제14호. 1972년 지정. 高4.5m. 조선초기 조성 추정. 大皇寺에서 移安 〈文化遺蹟總覽〉
光州十信寺址石塔：地有 제15호. 1972년 지정. 高4m. 조선초기 건립 추정. 梵字碑임 〈上同〉

십왕(十王) ⇒ 시왕 참조

ㅇ

아견사(阿見寺)
경남 咸安郡 楓灘 남쪽에 있던 절. 阿峴寺인 듯〈寺刹全書, 781p〉
아난굴(阿難[蘭]窟)
평남 順川(옛 殷山)郡 崇化山에 있던 절. 一名 阿難寺·阿蘭窟〈寺刹全書, 781p〉
아련사(雅蓮寺)
위치 未詳〈松岩集, 卷1 24張, 木板本〉權好文(1532−1587) 詩 「到雅蓮寺」〈上同〉
아미사(阿彌寺)
경기 漣川郡 鍾潭 위에 있던 절. 太祖(1335−1408)가 고려 王氏의 신주를 봉안하고 崇義殿이라 함〈寺刹全書, 781p〉
아미암(峩嵋庵)
위치 未詳〈白谷集, 309p, 影印本〉處能(1617−1680) 詩「題峩嵋庵」〈上同〉
아슬라사(阿瑟羅寺)⇒ 龍池寺 참조
아현사(阿峴寺)
경남 咸安郡 代山面 西村里에 있던 절. 부근에 瓦片이 산재〈寺刹全書, 781p〉
안계사(安溪寺)
경남 陜川郡 陜川面 西山里에 있던 절. 돌담 일부와 瓦片이 남음〈寺刹全書, 781p〉
안곡사(安谷寺)[1]
경북 迎日郡 杞溪面에 있던 절〈寺刹全書, 781p〉
안곡사(安谷寺)[2]
충남 禮山(옛 大興)郡 獅子山에 있던 절〈寺刹全書, 781p〉
안국사(安國寺)[1]
강원 溟州郡 城山面 觀音里에 위치. 돌담, 5층석탑. 石佛座像 등이 존재〈寺刹全書, 783p〉
안국사(安國寺)[2]
경기 開城에 위치. 1200년(고려 忠烈王 16) 王과 공주가 행차. 1298년(同王 24) 世子(忠宣王)와 공주가 행차. 1313년(고려 忠肅王 1) 上王이 행차〈寺刹全書, 782p〉
周世鵬(1495−1554) 詩 「宿安國寺」〈武陵集, 卷3 28張, 木板本〉
안국사(安國寺)[3]
경기 甕津郡 於乙亇山에 위치〈寺刹全書, 783p〉
안국사(安國寺)[4]
경북 星州郡 禿用山城 안에 위치〈寺刹全書, 783p〉
都漢基(1836−1902) 撰 「禿用山城安國寺重建, 丙子」〈管軒集, 卷17 1張, 鉛印本〉
안국사(安國寺)[5]
경북 月城(옛 慶州)郡 雲住山에 위치〈寺刹全書, 783p〉
李樹仁(1739−1822) 詩 「次安國寺會中韻」〈懼庵集, 卷3, 木板本〉
안국사(安國寺)[6]
전북 茂朱郡 赤裳面 北倉里 赤裳山에 있던 절〈朝鮮寺刹一覽〉
1277년(고려 忠烈王 3) 月印이 창건,

1613년(光海 3) 1864년(고종 1) 각각 중수〈文化遺蹟總覽〉
安國寺極樂殿：地有 제42호. 1934년 지정. 1277년(고려 忠烈王 3) 月印이 창건. 1613·1864년 각각 중수〈上同〉
안국사(安國寺)[7]
충남 唐津郡 貞美面 壽堂里에 있던 절. 石佛 1구와 五雲塔 1기가 있다〈寺刹全書, 782p〉
安國寺址石佛立像(3구)：국유 보물 제100호. 1935년 지정. 高：本尊4.91m 左侍像3.55m 右侍像1.7m. 화강석으로 고려 때 조성 추정. 本尊像 위에 長方形笠이 얹힘〈文化財大觀；寶物篇〉
安國寺址石塔：보물 제101호. 1935년 지정. 高 약3m. 화강석으로 고려 때 건립 추정. 屋蓋石은 4층까지만 남음〈上同〉
안국사(安國寺)[8]
평남 順川郡 舍人面 安國里 鳳獜山에 있던 절〈朝鮮史刹一覽〉
北庵이 山內에 부속
法宗(1670-1733) 撰「鳳獜山安國寺記」〈虛靜集, 下 2張〉
안국사(安國寺)[9]
평남 龍岡郡 安市城 안에 있던 절〈寺刹全書, 783p〉
안국사(安國寺)[10]
황해 瑞興郡 慈悲嶺에 위치〈寺刹全書, 783p〉
안국사(安國寺)[11]
황해 黃州郡 政方山에 위치〈寺刹全書, 783p〉
周世鵬(1495-1554) 詩「發安國寺將抵黃州口占」〈武陵別集, 卷4 25張, 木板本〉
안국사(安國寺)[12]⇒ 海龍寺 참조
안국암(安國庵)
경남 咸陽郡 馬川面 佳興里 智異山에 있던 절〈朝鮮寺刹一覽〉

656년(신라 武烈王 3) 行乎가 창건〈文化遺蹟總覽〉
安國寺址浮屠(3기)：地有 제35호. 1972년 지정. 行乎祖師塔 高1.4m.〈上同〉
琴松堂舍利塔：高1.5m.　西山大師浮屠 高1.5m.〈上同〉
안덕사(安德寺)
전북 高敞郡 雅山面 雲谷里에 있던 절. 寺址에 초석이 남음〈文化遺蹟總覽〉
高敞郡 火矢山에 소재〈寺刹全書, 784p〉
金宗直(1431-1492) 詩「七月出興德縣…安德寺宿焉」〈佔畢齋詩集, 卷6 20張, 木板本〉
안도암(安道庵)
전북 完州郡 所陽面에 있는 절〈寺刹全書, 784p〉
안동사(安東寺)
평남 成川郡 劍鶴山에 있던 절〈寺刹全書, 784p〉
안락사(安樂寺)
충남 禮山郡 道高山에 있던 절〈寺刹全書, 784p〉
안룡사(安龍寺)
경북 尙州(옛 咸昌)郡 宰岳山에 있던 절〈寺刹全書, 784p〉
안봉사(安峰寺)
경북 星州郡에 있던 절. 安奉寺인 듯〈寺刹全書, 784p〉
안북사(安北寺)
위치 未詳〈東文選, 卷19 21張, 木板本〉
權適(高麗 恭愍王時人?) 詩「安北寺詠竹」〈上同〉
안불사(安佛寺)[1]
전북 南原郡에 있던 절〈寺刹全書, 784p〉
안불사(安佛寺)[2]
함남 永興郡 德興面 鬮峰里 成佛山에

있는 절〈寺刹全書, 784p〉
안선사(安禪寺)
충남 燕岐郡 五峰山에 있던 절〈寺刹
全書, 784p〉
안선암(安禪庵)
황해 信川(옛 文化)郡 九月山에 있던
절〈寺刹全書, 784p〉
안수사(安水寺)[1]
경남 密陽郡 終南山에 있던 절〈寺刹
全書, 784p〉
안수사(安水寺)[2]
경북 尙州郡에 있던 절〈韓國金石全
文, 中世下 1283p, 許興植 編〉
丁巳銘尙州安水寺鐘 : 고려 때 주성 추
정〈上同〉
안수암(安峀庵)
전북 完山郡 高山面 聖才里 鷄峰山에
있는 절〈寺刹全書, 784p〉〈불교사전,
561p〉
안심대(安心臺)
전남 長興郡 冠山面 天冠山에 있던 절
〈寺刹全書, 788p〉
안심사(安心寺)[1]
강원 襄陽郡에 있던 절〈懶翁集, 328p,
影印本〉
惠勤(1320－1376) 詩「安心寺作」〈上
同〉
안심사(安心寺)[2]
경기 楊州郡 渼金面에 있던 절〈寺刹
全書, 784p〉
안심사(安心寺)[3]
전남 潭陽郡 大田面 花雅里 佛臺山에
있던 절〈寺刹全書, 786p〉
전남 潭陽郡 大田面 杏城里에 있던 절.
초석, 석축, 석탑재 등이 산재. 寺址 入
口에 목 없는 佛像(高1.2m)이 방치
〈文化遺蹟總覽〉
河永清(英祖朝人) 詩「安心寺水閣次
申妊景源韻, 丙戌」〈屛岩遺稿, 33p,
影印本〉「…安心寺…」〈上同, 55p〉

「安心寺次羅絫奉, 癸亥」「在安心寺…」
〈上同, 56p〉「奉和息影鄭丈敏河安心
寺…」〈上同, 61p〉
안심사(安心寺)[4]
전남 和順郡 瑞石山에 위치〈寺刹全書,
786p〉
안심사(安心寺)[5]
전북 完州郡 雲洲面 完昌里 大芚山에
있던 절〈朝鮮寺刹一覽〉
638년(신라 善德女王 7) 慈藏이 창건.
875년(신라 憲康王 1) 道詵이 중건. 신
라말기 祖球가 중건. 1600년(宣祖 33)
守天이 중건. 1710년(肅宗 36) 信悅이
중건〈寺刹全書, 786p〉
加興庵, 普賢庵, 上兜率庵, 上院庵, 石
臺庵, 藥師庵, 龍興庵 등이 山內에 부속
金錫周(1634－1684) 撰「全羅道高山
縣大芚山安心寺事蹟碑銘」〈息庵遺稿,
卷23 35張, 木板本〉
안심사(安心寺)[6]
충남 牙山(옛 新昌)郡 道高山에 있던
절〈寺刹全書, 784p〉
안심사(安心寺)[7]
충북 淸原(옛 淸州)郡 南二面 寺洞里
九龍山에 있는 절〈朝鮮寺刹一覽〉
신라 眞表가 창건. 1325년(고려 忠肅
王 12) 元明이 중건. 1626년(仁祖 4)
松庵이 중수〈文化遺蹟總覽〉
安心寺大雄殿 : 地有 제26호. 1976년 지
정. 775년(신라 惠恭王 11) 眞表가 창
건. 1325년(고려 忠肅王 12) 元明이 중
건〈上同〉
安心寺世尊舍利塔 : 地有 제27호. 1976
년 지정. 塔高2m 碑高2m 幅60cm 厚
25cm. 775년(신라 惠恭王 11) 眞表가
건립하여 舍利를 봉안. 碑文에 의하면
「塔의 행방을 모르던 중 九龍山에서 발
견. 1881년 九川洞에 遷奉. 1900년 廣
祐 等元 두 승려가 安心寺에 移奉하였
다」고 전함〈上同〉

안심사(安心寺)[8]
평북 龜城郡 天摩面 安倉洞 銀倉山에
위치. 부근에 瓦片이 산재〈寺刹全書,
787p〉
안심사(安心寺)[9]
평북 寧邊郡 北薪峴面 妙香山에 위치.
普賢寺의 부속 암자〈寺刹全書, 787p〉
李穡(1328-1396) 撰 「寧邊安心寺指
空懶翁舍利石鐘碑」1384년(고려 禑王
10) 건립〈懶翁集, 417p, 影印本〉「香
山安心寺舍利石鐘記」 고려 普濟王師
의 스승 指空(印度 ; ?-1363)의 石鐘
〈牧隱文藁, 卷3 13張, 木板本〉
안심사(安心寺)[10]
함남 咸州郡 麒麟山에 있던 절〈寺刹
全書, 787p〉
안심사(安心寺)[11]
황해 長淵郡 彌羅山에 있던 절〈寺刹
全書, 787p〉
안심사(安心寺)[12]⇒ 普賢寺[15] 참조
안심암(安心庵)[1]
강원 高城郡 西面 百川橋里 金剛山에
있던 절. 楡岾寺의 부속 암자〈불교사
전, 561p〉
안심암(安心庵)[2]
강원 金化郡 白易山에 있던 절〈寺刹
全書, 787p〉
안심암(安心庵)[3]
강원 束草市 雪嶽山에 있던 절. 神興寺
의 부속 암자〈寺刹全書, 787p〉
안심암(安心庵)[4]
강원 淮陽郡 內金剛面 長淵里 金剛山
에 있던 절. 表訓寺의 부속 암자〈불교
사전, 561p〉
신라 麻衣太子와 고려 太祖 간의 일화
가 전함〈寺刹全書, 787p〉
안심암(安心庵)[5]
함남 安邊郡 白雲山에 있던 절〈寺刹
全書, 788p〉
안암사(安岩寺)

서울 城北區 安岩洞에 있던 절. 1470년
(成宗 1) 폐사〈寺刹全書, 788p〉
안양사(安養寺)[1]
강원 鐵原郡 鐵原邑 栗梨里 寶盖山에
있던 절. 一名 安養庵. 863년(신라 景
文王 3) 梵日이 창건. 1398년(太祖 7)
無學이 중건. 1884년(高宗 21) 性月이
수리〈寺刹全書, 789p〉
1890년 南眞覺이 山神閣을 건립. 1902
년 張應空이 七星閣을 중건. 1904년 陳
蓉城이 法堂 6간을 중건. 1905년 寮舍
를 중건하고. 後佛幀·神衆幀을 조성.
1912년 月運이 大鐘 2口를 上海서 鑄來
〈楡岾寺本末寺志, 829p, 鉛印本〉
蓉城 撰 「鐵原郡寶盖山安養寺佛粮錄,
1908年」〈上同, 839p〉
「鐵原郡安養寺事蹟,　1913年」〈上同,
836p〉
竺洞 撰 「安養寺重建記, 1906年」〈寺
刹全書, 789p〉
안양사(安養寺)[2]
경기 江華郡 喬桐面 邑內里 華盖山 남
쪽에 있던 절. 寺址에 돌담이 산재〈寺
刹全書, 789p〉
안양사(安養寺)[3]
경기 安養市 安養洞 三聖山에 있는 절.
一名 廣德寺. 廣德寺址에 신축. 고려 崔
瑩(1316-1388)이 慧謙으로 하여금
중수〈寺刹全書, 788p〉
고려 太祖가 7층탑을 건립. 金富軾이
碑文을 撰함〈新增東國輿地勝覽, 卷10
24張, 木板本〉
660년(신라 武烈王 8) 羅·麗의 전투
에서 신라 漢陽城主 冬陁川이 本寺의
창고를 헐은 材木으로 樓櫓를 만들어
城을 防守한 功이 있었다〈三國史記,
卷5, 木板本〉
安養寺龜趺:碑身과 螭首는 없어지고.
현재는 龜趺만 남음. 옆에 있는 浮屠의
塔碑로 추정〈文化遺蹟總覽〉

安養寺浮屠 : 大雄殿 앞에 위치한 것으로 塔身과 基壇中石은 없다 〈上同〉

安養寺七層塔銘 : 1131년(고려 仁宗 9) 건립 〈韓國金石全文, 中世下 593p, 許興植 編〉

李崇仁(1349－1392) 撰「[安養寺]重新記」〈新增東國輿地勝覽, 卷10 24張, 木板本〉

안양사(安養寺)[4]

경기 龍仁郡 器興面 貢稅里에 있던 절 〈寺刹全書, 789p〉

安養寺址石造如來坐像 : 高70cm. 고려말기 조성 추정 〈文化遺蹟總覽〉

安養寺址五層石塔 : 高2.5m.　고려말기 건립 추정 〈上同〉

南夏正(1678－1751) 撰「陽智安養寺小鐘銘幷序」〈桐巢遺稿, 卷4 30張, 鉛印本〉

안양사(安養寺)[5]

경기 利川郡 五音山에 있던 절 〈寺刹全書, 789p〉

안양사(安養寺)[6]

경기 抱川郡 內村面 內里에 있던 절 〈寺刹全書, 789p〉

안양사(安養寺)[7]

경남 晉陽郡 智異山에 있던 절. 禪宗에 소속 〈寺刹全書, 789p〉

安養社鈑子 : 1252년(고려 高宗 39) 주성. 〈韓國金石全文, 中世下 1040p, 許興植 編〉

안양사(安養寺)[8]

충북 沃川郡 郡北面 湫沼里에 있던 절. 돌담 일부와 瓦片이 산재 〈寺刹全書, 789p〉

안양사(安養寺)[9]

평남 中和郡 淨土山에 있던 절 〈寺刹全書, 790p〉

안양사(安養寺)[10]

평북 定州郡 五峰山에 위치 〈寺刹全書, 790p〉

안양사(安養寺)[11]

함남 德源郡 赤田面 堂中里에 있던 절. 太祖(1335－1408)가 少時에 독서하던 곳 〈寺刹全書, 790p〉

안양사(安養寺)[12]

황해 信川郡(옛 文化縣) 九月山에 있던 절 〈寺刹全書, 790p〉

안양암(安養庵)[1]

강원 高城郡 杆城面 新安里 乾鳳寺의 부속 암자. 1606년(宣祖 39) 惠能이 창건. 1878년(高宗 15) 화재 〈寺刹全書, 791p〉

안양암(安養庵)[2]

강원 高城(옛 襄陽)郡 土城面 金剛山에 위치. 禾嚴寺의 부속 암자. 1628년(仁祖 6) 廣明이 창건. 1860년(哲宗 11) 春潭이 중건 〈寺刹全書, 791p〉

1721년(景宗 1) 海城이 중수. 1893년 수해로 암자가 도괴. 1894년 쓴星이 중수. 1909년 影雲이 七星閣을 건립 〈乾鳳寺本末事蹟, 148p, 鉛印本〉

東峴叟 撰 「華嚴寺安養庵重修記, 甲午」〈上同, 156p〉

崔錫玄 撰 「華嚴寺安養庵七星閣上梁文」〈上同〉「華嚴寺安養庵七星閣創建記」〈上同, 158p〉

咸允 撰 「金剛山華嚴寺安養庵重建記, 1878年」〈上同, 155p〉

안양암(安養庵)[3]

강원 束草市(옛 襄陽郡 道川面) 雪嶽山에 위치. 神興寺의 부속 암자. 1785년(正祖 9) 俊鏡이 창건 〈寺刹全書, 791p〉

1875년(高宗 12) 普琳이 佛像을 改金 〈乾鳳寺本末事蹟, 88p, 鉛印本〉

안양암(安養庵)[4]

강원 淮陽郡 內金剛面 金剛山에 위치. 長安寺의 부속 암자. 고려 成宗(981－997) 때 懷正이 창건. 1853년(哲宗 4)

중건. 1867년(高宗 4) 信士 孫瀅洙가 중건. 1873년(高宗 10) 石潭이 중수 〈寺刹全書, 791p〉
「金剛山長安寺安養庵十六殿重建記, 1911年」〈楡岾寺本末寺志, 340p, 鉛印本〉
思穎居士 撰「長安寺安養庵重建記, 丁卯」〈上同, 339p〉
安養庵盖瓦大施主記, 1890年 〈上同, 384p〉
長安寺安養庵佛事記, 1882年 〈上同, 370p〉

안양암(安養庵)[5]
경남 梁山郡 下北面 靈鷲山에 있는 절. 通度寺의 부속 암자. 1295년(고려 忠烈王 21) 贊仁이 창건. 1865년(高宗 2) 雨潭이 중건 〈寺刹全書, 791p〉

안양암(安養庵)[6]
부산 東萊區 清龍洞 金井山에 있는 절. 梵魚寺의 부속 암자 〈寺刹全書, 791p〉

안양암(安養庵)[7]
서울 鍾路區 昌信洞에 있는 절 〈寺刹全書, 790p〉

안양암(安養庵)[8]
전북 高敞郡 雅山面 三仁里 兜率山에 있던 절. 禪雲寺의 부속 암자 〈寺刹全書, 790p〉

안양암(安養庵)[9]
전북 金堤(옛 金溝)郡 妙高山에 있던 절 〈寺刹全書, 791p〉

안양암(安養庵)[10]
전북 完州郡 上關面 完山에 있던 절. 1910년 淨名이 창건. 1935년 鄭明珠가 중수 〈寺刹全書, 791p〉

안양암(安養庵)[11]
충남 天原郡 廣德面 廣德里 泰華山에 있는 절. 廣德寺의 부속 암자 〈寺刹全書, 790p〉

안양암(安養庵)[12]
함남 安邊郡 釋王寺 부근에 위치 〈寺刹全書, 791p〉

안양암(安養庵)[13]
황해 碧城郡 西席面 首陽山에 위치. 神光寺의 부속 암자 〈寺刹全書, 791p〉

안양암(安陽庵)
전남 和順(옛 同福)郡 甕城山에 있던 절 〈寺刹全書, 788p〉

안영사(安永寺)
전북 完州郡 大芚山에 있던 절 〈寺刹全書, 791p〉

안영암(安影庵)
경남 密陽郡 載藥山에 있던 절 〈寺刹全書, 791p〉

안원사(安圓寺)
황해 松禾郡 達磨山에 있던 절 〈寺刹全書, 791p〉

안읍사(安邑寺)
황해 松禾(옛 豊川)郡 楓長山에 있던 절 〈寺刹全書, 791p〉

안일암(安逸庵)
경북 大邱市 南區 大明洞 琵瑟山에 있는 절. 927년(敬順王 1) 靈照가 창건. 1932년 慶松이 중건 〈寺刹全書, 791p〉 음력 1915년 1월 15일 尹相泰 徐相日 등 독립투사들이 많이 활약하던 곳 〈文化遺蹟總覽〉

안일원(安逸院)
서울에 있던 절. 比丘尼 거주. 1623년(光海 15) 폐사 〈寺刹全書, 791p〉

안장사(安長寺)[1]
경북 義城(옛 比安)郡 無居山에 있던 절 〈寺刹全書, 792p〉

안장사(安長寺)[2]
전북 鎭安郡 崎峯山에 있던 절 〈寺刹全書, 792p〉

안적사(安寂寺)[1]
경기 開豊郡 聖居山에 있던 절 〈寺刹全書, 792p〉

안적사(安寂寺)[2]
경남 梁山(옛 東萊)郡 機張面 內里 鷲

林山에 있는 절 〈寺刹全書, 792p〉〈불
교사전, 562p〉
안적사(安寂寺)[3]
황해 金川(옛 牛峰)郡 聖居山에 있던
절 〈寺刹全書, 792p〉
안적사(安積寺)
경기 長湍郡 聖居山 金神寺 남쪽 기슭
에 있던 절 〈寺刹全書, 792p〉
안적암(安寂庵)[1]
경남 梁山郡 下北面 千聖山에 위치. 內
院寺의 부속 암자. 地有 제119호. 1974
년 지정. 1646년(仁祖 24) 永熏이 중
건 〈寺刹全書, 792p〉
1977년 해체 복원 〈文化遺蹟總覽〉
안적암(安寂庵)[2]
경북 慶山郡 龍城面 龍田洞 九龍山에
있던 절. 盤龍寺의 부속 암자 〈寺刹全
書, 792p〉
안적암(安寂庵)[3]
경북 聞慶郡 聞慶邑 上草里 主屹山에
있는 절. 惠國寺의 부속 암자. 일명 普
濟庵. 고려 恭愍王(1352−1374) 때 창
건. 1800년(正祖 24) 化主 慕恩이 중
건. 1881년(高宗 18) 惺盧 중수. 1896
년 應山이 중수 〈寺刹全書, 792p〉
朴宗文 撰「惠國寺安寂庵重修記, 1802
年」〈上同〉
안정사(安靜寺)[1]
경남 統營郡 光道面 安井里 碧鉢山에
있는 절. 654년(신라 武烈王 1) 元曉
가 창건. 1751년(英祖 27) 仁閑이 중
건 〈불교사전, 562p〉
安靜寺大雄殿 : 地有 제80호. 1974년 지
정 〈文化遺蹟總覽〉
迦葉庵, 般若庵, 笑月庵, 元曉庵, 隱鳳
庵, 義湘庵, 天開庵 등이 山內에 부속
안정사(安靜寺)[2]
경남 陜川郡 佳會面 吾道里에 있던 절
〈寺刹全書, 793p〉
寺址는 民家化했고, 佛座臺가 남음

〈文化遺蹟總覽〉
안정사(安靜寺)[3]
함남 北靑郡 大德山에 있던 절 〈寺刹全
書, 793p〉
안정사(安靜寺)[4] ⇒ 靑蓮寺[4] 참조
안정사(安定寺)
경북 安東郡 西後面 台庄洞에 있는 절.
1951년 건립. 月谷面 美質洞에 있었으
나 안동댐 수몰로 인하여 1973년 현 위
치에 이전 〈文化遺蹟總覽〉
安定寺石造如來坐像 : 地有 제44호.
1973년 지정. 절 이전할 때 함께 移安
〈上同〉
안정암(安靜庵)
경남 咸陽郡 甁谷面 先坪里에 있던 절
〈寺刹全書, 793p〉
주위에 초석 일부와 瓦片이 산재 〈文化
遺蹟總覽〉
안주암(安珠庵)
경북 慶山郡 南山面 安心里에 있던 절
〈寺刹全書, 793p〉
안중암(安仲庵)
경북 奉化(옛 安東)郡 淸涼山에 있던
절 〈寺刹全書, 793p〉
金審漢(高宗時人) 撰 「[李塏]讀書于
淸涼山安中寺…」〈松齋別集 ; 年譜別
本, 卷1 3張, 木板本〉
李瀣(1496−1550) 詩 「安中寺[庵]」
〈溫溪逸稿, 卷2 17張, 木板本〉
周世鵬(1495−1554) 詩 「安中寺次李
松齋韻」〈武陵集, 卷3 7張, 木板本〉
黃俊良(1517−1563) 詩 「安中寺次李
松齋塏韻」〈錦溪集, 卷1 1張, 木板本〉
「淸涼山安中寺…」〈錦溪外集, 卷1 11
張, 木板本〉
안초당(安草堂)
전남 長興郡 冠山面 天冠山 天冠寺 부
근에 있던 절 〈寺刹全書, 793p〉
안탑사(安塔寺)
평남 平原郡 德山面 橘里 萬德山 동쪽

에 있던 절〈寺刹全書, 793p〉
안파사(安波寺)
충남 瑞山郡 近興面 都璜里 項谷峰 남
쪽에 있던 절. 고려 때 험악한 水路에
배가 다니기에 편리토록 하기 위해 창
건, 그 뒤 倭寇에게 파괴. 世祖(1455-
1468) 때 중건. 초석과 석탑이 남음
〈寺刹全書, 793p〉
안화사(安和寺)
경기 開城 松岳에 있던 절. 930년(고
려 太祖 13) 창건하여 安和禪院이라
명명. 1118년(고려 睿宗 13) 중수하여
安和寺라 개명. 고려 역대 제왕이 많이
행차〈寺刹全書, 795p〉
1930년 三聖閣과 爐殿을 건립. 1933년
大雄殿을 건립. 1934년 大房을 건립.
1935년 冥府殿을 건립. 1936년 各部
幀畫 佛事〈傳燈本末寺志, 283p, 鉛印
本〉
日昇 撰「開城府…安和寺中興功德記,
1934年」〈上同, 281p〉
안화사(鞍化寺)⇒ 普光寺[1] 참조
안화선원(安和禪院)⇒ 安和寺 참조
안흥사(安興寺)[1]
경기 始興郡 三星山에 있던 절. 지금 冠
岳山 念佛巖인 듯〈寺刹全書, 793p〉
안흥사(安興寺)[2]
경기 利川郡에 있던 절〈寺刹全書,
793p〉
金九容(1338-1384) 詩「題利川安興
寺」〈惕若齋集, 上 12張, 木板本〉
안흥사(安興寺)[3]
경북 慶山郡 南川面 俠石洞 動鶴山에
있는 절. 1628년(仁祖 6) 唯贊이 창건.
1904년 護補가 중건〈寺刹全書, 793p〉
안흥사(安興寺)[4]
경북 永川郡 八公山에 있던 절〈寺刹
全書, 793p〉
안흥사(安興寺)[5]
충남 瑞山(옛 海美)郡 伽倻山에 있던

절〈寺刹全書, 793p〉
안흥사(安興寺)[6]
평남 龍岡(옛 三和)郡 牛山에 있던 절
〈寺刹全書, 793p〉
안흥사(安興寺)[7]
위치 未詳. 신라 眞平王(579-631) 때
비구니 智惠가 여기에 있으면서 많은
賢行을 했다〈寺刹全書, 793p〉
암방사(岩房寺)
위치 未詳. 太祖(1335-1408)가 이 절
북쪽 고개에서 軍卒을 지휘한 적이 있
었다〈朝鮮實錄佛敎鈔存, 卷1 1張〉
〈寺刹全書, 796p〉
암사(岩寺)⇒ 伯仲寺 참조
암장사(岩藏寺)⇒ 壓梁寺 참조
암천사(岩泉寺)
강원 伊川(옛 安峽)郡 萬景山에 있던
절〈寺刹全書, 796p〉
成渾(1535-1598) 詩「五月七日登岩
泉寺…」〈牛溪集, 卷1 8張, 木板本〉
암천사(岩川寺)
경남 咸陽郡 堂北山 嚴川 북쪽 언덕에
있던 절. 一名 嚴川寺. 敎宗에 소속〈寺
刹全書, 796p〉
金宗直(1431-1492) 詩「嚴川寺午睡」
〈佔畢齋詩集, 卷3 2張, 木板本〉
암표암(岩表庵)
평북 江界郡에 있던 절〈寺刹全書,
796p〉
암회사(岩回寺)⇒ 伯仲寺 참조
압곡암(鴨谷庵)
경북 軍威郡 古老面 樂田洞 船岩山에
있는 절. 681년(신라 神文王 1) 義湘이
창건〈불교사전, 564p〉
압량사(壓梁寺)
경기 金浦郡 霞城面 顚流里 鳳翔〔顚
流〕山에 있던 절. 一名 岩藏寺〈寺刹全
書, 796p〉
압사사(壓沙寺)
위치. 未詳〈格齋集, 卷2 3張, 木板本〉

孫肇瑞(端宗朝人) 詩「遊壓沙寺」〈格
齋集, 卷2 3張, 木板本〉
압유사(鴨遊寺)
경남 蔚州郡에 있던 절. 신라 慈藏(眞
德女王 ; 647-653) 당시 창건 추정
〈寺刹全書, 796p〉
압정사(壓鄭寺)⇒ 騰雲庵 참조
앙암사(仰岩寺)
경기 長湍郡 仰岩山에 있던 절 〈寺刹
全書, 796p〉
李仁老(1152-1220) 詩「仰岩寺」〈東
文選, 卷13 7張, 木板本〉
애공사(哀公寺)
경북 慶州市(옛 慶州郡 府內面) 孝峴
洞에 있던 절. 539년(신라 法興王 27)
창건한 듯 〈寺刹全書, 797p〉
孝峴洞三層石塔 : 哀公寺址에 위치. 보
물 제67호. 1934년 지정. 통일신라 때
건립 추정.『東京雜記』에는「哀公寺
塔」이라고 전하나, 이 부근은 田畓化
되어 未詳 〈文化財大觀 ; 寶物篇〉
애련사(愛[지]蓮寺)
경북 安東郡 西後面 者品洞 鶴駕山에
있는 절. 一名 愛蓮庵 〈불교사전,
565·566p〉〈寺刹全書, 797p〉
權好文(1532-1587) 詩 「到愛蓮寺」
〈松岩別集, 卷1 22張, 木板本〉
金榮祖(1577-1648) 詩「…鶴駕山到
愛蓮寺口占」〈忘窩集, 卷1 19張, 木板
本〉
야광사(野光寺)
경기 安城(옛 竹山)郡에 위치. 1393년
(太祖 2)까지 있었다. 藥王寺의 誤字
가 아닌가 추측 〈寺刹全書, 797p〉
약목곡사(藥木谷寺)
경북 慶州市 仁旺洞에 있던 절 〈文化
遺蹟總覽〉
약사(藥寺)
위치 未詳 〈花石遺稿, 卷1 36張, 木板
本〉

李東浚(1842-1897) 詩 「次藥寺韻」
〈花石遺稿, 卷1 36張, 木板本〉
약사사(藥師寺)[1]
경기 平澤(옛 振威)郡 青北面 龍城里
琵琶山에 있는 절. 一名 藥師庵 〈불교
사전, 568p〉
852년(신라 文聖王 14) 廉居가 창건.
1911년 慧月이 중건 〈文化遺蹟總覽〉
약사사(藥師寺)[2]
전남 務安郡 務安面 城東里에 있는 절.
918년(고려 太祖 1)경 南鶴寺를 창건.
그 뒤 폐사. 1971년 吳旭伊가 중건하여
藥師寺라 개명. 경내에 彌勒石佛像, 幢
竿支柱, 5층석탑 등이 있다 〈文化遺蹟
總覽〉
약사사(藥師寺)[3]
평남 平原郡 青山面 雲松里 天寶山 서
쪽에 있던 절 〈寺刹全書, 797p〉
약사사(藥師寺)[4]⇒ 奉國寺[2] 참조
약사사(藥師寺)[5]⇒ 佛國寺[2] 참조
약사사(藥師寺)[6]⇒ 朱鴈寺 참조
약사암(藥師庵)[1]
강원 原城郡 興業面 大安里에 있던 절.
현재는 瓦片만 산재 〈寺刹全書, 798p〉
약사암(藥師庵)[2]
경기 利川郡 利川邑 北岳山에 있던 절
〈寺刹全書, 797p〉
약사암(藥師庵)[3]
경남 咸安郡 餘航山에 위치 〈寺刹全書,
798p〉
약사암(藥師庵)[4]
경북 龜尾市 南通洞 金烏山에 위치. 신
라 때 창건 〈文化遺蹟總覽〉
약사암(藥師庵)[5]
경북 善山郡 金烏山에 있던 절인 듯
〈舫山集, 卷2 40張, 木板本〉
許薰(1836-1907) 詩 「藥師庵」〈上
同〉
약사암(藥師庵)[6]
서울 江西區(옛 金浦郡 陽西面) 開花

洞 開花山에 있던 절〈文化遺蹟總覽〉
三韓 때의 寺刹로 전함. 1725년(英祖
2)〔丁巳로 되었으나. 이는 乙巳의 誤
記인 듯〕중건. 1799년(正祖 23) 중
건. 1827년(純祖 27) 法宇를 옛 터에
이전. 1928년 주지 朴元杓가 중수. 一
名 開花寺〈寺刹全書, 797p〉
宋叔玉 撰「開花山藥師庵重建記, 1827
年」〈上同, 798p〉
약사암(藥師庵)[7]
서울 西大門區 弘濟洞(옛 高陽郡 白蓮
山)에 있던 절. 지금 淨土寺〔白蓮寺〕
藥師殿 터임〈寺刹全書, 797p〉
약사암(藥師庵)[8]
전남 光州市 東區 雲林洞 無等山에 있
는 절. 9세기경 창건 추정. 9세기경 건
립으로 보이는 3층석탑과 9세기경 작
품으로 보이는 石造如來坐像이 있다
〈文化遺蹟總覽〉
약사암(藥師庵)[9]
전남 求禮郡 光義面 智異山에 위치. 泉
隱寺의 부속 암자〈寺刹全書, 798p〉
약사암(藥師庵)[10]
전남 長城郡〔北下面〕 白羊山 白羊寺
뒤에 위치〈西坡集, 卷8 36張, 芸閣印
書體字本〉
吳道一(1645－1703) 詩「藥師庵」〈上
同〉
약사암(藥師庵)[11]
전남 海南郡 隱寂山에 위치. 3m 정도
의 鐵佛像이 있었는데, 땀이 나면 재앙
이 있다고 전함〈寺刹全書, 798p〉
약사암(藥師庵)[12]
전북 完州(옛 高山)郡 雲洲面 大屯山
에 위치. 安心寺의 부속 암자〈寺刹全
書, 798p〉
약사암(藥師庵)[13]
평북 朔州郡 延坪山에 있던 절〈寺刹
全書, 798p〉
약사암(藥師庵)[14]

평북 義州郡 松長面 松山洞 金光山에
있던 절. 주위에 瓦片이 산재〈寺刹全
書, 799p〉
약사원(藥師院)
경기 開城市에 있던 절. 藥師殿인 듯.
1253年(고려 高宗 40) 王이 藥師殿에
행차〈寺刹全書, 799p〉
약사전(藥師殿)
경남 昌寧郡 火旺山에 있던 절. 殿內에
石佛板이 있었는데, 「永和九年癸丑
(353)暮春所創」이라 書寫〈寺刹全書,
799p〉
약산사(藥山寺)
황해 松禾郡 火藥山에 있던 절〈寺刹全
書, 799p〉
약수사(藥水寺)
충남 洪城郡 長谷面 天台里 天台山에
있는 절. 一名 藥水庵 〈불교사전,
569p〉
약수암(藥水庵)[1]
경남 陜川郡 伽倻面 緇仁里 伽倻山에
있는 절. 海印寺의 부속 암자〈불교사
전, 569p〉
약수암(藥水庵)[2]
서울 冠岳區 上道洞 冠岳山에 있는 절.
金處士가 草家 3間을 창건. 1880년(高
宗 17) 法堂을 건립. 1923년 화재. 주지
永源이 중건. 1934년 七星閣을 중건
〈寺刹全書, 799p〉
약수암(藥水庵)[3]
전북 南原郡 山內面 立石里 智異山에
있는 절. 實相寺의 부속 암자〈불교사
전, 569p〉
實相寺藥水庵木彫幀畫 : 보물 제421호.
1965년 지정. 高181cm 幅183cm. 木으로
1782년(正祖　6) 조각 〈文化財大觀;
寶物篇〉
약정사(藥井寺)
경기 廣州郡 南漢山에 있던 절〈寺刹全
書, 799p〉

약천사(藥泉寺)
경기 金浦郡 黔丹面 麻田里에 있는 절.
꿈에 할머니가 나타나 우물 뚜껑이 있
으니 그것을 열어보라고 하므로, 그 이
튿날 그곳에 가보니, 돌이 쌓여 있어
호미로 팠더니, 모래 속에서 물이 솟기
시작하므로, 그 물을 떠다가 밤마다 정
성을 드리고 그곳에 절을 신축〈文化
遺蹟總覽〉

양각사(羊角寺)
전남 潭陽郡 潭陽邑 羊角里에 있는 절.
1930년경 鞠正煥이 별장으로 건립.
1950년 그의 부인이 法堂으로 개수
〈文化遺蹟總覽〉

양경사(陽慶寺)
경남 河東郡에 있던 절 〈寺刹全書,
800p〉

양도암(養道庵)
위치 未詳〈懶翁集, 328p, 影印本〉
惠勤(1320－1376) 詩「養道菴作」〈上
同〉

양등사(楊等寺)
강원 溟州郡 北에 있던 절. 1160년(고
려 毅宗 14) 경에 있었던 절로 추정
〈韓國金石全文, 中世下 780p, 許興植
編著〉
楊等寺半子：1160년(고려 毅宗 14) 주
성. 현재는 故 伊藤槇雄家 所藏〈上同〉

양로사(養老寺)
함남 安邊郡 雪峰山에 있던 절 〈寺刹
全書, 800p〉

양림사(養林寺)
전남 光山郡 林谷面 斗亭里 養林山에
있던 절〈寺刹全書, 800p〉
養林寺址浮屠(2기)：高2m 정도〈文化
遺蹟總覽〉

양사(壤寺)⇒ 懷眞庵 참조

양산사(梁山寺)
위치 未詳. 경북 聞慶郡 주위에 있던
절인 듯〈格齋集, 卷2 27張, 木板本〉

孫肇瑞(端宗朝人) 詩「宿梁山寺」〈上
同〉

양산사(陽山寺)⇒ 鳳岩寺[2] 참조

양수사(兩水寺)[1]
황해 谷山郡 霧山에 있던 절 〈寺刹全
書, 799p〉

양수사(兩水寺)[2]
황해 新溪郡 孤島山에 있던 절 〈寺刹全
書, 799p〉

양수암(兩水庵)[1]
강원 平康郡 戲靈山에 있던 절 〈寺刹全
書, 799p〉

양수암(兩水庵)[2]
평남 順川郡에 있던 절 〈寺刹全書,
799p〉

양수암(兩水庵)[3]
평북 江界郡에 있던 절 〈寺刹全書,
799p〉

양수암(兩水庵)[4]
함북 富寧郡 回峰山에 있던 절 〈寺刹全
書, 799p〉

양수암(兩水庵)[5]
황해 遂安郡 高井山에 있던 절 〈寺刹全
書, 799p〉

양수암(兩岫庵)
전북 井邑郡 五峰山에 있던 절 〈寺刹全
書, 799p〉

양신암(養神庵)
강원 春城郡 北山面 淸平里에 있던 절.
淸平寺의 부속 암자〈불교사전, 571p〉

양심암(養心庵)
강원 淮陽郡 內金剛面 長淵里 金剛山에
위치. 表訓寺의 부속 암자〈불교사전,
571p〉

양악사(陽岳寺)
위치 未詳. 경북 漆谷郡「淨兜寺五重石
塔記」를 참조〈寺刹全書, 800p〉

양암사(陽岩寺)
강원 平康郡 楡津面 皇岐里 四泰山에
있던 절. 3층석탑과 石佛 2구가 있다

〈寺刹全書, 800p〉
양음사(陽陰寺)
강원 伊川郡 達磨山에 있던 절 〈寺刹全書, 800p〉
양존사(兩尊寺)
경북 慶州市 芬皇寺 동쪽에 있던 절. 신라 眞聖王(887－896) 때 孝宗郎이 芬皇寺 동쪽 마을 가난한 집 딸이 눈먼 어머니를 붙들고 우는 것을 보고, 그 정경을 불쌍히 여겨 花郎徒로 하여금 곡식을 걷어 주도록 했다. 그 뒤 그 집을 절로 만들고 兩尊寺라 명명 〈불교사전, 571p〉〈寺刹全書, 791p〉
양지사(陽地寺)
경북 榮州(옛 豊基)郡 竹嶺에 있던 절 〈寺刹全書, 800p〉
양진암(養眞庵)[1]
강원 高城郡 金剛山에 있던 절 〈寺刹全書, 805p〉
양진암(養眞庵)[2]
강원 高城郡 西面 百川橋里 金剛山에 있던 절. 楡岾寺의 부속 암자 〈불교사전, 572p〉
양진암(養眞庵)[3]
경북 達城郡 公山面 道鶴洞 八公山에 있는 절. 桐華寺에 부속. 1741년(英祖 17) 無住가 창건. 1898년(光武 2) 雲坡가 중수 〈寺刹全書, 805p〉
양진암(養眞庵)[4]
경북 聞慶郡 山北面 金龍里 雲達山에 있는 절. 金龍寺의 부속 암자. 1658년(孝宗 9) 雪岑이 창건. 1664년(顯宗 5) 소실. 1749년(英祖 25) 喚月이 중건. 1769년(英祖 45) 無影이 중건. 1825년(純祖 25) 海雲이 중건. 1840년(憲宗 6) 靜峰이 중건. 1929년 주지 仁澤이 중건 〈寺刹全書, 801p〉
括虛 撰 「養眞庵幀佛與改金記, 1772年」〈上同, 804p〉 「養眞庵重修記」〈上同, 802p〉

權相老(1879－1965) 撰 「養眞庵重建記, 1929年」〈上同, 803p〉
釋綻 撰 「養眞庵幀畫與改金記, 1836年」〈上同, 803p〉
野雲 撰 「養眞庵重修記, 1771年」〈上同, 802p〉
就虛 撰 「養眞庵重建上梁文, 1927年」〈上同, 804p〉
含章 撰 「養眞庵重修記」〈上同, 801p〉
護韠 撰 「養眞庵重修記, 1825年」〈上同, 801p〉
양진암(養眞庵)[5]
전북 高敞郡 古水面 隱士里 淸凉山에 있는 절. 文殊寺에 부속 〈寺刹全書, 801p〉〈불교사전, 572p〉
양천사(楊泉寺)
경남 宜寧郡 嘉禮面 陽城里 闍堀山에 있던 절 〈寺刹全書, 800p〉
신라 때 창건 〈文化遺蹟總覽〉
延嘉七年銘金銅如來立像：국보 제119호. 1964년 지정. 同年 출토되어 國立中央博物館에 이전 보관 〈文化財大觀；國寶篇〉
양천사(梁泉寺)
함남 高原郡 上山面 樂泉洞 盤龍山에 위치 〈寺刹全書, 572p〉
양피사(讓避寺)
경북 慶州市 南山 동쪽에 있던 절 〈寺刹全書, 805p〉
양화사(楊花〔揚化〕寺)
강원 春城郡 西面 西上里에 있던 절 〈寺刹全書, 800p〉
春城西上里三層石塔：楊花寺址에 위치. 地有 제16호. 1971년 지정. 신라 때 건립 추정. 하부는 매몰. 옛날은 5층석탑 〈文化遺蹟總覽〉
양화사(陽和寺)
평북 泰川郡 東面 松峴洞 香積山 陽和山에 위치 〈불교사전, 572p〉
朴文一(1822－1894) 詩 「游陽和寺吟」

「…游陽和寺」〈雲菴集節要, 卷3 11張, 木活字本〉「遊陽和寺幷序」「暇日登陽和寺於口占」〈上同, 卷3 12張〉

어등암(漁燈庵)
전남 長興郡 漁燈山에 있던 절〈寺刹全書, 805p〉

어침사(魚沈寺)
경기 高陽郡 高嶺山에 있던 절〈寺刹全書, 805p〉

억석암(抑石庵)
경남 密陽郡 南山 아래 있던 절〈寺刹全書, 805p〉

억정사(億政寺)
충북 中原郡 嚴政面 槐東里에 있던 절〈寺刹全書, 805p〉
億政寺大智國師碑 : 국유 보물 제16호. 1934년 지정. 高2.9m 幅1.3m. 화강석으로 1393년(太祖 2) 건립.「大智國師碑銘」이라 題額. 碑銘은 朴宜中 撰. 碑尾에 「洪武二十六年癸酉(1393)十月日門人大禪師中允立石惠公刻」이라 조각. 大師의 諱는 粲英, 字는 古樗, 號는 木菴, 俗姓은 韓, 楊州人, 1328－1390년까지 생존〈文化財大觀 ; 寶物篇〉
李種學(1361－1392) 詩「致億政」〈麟齋遺稿, 26張, 木板本〉

언곡사(彦谷寺)
전남 潭陽郡 武貞面 鳳安里에 있던 절. 신라 法興王(514－539) 때 건립 추정. 寺址에 절 창건 연대가 추측되는 3층 석탑(高2.8m)이 있었으나, 1924년 武貞國民學校에 이전〈文化遺蹟總覽〉

엄광사(嚴光寺)
경남 密陽郡 山外面 嚴光里에 있던 절. 산록에 石塔 재료가 파손 산재〈寺刹全書, 805p〉

엄장사(嚴莊[壯]寺)
경북 慶州市 校洞에 있던 절. 263년(신라 味雛王 2) 阿道가 있던 곳〈寺刹全書, 805p〉

慶州阿道和尚碑 : 554년(신라 眞興王 5) 건립〈朝鮮金石總覽, 上 25p〉

엄천사(嚴泉寺)
경남 咸陽郡 智異山에 있던 절〈秋波集, 卷3 18張, 木板本〉
泓宥(1718－1774) 撰 「嚴泉寺鐘閣上梁文」〈上同〉

엄천사(嚴川寺)⇒ 岩川寺 참조

엄혜사(嚴惠寺)
위치 未詳〈覺齋集, 卷1 1p, 筆寫本, 1982影印〉
河沆(1538－1590) 詩 「嚴惠寺・題嚴惠寺」〈上同〉

여둔사(余芚寺)
전남 光州市 無等山에 있던 절〈불교사전, 576p〉
『寺刹全書』에는 魚登山에 위치했다고 기록〈寺刹全書, 805p〉

여불암(如佛庵)
경북 慶山郡 八公山에 있던 절. 禪宗에 소속〈寺刹全書, 805p〉

여악사(廬岳寺)⇒ 白蓮社 참조

여운사(如雲寺)
전북 淳昌郡 龜林面 雲南里에 있던 절. 주위에 초석・瓦片 등이 남음. 1930년경 浮屠 4기를 日本人들이 도취해 갔다고 함〈文化遺蹟總覽〉

여적암(汝寂庵)
충북 報恩郡 內俗離面 俗離山에 있는 절. 法住寺의 부속 암자〈寺刹全書, 805p〉
肅宗(1674－1720) 때 汝寂이 草庵을 짓고 수도. 高宗(1864－1907) 때 남응익이 중건. 1950년 동란으로 소실. 1964년 李行潭이 중건〈文化遺蹟總覽〉

여현사(餘玄寺)
황해 鳳山郡 楚臥面 寬秀里에 있던 절〈寺刹全書, 805p〉

여흥사(麗興寺)
황해 延白(옛 白川)郡 高麗山에 있던

절 〈寺刹全書, 806p〉
역곡사(麻谷寺)
경기 利川郡 五晉山에 있던 절 〈寺刹
全書, 806p〉
연경사(衍慶寺)[1]
경기 開豊郡 上道面 楓川里 扶蘇山에
있는 절. 624년(고구려 榮留王 7) 惠
亮이 창건. 1348년(고려 忠穆王 4) 信
旭이 중건. 1392년(太祖 1) 覺海가 중
건. 1702년(肅宗 28) 秋溪가 중수.
1789년(正祖 13) 常曦가 중건. 1864년
(高宗 1) 蓮盧가 중수. 1926년 映雲이
法堂을 중건 〈寺刹全書, 806p〉〈불교
사전, 582p〉
연경사(衍慶寺)[2]
경기 仁川市 南區 鶴翼洞에 있던 절. 6
間 3屋을 지은 것으로 보이는 礎石이
있었다 〈文化遺蹟總覽〉
연고사(連高寺)
경남 蔚州(옛 蔚山)郡 彦陽面 茶開里
高巕山에 있던 절. 주위에 瓦片이 산재
〈寺刹全書, 807p〉
연곡사(鷰[燕]谷寺)
전남 求禮郡 土旨面 內東里 智異山에
있는 절. 544년(신라 眞興王 5) 緣起
가 창건. 壬亂과 1950년 동란으로 화
재. 1950년 선형이 중건 〈불교사전,
582p〉
西窟庵, 石窟庵 등이 山內에 부속
鷰谷寺東浮屠 : 국보 제53호. 1936년 지
정. 高 약3m. 화강석으로 제작. 신라
道詵의 浮屠라고 전하나 未詳 〈文化財
大觀 ; 國寶篇〉
鷰谷寺東浮屠碑 : 보물 제153호. 1938
년 지정. 高1.2m. 화강석으로 고려 때
건립 추정. 碑身은 결실, 龜趺 螭首만
남음. 玄覺禪師塔碑·東浮屠·北浮屠·
西浮屠 등을 동시대 조성. 1976년 파손
부분 복원 〈文化財大觀 ; 寶物篇〉
鷰谷寺北浮屠 : 국보 제54호. 1936년 지

정. 高 약3m. 화강석으로 고려초기 건
립 추정 〈文化財大觀 ; 國寶篇〉
鷰谷寺西浮屠 : 보물 제154호. 1938년
지정. 고려 때 건립 추정 〈文化財大觀 ;
寶物篇〉
鷰谷寺三層石塔 : 보물 제151호. 1938년
지정. 화강석으로 통일신라 때 건립 추
정. 1967년 해체 수리 때 銅造如來立像
1구가 발견 〈上同〉
鷰谷寺玄覺禪師塔碑 : 보물 제152호.
1938년 지정. 龜趺高1.12m 螭首高
0.75m. 碑身은 결실. 화강석으로 979
년(고려 景宗 4) 건립. 碑銘은 王融 撰,
張信元 書. 舊拓에 의하면「高麗景宗四
年己卯(979)立碑」라 기록. 1976년 복
원 〈上同〉
太能(1562-1649) 詩「題燕谷寺香閣,
二首」〈逍遙堂集, 138p, 影印本〉「題
燕谷寺壁上, 二首」〈上同〉
休靜(1520-1604) 撰 「芙蓉堂[靈觀]
行蹟」〈淸盧堂集, 卷3 34張, 木板本〉
연관사(烟觀寺)
전북 南原郡 大首山에 있던 절[『新增
東國輿地勝覽』에는 智異山] 大首山은
智異山의 誤記인 듯. 壬亂 때 權慄 장군
의 사건이 있었다 〈寺刹全書, 806p〉
연구사(燕口寺)
고구려 말기에 普德의 제자 明德이 창
건 〈寺刹全書, 812p〉
연굴(演窟)
서울 鍾路區 昭格洞에 있던 절. 1503년
(燕山 9) 폐사 〈寺刹全書, 810p〉
연근사(連根寺)
경기 甕津郡 金鳳山에 있던 절 〈寺刹全
書, 807p〉
연기사(烟起寺)
전북 高敞郡 逍遙山에 있던 절. 一名 烟
起庵. 烟起가 창건 〈寺刹全書, 806p〉
處能(1617-1680) 詩「宿烟起寺口號」
〈白谷集, 312p, 影印本〉

연기암(烟起庵)
전남 求禮郡 求禮邑에 있던 절 〈寺刹全書, 806p〉

연대사(蓮臺寺)[1]
경북 奉化郡 才山面 淸凉山에 있던 절. 옆에 義湘台가 있다.
〈寺刹全書, 807p〉
李滉(1501－1570) 詩「蓮台寺」〈退溪全書, 卷3〉
金鎭商(1684－1755) 詩「蓮臺寺夜作草書」〈退漁堂遺稿, 卷3 9張, 木板本〉
鄭士誠(1545－1607) 詩「自蓮臺移寓文殊」〈芝軒集, 卷1 3張, 木板本〉
周世鵬(1495－1554) 詩「到蓮臺寺」〈武陵集, 卷3 7張, 木板本〉
許薰(1836－1907) 詩「蓮臺菴敬-火退陶先生韻」〈舫山集, 卷6 2張, 木板本〉

연대사(蓮臺寺)[2]
황해 信川郡 用珍面 貝葉里 九月山 貝葉寺 경내에 있던 절 〈寺刹全書, 807p〉

연대암(蓮臺庵)[1]
경기 始興(옛 果川)郡 冠岳山에 있던 절 〈寺刹全書, 807p〉

연대암(蓮臺庵)[2]
경남 固城郡 介川面 蓮華山에 있는 절. 玉泉寺의 부속 암자. 1639년(仁祖 19) 창건 〈寺刹全書, 808p〉

연대암(蓮臺庵)[3]
경북 英陽郡 英陽面 三池洞 石窟에 있는 절. 靈穴寺 옛 터에 壬亂 후 趙沙月이 중건하여 蓮臺庵이라 개명 〈불교사전, 583p〉

연대암(蓮臺庵)[4]
전북 高敞郡 雅山面 三仁里 兜率山에 있던 절. 禪雲寺의 부속 암자. 신라 때 창건. 1510년(中宗 5) 化主 弘安이 중건 〈寺刹全書, 808p〉

연대암(蓮臺庵)[5]
전북 淳昌郡 八德面 淸溪里 廣德山에 있는 절 〈寺刹全書, 807p〉
鼎鎬(1870－1948) 撰「廣德山蓮臺庵重修記」〈石林草, 55張, 影印本〉

연동사(烟洞寺)
전남 潭陽郡 秋月山에 있던 절 〈寺刹全書, 806p〉

연등사(燃燈寺)
황해 安岳郡 安岳邑 然谷里 古靈山에 위치. 고구려 때 중국 燃燈이 창건. 639년(고구려 榮留王 22) 중수 〈불교사전, 583p〉
肅廟甲辰 중건이라 했으나 肅宗 治世 동안은 甲辰年이 없다 〈寺刹全書, 811p〉
法宗(1670－1733) 撰「白華堂洞珠大師碑銘幷序」〈虛靜集, 下 10張, 木板本〉

연미사(鷰尾寺)
경북 安東市 泥川洞 嶺南山에 있던 절. 신라 道詵(827－898)이 창건 〈불교사전, 584p〉〈寺刹全書, 812p〉
安東泥川洞石佛像：燕尾寺址에 위치. 국유 보물 제115호. 1935년 지정. 高 12.38m. 화강석으로 고려 때 조성 추정 〈文化遺蹟總覽〉

연복사(演福寺)
경기 開城에 있던 절. 처음에는 唐寺라 하다가 普濟寺라 개명. 1037년(고려 靖宗 3) 王의 행차를 비롯하여 역대 제왕이 여러 번 행차함과 아울러 많은 행사를 거행 〈寺刹全書, 810p〉
1393년(太祖 2) 王이 여기에 행차하여 新塔을 구경 〈李朝實錄佛敎鈔存, 卷1 3張〉
1401년(太宗 1) 우물이 두 번이나 끓어 올라 左承旨 李原을 보내 제사지냈다 〈上同, 卷1 29張〉
1401년(太宗 1) 佛像에서 땀이 났다 〈上同, 卷1 31張〉
演福寺塔重創碑：현재 서울 國立中央博物館에 위치. 1393년(太祖 2) 건립.

「演福寺塔重創碑」라 題額. 碑銘은 權近 撰〈文化遺蹟總覽〉
1404년(太宗 4) 塔 위에 瑞氣가 있었다〈李朝實錄佛敎鈔存, 卷1 41張〉
權近(1352－1409) 撰「演福寺塔重創記」〈陽村集, 卷12, 木板本〉「演福寺行大藏經披覽疏」〈上同, 卷28〉
李穀(1298－1351) 撰「演福寺新鑄鐘銘幷序, 1346年」〈稼亭集, 卷7 13張, 木板本〉

연복사(延福寺)
평남에 있던 절.「고구려 寶藏王(642－668) 때 普德이 있던 절로 그의 神力으로 이 절을 完州에 날려 景福寺의 飛來方丈으로 만들었다」고 전함.「飛來方丈」條에 기록〈불교사전, 342p〉

연봉사(延峰寺)
평남 順川(옛 殷山)郡 崇華山에 있던 절〈寺刹全書, 806p〉

연봉사(烟峰寺)
황해 平山郡 成佛山에 있던 절〈寺刹全書, 806p〉

연사(蓮寺)
경북 奉化郡 淸凉山 부근에 있던 절인 듯〈芝軒集, 卷1 6張, 木板本〉
鄭士誠(1545－1607) 詩「到蓮寺」〈上同〉

연사(烟寺)
위치 未詳〈東文選, 卷20 2張, 木板本〉
李仁老(1152－1220) 詩「煙寺晚鐘」〈上同〉
李齊賢(1287－1367) 詩「煙寺晚鐘」〈上同, 卷21 4張〉
姜碩德(1395－1459) 詩「右煙寺暮鐘」〈上同, 卷22 23張〉
金時習(1435－1493) 詩「煙寺暮鐘」〈梅月堂集, 卷6 28張, 癸酉字本〉
李荇(1478－1534) 詩「右烟寺暮鐘」〈容齋集, 卷3 44張, 木板本〉
洪彥弼(1476－1549) 詩「右煙寺暮鐘」〈默齋集, 11p, 影印本〉

연선대(蓮船臺)
경남 頭流山〔智異山〕般若峰 북쪽에 있던 절〈中觀大師遺稿, 449p, 影印本〉
海眼(宣祖朝僧) 撰「蓮船臺鼎鐺勸成骨董說」〈上同〉

연수사(演水寺)
경남 居昌郡 南上面 茂村里 德裕山에 있는 절〈불교사전, 585p〉〈寺刹全書, 811p〉

연수암(延壽庵)
충남 燕岐(옛 全義)郡에 있던 절〈寺刹全書, 806p〉

연안사(延安寺)
황해 延白(옛 延安)郡 太子山에 있던 절〈寺刹全書, 806p〉

연암(蓮庵)
경북 奉化郡 淸凉山 부근에 있던 절인 듯〈松岩集, 卷3 1張, 木板本〉
權好文(1532－1582) 詩「次蓮庵吟」〈上同〉

연암사(燕岩寺)
충남 牙山郡 燕岩山에 있던 절〈寺刹全書, 812p〉

연월사(蓮月寺)⇒ 蓮華寺 참조

연장사(蓮長寺)
위치 未詳.「淨兜寺五重石塔記」를 참조〈寺刹全書, 808p〉

연주대(戀主臺)
경기 始興郡 果川面 文原里 冠岳山에 있는 절. 戀主庵의 부속 암자. 678년(신라 文武王三十七年戊寅이라 기록되었으나 이는 18년임) 義湘이 창건하여 義湘臺라 함. 1392년(太祖 1) 중건. 고려 康得龍 등 遺臣들이 松京을 바라보고 통탄했다 하여 戀主臺라 개명. 1411년(太宗 11) 孝寧大君이 중건. 바위에 藥師如來像을 조각. 1918년 주지 慶山이 중건. 1936년 주지 敎訓이 중건〈寺刹全書, 813p〉

安淸音　撰　「戀主臺重建記, 1934年」
〈上同〉
연주암(戀主庵)
경기 始興郡 果川面 文原里 冠岳山에
있는 절. 677년(신라 文武王 17) 義湘
이 창건. 1396년(太祖 5) 중건. 1411
년(太宗 11) 孝寧大君이 중수. 羅漢殿·
藥師佛像·彌勒石佛像·五層塔 등을
건립. 1868년(高宗 5) 草家 10간을 건
립. 1886년(高宗 23) 幸文이 중건.
1888년(高宗 25) 幸文이 閔妃 하사금
萬五千兩으로 중수. 1918년 慶山이 중
건. 1928년 주지 在芸이 중수. 1936년
주지 金敎訓이 羅漢殿을 중건〈寺刹全
書, 812p〉
戀主臺가 山內에 부속
연죽사(煙竹寺)⇒ 花芳寺 참조
연지사(蓮池寺)[1]
경남 晉州市에 있던 절. 833년(신라
興德王 8) 鐘 주성〈寺刹全書, 808p〉
연지사(蓮池寺)[2]
경북 月城郡 外東面 活城里에 있는 절.
경내에 石佛立像(高1.9m)이 있다〈文
化遺蹟總覽〉
연천사(連天寺)
충북 槐山(옛 淸安)郡 柹城山에 있던
절 (또는 祖城山)〈寺刹全書, 807p〉
연혈사(燕穴寺)
전남 和順郡 羅漢山에 있던 절〈寺刹
全書, 812p〉
연호사(烟湖寺)
경남 陜川郡 陜川面 陜川洞 飛鳳山에
있는 절. 642년(신라 善德女王 11) 창
건. 1938년 東湖가 중건〈불교사전,
586p〉
연화대(蓮花臺)
전남 長興郡 冠山面 天冠山 天冠寺 부
근에 있던 절〈寺刹全書, 810p〉
연화사(蓮花寺)[1]
경기 開城市에 있던 절. 1320년(고려

忠肅王 7) 王이 本寺에 행차〈寺刹全
書, 809p〉
연화사(蓮花寺)[2]
경남 昌寧郡 琵瑟山에 있던 절. 禪宗에
소속〈寺刹全書, 809p〉
연화사(蓮花寺)[3]
서울 東大門區 回基洞 天藏山에 있는
절. 옛날은 妙蓮寺. 1725년(英祖 1) 나
라에서 懿陵 願刹로 창건하여 妙蓮을
거주케 함. 1882년(高宗 19) 兵火,
1883년(高宗 20) 淨潭이 중건〈寺刹全
書, 808p〉
玩虛　撰　「天藏山妙蓮寺法堂重建記,
1901年」〈上同〉
연화사(蓮花寺)[4]
전남 康津郡 兵營面 三仁里에 있는 절.
壬亂 때 소실, 1961년 중건〈文化遺蹟
總覽〉
연화사(蓮花寺)[5]
전남 長城郡 佛臺山에 있던 절. 一名 蓮
花庵〈寺刹全書, 809p〉
연화사(蓮花寺)[6]
함남 端川郡 利中面 荷田里 蓮花山에
위치〈불교사전, 586p〉
연화사(蓮華寺)
충북 淸原郡 江西面 飛下里 父母山에
있는 절. 고려 때 蓮月寺가 있었으나 壬
亂 때 폐허. 1920년경 泉谷寺의 金淸菴
이 복건. 金淸菴의 꿈에 蓮花가 만발하
였다 하여 蓮華寺라 개명〈文化遺蹟總
覽〉
연화암(蓮花庵)
함남 北靑郡 新浦面 新浦里 伽倻山에
위치〈불교사전, 587p〉
연흥사(烟興寺)
전남 靈光郡 佛甲面 月明山에 있는 절
〈寺刹全書, 806p〉
열석굴(裂石窟)
전북 高敞郡 雅山面 三仁里 兜率山에
있던 절, 禪雲寺의 부속 암자〈寺刹全

書, 814p〉

열암사(裂岩寺)

경남 蔚州郡 東大山 남쪽에 있던 절. 1366년(고려 恭愍王 15) 裂岩寺에 있던 朴椿을 辛旽이 사람을 보내 살해 〈寺刹全書, 814p〉

염불사(念佛寺) ⇒ 避里寺 참조

염불암(念佛庵)[1]

강원 原城郡 文幕(옛 建登)面 宮村里 國守峰에 있던 절. 지금 宮村里 山祭堂이 됨 〈寺刹全書, 815p〉

염불암(念佛庵)[2]

강원 平昌郡 珍富面 麒麟山에 있는 절. 月精寺의 부속 암자 〈寺刹全書, 815p〉

염불암(念佛庵)[3]

경기 安養市(옛 始興郡 西二面) 安養洞 冠岳山에 있는 절. 936년(고려 太祖 19) 王이 三聖山 아래서 能正을 만나 그 자리에 절을 짓고 安興寺라 명명. 1407년(太宗 7) 중건. 1856년(哲宗 7) 七星閣을 건립. 1904년(光武 8) 化主 普正이 중수. 1927년 중수. 1930년 洗心樓 건립. 1932년 山神閣 건립. 1941년 正殿과 七星閣을 중수 〈寺刹全書, 814p〉〈불교사전, 591p〉

崔鳳燮 撰 「念佛庵重修記, 1927年」 〈寺刹全書, 814p〉

염불암(念佛庵)[4]

경남 南海郡 二東面 龍沼里 虎丘山에 있는 절. 龍門寺의 부속 암자 〈불교사전, 591p〉

염불암(念佛庵)[5]

경남 蔚州郡 江東面 大安里 含月山에 있는 절. 新興寺의 부속 암자 〈불교사전, 591p〉

염불암(念佛庵)[6]

경북 達城郡 公山面 道鶴洞 八公山에 있는 절. 桐華寺에 부속. 928년(신라 敬順王 2) 靈照가 창건. 1612년(光海

4) 惟贊이 중건. 1699년(肅宗 25) 勝卞이 중건. 1803년(純祖 8) 義庵이 중건 〈寺刹全書, 815p〉

염불암(念佛庵)[7]

경북 尙州郡 化西面에 있던 절 〈寺刹全書, 815p〉

염불암(念佛庵)[8]

경북 漆谷郡 建靈山에 있던 절 〈寺刹全書, 815p〉

염불암(念佛庵)[9]

전남 光州市 瑞石山에 있던 절 〈寺刹全書, 814p〉

朴祥(1474－1530) 撰 「瑞石山念佛庵記, 1515年」〈上同〉

염불암(念佛庵)[10]

충남 論山(옛 恩津)郡 摩耶山에 있던 절 〈寺刹全書, 814p〉

염불암(念佛庵)[11]

평북 江界郡에 있던 절 〈寺刹全書, 815p〉

안흥사(安興寺)[8] ⇒ 念佛庵[3] 참조

염양사(艶陽寺)

강원 江陵市 花浮山에 있던 절 〈寺刹全書, 816p〉

고려 忠肅王 말기 朴澄이 옛 터에 건립 〈불교사전, 592p〉

李穀(1298－1351) 撰 「高麗國江陵府艶陽禪寺中興記, 1340年」〈稼亭集, 卷2 11張, 木板本〉

염현사(念賢寺)

경기 開城에 있던 절. 1166년, 1169년, 1170년 각각 당시 王인 毅宗이 이 절에 移御 〈寺刹全書, 815p〉

영각사(靈覺寺)

경남 咸陽郡 西上面 上南里 德裕山에 있는 절 〈불교사전, 593p〉

子秀(1664－1737) 撰 「德裕山靈覺寺事蹟詞引幷序」〈無竟集, 61張, 木板本〉

영각사(鈴角寺)

경남 陜川郡 鳳山面 苧浦里에 있던 절.
金銅佛이 발견된 적이 있다고 전함
〈文化遺蹟總覽〉

영각사(英覺寺)
평북 江界郡 白雲山에 있던 절〈寺刹
全書, 822p〉

영감사(靈鑑寺)
강원 平昌郡 珍富面 東山里 長嶺山에
있는 절. 月精寺의 부속 암자〈불교사
전, 593p〉
金寗漢(1878－1950) 詩「過靈鑑寺史
庫在其傍〈及愚齋集, 卷6 29張, 鉛印
本〉
李縡(1680－1746) 詩「九月旣望題靈
鑑寺」〈陶菴集, 卷1 4張, 倣整理字本〉

영감사(靈鑑寺)[1]
경기 開豊郡 聖居山에 있던 절〈寺刹
全書, 823p〉

영감사(靈鑑寺)[2]
황해 金川(옛 牛峰)郡 聖居山에 있던
절〈寺刹全書, 823p〉

영경사(靈鏡寺)
강원 平昌郡 珍富面 五臺山에 있던 절.
藏史閣이 있어 『朝鮮王朝實錄』을 봉
안. 靈鑑寺의 誤記인 듯〈寺刹全書,
823p〉

영경사(永敬寺)
경북 慶州市 西岳洞에 있던 절. 578년
(신라 眞智王 4) 창건〈寺刹全書,
816p〉
慶州西岳里三層石塔 : 보물 제65호.
1967년 지정. 高5.07m. 통일신라 때
건립〈文化財大觀 ; 寶物篇〉

영곡사(靈鵠寺)
충북 忠州市(옛 忠州郡 內面) 丹月洞
大林山에 있던 절.「丹月臺」라 통칭
〈寺刹全書, 823p〉
陳澕(高麗 神宗朝人) 詩 「靈鵠寺」
〈東文選, 卷20 13張, 木板本〉
崔滋(1188－1260) 撰 「中原靈鵠寺

…」〈補閑集, 中 18張, 木板本〉

영국사(寧國寺)[1]
서울 道峰區 道峰洞 道峰山 入口에 있
던 절. 1574년(宣祖 7) 楊州牧使 南彦
이 趙光祖를 위하여 道峰書院을 건립.
寺址에 慧炬國師碑가 있었다〈불교사
전, 594p〉〈寺刹全書, 822p〉

영국사(寧國寺)[2]
충북 永同郡 陽山面 樓橋里 天台山에
있는 절〈불교사전, 594p〉
668년(신라 文武王 8) 圓覺이 창건. 圓
覺大師碑가 있다. 옛날에는 滿月寺・
國清寺라고 했다. 고려 恭愍王(1351－
1374) 때 紅巾賊의 내습을 피하여 이곳
에서 국태민안을 기원하였다 하여 寧國
寺로 개명〈文化遺蹟總覽〉
영동영국사의 은행나무 : 천연기념물 제
223호. 1970년 지정〈指定文化財目錄〉
寧國寺望塔峰三層石塔 : 보물 제535호.
1971년 지정. 高2.43m. 거대한 화강암
반 위에 세운 石塔. 고려중기 건립 추정
〈文化財大觀 ; 寶物篇〉
寧國寺浮屠 : 보물 제532호. 1971년 지
정. 高1.76m. 11세기경 건립 추정〈上
同〉
寧國寺三層石塔 : 보물 제533호. 1971년
지정. 高3.15m. 화강암으로 신라말기
건립 추정. 이건할 때 잘못하여 上層基
壇 面石과 初層屋身이 도치〈上同〉
寧國寺圓覺國師碑 : 보물 제534호. 1971
년 지정. 粘板岩으로 1180년(고려 明
宗 10) 건립. 表面 중앙에「圓覺國師碑
銘」이라 양각으로 篆額. 碑文은 韓文俊
撰〈上同〉

영귀암(靈龜庵)[1]
강원 高城郡 杆城面 新安里에 있던 절.
乾鳳寺의 부속 암자로 추정〈寺刹全書,
824p〉

영귀암(靈龜庵)[2]
강원 高城(옛 杆城)郡 鳴波驛 북쪽에

있던 절 〈寺刹全書, 824p〉
영귀암(靈龜庵)³
경남 金海郡 金海邑 三芳洞 祖魚山에
있는 절. 46년(신라 儒理王 23) 長有
가 창건. 1510년(中宗 5) 중건 〈불교
사전, 594p〉
경내에 塔材 일부로써 조립한 石物이
있다 〈文化遺蹟總覽〉
영귀암(靈龜庵)⁴
충북 沃川郡 西面 上中里에 있던 절.
一名 靈龜寺 〈寺刹全書, 824p〉
영남사(嶺南寺)
경남 密陽郡 舞鳳山에 있던 절. 지금
嶺南樓가 있다. 이는 嶺南寺의 누각으
로 절이 폐하매 1365년(고려 恭愍王
14) 知府 金湊가 누각을 중건. 절 이름
을 따서 명명 〈寺刹全書, 823p〉
영남사(永南寺)
황해 長淵郡 石峰山에 있던 절 〈寺刹
全書, 816p〉
영녕사(永寧寺)
경기 開城에 있던 절 〈牧隱詩藁, 卷3
25張, 木板本〉
李穡(1328－1396) 詩 「夏日游城南永
寧寺」〈上同〉「次韻題永寧寺」〈上同,
卷3 31張〉
영대사(靈臺寺)¹
경남 晋陽郡 智異山에 있던 절 〈寺刹
全書, 824p〉
영대사(靈臺寺)²
평남 价川郡에 있던 절 〈寺刹全書,
824p〉
영대사(靈臺寺)³
황해 遂安郡 彦眞山에 있던 절. 一名
靈臺庵 〈寺刹全書, 824p〉
영대암(靈臺庵)¹
강원 高城郡 西面 金剛山에 있던 절.
楡岾寺의 부속 암자 〈불교사전, 595p〉
영대암(靈臺庵)²
경기 廣州郡 五浦面 文衡山[門懸山]

에 있던 절 〈寺刹全書, 824p〉
영대암(靈臺庵)³
경남 咸安郡 咸安面 康命里에 있던 절
〈寺刹全書, 824p〉
영대암(靈臺庵)⁴
서울 三角山 仁壽峰 맞은편에 위치 〈柳
下集, 卷5 10張, 芸閣印書體字本〉
洪世泰(1653－1725) 詩「靈臺庵」〈上
同〉
영대암(靈臺庵)⁵
충남 洪城(옛 結城)郡 烏棲山에 있던
절 〈寺刹全書, 824p〉
영대암(靈臺庵)⁶
평북 江界郡에 있던 절 〈寺刹全書,
824p〉
영대암(靈臺庵)⁷
평북 熙川郡 眞面 長坪洞 妙香山에 있
던 절 〈불교사전, 595p〉
영대암(靈臺庵)⁸
함남 高原郡 雪鶴山에 있던 절 〈寺刹全
書, 824p〉
영덕사(靈德寺)¹
함남 文川郡 盤龍山에 있던 절 〈寺刹全
書, 824p〉
영덕사(靈德寺)²
함남 洪原郡 龍雲面 露積里에 있던 절
〈寺刹全書, 824p〉
영도사(永導寺)⇒ 開運寺 참조
영랑사(影浪寺)
충남 唐津郡 高大面 眞館里 影波山에
있는 절 〈불교사전, 595p〉
564년(신라 眞興王 25) 阿度가 중건.
1091년(宣宗 8) 大覺이 중수. 1678년
(肅宗 4) 護岩이 중수 〈文化遺蹟總覽〉
影浪寺大雄殿：地有 제15호. 1973년 지
정. 影浪寺 역사와 같다 〈上同〉
영립암(靈笠庵)
경남 金海郡 大東面 禮安里 仙魚山에
있던 절. 주위에 瓦片이 산재 〈文化遺
蹟總覽〉

영명사(永明寺)
평남 平壤市 慶上里 錦繡山에 위치. 고
구려 東明王 九梯宮 옛 터에 고려 때
창건. 1087년(고려 宣宗 4) 王의 행차
를 비롯하여 역대 제왕이 행차. 1752년
(英祖 28) 道臣이 중수〈寺刹全書,
816p〉
道安(1638-1715) 撰「永明寺普賢王
殿開建募緣文」〈月渚集, 400p, 影印
本〉
鼎鎬(1870-1948) 撰「平壤府永明寺
重建碑記」〈寺刹全書, 816p〉「平壤府
永明寺大雄殿上梁文, 1921年」〈上同,
818p〉

영모암(永慕庵)
충남 舒川(옛 韓山)郡 乾至(止)山에
위치〈寺刹全書, 819p〉
權近(1352-1409)이 本庵에 있는 李
穡의 화상에 대해 贊함〈新增東國輿地
勝覽, 卷17 24張, 木板本〉

영묘사(零[靈]妙寺)¹
경북 慶州市(옛 慶州郡 府內面) 城乾
洞 강가에 있던 절. 一名 靈廟寺. 632
년(신라 善德女王 1) 창건. 寺址에 幢
竿支柱가 남아 있다. 신라 金弼奚가 大
鐘銘을 撰, 1460년(世祖 6) 奉德寺鐘
현판을 여기에 옮겨 달았다〈寺刹全
書, 824p〉
662년(신라 文武王 2) 666·668년 각
각 災를 당함〈三國史記, 卷6, 木板本〉
靈妙寺丈六[塑像] : 764년(신라 景德王
23) 租 23,700石으로 改金〈三國遺事,
卷3 20張, 木板本, 中宗年間〉
一然(1206-1289) 撰「靈妙寺丈六」
〈上同〉

영묘사(零妙寺)²
경북 金陵(옛 金泉)郡 南面 梧鳳里에
있던 절. 3층석탑 2座, 石佛 2구가 남
음〈寺刹全書, 823p〉

영미사(零味寺)

경북 淸道郡에 있던 절. 632년(신라 善
德女王 1) 창건 추정〈寺刹全書, 823p〉

영복선사(永福禪寺)
萬松山에 위치〈月軒集, 卷4, 鉛印本〉
丁壽崗(1454-1527) 詩「永福禪寺八
景次韻」〈上同〉

영봉사(靈鳳寺)¹
전남 和順郡 南(옛 外南)面 長田里에
있던 절. 20세기 폐사〈寺刹全書,
826p〉

영봉사(靈鳳寺)²
충남 洪城郡 八峰山에 있던 절〈寺刹全
書, 825p〉

영봉사(靈峰[鳳]寺)³
함북 鍾城郡 豊谷面 豊溪洞 廣德山에
위치〈불교사전, 596p〉

영봉암(詠鳳庵)
경북 安東郡 北後面 石塔洞 鶴駕山에
있는 절〈불교사전, 596p〉
신라 永松堂이 창건. 폐사되었다가 조
선중기 永學堂이 중건. 1950년 동란으
로 소실, 1956년 姜道喜가 중건〈文化
遺蹟總覽〉

영불암(永佛庵)
경기 驪州郡 烏鴨山에 있던 절〈寺刹全
書, 819p〉

영사사(靈槎寺)
평남 江西(옛 咸從)郡 所高指山에 있
던 절〈寺刹全書, 826p〉

영산사(靈山寺)
전북 扶安郡 邊山[楞伽山]에 있던 절.
신라 眞表律師가 수도하던 곳〈寺刹全
書, 826p〉

영산암(靈山庵)¹
경북 安東郡 西後面 天燈山에 있는 절.
鳳停寺의 부속 암자〈寺刹全書, 826p〉

영산암(靈山庵)²
경북 榮州郡 浮石面 北枝里 鳳凰山에
있는 절. 浮石寺의 부속 암자〈불교사
전, 596p〉

영산전(靈山殿)
경북 奉化(옛 安東)郡 淸凉山에 있던
절〈寺刹全書, 826p〉
『寺刹全書』에는 安東郡 淸凉山으로 기
록되었으나 현재의 행정구역은 奉化郡
임〈編者〉

영선암(靈仙庵)
전남 麗川郡 三日面 中興里 靈鷲山에
있는 절. 興國寺의 부속 암자〈불교사
전, 596p〉

영성사(永成寺)
경북 英陽郡 英陽面 縣洞에 있는 절.
1924년 權永成이 창건. 1950년 동란으
로 法堂이 소실. 1972년 李鍾植이 중건
〈文化遺蹟總覽〉

영쇄암(靈碎庵)
강원 淮陽郡 金剛山에 있던 절. 養心庵
곁에 있었다〈寺刹全書, 827p〉

영수사(永守寺)
충남 舒川郡 鍾川面 長久里 台微山에
있는 절. 一名 永守庵〈불교사전,
597p〉

영수사(靈水寺)[1]
충북 鎭川郡 草坪面 永久里 頭陀山에
있는 절. 一名 靈水庵. 918년(고려 太
祖 1) 證通이 창건. 1624년(仁祖 2) 碧
岩이 중건〈불교사전, 596p〉
조선화공 明玉이 그린 두 掛佛(高7.5
m 幅6m)이 남음〈文化遺蹟總覽〉

영수사(靈水寺)[2] ⇒ 沙寺[1] 참조

영수암(永守庵)
경기 長湍郡 道納[都羅]山에 위치. 梧
溪 李宜白의 기록이 있다〈寺刹全書,
821p〉

영수암(映水庵)
경북 尙州郡에 있던 절〈寺刹全書,
822p〉

영수암(永壽庵)
충북 堤川郡 鳳陽面 新里에 있던 절.
현재는 瓦片이 산재하고 임야로 변천

〈寺刹全書, 819p〉〈文化遺蹟總覽〉

영수암(靈水庵)
함북 富寧郡 雙溪山에 있던 절〈寺刹全
書, 827p〉

영시암(永矢庵)
강원 麟蹄郡 北面 龍垈里 雪嶽山에 있
는 절. 百潭寺의 부속 암자. 1648년(仁
祖 26) 金昌翕이 창건. 1691년(肅宗
17) 雪淨이 중건. 1925년 基鎬가 중수
〈寺刹全書, 819p〉〈불교사전, 597p〉
1760년(英祖 36) 佛像에 改金〈乾鳳寺
本末事蹟, 67p, 鉛印本〉
永矢庵改金佛事記,1760年〈上同,82p〉
無盡 撰「永矢庵記, 1920年」〈上同〉
洪鳳祚(1680－1760) 撰 「三淵金先生
永矢庵遺墟之碑」 1689년 碑를 건립
〈上同, 81p〉

영신사(靈神寺)
경남 晋陽郡 智異山에 있던 절〈寺刹
全書. 827p〉

영신암(靈神庵)[1]
경기 坡州郡 (黃喜정승 묘 부근)에 있
던 절〈寺刹全書, 827p〉

영신암(靈神庵)[2]
경남 河東郡 智異山 雙溪寺 북쪽에 있
던 절〈寺刹全書, 827p〉
金宗直(1431－1492) 詩「靈神庵」〈佔
畢齋詩集, 卷3 12張, 木板本〉

영신암(靈神庵)[3]
평북 寧邊郡 妙香山에 있던 절〈寺刹全
書, 827p〉

영악사(靈岳寺)
경남 泗川(옛 昆陽)郡 鳳鳴山에 있던
절. 신라 知英・能敏・崔致遠 등이 이
절에 거주. 1686년(肅宗 12) 靈日 등이
중수〈寺刹全書, 827p〉

영안사(永安寺)
평북 宣川郡 劍山에 있던 절〈寺刹全
書, 820p〉

영안암(永安庵)

경기 開豊郡 天摩山에 있던 절 〈寺刹
全書, 820p〉

영암사(靈岩寺)[1]

경기 開城市 穀積山에 있던 절 〈稼亭
集, 卷3 7張〉
李穀(1298-1351) 撰 「京師穀積山靈
岩寺石塔記」〈上同〉「靈岩寺新井銘」
〈上同, 卷7 12張, 木板本〉

영암사(靈岩寺)[2]

경남 昌原郡 武陵山에 있던 절 〈寺刹
全書, 827p〉

영암사(靈岩寺)[3]

경남 陜川郡 佳會面 屯內里 黃梅山에
있는 절. 통일신라 때 창건 추정. 유지
에 1959년 面民들에 의해 암자가 건립
됨〈文化遺蹟總覽〉
陜川靈岩寺址：사적 제131호. 1964년
지정 〈上同〉
靈岩寺址龜趺：국유 보물 제489호.
1968년 지정. 화강석으로 통일신라 때
건립 추정. 碑身과 螭首를 결실〈文化
財大觀；寶物篇〉
靈岩寺址三層石塔：국유 보물 제480호.
1968년 지정. 高3.8m. 신라말기 건립
추정〈上同〉
金猛 撰 「陜川靈巖寺寂然國師慈光塔
碑」1023년(고려 顯宗 24) 건립〈韓國
金石全文, 中世上 456p, 許興植 撰〉

영암사(靈巖寺)[4]

충남 錦山郡 進樂山에 있던 절 〈불교
사전, 597p〉

영암사(靈巖寺)[5]

함북 鍾城郡 鍾城面 周山洞 鶴峰山에
있는 절 〈寺刹全書, 827p〉〈朝鮮寺刹
一覽〉

영운사(靈雲寺)⇒ 江西寺 참조

영운암(靈雲庵)[1]

경북 金陵郡 代項面 黃岳山에 위치. 直
指寺의 부속 암자〈直指寺志, 87p, 筆
寫本〉

영운암(靈雲庵)[2]

평북 熙川郡 熙川面 頭疊山에 있는 절
〈寺刹全書, 827p〉

영원사(鴒鶍[願]寺)

강원 原城郡 神林面 城南里 雉岳山에
있는 절 〈불교사전, 598p〉〈寺刹全書,
823p〉

영원사(靈源寺)[1]

경기 廣州郡 中部面 南漢山城 밖에 있
던 절 〈寺刹全書, 832p〉

영원사(靈源寺)[2]

경기 利川郡 栢沙面 松末里 圓寂山에
있는 절. 一名 靈源庵. 1825년(純祖
25) 致鑑이 金祖淳의 희사금으로 창건
〈寺刹全書, 830p〉
柳興慶(號 苕齋) 撰 「圓寂山靈源庵
[寺]記, 1827年」〈上同〉

영원사(靈源寺)[3]

경남 咸陽郡 馬川面 三丁里 智異山에
있는 절. 靈源이 창건. 1662년(顯宗 3)
화재, 1665년(顯宗 6) 계탄이 중건.
1914년 화재, 그 뒤 금파 등이 중건〈불
교사전, 598p〉
1950년 동란으로 소실, 1971년 중건
〈文化遺蹟總覽〉
兜率庵, 上無住庵 등이 山內에 부속
影岩堂塔, 雲坡堂塔, 中峰堂塔, 淸溪堂
塔, 碧虛堂塔, 靑梅塔 등이 경내에 소재
〈上同〉
李建芳(高宗朝人) 撰「靈源寺重建記」
〈蘭谷存稿；文錄, 影印本〉

영원사(靈源寺)[4]

전북 井邑郡 七寶山에 있던 절 〈寺刹全
書, 832p〉

영원사(靈源寺)[5]⇒ 自在庵 참조

영원사(瑩原[源]寺)

경남 密陽郡 密陽邑 活城里 後谷山에
있던 절. 一名 西瑩寺 〈寺刹全書,
823p〉
瑩源寺址寶鑑國師妙應塔碑：地有 제13

호. 1972년 지정. 碑文은 李齊賢
(1287-1367) 撰〈上同〉
瑩源寺址寶鑑國師浮屠：地有 제12호.
1972년 지정〈文化遺蹟總覽〉
李齊賢(1287-1367) 撰「有元高麗國
曹溪宗慈氏山瑩源寺寶鑑國師碑銘幷序」
〈益齋亂藁, 卷7 8張, 木板本〉
영원사(永遠寺)
전남 潭陽郡 古西面에 있던 절〈文化
遺蹟總覽〉
영원암(靈源[寧原]庵)
강원 淮陽郡 內金剛面 百川洞에 위치.
長安寺의 부속 암자〈불교사전, 598p〉
신라 靈源이 창건. 1343년(고려 忠惠王
復位 4) 宏卞이 중건. 1867년(高宗 4)
慧峰이 중수〈寺刹全書, 832·840p〉
靈源庵禪院創設碑：1914년 건립. 碑銘
은 猊雲惠勤 撰 〈楡岾寺本末寺志,
322p, 鉛印本〉
靈源庵重修記〈寺刹全書, 832·840p〉
長安寺靈源庵禪房施主記, 1913年〈楡
岾寺本末寺志, 371p, 1977影印〉
영월사(迎月寺)
경남 泗川(옛 昆陽)郡 金鰲山에 있던
절〈寺刹全書, 822p〉
영월사(映月寺)
함북 穩城郡 美浦面 月波洞 月波山에
있는 절〈寺刹全書, 822p〉〈朝鮮寺刹
一覽〉
영월암(映月庵)[1]
경기 利川郡 利川邑 官庫里 北岳山에
있는 절. 본래 北岳寺. 1774년(英祖
50) 朗奎가 중건. 1911년 化主 普恩이
중건. 1920년 주지 劉信庵이 極樂殿을
이전. 1937년 주지 曺彦佑가 山神閣을
중건 〈寺刹全書, 822p〉〈불교사전,
598p〉
영월암(映月庵)[2]
전북 長水郡 山西面 鳳棲里 城山에 있
는 절〈불교사전, 598p〉

1902년 德柱가 창건〈文化遺蹟總覽〉
영월암(映月庵)[3]
황해 載寧郡 長壽山 妙音寺 남쪽에 위
치〈寺刹全書, 822p〉
영유사(永柔寺)
평남 順川郡(옛 豊山面 城中洞) 慈母
山城 안에 있던 절〈寺刹全書, 820p〉
영은사(靈隱寺)[1]
강원 三陟郡 近德面 宮村里 太白山에
있는 절. 一名 宮房寺·金蓮臺·南寂
寺〈寺刹全書, 829p〉
신라 梵日이 창건. 七星閣에 창건주 梵
日과 惟政의 眞影이 봉안. 절 入口에 石
造浮屠群(3기)이 있다〈文化遺蹟總
覽〉
靈隱寺月波堂禪師浮屠：高1.60m. 1770
년(英祖 46) 건립. 浮屠 側面에「月波
堂大禪師思戒之圖」라 刻字. 禪師의 法
名은 兌律, 俗姓은 金, 全州人, 1695
-1776년까지 생존〈上同〉
靈隱寺事蹟碑：高96cm 幅42cm 厚12cm.
1830년(純祖 30) 건립〈上同〉
영은사(靈隱寺)[2]
강원 鐵原郡 寶盖山에 있던 절. 1619년
(光海 11) 性一이 창건〈寺刹全書,
829p〉
彦機(1581-1644) 撰「寶盖山靈隱寺
新創記, 1619年」〈鞭羊集, 45p, 影印
本〉
柳夢寅(1559-1623) 撰「遊寶盖山贈
靈隱寺彦機雲桂兩僧序」〈於于集, 卷4
37張, 木板本〉
彦機(1581-1664) 撰「寶盖山靈隱寺
新創記」〈鞭羊集, 卷2, 木板本〉
영은사(靈隱寺)[3]
경기 坡州郡 臨津江 하류 龍發山에 있
던 절〈寺刹全書, 827p〉
영은사(靈隱寺)[4]
경남 密陽郡 終南山에 있던 절〈寺刹全
書, 829p〉

영은사(靈隱寺)[5]
경남 咸陽郡 栢田面 白雲里 白雲山에
있던 절 〈寺刹全書, 829p〉
한말까지 절이 있었다고 한다 〈文化遺
蹟總覽〉

영은사(靈隱寺)[6]
전북 淳昌郡 盤龍山에 있던 절 〈寺刹
全書, 828p〉
成任(1421-1484) 撰「定慧樓記」〈新
增東國輿地勝覽, 卷34 13張, 木板本〉
金時習(1435-1493) 詩「靈隱寺」〈梅
月堂集, 卷11 4張, 癸酉字本〉

영은사(靈隱寺)[7]
충남 公州郡 公州邑 錦城洞 雙樹山에
있는 절. 본래 妙隱寺. 仁祖가 靈隱寺
리 개명 〈寺刹全書, 827p〉
金寗漢(1878-1950) 詩 「少憩靈隱
寺」〈及愚齋集, 卷1 15張, 鉛印本〉

영은사(靈隱寺)[8]
충남 論山郡 伐谷面 德谷里 大屯山에
있는 절 〈寺刹全書, 828p〉〈朝鮮寺刹
一覽〉

영은사(靈隱寺)[9]
평북 定州郡 城안에 있던 절 〈寺刹全
書, 830p〉

영은사(靈隱寺)[10]⇒ 江西寺 참조

영은암(靈隱庵)[1]
강원 高城郡 西面 金剛山 楡岾寺 위에
있던 절. 一名 慈月庵 〈寺刹全書,
830p〉

영은암(靈隱庵)[2]
강원 寧越郡에 있던 절 〈寺刹全書,
830p〉

영은암(靈隱庵)[3]
강원 鐵原郡에 있던 절 〈寺刹全書,
830p〉

영은암(靈隱庵)[4]
전남 長興郡 冠山面 天冠山 天冠寺 부
근에 있던 절 〈寺刹全書, 830p〉

영은암(靈隱庵)[5]

전북 井邑郡 內藏面 內藏山에 위치. 內
藏寺의 부속 암자. 一名 靈隱寺 〈寺刹
全書, 828p〉
成任(1421-1484) 撰「定慧樓記」〈上
同〉

영은암(靈隱庵)[6]
충남 公州郡 寺谷面 泰華山에 있는 절.
麻谷寺의 부속 암자 〈寺刹全書, 830p〉

영일암(迎日庵)
전남 長興郡 冠山面 天冠山에 있던 절
〈寺刹全書, 822p〉

영장사(靈藏寺)[1]
평북 義州郡 古寧朔面 天摩洞 天摩山에
있는 절 〈寺刹全書, 833p〉〈朝鮮寺刹
一覽〉

영장사(靈藏寺)[2]⇒ 花芳寺 참조

영적암(靈寂庵)
충남 錦山郡 靈鷲山에 있던 절 〈寺刹全
書, 833p〉

영전사(令傳寺)⇒ 靈泉寺[1] 참조

영정사(靈井寺)
경남 密陽郡 載藥[嶽]山에 있던 절. 신
라 元曉 창건. 竹林寺라 함. 興德王
(826-835) 때 중건하여 靈井寺라 개
명. 고려 때 國內 第1禪刹인 때가 있었
다. 1610년(光海 2) 慧澄이 일부 중건.
1679년(肅宗 5) 소실, 1680년(同王 6)
坦英 등이 크게 중건. 1681년(同王 7)
冥府殿을 건립 〈寺刹全書, 833p〉
戒悟(1773-1849) 撰 「靈井寺南溪寮
重創記」〈伽山集, 卷4 6張, 木板本〉
金克一(?-1585) 詩 「題靈井寺」〈藥
峰集, 卷2 40張, 木板本〉
鄭蘊(1569-1641) 撰 「慶尙左道密陽
載藥山靈井寺古蹟, 1677年」〈寺刹全
書, 833p〉

영제암(永濟庵)
경기 加平郡 華嶽山에 있던 절 〈寺刹全
書, 821p〉

영주암(靈珠庵)[1]

강원 平康郡 木田面 中三里 靑龍山에
있는 절. 1773년(英祖 49) 주지 戒仁
이 洞口 병풍암 아래 있던 것을 현지에
이전. 1897년(光武 1) 소실, 1900년
李普覺이 중건 〈朝鮮寺刹一覽〉〈寺刹
全書, 835p〉
金容文 撰 「靑龍山靈珠庵事蹟, 1923
年」〈寺刹全書, 835p〉

영주암(靈珠庵)[2]
경기 冠岳山에 있던 절 〈盧白集, 19p,
影印本〉
明照(1593-1661) 詩 「登冠岳山到靈
珠庵」〈上同〉

영주암(瀛洲庵)[1]
부산 南區 望美洞 金蓮山에 있는 절
〈文化遺蹟總覽〉
경남 東萊郡 南面 金蓮山에 위치 〈寺
刹全書, 847p〉

영주암(瀛洲庵)[2]
전남 莞島郡 薪智面에 있는 절. 1070년
(고려 文宗 24)경 건립 추정 〈文化遺
蹟總覽〉

영지사(靈芝寺)
경북 永川郡 大昌面 龍湖洞 五芝山에
있는 절. 신라 義湘이 창건. 熊井庵이
라 함. 泛鍾樓 아래 큰 우물이 있으므
로 熊井庵이라 했다. 壬亂 때 소실. 그
후 지산이 중건하여 靈芝寺라 개명
〈寺刹全書, 843p〉
3층석탑(高1.6m)이 있다 〈文化遺蹟
總覽〉

영지사(影池寺)
경북 月城郡 外東面 掛陵里에 있던 절
〈文化遺蹟總覽〉

영지암(靈芝菴)
경북 安東 부근에 있던 절인 듯 〈雲岩
逸稿, 卷1 2張, 木板本〉
金緣(1487-1544) 詩 「次李聾岩賢輔
靈芝菴韻」「靈芝菴次…」〈上同〉

영천굴(靈泉窟) ⇒ 靈泉庵[3] 참조

영천사(靈泉寺)[1]
강원 原州市 台庄洞에 있던 절. 太宗이
잠저 때 거처하던 곳 〈寺刹全書, 836p〉
一名 令傳寺인 듯 〈文化遺蹟總覽〉
令傳寺址普濟尊者三層石塔(2기) : 현재
서울 景福宮內 위치. 보물 제358호.
1960년 지정. 화강석으로 1388년(고려
昌王 1) 건립. 1915년 현지에 이전.
「…洪武二十一年戊辰(1388)四月日誌
…」라 기록. 尊者의 諱는 惠勤, 號는 懶
翁, 俗姓은 牙, 1320-1376년까지 생존
〈文化財大觀 ; 寶物篇〉

영천사(靈泉寺)[2]
전북 高敞郡 雅山面 兜率山 禪雲寺 부
근에 있던 절 〈寺刹全書, 843p〉

영천사(靈泉寺)[3]
전북 高敞郡 雅山面 兜率山에 있던 절
〈寺刹全書, 836p〉
奇遵(1492-1521) 詩「靈泉寺」〈服齋
集, 卷1 9張, 木板本〉

영천사(靈泉寺)[4]
전북 井邑郡 瓮東面 象山里 母岳山에
있던 절. 寺址에 돌담이 남음 〈寺刹全
書, 836p〉

영천사(靈泉寺)[5]
제주(옛 旌義)에 있던 절. 옛터는 濟州
郡 右面 〈寺刹全書, 836p〉

영천사(靈泉寺)[6]
충북 淸原(옛 淸州)郡 洛迦山에 있던
절 〈寺刹全書, 836p〉

영천사(靈泉寺)[7]
평남 平原郡 永柔面 米豆山에 위치. 옛
天王寺 〈寺刹全書, 836p〉

영천사(靈泉寺)[8]
평북 博川郡 臥龍山에 있던 절 〈寺刹全
書, 836p〉

영천사(靈泉寺)[9]
황해 遂安郡 栗界面 五峰山에 있는 절
〈寺刹全書, 836p〉

영천사(靈泉寺)[10] ⇒ 靈穴寺 참조

영천사(永川寺)
평남 安州郡 悟道山에 있던 절 〈寺刹全書, 821p〉

영천암(靈泉庵)¹
경기 坡州郡 交河(옛 靑石)面 吾道里 長命山에 있던 절 〈寺刹全書, 836p〉

영천암(靈泉庵)²
경북 金陵郡 代項面 黃岳山에 위치. 直指寺의 부속 암자 〈直指寺志, 137p, 筆寫本〉

영천암(靈泉庵)³
전남 長城郡 北下面 白羊山에 있는 절. 白羊寺의 부속 암자. 하루 한 사람 분의 쌀이 나왔다는 약수터가 있었다 〈불교사전, 599p〉〈文化遺蹟總覽〉
奇老善(1895-1937) 詩「靈泉嵓」〈道南集, 卷1 3張, 石印本〉

영천암(靈泉庵)⁴
충남 錦山郡 南二面 淮樂山에 있는 절. 885년(신라 憲康王 11) 창건. 祖丘가 중건. 靈圭(?-1592)의 영정이 있다 〈寺刹全書, 836p〉〈불교사전, 599p〉

영천암(靈泉庵)⁵
충남 錦山郡 南二面 石洞里 進樂山에 있는 절. 寶石寺의 부속 암자 〈寺刹全書, 836p〉〈불교사전, 599p〉

영천암(靈泉庵)⁶
평남 大同郡 古平面 大寶山에 위치 〈寺刹全書, 836p〉

영천암(靈泉庵)⁷
함남 洪原郡 蘆洞社에 있던 절 〈寺刹全書, 836p〉

영천암(靈泉庵)⁸⇒ 騰雲庵 참조

영추대(靈鷲臺)¹
전남 長興郡 冠山面 天冠山 天冠寺 부근에 있던 절 〈寺刹全書, 845p〉

영추대(靈鷲臺)²
전남 長興郡 冠山面 天冠山 天冠寺 부근에 있던 절 〈寺刹全書, 837p〉

영추사(靈鷲寺)¹
경남(옛 安陰縣 廬岳山 북쪽)에 있던 절. 新羅 때 창건 추정. 1736년(正祖 12) 중건. 泓宥(1718-1774) 著 〈秋波集 ; 安陰靈鷲寺記, 卷3 9張, 木板本〉

영추사(靈鷲寺)²
경북 迎日(옛 長鬐)郡 妙峰山에 있던 절 〈寺刹全書, 837p〉

영추사(靈鷲寺)³
부산에 있던 절 〈寺刹全書, 837p〉
蔚州 屈井驛 부근에 있던 절. 683년(신라 神文王 3) 당시 재상 忠元公이 東萊서 溫泉하고 돌아오다가 옛 屈井驛 부근에서 꿩이 새새끼 두 마리를 품고 있는 것을 보고 매가 그를 측은히 여겨 해치지 않았다. 이를 보고 歸京하여 王에게 품세하여 이 사리에 설을 창선했나 〈三國遺事, 卷3 55張, 木板本, 中宗年間〉
一然(1206-1289) 撰 「靈鷲寺」〈上同〉

영추사(靈鷲寺)⁴
충북 忠州市 宗堂山에 있던 절 〈寺刹全書, 837p〉〈文化遺蹟總覽〉

영추사(靈鷲寺)⁵⇒ 百潭寺 참조

영추암(靈鷲庵)¹
강원 淮陽郡 內金剛面 長淵里 金剛山에 있던 절. 表訓寺의 부속 암자 〈불교사전, 599p〉

영추암(靈鷲庵)²
경남 居昌郡 德裕山에 있던 절 〈寺刹全書, 837p〉

영추암(靈鷲庵)³
함남 安邊郡 新芽面 黃龍山에 위치 〈寺刹全書, 837p〉

영축암(靈竺庵)¹
경남 金海郡 大東(옛 下東)面 禮安里 仙魚山에 있던 절 〈寺刹全書, 837p〉

영축암(靈竺庵)²
평남 价川郡 中西面 龍湖里 靈龍山에 위치 〈朝鮮寺刹一覽〉

영취암(靈聚庵)
경기 加平郡 華嶽山에 있던 절 〈寺刹全書, 837p〉

영탑사(靈塔寺)[1]
충남 唐津郡 沔川面 城下里 象王山에 있는 절 〈寺刹全書, 837p〉〈朝鮮寺刹一覽〉

靈塔寺金銅三尊佛 : 보물 제409호. 1964년 지정. 高 : 本尊27.5cm 左侍像17.8cm 右侍像18cm. 銅造鍍金으로 고려 때 조성 추정. 고려 중기 普照(1158－1210)가 5층석탑을 건립. 그 뒤 無學(1327－1405)이 현 위치에 이전. 1911년 신도들이 2개층을 더 건립 〈文化財大觀 ; 寶物篇〉

金允植(1835－1922) 詩 「寓靈塔寺…」〈雲養集, 卷3 20張, 鉛印本〉

영탑사(靈塔寺)[2]
평남 平壤市 서쪽 大寶山에 있던 절. 고구려 普德이 大寶山에 靈塔寺를 건립. 普德이 盤龍山 延福寺에 있을 때 고구려 寶藏王(641－668)이 中國으로부터 道敎를 입수하므로 나라가 장차 망할 줄 알고 백제의 完山州 高達山으로 그의 方丈을 옮기니, 지금의 高達山 景福寺의 飛來方丈이 그것이라고 전함 〈寺刹全書, 837p〉〈불교사전, 294p〉

一然(1206－1289) 撰 「高麗靈塔寺」〈三國遺事, 卷3, 木板本〉

영통사(靈通寺)[1]
경기 加平郡 華嶽山에 있던 절 〈寺刹全書, 838p〉

영통사(靈通寺)[2]
경기 開城 安定門 밖에 있던 절 〈寺刹全書, 838p〉

1027년(고려 顯宗 18) 창건 〈불교사전, 599p〉

靈通寺住持智偁墓誌 : 禪師의 號는 通炤, 字는 致厚, 南原人, 俗姓은 尹. 洪圓寺 康敎雄에게 師事. 1113－1192년

까지 생존. 1193년(고려 明宗 23) 誌. 本誌 編纂 當時 李王家博物館에 소재 〈傳燈本末寺誌, 331p〉

李奎報(1168－1241)撰 「靈通寺修補大藏披覽疏」〈東國李相國集, 卷41 18張, 木板本〉

영통사(靈通寺)[3]
경기 長湍郡 五冠山 아래 있던 절. 옛 터는 開豊郡 嶺北面 玄化里. 1036년(고려 靖宗 2) 王이 그의 王子를 이 절에 出家시켰으며, 고려 文宗(1046－1082)의 眞影과 洪自藩의 遺像이 있었다. 고려 역대 제왕이 행차하여 많은 道場을 설행 〈寺刹全書, 838p〉

金富軾(1075－1151) 撰 「僧統義天塔銘」〈寺刹全書, 838p〉

영통사(靈通寺)[4]
황해 平山郡 文武面 文區里에 위치 〈寺刹全書, 839p〉

영풍사(永豊寺)
평남 平原郡 西海面 延豊里에 있던 절. 石佛(高45cm) 1구가 있다 〈寺刹全書, 821p〉

영혈사(靈穴寺)[1]
강원 襄陽郡 襄陽面 禾日里 雪嶽山에 위치 〈朝鮮寺刹一覽〉

689년(신라 神文王 9) 元曉가 창건. 1688년(肅宗 14) 화재, 1690년 聚遠이 중건하여 靈泉寺라 개명. 1887년(高宗 24) 信士 金禹卿이 중수하여 靈穴寺라 복칭. 1904년 金禹卿이 중수 〈寺刹全書, 839p〉

1881년(高宗 18) 山神閣을 중수. 1900년 金禹卿이 山神閣을 중수. 1904년 金禹卿이 중수 〈乾鳳寺本末事蹟, 175p, 鉛印本〉

白鶴庵, 日出庵, 靑蓮庵, 聚遠庵, 鶴巢庵 등이 山內에 부속

靈岩堂出世碑 : 1670년(英祖 36) 건립 〈上同, 179p〉

靈岩堂塔, □□塔, □□塔 등 3座의 塔
이 있다〈上同, 178p〉
金禹卿 撰 「雪嶽山靈泉寺丹霞閣重建
記, 1900年」〈上同, 180p〉
金重昱 撰 「靈穴寺山神堂重建記, 辛
巳」〈上同〉
金興基 撰 「靈穴寺重修記, 1905年」
〈上同, 181p〉
騰雲震一 撰「靈岩堂出世碑」1760년
碑를 건립〈上同, 179p〉
智和 撰 「襄陽府雪山靈穴寺施主記」
〈上同, 179p〉
黃錫萬 撰「七星契記, 1904年」〈上同,
181p〉
「靈穴寺重修記, 1904年」〈寺刹全書,
839p〉
淨源(1627－1709) 撰「紅藕堂大師浮
屠碑銘幷序」〈上同, 198p〉
영혈사(靈穴寺)[2]⇒ 蓮臺庵[3] 참조
영화사(永華寺)
서울 城東區 九宜洞 峨嵯山에 있는 절.
신라 義湘(625－702)이 창건하여 華
陽寺라 함. 1395년(太祖 4) 龍馬峰 아
래 軍藏洞에 이전했다가 다시 中谷洞
에 이전. 1907년 현지에 이전하여 永華
寺라 개명〈불교사전, 600p〉
1909년 化主 道庵이 山神閣·獨聖閣
등을 건립〈寺刹全書, 821p〉
영흥사(永興寺)[1]
경북 慶州市 沙正洞(『寺刹全書』에는
皇南里)에 있던 절. 현재의 慶州工高
자리를 정지 작업할 때 礎石·蓋瓦 등
이 출토〈文化遺蹟總覽〉
신라 毛祿의 누이 史氏가 比丘尼가 되
어 창건. 法興王妃가 出家하여 修道하
던 곳. 일설은 法流(法興王妃)가 창건
했다 함〈寺刹全書, 821p〉
596년(眞平王 18) 화재로 인하여 인근
350家가 延燒되어 王이 행차하여 구
제. 614년(眞平王 36) 本寺의 塑佛이

스스로 무너짐〈三國史記, 卷4, 木板
本〉
754년(景德王 13) 王이 本寺의 修葺을
명령〈上同, 卷9〉
영흥사(永興寺)[2]
전남 靈光郡 郡南面 龍岩里에 있는 절.
1500년(燕山 6)경 건립했다고 전함.
〈文化遺蹟總覽〉
영흥사(永興寺)[3]
충남 保寧(옛 藍浦)郡 峨眉山에 있던
절〈寺刹全書, 821p〉
예불암(禮佛庵)
전북 長水郡 蟠岩面 竹林里에 있는 절.
1915년 창건〈文化遺蹟總覽〉
오계사(五溪寺)
평남 平原郡 東頭面 西門里에 있던 절
〈寺刹全書, 847p〉
오금사(五金寺)
전북 益山郡 金馬面 龍唇里 五金山 북
쪽에 있던 절〈寺刹全書, 847p〉
백제 武王(?－641)이 잠저 때 薯童으
로서 마를 캐다가 五金을 얻은 곳. 王
이 된 뒤 그곳에 五金寺를 창건〈불교
사전, 605p〉
오남사(午南寺)
평북 江界郡 公北面 公仁洞 天摩山에
위치〈朝鮮寺刹一覽〉
오대사(五臺寺)
경남 晉陽郡(옛 薩川縣) 智異山에 있
던 절. 1123년(고려 仁宗 1) 津億이 옛
터에 중건. 水精社라 명명하여 淨業을
수행하던 곳〈불교사전, 605p〉〈寺刹
全書, 847p〉
權適(1094－1146) 撰「智異山水精社
記, 1129年」〈寺刹全書, 847p〉
오대암사(五臺岩寺)
함북 會寧郡 高嶺에 있던 절〈寺刹全
書, 848p〉
오덕사(五德寺)
충남 扶餘郡 忠化面 五德里 金鷄山에

있는 절. 一名 五德庵 〈불교사전,
606p〉
근처에 평해공주 胎室碑가 있다 〈文化
遺蹟總覽〉
오도암(五道庵)
경북 永川郡에 있던 절. 銀海寺의 부속
암자 〈불교사전, 606p〉
오도암(梧[悟]道庵)[1]
경북 軍威郡 缶溪面 東山洞에 있는 절.
신라 元曉(617－686)가 八公山에 入
山하여 현 위치에 이전 〈文化遺蹟總
覽〉
오도암(悟道庵)[2]
황해 新溪郡 悟道山에 있던 절 〈寺刹
全書, 851p〉
오동사(梧桐寺)
경기 華城郡 棲鳳山에 있던 절 〈寺刹
全書, 851p〉
오룡사(五龍寺)
경기 開豊郡 嶺南面 龍興里에 있던 절.
法鏡王師(고려 顯宗의 王師) 碑가 있
다 〈寺刹全書, 848p〉
有晉高麗國…法鏡大師普照慧光之塔碑：
嶺南面 大院里 極樂峰下에 위치. 944
년(고려 惠宗 1) 건립 〈傳燈本末寺誌,
299p, 鉛印本〉
오미사(五味寺)
평남 安州에 있던 절 〈增補海東詩選,
272p, 李圭璿 編, 鉛印本〉
尹新之(1582－1657) 詩「宿安州五味
寺」〈上同〉
오봉사(五峰寺)[1]
경기 漣川郡 漣川面 古文里 五峰山에
있는 절. 太宗(1400－1418) 때 있던
절로 추정. 1677년(肅宗 3) 敬悅이 중
수. 본래 始興宗에 소속, 資福寺가 됨
〈寺刹全書, 848p〉
오봉사(五峰寺)[2]
경남 蔚州郡에 있던 절 〈불교사전,
609p〉

오봉사(五峰寺)[3]
전남 寶城郡 五峰山에 있던 절 〈寺刹全
書, 848p〉
오봉사(五峰寺)[4]
평북 寧邊郡 八院面 明堂洞 五峰山에
위치 〈朝鮮寺刹一覽〉
오봉암(五峰庵)[1]
강원 麟蹄郡 雪嶽山에 있던 절. 百潭寺
의 부속 암자 〈寺刹全書, 849p〉
오봉암(五峰庵)[2]
충남 牙山郡 溫陽邑 長存里 雪花山에
있는 절 〈불교사전, 609p〉
오봉암(五峰庵)[3]
함북 明川郡 斜介洞에 있던 절 〈寺刹全
書, 849p〉
오봉암(五峰庵)[4]
함북 鶴城(옛 城津)郡 鶴上面 龍泉洞
五峰山에 위치 〈朝鮮寺刹一覽〉
오봉사(五鳳寺)
함북 鍾城郡에 있던 절 〈寺刹全書,
849p〉
오산사(梧山寺)
전북 益山郡 春浦面 梧山里에 있는 절.
「농부의 꿈에 논에 石佛이 있으니, 이
를 발굴하여 봉안하면, 벼 50석이 나올
것이라고 하여 논을 파보니, 石佛이 있
어 그 해 가을에 佛堂을 건립하였다」는
설화가 전함 〈文化遺蹟總覽〉
오성사(五聖寺)
전북 沃溝(옛 臨陂)郡 五聖山에 위치
〈養竹軒遺稿, 8張, 石印本, 1938印〉
李松秊(肅宗朝人?) 詩「題臨陂五聖山
寺」〈上同, 8p〉「題五聖寺」〈上同,
9p〉「自五聖寺還家」〈上同, 15p〉「自
五山重登五聖山寺」〈上同, 36p〉
오성암(五聖庵) ⇒ 圓通寺[2] 참조
오세암(五歲庵)
강원 麟蹄郡 北面 龍垈里 雪嶽山에 있
는 절. 一名 觀音庵. 百潭寺의 부속 암
자. 643년(신라 善德女王 12) 慈藏이

창건하여 觀音庵이라 명명. 1548년(明宗 3) 虛應이 중건. 1643년(仁祖 21) 雪淨이 중건하여 五歲庵이라 개명. 1888년(高宗 25) 白下가 중건〈寺刹全書, 849p〉〈불교사전, 612p〉
1865년(高宗 2) 南湖가 海印寺板 大藏經 1部를 봉안. 1888년(同王 25) 白下가 중건하고, 十六羅漢과 四聖八部 幀畫를 조성. 1898년 印空이 중건하고, 念佛萬日會를 설행〈乾鳳寺本末事蹟, 67p, 鉛印本〉
無盡子 撰「五歲庵事蹟, 1920年」〈寺刹全書, 849p〉
李建昌(1852-1898) 撰「雪嶽山五歲菴藏經閣記」〈明美堂集, 卷10 26張, 鉛印本〉
鳴九 撰「五歲庵經閣重建記, 1889年」〈乾鳳寺本末事蹟, 79p, 鉛印本〉

오심사(悟心寺)
황해 鳳山郡 淸溪[鷄]山에 있던 절〈寺刹全書, 849p〉

오어사(吾魚寺)
경북 迎日郡 烏川面 恒沙洞 雲梯山에 있는 절〈불교사전, 615p〉
신라 眞平王(579-631) 때 창건. 恒沙寺였는데 元曉(617-686)와 惠空이 수도하다가 물고기를 낚아 먹고나서 다시 살리는 재주를 겨루었는데, 그 중 한 마리를 서로 살린 고기라고 주장한 데서 吾魚寺라고 개명. 1741년(英祖 17) 補修〈寺刹全書, 851p〉
元曉庵, 慈藏庵 등이 山內에 부속
吾魚寺浮屠(7기):大吾堂, 龍溪堂, 爲雲堂, 靈谷堂, 海月堂大師의 5개 浮屠 이외 2기는 未詳〈文化遺蹟總覽〉

오억동사(吳億同寺)
함북 鍾城郡에 있던 절〈寺刹全書, 851p〉

오운암(五雲庵)
평남 寧遠郡 德化面 橫川里 雲橫山에

위치〈불교사전, 616p〉

오음사(吾音寺)
강원 華川郡 看東面 梧陰里 竹葉山에 있던 절. 寺址에 五層方塔이 있었으나 허물어짐〈寺刹全書, 851p〉

오이동사(吾伊洞寺)
경북 安東 부근에 있던 절인 듯〈松岩集, 卷1 26張, 木板本〉
權好文(1532-1587) 詩「吾伊洞寺訪金仲瑥」〈上同〉

오정사(烏井寺)
경북 聞慶郡 禪岩山[일설은 廬山]에 있던 절〈寺刹全書, 851p〉

오주암(五柱庵)
서울 鍾路區 三淸洞 三淸殿 터 굴 속에 있던 절. 靈壽道人이 칭긴〈寺刹全書, 850p〉

오진암(悟眞庵)
황해 信川(옛 文化)郡 九月山에 있던 절. 月精寺의 부속 암자〈寺刹全書, 851p〉

오탑사(五塔寺)
위치 未詳. 塔이 있었는데 그 위에 萬曆年間(1573-1616) 주조한 향로가 있었다〈申紫霞詩集, 卷1 7張, 影印本〉
申緯(1769-1847) 詩「五塔寺」〈上同〉

오합사(烏合寺)[1] ⇒ 聖住寺[4] 참조
오합사(烏合寺)[2] ⇒ 烏會寺 참조
오현굴(五賢窟) ⇒ 五賢庵 참조
오현암(五賢庵)
강원 淮陽郡 金剛山에 있던 절. 一名 五賢窟〈寺刹全書, 851p〉

오화암(五花庵)
평북 楚山郡에 있던 절〈寺刹全書, 851p〉

오회사(烏會寺)
659년(백제 義慈王 19) 이 절에 大赤馬가 있었는데, 하루 6회 이 절을 순찰〈寺刹全書, 851p〉

옥계사(玉溪寺)[1]
경남 河東郡 橫川(옛 內橫甫)面 南山
里 玉溪山에 있던 절. 주위에 瓦片이
산재〈寺刹全書, 851p〉
옥계사(玉溪寺)[2]⇒ 金剛庵[8] 참조
옥계사(玉雞寺)
평북 定州郡 大夜山에 있던 절〈寺刹
全書, 852p〉
옥곡사(玉谷寺)
위치 未詳〈水色集, 卷3 28張, 木板本〉
許禍(1563-?) 詩「初秋遊玉谷寺…」
〈上同〉「遊玉谷寺, 外二首」〈上同, 卷
3 29張〉「諸友會玉谷寺…」〈上同, 卷3
35張〉
옥금사(玉琴寺)
경기 抱川郡 水源山에 있던 절〈寺刹
全書, 852p〉
옥동사(玉洞寺)
평북 鐵山郡 東骨山에 있던 절〈寺刹
全書, 852p〉
옥련사(玉蓮寺)
경북 義城郡 安平面 三春洞 鳳頭山에
있는 절〈불교사전, 628p〉
신라 興德王(826-835) 때 德雲이 창
건. 고려 恭愍王(1351-1374) 때 遍照
가 중건. 玉處士가 1605년(宣祖 38)
중건〈寺刹全書, 852p〉
옥련암(玉蓮庵)[1]
경남 梁山郡 下北面 芝山里 靈鷲山에
있는 절. 通度寺의 부속 암자〈불교사
전, 628p〉
1374년(고려 恭愍王 23) 雙玉이 창건.
1857년(哲宗 8) 淸愼이 중건〈寺刹全
書, 852p〉
李建昌(1852-1898) 撰「玉蓮庵記」
〈明美堂集, 卷10 28張, 鉛印本〉
옥련암(玉蓮庵)[2]
전북 完州郡 華山面 雲山里 玉蓮山에
있는 절〈불교사전, 628p〉
옥룡사(玉龍寺)[1]

전남 光陽郡 玉龍面 秋山里에 있던 절
〈文化遺蹟總覽〉
『寺刹全書』에는 白雞山 위치로 표기.
864년(신라 景文王 4) 道詵이 창건
〈寺刹全書, 852p〉
道詵國師碑: 1150년(고려 毅宗 4) 건
립. 碑銘은 崔惟淸(1095-1174) 撰
〈上同〉
洞眞大師碑: 958년(고려 光宗 9) 건립.
金廷彦(高麗朝人) 撰, 玄可 書〈上同〉
李玄逸(1627-1704) 詩「八月十五夜
宿玉龍寺」〈葛庵集, 卷1 37張, 木板本〉
崔惟淸(1095-1174) 撰「白雞山玉龍
寺贈謚先覺國師碑銘」〈東文選, 卷117
18張, 木板本〉
옥룡사(玉龍寺)[2]
전남 長興郡 冠山面 玉堂里 天冠山에
있던 절. 7세기경 창건. 지금은 藥師如
來佛像만 남음〈文化遺蹟總覽〉
옥룡사(玉龍寺)[3]
충북 淸原郡 米院面 雙耳里에 있던 절.
주위에서 礎石과 瓦片이 발견〈文化遺
蹟總覽〉
옥룡사(玉龍寺)[4]
함남 端川郡 天鳳山에 있던 절〈寺刹全
書, 852p〉
옥림사(玉林寺)
경북 善山郡 金烏山에 있던 절〈寺刹全
書, 852p〉
옥만사(玉滿寺)
위치 未詳.『淨兜寺五重石塔記』를 보
라고 했다〈寺刹全書, 852p〉
옥산사(玉山寺)[1]
경남 山淸郡에 있던 절〈寺刹全書,
852p〉
옥산사(玉山寺)[2]
경북 安東郡 北後面 場基洞에 있는 절.
1964년 중건. 寺址 부근에 磨崖佛像
(高2m)과 무너진 塔 기단이 있으며,
治石된 石材의 무더기가 남음〈文化遺

蹟總覽〉
옥소암(玉簫庵)
智異山 부근에 있던 절인 듯〈玄谷集,
卷3 16張, 木板本〉
趙緯韓(1558－1649) 詩「玉簫庵」「玉
簫菴次玄洲韻」〈上同〉「玉簫庵次子發
韻」〈上同〉「玉簫庵次龍灘韻」〈上同,
卷3 20張〉
趙纘韓(1572－1631) 詩「玉簫庵」〈玄
洲集, 卷5 6張, 石印本〉
옥수암(玉水庵)[1]
강원 洪川郡 東面 德峙里 孔雀山에 있
는 절. 壽陀寺의 부속 암자. 708년(신
라 聖德王 7) 眞表가 창건. 1878년(高
宗 15) 중수〈불교사전, 628p〉
옥수암(玉水庵)[2]
경기 利川郡 麻長面 泥坪里 孝養山
(『寺刹全書』에는 臥龍山)에 있는 절
〈불교사전, 628p〉
옥수암(玉水庵)[3]
평남 龍岡郡 大代面 梧山里 牛山에 있
던 절〈寺刹全書, 853p〉
옥수암(玉水庵)[4]
함남 利原郡 東面 大禾里 香林山에 위
치〈불교사전, 628p〉
옥암사(玉岩寺)
충북 淸原郡 南一面 文注里에 있는 절.
世宗大王(1418－1450)이 이곳을 지나
다가 金雞가 바위에 올라앉아 있는 것
을 보고 王이 잠깐 쉬어갔다 하여 玉岩
이라 전함. 1935년 宋昌根이 중건〈文
化遺蹟總覽〉
옥정사(玉井寺)[1]
경기 廣州郡［中部面］南漢山城 北門
안에 있던 절〈寺刹全書, 853p〉
옥정사(玉井寺)[2]
경남 梁山郡 長安面 院洞里 玉井山에
있던 절〈寺刹全書, 853p〉
옥정사(玉井寺)[3]
전남 長城郡 笠岩山城에 있던 절〈寺

剎全書, 853p〉
옥정암(玉井庵)[1]
경기 加平郡 連洞驛 뒤에 있는 절〈寺
剎全書, 853p〉
옥정암(玉井庵)[2]
전남 長興郡 冠山面 天冠山 天冠寺 부
근에 있던 절〈寺刹全書, 853p〉
옥정암(玉晶庵)
위치 未詳.『肅宗實錄』卷31 3頁에 本
寺의 기록이 있다〈寺刹全書, 853p〉
옥천사(玉泉寺)[1]
경기 開豊郡 靑郊面 炭洞里 進鳳山에
위치〈朝鮮寺剎一覽〉
865년(신라 景文王 5) 道詵이 창건.
1908년(隆熙 2) 香坡가 중수. 1937년
주지 成宗燮이 중건〈寺刹全書, 853p〉
1912년 香坡가 七星閣을 건립〈傳燈本
末寺誌, 260p, 鉛印本〉
蓮臺庵, 靑蓮庵 등이 山內에 부속
日昇 撰「進鳳山玉泉寺沿革記」〈寺刹
全書, 853p〉
옥천사(玉泉寺)[2]
경남 固城郡 介川面 北坪里 蓮華山에
있는 절. 676년(신라 文武王 16) 義湘
이 창건. 1640년(仁祖 18) 學明 義悟
등이 중건〈불교사전, 629p〉
1888년(高宗 25) 중건〈文化遺蹟總覽〉
白蓮菴이 山內에 부속
玉泉寺大雄殿：地有 제132호. 1974년 지
정〈上同〉
玉泉寺慈芳樓：地有 제53호. 1972년 지
정. 1639년(仁祖 17) 중건〈上同〉
玉泉寺壬子銘飯子：보물 제495호. 1968
년 지정. 表徑55cm 側幅14cm. 銅으로
1192년(고려 明宗 22) 제작〈文化財大
觀；寶物篇〉
映湖 撰 「玉泉寺洗塵橋記, 1919年」
〈寺刹全書, 854p〉
옥천사(玉泉寺)[3]
경남 蔚山市 蓮岩洞 含月山에 있는 절

〈朝鮮寺刹一覽〉
931년(신라 敬順王 5) 창건. 1375년
(고려 禑王 1) 圓音이 중건. 一名 玉泉
庵〈寺刹全書, 855p〉
옥천사(玉泉[川]寺)⁴
경남 昌寧郡 火旺[王]山 남쪽에 있던
절〈寺刹全書, 854p〉
고려말기 辛旽(?－1371)이 수도하던
곳. 석축과 석탑재 등이 산재〈文化遺
蹟總覽〉
옥천사(玉泉寺)⁵
경북 達城(옛 玄風)郡 琵瑟山에 있던
절. 신라 義湘(625－702)의 華嚴十刹
중의 하나〈寺刹全書, 855p〉
옥천사(玉泉寺)⁶
경북 達城(옛 玄風)郡 臥龍山에 있던
절〈寺刹全書, 855p〉
옥천사(玉泉寺)⁷
경북 盈德郡 盈德面 九美洞 岩谷山에
있던 절. 寺址에 瓦片이 산재〈寺刹全
書, 855p〉
옥천사(玉泉寺)⁸
전남 光州市 西區 松岩洞에 있는 절.
경내에 石燈이 있다〈文化遺蹟總覽〉
옥천사(玉泉寺)⁹
전남 潭陽郡 大德面 文學里에 있던 절.
주위에 瓦片이 출토〈寺刹全書, 854p〉
옥천사(玉泉寺)¹⁰
전남 莞島郡 古今面 農桑里 白雲山에
있는 절〈朝鮮寺刹一覽〉
文學里에 위치〈寺刹全書, 854p〉
德洞里에 위치〈文化遺蹟總覽〉
옥천사(玉泉寺)¹¹
전북 井邑郡 泰仁面 高川里에 있는 절.
1916년 창건〈文化遺蹟總覽〉
옥천사(玉泉寺)¹²
평남 中和郡 天谷面 鯉岩里 玉泉山에
위치〈朝鮮寺刹一覽〉
옥천사(玉泉寺)¹³
평북 義州郡 玉尙面 佐洞에 있던 절

〈寺刹全書, 855p〉
옥천사(玉泉寺)¹⁴⇒ 湧泉寺¹ 참조
옥천사(玉川寺)
경남 昌寧(옛 靈山)郡에 있던 절인 듯.
고려 辛旽(?－1371)이 어릴 때 本寺에
있었다는 기록이 있다〈寺刹全書,
853p〉
옥천암(玉川庵)¹
강원 淮陽郡 內金剛面 長淵里에 있던
절. 長安寺의 부속 암자〈불교사전,
629p〉
옥천암(玉川庵)²
평남 中和(옛 祥原)郡 禾山 동쪽에 위
치〈寺刹全書, 853p〉
옥천암(玉川庵)³⇒ 天竺寺 참조
옥천암(玉泉庵)¹
경기 楊平郡 玉泉面 玉泉里에 있던 절.
5층탑이 있다〈寺刹全書, 855p〉
옥천암(玉泉庵)²
경북 慶山(옛 慈仁)郡 金鶴山 大興寺
서쪽에 있던 절〈寺刹全書, 855p〉
옥천암(玉泉庵)³
서울 西大門區 弘濟洞 三角山에 있는
절. 1868년(高宗 5) 淨觀 중건. 1927년
주지 李成祐가 七星閣과 觀音殿을 건
립. 1930년 大房과 寮舍를 건립. 1942
년 주지 東峰이 중수 및 일부 중건〈寺
刹全書, 855p〉
옥천암(玉泉庵)⁴
전북 鎭安郡 龍潭面 玉渠里 天台山에
있는 절〈朝鮮寺刹一覽〉
892년(신라 眞聖女王 6) 定玄이 창건.
그 뒤 여러 번 중수〈文化遺蹟總覽〉
옥천암(玉泉庵)⁵
충북 堤川(옛 淸風)郡 獨峯 앞에 있던
절〈寺刹全書, 855p〉
李象靖(1710－1781) 詩 「龜潭玉泉庵
用劍南韻 龍潭在丹陽」〈大山集, 卷1 6
張, 木板本〉
옥천암(玉泉庵)⁶

평북　江界郡에　있던　절　〈寺刹全書,
855p〉
온수사(溫水寺)[1]
경기　江華郡　江華邑　大山里　松嶽山에
있던　절　〈불교사전, 629p〉
온수사(溫水寺)[2]
경기　開城市　松岳山에　있던　절　〈寺刹
全書, 855p〉
옹정사(甕井寺)
경북　醴泉郡에　있던　절　〈藥峰集, 卷2
26張, 木板本〉
金克一(?－1585)　詩「…甕井寺一宿而
別, 二首」〈上同〉
옹주암(翁主庵)
위치　未詳　〈水色集, 卷4 21張, 木板本〉
許禰(1563－?)　詩「登翁主庵」〈上同〉
와룡사(臥龍寺)[1]
경남　晋陽郡　臥龍山에　있던　절. 고려
顯宗(992－1031)이　잠저　때　놀던　곳.
一名　慈雲寺〈寺刹全書, 856p〉
金坵(1211－1278)　撰「臥龍山慈雲寺
王師贈諡眞明國師碑銘幷序」〈止浦集,
卷3 21張, 木板本〉
와룡사(臥龍寺)[2]
함북　慶源郡에　있던　절　〈寺刹全書,
856p〉
와우사(臥牛寺)
전남　珍島郡　智山面　臥牛里에　있던　절.
조선초기　창건. 빈대가　성해서　폐사되
었다는　전설이　있다. 승려가　길을　만들
려고　암반을　깨니　소가　나와서　臥牛寺
라　명명했다는　전설〈文化遺蹟總覽〉
완월사(翫月寺)
경기　開豊郡　中西面　鵠嶺里　天磨山에
있는　절〈朝鮮寺刹一覽〉
1905년　주지　敬善이　현지에　이전.
1914년　주지　根植이　수리. 1918년　法
堂을　수리. 1928년　전부　중수〈寺刹全
書, 856p〉
1914년　李根植이　改金　改粉　佛事를　봉

행〈傳燈本末寺誌, 255p, 鉛印本〉
완월사(玩月寺)
경남　馬山市　玩月洞에　있던　절〈寺刹全
書, 856p〉
완항사(緩項寺)
평북　昌城郡　緩項嶺에　있던　절〈寺刹全
書, 856p〉
왕길암(旺吉庵)
충북　丹陽郡　永春面　東大里에　있던　절
〈文化遺蹟總覽〉
왕대암(王臺庵)
경남　山淸(옛　山陰)郡　王山에　있던　절
〈寺刹全書, 856p〉
왕룡사(王龍寺)
충북　淸原郡　米院面　雙耳里에　있는　절
〈寺刹全書, 856p〉
왕륜사(王輪寺)[1]
경기　江華郡　華道面　摩尼山　서쪽에　있
던　절〈불교사전, 630p〉
고려　高宗(1213－1259)이　여러　번　행
차〈寺刹全書, 859p〉
李奎報(1168－1241)　撰「王輪寺丈六
金像靈驗收拾記」〈東國李相國集, 卷25
1張, 木板本〉「王輪寺丈六像出汗祈禳
諸祠祝」〈上同, 卷40 10張〉「王輪寺神
衆法席日齋疏」〈上同, 卷41 14張〉
왕륜사(王輪寺)[2]
경기　開城市　松岳에　있던　절. 현재　五冠
書院이　위치. 919년(고려　太祖　2)　창
건. 고려　때는　大刹이었다고　전함. 고려
역대　帝王의　많은　행사와　행차가　있었
음〈寺刹全書, 856p〉
金時習(1435－1493)　詩　「遊王輪寺」
〈梅月堂集, 卷9 3張, 癸酉字本〉
李奎報(1168－1241)　撰「毘盧遮那丈
六金像靈驗收拾記, 1225年」〈東國李相
國集, 卷25 4張, 木板本〉「王輪寺神衆
法席日齋疏」〈上同, 卷41 14張〉「王輪
寺丈六金像靈驗收拾記」〈東文選, 卷67
9張, 木板本〉

왕림사(汪林寺)
경기 江華郡 江華邑(옛 府內面) 玉林里에 있던 절 〈寺刹全書, 862p〉
왕망사(王望寺)
위치 未詳. 신라 惠通이 있던 절 〈寺刹全書, 861p〉
왕박암(王朴庵)
전북 井邑(옛 泰仁)郡 雲住山에 있던 절 〈寺刹全書, 861p〉
왕분사(王芬寺)⇒ 芬皇寺 참조
왕산사(王山寺)
경남 山淸郡에 있던 절. 1713년(肅宗 39) 本寺에서 佛典을 開刊한 일이 있음 〈寺刹全書, 861p〉
왕암사(王菴寺)
충북 淸州에 위치 〈體素集, 卷上 31張, 木板本〉
李春英(1563-1606) 詩 「題王菴寺」 〈上同〉
왕진사(王瑱寺)
평북 龍川郡 東下面 法興洞 王瑱山에 있던 절 〈寺刹全書, 861p〉
왕후사(王后寺)⇒ 長遊寺[庵] 참조
왕흥사(王興寺)[1]
경기 漣川(옛 積城)郡에 있던 절. 660년(신라 武烈王 1) 고구려와 신라가 접전한 기록이 있다 〈寺刹全書, 862p〉
왕흥사(王興寺)[2]
충남 扶餘郡에 있던 절. 600년 「白濟法王開皇十一[十]年庚申」이라 되었으나 庚申은 武王 1년임. 泗沘城에 度僧 30人이 창건 〈寺刹全書, 862p〉
1934년 王興이라고 새긴 瓦當을 수집 〈文化遺蹟總覽〉
600년(신라 武烈王 7) 王이 本寺에 있던 백제 잔당을 토벌 〈三國史記, 卷5, 木板本〉 同年 고구려 王이 행차하여 行香 〈上同, 卷27〉
외도솔사(外兜率寺)
전북 扶安郡 邊山에 있던 절 〈寺刹全書, 864p〉
외도솔원(外兜率院)
강원 淮陽郡 金剛山에 있던 절로 추정 〈虛白集, 卷2 55p, 影印本〉
明照(1593-1661) 詩 「宿外兜率院」 〈上同〉
외산사(巍山寺)
충남 扶餘郡에 있던 절 〈寺刹全書, 864p〉
외암(隈庵)
충남 牙山(옛 溫陽)郡 華山에 있던 절. 一名 巍岩寺 〈寺刹全書, 864p〉
외암사(巍岩寺)⇒ 隈庵 참조
외원(外院)
경기 開城에 있던 절. 고려 神宗九年壬午[神宗九年壬午는 없고 高宗九年壬午가 있다]를 비롯하여 忠宣王 때까지 역대 제왕이 행차하여 많은 道場을 설행 〈寺刹全書, 864p〉
외원통암(外圓通庵)
강원 高城郡 金剛山에 있던 절 〈寺刹全書, 864p〉
외제석사(外帝釋寺)
경기 開城 松岳 동쪽 기슭에 있던 절. 一名 外帝釋院. 924년(고려 太祖 7) 창건. 고려 德宗(1031-1034)으로부터 忠穆王(1344-1348) 때까지 역대 帝王이 행차하여 많은 道場을 설행 〈寺刹全書, 862p〉
외제석원(外帝釋院)⇒ 外帝釋寺 참조
요봉사(繞鳳寺)
경기 抱川郡 注葉山에 있던 절. 一名 成佛寺 〈寺刹全書, 864p〉
요요사(要腰寺)
경기 金浦郡 金浦面 場基里에 있던 절. 寺址로 추측되는 곳에 瓦片이 산재 〈文化遺蹟總覽〉
용견사(龍見寺)⇒ 용현사(龍見寺) 참조
용계사(龍溪寺)[1]

경남 居昌郡 金光山에 있던 절〈寺刹
全書, 866p〉

용계사(龍溪寺)²

경남 陜川郡 可岾山에 있던 절〈寺刹
全書, 866p〉

文東道(1646-1699) 詩 「宿龍溪寺」
〈敬庵集, 卷1 16張, 木活字本〉

용계사(龍溪寺)³

전북 高敞郡 富安(옛 碧沙)面 龍山里
에 있던 절. 寺址에 초석과 돌담이 있
다〈寺刹全書, 866p〉

金時習(1435-1493) 詩「龍溪寺」〈梅
月堂集, 卷11 11張, 癸酉字本〉

용계암(龍溪庵)

전남 南原郡 智異山 아래 龍湫山 아래
있던 절〈寺刹全書, 866p〉

용곡사(龍曲寺)

경북 醴泉(옛 龍宮)郡 羅浮山에 있던
절〈寺刹全書, 866p〉

1671년(顯宗 12) 폐사. 1677년(肅宗
3) 중건. 1710년(肅宗 36) 화재, 1712
년(肅宗 38) 중건〈洛厓集, 卷3 1張,
木活字本〉

安日履(1661-1731) 撰「龍曲寺重修
記」〈上同〉

용공사(龍貢寺)

강원 通川郡 碧養面 金剛山에 위치.
1523년(中宗 18) 중건. 1718년(肅宗
44) 淸溪가 勃颯寺 터에 있던 것을 현
지에 이전. 1860년(哲宗 11) 화재, 觀
察使 金始淵이 품계하여 內帑金 萬五
千兩으로 중건. 1884년(高宗 21) 도적
에 의해 일부 소실, 景祐宮 堂上 金奎
錫이 나라에 품계하여 중건. 1899년 또
화재, 1900년 중건〈寺刹全書, 866p〉

835년(신라 興德王 10) 臥龍이 開山하
여 勃颯寺라 편액. 921년(고려 太祖
4) 일신 중건하고, 臥龍을 欽敬하여 龍
貢寺라 편액. 成宗 8년(己丑이 아닌 丁
酉) 諦觀에게 명하여 수리. 1465년(仁

祖 23) 화재, 智뿔 등이 중건. 1710년
(仁祖 36) 화재, 妙淨 敏洞 등이 중건.
1718년(肅宗 44) 山火로 피해. 동쪽 기
슭 10里 밖에 大刹을 창건하여 龍貢寺
라 함. 永月 등이 千年 동안 古基가 폐
하였으므로 암자를 짓고 龍興寺라 명
명. 1876년(高宗 13) 도적으로 인하여
소실. 秀峰 등이 중건하여 隱跡寺라 개
명. 또는 隱跡庵〈上同, 953p〉

1724년(景宗 4) 梵鐘 1座 주성. 1811년
(純祖 11) 聚謙大師塔 건립. 1818년 道
庵堂碑 건립. 1828년 徹雄大師有功碑
건립. 1832년 雪松 등이 柳岩大師碑 건
립. 1842년(憲宗 8) 壯乾大師塔 건립.
1853년(哲宗 4) 雪松大師碑 건립.
1860년 山火로 거의 소실, 道伯 金始淵
이 內帑金 一萬五千兩으로 중건. 1875
년(高宗 12) 碧波 三尊佛像을 改金.
1882년 天錫이 16羅漢과 尊像 各位를
改彩. 1884년 佛閣·僧寮 소실, 金奎錫
이 조정에 上奏하여 중건. 1899년 法堂
과 御室閣을 제외하고 전부 소실, 1900
년부터 점차 중건〈楡岾寺本末寺志,
659p, 鉛印本〉

安心主人 撰「龍貢寺十六聖供記, 1638
年」〈上同, 672p〉

龍湖 撰「龍貢寺事蹟, 1900年」〈寺刹
全書, 866p〉

竹圃 撰「龍貢寺重修記, 1866年」〈上
同, 867p〉

海源(1691-1770) 撰「龍貢寺檀那化
緣祝願序, 1732年」〈楡岾寺本末寺志,
673p, 鉛印本〉

용궁사(龍宮寺)

경기(옛 黃海) 甕津(옛 富川)郡 永宗
面 雲南里 白雲山에 있는 절. 신라 元曉
(617-686)가 창건. 1864년(高宗 1)
興宣大院君이 瞿曇寺를 옛 터에서 이
전. 佛像을 바다에서 건졌다고 해서 興
宣大院君이 10여 년간 거처하면서 龍宮

寺라 개명. 1854년(哲宗 5) 그의 친필로 龍宮寺라 편액. 1936년 주지 金興根이 수리 〈文化遺蹟總覽〉〈寺刹全書, 868p〉
1937년 金在淵이 紀念碑를 건립. 1936년 住持 金興根이 佛像에 改金하고 건물을 수리 〈傳燈本末寺誌, 122-123p, 鉛印本〉

용기사(龍起寺)
경북 星州郡 修倫面 白雲洞 伽倻山에 있던 절. 一名 龍起庵 〈文化遺蹟總覽〉〈寺刹全書, 868p〉
吳道一(1645-1703) 詩「將至龍起寺途中」〈西坡集, 卷5 5張, 芸閣印書體字本〉

용담사(龍潭寺)[1]
경북 尙州郡 옛 長川部曲에 있던 절. 李奎報(1168-1241)·金良鏡의 記가 있었다 〈寺刹全書, 868p〉

용담사(龍潭寺)[2]
경북 安東郡 吉安面 金谷洞 黃鶴山에 있던 절 〈朝鮮寺刹一覽〉
664년(신라 文武王 4) 華嚴이 창건. 1574년(宣祖 7) 중수 〈文化遺蹟總覽〉
極樂寺, 鶴棲庵 등이 山內에 부속
龍潭寺址石佛立像: 국유 보물 제42호. 1934년 지정. 高6m. 화강석으로 고려 때 조성 추정 〈文化財大觀; 寶物篇〉
龍潭寺址七層石塔: 地有 제11호. 1971년 지정. 고려 때 건립 추정 〈文化遺蹟總覽〉

용담사(龍潭寺)[3]
전북 南原郡 朱川面 龍潭里에 있던 절 〈寺刹全書, 868p〉
신라 道詵(827-898)이 창건. 1592년(宣祖 25) 소실. 창건 당시 제작으로 보이는 石燈이 있다 〈文化遺蹟總覽〉

용당사(龍堂寺)
경기 江華郡 仙源面 烟里 摩尼山 서쪽에 있던 절.(『불교사전』에는 華道面 摩尼山, 『寺刹全書』에는 龍津鎭南海上에 각각 위치) 고려 때 寺刹이라고 전함. 이곳은 江華 八景의 하나인 龍堂霽月로 어부들이 고기밥을 주며, 풍어를 기원하던 곳이기도 함 〈文化遺蹟總覽〉
李穡(1328-1396)이 이 절에 대한 詩를 지었다. 太宗이 잠저 때 山祭를 설함. 明宗(1534-1567)이 參星壇에 올라 栗谷 李珥에게 醮靑詞를 지으라고 명령. 1883년(高宗 20) 이후 폐사되므로 金佛小像을 傳燈寺에 移安 〈寺刹全書, 868p〉

용대암(龍臺庵)[1]
전북 南原郡 勝蓮寺 蓮華峰 밑에 있던 절 〈寺刹全書, 868p〉

용대암(龍臺庵)[2]⇒ 大興寺[8] 참조

용덕사(龍德寺)[1]
경기 龍仁郡 二東面 墨里 聖輪山에 있는 절 〈朝鮮寺刹一覽〉
一名 窟岩寺. 신라 文聖王(839-856) 때 창건. 道詵(827-898)이 중수. 佛堂 後面 石窟은 玉皇上帝의 노여움을 산 龍이 감금되어 있던 곳이라는 전설이 있고, 50羅漢像이 있다 〈文化遺蹟總覽〉

용덕사(龍德寺)[2]
서울 江南區 逸院洞 玳瑁山에 있던 절(『寺刹全書』에는 廣州郡 大母山 佛國寺 동남 7리에 위치) 〈文化遺蹟總覽〉
1934년 경 폐사 〈寺刹全書, 868p〉

용두사(龍頭寺)[1]
경기 開城에 있던 절 〈牧隱詩藁, 卷18, 8張, 木板本〉
李穡(1328-1396) 詩 「送龍頭住持生公」〈上同〉

용두사(龍頭寺)[2]
경북 安東郡 陶山面 雲谷洞 龍頭山에 있는 절. 一名 龍壽寺 〈寺刹全書, 869p〉
1181년(고려 明宗 11) 誠源大師가 창

건하고 毅宗이 사액한 巨刹. 당시는
圓通寶殿·地藏殿·祖殿·禪堂·內
僧堂·外僧堂·鐘樓·水月樓·三寶
房·極樂殿·羅漢殿 등이 있던 巨刹.
1905년 소실. 1993년 願行禪師와 金
法光居士가 法堂과 寮舍 2동을 중건
하여 龍壽寺라 함〈龍壽寺再創上梁
文〉
李塏(1469-1517) 詩「龍壽寺」〈松齋
續集, 卷1 2張, 木板本〉
李滉(1501-1570) 詩「寓龍壽寺聾岩
先生寄示…」〈退溪集, 卷2 26張, 木板
本〉「…龍壽寺…」〈上同, 卷4 23張〉
「登極寺…宿龍壽寺…」〈上同, 卷4 26
張〉「龍壽寺…」〈退溪全書遺集, 卷1
21張, 筆寫本〉
休靜(1520-1604) 撰「龍頭山龍壽寺
極樂殿記」〈淸虛堂集, 卷3 20張, 木板
本〉

용두사(龍頭寺)³
충북 中原郡 東良面 遜洞里에 있던 절.
一名 淨土寺. 三國 때 北狄이 자주 침
입하므로 절과 塔을 건립하여 안전을
기도. 岩窟에 작은 石佛 2구가 있었다
〈寺刹全書, 868·1020p〉
淨土寺法鏡大師慈燈塔碑：국유 보물 제
17호. 1934년 지정. 高3.15m 幅1.42m.
碑身은 대리석, 龜趺·螭首는 화강석
으로 943년(고려 太祖 26) 건립. 碑文
은 崔彦撝(868-944) 撰. 具足達 書.
碑尾에「天福八年歲次癸卯(943)…立
鐫字僧光乂 壯超 幸聰 行超」라 기록.
大師의 諱는 玄暉, 俗姓은 李, 879
-941년까지 생존〈文化財大觀；寶物
篇〉
淨土寺弘法國師實相塔：현재 서울 景福
宮에 위치. 국유 국보 제102호. 1960년
지정. 高2.55m 幅1.7m. 화강석으로
1017년(國師의 入寂年) 건립 추정. 塔
碑와 함께 이 절에 있다가 1915년 현지

에 이전〈上同；國寶篇〉
淨土寺弘法國師實相塔碑：현재 서울 景
福宮에 위치. 국유 보물 제359호. 1960
년 지정. 高3.75m 幅10.4m. 화강석으
로 건립 연대는 957년(고려 光宗 8) 또
는 1017년(고려 顯宗 8)이란 설도 있
다.「實相之塔」이라 題額. 碑尾에「歲
次丁巳九月日立」이라 기록. 碑銘은 孫
夢周(고려 顯宗朝人) 撰. 1915년 현지
에 이전〈上同；寶物篇〉
李崇仁(1349-1392) 詩「送道生上人
歸忠州龍頭寺」〈陶隱集, 卷2 24張, 木
板本〉
韓脩(1333-1384) 詩「送禪師歸忠州
龍頭寺次韻」〈柳巷集, 28張, 木活字
本〉

용두사(龍頭寺)⁴
충북 淸州市 南門路에 있던 절〈寺刹全
書, 868p〉
龍頭寺址鐵幢竿：국보 제41호. 1936년
지정. 幢竿高12.7m 支柱高4.2m. 支柱
는 화강석으로 962년(고려 光宗 13)
건립. 幢記에 「維峻豊三年太歲壬戌
(962)三月二十九日鑄成」이라 記銘
〈文化財大觀；國寶篇〉

용두사(龍頭寺)⁵
황해 金川(옛 牛峰)郡 鶴峰山에 있던
절〈寺刹全書, 869p〉

용문굴(龍門窟)
위치 未詳. 1483년(成宗 14) 중건인 듯
〈寺刹全書, 875p〉

용문사(龍門寺)¹
경기 楊平郡 龍門面 新店里 龍門山에
있는 절〈朝鮮寺刹一覽〉
649년(신라 眞德女王 3) 元曉가 창건.
892년(신라 眞聖女王 6) 道詵이 중건
〈文化遺蹟總覽〉
913년(신라 神德王 2) 大鏡이 창건. 일
설은 敬順王(927-935)이 행차하여 창
건. 1378년(고려 禑王 4) 智泉이 開豊

郡 敬天寺의 大藏經을 移安. 1395년
(太祖 4) 祖眼이 중건. 1447년(世宗
29) 首陽大君이 母后(昭憲王后)를 위
해 寶殿을 중건. 1458년(世祖 4) 王命
으로 중수. 1480년(成宗 11) 貞熹王后
尹氏가 處安으로 하여금 중수. 1893년
(高宗 30) 鳳城이 중건. 1907년 兵火,
곧 翠雲이 大房을 중건. 1938년 주지
泰旭이 중건〈寺刹全書, 869p〉

용문사의 은행나무 : 천연기념물 제30
호. 1962년 지정. 樹齡 1,100년 정도
(1962년경 현재) 高62m 周圍14.0m.
이는 신라 敬順王의 世子인 麻衣太子
가 亡國의 설움을 안고 金剛山으로 가
다가 심었다는 전설. 일설은 신라 義湘
(625-702)의 지팡이를 꽂은 것이라
고 함. 옛날은 어떤 사람이 나무를 자
르려고 톱을 대니, 톱자리에서 피가 나
고 맑던 하늘이 갑자기 흐려지며 천둥
이 일어나 이를 중지, 國家에 異變이
있을 때는 나무가 소리를 냈다고 함
〈文化遺蹟總覽〉

龍門寺正智國師浮屠 및 碑 : 보물 제531
호. 1971년 지정. 八角浮屠로 相輪部
는 결실. 高2.15m. 1398년(太祖 7) 건
립. 碑는 浮屠가 있는 곳에서 20m 쯤
떨어진 自然巨岩上에 碑穴을 파고 건
립. 碑文은 1395년(太祖 4) 權近 撰
〈文化財大觀 ; 寶物篇〉

權近(1352-1409) 撰 「彌智山龍門寺
謚正智國師碑銘幷序, 1395年」〈寺刹
全書, 871p〉

世祖 御製 金石梯 監鑄 張重同 書「龍
門寺鐘記, 1459年」〈上同, 870p〉

「龍門寺記, 1458年」〈上同, 869p〉

李穡(1328-1396) 撰 「砥平縣彌智山
龍門寺大藏殿記, 1378年」〈牧隱文藁,
卷4 17張, 木板本〉

任士洪(1445-1506) 撰 「龍門寺重修
記, 1493年」〈寺刹全書, 870p〉

용문사(龍門寺)²
경남 南海郡 二東面 龍沼里 虎丘山에
있는 절〈朝鮮寺刹一覽〉

802년(신라 哀莊王 3) 창건. 1661년
(顯宗 2) 學進 普光寺를 현지에 이전.
龍淵 위에 있다고 해서 龍門寺라 개명
〈불교사전, 638p〉

白蓮庵, 念佛庵 등이 山內에 부속

龍門寺大雄殿 : 地有 제85호. 1974년
지정. 肅宗(1674-1720) 때 중건〈文
化遺蹟總覽〉

朴遠鍾(1887-1944) 詩 「宿龍門寺」
〈直庵遺集, 卷1 11張, 鉛印本〉

용문사(龍門寺)³
경남 陜川郡 龍洲面 內架[袈]里 岳堅
山에 있던 절. 주위에 瓦片이 산재〈寺
刹全書, 872p〉

용문사(龍門寺)⁴
경북 尙州郡 白華山에 있던 절. 頭逆寺
를 龍門寺로 개명〈寺刹全書, 874p〉

용문사(龍門寺)⁵
경북 醴泉郡 龍門面 內地里 小白山에
있는 절. 870년(신라 景文王 10) 杜雲
이 창건하여 龍門寺라 함. 936년(고려
太祖 19) 중건. 1165년(고려 毅宗 19)
중수. 1171년(고려 明宗 1) 太子의 胎
를 절문 바깥 左臂峰에 묻고 龍門山 昌
基寺라 개명. 1165-1179년까지 15년
간 중건. 1478년(成宗 9) 昭憲王后의
胎室을 봉안하고 成佛山 龍門寺라 개
명. 1783년(正祖 7) 文孝世子의 胎室
을 봉안하고 小白山 龍門寺로 개명.
1835-1839년 櫟坡 등이 중건〈寺刹全
書, 872p〉

極樂庵, 杜雲庵[淸淨庵·碑殿] 등이
山內에 부속

龍門寺大雄殿 : 보물 제145호. 1936년
지정. 1670년(顯宗 11) 중수. 1971년
보수〈文化財大觀 ; 寶物篇〉

醴泉龍門寺教旨 : 보물 제729호. 1457년

(世祖 3)에 내린 용문사의 免役을 인정하는 賜牌敎旨〈上同〉

輪藏台木佛坐像 및 木刻幀：보물 제145, 684, 989호. 윤장대는(2座) 내부는 장경을 넣기 위한 8각 형태의 회전식 윤장대로서 1173년 설치, 1621년 중수. 목각탱화는 1684년 제작〈現地標識板〉

新齋散人 撰 「續龍門寺事蹟記, 1726年」〈寺刹全書, 873p〉

李知命(1127-1191) 撰 「重修龍門寺記, 1185年」〈上同, 872p〉

용문사(龍門寺)[6]
전남 昇州郡 大光山에 있던 절〈無用集, 533p, 影印本〉

秀演(1651-1719) 撰 「昇平府大光山龍門寺新畫龍華會記」〈上同〉

용문사(龍門寺)[7]
전남 和順郡 同福面 楡川里 母后山에 있는 절〈寺刹全書, 872p〉〈불교사전, 638p〉

용문사(龍門寺)[8]
평북 寧邊郡 龍山面 龍谷洞 龍門山에 위치〈寺刹全書, 874p〉

용문사(龍門寺)[9]
평북 昌城郡 當峨山城 안에 있던 절〈寺刹全書, 874p〉

용문암(龍門庵)
전남 麗川郡 華陽面 龍珠里 龍門山에 있는 절. 692년(신라 孝昭王 1) 唐의 道證이 창건〈文化遺蹟總覽〉〈寺刹全書, 875p〉

용방사(龍方寺)
경남 山淸郡 新安(옛 北洞)面 葛田里 龍方山에 있던 절. 굴 안에 石佛 4座가 있다〈寺刹全書, 875p〉

용범사(龍梵寺)[1]
함북 鏡城郡 漁郞面 白鹿山에 있던 절〈寺刹全書, 875p〉

용범사(龍梵寺)[2]
함북 鏡城郡(옛 龍城面) 雪峰山에 있던 절〈寺刹全書, 875p〉

용보원(龍寶院)
경기 開城에 있던 절. 고려 高宗年間(1214-1241) 창건 추정〈東國李相國集, 卷41 11張, 木板本〉

李奎報(1168-1241) 撰 「龍寶院新創慶讚疏」〈上同〉

용복사(龍福寺)
강원 鐵原郡 乃文面 梧桐里에 있던 절〈寺刹全書, 875p〉

용복사(龍腹寺)[1]
경기 漣川郡 水淸山에 있던 절〈寺刹全書, 875p〉

용복사(龍腹寺)[2]
경남 泗川郡에 있던 절〈寺刹全書, 876p〉

용복사(龍伏〔福〕寺)[1]
평남 江東郡 九龍山에 있던 절〈寺刹全書, 875p〉

용복사(龍福寺)[2]
평북 渭原郡 㫈等羅山에 있던 절〈寺刹全書, 875p〉

용봉사(龍鳳寺)[1]
경북 淸道郡 豊角面 含月山에 있는 절. 신라 때 창건 추정. 李山海(1538-1609) 詩가 있다고 전함〈寺刹全書, 876p〉

용봉사(龍鳳寺)[2]
전북 金堤郡 龍池面 鳳儀里에 있는 절. 1927년 金應三, 朴大昌이 창건. 1958년 金基俊이 중건〈文化遺蹟總覽〉

용봉사(龍鳳寺)[3]
충남 洪城郡 洪北面 新耕里 龍鳳山(『寺刹全書』에는 洪州面 八鳳山에 위치)에 있는 절. 백제말기 창건. 舊址에 많은 유물이 남음〈文化遺蹟總覽〉

龍鳳寺浮屠：高1m. 1910년경 平壤 趙氏 先祖의 墓를 쓰기 위해 현지에 이전〈上同〉

龍鳳寺石槽 : 舊龍鳳寺址에   남아있는 方形 石槽. 高40㎝ 徑2m 縱1.2m. 화강암으로 제작〈上同〉

金弘郁(1602-1654) 詩「八峰山龍鳳寺示趙子服錫馨」「八峰山題龍鳳寺」〈鶴洲集, 卷6 6張, 全史字本〉「八峰山龍鳳寺次趙子服韻」〈上同, 卷6 14張〉

處能(1617-1680) 詩「龍鳳寺吟贈舊識老宿」〈白谷集, 314p, 影印本〉

용봉사(龍鳳寺)⁴

황해 延白(옛 延安)郡 龍縛山에 있던 절〈寺刹全書, 876p〉

洪世泰(1653-1725) 詩「龍鳳寺」〈柳下集, 卷2 3張, 芸閣印書體字本〉

용봉사(龍鳳寺)⁵⇒臺山寺² 참조

용봉사(龍鳳寺)⁶⇒臺山寺¹ 참조

용봉암(龍鳳庵)

강원 華川(옛 狼川)郡 龍華山에 있던 절. 승려가 虎食되어 폐사〈寺刹全書, 876p〉

용사(龍寺)

위치 未詳〈花石遺稿, 卷1 32張, 石印本〉

李東浚(1842-1897) 詩 「寄龍寺老僧」〈上同〉

용삭사(龍朔寺)

涇州(현 행정구역 미상)에 있던 절.〈東文選, 卷12 5張, 木板本〉

朴仁範(신라 孝恭王朝人) 詩「涇州龍朔寺閣兼東雲栖上人」〈上同〉

용산사(龍山寺)¹

서울 龍山區 漢江路에 있던 절〈寺刹全書, 876p〉

용산사(龍山寺)²

평남 中和郡 東頭面 張龍山에 위치〈寺刹全書, 876p〉

용산암(龍山庵)

충남 禮山郡에 있던 절〈寺刹全書, 876p〉

용상사(龍床寺)

경기 坡州郡 月籠面 德隱里에 있던 절. 1018년(고려 顯宗 9) 契丹의 침입으로 王이 이곳에 民服으로 피신. 환도 후 기념으로 本寺를 창건〈文化遺蹟總覽〉

용수사(龍水寺)

강원 洪川郡 北方面 獐項里에 있던 절. 四層方塔(高16尺)이 있다〈寺刹全書, 876p〉

용수사(龍壽寺)⇒龍頭寺² 참조

용수암(龍水庵)¹

경북 善山郡 冷山 桃李寺 남쪽에 있던 절〈寺刹全書, 876p〉

용수암(龍水庵)²

전북 茂朱郡에 위치〈寺刹全書, 876p〉

용악사(龍岳寺)

평남 大同郡 龍山面 龍岳里 龍岳山에 있던 절〈寺刹全書, 877p〉

용암(龍庵)

충남 禮山(옛 德山)郡 伽倻山에 있던 절〈寺刹全書 877p〉

용암사(龍岩寺)¹

경기 開城에 있던 절. 1308년(고려 忠宣王 1)까지 있었다〈寺刹全書, 877p〉

용암사(龍岩寺)²

경기 楊州郡 北漢山 중턱에 있던 절〈寺刹全書, 877p〉

李德懋(1741-1793) 撰「龍岩寺」〈靑莊館全書, 卷3 71p ; 嬰處文稿, 1, 影印本〉

용암사(龍岩寺)³

경기 龍仁(옛 陽智)郡 九峰山에 있던 절〈寺刹全書, 877p〉

용암사(龍岩寺)⁴

경기 坡州郡 廣灘面 龍尾里에 있는 절〈文化遺蹟總覽〉

용암사(龍岩寺)⁵

경남 晋陽郡 二班城面 龍岩里 靈鳳山에 있던 절〈불교사전, 640p〉

신라 道詵(827-898)이 창건. 寺址에 고려 때 작품으로 보이는 石佛坐像이

있다 〈文化遺蹟總覽〉

龍岩寺址浮屠 : 보물　제372호.　1960년 지정.　高1.93m.　화강석으로 고려초기 조성 추정〈文化財大觀 ; 寶物篇〉

朴全之(1250－1325)　撰「靈鳳山龍岩寺重創記」〈東文選,　卷68　12張,　木板本〉

黃甫倬(고려　明宗時人)이　本寺記를 撰함.〈新增東國輿地勝覽,　卷28　10張,　木板本〉

용암사(龍岩寺)[6]

서울　西大門區　奉元洞에　있는　절.　西橋洞에　있던　것을　1909년　현지에　이전〈文化遺蹟總覽〉

용암사(龍岩寺)[7]

전남　靈岩郡　月出山에　있는　절.　9층　浮屠가　있다〈寺刹全書,　877p〉

용암사(龍岩寺)[8]

전북　淳昌郡　赤城面　古院里에　있는　절. 1949년　朴姓女가　창건.　太古宗에　소속〈文化遺蹟總覽〉

용암사(龍岩寺)[9]

충북　沃川郡　東二面　金岩里에　있던　절〈불교사전,　640p〉

용암사(龍岩寺)[10]

충북　沃川郡　沃川邑　三靑里　長靈山에 있는　절.　552년(신라　眞興王　14)　義信이　창건〈불교사전,　640p〉

龍岩寺磨崖佛 : 地有　제17호.　1976년 지정.　高3m　정도.　하체로부터　옷처럼　입혀　올라오고　있는　바위　옷색이　상부로 올라가　옷이　완전히　입혀지면　세상이 末世가　온다는　전설이　있다〈文化遺蹟總覽〉

龍岩寺雙塔 : 地有　제3호.　1974년 지정. 高4m.　2층　기단　위에　3층석탑.　거의 체감없이　높게　서있는　특이한　石塔〈上同〉

용암사(龍岩寺)[11] ⇒ 萬景寺[2] 참조

용암사(聳岩寺)[1]

전남　禾順郡　金鰲山에　있던　절〈寺刹全書,　866p〉

용암사(聳岩寺)[2]

충남　論山郡　江景邑　彩雲洞(『불교사전』에는　錦洞)　彩雲山에　있는　절〈文化遺蹟總覽〉

용암사(龍庵寺)

함북　鏡城郡　漁郞面　江陵山에　있던　절〈寺刹全書,　877p〉

용암원(龍岩院)

寶月山에　있던　절〈大覺文集,　219p,　影印本〉

義天(1055－1101)　詩「留題寶月山龍岩院」〈上同〉

용연사(龍淵寺)[1]

강원　溟州郡　沙川面　沙器幕里　滿月山에 있는　절〈朝鮮寺刹一覽〉

順治年間(1644－1661)　玉岑이　이　절을 경영〈寺刹全書,　880p〉

1963년경　圓通寶殿을　건립〈文化遺蹟總覽〉

龍淵寺浮屠群 :

① 癸亥七月日立.　高1m

② 浮岩堂.　高1.42m

③ 高1.46m

④ 桂月堂大師.　高1.36m

⑤ 高1m

⑥ 阮波堂大禪師位.　高1.44m.　戊寅仲春立

⑦ 圓波堂大士　法師浮岩堂　靑虛六世孫

⑧ 州坡堂.　高1.33m〈上同〉

龍淵寺石塔 : 高3.6m.　20세기　조성〈上同〉

용연사(龍淵寺)[2]

경기　開城에　있던　절.　1167년(고려　毅宗　21)　王이　玄化寺에서　本寺에　移御〈寺刹全書,　879p〉

용연사(龍淵寺)[3]

경남　梁山郡　下北面　龍淵里에　있던　절〈寺刹全書,　880p〉

趙秀三(1762-1849) 詩 「遊龍淵寺次
杜韻」〈秋齋集, 卷4 17張, 鉛印本〉
遊龍淵寺次杜韻, 三首〈上同, 卷4 18張〉
용연사(龍淵寺)⁴
경북 達城郡 玉浦面 盤松洞 琵瑟山에
있던 절〈朝鮮寺刹一覽〉
914년(신라 神德王 3) 寶壤이 창건.
1419년(世宗 1) 海雲이 중건. 壬亂 때
소실, 1603년(宣祖 36) 靑霞 등이 중
건〈寺刹全書, 880p〉
1650년(孝宗 1) 중건. 1726년(英祖
2), 1728년 각각 중건〈文化遺蹟總覽〉
觀音殿, 明寂庵, 浮屠庵 등이 山內에
부속
龍淵寺釋迦如來浮屠碑 : 高1.6m.　壬亂
後 通度寺에 있던 釋迦佛의 舍利 1과
를 이 절에 移安하여 釋迦如來浮屠碑
를 1673년(顯宗 14) 건립〈上同〉
龍淵寺石造戒壇 : 보물　제539호. 1971
년 지정. 조선 때 조성 추정〈文化財大
觀 ; 寶物篇〉
海源(1691-1770) 撰 「龍淵寺重建落
成疏」〈天鏡集, 卷下〉
용연사(龍淵寺)⁵
경북 星州郡 琵瑟山에 있던 절〈寺刹
全書, 880p〉
용연사(龍淵寺)⁶
전남 寶城郡 筏橋邑 典洞里에 있는 절.
1930년경 건립〈文化遺蹟總覽〉
용연사(龍淵寺)⁷
충남 扶餘郡 南唐津 북쪽 언덕에 있던
절〈寺刹全書, 880p〉
용연사(龍淵寺)⁸
충남 禮山(옛 德山)郡 伽倻山에 있던
절〈寺刹全書, 879p〉
용연사(龍淵寺)⁹
평북 楚山郡에 있던 절〈寺刹全書,
880p〉
용연사(龍淵寺)¹⁰
함남 永興郡 五峯山 龍興江 남쪽 언덕

에 있던 절〈三峯集. 3張〉
知濯(1750-1839) 詩 「過五峯山龍淵
寺贈別道瑞大師」〈上同〉
용연사(龍淵寺)¹¹
함북 富寧郡에 있던 절〈寺刹全書,
880p〉
용연사(龍淵寺)¹²⇒ 內院寺² 참조
용요사(龍腰寺)
위치 未詳〈洛厓集, 卷1 4張, 木板本〉
安日履(1661-1731) 詩 「龍腰寺偶吟
求和」〈上同〉
용운사(龍雲寺)¹
강원 橫城郡 書院面 鴨谷里에 있던 절.
「龍雲寺」라는 銘瓦가 출토. 石佛坐像 1
구와 石塔 1기가 수해로 인해 묻히므로
질병이 만연하여 근심하던 중 住民 鄭
氏에게 佛이 현몽하여 佛像을 출토하라
길래 佛像을 출토했더니, 질병이 없어
졌다는 전설이 있다〈文化遺蹟總覽〉
龍雲寺址三層石塔 : 地有　제43호. 1973
년 지정. 高4.8m. 신라말-고려초기
건립 추정〈上同〉
龍雲寺址石造毘盧舍那佛坐像 : 地有　제
42호. 1973년 지정. 高1.65m. 肉髻는
보이지 않는다〈上同〉
용운사(龍雲寺)²
경북 盈德郡 知品面 新安洞에 있는 절.
신라 善德女王(632-646) 때 巨刹. 英
祖(1724-1776) 때 소실, 1959년 신도
들이 중건〈文化遺蹟總覽〉
용운사(龍雲寺)³
함북 鍾城郡 鍾城面 潼關洞 金山에 있
는 절〈朝鮮寺刹一覽〉
용운사(龍雲寺)⁴⇒ 龍隱寺² 참조
용유사(龍遊寺)
전북 淳昌郡 無量山에 있던 절〈寺刹全
書, 880p〉
용은사(龍隱寺)¹
전남 高興(옛 興陽)郡 雲嵐山에 있던
절〈寺刹全書, 880p〉

용은사(龍隱寺)²
함북 鏡城郡 龍城面 松洞 雪峰山에 있던 절. 一名 松林寺·龍雲寺〈寺刹全書, 880p〉

용자사(龍子寺)
충북 淸原郡 玉山面 東林里 東林山 중턱에 있는 절〈寺刹全書, 880p〉
宣祖(1567-1608) 때 건립. 法住寺 末寺로 東學亂(1894) 전까지 있다가 義兵에 의해 소실, 1920년 尹普洙가 중건, 수해로 파손 일부만 남음. 1956년 산 아래 일부 이전〈文化遺蹟總覽〉

용자암(龍子庵)
옛 伽倻山 鷲岾郡(옛 행정구역)에 위치〈사찰전서, 881p〉

용장사(龍藏寺)¹
경기 江華郡 江華邑(옛 江華府 西四里)에 있던 절. 『高麗史』에는 忠定王(1349-1351)이 王位를 사양하고 거처하던 곳이라 함. 1362년(고려 恭愍王 11) 王이 韓方信에게 龍藏寺를 수리토록 하고, 移御하겠다고 명령〈寺刹全書, 880p〉

용장사(龍藏寺)²
전남 光陽郡 骨若面 城隍里에 있던 절. 5층석탑(高2.4m)이 있다〈寺刹全書, 881p〉

용장사(龍藏寺)³
전남 珍島郡 內面 龍藏里에 있던 절. 1270년(고려 元宗 11) 창건 추정. 창건 당시 조성으로 보이는 石佛像(高2m)이 있다〈文化遺蹟總覽〉

용장사(龍藏寺)⁴
전북 高敞(옛 興德)郡 半登山에 있던 절〈寺刹全書, 881p〉

용장사(龍藏寺)⁵
전북 金堤(옛 金溝)郡 象頭山에 있던 절〈寺刹全書, 881p〉

용장사(龍藏寺)⁶
전북 井邑郡 雲住山에 있던 절. 一名 雲住寺. 甄萱(892-935) 때 照通이 창건〈寺刹全書, 881p〉
子秀(1644-1737) 撰 「雲住山龍藏寺事蹟記」〈無竟集, 8張, 木板本〉

용장사(龍藏寺)⁷
평북 龜城郡 府內面 高陽洞에 있던 절〈寺刹全書, 881p〉

용장사(龍藏寺)⁸
함북 鏡城郡 朱北面 雲住山에 있던 절〈寺刹全書, 881p〉

용장사(茸長寺)
경북 月城郡 內南面 茸長里 寺谷에 있던 절. 金時習(1435-1493)이 창건. 閔周冕(1629-1670)이 雪岑祠堂(구 국보 제310호)을 건립〈불교사전, 640p〉〈寺刹全書, 864p〉
寺址에 통일신라 때 작품으로 보이는 磨崖石佛立像이 있다〈文化遺蹟總覽〉
慶州南山茸長寺谷三層石塔 : 보물 제186호. 1939년 지정. 高4.42m. 화강석으로 통일신라 때 건립 추정. 1922년 중건〈文化財大觀;寶物篇〉
慶州南山茸長寺谷石佛坐像 : 국유 보물 제187호. 1939년 지정. 高4.56m. 화강석으로 통일신라 때 조성〈上同〉

용정사(龍井寺)¹
경북 安東郡에 있던 절 『父母恩重經』 刊記에 「成化二十二年庚午(1486)十一月日安東龍井寺」라고 기록된 것으로 보아 1486년(成宗 17)까지는 존재〈寺刹全書, 881p〉

용정사(龍井寺)²
황해 平山郡 牧丹山에 있던 절〈寺刹全書, 881p〉

용정암(龍井庵)
평북 寧邊郡 北薪峴面 妙香山에 위치. 普賢寺의 부속 암자〈寺刹全書, 881p〉

용주사(龍珠寺)
경기 華城郡 台安(옛 安龍)面 松山里 花山에 있는 절〈朝鮮寺刹一覽〉

854년(신라 文聖王 16) 廉居가 창건하여 葛陽寺라 명명. 854년은 廉居 入寂 10년 후이므로 잘못된 듯하다. 970년(고려 光宗 21) 智光이 중건. 1780년(正祖 13) 寶鏡으로 하여금 八道 都畵主를 삼아 舊址에 중건하여 龍珠寺라 개명하고, 隆陵(思悼世子陵)의 資福寺를 삼았다. 正祖가 落成式 날 龍이 如意珠를 물고 昇天하는 꿈을 꾸고 창건했으므로 龍珠寺라 명명했다는 전설이 있다〈寺刹全書, 881p〉

龍珠寺五層石塔: 고려말기 건립 추정. 大雄殿 동쪽에 위치〈文化遺蹟總覽〉

龍珠寺天保樓前五層石塔: 大雄殿 동쪽 五層石塔보다 細長한 편임. 1702년(肅宗 28) 性淨 佛舍利 2과를 감로병에 담아 봉안했다고 전함〈上同〉

龍珠寺梵鐘: 국보 제120호. 1964년 지정. 高1.44m 徑0.87m. 銅25,000근으로 854년(신라 文聖王 16) 주성〈文化財大觀; 國寶篇〉

等雲 撰「龍珠寺大施主搢紳案序, 1825年」〈寺刹全書, 884p〉

李德懋(1741-1793) 撰「龍珠寺創建勸善文」〈上同, 881p〉 詩「龍珠寺柱聯」〈靑莊館全書, 卷20 274p〉〈雅亭遺稿 12p, 影印本〉

正祖(1752-1800) 撰「花山龍珠寺奉佛祈福偈」〈弘齋全書, 卷55 13張, 木板本〉

蔡濟恭(1720-1799) 撰「花山龍珠寺上梁文」〈樊岩集, 卷58 17張, 木板本〉

崔亮(?-995) 撰「弘濟尊者寶光之塔碑銘幷序」〈寺刹全書, 881p〉

용지사(龍池寺)
강원 江陵市 玉川洞에 있던 절. 현재 江陵女高 일대에 통일신라 때 작품으로 보이는 塔 1기, 石造藥師如來坐像 1구, 石造如來立像 1구가 있는데 石塔 基壇面石 2개는 觀音殿에 이전, 石造

如來立像은 民家의 울타리에 들어가 있다. 옛날은 無盡寺·阿瑟羅寺라고도 전함〈文化遺蹟總覽〉

江陵大昌里〔龍池寺〕幢竿支柱: 보물 제82호. 1934년 지정. 高5.1m 幅1.09m. 현재 江陵女高(玉川洞 龍池寺址) 앞 논에 위치. 8세기경 건립 추정〈文化財大觀; 寶物篇〉

용진사(湧珍寺)
전남 羅州郡 湧診山에 있던 절. 鄭道傳(?-1398)이 書記後를 지었다〈寺刹全書, 865p〉

鄭道傳(?-1398) 撰「湧珍寺書記後」〈新增東國輿地勝覽, 卷35 8張, 木板本〉

용진사(用眞寺)
위치 未詳〈石洲集, 卷3 3張, 木板本〉

權韠(1569-1612) 詩「用眞寺口占示趙善述 續韓」〈上同〉

용참사(龍忝寺)
평남 平原(옛 順安)郡 妙法山에 있던 절〈寺刹全書, 866p〉

용천사(龍泉寺)[1]
경기 加平郡 華岳山에 있던 절〈寺刹全書, 885p〉

용천사(龍泉寺)[2]
경기 開豊郡 聖居山에 있던 절. 1313년(고려 忠肅王 1) 王이 本寺에 행차〈寺刹全書, 885p〉

용천사(龍泉寺)[3]
경북 盈德郡 達山面 龍坪洞에 있던 절〈寺刹全書, 885p〉

용천사(龍泉〔天〕寺)[4]
경북 榮州(옛 豊基)郡에 있던 절. 고려 太祖 眞影이 聞慶 陽山寺에 있었는데, 1379년(禑王 5) 倭寇를 피하여 이 절에 移安. 곧 절은 화재를 당했으나 眞影만 보존. 退溪 李滉(1501-1570)이 郡守가 되어 廟宇를 짓고, 眞影을 봉안하다가, 1576년(宣祖 9) 麻田 崇義殿을 짓고 移安〈寺刹全書, 884·885p〉

용천사(龍泉寺)⁵
경북 義城(옛 比安)郡 飛鳳山에 있던
절〈寺刹全書, 885p〉
용천사(龍泉寺)⁶
전남 咸平郡 海保面 光岩里 母岳山에
있는 절〈朝鮮寺刹一覽〉
용천사(龍泉寺)⁷
전북 沃溝(옛 臨陂)郡 鷲城山에 있던
절〈寺刹全書, 885p〉
용천사(龍泉寺)⁸
충남 禮山郡 大興面에 있던 절. 1183년
(고려 明宗 13) 圓哲이 중건〈稼亭集,
卷6 5張, 木板本〉
李穀(1298-1351) 撰 「大都大興縣重
興龍泉寺碑」〈上同〉
용천사(龍泉寺)⁹
평남 江西(옛 甑山)郡 國靈山에 있던
절〈寺刹全書, 885p〉
용천사(龍泉寺)¹⁰
평남 成川郡 劍鶴山에 있던 절〈寺刹
全書, 885p〉
용천사(龍泉寺)¹¹
황해 殷栗郡 龍山에 있던 절〈寺刹全
書, 885p〉
용천사(龍泉寺)¹²⇒ 善國寺〔庵〕 참
조
용천사(龍泉寺)¹³⇒ 龍湫寺² 참조
용천사(湧泉寺)¹
경북 淸道郡 角北面 梧山洞 最頂山에
있는 절. 670년(신라 文武王 10) 義湘
이 창건, 玉泉寺라 함. 1261년(고려 文
宗 2) 普覺國尊이 중건하여 湧泉寺라
개명. 1631년(仁祖 9) 祖英이 중건.
1805년(純祖 5) 義烈이 중수〈불교사
전, 641p〉
경내에 四松堂·淸心堂 등 6기의 浮屠
와 石塔이 있다〈文化遺蹟總覽〉
용천사(湧泉寺)²
평남 龍岡郡 吾新面 內德里 湧泉山에
있는 절. 1735년(英祖 11)에 건립한

佛粮畓碑가 있다〈寺刹全書, 865p〉
道安(1638-1715) 撰 「湧泉寺僧堂修
建勸文」〈月渚集, 卷下〉
용천사(湧泉寺)³
臥龍山에 있던 절〈虛靜集, 下 12張〉
法宗(1670-1733) 撰 「臥龍山湧泉寺
碑銘幷序」〈上同〉
용천사(用泉寺)
평남 大同郡 大寶面 西綺里에 있던 절
〈寺刹全書, 864p〉
용추사(龍湫寺)¹
경남 咸陽郡 安義面 上源里 德裕山에
있던 절〈朝鮮寺刹一覽〉
옛날은 長水寺. 484년(신라 炤知王 6)
신라 각연이 창건. 1950년 동란으로 소
실〈文化遺蹟總覽〉
龍湫寺一柱門 : 地有 제54호. 1972년 지
정. 기둥 둘레 3m〈上同〉
용추사(龍湫寺)²
전남 潭陽郡 龍面 龍泉山에 있는 절. 一
名 龍泉寺〈寺刹全書, 885p〉
526년(신라 法興王 13) 창건. 壬亂 때
소실, 그 뒤 중건. 1950년 소실, 1961년
중건. 1977년 보수〈文化遺蹟總覽〉
龍湫寺浮屠群(6기) : 조선후기 건립〈上
同〉
子秀(1664-1737) 詩 「秋月山龍湫寺
事蹟詞引」〈無竟集, 58張, 木板本〉
太能(1562-1649) 撰 「龍湫寺法堂重
創記」〈逍遙堂集〉
용추암(龍湫庵)
전남 長興郡 冠山面 天冠山 天冠寺 부
근에 있던 절〈寺刹全書, 886p〉
용출사(龍出寺)
서울 부근 三角山에 있던 절〈韓國金石
全文, 中世下 1263p, 許興植 編〉
戊戌銘龍出寺小鐘 : 고려 때 주성 추정.
국립박물관 소장〈上同〉
용택암(龍澤庵)
경북 善山郡 金烏山에 있던 절〈寺刹全

書, 886p〉
용학암(龍鶴庵)
전북 南原郡 智異山에 있던 절 〈寺刹
全書, 886p〉
용현사(龍見寺)
함북 吉州郡 天磨山에 있던 절. 一名
龍見庵〈寺刹全書, 866p〉
용혈사(龍穴寺)
경북 安東郡 주위에 있던 절인 듯〈景
玉齋遺稿, 木板本〉
李箎(1629-1710) 詩 「龍穴寺」〈上
同〉
용호사(龍湖寺)
경북 達城郡 論工面 三狸洞에 있는 절.
1898년(光武 2) 信徒 이행남이 창건
〈불교사전, 641p〉
용호사(龍虎寺)
평북 龍川郡 城內에 있던 절 〈寺刹全
書, 886p〉
용화굴(龍華窟)
전북 高敞郡 雅山面 三仁里 兜率山에
있던 절. 禪雲寺의 부속 암자〈寺刹全
書, 888p〉
용화사(龍華寺)[1]
강원 鐵原郡 葛末面 軍炭里 龍華山에
있던 절〈寺刹全書, 888p〉
고려 때 창건 추정. 5층석탑이 있었으
나, 서울로 반출되어 소재가 미상〈文
化遺蹟總覽〉
용화사(龍華寺)[2]
경기 開城市 城南에 있던 절. 1051년
(고려 文宗 5) 창건〈寺刹全書, 887p〉
용화사(龍華寺)[3]
경기 金浦郡 金浦面 雲陽山에 있는 절.
1405년(太宗 5) 信士 鄭道明이 國稅
(穀物)를 싣고 오다가 雲陽山 앞 漢江
에 干潮가 되어 정박했는데, 갑자기 彌
勒佛이 西海에서 大光明을 발하면서
나타나므로, 기쁨을 금치 못하여 절을
짓고 이 彌勒을 봉안 〈寺刹全書,

887p〉
雲陽里에 위치. 1932년 金濟永 住持가
法字를 중건〈傳燈本末寺誌, 131p, 鉛
印本〉
용화사(龍華寺)[4]
경기 安城郡 薇陽面 法田里 薇陽山에
있는 절. 1899년 信徒 황종오가 창건
〈불교사전, 641p〉
용화사(龍華寺)[5]
경기 龍仁郡 駒城面 麻北里에 있던 절.
龍華殿 앞에 龍華五層石塔이 있다. 부
근에 善政碑 수십 기가 있다〈文化遺蹟
總覽〉
용화사(龍華寺)[6]
경기 利川郡 雪星面 白石里에 있는 절.
1950년 동란으로 소실된 것을 1967년
大雄殿을 복원하고 龍華寺라 함〈文化
遺蹟總覽〉
용화사(龍華寺)[7]
경기 抱川郡 白雲山에 위치〈寺刹全書,
887p〉
용화사(龍華寺)[8]
경남 固城郡에 있던 절 〈寺刹全書,
887p〉
용화사(龍華寺)[9]
경남 梁山郡 勿禁面 勿禁里에 있는 절
〈文化遺蹟總覽〉
龍華寺石造如來坐像: 보물 제491호.
1968년 지정. 高1.25m. 화강암으로 통
일신라 때 작품. 1947년 부근 강변에서
발견되었는데, 金海 甘露寺에 있던 것
〈文化財大觀 ; 寶物篇〉
용화사(龍華寺)[10]
경남 蔚州郡 上北面 川前里 龍華山에
있는 절. 신라 靑良이 창건〈불교사전,
641p〉
용화사(龍華寺)[11]
경남 忠武市 鳳平洞 彌勒山에 있는 절.
523년(신라 法興王 10) 恩露이 창건하
여 淨水寺라 함. 1260년(고려 元宗 1)

중건하여 天澤寺라 개명. 1628년(仁祖
6) 碧潭이 이전하여 龍華寺라 개명
〈불교사전, 641p〉
1752년(英祖 28) 중건 〈文化遺蹟總
覽〉
觀音庵, 兜率庵 등이 山內에 부속
姜瑋(1820-1884) 撰 「統營彌勒山龍
華寺觀音殿重修募化文」〈古歡堂收草
[文], 卷2 7張, 木活字本〉

용화사(龍華寺)[12]
경북 尙州郡 宰岳山에 위치 〈寺刹全
書, 592・621p〉
경북 尙州郡 咸昌面 曾村里에 있는 절.
신라 義湘(625-702)이 창건하여 祥
[詳]安寺라 함. 1954년 중건하여 龍華
寺라 개명한 듯. 一名 蛇眼寺. 경내에
石塔・石燈材・光背片・長大石 등 많
은 石造物이 있다 〈文化遺蹟總覽〉

용화사(龍華寺)[13]
경북 善山郡 金烏山 남쪽에 있던 절
〈舫山集, 卷1 3張, 木板本〉
許薰(1836-1907) 詩 「往遊龍華寺
…」〈上同〉「…遊金烏山到龍華寺作」
〈上同, 卷2 2張〉

용화사(龍華寺)[14]
경북 迎日郡 義昌邑 曲江洞에 있는 절.
1940년 건립. 신라 때 개달사가 있었다
고 전함 〈불교사전, 641p〉

용화사(龍華寺)[15]
경북 月城郡 安康邑 根溪里에 위치. 통
일신라 때 창건 추정. 龍華殿立佛像
(高1.7m)과 破坐佛像(高2.6m)이 있
다 〈文化遺蹟總覽〉

용화사(龍華寺)[16]
서울 永登浦區 堂山洞 冠岳山에 있는
절. 1874년(高宗 11) 왕명으로 창건.
1935년 巨遠이 七星閣・寮舍 등을 창
건 〈寺刹全書, 887p〉

용화사(龍華寺)[17]
전남 長興郡 長東面 北橋里에 있는 절.

고려초기 창건 추정 〈文化遺蹟總覽〉
龍華寺藥師如來坐像：地有 제46호.
1974년 지정. 高2.5m. 고려초기 제작
추정 〈上同〉

용화사(龍華寺)[18]
전북 金堤郡 金山面 淸道里에 있는 절.
龍華敎의 本山 〈文化遺蹟總覽〉

용화사(龍華寺)[19]
전북 扶安郡 幸安面 三千里에 있는 절.
642년(신라 善德女王 11) 妙賢이 창건
〈文化遺蹟總覽〉

용화사(龍華寺)[20]
전북 全州市 麟後洞에 있는 절. 1920년
창건. 華嚴宗에 소속 〈文化遺蹟總覽〉

용화사(龍華寺)[21]
충남 牙山郡 燕岩山에 있던 절 〈寺刹全
書, 887p〉

용화사(龍華寺)[22]
충북 鎭川郡 鎭川邑 新井里에 있는 절.
720년(신라 聖德王 19) 창건. 고려말
기 폐사. 1958년 韓慈心이 중건. 신라
元曉가 조성했다는 彌勒佛像(高7.1m)
이 있다 〈文化遺蹟總覽〉

용화사(龍華寺)[23]
충북 淸州市 龍頭山에 있는 절. 1950년
동란으로 화재, 그 뒤 碧山이 중건 〈불
교사전, 641p〉
龍華寺七尊彌勒佛：地有 제14호. 1976
년 지정. 主尊佛高6m. 1902년 嚴妃의
꿈에 彌勒佛이 現身하여 당시 郡知主
李熙復에게 內帑金으로 上黨城內에 있
던 輔國寺를 이전하여 현위치에 龍華寺
를 건립토록 명령, 늪에서 彌勒佛 7구
를 발굴하여 봉안. 고려 때의 작품으로
추정. 1950년 동란으로 法堂이 소실.
石佛이 露天에 있었는데 1972년 彌勒
寶殿을 복건하여 봉안 〈文化遺蹟總覽〉

용화사(龍華寺)[24]
평남 安州郡 安州邑 彌上里 龍彌山에
있는 절 〈朝鮮寺刹一覽〉

용화사(龍化寺)[1]
경북 英陽郡 日月面 龍化洞에 있던 절
〈寺刹全書, 887p〉
英陽龍化洞三層石塔 : 地有 제8호. 1972
년 지정. 高4m. 寺址인 현재 밭 가운데
위치 〈文化遺蹟總覽〉
용화사(龍化寺)[2]
충북 永同郡 南角山에 있던 절 〈寺刹
全書, 887p〉
용화사(龍花寺)
충남 天原郡 木川面 東里에 있던 절
〈文化遺蹟總覽〉
龍花寺五層石塔 : 高3m. 2층부터 일부
가 결실. 부근에 30×60㎝의 石像 5구
가 있다 〈上同〉
용흥사(龍興寺)[1]
경기 開城市 炭峴門 밖 歸法寺舊址 곁
에 있던 절. 1031년(고려 德宗 1) 王이
행차. 1167년(고려 毅宗 21) 王이 행
차. 1209년(고려 熙宗 5) 王이 행차하
여 先王(神宗)을 위해 神考忌晨道場
을 설행 〈寺刹全書, 886p〉
용흥사(龍興寺)[2]
경남 山淸郡 北洞面 水月里 苟鐵山에
있던 절 〈寺刹全書, 886p〉
蔡濟恭(1720−1799) 詩 「龍興寺…」
〈樊岩集, 卷3 27張, 木板本〉「春日同
翼卿諸人訪龍興寺…」〈上同, 卷4 1
張〉
용흥사(龍興寺)[3]
경남 昌寧郡 城山面 岱山里 火旺山에
있는 절. 1872년(高宗 9) 金壯權이 중
건 〈불교사전, 642p〉〈寺刹全書,
886p〉
용흥사(龍興寺)[4]
경북 尙州郡 尙州邑 智川里 蓮岳山에
있는 절. 839년(신라 文聖王 1) 慧昭
가 창건 〈불교사전, 642p〉〈寺刹全書,
886p〉
고려 懶翁(1320−1376)이 중건. 1647

년(仁祖 25) 法心이 중수. 1680년(肅
宗 6), 1707년(同王 23), 1806년(純祖
6), 1967년 각각 중수. 조선후기 건립
으로 추정되는 浮屠 2기가 있다 〈文化
遺蹟總覽〉
용흥사(龍興寺)[5]
경북 星州郡 北門 밖에 있던 절. 고려
恭愍王 때 李人復(1308−1374)이 記
를 지음 〈寺刹全書, 886p〉
용흥사(龍興寺)[6]
경북 永川郡에 있던 절 〈甁窩全書 ; 雅
山桂石錄, 404p, 影印本〉
李衡祥(1653−1733) 撰 「永州龍興寺
東丘記」〈上同〉
용흥사(龍興寺)[7]
경북 義城(옛 比安)郡 白馬山에 있던
절 〈寺刹全書, 886p〉
용흥사(龍興寺)[8]
전남 高興郡 東江面 梅谷里에 있는 절.
1923년 건립. 1950년 동란으로 소실,
1953년 중건 〈文化遺蹟總覽〉
용흥사(龍興寺)[9]
전남 潭陽(옛 昌平)郡 龍龜山에 있는
절 〈寺刹全書, 886p〉
용흥사(龍興寺)[10]
전남 潭陽郡 月山面 龍興里 夢聖山에
있던 절 〈불교사전, 642p〉
1950년 소실. 1976년 宗鉉이 중건. 경
내에 7기의 浮屠群이 있다 〈文化遺蹟
總覽〉
용흥사(龍興寺)[11]
전북 益山(옛 咸悅)郡 咸羅山에 있던
절 〈寺刹全書, 886p〉
용흥사(龍興寺)[12]
충남 禮山(옛 大興)郡 獅子山에 있던
절 〈寺刹全書, 886p〉
용흥사(龍興寺)[13]
평남 順川郡 長安山에 있던 절 〈寺刹全
書, 887p〉
용흥사(龍興寺)[14]

평남 中和郡 淨土山에 있던 절 〈寺刹
全書, 887p〉
용흥사(龍興寺)[15]
평북 江界郡에 있던 절 〈寺刹全書,
887p〉
용흥사(龍興寺)[16]
평북 龍川郡 東上面 彌勒山에 위치
〈寺刹全書, 886p〉
용흥사(龍興寺)[17]
함남 端川郡 雲住山에 있던 절 〈寺刹
全書, 886p〉
용흥사(龍興寺)[18]
함남 咸州郡 下朝陽面 興德里 白雲山
에 위치 〈불교사전, 642p〉
佛地庵이 山內에 부속
용흥사(龍興寺)[19]→ 龍貢寺[1] 참조
용흥사(龍興寺)[20]⇒ 天皇寺[2] 참조
용흥암(龍興庵)
전북 完州(옛 高山)郡 大芚山에 있던
절. 安心寺의 부속 암자 〈寺刹全書,
887p〉
우곡사(牛谷寺)
경남 昌原郡 東面 丹溪里 栴檀山에 있
는 절 〈朝鮮寺刹一覽〉
832년(신라 興德王 7) 無染이 창건
〈文化遺蹟總覽〉
우곡암(愚谷庵)
경남 陜川郡 愚谷山에 있던 절 〈敬庵
集, 卷4 2張, 木活字本〉
文東道(1646-1699) 撰 「愚谷庵記」
〈上同〉
우달사(亐達寺)
함남 德源郡에 있던 절 〈寺刹全書,
888p〉
우덕사(祐德寺)
경북 慶州市 道只里에 있던 절. 寺址로
추정되는 밭 가운데 허물어진 3층석탑
이 있다 〈寺刹全書, 888p〉
우두사(牛頭寺)
강원 春城郡 新北面 牛頭里 牛頭山에

있던 절. 座佛像(高78cm)이 있다 〈寺
刹全書, 888p〉
金時習(1435-1493) 詩 「宿牛頭寺」
〈梅月堂集, 卷13 9張, 癸酉字本〉
우두암(牛頭庵)
평남 孟山郡 都里山에 있던 절 〈寺刹全
書, 888p〉
우매사(友梅寺)
충북 永同郡 黃澗面 白華山에 있던 절.
般若寺의 부속 암자 〈寺刹全書, 888p〉
우명사(牛鳴寺)
황해 碧城(옛 海州)郡에 있던 절 〈寺
刹全書, 888p〉
우방사(牛房寺)
경남 固城郡 固城邑 牛山里(옛 鐵甲面
中山里)에 있던 절. 주위에 瓦片이 산
재. 寺址 부근에 磨崖佛像(高1m)이 陽
刻되어 있다. 고려 顯宗 때 장군 姜民瞻
(?-1021)이 功을 이룬 뒤 창건. 그의
遺像이 있었다고 전함 〈寺刹全書,
888p〉
우번대(牛翻臺)
경남 河東郡 智異山 般若峰 남쪽에 있
던 절. 牛翻禪師 道場 〈寺刹全書,
888p〉
우송사(又松寺)
전남 潭陽郡 潭陽邑 羊角里에 있는 절.
1927년경 又松 鞠珠雄이 수양터로 건립
〈文化遺蹟總覽〉
우지사(亐只寺)
황해 鳳山郡 鷄遊山에 있던 절 〈寺刹全
書, 888p〉
우타굴(牛陀窟)
충북 報恩郡 內俗離面 俗離山에 있던
절. 法住寺의 부속 암자 〈寺刹全書,
888p〉
운거사(雲居寺)
황해 金川郡 聖居山 박연폭포아래 있던
절 〈寺刹全書, 889p〉
明照(1593-1661) 詩 「雲居寺」〈虛白

集, 113p, 影印本〉
운계사(雲溪寺)[1]
경기 坡州(옛 漣川)郡 積城面 雪馬里
에 있던 절 〈寺刹全書, 889p〉
塔材가 남았으며 재료는 조선 때 것으
로 보인다. 옛 寺址에 1971년에 신축한
梵輪寺가 있다〈文化遺蹟總覽〉
1452년(端宗 1) 法席을 설행〈李朝實
錄佛教鈔存, 卷5 38張〉
운계사(雲溪寺)[2]
경북 永川郡 八公山에 있던 절〈寺刹
全書, 889p〉
成渾(1535－1598) 詩「與友人遊雲溪
寺在紺岳靑鶴洞」〈牛溪集, 卷1 2張,
木板本〉
운계사(雲溪寺)[3]
전남 和順郡 天雲山에 있던 절〈寺刹
全書, 889p〉
운계사(雲溪寺)[4]
황해 信川郡 弓興面 月峰里 九月山에
있던 절. 石佛(高60cm 幅45cm) 18구가
있다〈寺刹全書, 889p〉
운계암(雲溪庵)[1]
경북 醴泉郡 鶴駕山에 있던 절. 普門寺
의 부속 암자〈寺刹全書, 889p〉
운계암(雲溪庵)[2]
평북 寧邊郡 百嶺面에 있던 절〈寺刹
全書, 889p〉
운곡사(雲谷寺)[1]
경남 蔚州郡 三南面 芳基里에 있던 절.
신라 慈藏이 창건. 그의 제자 穀成이
있었다 하여 穀成寺라 함. 穀成이 坐禪
할 때 오색구름이 절 위에 어리었으므
로 雲谷寺라 함〈寺刹全書, 889p〉
운곡사(雲谷寺)[2]
경북 義城郡에 있던 절〈불교사전,
647p〉
운곡사(雲谷寺)[3]
충남 靑陽郡 獅子山에 있던 절〈寺刹
全書, 889p〉

운곡암(雲谷庵)
경기 楊平(옛 楊根)郡 禾野山에 있던
절〈寺刹全書, 889p〉
운대사(雲台寺)⇒ 西岳寺[1] 참조
운대암(雲臺庵)
경남 南海郡 昌善面 錦山에 있는 절
〈寺刹全書, 889p〉
운두암(雲頭庵)[1]
강원 平昌郡에 있던 절 〈寺刹全書,
889p〉
운두암(雲頭庵)[2]
전북 井邑郡 內藏面 內藏山에 있던 절
〈불교사전, 647p〉
운람사(雲嵐寺)
경북 義城郡 安平面 新安洞 天燈山에
있는 절. 一名 雲嵐菴〈朝鮮寺刹一覽〉
〈불교사전, 647p〉
운령사(雲嶺寺)
황해 延白(옛 白川)郡 雉岳山에 있던
절〈寺刹全書, 889p〉
운룡사(雲龍寺)[1]
경남 山淸(옛 丹城)郡 寶岩山에 있는
절〈寺刹全書, 889p〉
운룡사(雲龍寺)[2]
충북 淸原郡 米院面 雲龍里에 있는 절.
1840년경 지방민들이 창건. 柳寅海 개
수〈文化遺蹟總覽〉
운문사(雲門寺)[1]
경북 淸道郡 雲門面 新院洞 虎踞山에
있는 절. 560년(신라 眞興王 21) 창건.
591년(신라 眞平王 13) 圓光이 중건.
937년(고려 太祖 20) 寶壤이 중건. 처
음은 小鵲岬[鴨]寺・鵲甲寺・大鵲甲
寺라 하던 것을 고려 太祖가 雲門禪寺
라 사액, 圓應이 중건. 1690년(肅宗
16) 雪松이 중건 〈寺刹全書, 889p〉
〈불교사전, 647p〉
內院庵, 北臺庵, 雅離窟, 淸神庵 등이
山內에 부속
雲門寺의 처진소나무 : 천연기념물 제180

호. 1966년 지정. 高6m 周2.9m(1970년경 현재)〈指定文化財目錄〉

雲門寺金堂 앞 石燈 : 보물 제193호. 1939년 지정. 高2.58m. 화강석으로 통일신라 때 건립 추정〈文化遺蹟總覽〉

雲門寺四天王石柱 : 보물 제318호. 1959년 지정. 화강석으로 통일신라 때 조성 추정.

    제1石柱 高1.52m 幅43cm 廣目天王
    제2石柱 高1.64m 幅46cm 多聞天王
    제3石柱 高1.63m 幅54cm 增長天王
    제4石柱 高1.53m 幅52cm 指國天王
〈上同〉

雲門寺圓應國師碑 : 보물 제316호. 1959년 지정. 高2.3m 幅0.91m. 片麻岩으로 12세기경 건립. 碑가 세 조각 난 것을 땜질했다. 「圓應國師碑銘」이라 題額. 尹彦頤 撰. 國師의 諱는 學一, 字는 逢渠, 俗姓은 李, 1052-1144년까지 생존〈文化財大觀 ; 寶物篇〉

雲門寺銅壺 : 보물 제208호. 1938년 지정. 高55cm 口徑19.5cm 腹徑31cm 底徑23cm. 銅으로 고려 때 주성 추정. 흙색으로 甘露樽이라는 佛器. 肩部에 「咸雍三年(1067)六月日改造童海重參拾斤都都監大德成念」이라 銘文〈上同〉

雲門寺石造如來坐像 : 보물 제317호. 1959년 지정. 高1.33m. 花崗岩으로 고려 때 조성 추정〈上同〉

雲門寺靑銅甘露樽 : 1067년(고려 文宗 21) 주성 〈韓國金石全文, 中世上 501p, 許興植 編〉

李天輔(1698-1761) 撰 「…雪松大師碑銘幷序」〈雲門寺誌, 343p〉

致益(1862-?) 撰「院堂封山護寺功德不忘記 雲門寺」〈曾谷集, 卷2 34張〉

운문사(雲門寺)²
전북 南原郡 雲峰面 龍山里에 있는 절. 김혜명이 건립〈文化遺蹟總覽〉

운문사(雲門寺)³
전북 完州郡 高山面 崎峯山에 있는 절. 一名 雲門庵〈寺刹全書, 889p〉

운문선사(雲門禪寺)⇒ 雲門寺¹ 참조

운문암(雲門庵)¹
강원 襄陽郡 縣北面 漁城田里 滿月山에 위치. 明珠寺의 부속 암자. 1123년(고려 仁宗 1) 창건. 1861년(哲宗 12) 印虛가 중건하고 萬日會를 설행〈乾鳳寺本末事蹟, 161p, 鉛印本〉

운문암(雲門庵)²
전남 長城郡 北下面 白羊山에 있던 절. 白羊寺의 부속 암자. 1950년 동란으로 소실 〈불교사전, 647p〉〈寺刹全書, 891p〉

道安(1638-1715) 詩 「牛山逢白羊山雲門庵僧智輝…」〈月渚集, 262p, 影印本〉

운반암(雲半庵)
위치 未詳〈明美堂集, 卷3 19張, 鉛印本〉

李建昌(1852-1898) 詩 「雲半庵次韋士」〈上同〉

운봉사(雲峰寺)¹
강원 華川郡 看東面 東林里에 있던 절. 一名 雲峰庵. 高1m 정도의 浮屠가 있다〈寺刹全書, 891p〉

운봉사(雲峰寺)²
함남 咸州郡 歸州洞에 있던 절〈寺刹全書, 891p〉

운봉사(雲峰寺)³⇒ 金龍寺 참조

운봉사(雲峰寺)⁴⇒ 雪峰寺 참조

운봉암(雲峰庵)¹
강원 通川(옛 歙谷)郡 鉢山에 있던 절〈寺刹全書, 891p〉

운봉암(雲峰庵)²
평북 義州郡 義州邑에 있던 절〈寺刹全書, 891p〉

운부암(雲浮庵)
경북 永川郡 淸通面 八公山에 있는 절. 銀海寺의 부속 암자. 711년(신라 聖德

王 10) 義湘이 창건〈寺刹全書, 891p〉
銀海寺雲浮庵靑銅菩薩坐像 : 보물 제514
호. 1969년 지정. 高1.02m. 鐵로 조선
때 조성 추정〈文化財大觀 ; 寶物篇〉
李衡祥(1653－1733) 詩「雲浮寺在公
山」〈甁窩全書 ; 永陽續錄, 卷1 93張,
影印本〉「雲浮寺次…」〈上同, 卷1 94
張〉

운상암(雲祥庵)
평남 永遠郡 永柔面 蒼雲山에 있는 절
〈寺刹全書, 891p〉

운상원(雲上院)⇒ 七佛寺［庵］[1] 참조

운서굴(雲棲窟)
강원 高城郡 金剛 12폭포 위에 있던 절
〈寺刹全書, 891p〉

운서사(雲棲寺)⇒ 棲雲寺[4] 참조

운석사(雲石寺)
함남 德源郡 府內面 三台里 盤龍山에
위치〈朝鮮寺刹一覽〉

운수사(雲水寺)[1]
경북 金陵郡 代項面 雲水里 黃岳山에
있는 절. 直指寺의 부속 암자〈불교사
전, 648p〉

운수사(雲水寺)[2]
부산 北區 毛羅洞 金井山에 있는 절
〈文化遺蹟總覽〉

운수사(雲水寺)[3]
평북 龍川郡 邑東面 銅山洞 龍骨山에
있던 절. 산기슭의 밭 가운데 浮屠(高
1.2m 幅3m)가 있고, 正面에 宜容堂이
라 새겨져 있다〈寺刹全書, 892p〉

운수사(雲水寺)[4]
함남 永興郡 永興面 上泰里 泰白山에
위치〈朝鮮寺刹一覽〉

운수암(雲水庵)[1]
강원 高城郡 西面 金剛山에 위치. 楡岾
寺의 부속 암자. 1625년(光海 13) 影
子殿을 건립〈楡岾寺本末寺志, 4p, 鉛
印本〉

운수암(雲水庵)[2]

강원 寧越郡에 있던 절 〈寺刹全書,
892p〉

운수암(雲水庵)[3]
강원 洪川郡 東面 孔雀山에 위치. 壽陀
寺의 부속 암자. 1688년(肅宗 14) 霜峰
이 창건〈乾鳳寺本末事蹟, 184p, 鉛印
本〉
淨源(1621－1709) 撰「新建雲水庵記,
1690年」〈上同, 193p〉

운수암(雲水庵)[4]
강원 淮陽郡 金剛山에 있던 절〈寺刹全
書, 892p〉
彦機(1581－1664) 撰 「蓬萊山雲水庵
鍾峰影堂記」〈鞭羊集, 卷2, 木板本〉
李明漢(1595－1645) 詩 「贈雲水菴祥
老師」「雲水菴贈太嚴寄示祥師」〈白洲
集, 卷2 28張, 木板本〉
李植(1584－1647) 詩 「雲水庵訪應祥
長老」〈澤堂集, 卷5 19張, 木板本〉

운수암(雲水庵)[5]
경기 安城郡 陽城面 芳新里 古靈山에
있는 절〈朝鮮寺刹一覽〉
1750년(英祖 26) 張氏부인이 창건. 興
宣大院君이 중건, 동시에 「雲水庵」이
란 친필 현판을 내렸다〈文化遺蹟總
覽〉

운수암(雲水庵)[6]
경북 聞慶郡 山北面 金龍里 雲達山에
있는 절〈寺刹全書, 892p〉

운수암(雲水庵)[7]
경북 義城郡 丹村面 龜溪洞 騰雲山에
있는 절. 孤雲寺의 부속 암자〈寺刹全
書, 892p〉
申維翰(1681－?) 撰 「雲水庵記」〈靑
泉集, 卷4 30張, 木板本〉

운수암(雲水庵)[8]
전남 昇州郡 雙岩面 曹溪山에 있는 절.
仙岩寺의 부속 암자〈불교사전, 648p〉
呂圭亨(1849－1922) 撰 「涵溟禪師碑
銘」禪師의 諱는 太先, 俗姓은 朴, 本貫

은 密陽. 父諱는 陽九. 1824년 和順에
서 出生. 1902년 入寂. 昇州 仙岩寺에
서 華嚴宗風을 진작〈荷亭集, 卷4 1張,
鉛印本〉

운수암(雲水庵)⁹
전북 任實郡 任實面 二道里에 있는 절.
경내에　石佛立像(高2.54m)이　있다
〈文化遺蹟總覽〉

운수암(雲水庵)¹⁰
황해 碧城(옛 海州)郡 西席面 首陽山
에 위치. 神光寺의 부속 암자〈寺刹全
書, 892p〉

운수암(雲水庵)¹¹ ⇒ 水雲庵 참조

운수암(雲樹庵)
황해 松禾郡에 있던 절〈불교사전,
648p〉

운안사(雲安寺)
경북 安東市 安奇洞에 있던 절〈文化
遺蹟總覽〉

安東安奇洞石佛坐像 : 보물 제58호.
1934년 지정. 高53cm. 통일신라 때 조
성 추정. 이 石佛의 소재가 雲安寺址인
듯하다〈文化財大觀 ; 寶物篇〉

운암(雲庵)¹
경북 安東(옛 禮安)郡 御廩山에 있던
절〈寺刹全書, 892p〉
李玄逸(1627－1704) 詩「體仁重修雲
庵小刹…」〈葛庵集, 卷1 24張, 木板
本〉

운암(雲庵)²
전북 高敞郡 雅山面 三仁里 兜率山에
있던 절. 禪雲寺의 부속 암자〈寺刹全
書, 892p〉

운암(雲庵)³ ⇒ 雲岩寺³ 참조

운암사(雲岩寺)¹
강원 通川(옛 歙谷)郡 鉢山에 있던 절
〈寺刹全書, 893p〉

운암사(雲岩寺)²
경기 開城 舞仙峰 아래 있던 절. 고려
恭愍王(玄陵)의 齋宮이었다. 고려 恭

愍王(1330－1374)이 여러 번 행차. 고
려 李穡이 碑銘을 撰〈寺刹全書, 892p〉
陳澕(고려 高宗時人) 詩「書雲岩寺」
〈東文選, 卷6 10張, 木板本〉

운암사(雲岩寺)³
경북 聞慶郡 店村邑(옛 戶西南面) 佛
井里 宰岳山에 있는 절〈文化遺蹟總
覽〉
676년(신라 文武王 16) 義湘이 창건.
壬亂 때 병화. 1658년(孝宗 9) 靈俊이
寮舍 건립. 1665년(顯宗 6) 化主 海特
등 法殿을 건립. 1785년(正祖 9) 印月
이 중건〈寺刹全書, 893p〉

운암사(雲岩寺)⁴
경북 安東 부근인 듯〈退溪全書, 卷4 7
張, 筆寫本〉
李滉(1501－1570) 詩「遊雲岩寺…趙
士敬詩人」〈上同〉

운암사(雲岩寺)⁵
전남 光陽郡 白鷄山에 있던 절〈寺刹全
書, 893p〉

운암사(雲岩寺)⁶
전북 完州(옛 高山)郡 崷崒山에 있던
절. 968－975년경 克性이 창건〈寺刹
全書, 893p〉

운암사(雲岩寺)⁷
충남 瑞山郡 八峰面 陽吉里 八峰山에
있던 절〈寺刹全書, 892p〉

운암사(雲岩寺)⁸
평북 鐵山郡 雄骨山에 있던 절〈寺刹全
書, 893p〉

운암사(雲岩寺)⁹ ⇒ 普濟寺³ 참조

운암사(雲庵寺)¹
충남 禮山郡 鳳山面 沙石里에 있던 절.
寺址에 瓦片이 산재해 있고, 약수가 있
다〈寺刹全書, 892p〉

운암사(雲庵寺)²
황해 金川(옛 牛峰)郡 聖居山에 있던
절〈寺刹全書, 892p〉

운암사(雲庵寺)³

황해 松禾(옛 豊川)郡 縛石山에 있던 절 〈寺刹全書, 892p〉
운요사(雲腰寺)
경기 金浦郡 陽村面 席元里 雲腰山에 있던 절 〈寺刹全書, 893p〉
운은사(雲隱寺)
강원 鐵原郡 寶盖山에 있던 절 〈寺刹全書, 893p〉
운장사(雲藏寺)
전북 高敞(옛 興德)郡 半登山에 있던 절 〈寺刹全書, 893p〉
운장암(雲藏庵)¹
서울 鍾路區 三淸洞에 있던 절. 조선초기 慧徹·雲壽가 창건 〈寺刹全書, 893p〉
운장암(雲藏庵)²
충남 靑陽郡 南陽面 梅谷里 白華山에 있는 절 〈寺刹全書, 893p〉〈朝鮮寺刹一覽〉
운점사(雲岾寺)¹
경남 金海郡 雲岾山에 있던 절 〈寺刹全書, 893p〉
운점사(雲岾寺)²
전북 長壽郡 聖迹山에 있던 절. 眞平王(579-631) 때 중수. 元曉의 도장. 世宗(1418-1450) 때 省珠가 중수 〈寺刹全書, 893p〉
운점사(雲岾寺)³
충남 燕岐(옛 全義)郡 雲住山에 있던 절 〈寺刹全書, 893p〉
운점사(雲岾寺)⁴
황해 載寧郡 長壽山에 있던 절 〈寺刹全書, 894p〉
운점암(雲岾庵)
강원 淮陽郡 內金剛面 金剛山 長安寺 동쪽에 있던 절 〈寺刹全書, 894p〉
운제사(雲際寺)¹
전남 康津郡 萬德山에 있던 절 〈寺刹全書, 894p〉
운제사(雲際寺)²

평남 中和(옛 祥原)郡 盤龍山에 있던 절 〈寺刹全書, 894p〉
운주사(雲住[舟]寺)¹
전남 和順郡 道岩面 大草里 千佛山에 있던 절. 541년(신라 眞興王 2) 중건. 1950년 동란으로 소실 〈文化遺蹟總覽〉 좌우 산등성이에 石塔과 石佛이 1,000像이나 있었으나, 현재는 16塔 50佛像만 남음 〈寺刹全書, 894p〉 1495년(燕山 1) 중수. 1918년 중건 〈雲住寺志, 1p, 鉛印本〉
四角石室彌勒石佛:地有 제9호. 1972년 지정. 신라말기 道詵(827-898)이 조성 〈文化遺蹟總覽〉
運舟[雲住]寺九層石塔:地有 제8호. 1972년 지정. 조선후기 건립 추정 〈上同〉
運舟寺石幢竿:고려 때 건립 추정 〈上同〉
運舟[雲住]寺蓮花塔:地有 제7호. 1972년 지정. 신라 道詵(827-898)이 조성한 千佛·千塔 중의 하나 〈上同〉
金麟厚(1510-1560) 詩 「雲住寺和孫彥章弘論韻贈子實」〈河西全集, 卷6 30張, 木板本〉
운주사(雲住寺)²
함남 永興郡 宣興面 平川里 五峰山에 있던 절 〈朝鮮寺刹一覽〉
운주사(雲住寺)³
함북 慶源郡 東原面 金月洞 九龍山에 위치 〈朝鮮寺刹一覽〉
운주사(雲住寺)⁴
함북 明川郡 七寶山에 있던 절. 中宗朝 때 熙彥이 出家한 절 〈寺刹全書, 894p〉
운주사(雲住寺)⁵
함북 鍾城郡 龍溪面 涪溪洞 松鶴山에 위치 〈朝鮮寺刹一覽〉
운주사(雲住寺)⁶⇒ 龍藏寺⁶ 참조
운주암(雲住庵)¹
경기 開豊郡 天磨山에 있던 절 〈寺刹全

書, 895p〉
운주암(雲住庵)²
충남 牙山(옛 新昌)郡에 있던 절〈寺
刹全書, 895p〉
李山海(1538－1609) 撰「月夜訪雲住
寺記」〈鵝溪遺稿, 卷6 4張, 木板本〉
「雲住寺記」〈上同, 卷6 9張〉
운주암(雲住〔注〕庵)³
충남 燕岐(옛 全義)郡 雲住山에 있던
절〈寺刹全書, 895p〉
운주암(雲住庵)⁴
평남 安州郡 悟道山에 있던 절〈寺刹
全書, 895p〉
운주암(雲住庵)⁵
함남 永興郡 宣興面 五峰山에 있는 절
〈寺刹全書, 895p〉
운주암(雲住庵)⁶⇒ 三都關寺 참조
운지암(雲知〔墀〕庵)
강원 淮陽郡 內金剛面 長淵里 金剛山
에 있던 절. 表訓寺의 부속 암자〈불교
사전, 649p〉
운천사(雲泉寺)
전남 光州市 西區 雙村洞에 있는 절
〈文化遺蹟總覽〉
雲泉寺磨崖如來坐像 : 地有 제47호.
1974년 지정. 高4.1m 幅60㎝. 고려초
기 작품 추정. 암벽에 陽刻〈文化遺蹟
總覽〉
운하당(雲霞堂)
경기 開豊郡 嶺南面 寶鳳山에 위치. 華
藏寺의 부속 암자〈寺刹全書, 895p〉
之淳 撰 日昇 書「雲霞堂重修記, 1901
年」〈寺刹全書, 1185p〉「雲霞堂重建
記, 1901年」〈上同, 1180p〉
운현사(雲懸寺)
평남 大同郡 龍岳面 東北里 馬山 중턱
에 있던 절〈寺刹全書, 895p〉
운흥사(雲興寺)¹
강원 三陟郡 太白山에 있던 절〈寺刹
全書, 897p〉

운흥사(雲興寺)²
경기 開豊郡 嶺北面 古德里 聖居山에
위치〈朝鮮寺刹一覽〉
1677년(肅宗 3) 건립. 1913년 源和가
중수〈寺刹全書, 895p〉
1688년(肅宗 14) 覺天 卓璘 등이 事蹟
碑를 건립. 1913년 日源이 수선〈傳燈
本末寺誌, 215p, 鉛印本〉
聖居山雲興寺碑 : 1688년(肅宗 14) 건
립〈寺刹全書, 895p〉
운흥사(雲興寺)³
경남 固城郡 下二面 臥龍里 臥龍山에
있는 절〈朝鮮寺刹一覽〉
676년(신라 文武王 16) 義湘이 창건
〈文化遺蹟總覽〉
1350년(고려 忠定王 2) 창건. 1651년
(孝宗 2) 金法性이 중건〈寺刹全書,
896p〉
樂西庵, 天眞庵 등이 山內에 부속
雲興寺大雄殿 : 地有 제82호. 1974년 지
정〈文化遺蹟總覽〉
운흥사(雲興寺)⁴
경남 梁山郡 下北面 千聖山에 있던 절
〈寺刹全書, 896p〉
운흥사(雲興寺)⁵
경남 蔚州郡 熊村面 古蓮里 圓寂山에
있던 절〈寺刹全書, 896p〉
신라 元曉 창건. 通度寺보다 컸다고 함.
주변 반석에 「雲興洞天」이라 刻字
〈1995. 9. 12. 18 : 45. KBS 9 TV 방
영〉
雲興寺址浮屠 : 地有 21호. 1972년 지정.
高2m. 조선 때 건립. 2기는 완전 훼손.
1기는 붕괴〈文化遺蹟總覽〉
운흥사(雲興寺)⁶
경북 達城郡 嘉昌面 梧洞 最頂山에 있
는 절〈朝鮮寺刹一覽〉
壬亂 때 惟政(1544－1610)이 陳을 친
곳. 1620년(光海 12) 無念이 창건.
1751년(英祖 27) 致和가 중건. 처음은

桐[東]林寺, 燧[修]岩寺, 雲興寺 등으로 각각 개명 〈寺刹全書, 896p〉

운흥사(雲興寺)[7]
전남 谷城郡 通明山에 있던 절 〈寺刹全書, 896p〉
秀演(1651-1719) 撰 「谷城縣通明山雲興寺圓通庵新創記」〈無用集, 538p, 影印本〉

운흥사(雲興寺)[8]
전남 羅州郡 茶道面 岩亭里 德龍山에 있는 절. 경내에 浮屠 3기와 石佛坐像이 있다 〈文化遺蹟總覽〉
羅州雲興寺石長栍(2기) : 중요민속자료 제12호. 1968년 지정 〈指定文化財目錄〉
般若庵이 山內에 부속
朴洵行(1806-1856) 撰 「異僧海印傳丙子」 禪師는 草衣 弟子로 本寺에 거주 〈盹菴集, 卷7 1張, 木活字本〉

운흥사(雲興寺)[9]
전북 任實郡 獅子山에 있던 절. 신라 眞鑑(774-850)이 開占. 1619년(光海 11) 창건 〈寺刹全書, 896p〉

운흥사(雲興寺)[10]
평남 寧遠郡 寧遠邑 鳳德里 雲鳳山에 있는 절 〈朝鮮寺刹一覽〉

운흥사(雲興寺)[11]
함남 文川郡 盤龍山에 있는 절 〈寺刹全書, 897p〉

운흥사(雲興寺)[12]
함북 吉州郡 磨天嶺 아래 있던 절 〈寺刹全書, 897p〉

운흥사(雲興寺)[13]
함북 城津市 本洞 勝地山에 위치 〈朝鮮寺刹一覽〉

운흥사(雲興寺)[14]
황해 谷山郡 霧山에 있던 절 〈寺刹全書, 897p〉

운흥사(雲興寺)[15]
황해 松禾郡 達磨山에 있던 절 〈寺刹全書, 897p〉

운흥사(雲興寺)[16] ⇒ 百潭寺 참조
운흥사(雲興寺)[17] ⇒ 新興寺[1] 참조
운흥사(雲興寺)[18] ⇒ 定光寺 참조

운흥암(雲興庵)[1]
강원 華川(옛 狼川)郡 日出山에 있던 절 〈寺刹全書, 897p〉

운흥암(雲興庵)[2]
경기 驪州郡 大神面 甫通里에 있는 절 〈文化遺蹟總覽〉

울람사(蔚藍寺)
위치 未詳 〈西坡集, 卷6 15張, 芸閣印書體字本〉
吳道一(1645-1703) 詩 「將向蔚藍寺」〈上同〉「訪蔚藍寺路中」〈上同, 卷6 16張〉

울아사(鬱牙寺) ⇒ 新勒寺 참조

울암사(鬱岩寺)
강원 原城郡에 있던 절 〈寺刹全書, 897p〉
李端夏(1625-1689) 詩 「鬱岩寺伏次先君詩韻贈信英比丘, 八首」〈畏齋集, 卷1 9張, 木板本〉

웅곡사(熊谷寺)
충남 禮山郡에 있던 절 〈寺刹全書, 897p〉

웅수사(熊壽寺)
경북 月城郡 陽北面 吐含山 꼭대기에 있던 절. 一名 長壽寺. 신라 景德王(741-764) 때 金大城이 사냥한 곰의 명복을 빌기 위해 창건. 寺址에 石佛立像이 있다 〈寺刹全書, 897p〉

웅신사(熊神寺) ⇒ 聖住寺[2] 참조

웅암사(熊岩寺)
충북 報恩(옛 懷仁)郡 九龍山에 있던 절 〈寺刹全書, 897p〉

웅점사(熊岾寺)
전남 羅州郡 德龍山에 있던 절 〈寺刹全書, 897p〉
林悌(1549-1587) 詩 「熊岾寺」〈林白

湖集, 卷3 11張, 木板本〉
웅정암(熊井庵)⇒靈芝寺 참조
웅호암(熊虎庵)
강원 淮陽郡 金剛山에 있던 절. 秋江 南
孝溫(1454-1492)의 「金剛山記」에
이 절의 기록이 있다〈寺刹全書, 898p〉
원각사(圓覺寺)[1]
경기 楊州郡 北漢山 甑峰 아래 있던 절
〈寺刹全書, 914p〉
李德懋(1741-1791) 撰「圓覺寺」〈靑
莊館全書, 卷3 7張 ; 嬰處文稿 1, 影印
本〉
원각사(圓覺寺)[2]
서울 鍾路區 鍾路2街(옛 漢城府 慶幸
坊) 파고다공원에 있던 절. 옛날은 興
福寺로 太祖(1392-1398) 때 曹溪宗
本寺가 되었다가 폐사. 1464년(世宗
10) 중건하여 圓覺寺라 개명. 1488년
(成宗 10) 화재. 1504년(燕山 10) 聯
芳院 妓坊으로 만듦. 1512년(中宗 7)
헐어서 燕山君(1494-1506) 때 헐은
것을 합하여 民家에 그 材木을 分賜
〈寺刹全書, 905p〉〈文化遺蹟總覽〉
1466년(世祖 12) 白玉이 佛像을 조성
〈李朝實錄佛敎鈔存, 卷6 19張〉
1467년(世祖 13) 중건하고 燃燈會를
설함. 同年 塔에서 舍利 分身의 異象이
여러 번 일어나서 百官이 陳賀〈上同,
卷6 22張〉
1504년(燕山 10) 本寺에 掌樂院을 이
전하라고 傳敎〈上同, 卷12 20張〉
圓覺寺碑 : 국유 보물 제3호. 1934년 지
정. 高4.9m 幅1.3m. 龜趺 화강석, 碑
身은 대리석으로 1471년(成宗 2) 건
립. 碑表는 金守溫 撰 成任 書, 碑陰은
徐居正 撰 鄭蘭宗 書.「大圓覺寺之碑」
라 題額〈文化財大觀 ; 寶物篇〉
圓覺寺址十層石塔 : 국유 국보 제2호.
1934년 지정. 현재 서울 종로2가 파고
다공원에 위치. 건립 연대는 이 절 중

건(1464) 연대와 같이 추정되나, 이보
다 빠르다는 설도 있다. 최상 3층은 오
랫동안 지상에 방치되었으나 1947년
복구〈上同 ; 國寶篇〉
탑 面石에 용·사자·모란·연꽃·나
한·천왕상 등으로 빈틈없이 조각. 탑
신부는 각 층마다 난간 둥근 기둥 多包
系의 栱包·기와 지붕 등이 새겨져 多
包系의 목조 건물의 세부 수법을 충분
히 모방. 탑 상층부에 1467년(世祖 13)
의 銘이 있다〈현지표지판〉
崔恒(1409-1474) 撰 「圓覺寺鐘銘幷
序」〈東文選, 卷50 16張, 木板本〉
1465년(世祖 11) 銅 五萬斤으로 종을
주성〈寺刹全書, 911p〉
원각사(圓覺寺)[3]
전남 靈光郡 靈光邑 白鶴里에 있는 절.
1940년 건립 추정〈文化遺蹟總覽〉
원각사(圓覺寺)[4]
전북 金堤郡 金堤邑 堯村里에 있는 절.
1925년 日本人이 창건하여 珍照寺라
함. 1945년 圓覺寺라 개명. 1968년 大
雄殿을 건립〈文化遺蹟總覽〉
원각사(圓覺寺)[5]
함남 高原郡 山谷面 乾川里에 있던 절
〈寺刹全書, 914p〉
원각사(圓覺寺)[6]
함북 會寧郡 雲頭面 雲淵洞 五國山에
위치〈朝鮮寺刹一覽〉
원각사(圓覺寺)[7]⇒乾鳳寺 참조
원각사(元覺寺)
서울 道峰區 三角山에 있던 절. 信楚가
창건〈寺刹全書, 898p〉
원각암(圓覺庵)[1]
강원 淮陽郡 金剛山에 있던 절〈寺刹全
書, 914p〉
원각암(圓覺庵)[2]
전북 金堤郡 金溝面 妙高山에 있던 절
〈寺刹全書, 914p〉
원각암(圓覺庵)[3]

평남 江西郡에 있던 절 〈月渚集, 卷下, 木板本〉

道安(1638-1715) 撰 「江西圓覺庵北宸殿記」〈上同〉

원각암(圓覺庵)⁴

평북 泰川郡 香積山에 있던 절 〈寺刹全書, 914p〉

원갑사(圓甲寺)

전남 務安郡 海際面 山吉里에 있는 절 〈朝鮮寺刹一覽〉

신라 義湘(625-702)이 창건. 1974년 무량전을 보수 〈文化遺蹟總覽〉

원경사(圓鏡寺)

경기 利川郡 雪星面 樹山里에 있는 절. 1920년경 불교도 林固成이 노성산에 寺刹을 창건하려고 헤매던 중 이 근처에서 彌勒佛像을 발견하고 그 자리에 寺刹을 건립, 圓鏡寺라 함. 창건 당시 제작으로 보이는 佛像(80×96cm)이 있다 〈文化遺蹟總覽〉

원달사(元達寺)¹

경기 開豊郡 聖居山에 있던 절 〈불교사전, 652p〉

원달사(元達寺)²

황해 金川(옛 牛峰)郡 聖居山에 있던 절 〈寺刹全書, 898p〉

원당사(元堂寺)¹

강원 溟州郡 注文津邑(옛 江陵郡 新里面) 長德里에 있던 절 〈寺刹全書, 898p〉

원당사(元堂寺)²

경기 始興郡 秀岩面 秀岩里에 있던 절. 佛坐像 2구가 있다. 石塔이 있었는데 「天禧五年辛酉(1021)」라고 刻字되었다고 전함 〈寺刹全書, 898p〉

원당사(元堂寺)³

제주 濟州市 三陽洞에 있던 절. 1300년 (고려 忠烈王 26)경 창건 추정.

元堂寺址七層石塔 : 忠烈王 26년(1300) 元나라에 太子가 없어 한 승려가 「北

斗의 命脉이 비친 三疊七峰에 塔을 세우라」는 말을 듣고, 이곳에 절과 塔을 건립 〈文化遺蹟總覽〉

원당사(原堂寺)

충북 丹陽郡 錦繡山에 있던 절 〈寺刹全書, 902p〉

원당암(願堂庵)

경남 陜川郡 伽倻面 緇仁里 伽倻山에 있는 절. 海印寺의 부속 암자 〈불교사전, 653p〉

海印寺願堂庵多層石塔 및 石燈 : 보물 제518호. 1970년 지정. 塔高2.32m 石燈高2m. 고려 때 제작 추정 〈文化財大觀 ; 寶物篇〉

원도사(圓道寺)

전북 茂朱郡 安城面 竹川里에 있는 절. 신라 때 창건. 1949년 소실, 1957년 중건 〈文化遺蹟總覽〉

원등암(遠燈庵)

전북 完州郡 所陽面 海月里 淸凉山에 있는 절 〈朝鮮寺刹一覽〉

신라 普照(804-880)가 창건. 道詵(827-898) 중건. 震默(1562-1633)이 중건. 普照가 나무로 만든 오리를 날려서 절 터를 잡았으므로 木鳧寺라고도 칭함 〈寺刹全書, 902p〉

1956년 法堂을 건립 〈文化遺蹟總覽〉

원림사(院林寺)

경북 安東郡 臨河面 臨河洞에 있던 절 〈文化遺蹟總覽〉

院林寺址五層石塔 : 高5.2m. 고려중기 이후 건립 추정 〈上同〉

원명사(圓明寺)¹

경기도 開城에 있던 절 〈寺刹全書, 914p〉

李穡(1328-1396) 詩 「圓明寺以醴泉忌席至有是作」〈牧隱詩藁, 卷19 31張, 木板本〉

원명사(圓明寺)²

경북 永川郡 公山에 있던 절 〈寺刹全

書, 914p〉
원명사(圓明寺)³
평북 熙川郡 南面 墨[黑]防山에 위치
〈寺刹全書, 914p〉
원명사(圓明寺)⁴
함남 永興郡 劒山에 있던 절〈寺刹全
書, 914p〉
원명사(圓[元]明寺)⁵
황해 金川郡 牛峰面 大屯山에 위치
〈寺刹全書, 898·914p〉
원명사(元明寺)
평남 平壤市 訥山에 있던 절〈寺刹全
書, 898p〉
원명암(圓明庵)¹
강원 伊川郡 山內面 開蓮里에 있던 절.
浮屠 4기가 있다〈寺刹全書, 915p〉
碧虛堂大士碑〈上同〉
圓明庵碑 : 1734년(英祖 10) 건립〈上
同〉
天谷堂侮稟大師碑〈上同〉
翠雲堂大師碑〈上同〉
幻虛惠谷大師舍利塔〈上同〉
원명암(圓明庵)²
강원 麟蹄郡 北面 龍垈里 雪嶽山에 있
는 절. 百潭寺의 부속 암자. 1676년(肅
宗 2) 雪淨이 창건. 1897년(光武 1) 源
湖가 중건〈불교사전, 653p〉〈寺刹全
書, 914p〉
圓明庵創建記 : 1912년 鶴庵이 撰〈寺
刹全書, 915p〉
鳴九 撰 「江原道麟蹄郡雪山圓明庵創
建記, 1912年」「江原道…圓明庵佛事
序, 1912年」〈乾鳳寺本末事蹟, 84p,
鉛印本〉
원소암(圓玿庵)
위치 未詳〈圓鑑錄, 58張, 鉛印本〉
沖止(1226－1293) 詩 「恭和先國師圓
玿庵…」「圓玿庵…」〈上同〉
원수사(源水寺)
전북 南原(옛 雲峰)郡 智異山에 있던

절〈寺刹全書, 902p〉
원암사(圓岩寺)
전북 完州郡 淸凉山에 있던 절〈寺刹全
書, 915p〉
子秀(1664－1737) 記 「淸凉山圓岩寺
冥府殿記」〈無竟集, 7張, 木板本〉
원암사(元庵寺)
충남 牙山(옛 新昌)郡 道高山에 있는
절〈寺刹全書, 898p〉
원연사(元延寺)
위치 未詳. 754년(신라 景德王 13) 王
이 本寺의 修葺을 명령〈三國史記, 卷
9, 木板本〉
원원사(遠願寺)
경북 月城郡 外東面 毛火里에 있던 절
『三國遺事』에 의하년 「明朗法師의 후
계자들이 국가 안전을 위해 金庾信
(595－673) 등과 함께 논의하여 창건
했다」고 함. 서라벌에서 20리 되는 곳
에 있었다. 양쪽에 있는 石塔을 1933년
복원 중건. 寺址에 浮屠群(4기)과 石槽
(2기)가 있다〈寺刹全書, 902p〉
慶州遠願寺址 : 사적 제46호. 1938년 지
정〈文化遺蹟總覽〉
洪世泰(1653－1725) 詩 「余到遠願寺
…」〈柳下集, 卷8 2張, 芸閣印書體字
本〉 「別遠願寺僧」〈上同, 卷8 3張〉
「遠願寺贈繼天上人」〈上同, 卷13 20
張〉「遠願寺洞口次前韻」〈上同, 卷13
21張〉
원적사(圓寂寺)¹
강원 平康郡 萬雲山에 있던 절〈寺刹全
書, 915p〉
원적사(圓寂寺)²
경북 聞慶郡 籠岩面 內西里 靑華山에
있는 절〈朝鮮寺刹一覽〉
660년(신라 武烈王 7) 元曉가 창건.
1885년(高宗 22) 石橋가 중수. 1903년
石橋가 중건. 「淸華山圓寂庵重修記」가
있다〈寺刹全書, 915p〉

원적사(圓寂寺)[3]
평남 安州郡 東面 鳳德里 圓鳳山에 있는 절 〈朝鮮寺刹一覽〉
원적사(圓寂寺)[4]
평북 雲山郡 白璧山에 있던 절 〈寺刹全書, 915p〉
원적사(圓寂寺)[5]
함남 北靑郡 泥穀社에 있던 절. 一名 圓寂庵〈寺刹全書, 915p〉
원적사(圓寂寺)[6]⇒上院寺[6] 참조
원적사(元寂寺)[1]
전북 任實郡 靈鷲山에 있던 절 〈寺刹全書, 898p〉
원적사(元寂寺)[2]
충남 燕岐(옛 全義)郡 龍子山에 있던 절〈寺刹全書, 898p〉
원적사(元寂寺)[3]
평북 龍川郡 龍骨山에 있던 절 〈寺刹全書, 898p〉
원적암(圓寂庵)[1]
강원 高城郡 杆城面 新安里 乾鳳寺의 부속 암자. 1894년(高宗 31) 중건〈寺刹全書, 916p〉
원적암(圓寂庵)[2]
강원 淮陽郡 內金剛面 長淵里에 있던 절. 表訓寺의 부속 암자 〈불교사전, 655p〉
金時習(1435－1493) 詩「圓寂庵」〈梅月堂集, 卷10 7張, 癸酉字本〉
원적암(圓寂庵)[3]
경기 開豊郡 天磨山에 있던 절 〈寺刹全書, 916p〉
원적암(圓寂庵)[4]
경남 梁山郡 千聖山에 있던 절 〈寺刹全書, 916p〉
원적암(圓寂庵)[5]
경북 金陵郡 代項面 黃岳山에 위치. 直指寺의 부속 암자〈直指寺志, 138p, 筆寫本〉
원적암(圓寂庵)[6]

경북 尙州郡 化北面 靑華山에 있던 절 〈寺刹全書, 916p〉
원적암(圓寂庵)[7]
전북 高敞郡 雅山面 三仁里 兜率山에 있던 절. 禪雲寺의 부속 암자〈寺刹全書, 916p〉
원적암(圓寂庵)[8]
전북 井邑郡 內藏面 內藏山에 위치. 內藏寺의 부속 암자〈寺刹全書, 916p〉
1950년 동란으로 소실 〈불교사전, 655p〉
원적암(圓寂庵)[9]
평북 寧邊郡 妙香山에 있던 절 〈月沙集, 卷45 14張, 木板本〉
李廷龜(1564－1635) 撰 「有明朝鮮國…西山淸虛堂休靜大師碑銘幷序」〈上同〉
秋鵬(1651－1706) 撰 「鳳德山圓寂庵重修記」〈雪岩集, 卷3 41張〉
원적암(圓寂庵)[10]
평북 泰川郡 東面 松峴洞 香積山에 위치〈朝鮮寺刹一覽〉
朴文一(1822－1894) 詩 「同志登圓寂菴」〈雲菴集節要, 卷3 12張, 木活字本〉
원적암(圓寂庵)[11]
함남 安邊郡 雪峰山, 또는 袈裟山에 있던 절. 釋王寺의 부속 암자〈불교사전, 655p〉〈寺刹全書, 916p〉
원적암(圓寂庵)[12]
함남 德源郡(옛 豊上面 西興里)에 있던 절 〈寺刹全書, 916p〉
원정사(圓正寺)
황해 殷栗郡 一道面 牛山里 九月山에 있던 절 〈朝鮮寺刹一覽〉
원층암(圓層庵[寺])
경기 江華郡 河岾面 梨江里 別立山에 있던 절. 고려 高宗이 術士 白勝賢의 진언에 따라 1232－1259년 현 위치에 절을 건립, 大法會를 열었다고 전함. 寺址 內에 蓮花臺石과 산재된 石塔의 部材가

남음 〈文化遺蹟總覽〉〈寺刹全書, 916p〉
원통사(圓通寺)[1]
강원 高城郡 朴達山에 있던 절 〈寺刹全書, 921p〉
원통사(圓通寺)[2]
경기 開豊郡 嶺北面 月古里 聖居山에 위치 〈朝鮮寺刹一覽〉
919년(고려 太祖 2) 眞鏡이 창건. 1731년(英祖 7) 중건. 1762년(英祖 38) 設照가 중건. 1798년(正祖 22) 戒徹이 중건. 1870년(高宗 7) 華月이 중수. 1907년 龍眼이 중건. 1936년 주지 鶴奎가 중건. 前身은 五聖庵 〈寺刹全書, 916p〉
1626년(仁祖 4) 仁均이 本寺와 內院庵을 중건. 1915년 休岩이 改金 幀畫 佛事를 봉행. 內院庵에는 宥錦 등 改金 幀畫 佛事를 봉행. 1936년 張鶴奎가 중수하고 中鐘 1座를 주조 〈傳燈本末寺誌, 195p, 鉛印本〉
金演守 撰 「圓通寺重修記, 1936年」 〈寺刹全書, 917p〉
金之淳 撰 「圓通寺重修記, 1907年」 〈上同〉 「聖居山圓通寺重修記, 1907年」 〈上同, 918p〉 「聖居山圓通寺上梁文, 1798年」 〈上同, 918p〉
李大丘 撰 「圓通寺藥師殿重建記, 1925年」 〈傳燈本末寺誌, 202p, 鉛印本〉
任晩聖 撰 「圓通寺佛事事功記, 1915年」 〈上同, 200p〉
花山散人 撰 「圓通寺重修記, 1870年」 〈寺刹全書, 917p〉 「圓通寺藥師殿創建序, 1870年」 〈傳燈本末寺誌, 198p, 鉛印本〉
원통사(圓通寺)[3]
경기 金浦(옛 通津)郡 童城山에 있던 절 〈寺刹全書, 919p〉
원통사(圓通寺)[4]
경기 始興(옛 水原)郡 儀旺面 淸溪山에 있던 절 〈寺刹全書, 921p〉

원통사(圓通寺)[5]
경기 抱川(옛 永平)郡 淸溪山에 있던 절 〈寺刹全書, 921p〉
원통사(圓通寺)[6]
서울 道峰區(옛 경기 楊州郡 蘆海面) 道峰洞 道峰山에 있는 절. 一名 圓通庵·普門寺·報恩寺. 863년(신라 景文王 3) 道詵이 창건하여 圓通寺라 함. 1053년(고려 文宗 7) 觀月이 중건. 1392년(太祖 1) 天隱이 중건. 英祖(1724－1776) 때 宥物이 중건. 1811년(純祖 11) 淸和가 중건. 1889년(高宗 26) 應虛가 중건. 1929년 化主 慈賢比丘尼가 佛殿을 중건. 1933년 七星閣을 건립. 1936년 法堂과 大房을 중수. 1938년 慈賢比丘尼기 獨聖閣을 건립 〈寺刹全書, 919p〉
具聖元 撰 「圓通庵大法堂重修上梁文, 1887年」 〈上同, 920p〉·
朴松言 撰 「施主懸板記, 1937年」 〈上同, 920p〉
「報恩寺重修記」 〈上同, 919p〉
淸音 撰 「道峰山普門寺重創記, 1936年」 〈上同, 920p〉
洪良浩(1724－1802) 撰 「報恩寺重修記」 〈耳溪集, 卷14 19張, 全史字本〉
원통사(圓通寺)[7]
전남 順天市에 있던 절 〈寺刹全書, 921p〉
원통사(圓通寺)[8]
전북 茂朱郡 安城面 竹川里 德裕山에 있는 절 〈朝鮮寺刹一覽〉
원통사(圓通寺)[9]
전북 茂朱郡 赤裳山城內에 있던 절 〈寺刹全書, 921p〉
원통사(圓通寺)[10]
평남 安州郡 悟道山에 있던 절 〈寺刹全書, 921p〉
원통사(圓通寺)[11]
평북 龜城郡 窟岩山에 있던 절 〈寺刹全

書, 921p〉
원통사(圓[元]通寺)[12]
평북 龍川郡 內東面 鳩岩洞 龍骨山에
있던 절〈寺刹全書, 899·921p〉
원통사(圓通寺)[13]
평북 龍川郡 楊下面에 있는 절〈寺刹
全書, 921p〉
원통사(圓通寺)[14]
평북 義州郡 威遠面 城內洞 白馬山에
있던 절〈寺刹全書, 921p〉
원통사(圓通寺)[15]
황해 碧城(옛 海州)郡 吹螺山에 있던
절〈寺刹全書, 921p〉
원통사(圓通寺)[16]
황해 黃州郡 政方山에 있던 절〈寺刹
全書, 921p〉
원통사(圓通社)
강원 平昌郡 五臺山에 있던 절〈寺刹
全書, 924p〉
원통사(元通寺)[1]
충남 錦山郡 德裕山에 있던 절〈寺刹
全書, 899p〉
원통사(元通寺)[2]
충북 槐山(옛 延豊)郡 場項山에 있던
절〈寺刹全書, 899p〉
원통사(元通寺)[3]
평북 定州郡 元通山에 있던 절〈寺刹
全書, 899p〉
원통사(元通寺)[4]
황해 金川(옛 牛峰)郡 聖居山에 있던
절〈寺刹全書, 899p〉
權漢功(?-1349) 詩 「聖居山元通寺」
〈東文選, 卷16 5張, 木板本〉
南孝溫(1454-1492) 詩 「題聖居山元
通庵」〈秋江集, 卷3 8張, 木板本〉
원통암(圓通庵)[1]
강원 高城郡 西面 金剛山에 있던 절.
楡岾寺의 부속 암자〈寺刹全書, 924p〉
원통암(圓通庵)[2]
강원 襄陽郡 縣北面 漁城田里 滿月山

에 위치. 明珠寺의 부속 암자. 1781년
(正祖 5) 蓮坡가 창건 〈불교사전,
657p〉
1849년(憲宗 15) 화재, 곧 중건. 1853
년(哲宗 4) 화재, 곧 중건. 1864년(高
宗 1) 鶴雲正原이 私財로 중건. 1906년
확장 중건〈乾鳳寺本末事蹟, 161p, 鉛
印本〉
…鶴雲堂大禪師正原永世不忘碑 : 1812년
(純祖 12) 건립〈上同, 171p〉
白坡居士 撰 「滿月山圓通庵記, 1868
年」〈上同, 168p〉
普衛 撰 「明珠寺圓通庵上梁文, 1864
年」〈上同, 167p〉
鄭顯同 撰 「圓通庵重修記, 1906年」
〈上同, 170p〉
竹坡 撰 「圓通重建小識, 1866年」〈上
同, 168p〉
秋鵬(1651-1706) 撰 「圓通山圓通庵
重建記」〈雪岩雜著, 卷3 42p, 影印本〉
「法弘山圓通庵重修記」〈上同, 61p〉
護敬 撰 「圓通庵重建記, 1864年」〈上
同, 169p〉
원통암(圓通庵)[3]
강원 淮陽郡 內金剛面 金剛山에 위치.
一名 內圓通庵. 表訓寺의 부속 암자. 신
라 能仁 창건. 1864년(高宗 1) 慈月이
중수〈寺刹全書, 924p〉
1736년(英祖 12) 十六殿을 중수. 1864
년(高宗 1) 慈月桂玉이 중수. 1932년
羅漢殿을　중수　〈楡岾寺本末寺志,
415p, 鉛印本〉
混元(1191-1271) 詩 「圓通庵」〈上
同, 581p〉
「圓通庵羅漢殿重修記, 1932年」〈上同,
481p〉
원통암(圓通庵)[4]
경기 江華郡 江華邑(옛 府內面) 菊花
里 高麗山에 있는 절〈朝鮮寺刹一覽〉
1807년(純祖 7) 采華 비구니가 창건.

1857년(哲宗 7) 竺洽이 중건. 1897·1932년 高仁福 비구니가 각각 중수 〈寺刹全書, 922p〉

1920년 住持 朴寶月이 中鐘 1座를 구입. 1935년 高仁福이 七星閣을 건립 〈傳燈本末寺誌, 67p, 鉛印本〉

원통암(圓通庵)[5]
경기 開城郡 天磨山에 있던 절 〈寺刹全書, 922p〉

원통암(圓通庵)[6]
경북 金陵郡 代項面 黃岳山에 위치. 直指寺의 부속 암자 〈直指寺志, 138p, 筆寫本〉

원통암(圓通庵)[7]
경북 尙州郡 淸溪山에 있던 절 〈寺刹全書, 922p〉

원통암(元[圓]通庵)[8]
경북 善山郡(옛 無乙洞)에 있던 절 〈寺刹全書, 899p〉

원통암(圓通庵)[9]
서울 城北區 貞陵洞에 있던 절 〈寺刹全書, 922p〉

원통암(圓通庵)[10]
전남 長興郡 冠山面 天冠山에 있던 절. 天冠寺의 부속 암자 〈寺刹全書, 922p〉

원통암(圓通庵)[11]
전북 高敞郡 雅山面 三仁里 兜率山에 있던 절. 禪雲寺의 부속 암자 〈寺刹全書, 922p〉

원통암(圓通庵)[12]
전북 南原郡 阿防山에 있던 절 〈寺刹全書, 922p〉

원통암(圓通庵)[13]
전북 井邑(옛 古阜)郡 斗升山에 있던 절 〈寺刹全書, 922p〉

원통암(圓通庵)[14]
충북 丹陽郡 大崗面 黃庭里 道樂山에 있는 절 〈朝鮮寺刹一覽〉
懶翁(1320-1376)이 창건 〈불교사전, 657p〉

원통암(圓通庵)[15]
평남 孟山郡에 있던 절 〈寺刹全書, 924p〉

원통암(圓通庵)[16]
평북 泰川郡 松林山에 있던 절 〈寺刹全書, 924p〉

원통암(圓通庵)[17]
함남 安邊郡 衞山에 위치 〈寺刹全書, 924p〉

원통암(圓通庵)[18]
함북 吉州郡 長白面 成佛山에 위치. 普賢寺의 부속 암자 〈寺刹全書, 924p〉

원통암(圓通庵)[19] ⇒ 大興寺[4] 참조
원통암(圓通庵)[20] ⇒ 向日庵[2] 참조

원효대(元曉臺)
경남 梁山郡에 있던 절 〈寺刹全書, 901p〉

원효방(元曉房)
전북 扶安郡 邊山에 있던 절. 元曉(617-686)가 거처하던 方丈이 지금도 남아 있다고 전함 〈寺刹全書, 901p〉
白光弘(1522-1566) 詩 「元曉房在扶安」〈岐峰集, 卷1 12張, 木活字本〉

원효사(元曉寺)[1]
경북 迎日郡 烏川面 雲梯山에 있던 절. 一名 元曉庵 〈寺刹全書, 901p〉

원효사(元曉寺)[2]
전남 光州市 東區 金谷洞 無等山에 있는 절. 6세기경 창건 추정. 1636년(仁祖 14) 중수. 1950년 동란으로 소실, 1954년 중건 〈文化遺蹟總覽〉〈寺刹全書, 899p〉

元曉寺浮屠 : 조선 때 조성 추정 〈文化遺蹟總覽〉

元曉寺三層石塔 : 高 약2m. 화강암으로 제작 〈上同〉

元曉寺石燈材 : 통일신라 때 작품으로 추정. 下臺石과 屋蓋石片만 남음 〈上同〉

원효사(元曉寺)[3]

충남 錦山郡 南二面 進樂山에 있던 절.
一名 元曉庵 〈寺刹全書, 899－900p〉
〈불교사전, 659p〉
원효암(元曉庵)[1]
경기 高陽郡 神道邑 北漢里 三角山에
있던 절 〈朝鮮寺刹一覽〉
1734년(英祖 10) 聖能이 창건. 1937년
화재, 1937년 중건. 1938년 주지 鄭泳
雲이 法堂을 중건 〈寺刹全書, 899p〉
法雲子 撰「元曉庵重創記」〈寺刹全書,
899p〉
원효암(元曉庵)[2]
경남 巨濟(옛 統營)郡 巨濟面 西亭里
에 있던 절 〈寺刹全書, 901p〉
원효암(元曉庵)[3]
경남 梁山郡 上北面 大石里 千聖山에
있는 절 〈朝鮮寺刹一覽〉
646년(신라 善德女王 15) 元曉가 창
건. 1905년 曉隱이 중건 〈寺刹全書,
901p〉
內院庵이 山內에 부속
원효암(元曉庵)[4]
경남 統營郡 光道面 碧鉢山에 있는 절.
安靜寺의 부속 암자. 658년(신라 武烈
王 5) 元曉가 창건. 1901년 圓明이 중
건 〈寺刹全書, 901p〉
원효암(元曉庵)[5]
경남 咸安郡 郡北面 舍村里 艅航山에
있던 절 〈朝鮮寺刹一覽〉
원효암(元曉庵)[6]
경북 慶山郡 瓦村面 大閑洞 八公山에
있는 절 〈朝鮮寺刹一覽〉
668년(文武王 8) 元曉가 창건. 1882년
(高宗 19) 중건 〈寺刹全書, 901p〉
원효암(元曉庵)[7]
경북 迎日郡 烏川面 雲梯山에 있는 절.
吾魚寺의 부속 암자 〈불교사전, 659p〉
원효암(元曉庵)[8]
부산 東萊區(옛 경남 東萊郡 北面) 靑
龍洞 金井山에 있는 절. 梵魚寺의 부속

암자 〈寺刹全書, 901p〉〈불교사전,
659p〉
梵魚寺元曉庵東三層石塔 : 地有 제11호.
1972년 지정. 고려 때 건립 추정 〈文化
遺蹟總覽〉
梵魚寺元曉庵西三層石塔 : 地有 제12호.
1972년 지정. 신라말기 건립 추정 〈上
同〉
원효암(元曉庵)[9]
전남 光山郡 瑞石山에 있던 절 〈寺刹全
書, 900p〉
원효암(元曉庵)[10]
전남 長興郡 冠山面 天冠山에 위치. 天
冠寺의 부속 암자 〈寺刹全書, 900p〉
원효암(元曉庵)[11]
충남 錦山郡 南二面 石洞里 進樂山에
있던 절. 寶石寺의 부속 암자 〈寺刹全
書, 900p〉
원효암(元曉庵)[12]
평북 寧邊郡 妙香山에 있던 절 〈淸虛堂
集, 卷3 17張, 木板本〉
休靜(1520－1604) 撰 「妙香山元曉庵
記」〈上同〉
원효암(元曉庵)[13]
평북 寧邊郡 藥山에 있던 절 〈寺刹全
書, 901p〉
원흥사(元興寺)[1]
경북 善山郡 桃開面 加山洞에 있던 절.
寺址에 주초석과 浮屠臺石으로 보이는
石材가 있다 〈文化遺蹟總覽〉
원흥사(元興寺)[2]
서울 鍾路區 昌信洞에 있던 절 〈文化遺
蹟總覽〉
1902년(光武 6) 창건. 大法山國內首寺
刹이라 함. 僧政을 관장. 1904년(光武
8) 폐지. 그 뒤 昌信國民學校가 됨 〈불
교사전, 659p〉〈寺刹全書, 901p〉
원흥사(元興寺)[3]
전북 長水郡 山西面 馬下里에 있던 절.
고려중기에 있었다고 전함. 寺址에 石

佛立像(高 5m), 石燈臺石, 幢竿 등이
남음 〈文化遺蹟總覽〉
원흥암(元興庵)
평북 熙川郡 長洞面에 있는 절 〈寺刹
全書, 902p〉
월계사(月溪寺)
제주 濟州郡 獨浦에 있던 절 〈寺刹全
書, 925p〉
월계사(月桂寺)
위치 未詳 〈梅湖集, 10張〉
陳澕(고려 高宗時人) 詩 「月桂寺晚
眺」〈上同〉
월광사(月光寺)[1]
경남 陜川郡 治爐面 月光里에 있던 절.
大伽倻國 太子 月光이 창건 〈불교사
진, 660p〉〈寺刹全書, 925p〉
1970년경 중건 〈文化遺蹟總覽〉
月光寺圓朗禪師塔碑 : 현재 서울 景福宮
內에 위치. 국유 보물 제360호. 1960년
지정. 高3.95m 幅0.97m. 화강석으로
890년(신라 眞聖女王 4) 건립. 碑尾에
「龍紀二年歲次庚戌(890)九月十五日
建…」이라 기록. 碑銘은 金穎 撰, 淳蒙
書. 禪師의 諱는 大通, 字는 大融, 俗姓
은 朴, 816-883년까지 생존 〈上同〉
月光寺址三層石塔 : 보물 제129호. 1935
년 지정. 高5.5m. 화강석으로 9세기
경 건립 추정. 西塔은 1938년경 거의
없어지고 東塔만이 溪川邊에 남음 〈文
化財大觀 ; 寶物篇〉
周世鵬(1495-1554) 詩 「月光寺次陶
隱韻」〈武陵集, 卷4 12張, 木板本〉
월광사(月光寺)[2]
충북 堤川郡 寒水面 松界里 月岳山에
있던 절 〈寺刹全書, 925p〉
신라 太通이 입적한 곳. 太通禪師碑가
있다. 축대석, 초석, 와편이 남음 〈불
교사전, 660p〉
월굴암(月窟庵)
평남 寧遠郡 寧遠面 新里 新月山에 위

치 〈불교사전, 660p〉〈寺刹全書, 925p〉
월궁사(月宮寺)
경북 蔚珍郡 平海面 月松里에 있는 절.
1953년 창건 〈文化遺蹟總覽〉
월남사(月南寺)
전남 康津郡 城田面 月南里 月出山에
있던 절. 고려 眞覺(1178-1234)이 창
건. 壬亂 때 소실. 고려 李奎報가 碑銘
을 지은 碑가 있었다〈寺刹全書, 925p〉
月南寺址模塼石塔 : 보물 제298호.
1969년 지정. 화강석으로 고려 때 건립
추정. 단층 기단 위의 3층석탑 〈上同〉
月南寺址石碑 : 국유 보물 제313호.
1959년 지정. 高3.58m 幅2.3m. 화강석
및 편마암. 10세기경 건립 추정. 상반
부는 질단 결실. 崔伉 등 人名이 陰記되
었으므로 고려 成宗(981-997) 때로
추정 〈文化財大觀 ; 寶物篇〉
月南寺眞覺國師圓炤塔碑 : 1235년(고려
高宗 22) 건립. 현재 昇州 松廣寺 경내
안치. 碑銘은 李奎報 撰, 金孝印 書〈韓
國金石全文, 中世下 1015p, 許興植 編〉
李奎報(1168-1241) 撰 「…眞覺國師
碑銘幷序」月南寺 옛 터에 건립. 國師
의 諱는 慧諶, 字는 永乙, 自號는 無衣
子, 俗姓은 崔〈萬德寺志, 208p, 木板
本〉
월등사(月燈寺)
華山에 있던 절 〈寺刹全書, 925p〉
息影庵 撰 「月燈寺竹樓竹記」〈東文選,
卷65 23p, 木板本〉〈寺刹全書, 925p〉
월란사(月瀾寺)
경북 安東郡 취병산에 있던 절 〈불교사
전, 660p〉
경북 安東郡 陶山面 遠川洞에 있던 절.
一名 瀾寺. 退溪 李滉(1501-1570)이
독서하던 곳으로서 현재는 정자로 변했
다 〈編者〉
李震相(1818-1885) 詩 「次李子月瀾
庵韻」〈寒州集, 卷1 7張, 木板本〉

李滉(1501－1570) 詩 「趙士敬李仁仲
琴聞遠讀書瀾寺」〈退溪續集, 卷2 19
張, 木板本〉
黃俊良(1517－1563) 詩 「次李退溪遊
月瀾菴見寄之作」〈錦溪集, 卷1 15張,
木板本〉
월량사(月良寺)
전남 咸平郡 母岳山에 있던 절〈寺刹
全書, 926p〉
월량사(月凉寺)
황해 瑞興郡 鼎足山에 있던 절〈寺刹
全書, 926p〉
월리사(月裡寺)
충북 淸原郡 文義面 文德里 九龍山에
있는 절. 明玄이 창건. 일설은 「신라
義湘(625－702)이 창건. 신라말기 元
學이 移轉」이라 전함. 1970년 보수.
1972년 寮舍를 신축〈文化遺蹟總覽〉
淸州郡 文義面 九龍山에 위치〈寺刹全
書, 926p〉
淸州郡 龍興面 文德里 九龍山에 위치
〈朝鮮寺刹一覽〉
월림사(月林寺)[1]
경북 安東郡 臨河面 臨河洞에 있던 절.
四層方塔이 있다〈寺刹全書, 926p〉
월림사(月林寺)[2]
전남 寶城郡 蘆洞面 玉馬里에 있는 절.
고려 때 건립, 그 뒤 폐사. 1961년 중건
〈文化遺蹟總覽〉
月林寺址五層石塔〔碧玉塔〕: 高6.2m
〈上同〉
월명사(月明寺)[1]
경기 江華郡 高麗山에 있던 절〈寺刹
全書, 926p〉
寺址에 돌담 일부가 남음〈文化遺蹟總
覽〉
월명사(月明寺)[2]
경기 江華郡 松海面 下道里 月明山에
있던 절〈寺刹全書, 926p〉
월명사(月明寺)[3]

평남 大同郡 龍山面 川西里 月明山에
있던 절〈寺刹全書, 926p〉
월명사(月明寺)[4]
황해 遂安郡 天子山에 있던 절〈寺刹全
書, 926p〉
월명사(月明寺)[5]
함북 慶源郡 慶源面 深嶺洞 滿月山에
위치〈朝鮮寺刹一覽〉
월명암(月明庵)
전북 扶安郡 山內面 中溪里 邊山에 있
는 절〈朝鮮寺刹一覽〉
691년(신라 神文王 11) 浮雲이 창건.
宣祖(1567.－1608) 때 震默이 중건. 哲
宗(1840－1863) 때 중수. 1908년(隆
熙 2) 義兵의 근거지가 되어 소실, 그
뒤 중건. 1950년 동란으로 소실, 1957
년 신도들이 중건〈文化遺蹟總覽〉
奇遵(1492－1521) 詩 「月明菴」〈德陽
遺稿, 卷1, 木板本〉
월봉사(月峰寺)[1]
강원 金化(옛 金城)郡 赤山에 있던 절
〈寺刹全書, 926p〉
월봉사(月峰寺)[2]
경남 蔚山市(옛 蔚山郡 東面) 華亭洞
含月山에 있는 절. 930년(신라 敬順王
4) 聖道거사가 창건. 1700년(肅宗 26)
중건. 1773년(英祖 49) 중건〈불교사
전, 661p〉
致益(1862－?) 撰 「月峰寺七星稧新設
序」〈曾谷集, 卷2 38張〉
월봉사(月峰寺)[3]
충남 錦山郡 進樂山에 있던 절〈寺刹全
書, 926p〉
월봉사(月峰寺)[4]
평남 德川郡 月峰山에 있던 절〈寺刹全
書, 926p〉
월봉사(月峰寺)[5]
황해 平山郡 新岩面 月峰里에 있던 절.
1249년(고려 高宗 36)에 조성한 梵鐘
과 金皷가 출토〈寺刹全書, 926p〉

월봉암(月峰庵)
강원 楊口郡 東面 兜率山에 있던 절.
深谷寺의 부속 암자〈乾鳳寺本末事蹟,
201p, 鉛印本〉

월산사(月山寺)
충남 靑陽郡 白月山에 있던 절〈불교
사전, 661p〉

월송암(月松庵)
서울 龍山區(옛 高陽郡 豆毛浦)에 있
던 절〈寺刹全書, 927p〉

월아사(月牙寺)
경남 晉陽郡 月牙山에 있던 절. 禪宗에
소속〈寺刹全書, 927p〉

월악사(月岳寺[社])
충북 堤川(옛 淸風)郡 月岳山에 있던
절〈寺刹全書, 927p〉

월암(月庵)
충북 沃川郡 三城山에 있던 절〈寺刹
全書, 926p〉

월영사(月迎[影]寺)[1]
경북 軍威郡 迎邦山에 있던 절〈寺刹
全書, 927p〉

월영사(月影寺)[2]
전남 潭陽(옛 昌平)郡 盤龍山에 있던
절〈寺刹全書, 927p〉

월영암(月影庵)
강원 高城郡 土城面 新坪里에 위치. 禾
嚴寺의 부속 암자. 941년(고려 太祖
24) 창건〈乾鳳寺本末事蹟, 147p, 鉛
印本〉

월영암(月映庵)
황해 載寧郡 長壽山에 있던 절〈寺刹
全書, 926p〉

월은사(月隱寺)[1]
충남 論山郡 連山面 松亭里 天護山에
있는 절〈朝鮮寺刹一覽〉

월은사(月隱寺)[2]
평남 平原郡 檢山面 檢陽里 檢山에 있
던 절〈寺刹全書, 927p〉

월은사(月隱寺)[3]

황해 新溪郡 麻西面 龜洛里 角高山에
있는 절〈朝鮮寺刹一覽〉
月隱이 창건〈寺刹全書, 927p〉

월정사(月精寺)[1]
강원 平昌郡 珍富面 東山里 五臺山에
있는 절. 신라 慈藏이 結草하고 거주.
뒤에 信義 창건〈불교사전, 661p〉
信義 창건 뒤 有緣이 확장〈寺刹全書,
927p〉
世祖(1455－1468) 때 信眉가 증축.
1605년(宣祖 38) 五臺山 史庫를 둘 때
이를 지켰다. 1856년(哲宗 7) 중건〈文
化遺蹟總覽〉
觀音庵, 獅子庵, 象王庵, 上院寺[文殊
庵·眞如院·華嚴社], 念佛庵, 靈鑑
寺, 中臺庵 등이 山內에 부속
月精寺寂滅寶宮 : 地有 제28호. 1971년
지정. 「신라 慈藏이 唐나라에 가서 文
殊菩薩의 계시를 받고 귀국하여 창건했
다」는 전설이 있다. 韓國四大寶宮의 하
나라 한다. 1974년 보수〈上同〉
月精寺浮屠 : 대개 石鐘形 浮屠로서 보
호책을 설치했는데, 大(高2m 內外) 中
(高1.5m 內外) 小(高1m 內外)의 각양
이다〈上同〉
月精寺石造菩薩坐像 : 보물 제139호.
1936년 지정. 高1.8m. 화강석으로 고
려 때 조성 추정〈文化財大觀 ; 寶物篇〉
月精寺八角九層石塔 : 국보 제48호.
1936년 지정. 高15.2m. 화강석으로
11－12세기경 건립〈上同 ; 國寶篇〉
五臺山上院寺重創勸善文(2冊) : 보물 제
140호. 1936년 지정. 1464년(世祖 10)
간행〈上同 ; 寶物篇〉
惟政(1544－1610) 撰 「月精寺法堂改
椽疏」〈四溟堂大師集, 8張, 木板本〉
李彙晋 撰「江原道江陵五臺山月精寺重
建事蹟碑, 1704년」〈寺刹全書, 931p〉
一然(1206－1289) 撰 「五臺山月精寺
五類聖衆」〈三國遺事, 卷3, 木板本〉

월정사(月精寺)²
황해 信川郡 用珍面 月精里 九月山에
위치〈불교사전, 661p〉
達摩庵, 東日庵, 悟眞庵, 七星庵 등이
山內에 부속
金寗漢(1878－1950) 詩「月精寺」〈及
愚齋集, 卷7 32張, 鉛印本, 右文堂印〉
월정사(月淨寺)¹
평남 成川郡 五雲山에 있던 절〈寺刹
全書, 927p〉
월정사(月淨[精]寺)²
함북 吉州郡에 있던 절〈寺刹全書,
927p〉
월조암(月照庵)¹
전북 井邑郡 內藏面 內藏山에 위치. 內
藏寺의 부속 암자〈寺刹全書, 931p〉
金成基(韓國時人) 詩 「移飮月照菴」
〈韶亭詩稿, 卷1 4張, 鉛印本〉
월조암(月照庵)²
함북 慶興郡 古山城 뒷골에 있던 절
〈寺刹全書, 931p〉
월출사(月出寺)
평북 定州(옛 郭山)郡 妙峯山에 있던
절〈寺刹全書, 931p〉
월출암(月出庵)¹
전남 昇州郡에 있던 절〈寺刹全書,
931p〉
월출암(月出庵)²
전북 高敞郡 雅山面 三仁里 兜率山에
있던 절. 禪雲寺의 부속 암자〈寺刹全
書, 931p〉
월출암(月出庵)³
황해 信川(옛 文化)郡 九月山에 있던
절. 貝葉寺의 부속 암자〈寺刹全書,
931p〉
金允植(1835－1922) 詩「月出庵」〈雲
養集, 卷3 11張, 鉛印本〉
위봉사(威鳳寺)¹
경북 漆谷郡 架山面 下板洞 架山에 있
는 절〈朝鮮寺刹一覽〉

신라 때 寺刹〈寺刹全書, 932p〉
위봉사(威[圍]鳳寺)²
전북 完州郡 所陽面 大興里 崷崒山에
있는 절〈朝鮮寺刹一覽〉
603년(신라 眞平王 26) 瑞岩이 창건.
1359년(고려 恭愍王 8) 懶翁이 중건
〈寺刹全書, 932p〉
達摩庵, 北庵, 雙溪庵, 僧伽庵, 盆水庵,
太祖庵 등이 山內에 부속
威鳳寺普光明殿 : 보물 제608호. 1977년
지정. 1359년(고려 恭愍王 8) 중건〈文
化財大觀 ; 寶物篇〉
威鳳寺浮屠群(4기)
　　제1기 : 高 1.24m
　　제2기 : 高1.28m. 「碧盧堂」이라 刻
　　字. 1687년(肅宗 13) 건립
　　제3기 : 高 1.33m
　　제4기 : 高 1.32m〈文化遺蹟總覽〉
威鳳寺寮舍 : 地有 제69호. 1976년 지
정. 한말 때 중건. 건평은 201평〈上同〉
威鳳寺三層石塔 : 高2.46m. 1359년(고
려 恭愍王 8) 건립〈上同〉
子秀(1664－1737) 撰 「崷崒山威鳳寺
事蹟詞并序」〈無竟集, 64張, 木板本〉
위성암(違聖庵)
전북 完州郡 九耳面 中仁里에 있는 절.
776년(신라 惠恭王 12) 惠通이 창건.
1930년 중건〈文化遺蹟總覽〉
위장사(葦長寺)
경북 盈德(옛 寧海)郡 龍頭井水 곁에
있던 절〈寺刹全書, 932p〉
「그 절 곁에 갈대가 있었는데, 길이가
하도 길어 이상하여 땅을 파 우물을 만
듦. 부정한 사람이 그림자를 비추면 맑
던 물이 금방 흙탕물로 변했다 하며 물
의 분량이 증감이 없었다」고 전함〈文
化遺蹟總覽〉
유가사(瑜伽寺)¹
경북 達城郡 瑜伽面 陽洞 琵瑟山에 있
는 절〈朝鮮寺刹一覽〉

1699년(肅宗 25) 道瓊이 중건. 1729년
(英祖 5) 就和 巴峰 등이 중건. 1760년
(英祖 36) 寶月이 중건. 1776년(英祖
52) 密庵이 중건〈寺刹全書, 945p〉
827년(신라 興德王 2) 道成이 창건.
889년(신라 定康王 1) 坦岑이 재건.
1047년(고려 文宗 1) 學卜이 개건.
1452년(文宗 2) 逸行이 중수〈文化遺
蹟總覽〉
道成庵, 東庵, 修道庵 등이 山內에 부
속
申維翰(1681-?) 撰 「洛岩大師碑銘」
大師의 法名은 義訥, 字는 凌虛, 俗姓
은 朴, 1606-1677년까지 생존한 듯
〈靑泉集, 卷5 29張, 木板本〉

유가사(瑜伽寺)²⇒ 桐華寺² 참조

유계사(幽溪寺)
함북 富寧郡 石幕面 金降洞 黃萬山
에 위치〈朝鮮寺刹一覽〉〈寺刹全書,
934p〉

유금사(有金寺)
경북 盈德郡 柄谷面 金谷洞 七寶山에
있는 절〈朝鮮寺刹一覽〉
신라 慈藏이 창건했다는 설이 있으나.
大雄殿 중수 때 「初創建秩天啓七年
(1627)五月…」이라고 쓴 글씨가 보자
기에 싸여 天井에서 보관된 것으로 보
아 1627년(仁祖 5) 창건임이 확실. 경
내에 3층석탑이 있다〈文化遺蹟總覽〉

유덕사(有德寺)¹
경북 月城郡에 있던 절〈寺刹全書,
932p〉
신라 太大角干 崔有德이 자기 집을 희
사하여 창건. 그의 후손 崔彦撝(868-
944)가 崔有德의 眞影을 봉안하여 紀
念碑를 건립〈三國遺事, 卷3 35張, 木
板本, 中宗年間印〉
石造如來坐像: 서울市有. 地有 제24호.
1974년 지정. 현재 서울 鍾路區 世宗路
靑瓦臺 숲속에 위치. 이 불상은 1927년

조선총독 관저가 신축되자 현지에 이전
〈文化遺蹟總覽〉

유덕사(有德寺)²
황해 遂安郡 甑山에 있던 절〈寺刹全
書, 932p〉

유려왕사(留麗王寺)
충남 天原郡 留麗王山에 있는 절. 고려
太祖(877-943)가 유숙했으므로 이 이
름을 지음〈寺刹全書, 934p〉

유리광사(瑠璃光寺)
경남 昌原郡 白月山에 있던 절. 怚怚朴
朴이 거주〈寺刹全書, 934p〉

유리왕사(留麗王寺)⇒ 유려왕사 참조

유마사(維摩寺)¹
전북 井邑郡 七寶山에 있던 절.『三國
遺事』에 7세기경 水淨이 창건했다고
기록〈寺刹全書, 945p〉

유마사(維摩寺)²
충북 淸原(옛 文義)郡 大明山에 있던
절〈寺刹全書, 945p〉

유마사(維摩寺)³
전남 和順郡 南面 維摩里 母后山에 있
는 절〈朝鮮寺刹一覽〉
신라 眞平王(540-575) 때 維摩가 창
건. 1950년 소실, 그 뒤 곧 중건. 경내
에 창건 당시 조성으로 보이는 石槽가
있다〈寺刹全書, 945p〉〈文化遺蹟總
覽〉
黃玹(1855-1910) 詩「宿維摩寺」〈梅
泉集, 卷2 6張, 鉛印本〉

유마암(維摩庵)
강원 高城郡 外金剛面 金剛山에 위치.
神溪寺의 부속 암자. 1803년(純祖 3)
楠景이 창건. 1917년 信女 劉慶華가 옛
터에 12간을 짓고 彌勒庵이라 개명〈寺
刹全書, 402・945p〉
知濯(1750-1839) 撰 「神溪寺維摩庵
新建記」〈三峯集, 33張, 木板本〉

유산사(遊山寺)⇒ 遊仙寺 참조

유석사(留石寺)

경북 榮州郡 豊基邑 昌樂洞 小白山에
있던 절. 一名 留石庵〈朝鮮寺刹一覽〉
694년(신라 孝昭王 3) 惠通이 開山.
1368년(고려 恭愍王 17) 懶翁이 중건.
1387년(고려 禑王 13) 龜谷이 중수.
1876년(高宗 13) 樂庵 戒洪 등이 중
건. 1928년 주지 霽峰이 중건〈寺刹全
書, 932p〉
寶璿 撰 「留石寺遺誌, 丁酉」〈上同,
933p〉
安文煥 撰「留石庵記」〈上同, 932p〉

유선사(遊仙寺)
전북 井邑郡 古阜面 南福里 瀛洲山에
있는 절〈朝鮮寺刹一覽〉
遊山寺라고도 함〈寺刹全書, 934p〉
奇遵(1492−1521) 詩 「夢遊山寺作」
〈服齋集, 卷2 18張, 木板本〉

유선암(留仙庵)
함남 北靑郡 上車書面 嚴東里 遮日
[月]山에 위치. 一名 觀禪庵〈朝鮮寺
刹一覽〉〈寺刹全書, 934p〉

유암사(遊岩寺)
경기 開城市에 있던 절. 968년(光宗
19) 弘化 등이 창건〈寺刹全書, 934p〉

유암사(留岩寺)⇒ 佛恩寺 참조

유적사(幽寂寺)
강원 平康郡 重峰山에 있던 절〈寺刹
全書, 934p〉

유점사(楡岾寺)
강원 高城郡 西面 百川橋里 金剛山 毘
盧峰 남쪽에 위치〈朝鮮寺刹一覽〉
4년(신라 南解王 1) 印度에서 조성한
53佛像이 神龍에 의해 月氏國을 경유
하여 安昌縣(현재 高城) 浦口에 도착
한 것을 縣宰 盧偆이 이상하게 여겨 南
解王께 고하고 절을 창건. 1168년(고
려 毅宗 22) 資順 惠雙 등이 못을 메우
고 堂宇 500여 간을 중건. 1213년(康
宗 2) 중수. 1295년(忠烈王 21) 行田
이 殿宇 600여 간을 중수. 1408년(太

宗 8) 孝寧大君이 啓上하여 殿宇 3,000
여 간을 중건. 1453년(端宗 1) 전부 소
실, 信義 性了 등이 孝寧大君께 고하여
수천 간을 중수. 1595년(宣祖 28) 화
재, 惟政이 仁穆大妃께 상주하여 內帑
金으로 중건. 1636년(仁祖 14) 화재,
1703년(肅宗 29) 良策이 하사금 2,000
냥으로 중건. 1759년(英祖 35) 화재,
寶鑑이 10년에 걸쳐 중건. 1768년 화
재, 寶鑑이 절반 정도 중건. 1882년(高
宗 19) 소실, 1884년 愚隱이 하사금으
로 일신 중건. 龍龕手鏡 (구국보 232
호)·金銅如來立像(구국보 406호)·
金銅菩薩立像(구국보 407호) 등이 봉
안 〈寺刹全書, 934p〉〈불교사전,
674p〉
1467년(世祖 13) 조정에서 學祖를 보
내 중건〈李朝實錄佛敎鈔存, 6−21p〉
1188년(고려 明宗 18) 學初 文素 등이
靑石으로 13層塔을 大雄殿 앞에 건립.
1456년(世祖 1) 住義 了性 등이 왕명으
로 수천 간을 중건하고 御室을 건립하
여 王의 원당으로 함. 1461년 性柔 등
이 파괴된 13層塔을 개조. 1469년(睿
宗 1) 田畓·山林·奴婢 등을 하사, 大
鐘 1座를 주성. 1470년(成宗 1) 地稅
徭役 등을 경감하라는 敎旨를 王의 친
필로 하사. 1586년(宣祖 19) 百川橋樓
를 건립. 1595년 善淳이 庭中塔을 중
수. 1560년 百川橋樓가 도괴. 1609년
(光海 1) 百川橋樓를 중건. 1611년 善
淳이 庭中塔을 8面 13層으로 개조.
1645년(仁祖 23) 羅漢殿을 완성. 1647
년 松月大師碑를 건립. 1653년(孝宗
4) 奇岩大師碑를 건립. 1670년(顯宗
11) 春坡大師碑를 건립. 1674년 智什이
山映樓를 중건. 1684년(肅宗 10) 萬尊
玉薰 등이 百川橋를 중건. 1711년 百川
橋가 파괴됨. 1729년(英祖 5) 天機 등
이 大鐘을 개주. 1738년 百川橋를 중

설.　1774년　楓岳大師碑를　건립.
1791년(正祖 15) 龍吟樓를 중건, 頓
澄이　靈山殿을　중건하고　御室閣을
수리.　1796년　覺順和尙의　幢竿이　도
괴되어　庭中塔이　파괴되므로　그의
門徒　起醒이　9層塔을　조성.　1806년
(純祖 6) 寬順이 預修齋를 설행하다
가　掛佛幢이　風折되어　塔　파손.
1809년　龍玩大師碑를　건립.　1819년
塔을　9層으로　개축.　1845년(憲宗
11) 山映樓가 붕괴. 1854년(哲宗 5)
龍海 등이 山映樓를 건립, 十王殿을
이전,　無烟閣・凝香閣・鎭國堂을　수
리,　能仁寶殿을　飜瓦.　1856년　龍岩
大師　影閣을　건립.　1862년　法華會를
설행.　1864년(高宗 1) 53佛을 改金,
16羅漢을　改彩.　1869년　萬日會를　창
설.　1872년　藥師殿을　건립.　1873년
蓮華社를　중건.　1877년　蓮華社를　丹
艧.　1879년　愚隱이　鉢龍堂을　중건.
1880년　懶隱이　水月堂을　중건.　1883
년　여러　건물을　건립,　蓮華社에　화
재.　1884년　여러　건물을　건립.　1890
년　鉢龍堂을　건립.　1894년　錦堂　등
이　御室閣을　새터에　창건,　舊基는
酬忠祠로　하여　諸先師의　影幀을　봉
안.　1895년　寶陀殿・龍船殿을　중건.
1897년　應煥이　各　法堂을　改金　改
彩.　1903년　鉢龍堂을　중건.　1905년
53佛像・蓮華寺三尊像・十王像・16
羅漢像을　改金　改彩, 各　殿을　飜瓦.
1916년　53尊　중　17位를　도난,　일부
佛像을　改金하여　舊位에　환안.　1920
년　일부　건물　수선.　1921년　水月堂
後閣을　중건.　1922년　西來閣이　화
재.　1928년　靑庵　佛臨門을　건립.
1930년　일부　수리.　1935년　楡岾寺紀
蹟碑를　건립.　1937년　일부　수리〈楡
岾寺本末寺誌,　2－15p,　鉛印本〉
南草庵,　兜率庵,　逗[斗]雲庵,　般若

庵,　白蓮庵,　普賢庵,　佛頂台,　佛頂庵,
成佛庵,　松林窟,　松林新庵,　松林庵,
安心庵,　養眞窟,　靈臺庵,　雲水庵,　圓
通庵,　栗岩[庵],　寂照庵,　鍾蓮庵,　中
內院庵,　竺修窟,　七寶臺,　太祖庵,　下
見性庵,　香爐庵,　興聖[盛]庵 등이 山
內에　부속
居士靑霞塔 : 辛卯年 건립〈上同, 38p〉
金剛山楡岾寺紀蹟碑 : 1935년　건립.　碑
銘은　鄭寅普(1892－?)撰,　金敦熙　書
〈寺刹全書, 941p〉
奇岩大士法堅塔 : 1635년 건립〈楡岾寺
本末寺志, 40p〉
樂西堂和尙塔 : 乙亥年 건립〈上同, 37p〉
南月堂寂典塔 : 1802년 건립〈上同, 39p〉
登階和尙休靜塔 : 1605년　건립　〈上同,
39p〉
明眞堂塔 : 辛卯年 건립〈上同, 38p〉
舍堂信貞塔〈上同〉
松原堂大師塔 : 辛亥年 改立〈上同〉
松月堂塔〈上同, 39p〉
蓮坡堂大師塔 : 1768년 건립〈上同〉
蓮花堂大師塔 : 乙亥年　건립　〈上同,
38p〉
玩虛堂塔〈上同〉
願生蓮塔 : 壬子年 건립〈上同, 39p〉
月庵堂首座靈珠塔 : 癸卯年 건립〈上同,
38p〉
應化堂大師熙璉塔 : 1704년 건립〈上同〉
離谷堂大師塔 : 辛亥年 건립〈上同〉
紫菊堂大師字無爲塔 : 戊子年　건립〈上
同〉
鄭居士月映塔 : 1799년　　건립　　〈上同,
39p〉
貞禮白蓮塔 : 乙未年 건립〈上同〉
靑蓮堂首座就心塔 : 丁未年 건립〈上同〉
靑蓮大師自休塔 : 1615년 건립〈上同〉
淸心堂道玄大師塔 : 1724년 건립〈上同,
38p〉
淸虛六世龍玩大禪師之碑 : 1809년　　碑를

건립 〈上同, 95p〉
春坡堂塔 〈上同, 39p〉
枕虛堂圓照塔 : 1799년　건립　〈上同, 40p〉
通化堂泰成大師石鐘 : 癸丑年　건립 〈上同, 38p〉
八道都攝碧潭寶鑑大師塔 : 辛丑年　건립 〈上同〉
寒影堂大師塔 : 庚申年 건립 〈上同〉
海明堂妙一塔 : 1799년　건립　〈上同, 39p〉
香雲老師塔 : 1621년 건립 〈上同〉
華谷堂塔 : 壬戌年 건립 〈上同〉
幻雲堂大師之塔 : 辛亥年 건립 〈上同〉
黃胤明碑 : 〈上同, 40p〉
影幀 : 鏡空堂斗奉, 鏡山堂處均, 錦潭堂澄俊, 騎龍堂永基, 大雲堂性起, 桐菴堂永善, 藥庵堂西灝, 蓬庵堂完直, 性坡堂宗仁, 松雲堂惟政, 蓮月堂熙燦, 穎華堂世洪, 龍岩堂慧彦, 愚隱堂達善, 月松堂性日, 栗峰堂靑杲, 印潭堂慈訓, 淸虛堂休靜, 草庵堂基珠, 春溪堂信英, 枕溪堂敏悅, 化門堂齋鼎, 幻應堂善昕 등 23位 〈上同〉
金剛山楡岾寺能仁寶殿五十三佛楡樹幀繪新成記, 1866年 〈上同, 103p〉
金剛山楡岾寺主管錦潭大禪師行蹟 : 大師의 諱는 澄俊, 號는 錦潭, 姓은 金, 本貫은 安東, 1842－1914년까지 생존 〈上同, 135p〉
權聖重 撰 徐命維 書幷篆 「百川橋重創記, 1738年」 〈上同, 74p〉
金輔根 撰 「山映樓重建記, 旃蒙單閼 (乙卯)」 〈上同, 64p〉
金知柔(號 藕堂) 撰 「金剛山楡岾寺重創大化主愚隱大師行蹟」 大師의 戒名은 達善, 俗姓은 金, 本은 全州, 1831－1891년까지 생존 〈上同, 130p〉
懶隱保郁 撰 「金剛山楡岾寺續事蹟記, 辛未」 〈上同, 49p〉「敬次兩祖翁板上

韻」 〈上同, 170p〉
大雲性起 撰 「金剛山蓮花社設會頌」 〈上同, 110p〉
大雲和尙事蹟 : 和尙은 湖南人. 栗峰禪師의 四世孫. 昇州 仙岩寺에서 祝髮. 哲宗時僧. 楡岾寺에 臨錫 〈上同, 134p〉
道安(1638－1715) 撰 「楡岾寺羅漢殿記」 〈月渚集, 375p〉「楡岾寺十王像造成勸文」 〈上同, 386p〉
東宣大禪師行蹟 : 大師의 諱는 淨義. 號는 東宣, 姓은 金, 安東人, 1856－1936년까지 생존 〈楡岾寺本末寺志, 138p〉
閔漬(1248－1326) 撰 「金剛山楡岾寺記」 〈寺刹全書, 936p〉「金剛山詩並序」 〈楡岾寺本末寺志, 173p, 鉛印本〉
法堅(仁祖朝僧) 撰 「金剛山楡岾寺重修塔記」 〈奇岩集, 卷3, 木板本〉
法堅 撰 「金剛山百川橋記」 〈楡岾寺本末寺志, 71p〉「金剛山楡岾寺法堂上梁文」 〈上同, 79p〉「楡岾寺天王勸善文」 〈上同, 116p〉「楡岾寺普光殿基陛改築落成水陸勸善文」 〈上同〉「金剛山楡岾寺山映樓重修勸善文」 〈上同, 117p〉「楡岾寺上梁疏」 〈上同, 122p〉「楡岾寺天王點眼落成疏, 一二」 〈上同, 124p〉「重修楡岾寺造成諸佛及羅漢等像點眼法會慶讚疏」 〈上同, 125p〉
法宗(1670－1733) 撰 「金剛山楡岾寺重創勸文」 〈虛靜集, 下, 15p〉
法賢 撰 「金剛山楡岾寺改造舊塔記. 1611年」 〈楡岾寺本末寺志. 85p〉
藥庵大禪師行蹟 : 大師의 諱는 西灝, 號는 藥庵, 姓은 金, 本은 金海, 德山郡人, 1837－1911년까지 생존 〈上同, 133p〉
寶鑑 撰 「金剛山楡岾寺勸善錄, 己卯」 〈上同, 121p〉
佛谷 撰 「金剛山楡岾寺大功德香誦序」 〈上同, 109p〉
徐宗華(1700－1748) 詩 「楡岾寺奉翫

光廟御纛」〈藥軒集, 卷2 4張, 木活字本〉「盧偆祠」〈上同, 卷2 21張〉이는 신라 南解王(2-23) 때 本寺를 창건한 郡守 盧偆의 祠宇에 대한 詩.

宋秉璿(1836-1905) 撰 「自摩訶淵歷隱仙臺至楡岾寺記」〈淵齋集, 卷20 13張, 木板本〉

申琓(1646-1707) 撰 金構 書幷篆 「金剛山百川橋重創記, 1686年」〈楡岾寺本末寺志, 72p, 鉛印本〉

野雲 跋 「楡岾寺記跋, 1308年」〈上同, 54p〉

彦機(1581-1644) 撰 「蓬萊山雲水庵鍾峰影堂記」〈上同, 61p〉

龍岩禪師行狀 : 禪師의 諱는 慧彦, 號는 龍岩, 姓은 趙, 羅州人, 1783 1841년까지 생존. 西來閣에 眞影 봉안 〈上同, 131p〉

柳夢寅(1559-1623) 撰 「松雲行蹟」. 法名은 惟政〈上同, 128p〉

楡岾寺大鐘改鑄記 : 1469년(端宗 1) 改鑄. 鄭蘭宗 書〈上同, 100p〉

楡岾寺萬日會中鐘施主記 : 1930년 주조〈上同, 102p〉

楡岾寺三街里藥師殿記文, 1872年〈上同, 78p〉

楡岾寺造塔記. 1632年〈上同, 86p〉

庾台輔 撰 「楡岾寺塔銘古記, 1188年」〈上同, 84p〉

李敏求(1589-1670) 撰 吳竣 書 金光煜 篆 「奇岩堂法堅大師碑銘」〈上同, 89p〉

李福源(1719-1792) 撰 曹允亨 書幷篆 「…楓嶽堂大禪師碑銘幷序」〈上同, 93p〉

李睟光(1563-1628) 撰 「松雲行蹟」〈上同, 129p〉

李裕元(1814-1888) 撰 「蓮社廣緣會記」〈上同, 109p〉

一然(1206-1289) 撰「有德寺」〈三國遺事, 卷3〉

鄭斗卿(1597-1673) 撰 金佐明 書 李俁 篆「…春波堂大師碑銘 幷序」〈楡岾寺本末寺志, 91p〉「…松月堂大師碑銘, 1647年」〈上同, 87p〉

淨義(1856-1936) 撰 「光武元年丁酉(1897)四月日佛事記文, 1897年」〈上同, 102p〉「楡岾寺重創記」〈寺刹全書, 941p〉 「敬次芙蓉淸虛兩祖禪師原韻」〈楡岾寺本末寺志, 171p, 鉛印本〉

鄭寅普(1892-?) 撰 金敦熙 書「金剛山楡岾寺紀蹟碑」〈上同, 96p〉

鼎鎬(1870-1948) 撰 「迦山居士金水坤舍利塔銘幷序」〈石林草, 24張〉

曾弘培 撰 「萬壽閣上梁文, 1879年」〈楡岾寺本末寺志, 82p〉

知濯(1750-1839) 撰 「金剛山楡岾寺說禪堂重建記」〈三峯集, 28張〉「楡岾寺法堂佛糧錄序」〈上同, 30張〉「楡岾寺說禪堂引燈發願記」 「楡岾寺海藏殿造像經刊板奉安記」〈上同, 32張〉「金剛山楡岾寺雲翠堂重建上樑文」〈上同, 43p〉

眞性 撰 「楡岾寺寶塔重建記, 1819年」〈上同, 86p〉

處能(1617-1680) 撰 「楡岾寺山影樓重修記, 1674年」〈上同, 65p〉

崔弘輔 撰 崔世求 篆「楡岾寺龍川橋碑銘」 1755년(英祖 31) 건립 〈上同, 95p〉

秋史 題 「龍岩大禪師影閣記, 丙辰」〈上同, 63p〉

坦機 撰 「楡岾寺事蹟改備序, 1754年」〈上同, 54p〉

許端甫[筠](1569-1618) 撰 「松雲大師石藏碑」〈上同, 129p〉

和庵 撰 「金剛山楡岾寺塔銘, 1461年」〈上同, 84p〉

喚眞(1824-1904) 撰 「寫刊彌陀經簇子序, 1871年」〈上同, 114p〉

休靜(1520-1604) 撰 「楡岾寺兜率庵
記」〈上同, 75p〉 「兜率庵記」〈上同,
76p〉
유천사(有泉寺)
전남 長城郡 北下面 笠岩山城에 있던
절〈文化遺蹟總覽〉
유하사(遊夏寺)
경북 安東郡 臥龍面 佳邱洞에 있는 절.
1903년경 比丘尼 月仙이 창건. 1940
-1960년 申壽永이 증축〈文化遺蹟總
覽〉
유학사(留鶴寺)
경남 陜川郡 赤中面 墨方里 彌陀山에
있는 절〈朝鮮寺刹一覽, 13p〉〈寺刹全
書, 934p〉
曹善迪(1697-1756) 詩 「留鶴寺」〈耻
齋集, 卷1 2張, 木板本〉
유학사(遊鶴寺)
충북 忠州市 西南 30里 지점 遊鶴山에
위치〈金總里遺稿, 卷2 31p, 影印本,
高麗大, 1976印〉
金弘集(1842-1896) 撰 「重建遊鶴寺
記 代人作」〈上同〉
육룡사(六龍寺)
전남 羅州郡 南平面에 있던 절. 四角石
塔이 있다〈寺刹全書, 945p〉
육림사(六林寺)
전남 羅州郡 南平面 橋村里에 있던 절
〈文化遺蹟總覽〉
윤필사(潤筆寺)[1]
경기 開城 聖居山에 있던 절〈불교사
전. 693p〉
윤필사(潤筆寺)[2]
황해 金川(옛 牛峰)郡 聖居山에 있던
절〈寺刹全書, 945p〉
윤필암(潤筆庵)[1]
강원 淮陽郡 內金剛面 長淵里 金剛山
에 있던 절. 表訓寺의 부속 암자. 舊名
善住庵〈불교사전. 458・693p〉
李穡(1328-1396) 撰 「金剛山潤筆庵

記, 1379年」〈寺刹全書, 949p〉
윤필암(潤筆庵)[2]
경기 楊平郡 龍門面 龍門山에 있는 절.
고려중기 妙德 比丘尼가 창건. 1378년
(고려 禑王 4) 志守 등이 중건. 1859년
(哲宗 10) 正眼이 중건. 1905년 莊訓이
중수. 1928・1941년 각각 중수〈寺刹
全書, 945p〉
閔丙承 撰 「潤筆庵重修, 1931年」〈上
同, 946p〉
李景在(1800-1873) 撰 「潤筆庵重修
記, 1835年」〈上同〉
李穡(1328-1396) 撰 「砥平縣彌智山
潤筆菴記, 1378年」〈牧隱文藁, 卷4 12
張, 木板本〉
鼎鎬(1870-1948) 撰 「龍門山潤筆庵
重修記, 1929年」〈寺刹全書, 947p〉
윤필암(潤筆庵)[3]
경북 聞慶郡 山北面 田頭里 四佛山에
있는 절. 大乘寺의 부속 암자. 1380년
(고려 禑王 6) 覺寬이 창건. 고려 懶翁
이 入寂한 곳. 1645년(仁祖 23) 瑞祖
卓岑 등이 중건. 1765년(英祖 41) 野雲
이 중건. 1806년(純祖 6) 醉雲이 중건.
1885년(高宗 22) 滄溟이 중건〈寺刹全
書, 947p〉
四佛山潤筆庵記 : 1380년(고려 禑王 6)
李穡이 撰〈上同〉
明遠 撰 「潤筆庵重修記, 乙酉」〈上同,
948p〉
윤필암(潤筆庵)[4]
평남 順川郡 殷山面 天聖山 觀音寺 곁
에 있던 절〈寺刹全書, 950p〉
윤필암(潤筆庵)[5]
평북 寧邊郡 妙香山에 위치. 普賢寺의
부속 암자〈寺刹全書, 949p〉
李穡(1328-1396) 撰 「香山潤筆庵記」
〈牧隱文藁, 卷2 3張, 木活字本〉
윤필암(尹弼庵)
전북 完州郡 雲州面에 있는 절〈寺刹全

書, 945p〉
율곡사(栗谷寺)
경남 山淸郡 新等面 嵋里 智異山에 있
는 절 〈朝鮮寺刹一覽〉〈寺刹全書,
950p〉
栗谷寺大雄殿 : 보물 제374호. 1960년
지정. 조선중기 건립 추정 〈文化財大
觀 ; 寶物篇〉
蔡濟恭(1720-1799) 撰 「鳳岩大師碑
銘」鳳岩大師는 山淸 栗谷寺에 거주
〈樊岩集, 卷57 13張, 木板本〉
율곡암(栗谷庵)
평북 義州郡 廣平面 板幕里 板幕山에
있던 절 〈寺刹全書, 950p〉
율사(栗寺)
충남 公州郡 鷄龍山에 있던 절 『禪源
諸詮集』 刊記에 「萬曆三十四年丙午
(1606)二月日鷄龍山栗寺開刊」이라
기록 〈寺刹全書, 950p〉
율암(栗庵)
강원 高城郡 西面 百川橋里 金剛山에
있던 절. 楡岾寺의 부속 암자〈불교사
전, 694p〉
융골사(隆骨寺)
평남 大同郡 龍岳面에 있던 절 〈寺刹
全書, 950p〉
은계사(殷鷄寺)⇒ 雲溪寺[1] 참조
은고사(殷古寺)
평남 中和(옛 祥原)郡 觀音山에 있던
절. 『伽藍考』에는 銀口寺로 기록 〈寺
刹全書, 950p〉
은광대(隱光臺)
경북 聞慶郡 山北面 鳥項嶺 북쪽에 있
던 절 〈불교사전, 695p〉
은구사(銀口寺)⇒ 銀古寺 참조
은굴암(隱窟庵)
평북 熙川郡 南面 所要項洞 妙香山에
있는 절 〈朝鮮寺刹一覽〉〈불교사전,
695p〉
은동사(恩洞寺)

황해 碧城(옛 海州)郡 紫丹山에 있던
절〈寺刹全書, 950p〉
은룡사(隱龍寺)
평남 江西(옛 咸從)郡 檢岩山에 있던
절〈寺刹全書, 951p〉
은봉사(隱峰寺)[1]
평북 龍川郡 邑東面 沙岳洞 龍骨山에
있던 절. 一名 隱峰庵 〈寺刹全書,
951p〉
은봉사(隱峰寺)[2]
함북 明川郡 七寶山에 있던 절〈寺刹全
書, 951p〉
은봉암(隱鳳庵)
경남 統營郡 光道面 碧鉢山에 있는 절.
安靜寺의 부속 암자. 658년(신라 武烈
王 5) 元曉가 창건. 1855년(哲宗 6) 秀
一이 중건〈寺刹全書, 951p〉
은봉암(隱峰庵)[1]
전남 昇州郡 大光山에 있던 절 〈無用
集, 536p, 影印本〉
秀演(1651-1719) 撰 「昇平府大光山
隱峰庵記」〈上同〉
은봉암(隱峰庵)[2]
평북 宣川郡 北松山에 있던 절 〈寺刹全
書, 951p〉
은봉암(隱峰庵)[3]
평북 宣川郡 深川面 龍耕洞 菩提山에
있는 절 〈朝鮮寺刹一覽〉
은봉암(隱峰庵)[4]
평북 寧邊郡 百嶺面 牛峴洞 妙香山에
있는 절 〈朝鮮寺刹一覽〉
은사(銀寺)
충남 禮山(옛 大興)郡 金籠山에 있던
절〈寺刹全書, 950p〉
은산사(殷山寺)
평남 順川郡 豊山面 城中洞 慈母山城
안에 있던 절〈寺刹全書, 950p〉
은석사(銀石寺)[1]
경기 楊州郡 九里邑 峨川里 峨嵯山에
있던 절 〈文化遺蹟總覽〉

은석사(銀石寺)²
서울 東大門 밖에 있던 절 〈寺刹全書,
950p〉
은석사(銀〔隱·恩〕石寺)³
충남 天原郡 北面 銀芝里 太祖山에 있
는 절 〈朝鮮寺刹一覽〉
신라 文武王(661-680) 때 元曉가 창
건 〈불교사전, 695p〉
은석암(銀石庵)
전북 井邑(옛 古阜)郡 水光山에 있던
절 〈寺刹全書, 950p〉
은선대(隱仙臺)
충북 報恩郡 內俗離面 俗離山에 있던
절. 法住寺의 부속 암자 〈寺刹全書,
952p〉
은선암(隱禪庵)¹
강원 高城郡 杆城面 新安里 乾鳳寺의
부속 암자 〈寺刹全書, 952p〉
은선암(隱禪庵)²
강원 高城(옛 杆城)郡 鳴波驛 북쪽산
계곡에 있던 절 〈寺刹全書, 952p〉
은선암(隱禪庵)³
함남 端川郡 花開山에 있던 절 〈寺刹
全書, 952p〉
은선암(隱仙庵)¹
강원 金剛山에 있던 절 〈寺刹全書,
952p〉
은선암(隱仙庵)²
강원 三陟郡 頭陀山 북쪽에 있던 절
〈寺刹全書, 952p〉
은선암(隱仙庵)³
강원 麟蹄郡 北面 龍垈里 雪嶽山에 있
던 절. 百潭寺의 부속 암자 〈寺刹全書,
952p〉
은선암(隱仙庵)⁴
경기 開豊郡 淸凉山에 있던 절 〈寺刹
全書, 951p〉
은선암(隱仙庵)⁵
경기 利川郡 夫鉢面 山村里 孝養山에
있는 절 〈朝鮮寺刹一覽〉

1764년(英祖 40) 金氏가 先塋을 위하
여 창건. 1938년 주지 金商珌이 光明殿
을 창건 〈寺刹全書, 951p〉
은선암(隱仙庵)⁶
경북 慶山(옛 慈仁)郡 九龍山 盤龍寺
동쪽에 있던 절 〈寺刹全書, 952p〉
은선암(隱仙庵)⁷
경북 慶山郡 龍城面 龍田洞 九龍山에
있던 절. 盤龍寺의 부속 암자 〈寺刹全
書, 952p〉
은선암(隱仙庵)⁸
경북 金陵郡 代項面 黃岳山에 위치. 直
指寺의 부속 암자 〈直指寺志, 86p, 筆
寫本, 1980년 影印〉
은선암(隱仙庵)⁹
경북 尙州郡 內西面 白雲山에 있던 절
〈불교사전, 696p〉
은선암(隱仙庵)¹⁰
경북 尙州郡 內西面 天柱山에 있던 절.
北長寺의 부속 암자 〈寺刹全書, 952p〉
은선암(隱仙庵)¹¹
전남 光陽郡 津上面 蟾居里에 있는 절.
1952년경 창건 〈文化遺蹟總覽〉
은선암(隱仙〔禪〕庵)¹²
전남 光州市 無等山에 있던 절 〈불교사
전, 696p〉〈寺刹全書, 952p〉
은선암(隱仙庵)¹³
전남 靈光郡 法聖面 大德里 大德山에
있는 절 〈朝鮮寺刹一覽〉
1540년(中宗 35) 건립 〈文化遺蹟總覽〉
은선암(隱仙庵)¹⁴
전북 高敞郡 逍遙山에 있던 절 〈文化遺
蹟總覽〉
은선암(隱仙庵)¹⁵
전북 高敞郡 雅山面 三仁里 兜率山에
있던 절. 禪雲寺의 부속 암자 〈寺刹全
書, 951p〉
은선암(隱仙庵)¹⁶
충북 丹陽(옛 永春)郡에 있던 절 〈寺
刹全書, 951p〉

은선암(隱仙庵)[17]
충북 報恩(옛 懷仁)郡 墨嶺山에 있던
절〈寺刹全書, 951p〉

은선암(隱仙庵)[18]
평북 江界郡에 있던 절. 江界郡에 隱仙
庵이 둘이 있었다고 전한다〈寺刹全
書, 952p〉

은선암(隱仙庵)[19]
평북 博川郡 曉星嶺에 있던 절〈寺刹
全書, 952p〉

은선암(隱仙庵)[20]
평북 熙川郡 北面 明垈洞 妙香山에 있
는 절〈朝鮮寺刹一覽〉

은선암(隱仙庵)[21]
함남 安邊郡 文山面 沙器里 釋王寺에
있던 절〈朝鮮寺刹　覽〉
普雨(?－1565) 詩 「夏居隱仙庵」〈虛
應堂集, 331p, 影印本〉「隱仙庵」〈上
同, 334p〉

은선암(隱仙庵)[22]
함남 洪原郡 咸關嶺에 있던 절〈寺刹
全書, 952p〉

은선암(隱仙庵)[23]
함북 鶴城(옛 城津)郡 鶴西面 德仁洞
雪峰山에 위치〈朝鮮寺刹一覽〉

은성암(隱聖庵)
함남 咸州郡 川西面 新興里 白雲山에
위치. 廣興寺의 부속 암자〈朝鮮寺刹
一覽〉
韓章錫(1832－1894) 詩 「上隱聖庵
…」〈眉山集, 卷3 22張, 鉛印本〉

은수암(隱水庵)
전북 完州(옛 金溝)郡 妙高山에 있던
절〈寺刹全書, 953p〉

은신굴(隱神窟)
강원 高城郡 西面 百川橋里 金剛山 楡
岾寺 동쪽에 있던 절〈寺刹全書,
953p〉

은신암(隱神庵)
강원 寧越郡에 있던 절〈寺刹全書,
953p〉

은신암(隱身庵)[1]
경남 咸陽郡 安義(옛 大知)面 上源里
德裕山에 있던 절〈朝鮮寺刹一覽〉
無學이 고려말에 화를 피하여 이곳에
은신한 데서 이름한 것. 丁酉再亂
(1597) 때 趙慶男이 전투하던 곳〈寺刹
全書, 953p〉

은신암(隱身庵)[2]
전북 完州郡 妙高山에 있던 절〈불교사
전, 696p〉

은신암(隱神[新]庵)
황해 谷山郡 霧山에 있던 절〈寺刹全
書, 953p〉

은암(隱庵)
평남 人同郡에 있던 절〈寺刹全書,
953p〉

은왕사(恩旺寺)
경기 坡州郡 雄山 남쪽에 있던 절〈寺
刹全書, 950p〉

은자원(銀字院)
경기 開城市에 있던 절. 1314년(고려
忠肅王 1) 王이 이 절에 행차하여 萬恒
을 방문〈寺刹全書, 950p〉

은장암(銀藏庵)
강원 淮陽郡 金剛山에 있던 절〈寺刹全
書, 951p〉

은적사(隱寂寺)[1]
강원 原城郡 彌勒山에 있던 절. 一名 隱
寂庵〈寺刹全書, 954p〉

은적사(隱跡[寂]寺)[2]
강원 通川郡 碧養面 新日里 金剛山에
위치〈朝鮮寺刹一覽〉
835년(興德王 10) 臥龍이 開山하여 勃
颯寺라 함. 921년(고려 太祖 4) 王이
중건, 龍貢寺라 사액. 989년(고려 成宗
8) 조정에서 諦觀道人에게 명하여 수
선. 1645년(仁祖 23) 화재, 智岉 등
이 곧 중건. 1710년(肅宗 36) 화재, 妙
淨 敏泂 등이 곧 중건. 1718년(肅宗

山화재로 피해. 淸溪가 동쪽 산기슭 십 리 밖에 이전 중건. 永月 滿月 靑坡 등이 「천년 古刹이 일조에 폐허된 것을 차마 볼 수 없다」하고 옛터에 중건하여 龍興寺라 명명. 1876년(高宗 13) 화재, 秀峰 霽霞 등이 중건. 隱跡寺라 개명. 一名 隱跡庵〈寺刹全書, 953p〉
1668년(顯宗 9) 龜岩堂浮屠를 건립. 1677년(肅宗 3) 法性大師浮屠를 건립. 1695년 圓應大師浮屠를 건립. 1879년(高宗 16) 凌雲改金及幀畫佛事를 봉행. 1892년 碧潭이 山神閣 건립. 1927년 金海恩이 중수와 改金 佛事를 봉행. 1929년 金海恩이 山神閣을 중수〈楡岾寺本末寺志, 721p, 鉛印本〉
影幀：錦坡堂眞影, 滿月堂眞影, 禪敎兩宗兼八道都摠攝影潭堂道潛眞影, 秀峰堂法俊眞影, 淵波堂眞影, 永月堂勝還眞影, 靑坡堂有鵬眞影, 枕溪堂眞影, 退岩堂眞影, 楓岳堂普印眞影, 海峰堂寬性眞影〈上同, 726p〉
金啓駿 撰 「隱跡寺重修及改金佛事記, 1927年」〈上同, 730p〉
法英 撰 「通川郡金剛山龍興庵重修上梁記文, 1877年」〈上同, 728p〉
吳亨善 撰「隱跡寺山神堂重修記, 1929年」〈上同, 732p〉
崔斗煥 撰「隱跡寺山神閣重建記, 1893年」〈上同, 731p〉
은적사(隱跡[寂]寺)[3]
전남 海南郡 馬山面 長村里 金剛山에 있는 절〈朝鮮寺刹一覽〉
560년(신라 眞興王 21) 창건. 1856년(哲宗 7) 중수. 1967, 1976년 각각 보수. 신라 때 바다에서 출현한 鐵造毘盧舍那佛像(高1.8m)을 봉안〈文化遺蹟總覽〉
은적사(隱跡寺)[4]
평북 熙川郡에 있던 절 〈寺刹全書,

954p〉
은적사(隱跡寺)[5]
함남 咸州郡 麒麟山에 있던 절〈寺刹全書, 954p〉
은적사(隱跡[寂]寺)[6]
황해 碧城郡 紫丹山에 있던 절〈寺刹全書, 955p〉
은적사(隱跡[寂]寺)[7]⇒ 龍貢寺 참조
은적사(隱寂寺)[1]
강원 平康郡 靑龍山에 있는 절. 一名 靑龍寺〈寺刹全書, 955p〉
은적사(隱寂寺)[2]
경북 達城郡 成佛山에 있던 절〈寺刹全書, 954p〉
은적사(隱寂寺)[3]
전남 高興(옛 興陽)郡 雲嵐山에 있던 절〈寺刹全書, 954p〉
은적사(隱寂寺)[4]
전북 沃溝郡 米面 新觀里 雪淋山에 있는 절〈朝鮮寺刹一覽〉
613년(신라 眞平王 35) 圓光이 창건. 952년(光宗 3) 靜眞이 중건. 1373년(고려 恭愍王 22) 懶翁이 중건. 1781년(正祖 5) 1937년 각각 중건〈寺刹全書, 954p〉
1947년 중건. 群山市 少龍洞에 이전했으나 연대 未詳〈文化遺蹟總覽〉
은적사(隱寂寺)[5]
평남 安州郡 大尼面에 있던 절〈寺刹全書, 955p〉
은적사(隱寂寺)[6]
함남 端川郡에 있던 절 〈寺刹全書, 955p〉
은적사(隱寂寺)[7]
함남 德源郡 盤龍山에 있던 절〈寺刹全書, 955p〉
은적사(隱寂寺)[8]
함남 洪原郡 好賢面 隱澤里 荳燕山에 위치〈朝鮮寺刹一覽〉
은적사(隱寂寺)[9]

함북 富寧郡 雙溪山에 있던 절 〈寺刹
全書, 955p〉

은적사(隱寂寺)¹⁰
황해 碧城(옛 海州)郡 首陽山城 안에
있던 절 〈寺刹全書, 955p〉

은적사(隱寂寺)¹¹
황해 平山郡 紺岳山에 있던 절 〈寺刹
全書, 955p〉

은적사(隱寂寺)¹²⇒ 靑龍寺¹ 참조

은적사(隱積寺)
황해 遂安郡 彦眞山에 있던 절 〈寺刹
全書, 957p〉

은적암(隱寂庵)¹
강원 麟蹄郡에 있던 절 〈寺刹全書,
956p〉

은적암(隱寂庵)²
강원 淮陽郡 金剛山 正陽寺 동쪽에 있
던 절. 表訓寺의 부속 암자 〈寺刹全書,
956p〉
覺岸(1820-1896) 撰 「隱跡庵山神閣
創建記」〈梵海禪師文集, 卷1 2張〉

은적암(隱寂庵)³
경기 安城郡 瑞雲面 瑞雲山에 있는 절.
靑龍寺의 부속 암자 〈寺刹全書, 955p〉

은적암(隱寂庵)⁴
경기 驪州郡 鸑子山에 있는 절 〈寺刹
全書, 955p〉

은적암(隱寂庵)⁵
경남 巨濟郡 新縣(옛 一運)面 三巨里
에 있던 절 〈寺刹全書, 955p〉

은적암(隱寂庵)⁶
경남 咸安郡 艅航面 平岩里 平岩山에
있던 절. 주위에 瓦片이 산재 〈文化遺
蹟總覽〉〈寺刹全書, 955p〉

은적암(隱寂[跡]庵)⁷
경북 大邱市 南區 大明洞에 있는 절
〈불교사전, 697p〉
達城郡 壽城面 琵瑟山에 위치. 926년
(신라 景哀王 3) 靈照가 창건. 1646년
(仁祖 24) 化主 就甘이 중건 〈寺刹全

書, 954p〉

은적암(隱寂庵)⁸
경북 迎日郡 雲梯山에 있던 절 〈寺刹全
書, 956p〉

은적암(隱寂庵)⁹
전남 麗川郡 突山面 郡內里 天仰山에
있던 절 〈朝鮮寺刹一覽〉
1172년(고려 明宗 2) 普照가 창건 〈文
化遺蹟總覽〉
1908년 왜적이 방화 〈寺刹全書, 714p〉

은적암(隱寂庵)¹⁰
전북 高敞(옛 興德)郡 逍遙山에 있던
절 〈寺刹全書, 955p〉

은적암(隱寂庵)¹¹
전북 高敞郡 雅山面 三仁里 兜率山에
있던 절. 禪雲寺의 부속 암자 〈寺刹全
書, 955p〉

은적암(隱寂庵)¹²
전북 沃溝郡 千房山에 있던 절 〈寺刹全
書, 955p〉

은적암(隱寂庵)¹³
전북 完州(옛 金溝)郡 妙高山에 있던
절 〈寺刹全書, 955p〉

은적암(隱寂庵)¹⁴
충남 公州郡 寺谷面 泰華山에 있는 절.
麻谷寺에 부속 〈寺刹全書, 955p〉

은적암(隱寂庵)¹⁵
충북 丹陽(옛 永春)郡에 있던 절 〈寺
刹全書, 955p〉

은적암(隱寂庵)¹⁶
평남 寧遠郡 德化面 寺屹里 隱寂山에
위치 〈朝鮮寺刹一覽〉

은적암(隱寂庵)¹⁷
평북 宣川郡 劍山에 있던 절 〈寺刹全
書, 956p〉

은적암(隱寂庵)¹⁸
함남 新興郡 新興面 仁興里 麒麟山에
위치〈朝鮮寺刹一覽〉〈寺刹全書, 956p〉

은적암(隱寂庵)¹⁹
함남 永興郡 居士嶺 아래 있던 절 〈寺

剎全書, 956p〉
은적암(隱寂庵)[20]
함남 洪原郡 普賢面에 위치 〈寺剎全書, 956p〉
은적암(隱寂庵)[21]
황해 信川(옛 文化)郡 九月山에 있던 절 〈寺剎全書, 957p〉
은적암(隱寂庵)[22]
황해 安岳郡 九月山에 있던 절 〈寺剎全書, 956p〉
은적암(隱跡庵)[1]
경북 金陵(옛 知禮)郡 文義山에 있던 절 〈寺剎全書, 954p〉
은적암(隱跡庵)[2]
전남 光州市 瑞石山에 있던 절 〈寺剎全書, 954p〉
은적암(隱跡庵)[3]
전남 和順郡 春陽面 可東里 天台山 開天寺의 부속 암자 〈寺剎全書, 954p〉
은적암(隱跡庵)[4]
충남 禮山郡에 있던 절 〈寺剎全書, 954p〉
은하사(銀河寺)
경남 金海郡 金海邑 三芳洞 神魚山에 있는 절 〈朝鮮寺剎一覽〉
首露王(?-199) 때 長遊가 창건. 大雄殿은 조선 때 건립. 1971년 보수 〈文化遺蹟總覽〉
은해사(銀海寺)
경북 永川郡 淸通面 治日洞 八公山에 있는 절 〈朝鮮寺剎一覽〉
본래 海眼寺. 811년(신라 憲德王 3) 화재 후 현지에 이전하여 銀海寺라 개명. 1546년(明宗 1) 天敎가 중건. 1564년(明宗 19) 如眞이 중건. 1588년(宣祖 21) 法英이 중건. 1861년(哲宗 12) 八峰 海月 등이 중건 〈寺剎全書, 951p〉
1546년(明宗 1) 天敎가 현지에 이전하여 銀海寺라 개명 〈불교사전, 697p〉

白蓮庵, 白雲庵, 百興庵, 三聖庵, 瑞雲庵, 五道庵, 雲浮庵, 中岩庵 등이 山內에 부속
銀海寺浮屠群(5기)〈文化遺蹟總覽〉
銀海寺碑群(15기):巡察碑, 功德碑, 不忘碑 등이 있고 碑文을 판독할 수 없는 것도 있다 〈上同〉
銀海寺影波大師碑:1816년 건립.「有明朝鮮國影波大師碑銘」이라 篆額. 碑文은 南公轍 撰, 沈宜慶 書, 兪漢芝 篆 〈上同〉
銀海寺五層石塔:高3.5m. 화강암으로 제작. 현재 4층 옥신까지만 남았다 〈上同〉
卞鍾運(1790-1866) 撰 「銀海寺應運大師影贊」〈歗齋文鈔, 卷3 17張, 鉛印本〉
義沾(1746-1796) 撰 「銀海寺戊午甲樹功碑」〈仁岳集, 卷2 16張, 木板本〉
李敬老(高宗時人) 撰 「永川銀海寺法堂重建上樑文　甲辰□聘翁宰永川時」〈犀石遺稿, 卷2, 筆寫本〉
은행사(銀杏寺)
경남 固城郡 大可面 楊化里에 있는 절 〈文化遺蹟總覽〉
楊化里石造如來坐像:地有 제121호. 高1.5m. 固城邑 牛山里에 있던 것을 이 절에 移安 〈上同〉
음을사(陰乙寺)
황해 平山郡 滅惡山에 있던 절 〈寺剎全書, 957p〉
응석사(凝石寺)[1]
경기 安城(옛 竹山)郡 椎峴 서쪽에 있던 절. 고려 明宗(1131-1202)이 잠저 때 불공하려 使者를 보내던 절 〈寺剎全書, 957p〉
응석사(凝石寺)[2]
경남 晉陽郡 集賢面 亭坪里 集賢山에 있는 절 〈朝鮮寺剎一覽〉
신라 때 창건. 1730년(英祖 6)경 중건

〈文化遺蹟總覽〉
凝石寺大雄殿 : 地有 제14호. 1975년 지정 〈上同〉
응석사(凝石寺)³
경북 榮州郡 鳳凰山에 있던 절 〈寺刹全書, 957p〉
응천사(應天寺)
충북 淸州市 龍子山에 있던 절 〈寺刹全書, 957p〉
의경암(義敬庵)
전북 高敞郡 雅山面 三仁里 兜率山에 있던 절. 禪雲寺의 부속 암자 〈寺刹全書, 957p〉
의곡사(義谷寺)
경남 晋州市 上鳳洞 飛鳳山에 있는 절. 655년(신라 武烈王 2) 惠通이 창건. 그 뒤 7차 중수 〈불교사전, 700p〉
의림사(義林寺)
경남 昌原郡 鎭北面 仁谷里 餘航山에 있는 절 〈朝鮮寺刹一覽〉
신라 때 창건. 1950년 동란으로 소실, 그 뒤 중건. 절 입구에 조선 때 건립한 浮屠 3기가 있다 〈文化遺蹟總覽〉
義林寺三層石塔 : 地有 제72호. 1942년 지정. 高3m. 통일신라 때 건립. 파손된 부분이 있다 〈上同〉
周世鵬(1495-1554) 詩 「棲餘航山義林寺」 〈武陵別集, 卷2 19張, 木板本〉
의상대(義湘臺)¹
부산(옛 東萊府)에 있던 절. 신라 義湘(625-702)이 창건 〈寺刹全書, 959p〉
의상대(義湘臺)² ⇒ 義湘庵⁵ 참조
의상사(義相[湘]寺)
평북 寧邊郡 藥山에 있던 절. 一名 義湘庵 〈寺刹全書, 957p〉
의상암(義湘[相]庵)¹
경기 開豊郡 聖居山에 있던 절 〈寺刹全書, 957p〉
의상암(義湘[相]庵)²

경기 始興郡 冠岳山에 있던 절 〈寺刹全書, 957p〉
의상암(義湘[相]庵)³
경남 南海郡 錦山에 있던 절 〈寺刹全書, 957p〉
의상암(義湘庵)⁴
경남 統營郡 光道面 碧鉢山에 있는 절. 安靜寺의 부속 암자. 658년(신라 武烈王 5) 義湘이 창건. 1901년 圓明이 중건 〈寺刹全書, 958p〉
의상암(義湘庵)⁵
경남 咸安郡 郡北面 舍村里 眉山에 있던 절. 일명 義湘臺 〈文化遺蹟總覽〉 〈寺刹全書, 958·959p〉
寺址에 3층석탑(高1m) 혹은 元曉塔이라고도 하는 石塔이 있는데, 고려 때 폐사지에서 이전한 듯하다 〈文化遺蹟總覽〉
의상암(義湘[相]庵)⁶
경북 迎日郡 雲梯山에 있던 절 〈寺刹全書, 957p〉
의상암(義湘庵)⁷
전남 長興郡 冠山面 天冠山에 있던 절. 天冠寺의 부속 암자. 1704년(肅宗 30) 이후 허물어졌다 〈寺刹全書, 958p〉
의상암(義湘[相]庵)⁸
전북 扶安郡 邊山에 있던 절. 신라 義湘(625-702)이 있던 곳 〈寺刹全書, 957p〉
의상암(義湘庵)⁹
전북 完山(옛 完州)郡 雲洲面 佛明山에 있는 절. 花岩寺의 부속 암자 〈寺刹全書, 957p〉
의상암(義湘[相]庵)¹⁰
충북 槐山郡 元城山에 있던 절 〈寺刹全書, 957p〉
의상암(義湘[相]庵)¹¹
황해 金川(옛 牛峰)郡 聖居山에 있던 절 〈寺刹全書, 957p〉
의수암(義守庵)

황해 鳳山郡 赤岩山에 있던 절 〈寺刹
全書, 959p〉
의신사(義神寺)
경남 河東郡 花開面 智異山에 있던 절.
一名 義神庵. 이 절 坐高臺에서 崔致遠
(857－?)이 놀았다 함 〈寺刹全書,
959p〉
太能(1562－1649) 詩 「義神蘭若夜坐
書懷」〈逍遙堂集, 158p, 影印本〉
의암사(義岩寺)
충북 堤川郡 松鶴面 柴谷里에 있던 절
〈寺刹全書, 959p〉
의왕사(醫王寺)
경기 開城에 있던 절. 1195년(고려 明
宗 25) 이전 창건 추정 〈東國李相國
集, 卷24 11張, 木板本〉
李奎報(1168－1241) 撰 「醫王寺始創
阿羅漢殿記」1195년 본 건물 건립 〈上
同〉
이감암(利甘庵)
전남 靈岩郡 鶴山(옛 二終)面 新德里
에 있던 절. 주위에 돌담만 남음 〈寺刹
全書, 960p〉
이거사(移車寺)
경북 慶州市(옛 慶州郡 內東面) 道只
里에 있던 절. 신라 聖德王(702－736)
때 창건 추정. 무너진 3층석탑이 남음
〈寺刹全書, 960p〉
736년(신라 聖德王 36) 本寺 남쪽에
王을 장례 〈三國史記, 卷8, 木板本〉
이륜사(峣崙寺)
강원 高城郡 峣崙山에 있던 절. 一名
峰崙庵 〈寺刹全書, 960p〉
이리사(伊利寺)
충북 永同郡 陽山面 柯谷里 飛鳳山에
있던 절. 1941－1943년경 바라(징) 1
개와 金銅佛像(高15cm) 2구가 출토
〈文化遺蹟總覽〉
伊利寺址三層石塔 : 高2.4m 幅1m. 伊
利寺址에 있던 것을 光復 후 陽山國民

學校 校庭에 이전. 이전 당시 부주의로
손상되었다. 고려 때 건립 추정 〈上同〉
이막사(二幕寺)
경기 始興郡 三聖山에 있던 절. 三幕寺
터에 있다. 신라 義湘(625－702)이 창
건 〈寺刹全書, 959p〉
三幕寺는 현재 安養市 관내
이맹굴(理盲窟)
경남 河東郡 理盲岾에 있던 절 〈寺刹全
書, 960p〉
이명사(理明寺)
경남 河東郡 北川面 稷田里에 있던 절
〈文化遺蹟總覽〉
理明寺址石佛 : 地記 제28호. 1974년 지
정. 부근에 磨崖如來立像이 陽刻 〈上
同〉
이보리사(二菩提寺)
경북 榮州郡 小白山에 있던 절 〈寺刹全
書, 959p〉
이불란사(伊弗蘭寺)
위치 未詳. 『三國遺事』에 의하면 374
년(고구려 小獸林王 4) 阿道和尙이 晋
나라로부터 오니, 이듬해 肖門寺를 건
립하여 順道를 거주케 하고, 伊弗蘭寺
를 건립하여 阿道를 거주케 하니, 이로
부터 고구려 佛法이 처음 들어온 것이
라 한다 〈寺刹全書, 960p〉
이세사(離世寺)
경남 金海郡 神魚山에 있던 절 〈寺刹全
書, 960p〉
이암암(利岩庵)
강원 淮陽郡 金剛山에 있던 절. 一名 利
嚴窟 〈寺刹全書, 960p〉
이엄굴(利嚴窟)⇒ 利岩庵 참조
이원암(梨苑庵)
충남 禮山郡 大述面에 있는 절 〈寺刹全
書, 960p〉
이조암(二祖庵)
전북 井邑郡 五峰山에 있던 절 〈寺刹全
書, 960p〉

이중암(尼衆庵)
전북 完州郡 妙高山에 있던 절〈불교
사전, 134p〉
이차사(移車寺)⇒ 이거사 참조
이흥사(利興寺)
전남 靈光郡 畝良面 新川里에 있던 절
〈文化遺蹟總覽〉
靈光郡　佛德山에　위치〈寺刹全書,
960p〉
利興寺址浮屠(2기) : 高2m. 조선 때 건
립 추정〈文化遺蹟總覽〉
利興寺址石燈 : 高1.6m. 고려초기 건립
추정〈上同〉
익수암(益水庵)
전북 完州郡에 위치. 威鳳寺의 부속 암
자〈寺刹全書, 960p〉
인각사(麟角寺)
경북 軍威郡 古老面 華北洞 華山에 있
는 절〈朝鮮寺刹一覽〉
642년(신라 善德女王 12) 元曉가 창
건. 1306년(고려 忠烈王 32) 丁亥에
普覺國尊 중건으로 되었으나, 이는 丙
午年이다〈寺刹全書, 962p〉
고려 一然이 『三國遺事』를 편찬하던
절. 晋나라 王羲之 필적이 있다〈文化
遺蹟總覽〉
642년(신라 善德女王 11) 義湘이 창
건. 1284년(고려 忠烈王 10) 王命으로
크게 중수하고, 土田 百餘頃을 하사하
여 普覺(一然)의 下安之地로 정함. 一
然은 여기에서 九山門都會를 두 번 설
행, 『三國遺事』를 찬술. 孝宗(1649
−1659) 때 중수. 1699년(肅宗 25) 증
축. 1934년 大雄殿이 붕괴. 1978년 一
然의 靜照塔을 경내에 이전. 1973년 石
塔 2座를 이전〈麟角寺志〉
麟角寺普覺國師塔碑 : 보물 제428호.
1965년 지정. 高2.42m. 화강석으로
1295년(고려 忠烈王 21) 건립 추정.
碑文은 閔漬(1248−1326) 撰〈文化遺

蹟總覽〉
李穡(1328−1396) 撰 「麟角寺無無堂
記, 1362年」〈牧隱文藁, 卷1 4張, 木板
本〉
洪良浩(1724−1802) 撰「題麟角寺碑」
〈耳溪集, 卷16 39張, 全史字本〉
인강사(印江寺)
충남 扶餘郡 石城面 縣內里에 있던 절.
백제 때 창건. 수차 병화로 소실〈文化
遺蹟總覽〉
인경사(印經寺)
경기 開城에 있던 절. 1027년(顯宗 18)
창건〈불교사전, 728p〉
인경사(人慶寺)
전남 長城郡 笠岩山城에 있던 절〈寺刹
全書, 961p〉
인달사(仁達寺)
경기 開豊郡 聖居山에 위치〈寺刹全書,
961p〉
인달사(因達寺)
황해 金川(옛 牛峰)郡 聖居山에 있던
절〈寺刹全書, 962p〉
인덕사(仁德寺)⇒ 文殊寺[1][2] 참조
인량사(人良寺)
전남 和順(옛 綾城)郡 連珠山에 있던
절〈寺刹全書, 960p〉
인명사(仁明寺)
경기 仁川市 南區 東春洞에 있는 절.
1909년　河鎭明이　창건〈불교사전,
729p〉
인성암(引聖庵)
경남 梁山(옛 蔚山)郡 西生面 西生里
海雲山에 있는 절〈朝鮮寺刹一覽〉〈寺
刹全書, 962p〉
인수사(仁壽寺)[1]
경기 開城에 있던 절. 1091년(고려 宣
宗 8) 王이 행차하여 분향. 1099년(고
려 肅宗 4) 王이 행차. 고려 睿宗・仁
宗도 행차〈寺刹全書, 962p〉
인수사(仁壽寺)[2]

서울 道峰區 三角山에 있던 절 〈寺刹
全書, 962p〉
義天(1055-1101) 詩 「三角山仁壽寺
禮文殊聖像」〈大覺文集, 238p, 影印
本〉
인수원(仁壽院)
서울 鍾路區에 있던 절. 比丘尼가 있었
다. 1623년(仁祖 1) 폐사 〈寺刹全書,
962p〉
인양사(仁陽寺)
경남 昌寧郡 昌寧邑 校洞에 있던 절.
810년(신라 憲德王 2)경 창건 추정
〈寺刹全書, 961p〉
昌寧塔金堂治成文記碑 : 국유　보물　제
227호. 1940년 지정. 高1.58m 幅0.45
m. 화강석으로 810년(신라 憲德王 2)
건립. 碑文에 「元和五年庚寅(810)六
月三日…」이라 기록 〈文化財大觀 ; 寶
物篇〉
昌寧邑內石佛造像記 : 昌寧郡 內面 校洞
에 위치. 810년(신라 憲德王 2) 撰 〈朝
鮮金石總覽, 上 49p〉
인왕사(仁王[旺]寺)[1]
서울 西大門區 峴底洞 仁王山에 있던
절. 1394년(太祖 3) 천도 후 창건. 내
원당으로서 仁王山 호국도량을 설행.
祖生이 주지. 1503년(燕山 9) 철거.
1910년 居士 朴鉄默이 중건하여 수도.
1912년 禪岩精舍를 건립. 1914년 炭翁
이 大願庵을 건립. 1922년 西翁이 極樂
殿을 건립. 1924년 慈仁尼가 安逸庵을
건립. 1927년 春潭이 別極樂殿을 건
립. 1930년 妙法尼가 致誠堂을 건립했
으나 각자 私設. 1942년 仁王寺에 통합
귀속 〈寺刹全書, 961p〉
인왕사(仁王寺)[2]
평남 平壤市에 남쪽에 있던 절. 1087년
(고려 宣宗 4) 행차. 1169년(毅宗 23)
王이 행차 〈寺刹全書, 961p〉
인용사(仁容寺)

경북 慶州市 仁旺洞에 있던 절. 신라 神
文王(681-691) 때 金仁問이 獄에 있
을 때 國人이 그를 위해 절을 짓고 仁容
寺라 함. 신라에 돌아오다가 海上에서
별세. 彌陀道場으로 전래. 塔材 초석이
산재 〈寺刹全書, 961p〉
인우암(印又庵)
황해 信川(옛 文化)郡 九月山에 있던
절 〈寺刹全書, 962p〉
인월사(印月寺)
전남 長城(옛 珍原)郡 佛臺山에 있던
절 〈寺刹全書, 962p〉
인월암(印月庵)
강원 襄陽郡 五峰山에 있던 절. 洛山寺
의 부속 암자. 1697년(肅宗 23) 精粹가
창건 〈寺刹全書, 962p〉
인췌사(仁萃寺)
충남 牙山郡 新昌面 邑內里 鶴城山에
있는 절 〈朝鮮寺刹一覽〉
咽嘴寺인 듯 〈불교사전, 734p〉
인취사(咽嘴寺)⇒ 仁萃寺 참조
인화사(仁華寺)
충남 牙山郡 新昌面 邑內里에 있는 절
〈文化遺蹟總覽〉
仁華寺三層石塔 : 高1.7m.　화강암으로
고려말기 건립 추정 〈上同〉
인흥사(仁興寺)
경북 星州郡 琵瑟山에 있던 절. 고려 恭
愍王(1251-1374)이 題額 〈寺刹全書,
962p〉
일광사(日光寺)[1]
전북 淳昌郡 赤城面 古院里에 있는 절.
1948년 世鉉이 창건. 1960년 觀音殿 신
축 〈文化遺蹟總覽〉
일광사(日光寺)[2]
충남 舒川郡 舒川面 鷲峰山에 있던 절
〈寺刹全書, 963p〉
일락사(日樂[落]寺)
충남 瑞山郡 海美面 皇洛里 象王山에
있는 절 〈朝鮮寺刹一覽〉

663년(신라 文武王 3) 義賢이 창건.
1487년(成宗 18) 중수. 1530년(中宗
25) 1649년(仁祖 27), 1930년, 1963년
각각 중수〈文化遺蹟總覽〉
日樂寺三層石塔 : 高2.3m. 砂岩으로 고
려 때 건립〈上同〉
일림사(日林寺)[1]
전남 寶城郡 會泉面 會寧里에 있던 절.
578년(신라 眞智王 3) 通義가 창건.
1950년 소실. 寺址에 석축이 남음〈文
化遺蹟總覽〉
일림사(日林寺)[2]
전남 長興郡 鳳林山에 있던 절. 일명
林日寺〈寺刹全書, 964·965p〉
黃基源(1817-1879) 詩「日林寺」〈竹
林集, 卷1 23張, 木活字本〉
일막사(一幕寺)
경기 始興郡 三聖山에 있던 절. 三幕寺
북쪽에 있었음. 尹弼居士가 창건〈寺
刹全書, 963p〉
일미사(一味寺)
경남 昌寧郡 火旺山에 있던 절〈寺刹
全書, 963p〉
일발암(一鉢菴)
전남 海南 부근에 있던 절인 듯〈與猶
堂全書, 1集 卷13, 29張, 鉛印本〉
丁若鏞(1762-1836) 撰 「一鉢菴記」
〈上同〉
일보리사(一菩提寺)⇒ 菩提寺[6] 참조
일봉암(日封庵)
전남 羅州郡 茶道面 德龍山에 있는 절.
佛會寺의 부속 암자〈寺刹全書, 964p〉
일선암(一禪庵)
위치 未詳〈清虛堂集, 卷1 19張, 木板
本〉
休靜(1520-1604) 詩 「題一禪庵壁」
〈上同〉
　일숙암(一宿庵)
경기 開豊郡 聖居山 북쪽에 있던 절
〈寺刹全書, 963p〉

일신사(日新寺)
전북 益山郡 龍安面 德龍里 七星山에
있던 절〈寺刹全書, 964p〉
일악사(日岳寺)
충남 瑞山(옛 海美)郡 伽倻山에 있던
절〈寺刹全書, 964p〉
일요사(日曜寺)
함남 北青郡 大德山에 있는 절〈寺刹全
書, 964p〉
일요암(日曜庵)
경북 星州郡 伽倻山에 있던 절〈寺刹全
書, 964p〉
일월사(日月寺)[1]
경기 開城市 松嶽에 있던 절. 922년(太
祖 5) 宮城 서북에 창건. 1077년(고려
文宗 31) 행차. 1101년(고려 肅宗 6)
『金字妙法蓮華經』의 성취를 경축하기
위해 王이 행차. 1121년(고려 睿宗 16)
逍災道場을 설행〈寺刹全書, 964p〉
趙浚(1346-1405) 詩 「日月寺壁上」
〈東文選, 卷17 6張, 木板本〉
일월사(日月寺)[2]
전남 寶城郡 栗於面 七音里에 있던 절.
寺址에 磨崖佛像(高2.3m)이 있다〈文
化遺蹟總覽〉
寶城郡 尊者山에 위치 〈寺刹全書,
964p〉
일월사(日月寺)[3]⇒ 壽陀寺 참조
일조암(日照庵)
충남 禮山(옛 德山)郡 伽倻山에 있던
절〈寺刹全書, 964p〉
일지암(一枝庵)
전남 海南郡 頭輪山에 위치〈古歡堂收
草, 卷6, 鉛印本〉
姜瑋(1820-1884) 詩「一枝庵…」〈上
同〉「艸衣尊者碑 代作」〈上同, 卷3〉
일출사(日出寺)[1]
평남 安州郡 鳳德山에 있던 절〈寺刹全
書, 964p〉
일출사(日出寺)[2]

황해 鳳山郡 政方山에 있던 절〈寺刹
全書, 964p〉
일출암(日出庵)[1]
강원 高城郡 杆城面 新安里 乾鳳寺의
부속 암자. 1465년(世祖 11) 玄鵬이
창건. 1592년(宣祖 25) 壬亂으로 소실
〈寺刹全書, 965p〉
일출암(日出庵)[2]
강원 高城(옛 杆城)郡 天吼山에 있던
절〈寺刹全書, 964p〉
일출암(日出庵)[3]
강원 襄陽郡 襄陽面 雪嶽山에 있던 절.
靈穴寺의 부속 암자. 689년(신라 神文
王 9) 元曉가 창건〈乾鳳寺本末事蹟,
175·177p, 鉛印本〉
일출암(日出庵)[4]
경기 開豊郡 天磨山에 있던 절〈寺刹
全書, 964p〉
일출암(日出庵)[5]
경북 安東郡 祿轉面 祿來洞 鳳頭山에
있던 절〈朝鮮寺刹一覽〉
일출암(日出庵)[6]
전북 全州市(옛 完州郡 龍進面) 牛牙
洞 萬德山에 있던 절〈朝鮮寺刹一覽〉
1624년(仁祖 1) 應湖가 창건〈寺刹全
書, 964p〉
1910년 중건〈文化遺蹟總覽〉
일출암(日出庵)[7]
충북 沃川郡 千屯山에 있던 절〈寺刹
全書, 964p〉
일출암(日出庵)[8]
황해 安岳郡 九月山에 있던 절. 李輅
(1536－1614)의 詩가 있다〈寺刹全
書, 965p〉
일출암(日出庵)[9]
황해 載寧郡 長壽山에 있던 절〈寺刹
全書, 965p〉
임강사(臨江寺)[1]
경남 金海郡 長有面 應達里에 있던 절.
駕洛國 제 8代 銍知王이 창건하여 王

后寺라 함. 그 뒤 臨江寺라 개명〈寺刹
全書, 965p〉
임강사(臨江寺)[2]
경북 安東郡 陶山面에 있던 절인 듯
〈聾岩集, 卷1 31張, 木板本〉
李賢輔(1467－1555) 詩 「雪中邀退溪
在臨江寺」〈上同〉
임강사(臨江寺)[3]
충남 扶餘郡 恩山面 佳中里에 있던 절.
주위에 瓦片이 산재〈文化遺蹟總覽〉
임강사(臨江寺)[4]⇒ 望海寺[7] 참조
임강사(臨江寺)[5]⇒ 長遊寺[庵] 참조
임경암(臨鏡庵)
경남 梁山郡 黃山에 있던 절〈寺刹全
書, 965p〉
임방암(臨方庵)
전북 扶安郡 邊山에 있던 절인 듯〈服
齋集, 卷1 11張, 木板本〉
奇遵(1492－1521) 詩 「臨方庵 入海東
詩選」〈上同〉〈德陽遺稿, 卷1, 木板本〉
임수사(臨水寺)
경북 達城郡 成佛山에 있던 절〈寺刹全
書, 965p〉
임앙사(臨仰[印]寺)
전북 高敞郡 半登山에 있던 절〈寺刹全
書, 965p〉
임일사(林日寺)⇒ 日林寺[2] 참조
임정사(林井寺)
평북 寧邊郡 藥山에 있던 절〈寺刹全
書, 965p〉
임정사(林井寺)⇒ 祇林寺 참조
임제암(臨[林]濟庵)
평남 順川郡 殷山面 臨江里 臨濟山에
있던 절 〈朝鮮寺刹一覽〉〈寺刹全書,
966p〉
임천사(林泉寺)
경북 慶州市 東川洞에 있던 절. 농경지
가운데 碑 屋蓋石 2개가 남아 있으며,
石槽는 慶州博物館에 이전〈文化遺蹟
總覽〉

慶州郡 北面 東泉里에 위치. 715년(신라 聖德王 14) 건립〈寺刹全書, 965p〉
715년(신라 聖德王 14) 王이 本寺의 池上에서 祈雨토록 명령〈三國史記, 卷8, 木板本〉
임천사(臨川寺)
전북 完州郡 西山에 있던 절. 1412년(太宗 12) 두 차례나 石佛에 땀이 났다〈李朝實錄佛敎鈔存, 卷174張〉
1413년 石佛에 땀이 났다〈上同, 卷179張〉
임하사(臨河寺)
경북 安東市에 있던 절〈寺刹全書, 966p〉
임한사(林汗寺)
황해 松禾(옛 豊川)郡 縛石山에 있던 절〈寺刹全書, 965p〉
임해사(臨海寺)¹
경기 江華郡 良道面 仁山里 國師峰에 있던 절〈文化遺蹟總覽〉
임해사(臨海寺)²
전북 益山(옛 咸悅)郡 所方峰에 있던 절〈寺刹全書, 466p〉
임해원(臨海院)
경기 開城市에 있던 절. 1027년(고려 顯宗 18) 창건〈불교사전, 747p〉
임휴사(臨休寺)
경북 達城郡 月背面 上仁洞 琵瑟山에 있는 절〈朝鮮寺刹一覽〉
921년(景明王 5) 靈照가 창건. 1811년

(순조 11) 無住가 중건. 1930년 苞山이 중건〈寺刹全書, 966p〉
입석사(立石寺)
경기 利川郡 戶法面 東山里 大德山에 있던 절〈文化遺蹟總覽〉
立石寺址如來立像 : 高1.6m되는 자연석을 세우고 如來立像을 조각〈上同〉
입석암(立石庵)¹
강원 原城郡 所草面 興陽里 雉岳山에 있던 절. 一名 立石寺. 原州郡 原州面 雉岳山에 위치〈寺刹全書, 966p〉
立石寺石塔 : 高2.15m. 太宗이 스승 元天錫을 위하여 건립〈文化遺蹟總覽〉
입석암(立石庵)²
전남 光州市 瑞石山에 있던 절〈寺刹全書, 966p〉
입석암(立石庵)³
충남 瑞山郡에 있던 절. 江月이 창건. 1515년(中宗 10) 중건. 1572년(宣祖 5) 報恩이 중수〈寺刹全書, 966p〉
입석암(立石庵)⁴
충북 槐山(옛 延豊)郡 馬本山에 있던 절〈寺刹全書, 966p〉
입암사(立岩寺)¹
서울에 있던 절. 1470년(成宗 1) 폐사〈寺刹全書, 966p〉
입암사(立岩寺)²
황해 谷山郡 高達山에 있던 절〈寺刹全書, 966p〉

ㅈ

자고사(資考寺)
위치 未詳〈申紫霞詩集, 卷1 44p, 影印本〉
申緯(1769-1847) 詩 「資考寺」〈上同〉
자광사(慈光寺)
황해 安岳郡 九月山에 있던 절〈불교사전, 750p〉
자련사(紫蓮寺)
경남 昌寧郡 南旨邑 月下里 火旺山에 있던 절. 고려 때 창건 추정〈文化遺蹟總覽〉
昌寧郡 邑內面 月山里에 위치〈寺刹全書, 969p〉
자명사(自鳴[明]寺)
전북 益山郡 龍安面 法聖里 法華山에 있는 절. 一名 自鳴庵〈朝鮮寺刹一覽〉
660년(신라 武烈王 7) 禪說이 창건. 1944년 振明이 중수〈文化遺蹟總覽〉
자묘암(慈妙庵)
강원 金剛山에 위치〈鶴南集, 卷1 7張, 木活字本〉
金珝(1833-1910) 詩「入慈妙庵 在金剛山」〈上同〉
자복사(資福寺)[1]
강원 通川郡에 있던 절인 듯〈牧隱詩藁, 卷29 6張, 木板本〉
李穡(1328-1396) 詩「通川資福寺住持…」〈上同〉
자복사(資福寺)[2]
경남 密陽郡에 있던 절〈義天文集, 213p, 影印本〉
義天(1055-1101) 詩 「和密州資福寺留題」〈上同〉
자복사(資福寺)[3]
전남 靈光郡 佛德山에 있던 절〈寺刹全書, 972p〉
자복사(資福寺)[4]
충남 天原郡에 있던 절. 1409년(太宗 9) 1416년 木州 資福寺의 石佛에서 땀이 났다〈李朝實錄佛敎鈔存, 卷1 66張〉
자복사(資福寺)[5]
충북 丹陽郡 錦繡山에 있던 절〈寺刹全書, 972p〉
자복사(資福寺)[6]
함남 甲山郡 長坪面 龍林里 天鳳山에 위치 〈朝鮮寺刹一覽〉 〈寺刹全書, 972p〉
자복사(資福寺)[7]
황해 載寧郡 長壽山에 있던 절〈寺刹全書, 972p〉
자복사(自福寺)
평남 龍岡郡 瑞和面 自福里에 있던 절. 石佛(高75cm) 8층석탑(高2.4m)이 있다〈寺刹全書, 967p〉
자복사(慈福寺)
평남 平原郡 順安面 舊校里에 있던 절〈寺刹全書, 970p〉
자북사(子北寺)
평북 江界郡 江界面 古堂洞 天摩山에 위치〈寺刹全書, 967p〉
자비사(慈悲寺)[1]
황해 碧城(옛 海州)郡 牛耳山에 있던

절 〈寺刹全書, 970p〉

자비사(慈悲寺)[2]

황해 瑞興郡 所沙面 松田里 慈悲嶺에 있던 절. 一名 羅漢堂. 定海가 중수〈불교사전, 752p〉

李穡(1328-1396) 撰 「慈悲嶺羅漢堂記」〈寺刹全書, 970p〉

자비사(慈悲寺)[3]

황해 長淵郡 佛陀山에 있던 절〈寺刹全書, 970p〉

자비암(慈悲庵)

전북 金堤郡 金山面 金山里 母岳山에 있던 절. 金山寺의 부속 암자〈寺刹全書, 970p〉

자산사(慈山寺)

평남 順川郡 豊山面 城中洞 慈母山城 안에 있던 절〈寺刹全書, 970p〉

자성사(慈聖寺)

평북 定州郡 五峰山에 있던 절〈寺刹全書, 971p〉

자수원(慈壽院)

서울에 있던 比丘尼 절. 1623년(仁祖 1) 폐사〈寺刹全書, 971p〉

자씨암(慈氏庵)

전북 扶安郡에 있던 절〈岐峰集, 卷1 12張, 木活字本〉

白光弘(1522-1566) 詩 「慈氏菴在扶安」〈上同〉

자암(子庵)

경남 金海郡 進永邑 本山里 子庵山에 있던 절. 駕洛國에 있던 절〈寺刹全書, 967p〉

자암사(紫岩寺)

전남 光山郡 瑞石山에 있던 절. 一名 圭峰寺〈寺刹全書, 969p〉

자연사(紫烟寺)

황해 瑞興郡 山城 안에 있던 절〈寺刹全書, 970p〉

자운사(慈[紫]雲寺)[1]

경기 開城 永平門 밖에 있던 절. 919년 (太祖 2) 창건. 1259년(고려 高宗 46) 이 절 못의 물이 핏빛과 같았다. 1300년(고려 忠烈王 26) 王이 행차〈寺刹全書, 971p〉

金坵(1211-1278) 撰 「臥龍山慈雲寺王師贈諡眞明國師碑銘幷序」〈止浦集, 卷3 21張, 木板本〉

자운사(慈雲寺)[2]

경기 坡州郡 臨津江 서쪽 언덕에 있던 절〈寺刹全書, 971p〉

자운사(慈雲寺)[3]⇒臥龍寺[1] 참조

자운사(紫雲寺)

평북 定州郡 능한산성에 있던 절〈불교사전, 755p〉

자운암(慈雲庵)[1]

강원 通川(옛 歙谷)郡 金剛山 동쪽에 있던 절〈寺刹全書, 971p〉

자운암(慈[紫]雲庵)[2]

서울 冠岳區 新林洞 冠岳山에 있는 절. 1737년(英祖 13) 중수. 1777년(正祖 1) 大秀가 중건. 1917년 世禪이 중수〈불교사전, 755p〉〈寺刹全書, 969p〉

定誼 撰 「紫雲庵重修上梁文, 1777年」〈寺刹全書, 969p〉

자운암(慈雲庵)[3]

서울 西大門區(옛 경기 高陽郡 神道面) 津寬外洞 三角山에 있는 절. 津寬寺의 부속 암자. 高宗年間(1864-1907) 龍坡가 창건〈寺刹全書, 971p〉

자월암(慈月庵)[1]

전남 光州市 瑞石山에 있던 절〈寺刹全書, 971p〉

자월암(慈月庵)[2]⇒靈隱庵[1] 참조

자은사(慈恩寺)[1]

경기 江華郡 佛恩面 高陵里에 있던 절〈寺刹全書, 971p〉

자은사(慈恩寺)[2]

경기 開城市 高麗洞(옛 開城郡 松都面 高麗町)에 있던 절. 1371년(고려 恭愍王 20) 王이 행차〈寺刹全書, 971p〉

李穡(1328-1396) 詩 「慈恩寺讀王龍
書有感」〈牧隱詩藁, 卷5 25張, 木板本〉
자은사(慈恩寺)[3]
평남 順川(옛 慈山)郡 慈母山城 안에
있던 절〈寺刹全書, 971p〉
자장암(慈藏庵)[1]
강원 麟蹄郡 雪嶽山에 있는 절. 百潭寺
의 부속 암자〈寺刹全書, 971p〉
자장암(慈藏庵)[2]
경남 梁山郡 下北面 芝山里 靈鷲山에
있는 절. 通度寺의 부속 암자〈불교사
전, 756p〉
신라 眞平王(579-631) 때 慈藏이 창
건. 그 뒤 檜峰이 중건〈寺刹全書,
971p〉
覺岸(1820-1896) 詩 「通度寺慈藏窟
金蛙」〈梵海遺集補遺, 6張, 鉛印本〉
자장암(慈藏庵)[3]
경북 迎日郡 烏川面 恒沙洞 雲梯山에
있는 절. 吾魚寺의 부속 암자〈불교사
전, 756p〉
자장암(慈藏庵)[4]
충북 堤川(옛 淸風)郡에 있던 절〈寺
刹全書, 971p〉
자재암(自在庵)
경기 楊州郡 東豆川邑 上鳳岩里 逍遙山
에 있는 절〈불교사전, 756p〉
654년(신라 武烈王 1) 元曉가 開山.
974년(고려 光宗 25) 覺圭가 중건.
1153년(고려 毅宗 7) 화재, 1154년 覺
玲이 중건. 1872년(高宗 9) 元空이 중
건하여 靈源寺라 개명. 1907년 兵火로
거의 소실되고 滿月殿만 남음. 1909년
性坡 濟庵 등이 중건하여 自在庵이라
復名〈寺刹全書, 967p〉
신라 瑤石公主 宮址, 朝鮮 太祖의 行宮
址, 逍遙寺舊址, 懸庵古址, 獅子庵址 등
이 있다. 明의 崇禎帝 친필 「非禮不動」
과 元曉·義湘·尹弼居士 등의 影幀이
봉안

山內에 白雲庵이 부속〈奉先本末寺誌,
154-159p〉
普愚(1301-1382) 撰「白雲庵歌」〈上
同, 160p〉
逍遙山靈源寺重建記〈寺刹全書, 967p〉
王維昌 撰「高麗國…摩訶悉多羅利雄尊
者謚圓證行狀, 1383年」〈奉先本末寺
誌, 160p〉
自在庵白蓮社結社文, 1913年〈上同,
170p〉
自在庵再次重建記, 1914年〈寺刹全書,
968p〉
智協 撰 「藥師殿重修丹艧記, 1886年」
〈奉先本末寺誌, 169p〉
자정사(慈正寺)
평남 龍岡(옛 三和)郡 慈正山에 있던
절〈寺刹全書, 971p〉
자정암(慈靜庵)
전남 昇州郡 松廣面 新坪里 曹溪山에
있는 절. 松廣寺의 부속 암자〈寺刹全
書, 971p〉
1648년(仁祖 26) 化主 時習이 중수.
1917년 雪月堂이 중수. 1921년 化主 瑞
月이 중건〈上同, 714p〉
淸眞妙光塔 : 1252년(고려 高宗 39) 건
립. 이는 松廣寺의 第七祖師塔. 法名은
一印. 慈靜庵 북쪽에 위치〈文化遺蹟總
覽〉
貨印 撰 「慈靜庵七星閣創建記, 1867
年」〈曹溪山松廣寺史庫, 234p, 筆寫
本, 1977影印〉
자제사(慈濟寺)[1]
경기 開城에 있던 절. 1051년(고려 文
宗 5) 창건〈불교사전, 756p〉
자제사(慈濟寺)[2]
경기 長湍郡 臨津江 옆에 있던 절. 고려
靖宗(1034-1046)이 臨津課橋院을 慈
濟寺라 함〈寺刹全書, 971p〉
자차사(自此寺)
평남 平原郡 順安面 曇華里 북쪽에 있

던 절 〈寺刹全書, 968p〉

자천사(自薦寺)
경기 開城에 있던 절 〈불교사전, 757p〉

자천사(資薦寺) ⇒ 佛頂寺[1] 참조

자추사(刺楸寺) ⇒ 栢栗寺 참조

자혜사(慈惠寺)
황해 信川郡 南部面 靑陽里 天峰山에
위치 〈朝鮮寺刹一覽〉

자호사(慈護寺)
위치 未詳 〈東文選, 卷9 5張, 木板本〉
許洪材(?−1170) 詩 「慈護寺樓」〈上
同〉

자화사(慈華寺)
경북 達城郡 八公山에 있던 절 〈寺刹全
書, 972p〉

자효사(慈孝寺)
경기 開城市에 있던 절. 1165년(고려
毅宗 19), 1167년(同王 21) 王이 행차.
1169년(同王 23) 王이 이 절에 移御
〈寺刹全書, 972p〉
洪彦博(1309−1363) 詩 「慈孝寺次蓮
樓詩韻」〈東文選, 卷21 7張, 木板本〉

자효사(資孝寺)
위치 未詳 〈與猶堂全書, 1集 卷3 31
張〉
丁若鏞(1762−1836) 詩 「游資孝寺」
〈上同〉

작갑사(鵲甲寺) ⇒ 雲門寺[1] 참조

작작사(汋汋寺)
황해 碧城郡 羅德面 九龍洞에 있던 절
〈寺刹全書, 595p〉

장갑사(長岬寺)
충북 槐山郡 坐龜山에 있던 절 〈寺刹全
書, 972p〉
長岬寺靑石塔記 : 1162년(고려 毅宗 16)
조성 〈韓國金石全文, 中世上 802p, 許
興植 編〉

장경사(長慶寺)[1]
경기 開城市에 있던 절 〈불교사전,
760p〉

장경사(長慶寺)[2]
경기 廣州郡 中部面 山城里 南漢山에
있는 절 〈朝鮮寺刹一覽〉
1638년(仁祖 16) 碧岩이 창건. 1907년
(隆熙 1) 倭兵이 폭파. 1909년(隆熙 3)
이전 〈寺刹全書, 973p〉
1940년 명진이 중수 〈불교사전, 760p〉
1975년 중수 〈文化遺蹟總覽〉
石瓊煥 撰幷書 「淸涼山鎭南樓重建上梁
文, 1909年」〈寺刹全書, 973p〉

장경사(長慶寺)[3]
전남 長城郡 笠岩山城에 있던 절 〈寺刹
全書, 974p〉

장경사(長慶寺)[4]
평남 平壤城 안에 있던 절 〈寺刹全書,
974p〉

장경사(長庚寺)
경기 龍仁郡 遠三面 學日里 助金山에
있는 절 〈朝鮮寺刹一覽〉

장경사(長境[頸]寺)
평북 定州(옛 郭山)郡 長頸[境]山에
있던 절 〈寺刹全書, 973−974p〉

장경암(長慶庵)
강원 淮陽郡 內金剛面 長淵里 金剛山에
위치. 長安寺의 부속 암자. 신라중기 창
건 〈불교사전, 760p〉
1853년(哲宗 4) 趙萬永의 獻金으로 중
수 〈寺刹全書, 974p〉
孫鳳祥(1861−1936) 詩「長慶菴」〈韶
山集, 卷1 69張, 鉛印本〉
護敬 撰 「施長慶庵記, 癸亥」〈楡岾寺
本末寺志, 370p, 鉛印本〉

장계사(長溪寺)
전북 南原(옛 雲峰)郡 智異山에 있던
절 〈寺刹全書, 974p〉

장고산사(長皷山寺)
강원 平康郡 長皷山에 있던 절. 1748년
(英祖 24) 53불상을 조성. 事蹟碑가 남
음 〈寺刹全書, 974p〉

장곡사(長谷寺)

충남 靑陽郡 大峙面 大峙里 七甲山에
있는 절〈朝鮮寺刹一覽〉
신라말기 普照(804－880)가 창건. 근
래에 중건〈文化遺蹟總覽〉
長谷寺上大雄殿 : 보물 제162호. 1938년
지정. 조선후기 중건〈文化財大觀 ; 寶
物篇〉
長谷寺下大雄殿 : 보물 제181호. 1939년
지정. 조선중기 건립 추정〈上同〉
靑陽長谷寺石造三尊佛立像 : 보물 제197
호. 1939년 지정. 左右 侍像은 頭上 부
분의 마멸이 심함〈上同〉
長谷寺金銅藥師如來坐像 : 현재 大峙面
長谷里에 위치. 보물 제337호. 1960년
지정. 高88㎝. 銅造鍍金으로 고려 때
조성 추정〈上同〉
長谷寺鐵造毘盧舍那佛坐像附石臺座 : 현
재 靑陽郡 大峙面 長谷里 長谷寺에 위
치. 보물 제174호. 1938년 지정. 高2.26
m. 鐵 및 花崗石으로 고려 때 조성 추
정〈上同〉
長谷寺鐵造藥師如來坐像附石造臺座 : 국
보 제58호. 1939년 지정. 總高2.32m.
佛像은 鐵, 臺座는 화강암으로 통일신
라 때 조성 추정〈文化財大觀 ; 國寶篇〉
田愚(1841－1922) 詩「長谷寺」〈艮齋
私稿前編, 卷18 34張, 筆寫本〉
장광사(長光寺)
경기 安城(옛 竹山)郡 飛山에 있던 절
〈寺刹全書, 974p〉
장군사(將軍寺)
경기 漣川(옛 朔寧)郡 興盛山에 있던
절〈寺刹全書, 988p〉
장동사(長同寺)
함북 明川郡 東面 長德洞 長德山에 있
는 절〈朝鮮寺刹一覽〉
장락사(長樂寺)¹
강원 洪川郡 八峰山에 있던 절〈寺刹全
書, 974p〉
장락사(長樂寺)²

충북 堤川郡 堤川邑 長樂里에 있던 절.
石塔 건립 추측으로 보아 신라말기 창
건 추정〈文化遺蹟總覽〉
堤川長樂里七層模塼石塔 : 보물 제459호.
1967년 지정. 高9.1m. 신라말기－고려
초기 건립 추정. 1950년 동란으로 도괴
상태였으나, 1967년 해체 수리〈文化
財大觀 ; 寶物篇〉
장락사(長樂寺)³
평남 安州郡 鳳德山에 있던 절. 9층 銅
塔이 남음〈寺刹全書, 974p〉
장륙사(莊〔藏〕陸寺)
경북 盈德郡 蒼水面 葛川洞 丈六山에
있는 절〈朝鮮寺刹一覽〉
고려 懶翁(1376－1433) 창건〈寺刹全
書, 988－989p〉
1974년 중수. 1976년 보수〈文化遺蹟
總覽〉
李玄逸(1627－1704) 詩「復用伯氏藏
六寺韻」〈葛庵集, 卷1 9張, 木板本〉
장명사(長明寺)
경기 開城府 本町에 있던 절〈寺刹全
書, 974p〉
장백사(長栢寺)⇒ 南長寺 참조
장불사(長佛寺)¹
전남 光山(옛 光州)郡 碧石山에 있던
절〈寺刹全書, 975p〉
장불사(長佛寺)²
황해 殷栗郡 九月山에 있던 절〈寺刹全
書, 975p〉
장산사(蔣山寺)
위치 未詳〈東文選, 卷8 14張, 木板本〉
宏演 詩「秋夜宿蔣山寺」〈上同〉
장생사(長生寺)¹
경기 華城(옛 水原)郡 絶命山에 있던
절〈寺刹全書, 975p〉
장생사(長生寺)²
전남 麗川郡 雙鳳面에 있던 절인 듯.
〈韓國金石全文, 中世上 529p, 許興植
編〉

長生寺金鐘 : 1086년(고려 宣宗 3) 주성
〈上同〉

장수사(長壽寺)[1]
경남 山淸郡에 있던 절 〈大覺文集,
218p, 影印本〉
義天(1055-1101) 詩 「留題江城郡長
壽寺」〈上同〉

장수사(長壽寺)[2]
경북 慶州市(옛 慶州郡 內東面) 馬洞
에 있던 절. 신라 景德王(742-764) 때
金大城이 창건. 많은 창건 일화가 있다
〈寺刹全書, 975p〉

장수사(長壽寺)[3]
함북 吉州郡 成佛山에 있던 절. 一名 長
壽庵〈寺刹全書, 975p〉

장수사(長壽寺)[4]
황해 延白(옛 延安)郡에 있던 절 〈寺
刹全書, 975p〉

장수사(長壽寺)[5] ⇒ 夢成寺 참조
장수사(長壽寺)[6] ⇒ 熊壽寺 참조
장수사(長水寺)[1]
경남 咸陽郡 安義(옛 大知)面 上源里
德裕山에 있는 절 〈朝鮮寺刹一覽〉
『禪宗永嘉集』刊記에 「正德十五年庚辰
(1520) 元月慶尙道安陰縣智牛山長水寺
重刊以開刊」이라 기록된 것으로 보아
1520년 이전 寺刹로 추정 〈寺刹全書,
975p〉

장수사(長水寺)[2] ⇒ 龍湫寺[1] 참조
장수암(長壽庵)
평남 德川郡 長壽山에 있던 절 〈寺刹全
書, 975p〉

장안사(長安寺)[1]
강원 淮陽郡 內金剛面 長淵里 金剛山에
위치 〈朝鮮寺刹一覽〉
551년(고구려 陽原王 7) 고구려 惠亮
이 창건. 773년(신라 惠恭王 9) 眞表가
중수. 970년(고려 光宗 21) 소실. 982
년(고려 成宗 1) 懷正이 중건. 1343년
(고려 忠惠王復位 4) 元의 奇皇后의 하

사금 1千錠으로 宏卞이 중건. 1459년
(世祖 5) 王이 巡狩 당시 重修와 土地
하사를 명령. 1483년(成宗 14) 하사금
34貫・白米 500石으로 一淸이 중건.
1537년(中宗 32) 소실. 1545년(仁宗
1) 化主 一淸이 복건. 1728년(英祖 4)
妙玄이 중건. 1791년(正祖 15) 巡相 尹
師國의 捐金 5,000貫으로 중건. 1842년
(憲宗 8) 趙萬永의 捐金 2,500貫으로
300여 간을 신건, 畓 40여 石을 희사.
1863년(哲宗 14) 戶判 金炳冀가 空名
帖 500張을 하사토록 주청, 또 捐金
1,200兩으로 중수〈寺刹全書, 980p〉
862년(신라 景文王 9) 覺賢이 毘盧遮
那佛像을 주성. 946년(고려 定宗 1) 正
租 2,000石을 희사. 寫本 金字『法華
經』・『金剛經』二部를 頒下하여 毘盧
殿에 봉안. 1477년(成宗 8) 法宇 소실.
1551년(明宗 6) 一淸이 大鐘을 주성.
1567년 守閑이 2,200斤의 大鐘을 주성.
1586년(宣祖 19) 法殿을 중건. 1622년
(光海 14) 눈으로 法殿이 붕괴되므로
玄敏이 중수. 1642년(仁祖 20) 無竟大
師浮屠를 건립. 1688년(肅宗 14) 法殿
과 鐘이 소실. 歸玉이 4,000斤의 鐘을
중주. 1702년 歸玉이 大雄殿을 중수.
1706년 소실. 1708년 義訓이 大鐘을 주
성. 1712년 世謙이 大法堂을 중건.
1774년(英祖 50) 四聖殿을 중수. 1844
년(憲宗 10) 豊恩府院君紀蹟碑를 건
립. 1861년(哲宗 12) 金炳冀碑를 건립.
1876년(高宗 13) 心空이 大雄殿 佛像
을 改金. 1881년 仁曇이 四聖殿을 중
수. 1887년 心空이 毘盧殿・極樂殿을
중수. 1889년 極樂殿을 중건. 1902년
梵王樓를 중건. 1904년 朴昌善 金漢宗
등의 遺蹟碑를 건립. 1919년 冥府殿을
중수. 1914년 長安寺事蹟碑를 건립.
1924년 金鎭弘이『新修大藏經』1秩을
헌납. 1925년 碧河禪師功德碑・金鎭弘

女史紀念碑를 건립. 1928년 懿龍이 大法堂을 중수. 1938년 竺山이 石水槽를 조성〈楡岾寺本末寺志, 297-303p, 鉛印本〉

金藏[莊]庵, 兜率庵, 妙德庵, 妙峰庵, 普光庵, 三藏庵[寺], 水月庵, 安養庵, 靈[寧]源庵, 玉川庵, 長慶庵, 中觀音庵, 地藏庵, 下觀音庵 등이 山內에 부속

金剛山長安寺重修紀蹟碑 : 1844년 碑를 건립〈上同, 350p〉

萬川橋碑 : 1690년(肅宗 16) 건립. 碑銘은 張斗炫 書〈上同, 321p〉

萬川橋重建碑 : 1760년 건립. 碑銘은 桂蔭覺香 撰〈上同〉

碧荷禪師功德碑 : 1925년 건립. 碑銘은 權相老 撰〈上同, 322p〉

報恩頌德碑 : 1864년(高宗 1) 건립. 碑銘은 華隱護敬 撰〈上同, 321p〉

浮屠 : 錦溪堂大師浮屠, 金坡堂大師浮屠, 無竟堂靈運之塔, 無學和尙母親浮屠, 朴氏麻亮浮屠, 思學大師浮屠, 松月堂處士樂圓浮屠, 正觀師浮屠, 處士李春長浮屠, 崔法性浮屠, 玄盧堂智益大師塔, 未詳의 浮屠 등 12기의 浮屠〈上同, 322p〉

佛龕獻納碑 : 1887년(高宗 24) 건립. 碑銘은 錦華 撰〈上同, 321·362p〉

石塔 : 問法光明燈, 毘盧遮那佛光背石, 舍利塔, 五層舍利塔〈上同, 323p〉

長安寺碑 : 1335년(고려 忠肅王復位 4) 건립. 현재 없음. 碑銘은 李穀 撰〈上同〉

長安寺事蹟碑 : 1914년 건립. 碑銘은 映湖 撰〈上同, 321p〉

長安寺重修碑 : 1844년 건립. 碑銘은 讚日 書〈上同〉

長安寺鋧 : 1350년(고려 忠定王 2) 조성〈韓國金石全文, 中世下 1187p, 許興植 編〉

覺香 撰 萬聰 書並篆「有明朝鮮國淮陽

府金剛山長安寺萬川橋重建碑」1760년 碑를 건립〈楡岾寺本末寺志, 356p, 鉛印本〉

權相老 撰「碧河禪師功德碑銘」〈上同, 360p〉「金剛山長安寺大法堂重建上梁文」〈上同, 347p〉

金剛山長安寺大雄殿十大尊像兩次改金佛事記文, 1878年」〈上同, 365p〉

金剛山長安寺大鐘重鑄記〈上同, 374p〉

金剛山長安寺重修啓下募緣文〈上同, 376p〉

錦磎(1675-1740) 撰「金剛山長安寺法堂重建上梁文, 1712年」〈上同, 342p〉

錦河 撰「江原道淮陽府金剛山長安寺事蹟, 1884年」〈寺刹全書, 982p〉「長安寺四聖殿重修記, 1881年」〈楡岾寺本末寺志, 335p, 鉛印本〉

閔漬(1248-1326) 撰「楓嶽山長安寺事蹟記跋, 1305年」〈寺刹全書, 982p〉

法堅(仁祖朝僧?) 撰「金剛山長安寺造成達摩印出諸經慶讚疏」〈奇岩集, 卷2 13張〉「長安寺法堂勸文」〈上同, 卷3 3張〉「長安寺重創勸善文」〈上同, 卷3 13張〉

柳夢寅(1559-1623) 撰「贈長安寺住持玄修序」〈於于集, 卷4 25張, 木板本〉

陸沈 撰「長安寺重創記, 1627年」〈寺刹全書, 976p〉「長安寺重修記, 1755·1801年」〈上同, 977p〉

李穀(1298-1351) 撰「金剛山長安寺重興碑, 1335年」〈稼亭集, 卷6 7張, 木板本〉

李玄錫(1647-1703) 撰「金剛山長安寺重建上梁文」〈游齋集, 卷17 15張, 木活字本〉

張斗炫 書「有明朝鮮國蓬萊洞長安寺新建萬川橋甲契碑」1691년 碑를 건립〈楡岾寺本末寺志, 355p, 鉛印本〉

淨義 撰〈金剛山長安寺海光殿梵王樓重

修記, 1903年」〈上同, 337p〉
鼎鎬 撰 金敦熙 書幷篆「金鎭弘女史紀
念功德碑, 1925年」〈上同, 358p〉
知濯(1750－1839) 撰 「金剛山長安寺
四聖殿引燈施主祝願册序」〈三峯集, 44
張〉
知幻 撰 「金剛山長安寺修葺並重創記」
〈楡岾寺本末寺志, 333p, 鉛印本〉
致益(1862－?) 撰「長安寺大雄殿重修
募緣文」〈曾谷集, 卷2 42p〉
惠勤 撰「朝鮮江原道淮陽郡金剛山長安
寺事蹟碑銘並序, 1914年」〈寺刹全書,
985p〉「朝鮮江原道金剛山長安寺靈源
禪院創設碑銘並序, 1914年」〈楡岾寺本
末寺志, 352p, 鉛印本〉
護敬 撰 「金剛山長安寺事蹟跋, 1844
年」〈寺刹全書, 984p〉「金剛山長安寺
重修鳩役報恩頌德碑銘並序, 1864年」
〈楡岾寺本末寺志, 353p, 鉛印本〉「佛
事緣起序文, 癸亥」〈上同, 369p〉
休靜(1520－1604) 撰 「金剛山長安寺
新鑄鐘銘幷序」〈淸虛堂集, 卷3 28張,
木板本〉
장안사(長安寺)²
경남 梁山郡 長安面 長安里 佛光山에
있는 절〈朝鮮史刹一覽〉
673년(신라 文武王 13) 元曉가 창건하
여 雙溪寺라 함. 哀莊王(800－808) 때
長安寺라 개명. 壬亂 때 兵火. 1631년
(仁祖 9) 月照가 중건. 1941년 각현이
중수〈불교사전, 762p〉
長安寺大雄殿 : 地有 제118호. 1974년
지정. 1631년(仁祖 9) 月照가 중건〈文
化遺蹟總覽〉
擲板庵이 山內에 부속
장안사(長安寺)³
경북 安東郡 豊川面 河回洞에 있던 절.
寺址에 3층석탑이 남음〈文化遺蹟總
覽〉
장안사(長安寺)⁴

경북 醴泉郡 龍宮面 鄕石里 飛龍山에
있는 절〈불교사전, 762p〉
1627년(仁祖 5) 德潛이 중건. 1709년
(肅宗 35) 化主 淸敏이 鐘閣을 중수.
1755년(英祖 31) 法琳 등이 중수. 1800
년(正祖 24) 化主 孝日이 중수. 1867년
(高宗 4) 化主 雪山이 香爐殿을 중수.
1872년(高宗 9) 化主 雪谷이 法堂·寮
舍를 중수. 1876년(高宗 13) 化主 白岩
이 鐘閣을 중수. 1881년(高宗 18) 化主
가 山靈閣을 중수. 1896년 應峰이 山靈
閣을 중수. 1898년 應峰이 法堂을 중수
〈寺刹全書, 976p〉
權斗璇 撰 「長安寺法堂重修丹艧記,
1898年」〈上同, 979p〉
金就錫 撰「長安寺燈燭契記, 1772年」
〈上同, 978p〉
聾人 撰 「…長安寺鐘閣重修記, 1649
年」〈上同〉
「佛粮契重設序, 1759年」〈上同〉
尹東洙 撰 「醴泉郡龍宮面長安寺法堂
香殿 鐘閣重修記, 1881年」〈上同〉
「長安寺山神閣重修記, 1881年」〈上同,
980p〉
曹溪後孫 撰「江左龍宮縣南嶺飛龍山長
安寺佛寺記, 1830年」〈上同, 979p〉
장안사(長安寺)⁵
전북 益山郡(옛 礪山) 彌勒山에 있던
절〈寺刹全書, 976p〉
장안사(長安寺)⁶
전북 長水郡 靈鷲山에 있던 절〈寺刹全
書, 976p〉
장안사(長安寺)⁷
충남 唐津(옛 沔川)郡 申庵山에 있던
절〈寺刹全書, 976p〉
장암사(長庵寺)
평북 龜城郡 西陽山에 있던 절〈寺刹全
書, 986p〉
장어사(藏魚寺)
서울 부근에 있던 절인 듯〈樗軒集, 卷

２９張, 木活字本〉

李石亨(1415－1477) 詩 「寓藏魚寺偶吟」〈上同〉

장연사(長淵寺)¹

강원 金化郡 遠東面 長淵里 龍鶴山에 있는 절〈朝鮮寺刹一覽〉

1362년(고려 恭愍王 11) 懶翁이 曇實을 시켜 창건. 1735년(英祖 11) 眞覺이 戒佐 등을 시켜 중건. 1843년(憲宗 9) 화재. 1844년(同王 10) 佛殿을 중건. 1874년(高宗 11) 聖達이 佛殿을 중건하여 興龍庵이라 함. 1910년 長淵寺라 개명. 1923년 주지 朴濟煥이 중수. 僧寮를 신건〈寺刹全書, 986p〉

1738년(英祖 14) 麗輝 등이 慧月堂秋欽大師碑·龍淵堂明識大師碑·金堂印海碑·鳳岩堂眞覺大師碑를 건립. 1763년 日暹 漢瓊 등이 錦波堂三瑀大師碑를 건립. 1816년(純祖 16) 處閒이 寂默堂後閣을 중건. 1856년(哲宗 7) 聖連이 改金佛事를 봉행. 1866년(高宗 3) 朴彰俊이 前郡守 李源珪感恩記를 述. 1894년 聖連이 佛殿 10間을 중건. 郡守 李爽信이 本寺를 興龍庵이라 改扁〈楡岾寺本末寺志, 769－770p, 鉛印本〉

明月舍堂印海之碑:1743년(英祖 19) 碑를 건립〈上同, 786p〉

鳳岩大師眞覺之碑:1743년 건립〈上同, 785p〉

浮屠:錦波堂浮屠, 鳳岩堂浮屠, 月波堂浮屠, 龍淵堂浮屠, 慧月堂浮屠 등이 있다

龍淵堂大師明識之碑:1743년 건립〈上同, 785p〉

優婆夷慧月堂眼光舍利碑:1738년(英祖 14) 碑를 건립〈上同, 787p〉

月波堂大師秋欽之碑:1743년 건립〈上同, 785p〉

錦波堂碑銘:1763년 건립〈上同, 784p〉

斗玫 書 「咸豊九年己未長淵寺塗排記, 1844年」〈上同, 778p〉

朴齊煥 撰 「長淵寺事蹟, 1929年」〈寺刹全書, 986p〉「自願同絜文, 1930年」〈楡岾寺本末寺志, 779p, 鉛印本〉

朴彰俊 撰 「長淵寺感恩記, 1866年」〈上同, 776p〉「長淵寺施主記, 1866年」〈上同〉「長淵寺僧軍矯捄序, 1867年」〈上同, 778p〉

李爽燮 撰 「興龍庵上梁文, 1876年」〈上同, 783p〉

李爽信 撰「興龍庵記, 1876年」〈上同, 777p〉

知幻 撰 「金城郡長淵寺寂默堂後閣記, 1816年」〈上同, 775p〉

장연사(長淵寺)²

경기 開城市에 있던 절〈瀛隱集, 卷2 16張, 石印本〉

金尙鈺(1723－1774) 詩「長淵寺 在松都」〈上同〉

장원암(壯元庵)

전남 光山郡 壯元峰에 있던 절〈寺刹全書, 972p〉

장유사(長遊寺)

경남 金海郡 長有面 大淸里 佛母山에 있는 절〈朝鮮寺刹一覽〉

一名 長遊庵. 원래 駕洛國의 王后寺, 그 뒤 臨江寺, 長遊寺 등으로 개명〈寺刹全書, 987p〉

장의사(莊[藏·壯·庄]義寺)

서울 鍾路(옛 西大門)區 新營洞에 있던 절. 신라 武烈王(653－660)이 백제와 싸워 전사한 長春郎·罷郎을 위해 659년(신라 武烈王 6) 창건. 고려 睿宗·仁宗·毅宗 등이 행차. 世宗(1418－1450)때 集賢殿 학사들이 독서하던 곳으로 삼았다가 중기에 폐함. 지금 洗劍亭初等學校가 있는 곳〈寺刹全書, 989p〉

1452년(端宗 1) 조정에서 齋를 설행〈李朝實錄佛敎鈔存, 卷5 36張〉

1463년(世祖 9) 조정에서 佛像 4구를
조성하여 봉안〈上同, 卷5 86張〉
1504년(燕山 10) 폐사하고 승려를 축
출하라고 전교〈上同, 卷12 18張〉
1506년(燕山 12) 本寺를 철훼〈上同,
卷12 21張〉
莊義寺址幢竿支柱：국유 보물 제235호.
1940년 지정. 화강석으로 통일신라 때
건립 추정. 현재 洗劍亭初等學校 부지
에 보존〈文化財大觀；寶物篇〉
장의암(藏義庵)
경남 固城郡 巨流面 新龍里 巨流山에
있는 절. 632년(신라 善德王 1) 元曉
가 창건. 1891년(高宗 28) 聖潭이 중
건. 1917년 虎峰이 중건〈寺刹全書,
990p〉
장일암(藏一庵)
충북 沃川郡에 있던 절〈불교사전,
763p〉
장재암(長在庵)
강원 高城郡 水洞面 新垈里에 있던 절
〈寺刹全書, 987p〉
장정사(長汀社)
함남 定平郡에 있던 절〈李朝實錄佛敎
鈔存, 卷1 79張〉
1414년(太宗 14) 金佛像에 땀이 났다
〈上同〉
장천사(障川寺)
경북 月城(옛 慶州)郡에 있던 절〈寺
刹全書, 988p〉
장춘사(長春寺)
경남 咸安郡 漆北面 榮東里 武陵山에
있는 절.〈불교사전, 764p〉
신라 때 창건 추정. 一名 長春庵〈寺刹
全書, 987p〉
長春寺石造如來坐像：地有 제7호. 1972
년 지정. 신라말기－고려초기 제작 추
정〈文化遺蹟總覽〉
長春寺五層石塔：地有 제68호. 1974년
지정. 조선후기 건립 추정. 현재 4층만

남음〈上同〉
金昌稷 撰「長春庵山靈閣記」〈寺刹全
書, 988p〉
장춘암(長春庵)
황해 金川郡(옛 牛峰) 聖居山에 있던
절〈寺刹全書, 988p〉
장파사(長波寺)
전북 完州郡 母岳山에 있던 절〈寺刹全
書, 988p〉
장항사(麞項寺)⇒ 弘濟寺 참조
장화사(長華寺)
경기 驪州郡 金沙面 道谷里에 있던 절.
고려말기 창건. 19세기경 폐사. 石佛 2
좌와 彌勒 2구가 남음〈寺刹全書,
988p〉
成文濬(1559－1626) 詩「滯雨長和寺,
癸巳」〈滄浪集拾遺, 2, 筆寫本〉
장흥사(長興寺)[1]
경기 驪州郡 象頭山에 있던 절. 肅宗 말
기에 폐사〈寺刹全書, 988p〉
長興寺鐘：1392년(고려 恭讓王 4) 건
립. 현재 서울 奉恩寺에 보관.〈韓國金
石全文, 中世下 1244p, 許興植 編〉
金涌(1557－1620) 詩 「宿長興寺…」
〈雲川集, 卷2 15張, 木板本〉
法堅(仁祖朝僧) 撰 「驪州象頭山長興
寺重創勸善文」〈奇岩集, 卷3, 木板本〉
장흥사(長興寺)[2]
경북 月城郡 西面에 있던 절〈寺刹全
書, 988p〉
장흥사(長興寺)[3]
경북 義城郡 點谷面 東邊洞에 있던 절.
고려 때 창건. 寺址 30m 지점에 7층석
탑이 1900년경까지 있었으나 日帝 때
이전한 사실이 있으며, 현재는 塔基壇
部 일부가 있을 뿐〈文化遺蹟總覽〉
장흥사(長興寺)[4]
전남 羅州郡에 있던 절. 曹溪『眞覺國
師語錄』에 이 절의 기록이 있다〈寺刹
全書, 988p〉

장흥암(長興庵)
경남 河東郡에 있던 절 〈寺刹全書, 988p〉

장흥원(長興院)
경기 開城에 있던 절. 1167년(고려 毅宗 21) 王이 이 절에 행차하여 음주하면서, 右承宣 金敦中에게 賦詩하도록 명령 〈寺刹全書, 988p〉

재림사(梓林寺)
경기 開城에 있던 절. 1108년(고려 睿宗 3) 王이 행차 〈寺刹全書, 900p〉

재불암(齋佛庵)
전북 南原郡 蚊龍山에 있던 절 〈寺刹全書, 990p〉

재성암(再醒庵)
함남 德源郡 府內面 三越里 盤龍山에 위치 〈朝鮮寺刹一覽〉

재운암(載雲庵)
경기 江華郡 喬桐面에 있던 절. 華嚴寺를 북쪽에 이전. 載雲庵으로 개명 〈寺刹全書, 990p〉

적기암(赤旗庵)
전남 求禮郡(옛 文畓洞)에 있던 절 〈寺刹全書, 990p〉

적도사(赤道寺)
위치 未詳 〈東文選, 卷19 16張, 木板本〉
金富軾(1075-1151) 詩「赤道寺」〈上同〉

적련사(赤蓮寺)⇒ 積石寺 참조

적련암(赤蓮庵)
전남 海南郡 三山面 九林里 頭輪山에 있는 절. 大興寺에 부속 〈寺刹全書, 990p〉

적멸사(寂滅寺)
경북 淸道郡 內延山에 있던 절. 禪宗에 소속 〈寺刹全書, 991p〉

적멸암(寂滅庵)[1]
경기 開城 부근에 위치 〈韓山世稿, 卷1; 訥齋稿 32張, 石印本〉

李泰淵(1615-1669) 詩 「過寂滅古寺…」〈上同〉

적멸암(寂滅庵)[2]
강원 高城郡 外金剛面 倉垈里에 있던 절. 神溪寺의 부속 암자 〈불교사전, 766p〉〈寺刹全書, 991p〉

적멸암(寂滅庵)[3]
경기 開豊郡 天磨山에 있던 절 〈불교사전, 766p〉

적명암(寂明庵)
강원 高城郡 杆城面 新安里 乾鳳寺의 부속 암자. 1161년(고려 毅宗 15) 창건. 1606년(宣祖 39) 惠能이 중건. 1776년경 폐사 〈寺刹全書, 991p〉
『乾鳳寺本末事蹟』에는 巨津邑 冷泉里에 위치한 것으로 기록

적산사(積山寺)
경북 星州郡 積山에 있던 절. 李稷(1362-1431)이 옛집을 희사하여 만든 절 〈寺刹全書, 992p〉

적석사(積石寺)[1]
경기 江華郡 內可面 古川里 高麗山에 있는 절. 416년(고구려 長壽王 4) 天竺이 開山하여 赤蓮寺라 함. 뒤에 積石寺로 개명. 1544년(中宗 39)·1574·1634년 각각 중수 〈寺刹全書, 992p〉〈불교사전, 766p〉
1252년(고려 高宗 39) 완성된 大藏經板을 이곳에 보관했다가 白蓮寺·傳燈寺를 거쳐 海印寺에 이관 〈文化遺蹟總覽〉
1593년(宣祖 26) 妙淨이 禪堂을 중건. 1639년(仁祖 17) 靈允이 僧堂을 중건. 1644년(同王 22) 妙淨이 樓閣을 중건. 1705년(肅宗 31) 香爐殿을 중건. 1707년 普益 勝鑑 등이 樓閣을 중수. 1714년 一行이 事蹟碑를 건립. 1919년 住持 朴南夏가 大法堂을 철회하여 寮舍 1동을 수리 〈傳燈本末寺誌, 77-84p, 鉛印本〉

李冲謙 撰 梁應準 刻「高麗山積石寺之
碑, 1714年」〈上同, 78p〉
적석사(積石寺)²
서울 道峰區 三角山에 있던 절〈寺刹
全書, 992p〉
적석암(積石庵)
강원 鐵原郡 寶盖山에 있던 절〈寺刹
全書, 992p〉
적선사(積善寺)¹
경남 泗川郡 臥龍山에 있던 절〈寺刹
全書, 993p〉
적선사(積善寺)²
충남 扶餘(옛 鴻山)郡 天寶山에 있던
절〈寺刹全書, 993p〉
적수암(寂守庵)
경북 尙州郡 化西面에 있던 절〈寺刹
全書, 991p〉
적암(寂菴)
경기 開城에 있던 절로 추정〈牧隱文
藁, 卷6 10張, 木板本〉
李穡(1328-1396) 撰「寂菴記」〈上
同〉
적조사(寂照寺)¹
경남 昌寧(옛 靈山)郡 靈鷲山에 있던
절〈寺刹全書, 991p〉
적조사(寂照寺)²
安養山에 있던 절〈韓國金石全文, 中
世下 1133p, 許興植 編〉
寂照寺般子 : 1327년(고려 忠肅王 14)
조성〈上同〉
적조암(寂照庵)¹
강원 高城郡 金剛山에 있던 절. 楡岾
寺의 부속 암자〈불교사전, 767p〉
적조암(寂照庵)²
경기 開城 淸凉山에 있던 절〈불교사
전, 767p〉
적조암(寂照庵)³
경기 開豊郡 嶺南面 天磨山에 있던 절
〈寺刹全書, 991p〉
적조암(寂照庵)⁴

경북 金陵郡 代項面 黃岳山에 위치.
直指寺의 부속 암자〈直指寺志, 139p,
筆寫本〉
적조암(寂照庵)⁵
경북 義城郡 多仁面 鳳井洞 飛鳳山에
있는 절. 大谷寺의 부속 암자. 1368년
(고려 恭愍王 17) 指空이 창건. 1605
년(宣祖 38) 坦祐가 중건. 1687년(肅
宗 13) 太顚이 중건〈불교사전, 767p〉
〈寺刹全書, 991p〉
적조암(寂照庵)⁶
경북 靑松(옛 義城)郡 府東面 周王山
에 있던 절〈寺刹全書, 991p〉
적조암(寂照庵)⁷
서울 城北區 敦岩洞 三角山에 있는
절. 興天寺의 부속 암자. 1849년(憲宗
15) 興天寺 주지 慧庵性慧가 창건〈寺
刹全書, 991p〉
적조암(寂照庵)⁸
함남 德源郡 府內面 永康里 盤龍山에
위치〈朝鮮寺刹一覽〉
적지사(赤地寺)
전남 寶城郡에 있던 절〈栢潭集, 卷1
18張, 木板本〉
具鳳齡(1526-1586) 詩 「寶城赤地
寺」〈上同〉
적천사(磧川寺)
경북 淸道郡 淸道邑(옛 大城面) 院洞
華岳山에 있는 절. 828년(신라 興德王
3) 心地가 창건. 1190년(고려 明宗 20)
普照가 중건〈寺刹全書, 993p〉
兜率庵이 山內에 부속
申維翰(1681-?) 詩「磧川寺過方丈英
禪師, 五絶」〈靑泉集, 卷1 26張, 木板
本〉
적화사(赤化寺)
충북 永同郡에 있던 절〈寺刹全書,
991p〉
전각사(全角寺)
경남 陜川郡 鳳山面 苧浦里에 있던 절,

寺址에 塔坮 2기가 남음 〈寺刹全書, 993p〉

전곡사(轉谷寺)

충남 天原(옛 木川)郡 聖居山에 있던 절 〈寺刹全書, 1000p〉

전등사(傳燈寺)

경기 江華郡 吉禪面 溫水里 鼎足山 三郎城內에 있는 절 〈朝鮮寺刹一覽〉 381년(고구려 小獸林王 11) 阿道가 開山하여 眞宗寺라 함. 1266년(고려 元宗 7) 중건. 1282년(고려 忠烈王 8) 王妃가 印奇를 宋나라에 보내어 大藏經을 印出하여 이 절에 봉안케 하고, 玉燈을 헌납함으로 인하여 傳燈寺라 개명. 1337년(고려 忠肅王復位 6) 중수. 1341년(고려 忠惠王復位 2) 중수. 1619년(光海 11) 志敬이 중건. 1625년(仁祖 3) 중건. 1660년(顯宗 1) 藏史閣을 두었다가 1909년 史册을 서울로 이관. 1932년 주지 普仁이 중수 및 三聖閣 중건 〈寺刹全書, 993−1000p〉 1605년(宣祖 38) 화재로 절반이 소실. 1614년(光海 6) 전부 소실. 1615−1621년간 중건. 1660년(顯宗 1) 留守 柳淰이 璿源閣과 藏史閣을 香山으로부터 移建하고, 1678년(肅宗 4) 實錄을 봉안. 1707년(肅宗 33) 留守 黃欽이 史閣을 改建하고 別館을 건립한 뒤 翠香堂이라 명명하고 譜史權奉所로 함. 1719년(同王 45) 本寺先生案을 비치. 1726년(英祖 2) 王이 행차하여 翠香堂의 題額을 御書. 1749년(英祖 25) 對潮樓를 改建. 1761년(同王 37) 法殿 三尊像에 改金. 1767년(同王 43) 十王像에 補缺重修. 1784년(正祖 8) 조정에서 鼎足倉을 건설. 1828년(純祖 28) 조정에서 鼎足倉 施設節目을 마련. 1839년(憲宗 5) 十王等 各殿을 중수. 1855년(哲宗 6) 大雄殿을 중건. 1871년(高宗 8) 조정에서 砲糧庫를 건설.

1873년(同王 10) 江華民人이 巡撫千摠 梁憲洙의 紀念碑를 건립. 1876년(同王 13) 大雄殿과 藥師殿을 重修·盖瓦. 1880년(同王 17) 上壇後 佛幀畫와 十王改彩佛事를 奉行. 1884년(同王 21) 地藏幀改金과 十王各部幀畫佛事를 奉行. 觀音庵을 중수. 1905년 法殿의 聖像에 改金 改粉. 1908년 폭도들의 방화로 인하여 鎭廨倉庫 등 200여 간이 소진되고, 寺宇와 史閣은 昌煥·永咸 二師의 泣淚幹旋으로 免火. 1909년 政府令으로 璿源閣을 철회하고 史册을 京城으로 운송. 1910년 郡守 韓永福이 本寺 銅香爐를 宮內府로 헌상하므로 寺刹修繕名義로 金 200圓이 下賜. 1915년 住持 昌煥이 大雄殿을 중수. 1916년 十王殿과 對潮樓 등을 보수 및 佛像에 改金. 1918년 地藏像에 改金, 冥府殿을 건립. 1932년 住持 李普仁이 大雄殿과 藥師殿을 중수하고 寂默堂·講說堂·對潮樓·冥府殿·極樂庵 등을 중건. 1933년 住持 李普仁이 三星閣을 건립. 1935년 住持 金正燮이 寺債를 정리하고 專門講院을 설립 〈傳燈本末寺誌, 1−60p, 鉛印本〉

傳燈寺大雄殿: 보물 제178호. 1939년 지정. 1605년(宣祖 38) 일부 소실. 1614년(光海 6) 전부 소실. 1615−1621년간 중건. 1916년 수리 〈文化財大觀; 寶物篇〉

傳燈寺梵鐘: 보물 제393호. 1963년 지정. 高1.64m 口徑1m. 1097년(고려 肅宗 2) 銅으로 주성. 鐘 하단에 「大宋懷州修武縣百岩山崇明寺紹聖丁丑歲丙戌(1097)念日鑄鐘一顆」의 銘文이 있다. 光復 후 富平 군기창에서 발견하여 이 절에 이전 보존 〈上同〉

傳燈寺藥師殿: 보물 제179호. 1939년 지정. 조선중기 건립 추정 〈上同〉

眞宗寺香垸: 1366년(고려 恭愍王 15)

조성 〈韓國金石全文, 中世下 1193p, 許興植 篇〉

耕齋居士 撰 「傳燈寺改金改粉改幀畫記, 1905年」〈傳燈本末寺誌, 23p, 鉛印本〉

權相老(1879－1965) 撰 「江華郡吉祥山傳燈寺寂默堂上梁文」 〈寺刹全書, 998p〉「江華郡吉祥山傳燈寺三聖殿上梁文」〈上同, 999p〉

金之淳 撰 「江華府鼎足山傳燈寺沿革, 1912年」〈寺刹全書, 994p〉

金泰洽 撰「大本山傳燈寺重修記, 1932年」〈寺刹全書, 997p〉

普演 撰 「鼎足山傳燈寺佛像重修記蹟, 1767年」〈傳燈本末寺誌, 7p, 鉛印本〉

蓮月 撰 「傳燈寺重修槪略, 1917年」〈寺刹全書, 995p〉

李建昇 撰 「傳燈寺十王及各殿重修記, 1839年」〈傳燈本末寺誌, 12p, 鉛印本〉

李穡(1328－1396) 撰 「眞宗寺記, 1366年」〈牧隱文稿, 卷1 7張, 木板本〉

一裕 撰 「傳燈寺地藏改金十王各部幀畫佛事記, 1884年」 〈傳燈本末寺誌, 22p, 鉛印本〉

林承翼 撰「對潮樓重建募緣文」〈上同, 14p〉

傳燈寺對潮樓改建略記, 1841年〈上同, 16p〉

全玩海 撰 「…傳燈寺…重修記, 1916年」〈寺刹全書, 996p〉

太虛 撰 「傳燈寺建築及佛事紀念記, 1919年」〈傳燈本末寺誌, 29p, 鉛印本〉

炫奎 撰 「傳燈寺對潮樓改建上梁文, 1841年」〈上同, 15p〉

洪瑠燮 撰 「傳燈寺大雄殿藥師殿改瓦重修記, 1876年」「上壇後佛幀與十王改彩還安記, 1880年」〈上同, 21p〉

전일암(錢日庵)

전남 靈光郡 佛甲面 母岳里 母岳山에 있는 절. 佛甲寺의 부속 암자 〈寺刹全書, 1000p〉〈불교사전, 772p〉

접성사(接聖寺)

경북 善山郡 高牙面 大望洞 大皇堂山에 있던 절. 길이 15m 정도의 石築이 있고, 石燈 下臺石으로 보이는 蓮花紋 臺石이 있다〈寺刹全書, 1000p〉〈文化遺蹟總覽〉

정각사(正覺寺)[1]

경기 始興(옛 果川)郡 부근에 있던 절인 듯〈月谷集, 卷3 5張, 芸閣印書體字本〉

吳瑗(1700－1740) 詩 「正覺寺」〈上同〉

정각사(正覺寺)[2]

경북 永川郡 華北面 正覺洞 普覺山에 있던 절. 3층석탑괴 浮屠 2기기 있디〈寺刹全書, 1001p〉

정각사(正覺寺)[3]

전남 潭陽郡 武貞面 成道里에 있는 절. 1945년 貴吾가 건립〈文化遺蹟總覽〉

정각사(正覺寺)[4]

전북 完州郡 九耳面 德川里 正覺山에 있는 절. 震默(1562－1633)이 창건. 1934년 興福이 중건〈寺刹全書, 1001p〉

정각사(正覺寺)[5]

충남 大德(옛 鎭岑)郡 押岾山에 있던 절〈寺刹全書, 1001p〉

정각사(正覺寺)[6]

충남 扶餘郡 石城面 正覺里 太祖山에 있던 절〈朝鮮寺刹一覽〉〈寺刹全書, 1001p〉

정각사(正覺寺)[7]

황해 海州市 上洞 首陽山에 위치〈寺刹全書, 1001p〉

李建昌(1852－1898) 詩「…正覺寺…」〈明美堂集, 卷6 2張, 鉛印本〉

정각사(鼎脚寺)

경북 永川郡 母子山에 있던 절〈寺刹全書, 1021p〉

정각사(淨覺寺)

항해 碧城(옛 海州)郡 牛耳山에 있던 절 〈寺刹全書, 1010p〉

정각암(正覺庵)

경북 金陵郡 甑山面 坪村里 佛靈山에 있는 절. 靑岩寺의 부속 암자 〈불교사전, 775p〉

정곡사(停穀[穀]寺)

황해 殷栗郡 南部面 停穀里 九月山에 위치. 一名 亭谷寺 〈朝鮮寺刹一覽〉 〈寺刹全書, 1010p〉

辛應時(1532-1585) 詩 「題亭谷寺殷栗」〈白麓遺稿, 卷1 3張, 木板本〉

정관사(鼎串寺)

전남 海南郡 水營 동쪽 3리에 있던 절 〈寺刹全書, 1021p〉

정광사(淨光寺)

경기 廣州郡 草月面 淨光山에 있던 절. 一名 淨光庵. 조선초기 창건 〈寺刹全書, 1010p〉

정광사(定光寺)

함남 利原郡 東面 院前里 大德山에 위치 〈朝鮮寺刹一覽〉

838년(신라 閔哀王 1) 창건하여 雲興庵이라 함. 998년(고려 穆宗 1) 중건하여 雲興寺라 개명. 1660년(顯宗 1) 定光如來齒牙舍利塔을 건립하고 定光寺로 개명 〈寺刹全書, 1005p〉

정광암(錠光庵)

경기 開豊郡 天磨山에 있던 절 〈寺刹全書, 1021p〉

정금사(井金寺)

경기 始興(옛 水原)郡 儀旺面 淸溪山에 있던 절 〈寺刹全書, 1000p〉

정금사(淨金寺)

충북 堤川郡 寒水面 驛里에 있던 절. 石佛半身像과 3층석탑이 있다 〈寺刹全書, 1010p〉

3층석탑은 1974년경 서울로 이전했다고 전함 〈文化遺蹟總覽〉

정도사(淨兜寺)

경북 漆谷郡 若木面 福星里에 있던 절. 石塔 건립이 1031년(고려 顯宗 22) 이므로, 本寺 창건도 이때로 추정 〈寺刹全書, 1010p〉

淨兜寺址五層石塔 : 보물 제357호. 1960년 지정. 현재 서울 景福宮에 위치. 화강석으로 1031년(고려 顯宗 22) 건립 「太平十一年歲次辛未(1031)…淨兜寺五層石塔造成…」이라 기록 〈文化財大觀 ; 寶物篇〉

정련사(淨蓮寺)

충남 靑陽郡 白月山에 있던 절 〈寺刹全書, 1012p〉

정륜암(正崙庵)

강원 高城郡 金剛山 舡潭 서쪽에 있던 절 〈寺刹全書, 1001p〉

정릉사(貞陵寺)

서울 부근에 있던 절인 듯 〈樊岩集, 卷19 24張, 木板本〉

蔡濟恭(1720-1799) 詩 「權孫永稷負笈貞陵寺…」〈上同〉

정리암(鄭李庵)

전남 長城郡에 있던 절. 鄭澈 李箕南이 창건했으므로 鄭李庵이라 제명 〈寺刹全書, 1021p〉

정림사(定林寺)[1]

경남 昌寧(옛 靈山)郡 靈鷲山에 있던 절. 고려 때 印度 指空이 般若樓에서 설법 〈불교사전, 776p〉

정림사(定林寺)[2]

충남 扶餘郡 扶餘邑 東南里에 있던 절. 寺址에서 「太平八年戊辰(1028)定林寺大藏當草」라고 쓰인 銘瓦가 발견됨. 石塔 건립 연대가 7세기경이므로, 本寺 창건도 이때로 추정 〈寺刹全書, 1008p〉

扶餘定林寺址石佛坐像 : 국유 보물 제108호. 1935년 지정. 화강석으로 고려 때 조성 추정. 1028년(고려 顯宗 19)

寺刹 중수와 佛像 제작이 관련 있을 것
으로 본다〈文化財大觀 ; 寶物篇〉
扶餘定林寺址五層石塔 : 국보 제19호.
1934년 지정. 화강석으로 7세기 초기
에 건립 추정. 相輪部는 일실, 1층 塔
身에 「大唐平百濟國碑銘」이라 조각.
660년(신라 武烈王 7) 權懷素의 글씨
〈上同 ; 國寶篇〉
정림사(淨林寺)¹
경북 蔚珍郡 飛鳳山에 있던 절〈寺刹
全書, 1012p〉
정림사(淨林寺)²
황해 谷山郡 白雲山에 있던 절〈寺刹
全書, 1012p〉
정림사(淨林寺)³
황해 鳳山郡 雞遊山에 있던 절〈寺刹
全書, 1012p〉
정림사(正林寺)
함남 定平郡 道安山에 있던 절〈寺刹
全書, 1001p〉
정림사(靜林寺)
위치 未詳〈翠微集, 166p, 影印本,
1974印〉
守初(1590-1668) 詩「題靜林寺」「過
靜林寺」〈上同〉
정명사(正明寺)
황해 延白(옛 白川)郡 六耳山에 있던
절〈寺刹全書, 1001p〉
정방사(淨芳寺)
충북 堤川郡 水山面 綾江里 錦繡山에
있는 절. 一名 淨芳庵〈불교사전,
777p〉
정방사(淨方寺)
충북 堤川郡에 있던 절인 듯〈西坡集,
卷4 2張, 芸閣印書體字本〉
金昌協(1651-1708) 詩「…淨方寺僧
雪淳…」〈農岩集, 卷3 16張, 鉛印本〉
吳道一(1645-1703) 詩「淨方菴敲磬
呼韻」〈西坡集, 卷4 29張, 芸閣印書體
字本〉

정방암(井方庵)
전남 海南郡에 있던 절〈寺刹全書,
1000p〉
정백사(庭栢寺)
경북 達成(옛 玄風)郡 琵瑟山에 있던
절. 교종에 소속〈寺刹全書, 1010p〉
정불사(淨佛寺)
경북 榮州郡 鳳凰山에 있던 절〈寺刹全
書, 1013p〉
정산사(定山寺)
황해 延白(옛 延安)郡 定山에 있던 절
〈寺刹全書, 1009p〉
정산암(正山庵)
평남 平原郡 朝雲面 聖德里 聖山에 있
던 절〈寺刹全書, 1001p〉
정수사(淨水寺)¹
경기 江華郡 華道(옛 下道)面 沙器里
摩尼山 아래 있는 절〈朝鮮寺刹一覽〉
639년(신라 善德女王 8) 懷正이 開山
하여 精修寺라 명명. 1426년(世宗 8)
涵虛가 중건하여 淨水寺라 개명. 1848
년(憲宗 14) 法眞比丘尼 등이 중수.
1883년(高宗 20) 根訓 比丘尼가 수
선. 一名 淨水庵〈寺刹全書, 1013-
1014p〉
1543년(中宗 38)『法華經』板刻〈文化
遺蹟總覽〉
1878년(高宗 15) 戒欣 비구니 등이 各
壇 幀畫 佛事를 봉행. 1888년(同王 25)
淨一 비구니가 觀音像과 後佛幀을 조성.
1892년 李建昌이 法堂 重修讚을 제진.
1903년 淨一이 山靈閣을 중건. 1905년
淨一이 法宇를 수선하고 各種 佛事를 봉
행. 1916년 淨一이 佛像 改金과 各壇 幀
畫 佛事를 봉행. 1937년 住持 金善英이
大雄殿 1동을 當局 보호 건물로 편입
〈傳燈本末寺誌, 105-113p〉
淨水寺法堂 : 보물 제161호. 1938년 지
정. 1423년(世宗 5) 중건. 1689년(肅
宗 15) 보수〈文化財大觀 ; 寶物篇〉

無心翁 撰「摩尼山淨水寺佛事記文, 戊子」〈傳燈本末寺誌, 108p〉

玩史 撰 「淨水寺佛像改金神衆幀佛事記, 1916年」〈上同, 112p〉

李建昇 撰 「淨水寺佛像改金功德記, 1905年」〈上同, 110p〉

李建昌(1852-1898) 撰「淨水寺法堂重修讚, 1892年」〈寺刹全書, 1013p〉

翠隱 撰 「淨水寺佛像改金後佛七星獨聖山神畫記, 1878年」〈傳燈本末寺誌, 107p, 鉛印本〉

정수사(淨水寺)[2]
경남 宜寧郡 宮柳面 雲溪里에 있던 절〈寺刹全書, 1014p〉

宣祖(1567-1608) 때 정암사라 함. 1960년 이곳에 주택을 건립하다가 彌勒像과 銅劍 2개를 발견. 폐허된 위에 木造의 작은 암자를 건립〈文化遺蹟總覽〉

정수사(淨水寺)[3]
전남 康津郡 大口面 龍雲里 天盖山에 있는 절〈朝鮮寺刹一覽〉

802년(신라 哀莊王 3) 道詵이 창건하여 妙寂寺라 명명. 그 뒤 雙溪寺라 개명. 1579년(宣祖 12) 性雲이 중건. 壬亂으로 인하여 대부분 파괴. 1665년(顯宗 6) 淨水寺라 개명〈文化遺蹟總覽〉〈寺刹全書, 1014p〉

802년 道詵이 창건했다고 하나 道詵은 827년 출생이므로 착오인 듯함〈編者〉

정수사(淨水寺)[4]
전북 完州郡 上關面 馬崎里 萬德山에 있는 절〈朝鮮寺刹一覽〉

888년(신라 眞聖女王 2) 道詵이 창건. 宣祖(1567-1608) 때 震默이 중건〈文化遺蹟總覽〉

정수사(淨水寺)[5] ⇒ 歸州寺 참조

정수사(淨水寺)[6] ⇒ 龍華寺[11] 참조

정수사(正水寺)
평남 順川郡 水庫山에 있던 절〈寺刹全書, 1001p〉

정수암(靜修庵)
경기 甕津郡 堅來山에 있던 절〈寺刹全書, 1021p〉

정수암(淨水庵)[1]
경남 泗川郡 臥龍山에 있던 절〈寺刹全書, 1014p〉

정수암(淨水庵)[2]
경남 泗川郡 龍見面 新復里에 있는 절. 1895년(高宗 32) 이선이 창건〈불교사전, 779p〉

정수암(淨水庵)[3]
경북 義城郡 龜川面 長局洞 白馬山에 있던 절〈朝鮮寺刹一覽〉

신라 興德王(826-835) 때 心地가 창건. 1852년(哲宗 3) 混虛가 중건. 1873년(高宗 10) 相峰이 중건〈寺刹全書, 1014p〉

정수암(淨水庵)[4]
부산 東萊區 金城洞 金井山에 있는 절. 國淸寺의 부속 암자〈寺刹全書, 1014p〉

정수암(淨水庵)[5]
전남 麗川郡 三日面 靈鷲山에 있는 절. 興國寺의 부속 암자〈寺刹全書, 1014p〉

정수암(淨水庵)[6]
평남 平壤市에 위치한 절〈月渚集, 卷下 388p, 影印本〉

道安(1638-1715) 撰 「平壤淨水庵北宸殿重創募緣文」〈上同〉

정수암(淨水庵)[7]
靑雲山에 있던 절. 一名 淨水寺〈月渚集, 371p, 影印本〉

道安(1638-1715) 撰 「靑雲山淨水庵大悲石像改金記」〈上同〉

정수암(靜修庵)
충남 禮山郡 象王山에 있던 절〈寺刹全書, 1021p〉

정수암(晶水庵)
충북 報恩郡 馬老面 葛坪里에 있던 절. 寺址가 세 곳이 있다. 빈대가 생기자 주

지가 빈대를 죽이는 것은 살생이라 하
여 승려들이 모두 本寺를 떠났다는 전
설이 있다〈文化遺蹟總覽〉
정수암(正水庵)
평남 平原郡 東松面 壽岩里 白石山에
있던 절〈寺刹全書, 1001p〉
정심암(淨深菴)
함북 白頭山 蓮華峰 아래 있던 절〈孤
山遺稿, 卷1 71張, 木板本〉
尹善道(1587－1671) 詩「淨深寺」〈上
同〉
정악사(定岳寺)
경기 利川郡 猪鳴山에 있던 절〈寺刹
全書, 1009p〉
정암사(淨岩寺)
강원 旌善郡 舍北邑(옛 東面) 古汀里
太白山에 있는 절. 葛來寺라 속칭. 신
라 慈藏이 창건〈불교사전, 780p〉
寂滅寶宮에 신라 善德女王(632－646)
이 慈藏에게 하사한 金襴袈裟가 보관
되어 있었는데, 1975년 11월 도난당함
〈文化遺蹟總覽〉
淨岩寺의 熱目魚棲息地 : 천연기념물 제
73호. 1962년 지정. 고기가 열이 많아
寒冷水를 찾는 곳. 5,007,630坪〈指定
文化財目錄〉
淨岩寺水瑪瑙塔 : 보물　제410호. 1964
년 지정. 高9m. 模塼石으로 고려 때 건
립 추정. 1770・1778・1874년 등 여
러 차례 중수〈文化財大觀 ; 寶物篇〉
645년(신라 善德女王 14) 신라 慈藏이
건립〈寺刹全書, 1015p〉
淨岩寺塔重修碑 : 淨岩寺　水瑪瑙塔(보
물 제410호)의　重修記를　기록한　碑.
1874년(高宗 11) 景雲이 誌〈寺刹全
書, 1018p〉
江原道旌善郡太白山淨岩寺事蹟〈寺刹
全書, 1015p〉
淨義(1856－1936) 撰「淨義行狀」〈東
宣堂遺稿, 48p〉

翠岩　撰「水瑪瑙塔重修事蹟, 1778年」
〈寺刹全書, 1017p〉
정암사(淨[正]庵寺)[1]
충남 洪城郡 廣川邑 淡山里 烏棲山에
있는 절〈불교사전, 780p〉
蔡彭胤(1669－1731) 詩「淨庵寺」〈希
菴集, 卷10 1張, 木板本〉
정암사(淨庵寺)[2]
평남 江西郡 棲鶴山에 있던 절〈寺刹全
書, 1015p〉
정암사(鼎岩寺)
충북 堤川 부근에 있던 절인 듯〈澤堂
集, 卷4 26張, 木板本〉
李植(1584－1647) 詩「鼎岩寺」〈上同〉
정암사(正庵寺)
함남 咸州(옛 咸興)郡 雲仕山에 있던
절〈寺刹全書, 1001p〉
정양사(正陽寺)[1]
강원 淮陽郡 內金剛面 長淵里 金剛山에
위치. 表訓寺의 부속 암자. 600년(고구
려 嬰陽王 11) 백제 觀勒・隆雲 등이
창건. 661년(고구려 寶藏王 20) 元曉
가 중건. 1791년(正祖 15) 중수. 일설
은 고려 太祖가 창건. 一名 正陽庵〈寺
刹全書, 1001p〉〈불교사전, 780p〉
1772년(英祖 48) 進安이 幀畫佛事를
造成. 1791년 중수〈楡岾寺本末寺志,
415p, 鉛印本〉
有一(1720－1799) 撰「表訓寺正陽庵
歇惺樓重創序」〈蓮潭大師林下錄, 卷3
22張, 鉛印本〉
日昇　撰「金剛山正陽寺藏經曝曬校正記
文, 1934年」〈楡岾寺本末寺志, 542p,
鉛印本〉
鄭始容　撰「歇惺樓重修記, 庚申」〈上
同, 476p〉
丁若鏞(1762－1836) 撰「金剛山歇惺樓
重修序」〈與猶堂全書, 1集 卷22 25張〉
「正陽寺無說堂重建記, 1861年」: 如訓
書〈楡岾寺本末寺志, 477p〉

정양사(正陽寺)²
평남 平原(옛 順安)郡 靑龍山에 있던
절〈寺刹全書, 1003p〉

정업원(淨業院)¹
경기 開城에 있던 절. 1164년(毅宗
18) 王이 本寺에 移御. 1251년(고려
高宗 31) 朴暄의 집을 내놓아 절을 만
듦. 城 안에 살던 승려들을 모아 수도
케 했다. 몽고변란 때 소실〈寺刹全書,
1019p〉
車天輅(1556−1615) 撰「淨業院仁壽
宮重創募財勸善文」〈五山集, 卷6 31
張, 木板本〉

정업원(淨業院)²
서울 鍾路區 昌德宮 後苑에 있던 절.
一名 靑龍寺. 1398년(太祖 7) 芳蕃·
芳碩亂 때 興安君 李濟가 죽고 夫人 慶
順公主가 여기서 승려가 되었으며, 또
1456년(世祖 1) 端宗王后 宋氏가 여기
서 승려가 되었다. 1475년(成宗 6) 京
都 內外에 23개 尼寺가 회철되었으나
淨業院은 남았다. 1623년(仁祖 1) 승
려가 서울 城內에 들어옴을 금하므로
이 절이 폐하게 됨〈寺刹全書, 1019p〉
1447년(世宗 29) 淨業院의 작폐가 심
하므로 禮曹에서 革罷를 上奏했으나
王은 급히 혁파하면 의지할 데 없는 寡
婦尼들이 갈 데가 없다고 생각하여 서
서히 혁파를 명령〈李朝實錄佛敎鈔存,
卷4 2張〉
1459년(世祖 5) 중건〈上同, 卷5 66
張〉
1469년(睿宗 1) 南怡장군이 역적으로
몰린 家産을 적몰하여 本院에 하사.
〈上同, 卷6 39張〉
1504년(燕山 10) 本院 尼僧은 모두 韓
致亨家·內佛堂·興天寺·香林寺에
분산 이주시키고, 佛像은 檜岩寺에 移
安하라고 傳敎〈上同, 卷12 19張〉
922년(고려 太祖 5) 道詵의 遺言에 御

命으로 창건, 靑龍寺라 명명. 1036년
(고려 靖宗 2) 萬善이 중창. 1158년(고
려 毅宗 12) 懷正이 중창. 1299년(고려
忠烈王 25) 知幻이 중창. 1392년(太祖
1) 恭愍王의 惠妃가 本寺에 住錫. 1405
년(太宗 5) 無學이 어명으로 咸興에 가
서 杜門不出하고 있는 太祖를 還宮시킨
공으로 어명으로 중창. 1512년(中宗
7) 法空이 중창. 1624년(仁祖 2) 禮順
이 중창. 1771년(英祖 47) 어명으로 중
창하고 淨業院이라 개명. 1813년(純祖
13) 화재. 이듬해 妙湛 등이 佛堂과 寮
舍를 중창. 1823년(純祖 23) 王后의 患
候 쾌유를 기원. 1902년(光武 6) 중수.
1918년 祥根이 중창. 1954−1960년까
지 輪浩가 중창〈靑龍寺志, 鉛印本〉

정인사(正因寺)¹
경기 開城市에 있던 절. 1276년(고려
忠烈王 2) 王이 本寺에 移御하여 차차
병이 나았다〈寺刹全書, 1004p〉
金守溫(1409−1481)이 本寺의 重創記
를 撰함〈新增東國輿地勝覽, 卷11 30
張, 木板本〉

정인사(正因寺)²⇒ 守國寺² 참조

정일암(淨逸庵)
서울에 있던 절. 1470년(成宗 1) 폐사
〈寺刹全書, 1019p〉

정자사(正慈寺)
경기 開豊郡 嶺北面 天磨山 박연폭포
위에 있던 절. 一名 正慈庵〈寺刹全書,
1004p〉
朴長遠(1612−1671) 詩 「遊朴淵投宿
正慈寺」〈久堂集, 卷7 24張, 木板本〉}
사〈寺刹全書, 1019p〉

정자사(正慈寺)
경기 開豊郡 嶺北面 天磨山 박연폭포
위에 있던 절. 一名 正慈庵〈寺刹全書,
1004p〉
朴長遠(1612−1671) 詩 「遊朴淵投宿
正慈寺」〈久堂集, 卷7 24張, 木板本〉

정재암(淨齋庵)

전북 井邑郡 內藏面 內藏山에 위치. 內
藏寺의 부속 암자〈寺刹全書, 1019p〉
정지방(亭止房)
충남 公州郡에 있던 절〈寺刹全書,
1010p〉
정지사(艇止寺)
충남 公州郡 公州邑 錦城洞 艇止山에
있던 절. 寺址에 瓦片이 출토〈文化遺
蹟總覽〉
정지암(井池庵)
경북 善山郡 海平面 桃李寺 남쪽에 있
던 절〈寺刹全書, 1001p〉
정진사(淨進寺)
평남 成川郡 香楓山에 있던 절〈寺刹
全書, 1019p〉
정천사(井泉寺)
경기 驪州郡 歡喜山에 있던 절. 고려
李奎報(1168－1241) 詩가 있다〈寺刹
全書, 1001p〉
정취암(淨趣庵)
경남 山淸郡 新等面 陽前里 智異山에
있는 절. 一名 淨趣寺〈불교사전, 783p〉
정토사(淨土寺)[1]
강원 溟州(옛 江陵)郡 玉溪面 樂豊里
에 있던 절. 寺址에 초석과 와편이 산
재〈寺刹全書, 1020p〉
정토사(淨土寺)[2]
경기 楊州郡 白蓮山에 있던 절. 懿淑公
主 墓가 있다〈寺刹全書, 1020p〉
정토사(淨土寺)[3]
경북 尙州郡 白蓮山에 있던 절〈慕堂
集, 卷上 78張, 筆寫本〉
洪履祥(1549－1615) 詩「題淨土僧詩
軸」〈上同〉
정토사(淨土寺)[4]
전북 長水郡 德裕山에 있던 절. 一名
淨土庵〈寺刹全書, 1020p〉
정토사(淨土寺)[5]
전북 井邑郡 淨雨(옛 淨土)面 山北里
七峰山에 있는 절〈朝鮮寺刹一覽〉

1299년(고려 忠烈王 25) 曇雲이 창건.
1603년(宣祖 36) 震默이 중건〈寺刹全
書, 1020p〉
정토사(淨土寺)[6]
충남 論山(옛 恩津)郡 摩耶山에 있던
절〈寺刹全書, 1020p〉
정토사(淨土寺)[7]
위치 未詳. 신라 調信이 창건〈寺刹全
書, 1020p〉
정토사(淨土寺)[8]⇒ 白蓮寺[8] 참조
정토사(淨土寺)[9]⇒ 白羊寺 참조
정토사(淨土寺)[10]⇒ 龍頭寺[3] 참조
정토암(淨土庵)[1]
함남 利原郡 利原面 小荷田里 松林山에
위치〈불교사전, 784p〉
정토암(淨土庵)[2]
황해 安岳郡 九月山에 있던 절〈寺刹全
書, 1020p〉
정혜사(定慧寺)[1]
경북 大邱市 南區 南山洞에 있는 절.
1931년 月齋가 창건〈寺刹全書, 1009p〉
정혜사(定慧[淨惠]寺)[2]
경북 月城郡 安康邑 玉山里 紫玉山에
있던 절. 신라 때 창건 추정. 佛像 卓子
발에 「致和元年(1328：고려 忠肅王
14) 正月日造」라는 여덟 자가 새겨졌
다. 晦齋 李彦迪(1491－1553)이 여기
서 수학. 寺址에 玉山書院을 창건〈寺
刹全書, 1009・1020p〉
淨惠寺址十三層石塔：국보 제40호.
1935년 지정. 화강석으로 통일신라 때
건립 추정〈文化財大觀；國寶篇〉
정혜사(定慧[惠]寺)[3]
전남 昇州郡 西面 淸所里 雞足山에 있
는 절. 一名 古寺〈불교사전, 785p〉
신라 景德王(742－764)이 창건〈文化
遺蹟總覽〉
고려 金暄이 지은 碑銘이 있었다〈寺刹
全書, 1009p〉
朴椿齡(高麗朝人) 詩「雞足山定慧寺」

〈東文選, 卷12 18張, 木板本〉

정혜사(定慧寺)⁴
전북 完州郡 參禮邑 參禮里에 있는 절
〈文化遺蹟總覽〉

정혜사(定慧寺)⁵
전북 完州郡 所陽面에 있는 절 〈寺刹
全書, 1009p〉

정혜사(定慧寺)⁶
전북 全州市 孝子洞에 있는 절. 1900년
七星閣, 1921년 普光殿, 1937년 法堂
을 각각 건립. 比丘尼의 수도장 〈文化
遺蹟總覽〉

정혜사(定慧寺)⁷
충남 禮山郡 德山面 斜川里 德崇山에
있는 절 〈朝鮮寺刹一覽〉
599년(신라 眞平王 21) 智明이 창건.
1930년 滿空이 중건 〈불교사전, 785p〉
見性庵, 金剛庵, 金仙臺, 獅子庵, 鶴棲
庵 등이 山內에 부속

정혜사(定惠〔淨慧〕寺)¹
충남 靑陽郡 赤谷面 花山里 七甲山에
있는 절 〈朝鮮寺刹一覽〉〈寺刹全書,
1009·1021p〉
南庵, 中窟庵, 中庵 등이 山內에 부속

정혜사(定惠寺)²
평남 价川郡에 있던 절 〈寺刹全書,
1009p〉

정혜사(定惠寺)³
위치 未詳. 고려 睿宗(1105-1122) 때
慧照가 칙명을 받아『遼本大藏經』3부
를 遼나라에서 구해 와서, 1부는 海印
寺 1부는 定惠寺 1부는 許參政 집에 보
관하였다고 한다 〈寺刹全書, 1009p〉
〈文化遺蹟總覽〉

정혜사(淨惠寺)
평북 昌城郡 雲林山에 있던 절 〈寺刹
全書, 1021p〉

정혜암(定慧〔惠〕庵)
전북 完州郡 雨林面 石佛里 高德山에
있는 절 〈불교사전, 786p〉

정흥사(正興寺)
전남 寶城郡 伽倻山에 있던 절 〈寺刹全
書, 1004p〉

제륜사(濟淪寺)
전북 完州郡 千太山 부근에 있던 절인
듯 〈稼亭集, 卷20 9張, 木板本〉
李穀(1298-1351) 詩 「遊千太山濟淪
寺」〈上同〉

제명사(題明寺)
경기 開城 帝釋山 박연폭포 위에 있던
절. 고려 題明이 있던 곳. 밤나무 1000
株와 잣나무 1000株를 題明이 심었다
고 전함 〈寺刹全書, 1022p〉

제석사(帝釋寺)¹
경북 慶山郡 慈仁面 北四洞 道天山에
있는 절 〈朝鮮寺刹一覽〉
1625년(仁祖 3) 惟贊이 창건. 1802년
(純祖 2) 孫大權이 중건. 1910년 月波
가 중건. 1933년 萬湖가 중수. 一名 帝
釋庵 〈寺刹全書, 1021p〉

제석사(帝釋寺)²
전남 高興郡 大西面 金馬里에 있는 절.
고려 때 사찰. 1968년 중건 〈文化遺蹟
總覽〉

제석사(帝釋寺)³
평남 江東(옛 三登)郡 九龍山에 있던
절 〈寺刹全書, 1022p〉

제석사(帝釋寺)⁴
평북 定州郡 帝釋山에 있던 절 〈寺刹全
書, 1022p〉

제석원(帝釋院)
경기 開城에 있던 절. 928년(고려 太祖
21) 신라 洪慶이 唐나라에서『大藏經』
1부를 배에 싣고 禮成江에 이르니, 고
려 太祖가 친히 맞아 本寺에 봉안. 949
년(고려 定宗 4) 王의 병이 위독하여
동생 昭에게 양위하고, 本寺에 移御한
뒤 昇遐 〈寺刹全書, 1022p〉

제월암(霽月庵)¹
전남 長城(옛 興德)郡 逍遙山에 있던

절〈寺刹全書, 1022p〉
제월암(霽月庵)²
전북 高敞郡 逍遙山에 있던 절 〈불교
사전, 789p〉
제위원(濟危院)
경기 開城에 있던 절. 1053년(고려 文
宗 7) 창건〈불교사전, 789p〉
제자굴(弟子窟)
경기 開豊郡 聖居山에 있던 절. 윗절인
法達窟에는 西域 스님 法達이 있었고.
아랫절인 弟子窟에는 제자가 있었다고
함〈寺刹全書, 1021p〉
제중암(濟衆庵)
황해 殷栗郡 九月山에 있던 절. 一名
望海庵. 信川郡守 朴簹가 창건〈寺刹
全書, 1022p〉
조계사(曹溪寺)¹
경북 慶山郡 馬鞍山에 있던 절〈寺刹
全書, 1023p〉
조계사(曹溪寺)²
서울 鍾路區 壽松洞에 있는 절. 一名
覺皇寺·太古寺. 한국 불교의 중앙기
관. 日帝 때 寺刹令에 의하여 31개 本
末寺로 구분되어 산만하던 불교 교단
을 통일하기 위하여 1929년 불교 禪·
敎 兩宗 宗憲을 제정하고 중앙교무원
을 설립. 1937년 조선 불교 總本山을
설립하기로 결의. 17만원으로 이곳에
覺皇寺를 이전. 다시 北漢山城 안에 있
는 太古寺를 이전하는 형식을 취하여
太古寺라는 이름으로 한국불교 총본산
이 되었다. 1955년 한국불교 정화운동
이 이루어지면서 曹溪寺로 개명〈불교
사전, 791p〉
서울 壽松洞의 白松 : 천연기념물 제9호
(구국보 제37호) 1962년 지정〈文化
遺蹟總覽〉
조계사(曹[漕]溪寺)³
함남 德原郡 盤龍山에 있던 절〈寺刹
全書, 1023p〉

조계사(曹[漕]溪寺)⁴
함남 定平郡 高山面 南陽里 五峰山에
있던 절〈寺刹全書, 1023p〉
조계암(曹溪庵)¹
강원 高城郡 金剛山 舡潭 동쪽에 있던
절〈寺刹全書, 1023p〉
李忔(1568-1601) 詩 「曹溪庵題贈機
師兼示祥師」〈雪汀集, 卷2 13張, 木活
字本〉
조계암(曹溪庵)²
경남 梁山郡 下北面 千聖山에 위치. 內
院寺의 부속 암자〈寺刹全書, 1023p〉
조계암(曹溪庵)³
전남 昇州郡 松廣面 新坪里 曹溪山에
위치. 松廣寺의 부속 암자. 1650년(孝
宗 1) 化主 望悅이 중수〈寺刹全書,
714p〉
조계암(曹溪庵)⁴
전북 金堤郡 金山面 金山里 母岳山에
있던 절. 金山寺의 부속 암자〈寺刹全
書, 1023p〉
조계암(曹溪庵)⁵
평북 寧邊郡 百嶺面 上草洞 妙香山에
위치〈불교사전, 792p〉
道安(1638-1715) 詩 「香山曹溪庵逢
良悅師」〈月渚集, 224p, 影印本〉
조곡사(朝谷寺)
경남 咸安郡 艅航面 主西里에 있던 절.
〈寺刹全書, 1023p〉
신라말기 건립 추정. 부근에 瓦片이 산
재. 3층석탑이 있던 것을 面事務所에
이전〈文化遺蹟總覽〉
조면사(造緜寺)
강원 春城郡 西面 月松里에 있던 절.
寺址에 3층석탑이 있다 〈寺刹全書,
1023p〉
조묘암(祖妙庵)
전북 金堤(옛 金溝)郡에 있던 절〈寺
刹全書, 1022p〉
조연사(槽淵寺)⇒ 斷俗寺 참조

조왕사(造旺寺)
충북 淸原(옛 淸州)郡 北二面 靈下里
에 있던 절. 6層方塔 坐佛像 天然石에
조각한 立佛像 8尊이 있다〈寺刹全書,
1023p〉

조운암(祖運庵)
강원 三陟郡 未老面 頭陀山에 있는 절.
天恩寺의 부속 암자〈寺刹全書, 1022p〉

조원암(祖元庵)
강원 金剛山에 위치한 절인 듯〈天鏡
集, 卷上, 木板本〉
海源(1691－1770) 詩「次祖元庵板上
韻」〈上同〉

조원암(祖院庵)
위치 未詳〈和隱集, 卷2 16張, 木板本〉
李時恒(1672－1736) 詩 「宿祖院菴」
〈上同〉

조월암(祖月庵)
평남 孟山郡에 있던 절 〈寺刹全書,
1022p〉

조제암(鳥啼庵)
강원 高城郡 縣內面 明波里 金剛山에
위치〈朝鮮寺刹一覽〉
772년(신라 惠恭王 8) 眞表가 창건하
여 觀音寺라 함. 1358년(고려 恭愍王
7) 懶翁이 중건. 1465년(世祖 11) 王
命으로 중건하여 鳥啼庵으로 개명. 그
뒤 雲谷이 중수. 1896년 機月이 서쪽 5
리 되는 곳에 이전. 1903년 다시 옛터
에 이전. 1910년 禪和가 중수〈寺刹全
書, 1022p〉
1927년 大蓮이 佛像을 改金하고, 中鐘
을 勸化寄付〈乾鳳寺本末事蹟, 207p,
鉛印本〉

조주사(趙州寺)
전북 金堤(옛 金溝)郡 象頭山에 있던
절. 一名 趙州庵〈寺刹全書, 1023p〉

진조사(珍照寺)⇒ 圓覺寺[4] 참조

조천사(朝天寺)
경기 龍仁郡 外四面 長坪里 鎭南山에

있는 절〈불교사전, 796p〉

족암(足庵)
경기 開城市 松岳 옆에 있던 절〈西河
集, 卷5 15張, 木活字本〉
林椿(고려 明宗朝人) 撰 「足庵記,
1181年」〈上同〉

존자암(尊者庵)
제주 漢拏山 기슭에서 서쪽 40리에 있
던 절〈寺刹全書, 1023p〉

존현사(尊賢寺)
충남 瑞山郡 象王山에 있던 절〈寺刹全
書, 1024p〉

종련암(鍾蓮庵)
강원 高城郡 西面 百川橋里 金剛山에
있던 절. 楡岾寺의 부속 암자〈불교사
전, 799p〉

종산암(鍾山庵)
평남 陽德郡 上龍面 仲里 曉鍾山에 있
던 절. 一名 曉鍾寺. 寺址에 浮屠와 碑
가 있다. 碑에는 「照影塔庚午建」이라
조각〈寺刹全書, 1024p〉

종죽암(種竹庵)⇒ 竹林寺[8] 참조

좌변굴(左邊窟)
전북 高敞郡 雅山面 三仁里 兜率山에
있는 절. 禪雲寺의 부속 암자. 신라 眞
興王(540－575)이 本寺에 유숙한 적이
있었다〈寺刹全書, 1024p〉

주륵사(朱勒寺)
경북 善山郡 桃開面 多谷洞 冷山에 있
던 절 〈불교사전, 802p〉〈文化遺蹟總
覽〉
1418년(太宗 18) 山이 무너지고 물이
용솟음쳐서 절이 매몰되어 승려 2명이
죽었다〈李朝實錄佛敎鈔存, 卷1 90張〉
安震(?－1360) 撰 「慧覺禪師碑」〈寺
刹全書, 1024p〉

주리사(主吏寺)
경남 咸安郡 艅航面 主西里 艅航山에
있던 절. 현재 民墓 두 곳이 위치. 주위
에 건물 기단과 石塔材 등이 산재〈寺

刹全書, 1024p〉
主吏寺址獅子石塔 : 地有 제8호. 1972년 지정. 신라 때 건립 추정. 主吏寺址에 있던 것을 日帝 때 咸安面事務所에 이전. 光復 後 咸安中學校에 이전. 원래 5층석탑으로 추정. 이전 당시 獅子像을 변형시켰다〈文化遺蹟總覽〉

주림사(畫林寺)
충북 淸原(옛 淸州)郡 加德面 屛岩里에 있던 절. 寺址에 石佛坐像과 2層方塔이 있다〈寺刹全書, 1025p〉

주미사(舟尾寺)
충남 公州郡 利仁面 舟尾里 舟尾山에 있던 절. 현재는 田地와 과수원으로 되었다. 寺址 남쪽에 석등 대석 암석에 舍利孔과 石塔材가 발견〈寺刹全書, 1025p〉〈文化遺蹟總覽〉

주방사(周房寺)
경북 靑松郡 周房山에 있던 절〈寺刹全書, 1025p〉

주사암(朱砂庵)
경북 月城郡 西面 泉村里 五峰山에 있는 절. 신라 文武王(660-680) 때 창건〈불교사전, 803p〉
金牛庵이 山內에 부속

주석원(呪錫院)
전북 完州(옛 全州)郡 母岳山에 있던 절. 신라 惠通(신라 文武王朝僧)이 있던 곳〈寺刹全書, 1025p〉

주선암(杜宣庵)
전남 潭陽郡 昌平面 三川里에 있는 절. 1962년 건립〈文化遺蹟總覽〉

주성사(柱城寺)
경남 陜川郡 龍洲面 龍旨里에 있던 절. 寺址에 축대 일부와 瓦片이 남음〈文化遺蹟總覽〉

주송사(朱松寺)
전남 羅州(옛 南平)郡 楓山에 있던 절〈寺刹全書, 1024p〉

주안사(朱鴈寺)
경기 仁川市 南區 間石洞 朱雁山에 있던 절. 一名 朱雁庵, 藥師庵〈文化遺蹟總覽〉
富川郡 多朱面 間石里에 위치〈寺刹全書, 1024p〉

주암사(朱岩寺)
경북 慶州市 富山 남쪽에 있던 절〈寺刹全書, 1024p〉
金克己(고려 明宗朝人) 詩序에 의하면 「절 뒤쪽 산에 持麥石이란 절경의 台岩이 있는데 慶州 부근이 한눈에 들어오고 아울러 멀리 바다까지 바라다보이는 台岩 위에는 백여 명이 앉을 수 있는 바위가 있는데, 여기에서 金庾信 장군이 군사들과 같이 연회를 베풀었다」는 기록과 많은 逸話기 있는 것으로 보이 신라 때 창건으로 추정〈新增東國輿地勝覽, 卷21 31張, 木板本〉

주암사(酒岩寺)
평남 大同郡 林原面 酒岩山 북쪽에 있던 절〈寺刹全書, 1026p〉

주왕암(周王庵)
경북 靑松郡 府東面 上宜洞 周王山에 있는 절. 大典寺의 부속 암자〈불교사전, 804p〉
權濟敬(1737-1814) 詩 「周王庵, 甲午」〈克難齋集, 卷1 2張, 木活字本〉
金是榲(1598-1669) 詩「周王寺」〈瓢隱集, 卷1 18張, 木板本〉
李中洙(1863-1946) 詩「周王庵」〈二柳齋集, 卷2 8張, 木活字本〉
許薰(1836-1907) 詩「周王菴」〈舫山集, 卷5 2張, 木板本〉

주운사(住雲寺)
경북 義城郡에 있던 절〈寺刹全書, 1025p〉

주운암(住雲庵)
충북 報恩郡 內俗離面 俗離山에 있던 절. 法住寺의 부속 암자〈寺刹全書, 1025p〉

李春英(1563－1606) 詩 「住雲庵俗離山」〈體素集, 卷上 4張, 木板本〉

주월암(住月庵)

경북 義城郡 舍谷面 陽地洞 佛出山에 있는 절. 一名 住月寺〈불교사전, 804p〉

주지암(住智[持]庵)

전북 南原郡 二白面 陽街里 智異山에 있는 절. 一名 住智寺〈불교사전, 804－805p〉

1695년(肅宗 21) 창건. 1912년 惠能이 수리〈文化遺蹟總覽〉

주포사(周浦寺)

충남 扶餘郡 天寶山에 있던 절〈寺刹全書, 1024p〉

죽기사(竹基寺)

함북 慶源郡에 있던 절〈寺刹全書, 1026p〉

죽림사(竹林寺)¹

경남 昌寧(옛 靈山)郡 靈鷲山에 있던 절〈寺刹全書, 1026p〉

죽림사(竹林寺)²

경북 善山郡 飛鳳山에 있던 절〈寺刹全書, 1026p〉

죽림사(竹林寺)³

경북 善山郡 善山面 校洞에 있던 절. 통일신라 때 창건 추정. 통일신라 때 건립으로 추정되는 3층석탑이 있다〈文化遺蹟總覽〉

죽림사(竹林寺)⁴

경북 安東郡 西後面 城谷洞에 있던 절. 3층석탑이 있다〈寺刹全書, 1026p〉

죽림사(竹林寺)⁵

경북 永川郡 琴湖邑 鳳竹洞 遊鳳山에 있는 절〈朝鮮寺刹一覽〉

신라 809년(憲德王 1) 창건〈寺刹全書, 1026p〉

壬亂 때 소실, 그 후 중건. 1950년 동란으로 폐사. 그 후 중건. 石塔材를 모아 石塔을 중건〈文化遺蹟總覽〉

죽림사(竹林寺)⁶

경북 淸道郡 華陽面 新奉洞 華岳山에 위치〈朝鮮寺刹一覽〉

1862년(哲宗 13) 載月이 창건. 1934년 碧雲이 중건〈寺刹全書, 1026p〉

죽림사(竹林寺)⁷

경북 浦項市 龍興洞에 있는 절. 1915년 창건. 1970년 중수〈文化遺蹟總覽〉

죽림사(竹林寺)⁸

전남 羅州郡 南平面 楓林里 中峰山에 있는 절. 신라 訥祇王(417－457) 때 阿度가 창건. 옛날은 鍾竹庵〈불교사전, 805p〉

竹林寺浮屠：淸溪大師碑(2기)　1740년 건립〈文化遺蹟總覽〉

韓伯愈(1675－1742) 詩「竹林寺」〈鰲川遺稿, 卷1 18張, 石印本〉

죽림사(竹林寺)⁹

전남 長城(옛 珍原)郡 竹林山에 있는 절〈寺刹全書, 1026p〉

죽림사(竹林寺)¹⁰

전남 珍島郡 臨淮面 竹林里 女貴山에 있던 절〈文化遺蹟總覽〉〈寺刹全書, 1026p〉

죽림사(竹林寺)¹¹

전남 咸平郡 母岳山에 있던 절〈寺刹全書, 1026p〉

죽림사(竹林寺)¹²⇒ 靈井寺 참조

죽림암(竹林庵)

전북 任實郡 任實面 城街里 龍腰山에 있는 절〈불교사전, 805p〉

9세기경 眞鑑(774－850)이 창건. 壬亂 때 소실. 1950년 동란으로 소실, 이후 중건. 1974년 중수〈文化遺蹟總覽〉

죽방사(竹防寺)

경북 永川郡 竹防山에 있던 절〈寺刹全書, 1026p〉

죽사(竹寺)¹

전남 羅州郡에 있던 절〈寺刹全書, 1026p〉

죽사(竹寺)²

전남 務安郡에 있던 절 〈寺刹全書, 1026p〉

죽사(竹寺)[3]

충남 瑞山郡 仁旨面 成里 飛龍山에 있는 절 〈불교사전, 805p〉

죽사(竹寺)[4] ⇒ 金剛寺[7] 참조

죽송암(竹松庵)

위치 未詳 〈澤堂集, 卷1 4張, 木板本〉

李植(1584-1647) 詩「過竹松庵」〈上同〉

죽음사(竹陰寺)

전남 海南郡에 있던 절 〈寺刹全書, 1026p〉

죽장사(竹長〔藏〕寺) ⇒ 三藏寺[1] 참조

죽장사(竹杖寺)[1]

경북 善山郡 飛鳳山에 있던 절 〈불교사전, 805p〉

죽장사(竹杖寺)[2]

충북 忠州에 있던 절. 1170년(고려 毅宗 24) 忠州牧副使 崔元鈞이 나라에 주청하여 老人星에 祭하니, 그날 밤 壽星이 나타나므로, 王이 크게 기뻐하고 百官이 稱賀. 21일 후 壽星이 다시 나타나니, 王이 太子는 福源宮에서 平章事 許洪材는 賞春亭에서 醮하고 左承宣 金敦中은 本寺에서 祭하도록 각각 명령 〈寺刹全書, 1026p〉

죽장암(竹杖庵)

경기 楊平郡 彌智山에 있던 절. 본래 開峴庵. 1377년(고려 禑王 3) 覺照가 중수 〈寺刹全書, 1027p〉〈불교사전, 805p〉

普雨(1515-1565) 詩 「至龍峯竹杖庵」〈虛應堂集, 308p, 影印本〉

李穡(1328-1396) 撰「砥平縣彌智山竹杖菴重營記」〈牧隱文藁, 卷2 12張, 木板本〉

洪泰猷(1672-1715) 詩「竹杖菴」〈耐齋集, 卷1 3張, 芸閣印書體字本〉

죽전사(竹田寺) ⇒ 表忠寺[1] 참조

죽조암(竹祖庵)

전북 金堤郡 金山面 金山里 母岳山에 있던 절. 金山寺의 부속 암자 〈寺刹全書, 1027p〉

죽천사(竹泉寺)

경북 善山郡 飛鳳山에 있던 절 〈寺刹全書, 1027p〉

중가타암(中伽陀庵)

경북 榮州郡 小白山에 있던 절. 上伽陀庵 참조 〈寺刹全書, 1027p〉

중건암(中建庵)

함남 北靑郡 大德山에 있던 절 〈旅菴遺稿, 卷11 23張, 木活字本〉

申景濬(1712-1781) 撰「碧峯禪師碑銘」禪師의 法名은 體洽, 字는 影月, 俗姓은 高, 1691-1770년까지 생존 〈上同〉

중견성암(中見性庵)

경기 楊平郡 龍門面 彌智山 龍門寺 부근에 있던 절 〈寺刹全書, 1027p〉

중고암(中庫庵)

충북 報恩郡 內俗離面 俗離山에 있던 절. 法住寺의 부속 암자 〈寺刹全書, 1028p〉

중관음암(中觀音庵)[1]

강원 高城郡 外金剛面 倉垈里 金剛山에 있던 절. 神溪寺의 부속 암자 〈불교사전, 807p〉

扶穎 撰「中觀音記」〈楡岾寺本末寺志, 249p, 鉛印本〉

중관음암(中觀音庵)[2]

강원 淮陽郡 內金剛面 金剛山에 있던 절. 長安寺의 부속 암자. 신라 때 창건. 1881년(高宗 18) 石潭이 중건 〈寺刹全書, 1028p〉

1914년 洪允이 중수 〈楡岾寺本末寺志, 303p, 鉛印本〉

長安寺中觀音庵重修募緣文, 1914年 〈上同, 382p〉

중관음암(中觀音庵)[3]

충북 報恩郡 內俗離面 俗離山에 있던
절. 法住寺의 부속 암자 〈寺刹全書,
1028p〉

중관음암(中觀音庵)[4]
충북 永同郡 黃澗面 白華山에 있던
절. 般若寺의 부속 암자 〈寺刹全書,
1028p〉

중광사(重光寺)
경기 開城에 있던 절. 1012년(고려 顯
宗 3) 창건. 一名 慧日重光寺인 듯〈寺
刹全書, 1031·1167p〉

중궁암(中穹庵)
경북 尙州郡 內西面 露岳山에 위치. 南
長寺의 부속 암자〈寺刹全書, 1027p〉
1752년(英祖 28) 제작한 佛幀과 銅鐘
이 있다〈文化遺蹟總覽〉
1881년(高宗 18) 寶山 應月 등이 중건
〈寺刹全書, 1027p〉

중기사(中基寺)
전북 任實郡 新坪面 龍岩里에 있던 절.
신라 때 창건. 壬亂 때 소실. 寺址에 石
佛坐像·鐵佛坐像 등이 있다〈文化遺
蹟總覽〉
任實龍岩里石燈 : 보물　제267호.　1943
년　지정.　高5.18m〈文化財大觀 ; 寶物
篇〉

중남암(中南庵)
전북 高敞郡 雅山面 三仁里 兜率山에
있던 절. 禪雲寺의 부속 암자. 1677년
(肅宗 3) 化主 處仁이 창건 〈寺刹全
書, 1028p〉

중내원암(中內院庵)
강원 高城郡 西面 百川橋里 金剛山 彌
勒峰 아래 위치. 楡岾寺의 부속 암자.
1213년(고려 康宗 2) 창건. 1545년(仁
宗 1) 중수. 1879년(高宗 16) 愚隱이
중수〈寺刹全書, 1028p〉
高時寅 撰「金剛山中內院萬壽閣記,
1879年」〈楡岾寺本末寺志, 68p〉

중대사(中臺寺)[1]

강원 三陟郡 頭陀山에 있던 절. 三和寺
인 듯〈불교사전, 807p〉

중대사(中臺寺)[2]
경북 奉化郡 奉化面 三溪里 文殊山에
있는 절. 685년(신라 神文王 5) 義湘이
창건. 1851년(哲宗 2) 승희가 중건.
1947년 映湖가 현지에 이전〈불교사전,
807p〉

중대사(中臺寺)[3]
경북 安東郡 豊山邑(옛 豊北面) 西薇
洞 鶴駕山에 있는 절〈불교사전, 807p〉
원래 上·中·下 3臺寺가 있었는데, 上
·下臺寺는 일찍이 없어지고, 中臺寺만
보존되어 오다가 1949년경 共匪들의
준동으로 폐사. 1955년 중건〈文化遺
蹟總覽〉
金壽恒(1629－1689) 詩 「…中臺寺道
文上人」〈文谷集, 卷6 13張, 木板本〉
柳成龍(1542－1607) 詩 「夏日寓中臺
寺」〈西厓集, 卷2 27張, 木板本〉
李東標(1644－1700) 詩 「鶴駕山中臺
寺次六老座上韻」〈懶隱集, 卷2 13張,
木板本〉

중대사(中臺寺)[4]
경북 榮州(옛 順興)郡 文殊山에 있던
절〈寺刹全書, 1028p〉
道庵이 山內에 부속

중대사(中臺寺)[5]
전북 鎭安郡 聖壽山에 있던 절〈寺刹全
書, 1028p〉
敬軒(1542－1632) 撰 「聖壽山中臺寺
法堂落成齋疏」〈霽月堂集〉
海眼(?－1636) 撰「聖壽山中臺寺法堂
落成齋疏」〈中觀大師遺稿, 421p, 影印
本〉

중대사(中臺寺)[6]
황해 碧城郡 牛耳山에 있던 절〈寺刹全
書, 1028p〉

중대사(中岱寺)
함남 洪原郡 鶴泉面 豊溪里에 있던 절.

부근에 浮屠와 墓碑가 각각 1기씩 있
었다고 전함〈寺刹全書, 1028p〉
중대암(中臺庵)[1]
강원 平昌郡 珍富面 東山里 五臺山에
있던 절. 月精寺의 부속 암자〈불교사
전, 807p〉
金時習(1435－1493) 詩「中臺」〈梅月
堂集, 卷10 20張, 癸酉字本〉
許薰(1836－1907) 詩 「中臺」〈舫山
集, 卷5 22張, 木板本〉
중대암(中臺庵)[2]
경기 楊州郡 東豆川邑 逍遙山에 있던
절〈불교사전, 807p〉
중대암(中臺庵)[3]
경남 陜川(옛 草溪)郡 彌陀山에 있던
절〈寺刹全書, 1028p〉
曹善迪(1697－1756) 詩 「中臺庵, 壬
子」「再登中臺庵…」〈恥齋集, 卷1 1
張, 木板本〉
중대암(中臺庵)[4]
경북 奉化郡 鳳城面 愚谷里 文殊山에
있는 절〈불교사전, 807p〉
중대암(中臺庵)[5]
전남 潭陽郡 昌平面 龍龜山에 위치.
1697년(肅宗 23) 一王이 彌陀庵을 이
전〈旅菴遺稿, 卷4 38張, 木活字本〉
申景濬(1712－1781) 撰 「中臺菴記」
〈上同〉
중대암(中臺庵)[6]
충남 保寧郡 嵋山面 龍水里 峨嵋山에
있는 절〈불교사전, 807p〉
중도솔암(中兜率庵)
경남 南海郡 錦山에 있던 절〈寺刹全
書, 1028p〉
중령대(中靈臺)
강원 金剛山에 있던 절 〈寺刹全書,
1028p〉
중림사(重林寺)
경북 慶山郡 珍良面 上林洞에 있던 절
인 듯〈韓國金石全文, 中世上 539p, 許

興植 編〉
重林寺飯子 : 1109년(고려 睿宗 4) 조성
〈上同〉
중미륵암(中彌勒庵)
충북 報恩郡 內俗離面 俗離山에 있던
절. 法住寺의 부속 암자〈寺刹全書,
1029p〉
중보현암(中普賢庵)
충북 報恩郡 內俗離面 俗離山에 있던
절. 法住寺의 부속 암자〈寺刹全書,
1029p〉
중봉사(中峰寺)
경남 金海郡 長有面 佛母山에 있던 절.
寺址에 돌담과 초석 일부가 산재〈寺刹
全書, 1029p〉
중봉암(中峰庵)[1]
강원 三陟郡 頭陀山에 있던 절〈寺刹全
書, 1029p〉
중봉암(中峰庵)[2]
함남 安邊郡 黃龍山에 있던 절〈寺刹全
書, 1029p〉
중비로암(中毘盧庵)
평북 寧邊郡 北薪峴面 妙香山에 위
치. 普賢寺의 부속 암자〈寺刹全書,
1029p〉
중사자암(中獅子庵)[1]
충북 報恩郡 內俗離面 俗離山에 있는
절. 法住寺의 부속 암자〈寺刹全書,
1029p〉
720년(신라 聖德王 19) 창건. 仁祖
(1623－1649) 때 어명으로 중건. 1757
년(英祖 33) 중건〈文化遺蹟總覽〉
權相夏(1641－1721) 詩 「中獅子菴」
〈寒水齋集, 卷1 17張, 木板本〉
鄭宗魯(1738－1816) 詩「中獅子庵, 聯
句」〈立齋集, 卷3 4張, 木板本〉
중사자암(中獅子庵)[2]
평북 寧邊郡 北薪峴面 下杏洞 妙香山에
위치. 普賢寺의 부속 암자〈寺刹全書,
1029p〉〈불교사전, 809p〉

중산사(中山寺)[1]
경남 咸安郡 咸安(옛 邑內)面 康命里
에 있던 절. 부근에 塔基壇 일부와 瓦
片이 산재〈寺刹全書, 1029p〉

중산사(中山寺)[2]
함북 鏡城郡 漁郎面 中峰山에 있던 절
〈寺刹全書, 1029p〉

중생사(衆生寺)
경북 慶州市에 있던 절 〈寺刹全書,
1032p〉
一然(1206-1289) 撰 「三所觀音衆生
寺」〈三國遺事, 卷3, 木板本〉

중서대사(中西臺寺)
충남 錦山(옛 珍山)郡 西臺山에 있던
절〈寺刹全書, 1030p〉

중선암(中仙庵)
강원 金剛山에 있던 절인 듯〈和隱集,
卷3 36張, 木板本〉
李時恒(1672-1736) 詩 「過中仙下仙
廢庵」〈上同〉

중성암(中聖庵)
경기 開城 부근에 있던 절인 듯〈天游
詩集, 2張, 鉛印本〉
朴文逵(1805-1888) 詩 「中聖庵雜
咏」〈上同〉

중심사(中心寺)
충남 公州郡 雞龍山에 있던 절 〈寺刹
全書, 1030p〉

중암(中庵)[1]
경북 慶山郡 慈仁面 金鶴山에 위치. 大
興寺의 부속 암자〈寺刹全書, 1031p〉

중암(中庵)[2]
경북 善山郡 舞乙面 太祖山에 위치. 水
多寺의 부속 암자〈寺刹全書, 1030p〉

중암(中庵)[3]
경북 星州郡 月恒面 棲鎭山에 위치. 禪
石寺의 부속 암자〈寺刹全書, 1030p〉

중암(中庵)[4]
충남 大德郡 山內面 政生里 天庇山에
있던 절 〈朝鮮寺刹一覽〉〈寺刹全書,

1030p〉

중암(中庵)[5]
충남 靑陽郡 赤谷面 七甲山에 위치. 定
惠寺의 부속 암자〈寺刹全書, 1030p〉

중암사(重岩寺)[1]
평북 義州郡 禾岩山에 있던 절〈寺刹全
書, 1031p〉

중암사(重岩寺)[2]
황해 長淵郡 磚石山에 있던 절〈寺刹全
書, 1031p〉

중암사(重庵寺)[1]
함남 洪原郡 豆無山에 있던 절〈寺刹全
書, 1030p〉

중암사(重庵寺)[2]
함북 明川郡 七寶山에 있던 절〈寺刹全
書, 1030p〉

중암암(中岩庵)
경북 永川郡 淸通面 治日洞 八公山에
있는 절. 銀海寺의 부속 암자. 834년
(신라 興德王 9) 心地가 창건 〈불교사
전, 810p〉

중애사(重愛寺)⇒ 禪雲寺 참조

중원사(中元寺)
전북 茂朱郡 赤裳山에 있던 절 〈寺刹全
書, 1030p〉

중은사(中隱寺)
위치 未詳〈漢陰文稿, 卷1 17張, 木板
本〉
李德馨(1561-1613) 詩 「題中隱寺僧
性默」〈上同〉「…中隱寺…」〈上同, 卷
1 22張〉

중지장암(中地藏庵)
충북 報恩郡 內俗離面 俗離山에 있던
절. 法住寺의 부속 암자〈寺刹全書,
1030p〉

중천사(中天寺)
함남 新興(옛 咸興)郡 千佛山에 있던
절〈寺刹全書, 1030p〉

중초사(中初寺)
경기 安養市(옛 始興郡 東面) 安養洞

에 있던 절 〈寺刹全書, 1030p〉
모든 유물이 石水洞에 있는 것으로 보
아 寺刹의 위치가 石水洞으로 추정
中初寺址幢竿支柱：국유　보물　제4호.
현재 石水洞 유유산업內 위치. 1934년
지정. 화강석으로 826년(신라 興德王
1) 조성. 「寶曆二年歲次丙午(826)…」
라 銘文〈文化財大觀 ; 寶物篇〉
中初寺址磨崖鐘：寺址의　암벽에　鐘을
陽刻한 것으로 풍우에 심히 마멸되었
으나, 신라 興德王(826－835) 때 조각
된 작품으로 전함〈文化遺蹟總覽〉
中初寺址三層石塔：보물 제5호. 1934년
지정. 현재 石水洞 유유산업內에 위치.
화강석으로 고려중기 이후 건립 추정.
1960년 유유산입 공정긴실로 인하여
本塔도 원 위치에서 약간 이전〈文化
財大觀 ; 寶物篇〉
중화사(重華寺)
충북 永同郡 永同邑 花新里 天摩山에
있는 절. 신라 武烈王(654－660) 때
義湘이 창건. 고려 一然(1206－1289)
이 중건. 본래 摩尼寺라 함. 壬亂 때 兵
火. 1677년(肅宗 3) 櫟山이 중건하여
重華寺라 개명〈불교사전, 812p〉
1908년 白衣가 보수〈文化遺蹟總覽〉
중환사(中歡寺)
충북 報恩郡 內俗離面 俗離山에 있던
절. 法住寺의　부속　암자〈寺刹全書,
1031p〉
중흥사(重興寺)[1]
경기 開城에 있던 절. 1053년(고려 文
宗 7) 1087년(고려　宣宗 4) 1102년
(고려 肅宗 7) 각각 王이 행차〈寺刹全
書, 1032p〉
李奎報(1168－1241) 撰「同京重興寺
說金經文」〈東國李相國集, 卷39 2張,
木板本〉「同京重興寺佛像點眼文」〈上
同, 卷39 3張〉「同京重興寺說金經文龍
王歡喜願」〈上同, 卷39 8張〉

중흥사(重[中]興寺)[2]
경기 高陽郡 神道邑 北漢里 露積峰 남
쪽에 있던 절〈文化遺蹟總覽〉
1344년(고려 忠穆王 1) 政丞 蔡河中이
靑銅鏤銀香爐 1座를 重興寺 大佛殿에
奉獻, 李穡(1328－1396)이 撰한 碑銘
이 있었다. 肅宗(1674－1720) 때 北漢
山城을 쌓고, 北漢山城 都總攝이 있던
절. 本寺는 王室에 바치는 중요한 藥料
의 造煉을 담당. 1915년 홍수로 인하여
폐사〈寺刹全書, 1031p〉
重興寺鈑子：1103년(고려 肅宗 8) 조성
〈韓國金石全文, 中世上 534p, 許興植
編〉
重興寺香爐：1344년(고려　忠惠王復位
5) 주성〈上同, 中世下 1160p〉
李德懋(1741－1791) 撰「重興寺」〈靑
莊館全書, 卷3 71張 ; 嬰處文稿, 卷1 影
印本〉
知濯(1750－1839) 撰「漢北重興寺檀
越設齋上別文」〈三峯集, 50張〉
중흥사(重興寺)[3]
평남 平壤市 仁興里에 있던 절. 1154년
(고려 毅宗 8) 西京 重興寺 창건〈寺刹
全書, 1032p〉
고려 太祖가 黃龍寺九層塔을 모방 건립
하였는데, 遼의 군대가 파괴〈불교사
전, 812p〉
9층탑을 고려 太祖가 세운 것으로 보아
이때 本寺가 창건된 것으로 추정
李奎報(1168－1241) 撰「同京重興寺說
金經文」　「同京興國寺諸魂利往說金經
文」「同京重興寺佛像點眼文」〈東國李
相國集, 卷39 2張, 木板本〉「東京重興寺
說金經文」「同京金剛寺文豆婁道場文」
〈上同, 9張〉「王后殿還願佛宇通行齋文」
「西京重興寺說金經文」〈上同, 12張〉
중흥사(重興寺)[4]
함남 三水郡 好仁面 聖居山에 있던 절
〈寺刹全書, 1032p〉

중흥사(中興寺)
전남 光陽郡 玉龍面 雲坪里에 있는 절.
신라 道詵(827-898)이 창건. 그 후
소실. 1958년 중건. 1963년 증축〈文
化遺蹟總覽〉
中興山城三層石塔 : 보물 제112호. 1935
년 지정. 통일신라 때 건립〈文化財大
觀 ; 寶物篇〉

증각사(証覺寺)
경기 長湍郡 津西面 寶鳳山 華藏寺 위
에 있던 절〈불교사전, 813p〉
李穡(1328-1396)의 詩가 있다〈寺刹
全書, 1033p〉

증각암(証覺庵)
전남 光州市 無等山에 있던 절〈寺刹
全書, 1033p〉

증산사(甑山寺)
경기 開城宮城 서쪽에 있던 절. 921년
(고려 太祖 4) 창건〈불교사전, 814p〉
李集(1314-1387) 詩 「訪中菴於甑山
寺不遇, 二首」〈遁村遺稿, 卷2 11張,
木活字本〉

증심사(證心寺)
전남 光州市 東區(옛 光州郡 孝池面)
雲林洞 無等山에 있는 절〈朝鮮寺刹一
覽〉
865년(신라 景文王 5) 澈鑑이 창건.
1094년 (고려 宣宗 11) 慧照가 중수.
1443년(世宗 25) 監司 金傚이 중수.
1609년(光海 1) 중수. 1950년 동란으
로 소실〈寺刹全書, 1033p〉
1970년 중건〈文化遺蹟總覽〉
證心寺鐵造毘盧舍那佛坐像 : 보물 제131
호. 1936년 지정. 鐵로 통일신라 때 조
성. 光山郡 瑞方面 東溪里에 있던 것을
1934년 현지에 이전〈文化財大觀 ; 寶
物篇〉
證心寺三層石塔 : 地有 제4호. 1972년
지정. 9세기경 本寺 창건 당시 건립 추
정. 1971년 해체 복원〈文化遺蹟總覽〉

證心寺五層石塔 : 고려초기 건립 추정.
1933년 중건. 중건 당시 국보가 출품되
었으나 분실〈上同〉
證心寺七層石塔 : 조선중기 건립 추정
〈上同〉

증암사(甑岩寺)
함북 慶源郡에 있던 절〈寺刹全書,
1033p〉

지거사(智居寺)
경남 晋陽(옛 晋州)郡 智異山에 있던
절〈寺刹全書, 1043p〉
鄭夢周(1337-1392) 詩 「送智異山智
居寺住持覺冏上人」〈圃隱集, 卷2 18
張, 木板本〉

지곡사(智[知]谷寺)[1]
경남 山淸(옛 山陰)郡 山淸面 內里 智
異山에 있던 절. 통일신라 때 창건. 주
초석과 석조물 등이 산재〈寺刹全書,
1042·1043p〉
智谷寺址浮屠(2기) : 1기는 1776년(英
祖 52) 1기는 1785년(正祖 9) 각각 건
립〈文化遺蹟總覽〉
王融 撰 「山淸知谷寺眞觀禪師悟空塔
碑」981년(고려 景宗 6) 건립〈韓國金
石全文, 中世上 422p, 許興植 編〉
泓宥(1718-1774) 撰 「遊山陰智谷寺
記」〈秋波集, 卷3 5張, 木板本〉「智谷
寺蓮堂記」〈上同, 卷3 6張〉「智谷寺龍
華堂記」〈上同, 卷3 7張〉

지곡사(智谷寺)[2]
경남 陜川郡 鳳山面 鴨谷里에 있던 절.
寺址에 瓦片이 산재〈寺刹全書, 1043p〉

지궐사(支闕寺)
경기 開豊郡 鳳東面 鳳東里에 있던 절.
寺址에 초석이 산재〈寺刹全書, 1033p〉

지덕암(地德庵)
강원 淮陽郡 內金剛面 長淵里 金剛山에
있던 절. 表訓寺의 부속 암자〈불교사
전, 818p〉

지덕암(旨德庵)⇒ 禁夢庵 참조

지력사(智力寺)
위치 未詳〈孤潭逸稿, 卷2 1張, 木活字本〉
李純仁(1543－1592) 詩 「訪智力寺」〈上同〉

지림사(智林寺)
경북 奉化郡 文殊山에 있던 절〈寺刹全書, 1043p〉

지묘사(智妙寺)
경기 開豊郡 聖居山에 있던 절. 927년(고려 太祖 10) 창건〈寺刹全書, 1043p〉

지무암(智無庵)
강원 束草市(옛 襄陽郡 道川面 獐項里) 雪嶽山에 있던 절. 神興寺의 부속 암지〈寺刹全書, 1043p〉

지무암(知無庵)
경남 陜川郡 伽倻面 緇仁里 伽倻山에 있는 절. 海印寺의 부속 암자〈불교사전, 819p〉

지방사(池方寺)
경북 榮州 부근에 위치했던 절인 듯〈退溪集, 卷1, 木板本〉
李滉(1501－1570) 詩 「池方寺瀑布, 二首」〈上同〉

지보암(持寶庵)[1]
경북 軍威郡 軍威面 上谷洞 船放山에 있는 절. 一名 持寶寺〈불교사전, 820p〉
673년(신라 文武王 13) 義湘이 창건. 1942년 중수〈文化遺蹟總覽〉
持寶寺三層石塔：통일신라 때 건립 추정〈上同〉

지보암(持寶庵)[2]
경북 義城郡에 있는 절. 옛날은 持寶寺〈寺刹全書, 1042p〉

지은사(智恩寺)
평남 平壤에 있던 절〈古歡堂收艸, 卷15 3張, 木活字本〉
姜瑋(1820－1884) 詩 「西京智恩寺訪徹定上人」〈上同〉

지장사(地藏〔莊〕寺)[1]
강원 溟州(옛 江陵)郡 普賢山에 있던 절. 一名 地藏庵〈寺刹全書, 1039p〉

지장사(地藏寺)[2]
강원 鐵原郡 寶盖山에 있던 절〈寺刹全書, 1039p〉
李穡(1328－1396) 撰 「寶盖山地藏寺重修記」〈牧隱文藁, 卷2 2張, 木板本〉

지장사(地藏寺)[3]
강원 通川郡 通川面 兒里에 있던 절. 觀音寺의 부속 암자. 〔신라 憲安王 19년 창건이라 하나 憲安王은 4년간 집권〕 1361년(고려 恭愍王 10) 兵火. 1376년(고려 禑王 2) 慈惠가 중건〈불교사전, 825p〉

지장사(地藏寺)[4]
경기 開城에 있던 절. 919년(고려 太祖 2) 창건. 1352년(고려 恭愍王 1) 百官이 王을 위해 祝壽齋를 설행〈寺刹全書, 1034p〉

지장사(地藏寺)[5]
경북 達城郡 八公山에 있던 절〈寺刹全書, 1034p〉
靑蓮庵이 山內에 부속

지장사(地藏寺)[6]
경북 義城郡 新平面 月沼洞 龍腰山에 있는 절. 一名 地藏庵〈불교사전, 825p〉
1652년(孝宗 3) 靈印이 창건. 1658년(孝宗 9) 차례로 건축. 1666년(顯宗 7) 靈山殿을 건립. 1677년(肅宗 3) 世元이 淸風樓를 건립. 1680년(同王 6) 法祥이 靈山殿을 중수. 1722년(景宗 2) 住持 惟聖이 法堂을 중건. 1746년(英祖 22) 玉宗 信行 등이 淸風樓를 중수. 1752년(同王 28) 熙默이 觀音殿 舊址에 靈山殿을 이전. 1765년(同王 41) 神悅이 淸風樓를 중수. 1838년(憲宗 4) 性宇 永一 등이 중수. 1847년(同王 13) 影松이 極樂殿을 중건. 1861년(哲宗 12) 雲岳이 影閣을 건립. 1872년(高

宗 9) 惠雲이 凝香閣을 건립〈寺刹全書, 1034p〉

權魯慶 撰「地藏寺極樂殿重修上梁文」〈上同, 1038p〉

上之卽位十四年丁未라고 기록되었으나 十四年은 丁未가 없고, 高宗十四年은 丁丑임〈編者〉

「龍腰山地藏寺法堂重修記, 1722年」〈寺刹全書, 1034p〉「地藏寺鐘閣重修記, 1766年」「地藏寺淸風樓重修記」〈上同, 1035p〉

李喬榮 撰 「地藏寺新影閣記, 辛酉」〈上同〉

在昕 撰 「地藏寺凝香閣上梁文, 1872年」〈上同, 1037p〉

周宣 撰 「地藏寺靈山殿重修記, 1838年」〈上同, 1036p〉

弼岸 撰 「龍腰山地藏庵及淸風樓重修記, 1838年」〈上同〉

지장사(地藏寺)[7]
평북 定州郡 德達山에 있던 절〈寺刹全書, 1039p〉

지장사(紙場寺)
평남 平壤市 箕墓山 아래 들 가운데 있던 절〈寺刹全書, 1043p〉

道安(1638－1715) 撰 「平壤紙場寺慈氏殿修創勸文」〈月渚集, 402p, 影印本〉

지장선원(地藏禪院)
강원 溟州郡 城山面 普光里 滿月山 普賢寺 터에 있던 절〈불교사전, 825p〉

朗圓國師塔碑 : 940년(고려 太祖 23) 건립〈불교사전, 826p〉

지장암(地藏庵)[1]
강원 麟蹄郡 北面 雪嶽山에 있던 절. 百潭寺의 부속 암자〈寺刹全書, 1041p〉〈불교사전, 826p〉

지장암(地藏庵)[2]
강원 春城郡 北山面 淸平里에 있던 절. 淸平寺의 부속 암자〈불교사전, 826p〉

지장암(地藏庵)[3]

강원 鐵原郡 新西面 內山里 寶盖山에 있는 절. 一名 地藏寺. 深源寺의 부속 암자. 860년(신라 憲安王 4)〔憲安王 19년 庚辰이라 했으나 庚辰은 同王 4년임〕창건. 1376년(고려 禑王 2) 慈惠가 중건〈불교사전, 826p〉〈寺刹全書, 1039·1041p〉

지장암(地藏庵)[4]
강원 淮陽郡 內金剛面 金剛山에 위치. 長安寺의 부속 암자. 고려 白翁居士가 득도한 곳. 1873년(高宗 10) 石潭이 중건〈寺刹全書, 1041p〉

李縡(1680－1746) 詩 「地藏菴逢訥上人」〈陶菴集, 卷2 31張, 倣整理字本〉

쁟岑 撰 「長安寺地藏庵重創記, 1874年」〈楡岾寺本末寺志, 338p, 鉛印本〉

지장암(地藏庵)[5]
경기 加平郡 雲岳山에 있던 절〈寺刹全書, 1041p〉

지장암(地藏庵)[6]
서울 東部 駱駝山에 있던 절. 1924년 信士 姜在喜가 중건. 1939년 廣州郡 中部面 炭里 星浮山에 있던 法輪寺를 현지에 이전〈寺刹全書, 1039p〉

法雲 撰 「地藏庵開創記, 1943年」〈上同, 1040p〉

지장암(地藏庵)[7]
서울 西大門區 延禧洞에 있는 절. 碑峰에 있던 것을 1910년 李仁弼이 현지에 이전〈불교사전, 826p〉

지장암(地藏庵)[8]
전남 高興郡 八嶺山에 있던 절〈枕肱集, 17張, 木板本〉

懸辯(1616－1684) 撰 「八嶺山地藏庵丹靑募緣文」〈上同〉

지장암(地藏庵)[9]
전남 谷城郡 梧山面 善世里 聖德山에 있는 절. 觀音寺의 부속 암자〈불교사전, 826p〉

지장암(地藏庵)[10]

전남 和順郡 二西面 永坪里 無等山에 있는 절 〈불교사전, 826p〉

지장암(地藏庵)[11]
전북 扶安郡 山內面 邊山에 있는 절. 來蘇寺의 부속 암자 〈寺刹全書, 1041p〉

지장암(地藏庵)[12]
황해 信川郡 用珍面 貝葉里 九月山에 위치. 貝葉寺의 부속 암자 〈불교사전, 826p〉

지장암(地藏庵)[13]
황해 黃州郡 都峙面 都峙里 慈悲山에 있는 절 〈불교사전, 826p〉

지조암(指祖庵)
강원 三陟郡 北坪邑 頭陀山에 있는 절. 三和寺의 부속 암자. 府使 尹曙이 중건 〈寺刹全書, 1042p〉

지조암(知照庵)
경북 安東郡 西後面 天燈山에 있는 절. 鳳停寺의 부속 암자 〈寺刹全書, 826p〉 「獨抱道德」이라는 宣祖 御筆 현판이 있다 〈文化遺蹟總覽〉

지족암(知足庵)[1]
강원 鐵原郡 寶盖山에 있던 절 〈寺刹全書, 1042p〉

지족암(知足庵)[2]
경기 開豊郡 天磨山 淸凉峰 밑에 있던 절. 신라 때 창건. 1786년(正祖 10) 法城 道演 등이 백여 년 동안 폐사되었던 터에 중건. 本庵 뒤 千尺의 石壁이 절경이다 〈寺刹全書, 1042p〉
中宗(1506-1544) 때 名妓 黃眞伊와 知足禪師 및 徐花潭의 逸話가 있는 절 〈編者〉
徐敬德(1489-1546) 詩 「知足寺」 〈花潭集, 卷1 7張, 木活字本〉
林椿(고려 高宗時人) 撰 「足庵記」 〈西河集, 卷5 15張, 木板本〉

지족암(知足庵)[3]
경남 陜川郡 伽倻面 緇仁里 伽倻山에 있는 절. 海印寺의 부속 암자 〈불교사

전, 827p〉

지천사(支天寺)
서울에 있던 절. 1397년(太祖 6) 王이 행차. 1398년(太祖 7) 江華 禪源寺에 고려 대장경판을 옮겼다가 다시 本寺에 옮김 〈寺刹全書, 1033p〉

지통사(智通寺)
경기 安城(옛 竹山)郡 飛鳳山에 있던 절 〈寺刹全書, 1043p〉

지흥사(地興寺)
함남 永興郡 仁興面 城興里 成佛山에 위치 〈寺刹全書, 1042p〉

직동사(直洞寺)
경기 廣州郡에 있던 절 〈寺刹全書, 1043p〉

직지사(直指寺)
경북 金陵郡 代項面 雲水里 黃岳山에 있는 절. 418년(신라 訥祇王 2) 墨胡子가 창건. 936년(고려 太祖 19) 能如가 중수. 壬亂 때 兵火. 1610년(光海 2) 인수 명례 등이 중건. 鏡月堂碑·추담대사비·보운당부도 등 20구의 浮屠가 있다 〈불교사전, 829p〉 〈寺刹全書, 1043p〉
645년(신라 善德女王 14) 慈藏律師가 중수. 930년(敬順王 4) 天默이 중수. 景岑이 千佛像을 조성. 能如가 16羅漢像을 조성. 943년(고려 太祖 26) 本寺 서쪽에 건립. 974년(光宗 25) 坦文 克寬 등이 大藏堂을 건립. 金字大藏經 593函을 筆寫하여 봉안. 연대 미상이나 直持寺藏經散本이 朝鮮總督府博物館에 보관. 1399년(定宗 1) 內帑金으로 중수. 1488년(成宗 19) 學祖가 중수. 1561년(明宗 16) 泗溟이 禪堂을 중수하고 石鍾을 本寺 북쪽에 안치. 1596년(宣祖 29) 兵火. 1602년부터 顯宗 때까지 중건. 1658년(孝宗 9) 德念이 大鍾을 주성. 1694년(肅宗 20) 正幸이 千佛殿을 중수. 1735년(英祖 11) 大雄殿을

중건. 1741년(同王 17) 泰鑑이 本寺 事蹟碑를 건립. 1777년(正祖 1) 汲古 子가 本寺 事蹟實錄 2册을 편성. 1785년(同王 9) 摠閣이 尊像 259位를 조성하여 千佛位數를 보충. 1800년 巨榮이 禪堂을 중건. 1805년(純祖 5) 萬歲樓가 소실. 泗溟의 得度樹도 이 때 소실됐는데, 그 터에 槐木이 先樹 를 代身 소생. 1886년(高宗 23) 月珠 등이 千佛像을 改彩. 1890년 李混虛 가 天王閣을 중수. 1899년 申淸月이 千佛殿을 중수. 1911년 李春潭이 泛 鐘閣을 중건하고 七星閣을 건립. 1918년 鄭混元이 大鐘을 개주. 1928 년 각 전당을 번와 수리 〈直指寺志, 205－218p, 筆寫本〉

見佛庵, 九華庵, 金剛庵, 內院庵, 能如 庵, 兜率庵, 明寂庵, 妙寂庵, 白雲庵, 上院庵, 三聖庵, 上草庵, 西殿庵, 深寂 庵, 靈雲庵, 靈泉庵, 雲水庵, 圓寂庵, 圓通庵, 隱仙庵, 寂照庵, 千佛庵, 通仙 庵, 虎溪庵, 華藏庵 등이 山內에 부속

金山直指寺秋潭大師碑：碑銘은 姜沆 撰, 姜世白 書篆. 大師의 諱는 琯澄, 俗 姓은 白, 1582－1658년까지 생존 추 정. 1667년 碑를 건립 〈直持寺志, 282p, 筆寫本〉

本寺創業祖師能如和尙全身塔：直指寺에 위치 〈上同, 90p〉

慈通弘濟尊者泗溟大師碑：卞榮晩(1889 －1954) 撰 〈山康齋文鈔, 99張, 石印 本〉

直指寺大雄殿 앞 三層石塔：보물 제606 호. 1976년 지정. 聞慶郡 山北面 書中 里 寺址로 추정되는 곳에서 1974년 현 지에 이전 복원 〈文化財大觀；寶物篇〉
直指寺大藏殿碑 〈直指寺志. 279p, 筆 寫本〉

直指寺毘盧殿 앞 三層石塔：국유 보물 제607호. 1976년 지정. 1974년경 聞慶

郡 山北面 書中里 寺址에서 이전 〈文化 財大觀；寶物篇〉
直指寺石造藥師如來坐像：보물 제319호. 1959년 지정. 高1.61m. 화강석으로 통 일신라 때 조성 추정 〈上同〉
影子 및 浮屠：
　懶雲和尙影子
　能如和尙影子 浮屠
　晚惺和尙影子
　慕雲和尙影子
　泗溟和尙影子 浮屠
　松梅和尙影子
　影月和尙影子
　影波和尙影子
　龍江和尙影子
　靜庵和尙影子
影子大師堂名：
　聖住山無染國師慧照
　黃岳山能如祖師浮屠
　燈谷學祖和尙浮屠
　泗溟堂弘濟尊者惟政
　松坡堂覺敏大師
　碧蓮堂戒環大師浮屠
　智圓堂明禮和尙浮屠
　白蓮堂妙演大師浮屠
　慕雲堂震言大師浮屠
　醉白堂崇憲大師浮屠
　牟玄老師浮屠
　海日老師浮屠
　性輪老師浮屠
　敏悅和尙浮屠
　演玉老師水月堂浮屠
　秋潭和尙影子 浮屠 碑石
　退隱和尙影子
　學祖和尙影子 浮屠
　菡鏡和尙影子
　海門和尙影子
〈直持寺志, 71－72・169－171p, 筆寫 本〉
觀澄(號 秋潭) 撰「金山郡西黃岳山直

指寺大法堂重創記,　1735年」〈上同,
308p〉

汲古子　書「直指寺事蹟, 1776年」〈上
同, 271p〉

金雨龍　撰「直指寺泛鐘閣上梁文, 1911
年」〈上同, 344p〉

金履俊　撰　曹世永　書「金陵黃岳山直指
寺千佛殿上梁文,1899年」〈上同,301p〉

金泉郡黃鶴山直指寺碧眼堂上梁文,
1936年〈上同, 349p〉

聃訥　述　「金陵黃岳山直指寺重建禪堂
上梁文, 1800年」〈上同, 342p〉

斗成　撰　「直指寺七星閣新建上梁文,
1911年」〈上同, 344p〉

白麟基　撰　「天王閣記, 庚寅」〈上同,
401p〉「藥泉記」〈上同, 409p〉

碩蘭　撰　「金山黃岳山直指寺御筆閣新
建上梁文」〈上同, 350p〉

申學休　撰　「直指寺四天王閣重葺序,
1830年」〈上同, 384p〉

靈祐　撰「直指寺大雄殿重創記, 甲辰」
〈上同, 358p〉

胃椅　書　「金山黃岳山直指寺冥府殿梁
間錄, 1789年」〈上同, 338p〉

有信　撰　「金陵黃岳山直指寺新建御筆
閣文」「肅宗御筆拓本」〈上同, 404p〉

一聰　撰　「金陵黃岳山直指寺千佛殿上
梁文, 1768年」〈上同, 299p〉

莊玩　撰「禪堂重建記, 1800年」〈上同,
262p〉「黃岳山直指寺禪堂重建記, 1800
年」〈上同, 379p〉

鄭遠羽　撰　「極樂殿重修記」〈上同,
263p〉

鄭儒　撰「大雄殿重修上梁文, 1735年」
〈上同, 257p〉「直指寺大雄殿重創上梁
文, 1735年」〈上同, 364p〉

曹始永　撰　「念佛堂新創記」〈上同,
260p〉

趙宗著(1631－1690)　撰　李俁　書「金
山黃岳山直指寺事蹟碑銘幷序」1681년

碑를 건립〈上同, 285p〉

晴峰　撰　「金陵西嶺直指寺千佛殿重明
記, 1702年」〈上同, 353p〉

「千佛殿重創記, 1702年」〈上同, 258p〉

崔柱夏　撰　曹述　書「直指寺千佛殿重創
上梁文, 1642年」〈上同, 293p〉

皓鼎　撰　「黃岳山直指寺八相殿盖瓦記,
辛丑」〈上同, 387p〉

熙信　撰　「直指寺八相殿上梁文, 1688
年」〈上同, 306p〉

진각사(眞覺寺)

충북 淸州에 위치〈圓鑑錄, 13張, 鉛印
本〉

冲止　詩「丁丑(1277)…遊眞覺寺」〈上
同〉

진각사(津覺寺)⇒津寬寺 참조

진강사(鎭江寺)[1]

평북 龍川郡 楊光面 絃歌洞 鎭江山 북
쪽 중턱에 있던 절〈寺刹全書, 1057p〉

진강사(鎭江寺)[2]

평북 定州郡 七岳山에 있던 절〈寺刹全
書, 1057p〉

진공암(眞空庵)

경북 榮州郡 小白山에 있던 절〈寺刹全
書, 1046p〉

진관사(眞觀寺)[1]

경기 開城 남쪽 龍首山 기슭에 있던 절.
999년(고려 穆宗 2) 창건하고 太后의
願寺를 삼았다. 1051년(고려 文宗 5)
同王 23·26년 각각 王이 행차. 1170년
(고려 毅宗 24) 王이 老人星에 醮祭하
려고 判禮賓省事 金于蕃·郎中 陳力升
에게 本寺 남쪽 기슭에 堂을 건립토록
명령〈寺刹全書, 1046p〉

진관사(眞觀寺)[2]

경북 蔚珍郡 白岩山에 있던 절〈寺刹全
書, 1046p〉

진관사(津寬寺)

서울 西大門區(옛 高陽郡 神道面) 津
寬外洞 三角山에 있는 절〈朝鮮寺刹一

覽〉
신라 元曉(617-686) 창건이란 설도
있다. 옛날은 津覺寺. 1101년(고려 顯
宗 2) 창건. 1464년(世祖 10) 화재.
1470년(成宗 1) 중건. 1854년(哲宗
5) 1858년(哲宗 9) 각각 중수〈불교사
전, 830p〉〈寺刹全書, 1046p〉
1451년(文宗 1) 丹靑〈李朝實錄佛敎
鈔存, 卷5 2張〉
慈雲庵이 山內에 부속

진구사(珍丘寺)
전북 任實郡에 있던 절. 고구려 寶藏王
(642-668) 때 寂滅 義融 등이 창건
〈寺刹全書, 1048p〉

진국사(鎭國寺)[1]
경기 楊州郡 北漢山 露積峰 아래 있던
절. 英祖(1724-1776) 때 性能이 창건
〈寺刹全書, 1057p〉
李德懋(1741-1791) 撰「鎭國寺」〈靑
莊館全書, 卷3 71p ; 嬰處文稿 1, 影印
本〉

진국사(鎭國寺)[2]
경남 金海郡 月明山에 있던 절 〈寺刹
全書, 1057p〉

진국사(鎭國寺)[3]
평북 慈城郡 慈母山城 안에 있던 절
〈寺刹全書, 1057p〉

진남사(鎭南寺)[1]
경북 善山郡 金烏山城에 있던 절 〈寺
刹全書, 1057p〉

진남사(鎭南寺)[2]
함북 吉州郡 長德山에 있던 절 〈寺刹
全書, 1057p〉

진림사(榛林寺)
함북 鏡城郡 五峰山에 있던 절 〈寺刹
全書, 1057p〉

진묵사(震默寺)
전북 金堤郡 萬頃面 火浦里에 있는 절.
1633년(仁祖 11) 入寂한 震默의 모친
과 연관있는 이곳에 1931년 절을 짓고

추모〈文化遺蹟總覽〉

진봉암(鎭鳳庵)
황해 殷栗郡 長連面 西部里 富皇山에
위치. 一名 鎭鳳寺〈불교사전, 831p〉

진북사(鎭北寺)
전북 全州市 虎岩山에 있는 절. 1923년
金性根이 중건〈寺刹全書, 1057p〉

진불암(眞佛庵)[1]
강원 淮陽郡 內金剛面 長淵里 金剛山에
있던 절. 表訓寺의 부속 암자〈불교사
전, 831p〉
世祖(1455-1468)의 願刹〈寺刹全書,
1047p〉
金時習(1435-1493) 詩「梅月堂集, 卷
10 6張, 癸酉字本〉
李縡(1680-1746) 詩「眞佛菴」〈陶菴
集, 卷2 29張, 倣整理字本〉

진불암(眞佛庵)[2]
경북 奉化(옛 安東)郡 淸凉山에 있던
절〈寺刹全書, 1047p〉
金克一(?-1585) 詩 「眞佛寺老僧惠
澄」〈藥峰集, 卷2 5張, 木板本〉

진불암(眞佛庵)[3]
경북 尙州郡 白華山 남쪽에 있던 절
〈寺刹全書, 1047p〉

진불암(眞佛庵)[4]
경북 永川郡 新寧面 雉山洞 八公山에
있는 절. 고려 文宗(1046-1082) 때 混
修가 창건. 1637년(仁祖 15) 李應善이
중건. 1920년 石潭이 중건〈불교사전,
831p〉

진불암(眞佛庵)[5]
전남 海南郡 三山面 九林里 頭輪山에
있는 절. 大興寺에 부속 〈寺刹全書,
1047p〉
1630・1693년 각각 중건〈文化遺蹟總
覽〉
覺岸(1820-1896) 撰 「頭輪山眞佛庵
法堂上梁文」〈梵海禪師文集, 卷2 11
張〉「眞佛庵志序」〈上同, 卷2 18張〉

진불암(眞佛庵)⁶
충북 永同郡 黃澗面 白華山에 있던 절.
般若寺의 부속 암자〈寺刹全書, 1047p〉
진불암(眞佛庵)⁷ ⇒ 東上庵 참조
진여원(眞如院)
평북 宣川郡 所山에 있던 절〈寺刹全
書, 1047p〉
진월사(陳月寺)
경북 榮州郡 平恩面 龍穴里 鶴駕山에
있는 절. 신라 義湘(625-702)이 창
건. 1720년(肅宗 46) 雪信 戒元 등이
法堂을 중수, 爐殿을 신건. 1797년(正
祖 21) 化主 戒文이 心遠閣 중수. 1807
년(純祖 7) 時任 定信 등이 無量寶殿
중수. 1810년(同王 10) 化主 戒文이
凝香閣 중수. 1865년(高宗 2) 化主 圓
潭이 心遠閣 중수. 1891년(同王 28)
化主 曦玟이 山神閣을 중수. 1919년 주
지 普貞이 法堂을 수리. 1922년 普貞이
寮舍를 중수〈寺刹全書, 1053p〉
京客 撰 「鶴駕山陳月寺法堂佛像造成
記, 1720年」〈上同〉「鶴駕山陳月寺法
堂重修記, 1720年」〈上同, 1054p〉
金甲得 撰 「陳月寺無量寶殿重修記,
1807年」〈上同, 1055p〉
金得和 撰 「陳月寺獻畓施主記, 1772
年」〈上同, 1056p〉
星坡 撰 「榮州陳月寺法堂及心遠閣七
星如來繪畫丹靑記, 1761年」〈上同,
1054p〉
圓潭 撰 「陳月寺心遠閣重修記, 1865
年」〈上同, 1055p〉
李建模 撰 「陳月寺鬪役感惠錄, 1812
年」〈上同, 1056p〉
陳月寺心遠閣重修記, 1796年 〈上同,
1055p〉
陳月寺追思星廳記, 1812年 〈上同,
1056p〉
崔聖南 撰 「陳月寺無量壽殿三壇丹靑
記, 1775年」〈上同, 1055p〉

진적사(眞績寺)
충북 堤川郡 鳳陽面 玉田里에 있던 절.
石塔이 있었으나 1900년경 日本人에게
매도되어 없어졌다고 전함〈文化遺蹟
總覽〉
진전사(陳田寺)
강원 襄陽郡 雪嶽山에 있던 절. 신라 金
穎이 撰한 普照禪師(804-880)碑에 9
세기경 신라 道義가 창건하여 40여 년
거주. 閔漬(1248-1326)가 撰한 普覺
國尊(一然) 碑에 興定己卯(1219) 本寺
에서 祝髮했다고 전함〈寺刹全書,
1057p〉
陳田寺址浮屠 : 보물 제439호. 1966년 지
정. 화강석으로 9세기경 건립 추정. 1967
년 헤체 복원〈文化財人觀 ; 寶物篇〉
陳田寺址三層石塔 : 국보 제122호. 1966
년 지정. 화강석으로 통일신라 때 건립
추정. 1967년 해체 복원〈上同〉
진정사(鎭靜寺)¹
함남 北靑郡에 있던 절〈寺刹全書,
1057p〉
진정사(鎭靜寺)²
함남 永興郡 永興面 龍南里 東方山에
있던 절〈寺刹全書, 1057p〉
海源(1691-1770) 撰 「鎭靜寺普光殿
上梁文」〈天鏡集, 卷下〉
진조사(珍照寺) ⇒ 圓覺寺⁴ 참조
진종사(眞宗寺) ⇒ 傳燈寺 참조
진해사(鎭海寺)
경기 江華郡 江華邑 甲串里 북쪽 해변
에 있던 절. 一名 海雲寺. 禁衛營으로
僧軍을 두고 總攝으로 하여금 관리케
함〈寺刹全書, 1058p〉
1963년 木造瓦家로 海雲寺를 건립〈文
化遺蹟總覽〉
洪世泰(1653-1725) 詩「鎭海寺」〈柳
下集, 卷3 9張, 芸閣印書體字本〉
진흥사(眞興寺)
경북 金陵(옛 金泉)郡 餠岾에 있던 절

〈寺刹全書, 1048p〉
질방사(叱方寺)⇒ 喜方寺 참조
집현사(集賢寺)
경남 晋陽(옛 晋州)郡 集賢山에 있던
절〈寺刹全書, 1058p〉
징광사(澄光寺)[1]
전남 寶城郡 筏橋邑 澄光里에 있던 절.
16세기경 폐사〈寺刹全書, 1033p〉
金敦中(?-1170) 詩 「澄光寺寶城」
〈增補海東詩選, 67p, 李圭瑢 編, 鉛印
本〉
金鎭商(1684-1755) 詩 「樂安郡曉發
向澄光寺」〈退漁堂遺稿, 卷3 17張, 木

板本〉
징광사(澄光寺)[2]
전남 昇州(옛 順天)郡 樂安面 金華山
에 있던 절〈寺刹全書, 1033p〉
法宗(1670-1733) 撰 「金華山澄光寺
盖瓦勸文」〈虛靜集, 下 15p, 木板本〉
徐宗泰(1652-1719) 撰 「金華山澄光
寺雪岩禪師碑銘」〈晩靜堂集, 卷14 44
張, 芸閣印書體字本〉
懸辯(1616-1684) 撰 「金華山澄光寺
靈山殿重創記」〈枕肱集, 15張, 木板
本〉

ㅊ

차암암(遮岩庵)
평남 龍岡(옛 三和)郡 牛山에 있던 절
〈寺刹全書, 1058p〉
차인사(遮仁寺)
위치 未詳. 1343년(고려 忠惠王復位
4) 那海를 여기서 살해 〈寺刹全書,
1058p〉〈李朝實錄佛敎鈔存, 卷11張〉
착월암(着月庵)⇒ 普月寺 참조
찬수굴(攢手窟)
전남 長興郡 冠山面 支提山에 있던 절.
天冠寺 경내 위치 〈寺刹全書, 1058p〉
참당암(懺堂庵)
전북 高敞郡 雅山面 三仁里 兜率山에
있는 절. 一名 懺堂寺·大懺寺. 禪雲寺
의 부속 암자 〈寺刹全書, 1058p〉
懺堂庵大雄殿 : 地有 제76호. 1976년 지
정. 581년(신라 眞平王 3) 義雲이 창
건. 英祖(1724-1776) 때 중수 〈文化
遺蹟總覽〉
奇遵(1492-1521) 詩 「懺堂」〈服齋
集, 卷18張, 木板本〉
大懺寺事蹟記 〈寺刹全書, 298p〉
朴雨相 撰 「大懺寺〔懺堂庵〕法堂記」
〈上同, 297p〉
浩月子 撰 「大懺寺事蹟記」〈上同,
298p〉
참화사(㟔華寺)
평남 平原郡 櫻邊村 북쪽에 있던 절.
신라 善德女王 때 慈藏이 머문 곳이라
전함 〈寺刹全書, 25p〉
창기사(昌期寺)⇒ 龍門寺⁵ 참조
창내암(倉內庵)

전북 井邑(옛 古阜)郡 水光山에 있던
절 〈寺刹全書, 1060p〉
창령사(蒼嶺寺)
강원 寧越郡 石船山에 있던 절 〈寺刹全
書, 1060p〉
창룡사(蒼龍寺)
충북 忠州市 直洞 飛鳳山에 있는 절
〈불교사전, 840p〉
신라 元曉(617-686)가 창건. 고려 懶
翁(1320-1376)이 중수. 休靜(1520-
1604)이 중수. 高宗(1864-1907) 때
忠州牧使 趙秉老가 철폐하여 守備廳을
건립. 그 뒤 朴某氏가 현 寺刹을 중건.
1951년 法堂外 2동을 건립 〈文化遺蹟
總覽〉
창림사(昌林寺)
경북 慶州市 拜洞에 있던 절 〈文化遺蹟
總覽〉
慶州郡 內南面 塔里 鮑石亭 부근에 위
치. 신라 金生(711-791)이 寺碑를 썼
으므로 신라 때 寺刹로 추정. 1021년
(고려 顯宗 12) 王이 慶州 高僊寺의 金
羅袈裟·佛頂과 昌林寺의 佛牙를 尙書
右丞 李可道(?-1034)에게 內殿에 봉
안토록 명령 〈寺刹全書, 1060p〉
신라 文聖王(839-856) 때 건립한 3層
石塔材가 남음 〈文化遺蹟總覽〉
金立之 撰 「昌林寺無垢淨塔願記」855
년(신라 文聖王 17) 건립 〈韓國金石全
文, 古代 174p, 許興植 編〉
傳昌林寺法華經石片 : 〔統一新羅代〕 조
성 〈上同, 271p〉

창복사(昌福寺)
경기 開豊郡에 있던 절인 듯. 1249년
(고려 高宗 36) 晋陽公이 창건〈寺刹
全書, 1060p〉
李奎報(1168－1241) 撰「昌福寺談禪
牓」〈東國李相國集, 卷25 8張, 木板
本〉「昌福寺冬安居士楞嚴法席疏」〈上
同, 卷41 15張〉

창성사(彰聖寺)
경기 水原市(옛 水原郡 日往面) 上光
敎洞 光敎山에 있던 절. 돌담이 산재
〈寺刹全書, 1060p〉
1951년경 까지도 民家 형식의 寺刹이
있었다고 함〈文化遺蹟總覽〉
彰聖寺眞覺國師大覺圓照塔碑: 국유　보
물 제14호. 1934년 지정. 高2.12m 幅
0.81m. 碑는 粘板岩, 臺石・蓋石은 화
강석으로 1386년(고려 禑王 12) 건립.
碑銘은 李穡(1328－1396) 撰.「贈諡
眞覺國師碑銘」이라 題額. 碑尾에「洪
武十九年丙寅(1386)正月日門人開泰
寺住持妙智無碍通照大師冲述立石比丘
惠岑刻」이라 조각. 大師의 諱는 千熙,
號는 雪山, 興海人, 1307－1385년까지
생존〈文化財大觀; 寶物篇〉
李集(1314－1387) 詩「訪…彰聖寺不
遇, 三首」〈遁村遺稿, 卷2 10張, 木活
字本〉

창신사(彰信寺)⇒ 孝信寺 참조

창원사(創元寺)
평남 平原郡 龍湖面 靑雲里 伏龍山에
있던 절〈寺刹全書, 1060p〉

창화사(昌和寺)
경기 開城에 있던 절. 1360년(고려 恭
愍王 9) 王과 公主가 移御〈寺刹全書,
1060p〉

창화사(昌化寺)
경기 長湍郡 都羅山에 있던 절〈寺刹
全書, 1060p〉

채운암(彩雲庵)
충북 槐山郡 靑川面 華陽里 落影山에
있는 절〈寺刹全書, 1061p〉

채진암(採眞庵)
황해 載寧郡 長壽山에 있던 절〈寺刹全
書, 1061p〉

척반대(擲盤臺)
평북 熙川郡 南面 富城洞 妙香山에 위
치〈불교사전, 841p〉

척판암(擲板庵)
경남 梁山郡 長安面 長安里 佛光山에
있는 절. 長安寺의 부속 암자. 673년
(신라 文武王 13) 元曉가 창건. 중국
담운사가 무너져서 천 여 대중이 압사
당할 즈음에 元曉가 널쪽을 날려 모든
대중을 구했다는 전설이 있으므로 擲板
庵이라 명명. 1938년 鏡虛가 중건〈불
교사전, 841p〉
1938년 鏡虛가 중건했다고 하나,『불교
사전』에 의하면 鏡虛는 1912년까지 생
존한 기록이 있으므로 착오인 듯하다
〈編者〉

천개사(天蓋寺)
황해 新溪郡 天蓋山에 있던 절〈寺刹全
書, 1063p〉

천개암(天開庵)
경남 統營郡 光道面 安井里 碧鉢山에
있는 절. 安靜寺의 부속 암자. 1902년
永海가 창건〈불교사전, 841p〉〈寺刹
全書, 1062p〉

천계사(天界寺)
경기 開城에 있던 절로 추정〈陶隱集,
卷2 14張, 木板本〉
李崇仁(1349－1392) 詩 「天界寺…」
〈上同〉

천계사(天溪寺)
경남 咸安(옛 漆原)郡 武陵山에 있던
절〈寺刹全書, 1063p〉

천고사(天固寺)
전북 完州郡 助村面 萬成里 黃狵山에
있는 절〈불교사전, 842p〉

후백제 甄萱(?-936)이 창건. 1919년
輪金이 중건 〈寺刹全書, 1063p〉

천곡사(泉谷寺)[1]

강원 通川郡 鶴一面 下花里 黃龍山에
위치. 1739년(英祖 15) 만정이 창건
興國寺라 함. 1797년(正祖 21) 징천이
북으로 이전 泉谷寺라 개명 〈불교사
전, 842p〉

1802년(純祖 2) 善律이 大雄殿을 창
건. 1820년 善律 등이 寺蹟碑를 수립.
1832년 法行處士舍利石鐘 건립. 1833
년 소실. 1838년 大淸이 중건. 1846년
(憲宗 12) 大淸이 大雄殿과 山神閣을
중건. 1860년(哲宗 11) 幻蒙堂浮屠를
건립. 1866년(高宗 3) 大淸이 寮舍와
爐殿을 중건. 1928년 東照가 佛閣僧寮
를 수리. 1931년 金震翁이 山神閣을 수
리 〈楡岾寺本末寺志, 759-760p, 鉛
印本〉

宋太昊 撰 「通川郡鶴一面泉谷寺沿革
記, 1929年」〈上同, 765p〉

洪敬謨(1774-1851) 撰 「泉谷寺新建
紀蹟碑」1820년(純祖 20) 碑를 건립
〈上同, 762p〉

晦景 撰 「安邊府黃龍山泉谷寺重建記,
1840年」〈上同, 764p〉

천곡사(泉谷寺)[2]

경북 迎日郡 義昌(옛 達田)面 鶴川洞
藝術山에 있는 절. 신라 善德女王
(632-646) 때 慈藏이 창건 〈불교사
전, 842p〉

世祖(1455-1468) 御筆이 있다 〈寺刹
全書, 1085p〉

山寂庵이 山內에 부속

泉谷寺舍利浮屠(8기) : 1950년 동란으
로 흩어졌던 것을 1966년 한곳에 모아
건립. 역대 승려들의 舍利를 봉안 〈文
化遺蹟總覽〉

泉谷寺事蹟碑 : 1689년(肅宗 15) 건립
〈上同〉

泉谷寺石井 : 신라 善德女王(632-646)
이 피부병을 완치했다는 유서 깊은 우
물 〈上同〉

李象靖(1710-1781) 詩 「宿泉谷寺向
曲江」〈大山集, 卷2 2張, 木板本〉

천곡사(泉谷寺)[3]

전북 井邑郡 德川面 望帝里에 있던 절.
石塔 건립 연대로 보아 고려 때 창건 추
정〈文化遺蹟總覽〉

泉谷寺址七層石塔 : 보물 제309호. 1957
년 지정. 화강석으로 고려 때 건립 추정
〈文化財大觀 ; 寶物篇〉

천관사(天官寺)

경북 慶州市 仁旺[王]洞에 있던 절. 신
라 金庾信(595-673)이 어렸을 때 사
귀어 놀던 天官의 집. 金庾信의 많은 일
화가 있다고 전함〈寺刹全書, 1063p〉

李公升(1099-1183) 詩「天官寺」〈東
文選, 卷12 14張, 木板本〉

천관사(天冠寺)

전남 長興郡 冠山面 農安里 天冠山에
있는 절 〈朝鮮寺刹一覽〉〈寺刹全書,
1063p〉

655년(신라 武烈王 2) 靈通이 창건
〈불교사전, 842p〉

고려초기 중건〈文化遺蹟總覽〉

靜明이 本寺의 記를 撰함〈新增東國輿
地勝覽, 卷27 4張, 木板本〉

彌陀庵, 般若窟, 三日庵, 西庵, 仙畠寺,
修淨寺, 神衆庵, 深寂庵, 圓通庵, 元曉
庵, 義湘庵, 蒲庵, 塔山寺 등이 山內에
부속

天冠寺多層石塔 : 高3.5m. 고려 때 작품
으로 추정. 5층석탑으로 보인다〈文化
遺蹟總覽〉

天冠寺三層石塔 : 高3m. 고려말기 건립
추정〈上同〉

天冠寺石燈 : 高2.5m. 고려초기 조성 추
정〈上同〉

朱東勳 撰「天冠寺樂寶殿重修記, 1917

年」〈寺刹全書, 1074p〉
천광사(泉光寺)
전라도 鷲岩山에 있던 절인 듯〈栢潭
集, 卷1 23張, 木板本〉
具鳳齡(1526-1586) 詩 「泉光寺遇
雨」〈上同〉「宿鷲岩山泉光寺」〈栢潭
續集, 卷2 31張〉
천궁사(川弓寺)
경북 慶州市(옛 慶州郡 內東面) 千軍
里 明活山 동쪽 밭 가운데 있던 절. 3층
석탑 2기가 있다〈寺刹全書, 1062p〉
천덕사(天德寺)[1]
강원 淮陽郡 內金剛面 長淵里 金剛山
에 있던 절. 表訓寺의 부속 암자. 一名
天德庵〈불교사전, 842p〉
李明漢(1595-1645) 詩「天德庵」〈白
洲集, 卷2 27張, 木板本〉「天德庵…」
〈上同, 卷7 35張〉
李忔(1568-1601) 詩 「九日少飮天德
庵仍待巡使之行」〈雪汀集, 卷2 13張,
木活字本〉
趙纘韓(1572-1631) 詩「天德寺」〈玄
洲集, 卷6 31張, 石印本〉
천덕사(天德寺)[2]
황해 鳳山郡 山水面 天德里에 있던 절.
고려 때 창건. 1781년(正祖 5) 건립한
商谷堂 貞律의 塔과 浮屠가 있다〈寺
刹全書, 1075p〉
천등사(天登寺)[1]
경기 江華郡 江華邑 南山里 花山에 있
던 절 〈文化遺蹟總覽〉〈寺刹全書,
1075p〉
천등사(天登寺)[2]
평북 寧邊郡 少林山에 있던 절〈불교
사전, 842p〉
천등암(千燈庵)
전북 高敞郡 雅山面 三仁里 兜率山에
있던 절. 禪雲寺의 부속 암자〈寺刹全
書, 1061p〉
천량암(天糧庵)

경북 蔚珍郡 白蓮山에 있던 절. 신라 元
曉(617-686)가 거주할 때 바위틈 굴
에서 쌀이 나왔으므로 天糧庵이라 명명
〈寺刹全書, 1075p〉
천룡사(天龍寺)[1]
경북 榮州郡에 있던 절 〈寺刹全書,
1076p〉
천룡사(天龍寺)[2]
경북 月城郡 內南面 茸長里 高位山에
있던 절. 一名 高寺〈寺刹全書, 83·
1075p〉
796년(신라 元聖王 12) 창건〈文化遺
蹟總覽〉
1041년(고려 靖宗 7) 崔齊顏이 중건
〈불교사전, 842p〉
金時習(1435-1493) 詩「天龍寺感舊」
〈梅月堂集, 卷12 10張, 癸酉字本〉
천룡사(天龍寺)[3]
전북 全州市 동쪽 城 밑에 있던 절〈寺
刹全書, 1075p〉
천률암(天律庵)
강원 淮陽郡 金剛山에 있던 절〈寺刹全
書, 1076p〉
천리암(泉利庵)
전북 高敞郡 雅山面 三仁里 兜率山에
있던 절. 禪雲寺의 부속 암자〈寺刹全
書, 1085p〉
천림사(千林寺)
충북 忠州에 있던 절로 추정〈惕若齋
集, 下 3張, 木活字本〉
金九容(1338-1384) 詩 「忠州千林寺
與李察訪…」〈上同〉
천림사(天林寺)
평남 大同郡 龍岳面 元里에 있던 절. 5
층석탑과 미륵좌상이 있다〈寺刹全書,
1076p〉
천문갑사(天門岬寺)
경북 淸道郡에 있던 절. 신라 때 절로
추정〈寺刹全書, 1076p〉
천방사(千方寺)[1]

전남 長城郡 森溪面 內溪里에 있던 절
〈寺刹全書, 1061p〉
李膺挺이 本寺의 重修記를 撰함〈新增
東國輿地勝覽, 卷34 27張, 木板本〉
천방사(千方寺)[2]
충남 舒川郡 千方山에 있던 절〈寺刹
全書, 1061p〉
천방사(千房寺)
전북 沃溝郡 千房山에 있던 절. 신라
金庾信(595−673) 장군이 唐軍에게
請兵했을 때 건립. 뒤에 禪林寺라 하던
것을 고려 肅宗(1095−1105) 때 중수.
千房寺로 개명〈寺刹全書, 656·
1062p〉
천방암(千房庵)
충남 禮山郡에 있던 절〈寺刹全書,
1062p〉
천보사(天寶寺)
충남 扶餘郡 天寶山에 있던 절〈寺刹
全書, 1076p〉
천보암(天寶庵)⇒鳳逸寺 참조
천불사(千佛寺)[1]
평남 肅川郡 千佛山에 있던 절. 一名
千佛庵〈寺刹全書, 1062p〉
천불사(千佛寺)[2]
황해 長淵郡 佛陀山에 있던 절〈寺刹
全書, 1062p〉
천불사(天佛寺)
함남 文川郡 天佛山에 있던 절〈寺刹
全書, 1076p〉
천불암(千佛庵)[1]
강원 鐵原(옛 金化)郡 近南面 陽地里
千佛山에 있는 절. 1868년(高宗 5) 창
건〈불교사전, 843p〉
1936년 주지 韓汝河가 일신 중수〈楡
岾寺本末寺志, 813p, 鉛印本〉
천불암(千佛庵)[2]
경남 晋陽(옛 晋州)郡 智異山 天王峰
에 있던 절〈寺刹全書, 1062p〉
晋陽郡이라 했으나 현재 天王峰은 咸

陽郡 소속〈編者〉
천불암(千佛庵)[3]
경북 金陵郡 代項面 雲水里 黃岳山에
위치. 直指寺의 부속 암자. 1908년 李
混虛 등이 浮屠庵을 千佛殿 우측에 이
전하고 千佛庵이라 개액〈直指寺志,
214p, 筆寫本〉
천불암(千佛庵)[4]
평남 平原郡 東松面 白雲里에 있던 절.
四面에 千佛像을 새긴 石塔이 있었다.
壬亂 때 폐사되어 永柔의 靈泉寺에 이
전. 1704년(肅宗 30) 府使 具鳳昌이 복
건하고 碑를 이전. 그 뒤에 폐사〈寺刹
全書, 1062p〉
천상굴(天上窟)
전북 高敞郡 雅山面 二仁里 兜率山에
있던 절. 禪雲寺의 부속 암자〈寺刹全
書 1076p〉
奇遵(1492−1521) 詩「天上窟」〈德陽
遺稿, 卷1, 木板本〉
천상암(天上庵)
전북 高敞郡 石谷面 三仁里에 있던 절.
寺址에 石燈·石垣·瓦片 등이 산재
〈寺刹全書, 1076p〉
천서암(天書庵)
강원 高城郡 金剛山 大仙峰 아래 있던
절〈寺刹全書, 1076p〉
천선사(天禪寺)
경기 開城에 있던 절. 919년(고려 太祖
2) 창건〈불교사전, 844p〉
천선원(天禪院)⇒普賢寺 참조
천성사(千聖寺)
경북 奉化郡 鳳城面 金峰里에 있는 절.
1967년 住持 李化星이 건립. 面事務所
앞에 있던 3층석탑을 이전〈文化遺蹟
總覽〉
천성사(天城寺)
경남 陜川郡 伽倻山에 있던 절〈大覺文
集, 267p, 影印本〉
義天(1055−1101) 詩 「宿伽倻山天城

寺」〈上同〉
천성사(天聖寺)
평남 順川(옛 殷山)郡 天寶山에 있던
절〈寺刹全書, 1076p〉
천수사(天壽寺)[1]
경기 江華郡에 있던 절〈寺刹全書,
1077p〉
천수사(天壽寺)[2]
경기 開城에 있던 절. 고려 睿宗
(1106－1111)때 창건. 忠烈王(1274
－1308) 때까지 역대 제왕이 많이 행
차〈寺刹全書,1076p〉
李奎報(1168－1241) 詩 「天壽寺門」
〈東國李相國集, 卷1 19張, 木板本〉
「天壽寺偶書廻文, 二首」〈上同, 卷3
10張〉
천수사(天水寺)
경기 開城市에 있던 절. 1373년(고려
恭愍王 22) 王이 행차하여 忠肅王의
眞影을 奉審〈寺刹全書, 1076p〉
1418년(太宗 18) 王이 행차〈李朝實
錄佛敎鈔存, 卷1 89張〉
천수암(千手庵)
충북 堤川(옛 丹陽)郡 鳳陽面 鶴山里
에 있던 절〈불교사전, 844p〉
浮屠와 사기에 도금한 佛像이 있었다
고 전하는데, 1920년경 유실되었다고
전함〈文化遺蹟總覽〉
천신사(天神寺)
황해 金川(옛 江陰)郡 天神山에 있던
절〈寺刹全書, 1077p〉
천언사(天彦寺)⇒ 泉隱寺 참조
천왕사(天王寺)[1]
경기 廣州郡에 있던 절. 1446년(世宗
28) 本寺에 舍利 10枚를 기증〈李朝實
錄佛敎鈔存, 卷3 93張〉
919년(景明王 3) 塑像이 잡은 활시위
가 저절로 끊어져서 壁畫에 맞으니 강
아지 소리가 났다〈三國史記, 卷12, 木
板本〉

천왕사(天王寺)[2]
전북 全州市 부근에 있던 절인 듯〈梅
月堂集, 卷11 14張, 癸酉字本〉
金時習(1435－1493) 詩「天王寺」〈上
同〉「天王寺址」〈上同, 卷12 10張〉
천왕사(天王寺)[3]
평남 安州郡 城內에 있던 절〈寺刹全
書, 1079p〉
權近(1352－1409) 詩 「題寓居安州天
王寺壁上」「登天王寺山亭…」〈陽村集,
卷5 5張, 木板本〉
천왕사(天王寺)[4]
평북 江界郡 前川面 仲岩洞 天摩山에
있던 절〈朝鮮寺刹一覽〉〈寺刹全書,
1079p〉
천왕사(天王寺)[5]
평북 義州郡 義州邑 東外洞 石崇山에
있던 절〈朝鮮寺刹一覽〉〈寺刹全書,
1079p〉
천왕사(天王寺)[6]
옛 百濟 땅에 있던 절. 660년(백제 義
慈王 20) 塔에 落雷〈三國史記, 卷28,
木板本〉
천왕사(天王寺)[7]⇒ 法雄寺 참조
천왕사(天王寺)[8]⇒ 靈泉寺[7] 참조
천원사(天原寺)
경북 漆谷郡 若木面에 있던 절〈寺刹全
書, 1079p〉
천은사(天恩寺)[1]
강원 三陟郡 未老面 內未老里 頭陀山에
있는 절〈朝鮮寺刹一覽〉
신라 興德王(826－835) 때 창건〈불교
사전, 845p〉
옛날은 白蓮寺 〈寺刹全書, 426・
1078p〉
祖運庵, 華嚴庵 등이 山內에 부속
천은사(天恩寺)[2]
경북 慶州市(옛 慶州郡 內西面) 塔洞
에 있던 절. 文武王(660－680) 당시 本
寺 부근에 左右倉를 두어 米穀과 兵器

를 저장 〈寺刹全書, 1078p〉
591년(신라 眞平王 13) 長倉을 건립.
663년(文武王 3) 長倉과 城을 증축시
창건한 寺刹인지는 알 수 없으나 文武
王 이전에 城을 진수하기 위해 창건한
것으로 추정. 1970년 靑銅鐘이 출토
〈文化遺蹟總覽〉

천은사(泉隱寺)
전남 求禮郡 光義面 放光里 智異山에
있는 절 〈朝鮮寺刹一覽〉
828년(신라 興德王 3) 德雲이 창건.
1775년(英祖 51) 중건. 一名 甘露寺·
天彦寺 〈寺刹全書, 845p〉
道界寺[庵], 三日庵, 上禪庵[寺], 修
道庵, 藥師庵, 土禪庵 등이 山內에 부
속

천일대(天一臺)
강원 淮陽郡 內金剛面 長淵里 金剛山
에 있던 절. 表訓寺의 부속 암자 〈불교
사전, 846p〉

천일사(千日寺)
황해 長淵郡 五盤山에 있던 절 〈寺刹
全書, 1062p〉

천일암(千日庵)[1]
충남 牙山(옛 新昌)郡 道高山에 있던
절 〈寺刹全書, 1062p〉

천일암(千日庵)[2]
평남 平原郡 自德面 兩水里에 있던 절.
20세기 폐사. 寺址에 돌담과 瓦片이 산
재 〈寺刹全書, 1062p〉

천자암(天子庵)
전남 昇州郡 松廣面 新坪里 曹溪山에
있는 절. 松廣寺의 부속 암자. 1601년
(宣祖 34) 西域에서 왔다는 栴檀나무
두 그루가 있다 〈寺刹全書, 1079p〉
1797년(正祖 21) 化主 祐弘이 중수
〈上同, 714p〉
九峰 撰「天子庵重創記, 1798年」〈上
同, 1080p〉
錦溟(寶鼎 ; 1861－1930) 撰「天子庵

重修記, 1924年」〈上同, 1082p〉「天子
庵星山閣重建化文, 1892年」〈曹溪山松
廣寺史庫, 96p, 筆寫本〉「天子庵星山
閣重建記, 1893年」〈上同, 237p〉
友溪 撰 「松廣寺天子庵重創記, 1730
年」〈寺刹全書, 1080p〉
趙晶鉉 撰 「天子庵石井序, 1894年」
〈曹溪山松廣寺史庫, 827p, 筆寫本〉

천장사(天藏寺)[1]
전북 完州(옛 金溝)郡 掘禪山에 있던
절. 一名 天藏庵 〈寺刹全書, 1079p〉

천장사(天藏寺)[2]
충남 瑞山郡 高北面 長要里 燕岩山에
있는 절 〈불교사전, 847p〉
天藏寺[庵]石塔 : 고려중기 건립 추정.
二神寺에 건조되었던 塔이나 19세기 三
神寺가 소실되어 本塔을 天藏寺에 이전
〈文化遺蹟總覽〉
李建昌(1852－1898) 詩「天藏寺」〈明
美堂集, 卷2 27張, 鉛印本〉

천장암(千丈庵)
강원 高城郡 外金剛面 倉垈里 金剛山에
위치. 神溪寺의 부속 암자 〈불교사전,
847p〉

천장암(天藏庵)
전북 完州(옛 金溝)郡 妙高山에 있던
절. 一名 天藏寺 〈寺刹全書, 1079p〉

천재암(天齋庵)
경기 江華郡 華道面 文山里 摩尼山 절
벽 아래 있던 절. 太宗(1367－1422)이
잠저 때 山祭. 明宗(1545－1567)이 塹
星壇에 제사지낼 때 李珥(1536－1584)
로 하여금 醮靑詞를 지으라고 명령.
1883년(高宗 20) 이후 폐사되어 佛像
은 傳燈寺로 移安 〈文化遺蹟總覽〉〈寺
刹全書, 1079p〉

천정사(天井寺)
경북 淸道郡 豊角面 松西洞에 있던 절.
寺址에 3층석탑이 있다 〈寺刹全書,
1083p〉

천정암(天井庵)
충남 保寧郡 烏棲山에 있던 절 〈寺刹全書, 1083p〉
丁若鏞(1762－1836) 詩 「宿烏棲山天井菴」〈與猶全書補遺 ; 竹欄遺蛻集, 卷11, 鉛印本〉
吳道一(1645－1703) 詩 「天井庵」〈西坡集, 卷5 4張, 芸閣印書體字本〉

천주굴(天柱窟)
전북 高敞郡 雅山面 三仁里 兜率山에 있던 절. 禪雲寺의 부속 암자 〈寺刹全書, 1083p〉

천주사(天柱寺)[1]
경북 慶州에 있던 절인 듯. 신라 王室의 內佛堂. 뒤에 帝釋院으로 개명 〈梅月堂集, 卷12 3張, 癸酉字本〉
金時習(1435－1493) 詩 「天柱寺看花…」〈上同〉
慶州市 鴈鴨池 남쪽 月城山에 있던 절. 신라 內佛堂, 지금 帝釋院. 신라 眞平王(579－631)이 창건 〈寺刹全書, 1083p〉

천주사(天柱寺)[2]
경북 漆谷郡 東明面 南元洞 八公山에 있던 절 〈朝鮮寺刹一覽〉
1701년(肅宗 27) 善元이 창건. 1870년(高宗 7) 武講이 중건 〈寺刹全書, 1083p〉

천주사(天柱寺)[3]
평북 寧邊郡 寧邊面 西部洞 藥山에 있던 절 〈朝鮮寺刹一覽〉
法宗(1670－1733) 撰 「寧邊鐵甕城天柱寺記」〈虛靜集, 下 7張, 木板本〉

천주사(天柱寺)[4]
위치 未詳〈仁岳集, 卷2 10張, 木板本〉
義沾(1746－1796) 撰 「天柱寺禪堂重創記」〈上同〉 「天柱寺禪堂上梁文」〈上同, 卷2 19張〉

천주암(天柱庵)
함남 德原郡에 위치 〈天鏡集, 卷中, 木板本〉
海源(1691－1770) 撰 「德原府盤龍山天柱庵新建記」〈上同〉

천진암(天眞庵)[1]
경기 廣州郡 退村面 牛山里 鶯子山에 있던 절. 一名 天眞寺. 20세기 폐사 〈寺刹全書, 1083p〉
丁若鏞(1762－1836) 詩 「夜宿天眞寺…」〈與猶堂全書, 1輯 卷7 2張, 鉛印本〉「游天眞菴記」〈上同, 卷14 9張〉

천진암(天眞庵)[2]
경남 固城郡 下仁面 臥龍里 臥龍山에 있는 절. 雲興寺의 부속 암자. 1682년(肅宗 8) 凝化가 창건 〈불교사전, 847p〉

천진암(天眞庵)[3]
전남 長城郡 北下面 藥水里 白羊山에 있는 절. 白羊寺의 부속 암자 〈불교사전, 847p〉〈寺刹全書, 1083p〉

천진암(天眞庵)[4] ⇒ 小岩寺[2] 참조

천축사(天竺寺)[1]
서울 道峰區 道峰洞 道峰山에 있는 절. 673년(신라 文武王 13) 義湘이 제자를 시켜 창건. 玉泉庵이라 함. 1398년(太祖 7) 王이 중건 天竺寺라 개명. 1470년(成宗 1) 王의 명으로 중건. 明宗(1546－1567) 때 文定王后가 華榴彫龍床을 희사하여 佛座를 만듦. 1812년(純祖 12) 敬學이 중건 〈寺刹全書, 1083p〉
「道峰山天竺寺事蹟, 壬戌」〈上同, 1084p〉

천축사(天竺寺)[2]
경북 英陽郡 日月面 梧里洞에 있던 절. 寺址에 돌담과 瓦片이 산재 〈寺刹全書, 1084p〉

천친암(天親〔襯〕庵)
강원 淮陽郡 內金剛面 長淵里에 있던 절. 表訓寺의 부속 암자 〈불교사전, 848p〉

천태암(天台庵)[1]
전남 谷城郡 木寺洞面 新基里 岐嵋山
에 있던 절 〈불교사전, 849p〉
고려 普照(1158－1210)가 창건. 1959
년 소실 〈文化遺蹟總覽〉

천태암(天台庵)[2]
전북 南原郡 屯德山에 있던 절 〈寺刹
全書, 1085p〉

천택사(天澤寺) ⇒ 龍華寺[10] 참조

천화사(天和寺)
경기 長湍郡 津西面 大院里에 있던 절.
고려 睿宗과 毅宗이 행차. 寺址에 돌담
과 瓦片이 산재 〈寺刹全書, 1085p〉

천황사(天皇寺)[1]
경기 長湍郡 小南面 斗谷里에 있던 절.
寺址에 돌단이 산재 〈寺刹全書,
1085p〉

천황사(天皇寺)[2]
전북 鎭安郡 程川面 葛龍里 崝崒山에
있는 절 〈朝鮮寺刹一覽〉
875년(신라 憲康王 1) 無染이 창건
〈불교사전, 850p〉
成宗(1470－1494) 때 學祖가 중건. 地
有 제17호인 大雄殿이 있다 〈文化遺蹟
總覽〉

천황사(天皇寺)[3]
평북 博川郡 嘉山面 東文洞 鳳頭山에
위치 〈불교사전, 850p〉

천효사(天孝寺)
경기 開城郡에 있던 절. 1186년(고려
明宗 16) 長陵·純陵을 배알하고 本寺
에 행차. 1277년(고려 忠烈王 3) 王이
本寺에 移御 〈寺刹全書, 1085p〉

천흥사(天興寺)
충남 天原郡 聖居面 天興里 聖居山에
있던 절 〈文化遺蹟總覽〉
신라 때 건립한 짐대〔銅檣〕가 있었다
〈寺刹全書, 1085p〉
天興寺址幢竿支柱 : 국유 보물 제99호.
1935년 지정. 화강석으로 고려초기 건

립 추정 〈文化遺蹟總覽〉
天興寺址五層石塔 : 보물 제354호. 1960
년 지정. 화강석으로 1010년(고려 顯
宗 1) 건립 추정. 1966년 해체 수리 〈上
同〉

철갑사(鐵甲寺)
경기 驪州郡 歡喜山에 있던 절 〈寺刹全
書, 1085p〉

철암(哲庵)
경북 榮州郡 小白山에 있던 절 〈寺刹全
書, 1085p〉

첨산사(尖山寺)
전남 高興郡 東江面 掌德里 尖山에 있
는 절. 본래 石老庵 〈불교사전, 851p〉

청강사(晴岡寺)
경남 陜川郡 三嘉面 墟窟山에 있던 절
〈寺刹全書, 1100p〉
鼎鎬(1870－1948) 撰 「黃梅山晴岡寺
創建碑記」〈石林草, 6張〉

청계사(清溪寺)[1]
경기 始興(옛 水原)郡 儀旺面 清溪里
清溪山에 있는 절 〈朝鮮寺刹一覽〉
신라 때 창건. 1284년(고려 忠烈王 10)
趙仁規가 중건. 1407년(太宗 7) 資福
寺로 지정하여 天台宗에 소속. 李浚慶
(1499－1572)이 出資하여 고려 趙璉
(?－1322)의 影堂을 중건하고, 大藏經
을 印出하여 本寺에 봉안. 1689년(肅
宗 15) 화재, 곧 性熙가 중건. 1761년
(英祖 37) 正祖가 東宮 때 願堂을 설치
하고 栗木 3千株를 심었다. 1789년(正
祖 13) 顯隆園 祭閣을 건립하고, 매년
두 번 제향토록 명령. 1798년(正祖 22)
趙心太가 출자하여 중건. 1876년(高宗
13) 화재, 1879년(高宗 16) 勸化가 중
건 〈寺刹全書, 1094p〉
東溟(曹溪山人) 撰 「京畿左道廣州郡
青龍山青溪寺重建記, 1881年」〈上同,
1095p〉
趙檍 撰 尹昌績 書 「清溪寺事蹟碑,

1689年」〈上同, 1094p〉

청계사(淸溪寺)²

경북 尙州郡 化北面 淸溪山에 있던 절. 1895년(高宗 32) 화재. 1907년 盧炳大 등이 俗離山에서 義兵을 일으켜 倭賊을 쫓으니 倭賊은 本寺에 머물렀다, 또 쫓으니 淸州 米院으로 도망. 1924년 중건〈寺刹全書, 1096p〉

鄭宗魯(1738-1816) 詩「淸溪寺步南友韻」〈立齋集, 卷3 1張, 木板本〉

청계사(淸溪寺)³

충북 鳥嶺 부근에 있던 절인 듯〈韓山世稿, 卷8 ; 翁齋稿, 18張, 石印本〉

李思質(英祖朝人) 詩「淸溪寺」〈上同〉

청계사(淸溪寺)⁴

평남 江東郡 大朴山에 있던 절〈寺刹全書, 1096p〉

청계사(淸溪寺)⁵

평남 順川郡 慈母山城에 있던 절〈寺刹全書, 1096p〉

청계사(淸溪寺)⁶

함북 茂山郡 淸溪山에 있던 절〈불교사전, 851p〉

청계사(淸溪寺)⁷

함북 富寧郡 連川面 橋院洞 淸溪山에 위치〈불교사전, 851p〉

청계사(淸溪寺)⁸

함북 穩城郡 訓戒面 豊舞洞 五峰山에 위치〈불교사전, 851p〉

청계암(淸溪庵)¹

전남 求禮郡 白雲山에 있던 절〈寺刹全書, 1096p〉

청계암(淸溪庵)²

전북 金堤郡 金山面 金山里 母岳山에 있던 절. 金山寺의 부속 암자〈寺刹全書, 1096p〉

청계암(聽溪庵)

전남 麗川郡 三日面 靈鷲山에 있는 절. 興國寺의 부속 암자〈불교사전, 851p〉

청곡사(靑[淸]谷寺)

경남 晉陽(옛 晋州)郡 琴山面 葛田里 月牙山에 있는 절〈朝鮮寺刹一覽〉

873년(신라 景文王 13) 道詵이 창건. 고려 때 實相이 중수. 壬亂 때 소실, 光海君(1608-1623) 때 복원. 1954년 보수〈上同〉

1397년(太祖 6) 神德王后 康氏가 향로 2좌를 기증〈寺刹全書, 1086·1096p〉

靑谷寺石塔 : 地有 제5호. 1972년 지정. 高2.5m. 3층석탑으로 고려 때 건립 추정〈文化遺蹟總覽〉

청공사(靑空寺)

전남 和順郡 瑞石山에 있던 절〈寺刹全書, 1086p〉

청광사(靑光寺)

충남 洪州郡 靑光山에 있던 절〈불교사전, 852p〉

청량대(淸凉臺)

鷲頭山에 위치한 절〈中觀大師遺稿, 352p, 影印本〉

海眼(宣祖朝僧) 詩「鷲頭山淸凉臺…」〈上同〉

청량사(淸凉寺)¹

강원 楊口郡 四明山에 있던 절〈寺刹全書, 1097p〉

청량사(淸凉寺)²

경기 仁川市 南區 玉蓮洞 淸凉山에 있던 절. 고려 李資玄(1061-1125)이 春川 淸平山에 은거하여 禪道를 닦다가, 당시 睿宗의 분부로 이 절에 은거한 일이 있었다는 일화가 있다〈文化遺蹟總覽〉

청량사(淸凉寺)³

경남 金海郡 神魚山에 있던 절〈寺刹全書, 1098p〉

청량사(淸凉寺)⁴

경남 陜川郡 伽倻面 黃山里에 있는 절. 一名 淸凉庵. 海印寺의 부속 암자〈불교사전, 852p〉

통일신라 때 창건. 1813년(純祖 13) 玉

悅이 중건. 1960년 景庵이 보수〈文化遺蹟總覽〉
清凉寺三層石塔：보물 제266호. 1943년 지정. 高4.85m. 화강석으로 통일신라 때 건립 추정. 1958년 수리. 신라 崔致遠이 즐기던 곳〈文化財大觀 ; 寶物篇〉
清凉寺石燈：보물 제253호. 1942년 지정. 高3.4m. 화강석으로 9세기경 건립 추정〈上同〉
清凉寺石造釋迦如來坐像：보물 제265호. 1943년 지정. 高2.85m. 화강석으로 통일신라 때 조성 추정. 臺石에 八部神像이 조각〈上同〉
청량사(清凉寺)⁵
경북 奉化郡 明湖面 北谷里 清凉山에 있던 절. 一名 清凉庵. 687년(신라 神文王 7) 義湘이 창건〈불교사전, 852p〉〈寺刹全書, 1098p〉
清凉寺琉璃寶殿：地有 제47호. 1974년 지정〈文化遺蹟總覽〉
裵三益(1534－1588) 詩「清凉致遠庵…」〈臨淵齋集, 卷1 10張, 木板本〉
李德弘(1541－1596) 詩「清凉蓮臺寺…」〈艮齋集, 卷1 5張, 木板本〉
李瀣(1496－1550) 詩「清凉寺動石」〈溫溪逸稿, 卷2 17張, 木板本〉
李滉(1501－1570) 詩「往在乙亥春叔父松齋遊山寓上清凉庵…」〈退溪集, 卷2 31張, 木板本〉
청량사(清凉寺)⁶
서울 東大門區 清凉里洞(옛 경기 高陽郡 崇仁面 天藏山)에 있던 절. 고려 李資德이 睿宗(1105－1122)을 호종하고 南京으로 갈 때 本寺에 유숙하면서 『心要』1篇을 進上하니 厚賞을 下賜〈寺刹全書, 1096p〉
意恂(1786－1866) 詩「又遊清凉寺錦波山房」〈艸衣詩藁, 卷2 影印本〉
李晉用(1837－1907) 詩「遊清凉寺」

〈農雲遺稿, 卷1 42張, 鉛印本〉
청량사(清凉寺)⁷
전북 茂朱郡 德裕山에 있던 절〈寺刹全書, 1098p〉
청량사(清凉寺)⁸
충남 公州郡 反浦面 鶴峰里 鷄龍山에 있던 절. 石造蓮花座臺片·石佛座佛破片·瓦片·粉靑沙器破片 등의 유물이 출품〈文化遺蹟總覽〉
724년(신라 聖德王 23) 창건〈寺刹全書, 1097p〉
清凉寺址雙塔：1기는 5층탑, 1기는 7층탑, 一名 男妹塔〈文化遺蹟總覽〉
724년(신라 聖德王 23) 건립〈寺刹全書, 1097p〉
청량사(清凉寺)⁹
충북 沃川郡 千屯山에 있던 절〈寺刹全書, 1096p〉
청량사(清凉寺)¹⁰
평남 江西(옛 甑山)郡 國靈山에 있던 절〈寺刹全書, 1097p〉
청량사(清凉寺)¹¹
평남 成川郡 白雲山에 있던 절〈寺刹全書, 1097p〉
청량사(清凉寺)¹²
황해 松禾(옛 豊川)郡 藥山에 있던 절. 一名 清凉庵〈寺刹全書, 1098p〉
청량암(清凉庵)¹
경기 開城 天磨山에 있던 절〈寺刹全書, 1098p〉
청량암(清凉庵)²
경북 達城郡 八公山에 있던 절〈寺刹全書, 1098p〉
청련사(青蓮寺)¹
경기 江華郡 江華邑(옛 府內面) 菊花里 高麗山에 있는 절〈불교사전, 852p〉
416년(고구려 長壽王 4) 天竺이 開山하고 青蓮寺라 揭額. 義熙 12년(416) 晉의 天竺祖師가 沁都(江華)에 와서 高麗山을 답사하다가, 山頂에 이르러

五蓮池를 발견하므로 祖師가 五種蓮을
취하여 공중으로 날려서 그 蓮花가 내
리는 곳마다 伽藍을 창설하는데, 이곳
은 靑色이 내렸으므로 靑蓮寺라 명명.
赤白 兩蓮寺는 아직 있고, 黃蓮寺는 蓮
花洞 옛 保晩亭 터라 하며, 黑蓮寺 터
는 穴口山 西影洞에 있다고 함. 天竺이
五處蓮寺를 창설함에 의하여 山名도
五蓮山이라 했는데, 뒤에 高麗山이라
개명. 이 산이 고구려 名將 泉蓋蘇文의
출생지라는 전설. 1821년(純祖 21) 비
구니 包謙이 중건. 1906년 비구니 戒根
이 法殿에 丹艧. 1909년 비구니 辛善慧
李根訓 등이 山神閣을 건립. 1916년 住
持 黃淨賢이 正殿 佛像에 改金하고 甘
露幀畫를 조성. 1919년 비구니 黃淨賢
이 中鐘 1座를 東京市서 구입. 1936년
黃淨賢이 本寺를 중수〈傳燈本末寺志,
61p, 鉛印本〉

靑蓮寺浮屠群 : 절 우측 비탈에 2기가
있었는데, 그 하나는 鐘形〈文化遺蹟
總覽〉

辛善慧 李根訓 撰「靑蓮寺山神閣創建
記, 1909年」〈傳燈本末寺誌, 62p, 鉛
印本〉

玩海 撰「靑蓮寺佛事記, 1916年」〈上
同〉

청련사(靑蓮寺)[2]
경기 甕津郡 西面 望海山에 있던 절
〈寺刹全書, 1087p〉

청련사(靑蓮寺)[3]
경북 盈德郡 達山面 德山洞에 있던 절.
1936년 폭풍우로 산이 무너져 건물 전
부가 매몰되어 21명이 압사〈寺刹全
書, 1087p〉

청련사(靑蓮寺)[4]
서울 城東區(옛 경기 高陽郡 漢芝面)
下往十里洞 終南山에 있는 절. 1395년
(太祖 4) 無學이 창건. 처음은 安靜
[定]寺라 함. 뒤에 靑蓮寺라 개명. 일

설은 827년(신라 興德王 2) 창건이라
하나 근거가 없다고 함. 安定寺는 本寺
의 서쪽이었다고 한다. 1726년(英祖
2) 化主 敬林이 중건. 1809년(純祖 9)
化主 嘉善이 중수. 1849년(憲宗 15) 化
主 宗元 등이 大房 寮舍를 중건. 1854
년(哲宗 5) 宗元 등이 法殿을 중건.
1887년(高宗 24) 七星閣을 중수. 1924
년 주지 尹永相이 大房 十王殿 등을 중
건. 1943년 주지 性月이 法殿을 중건
〈寺刹全書, 1086p〉

寶雲 撰 「華嚴山靑蓮寺重創記, 1924
年」〈上同〉

鼎鎬 撰「終南山靑蓮寺大雄殿重建上梁
文, 1942年」〈上同〉

청련사(靑蓮寺)[5]
충남 公州郡 鷄龍山에 있는 절. 오래 전
폐사되었던 것을 중건 〈寺刹全書,
1087p〉

청련사(靑蓮寺)[6]
함남 文川郡 龜山面 歸宗里 天華山에
위치〈불교사전, 852p〉

청련사(靑蓮寺)[7]
함남 文川郡 天寶山에 있던 절〈寺刹全
書, 1087p〉

청련사(靑蓮寺)[8]
함남 文川郡 天佛山에 있던 절〈寺刹全
書, 1087p〉

청련사(靑蓮寺)[9]⇒ 覺華寺 참조

청련암(靑蓮庵)[1]
강원 高城郡 杆城面 新安里 乾鳳寺의
부속 암자. 945년(고려 惠宗 2) 창건.
1606년(宣祖 39) 震默이 중수. 1878년
(高宗 15) 화재. 1879년(高宗 16) 西庵
을 중건. 1884년(高宗 21) 화재로 인하
여 폐사〈寺刹全書, 1089p〉

1888년(高宗 25) 화재〈乾鳳寺本末事
蹟, 11p, 鉛印本〉

청련암(靑蓮庵)[2]
강원 三陟郡 北坪邑(옛 北三面) 池柯

里에 위치. 신라 興德王(826－835) 때 창건이라 전함〈寺刹全書, 1089p〉

청련암(青蓮庵)[3]
강원 襄陽郡 襄陽面 雪嶽山에 있던 절. 靈穴寺의 부속 암자. 689년(신라 神文王 9) 元曉가 창건〈乾鳳寺本末事蹟, 175－177p, 鉛印本〉

청련암(青蓮庵)[4]
강원 襄陽郡 縣北面 漁城田里 滿月山에 위치. 明珠寺의 부속 암자. 1123년(고려 仁宗 1) 창건〈乾鳳寺本末事蹟, 161－163p, 鉛印本〉

청련암(青蓮庵)[5]
강원 淮陽郡 內金剛面 長淵里 金剛山에 위치. 表訓寺의 부속 암자〈불교사전, 853p〉
1838년(憲宗 4) 比丘尼 淨根이 중건. 1891년 중수〈乾鳳寺本末事蹟, 417p, 鉛印本〉
淨根 撰 「表訓寺青蓮庵重創記, 1838年」〈楡岾寺本末寺志, 480p, 鉛印本〉

청련암(青蓮庵)[6]
경기 開豊郡 天磨山에 있던 절〈寺刹全書, 1087p〉

청련암(青蓮庵)[7]
경기 水原郡 日荊面 光敎山에 있는 절〈寺刹全書, 1088p〉
현재 행정구역은 未詳. 光敎山은 현재 始興郡 儀旺面에 위치〈編者〉

청련암(青蓮庵)[8]
경남 固城郡 介川面 蓮華山에 있는 절. 玉泉寺의 부속 암자. 1895년(高宗 32) 晧月이 중건〈寺刹全書, 1088p〉

청련암(青蓮庵)[9]
경남 昌寧郡 桂城面 舍里 靈鷲山에 있는 절〈불교사전, 852p〉
1628년(仁祖 6) 창건. 1676년(肅宗 2) 중건. 1842년(憲宗 8) 德庵이 중건〈寺刹全書, 1088p〉

청련암(青蓮庵)[10]
경북 達城郡 嘉昌面 最頂山에 위치. 南地藏寺의 부속 암자〈寺刹全書, 1088p〉
地有 제92호. 1977년 지정. 684년(신라 神文王 4) 창건. 壬亂 때 소실, 1653년(孝宗 4) 중건〈文化遺蹟總覽〉
1679년(肅宗 5) 勝敏이, 1714년(肅宗 40) 池月이, 1920년 普月 등이 각각 중건〈寺刹全書, 1088p〉

청련암(青蓮庵)[11]
경북 盈德郡 達山面 德山洞 大遯山에 있는 절〈불교사전, 853p〉

청련암(青蓮庵)[12]
경북 迎日郡 松羅面 內延[迎]山에 있는 절. 寶鏡寺의 부속 암자〈寺刹全書, 1088p〉

청련암(青蓮庵)[13]
서울 冠岳區 大方洞 冠岳山에 있는 절〈朝鮮寺刹一覽〉

청련암(青蓮庵)[14]
전남 昇州郡 雙岩面 竹鶴里 曹溪山에 있는 절. 仙岩寺의 부속 암자〈불교사전, 852p〉

청련암(青蓮庵)[15]
전남 和順郡 春陽面 可東里 天台山 開天寺의 부속 암자〈寺刹全書, 1088p〉

청련암(青蓮庵)[16]
전북 高敞郡 雅山面 三仁里 兜率山에 있는 절. 禪雲寺의 부속 암자〈寺刹全書, 1088p〉

청련암(青蓮庵)[17]
전북 金堤郡 金山面 金山里 母岳山에 있는 절. 金山寺의 부속 암자. 壬亂 후 青社窟로 개명〈寺刹全書, 1088p〉

청련암(青蓮庵)[18]
전북 扶安郡 山內面 邊山에 있는 절. 來蘇寺의 부속 암자〈寺刹全書, 1088p〉

청련암(青蓮庵)[19]
충남 公州郡 寺谷面 雲岩里 泰華山에 있는 절. 麻谷寺에 부속〈寺刹全書, 1088p〉

청련암(青蓮庵)[20]
충북 丹陽郡 大崗面 黃庭里 道樂山에 있는 절 〈불교사전, 852p〉

청련암(青蓮庵)[21]
충북 報恩郡 內俗離面 俗離山에 있던 절. 法住寺의 부속 암자 〈寺刹全書, 1088p〉

청련암(青蓮庵)[22]
함남 北青郡 德城面 水東里 大德山에 있는 절 〈불교사전, 853p〉

청련암(青蓮庵)[23]⇒ 池香寺 참조

청룡사(青龍寺)[1]
강원 平康郡 青龍山에 있던 절 〈谷雲集, 卷3 25張, 木板本〉
金壽增(1624-1701) 撰 「青龍山青龍寺記」〈上同〉

청룡사(青龍寺)[2]
경기 安城郡 瑞雲面 青龍里 瑞雲山에 있는 절. 1265년(고려 元宗 6) 明本이 창건하여 大藏庵이라 함. 1364년(고려 恭愍王 13) 懶翁이 중건하여 青龍寺로 개명 〈불교사전, 853p〉
1437년(世宗 19) 本寺에 있던 고려 恭讓王 御眞을 高陽縣 墓 옆 암자에 移安토록 명령 〈李朝實錄佛敎鈔存, 卷2 104p〉
內院庵, 瑞雲庵, 隱寂庵 등이 山內에 부속
青龍寺三層石塔 : 1265년(고려 元宗 6) 明本이 건립. 本塔을 어떻게 모시느냐에 따라 寺刹의 死活이 달렸다는 전설이 있다 〈文化遺蹟總覽〉
惺牛(1849-1912) 撰 「瑞龍和尙行狀」瑞龍의 俗姓은 金, 本은 光山, 諱는 詳玫, 安城 青龍寺에서 祝髮 〈鏡虛集, 25張〉

청룡사(青龍寺)[3]
경남 山清郡(옛 北洞面 水月里. 현재는 未詳)에 있던 절 〈寺刹全書, 1090p〉

청룡사(青龍寺)[4]
경북 醴泉郡 龍門面 仙洞에 있던 절 〈文化遺蹟總覽〉
青龍寺石造毘盧舍那佛坐像 : 보물 제425호. 1965년 지정. 화강석으로 고려 때 조성 추정 〈文化財大觀 ; 寶物篇〉
青龍寺石造如來坐像 : 보물 제424호. 1965년 지정. 화강석으로 통일신라 때 조성 추정. 臺 角面에 佛像을 조각 〈上同〉

청룡사(青龍寺)[5]
鳳尾山에 있던 절 〈虛靜集, 下 3張〉
法宗(1670-1733) 撰 「鳳尾山青龍寺記」〈上同〉

청룡사(青龍寺)[6]
서울 道峰區 道峰洞 道峰山에 있던 절 〈불교사전, 853p〉

청룡사(青龍寺)[7]
충북 中原郡 蘇台面 五良洞 清溪山에 있던 절 〈寺刹全書, 1089p〉
고려말 清溪山 중허리에 작은 암자가 있었는데, 太祖 師父인 普覺(混脩 ; 1320-1392)이 은거하므로 太祖가 大刹을 창건. 지금은 주초석과 축대석 文化財 등이 잔존 〈文化遺蹟總覽〉
普覺國師碑 : 太祖의 王師 混脩의 碑. 地有 제7호. 1975년 지정. 高2.4m 幅1.2m. 1394년(太祖 3) 王이 國師의 門人 希達에게 명하여 건립. 碑文은 權近 撰. 1320-1392년까지 생존 〈上同〉
普覺國師定慧圓融塔 : 地有 제31호. 1976년 지정. 高2.64m. 1394년 왕명으로 건립. 塔銘은 權近 撰, 天澤 書「定慧圓融」이라 塔名 〈上同〉
衛傳碑 : 高1.65m 幅75cm 厚23cm. 青龍寺 경비를 충당하기 위한 신도들의 田畓을 기증받은 內譯碑 〈上同〉
中原五良洞浮屠 : 高1.7m. 青龍寺址에 있는 石鐘形 浮屠. 1394년(太祖 3) 건립된 普覺國師碑와 함께 조성된 것으로

추정〈上同〉
青龍寺石燈：地有　제32호.　1976년 지정. 高2.2m. 普覺國師碑와 定慧圓融塔이 위치한 前面 아래 조성되었던 것을 大雄殿 앞으로 이전. 원 위치에는 地臺石만 남음〈上同〉
南夏正(1678-1751) 詩「忠原靑龍寺與友人夜話」〈桐巢遺稿, 卷2 4張, 石印本〉
청룡사(靑龍寺)[8]
충북 淸原(옛 淸州)郡 加德面 靑龍里에 있던 절. 寺址에 2層方塔 1기가 파손〈寺刹全書, 1089p〉
청룡사(靑龍寺)[9]
평남 大同郡 柴足面 靑雲里 靑龍山에 있던 절〈寺刹全書, 1090p〉
청룡사(靑龍寺)[10]
평남 安州郡 大尼面 文南里 悟道山에 있던 절〈寺刹全書, 1090p〉
청룡사(靑龍寺)[11]
평남 平原郡 東松面 靑龍里 悟道山에 있던 절〈朝鮮寺刹一覽〉
청룡사(靑龍寺)[12]
평북 博川(옛 嘉山)郡 靑龍山에 있던 절〈寺刹全書, 1090p〉
청룡사(靑龍寺)[13]
함남 三水郡 乙岩山에 있던 절〈寺刹全書, 1090p〉
청룡사(靑龍寺)[14]
함북 會寧郡 駱駝山에 있던 절〈寺刹全書, 1090p〉
청룡사(靑龍寺)[15]⇒ 淨業院[2] 참조.
청룡암(靑龍庵)[1]
경남 昌寧郡 昌寧邑 玉泉里 觀龍山에 있는 절. 觀龍寺의 부속 암자〈불교사전, 853p〉
청룡암(靑龍庵)[2]
경북 尙州郡 中東面 靑龍山 밑 洛東江변에 있던 절〈寺刹全書, 1091p〉
청룡암(靑龍庵)[3]

서울 城北區 城北洞 三角山에 있는 절. 1853년(哲宗 4) 金佐根이 창건. 1915년 李宗奭이 중수. 爐殿·東閣·枕溪樓 등을 창건. 1933년 주지 妙相尼가 7층탑을 건립. 1938년 化主 允亨尼가 法堂을 중수. 寮舍를 개수〈寺刹全書, 1090p〉
청류암(淸流庵)
전남 長城郡 北下面 藥水里 白羊山에 있는 절. 白羊寺의 부속 암자〈불교사전, 853p〉〈寺刹全書, 1098p〉
李建芳(高宗朝人) 詩「淸流菴」〈蘭谷存稿；詩錄, 1p, 影印本〉
청림사(靑林寺)[1]
전북 扶安郡에 있던 절〈岐峰集, 卷1 12張, 木活字本〉
白光弘(1522-1566) 詩「靑林寺在扶安」〈上同〉
靑林寺鐘：1222년(고려 高宗 9) 주성. 지금은 來蘇寺 大雄殿에 있음〈韓國金石全文, 中世下 990p, 許興植 編〉
청림사(靑林寺)[2]
충남 公州郡 灘川面 加尺里에 있던 절. 19세기경 훼철. 1960년경 李萬熙가 3간을 건립〈寺刹全書, 1091p〉
721년(신라 聖德王 20) 懷義가 창건, 그 뒤 소실. 寺址에서 石塔과 浮屠 발견. 현재는 春秋로 주민들이 제향함〈文化遺蹟總覽〉
청림사(靑林寺)[3]
충남 錦山(옛 珍山)郡 大屯山에 있던 절〈寺刹全書, 1091p〉
청림사(淸臨寺)
전북 扶安郡 邊山에 있던 절〈불교사전, 853p〉
奇遵(1492-1521) 詩「淸臨寺」〈德陽遺稿, 1, 木板本〉〈服齋集, 卷1 13張, 木板本〉
청명사(淸明寺)[1]
경기 龍仁郡 器興面 下葛里에 있던 절

〈文化遺蹟總覽〉
청명사(淸明寺)²
전남 木浦市 儒達洞에 있던 절 〈文化遺蹟總覽〉
청상원(淸上院)
위치 未詳 〈虛應堂集, 467p, 影印本〉
普雨(1515-1565) 詩「示淸上院」〈上同〉
청석사(靑石寺)
황해 信川(옛 文化)郡 九月山에 있던 절 〈寺刹全書, 1091p〉
청선원(淸禪院)
경북 榮州郡 豊基邑에 있던 절 〈寺刹全書, 1098p〉
청송사(靑松寺)¹
강원 溟州郡 連谷面 坊內里에 있는 절. 신라 孝昭王(692-701) 때 처묵이 창건. 1919년 춘담이 중건 〈불교사전, 854p〉
청송사(靑松寺)²
경남 蔚州郡 靑良面 栗里에 있던 절 〈寺刹全書, 1091p〉
신라 慈藏이 창건. 寺址에 浮屠와 塔材 등이 잔존 〈文化遺蹟總覽〉
青松寺址浮屠群 : 地有 제20호. 1972년 지정. 高2.3m. 1기는 愼洽大師浮屠. 1기는 未詳 〈文化遺蹟總覽〉
青松寺址三層石塔 : 보물 제382호. 1961년 지정. 高5.5m. 화강석으로 통일신라 때 건립 추정. 1962년 해체 수리 〈上同〉
청송사(靑松寺)³
경남 咸安郡 代山面 長岩里에 있던 절. 寺址에 伴鷗亭이 있다 〈寺刹全書, 1091p〉
청송사(靑松寺)⁴
충남 洪州郡 八峰山에 있던 절 〈寺刹全書, 1091p〉
청송사(靑松寺)⁵
황해 延白(옛 白川)郡 匙山에 있던

절. 一名 松靑寺 〈寺刹全書, 1091p〉
청신암(淸神庵)¹
경북 淸道郡 雲門面 新院洞 虎踞山에 있는 절. 雲門寺의 부속 암자 〈불교사전, 855p〉
청신암(淸神[新]庵)²
전남 海南郡 三山面 九林里 頭輪山에 있는 절 〈寺刹全書, 1098p〉
1709년(肅宗 35) 주성한 梵鐘이 있다 〈文化遺蹟總覽〉
청심사(淸心寺)
충북 淸州市 上黨山城에 있던 절. 一名 淸心庵 〈寺刹全書, 1098p〉
청안사(靑安寺)
경남 山淸(옛 丹城)郡 明山에 있던 절 〈寺刹全書, 1091p〉
청암사(靑岩寺)¹
경남 晋陽郡 智異山에 있던 절 〈寺刹全書, 1091p〉
청암사(靑岩寺)²
경북 金陵郡 甑山面 坪村里 佛靈山에 있는 절. 신라 憲康王(875-885) 때 道詵이 창건. 1912년 소실된 것을 大雲이 중건 〈불교사전, 854p〉
1647년(仁祖 25) 소실, 그 뒤 곧 중건. 1782년(正祖 6) 소실. 1905년 極樂殿을 건립 〈寺刹全書, 1091p〉
極樂殿, 白蓮庵, 雙溪寺, 修道庵, 正覺庵 등이 山內에 부속
惠勤(1320-1376) 撰 「金泉郡佛靈山靑岩寺事蹟碑銘幷序」〈上同, 1091p〉
청암사(靑岩寺)³ ⇒ 慶國寺 참조
청암사(靑庵寺)
황해 遂安郡 阿達山에 있던 절 〈寺刹全書, 1091p〉
청연사(靑淵寺)
경기 楊州郡에 있던 절. 1027년(고려 顯宗 18) 本寺 승려가 금주령에 범했다고 한다 〈寺刹全書, 1093p〉
청연사(淸淵寺)

전남 長城郡 佛臺山에 있던 절 〈寺刹
全書, 1098p〉
吳道一(1645-1703) 詩 「到淸淵寺將
向蘇池菴吟示燦明上人」〈西坡集, 卷8
30張, 芸閣印書體字本〉
청운사(靑[淸]雲寺)[1]
경기 開城市 補國寺 곁에 있던 절. 921
년(고려 太祖 4) 창건. 1321년(고려
忠肅王 8) 百官들이 本寺에 모여 懿妃
眞影을 妙蓮寺에 移安 〈寺刹全書,
1093p〉
청운사(靑雲寺)[2]
전북 金堤郡 靑蝦面 大靑里에 있는 절.
1925년 건립. 太古宗에 소속. 1968년
증축 〈文化遺蹟總覽〉
청운시(靑雲寺)[3]
함북 慶源郡 龍德面 龍香洞 塔香山에
위치 〈불교사전, 854p〉
청운암(靑雲庵)
경북 靑松郡 府東面 梨田洞에 있던 절.
고려 때 창건 〈寺刹全書, 1093p〉
청원사(淸源寺)[1]
강원 三陟郡 黃池邑 所道里에 있는 절.
1963년 창건 〈文化遺蹟總覽〉
청원사(淸源[靑原]寺)[2]
경기 安城郡 元谷面 聖恩里 天德山에
있는 절 〈불교사전, 854p〉
丙子胡亂(1636) 때 義兵 천여 명이 구
사일생으로 구제되어 山 이름을 天德
山이라 개명. 산골짜기 언덕 안으로 푸
른 안개가 끼어 淸源寺라 함. 고려 때
건립으로 추정되는 7층석탑이 있다
〈文化遺蹟總覽〉
청원사(靑猿寺)
경남 宜寧郡 大義(옛 華陽)面 下村里
에 있던 절. 寺址에 瓦片이 산재 〈寺刹
全書, 1093p〉
청원사(靑原寺)
경남 晋陽郡 智水面 淸源里 防禦山 아
래 있던 절. 壬亂 때 소실 〈文化遺蹟總

覽〉
청일암(請日庵)
전북 扶安郡 扶安邑 東中里에 있는 절.
1924년 창건 〈文化遺蹟總覽〉
청진암(淸眞庵)[1]
전남 昇州郡 松廣面 新坪里 曹溪山에
있는 절. 松廣寺의 부속 암자 〈불교사
전, 855p〉
淸眞寂照塔 : 1252년(고려 高宗 39) 건
립. 이는 松廣寺 第3祖師塔. 大師의 法
名은 夢如, 號는 小融, 1252년 入寂. 淸
眞庵 남쪽에 위치 〈文化遺蹟總覽〉
錦溟(寶鼎 ; 1861-1930) 撰 「淸眞庵
重建化文, 1897年」〈曹溪山松廣寺史
庫, 102p, 筆寫本, 1977影印〉「淸眞庵
第四創建記, 1919年」〈上同, 260p〉
「松廣寺淸眞庵第四創建記, 1919年」
〈寺刹全書, 1099p〉
청진암(淸眞庵)[2]
충북 陰城郡 遠南面 德亭里에 있는 절.
花寺라는 古刹이 있었다고 전함. 1938
년 金承元이 淸眞庵을 중건. 法堂은 岩
窟 속에 있다 〈文化遺蹟總覽〉
청평사(淸平寺)
강원 春城郡 北山面 淸平里 淸平山[慶
雲山]에 있는 절. 一名 文殊寺·文殊
院. 973년(고려 光宗 24) 창건하여 白
岩禪院이라 함. 1068년(고려 文宗 22)
李顗가 중건하여 普賢庵이라 개명.
1089년(고려 宣宗 6) 李資玄이 중건하
여 淸平寺로 개명 〈불교사전, 230·
232·855p〉〈寺刹全書, 1099p〉
1125년(고려 仁宗 3) 李資玄이 卒하므
로 1130년 門人 安和沙門·坦然 등이
立碑 紀念. 1327년(고려 忠肅王 14) 奉
使臣 不花帖木兒 등이 本寺 藏經碑를
건립. 1466년(世祖 12) 金時習이 瑞香
院을 건립하여 은둔. 1557년(明宗 12)
普雨가 중건. 1711년(肅宗 37) 喚惺 등
이 佛殿·僧寮를 수리. 1728년(英祖

4) 覺禪이 三尊佛像을 조성. 1861년(哲宗 12) 大雄殿 소실. 1862년 寮舍를 건립. 1880년(高宗 17) 寮舍 소실로 중건. 1900년 翼廊을 건립. 1923년 朴貞明이 土地를 佛粮으로 헌납. 1932년 金靑庵이 改金並袈裟佛事를 봉행〈楡岾寺本末寺志, 685p, 鉛印本〉

清平寺廻轉門說話 :「唐太宗 당시 공주와 山 너머 나무꾼과의 사랑이 얼킴으로 인하여 이상한 노래가 돌아서 王이 그의 규명을 명령한즉 공주가 그의 몸종으로 하여금 나무꾼에게 편지를 전하도록 했으나, 조금 뒤 몸종이 붙들려 국문당한 그날 밤 상사병에 걸려 구렁이가 된 나무꾼이 공주몸에 붙어 떨어지지 않았다. 이에 공주와 몸종이 도망쳐서 名山大川을 순회하면서 기도하여 人道還生을 빌었으나, 아무 영험이 없자 新羅에 당도하여 清平寺에 이를 무렵 몸종이 갑자기 복통이 일어나니 天然洞窟 觀音像 앞에서 구렁이에게 약 지어 오겠다고 약조하고서 약 지으러 가는 길에 清平寺에 들러서 袈裟佛事에 참여하다가 念佛三昧에 들 무렵 천둥 번개와 아울러 소나기가 세차게 퍼부었기에 곧 나가보니 구렁이가 벼락에 의해 내동댕이쳐져서 죽으매 몸종은 씻은듯이 복통이 나음. 주지스님 말이 輪廻의 굴레가 公主 염불에 의하여 解脫했으므로 그의 기념으로 廻轉門을 건립했다」는 說話〈1996. 3. 31. 16시, 불교방송 설화 프로그램〉

騰雲庵, 福禧庵, 仙洞庵[息庵], 養神庵, 地藏庵, 七星庵 등이 山內에 부속

清平寺廻轉門 : 보물 제164호. 1938년 지정. 1546-1566년 건립한 寺門. 1950년 소실〈文化財大觀 ; 寶物篇〉

眞樂公浮屠 · 公主塔 · 幻叔堂浮屠 : 地有 제51호. 1976년 지정〈文化遺蹟總覽〉

清平寺文殊院重修碑 : 1130년(고려 仁宗 8) 건립. 碑銘은 金富轍(1079-1136) 撰 坦然 書, 碑陰은 慧素 撰 坦然 書〈上同〉

春城文殊院藏經碑 : 1327년(고려 忠肅王 14) 건립. 李齊賢 撰 李君俢 書幷篆額〈韓國金石全文, 中世下 1134p, 許興植 編〉

金富轍(1079-1136) 撰 「清平山文殊院記」〈東文選, 卷64 27張, 木板本〉

普雨(1515-1565) 撰 「清平寺帝釋幀重修記」〈懶庵雜著, 491p, 影印本〉 「清平寺彌陀幀重修記」〈上同, 492p〉 「清平寺重創記」〈上同, 494p〉「清平寺重創慶讚諸像點眼法會疏」〈上同, 512p〉「清平寺保上春秋水陸齋疏」〈上同, 531p〉 詩 「遊清平寺詩二十二韻幷序」〈虛應堂集, 405p, 影印本〉

性澄 撰 「元泰定皇后文殊院施藏經碑, 1327年」〈楡岾寺本末寺志, 698p, 鉛印本〉

李守寅 撰 「清平山文殊寺故事記, 1901年」〈上同, 692p〉

李齊賢(1287-1367) 撰「[文殊寺]碑」〈新增東國輿地勝覽, 卷46 15張〉「有元高麗國清平山文殊寺施藏經碑」〈益齋亂藁, 卷7 1張, 木板本〉

李鶴圭 撰 「清平寺歷史序, 1915年」〈楡岾寺本末寺志, 689p, 鉛印本〉

春川清平山文殊院重修記〈上同, 690p〉

春川清平寺帝釋幀重修記〈上同, 691p〉

喚惺和尚行狀 : 和尚의 諱는 志安, 字는 三諾, 俗姓은 鄭, 1664-1729년까지 생존〈上同, 704p〉

청평식암(清平息庵)⇒ 息庵 참조

청풍대(清風臺)

전북 高敞郡 雅山面 三仁里 兜率山에 있던 절. 禪雲寺의 부속 암자〈寺刹全書, 1100p〉

청풍사(清風寺)

전남 靈岩郡 靈岩面 青龍里에 있던 절

〈寺刹全書, 1100p〉
淸風寺址多層石塔：高3.8m.　조선초기 건립 추정. 현재 4층만 남음〈文化遺蹟總覽〉

청학대(靑鶴臺)
평북 熙川郡 東倉面 白山洞 頭疊山에 위치〈朝鮮史刹一覽〉

청학사(靑鶴寺)
강원 溟州(옛 江陵)郡 連谷面 三山里 滿月山에 있는 절〈불교사전, 855p〉
靑鶴寺浮屠群：
　　① 高1.16m
　　② 高0.92m「甑岩堂」이라 縱書
　　③ 高1.02m「喚松堂」이라 縱書
　　④ 高1.05m「雪附堂」이라 縱書
　　⑤ 高1.36m「尋花堂・芳瑞堂」이라 縱書〈文化遺蹟總覽〉

청학암(靑鶴庵)
강원 江陵市 鶴山에 있던 절〈寺刹全書, 1093p〉

청화대(淸和臺)
서울 道峰區 道峰洞 道峰山에 있던 절. 淸和가 수도하던 토굴〈불교사전, 855p〉

초개사(初開寺)
경북 慶山郡 慈仁面에 있던 절. 신라 眞德王(647－653) 元曉가 출가한 뒤 그의 집을 절로 만듦〈불교사전, 856p〉〈寺刹全書, 1103p〉

초막사(草幕寺)
평남 大同郡 龍岳面 上次里에 있던 절〈寺刹全書, 1103p〉

초문사(肖門寺)
위치 未詳. 374년(고구려 小獸林王 4) 阿道가 晉나라에서 오니, 明年 375년 肖門寺를 창건하여 順道를 거주케 하고, 伊弗蘭寺를 창건하여 阿道를 거주케 하니, 이것이 고구려 佛法의 시초〈寺刹全書, 1103p〉

초방사(草芳寺)

경북 奉化郡 明湖面 觀漲里에 있던 절〈寺刹全書, 1103p〉
寺址에 祠堂 1동이 있다〈文化遺蹟總覽〉

초암(草庵)[1]
경북 榮州郡 順興面 裵店里 小白山에 있던 절〈朝鮮寺刹一覽〉
신라 때 義湘(625－702)이 浮石寺를 창건하기 전에 먼저 이 山에 들어와 草庵을 건립. 一名 草庵寺〈寺刹全書, 1103・1104p〉
初菴寺東浮屠：地有 제128호. 高2m. 8각원형. 고려 때 조성〈現地標識板〉
初菴寺三層石塔：地有 제126호. 高3.5m. 4角. 통일신라 때 조성〈上同〉
初菴寺西浮屠：地有 제129호. 高2m. 8角寶珠形. 고려 때 조성〈上同〉
周世鵬(1495－1554) 詩「…投宿草菴寺…」〈武陵集, 卷3 3張, 木板本〉

초암(草庵)[2]
황해 載寧郡 長壽山에 있던 절〈寺刹全書, 1104p〉

초암사(草庵寺)⇒ 草庵[1] 참조

총지사(摠持寺)
경기 開豊郡 嶺南面 玄化里 聖居山에 위치. 1101년(고려 肅宗 6) 王이 本寺에 행차하여 동생 義天을 問病. 1157년(고려 毅宗 11) 王이 행차하여 주지 懷正과 같이 唱詩. 1186년(고려 明宗 16) 王이 佛頂消災道場을 설행. 1926년 英雲이 중수〈寺刹全書, 1104p〉
1928년 주지 廉英雲이 幀畫 佛事를 봉행〈傳燈本末寺志, 247p, 鉛印本〉
義天(1055－1101) 詩「戊午…摠持寺…」〈大覺文集, 227p, 影印本〉

총지사(總持[指]寺)
전남 務安郡 夢灘面 僧達山에 있던 절〈寺刹全書, 1104p〉
700년경 淨明이 창건. 1800년경 폐사. 寺址에 반석 30여 개와 석축 20m가량

과 석장승 2기가 남음〈文化遺蹟總覽〉
최심사(榱尋寺)
경북 聞慶郡 華山에 있던 절. 一名 推
尋寺〈寺刹全書, 1104p〉
추두사(鷲頭寺)
경기 開城城 동쪽에 있던 절〈寺刹全
書, 1105p〉
추령사(鷲嶺寺)
서울 三角山에 있던 절〈大覺文集,
237p, 影印本, 1974印〉
義天(1055－1101) 詩「留題三角山鷲
嶺寺」〈上同〉
추령암(鷲嶺庵)
전북 完州(옛 金溝)郡 掘禪山에 있던
절〈寺刹全書, 1105p〉
추봉사(鷲峰寺)
전남 長城郡 長城邑 流湯里에 있던 절.
신라 때 창건 추정〈文化遺蹟總覽〉
추서사(鷲棲寺)[1]
경북 奉化郡 物野面 皆丹里 文殊山에
있던 절. 一名 鷲棲庵. 867년(신라 景
文王 7) 佛舍利塔을 건립〈寺刹全書,
1105p〉
金榮祖(1577－1648) 詩 「…鷲棲庵」
〈忘窩集, 卷1 13張, 木板本〉
추서사(鷲棲寺)[2]
전남 長城郡 西三面 鷲岩里에 있던 절.
고려 때 창건 추정. 寺址에 震默大師舍
利塔이 있다. 震默(1562－1633)이 入
寂한 곳〈寺刹全書, 1105p〉
吳道一(1645－1703) 詩「鷲棲寺」〈西
坡集, 卷8 36張, 芸閣印書體字本〉
추서암(鷲棲庵)
경남 梁山郡 下北面 芝山里 靈鷲山에
있는 절. 通度寺의 부속 암자〈불교사
전, 862p〉
1711년(肅宗 37) 東溟이 창건. 1863년
(哲宗 14) 중건〈寺刹全書, 1105p〉
추선사(鷲仙寺)
경북 慶州市에 있던 절. 신라 때 창건

추정〈寺刹全書, 1105p〉
추선사(推善寺)
전남 羅州郡 飛鳳山에 있던 절〈寺刹全
書, 1104p〉
추심사(推尋寺)⇒ 榱尋寺 참조
추암사(鷲岩寺)[1]
경기 驪州郡 慧目山에 있던 절〈寺刹全
書, 1106p〉
추암사(鷲岩寺)[2]
경남 咸陽郡 堂北山에 있던 절. 敎宗에
소속〈寺刹全書, 1106p〉
추암사(鷲岩寺)[3]
전북 淳昌郡 赤城面 石山里에 있던 절.
寺址에 돌담·瓦片 등이 남음〈寺刹全
書, 1106p〉
추암사(楸〔楸〕岩寺)
평남 平原(옛 永柔)郡 大圓山에 있던
절〈寺刹全書, 1104p〉
추월암(秋月庵)[1]
평북 義州郡 古寧朔面 大蝦洞에 있던
절〈寺刹全書, 1104p〉
추월암(秋月庵)[2]
평북 義州郡 松山에 있던 절〈寺刹全
書, 1104p〉
추월암(秋月庵)[3]
평북 義州郡 松長面 金光洞 石崇山에
있던 절〈朝鮮寺刹一覽〉
추정사(鷲井寺)
경남 梁山(옛 東萊)郡 機張面 鷲峰山
에 있던 절〈寺刹全書, 1106p〉
추파사(楸坡寺)
함남 端川郡 新滿面 龍川里 龍峰山에
위치〈朝鮮寺刹一覽〉
축봉사(縮鳳寺)
충남 牙山郡 桐林山에 있던 절〈寺刹全
書, 1106p〉
축성사(丑城寺)
경남 蔚州郡 三南面 荷岑里에 있던 절.
부근에 瓦片 등이 산재〈寺刹全書,
1105p〉

축성암(祝聖庵)[1]
강원 麟蹄郡 北面 龍垈里 雪嶽山에 있
던 절. 百潭寺의 부속 암자. 1884년(高
宗 21) 漢庵 창건. 1919년 폐사 〈寺刹
全書, 1105p〉〈불교사전, 864p〉
축성암(祝聖庵)[2]
전남 靈岩郡 三湖面 龍塘里 月峰山에
있는 절 〈朝鮮寺刹一覽〉
축성전(祝聖殿)
평북 寧邊郡 北薪峴面 妙香山에 위치.
普賢寺의 부속 암자〈寺刹全書,1105p〉
축수굴(竺修窟)
강원 高城郡 西面 百川橋里 金剛山에
있던 절. 楡岾寺의 부속 암자 〈불교사
전, 864p〉
普雨(?－1565) 詩 「竺修窟」〈虛應堂
集, 293p, 影印本〉
충봉사(冲鳳寺)
경기 驪州郡 北內面 鳳尾山 서쪽에 있
던 절 〈寺刹全書, 1106p〉
충효암(忠孝庵)[1]
경북 達城郡 八公山에 있던 절인 듯
〈瓶窩全書；永陽續錄, 卷1 94張, 影印
本〉
李衡祥(1653－1733) 詩 「忠孝庵燈」
〈上同〉
충효암(忠孝庵)[2]
위치 未詳〈仁岳集, 卷2 8張, 木板本〉
義沾(1746－1796) 撰 「忠孝菴重創
記」〈上同〉
취서(鷲棲)⇒ 추서 참조
취운암(聚雲庵)
경기 開豊郡 天磨山에 있던 절 〈寺刹
全書, 1106p〉
취운암(翠雲庵)[1]
경남 梁山郡 下北面 芝山里 靈鷲山에
있는 절. 通度寺의 부속 암자 〈불교사
전, 867p〉
1650년(孝宗 1) 友雲이 창건. 1795년
(正祖 19) 智日이 중건 〈寺刹全書,

1106p〉
취운암(翠雲庵)[2]
경북 慶山郡 龍城面 龍田洞 九龍山에
있던 절. 盤龍寺의 부속 암자 〈寺刹全
書, 1106p〉
취원암(聚遠庵)
강원 襄陽郡 襄陽面 雪岳山에 있던 절.
靈穴寺의 부속 암자. 1690년(肅宗 16)
聚遠이 창건 〈乾鳳寺本末事蹟, 175
－177p, 鉛印本〉
취진암(聚眞庵)
경북 聞慶郡 山北面 金龍里 雲達山에
있던 절. 金龍寺의 부속 암자 〈寺刹全
書, 1106p〉
층운암(層雲庵)
전북 高敞郡 雅山面 三仁里 兜率山에
있던 절. 禪雲寺의 부속 암자 〈寺刹全
書, 1106p〉
치원암(致遠庵)
경북 安東郡 淸凉山에 있던 절 〈寺刹全
書, 1106p〉
淸凉山 행정구역은 현재 奉化郡에 소속
〈編者〉
金是榲(1598－1669) 詩 「自致遠庵過
文殊庵到金生窟」〈瓢隱集, 卷1 9張, 木
板本〉
許薰(1836－1907) 詩「致遠庵」〈舫山
集, 卷6 5張, 木板本〉
친견대(親見臺)
함남 定平郡 廣德面 儒興里 道成山에
위치 〈朝鮮寺刹一覽〉
칠보대(七寶臺)
강원 高城郡 西面 百川橋里 金剛山에
위치. 楡岾寺의 부속 암자 〈불교사전,
871p〉
칠보사(七寶寺)
경기 華城郡 半月面 沙土里에 있는 절.
1907년 李鍾德이 창건. 1950년 동란으
로 화재. 1951년 중건 〈文化遺蹟總覽〉
칠보암(七寶庵)

경기 華城(옛 水原)郡 梅松面 泉川里
에 있던 절〈寺刹全書, 1107p〉
칠봉사(七峰寺)
황해 長淵郡 佛陀山에 있던 절〈寺刹
全書, 1107p〉
칠불사(七佛寺)
평남 安州郡 安州面 北門里 七佛山에
있던 절. 一名 七佛庵〈朝鮮寺刹一覽〉
李沃七佛寺碑에 隋人이 薩水에 머물렀
을 때 일곱 승려가 건너는 것을 보고
물이 얕은 줄 알고서 따라 건너다가 태
반이 익사하여 대패했다. 이 기념으로
절을 창건했다고 전함〈寺刹全書,
1107p〉
李明漢(1595－1645) 詩 「七佛寺…」
〈白洲集, 卷1 6張, 木板本〉
李敏坤(1695－1756) 詩 「…七佛寺
…」〈卷1 35張, 筆寫本, 林隱遺編〉
칠불암(七佛庵)[1]
경남 河東郡 花開面 凡旺里 智異山
에 있던 절. 一名 雲院寺·雲山院·
雲水院. 雙溪寺의 부속 암자. 유명한
禪院으로 45년(신라 儒理王 22) 玉
寶高仙人이 창건. 金首露王의 제四
子로부터 제十子까지의 七子가 成佛
한 곳이라는 전설이 있다. 1948년 소
실. 1948년 소실되기 전에 있던 亞字
房이 유명〈불교사전, 872p〉〈寺刹
全書, 1107p〉
七佛亞字房：地有 제144호. 신라 孝恭
王(897－911) 때 曇空이 건립. 禪房으
로 사용. 1951년 共匪들이 방화. 그 후
有志가 金海金氏 草家로 복원, 곧 파
괴. 현재 승려 5－6명이 임시로 건물을
짓고 수도〈文化遺蹟總覽〉
戒悟(1773－1849) 撰 「河東府七佛禪
院重創記」〈伽山集, 卷4 5張, 木板本〉
有一(1720－1799) 撰 「七佛庵上梁
文」〈蓮潭大師林下錄, 卷3 27張〉
應允(1743－1804) 撰「七佛庵記」〈鏡

岩集, 下 36張, 木板本〉
李昭漢(1598－1645) 詩 「七佛菴書贈
太能大師」〈玄洲集, 卷2 26張, 木板本〉
休靜(1520－1604) 詩 「七佛庵盖瓦落
成詩」〈淸虛堂集, 卷1 49張, 木板本〉
칠불암(七佛庵)[2]
경북 慶州市 南山洞에 있는 절〈文化遺
蹟總覽〉
慶州南山七佛庵磨崖石佛像：국유　보물
제200호. 1939년 지정. 本尊像高 2.66
m, 左右侍像高 2.11m, 東面像高
1.18m, 西面像高 1.13m, 南面像高
1m, 北面像高 72㎝. 화강석으로 통일
신라 때 조성 추정〈上同〉
칠성단(七星壇)⇒ 九曜堂 참조
칠성암(七星庵)[1]
강원 溟州(옛 江陵)郡 邱井面 於丹里
擔石山에 있는 절〈朝鮮寺刹一覽〉
칠성암(七星庵)[2]
강원 伊川郡 鳳凰山에 있던 절〈寺刹全
書, 1109p〉
칠성암(七星庵)[3]
강원 春城郡 北山面 淸平里 慶雲山에
있던 절. 淸平寺의 부속 암자〈불교사
전, 872p〉
칠성암(七星庵)[4]
경기 開豊郡 嶺南面 玄化里 聖居山에
있는 절〈朝鮮寺刹一覽〉
1393년(太祖 2) 化主 尙應 창건. 1926
년 주지 奉燁이 중수. 1936년 주지 孝
鎭이 중수〈寺刹全書, 1108p〉
칠성암(七星庵)[5]
경기 廣州郡 草月面에 있던 절. 「洪謨
重修記」가 있다. 『月荷集』에 「七星庵
上梁文」이 있다〈寺刹全書, 1108p〉
戒悟(1773－1849) 撰 「京畿道廣州東
七星庵上梁文」〈伽山藁, 卷4 22張, 木
板本〉
칠성암(七星庵)[6]
서울 城北區 安岩洞에 있는 절. 開運寺

의 부속 암자. 1878년(高宗 15) 암자
곁 큰 바위에 觀音像을 조각. 1926년
碧峰이 大房을 건립. 1937년 觀音殿을
건립. 1940년 寮舍를 건립. 1942년 禪
房을 건립〈寺刹全書, 1108p〉
칠성암(七星庵)[7]
전남 海南郡 北平面 南倉里 北平山에
있는 절. 大興寺의 부속 암자〈寺刹全
書, 1108p〉
칠성암(七星庵)[8]
전남 海南郡 北平面 新基里 天臺山에
있는 절. 1562년(明宗 17) 창건. 1971
년 중건〈文化遺蹟總覽〉
칠성암(七星庵)[9]
전북 全州市 東完山洞 完山에 있는 절.
백제 때 창긴 추정〈文化遺蹟總覽〉
全州郡 上關面 完山에 위치. 1895년
(高宗 32) 창건. 1925년 金樂順이 중
건〈寺刹全書, 1108p〉
칠성암(七星庵)[10]
함남 利原(옛 利城)郡에 있던 절〈寺
刹全書, 1108p〉
칠성암(七星庵)[11]
황해 信川郡 用珍面 九月山에 있던 절.
月精寺의 부속 암자〈寺刹全書, 1108p〉
칠성암(七星庵)[12]
황해 金川郡 兔山面 鶴峯山에 있던 절.
石頭寺의 부속 암자〈三峯集, 2張〉
知濯(1750-1839) 詩 「過兔山鶴峯山
石頭寺七星庵」〈上同〉
칠성암(七星庵)[13]⇒ 法王寺[1] 참조
칠악사(漆岳寺)
충남 靑陽郡 赤谷面 花山里에 있던 절
〈文化遺蹟總覽〉
600년(백제 法王 2) 王이 本寺에 행차
하여 祈雨〈三國史記, 卷27, 木板本〉
칠양사(漆陽寺)
위치 未詳〈補閑集, 下, 22張〉
崔滋(1188-1260) 撰 「漆陽寺…」
〈上同〉

칠엽사(七葉寺)
경북 淸道郡에 위치〈寺刹全書, 1108p〉
칠장사(七長寺)
경기 安城郡 二竹面 七長里 七賢山에
있는 절〈朝鮮寺刹一覽〉
고려초기 慧炤가 창건. 일곱 惡人을 교
화 제도했으므로 七長寺 또는 七賢寺라
함〈불교사전, 874p〉
1506년(燕山君 12) 창건. 1674년(顯宗
15) 중수. 1877-1878년 중건〈文化遺
蹟總覽〉〈寺刹全書, 1108p〉
極樂[彌陀]庵, 明寂[名跡]庵, 白蓮[碑
殿]庵, 隱寂庵, 靑蓮庵 등이 山內에 부
속
七長寺浮屠(2기)：高2.1m. 조선 때 조
성으로 보이는 6각형 浮屠〈文化遺蹟
總覽〉
七長寺石塔：高1.2m. 七長寺 창건 당시
건립. 2층의 塔만 남음〈上同〉
七長寺鐵幢竿 및 支柱：地有 제39호.
1973년 지정. 高9.9m. 화강암으로 고
려 慧炤의 공덕을 추모하기 위해 건립.
七長寺로부터 약 700m의 거리에 위치
한 것으로, 七長寺 위치가 船形이라 하
여, 돛대 표시로 세운 것이라고도 전함
〈上同〉
七長寺慧炤國師碑：보물 제488호. 1968
년 지정. 高4.96m 幅1.28m. 화강석·
흑대리석으로 1060년(고려 文宗 14)
건립. 「贈諡慧炤國師碑銘」이라 篆額.
碑文은 金顯(고려 文宗朝人) 撰, 閔賞
濟 書. 碑尾에 「□□歲在上章困敦龍集
[庚子]…李孟等刻字」라 기록. 972-
1054년까지 생존〈文化財大觀；寶物
篇〉
權近(1352-1409) 撰 「送裵仲貟修撰
晒史七長寺序」〈陽村集, 卷16 2張, 木
板本〉
鄭斗卿(1637-1693) 撰 吳埈 書 李俁
篆 「朝鮮國竹山七長寺碧應大師碑銘并

幷序, 1660年」〈寺刹全書, 1109p〉
蔡濟恭(1720－1799)　撰　「遊七長寺記」〈樊岩集, 卷35 22張, 木板本〉
칠절암(七節庵)
충남 洪城郡 龜項面 支井里 九節山에 있

는 절. 一名 七節寺〈불교사전, 874p〉
칠지정사(七池精舍)
전남 靈岩郡 月出山 天星峰에 있던 절〈寺刹全書, 1110p〉
칠현사(七賢寺)⇒ 七長寺 참조

ㅌ

타라암(陀羅庵)⇒ 다라암 참조
탈골암(脫骨庵)
충북 報恩郡 內俗離面 俗離山에 있는
절. 法住寺의 부속 암자〈寺刹全書,
1110p〉
776년(신라 惠恭王 12) 眞表가 중건.
1624년(仁祖 2) 碧岩이 중수. 1950년
동란으로 폐사. 곧 복원〈文化遺蹟總
覽〉
탑골승방⇒ 普門寺 참조
탑사(塔寺)[1]
경북 慶州市 부근에 있던 절인 듯〈梅
月堂集, 卷12 15張, 癸酉字本〉
金時習(1435－1493) 詩 「塔寺壞圮
…」〈上同〉
탑사(塔寺)[2]
경북 尙州郡 外西面에 있던 절. 신라
때의 塔이 있었다〈불교사전, 883p〉
1915년 나무꾼들이 塔을 헐려고 한다
는 소문을 듣고 郡守가 철망을 했다
〈寺刹全書, 1110p〉
탑사(塔寺)[3]
서울 부근에 있던 절인 듯〈于堂詩鈔,
62張, 鉛印本〉
尹喜求(1867－1926) 詩 「塔寺」〈上
同〉「安君邀飮塔寺」〈上同, 66張〉
탑사(塔寺)[4]
충남 論山(옛 尼山)郡에 있던 절〈寺
刹全書, 1110p〉
탑사(塔寺)[5]
평북 定州(옛 嘉山)郡 中祖峰에 있던
절〈寺刹全書, 1110p〉

탑산사(塔山寺)[1]
전남 長興郡 大德面 蓮池里 天冠山에
있던 절. 天冠寺의 부속 암자. 이곳에
있던 鐘은 현재 海南 大興寺에 보관
〈文化遺蹟總覽〉
800년(신라 哀莊王 1) 靈通 창건이라
전함. 1745년(英祖 21) 소실〈寺刹全
書, 1110p〉
탑산사(塔山寺)[2]
전남 海南郡 三山面에 있던 절〈寺刹全
書, 883p〉
보물 제88호인 塔山寺銅鐘은 현재 九林
里 大興寺에 안치〈文化遺蹟總覽〉
魏伯珪(1727－1798) 撰 「塔山寺上梁
文」신라말기 암자 창건〈存齋全書, 下
429張, 影印本〉
塔山寺鐘記 : 이 鐘은 현재 海南 大興寺
에 보관〈朝鮮金石總覽〉
탑선사(塔禪寺)
전북 高敞郡 雅山面 三仁里 兜率山에
있던 절. 禪雲寺의 부속 암자〈寺刹全
書, 1112p〉
태고사(太古寺)[1]
경기 高陽郡 神道邑 北漢里 三角山에
있던 절. 고려 恭愍王(1351－1374) 때
太古普愚 창건. 1950년 동란으로 소실
〈불교사전, 883p〉
圓證國師塔碑 : 1385년(고려 禑王 11)
건립. 碑文은 李穡 撰, 權鑄 書〈文化遺
蹟總覽〉
태고사(太古寺)[2]
충남 錦山郡 珍山面 杏亭里 大芚山에

있던 절. 신라 元曉(617-686)가 창
건. 고려 太古(1301-1382)가 중건.
震默(1562-1633)이 중건. 宋時烈
(1607-1689)의 수학처. 1950년 동란
으로 소실. 1976년 중건 〈寺刹全書,
1112p〉〈文化遺蹟總覽〉
태고사(太古寺)⇒ 曹溪寺[2] 참조
태고암(太古庵)
경기 楊平郡 龍門山에 있던 절인 듯
〈天遊集古, 卷2 58張, 鉛印本〉
朴文逵(1805-1888) 詩「登龍門山太
古庵」〈上同〉
태국사(泰國寺)
충남 瑞山郡 近興(옛 近溪)面 程竹里
城東山에 있는 절〈朝鮮寺刹一覽〉
태백사(太白寺)
황해 平山郡 太白山城 안에 있던 절.
一名 望月寺〈寺刹全書, 1112p〉
태백암(太白庵)
함남 咸興郡 太白山에 있던 절〈寺刹
全書, 1112p〉
태봉사(胎峰寺)[1]
경북 星州郡 祖谷山에 있던 절〈寺刹
全書, 1114p〉
태봉사(胎峰寺)[2]
전북 益山郡 三箕面 蓮洞里에 있는 절.
寺址에 1938년 주지 朴祥來가 중건
〈文化遺蹟總覽〉
胎峰寺三尊石佛：地有 제12호. 1971년
지정. 高2.12m. 1945년 보수〈上同〉
태봉사(胎峰寺)[3]
충남 瑞山郡에 있던 절〈坡谷遺稿, 30
張, 木板本〉
李誠中(1539-1593) 詩「題瑞山胎峯
寺僧」〈上同〉
태봉암(胎封庵)
경남 昌原郡 匡山에 있던 절〈寺刹全
書, 1114p〉
태안사(泰安寺)
전남 谷城郡 竹谷面 元達里 桐裏山에

있는 절. 一名 大安寺·桐裏寺. 742년
(신라 景德王 1) 세 禪師가 창건하여
大安寺라 명명〈寺刹全書, 334·1113p〉
919년(고려 太祖 2) 廣慈가 창건. 1683
년(仁祖 16) 桐坡定心이 중건. 1950년
동란으로 대부분 소실 〈불교사전,
157p〉
大安寺廣慈大師碑：보물 제275호. 1957
년 지정. 화강석으로 950년 건립. 碑身
은 파괴. 일부 殘片이 있음. 碑尾에「光
德二[一]年歲次庚戌(950)十月十五日
鐫字」라 기록. 大師 諱는 允多, 字는 法
信, 京師人, 864-945년까지 생존〈文
化財大觀；寶物篇〉
大安寺廣慈大師塔：보물 제274호. 1957
년 지정. 화강석으로 950년경 건립 추
정. 이 8角浮屠는 大安寺 2代祖인 廣慈
大師(864-945)의 墓塔〈上同〉
大安寺三層石塔：高3.5m. 고려초기 건
립 추정. 1950년 파손〈文化遺蹟總覽〉
大安寺寂忍禪師照輪清淨塔：보물 제273
호. 1957년 지정. 화강석으로 872년 건
립. 寂忍禪師(785-861)의 墓塔〈文化
財大觀；寶物篇〉
大安寺寂忍禪師惠哲照輪清淨塔碑：高3.5
m. 872년(신라 景文王 12) 克一이 건
립〈文化遺蹟總覽〉
惺牛(1849-1912) 撰「桐裏山泰安寺
萬日會梵鐘檀那芳啣記」〈鏡虛集, 23
張〉
孫紹(1433-1484) 撰「…廣慈大師碑
銘幷序」〈泰安寺誌, 36p〉
有一(1720-1799) 撰「泰安寺法堂上
梁文」〈蓮潭大師林下錄, 卷3 32張〉
鼎鎬(1870-1948) 撰「桐裡山記實碑」
〈石林草, 2張, 鉛印本〉
崔惟清(1095-1174) 撰「道詵國師碑
文」〈泰安寺誌, 31p〉
崔賀 撰「武州桐裏山大安寺寂忍禪師碑
頌幷序」〈桐裏山泰安寺事蹟, 1張〉

태안암(泰安庵)
경기 開豊郡 天磨山에 있던 절 〈寺刹
全書, 1113p〉

태양사(太陽寺)
경북 金陵(옛 開寧)郡 甘文山에 있던
절 〈寺刹全書, 283p〉

태을암(太乙庵)
충남 瑞山郡 泰安邑 白華山에 있는 절
〈寺刹全書, 1112p〉

태자사(太子寺)
경북 奉化郡 太子山에 있던 절. 崔仁渷
(868－944)이 朗空塔碑銘을 撰 〈寺刹
全書, 1112p〉
太子寺朗空大師明栖雲塔碑 : 현재　서울
景福宮에 위치. 高2.01m. 碑銘은 崔仁
渷(彦撝 868－944) 撰, 金生의 글씨
를 集刻. 1918년 현지에 이전. 朗空(諱
는 行寂)은 832－916년까지 생존 〈文
化遺蹟總覽〉

태조암(太祖庵)[1]
강원 高城郡 西面 百川橋里 金剛山에
있던 절. 楡岾寺의 부속 암자 〈불교사
전, 886p〉

태조암(太祖庵)[2]
강원 淮陽郡 內金剛面 長淵里 金剛山
에 있던 절. 表訓寺의 부속 암자 〈불교
사전, 886p〉

태조암(太祖庵)[3]
전남 長城郡 森溪面 伏山里에 있던 절
〈寺刹全書, 1112p〉

태조암(太祖庵)[4]
전북 完州郡 所陽面 大興里 嶀峯山에
있는 절. 威鳳寺의 부속 암자. 1866년
(高宗 3) 南華가 중건. 1873년(高宗
10) 道峰이 중건 〈불교사전, 886p〉

태조암(太祖庵)[5]
충남 扶餘郡 外山面 萬壽里 萬壽山에
있던 절. 無量寺에 부속 〈寺刹全書,
1112p〉

태평사(太平寺)
충북 永同郡(옛 黃澗縣) 黃岳山에 있
던 절. 一名 太平寺 〈寺刹全書, 302p〉
周世鵬(1495－1554)　詩　「題大平寺」
〈武陵集, 卷2 3張, 木板本〉

태평암(太平庵)
강원 金剛山 世尊川 가에 있던 절 〈寺
刹全書, 1112p〉

태학사(泰鶴寺)
충남 天原郡 豊歲面 三台里에 있는 절.
1928년경 三台里 磨崖佛像을 발견, 이
곳이 寺址임을 알게 되었고, 1947년 寺
址에 泰鶴寺를 건립 〈文化遺蹟總覽〉

태허암(駄虛庵)
평북 楚山郡에 위치 〈寺刹全書, 1114p〉

태화사(太和寺)
경남 蔚山市 鶴城洞 太和江 곁에 있던
절. 신라 慈藏 창건 〈寺刹全書, 1112p〉
〈文化遺蹟總覽〉
太和寺十二支像浮屠 : 보물 제441호. 1966
년 지정. 高1.1m. 화강석으로 통일신라
때 건립 추정 〈文化財大觀 ; 寶物篇〉

태화사(太華寺)
경북 慶州市에 있던 절 〈불교사전,
886p〉
경북 迎日(옛 慶州)郡 杞溪縣 북쪽 20
리에 위치 〈寺刹全書, 1112p〉

탱천굴(撑天窟) ⇒ 聖留寺 참조

토굴암(土窟庵)
충북 報恩郡 內俗離面 俗離山에 있던
절. 法住寺의 부속 암자 〈寺刹全書,
1114p〉

토선암(土禪庵)
전남 求禮郡 光義面 智異山에 위치.
1356년(고려 恭愍王 5) 懶翁이 창건하
여 수도하던 곳 〈文化遺蹟總覽〉
泉隱寺懶翁和尙願佛 : 地有 제29호. 고
려 懶翁이 1356년(고려 恭愍王 5) 土
禪庵을 짓고 禪定할 때 信奉하던 佛像
〈上同〉

토왕사(土王寺)

평남 平原郡 漢川面 新成里에 있던 절
〈寺刹全書, 1114p〉
통교사(通敎寺)
전남 靈岩郡 達磨山에 있던 절 〈寺刹
全書, 1114p〉
통도사(通度寺)
경남 梁山郡 下北面 芝山里 靈鷲山에
있는 절 〈朝鮮寺刹一覽〉
646년(신라 善德王 15) 慈藏이 唐에
가서 淸涼山 文殊菩薩像 앞에 기도하
여 佛袈裟와 舍利를 받아 가지고 귀국
해서 이 절을 짓고, 金剛계단을 쌓아
佛舍利를 봉안, 보름마다 偈를 설하여
우리나라 南山律宗의 근본 도량으로
만듦. 壬亂 때 화재, 1641년(仁祖 19)
友雲이 중건. 절 안의 건물이 65동 580
간의 大寺刹이었음 〈불교사전, 887p〉
643년(신라 善德女王 12) 신라 慈藏이
佛頭骨・佛牙・佛舍利　100粒・佛所
着緋・金點袈裟 1領 등을 받들고 귀
국. 그 중 舍利를 3分하였는데 1分은
皇龍寺塔, 1分은 大和塔, 1分은 袈裟와
아울러 本寺에 奉安. 1396년(太祖 5)
佛頭骨・佛舍利・菩提樹葉 등이 옛날
本寺에 있었으나, 倭寇로 인하여 漆谷
松林寺에 移安토록 명령 〈寺刹全書,
1116p〉
極樂庵, 白蓮庵, 白雲庵, 寶陀庵, 毘盧
庵, 泗溟庵, 瑞雲庵, 修道庵, 安養庵,
王蓮庵, 慈藏庵, 鷲棲庵, 翠雲庵 등이
山內에 부속
通度寺大光明殿：地有 제94호. 1974년
지정. 절 창건 당시 건립. 1725년(英祖
1) 쓰環이 중건. 毘盧遮那佛像을 봉안
〈文化遺蹟總覽〉
通度寺大雄殿：보물 제144호. 1936년
지정. 1645년(仁祖 23) 건립. 1961년
보수. 기단은 통일신라 때의 석조기단
과 같은 형식 〈文化財大觀；寶物篇〉
娑婆敎主釋迦世尊靈骨舍利浮屠碑：1580

년 건립한 듯 〈通度寺志, 71p〉
通度寺國長桎石標：국유 보물 제74호.
1934년 지정. 高1.62m 幅57㎝. 화강석
으로 7세기경 건립 추정. 일설은 1085
년(고려 宣宗 2) 건립. 通度寺 약 4km
지점에 건립. 通度寺 경내를 표시하는
石標(또는 里程標, 防厄)〈文化財大觀；
寶物篇〉
通度寺立石 및 浮屠列目：
　妙峰堂性覺
　千峰堂等勳
　處士蓮花堂妙成
　蓮岩堂善幸
　新菴堂德均
　松岩堂最雲
　兩宗正事淵坡堂德藏
　桂影堂得聰
　禪敎兩宗大覺登階九龍天有(以上은
東土窟左在)
　八道糾正禪敎都摠攝凝庵僖愈大師塔
　國一都大禪師雪松堂演初
　鼎岩堂定宇
　都摠攝陵庵堂智英
　新寂堂靈仁
　含波堂世允
　花峰堂偉札
　自浩大師
　四立無名(以上은 東土窟上右在)
　東雲堂慧遠大師, 1704년 건립
　舍利二靈骨一, 1694년 건립
　養眞堂崇信大師
　逍遙門人友雲堂眞熙
　會眞堂義心
　寶雲堂道嚴大師
　寒溪堂信默大師, 1700년 건립
　友雲門無影堂쓰環, 癸巳年 건립
　無減堂義嚴
　西雲堂聖測, 丙戌年 건립
　逍遙後人八道都摠攝兼僧大將登階洛
雲智日, 1694年 건립

友雲法孫靈瑞堂德欽大師, 1706년 건립

無名浮屠二座(以上은 翠雲菴後麓에 위치)

無名浮屠

少年浮屠, 白蓮庵 竹田中에 위치

少年浮屠, 金堂 後麓에 위치〈通度寺志, 249p, 筆寫本〉

通度寺塔碑:

花月堂達允大師之塔

兩宗都摠攝影月堂瑀澄

南湖堂勝爗植利補寺碑, 1898년 건립

虎惺堂奭鍾護寺修理碑

甑岩堂永守有功碑

鶴松堂理性有功碑

德岩堂惠墇紙役革破碑, 1884년 건립

雙湖堂會瓘獻納碑, 1898년 건립

應盧堂燾洽補寺碑, 1898년 건립〈上同, 256-261p〉

通度寺拜禮石銘 : 1085년(고려 宣宗 2) 조성〈韓國金石全文, 中世上 528p, 許興植 編〉

通度寺三層石塔 : 地有 제18호. 1972년 지정. 高3.5m. 화강암으로 신라말기-고려초기 건립 추정〈文化遺蹟總覽〉

通度寺奉鉢塔 : 보물 제471호. 1968년 지정. 화강석으로 고려중기 건립 추정〈文化財大觀 ; 寶物篇〉

通度寺石燈 : 地有 제70호. 1974년 지정〈文化遺蹟總覽〉

通度寺銀入絲銅製香爐 : 보물 제334호. 1960년 지정. 高33cm 上徑30cm 下徑24.7cm. 銅으로 고려 때 제작〈文化財大觀 ; 寶物篇〉

兼化 撰 「康熙乙酉重修記, 1705년」〈寺刹全書, 1118p〉

景觀 撰 寬偶 書 「通度寺崇爗緣記, 1796년」〈通度寺志, 360p, 筆寫本〉

戒悟(1773-1849) 撰 「通度寺石鐘記」〈伽山藁, 卷4 3張, 木板本〉「通度

寺舍利閣重修上梁文」〈上同, 卷4 14張〉「通度寺傳燈殿草創上梁文」〈上同, 卷4 24張〉「金剛戒壇重修記, 1823년」〈通度寺志, 384p〉「通度寺影子殿重創記, 1843年」〈上同, 519p〉

權魯郁 撰 「十二法堂飜瓦有功讚, 1858年」〈上同, 242p〉

金正喜 撰 「聖覃像偈, 1855年」〈上同, 696p〉 「勝蓮居士爲華潭律師贊」〈上同, 702p〉

度[道]彦 撰 「通度寺有功記, 1843年」〈上同, 402p〉「光明極樂兩法堂盖瓦施主記, 1857年」〈上同, 409p〉「舍利閣飜瓦施主記, 1858年」〈上同, 420p〉「通度寺甘露堂燈燭稧序, 1859年」〈上同, 461p〉 「通度寺普光殿重修記文」〈上同, 618p〉

鳳儀 撰 「修功記, 1858年」〈上同, 412p〉「自如居金光信修信記, 1858年」〈上同, 418p〉

性煥 撰 「華嚴山林與袈裟佛事法會記, 1936年」〈上同, 626p〉

映旲 撰「藥師觀音龍華三法宇翻瓦有功記文, 1858年」〈上同, 415p〉「有功記, 1875年」〈上同, 623p〉

惟政(1544-1610) 撰 「萬曆癸卯重修記, 1603年」〈寺刹全書, 1118p〉

議典[儀典] 撰 「佛粮獻畓與補寺有功錄序, 水虎」〈通度寺志, 245p〉「地藏殿重修飜瓦改金記, 1845年」〈上同, 406p〉「德岩大師雜役革罷有功記, 1842年」〈上同, 514p〉「塔修理寄附錄本寺」〈上同, 630p〉 「佛骨塔韻, 1844年」〈上同, 712p〉

李光稷 撰 「日逢大師蹟業記」〈上同, 376p〉

李穡(1328-1396) 撰 「梁州通度寺釋迦如來舍利記」〈牧隱文藁, 卷3 4張, 木板本〉

李容直(1824-?) 撰 安孝弼 書 鄭孝根

篆「華嚴宗主雨潭大和尙碑銘幷序」大師의 名은 有定, 姓은 鄭, 烏川人. 1879년 碑를 건립〈通度寺志, 254p, 筆寫本〉

李祖源(1735-1806) 撰「題通度寺佛骨塔, 1790年」〈上同, 710p〉

李鍾祥 撰「通度寺改瓦頌功錄, 1618年」〈上同, 450p〉

李俊民 撰 尹得梯 書「翠虛樓重修記, 1775年」〈上同, 392p〉

日逢堂大施功德序, 1799年, 菊軒 書〈上同, 504p〉

「慈藏律師行蹟」〈上同, 75p〉

康熙乙酉(1705)重修記 存覺 書〈上同, 90p〉

志安(1664-1729) 撰 稀有 書「通度寺闒役復舊碑序, 1728年」〈上同, 252p〉「謹次板上韻, 1719年」〈上同, 715p〉

智宗 撰「冥府殿重建記, 1890年」〈上同, 541p〉

支華 撰「德岩大師輪誠復寺大功德祝願錄序, 1855年」〈上同, 236p〉

眞覺 述「題通度寺戒壇, 1222年」〈上同, 475p〉

眞熙 撰「順治壬辰重修記, 1652年」〈寺刹全書, 1118p〉

蔡彭胤(1669-1731) 撰 李震休 書 權珪 篆「娑婆敎主釋迦如來靈骨舍利浮屠碑幷序」〈通度寺志, 159p, 筆寫本〉

天輔 撰「篆香閣重建記, 1932年」〈上同, 685p〉

致益(1862-?) 撰「通度寺舍利塔創建重修略」〈曾谷集, 卷2 38張〉

「通度寺舍利閣重修上梁文」〈通度寺志, 279p〉「通度寺石鐘記」〈上同, 282p〉「通度寺創祖慈藏行蹟」〈上同, 55p〉「慈藏律師行蹟」〈上同, 75p〉「慈藏傳」〈上同, 101p〉「慈藏定律」〈上同, 139p〉

「布雲大師影讚靑兔」〈上同, 699p〉

海曇(1862-1942) 撰「十二法宇四香閣窓戶施主引勸三德不忘記, 1891年」〈上同, 234p〉「通度寺舍利塔初建重修來歷略記, 1912年」〈上同, 263p〉 詩「題通度寺」〈上同, 793p〉

海源(1691-1770) 撰「梁山通度白蓮大會序」〈天鏡集, 卷下〉

惠悟 撰「佛土助緣記, 1856年」〈通度寺志, 240p〉

「虎峰大師有功記, 1858年」〈上同, 416p〉

洪啓禧(1703-1771) 撰 曹命采 書「有明朝鮮國喚惺大師碑銘幷序」1822년 碑를 건립〈上同, 428p〉「有明朝鮮國虎岩大師碑銘幷序」1822년 碑를 건립〈上同, 532p〉

통사(桶寺)

강원 金化(옛 金城)郡에 있던 절〈寺刹全書, 1119p〉

통선암(通禪庵)

강원 麟蹄郡 北面 龍垈里 雲岳山에 있던 절. 百潭寺의 부속 암자. 1777년(正祖 1) 창건〈불교사전, 888p〉

통선암(通仙庵)¹

경북 金陵郡 代項面 黃岳山에 위치. 直指寺의 부속 암자〈直指寺志, 169p, 筆寫本〉

통선암(通仙庵)²

평남 成川郡 通仙面 白羊山에 위치〈寺刹全書, 1119p〉

통제암(通濟庵)

경북 蔚珍(옛 平海)郡에 있던 절〈寺刹全書, 1119p〉

ㅍ

파계사(把溪寺)
경북 達城郡 公山面 中大洞 八公山에
있는 절 〈朝鮮寺刹一覽〉
804년(신라 哀莊王 5) 心地가 창건.
1605년(宣祖 38) 戒寬이 중건. 1695년
(肅宗 21) 玄應이 중건 〈寺刹全書,
1120p〉
彌陀庵, 聖殿 등이 山內에 부속
圓義大師碑·浮屠 : 1648년(仁祖 26)
건립 〈불교사전, 889p〉
傳明大師碑 : 1658년(孝宗 9) 건립 〈上
同〉
玄應大師碑·浮屠 : 1701년(肅宗 27)
건립 〈上同〉
朴宗永(高宗朝人) 詩 「把溪寺」·「把
溪早發下山」〈松塢遺稿, 卷7 21張, 鉛
印本〉
夏時贊(1750-1828) 詩 「把溪寺…
韻」〈悅菴集, 卷1 14張, 木板本〉「把
溪寺…」〈上同, 卷1 15張〉
파근사(波根寺) ⇒ 大興寺10 참조
파집암(破執庵) ⇒ 大乘庵5 참조
판방(板房) ⇒ 北庵2 참조
팔공암(八功庵)
전북 長水郡 聖迹山에 있던 절. 신라
義湘(625-702)이 중건 〈寺刹全書,
1120p〉
팔등사(八燈寺)
전북 益山郡 五山面 五山里에 있는 절.
20세기경 건립 〈文化遺蹟總覽〉
팔성사(八聖寺)
경남 金海郡 進禮面 新安里에 있던 절.

一名 八聖庵 〈寺刹全書, 1120p〉
壬亂 때 소실. 3층석탑 1기가 있다 〈文
化遺蹟總覽〉
팔성암(八聖庵)
전북 長水郡 長水面 八公山에 있는 절
〈寺刹全書, 1120p〉
패엽사(貝〔唄〕葉寺)
항해 信川郡 用珍面 貝葉里 九月山에
위치. 一名 寒山寺·區業寺. 檀君의 유
적이 있다고 전함. 신라중기 法深이 창
건. 또는 唐의 貝葉大師가 창건. 구국보
제308호인 寒山殿이 있다 〈불교사전,
907p〉
古靈庵, 兜率庵, 雙溪寺, 石泉寺, 聖住
寺, 月出庵, 地藏庵 등이 山內에 부속
金寗漢(1878-1950) 詩 「貝葉寺」〈及
愚齋集, 卷7 32張, 鉛印本〉
金允植(1835-1922) 詩 「貝葉寺」「貝
葉寺懷行中四人」〈雲養集, 卷3 10張,
鉛印本〉 撰 「寒山寺重修記, 1876年」
〈寺刹全書, 1133p〉
徐宗華(1700-1748) 詩 「貝葉寺贈策
憲大師」〈藥軒集, 卷1 14張, 木活字本〉
李浩善 撰 「寒山寺重修記, 1876年」
〈寺刹全書, 1132p〉
편각사(片角寺)
충북 鎭川郡 胎靈山에 있던 절 〈寺刹全
書, 1121p〉
편양암(鞭羊庵)
경북 達城郡 曹娥山에 있는 절. 英祖 때
趙雲逵(1714-1774)가 창건 〈寺刹全
書, 1121p〉

평등사(平等寺)

경북 迎日(옛 長鬐)郡 妙峰山에 있던 절〈寺刹全書, 1121p〉

평양사(平壤寺)

평남 順川郡 豊山面 城中洞 慈母山城 안에 있던 절〈寺刹全書, 1121p〉

평원사(平原寺)⇒ 大源寺 참조

평일암(平日庵)

위치 未詳〈喚惺詩集〉

志安(1664−1729) 詩「題平日菴」〈上同〉

평지암(平地庵)

경기 坡州郡 交河面(옛 瓦石面 支石里)에 있던 절. 7층탑이 있다〈寺刹全書, 1121p〉

평지암(平指庵)

경북 聞慶郡 山北面 金龍里 高頂山에 있던 절. 金龍寺의 부속 암자〈寺刹全書, 1121p〉

포암(蒲庵)

전남 長興郡 冠山面 支提山에 있던 절. 天冠寺의 부속 암자. 景宗 癸未年間에 폐사〈寺刹全書, 1122p〉

이는 癸卯(1723)인 듯〈編者〉

폭포암(瀑布庵)

강원 高城郡 外金剛面 金剛山 鉢淵폭포 위에 있던 절. 閔漬(1248−1326)의 記가 있었다. 楊士彦(1517−1584)이 절 부근 폭포 위 바위에「蓬萊島」3字를 石刻〈寺刹全書, 1122p〉

표충사(表忠寺)[1]

경남 密陽郡 丹場面 九川里 載藥山에 있는 절. 一名 竹林寺・竹田寺. 829년(신라 興德王 4) 黃面이 창건. 1715년(肅宗 41) 坦英 道閑 등이 중건. 惟政(1544−1610)의 忠勳을 추모하기 위한 사당이 있다〈불교사전, 911p〉

地有 제17호. 1974년 지정〈文化遺蹟總覽〉

內院庵, 大願[圓通]庵, 東上[眞佛]庵,

西上[極樂]庵 등이 山內에 부속

表忠寺大光殿：地有　제131호. 1974년 지정. 신라 때 창건. 조선 때 중건〈上同〉

表忠寺三層石塔：보물 제467호. 1968년 지정. 高7.7m. 화강석으로 통일신라 때 건립 추정〈文化財大觀 ; 寶物篇〉

表忠寺石燈：地有　제14호. 1972년 지정. 高 약2.4m. 신라 때 건립 추정〈文化遺蹟總覽〉

表忠寺青銅含銀香垸：국보 제75호. 1958년 지정. 1177년(고려 明宗 7) 조성. 高27.5m 口徑26.1cm. 香垸에「大定十七年 丁酉(1177)六月八日 … 願以鑄成青銅含銀香垸一副重八斤…」이란 銘文이 있다〈文化財大觀 ; 國寶篇〉

李德壽(1673−1744) 撰 徐命均 書「表忠祠事蹟, 1742年」〈寺刹全書, 1122p〉

표충사(表忠寺)[2]

경북 慶州市(옛 慶州郡 內西面) 黃龍洞에 있던 절. 廢塔과 石材가 남아 있다〈寺刹全書, 1125p〉

표충사(表忠祠)⇒ 大興寺[9] 참조

표충암(表忠庵)

경남 密陽郡 武安面 中山里에 위치. 惟政(1544−1610)을 추모하기 위해 건립. 白霞庵의 옛 터에 건립〈寺刹全書, 1125p〉

梅谷逸人 撰「表忠庵事蹟記, 1705年」〈上同〉

표충원(表忠院)

충남 公州郡 鷄龍面 中壯里 鷄龍山에 있는 절. 甲寺의 부속 암자. 靈圭(?−1592)가 수도하던 곳. 靈圭 西山 泗溟 등의 영정을 봉안하고 제향. 1973년「靈圭大師紀念碑」를 건립〈文化遺蹟總覽〉

표훈사(表訓寺)

강원 淮陽郡 淮陽面 長淵里 金剛山에 위치. 598년(신라 眞平王 20) 觀勒

隆雲이 창건, 正陽寺라 함. 675년(신라 文武王 15) 神林 表訓 能仁 등이 중수, 神林寺이라 개명. 678년(신라 文武王 18) 表訓寺라 개명 〈불교사전, 912p〉

1408년(太宗 8) 明의 使臣 黃儼 등이 絹 30匹을 기증. 1424년(世宗 6) 나라에서 90結을 加給 〈寺刹全書, 1126p〉

661년(신라 文武王 1) 元曉가 正陽寺를 재건. 670년(文武王 10) 神琳 表訓 能仁 등이 開山하고 神琳寺라 명명. 673년 表訓寺로 개명. 935년(고려 太祖 18) 王이 正陽寺에 행차하여 53佛像과 羅漢像을 외부로부터 本寺에 移安. 1326년(고려 忠肅王 13) 藥師殿을 중수. 1338년(忠肅王復位 7) 大元皇帝 紀功碑를 건립. 1341년(고려 忠惠王復位 2) 戒淸이 중건. 1366년(고려 恭愍王 15) 懶翁이 表訓寺十六聖像·白華庵 岩面三尊像·妙吉祥磨崖像 등을 조성. 1398년(太祖 7) 조정에서 法席을 설행. 1458년(世祖 3) 慧覺 등에게 海印寺高麗板大藏經을 印出하여 正陽寺에 봉안토록 명령. 1459년 중수. 1466년 王이 행차하여 많은 恩典으로 보시. 1656년(孝宗 7) 1,500斤의 表訓寺鐘을 주성. 1742년(英祖 18) 화재. 1745년 策一이 중건. 1748년 寶鑑이 法起菩薩肖像을 조성. 1754년 雪澄居士가 大雄殿을 丹雘하고 佛幀 4位를 조성. 1759년 禮曹判書가 歇惺樓를 중수. 1775년 守國이 1,300斤의 鐘을 주성. 1777년(正祖 1) 폭우로 절이 표류하므로 監司가 僧軍을 부역케하여 基址를 完修. 이때 大鐘이 파괴. 1778년 緇俊 등이 중건. 1781년 智習 등이 歇惺樓를 중건. 1782년 守國이 1,400斤의 鐘을 주성. 1758년 16尊像을 改彩. 1788년 法起菩薩像을 改金. 1796년 御室閣을 중건. 1843년(憲宗 9) 趙萬永이 중수. 1844년 滄波正覺이 御室閣을 중건. 1846년 智演이 改彩及僧伽梨大九品佛事를 조성. 1861년(哲宗 12) 玉淳이 無說堂을 중건. 1864년(高宗 1) 楓溪가 중건. 1868년 楓溪가 改金兼幀畵佛事를 조성. 1872년 敬含이 羅漢殿을 중수. 1882년 碧海가 說禪堂을 중건. 1890년 華山이 般若寶殿을 중건. 1893년 衡雲이 應眞殿을 건립. 1897년 冥府殿을 중수, 天王門을 보수. 1899년 三補寮를 중건. 1900년 衡雲이 極樂殿을 중수, 靈山殿의 各部幀을 조성. 1902년 衡雲이 凌波樓를 중수, 七星閣을 건립. 1905년 衡雲이 寮舍를 수리, 四聖殿을 건립하고 佛像을 봉안. 1906년 大藏經을 印出 봉안. 1909년 冥府殿의 改金佛事를 조성. 1918년 橫閣·說禪堂後閣 등을 건립. 1919년 金明昕가 普光殿을 중건하고 山神閣을 건립. 1920년 金明昕가 번와, 釋迦牟尼佛·法起菩薩像 등을 萬暴洞上에 石刻. 1922년 金明昕가 極樂殿·觀音殿과 別室을 중건. 1930년 폭우로 佛殿·僧寮 등이 도괴, 1931년 복구 〈楡岾寺本末寺志, 412p, 鉛印本〉

奇奇庵[奇支庵·欹歆庵], 能仁庵, 都山寺, 兜率庵, 頓道庵, 摩訶衍, 萬灰[回]庵, 妙吉祥庵, 妙德寺, 妙峰庵, 無着庵, 白華庵, 普德窟[庵], 佛地[知·池]庵, 三日庵, 三藏庵, 上雲岾庵, 船庵, 松蘿庵[大松蘿庵], 水光庵, 須彌庵, 神林[琳]庵, 安心庵, 靈鷲庵, 雲知[墀]庵, 圓寂庵, 圓通庵, 潤筆庵[善住庵], 隱寂庵, 正陽寺, 地德庵, 眞佛庵, 天德寺, 天一臺, 天親[襯]庵, 靑蓮庵, 太祖庵, 香爐庵, 香積庵 등이 山內에 부속

江原道淮陽府金剛山表訓寺重創碑 : 1864년 碑를 건립 〈上同, 504p〉

表訓寺香爐 : 1368년(고려 恭愍王 7) 조성 〈韓國金石全文, 中世下 1193p, 許

興植 編〉

表訓寺香垸 : 1352년(고려　恭愍王　1)
조성〈上同, 1188p〉

觀勒行迹・普德和尙行迹・表訓大德
行迹〈楡岾寺本末寺志, 525－527p〉

權相老 撰 「金剛山表訓寺靈山冥府兩
殿重建記, 1933年」〈上同, 473p〉

金正喜(1786－1856) 撰 「栗峯禪師
讚」〈上同, 524p〉

「凌波樓重修記, 1902年」〈上同, 470p〉

大演 撰「金剛山表訓寺七星閣上梁文,
1902年」〈上同, 497p〉

大應 撰「寶庵影讚」〈上同, 523p〉

道安(1638－1715) 撰「表訓寺山映樓
新建勸文」〈月渚集, 384p, 影印本〉

朴衡雲 撰「表訓寺普光殿上梁文, 1919
年」〈楡岾寺本末寺志, 499p〉「極樂殿
上梁文, 1922年」〈上同, 500p〉

法堅(仁祖朝僧?) 撰「金剛山表訓寺造
羣落成疏」〈奇岩集, 卷2 17p〉「重修楡
岾寺造成諸佛及羅漢等像點眼法會慶讚
疏」〈上同, 20p〉

「表訓寺海會堂勸善文」〈楡岾寺本末寺
志, 543p〉

扶穎 撰「金剛山表訓寺鐲役記」〈上同,
467p〉

宋秉璿(1836－1905) 撰 「…至表訓寺
記」〈淵齋集, 卷20 5張, 木板本〉「…
觀正陽寺還表訓寺記」〈上同, 卷20 8
張〉

勝還 撰 「表訓寺釋迦尊相與十六聖衆
改彩重修記, 1845年」〈楡岾寺本末寺
志, 537p〉

安錫淵 撰「前住持金明旿成績記, 1933
年」〈上同, 472p〉

梁載 撰 權漢功 書 「門內碑」1338년
(고려 忠肅王復位 7) 元의 順帝가 건
립〈寺刹全書, 1126p〉

彦機(1581－1644) 撰「表訓寺立碑齋
詞」〈鞭羊集, 95p, 影印本〉「西山大師

行蹟」〈楡岾寺本末寺志, 527p, 鉛印
本〉

如訓 撰「表訓寺法起地藏兩聖相改金…
造成記, 1846年」〈上同, 539p〉

龍岩大師傳 : 大師의 諱는 慧彦, 姓은
趙, 羅州人〈上同, 530p〉

柳夢寅(1559－1623) 撰 「贈表訓寺僧
慧日序」「贈表訓寺僧慧默序」〈於于集,
卷4 26張, 木板本〉「贈表訓寺僧學悅
序」〈上同, 卷4 31張〉「贈表訓寺僧淨
淳序」〈上同, 卷4 33張〉「戲贈涅槃山
人慧仁序」〈上同, 卷4 34張〉

栗峰禪師行狀 : 大師의 諱는 靑杲, 字는
拈花, 俗姓은 白, 順天人, 1738－1823
년까지 생존〈楡岾寺本末寺志, 529p,
鉛印本〉

李景奭(1595－1671) 撰 吳竣 書 李俁
篆「…虛白堂大師碑銘幷序」1662년 碑
를 건립〈上同, 513p〉

李端相(1628－1669) 撰 「金剛山楓潭
堂大禪師碑銘幷序」1668년 碑를 건립
〈上同, 516p〉

李明漢(1595－1645) 撰 李珖 並篆書
「金剛山鞭羊堂大禪師碑銘幷序」 1645
년 碑를 건립〈上同, 511p〉

李裕元(1814－1888) 撰 「退雲大師碑
銘, 1879年」〈上同, 515p〉

李廷龜(1564－1635) 撰 申翊聖 書幷篆
「…西山淸虛堂休靜大師碑銘幷序」 陰
記는 李植 識. 1632년 건립 〈上同,
505p〉

仁和 撰「萬溪影讚」〈上同, 524p〉

日昇 撰 「金剛山表訓寺冥府殿重建記
文, 1932年」〈上同, 472p〉

淨義 撰「金剛山表訓寺般若寶殿三次重
建記, 1890年」〈上同, 467p〉

鼎鎬(1870－1948) 撰 金敦熙 書「金剛
山摩訶衍事蹟碑銘」〈上同, 518p〉

智習 撰 「表訓寺上梁文, 1778年」〈上
同, 496p〉

震夏 撰 「表訓寺應眞殿新建記, 1893
年」〈上同, 469p〉
昌堅 撰 「印潭影讚, 1913年」〈上同,
523p〉
天日 撰「應月影讚, 1900年」〈上同〉
竺岑 撰 「圃隱影讚, 1885年」〈上同,
522p〉
「表訓大德行迹」〈上同, 527p〉
「表訓寺丹靑記,　　1694年」　〈上同,
535p〉
「表訓寺法起菩薩釋迦世尊改金…新造
記, 1868年」〈上同, 540p〉
海源(1691－1770) 撰 「金剛山表訓寺
四聖殿疊無竭肯像新造記,　　1748年」
〈上同, 536p〉
湖鏡 撰　「東庵影讚, 乙卯」〈上同,
524p〉
和淨 撰「金剛山表訓寺食鼎緣記, 1909
年」〈上同, 541p〉
煥雄 撰 「金剛山表訓寺…各樣文書都
謄成册序, 1801年」〈上同, 549p〉
幻定 撰「麟溪影讚」〈上同, 523p〉
풍계사(豊溪寺)
경남 陜川郡 佳會面 中村里에 있던 절.

寺址에 塔臺石과 瓦片이 산재〈寺刹全
書, 1127p〉
풍곡사(風谷寺)
전북 南原郡 萬行山에 있던 절 〈寺刹
全書, 1127p〉
풍금사(風錦寺)
경기 漣川郡 北面 朔寧里에 있던 절
〈寺刹全書, 1127p〉
풍덕암(豊德庵)
평북 熙川郡 眞面 杏川洞 妙香山에 위
치〈寺刹全書, 1127p〉
풍락암(豊樂庵)
평북 熙川郡 東倉面 我弄城洞 頭疊山
에 위치〈朝鮮寺刹一覽〉
피리사(避里寺)
경북 慶州市 南山에 있던 절. 一名 念
佛寺〈寺刹全書, 814·1127p〉
피방사(避方寺)
강원 高城郡 水洞面에 있던 절〈寺刹全
書, 1127p〉
피안사(彼岸寺)
평남 大同郡 林原面 靑岩里에 있던 절
〈寺刹全書, 1127p〉

ㅎ

하가타암(下伽陀庵)
경북 榮州郡 小白山에 있던 절 〈寺刹全書, 1127p〉

하거사(下鉅寺)
경남 伽倻山에 있던 절.『華嚴經疏』刊記에「辛丑伽倻山下鉅寺彫造」라고 기록 〈寺刹全書, 1127p〉
陜川郡 伽倻面인 듯 〈編者〉

하견성암(下見性庵)[1]
강원 高城郡 西面 百川橋里 金剛山에 있던 절. 楡岾寺의 부속 암자 〈불교사전, 915p〉

하견성암(下見性[聖]庵)[2]
경기 楊平郡 彌智山 龍門寺 서북쪽에 있던 절 〈寺刹全書, 1127p〉

하견암(下見庵)
경남 陜川郡 伽倻山에 있던 절 〈寺刹全書, 1127p〉

하고암(下庫庵)
충북 報恩郡 內俗離面 俗離山에 있던 절. 法住寺의 부속 암자 〈寺刹全書, 1127p〉

하관음암(下觀音庵)[1]
강원 淮陽郡 內金剛山에 위치. 長安寺의 부속 암자 〈寺刹全書, 1128p〉
1881(高宗 18) 錦河가 중수. 1883년 大德이 중수 〈楡岾寺本末寺志, 301－302p, 鉛印本〉

하관음암(下觀音庵)[2]
서울 道峰區 道峰洞 道峰山 圓通庵 서쪽에 있던 절. 天隱이 창건하여 거주 〈寺刹全書, 1127p〉

하관음암(下觀音庵)[3]
충북 報恩郡 內俗離面 俗離山에 있던 절. 法住寺의 부속 암자 〈寺刹全書, 915p〉

하관음암(下觀音庵)[4]
충북 永同郡 黃澗面 白華山에 있던 절. 般若寺의 부속 암자 〈寺刹全書, 1128p〉

하내원암(下內院庵)[1]
강원 高城郡 金剛山에 있던 절. 香積庵 북쪽으로 올라가면서 下內院・中內院・上內院庵이 있었다 〈寺刹全書, 1128p〉

하내원암(下內院庵)[2]
강원 通川郡 通川面 兒里에 있던 절. 觀音寺의 부속 암자 〈불교사전, 915p〉

하녕사(下寧寺)⇒ 하령사 참조

하대사(下臺寺)
경북 安東郡 豊山邑 安郊洞에 있던 절 〈文化遺蹟總覽〉

하도솔암(下兜率庵)[1]
경남 南海郡 錦山에 있던 절 〈寺刹全書, 1128p〉

하도솔암(下兜率庵)[2]
전북 高敞郡 雅山面 三仁里 兜率山에 있던 절. 禪雲寺의 부속 암자 〈寺刹全書, 1128p〉

하령대(下靈臺)
강원 金剛山에 있던 절 〈寺刹全書, 1128p〉

하령사(下寧寺)
경기 驪州郡에 있던 절인 듯 〈東國李相國集, 卷6 3張, 木板本〉
李奎報(1168－1241) 詩「醉遊下寧寺」

〈上同〉
하림사(下臨寺)
경북 安東郡에 있던 절. 禪宗에 소속
〈寺刹全書, 1128p〉
하미륵암(下彌勒庵)
충북 報恩郡 內俗離面 俗離山에 있던
절. 法住寺의 부속 암자 〈寺刹全書,
1128p〉
하백운암(下白雲庵)
전남 光陽郡 玉龍面 東谷里 白雲山에
있는 절. 白雲庵의 부속 암자.
고려 普照(1158－1210)가 창건. 壬亂
때 소실, 1914년 致賢이 중건. 1948년
麗水叛亂事件 때 소실, 1960년 증축
〈文化遺蹟總覽〉
하보문사(下普門寺)⇒ 國享寺 참조
하보현암(下普賢庵)
충북 報恩郡 內俗離面 俗離山에 있던
절. 法住寺의 부속 암자 〈寺刹全書,
1128p〉
하부사의암(下不思議庵)
강원 高城郡 金剛山 鉢淵 위에 있던 절
〈寺刹全書, 1128p〉
하북사(下北寺)
경기 驪州郡 歡喜山에 있던 절 〈寺刹
全書, 1128p〉
하비로암(下毘盧庵)
평북 寧邊郡 北薪峴面 妙香山에 위치.
普賢寺의 부속 암자 〈寺刹全書,
1128p〉
하사자암(下獅子庵)
충북 報恩郡 內俗離面 俗離山에 있던
절. 法住寺의 부속 암자 〈寺刹全書,
1128p〉
하서대사(下西臺寺)
충남 錦山郡 珍山面 西臺山에 있던 절
〈불교사전, 916p〉
하선암(下仙庵)
강원 金剛山에 있던 절인 듯 〈和隱集,
卷3 36張, 木板本〉

李時恒(1672－1736) 詩 「過中仙下仙
庵」〈上同〉
하송라대(下松蘿臺)
전남 長興郡 冠山面 天冠山 天冠寺 부
근에 있던 절 〈寺刹全書, 1129p〉
하수도암(下修道庵)
전남 長興郡 冠山面 天冠山 天冠寺 부
근에 있던 절 〈寺刹全書, 1129p〉
하지장암(下地藏庵)
충북 報恩郡 內俗離面 俗離山에 있던
절. 法住寺의 부속 암자 〈寺刹全書,
1129p〉
하청량사(下淸凉寺)
경북 安東郡 淸凉山에 있던 절 〈寺刹全
書, 1129p〉
淸凉山은 현재 奉化郡에 소속 〈編者〉
하청사(下淸寺)
전남 長城郡 佛臺山에 있던 절 〈寺刹全
書, 1129p〉
전남 長城郡 長城邑 流湯里에 있던 절.
신라 때부터 이곳에는 鷲峰寺・上淸寺
등 여러 寺址가 있었으나, 그 중 下淸寺
가 대표적이며, 金時習(1435－1493)
의 詩가 있었으나 지금은 담장과 주초
만 남음 〈文化遺蹟總覽〉
金麟厚(1510－1560) 詩 「送仲明讀書
下淸寺」〈河西全集, 卷5 9張, 木板本〉
하환암(下歡庵)
충북 報恩郡 內俗離面 俗離山에 있던
절. 法住寺의 부속 암자 〈寺刹全書,
1129p〉
학거사(鶴居寺)
황해 殷栗郡 九月山에 있던 절 〈寺刹全
書, 1129p〉
학귀암(鶴歸庵)
평북 寧邊郡 寧邊面 西部洞 藥山에 위
치 〈朝鮮寺刹一覽〉
학당암(鶴堂庵)
전남 和順郡 春陽面 天台山에 있는 절. 萬
淵寺의 부속 암자〈寺刹全書, 1129p〉

和順邑　洞口里　羅漢山에 위치〈불교사
전, 917p〉
학도암(鶴到庵)
서울　道峰區　中溪洞　天寶山에 있는 절.
1624년(仁祖 1)　無空이 창건. 1878년
(高宗　15)　碧雲이 중건〈불교사전,
917p〉
1872년(高宗 9)　寺後　岩石에　觀音尊像
을 조각. 1885년(高宗　22)　碧雲이　慶
船을 맞아　佛像의　改金과　六軸幀畫를
성취〈奉先本末寺誌, 135p, 鉛印本〉
和眞　撰　「天寶山鶴到庵改金幀畫施主
錄記, 1885年」〈奉先本末寺誌, 135p,
鉛印本〉
학린암(鶴隣庵)
함남　北靑郡　德城面　圭義里　大德山에
위치〈朝鮮寺刹一覽〉
학림사(鶴林寺)[1]
경기　仁川市　南區　鶴翼洞에 있던 절.
1316년(고려　忠肅王 3) 중수. 태평양
전쟁　당시　仁川高等學校長인　日本人
野村이 약간의 고려자기 조각과 초석,
瓦片 등을 발견〈文化遺蹟總覽〉
학림사(鶴林寺)[2]
경북　慶州市　東川洞에 있던 절.　寺址에
초석이 산재〈寺刹全書, 1129p〉
학림사(鶴林寺)[3]
전남　羅州郡　三鶴山에 있던 절〈寺刹
全書, 1129p〉
학림사(鶴林寺)[4]
평남　順川郡　厚灘面　鶴林里에 있던 절.
寺址에 돌담과　瓦片이 산재〈寺刹全
書, 1130p〉
학림사(鶴林寺)[5]
황해　長淵郡　蓴澤面　鶴峴里에 있던 절.
5층석탑(구국보 제265호)이 있다〈불
교사전, 918p〉
학림암(鶴林庵)[1]
서울　道峰區　上溪洞　水落山에 있는 절
〈불교사전, 918p〉

1780년(正祖　4)　最伯　軌澄 등이 수선.
1830년(純祖 30)　秋潭이 수선. 1880년
(高宗 17)　慶船이 중수. 1918년　錦雲이
수선〈奉先本末寺誌, 137p, 鉛印本〉
金淳恒　撰　「鶴林庵重修記, 1881年」
〈上同〉
淵凝　撰「鶴林庵大房與各殿閣重修記」
〈上同, 138p〉
학림암(鶴林庵)[2]
전북　完州郡　鳳東邑　隱下里　鳳實〔德〕
山에 있는 절.　一名　鶴林寺. 신라　惠明
이 창건. 고려　懶翁(1320－1376)이 중
건〈寺刹全書,　1130p〉〈불교사전,
918p〉
학방사(鶴放寺)
경남　河東郡　良甫面　朴達里　鶴放山에
있는 절.　鶴放山中에 조그만　石塔과　石
佛이 있다〈寺刹全書, 1130p〉
학산사(鶴山寺)[1]
함남　高原郡　道成山에 있던 절〈寺刹全
書, 1130p〉
학산암(鶴山庵)[2]
위치　未詳〈松岩續集, 卷5 23張〉
權好文(1532－1587)　詩　「寄鶴山庵諸
賢詩楊」〈上同〉
학서사(鶴棲寺)[1]
함북　茂山郡　鶴棲山에 있던 절〈寺刹全
書, 1130p〉
학서사(鶴棲寺)[2]
황해　長淵郡 서쪽에 있던 절. 옛날 지네
가 많아　作害가 심하여　養雞　千首 중 한
닭이　鶴이 되어 여기에 왔으므로　鶴棲
寺라 함. 1627년(仁祖 5)　箕子　眸容　眞
本을 잃었는데,　韓姓을 가진 승려가 찾
아서　本寺에 봉안. 그러다가 이 승려가
流離하게 되자, 보존을 못할까 두려워
서　韓連希에게 봉안을 부탁하여　四世孫
晋泰까지　寶藏하다가,　己亥年　晋泰가
그　眸容函을　洪範書院에　還安,　本院의
眸容과 대조하니 조금도 차이가 없었

다. 辛丑年 韓命康 等이 黃龍山城에 移
安〈寺刹全書, 1130p〉
학서사(鶴棲寺)³⇒ 鵠棲寺 참조
학서암(鶴棲庵)¹
경기 金浦郡 雲陽山에 있던 절〈寺刹
全書, 1130p〉
학서암(鶴棲庵)²
경북 安東郡 吉安面 金谷洞 黃鶴山에
있는 절. 龍潭寺의 부속 암자〈불교사
전, 918p〉
학서암(鶴棲庵)³
전남 莞島郡 古今面 生日島에 있던 절
〈寺刹全書, 1130p〉
학서암(鶴棲庵)⁴
전남 莞島郡 金日面 柳西里에 있는 절.
1615년(光海 7) 선관 도승이 건립.
「이 지방이 살인 사건이 발생할 山勢
이므로 절을 지어 조화시켜야 한다는
풍수설에 의하여 本寺를 건립했다」는
전설〈文化遺蹟總覽〉
학서암(鶴棲庵)⁵
충남 禮山郡 德山面 斜川里 德崇山에
있는 절. 定慧寺의 부속 암자. 1913년
滿空이 창건〈불교사전, 918p〉
학선암(鶴仙庵)
전북 金堤郡 金山面 清道里 九成山에
있는 절〈朝鮮寺刹一覽〉
1913년 尹文周가 중건〈寺刹全書,
1130p〉
1972년 지금의 법당을 건립〈文化遺蹟
總覽〉
학성암(鶴聖庵)
평북 熙川郡 北面 价古介洞 妙香山에
위치〈朝鮮寺刹一覽〉
학소암(鶴巢庵)¹
강원 襄陽郡 降峴面 屯田里 松岩山에
있던 절. 寺址에 瓦片이 산재〈寺刹全
書, 1130p〉
학소암(鶴巢庵)²
강원 襄陽郡 襄陽面 雪嶽山에 있던 절.

靈穴寺의 부속 암자. 1716년(肅宗 42)
鶴天이 창건. 1826년(純祖 26) 폐사
〈乾鳳寺本末事蹟, 175－177p, 鉛印本〉
학소암(鶴巢庵)³
전북(옛 全州郡 雨林面 長川里) 高德
山에 있던 절. 廣惠가 창건. 1934년 春
谷이 중건〈寺刹全書, 1130p〉
학소암(鶴巢庵)⁴
평남 德川郡 表陽山에 있던 절〈寺刹全
書, 1130p〉
학수사(鶴樹寺)
강원 原州市 龍華山에 위치. 신라 敬順
王(927－935)의 別願堂. 太祖(1392－
1398) 때 중신들이 보수〈寺刹全書,
1130p〉
性坦 跋「江原道原州鶴樹寺事蹟, 1632
年」〈寺刹全書, 1131p〉
학심사(鶴深寺)
경북 安東郡 豊山邑 竹田洞에 있던 절.
신라 때 창건〈불교사전, 918p〉
寺址에 高3m의 3층석탑이 있다〈文化
遺蹟總覽〉
학운사(鶴雲寺)
충남 大德(옛 鎭岑)郡 錦繡山에 있던
절〈寺刹全書, 1132p〉
학원암(鶴源庵)
평남 德川郡 德川面 濟南里 東鶴山에
위치〈朝鮮寺刹一覽〉
학정사(鶴井寺)
경북 清道郡 角山에 있던 절. 禪宗에 소
속〈寺刹全書, 1132p〉
한계사(寒溪寺)⇒ 百潭寺 참조
한당사(閑堂寺)
함남 利原(옛 利城)郡 雲達山에 있던
절〈寺刹全書, 1132p〉
한대사(寒大寺)⇒ 寒天寺 참조
한량사(閑良寺)
충남 牙山(옛 新昌)郡 道高山에 있던
절〈寺刹全書, 1132p〉
한사(閑寺)¹

경북 安東郡 臨河面 臨河洞에 있던 절. 밭 중간에 5층탑과 石佛 1구가 산재 〈寺刹全書, 1132p〉

한사(閑寺)²

충북 沃川郡 伊院(옛 伊內)面 伊院里에 있던 절. 5층석탑(高3m) 고려 때 건립 〈寺刹全書, 1132p〉

한산사(寒山寺)¹

강원 三陟郡 道溪邑(옛 所達面) 興田里 東方山 꼭대기에 있던 절. 瓦片과 石塔이 산재. 고려 때 寺刹인 듯 〈寺刹全書, 1132p〉

한산사(寒山寺)²

전남 麗水市 鳳山洞 九鳳山에 있는 절 〈朝鮮寺刹一覽〉

1194년(고려 明宗 24) 普照가 창건 〈불교사전, 919p〉

1403년(太宗 3) 중수. 1931년 개축 〈文化遺蹟總覽〉

한산사(寒山寺)³

전남 和順郡 同福面 漆井里에 있던 절. 高6m의 石塔이 있다 〈寺刹全書, 1132p〉

寒山寺址浮屠塔: 1200년(고려 神宗 3)경 건립. 매일 1인분의 쌀이 나와 이곳에 있는 道士가 그 쌀로 살았는데, 하루는 나그네가 신기하게 여겨 더 많이 나오도록 구멍을 크게 뚫으니, 쌀은 나오지 않고, 道士는 간 곳이 없으며, 원인 모를 빈대만 나와 절이 소실 〈文化遺蹟總覽〉

寒山寺址三層石塔: 高6m. 고려 때 건립 추정 〈上同〉

한산사(寒山寺)⁴

충남 保寧郡 川北面 鶴城里에 있던 절. 瓦片이 산재 〈寺刹全書, 1132p〉

李泰淵(1615-1669) 詩「留而獻兄弟於寒山寺獨來水營有懷」 〈韓山世稿, 卷1；訥齋稿, 卷18張, 石印本〉

한산사(寒山寺)⁵

평북 義州郡에 있던 절 〈寺刹全書, 1132p〉

한산사(寒山寺)⁶⇒東海寺 참조

한산사(寒山寺)⁷⇒貝葉寺 참조

한산사(漢山寺)

경남 晉陽郡 水谷面 元內里에 위치. 옛날은 古山寺. 20세기 중건. 寶雲殿에 신라말-고려초기의 제작품으로 보이는 毘盧舍那佛坐像이 봉안. 경내에 石佛坐像이 있다 〈文化遺蹟總覽〉

한산전(寒山殿)

전북 高敞郡 雅山面 三仁里 兜率山에 있던 절. 禪雲寺의 부속 암자 〈寺刹全書, 1134p〉

한송사(寒松寺)⇒文殊寺¹ 참조

한천사(寒天寺)

경북 醴泉郡 甘泉面 增巨洞 走馬山에 있는 절. 원래 寒大寺 〈불교사전, 920p〉

678년(신라 文武王 18) 義湘이 開山. 1803년(純祖 3) 化主 謹天이 法堂을 중수. 1808년(同王 8) 化主 謹天이 禪堂을 중건. 1932년 주지 翠雲이 寮舍를 중건. 1934년 주지 德奇가 法堂을 중건 〈寺刹全書, 1134p〉

寒天寺三層石塔: 地有 제5호. 1972년 지정. 676년(신라 文武王 16) 義湘이 鐵佛과 本塔을 조성 〈文化遺蹟總覽〉

「慶尙左道安東府甘泉面走馬山寒大寺緣化記, 1875年」〈寺刹全書, 1135p〉

「安東甘泉走馬山寒大寺法堂新創上樑文, 1803年」〈上同, 1134p〉

彦驥 撰「醴泉郡甘泉面走馬山寒天寺佛糧契案序, 乙卯[1915]」〈寺刹全書, 1135p〉

張秉疇 撰「寒天寺爲先契序, 1932年」〈寺刹全書, 1136p〉

寒天寺燈燭契續修序〈上同, 1135p〉

花西散人 撰「走馬山寒大寺禪堂重修記, 1808年」〈寺刹全書, 1134p〉「寒大

寺藥師佛改金記」〈上同, 1135p〉

한흥사(寒興寺)⇒ 國淸寺[2] 참조

항사사(恒沙寺)⇒ 吾魚寺 참조

함굴사(函窟寺)

황해 遂安郡 公浦面 飛井里 冠峰山에
위치〈朝鮮寺刹一覽〉

함향동사(含香洞寺)

함북 慶源郡에 있던 절〈寺刹全書,
1136p〉

합장암(合掌庵)

전남 康津郡 小石門 위에 있던 절〈寺
刹全書, 1136p〉

항지사(項只寺)⇒ 頃只寺 참조

해남사(海南寺)

충남 瑞山郡 安眼面 正堂里에 있던 절.
無學(1327-1405)이 창건. 寺址에 石
築과 瓦片이 산재〈寺刹全書, 1137p〉

해룡사(海龍寺)

경기 抱川郡 海龍山 鑑池 옆에 있던
절. 一名 安國寺〈寺刹全書, 1137p〉

해룡왕사(海龍王寺)

위치 未詳. 신라말기에 普曜가 南越에
가서 大藏經을 구해오다가 풍파가 심
하므로 呪文을 외워 무사히 귀국, 經을
봉안할 곳을 구하다가 山 위에서 홀연
히 瑞雲이 일어나는 것을 보고 제자
弘慶과 함께 本寺를 창건〈寺刹全書,
1137p〉

해륜사(海輪寺)

제주 西獨浦口에 있던 절. 一名 西資福
寺〈寺刹全書, 1137p〉

해림사(海林寺)[1]

제주 龍潭里에 있던 절. 高3.6m의 石
佛이 있다〈불교사전, 923p〉

해림사(海林寺)[2]

황해 長淵郡 佛陀山에 있던 절〈寺刹
全書, 1137p〉

해문선원(海門禪院)

위치 未詳〈東文選, 卷13 14張, 木板
本〉

林惟正(高麗朝人)　詩　「題海門禪院」
〈上同〉

해봉사(海鳳寺)

경북 迎日郡 九龍浦邑 江沙里에 있는
절. 636년(신라 善德女王 5) 창건. 고
려 때 폐사. 明宗(1545-1567) 때 上宣
이 중건. 哲宗(1849-1863)때 소실.
高宗(1863-1907) 때 철폐. 암자만 남
아 있었으나 1970년 소실. 1972년 중건
〈文化遺蹟總覽〉

해불암(海佛庵)

전남 靈光郡 佛甲面 母岳里 母岳山에
있는 절. 佛甲寺의 부속 암자〈불교사
전, 923p〉〈寺刹全書, 1137p〉

權以鎭(1668-1734) 詩「乙未(1715)
四月遊海佛菴看日落」〈有懷堂集, 卷1
34張, 木板本〉

洪錫箕(1606-1680) 撰 「佛甲山海佛
菴詩序」〈晚洲遺集, 卷6 13張, 木活字
本〉

해선암(海仙庵)

전남 長興郡 大德邑 會寧鎭 남쪽에 있
던 절〈寺刹全書, 1137p〉

해안사(海安寺)

경기 開豊郡 土城(옛 中西)面 鵠嶺里
鳳鳴山에 있던 절〈불교사전, 923p〉
1157년(고려 毅宗 11) 王이 百官을 거
느리고 행차. 1173년(고려 明宗 3) 王
이 毅宗의 眞容을 봉안하고 願堂으로
삼음. 1181년(明宗 11) 毅宗의 眞容을
宣孝寺에 移安〈寺刹全書, 1137p〉

慧德王師 : 諱는 韶顯, 字는 範圍, 俗姓
은 李, 1038-1096년까지 生存. 開城
海安寺에서 修道〈金山寺誌, 116p〉

해안사(海眼寺)⇒ 銀海寺 참조

해양암(海養庵)

서울 鍾路區 東小門 밖에 있던 절〈寺
刹全書, 1138p〉

해언사(海堰寺)

전남 珍島郡 郡內面 屯田里에 있던 절

〈불교사전, 924p〉
고려 때 건립 추정. 寺址에는 고려 때
건립으로 추정되는 5층석탑이 있다.
현재는 초등학교 부지가 되었다〈文化
遺蹟總覽〉

해운사(海雲寺)[1]
황해 平山郡 牧丹山에 있던 절〈寺刹
全書, 1138p〉

해운사(海雲寺)[2]⇒鎭海寺 참조

해운암(海雲庵)[1]
경기 開豊郡 嶺南面 半程里 清凉山에
있던 절. 1802년(純祖 2) 性云이 중건.
1937년 주지 敏洙가 중건〈불교사전,
924p〉
李賢謙 撰 「清凉山海雲庵創建碑文幷
序, 1802年」〈寺刹全書, 1138p〉

해운암(海雲庵)[2]
경기 楊平郡 龍門山에 있던 절〈眉山
集, 卷2 30張, 鉛印本〉
韓章錫(1832-1894) 詩 「賞楓龍門宿
海雲庵」〈上同〉

해운암(海雲庵)[3]
경북 龜尾市 南通洞 金烏山 중턱에 있
는 절. 1956년 건립. 日本人들의 작품
인 石造修行大師立像이 있다. 조선후
기 조성으로 추정되는 石佛合掌坐像이
있다〈文化遺蹟總覽〉

해운암(海雲庵)[4]
전남 長興郡 冠山面 天冠山 天冠寺 부
근에 있던 절. 一名 觀音房〈寺刹全書,
1139p〉

해운암(海雲庵)[5]
충남 唐津郡 莫落島에 있던 절〈寺刹
全書, 1139p〉

해월사(海月寺)
부산(옛 경남 東萊郡) 金井山城에 있
던 절〈寺刹全書, 1147p〉

해월사(蟹越寺)
위치 未詳〈水色集, 卷4 2張, 木板本〉
許禣(1563-?) 詩 「雨後尋蟹越寺」

〈上同〉 「上元日與鄉友約會于蟹越寺
…」〈上同, 卷4 27張〉

해월암(海月庵)[1]
전북 南原郡에 있던 절〈寺刹全書,
1147p〉

해월암(海月庵)[2]
전북 任實郡 屯南面 大明里 苧羅山에
있는 절. 1396년(太祖 5) 無學이 창건
〈寺刹全書, 1147p〉
1556년(明宗 11) 중건. 1747년(英祖
23) 중수. 1858년(哲宗 9) 중건. 1915
년 奉仁이 중건〈文化遺蹟總覽〉

해월암(海月庵)[3]
충남 瑞山郡 大山面 花谷里 島飛山에
있는 절〈불교사전, 924p〉

해월암(海月庵)[4]
황해 延白郡 兎山에 있던 절〈寺刹全
書, 1147p〉

해은사(海隱寺)
경남 金海郡 金海邑 漁防洞 盆城山에
있던 절〈불교사전, 924p〉
許薰(1836-1907) 詩 「題海隱寺…」
〈舫山集, 卷3 8張, 木板本〉

해인사(海印寺)
경남 陜川郡 伽倻面 緇仁里 伽倻山에
있는 절〈朝鮮寺刹一覽〉
신라 順應 理貞의 가르침으로 王后의
병환이 나으므로 802년(신라 哀莊王
3) 王이 이 두 승려에게 창건 명령.
고려 高宗(1236-1251) 때 조각한 大
藏經板 81,258쪽이 藏經閣에 보관. 고
려 歷代實錄을 보관. 지금의 건물은
대부분 조선후기 건물〈불교사전,
924p〉
1399년(定宗 1) 上王(太祖)이 경상감
사에게 海印寺의 藏經을 印行토록 명령
〈李朝實錄佛教鈔存, 卷1 21張〉
1413년(太宗 13) 大藏經 印出을 명령.
1440년(世宗 22) 王이 本寺 수리를 명
령〈上同, 卷3 28張〉

1457년(世祖 3) 王이 경상관찰사에게
大藏經 50부 印出을 명령〈上同, 卷5
60張〉
國一庵, 極樂庵〔殿〕, 白蓮庵, 三仙庵,
藥水庵, 願堂庵, 知無庵, 知足庵, 清凉
庵, 弘濟庵, 希朗臺 등이 山內에 부속
伽倻山海印寺一圓：사적 및 명승 제5
호. 1966년 지정. 5,620,870坪〈指定
文化財目錄〉
海印寺藏經板庫：국보 제52호. 1936년
지정. 802년(신라 哀莊王 3) 順應 利
貞 등이 창건. 지금 건물 4동은 1488년
(成宗 19) 중건〈文化財大觀；國寶篇〉
海印寺大藏經板：국보 제32호. 1934년
지정. 고려 顯宗(1009－1031) 때 契丹
兵을 퇴치하려고 새겼던『高麗初彫本
大藏經』1,076部 5,048卷을 符仁寺에
두었던 것이 1232년(고려 高宗 19) 蒙
古兵에 의해 화재. 이에 高宗은 蒙古軍
을 퇴치하기 위해 江華에 大藏都監 本
司, 晉州 등지에 分司를 각각 두고
1236년(고려　高宗 23)에 시작하여
1251년까지 16년만에 완성한 것이 곧
현재 高麗『八萬大藏經』으로서 1,511
部 6,802卷 81,258板. 처음 江華에 板
堂을 짓고 보관했다가 얼마 안되어 江
華 禪源寺에 이전. 1398년(太祖 6) 서
울 支天寺에 임시 이전. 다시 陜川 海
印寺에 이전하여 현재까지 보존〈文化
遺蹟總覽〉
泗溟堂碑：地有 제145호. 1976년 지정.
1612년 건립. 1943년 日本人이 파괴.
1958년 복원. 本寺에 影幀을 봉안〈上
同〉
海印寺事蹟碑：海印寺의　復古事蹟碑.
1761년(英祖 37) 건립. 碑文은 有機
(1707－?) 撰, 申夢駿 書〈上同〉
海印寺三層石塔：大寂光殿 앞에 위치.
高5m. 화강암으로 통일신라－고려초
기 건립 추정〈上同〉

海印寺石燈：大寂光殿 앞에 위치. 高
2m. 신라말－고려초 건립 추정. 사면
에 佛像을 조각〈上同〉
海印寺石造如來立像：보물 제264호.
1934년 지정. 高2.1m. 화강석으로 통
일신라 때 조성 추정〈上同〉
海印寺塔誌：國立中央博物館 소재. 895
년(신라 眞聖女王 9) 건립〈韓國金石
文追補, 20p, 李蘭英 編〉
海印寺玉灯銘：1273년(고려　元宗 14)
조성〈韓國金石全文, 中世下 1050p, 許
興植 編〉
權相老(1879－1965) 撰 「海印寺堆雪
堂上梁文」〈寺刹全書, 1145p〉「海印寺
凝香閣上梁文」〈上同, 1146p〉
金正喜(1786－1856) 撰 「伽倻山海印
寺重建上梁文」〈阮堂集, 卷7 8張, 鉛印
本〉
「四溟大師石藏碑紀」〈寺刹全書, 1139p〉
惺牛(1849－1912) 撰 「陜川郡伽倻山
海印寺修禪社創建記」〈鏡虛集, 21張〉
柳夢寅(1559－1623) 撰 「伽倻山八萬
大藏經殿上梁文」〈寺刹全書, 1144p〉
李德懋(1741－1791) 撰 「記海印寺八
萬大藏經事蹟」〈青莊館全書, 卷3 72p；
嬰處文稿, 1, 影印本〉
崔致遠(857－?) 撰 「新羅伽倻山海印
寺善安住院壁記,　900年」〈寺刹全書,
1140p〉
「新羅伽倻山海印寺結界場記,　898年」
〈孤雲集, 74p, 崔致遠 撰, 影印本〉「海
印寺妙吉祥塔記, 895年」〈上同, 212p〉
「新羅伽倻山海印寺善安住院壁說」〈東
文選, 卷64 7張, 崔致遠 撰, 木板本〉
「雲陽臺吉祥塔記」崔致遠 撰,　895년
(신라 眞聖女王 9) 탑 조성〈韓國金石
全文, 古代 234p, 許興植 編〉
해인암(海印庵)
경기 開豐郡 天磨山 大興洞에 위치〈寺
刹全書, 1147p〉

해장암(海藏庵)
평북 義州郡 烟臺 아래 있던 절〈寺刹
全書, 1148p〉
해장전(海藏殿)
평북 寧邊郡 北薪峴面 妙香山에 위치. 普
賢寺의 부속 암자〈寺刹全書, 1148p〉
해정사(海鼎寺)
전북 井邑郡 古阜面 龍興里에 있던 절.
寺址에 3층석탑과 佛像이 있다〈寺刹
全書, 1148p〉
해종암(海宗庵)
경남 陜川郡 伽倻山 북쪽 眼湖 위에 위
치〈艸衣詩集, 卷4, 影印本〉
意恂(1786－1866) 詩 「海宗庵次…」
〈上同〉
해호암(解虎庵)
전북 金堤郡 金山面 金山里 母岳山에
있던 절. 金山寺의 부속 암자〈寺刹全
書, 1148p〉
행생원(幸生院)
경기 開城에 있던 절. 1167년(고려 毅
宗 21) 王이 本院에 移御〈寺刹全書,
1148p〉
행서사(幸西寺)
위치 未詳 〈韓國金石全文, 中世下
1126p〉
幸西寺小鐘：1323년(고려 忠肅王 10)
주성〈韓國金石全文, 中世下 1126p,
許興植 編〉
행안사(幸安寺)
위치 未詳〈惕若齋集, 下 28張, 木板本〉
金九容(1338－1384) 詩 「遊幸安寺」
〈上同〉
행원사(杏園寺)
전남 長興郡 長興邑 杏園里에 있던 절.
주위에 우물터와 2층석탑이 잔존〈文
化遺蹟總覽〉
행의사(行衣寺)
경북 榮州(옛 榮川)郡에 있던 절〈寺
刹全書, 1148p〉

향덕사(向德寺)[1]
전북 淳昌郡 瑞龍山에 있던 절〈寺刹全
書, 1148p〉
향덕사(向〔香〕德寺)[2]
충남 扶餘(옛 林川)郡 天燈山에 있던
절〈불교사전, 929p〉
향래암(香來庵)
평남 安州郡 汰香山에 있던 절〈寺刹全
書, 1148p〉
향로암(香爐庵)[1]
강원 高城郡 西面 百川橋里 金剛山에
있던 절. 楡岾寺의 부속 암자〈불교사
전, 929p〉
향로암(香爐庵)[2]
강원 高城郡 外金剛面 倉垈里 金剛山에
있던 절〈불교사전, 829p〉
향로암(香爐庵)[3]
강원 金剛山 彌勒峰에 위치〈中觀大師
遺稿, 366p, 影印本〉
海眼(?－1636) 詩「金剛山彌勒峰香爐
庵拜淸虛大師, 二首」〈上同〉
향로암(香爐庵)[4]
강원 束草市(옛 襄陽郡 道川面 獐項
里) 雪嶽山에 있던 절. 神興寺의 부속
암자〈불교사전, 929p〉
향로암(香爐庵)[5]
강원 淮陽郡 內金剛面 長淵里 金剛山에
있던 절. 表訓寺의 부속 암자〈불교사
전, 929p〉
향로암(香爐庵)[6]
전남 昇州郡 雙岩面 曹溪山에 있는 절. 仙
岩寺의 부속 암자〈寺刹全書, 1148p〉
향로암(鄕老菴)
위치 未詳〈寒水齋集, 1卷 4張, 木板本〉
權尙夏(1641－1721) 詩 「與鄕老菴僧
打話」〈上同〉
향림사(香林寺)[1]
서울 西大門區 三角山에 있던 절〈불교
사전, 929p〉
1018년(고려 顯宗 9) 고려 太祖陵을

本寺에 移安〈寺刹全書, 1148p〉
李廷龜(1564－1635) 詩 「次香林僧妙
彦軸上韻」〈月沙集, 卷10 11張, 木板
本〉
향림사(香林寺)²
전남 順天市 石峴洞 飛鳳山에 있는 절
〈朝鮮寺刹一覽〉
신라 道詵(827－898) 창건. 名茶가 많
이 생산된다고 하여 香林寺라 했다고
전함〈文化遺蹟總覽〉
香林寺三層石塔 : 2기가 마주보고 있다.
하층 기단은 매몰〈上同〉
具鳳齡(1526－1586) 詩 「順天香林
寺」〈栢潭續集, 卷2 28張, 木板本〉
韓伯愈(1675－1742) 詩 「昇平府香林
寺法堂重建記」〈鰲川遺稿, 卷2 10張,
影印本〉
향림사(香林寺)³
충남 扶餘(옛 林川)郡 天燈山에 있던
절〈寺刹全書, 1148p〉
향산사(香山寺)¹
전북 茂朱郡 茂朱面 邑內里에 있는 절.
1935년 건립〈文化遺蹟總覽〉
향산사(香山寺)²
충북 丹陽郡 佳谷面 香山里에 있던 절.
435년(신라 訥祇王 19) 墨胡子가 佛陀
의 계시를 얻어서 이곳에 절을 창건.
壬亂 때 소실〈文化遺蹟總覽〉
丹陽香山里〔香山寺〕三層石塔 : 高4m. 화
강암으로 통일신라 때 건립 추정. 1935
년경 舍利 도난으로 인하여 도괴되었
으나 洞民에 의하여 중건〈上同〉
李奎報(1168－1241) 撰「〔香山寺〕丈
六毗盧遮那塑像贊幷序」〈東文選, 卷
50 33張, 木板本〉
향산사(香山寺)³
위치 未詳〈遊齋集, 卷2 11張, 木活字
本〉
李玄錫(1647－1703) 詩 「擬從幸香山
寺應製」〈上同〉

향성사(香城寺)⇒ 神興寺¹ 참조
향수사(香水寺)
경기 龍仁郡에 있던 절〈寺刹全書,
1149p〉
향수암(香水庵)
평남 成川郡 香風山에 있던 절〈寺刹全
書, 1149p〉
향일암(向日庵)¹
전남 谷城郡 天德山에 있던 절〈寺刹全
書, 1149p〉
향일암(向日庵)²
전남 麗川郡 突山面 栗林里 靈龜山에
있는 절〈朝鮮寺刹一覽〉
659년(백제 義慈王 19) 元曉가 창건하
여 圓通庵이라 함. 958년(고려 光宗 9)
金鰲庵이리 개명. 壬亂 때 僧軍의 본거
지. 1715년(肅宗 41) 向日庵이라 개명
〈文化遺蹟總覽〉
향적사(香積寺)¹
경기 開城 聖居山에 있던 절〈寺刹全
書, 1149p〉
향적사(香積寺)²
경기 抱川郡 香積山에 있던 절〈寺刹全
書, 1149p〉
향적사(香積寺)³
경남 晉陽郡 智異山 天王峰에 있던 절. 고
려 太祖(877－943) 때 있던 절로 추정.
고려 太祖母가 太祖를 길렀다고 해서 聖
母廟라고 했다〈寺刹全書, 1149p〉
智異山 天王峰은 현재 咸陽郡 소속인
듯〈編者〉
金宗直(1431－1492) 詩 「香積庵無僧
已二載」「宿香積夜半開霽」〈佔畢齋詩
集, 卷3 11張, 木板本〉
黃俊良(1517－1563) 詩「香積寺」〈錦
溪外集, 卷1 8張, 木板本〉
향적사(香積寺)⁴
충북 忠州에 있던 절인 듯. 1504년(燕
山君 10) 忠淸觀察使 安琛이 忠州에 사
는 內官 安遇祥이 本寺를 願堂으로

하고 土地를 布施했다고 하니, 王이 安遇祥과 승려를 決杖 100대 하여 充軍하고, 절을 헐어 器物을 官에 납부하라고 傳敎〈李朝實錄佛敎鈔存, 卷12 16張〉

향적암(香積庵)[1]
강원 淮陽郡 內金剛面 長淵里 金剛山에 있던 절. 表訓寺의 부속 암자〈불교사전, 930p〉

향적암(香積庵)[2]
전북 茂朱郡 德裕山에 있던 절〈寺刹全書, 1149p〉

향적암(香積庵)[3]
함남 安邊郡 文山面 沙器里 雪峰山에 위치. 釋王寺의 부속 암자〈불교사전, 930p〉
金寗漢(1878-1950) 詩 「香積庵在雪峯山頂日暮未登」〈及愚齋集, 卷5 25張, 鉛印本〉

향적암(香積庵)[4]
함남 咸興市 元平山에 있던 절〈寺刹全書, 1149p〉

향정사(香定寺)
충남 論山郡에 있던 절인 듯〈韓國金石全文, 中世下 1251p, 許興植 編〉
癸卯銘香定寺小鐘 : 고려 때 조성 추정〈上同〉

향지사(香芝寺)
충남 公州郡 雞龍面에 있던 절. 19세기경 철훼〈寺刹全書, 1149p〉

향천사(香泉寺)
충남 禮山郡 禮山邑 香泉里 金烏山에 있는 절〈불교사전, 930p〉
백제 義覺이 창건〈文化遺蹟總覽〉
香泉寺幢竿支柱 : 高1.5m 정도〈上同〉
香泉寺浮屠(2기) : 1기는 寺刹 창건주 義覺의 浮屠. 1기는 壬亂 때 義兵으로서 功을 세운 滅雲의 浮屠라고 전함〈上同〉
香泉寺九層石塔 : 高3.75m. 4層부터는

塔身의 결실이 많다〈上同〉

향파암(香坡庵)
함남 洪原郡 龍浦面 松上里 白雲山에 있던 절. 一名 香坡寺〈불교사전, 930p〉

향풍사(香楓寺)
평남 成川郡 成川面 永睦里 香楓山에 있던 절〈불교사전, 930p〉

허굴사(噓崛寺)
경남 陜川郡 大幷(옛 大花)面 長湍里에 있던 절〈寺刹全書, 1150p〉
고려 때 건립 추정. 寺址에 瓦片이 출토〈文化遺蹟總覽〉

헌류사(獻留寺)
전남 長興郡 夫山面 龍盤里에 있던 절. 寺址에 瓦片이 산재〈寺刹全書, 1150p〉

혁목사(赫木寺)
경남 梁山郡 靈鷲山에 있던 절. 신라 元聖王(785-798) 때 있던 절로 추정〈寺刹全書, 1150p〉

현고사(玄高寺)
강원 麟蹄郡 北面 龍垈里 雪嶽山에 있던 절. 百潭寺의 부속 암자〈불교사전, 933p〉

현곡사(玄谷寺)
강원 襄陽郡 西面에 있던 절. 塔 2기가 있다〈寺刹全書, 1150p〉
吳䎘(1592-1634) 詩 「同趙素翁遊玄谷寺 寺在雪嶽山龍淵洞」〈天坡集, 卷2 48張, 木板本〉
李明漢(1595-1645) 詩 「玄谷寺」〈白洲集, 卷6 15張, 木板本〉

현등사(懸燈寺)
경기 加平郡 下面 下板里 雲岳山에 있는 절. 一名 懸燈庵. 신라 法興王(514-539) 때 印度 승려 摩羅訶彌를 위하여 창건했다고 전함. 신라 道詵(827-898)이 중건. 고려 熙宗(1204-1211) 때 普照가 중건하여 懸燈寺라 함. 1411년(太宗 11) 己和가 중건. 1823년(純祖 23) 龜岩이 중건〈불교사전, 935p〉

1765년(英祖 41) 중건 〈寺刹全書, 1159p〉

1891년(高宗 28) 尙宮 河氏가 중수. 1916년 錦明이 중수. 道詵國師禮行道時의 7층석탑·普照國師의 3층석탑(一名 地鎭塔)·浮屠 4位中 涵虛無準·華潭敬和 등 2位는 未詳. 平原大君 琳·配江寧府夫人 洪氏·齊安大君 玝·配商山府夫人 金氏·同昇平府夫人 朴氏 등의 位牌를 봉안 〈奉先本末寺誌, 175－189p, 鉛印本〉

懸燈寺三層石塔 : 地有 제63호. 1974년 지정. 高3m. 신라 道詵(827－898)이 印度 승려 摩羅訶彌를 위하여 조성 〈文化遺蹟總覽〉

懸燈寺地鎭塔 : 初層과 2層은 4段, 3層은 3段, 相輪部는 없음. 高1.88m. 고려 熙宗(1204－1211) 때 普照 舍利塔으로 13세기 건립 〈上同〉

懸燈寺涵虛大師浮屠塔 : 8角形浮屠. 高2.45m. 1411년(太宗 11) 조성 〈上同〉

己和(1376－1433) 撰 「懸燈寺願堂主爲洪涉仙駕請普說」〈涵虛語錄, 16張〉

金基煥 撰 「懸燈寺重修記, 1918年」〈奉先本末寺誌, 178p, 鉛印本〉

松谷老叟 撰 「懸燈寺晚翠堂成造記, 1767年」〈上同, 177p〉

埜夫 撰 「涵虛堂得通和尙行狀」〈上同, 189p〉

雲岳山懸燈寺事蹟, 壬辰 〈上同, 176p〉

浩雲 撰 「懸燈寺石築重修記, 1893年」〈上同, 179p〉

현룡사(現龍寺)
경남 昌寧郡 火王山에 위치 『像法滅義經』刊記에 「聖上(英祖)十一年乙卯(1735)六月日昌寧地火王山現龍寺開刊」이라고 기록 〈寺刹全書, 1157p〉

현봉사(縣峰寺)
황해 松禾(옛 豊川)郡 楓長山에 있던

절 〈寺刹全書, 1159p〉

현불암(現佛庵)
강원 淮陽郡 金剛山에 있던 절 〈寺刹全書, 1157p〉

普雨(1515－1565) 詩「現佛庵」〈虛應堂集, 347p, 影印本〉

李明漢(1595－1645) 詩「顯佛菴」〈白洲集, 卷2 26張, 木板本〉

현사(懸寺) ⇒ 懸岩寺[2] 참조

현사사(玄沙寺)
경북 安東郡 臥龍山에 있던 절 〈寺刹全書, 1150p〉

具鳳齡(1526－1586) 詩 「玄沙寺次李修撰韻…」〈栢潭續集, 卷2 45張, 木板本〉

李亨男(1556－1627) 詩 「聞玄沙寺丙丁會」〈松溪集, 卷1 12張, 木板本〉

현성사(賢聖寺)[1]
경기 江華郡에 있던 절. 고려 高宗(1213－1259) 때 王이 행차 〈寺刹全書, 1159p〉

현성사(賢[現]聖寺)[2]
경기 開城市 동쪽 炭峴門 안에 있던 절. 921년(고려 太祖 4) 창건. 現聖寺라 하던 것을 고려 毅宗의 諱가 睍이므로 같은 음이라하여 賢으로 고침 〈불교사전, 936p〉

고려 明宗(1170－1197) 때부터 1352년(恭愍王 1) 까지 역대 王이 행차 〈寺刹全書, 1158p〉

金九容(1338－1384) 詩 「會賢聖寺避暑」〈惕若齋集, 下 23張, 木板本〉

현성암(現聖庵)
평북 熙川郡 長洞面 元興洞 羨嵋山에 있던 절 〈朝鮮寺刹一覽〉

현수사(懸壽寺)
충남 公州郡 鷄龍山에 있던 절. 一名 懸壽庵 〈불교사전, 937p〉

大德(옛 大田)郡 鷄龍山에 위치 〈寺刹全書, 1161p〉

현암(懸庵)[1]
전북 鎭安郡 聳出山에 있던 절. 『蒙山
六道普說』刊記에 「弘治十八年(1505)
八月日 全羅道鎭安地聳出山懸庵開板」
이라 기록 〈寺刹全書, 1161p〉

현암(懸[縣]庵)[2]
황해 載寧郡 長壽面 西林里 長壽山에
위치 〈불교사전, 937p〉

현암사(懸岩寺)[1]
충남 牙山郡 桐林山에 있는 절 〈寺刹
全書, 1161p〉

현암사(懸岩寺)[2]
충북 淸原郡 賢都面 下石里 九龍山에
있는 절. 一名 見佛寺·見佛庵 〈불교
사전, 29·937p〉
신라 仙鏡이 창건. 고려초기 중수, 그
뒤 소실. 1928년 金思盒이 중건. 경내
에 浮屠 1기가 있다 〈文化遺蹟總覽〉

현우사(玄雨寺)
충남 牙山郡 華山에 있던 절 〈寺刹全
書, 1150p〉

현운사(懸雲寺)⇒ 寶月寺[庵][1] 참조

현풍사(玄風寺)
충남 舒川郡 月明山에 있던 절 〈寺刹
全書, 1150p〉

현화사(玄化寺)[1]
경기 開城市 宮城 북쪽에 있던 절.
1028년(고려 顯宗 19) 창건 〈寺刹全
書, 1152p〉

현화사(玄化寺)[2]
경기 開豊郡 嶺南面 玄化里에 있던 절.
1011년(고려 顯宗 2) 창건. 1020년(顯
宗 11) 鐘을 주성. 같은 해 王과 臣下
가 행차하여 주성한 종을 치고, 衣物匹
段을 하사. 1282년(忠烈王 8)까지 역
대 帝王이 행차하여 많은 행사를 설행
〈寺刹全書, 1150p〉
玄化寺石燈 : 현재 서울 國立中央博物
館內에 위치. 1020년경 건립. 玄化寺
에 있던 것을 1911년 德壽宮에 이전.

1972년 현지에 이전 〈文化遺蹟總覽〉

현화사(玄化寺)[3]
황해 金川郡 靈鷲峰 아래 있던 절 〈寺
刹全書, 1152p〉
明照(1593-1661) 詩「玄化寺」〈虛白
集, 54p, 影印本〉
周佇(?-1024) 撰 蔡忠順 書 定眞 等
鐫字 「有宋高麗國靈鷲山新創大慈玄
化寺碑銘幷序, 1021年」 〈寺刹全書,
1152p〉
蔡忠順 撰幷書 能會 等 刻字「高麗國靈
鷲山大慈恩玄化寺碑陰記, 1022年」〈上
同, 1155p〉

혈구사(穴口寺)
경기 江華郡 仙源面 仙杏里 穴口山頂에
있던 절. 1264년(고려 元宗 5) 王이 大
日王道場을 설하고 분향 〈寺刹全書,
1162p〉
兪升旦(1168-1232) 詩「穴口寺」〈東
文選, 卷9 9張, 木板本〉

혈사(穴寺)
경북 慶州市에 있던 절. 686년(신라 神
文王 6) 元曉가 여기에서 入寂〈寺刹全
書, 1162p〉

혈암사(穴岩寺)[1]
전남 禾順(옛 同福)郡에 있던 절. 一名
穴岩庵 〈불교사전, 940p〉

혈암사(穴岩寺)[2]
전북 鎭安郡 馬耳山에 있던 절 〈寺刹全
書, 1162p〉

혈암사(穴庵寺)
전남 禾順郡 甕城山城에 있던 절 〈寺刹
全書, 1162p〉

혜공암(惠空庵)
경북 迎日郡 雲梯山에 있던 절 〈寺刹全
書, 1162p〉

혜국사(惠國寺)
경북 聞慶郡 聞慶邑 上草里 主屹山에
있는 절. 846년(신라 文聖王 8) 普照가
창건 〈불교사전, 942p〉

安寂庵이 山內에 부속
錢文起　撰　「惠國寺重建記，1927年」
〈寺刹全書，1162p〉
崔仁澤　撰　「惠國寺上房重創記，1927
年」〈寺刹全書，1163p〉
혜봉원(慧峰院)
전북　裡里市　慕縣洞에 있는 절. 1931년
건립. 1956년　慧峰院이라　명명. 화엄
종에　소속. 1971년 증축〈文化遺蹟總
覽〉
蓮花堂浮屠：高3m. 둥근　塔身部에「蓮
花堂」이라　刻字〈上同〉
혜수암(惠壽庵)
경기　加平郡　花岳山에 있던 절〈寺刹
全書，1165p〉
혜숙사(惠宿寺)
경북　月城郡　安康邑에 있던 절. 신라
때 창건 추정〈寺刹全書，1165p〉
혜운암(慧雲庵)
경북　榮州 부근(兜率峰)에 있던 절인
듯〈錦溪外集，卷1 20張，木板本〉
黃俊良(1517－1563) 詩「慧雲庵」〈上
同〉
혜음사(惠蔭[陰]寺)
경기　坡州郡　惠陰嶺에 있는 절. 1144년
(고려　仁宗　22) 중건. 一名　古惠陰寺
〈寺刹全書，1166p〉
金富軾(1075－1151) 撰「惠陰寺新創
記，1144年」〈東文選，卷64 20張，木板
本〉「惠陰寺新創記」〈麗韓十家文鈔，
卷1 2張，鉛印本〉
혜일중광사(慧日重光寺)
경기　開城에 있던 절. 1027년(고려　顯
宗 18) 창건〈寺刹全書，1167p〉
『불교사전』에는　重光寺의　異名이라고
기록〈불교사전，949p〉
호계사(虎溪寺)
경남　金海郡에　있던　절〈寺刹全書，
1167p〉
一然(1206－1289) 撰「金宮城婆娑石

塔」〈三國遺事，卷3，木板本〉
호계암(虎溪庵)
경북　金陵郡　代項面　黃岳山에 위치. 直
指寺의 부속 암자〈直指寺志，138p，筆
寫本〉
호국사(護國寺)[1]
경남　晉州市　飛鳳山에 있는 절〈불교사
전，952p〉
고려 때 창건하여　山城寺라 함. 壬亂때
소실，그 뒤 중건하여　護國寺라 개명
〈文化遺蹟總覽〉
호국사(護國寺)[2]
전남　潭陽郡　潭陽邑　萬城里에 있는 절.
1955년　潭陽郡　靑年團에서 본부 출신
忠魂　1,200名을 위해　顯忠閣을 건립
〈文化遺蹟總覽〉
호국사(護國寺)[3]
전북　茂朱郡　赤裳面　浦內里　赤裳山에
있는 절〈불교사전，952p〉
李植(1584－1647) 撰「茂朱赤裳山城
護國寺碑」〈澤堂別集，卷7 20張，木板
本〉
호국사(護[扈]國寺)[4]
황해　延白郡　高麗山에 있던 절. 고려　恭
愍王(1351－1347)이 행차〈寺刹全書，
1170p〉
李敏坤(1695－1756) 詩「銀川護國寺
贈雨露大師，外一首」〈林隱遺編，卷1 9
張，筆寫本〉
호명사(虎鳴寺)
경기　坡州郡　盤龍山에 있던 절〈寺刹全
書，1167p〉
호성암(虎成庵)
전북　南原郡　楓岳山에 있던 절. 호랑이
의 인연으로 절을 창건했으므로　虎成庵
이라 명명〈寺刹全書，1167p〉
호암사(虎岩寺)[1]
충남　扶餘郡　窺岩面　虎岩里　天政臺 아
래 있던 절. 寺址에 백제　瓦片이 출토
〈寺刹全書，1168p〉〈文化遺蹟總覽〉

具鳳齡(1526-1586) 詩 「右虎岩寺」
〈栢潭續集, 卷2 7張, 木板本〉
호암사(虎岩寺)²⇒ 虎壓寺 참조
호압사(虎壓寺)
서울 永登浦區(옛 경기 始興郡 西二
面) 始興洞 三聖山에 있는 절. 1407년
(太宗 7) 黔芝山 虎岩 아래 창건했으
므로 術者의 말이 이로 인하여 부근에
虎患이 많다고 했다. 1841년(憲宗 7)
義旻이 法堂 중건. 1925년 주지 安滿月
이 藥師殿을 중건 〈寺刹全書, 1168p〉
〈불교사전, 954p〉
義敏[旻] 撰 「京畿左道始興三聖山虎
壓寺法堂新建記」〈寺刹全書, 1168p〉
호원사(虎願寺)
경북 慶州市 隍城洞에 있던 절. 신라
元聖王(785-798) 때 金現이 밤 늦도
록 홀로 쉬지 않고 탑을 돌다가 한 처
녀와 관계를 맺었는데 그 처녀가 호랑
이었다는 전설. 金現이 창건. 寺址에
塔材, 초석이 남음 〈寺刹全書, 1169p〉
호천사(昊天寺)
경기 利川(옛 陰竹)郡 靈岳山에 있던
절 〈寺刹全書, 1167p〉
호충암(護忠庵)
경남 統營郡에 있던 절. 『李忠武公全
書』에 이 절의 기록이 있다 〈寺刹全
書, 1170p〉
혹사(鵠寺)⇒ 곡사 참조
홍경사(弘慶寺)
충남 天原(옛 天安)郡 成歡邑 大弘里
에 있던 절. 이 지대에서 行人을 약탈
하는 강도를 자주 만나므로 승려 逈兢
과 兵部尙書 姜民瞻 등에게 200여 간
의 절을 건립하라고, 1021년(고려 顯
宗 12) 王이 명령하고 「奉先弘慶寺」라
고 賜名 〈寺刹全書, 520·1171p〉
奉先弘慶寺碑碣: 국보 제7호. 1934년
지정. 高2.8m 幅1m. 화강석으로 1026
년(고려 顯宗 18) 건립. 碑前面에 「奉

先弘慶寺碣記」라 橫書. 碑銘은 崔冲 撰
白玄禮 書. 碑尾에 「聖上御圖之十八載
大平紀曆之第六年夏四月日謹記」라고
기록 〈文化財大觀；國寶篇〉〈寺刹全
書, 1171p〉
홍경원(弘慶院)
경기 開城 부근에 있던 절인 듯〈東國
李相國集, 卷39 11張, 木板本〉
李奎報(1168-1241) 撰 「弘慶院行呵
吒波拘威大將軍道場文」〈上同〉
홍교원(弘敎院)
위치 未詳. 1128년(고려 明宗 6) 王이
행차하여 華嚴道場을 설행〈寺刹全書,
1171p〉
홍련사(紅蓮寺)
전남 康津郡 道岩面 桂羅里에 있는 절.
1945년 건립〈文化遺蹟總覽〉
홍련암(紅蓮庵)¹
경북 盈德郡 寧海面 부근에 있던 절인
듯〈霽山集, 卷1 18張, 木板本〉
金聖鐸(1684-1747) 詩 「去辛亥五月
存齋李先生在寧海之紅蓮庵…」〈上同〉
홍련암(紅蓮庵)²
충북 報恩郡 內俗離面 俗離山에 있던
절. 法住寺의 부속 암자〈寺刹全書,
1173p〉
홍련암(紅蓮庵)³⇒ 觀音窟¹ 참조
홍릉사(弘陵[凌]寺)
경기 江華郡 江華邑 菊花里 高麗山 弘
陵 밑에 있던 절 〈寺刹全書, 1171-
1172p〉〈文化遺蹟總覽〉
홍법사(洪法寺)¹
경기 開城에 있던 절. 고려 穆宗(997
-1009) 때부터 本寺가 있었다고 전함.
1342년(고려 忠惠王復位 3) 王이 행차
〈寺刹全書, 1173p〉
홍법사(洪法寺)²
경기 華城郡 峰潭面 水機里 洪範山에
있는 절〈朝鮮寺刹一覽〉
홍법사(弘法寺)¹

경기 開城市에 있던 절 〈寺刹全書, 1172p〉
홍법사(弘法寺)²
경기 華城郡 西新面 弘法里에 있던 절. 옛날 洪氏 처녀가 中國으로 건너가 종적이 없던 중 그 처녀가 佛像이 되었다 고하여 洪氏門中에서 本寺를 건립했다는 전설이 있다. 20세기 폐사. 藥師殿 앞에 4m의 7층석탑이 있다 〈文化遺蹟總覽〉〈寺刹全書, 1172p〉
홍법사(弘法寺)³
평남 江西郡 咸從面 洪範里에 있던 절. 寺址에 돌담과 石佛 1구가 있었다 〈寺刹全書, 1172p〉
홍복사(弘福寺)¹
경기 開城에 있던 절 〈불교사전, 958p〉
홍복사(弘福寺)²
경기 楊州郡 弘福山에 있던 절 〈寺刹全書, 1172p〉
1462년(世祖 8) 王이 행차 〈李朝實錄佛敎鈔存, 卷5 76張〉
홍복사(弘福寺)³
평남 平壤市에 있던 절. 1087년(고려 宣宗 4) 王이 행차. 1102년(고려 肅宗 7) 王이 행차 〈寺刹全書, 1172p〉
홍복사(弘福寺)⁴
황해 延白(옛 延安)郡 飛鳳山에 있던 절. 一名 弘福庵 〈寺刹全書, 1172p〉
홍복사(洪福寺)¹
평남 江西(옛 咸從)郡 檢山에 있던 절 〈寺刹全書, 1174p〉
홍복사(洪福寺)²
평남 平壤城內에 있던 절. 1168년(고려 毅宗 22) 1169년 각각 王이 행차 〈寺刹全書, 1174p〉
홍원사(弘圓寺)
경기 開城에 있던 절. 1090년(고려 宣宗 7) 災를 당함. 1101년(고려 肅宗 6) 중건 때 王이 행차. 그 뒤 毅宗(1146

−1170) 때까지 王이 행차 〈寺刹全書, 1172p〉
홍원사(洪圓寺)
경기 開城에 있던 절. 1048년(고려 文宗 2) 창건. 1165년(고려 毅宗 19) 王이 행차. 1183년(고려 明宗 13) 華嚴法會를 설행 〈寺刹全書, 1174p〉
洪圓寺僧統敎雄墓誌 : 禪師의 諱는 敎雄, 字는 守雄, 俗姓은 康. 12才때 歸法寺에서 祝髮. 天德 5년(1151) 興王寺에서 入寂. 1153년(고려 毅宗 7) 門人等 誌. 本誌 編纂 當時 李王家博物館에 보관 〈傳燈本末寺誌, 331p, 鉛印本〉
洪圓寺廣濟僧統聰諝墓誌 : 1139년(고려 仁宗 17) 조성 〈韓國金石全文, 中世上 622p, 許興植 編〉
홍제당(弘濟堂)
경남 陜川郡 伽倻面 伽倻山 海印寺 부근에 있던 절. 惟政(1544−1610)이 거주 〈寺刹全書, 1172p〉
홍제사(弘濟寺)
경기 開城에 있던 절. 一名 蹙項寺. 1308년(고려 忠宣王 1) 弘濟寺라 개명 〈寺刹全書, 1172p〉 弘濟庵인 듯.
홍제암(弘濟庵)¹
경남 陜川郡 伽倻面 緇仁里에 있는 절. 海印寺의 부속 암자 〈불교사전, 958p〉 惟政(1544−1610)이 이곳에 암자를 짓고 3년간 수도하다가 入寂했다 하여 弘濟尊者의 諡號를 따서 弘濟庵이라 함 〈文化遺蹟總覽〉
홍제암(弘[洪]濟庵)²
경북 奉化郡 小川面 古善里 太白山에 있는 절. 686년(신라 神文王 6) 元曉가 창건. 1906년 錦潭이 중건 〈불교사전, 958p〉
홍제암(洪濟庵)
太白山 부근에 있던 절인 듯 〈東國風雅, 卷2 27張, 趙昶奎 編, 鉛印本〉 弘[洪]濟庵²와 같은 절로 추정됨 〈編

者〉

權萬(1688-?) 詩 「太白訪洪濟庵」
〈上同〉

홍초당(洪草堂)
전남 長興郡 冠山面 天冠山 天冠寺 부
근에 있던 절〈寺刹全書, 1174p〉

홍호사(弘護寺)
경기 開城宮城 동쪽에 있던 절. 1093년
(고려 宣宗 10) 창건〈불교사전, 958p〉
1097년(고려 肅宗 2) 王이 행차. 1101
년(同王 6) 王이 행차. 同年 수리〈寺
刹全書, 1173p〉

弘護寺等觀僧統昶雲墓誌 : 1101년(고려
肅宗 9) 조성〈韓國金石全文, 中世上
535p, 許興植 編〉

홍화사(弘化寺)
경기 長湍郡 小南面 弘化里에 있던 절.
968년(고려 光宗 19) 창건. 1073년(고
려 文宗 27) 王이 행차. 그 뒤 辛旽(?
-1371)이 거주〈寺刹全書, 1173p〉
義天(1055-1101) 詩 「和國原公題弘
化寺」〈大覺文集, 229p, 影印本〉

홍효사(弘孝寺)
경북 月城(옛 慶州)郡 見谷面 南莎里
에 있던 절. 신라 興德王(826-835)
때 창건. 寺址에 초석이 산재〈寺刹全
書, 1173p〉

화개사(花開寺)
경북 尙州郡에 있던 절로 추정. 고려
李奎報(1168-1241)가 병으로 인하여
수양하던 곳〈東國李相國集, 卷6 6張,
木板本〉
李奎報 詩「寓花開寺贈堂頭」〈上同〉

화개암(華蓋庵)
경기 江華郡 喬桐面 邑內里에 있던 절.
고려 때 창건. 李穡(1328-1396)이 독
서하던 곳. 1967년 화재, 1968년 중건.
비구니 寺刹〈불교사전, 959p〉〈文化
遺蹟總覽〉
1928년 金晶雲이 改粉 佛事를 봉행

〈傳燈本末寺誌, 87p, 鉛印本〉

화계사(華溪寺)
서울 道峰區 水踰洞 三角山에 있는 절
〈불교사전, 959p〉
고려 光宗(949-975) 때 坦文이 普德
庵을 三角山 浮盧洞에 창건. 1522년
(中宗 17) 信月이 華溪洞에 이전하여
華溪寺라 개명. 1619년(光海 11) 화재.
이듬해 德興大院君 淨施로 道月이 중
건. 1866년(高宗 3) 龍船 梵雲 등이 중
건. 1876년(同王 13) 草庵이 觀音殿을
중건 단청. 1878년(同王 15) 化主 草庵
이 十王殿을 중수. 1885년(高宗 22) 錦
山이 山神閣을 중수. 1921년 玄荷 東化
등이 觀音殿·十王殿을 중수〈寺刹全
書, 1175p〉
三聖庵[小蘭若]이 山內에 부속
姜瑋(1820-1884) 撰 「華溪寺冥府殿
募化文」〈古歡堂收草, 卷2 9張, 木活字
本〉
錦藍 撰 「華溪寺重創丹艧記, 1876年」
〈寺刹全書, 1176p〉
臺生 撰 「三角山華溪寺重建記, 1866
年」〈寺刹全書, 1176p〉
道月 撰 「三角山華溪寺重修緣起文,
1619年」〈寺刹全書, 1175p〉

화련암(華蓮庵)
경북 慶山郡 聖岩山에 있는 절. 一名 成
佛寺. 聖岩山頂에 천연 大石窟이 있는
데, 成佛寺라 하여 1905년 密陽人 朴龍
淳이 本寺에서 尊師가 현몽하기를「나
는 泗溟堂인데 일찍이 이곳에서 수도했
노니, 그대가 나를 위해 암자를 세우라
하므로 절벽 아래 암자를 세우고 華蓮
庵이라 했다」고 전함〈文化遺蹟總覽〉

화룡사(化龍寺)
경남 晉陽郡 智異山에 있던 절〈寺刹全
書, 1174p〉

화림사(花林寺)[1]
경남 山淸郡 今西面 五峰里 智異山에

있는 절 〈불교사전, 960p〉

화림사(花林寺)²
충북 淸原郡 加德面 屛岩里에 있던 절.
淸州人 金在洪의 모친 꿈에 山谷에 묻
혀있는 石佛이 현몽하므로 그 자리에
가보니, 낙엽 속에 石佛이 있어 花林寺
址에 절을 건립하고 石佛을 봉안하였
다고 전함 〈寺刹全書, 1174p〉〈文化遺
蹟總覽〉
花林寺址石塔 : 高1.38m. 속칭 흔들바
위라고 하는 2층만 남은 石塔 〈文化遺
蹟總覽〉

화방사(花芳寺)
경남 南海郡 古縣面 大谷里 望雲山에
있는 절 〈朝鮮寺刹一覽〉
신라 神文王(681－691) 때 창건하여
煙竹寺라 함. 그 뒤 慧諶(1178－1234)
이 현 위치 근방에 이전하여 靈藏寺라
개명. 壬亂 때 소실. 1637년(仁祖 15)
현 위치에 이전하여 花芳寺라 개명
〈文化遺蹟總覽〉
極樂庵, 望雲庵, 西庵 등이 山內에 부
속
花芳寺普光殿 : 地有 제84호. 1974년 지
정 〈文化遺蹟總覽〉

화방사(華芳寺)
전남 康津郡 郡東面 華山里 千佛山에
있는 절. 옛날은 華嚴庵. 1211년(고려
熙宗 7) 圓妙가 창건 〈文化遺蹟總覽〉
〈불교사전, 961p〉

화사(花寺)⇒ 淸眞庵² 참조

화산사(華山寺)
위치 未詳. 崔致遠(857－?)이 撰한
『法藏和尙傳』에 華嚴十刹 중에 華山寺
가 있다고 기록 〈寺刹全書, 1176p〉

화산암(花山庵)
경기 江華郡 江華邑 南山里에 있던 절
〈寺刹全書, 1174p〉〈文化遺蹟總覽〉

화악사(華岳寺)
강원 春川市에 있던 절인 듯. 『金嵒轍

淸平山文殊記』에 慧照國師가 華岳寺에
왕래했다고 기록 〈寺刹全書, 1176p〉

화암(華庵)
경북 善山郡 金烏山에 있던 절 〈寺刹全
書, 1176p〉

화암사(花巖寺)¹
강원 雪嶽山에 위치 〈淸虛堂集, 卷1 35
張, 木板本〉
休靜(1520－1604) 詩「雪嶽山花巖寺」
〈上同〉

화암사(花巖寺)²
전북 完山郡 雲洲面 佳川里 佛明山에
있는 절 〈朝鮮史刹一覽〉
신라 元曉(617－686)가 창건. 光海
(1608－1623) 때 僧兵大將 虎英이 중
건 〈文化遺蹟總覽〉
義湘庵이 山內에 부속
花岩寺極樂殿 : 地有 제68호. 1976년 지
정. 신라 元曉(617－686)가 창건. 光
海(1608－1623) 때 虎英이 중건 〈文化
遺蹟總覽〉
金時習(1435－1493) 詩 「花岩寺…」
〈梅月堂集, 卷11 14張, 癸酉字本〉

화암사(花岩寺)³
전북 全州市 珠崒山에 있던 절 〈불교사
전, 962p〉

화암사(華岩寺)¹
경남 晉陽郡 智異山에 있던 절 〈寺刹全
書, 1177p〉
智異山은 현재 咸陽郡에 소속 〈編者〉
金之白(仁祖朝人) 詩 「華岩寺次國益
韻」〈澹虛齋集, 卷1 13張, 木活字本〉

화암사(華岩寺)²
평남 安州郡 竺頭山에 있던 절. 一名 華
嚴寺 〈寺刹全書, 1177－1178p〉

화암사(華岩寺)³⇒ 華嚴寺³ 참조

화암사(禾岩寺)
충북 忠州 宗堂山에 있던 절 〈寺刹全
書, 1174p〉

화양사(華陽寺)¹

경기 江華郡(옛 水晶面 乭串里)에 있
던 절〈寺刹全書, 1177p〉

화양사(華陽寺)²
서울 城東區 九宜洞 峨嵯山에 있던 절
〈불교사전, 962p〉

화양사(華陽寺)³⇒ 永華寺 참조

화엄사(禾嚴寺)¹
강원 高城郡 杆城面 天吼山에 있던 절
〈불교사전, 963p〉
1622년(光海 14) 화재로 인하여 폐사
〈寺刹全書, 1174p〉

화엄사(禾[華]嚴寺)²
강원 高城郡 土城面 新坪里에 위치
〈朝鮮寺刹一覽〉
769년(신라 惠恭王 5) 眞表가 雪嶽山
북쪽에 창건하여 華嚴寺라 함. 1625년
(仁祖 3) 1644년(同王 22) 1662년(顯
宗 3) 1721년(景宗 1) 1760년(英祖
36) 각각 중건 〈寺刹全書, 1174·
1178p〉
1864년(高宗 1) 현지에 이전. 1912년
禾嚴寺로 개명〈文化遺蹟總覽〉
1623년(仁祖 1) 화재. 1628년 廣明이
地藏像을 조성. 1635년 화재, 곧 古址
의 동쪽 20리 지점에 임시로 이전.
1644년 舊地에 중건. 1716년(肅宗 42)
賊火로 소실. 1717년 寺址의 동쪽 10
리 지점 武陵島에 草屋을 건립하여 僧
徒가 거주. 1721년(景宗 1) 舊址에 중
건. 1860년(哲宗 11) 山火로 寺庵이
전소, 곧 春潭이 중건. 1864년(高宗 1)
山火로 소실. 1868년 地藏幀·神衆幀
·現王幀을 조성. 1872년 穗峰이 중
건. 1882년 秄虛가 鐵原 長久寺로부터
彌陀像과 藥師像을 移奉. 1915년 화
재, 1917년 중건. 一名 禾岩寺〈乾鳳寺
本末事蹟, 147p, 鉛印本〉
禾嚴寺¹과 같은 절로 추정〈編者〉
彌陀庵[地藏庵], 安養庵, 月影庵 등이
山內에 부속

禾岩寺의 浮屠·塔·碑:
　廣明堂浮屠, 凌虛堂浮屠, 影潭堂浮
屠, 圓峰堂浮屠, 月松堂浮屠, 印峰堂
浮屠, 慈雲堂浮屠, 竹岩堂浮屠, 清岩
堂浮屠, 春潭堂塔, 春潭堂碑, 華谷堂
浮屠, 華月堂浮屠, □□堂浮屠, □□
堂浮屠 등 15座〈上同, 152p〉

禾岩寺의 眞影:
　桂雲堂, 廣明堂, 德峰堂, 泗溟堂, 蓮
城堂, 龍華堂, 月峰堂, 應庵堂, 眞表
堂, 清虛堂, 春潭堂, 豊谷堂, 海城堂,
華谷堂, 華城堂, 晦光堂 등 16位〈上
同〉

金剛山華嚴寺事蹟〈上同, 153p〉
李裕元（1814－1888）撰 金炳學 書幷
篆「釋品第一禪敎兩宗都院長兼都摠攝
春潭堂大禪師碑銘」〈上同〉
1877년 碑를 건립〈上同, 159p〉

화엄사(禾嚴寺)³⇒ 禾岩寺 참조

화엄사(華嚴寺)¹
경기 江華郡 喬桐面 華盖山에 있던 절
〈寺刹全書, 1177p〉

화엄사(華嚴寺)²
전남 求禮郡 馬山面 黃田里 智異山에
있는 절〈불교사전, 963p〉
544년(신라 眞興王 5) 緣起가 창건. 文
武王(660－680) 때 義湘이 『華嚴經』
을 선양. 華嚴 十大寺刹의 第一寺刹.
1597년(宣祖 30) 兵火. 1630년(仁祖
8) 碧岩이 丈六殿을 시공했으나 未完.
1699년(肅宗 25) 桂坡公이 이어 重造.
1703년(同王 29) 준공하여 覺皇寶殿이
라 賜額. 곧 智異山 大華嚴寺로 승격하
여 禪敎 兩宗의 大伽藍으로 됨〈寺刹全
書, 1177p〉

華嚴寺覺皇殿: 국보 제67호. 1942년 지
정. 신라 慈藏이 증축. 壬亂 때 소실.
1606년(宣祖 39) 碧岩이 중건. 本 건물
은 1703년(肅宗 29) 2층 木造로 건립
〈文化財大觀；國寶篇〉

華嚴寺大雄殿 : 보물 제299호. 1969년 지정. 壬亂 때 소실. 1636년(仁祖 14) 碧岩이 중건〈上同 ; 寶物篇〉

華嚴寺普濟樓 : 地有 제49호. 1974년 지정. 碧岩(1575-1660)이 건립〈文化遺蹟總覽〉

華嚴寺覺皇殿 앞 石燈 : 국보 제12호. 1934년 지정. 高6.36m. 화강석으로 통일신라 때 건립 추정〈文化財大觀 ; 國寶篇〉

華嚴寺東五層石塔 : 보물 제132호. 1935년 지정. 高6.4m. 화강석으로 9세기경 건립 추정〈上同 ; 寶物篇〉

華嚴寺四獅子三層石塔 : 국보 제35호. 1934년 지정. 高5.5m. 화강석으로 8세기 중엽 건립 추정〈上同 ; 國寶篇〉

華嚴寺西五層石塔 : 보물 제133호. 1935년 지정. 高6.4m. 화강석으로 9세기경 건립 추정〈上同 ; 寶物篇〉

華嚴寺圓通殿前獅子塔 : 보물 제300호. 1969년 지정. 화강석으로 9세기경 건립 추정〈上同〉

求禮華嚴寺石刻華嚴經 : 신라 文武王(660-680) 당시 석각 추정〈朝鮮金石總覽, 上 27p〉

吳道一(1645-1703) 撰「全羅道求禮縣華嚴寺重建事蹟碑銘」〈西坡集, 卷23 36張, 芸閣印書體字本〉

應允(1743-1804) 撰「華嚴寺記」〈鏡岩集, 下 38張, 木板本〉

義天(1055-1101) 詩「留題智異山花嚴寺」「華嚴寺禮緣起祖師影」〈大覺文集, 219p, 影印本〉

鼎鎬(1870-1948) 撰「華嚴寺重修覺皇殿碑記, 1942年」〈石林草, 5張〉

洪世泰(1653-1725) 詩「華嚴寺丈六殿重修詩, 幷小序」(柳下集, 卷3 27張, 芸閣印書體字本)

화엄사(華嚴寺)³
충남 禮山郡 新岩面 龍宮里 烏石山에

있는 절〈불교사전, 963p〉
1730년(英祖 6) 창건. 1751년(同王 27) 金漢藎이 중건. 1846년(憲宗 12) 金命喜 金相喜 등이 중수. 金正喜도 만년에 여기서 수도. 지금 法堂에는「無量壽閣」이라는 金正喜의 친필 扁額이 있다〈文化遺蹟總覽〉

金正喜(1786-1856) 撰「烏石山華嚴寺上樑文」〈阮堂先生全集, 卷7 7張, 鉛印本〉

화엄사(華嚴寺)⁴
전북 完州郡에 있던 절〈韓國金石全文, 中世下 1279p, 許興植 編〉

乙酉銘華嚴寺半子 : 고려 때 조성 추정. 扶餘博物館藏〈上同〉

乙酉銘華嚴寺半子 : 고려 때 조성 추정〈上同〉

화엄사(華嚴寺)⁵ ⇒ 載雲庵 참조

화엄사(華嚴寺)⁶ ⇒ 華岩寺² 참조

화엄사(華嚴社)
전남 長興郡 冠山面 天冠山 天冠寺 부근에 위치. 705년(신라 聖德王 4)『華嚴經』을 강설함으로 인하여 華嚴社라 명명〈寺刹全書, 1178p〉

화엄암(華嚴庵)¹
강원 三陟郡 未老面 頭陀山에 있는 절. 天恩寺의 부속 암자〈寺刹全書, 1178p〉

화엄암(華嚴庵)² ⇒ 華芳寺 참조

화운사(華雲寺)
경기 華城郡 雨汀面 覓祐里 雙鳳山에 있던 절. 1873년(高宗 10) 金鏡河가 창건. 1951년 金先官이 普光殿을 중건〈文化遺蹟總覽〉〈불교사전, 964p〉

화원사(花元寺)
평남 平壤市 慈化山에 있던 절〈寺刹全書, 1175p〉

화장굴(華藏窟)
경북 義城郡 比安面 부근에 있던 절〈景玉齋遺集, 卷1, 木板本〉

李簠(1629-1710) 詩「華藏窟在比安」

〈上同〉
화장사(華藏寺)[1]
강원 通川郡 踏錢面 葛坪里 黃龍山에
있던 절. 1012년(고려 顯宗 3) 圓空이
창건〈불교사전, 965p〉
1018년(고려 顯宗 9) 5층탑을 건립.
1508년(中宗 3) 화재. 1512년(中宗
7) 莫玄 道信 등이 중건. 1901년 御室
閣과 三門을 건립〈寺刹全書, 1191p〉
1508년(中宗 2) 5房이 소실. 1673년
(顯宗 14) 世瞻이 浮屠를 건립. 1686
년(肅宗 12) 碩心이 地藏菩薩과 十王
像을 石製 봉안. 1710년 龍興橋碑를 건
립. 1716년 自寬이 極樂殿 後佛幀을 조
성. 1743년(英祖 19) 廣會 등이 海慧
大師碑를 건립. 1748년 전부 소실.
1752년 莫玄道信 등이 極樂殿 1동과
寮舍 3房을 중건. 1772년 信瑞一安 등
이 帝釋幀·神衆幀을 조성. 1787년
(正祖 11) 宇甘이 彌陀·觀音·勢至
등 3位像의 改金佛事를 봉행. 1804년
(純祖 4) 兩房寮舍를 철훼. 1828년 單
房이 소실. 1863년(哲宗 14) 主佛 3尊
과 觀音菩薩 등 各位 塑像을 安邊의 釋
王寺 香積庵으로 移安. 1890년(高宗
27) 七星幀·山神幀을 조성. 1894년
16羅漢像과 十王像을 安邊 釋王寺에
移安. 1927년 古石物五層塔을 極樂寶
殿에 이전. 1930년 鄭在隱이 御室閣·
寮舍를 수리〈楡岾寺本末寺志, 735-
738p, 鉛印本〉
碑 및 浮屠：松月堂自說之塔, 楓谷堂大
師浮屠, 和尚世瞻浮屠, 淸灝堂浮屠 …
金峯堂大禪師海慧大師之塔, 淸溪堂法
熙大師浮屠 등 通川 華藏寺에 안치
〈上同, 741p〉
…永海堂之眞影：通川 華藏寺에 봉안
〈上同, 742p〉
乾隆五十二年丁未(1787) …華藏寺阿
彌陀佛觀世音大勢至三位尊像改金願文

〈上同, 744p〉
화장사(華藏寺)[2]
경기 長湍郡 津西面 大院里 寶鳳山에
있던 절. 1373년(고려 恭愍王 22) 옛
繼祖庵 터에 중건. 1645·1652년 중수.
7층탑과 指空和尚塔이 있고, 指空이 가
지고 온 牛頭栴檀과 貝葉이 있었다〈불
교사전, 965p〉
1288년(고려 忠烈王 14) 金怡가 本寺
에서 王을 현몽, 고려 恭愍王이 중수.
恭愍王의 영정이 있다. 1353년(고려
恭愍王 2) 중건. 1854년(哲宗 5) 無鏡
이 寂默堂을 중건. 1865년(高宗 2) 寂
默堂이 화재, 곧 龍波가 중건. 1908년
化主 智永이 寂默堂을 중건. 1927년 소
실, 化主 楚庵鍾華 등이 7年에 걸쳐 중
건〈寺刹全書, 1178p〉
1115년(고려 睿宗 10) 妙應이 本寺에
내왕. 1216년(高宗 3) 靜覺이 本寺에
住錫. 1393년(太祖 2) 指空和尚浮屠를
건립. 1539년(中宗 34) 平原·齊安大
君의 절의를 추모하여 位牌를 봉안하고
每年 設齋. 1645-1652년 崇海長老가
중건. 1652년(孝宗 3) 화재. 1652-
1659년 崇海長老가 佛殿 僧寮를 중건.
1679년(肅宗 5) 永昌大君을 平原·齊
安大君에 附하여 追薦. 1680년 宗念이
金鼓 1座를 주성. 1692년(同王 18) 龍
城大君을 永昌大君에 附하여 追薦.
1706년(同王 32) 本寺 事蹟碑를 중수
改立. 1779년(正祖 3) 艶飾가 大雄殿
의 後佛幀畵를 조성. 1803년(純祖 3)
月旵 등이 抱應堂의 初律大師碑·庭中
七層塔, 指空和尚塔·事蹟碑 등을 건
립. 1806년(同王 6) 義旻이 應眞殿을
중수. 1854년(哲宗 5) 無鏡이 寂默堂
을 중건. 1865년(高宗 2) 龍波가 寂默
堂을 중건. 1878년(同王 15) 藕潭이 大
雄殿·冥府殿을 중건하고 香閣을 이
전. 1899년 龍波眉山 등이 應眞殿을 중

수. 1900년 雲霞堂을 중건. 1905년 李智永이 應眞殿을 改金 改彩 幀畫 佛事를 봉행. 1906년 在桐 海衍 비구니 등이 極樂庵을 중건. 1912년 李智永이 萬歲樓를 중건. 1919년 李智永이 靈山殿 尊像에 三度 改金. 1923년 黃楚岩이 法殿의 改金 佛事를 봉행. 同年 極樂庵을 폐지. 1934년 大鐘을 주성. 1936년 住持 李鏡華가 大雄殿의 三尊像과 冥府殿 地藏像과 十王을 改彩, 各部 幀畫 佛事를 봉행. 本寺 寂默堂에 指空和尙의 塑像을 봉안 以來 寂默堂이 여러 번 화재를 당했으나 그때마다 和尙의 塑像을 屋外로 날려서 안전지대로 정좌. 그 뒤 無鏡和尙이 이를 괴이하게 여겨 시험코지 칼로 指空의 腹藏을 뚫다가 마지막 面部를 猛射당하여 곧 병들어 죽었고, 指空의 腹藏은 원상 회복되었으며, 그 뒤 寂默堂이 괘했다는 전설이 있다. 또 指空和尙이 創寺時는 三角牛가, 崇海大師가 건립 당시는 三目 四角牛가 들어와 材料를 운반했다는 전설이 있다 〈傳燈本末寺誌, 145－176p, 鉛印本〉

極樂庵, 彌陀庵, 雲霞堂 등이 山內에 부속

鏡濟 撰 「長湍郡華藏寺應眞殿改金改彩畫幀丹雘功德記, 1905年」〈寺刹全書, 1187p〉「華藏寺靈山殿三度改金有功記, 1919年」〈傳燈寺本末寺誌, 161p, 鉛印本〉

權相老(1879－1965) 撰 「華藏寺寂默堂重創記, 1932年」〈寺刹全書, 1181p〉「長湍郡寶鳳山華藏寺大雄殿重建上梁文, 1932年」〈上同, 1182p〉

金普 撰 「寶鳳山華藏寺重創碑銘幷序, 1646年」〈寺刹全書, 1179p〉

無喜 撰 「大雄殿三間後佛幀畫成記, 1779年」〈寺刹全書, 1188p〉

李奎報(1168－1241) 撰 「故長湍華藏寺住持王師大印大禪師追封靜覺國師碑銘, 1229年」〈傳燈本末寺誌, 177－180p, 鉛印本〉

曺光進 撰 「寶鳳山華藏寺萬歲樓重建記, 1912年」〈寺刹全書, 1187p〉

知白 撰 「古湍州華藏寺改創記, 1660年」〈寺刹全書, 1183p〉

知濯(1750－1839) 撰「華藏寺寂默堂佛糧畲册序」〈三峯集, 39張, 木板本〉「寶鳳山 華藏寺…座目序」〈上同, 40p〉

蔡濟恭(1720－1799) 撰 「女大師定有浮屠碑銘」大師는 長湍 華藏庵[寺]에서 승려가 됨. 法名은 定有, 俗姓은 姜, 平壤 出身 〈樊岩集, 卷57 18張, 木板本〉

韓龍雲(1879－1944) 撰 「華藏寺爐殿及鐘樓重修募緣文」 〈傳燈本末寺誌, 160p, 鉛印本〉

香嚴 撰 晦溟 書「雲霞堂重建記, 1901年」〈寺刹全書, 1180p〉「華藏寺寂默堂重創記, 1908年」〈上同, 1181p〉「雲霞堂重修記, 1901年」〈上同, 1185p〉

화장사(華藏寺)³

경북 聞慶郡 聞慶邑에 있던 절. 신라 때 義湘(625－702)이 창건 〈寺刹全書, 1190p〉

화장사(華藏寺)⁴

서울 冠岳區(옛 경기 始興郡 北面) 銅雀洞 冠岳山에 있던 절. 一名 華藏庵·葛宮[弓]寺. 1577년(宣祖 10) 昌嬪墓 부근에 건립하여 昌嬪 願刹로 삼음. 1661년(顯宗 2) 중수. 1862년(哲宗 13)雲潭 鏡海 등이 중건. 1870년(高宗 7)雲潭 鏡海 등이 鏡波樓를 건립. 1878년(高宗 15)瑞月 鏡海 등이 大房을 중수. 1896년 主丈 戒香이 七星閣을 건립. 1920년 圓翁明眞 등이 大房을 중수. 1936년 주지 劉永松이 能仁殿을 중수〈寺刹全書, 1189p〉

1400년(定宗 2) 王이 행차하여 石佛 3

尊과 五百羅漢像을 조성하는 것을 관람〈李朝實錄佛敎鈔存, 卷127張〉
權永彙 撰 「京畿左道果川縣冠岳山華藏重建上梁文, 1862年」〈寺刹全書, 1189p〉
華藏重修記〈上同, 1190p〉

화장사(華藏寺)[5]
전남 谷城郡 竹谷面에 있던 절. 寺址에 瓦片이 산재. 고려 때 제작으로 보이는 石佛坐像이 있다〈寺刹全書, 1190p〉

화장사(華藏寺)[6]
충북 忠州 부근에 있던 절인 듯〈潛谷遺稿, 卷2 39張, 戊申字本〉
金堉(1580-1658) 詩 「遊華藏寺, 寺有彈琴臺」〈上同〉

화장사(華藏寺)[7]
평남 龍岡郡 龍月面 葛峴里에 있던 절. 石佛 1구가 있었다. 1737년(英祖 13) 건립한 「華華寺佛香碑」가 있었다〈寺刹全書, 1191p〉
道安(1638-1715) 撰 「龍岡華藏寺大法堂重創勸文」〈月渚集, 415p, 影印本〉

화장사(華藏寺)[8]
평북 泰川郡 東面 松峴洞 香積山에 있던 절. 一名 華藏庵〈불교사전, 965p〉

화장사(華藏寺)[9]
황해 松禾(옛 豊川)郡 藥山에 위치〈寺刹全書, 1191p〉

화장사(華藏寺)[10]
황해 信川郡 用珍面 九月山 貝葉寺 경내에 있던 절〈寺刹全書, 1191p〉

화장사(華藏寺)[11] ⇒寶川庵 참조

화장사(花長寺)
경남 咸陽郡 柳林面 花村里 花長山에 있던 절. 寺址에 주초석 8개와 瓦片이 잔존〈寺刹全書, 1175p〉
金宗直(1431-1492) 詩 「與晉山君宿花長寺」〈佔畢齋集, 卷7 7張, 木板本〉
道安(1638-1715) 撰 「龍岡華藏寺大

法堂重創勸文」〈月渚集, 卷下, 木板本〉

화장사(花藏寺)
함남 端川郡 五峰山에 있던 절〈寺刹全書, 1175p〉

화장암(華藏庵)[1]
강원 高城郡 外金剛面 金剛山에 있던 절. 神溪寺의 부속 암자. 1786년(正祖 10) 幻密이 창건. 1808년(純祖 8) 軌哲이 중건〈寺刹全書, 1194p〉

화장암(華藏庵)[2]
경남 晉陽郡에 있던 절. 「고려 懶翁이 이 절에 있을 때는 암자 뒤 바위 틈에서 供養米가 아침 저녁으로 나왔으나 그가 떠난 뒤부터는 쌀이 안 나왔다」는 전설〈鏡岩集, 下 38張, 木板本〉
應允(1743-1804) 撰 「華藏庵記」〈上同〉

화장암(華藏庵)[3]
경북 金陵郡 代項面 黃岳山에 위치. 直指寺의 부속 암자〈直指寺志, 138p, 筆寫本〉

화장암(華藏庵)[4]
경북 聞慶郡 山北面 金龍里 雲達山에 있는 절. 金龍寺의 부속 암자. 1758년(英祖 34) 白蓮이 중건하여 中庵이라 했다가 華藏庵이라 개명. 1768년(英祖 44) 影波가 影閣을 건립. 1799년(正祖 23) 良學이 중수. 1867년(高宗 4) 永安이 影閣을 중건〈寺刹全書, 1191p〉
「金龍寺華藏庵重修中庵改扁華藏庵記」〈上同, 1193p〉
朗昑(大隱 ; 1780-1841) 撰 「華藏庵佛事記, 1822年」「江右尙州牧雲達山雲峰寺華藏庵燔瓦重覆記, 1800年」〈上同, 1192p〉
以祉 撰 「華藏庵重修記, 1867年」〈上同, 1191p〉

화장암(華藏庵)[5]
전북 完州郡 大屯山 安心寺 山內에 있

던 절 〈寺刹全書, 1191p〉
화장암(華藏庵)⁶
평북 寧邊郡 北薪峴面 妙香山에 위치.
一名 華藏寺. 普賢寺의 부속 암자〈불
교사전, 965p〉〈寺刹全書, 1194p〉
화장암(華藏庵)⁷
함남 洪原郡 靈覺山에 있던 절〈寺刹
全書, 1191p〉
화정사(火[和]鼎寺)
충남 靑陽郡 九峰山에 있던 절〈寺刹
全書, 1174p〉
화지암(和池庵)
경남(옛 東萊郡 和池山)에 있던 절
〈寺刹全書, 1175p〉
화흥사(花興寺)
전남 潭陽郡 水北面 弓山里에 있던 절.
「白蓮堂大禪師」라고 쓰인 浮屠가 있
다〈寺刹全書, 1175p〉
환귀사(還歸寺)
경북 永川郡에 있던 절 〈寺刹全書,
1195p〉
환문암(換文庵)
충남 扶餘郡 浮山에 있던 절〈불교사
전, 967p〉
환선암(幻仙庵)
강원 三陟郡 道溪邑(옛 所達面) 大耳
里에 있던 절. 고려 때 창건이라고 전
함〈寺刹全書, 1194p〉
환성사(環城寺)
경북 慶山郡 河陽邑 沙器洞 八公山에
있는 절〈朝鮮寺刹一覽〉
835년(신라 興德王 10) 心地가 창건.
1635년(仁祖 13) 神鑑이 중건. 1897년
(光武 1) 亙月이 중건 〈寺刹全書,
1194p〉
聖殿이 山內에 부속
環城寺大雄殿 : 보물 제562호. 1971년
지정〈文化財大觀 : 寶物篇〉
環城寺尋劍堂 : 地有 제84호. 1975년 지
정. 劍堂 현판에「道光四年甲申(1824)

秋八月秋波書」라 기록. 1976년 보수
〈文化遺蹟總覽〉
환장사(煥章寺)
충북 槐山郡 靑川面 華陽里에 있는 절.
一名 煥章庵. 여덟 가지 소리가 나는 돌
이 있고, 明나라 毅宗(1627-1643)의
御筆이라고 전하는「非禮不動」4자가
암벽에 음각. 또 毅宗의 친필「思無邪」
3자가 보관됨〈文化遺蹟總覽〉
淸州郡 華陽洞 歡喜峰에 있던 절. 절 서
쪽 雲漢閣이 있는데, 明나라 毅宗의 御
筆簇子「非禮不動」「思無邪」와 1卷의
册이 있다. 또 明 神宗(1573-1619)의
御筆「玉藻冰壺」와 宣祖(1567-1608)
의 御筆「萬折必東」과 尤庵 宋時烈의
劍이 있다〈寺刹全書, 1194p〉
환적대(幻寂臺)
경남 陜川郡 伽倻面 緇仁里 伽倻山 海
印寺 白蓮庵 위에 있는 절〈불교사전,
967p〉
환적암(幻寂庵)¹
경기 開豊郡 大興山에 있던 절〈寺刹全
書, 1194p〉
환적암(幻寂庵)²
경북 聞慶郡 加恩面 義陽山에 위치. 鳳
岩寺의 부속 암자〈寺刹全書, 1194p〉
高允植(1831-1891) 詩 「義陽山幻寂
菴」〈泰廬集, 卷2 25張, 石印本〉
환학암(喚鶴庵)
충북 永同郡 黃澗面에 있던 절〈寺刹全
書, 1194p〉
환희사(歡喜寺)¹
평남 大同郡 金祭面 大井里 白鹿山에
위치. 圓形舍利塔이 있다〈寺刹全書,
1195p〉
道安(1638-1715) 詩 「白鹿山歡喜寺
次壁上韻」〈月渚集, 270p, 影印本〉
환희사(歡喜寺)²
함남 定平郡 朱伊面 龍江里 白雲山에
위치〈寺刹全書, 1195p〉

法雲庵이 山內에 부속
환희암(歡喜庵)
충남 禮山郡 德山面 斜川里 德崇山에
있는 절. 一名 歡喜臺. 修德寺의 부속
암자. 1935년 滿空이 창건 〈불교사전,
968p〉
활복사(活福寺)
황해 信川(옛 文化)郡 九月山에 있던
절 〈寺刹全書, 1195p〉
황갑사(黃甲寺)
평남 平原(옛 永柔)郡 天寶山에 있던
절 〈寺刹全書, 1199p〉
황계사(黃雞寺)
강원 三陟郡 道溪邑 古武陵里 頭陀山
에 있던 절 〈寺刹全書, 1199p〉
황련사(黃蓮寺)
경기 江華郡 江華邑 菊花里에 있던 절
〈寺刹全書, 1199p〉
寺址에 尹相健이 1900년 保晚亭을 건
립 〈文化遺蹟總覽〉
황령사(黃嶺寺)
경북 尙州郡 銀尺面 黃嶺里 七峰山
(『寺刹全書』에는 黃嶺山)에 있는 절
〈朝鮮寺刹一覽〉
1254년(고려 高宗 41) 蒙古兵이 尙州
白華山城을 침공하니, 이 절 승려 洪之
가 蒙古兵을 과반수나 살상시켰다.
1901년 石橋를 중수. 1928년 주지 道
虛가 중수 〈寺刹全書, 1199p〉
墨房庵이 山內에 부속
旻冠 撰 「黃嶺寺內院庵上梁文」〈上同,
241p〉
安錫淵 撰 「黃嶺寺佛像梵鐘購入自願
同參記, 1933年」〈上同, 1199p〉
趙纘韓(1572-1631) 詩 「黃嶺寺」〈玄
洲集, 卷4 12張, 石印本〉
황령암(黃嶺庵)
전북 南原郡 智異山에 있던 절. 고려
恭愍王(1352-1374) 때 창건. 1537년
(中宗 32) 중수. 丁酉再亂(1597) 때의

전투 기록이 있다 〈寺刹全書, 1200p〉
休靜(1520-1604) 撰 「智異山黃嶺庵
記」〈淸盧堂集, 卷3 21張, 木板本〉
황룡사(皇〔黃〕龍寺)[1]
경북 慶州市 月城 동쪽에 있던 절. 553
년(신라 眞興王 14) 창건. 신라 率居의
벽화가 있었다고 전함 〈寺刹全書,
1195p〉
통일 전에는 국내에서 가장 큰 절이었
다고 함 〈1996년, 불교방송〉
613년(眞平王 35) 隋의 使臣 王世儀가
本寺에 이르러 百高座를 設하고 圓光
등의 法師를 맞아 說經. 622년(眞平王
44) 王이 本寺에 행차 〈三國史記, 卷4,
木板本〉
636년(善德女王 5) 王이 병이 들어 本
寺에 百高座를 設하고 『仁王經』을 講
說 〈上同, 卷5〉
674년(文武王 14) 大風으로 本寺 佛殿
이 허물어짐 〈上同, 卷6〉
866년(신라 景文王 6) 王이 행차하여
燈을 관람. 868년 塔에 落雷. 871년 王
이 塔을 改造하라고 명령하여 873년 완
성. 874년(憲康王 1) 本寺에서 僧衆이
齋하고 百高座를 設하여 講經하니 王이
행차. 885년(同王 12) 王의 疾病으로
百高座를 設하고 講經. 886년(定康王
2) 百高座를 設하니 王이 행차하여 聽
講. 887년(眞聖女王 1) 百高座를 設하
니 王이 행차하여 聽法. 同王 4년 王이
행차하여 看燈 〈上同, 卷11〉
926년(景哀王 4) 塔이 요동하여 북쪽
으로 기울어짐 〈上同, 卷12〉
皇龍寺址:사적 제6호. 1935년 지정
〈文化遺蹟總覽〉
皇龍寺九層塔:9層木塔으로 신라 三寶
중의 하나. 645년(신라 善德女王 14)
조성. 698년(孝昭王 7) 벽력으로 파괴,
720년(聖德王 19) 중성. 868년(景文王
8) 또 벽력으로 파괴, 곧 중수.

953년(고려 光宗 5) 또 벽력, 1021년(顯宗 13) 중성. 1035년(靖宗 2) 또 벽력, 1064년(文宗 18) 중성. 1095년(獻宗 2) 또 벽력, 1096년(肅宗 2) 중성. 高麗高宗十六年戊戌(1238)에 西山兵火로 절과 塔이 소실〈三國遺事, 卷3 17張, 木板本, 中宗年間印〉
고려 高宗 16년은 韓國史年表에는 戊子, 戊戌은 高宗 26年임. 『三國遺事』 16年條가 誤記인 듯〈編者〉
皇龍寺丈六〔尊像〕:西竺 阿育王이 黃鐵 5萬斤, 黃金 3萬分(別傳에는 鐵 40萬7千斤, 金 1千兩)으로 1佛 2菩薩像을 조성. 신라 三寶 중의 하나. 건립 연대는 절 창건 연대와 비슷한 것으로 추정〈三國遺事, 卷3 16張, 木板木, 中宗年間印〉
574년(신라 眞興王 35) 銅 35,007斤·鍍金 101,098分으로 주성. 575년(眞興王 36) 丈六像에서 물이 발까지 흘러내렸다〈三國史記, 卷4, 木板本〉
皇龍寺鐘:754년(신라 景德王 13) 주성. 長3.9m 厚27cm 重497,581斤. 고려 肅宗年間(1095-1105) 중성. 新鐘 長2.04m〈三國遺事, 卷3 19張, 木板本, 中宗年間印〉
新羅皇龍寺神獸文銅鏡銘:신라 때 조성〈韓國金石全文, 古代 95p, 許興植 編〉
朴居勿 撰「皇龍寺九層木塔刹柱本記」872년(신라 景文王 12) 조성〈上同, 191p〉
一然(1206-1289) 撰 「迦葉佛宴坐石」「皇龍寺丈六」「皇龍寺鐘」〈三國遺事, 卷3, 木板本〉

황룡사(黃龍寺)²
전남 光陽郡 白雲山에 있던 절〈寺刹全書, 1200p〉

황룡사(黃龍寺)³
전북 益山郡 黃登面 黃登里 黃登山에 있는 절〈朝鮮寺刹一覽〉

신라 때 창건. 1923년 중건〈文化遺蹟總覽〉

황룡사(黃龍寺)⁴
평남 龍岡郡 黃龍山에 위치〈寺刹全書, 1200p〉

황룡사(黃龍寺)⁵
평남 順川(옛 慈山)郡 黃龍山에 위치〈寺刹全書, 1200p〉

황룡사(黃龍寺)⁶
황해 瑞興郡 黃龍山에 위치〈寺刹全書, 1200p〉

황복사(皇〔黃〕福寺)
경북 慶州市 九黃洞 狼山에 있던 절〈불교사전, 969p〉
신라 聖德王(702-736) 때 중건. 신라 義湘이 여기에서 祝髮 귀의〈文化遺蹟總覽〉
慶州九黃里三層石塔:국보 제37호. 1935년 지정. 高7.3m. 760년(신라 景德王 19) 건립. 幢竿支柱 일부, 石井, 12支像이 있다〈文化財大觀;國寶篇〉
新羅皇福寺碑片:皇福寺址에서 출토. 통일신라 때 건립. 碑片이므로 全文 未詳〈韓國金石全文, 古代 278p, 許興植 編〉
皇福寺石塔金銅舍利函銘:706년(신라 聖德王 5) 조성〈上同, 123p〉

황산사(黃山寺)¹
강원 原城郡 貴來面 周浦里 彌勒山에 있던 절〈寺刹全書, 1201p〉
924-926년 西應과 鶴西가 창건. 오랫동안 폐사되었다가 1970년경 중건. 寺址 부근에 1973년 蠟石製陰刻佛坐像 5구와 고려중기 작품인 「天下一松村因幡守」라고 銘이 있는 有柄鏡이 출토〈文化遺蹟總覽〉
黃山寺三層石塔:高3m. 924-926년 절 창건 당시 건립. 1970년 복원〈文化遺蹟總覽〉

황산사(黃山寺)²

경북 安東郡 臨東面 水谷洞 鷲岐山에
있는 절. 871년(신라 景文王 11) 창건
〈불교사전, 969p〉
644년 창건했다는 설도 있다. 壬亂 때
소실, 그 뒤 중건 〈文化遺蹟總覽〉
金是榲(1598－1669) 詩 「黃山寺會
飮」〈瓢隱集, 卷1 32張, 木板本〉

황성사(黃聖寺)
경북 月城郡 乾川邑(옛 西面) 毛良里
에 있던 절. 寺址에 塔材와 초석이 산
재 〈寺刹全書, 1199p〉

황정암(黃丁庵)
충북 沃川郡 북쪽에 있던 절 〈寺刹全
書, 1201p〉

황학사(黃鶴寺)
평남 順川郡 慈母山城 안에 있던 절
〈寺刹全書, 1201p〉

회견사(晦見寺)
충남 大德(옛 鎭岑)郡 鷄龍山에 있던
절 〈寺刹全書, 1204p〉

회룡사(回龍寺)[1]
경기 議政府市(옛 楊州郡 柴芚面) 虎
院洞 道峰山에 있는 절. 1384년(고려
禑王 10) 無學이 창건. 1881년(高宗
18) 化主 慧峰이 大房을 중수. 1938년
順岳 비구니가 大房을 중수. 七星閣을
건립. 1940년 順岳이 石窟·法堂·寮
舍 등을 건립 〈寺刹全書, 1201p〉
回龍寺五層石塔 : 고려 때 건립 추정. 신
라 義湘의 舍利 1과를 봉안. 1950년 동
란으로 심하게 파괴되어 2·3층 屋身
과 上輪部는 결실 〈文化遺蹟總覽〉
權相老(1879－1965) 撰 「道峰山回龍
寺重創上梁文, 1954年」〈寺刹全書,
1202p〉
友松 撰 「回龍寺重創記, 1881年」〈上
同〉

회룡사(回龍寺)[2]
평남 平壤市 龍岳山에 있던 절 〈寺刹
全書, 1203p〉

회륵사(回勒寺)
전북 南原郡 屯山에 있던 절 〈寺刹全
書, 1204p〉

회봉사(回鳳寺)
평남 龍岡郡 頭勒山에 있던 절 〈寺刹全
書, 1204p〉

회사(回寺)
충남 舒川郡 乾至山 북쪽에 있던 절
〈寺刹全書, 1204p〉

회산사(檜山寺)[1]
함남 利原(옛 利城)郡에 있던 절 〈寺
刹全書, 1204p〉

회산사(檜山寺)[2]
황해 鳳山郡 雞遊山에 있던 절 〈寺刹全
書, 1204p〉

회선암(會仙庵)
황해 遂安郡 阿達山에 있던 절 〈寺刹全
書, 1204p〉

회암사(檜岩寺)
경기 楊州郡 檜泉面 檜岩里 天寶山에
있는 절. 1328년(고려 忠肅王 15) 指空
이 開山. 1376년(고려 禑王 2) 懶翁이
중건. 1472년(成宗 3) 貞熹王后의 명
으로 鄭顯祖가 중건. 그 뒤 폐사되었던
것을 1821년(純祖 21) 여러 승려가 모
여 세 和尙의 浮屠와 碑를 중수하고, 옛
터의 오른쪽에 작은 절을 짓고 檜岩寺
라 함 〈불교사전, 971p〉〈寺刹全書,
1204p〉
1395년(太祖 4) 柳珣을 檜岩寺 消災法
席의 행사에 보내고, 米豆 300石을 하
사 〈李朝實錄佛敎鈔存, 卷1 11張〉
1402년(太宗 2) 많은 土地를 하사 〈上
同, 卷1 35張〉
1463년(世祖 9) 孝寧大君이 圓覺法會
를 설했더니, 如來가 現相하고 甘露 下
降하며 黃袈裟僧이 塔을 세 번 도는데,
빛이 갑자기 낮과 같이 放光하고 彩霧
가 공중에서 일며, 奉安 舍利는 100여
수로 分身하매 25과를 含元殿에 奉安하

니 다시 수십 과로 分身. 1565년(明宗 20) 文定王后와 普雨의 입적으로 인하여 오랫동안 폐사. 1849년(憲宗 15) 夢醒이 중건. 1922년 洪月初가 法殿을 건립 〈奉先本末寺誌, 33-54p, 鉛印本〉

檜岩寺址 : 사적 제128호. 1964년 지정 〈指定文化財目錄〉

懶翁禪師浮屠 : 地有 제50호. 1974년 지정. 1381년(고려 禑王 7) 건립. 碑銘은 李穡(1328-1396) 撰 〈文化遺蹟總覽〉

指空禪師浮屠 : 地有 제49호. 1934년 지정. 高3.5m. 1378년(고려 禑王 4) 건립. 碑文은 李穡(1328-1396) 撰. 韓脩 書 〈上同〉

檜岩寺址浮屠 : 보물 제388호. 1963년 지정. 화강석으로 1407년(太宗 7) 건립. 이는 無學(1327-1405)의 墓塔 〈文化財大觀；寶物篇〉

檜岩寺址雙獅子石燈 : 보물 제389호. 1963년 지정. 高2.5m. 화강석으로 1394년(太祖 3)경 건립 추정. 方形 石燈 〈上同〉

檜岩寺址禪覺王寺碑 : 보물 제387호. 1961년 지정. 高3.06m 幅1.6m. 화강석으로 1377년(고려 禑王 3) 건립. 「禪覺王師之碑」라 題額. 碑銘은 李穡(1328-1396) 撰 權仲和 書. 王師의 諱는 惠勤, 號는 懶翁, 初名은 元惠, 俗姓은 牙, 寧海人, 1320-1376년까지 생존 〈上同〉

權近(1352-1409) 撰 「檜岩寺文殊會疏」〈陽村集, 卷27 7張, 木板本〉「有明朝鮮國普覺國師碑銘幷序」〈上同, 卷37 7張〉

金履喬(1764-1832) 撰 「附無學王師碑陰記」〈奉先本末寺誌, 34p, 鉛印本, 1978影印〉

金守溫(1409-1481) 撰 「檜岩寺重創記」〈上同, 38p〉

卞季良(1369-1430) 撰 「…弘利普濟都大禪師妙嚴尊者[無學自超]塔銘幷序, 1410年」〈上同, 51p〉

普雨(1515-1565) 詩 「…天寶山檜岩寺…」〈虛應堂集, 361p, 影印本〉撰 「檜岩寺大藏殿尊像重修點眼法會疏」〈懶庵雜著. 509p, 影印本〉「檜岩寺重修慶讚疏」〈上同, 537p〉

成任(1421-1484) 詩 「題檜岩寺」〈奉先本末寺誌. 56p, 鉛印本〉

龍夏 撰 「天寶山檜岩寺大雄殿創建記, 1925年」〈奉先本末寺誌, 35p, 鉛印本〉

李穡(1328-1396) 撰 「天寶山檜岩寺修造記」〈牧隱文藁, 卷2 8張, 木板本〉西天提納薄陀尊者浮屠銘幷序, 1372년 浮屠를 王命으로 건립〈奉先本末寺誌, 41p, 鉛印本〉「…世普尊者諡禪覺塔銘幷序, 1381年」懶翁의 塔으로서 1381년 건립 〈上同, 47張〉詩 「題檜岩寺」〈上同, 56張〉

李齊賢(1287-1367) 撰 「書檜岩心禪師道號堂名後」〈益齋亂藁, 卷5 6張, 木板本〉

崔滋(1188-1260) 撰 「檜岩寺…」〈補閑集, 下 16張, 木板本〉

회암사(檜庵寺)
평남 成川郡 檜庵山에 있던 절 〈寺刹全書, 1204p〉

회진사(懷眞寺)
강원 橫城郡 昭將山에 있던 절 〈寺刹全書, 1204p〉

회진암(懷眞庵)
경남 昌原郡 白月山에 있던 절. 一名 壤寺.『三國遺事』3卷 「南白月二聖條」에 本寺의 기록이 있다〈寺刹全書, 1204p〉〈불교사전, 571p〉

획주사(劃珠寺)
경기 龍仁郡 駒城(옛 邑三)面 麻北里에 있던 절. 石佛과 5층석탑이 있다

〈寺刹全書, 1207p〉
횡계사(橫溪寺)
평남 价川郡 橫溪山에 있던 절 〈寺刹
全書, 1207p〉
효가원(孝家院)
충남 公州郡에 있던 절. 孝信居士 혹은
幼童菩薩 化身이 있었는데, 모친께 지
극한 효성이 있어 孝家院이라 이름
〈寺刹全書, 1207p〉
효성암(曉星庵)
경기 開城 松岳 서쪽 기슭에 있던 절.
一名 曉星窟. 福靈寺의 부속 암자 〈寺
刹全書, 1207p〉〈불교사전, 972p〉
효순사(孝順寺)
함남 定平郡 中峰山에 있던 절 〈寺刹
全書, 1207p〉
효신사(孝信寺)
경기 開城에 있던 절. 彰信寺라고 하던
것을 1206년(고려 顯宗 17) 중건하여
孝信寺라 개명. 1283년(고려 忠烈王
9) 王과 공주가 행차하여 畫佛을 관람.
1289년(同王 15) 王이 本寺에 移御
〈寺刹全書, 1207p〉
효의사(曉義寺)⇒ 金井庵[寺]³ 참조
효일사(曉日寺)
경기 始興(옛 富川)郡 蘇萊面 蘇萊山
에 있던 절 〈寺刹全書, 1207p〉
효제암(孝悌庵)
충남 公州郡 長岐面에 있던 절 〈寺刹
全書, 1207p〉
효종사(曉鍾寺)⇒ 鍾山庵 참조
후암사(厚岩寺)
경남 咸陽(옛 安義)郡 安義面에 있던
절 〈寺刹全書, 1208p〉
훈일사(訓逸寺)
충남 舒川郡 月明山에 있던 절 〈寺刹
全書, 1208p〉
휴암사(鴻岩寺)
평남 安州郡 鴻岩에 있던 절 〈寺刹全
書, 1208p〉

흑련사(黑蓮寺)¹
경기 江華郡 穴口山에 있던 절 〈寺刹全
書, 1208p〉
흑련사(黑蓮寺)²⇒ 三和寺 참조
흑룡사(黑龍寺)¹
경기 金浦郡 比兒山에 있던 절. 一名 興
龍寺 〈불교사전, 975p〉
흑룡사(黑龍寺)²⇒ 興龍寺¹ 참조
흑석사(黑石寺)¹
경북 榮州郡 伊山面 石浦里에 있는 절.
天然浮彫佛像·石佛·4角石塔 등이 있
다 〈寺刹全書, 1208p〉
1945년 중건 〈文化遺蹟總覽〉
흑석사(黑石寺)²
전남 海南郡 溪谷面 蠶頭里 駕鶴山에
있던 절 〈寺刹全書, 1208p〉
19세기까지는 巨刹이 있었다고 함 〈文
化遺蹟總覽〉
흑석사(黑石寺)³
전북 完州郡 高德山에 있던 절. 一名 黑
闇寺. 1011년(고려 顯宗 2) 이 절의 牧
丹 꽃이 눈이 맞아도 시들지 않음 〈寺
刹全書, 1208p〉
흑석사(黑石寺)⁴⇒屯寺 참조
흑악사(黑岳寺)⇒看藏庵[寺] 참조
흑암사(黑闇寺)⇒黑石寺³ 참조
흥경사(興慶寺)
전남 長城郡 笠岩山城에 있던 절 〈寺刹
全書, 1208p〉
흥경암(興慶庵)
경기 漣川(옛 積城)郡 紺岳山에 있던
절 〈寺刹全書, 1208p〉
흥교사(興敎寺)
경기 開豊郡 興敎面 興敎里 白蓮山에
있는 절. 〈불교사전, 976p〉
1683년(肅宗 9) 化主 智悟가 事蹟碑를
건립. 1799년(正祖 23) 化主 敏尙이 중
건. 1857년(哲宗 8) 化主 道月이 중수.
1880년(高宗 17) 化主 仁庵이 중수.
1937년 주지 完實이 중건 〈寺刹全書,

1208p〉
1413년(太宗 13) 土地 30結을 하사
〈李朝實錄佛敎鈔存, 卷179張〉
蓮虛 撰「豊德郡白龍山興敎寺重修記,
1880年」〈寺刹全書, 1210p〉
李達衷(1310-1385) 詩「題興敎寺僧
統錢行詩軸」〈霽亭集, 卷17張, 影印
本〉
李東郁(1646-?) 撰 「白龍山興敎寺
事蹟碑銘幷序, 1682年」〈寺刹全書,
1208p〉
崔文顯 撰 「興敎寺重修記, 1799年」
〈寺刹全書, 1209p〉
洪彦弼(1476-1549) 詩「贈興敎寺僧
學通…」〈默齋集, 24p, 影印本〉

흥교암(興敎庵)

강원 寧越郡 大華山에 있던 절. 一名
興敎寺. 寶文閣 學士 崔詵(?-1209)
이 지은 고려 沖曦碑가 있었다 〈寺刹
全書, 1210p〉

흥국사(興國寺)[1]

강원 春城郡 西面 德斗院里에 위치. 靈
光이 창건. 두 번 화재를 당함 〈文化遺
蹟總覽〉
興國寺三層石塔 : 절을 창건할 당시 건
립〈上同〉
1897년 金基煥이 三岳寺 舊基를 開創
하고 興國寺라 명명. 1928년 雲松이 法
堂을 수리 〈楡岾寺本末寺志, 824p, 鉛
印本〉

흥국사(興國寺)[2]

경기 開城市 滿月洞에 있던 절 〈불교
사전, 976p〉
924년(고려 太祖 7) 창건. 1021년(고
려 顯宗 12) 姜邯贊이 塔銘을 撰. 고려
文宗(1046-1082) 이후 역대 제왕이
많은 도량을 설행 〈寺刹全書, 1212p〉
1394, 1395년 銅佛像에서 땀이 났다
〈李朝實錄佛敎鈔存, 卷19張〉
姜邯贊(948-1031) 撰『開城興國寺石

塔記』에 「邦家永泰遐邇常安敬此塔永
充供養」이라고 1021년(고려 顯宗 12)
記錄 〈傳燈本末寺誌, 332p, 鉛印本,
1978년 影印〉
李奎報(1168-1241) 撰 「同京興國寺
諸魂利往說金經文」〈東國李相國集, 卷
39 2張, 木板本〉

흥국사(興國寺)[3]

경기 高陽郡 神道邑 紙杻里 漢美山에
있던 절. 661년 (신라 文武王 1) 元曉
가 창건하여 興瑞庵이라 함. 1686년
(肅宗 12) 중건. 1770년(英祖 46) 王
이 행차하여 漢美山으로 개명하고 아울
러 興國寺로 개명. 1785년(正祖 9) 중
건. 1867년(高宗 4) 藥師殿을 중건.
1876년(高宗 13) 雷應堂이 七星閣을
건립. 1902년(光武 6) 化主 雷應堂이
羅漢殿·山神閣 등을 건립. 1912년 蓮
社와 法宇를 중건〈寺刹全書, 1211p〉
鼎鎬(1870-1948) 撰 「漢美山興國寺
萬日會碑記」〈石林草, 26張, 鉛印本〉

흥국사(興國寺)[4]

경기 廣州郡 東部面에 있던 절. 19세기
경 폐사 〈寺刹全書, 1211p〉

흥국사(興國寺)[5]

경기 楊州郡 別內面 德松里 水落山에
있는 절. 599년(신라 眞平王 21) 圓光
이 창건, 水落寺라 함. 1568년(宣祖 1)
나라에서 德興大君의 願堂을 짓고 興德
寺라 하다가 1626년(仁祖 4) 興國寺로
개명. 1818년(純祖 18) 騎虛가 중건.
1878년(高宗 15) 庸庵이 중건. 德興大
君의 墓所가 있으므로 德寺라 함 〈寺刹
全書, 1210p〉
1793년(正祖 17) 王이 騎虛에게 內帑
金으로 중수를 명령. 1856년(哲宗 7)
隱峰大德이 六面閣을 중수. 1870년(高
宗 7) 驥庵 濟庵 등이 十王殿을 중수.
1888년(同王 25)·1892·1907년 각각
중수〈奉先本末寺誌, 57p, 鉛印本〉

奇庵 撰「興國寺大雄殿丹靑記文, 1824
年」〈上同, 70p〉
琪柱 撰 「興國寺十王殿重修記, 1870
年」〈上同, 59p〉
善影 撰 「興國寺大雄殿重建及佛像改
金記文, 1822年」〈上同, 58p〉
愼庵 撰 「興國寺佛像改金與法宇鰍瓦
重修記文, 1907年」〈上同, 74p〉
沿應 撰 「興國寺滿月寶殿佛粮畓記,
1890年」〈上同, 73p〉
淨義(1856－1936) 撰「蘗庵大禪師行
狀」〈東宣堂遺稿, 46p, 石印本〉
鼎鎬(1870－1948) 撰「水落山興國寺
紀蹟碑」〈石林草, 31張, 鉛印本〉
宗現 撰 「興國寺獨聖殿記, 1888年」
〈上同, 72p〉
翠隱 撰「興國寺萬歲樓房重建記功文,
1876年」〈奉先本末寺誌, 61p, 鉛印本〉
定修 撰 「萬歲樓法堂重修時鐵物担當
大施主記幷小序, 1879年」〈上同, 71p〉
昇日 撰「興國寺大雄殿重修及彩畫記,
1888年」〈上同, 72p〉「興國寺盖瓦粧
板塗排與佛粮勸施慶讚疏, 1904年」
〈上同, 73p〉

흥국사(興國寺)[6]
경기 楊州郡 天寶山에 있던 절〈寺刹
全書, 1211p〉

흥국사(興國寺)[7]
경남 金海郡 菉山面 智士里에 있던 절.
金首露王이 창건, 明月寺라 함.「金海
明月寺史蹟碑」에 建康 2년(144) 창건
이라 함. 돌담이 일부 남았으나 현재는
興國寺가 건립됨〈寺刹全書, 1213p〉

흥국사(興國寺)[8]
전남 麗川郡 三日面 中興里 靈鷲山에
있는 절〈불교사전, 976p〉
兜率庵, 靈仙庵, 淨水庵, 聽溪庵 등이
山內에 부속
興國寺敬面堂塔 : 타원형으로 된 塔〈文
化遺蹟總覽〉

興國寺大雄殿 : 보물 제369호. 1963년
지정. 조선중기 건립〈文化財大觀 ; 寶
物篇〉
興國寺大雄殿後佛幀 : 보물 제578호.
1974년 지정〈上同〉
興國寺法修大師塔 : 타원형으로 된 塔
〈文化遺蹟總覽〉
興國寺事蹟碑 : 高2.5m 幅1.15m 厚
30cm. 1703년(肅宗 29) 性能이 건립.
興國寺를 창건한 고려 普照國師의 功業
을 기록〈上同〉
興國寺圓通殿 : 地有 제45호. 1974년 지
정. 조선후기 건립 추정〈上同〉
興國寺虎峰堂塔 : 조선초기 건립 추정.
〈上同〉
興國寺虹橋 : 보물 제563호. 1972년 지
정. 1639년(仁祖 17) 축조. 高5.5m 長
40m〈文化財大觀 ; 寶物篇〉

흥국사(興國寺)[9]
평남 平壤市에 있던 절〈寺刹全書,
1214p〉
兪升旦(1168－1232) 撰 「興國寺金經
說經疏」〈東文選, 卷11 14張, 木板本〉

흥국암(興國庵)
함남 安邊郡 黃龍山에 있던 절〈寺刹全
書, 1214p〉

흥녕사(興寧寺)[1]
강원 原州 獅子山에 있던 절. 신라 寶印
이 거주〈寺刹全書, 1214p〉

흥녕사(興寧寺)[2]⇒ 法興寺[1] 참조

흥덕사(興德寺)[1]
경남 陜川郡 伽倻面 緇仁里 伽倻山 海
印寺 부근에 있던 절 〈寺刹全書,
1214p〉

흥덕사(興德寺)[2]
경북 榮州郡(옛 下里面 塔洞)에 있던
절. 5층탑(高 약3m)이 있다〈寺刹全
書, 1214p〉

흥덕사(興德寺)[3]
서울 東大門區에 있던 절. 1401년(太

宗 1) 太上王(太祖)이 德安殿을 興德
寺로 만듦. 이것이 敎宗의 총본산〈불
교사전, 976p〉
1504년(燕山 10) 興德寺를 圓覺寺址
에 이전하라고 傳敎〈李朝實錄佛敎鈔
存, 卷12 18張〉
1504년(燕山 10) 화재〈上同, 卷12 20
張〉
權近(1352−1409) 撰「德安殿記」〈寺
刹全書, 1214p〉
흥덕사(興德寺)⁴
평남 德川郡 長安山에 있던 절〈寺刹
全書, 1214p〉
흥덕사(興德寺)⁵ ⇒ 興國寺⁵ 참조
흥덕암(興德庵)¹
강원 高城郡 金剛山에 있던 절〈寺刹
全書, 1214p〉
흥덕암(興德庵)²
함남 洪原郡 甫靑面 雪峰山에 있던 절
〈寺刹全書, 1214p〉
흥랑사(興浪寺)¹
전북 南原郡 山內面에 있던 절. 주위에
무너진 돌담이 있다〈寺刹全書, 1214p〉
흥랑사(興浪寺)²
전북 扶安郡 山內面 大項里에 있던 절.
寺址에 돌담이 남음〈文化遺蹟總覽〉
흥룡사(興龍寺)¹
경기 抱川郡 二東面 都坪里 白雲山에
있는 절〈朝鮮寺刹一覽〉
신라말기 道詵이 창건, 內院寺라 함.
太祖(1392−1398) 때 無學이 중건.
1638년(仁祖 16) 無影이 중수. 1786년
(正祖 16) 泰天이 중수. 白雲寺로 개
명. 1922년 漾河가 중수, 黑龍寺로 개
명, 다시 興龍寺로 개명. 無影과 淸岩
의 浮屠가 있다. 1950년 동란으로 파
괴. 1957년 주지 수경이 중건〈불교사
전, 997p〉〈寺刹全書, 1214p〉
1781년(正祖 5) 采欽智機이 十王殿 各
位 塑像을 改彩. 1876년(正祖 10) 泰

天이 중수하고 山名에 의하여 白雲寺라
개명. 1918년 東湖가 大房을 중건.
1922년 漾河가 大雄殿을 중건하고 大房
을 수리〈奉先本末寺志, 193p, 鉛印本〉
道詵國師浮圖 : 正祖 때까지 保存되었으
나 현재는 未詳
無影和尙浮圖 : 仙岩庵 舊地에 碑石과
並立
淸岩大師浮圖 : 현재 本寺의 동쪽 기슭
에 위치〈上同, 200p〉
白雲山內院寺事蹟, 1706年 〈上同,
193p〉
鼎鎬(1870−1948) 撰 「白雲山興龍寺
大雄殿重建上梁文」〈石林草, 69張, 鉛
印本〉
智鑑 撰「白雲寺重修記文, 聖上卽位二
十六年白猪孟秋」〈奉先本末寺誌, 197
p, 鉛印本〉
白猪는 辛亥인데, 卽位 36년의 辛亥는
朝鮮王朝는 없다〈編者〉
흥룡사(興龍寺)²
전남 羅州郡 錦江津에 있던 절〈寺刹全
書, 1217p〉
沖止(1226−1293) 詩 「興龍寺吟…」
〈圓鑑詩補遺, 76張, 鉛印本〉
흥룡사(興龍寺)³
전북 井邑郡 泰仁面 母岳山에 있던 절
〈寺刹全書, 1217p〉
흥륜사(興輪寺)¹
경북 慶州市(옛 慶州府內面) 沙正洞에
있던 절. 一名 大興寺・大王興輪寺・
大興輪寺. 527년(신라 法興王 14) 창
건. 535년(法興王 22)−544년(眞興王
5) 동안 확장. 264년(味雛王 3) 成國公
主가 병이 들어 阿道가 고쳤으므로 王
이 창건을 명했다는 설도 있다. 신라 景
明王(917−923) 때 南門・右廊廡가 화
재. 靖和 弘繼 등이 중건〈寺刹全書,
1218p〉
12支像이 浮刻된 石燈臺石은 현재 校

洞에 이전 〈文化遺蹟總覽〉
興輪寺址：사적 제15호. 1936년 지정 〈指定文化財目錄〉
東京興輪寺金堂十聖：東壁泥塑는 我[阿]道·猒[厭]髑[異次頓]·惠宿·安舍·義湘. 西壁泥塑는 表訓·虵巴·元曉·惠空·慈藏 등을 봉안 〈三國遺事, 卷3 12張, 木板本, 中宗年間印〉
興輪寺壁畫普賢：普賢菩薩의 壁畫. 921년(신라 景明王 5) 조성. 고려 一然(1206-1289) 때까지 있었다고 전함 〈上同, 卷3 22張〉
金時習(1435-1493) 詩 「興輪寺址」 〈梅月堂集, 卷12 1張, 癸酉字本〉
一然(1206-1289) 撰 「興輪寺壁畫普賢」 〈三國遺事, 卷3, 木板本〉
흥륜사(興輪寺)²
옛 백제에 있던 절인 듯. 律宗의 시조인 백제 謙益이 526년(백제 聖王 4) 印度 常伽那寺에 가서 律을 연구 梵僧 信達多 三藏과 함께 梵本『阿曇藏五部律文』을 가지고 귀국하니, 王이 환영하여 이 절에 있게 하였으며, 명승 28人과 함께 律 72권을 번역, 律疏 36권을 찬술 〈寺刹全書, 1218p〉〈불교사전, 34p〉
흥률사(興律[栗]寺)
황해 信川郡 草里面 九月山 阿斯達峰에 있던 절. 826년(신라 興德王 1) 道義가 창건 〈불교사전, 977p〉
흥림사(興霖寺)
경북 英陽郡 日月面 佳谷洞에 있던 절. 寺址에 瓦片이 산재 〈寺刹全書, 1220p〉
흥림사(興林寺) ⇒ 深源寺² 참조
흥법사(興法寺)¹
강원 原城郡 地正面 安昌里에 있던 절 〈寺刹全書, 1220p〉
碑文으로 보아 고려 太祖(918-943) 때의 절인 듯 〈文化遺蹟總覽〉
興法寺址三層石塔：보물 제464호. 1968

년 지정. 高3.69m. 화강석으로 고려초기 건립 추정 〈文化財大觀；寶物篇〉
眞空大師塔碑龜趺 및 螭首：국유 보물 제463호. 1968년 지정. 일부는 寺址에 일부는 1930년 서울 景福宮에 이전. 화강석으로 980년(고려 景宗 5)경 건립. 비문은 고려 太祖가 撰, 崔光胤 集字. 大師의 諱는 忠湛, 俗姓은 金, 869-940년까지 생존 〈上同〉
興法寺眞空大師塔·石棺：현재 서울 鍾路區 世宗路 景福宮內에 위치. 보물 제365호. 1960년 지정. 高2.91m. 石棺 高94cm. 화강석으로 940년(고려 太祖 23) 축조. 1931년 현지에 이전. 碑身은 國立中央博物館에 보관 〈上同〉
傳興法寺廉居和尙塔：현재 서울 鍾路區 世宗路 景福宮內에 위치. 국보 제104호. 1960년 지정. 高1.7m. 화강석으로 844년(신라 文聖王 6) 건립. 興法寺址에 있던 것을 서울 塔洞公園에 이전. 그 뒤 현지에 이전 〈上同；國寶篇〉
李墳(1469-1517) 詩 「原州興法寺碑」 〈松齋詩集, 卷1 1張, 木板本〉
흥법사(興法寺)²
경기 華城郡 峰潭面 水機里에 있는 절. 1676년(肅宗 2) 광봉이 창건. 1953년 중건 〈文化遺蹟總覽〉
흥법사(興法寺)³
평남 大同郡 古平面 西里 大同江에 있던 절 〈寺刹全書, 1220p〉
흥법사(興法寺)⁴
평남 大同郡 林原面 嵋山里에 있던 절 〈寺刹全書, 1220p〉
흥보사(興寶寺)
경남 泗川郡 臥龍山에 있던 절 〈寺刹全書, 1220p〉
흥복사(興福寺)¹
경기 開城市에 있던 절. 1111년(고려 睿宗 6) 창건 〈寺刹全書, 1221p〉
城 남쪽에 위치. 1313년(고려 忠宣王

5) 건립 〈益齋亂藁, 卷7 5張, 木板本〉
李齊賢(1287-1307) 撰 「大都南城興
福寺碣」〈益齋集, 卷7 5張, 木板本〉

흥복사(興福寺)²
경기 高陽郡(옛 無乙里)에 있던 절
〈寺刹全書, 1221p〉

흥복사(興福寺)³
경기 楊平(옛 楊根)郡 金峰山에 있던
절〈寺刹全書, 1221p〉

흥복사(興福寺)⁴
전북 金堤郡 白山面 興寺里 僧伽山에
있던 절〈朝鮮寺刹一覽〉
650년(백제 義慈王 10) 고구려 普德이
창건하여 僧伽寺라 함. 한때는 道敎가
성했다. 丁酉再亂 때 소실. 1625년(仁
祖 3) 興福處士가 중건하여 興福寺라
개명. 1974년 중건〈文化遺蹟總覽〉

흥복사(興福寺)⁵
충북 淸原郡 北二面 靈下里 龍門山에
있던 절. 石佛 3구가 있었으나 1968년
매매. 3층탑인 臺石과 屋蓋石이 남음.
臺 밑에 石函이 묻혀 있어 귀중한 유물
이 있었을 것으로 추측〈文化遺蹟總覽〉

흥복사(興福寺)⁶
평남 平壤市에 있던 절. 1053년(고려
文宗 7)王이 이 절에 행차하고, 大同江
에서 신하들과 연회. 그 뒤 역대 제왕
의 많은 행차가 있었다〈寺刹全書,
1221p〉
李奎報(1168-1241) 撰 「西京興福寺
請華嚴文」〈東國李相國集, 卷39 1張,
木板本〉「西京興福寺…文」〈上同, 卷
39 8張〉

흥복사(興福寺)⁷
황해 黃州郡 天柱山에 있던 절〈寺刹
全書, 1221p〉

흥복사(興福寺)⁸⇒ 普德庵³ 참조
흥복사(興福寺)⁹⇒ 福興寺¹ 참조
흥복사(興福寺)¹⁰⇒ 圓覺寺² 참조
흥복암(興福庵)¹

평북 熙川郡 熙川邑 加羅之洞 頭疊山에
위치〈朝鮮寺刹一覽〉

흥복암(興福庵)²
함남 洪原郡 韃靼山에 있던 절〈寺刹全
書, 1221p〉

흥복암(興復庵)¹
함남 咸州郡 東川面 雪峰山에 있는 절
〈寺刹全書, 1220p〉

흥복암(興復庵)²
함남 咸興市(옛 靑甫社)에 있던 절
〈寺刹全書, 1220p〉

흥부암(興府庵)
경남 金海郡 金海邑 外洞 臨虎山에 있
는 절 〈朝鮮寺刹一覽〉〈寺刹全書,
1221p〉
許薰(1836-1907) 詩 「登興府庵」〈舫
山集, 卷3 8張, 木板本〉

흥서암(興瑞庵)⇒ 興國寺³ 참조

흥선사(興禪寺)
경기 開城市에 있던 절 〈불교사전,
977p〉

흥성사(興聖寺)¹
경기 開城市에 있던 절 〈불교사전,
977p〉

흥성사(興聖寺)²
경기 長湍郡 五冠山에 있던 절. 1125년
(고려 仁宗 3) 王이 행차. 1152년(고려
毅宗 6) 王이 행차〈寺刹全書, 1222p〉
李穡(1328-1396) 撰 「五冠山興聖寺
轉藏法會記」〈牧隱文藁, 卷2 11張, 木
板本〉

흥성암(興盛[聖]庵)¹
강원 高城郡 西面 百川橋里 金剛山에
위치. 楡岾寺의 부속 암자. 1289년(고
려 忠烈王 15) 行田이 창건〈불교사전,
977p〉
1591년(宣祖 24) 佛像을 조성〈楡岾寺
本末寺志, 4p, 鉛印本〉
妙有 撰 「興盛庵重建記, 1931年」〈上
同, 68p〉

惟政 撰 「皆骨山興盛庵造佛勸善文, 1591年」〈上同, 119p〉
李石庵 撰 「…興盛庵山神堂新建築記, 1925年」〈上同, 69p〉
흥성암(興聖庵)²
경기 高陽郡에 있던 절 〈寺刹全書, 1222p〉
흥성암(興聖庵)³
경남 咸安郡 艅航山에 있던 절 〈寺刹全書, 1222p〉
흥성암(興成庵)¹
강원 麟蹄郡 北面 龍垈里 雪岳山에 있는 절. 百潭寺의 부속 암자 〈불교사전, 977p〉
흥성암(興成庵)²
평북 寧邊郡에 있던 절 〈虛靜集, 下 16張〉
法宗(1670-1733) 撰 「興成庵重創勸文」〈上同〉
흥성암(興成庵)³
함남 咸興(옛 古山社)에 있던 절 〈寺刹全書, 1222p〉
흥수암(興水庵)
경기 楊州郡 水落山에 있던 절 〈寺刹全書, 1222p〉
흥왕사(興旺寺)¹
경기 開豊郡 鳳東(옛 進鳳)面 興旺里에 있던 절 〈寺刹全書, 1227p〉
흥왕사(興旺寺)²
경기 驪州郡 北內面 中岩里 蘇達山에 있는 절 〈朝鮮寺刹一覽〉
290년(고구려 西川王 21) 蘇達이 창건. 사철을 통해 서리가 내리지 않는다 하여 霜旺寺라고도 함. 고려 懶翁(1320-1376)이 거주. 1905년 주지 頓默이 法堂을 중건. 1922년 주지 性默이 法堂을 중수. 1932년 주지 潤益 등이 大房을 중수. 1933년 潤益이 東寮舍를 건립. 1938년 西寮舍를 건립. 1943년 法堂을 중건 〈寺刹全書, 1227p〉

金安老(1481-1537) 詩 「興王寺古基」〈希樂堂稿, 卷2, 影印本〉
丹霞居士 撰 「蘇達山霜旺寺佛像改金記, 辛未」〈寺刹全書, 1227p〉
蒼石散人 撰 「霜旺寺法堂重建上梁文, 1845年」〈寺刹全書, 1227p〉
흥왕사(興王[旺]寺)¹
경기 江華郡 華道面 興旺里에 있던 절. 1259년(고려 高宗 46) 王이 興旺離宮 400m 지점에 佛力護國의 일념으로 창건 〈寺刹全書, 1226p〉〈文化遺蹟總覽〉
李穡(1328-1396) 詩 「曉過興王寺是日移金塔」〈牧隱詩藁, 卷4 27張, 木板本〉
흥왕사(興王寺)²
경기 開豊(옛 豊德)郡 德積山 남쪽에 있던 절. 1056년(고려 文宗 6) 시작하여 12년 동안 2800간의 大刹을 이룩. 역대 제왕이 많은 행사를 설행 〈寺刹全書, 1222p〉
權適(1094-1146) 撰 「興王寺故圓明國師墓誌」 1141년(고려 仁宗 19) 건립 추정. 國師의 諱는 澄儼. 고려 肅宗의 第四子. 1090-1141년간 생존. 誌石은 현재 東京帝室博物館에 보관 〈傳燈本末寺誌, 328p, 鉛印本〉
朴浩 撰 「大覺國師墓誌」 1101년(고려 肅宗 6) 刻字. 현재 國立中央博物館에 보관 〈上同, 327p〉
李穀(1298-1351) 撰 「興王寺重修興教院落成會記」〈稼亭集, 卷2 7張, 木板本〉
李奎報(1168-1241) 詩 「興王寺…贈之」〈東國李相國集, 卷2 20張, 木板本〉
흥운암(興雲庵)
평북 江界郡에 있던 절 〈불교사전, 977p〉
흥원사(興原寺)
강원(옛 江陵郡) 淡定山에 있던 절 〈寺刹全書, 1228p〉

흥주사(興住寺)
충남 泰安郡 泰安邑 上玉里 白華山에
있는 절〈朝鮮寺刹一覽〉
백제 義慈王(640－660) 때 창건〈文
化遺蹟總覽〉
興住寺三層石塔 : 地有 제28호. 1973년
지정. 백제 義慈王 때 건립〈上同〉
흥천사(興天寺)[1]
경기 江華郡 良道面 三興里 啓岩山에
있던 절〈寺刹全書, 1234p〉
흥천사(興天寺)[2]
경기 開城市에 있던 절. 1165년(고려 毅
宗 19) 부터 忠肅王(1313－1339) 때까
지 역대제왕이 행차〈寺刹全書, 1234p〉
李奎報(1168－1241) 撰 「興天寺法會
疏」〈東國李相國集, 卷41 13張, 木板
本〉
金富軾(1075－1151) 撰 「興天寺鐘銘
并序」〈東文選, 卷49 14張, 木板本〉
흥천사(興天寺)[3]
서울 城北區 敦岩洞 三角山에 있는
절. 1397년(太祖 6) 王이 神德王后의
願堂으로 창건하여 興天寺라 하고, 曹
溪宗 本山으로 함. 1403년(太宗 3) 華
嚴宗에 이속. 1410년(太宗 10) 중수
명령. 1411년 舍利塔 중수를 명령.
1424년(世宗 6) 敎宗에 이속. 1440년
(世宗 22) 『大藏經』을 인출하여 봉
안. 1441년 중수하여 慶讚會를 설행.
1447년 安平大君에게 佛骨을 興天寺
舍利閣에 봉안토록 명령. 1480년(成
宗 11) 중수. 1504년(燕山 10) 內願堂
을 여기에 옮김. 同年 화재. 1510년
(中宗 5) 舍利閣 5層이 화재. 1794년
(正祖 18) 聖敏 등이 沙阿里로부터 현
지에 이전하여 神興寺라 개명. 1846
년(憲宗 12) 九峰啓壯이 七星閣을 건
립. 1849년 性慧가 寂照庵을 창건.
1853년(哲宗 4) 啓壯이 大雄殿을 창
건. 1855년 舜猉가 冥府殿을 건립.

1865년(高宗 2) 大房과 寮舍를 건립하
여 興天寺라 개명. 1885년 大房을 중수
〈寺刹全書, 1229p〉
1669년(顯宗 10) 이 절이 陵寢과 너무
가까우므로 다시 石門 밖 含翠亭 遺址
에 이전. 1794년(正祖 19) 현지에 이
전. 1865년(高宗 2) 다시 興天寺라 復
名〈文化遺蹟總覽〉
1398년(太祖 7) 王이 興天寺 浮屠를 완
성하라고 명령〈李朝實錄佛敎鈔存, 卷
1 19張〉
1399년(定宗 1) 上王 太祖가 舍利殿 낙
성에 행차하여 水陸齋를 설행〈上同,
卷1 23張〉
1453년(端宗 2) 本寺의 所藏 冊板을 校
書館에 이관〈上同, 卷5 40張〉
1504년(燕山 10) 화재〈上同, 卷12 20
張〉
1510년(中宗 5) 本寺 5層舍利閣이 화
재〈上同, 卷12 72張〉
寂照庵이 山內에 부속
鏡山堂 撰「漢陽三角山興天寺七星閣重
修上梁文, 1870年」〈寺刹全書, 1233p〉
景雲 撰 「三角山興天寺寮舍重創記文,
1869年」〈寺刹全書, 1230p〉
啓壯 撰「漢陽三角山新興寺七星閣上梁
文, 1845年」〈寺刹全書, 1233p〉
權近(1352－1409) 撰 「貞陵願堂曹溪
宗本社興天寺造成記」〈陽村集, 卷12,
木板本〉
菱洋居士 撰 「重建興天寺方丈記, 己
未」〈寺刹全書, 1230p〉
卞季良(1369－1430) 撰 「興天寺祈雨
疏」〈東文選, 卷113 4張, 木板本〉
韓繼禧(1423－1482)가 本寺의 碑銘을
撰함〈新增東國輿地勝覽, 卷3 35張, 木
板本〉
흥천사(興天寺)[4]
전남 昇州郡에 있던 절. 1357년(고려 恭
愍王 6) 倭賊이 이 절에 가서 忠宣王과

韓國公主　眞影을　탈취함〈寺刹全書, 1234p〉
홍천사(興天[泉]寺)[5]
충남　燕岐郡　五峰山에　있던　절〈불교사전, 977p〉
홍천사(興泉寺)
경북　醴泉(옛　龍宮)郡에　위치〈寺刹全書, 1234p〉
희랑대(希朗臺)
경남　陜川郡　伽倻面　緇仁里　伽倻山에　있는　절. 海印寺의　부속　암자. 신라　憲康王(875－885)때　希朗이　창건〈불교사전, 978p〉
희방사(喜方寺)
경북　榮州郡　豊基邑　水鐵洞　小白山에　있는　절〈불교사전, 978p〉
861년(신라　景文王　1)　杜雲이　開山. 863년(同王　3)　재창. 兪碩이　확장하여　叱方寺라　개명. 1690년(肅宗　16)　一庵이　중건하여　喜方寺라　개명. 1815년(純祖　15)　警誼가　중건. 1850년(哲宗　1)　소실. 1852년(哲宗　3)　江月이　寮舍와　山神閣을　중건. 1853년(哲宗　4)　海雲이　중수. 1927년　주지　度明이　西殿을　이전, 1950년　동란으로　소실. 1957년　주지　曇華가　중건〈寺刹全書, 1235p〉
경내에　浮屠　2기와　3층석탑이　있다〈文化遺蹟總覽〉
警誼　撰「嶺左順興地西小白山喜方社重創諸檀越芳啣序, 1810年」〈寺刹全書, 1237p〉
權相老(1879－1965)　撰「榮州郡小白山喜方寺羅漢殿創建上梁文」〈上同, 1238p〉
聖奎(1728－1812)　撰「小白山喜方社念佛契序」〈上同, 1237p〉
海雲(1580－1646)　撰「慶北豊基郡昌樂面小白山喜方寺燈燭契序文,　1905年」〈上同〉

附錄

頓旭 ⇒ 壽陀寺 · 255
東溪 ⇒ 清溪寺[1] · 413
東峰堂 ⇒ 乾鳳寺 · 18
東宣 ⇒ 長安寺[1] · 371
東宣 ⇒ 表訓寺 · 436
東岳 ⇒ 通度寺 · 432
東庵 ⇒ 白華庵[3] · 144
東庵 ⇒ 表訓寺 · 436
桐庵 ⇒ 楡岾寺 · 348
東雲 ⇒ 通度寺 · 432
桐月 ⇒ 松廣寺[1] · 239
東隱 ⇒ 奉先寺[2] · 175
洞眞 ⇒ 玉龍寺[1] · 308
東坡 ⇒ 神興寺[1] · 268
東河 ⇒ 福慧庵 · 170
東河 ⇒ 神興寺[1] · 268
洞虛 ⇒ 松廣寺[1] · 239
東峴 ⇒ 安養庵[2] · 281
斗月 ⇒ 松廣寺[1] · 239
得通 ⇒ 般若庵[8] · 132
登階 ⇒ 金龍寺 · 57
登階 ⇒ 楡岾寺 · 348
騰雲 ⇒ 靈穴寺[1] · 304
等雲 ⇒ 龍珠寺 · 321
萬溪 ⇒ 白華庵[3] · 144
晚惺 ⇒ 南長寺 · 65
晚惺 ⇒ 直持寺 · 399
萬愚 ⇒ 神興寺[1] · 268
滿月 ⇒ 隱跡寺[2] · 355
萬應 ⇒ 傳燈寺 · 378
萬化 ⇒ 乾鳳寺 · 18
萬化 ⇒ 大興寺[9] · 84
梅月 ⇒ 白蓮庵[35] · 137
明星 ⇒ 神興寺[1] · 268
明月 ⇒ 成佛庵[7] · 234
明月 ⇒ 長淵寺[1] · 374
溟洲 ⇒ 神興寺[1] · 268
明眞 ⇒ 乾鳳寺 · 18
明眞 ⇒ 楡岾寺 · 348
冥眞 ⇒ 大興寺[9] · 84

明虛 ⇒ 神溪寺 · 260
慕雲 ⇒ 直持寺 · 399
牟玄 ⇒ 直持寺 · 399
牧菴 ⇒ 表訓寺 · 436
牧羊堂 ⇒ 乾鳳寺 · 18
夢庵 ⇒ 明珠寺 · 113
蒙庵 ⇒ 表訓寺 · 436
夢如 ⇒ 清眞庵[1] · 421
夢月堂 ⇒ 乾鳳寺 · 18
妙峰 ⇒ 通度寺 · 432
妙嚴 ⇒ 檜岩寺 · 466
妙應 ⇒ 國清寺[1] · 42
無竟 ⇒ 長安寺[1] · 371
無滅 ⇒ 通度寺 · 432
撫松 ⇒ 大興寺[9] · 84
無染 ⇒ 萬德寺[3] · 106
無染 ⇒ 直持寺 · 399
無影 ⇒ 通度寺 · 432
無影 ⇒ 興龍寺[1] · 471
無用 ⇒ 松廣寺[1] · 239
無盡 ⇒ 萬德寺[3] · 106
無盡 ⇒ 百潭寺 · 133
無盡子 ⇒ 五歲庵 · 306
無瑕 ⇒ 明珠寺 · 113
無學 ⇒ 白華庵[3] · 144
無學 ⇒ 松廣寺[1] · 239
無學 ⇒ 長安寺[1] · 371
無學 ⇒ 檜岩寺 · 466
黙庵 ⇒ 松廣寺[1] · 239
文谷 ⇒ 白蓮社 · 134
文信 ⇒ 萬德寺[3] · 106
聞价 ⇒ 祇林寺 · 56
嵋月 ⇒ 剛泉寺 · 13
旻冠 ⇒ 白蓮庵[2] · 135
旻冠 ⇒ 黃嶺寺 · 464
敏悅 ⇒ 直持寺 · 399
朴敦浩 ⇒ 乾鳳寺 · 18
朴宗吉 ⇒ 乾鳳寺 · 18
薄陀 ⇒ 檜岩寺 · 466
磐桓子 ⇒ 松廣寺[1] · 239

發眞 ⇒ 乾鳳寺 · 18
芳瑞 ⇒ 青鶴寺 · 423
白谷 ⇒ 雙溪寺[6] · 210
白蓮 ⇒ 大興寺[9] · 84
白蓮 ⇒ 直持寺 · 399
白梅子 ⇒ 觀音寺[15] · 34
白峰 ⇒ 南長寺 · 65
白玉 ⇒ 神興寺[1] · 268
栢雪 ⇒ 南長寺 · 65
栢庵 ⇒ 松廣寺[1] · 239
白牛 ⇒ 觀音寺[5] · 33
白雲堂 ⇒ 乾鳳寺 · 18
白月 ⇒ 洛山寺[1] · 59
白華 ⇒ 大興寺[9] · 84
法堅 ⇒ 白華庵[3] · 144
法堅 ⇒ 三藏庵[1] · 201
法堅 ⇒ 石耳庵 · 224
法鏡 ⇒ 龍頭寺[3] · 315
法性 ⇒ 長安寺[1] · 371
法雲子 ⇒ 元曉庵[1] · 342
法印 ⇒ 普願寺 · 164
法藏 ⇒ 普願寺 · 164
法賢 ⇒ 楡岾寺 · 348
碧溪 ⇒ 神興寺[1] · 268
碧潭 ⇒ 松廣寺[1] · 239
碧潭 ⇒ 神興寺[1] · 268
碧潭 ⇒ 楡岾寺 · 348
碧蓮 ⇒ 直持寺 · 399
碧靈 ⇒ 松廣寺[2] · 246
碧汶 ⇒ 松廣寺[2] · 246
碧峰 ⇒ 神興寺[1] · 268
碧松 ⇒ 神興寺[1] · 268
碧庵 ⇒ 觀音庵[3] · 36
碧岩 ⇒ 松廣寺[1] · 239
蘗庵 ⇒ 楡岾寺 · 348
蘗庵 ⇒ 興國寺[5] · 469
碧梧 ⇒ 乾鳳寺 · 18
碧梧 ⇒ 普照庵 · 165
碧梧 ⇒ 松廣寺[1] · 239
碧應 ⇒ 七長寺 · 427

月波 ⇒ 長淵寺[1]·374
月下 ⇒ 雙溪寺[13]·211
月海 ⇒ 大興寺[9]·84
月虛 ⇒ 明珠寺·113
月和 ⇒ 松廣寺[1]·239
月華 ⇒ 表訓寺·436
爲雲 ⇒ 吾魚寺·307
危素 ⇒ 普光寺[10]·155
胃椅 ⇒ 直持寺·399
有信 ⇒ 直持寺·399
有安 ⇒ 摩訶衍·104
柳影 ⇒ 松廣寺[1]·239
有一 ⇒ 大興寺[9]·84
惟政 ⇒ 泗溟 참조
有定 ⇒ 通度寺·432
遊華 ⇒ 壽陀寺·255
陸沈 ⇒ 長安寺[1]·371
栗峰 ⇒ 君子寺·43
栗峰 ⇒ 楡岾寺·348
栗峰 ⇒ 表訓寺·436
栗庵 ⇒ 百潭寺·133
栗庵 ⇒ 松廣寺[1]·239
銀岩 ⇒ 大興寺[9]·84
隱海 ⇒ 神興寺[1]·268
應星 ⇒ 大興寺[9]·84
應庵 ⇒ 松廣寺[1]·239
應庵 ⇒ 神溪寺·260
應庵 ⇒ 禾嚴寺[2]·458
凝庵 ⇒ 通度寺·432
應運 ⇒ 銀海寺·358
應月 ⇒ 白華庵[3]·144
應虛 ⇒ 通度寺·432
應化 ⇒ 楡岾寺·348
義龍 ⇒ 明珠寺·113
義敏〔旻〕⇒ 虎壓寺·454
義湘 ⇒ 浮石寺[2]·182
義湘 ⇒ 興輪寺[1]·471
意恂 ⇒ 佛國寺[1]·186
義菴 ⇒ 大興寺[9]·84
義天 ⇒ 國清寺[1]·42

義天 ⇒ 大華嚴寺·83
義天 ⇒ 芬皇寺·185
義天 ⇒ 靈通寺[3]·304
離谷 ⇒ 楡岾寺·348
李檀庵 ⇒ 大聖庵[3]·78
李冕翼 ⇒ 乾鳳寺·18
离峰 ⇒ 松廣寺[1]·239
李容學 ⇒ 乾鳳寺·18
二珠 ⇒ 松廣寺[1]·239
以祉 ⇒ 華藏庵[4]·462
李鎭學 ⇒ 深源寺[2]·273
異次頓 ⇒ 興輪寺[1]·471
李最源 ⇒ 乾鳳寺·18
李海魯 ⇒ 乾鳳寺·18
狷溪 ⇒ 白華庵[3]·144
麟谷 ⇒ 明珠寺·113
麟谷 ⇒ 神興寺[1]·268
印潭 ⇒ 明珠寺·113
印潭 ⇒ 白華庵[3]·144
印潭 ⇒ 楡岾寺·348
印潭 ⇒ 表訓寺·436
猶峰 ⇒ 神興寺[1]·268
印峰 ⇒ 禾嚴寺[2]·458
印信 ⇒ 大乘寺[1]·79
印祐 ⇒ 栢栗寺·138
印月 ⇒ 南長寺·65
仁含 ⇒ 擎日庵[1]·24
麟虛 ⇒ 明珠寺·113
印虛 ⇒ 神興寺[1]·268
日峯 ⇒ 洛山寺[1]·59
一生 ⇒ 剛泉寺·13
日昇 ⇒ 摩訶衍·104
日庵 ⇒ 乾鳳寺·18
日庵 ⇒ 神興寺[1]·268
一然 ⇒ 寶幢庵·157
一珠 ⇒ 松廣寺[1]·239
一聰 ⇒ 直持寺·399
林幸復 ⇒ 乾鳳寺·18
慈覺 ⇒ 松廣寺[1]·239
紫菊 ⇒ 楡岾寺·348

子秀 ⇒ 歸信寺·45
子秀 ⇒ 菩提庵[4]·159
子秀 ⇒ 臂長庵·194
子秀 ⇒ 雙溪庵[4]·212
子秀 ⇒ 松廣寺[2]·246
子秀 ⇒ 崇岩寺[1]·258
子秀 ⇒ 靈覺寺·294
子秀 ⇒ 龍藏寺[6]·321
子秀 ⇒ 威鳳寺[2]·346
慈雲 ⇒ 禾嚴寺[2]·458
慈藏 ⇒ 通度寺·432
慈藏 ⇒ 興輪寺[1]·471
慈寂 ⇒ 鳴鳳寺·112
慈静 ⇒ 松廣寺[1]·239
慈眞 ⇒ 大原〔元〕寺[2]·81
慈眞 ⇒ 松廣寺[1]·239
自浩 ⇒ 通度寺·432
莊玩 ⇒ 直持寺·399
在桐 ⇒ 華藏寺[2]·460
在昕 ⇒ 地藏寺[6]·397
在軒 ⇒ 百潭寺·133
全東熙 ⇒ 奉永寺·177
傳明 ⇒ 把溪寺·435
正見 ⇒ 雙溪寺[13]·211
正觀 ⇒ 長安寺[1]·371
淨根 ⇒ 青蓮庵[5]·417
定基 ⇒ 壽陀寺·255
貞禮 ⇒ 楡岾寺·348
静明 ⇒ 白蓮寺[9]·134
淨淳 ⇒ 表訓寺·436
鄭宴 ⇒ 松廣寺[1]·239
晶岩 ⇒ 大興寺[9]·84
静岩 ⇒ 大興寺[9]·84
静庵 ⇒ 直持寺·399
鼎岩 ⇒ 通度寺·432
井源 ⇒ 乾鳳寺·18
淨源 ⇒ 壽陀寺·255
淨源 ⇒ 雲水庵[3]·330
定月 ⇒ 大興寺[9]·84
定有 ⇒ 華藏寺[2]·460

涵溪 ⇒ 雲水庵[8]·330
涵月 ⇒ 大興寺[9]·84
涵月 ⇒ 龍貢寺·313
含章 ⇒ 養眞庵[4]·288
含波 ⇒ 通度寺·432
咸虛 ⇒ 明珠寺·113
涵虛 ⇒ 懸燈寺·450
海谷 ⇒ 乾鳳寺·18
海溪 ⇒ 神興寺[1]·268
海明 ⇒ 楡岾寺·348
海明 ⇒ 表訓寺·436
海門 ⇒ 直持寺·399
海峰 ⇒ 隱跡寺[2]·355
海雪 ⇒ 壽陀寺·255
海城 ⇒ 禾嚴寺[2]·458
海岸 ⇒ 乾鳳寺·18
海眼 ⇒ 金仙臺[2]·53
海眼 ⇒ 大隱庵[2]·82
海眼 ⇒ 大興寺[9]·84
海眼 ⇒ 法住寺[2]·149
海眼 ⇒ 中臺寺[5]·392
海岩 ⇒ 神興寺[1]·268
海雲 ⇒ 大興寺[9]·84
海雲 ⇒ 毘盧寺·193
海雲 ⇒ 養眞庵[4]·288
海雲 ⇒ 喜方寺·476
海源 ⇒ 表訓寺·436
海月 ⇒ 極樂庵[5]·46
海月 ⇒ 神溪寺·260
海月 ⇒ 吾魚寺·307
海印 ⇒ 雲興寺[8]·334
海日 ⇒ 直持寺·399
海慧 ⇒ 華藏寺[1]·460
行德 ⇒ 觀音寺[14]·34
行乎 ⇒ 萬德寺[3]·106
向西 ⇒ 仙岩寺[4]·228
向西 ⇒ 神興寺[1]·268
香嚴 ⇒ 華藏寺[2]·460
香雲 ⇒ 楡岾寺·348
香坡 ⇒ 神興寺[1]·268

虛白 ⇒ 白華庵[3]·144
虛白 ⇒ 表訓寺·436
虛静 ⇒ 大興寺[9]·84
虛静 ⇒ 楡岾寺·348
虛舟 ⇒ 松廣寺[1]·239
玄悟 ⇒ 瑞峰寺[1]·216
玄應 ⇒ 把溪寺·435
玄虛 ⇒ 長安寺[1]·371
迥微 ⇒ 萬德寺[3]·106
衡雲 ⇒ 表訓寺·436
洞俊 ⇒ 神光寺[6]·262
慧鑑 ⇒ 松廣寺[1]·239
慧空 ⇒ 松廣寺[1]·239
惠空 ⇒ 興輪寺[1]·471
惠能 ⇒ 乾鳳寺·18
慧黙 ⇒ 表訓寺·436
慧峰 ⇒ 神興寺[1]·268
慧性 ⇒ 金龍寺·57
慧昭 ⇒ 寶光寺·156
慧炤 ⇒ 沙峴寺·198
惠宿 ⇒ 興輪寺[1]·471
惠安 ⇒ 白蓮寺[1]·134
慧彦 ⇒ 摩訶衍·104
惠永 ⇒ 桐華寺[2]·100
惠悟 ⇒ 通度寺·432
惠圓 ⇒ 奉恩寺[3]·178
慧月 ⇒ 長淵寺[1]·374
慧仁 ⇒ 表訓寺·436
慧日 ⇒ 萬德寺[3]·106
慧日 ⇒ 表訓寺·436
慧一 ⇒ 水鍾寺·254
護敬 ⇒ 摩訶衍·104
湖鏡 ⇒ 表訓寺·436
浩鵬 ⇒ 松廣寺[1]·239
虎惺 ⇒ 通度寺·432
虎岩 ⇒ 大興寺[9]·84
護岩 ⇒ 仙岩寺[4]·228
護篏 ⇒ 金龍寺·57
護篏 ⇒ 養眞庵[4]·288
浩雲 ⇒ 懸燈寺·450

皓月 ⇒ 明珠寺·113
浩月子 ⇒ 懺堂庵·405
混其 ⇒ 萬德寺[3]·106
混元 ⇒ 神溪寺·260
混虛 ⇒ 奉恩寺[3]·178
混虛 ⇒ 神溪寺·260
混虛 ⇒ 神興寺[1]·268
弘覺 ⇒ 沙林寺·196
弘經 ⇒ 上院寺[2]·206
弘法 ⇒ 龍頭寺[3]·315
紅藕 ⇒ 壽陀寺·255
弘濟 ⇒ 龍珠寺·321
洪波 ⇒ 壽陀寺·255
華谷 ⇒ 楡岾寺·348
華谷 ⇒ 禾嚴寺[2]·458
華潭 ⇒ 寶光寺·156
華潭 ⇒ 松廣寺[1]·239
華蓮 ⇒ 神興寺[1]·268
化門 ⇒ 楡岾寺·348
華峰 ⇒ 洛山寺[1]·59
華峰 ⇒ 松廣寺[1]·239
華峰 ⇒ 壽陀寺·255
花峰 ⇒ 神興寺[1]·268
花峰 ⇒ 通度寺·432
華山 ⇒ 白華庵[3]·144
華山 ⇒ 仙岩寺[4]·228
華性 ⇒ 松廣寺[1]·239
華城 ⇒ 禾嚴寺[2]·458
華岳 ⇒ 大興寺[9]·84
華嶽 ⇒ 摩訶衍·104
華岳 ⇒ 神溪寺·260
和庵 ⇒ 楡岾寺·348
華雲 ⇒ 金龍寺·57
花雲 ⇒ 新興寺[1]·266
花月 ⇒ 神興寺[1]·268
花月 ⇒ 通度寺·432
華月 ⇒ 禾嚴寺[2]·458
華隱 ⇒ 乾鳳寺·18
華隱 ⇒ 奉恩寺[3]·178
華隱 ⇒ 長安寺[1]·371

全國 市道別 寺刹一覽

서울특별시

강 남 구

백중사(伯仲寺)

圓岩寺·岩回寺

용덕사(龍德寺)

강 동 구

봉은사(奉恩寺)

불국사(佛國寺)

圓藥師寺

강북구 · 도봉구

관음암(觀音庵)

낙가암(洛迦庵)

도선사(道詵寺)

도성암(道成庵)

만월암(滿月庵)

묘봉암(妙峰庵)

무착사(無着寺)

벽운암(碧雲庵)

사나방(舍那房)

상관음암(上觀音庵)

석굴암(石窟庵)

성도원(成道院)

식암(息庵)

신왕사(新旺寺)

영국사(寧國寺)

영대암(靈臺庵)

용출사(龍出寺)

원각사(元覺寺)

원통사(圓通寺)

인수사(仁壽寺)

적석사(積石寺)

청룡사(青龍寺)

청화대(清和臺)

추령사(鷲嶺寺)

하관음암(下觀音庵)

학도암(鶴到庵)

학림암(鶴林庵)

화계사(華溪寺)

강 서 구

약사암(藥師庵)

관 악 구

관음사(觀音寺)

사자암(獅子庵)

성주암(聖住庵)

약수암(藥水庵)

자운사(紫[慈]雲寺)

청련암(青蓮庵)

화장사(華藏寺)

동 대 문 구

경암사(鯨岩寺)

미타사(彌陀寺)

연화사(蓮花寺)

은석사(銀石寺)

지장암(地藏庵)

청량사(清凉寺)

흥덕사(興德寺)

마 포 구

석불암(石佛庵)

서 대 문 구

극락암(極樂庵)

백련사(白蓮寺)

圓淨土寺

봉원사(奉元寺)

圓般若寺·新寺

사현사(沙峴寺)

소림사(少林寺)

수국사(守國寺)

신혈사(神穴寺)

약사암(藥師庵)

圓淨土寺·白蓮寺

옥천암(玉泉庵)

용암사(龍岩寺)

인왕사(仁王[旺]寺)

자운암(慈雲庵)

지장암(地藏庵)

진관사(津寬寺)

圓津覺寺

향림사(香林寺)

성 동 구

광장사(廣壯寺)

미타사(彌陀寺)

사근사(沙斤寺)

영화사(永華寺)

청련사(青蓮寺)

화양사(華陽寺)

성 북 구

개운사(開運寺)
경국사(慶國寺)
　圓 靑岩寺
대곡사(大谷寺)
보문사(普門寺)
　圓 탑골승방
봉국사(奉國寺)
　圓 藥師寺
안암사(安岩寺)
원통암(元通庵)
청룡암(靑龍庵)
홍천사(興天寺)

영 등 포 구

용화사(龍華寺)
호압사(虎壓寺)

용 산 구

미타사(彌陀寺)
월송암(月松庵)

종 로 구

각황사(覺皇寺)
경암사(慶岩寺)
광국사(廣國寺)
금강굴(金剛窟)
금선사(金僊寺)
내불당(內佛堂)
내원당(內願堂)
내원암(內院庵)
대사(大寺)
문수사(文殊寺)
백련암(白蓮庵)
복세암(福世庵)
봉국사(奉國寺)
　圓 三覺寺
선학원(禪學院)
승가사(僧伽寺)

안양암(安養庵)
연굴(演窟)
오주암(五柱庵)
운장암(雲藏庵)
원각사(圓覺寺)
　圓 興福寺
원흥사(元興寺)
인수원(仁壽院)
장의사(莊〔藏·壯·庄〕義寺)
조계사(曹溪寺)
　圓 覺皇寺·太古寺
해양암(海養庵)

소 속 불 명

경고사(京庫寺)
고산사(高山寺)
대고산사(大高山寺)
덕방암(德方庵)
도장동사(道藏洞寺)
망성암(望城庵)
명통사(明通寺)
목정굴(木精窟)
묵사(墨寺)
미륵사(彌勒寺)
법륜사(法輪寺)
북한사(北漢寺)
상운사(翔雲寺)
소고산사(小高山寺)
수성원(壽成院)
수정암(首頂庵)
승의사(僧義寺)
심원사(深院寺)
입암사(立岩寺)
자수원(慈壽院)
장어사(藏魚寺)
정릉사(貞陵寺)
정일암(淨逸庵)
지천사(支天寺)
탑사(塔寺)

광주광역시

광 주 시

개룡사(開龍寺)
개원사(開元寺)
관음사(觀音寺)
금석암(錦石庵)
금탑암(金塔庵)
대자사(大慈寺)
무량사(無量寺)
문수암(文殊庵)
백천사(栢川寺)
부사의방장(不思議方丈)
불명암(佛明庵)
빙발암(冰鉢庵)
삼일암(三日庵)
석문암(石門庵)
선암사(仙岩寺)
선원사(禪院寺)
성거사(聖居寺)
소은굴(小隱窟)
십신사(十信寺)
약사암(藥師庵)
양림사(養林寺)
여둔사(余屯寺)
염불암(念佛庵)
옥천사(玉泉寺)
운천사(雲泉寺)
원효사(元曉寺)
원효암(元曉庵)
은선암(隱仙庵)
은적암(隱跡庵)
입석암(立石庵)
자암사(紫岩寺)
　圓 圭峰寺
자월암(慈月庵)
장불사(長佛寺)
장원암(壯元庵)
증각암(證覺庵)

증심사(證心寺)

대구광역시

대구광역시 · 달성군

관음사(觀音寺)
관음암(觀音庵)
남지장사(南地藏寺)
대견사(大見寺)
도선사(道仙寺)
마정계사(摩頂溪寺)
법장사(法藏寺)
　圓 高山寺
북지장사(北地藏寺)
소재사(消災寺)
안일암(安逸庵)
용연사(龍淵寺)
운흥사(雲興寺)
　圓 桐林寺 · 燧岩寺
유가사(瑜伽寺)
은적사(隱寂寺)
은적암(隱寂庵)
인흥사(仁興寺)
임수사(臨水寺)
임휴사(臨休寺)
자화사(慈華寺)
정백사(庭栢寺)
정혜사(定慧寺)
지장사(地藏寺)
파계사(把溪寺)

대전광역시

대 전 시

고산사(高山寺)
묘각사(妙覺寺)
법천사(法泉寺)
보광사(普光寺)

보문사(普文寺)
봉서사(鳳棲寺)
봉은암(鳳隱庵)
　圓 奉恩庵
봉주사(鳳住寺)
봉화사(烽火寺)
비래사(飛來寺)
선랑사(禪郎寺)
정각사(正覺寺)
중암(中庵)
학운사(鶴雲寺)
회견사(晦見寺)

부산광역시

남 구

성암사(聖岩寺)
영주암(瀛洲庵)

동 래 구

국청사(國淸寺)
금수암(金水庵)
마하사(摩訶寺)
미륵암(彌勒庵)
범어사(梵魚寺)
선악사(仙岳寺)
선암사(仙岩寺)
의상대(義湘臺)
장안사(長安寺)
　圓 雙溪寺
해월사(海月寺)
화지암(和池庵)

부 산 진 구

금정암(金井庵)

북 구

만덕사(萬德寺)
운수사(雲水寺)

서 구

구덕사(九德寺)
영추사(靈鷲寺)

인 천 시

인 천 시

건동사(乾洞寺)
관국사(關國寺)
관북사(關北寺)
길마사(吉馬寺)
만일사(萬日寺)
명월사(明月寺)
문학사(文鶴寺)
석남사(石南寺)
연경사(衍慶寺)
인명사(仁明寺)
주안사(朱鴈寺)
　圓 藥師庵 · 朱埇寺
청량사(淸凉寺)
학림사(鶴林寺)

강 원 도

강 릉 시

관음사(觀音寺)
굴산사(掘[堀]山寺)
낙가사(洛伽寺)
　圓 燈明寺
문수당(文殊堂)
문수사(文殊寺)
　圓 寒松寺
백운사(白雲寺)
법왕사(法王寺)
　圓 七星庵
별연사(繁淵寺)
보현사(普賢寺)

산계사(山溪寺)
세규사(世逵寺)
송라사(松蘿寺)
수다사(水多寺)
신복사(神福寺)
심복사(尋福寺)
안국사(安國寺)
양등사(楊等寺)
염양사(艶陽寺)
용연사(龍淵寺)
용지사(龍池寺)
　圍 無盡寺·阿瑟羅寺
원당사(元堂寺)
정토사(淨土寺)
지장사(地藏[莊]寺)
지장선원(地藏禪院)
청송사(靑松寺)
청학사(靑鶴寺)
홍원사(興原寺)

고 성 군

건봉사(乾鳳寺)
계방사(憩房寺)
계조암(繼祖庵)
관음암(觀音庵)
길상암(吉祥庵)
남암(南庵)
내원암(內院庵)
대명암(大明庵)
대장암(大藏庵)
대적암(大寂庵)
도성암(道成庵)
동석암(動石庵)
명적암(明寂庵)
몽천사(夢泉寺)
발연사(鉢淵寺)
백련암(白蓮庵)
백운암(白雲庵)
보림사(普琳[林]寺)
보문암(寶門庵)

보현사(普賢寺)
비로암(毘盧庵)
상개심사(上開心寺)
상내원암(上內院庵)
상원암(上院庵)
서봉암(棲鳳庵)
서전암(書殿庵)
송림굴(松林窟)
수태사(水汰寺)
신계사(神溪寺)
　圍 新戒寺
심적암(深寂庵)
양진암(養眞庵)
영귀암(靈龜庵)
영은암(靈隱庵)
외원통암(外圓通庵)
운서굴(雲棲窟)
원통사(圓通寺)
유점사(楡岾寺)
은선암(隱禪庵)
은신굴(隱神窟)
이륜사(峓崙寺)
일출암(日出庵)
장재암(長在庵)
정륜암(正崙庵)
조계암(曹溪庵)
조제암(鳥啼庵)
　圍 觀音寺
천서암(天書庵)
폭포암(瀑布庵)
피방사(避方寺)
하부사의암(下不思議庵)
향로암(香爐庵)
화엄사(禾嚴寺)
화엄사(禾[華]嚴寺)
흥덕암(興德庵)

금 화 군

관음암(觀音庵)
도성암(道成庵)

백운암(白雲庵)
보현사(普賢寺)
복연암(福淵庵)
삼신사(三申寺)
수태사(水泰寺)
안심암(安心庵)
월봉사(月峰寺)
장연사(長淵寺)
통사(桶寺)

삼 척 군

간장암(看藏庵)
감로암(甘露庵)
내원암(內院庵)
단교암(短[斷]橋庵)
대승암(大乘庵)
망경암(望京庵)
반야암(般若庵)
백단사(白檀寺)
백련암(白蓮庵)
백양암(白楊庵)
삼장사(三藏寺)
　圍 竹長寺
삼화사(三和寺)
상원암(上院庵)
성도암(成道庵)
신흥사(新興寺)
심원사(深源寺)
심적사(深寂寺)
영은사(靈隱寺)
운흥사(雲興寺)
은선암(隱仙庵)
중대사(中臺寺)
중봉암(中峰庵)
천은사(天恩寺)
청련암(靑蓮庵)
청원사(淸源寺)
한산사(寒山寺)
환선암(幻仙庵)
황계사(黃鷄寺)

속초시 · 양양군

개운사(開雲寺)
개흥사(開興寺)
계조굴(繼祖窟)
관음굴(觀音窟)
낙산사(洛山寺)
도적사(道寂寺)
둔전사(屯田寺)
명주사(明珠寺)
보련사(寶蓮寺)
사림사(沙林寺)
사옹사(四擁寺)
상백운사(上白雲寺)
서림사(西林寺)
선림원(禪林院)
송어암(松魚庵)
신흥사(神興寺)
안심사(安心寺)
영혈사(靈穴寺)
圓 靈泉寺
진전사(陳田寺)
학소암(鶴巢庵)
현곡사(玄谷寺)

양 구 군

관음사(觀音寺)
두타사(頭陀寺)
심곡사(深谷寺)
청량사(淸凉寺)

영 월 군

금몽암(禁夢庵)
대승암(大乘庵)
법흥사(法興寺)
보덕사(報德寺)
보현사(普賢寺)
석대암(石臺庵)
영은암(靈隱庵)
운수암(雲水庵)

창령사(蒼嶺寺)
흥교암(興敎庵)

이 천 군

갈산사(葛山寺)
감로사(甘露寺)
관음사(觀音寺)
관음암(觀音庵)
도수사(道修寺)
무주사(無住寺)
보살사(菩薩寺)
보월암(寶月庵)
봉경사(鳳敬寺)
상원암(上院庵)
서자암(西子庵)
소림사(少[小]林寺)
수운암(水雲庵)
圓 雲水庵
실상암(實相庵)
심곡사(深谷寺)
암천사(岩泉寺)
양음사(陽陰寺)
원명암(圓明庵)
은신암(隱神庵)
칠성암(七星庵)

원 주 시

각림사(覺林寺)
개선사(開善寺)
거돈사(居頓寺)
고산사(皐山寺)
국향사(國享寺)
귀룡사(龜[九]龍寺)
동화사(桐華寺)
문수사(文殊寺)
백운암(白雲庵)
법천사(法泉寺)
보문사(普門寺)
부흥사(富興寺)
비마라사(毘摩羅寺)

산성사(山城寺)
상왕사(霜旺寺)
상원사(上院寺)
석경사(石逕寺)
석남사(石南寺)
성남사(城南寺)
성주사(聖住寺)
수도암(修道庵)
염불암(念佛庵)
영원사(鴒原[願]寺)
영천사(靈泉寺)
울암사(鬱岩寺)
은적사(隱寂寺)
입석암(立石庵)
학수사(鶴樹寺)
황산사(黃山寺)
흥녕사(興寧寺)
흥법사(興法寺)

인 제 군

대승암(大乘庵)
백담사(百潭寺)
백운암(白雲庵)
비금사(琵琴寺)
상승암(上乘[勝]庵)
서룡암(瑞龍庵)
심적암(深寂庵)
은적암(隱寂庵)

정 선 군

강선암(降仙庵)
관음사(觀音寺)
석남원(石南院)
설암(雪庵)
정암사(淨岩寺)

철 원 군

관음암(觀音庵)
나한암(羅漢庵)
대승암(大乘庵)

　　圓破執庵
도피안사(到彼岸寺)
석상암(石象庵)
석천사(石泉寺)
세정암(洗淨庵)
심원사(深源寺)
안양사(安養寺)
약사암(藥師庵)
영은사(靈隱寺)
영은암(靈隱庵)
용복사(龍福寺)
용화사(龍華寺)
운은사(雲隱寺)
적석암(積石庵)
지장사(地藏寺)
지족암(知足庵)
천불암(千佛庵)

춘천시 · 춘성군

견성암(見性庵)
반수암(伴睡庵)
보광사(普光寺)
복흥사(福興寺)
사자사(獅子寺)
상원사(上院寺)
성문사(城門寺)
식암(息庵)
양화사(楊[揚]花寺)
우두사(牛頭寺)
조면사(造糆寺)
청평사(淸平寺)
　　圓文殊寺 白岩禪院·普賢庵
화악사(華岳寺)
흥국사(興國寺)

통 천 군

관음사(觀音寺)
만경암(萬景庵)
묘길상사(妙吉祥寺)
보은암(報恩庵)

서운암(棲雲庵)
성도암(成道庵)
용공사(龍貢寺)
운암사(雲岩寺)
은적사(隱跡[寂]寺)
자복사(資福寺)
자운암(慈雲庵)
천곡사(泉谷寺)
화장사(華藏寺)

평 강 군

계운사(繼雲寺)
광평사(廣平寺)
백련암(白蓮庵)
부석사(浮石寺)
보월사(寶月寺)
석천사(石泉寺)
심적사(深寂寺)
양수암(兩水庵)
양암사(陽岩寺)
영주암(靈珠庵)
원적사(圓寂寺)
유적사(幽寂寺)
은적사(隱寂寺)
장고산사(長鼓山寺)
청룡사(靑龍寺)

평 창 군

관음암(觀音庵)
극락암(極樂庵)
금강사(金剛社)
금옹사(金甕寺)
남관음암(南觀音庵)
동관음암(東觀音庵)
문수갑사(文殊岬寺)
백련사(白蓮社)
법륜사(法輪社)
　　圓寶川庵 · 華藏寺
북대암(北臺庵)
서대암(西臺庵)

송　암(松庵)
수정사(水精寺)
영경사(靈鏡寺)
운두암(雲頭庵)
원통사(圓通社)
월정사(月精寺)

홍 천 군

관음사(觀音寺)
쌍계사(雙溪寺)
성방사(城方寺)
수타사(壽陀[水墮]寺)
장락사(長樂寺)

화 천 군

계성사(啓星寺)
관응사(觀應寺)
보련암(普蓮庵)
성불사(成佛寺)
오음사(吾音寺)
운봉사(雲峰寺)
운흥암(雲興庵)

회 양 군

가섭암(迦葉庵)
개심암(開心庵)
거빈굴(去賓窟)
　　圓罽賓窟
관음암(觀音庵)
극락암(極樂庵)
금대암(金臺庵)
금동사(金同寺)
개원사(開元[院]寺)
남산사(南山寺)
대송라암(大松蘿庵)
대승암(大乘庵)
동선암(東禪庵)
명수암(明水庵)
명적암(明寂庵)
무학암(無學庵)

무선암(舞仙庵)
문수암(文殊庵)
문장암(文章庵)
미타사(彌陀寺)
미타암(彌陀庵)
반야암(般若庵)
백련암(白蓮庵)
백운암(白雲庵)
보현사(普賢寺)
보현암(普賢庵)
보회암(報喜庵)
봉일사(鳳逸寺)
사근암(沙根庵)
사자암(獅子庵)
삼불암(三佛庵)
상운점안(上雲岾庵)
상원암(上元庵)
소송라암(小松蘿庵)
수국사(守國寺)
수월암(水月庵)
수정암(水精庵)
안양암(安養庵)
영쇄암(靈碎庵)
오현암(五賢庵)
외도솔원(外兜率院)
운수암(雲水庵)
운점암(雲岾庵)
웅호암(熊虎庵)
원각암(圓覺庵)
은장암(隱藏庵)
이암암(利岩庵)
장안사(長安寺)
정양사(正陽寺)
천률암(天律庵)
표훈사(表訓寺)
향로암(香爐庵)

횡 성 군

법흥사(法興寺)
복천사(福泉寺)

봉복사(鳳腹寺)
圍 奉福寺
석천사(石泉寺)
성덕사(成德寺)
신룡사(神龍寺)
용운사(龍雲寺)
회진사(懷眞寺)

소 속 불 명

계선암(繫船庵)
도솔원(兜率院)
백전암(白巓庵)
부사의암(不思議庵)
불귀암(佛龜庵)
상령대(上靈臺)
은선암(隱仙庵)
조원암(祖元庵)
중령대(中靈臺)
중선암(中仙庵)
태평암(太平庵)
하선암(下仙庵)
향로암(香爐庵)
화암사(花巖寺)

경 기 도

가 평 군

문수암(文殊庵)
미라암(彌羅庵)
영제암(永濟庵)
영취암(靈聚庵)
영통사(靈通寺)
옥정암(玉井庵)
용천사(龍泉寺)
지장암(地藏庵)
현등사(懸燈寺)
혜수암(惠壽庵)

강 화 군

가람사(伽藍寺)
갈공사(葛公寺)
건성사(乾聖寺)
구주사(九州寺)
국정사(國淨寺)
극락암(極樂庵)
대장경판당(大藏經板堂)
대정사(大井寺)
덕장사(德藏寺)
묘련사(妙蓮寺)
묘통사(妙通寺)
묵왕사(墨王寺)
미륵사(彌勒寺)
백련사(白蓮寺)
법왕사(法王寺)
병풍암사(屛風岩寺)
보문사(普門寺)
보제사(普濟寺)
복령사(福靈寺)
봉은사(奉恩寺)
사왕사(四王寺)
선도암(善道庵)
선수암(善首庵)
선원사(禪源寺[社])
세란사(世蘭寺)
송악사(松嶽寺)
수륙암(水陸庵)
수월사(水月寺)
안양사(安養寺)
온수사(溫水寺)
왕륜사(王輪寺)
왕림사(汪林寺)
용당사(龍堂寺)
용장사(龍藏寺)
원충암(圓層庵)
원통암(元通庵)
월명사(月明寺)
임해사(臨海寺)

자은사(慈恩寺)
재운암(載雲庵)
적석사(積石寺)
圓 赤蓮寺
전등사(傳燈寺)
정수사(淨水寺)
圓 精修寺
진해사(鎭海寺)
圓 海雲寺
천등사(天登寺)
천수사(天壽寺)
천재암(天齋庵)
청련사(靑蓮寺)
혈구사(穴口寺)
홍릉사(弘陵[凌]寺)
화신암(花山庵)
화양사(華陽寺)
화엄사(華嚴寺)
황련사(黃蓮寺)
흑련사(黑蓮寺)
흥왕사(興王[旺]寺)
흥천사(興天寺)

개 성 시

감로사(甘露寺)
감로원(甘露院)
개국률사(開國律寺)
개국사(開國寺)
개성사(開聖寺)
건덕사(乾德寺)
건성사(乾聖寺)
건원사(乾元寺)
견성암(見性庵)
경복사(景福寺)
경천사(慶天寺)
경천사(敬[擎]天寺)
고봉사(高峰寺)
고선암(高禪庵)
관란사(觀瀾寺)
관불사(觀佛寺)

관음굴(觀音窟)
관음방(觀音房)
관음사(觀音寺)
관정사(觀靜寺)
광교사(光敎寺)
광덕사(廣德寺)
광명사(廣明寺)
광제사(廣濟寺)
광진사(廣眞寺)
광흥사(廣興寺)
구요당(九曜堂)
圓 七星壇
구품사(九品寺)
국녕암(國寧庵)
국청사(國淸寺)
귀법사(歸法寺)
귀산사(龜山寺)
극락사(極樂寺)
금강사(金剛寺)
금경사(金經寺[社])
금산사(金山寺)
금신굴(金身窟)
금신사(金身[神]寺)
금신암(金神庵)
금자원(金字院)
圓 金字大藏院
금종사(金鍾寺)
길상사(吉祥寺)
낙도암(樂道庵)
남계사(南溪寺)
남계원(南溪院)
남쌍련암(南雙蓮庵)
남성거암(南聖居庵)
남신사(南神寺)
낭월사(朗月寺)
내원(內院)
내원당(內願堂)
내제석원(內帝釋院)
내천왕사(內天王寺)
뇌방(磊房)

다방사(茶房寺)
대법운사(大法雲寺)
圓 大內法雲寺
대불사(大佛寺)
대안사(大安寺)
대운사(大雲寺)
대전사(大典寺)
대흥사(大興寺)
도선사(道詵寺)
도일사(道日寺)
돌백사(埃白寺)
동대비원(東大悲院)
동림사(東林寺)
동운사(東雲寺)
만덕사(萬德寺)
묘각사(妙覺寺)
묘련사(妙蓮寺)
묘지사(妙指寺)
묘통사(妙通寺)
묵사(墨寺)
圓 神孝寺
문수사(文殊寺)
문수암(文殊庵)
미륵사(彌勒寺)
미타사(彌陀寺)
미타암(彌陀庵)
민천사(旻天寺)
배야사(排也寺)
백련암(白蓮庵)
백론사(白論寺)
백운사(白雲寺)
백천사(白川寺)
법달굴(法達窟)
법림암(法林庵)
법왕사(法王寺)
법운사(法雲寺)
법천사(法泉寺)
법화사(法華寺)
보국사(補國寺)
보국사(寶國寺)

보법사(報法寺)
보리암(普利庵)
보리암(菩提庵)
보성암(寶聖庵)
보운사(普雲寺)
보월사(步月寺)
보응사(普膺寺)
보제사(普濟寺)
보통사(普通寺)
보현사(普賢寺)
보현암(普賢庵)
보현원(普賢院)
복령사(福靈寺)
복흥사(福興寺)
봉국사(奉國寺)
봉령사(奉靈寺)
봉선사(奉先寺)
봉엄사(奉嚴寺)
봉은사(奉恩寺)
　圓 大奉恩寺
북쌍련암(北雙蓮庵)
북성거암(北聖居庵)
불각사(佛覺寺)
불교암(佛教庵)
불복장사(佛福藏寺)
불영암(佛影庵)
불은사(佛恩寺)
불일사(佛日寺)
사나사(舍那寺)
사자갑사(獅子岬寺)
삼귀사(三歸寺)
삼장사(三藏寺[社])
쌍봉사(雙峰寺)
서보통사(西普通寺)
서성거암(西聖居庵)
서운사(瑞雲寺)
석방사(石房寺)
선관암(善觀庵)
선암사(仙岩寺)
선암암(禪岩庵)

선월사(禪月寺)
선월사(仙月寺)
선효사(宣孝寺)
선흥사(禪興寺)
성수암(聖壽庵)
성수원(聖壽院)
성해사(性海寺)
송림사(松林寺)
수경사(壽慶寺)
수다사(水多寺)
수암사(水嵓寺)
수정암(首頂庵)
숙릉사(肅陵寺)
순천사(順天寺)
숭교사(崇教寺)
숭교원(崇教院)
숭법사(崇法寺)
숭산사(崇山寺)
숭선사(崇善寺)
숭화사(崇化寺)
시왕사(十王寺)
시혈암(詩穴庵)
신암사(新岩寺)
신중원(新衆院)
신호사(神護寺)
신흥사(神興寺)
신흥사(新興寺)
실상암(實相庵)
안국사(安國寺)
안화사(安和寺)
약사원(藥師院)
연경사(衍慶寺)
연복사(演福寺)
　圓 唐寺
연화사(蓮花寺)
염현사(念賢寺)
영감사(靈鑑寺)
영녕사(永寧寺)
영안암(永安庵)
영암사(靈岩寺)

영통사(靈通寺)
오룡사(五龍寺)
옥천사(玉泉寺)
온수사(溫水寺)
완월사(翫月寺)
왕륜사(王輪寺)
운암사(雲岩寺)
원달사(元達寺)
원명사(圓明寺)
외원(外院)
외제석사(外帝釋寺)
용두사(龍頭寺)
용보원(龍寶院)
용암사(龍岩寺)
용연사(龍淵寺)
용천사(龍泉寺)
용화사(龍華寺)
용흥사(龍興寺)
운주암(雲柱庵)
운흥사(雲興寺)
원적암(圓寂庵)
원통사(圓通寺)
원통암(圓通庵)
유암사(遊岩寺)
윤필사(潤筆寺)
은자원(銀字院)
의상암(義相[湘]庵)
의왕사(醫王寺)
인경사(印經寺)
인달사(仁達寺)
인수사(仁壽寺)
일숙암(一宿庵)
일월사(日月寺)
일출암(日出庵)
임해원(臨海院)
자운사(慈[紫]雲寺)
자은사(慈恩寺)
자제사(慈濟寺)
자천사(自薦寺)
자효사(慈孝寺)

장경사(長慶寺)
장명사(長明寺)
장연사(長淵寺)
장흥원(長興院)
재림사(梓林寺)
적멸암(寂滅庵)
적암(寂菴)
적조암(寂照庵)
정광암(錠光庵)
정업원(淨業院)
정자사(正慈寺)
제명사(題明寺)
제위원(濟危院)
제자굴(弟子窟)
제석원(帝釋院)
족암(足庵)
중광사(重光寺)
圓慧日重光寺
중성암(中聖庵)
중흥사(重興寺)
증산사(甑山寺)
지궐사(支闕寺)
지묘사(智妙寺)
지장사(地藏寺)
지족암(知足庵)
진관사(眞觀寺)
천계사(天界寺)
천선사(天禪寺)
천수사(天水寺)
천수사(天壽寺)
천효사(天孝寺)
청량암(淸凉庵)
청련암(靑蓮庵)
청운사(靑[淸]雲寺)
총지사(摠持寺)
추두사(鷲頭寺)
취운암(聚雲庵)
칠성암(七星庵)
태안암(泰安庵)
해안사(海安寺)

해운암(海雲庵)
해인암(海印庵)
행생원(幸生院)
향적사(香積寺)
현성사(賢[現]聖寺)
현화사(玄化寺)
홍경원(弘慶院)
홍법사(洪法寺)
홍법사(弘法寺)
홍복사(弘福寺)
홍호사(弘護寺)
홍원사(弘圓寺)
홍원사(洪圓寺)
홍제사(弘濟寺)
圓磨項寺
환적암(幻寂庵)
효신사(孝信寺)
圓彰信寺
흥교사(興敎寺)
흥국사(興國寺)
흥복사(興福寺)
흥선사(興禪寺)
흥성사(興聖寺)
흥왕사(興旺寺)
흥왕사(興王寺)
흥천사(興天寺)

고 양 시

경흥사(慶興寺)
고봉암(高峰庵)
관운암(寬雲庵)
나암사(羅岩寺)
대자사(大慈寺)
圓明寂庵
돈증굴(頓證窟)
만경사(萬景寺)
명적암(明寂庵)
백련암(白蓮庵)
보광사(普光寺)
봉성암(奉聖庵)

부황사(扶[浮]皇寺)
圓扶旺寺
삼천사(三川寺)
상운사(祥雲寺)
圓露積寺
서암사(西岩寺)
圓閔漬寺
어침사(魚沈寺)
원효암(元曉庵)
중흥사(重[中]興寺)
태고사(太古寺)
흥국사(興國寺)
圓興瑞庵
흥복사(興福寺)
흥성암(興聖庵)

광 주 군

개원사(開元寺)
국청사(國淸寺)
낙수암(落水庵)
남단사(南壇寺)
동림사(東林寺)
망월사(望月寺)
명성암(明性庵)
묘회암(妙會庵)
백련사(白蓮寺)
백련암(白蓮庵)
백운암(白雲庵)
백종사(百種寺)
법화사(法華寺)
봉수사(奉水寺)
봉운사(鳳雲寺)
봉흥사(奉興寺)
쌍계암(雙溪庵)
수도사(修道寺)
수리사(修理寺)
신일사(新日寺)
약정사(藥井寺)
영대암(靈臺庵)
옥정사(玉井寺)

영원사(靈源寺)
장경사(長慶寺)
정광사(淨光寺)
직동사(直洞寺)
천왕사(天王寺)
천진암(天眞庵)
칠성암(七星庵)
흥국사(興國寺)

김 포 군

갈현사(葛峴寺)
개북사(開北寺)
계향사(桂香寺)
고산사(孤山寺)
광은사(廣恩寺)
만수사(萬水寺)
망월사(望月寺)
망일사(望日寺)
망해암(望海庵)
문수사(文殊寺)
미타사(彌陀寺)
배암사(培岩寺)
보선암(報先庵)
봉릉사(奉陵寺)
석천암(石川庵)
압량사(壓梁寺)
　圓 岩藏寺
약천사(藥泉寺)
요요사(要腰寺)
용화사(龍華寺)
운요사(雲腰寺)
원통사(圓通寺)
학서암(鶴棲庵)

남 양 주 시

개경사(開慶寺)
견성암(見聖〔性〕庵)
광릉사(光陵寺)
국녕사(國寧寺)
금강암(金剛庵)

내원암(內院庵)
대성암(大聖庵)
　圓 梵窟寺
대흥암(大興庵)
묘적사(妙寂寺)
미륵암(彌勒庵)
백련사(白蓮寺)
백화암(白華庵)
보광사(普光寺)
　圓 古靈寺
보광사(寶光寺)
보국사(輔國寺)
봉선사(奉先寺)
봉영사(奉永寺)
　圓 奉仁庵
불곡사(佛谷寺)
　圓 白華庵
봉인사(奉印寺)
불암사(佛岩寺)
사자암(獅子庵)
서경사(西慶寺)
서방사(西方寺)
석굴암(石窟庵)
석천암(石泉庵)
성불암(成佛庵)
성적암(聖寂庵)
소요사(逍遙寺)
소운암(小雲庵)
수정암(水晶庵)
수종사(水鍾寺)
안심사(安心寺)
용암사(龍岩寺)
원각사(圓覺寺)
은석사(銀石寺)
자재암(自在庵)
정토사(淨土寺)
중대암(中臺庵)
청연사(靑淵寺)
홍복사(弘福寺)
회암사(檜岩寺)

흥국사(興國寺)
흥수암(興水庵)

부 천 시

남북사(南北寺)
봉일사(奉日寺)

수원시 · 화성군

가장사(迦杖寺)
관화사(貫華寺)
덕적사(德積寺)
덕지사(德智寺)
만봉암(萬峰庵)
만의사(萬義〔儀〕寺)
반룡사(盤龍寺)
백산암(栢山庵)
보덕사(普德寺)
보적사(寶積寺)
봉녕사(奉寧寺)
　圓 奉德寺
봉래사(逢萊寺)
봉림사(鳳林寺)
비봉사(飛鳳寺)
사나사(舍那寺)
상운암(上雲庵)
수도암(修道庵)
수리사(修理寺)
신복사(新福寺)
신흥사(新興寺)
오동사(梧桐寺)
용주사(龍珠寺)
장생사(長生寺)
청련암(靑蓮庵)
칠보사(七寶寺)
칠보암(七寶庵)
홍법사(洪法寺)
홍법사(弘法寺)
화운사(華雲寺)
흥법사(興法寺)

시 흥 시

경일암(擎日庵)
관악사(冠岳寺)
도안사(道安寺)
백운사(白雲寺)
백학사(白鶴寺)
보광사(普光寺)
북암(北庵)
사신암(謝身庵)
송천사(松泉寺)
수암사(秀岩寺)
수월암(水月庵)
시왕굴(十王窟)
안흥사(安興寺)
연대암(蓮臺庵)
연주암(戀主庵)
원당사(元堂寺)
원통사(圓通寺)
의상암(義相[湘]庵)
이막사(二幕寺)
일막사(一幕寺)
정금사(井金寺)
청계사(淸溪寺)
효일사(曉日寺)

안 성 군

금강사(金剛寺)
덕적사(德積寺)
만선사(萬善寺)
봉안사(鳳安寺)
봉업사(奉業寺)
비족사(飛足寺)
상운암(上雲庵)
석남사(石南寺)
수정사(修淨寺)
야광사(野光寺)
圓 藥王寺
용화사(龍華寺)
운수암(雲水庵)

응석사(凝石寺)
장광사(長光寺)
지통사(智通寺)
청룡사(靑龍寺)
圓 大藏庵
청원사(淸源寺)
칠장사(七長寺)
圓 七賢寺

안 양 시

광덕사(廣德寺)
망월암(望月庵)
圓 望日寺
망해암(望海庵)
반월암(半月庵)
백련사(白蓮寺)
불곡사(佛谷寺)
불성사(佛性[成·聖]寺)
삼막사(三幕[藐]寺)
圓 觀音寺
상불암(上佛庵)
신사(新寺)
안양사(安養寺)
염불암(念佛庵)
중초사(中初寺)

양 평 군

대원사(大圓寺)
묘덕암(妙德庵)
반야암(般若庵)
보리사(菩提寺)
사나사(舍那寺)
쌍계사(雙溪寺)
상원사(上元[院]寺)
소보갑사(所寶岬寺)
소설암(小雪庵)
옥천암(玉泉庵)
용문사(龍門寺)
운곡암(雲谷庵)
윤필암(潤筆庵)

죽장암(竹杖庵)
圓 開峴庵
중견성암(中見性庵)
태고암(太古庵)
하견성암(下見性[聖]庵)
해운암(海雲庵)
흥복사(興福寺)

여 주 군

고달사(高達寺)
대은사(大隱寺)
묘련사(妙蓮寺)
圓 葛空寺
묘운암(妙雲庵)
백운암(白雲庵)
삼상암(三相庵)
상원사(上院寺)
석이암(石耳庵)
신륵사(神勒寺)
신통사(神通寺)
영불암(永佛庵)
운흥암(雲興庵)
은적암(隱寂庵)
장화사(長華寺)
장흥사(長興寺)
철갑사(鐵甲寺)
정천사(井泉寺)
추암사(鷲岩寺)
충봉사(沖鳳寺)
하북사(下北寺)
흥왕사(興旺寺)
圓 霜旺寺

연 천 군

관음사(觀音寺)
도영암(倒影庵)
상원사(上院寺)
圓 圓寂寺
신암사(神岩寺)
신흥사(新興寺)

신흥암(新興庵)
아미사(阿彌寺)
오봉사(五峰寺)
왕흥사(王興寺)
용복사(龍腹寺)
장군사(將軍寺)
풍금사(風錦寺)
흥경암(興慶庵)

옹 진 군

개룡암(開龍庵)
망해사(望海寺)
쌍계사(雙溪〔雞〕寺)
　圓 水井庵
심적암(深寂庵)
안국사(安國寺)
연근사(連根寺)
용궁사(龍宮寺)
정수암(靜修庵)
청련사(靑蓮寺)

용 인 시

극락사(極樂寺)
금수암(金水庵)
나한사(羅漢寺)
동도사(東度寺)
문수사(文殊寺)
백련암(白蓮庵)
보해암(普海庵)
불당사(佛堂寺)
비봉사(飛鳳寺)
쌍령사(雙嶺寺)
서봉사(瑞峰寺)
선장사(禪長寺)
성불사(成佛寺)
신림사(神林寺)
안양사(安養寺)
용덕사(龍德寺)
용암사(龍岩寺)
용화사(龍華寺)

장경사(長庚寺)
조천사(朝天寺)
청명사(淸明寺)
향수사(香水寺)
획주사(劃珠寺)

의 정 부 시

망월사(望月寺)
쌍암사(雙岩寺)
　圓 雙庵
석림사(石林寺)
회룡사(回龍寺)

이 천 시

마곡사(麻谷寺)
망월암(望月庵)
민천사(旻天寺)
백족사(百足寺)
석남사(石南〔楠〕寺)
송령사(松嶺寺)
신흥사(新興寺)
안양사(安養寺)
안흥사(安興寺)
약사암(藥師庵)
역곡사(麻谷寺)
영원사(靈源寺)
영월암(映月庵)
옥수암(玉水庵)
용화사(龍華寺)
원경사(圓鏡寺)
은선암(隱仙庵)
입석사(立石寺)
정악사(定岳寺)
호천사(昊天寺)

장 단 군

극락사(極樂寺)
낙산사(洛山寺)
대화엄사(大華嚴寺)
동림사(東林寺)

불일사(佛日寺)
불정사(佛頂寺)
선흥사(禪興寺)
성등암(聖燈庵)
성불암(成佛庵)
승왕사(僧王寺)
심복사(心腹寺)
안적사(安積寺)
앙암사(仰岩寺)
영수암(永守庵)
영통사(靈通寺)
자제사(慈濟寺)
증각사(証覺寺)
천화사(天和寺)
천황사(天皇寺)
홍화사(弘化寺)
화장사(華藏寺)
흥성사(興聖寺)

파 주 군

감악사(紺岳寺)
검단사(黔丹寺)
금강사(金剛寺)
능엄사(楞嚴寺)
미타사(彌陀寺)
보현암(普賢庵)
봉암사(鳳岩寺)
상양사(上陽寺)
성재암(聖在庵)
신사(新〔薪〕寺)
영신암(靈神庵)
영은사(靈隱寺)
영천암(靈泉庵)
용암사(龍岩寺)
은왕사(恩旺寺)
자운사(慈雲寺)
평지암(平地庵)
혜음사(惠蔭〔陰〕寺)
　圓 古惠陰寺
호명사(虎鳴寺)

평 택 시

광덕사(光德寺)
만기사(萬奇寺)
망한사(望漢寺)
수도사(修道寺)
심복사(深福寺)
약사사(藥師寺)

포 천 군

백운사(白雲寺)
보장사(寶藏寺)
선적사(善積寺)
수원사(水原[源]寺)
안양사(安養寺)
옥금사(玉琴寺)
요봉사(繞鳳寺)
　圓 成佛寺
용화사(龍華寺)
원통사(圓通寺)
해룡사(海龍寺)
　圓 安國寺
향적사(香積寺)
흥룡사(興龍寺)
　圓 內院寺·白雲寺·黑龍寺

소 속 불 명

법희사(法喜寺)
영주암(靈珠庵)

경 상 남 도

거 제 시

각호사(角呼寺)
백련암(白蓮庵)
백천사(白川寺)
세진암(洗塵庵)
원효암(元曉庵)
은적암(隱寂庵)

거 창 군

가섭사(迦葉寺)
감악사(紺岳寺)
건흥사(乾興寺)
계명사(雞鳴寺)
고견사(古見寺)
　圓 見庵[岩]寺·見庵禪寺
극락암(極樂庵)
도정암(道正庵)
보광사(普光寺)
보해사(普海寺)
삼봉사(三峰寺)
송계암(松溪庵)
송림사(松林寺)
연수사(演水寺)
영추암(靈鷲庵)
용계사(龍溪寺)

고 성 군

내원사(內院寺)
대둔사(大芚寺)
문수암(文殊庵)
법천사(法泉寺)
석불암(石佛庵)
옥천사(玉泉寺)
용화사(龍華寺)
우방사(牛房寺)
운흥사(雲興寺)
은행사(銀杏寺)
장의암(藏義庵)

김 해 시

감로사(甘露寺)
귀암사(龜岩寺)
금강사(金剛社)
모은암(母恩庵)
무쌍사(無雙寺)
미륵암(彌勒庵)
백룡암(白龍庵)

백운암(白雲庵)
　圓 白蓮庵
봉화사(峰華寺)
부은암(父恩庵)
비로암(毘盧庵)
　圓 飛露庵
서림사(西林寺)
성조암(聖祖庵)
십선사(十善寺)
영귀암(靈龜庵)
영립암(靈笠庵)
영축암(靈竺庵)
운점사(雲岾寺)
은하사(銀河寺)
이세사(離世寺)
임강시(臨江寺)
　圓 王后寺
자암(子庵)
장유사(長遊寺)
　圓 王后寺·臨江寺
중봉사(中峰寺)
진국사(鎭國寺)
청량사(淸凉寺)
팔성사(八聖寺)
해은사(海隱寺)
호계사(虎溪寺)
흥국사(興國寺)
　圓 明月寺
흥부암(興府庵)

남 해 군

귀암사(龜岩寺)
다천사(茶川寺)
멸악사(滅惡寺)
보리암(菩提庵)
보제암(普濟庵)
부소암(扶蘇庵)
상도솔암(上兜率庵)
용문사(龍門寺)
운대암(雲臺庵)

의상암(義相[湘]庵)
중도솔암(中兜率庵)

마 산 시

계원사(溪原[源]寺)
만월사(滿月寺)
봉림사(鳳林寺)
불곡사(佛谷寺)
성주사(聖住寺)
圓 熊神寺
완월사(玩月寺)

밀 양 시

금강암(金剛庵)
대원암(大願庵)
圓 圓通庵
만어사(萬魚寺)
무봉사(舞鳳寺)
봉성사(奉聖寺)
봉천사(鳳泉寺)
부암(父[浮]庵)
부은암(父恩庵)
불일사(佛日社)
상암(上庵)
석골사(石骨寺)
안수사(安水寺)
억석암(抑石庵)
엄광사(嚴光寺)
영남사(嶺南寺)
영원사(瑩原[源]寺)
圓 西瑩寺
영은사(靈隱寺)
영정사(靈井寺)
圓 竹林寺
자복사(資福寺)
표충사(表忠寺)
圓 竹林寺·竹田寺
표충암(表忠庵)

사 천 시

개흥사(開興寺)
귀룡사(歸龍寺)
기룡사(起龍寺)
다솔사(多率寺)
圓 靈岳寺·靈風寺
문달사(文達寺)
배방사(排房[芳]寺)
서봉사(棲[栖·西]鳳寺)
圓 鳳岩寺
수도암(修道庵)
영악사(靈岳寺)
영월사(迎月寺)
용복사(龍腹寺)
적선사(積善寺)
정수암(淨水庵)
흥보사(興寶寺)

산 청 군

내원사(內源寺)
단속사(斷俗寺)
대원사(大源寺)
圓 平原寺
범액사(梵額寺)
봉서암(鳳棲庵)
삼장사(三壯寺)
쌍계사(雙溪寺)
소괴사(消怪寺)
심적사(深寂寺)
옥산사(玉山寺)
왕대암(王臺庵)
용방사(龍方寺)
용흥사(龍興寺)
운룡사(雲龍寺)
율곡사(栗谷寺)
장수사(長壽寺)
정취암(淨趣庵)
지곡사(智[知]谷寺)
청룡사(靑龍寺)

청안사(靑安寺)
화림사(花林寺)

양 산 시

견성암(見性庵)
금수암(金水庵)
내원사(內院寺)
圓 修禪寺
대룡사(大龍寺)
圓 船餘寺
두정사(頭正寺)
망일암(望日庵)
미타암(彌陀庵)
백운암(白雲庵)
불지사(佛池寺)
삼성암(三聖庵)
성불암(成佛庵)
수도암(修道庵)
신불암(新佛庵)
신흥사(新興寺)
안적사(安寂寺)
옥정사(玉井寺)
용연사(龍淵寺)
용화사(龍華寺)
운흥사(雲興寺)
원적암(圓寂庵)
원효대(元曉臺)
원효암(元曉庵)
인성암(引聖庵)
임경암(臨鏡庵)
장안사(長安寺)
척판암(擲板庵)
추정사(鷲井寺)
통도사(通度寺)
혁목사(赫木寺)

울 산 시

간월사(澗月寺)
금신암(金信庵)
내원암(內院庵)

대곡사(大谷寺)
대운사(大雲寺)
대원사(大原寺)
대화사(大和寺)
동축사(東竺寺)
망해사(望海寺)
　圓新房寺
문수암(文殊庵)
밀봉암(密峰庵)
반고사(磻高寺)
반야사(般若寺)
백련암(白蓮庵)
백양사(白楊[陽]寺)
사자암(獅子庵)
석남사(石[碩]南寺)
서수사(石水寺)
신흥사(新興寺)
　圓建興寺
심적암(深寂庵)
압유사(鴨遊寺)
연고사(連高寺)
열암사(裂岩寺)
오봉사(五峰寺)
옥천사(玉泉寺)
용화사(龍華寺)
운곡사(雲谷寺)
　圓穀成寺
운흥사(雲興寺)
월봉사(月峰寺)
청송사(青松寺)
축성사(丑城寺)
태화사(太和寺)

의 령 군

문산사(文山寺)
백련암(白蓮庵)
보리사(菩提寺)
보천사(寶泉寺)
수도사(修道寺)
양천사(楊泉寺)

정수사(淨水寺)
청원사(青猿寺)

진 주 시

가섭대(迦葉臺)
관음사(觀音寺)
관음암(觀音庵)
금선암(金仙庵)
남대암(南臺庵)
덕산사(德山寺)
두방암(斗芳庵)
망일암(望日庵)
모방사(茅房寺)
묵계사(默契寺)
미타사(彌陀寺)
배안사(百岩寺)
백운암(白雲庵)[1]
백천사(百泉寺)
법계사(法戒[界]寺)
법륜사(法輪寺)
법주굴(法主窟)
보암사(普庵寺)
삼곡사(三谷寺)
삼장사(三壯[藏]寺)
서광사(西廣寺)
　圓唐石寺·廣石寺
성전(聖殿)
신흥사(神興寺)
안양사(安養寺)
연지사(蓮池寺)
영대사(靈臺寺)
영신사(靈神寺)
오대사(五臺寺)
와룡사(臥龍寺)
　圓慈雲寺
용암사(龍岩寺)
월아사(月牙寺)
응석사(凝石寺)
의곡사(義谷寺)
지거사(智居寺)

천불암(千佛庵)
청곡사(青[清]谷寺)
청암사(青岩寺)
청원사(青原寺)
한산사(漢山寺)
　圓古山寺
향적사(香積寺)
　圓聖母廟
호국사(護國寺)
　圓山城寺
화룡사(化龍寺)
화암사(華岩寺)
화장암(華藏庵)

창 녕 군

관룡사(觀龍寺)
관음사(觀音寺)
구지사(口池寺)
극락암(極樂庵)
금곡사(金谷寺)
대흥사(大興寺)
도성암(道成庵)
법화암(法華庵)
보림사(寶林寺)
삼성암(三聖庵)
상락사(常樂寺)
서림사(西林寺)
석대암(石臺庵)
석천사(石泉寺)
승지사(勝地寺)
약사전(藥師殿)
연화사(蓮化寺)
옥천사(玉泉[川]寺)
용흥사(龍興寺)
인양사(仁陽寺)
일미사(一味寺)
자련사(紫蓮寺)
자차사(自此寺)
적조사(寂照寺)
정림사(定林寺)

죽림사(竹林寺)
청련암(靑蓮庵)
태봉암(胎封庵)

창 원 시

고산사(高山寺)
광산사(匡山寺)
광석사(廣石寺)
굴암(窟庵)
남백사(南白寺)
　圓 南寺·南白月寺
망월암(望月庵)
백룡암(白龍庵)
법적방(法積房)
북암(北庵)
　圓 板房
성흥사(聖興寺)
영암사(靈岩寺)
우곡사(牛谷寺)
유리광사(瑠璃光寺)
의림사(義林寺)
회진암(懷眞庵)
　圓 壞寺

통 영 시

백련암(白蓮庵)
안정사(安靜寺)
용화사(龍華寺)
　圓 天澤寺
호충암(護忠庵)

하 동 군

대곡사(大谷寺)
대적사(大寂寺)
대흥사(大興寺)
묘봉암(妙峰庵)
법천사(法泉寺)
보문암(普門庵)
　圓 黃嶺庵
봉상사(奉常寺)

불일암(佛日庵)
쌍계사(雙溪寺)
쌍계사(雙溪寺)
　圓 玉泉寺
신응사(神凝寺)
신흥사(神興寺)
양경사(陽慶寺)
영신암(靈神庵)
옥계사(玉溪寺)
우번대(牛翻臺)
의신사(義神寺)
이맹굴(理盲窟)
이명사(理明寺)
장흥암(長興庵)
학방사(鶴放寺)

함 안 군

고봉사(高峰寺)
관음사(觀音寺)
대사(大寺)
동암(東庵)
무학사(舞鶴寺)
미산사(眉山寺)
방어사(防禦寺)
송방사(松防寺)
심원사(深源[元]寺)
아견사(阿見寺)
아현사(阿峴寺)
약사암(藥師庵)
영대암(靈臺庵)
원효암(元曉庵)
은적암(隱寂庵)
의상암(義湘庵)
장춘사(長春寺)
조곡사(朝谷寺)
주리사(主吏寺)
중산사(中山寺)
천계사(天溪寺)
청송사(靑松寺)
흥성암(興聖庵)

함 양 군

개심암(開心庵)
견불사(見佛寺)
고녈암(高涅庵)
교룡사(蛟龍寺)
군자사(君子寺)
금대암(金臺庵)
기도사(己道寺)
덕봉사(德峰寺)
도숭암(道崇庵)
두류암(頭流庵)
득봉사(得峰寺)
득산사(得山寺)
등귀사(登龜寺)
마적사(馬迹寺)
묵계사(默溪寺)
문수사(文殊寺)
문수암(文殊庵)
미타사(彌陀寺)
백장사(白丈寺)
백화사(白花寺)
법화암(法華庵)
벽송사(碧松寺)
보국암(報國庵)
보월암(寶月庵)
상련대(上蓮臺)
상원사(上院寺)
　圓 極樂寺
선녈암(先涅庵)
성도암(成道庵)
승안사(昇安寺)
신녈사(新涅寺)
안국암(安國庵)
안정암(安靜庵)
암천사(岩川寺)
　圓 嚴川寺
엄천사(嚴泉寺)
연선대(蓮船臺)
영각사(靈覺寺)

영원사(靈源寺)
영은사(靈隱寺)
용추사(龍湫寺)
　圓 長水寺
은신암(隱身庵)
추암사(鷲岩寺)
화장사(花長寺)
후암사(厚岩寺)

합 천 군

갑산사(甲山寺)
거덕사(擧德寺)
계성사(桂城寺)
금곡사(金谷寺)
금정암(金井庵)
내원사(內院寺)
도성암(道成庵)
명적암(明寂庵)
몽계사(夢溪寺)
묵방사(墨房寺)
미타사(彌陀寺)
반야사(般若寺)
백엄사(伯嚴寺)
보암사(寶岩寺)
봉두사(鳳頭寺)
봉서사(鳳棲寺)
부도사(浮圖[屠]寺)
　圓 舍那寺
쌍암사(雙岩寺)
석수암(石水庵)
소리암(蘇利庵)
소학사(巢鶴寺)
신락사(新樂寺)
신흥사(神興寺)
안계사(安溪寺)
안정사(安靜寺)
연호사(烟湖寺)
영각사(鈴角寺)
영암사(靈岩寺)
용계사(龍溪寺)

용문사(龍門寺)
용자암(龍子庵)
우곡암(愚谷庵)
월광사(月光寺)
유학사(留鶴寺)
전각사(全角寺)
주성사(柱城寺)
중대암(中臺庵)
지곡사(智谷寺)
천성사(天城寺)
청강사(晴岡寺)
청량사(清凉寺)
풍계사(豊溪寺)
하거사(下鉅寺)
하견암(下見庵)
헤인사(海印寺)
해종암(海宗庵)
허굴사(嘘崛寺)
홍제당(弘濟堂)
환적대(幻寂臺)
흥덕사(興德寺)

소 속 불 명

남강사(南江寺)
영추사(靈鷲寺)

경 상 북 도

경 산 시

경흥사(慶興寺)
구주사(鳩住寺)
남태사(南泰寺)
대곡사(大谷寺)
대흥사(大興寺)
망월사(望月寺)
명적암(明寂庵)
밀암사(密岩寺)
반룡사(盤龍寺)
백운암(白雲庵)

백자암(柏子庵)
불굴사(佛窟寺)
사라사(娑羅寺)
상원암(上院庵)
쌍계사(雙溪寺)
선본암(禪本庵)
성암사(聖岩寺)
성재암(聖齋庵)
송림사(松林寺)
신림사(新林寺)
심천사(深泉寺)
안주암(安珠庵)
안흥사(安興寺)
여불암(如佛庵)
옥천암(玉泉庵)
원효암(元曉庵)
은선암(隱仙庵)
제석사(帝釋寺)
조계사(曹溪寺)
중림사(重林寺)
초개사(初開寺)
화련암(華蓮庵)
　圓 成佛寺
환성사(環城寺)

경 주 시

감산사(甘山寺)
감은사(感恩寺)
갑산사(岬山寺)
경지사(頃只寺)
　圓 項兄寺
고선사(高仙寺)
곤원사(坤元寺)
골굴암(骨窟庵)
구원사(久遠寺)
국사방(國師房)
굴불사(掘[窟]佛寺)
　圓 掘石寺
금강사(金剛[崗]寺)
금강암(金剛庵)

금곡사(金谷寺)　　백운암(白雲庵)　　심원사(深源寺)
금광사(金光寺)　　백장사(白場寺)　　안국사(安國寺)
금장사(金藏[莊]寺)　법류사(法流寺)　　애공사(哀公寺)
금정암(金井庵)　　법림사(法林寺)　　약목곡사(藥木谷寺)
기림사(祇林寺)　　법장사(法藏寺)　　양존사(兩尊寺)
圓 林井寺　　　　법흥사(法興寺)　　양피사(讓避寺)
기원사(祇園寺)　　병봉사(餠奉寺)　　엄장사(嚴莊[壯]寺)
나대사(羅代寺)　　보덕암(普德庵)　　연지사(蓮池寺)
남간사(南澗寺)　　圓 國救庵　　　　영경사(永敬寺)
남산사(南山寺)　　보리사(菩提寺)　　영지사(影池寺)
남항사(南巷寺)　　보문사(普門寺)　　영흥사(永興寺)
圓 南花寺　　　　복두암(襆頭庵)　　용장사(茸長寺)
단석사(斷石寺)　　봉덕사(奉德寺)　　용화사(龍華寺)
담암사(曇岩寺)　　봉성사(奉聖寺)　　우덕사(祐德寺)
圓 曇嚴寺　　　　부개사(夫蓋寺)　　웅수사(熊壽寺)
대곡사(大谷寺)　　부혜사(浮惠寺)　　圓 長壽寺
대둔사(大芚寺)　　북명사(北榠寺)　　원원사(遠願寺)
대숭복사(大崇福寺)　분황사(芬皇寺)　　유덕사(有德寺)
대승암(大乘庵)　　불국사(佛國寺)　　이거사(移車寺)
대운사(大雲寺)　　불무사(佛無寺)　　인용사(仁容寺)
도덕암(道德庵)　　사자사(師[獅]子寺)　임천사(林泉寺)
도량사(道場寺)　　사제사(四祭寺)　　장수사(長壽寺)
도림사(道林寺)　　사천왕사(四天王寺)　장천사(障川寺)
동곡사(洞鵠寺)　　삼기산사(三岐山寺)　장흥사(長興寺)
동방사(東方寺)　　삼랑사(三郎寺)　　정혜사(淨惠寺)
동천사(東川寺)　　생의사(生義寺)　　圓 定慧寺
동천사(東泉寺)　　圓 性義寺　　　　주사암(朱砂庵)
두덕암(斗德庵)　　석가사(釋迦寺)　　주암사(朱岩寺)
망덕사(望德寺)　　석장사(錫杖寺)　　중생사(衆生寺)
모량사(毛良寺)　　선방사(禪房寺)　　창림사(昌林寺)
모지사(毛只[祇]寺)　세규사(世逵寺)　　천관사(天官寺)
몽성사(夢成寺)　　圓 世達寺　　　　천궁사(川弓寺)
무장사(䥐藏寺)　　송화방(松花房)　　천은사(天恩寺)
문수사(文殊寺)　　숭복사(崇福寺)　　천주사(天柱寺)
민장사(敏藏寺)　　신광사(神光寺)　　圓 帝釋院
밀곡사(密谷寺)　　신선사(神仙寺)　　추선사(鷲仙寺)
반향사(反香寺)　　신선암(神仙庵)　　칠불암(七佛庵)
백률사(柏栗寺)　　신원사(神元寺)　　탑사(塔寺)
圓 刺楸寺　　　　신인사(神印寺)　　태화사(太華寺)
백엄사(伯嚴寺)　　신중사(神衆寺)　　표충사(表忠寺)

피리사(避里寺)
　圖念佛寺
학림사(鶴林寺)
혈사(穴寺)
혜숙사(惠宿寺)
호원사(虎願寺)
홍효사(弘孝寺)
황룡사(皇[黃]龍寺)
황복사(皇[黃]福寺)
황성사(黃聖寺)
흥륜사(興輪寺)
　圖大興寺·大王興輪寺·
大興輪寺

고 령 군

반룡사(盤龍寺)
약사암(藥師庵)
해운암(海雲庵)

군 위 군

내원암(內院庵)
덕림사(德林寺)
마정사(馬井寺)
박타사(博陀寺)
백련암(白蓮庵)
백운암(白雲庵)
법주사(法住[柱]寺)
성불사(成佛寺)
수태사(水泰寺)
신흥사(新興寺)
압곡암(鴨谷庵)
오도암(梧[悟]道庵)
월영사(月迎[影]寺)
인각사(麟角寺)
지보암(持寶庵)

김 천 시

갈항사(葛項寺)
감막사(柑幕寺)
계림사(雞林寺)

고방사(古[高]方寺)
궁곡사(弓谷寺)
극락암(極樂庵)
난암(卵庵)
　圖卵含庵
남산사(南山寺)
대도리사(大兜利寺)
문수사(文殊寺)
백운암(白雲庵)
복룡사(伏龍寺)
봉곡사(鳳谷寺)
쌍비사(雙飛寺)
신흥사(新興寺)
영묘사(零妙寺)
은적암(隱寂庵)
징각암(正覺庵)
직지사(直指寺)
진흥사(眞興寺)
청암사(靑岩寺)
태양사(太陽寺)

달 성 군

관음방(觀音房)
남지장사(南地藏寺)
대견사(大見寺)
대산사(臺山寺)
　圖龍鳳寺
도선사(道仙寺)
도성사(道成寺)
동화사(桐華寺)
　圖瑜伽寺
묘문암(妙門庵)
미리사(美理[利]寺)
보당암(寶幢庵)
부인사(夫人寺)
북지장사(北地藏寺)
선사암(仙槎庵)
소재사(消災寺)
옥천사(玉泉寺)
용연사(龍淵寺)

용호사(龍湖寺)
운흥사(雲興寺)
　圖桐[東]林寺·
燧[修]岩寺
유가사(瑜伽寺)
지장사(地藏寺)
청량암(淸凉庵)
충효암(忠孝庵)
파계사(把溪寺)
편양암(鞭羊庵)

문 경 시

관음사(觀音寺)
귀민사(龜玟[珉]寺)
금강대(金剛臺)
금학사(金鶴寺)
김룡사(金龍寺)
　圖雲峰寺
대승사(大乘寺)
도천사(道川寺)
동백련사(東白蓮寺)
　圖米糆寺
마정사(馬井寺)
묘봉암(妙峰庵)
미륵암(彌勒庵)
미면암(米麵庵)
백화암(白華庵)
법왕대(法王臺)
보덕굴(普德窟)
보현암(普賢庵)
봉서사(鳳棲寺)
봉암사(鳳岩寺)
　圖陽山寺
불일대(佛日臺)
상적암(上寂庵)
쌍계사(雙溪寺)
석천암(石泉庵)
심원사(深源寺)
　圖道藏庵
오정사(烏井寺)

운암사(雲岩寺)
운수암(雲水庵)
원적사(圓寂寺)
은광대(隱光臺)
최심사(換尋寺)

　圜 攉尋寺

혜국사(惠國寺)
화장사(華藏寺)

봉 화 군

각화사(覺華寺)
경일암(擎日庵)
관성암(觀聖庵)
극일암(極一庵)
금당사(金塘寺)

　圜 金壇寺

금천암(金泉庵)
고도암(古道庵)
대승암(大乘庵)
만월암(滿月庵)
망선암(望仙庵)
문수사(文殊寺)
백암사(白岩寺)
본적암(本寂庵)
불당사(佛堂寺)
상선암(上禪庵)
상청량사(上清凉寺)
심원암(深源庵)
안중암(安仲庵)
연대사(蓮臺寺)
연사(蓮寺)
연암(蓮庵)
영산전(靈山殿)
중대사(中臺寺)
중대암(中臺庵)
지림사(智林寺)
진불암(眞佛庵)
천성사(千聖寺)
청량사(清凉寺)
초방사(草芳寺)

추서사(鷲棲寺)
태자사(太子寺)
홍제암(弘[洪]濟庵)

상 주 시

각고암(覺古庵)
갑장사(甲長寺)
개원사(開元寺)
견일암(見日庵)
남장사(南長寺)

　圜 長栢寺

대원암(大院[源]庵)
동관음사(東觀音寺)
동방사(東方寺)
동암(東庵)
동해사(東海寺)

　圜 韓山寺

만경사(萬景寺)

　圜 龍岩寺

망월암(望月庵)
명월암(明月庵)
묘봉암(妙峰庵)
반야사(般若寺)
백운암(白雲庵)
보문사(普門寺)
보제사(普提寺)
보현암(普玄庵)
봉귀암(鳳歸庵)
봉두사(鳳頭寺)
봉불암(奉佛庵)
봉서암(鳳棲庵)
북장사(北長寺)
사사(沙寺)
상원사(上元寺)
서산사(西山寺)
성불암(成佛庵)
세동사(細洞寺)
세지암(世至庵)
소림사(小[少]林寺)
송대암(松臺庵)

승장사(勝長寺)
안룡사(安龍寺)
안수사(安水寺)
염불암(念佛庵)
영수암(映水庵)
용담사(龍潭寺)
용문사(龍文寺)

　圜 頭逆寺

용화사(龍華寺)

　圜 祥[詳]安寺·蛇眼寺

용흥사(龍興寺)
원통암(圓通庵)
은선암(隱仙庵)
적수암(寂守庵)
정토사(淨土寺)
진불암(眞佛庵)
청계사(清溪寺)
청룡암(青龍庵)
탑사(塔寺)
화개사(花開寺)
황령사(黃嶺寺)

선 산 군

굴암(窟庵)
금당암(金堂庵)
금수굴(金水窟)
대둔사(大芚寺)
대혈사(大穴寺)
도리사(桃李寺)
도선굴(道詵窟)
동양암(東陽庵)
득익사(得益寺)
문수사(文殊寺)

　圜 納石寺

미봉사(彌峰[鳳]寺)
보봉암(普峰庵)
보천사(寶泉寺)
쌍령암(雙嶺庵)
쌍천암(雙泉庵)
석수암(石守庵)

석천사(石泉寺)
수다사(水多寺)
시정암(始淨庵)
신대암(新臺庵)
약사암(藥師庵)
옥림사(玉林寺)
용택암(龍澤庵)
용화사(龍華寺)
원통암(元[圓]通庵)
원흥사(元興寺)
정지암(井池庵)
주륵사(朱勒寺)
죽림사(竹林寺)
죽장사(竹杖寺)
죽천사(竹泉寺)
진남사(鎭南寺)
화암(華庵)

성 주 군

감은사(感恩寺)
달전사(達田寺)
도원암(道源庵)
동방사(東方寺)
두모사(頭毛寺)
백운사(白雲寺)
법수사(法水寺)
법정사(法定寺)
쌍계사(雙溪寺)
서운암(棲雲庵)
선석사(禪[仙]石寺)
심원사(深源寺)
안국사(安國寺)
안봉사(安峰寺)
용기사(龍起寺)
용연사(龍淵寺)
용흥사(龍興寺)
인흥사(仁興寺)
일요암(日曜庵)
적산사(積山寺)
태봉사(胎峰寺)

안 동 시

개목암(開目庵)
고산사(孤山寺)
골내사(骨乃寺)
골암사(鶻岩寺)
광흥사(廣興寺)
금법사(金法寺)
낙타사(駱駝寺)
남양사(南陽寺)
망천사(輞川寺)
망천사(望天寺)
모운암(暮雲庵)
백련사(白蓮寺)
법룡사(法龍寺)
법림사(法林寺)
법흥사(法興寺)
병풍암(屛風庵)
봉림사(鳳林寺)
봉서사(鳳棲寺)
봉정사(鳳停寺)
삼백암(三百庵)
상대사(上臺寺)
서악사(西岳寺)
圓 雲台寺
서암사(西菴寺)
석수암(石水庵)
석탑암(石塔庵)
선찰암(仙刹庵)
성신암(成申庵)
성천사(聖泉寺)
수비사(首庇寺)
수정사(修淨寺)
안정사(安定寺)
애련사(愛[刈]蓮寺)
연미사(鷰眉寺)
영봉암(詠鳳庵)
영지암(靈芝庵)
오이동사(吾伊洞寺)
옥산사(玉山寺)

용담사(龍潭寺)
용두사(龍頭寺)
圓 龍壽寺
용정사(龍井寺)
용혈사(龍穴寺)
운안사(雲安寺)
운암(雲庵)
운암사(雲岩寺)
원림사(院林寺)
월란사(月瀾寺)
월림사(月林寺)
유하사(遊夏寺)
일출암(日出庵)
임강사(臨江寺)
임하사(臨河寺)
장안사(長安寺)
죽림사(竹林寺)
중대사(中臺寺)
치원암(致遠庵)
하림사(下臨寺)
하청량사(下淸凉寺)
학심사(鶴深寺)
한사(閑寺)
황산사(黃山寺)

영 덕 군

개인사(開印寺)
경수사(慶壽寺)
묘장사(妙藏寺)
범흥사(梵興寺)
봉송사(奉松寺)
사자갑사(獅子岬寺)
옥천사(玉泉寺)
용운사(龍雲寺)
용천사(龍泉寺)
위장사(葦長寺)
유금사(有金寺)
장륙사(莊[藏]陸寺)
청련사(靑蓮寺)
홍련암(弘蓮庵)

영 양 군

도곡사(道谷寺)
도성사(道成寺)
　圓 道義寺
불탑사(佛塔寺)
산해사(山海寺)
연대암(蓮臺庵)
영성사(永成寺)
용화사(龍化寺)
천축사(天竺寺)
홍림사(興霖寺)

영 주 시

경원사(慶元寺)
관람사(觀覽寺)
관음굴(觀音窟)
금광사(金光寺)
금당암(金堂庵)
금정암(金鼎[晶]庵)
능암사(陵庵寺)
도암(道庵)
동가타암(東伽陀庵)
동방사(東方寺)
두타사(頭陀寺)
명경암(明鏡庵)
묘봉암(妙峰庵)
벽하암(碧荷庵)
보리사(菩提寺)
보제암(菩濟庵)
보현암(普賢庵)
부도암(浮屠庵)
부석사(浮石寺)
비로사(毘盧寺)
상가타사(上伽陀寺)
상원사(上元寺)
석륜사(石崙寺)
성혈암(聖穴庵)
수도암(修道庵)
숙수사(宿水寺)

승림사(僧林寺)
양지사(陽地寺)
용천사(龍泉[天]寺)
유석사(留石寺)
응석사(凝石寺)
이보리사(二菩提寺)
정불사(淨佛寺)
중가타암(中伽陀庵)
중대사(中臺寺)
지방사(池方寺)
진공암(眞空庵)
진월사(陳月寺)
천룡사(天龍寺)
철암(哲庵)
청선원(淸禪院)
초암(草庵)
하가타암(下伽陀庵)
행의사(行衣寺)
혜운암(慧雲庵)
흑석사(黑石寺)
흥덕사(興德寺)
희방사(喜方寺)
　圓 叱方寺

영 천 시

거동사(巨洞寺)
거조암(居祖庵)
공덕사(功德寺)
기기암(奇奇庵)
묘각사(妙覺寺)
묘봉암(妙峰庵)
백지사(柏旨寺)
백흥암(百興庵)
법화사(法華寺)
봉림사(鳳林寺)
　圓 法華寺
부귀암(富貴庵)
부인사(符仁寺)
불굴사(佛窟[堀]寺)
상원사(上元寺)

수도사(修道寺)
안흥사(安興寺)
영지사(靈芝寺)
용흥사(龍興寺)
운계사(雲溪寺)
원명사(圓明寺)
은해사(銀海寺)
정각사(正覺寺)
죽림사(竹林寺)
죽방사(竹防寺)
진불암(眞佛庵)
환귀사(還歸寺)

예 천 군

개심사(開心寺)
남악사(南岳寺)
덕봉사(德奉寺)
동악사(東岳寺)
망월암(望月庵)
명봉사(鳴鳳寺)
백화사(白華寺)
　圓 白華禪院
법화암(法華庵)
보문사(普門寺)
북악사(北岳寺)
쌍악사(雙岳寺)
서악사(西岳寺)
선암(禪庵)
옹정사(甕井寺)
용곡사(龍曲寺)
용문사(龍門寺)
　圓 昌基寺
장안사(長安寺)
청룡사(靑龍寺)
한천사(寒天寺)
　圓 寒大寺
흥천사(興泉寺)

울 진 군

검산사(劍山寺)

계조암(繼祖庵)
광대사(廣大寺)
광도사(廣度寺)
광흥사(廣興寺)
달공굴(達公窟)
대천사(大川寺)
대흥사(大興寺)
대흥암(大興庵)
동림사(東林寺)
백묘사(白妙寺)
백암사(白岩寺)
불귀사(佛歸寺)
불영사(佛影寺)
　圓 九龍寺
선암사(禪岩寺)
선암사(禪庵[岩]寺)
성류사(聖留寺)
　圓 撑天窟
성조암(聖祖庵)
수도암(修道庵)
수진사(修眞寺)
신흥사(新興寺)
심수사(深水寺)
월궁사(月宮寺)
정림사(淨林寺)
진관사(眞觀寺)
천량암(天糧庵)
통제암(通濟庵)

의 성 군

고도사(高道寺)
고운사(孤[高]雲寺)
광당(廣堂)
대곡사(大谷寺)
　圓 大國寺
미흘사(彌屹寺)
백련사(白蓮寺)
백장사(白[百]丈寺)
빙산사(冰山寺)
서운암(瑞雲庵)

선악사(仙岳寺)
수정사(水淨寺)
　圓 修量寺
옥련사(玉蓮寺)
용천사(龍泉寺)
용흥사(龍興寺)
운곡사(雲谷寺)
운람사(雲嵐寺)
장흥사(長興寺)
정수암(淨水庵)
주운사(住雲寺)
주월암(住月庵)
지보암(持寶庵)
지장사(地藏寺)
화장굴(華藏窟)

청 도 군

가슬갑사(嘉瑟岬寺)
대비사(大悲寺)
　圓 大悲岬寺
대산사(臺山寺)
대송사(大宋寺)
대운암(大雲庵)
대적사(大寂寺)
덕사(德寺)
동문암(東門庵)
문수사(文殊寺)
백련암(白蓮庵)
병사(餠寺)
복안사(伏安寺)
불령사(佛靈寺)
비엽사(匕葉寺)
석굴사(石窟[堀]寺)
수암사(水庵寺)
신둔사(薪芚寺)
　圓 新屯寺
신암사(新岩寺)
영미사(零味寺)
용봉사(龍鳳寺)
용천사(湧泉寺)

운문사(雲門寺)
　圓 小鵲岬[鴨]寺·
　鵲甲寺·大鵲鴨寺
적멸사(寂滅寺)
적천사(磧川寺)
죽림사(竹林寺)
천문갑사(天門岬寺)
천정사(天井寺)
칠엽사(七葉寺)
학정사(鶴井寺)

청 송 군

대전사(大典寺)
돈적암(遯跡庵)
백련암(白蓮庵)
백운암(白雲庵)
보광사(普光寺)
보현사(普賢寺)
삼성암(三聖庵)
쌍계사(雙溪寺)
쌍암사(雙岩寺)
수정사(水淨寺)
수정사(水晶寺)
적조암(寂照庵)
주방사(周房寺)
청운암(靑雲庵)

칠 곡 군

가림사(加[嘉]林寺)
갈경사(葛頸寺)
금곡사(金谷寺)
금답사(金答寺)
대둔사(大芚寺)
대흥사(大興寺)
도덕암(道德庵)
보국사(寶國寺)
선봉사(仙鳳寺)
송림사(松林寺)
염불암(念佛庵)
위봉사(威鳳寺)

정도사(淨兜寺)
천원사(天原寺)
천주사(天柱寺)

포 항 시

거문사(巨門寺)
계조암(繼祖庵)
고석사(古石寺)
내원암(內院庵)
대비암(大悲庵)
명월암(明月庵)
문수암(文殊庵)
백련사(白蓮寺)
법광사(法光[廣]寺)
보경사(寶鏡寺)
상태사(常泰寺)
석남사(石南寺)
선열암(禪悅庵)
성도암(成道庵)
안곡사(安谷寺)
영추사(靈鷲寺)
오어사(吾魚寺)
용화사(龍華寺)
원효사(元曉寺)
의상암(義相庵)
죽림사(竹林寺)
천곡사(泉谷寺)
평등사(平等寺)
해봉사(海鳳寺)
혜공암(惠空庵)

전 라 남 도

강 진 군

고성사(高聲寺)
금곡사(金谷寺)
園 石門寺
만덕사(萬德寺)
무위사(無爲寺)

園 觀音寺·無爲岬寺
백련사(白蓮寺)
백운사(白雲寺)
보림사(寶林寺)
삼존암(三尊庵)
석문사(石門寺)
성불사(成佛寺)
수암사(秀岩寺)
수인사(修因[仁]寺)
수청사(水淸寺)
연화사(蓮花寺)
운제사(雲際寺)
월남사(月南寺)
정수사(淨水寺)
합장암(合掌庵)
홍련사(紅蓮寺)
화방사(華芳寺)
園 華嚴庵

고 흥 군

금탑사(金塔寺)
능가사(楞迦寺)
능라사(綾羅寺)
보현사(普賢寺)
봉래사(蓬萊寺)
불개사(佛盖寺)
불대사(佛臺寺)
석부암(石付庵)
송광암(松廣庵)
수도암(修道庵)
용은사(龍隱寺)
용흥사(龍興寺)
은적사(隱寂寺)
제석사(帝釋寺)
지장암(地藏庵)
첨산사(尖山寺)
園 石老庵

곡 성 군

개사(介寺)

관음사(觀音寺)
금강사(金剛寺)
금당사(金堂寺)
금선암(金仙庵)
나암사(蘿岩寺)
도림사(道林寺)
무후사(武候寺)
미륵사(彌勒寺)
서산사(西山寺)
성불사(成佛寺)
신덕사(申[神]德寺)
운흥사(雲興寺)
지장암(地藏庵)
천태암(天台庵)
태안사(泰安寺)
향일암(向日庵)
화장사(華藏寺)

광 양 시

개룡사(開龍寺)
능라사(綾羅寺)
백운암(白雲庵)
성불사(成佛寺)
성불암(成佛庵)
송천사(松川寺)
옥룡사(玉龍寺)
용장사(龍藏寺)
운암사(雲岩寺)
은선암(隱仙庵)
중흥사(中興寺)
황룡사(黃龍寺)

구 례 군

구층암(九層庵)
금선대(金仙臺)
백련암(白蓮庵)
사성암(四聖庵)
상곡사(象谷寺)
상선암(上禪庵)
연곡사(鷰[燕]谷寺)

연기암(烟起庵)
적기암(赤旗庵)
천은사(泉隱寺)
청계암(淸溪庵)
토선암(土禪庵)
화엄사(華嚴寺)

나 주 군

갈공사(葛控寺)
금륜사(金輪寺)
다보사(多寶寺)
도홍사(道弘寺)
미륵사(彌勒寺)
법륜사(法輪寺)
보광사(寶光寺)
복암사(伏岩寺)
봉산사(逢山寺)
불두사(佛頭寺)
불회사(佛會寺)
쌍계사(雙溪寺)
신륵사(新勒寺)
　圓 鬱牙寺
신왕사(神王寺)
심향사(尋香寺)
용계암(龍溪庵)
용진사(湧珍寺)
운흥사(雲興寺)
웅점사(熊岾寺)
육룡사(六龍寺)
육림사(六林寺)
장흥사(長興寺)
주송사(朱松寺)
죽림사(竹林寺)
죽사(竹寺)
추선사(推善寺)
학림사(鶴林寺)
흥룡사(興龍寺)

담 양 군

각시사(覺時寺)

개선사(開仙寺)
고산사(高山寺)
귀암사(龜岩寺)
극락사(極樂寺)
금성사(金城寺)
내원암(內院庵)
녹천사(綠泉寺)
미라사(彌羅寺)
번적사(番蹟寺)
보국사(補[輔]國寺)
보리암(菩提庵)
상원사(上院寺)
서봉사(瑞鳳寺)
신광사(神光寺)
안심사(安心寺)
양각사(羊角寺)
언곡사(彦谷寺)
영원사(永遠寺)
옥천사(玉泉寺)
용추사(龍湫寺)
　圓 龍泉寺
용흥사(龍興寺)
우송사(又松寺)
월영사(月影寺)
주선암(杜宣庵)
중대암(中臺庵)
호국사(護國寺)
화흥사(花興寺)

목 포 시

달성사(達城寺)
청명사(淸明寺)

무 안 군

대굴사(大崛寺)
마곡사(磨谷寺)
목우암(牧牛庵)
법천사(法泉寺)
약사사(藥師寺)
　圓 南鶴寺

원갑사(圓甲寺)
죽사(竹寺)
총지사(總持[指]寺)

보 성 군

개흥사(開興寺)
대원사(大原[元]寺)
봉갑사(鳳甲[岬]寺)
신흥사(神興寺)
오봉사(五峰寺)
용연사(龍淵寺)
월림사(月林寺)
일림사(日林寺)
일월사(日月寺)
적지사(赤地寺)
정흥사(正興寺)
징광사(澄光寺)

순 천 시

감로암(甘露庵)
고룡사(古龍寺)
고봉암(高峰庵)
고사(古寺)
귀로암(歸老庵)
금강암(金剛庵)
금둔사(金芚寺)
내은암(內隱庵)
대광사(大光寺)
대흥사(大興寺)
　圓 龍臺庵
도선암(道詵庵)
동화사(桐華寺)
만복사(萬福寺)
만흥사(萬興寺)
분사(粉寺)
선암사(仙岩寺)
선적사(善積寺)
선조암(禪助庵)
송광사(松廣寺)
송림사(松林寺)

용문사(龍門寺)
원통사(圓痛寺)
월출암(月出庵)
은봉암(隱峰庵)
정혜사(定慧[惠]寺)
　圓 古寺
징광사(澄光寺)
향림사(香林寺)
흥천사(興天寺)

신 안 군

노만사(露萬寺)

여수시 · 여천군

석천사(石泉寺)
한산사(寒山寺)
봉귀사(鳳歸寺)
용문암(龍門庵)
은적암(隱寂庵)
장생사(長生寺)
향일암(向日庵)
　圓 圓通庵 · 金鰲庵
흥국사(興國寺)

영 광 군

구수사(九岫寺)
금정암(金井庵)
동자복사(東資福寺)
봉정사(鳳停寺)
불갑사(佛甲[岬]寺)
수연사(隨緣寺)
연흥사(烟興寺)
영흥사(永興寺)
원각사(圓覺寺)
은선암(隱仙庵)
이흥사(利興寺)
자복사(資福寺)

영 암 군

고산사(孤山寺)

관음굴(觀音窟)
도갑사(道岬寺)
도봉사(道峰寺)
도선암(道詵庵)
도솔암(兜率庵)
동석사(動石寺)
문수암(文殊庵)
백운사(白雲寺)
봉선암(奉僊庵)
서방굴(西方窟)
수정굴(水晶[精]窟)
용암사(龍岩寺)
이감암(利甘庵)
청풍사(淸風寺)
축성암(祝聖庵)
칠지정사(七池精舍)
통교사(通敎寺)

완 도 군

관음사(觀音寺)
법화암(法華庵)
신대사(新臺寺)
영주암(瀛州庵)
옥천사(玉泉寺)
학서암(鶴棲庵)

장 성 군

가상사(佳祥寺)
가성사(佳城寺)
고경사(高慶寺)
대조암(大祖庵)
백양사(白羊寺)
봉정사(鳳停寺)
불암(佛庵)
상림사(上林寺)
상청사(上淸寺)
석수암(石水庵)
수도암(修道庵)
신흥사(新興寺)
인경사(人慶寺)

약사암(藥師庵)
연화사(蓮花寺)
옥정사(玉井寺)
유천사(有泉寺)
인월사(印月寺)
정리암(鄭李庵)
제월암(霽月庵)
죽림사(竹林寺)
천방사(千方寺)
청연사(淸淵寺)
추봉사(鷲峰寺)
추서사(鷲棲寺)
태조암(太祖庵)
하청사(下淸寺)
흥경사(興慶寺)

장 흥 군

가공암(架空庵)
가구암(可久庵)
가미사(迦美寺)
가지사(迦智寺)
고산사(古山寺)
곤유암(坤酉庵)
광선암(廣禪庵)
구정암(九精庵)
극락당(極樂堂)
금강사(金剛寺)
　圓 竹寺
금선암(金仙庵)
금수암(金水庵)
금장사(金藏寺)
내원암(內院庵)
노승암(老僧庵)
도장사(道藏寺)
마룡사(馬龍寺)
망월대(望月臺)
망해암(望海庵)
멸연암(滅緣庵)
무학당(舞鶴堂)
문수암(文殊庵)

법해암(法海庵)
보림사(寶林寺)
보문사(普門寺)
보현사(普賢寺)
불영대(佛影臺)
불영암(佛影庵)
사자굴(獅子窟)
삼수암(三水庵)
　圓一水庵
생양사(生陽寺)
서운암(瑞雲庵)
석대암(石臺庵)
석두암(石頭庵)
석수암(石水庵)
석천암(石泉庵)
신암(仙庵)
성불사(成佛寺)
송암(松庵)
수층암(隨層庵)
신흥사(新興寺)
심원암(深源庵)
안심대(安心臺)
안초당(安草堂)
어등암(漁燈庵)
연화대(蓮花臺)
영은암(靈隱庵)
영일암(迎日庵)
영추대(靈鷲臺)
옥룡사(玉龍寺)
옥정암(玉井庵)
용추암(龍湫庵)
용화사(龍華寺)
일림사(日林寺)
찬수굴(攢手窟)
천관사(天冠寺)
하송라대(下松蘿臺)
하수도암(下修道庵)
해선암(海仙庵)
해운암(海雲庵)
　圓觀音房

행원사(杏圓寺)
헌류사(獻留寺)
홍초당(洪草堂)
화엄사(華嚴寺)

진 도 군

굴사(窟寺)
금골암(金骨庵)
봉성암(鳳城庵)
사나사(舍那寺)
상만사(上萬寺)
쌍계사(雙溪寺)
쌍계암(雙溪庵)
와우사(臥牛寺)
용장사(龍藏寺)
죽림사(竹林寺)
해언사(海堰寺)

함 평 군

고산사(高山寺)
군니사(君尼寺)
　圓君遊寺
서상사(瑞祥寺)
용천사(龍泉寺)
월량사(月良寺)
죽림사(竹林寺)

해 남 군

고진불암(古眞佛庵)
금강사(金剛寺)
남암(南庵)
다보사(多寶寺)
대흥사(大興寺)
　圓大芚寺
도장사(道藏寺)
둔사(屯寺)
　圓黑石寺
미황사(美黃寺)
백련암(白蓮庵)
별진사(別津〔珍〕寺)

보현암(普賢庵)
북암(北庵)
상원암(上院庵)
서동사(瑞洞寺)
석두암(石頭庵)
성도암(成道庵)
세동사(細東寺)
신진불암(新眞佛庵)
약사암(藥師庵)
죽음사(竹陰寺)
청신암(淸神〔新〕庵)
칠성암(七星庵)
탑산사(塔山寺)
흑석사(黑石寺)

화 순 군

개천사(開天寺)
규봉암(圭〔奎〕峰庵)
동림사(東林寺)
만연사(萬淵寺)
만흥사(萬興寺)
문수암(文殊庵)
쌍계사(雙溪寺)
쌍봉사(雙峰寺)
석불암(石佛庵)
석천사(石泉寺)
안심사(安心寺)
연혈사(燕穴寺)
영봉사(靈鳳寺)
용문사(龍門寺)
용암사(聳岩寺)
운계사(雲溪寺)
운주사(雲住〔舟〕寺)
유마사(維摩寺)
인량사(人良寺)
일발암(一鉢庵)
일지암(一枝庵)
정관사(鼎串寺)
정방암(井方庵)
지장암(地藏庵)

청공사(靑空寺)
한산사(寒山寺)
혈암사(穴庵寺)
혈암사(穴岩寺)

소 속 불 명

석수암(石水庵)
영추사(靈鷲寺)

전 라 북 도

고 창 군

가상사(嘉[佳]祥寺)
개태사(開泰寺)
고봉사(高峰寺)
기출암(起出庵)
남암(南庵)
도솔암(兜率庵)
동암(東庵)
동운암(東雲庵)
문수사(文殊寺)
백련암(白蓮庵)
백운사(白雲寺)
백운암(白雲庵)
봉덕사(奉德寺)
북도솔사(北兜率寺)
북암(北庵)
삼석암(三石庵)
상암(上庵)
상원사(上院[元]寺)
서봉사(瑞峰寺)
선운사(禪雲寺)
소요사(逍遙寺)
수고암(水庫庵)
수굴암(水窟庵)
수다사(水多寺)
수목사(水目寺)
수월사(水月寺)
신흥사(新興寺)

안덕사(安德寺)
연기사(烟起寺)
영천사(靈泉寺)
용계사(龍溪寺)
용장사(龍藏寺)
운장사(雲藏寺)
은선암(隱仙庵)
은적암(隱寂庵)
임앙사(臨仰[卬]寺)
제월암(霽月庵)
천등암(千燈庵)
천상암(天上庵)
층운암(層雲庵)

군 산 시

강림사(江臨寺)
관성암(觀性庵)
길상사(吉祥寺)
보천암(寶泉庵)
불지사(佛智寺)
상주사(上柱寺)
선종암(禪宗庵)
수심사(修心寺)
오성사(五聖寺)
은적사(隱寂寺)
용천사(龍泉寺)
은적암(隱寂庵)
천방사(千房寺)
圓 禪林寺

김 제 시

개동사(開同[洞·桐]寺)
귀신사(歸信寺)
대운사(大雲寺)
망해사(望海寺)
문수사(文殊寺)
반야암(般若庵)
발족암(跋足庵)
불장암(佛藏庵)
비장암(轡長庵)

사사(沙寺)
상암(上庵)
상서전암(上西殿庵)
쌍계사(雙溪寺)
서봉암(西峰庵)
석담사(石潭寺)
성모암(聖母庵)
수도암(修道庵)
안양암(安養庵)
용봉사(龍鳳寺)
용장사(龍藏寺)
용화사(龍華寺)
원각사(圓覺寺)
圓 珍照寺
원각암(圓覺庵)
조묘암(祖妙庵)
조주사(趙州寺)
진묵사(震默寺)
청운사(靑雲寺)
학선암(鶴仙庵)
흥복사(興福寺)

남 원 시

가인사(佳仁寺)
갈복사(葛福寺)
강청암(江淸庵)
圓 石秀庵
개량사(開良寺)
경덕사(敬德寺)
고산사(高山寺)
귀정사(歸政寺)
남암(南庵)
남원산사(南原山寺)
달공사(達空寺)
대국사(大國寺)
대복사(大福寺)
圓 大谷寺
대복암(大福庵)
대암사(臺嵒寺)
대흥사(大興寺)

圀 波根寺
덕음사(德蔭寺)
도인사(道印寺)
두타암(頭陀庵)
만덕사(萬德寺)
만복사(萬福寺)
만행사(萬行寺)
묘봉사(妙峰寺)
백암수(白嵓藪)
백장암(百丈庵)
보현사(寶玄[賢]寺)
圀 城南寺
불암(佛庵)
비금암(飛金庵)
빙발암(冰發庵)
산성사(山城寺)
삼기사(三歧寺)
서남사(西南寺)
서운암(瑞雲庵)
서진암(瑞眞庵)
석수암(石水庵)
선국사(善國寺)
선원사(禪院寺)
송림사(松林寺)
수도암(修道庵)
수명사(水明寺)
수문암(水門庵)
수성암(水聲庵)
승련사(勝蓮寺)
식장암(食莊庵)
실상사(實相寺)
심원사(深源寺)
심원암(深源庵)
안불사(安佛寺)
연관사(烟觀寺)
용담사(龍潭寺)
용대암(龍臺庵)
용학암(龍鶴庵)
운문사(雲門寺)
원수사(源水寺)

원통암(圓通庵)
장계사(長溪寺)
재불암(齋佛庵)
주지암(住智[持]庵)
천태암(天台庵)
풍곡사(風谷寺)
해월암(海月庵)
호성암(虎成庵)
황령암(黃嶺庵)
회륵사(回勒寺)
흥랑사(興浪寺)

무 주 군

고경사(高境寺)
관음사(觀音寺)
구천동사(九千洞寺)
백련암(白蓮庵)
북고사(北固寺)
불두사(佛頭寺)
상원사(上元寺)
안국사(安國寺)
원도사(圓道寺)
원통사(圓通寺)
중원사(中元寺)
청량사(淸凉寺)
향산사(香山寺)
향적암(香積庵)
호국사(護國寺)

부 안 군

개암사(開岩寺)
내소사(來蘇寺)
圀 蘇來寺·小蘇來寺·
　大蘇來寺
도솔사(兜率寺)
圀 內兜率寺
명월암(明月庵)
문수사(文殊寺)
백련사(白蓮寺)
백운사(白雲寺)

부도암(浮屠庵)
부사의방장(不思議方丈)
圀 不思議庵
석불사(石佛寺)
선계사(仙啓寺)
성황사(城隍寺)
실상사(實相寺)
영산사(靈山寺)
외도솔사(外兜率寺)
용화사(龍華寺)
원효방(元曉房)
월명암(月明庵)
의상암(義湘庵)
임방암(臨方庵)
자씨암(慈氏庵)
청림사(淸臨寺)
청일암(請日庵)
흥랑사(興浪寺)

순 창 군

갈궁사(葛宮寺)
강천사(剛泉[川]寺)
귀미사(龜尾寺)
귀암사(龜岩寺)
난계사(蘭溪寺)
내원사(內院寺)
대모암(大母庵)
만일사(萬日寺)
망월사(望月寺)
망일사(望日寺)
법운사(法雲寺)
불암사(佛岩寺)
쌍계사(雙溪寺)
서룡사(瑞龍寺)
신광사(神光寺)
실상암(實祥庵)
심원사(深源寺)
심적사(深寂寺)
여운사(如雲寺)
연대암(蓮臺庵)

영은사(靈隱寺)
용암사(龍岩寺)
용유사(龍遊寺)
일광사(日光寺)
추암사(鷲岩寺)
향덕사(向德寺)

이 리 시

혜봉원(慧峰院)

익 산 시

남원사(南原寺)
도신사(道新寺)
목련암(目蓮庵)
문수사(文殊寺)
미륵사(彌勒寺)
백련암(白蓮庵)
백운사(白雲寺)
백운암(白雲庵)
봉림사(鳳林寺)
사자암(獅[師]子庵)
상원사(上院[元]寺)
상원암(上元庵)
석불사(石佛寺)
성불사(成佛寺)
숭림사(崇林寺)
심곡사(深谷寺)
오금사(五金寺)
오산사(梧山寺)
용흥사(龍興寺)
일신사(日新寺)
임해사(臨海寺)
자명사(自鳴[明]寺)
장안사(長安寺)
태봉사(胎峰寺)
팔등사(八燈寺)
황룡사(黃龍寺)

임 실 군

가지사(迦智寺)

백련사(白蓮寺)
산탄사(山灘寺)
상이암(上耳庵)
圓 道詵庵
서이사(西耳寺)
선압사(仙押[狎]寺)
성조암(星照庵)
성좌암(星座庵)
수락사(水落寺)
신흥사(新興寺)
심원사(深源寺)
운수암(雲水庵)
운흥사(雲興寺)
원적사(元寂寺)
죽림암(竹林庵)
중기사(中基寺)
진구사(珍丘寺)
해월암(海月庵)

장 수 군

구련암(九蓮庵)
석천사(釋天寺)
성불암(成佛庵)
신광사(新[神]光寺)
영월암(映月庵)
예불암(禮佛庵)
운점사(雲岾寺)
원흥사(元興寺)
장안사(長安寺)
정토사(淨土寺)
팔공암(八功庵)
팔성암(八聖庵)

전주시 · 완주군

가막사(伽漠寺)
경복사(景福寺)
계림사(雞林寺)
관음사(觀音寺)
굴선암(掘禪庵)
극락암(極樂庵)

금당사(金塘寺)
금당암(金堂庵)
금동암(金洞庵)
기린사(麒麟寺)
남고사(南固[高]寺)
남복선원(南福禪院)
남암(南庵)
단암사(丹岩寺)
圓 多男寺
대원사(大院寺)
대원사(大原[元·圓]寺)
동고사(東固寺)
동손암(桐孫庵)
득모암(得母庵)
圓 白雲庵
문수암(文殊庵)
미륵사(彌勒寺)
미륵암(彌勒庵)
백광암(白光庵)
벽송암(碧松庵)
보광사(普光寺)
봉림사(鳳林寺)
봉서사(鳳棲寺)
북신사(北辰寺)
비래방장(飛來方丈)
圓 延福寺
사대사(四大寺)
삼경사(三擎寺)
상원암(上院庵)
서고사(西固[高]寺)
수왕암(水王庵)
승암사(僧岩寺)
안도암(安道庵)
안수암(安岫庵)
안심사(安心寺)
안양암(安養庵)
옥련암(玉蓮庵)
용화사(龍華寺)
운문사(雲文寺)
운암사(雲岩寺)

원등암(遠燈庵)
원암사(圓岩寺)
위봉사(威[圍]鳳寺)
위성암(違聖庵)
윤필암(尹弼庵)
은수암(隱水庵)
은신암(隱身庵)
은적암(隱寂庵)
이중암(尼衆庵)
일출암(日出庵)
임천사(臨川寺)
장파사(長波寺)
정수사(淨水寺)
정혜사(定慧寺)
정혜암(定慧[惠]庵)
세륜사(濟淪寺)
주석원(呪錫院)
진북사(鎭北寺)
천고사(天固寺)
천룡사(天龍寺)
천왕사(天王寺)
천장사(天藏寺)
천장암(天藏庵)
추령암(鷲嶺庵)
칠성암(七星庵)
학림암(鶴林庵)
학소암(鶴巢庵)
화암사(花巖寺)
화엄사(華嚴寺)
흑석사(黑石寺)
　圜 黑闇寺

정 읍 시

각료암(覺了庵)
내장사(內藏寺)
동운암(東雲庵)
등계사(燈溪寺)
만일사(萬日寺)
망월사(望月寺)
망해암(望海庵)

반석암(盤石庵)
반야사(般若寺)
백련사(白蓮寺)
보림사(寶林寺)
사자사(獅子寺)
상두사(象頭寺)
서덕암(瑞德庵)
선전암(善殿庵)
양수암(兩峀庵)
영원사(靈源寺)
영천사(靈泉寺)
옥천사(玉泉寺)
왕박암(王朴庵)
용장사(龍藏寺)
　圜 雲住寺
운두암(雲頭庵)
원통암(圓通庵)
유마사(維摩寺)
유선사(遊仙寺)
　圜 遊山寺
은석암(銀石庵)
정토사(淨土寺)
창내암(倉內庵)
천곡사(泉谷寺)
해정사(海鼎寺)
흥룡사(興龍寺)

진 안 군

고림사(古林寺)
금당사(金塘[堂]寺)
남암사(南庵寺)
미적사(米積寺)
반룡사(盤龍寺)
북수사(北水寺)
　圜 廣德寺
상원사(上院寺)
쇄암사(碎岩寺)
숭암사(崇岩寺)
심경암(心鏡庵)
심원사(深院寺)

심원사(深源寺)
옥천암(玉泉庵)
중대사(中臺寺)
천황사(天皇寺)
현암(懸庵)
혈암사(穴岩寺)

제 주 도

남 제 주 군

두타사(頭陀寺)
법화사(法華寺)
성불암(成佛庵)
영천사(靈泉寺)

북 제 주 군

강림사(江臨寺)

제 주 시

관음사(觀音寺)
만수사(萬壽寺)
묘련사(妙蓮寺)
문수암(文殊庵)
불탑사(佛塔寺)
소림사(少林寺)
수정사(水精寺)
원당사(元堂寺)

소 속 불 명

보문사(普門寺)
서천암(逝川庵)
선암(禪庵)
월계사(月溪寺)
존자암(尊者庵)
해륜사(海輪寺)
해림사(海林寺)

충 청 남 도

공 주 시

가섭암(迦葉庵)
갑사(甲[岬]寺)
구룡사(九龍寺)
귀래사(歸來寺)
금암사(錦岩寺)
남혈원(南穴院)
대통사(大通寺)
동학사(東鶴寺)
　圓 東鷄寺
동혈사(桐[東]穴寺)
등라사(藤蘿寺)
마곡사(麻谷寺)
망일사(望日寺)
반룡사(盤龍寺)
부용암(芙蓉庵)
상원사(上院寺)
서혈사(西穴寺)
수연원(修淵院)
수원사(水院[源]寺)
신원사(新元寺)
신원사(神院寺)
신흥암(新興庵)
영은사(靈隱寺)
율사(栗寺)
정지방(亭止房)
정지사(艇止寺)
주미사(舟尾寺)
중심사(中心寺)
청량사(淸凉寺)
청련사(靑蓮寺)
청림사(靑林寺)
향지사(香芝寺)
현수사(懸壽寺)
효가원(孝家院)
효제암(孝悌庵)

금 산 군

남사(南寺)
대둔사(大芚寺)
만덕사(萬德寺)
미륵사(彌勒寺)
백련사(白蓮社)
　圓 廬岳寺
보석사(寶石寺)
보통사(寶通寺)
봉서사(鳳棲寺)
불화사(佛華寺)
서대사(西臺寺)
석천사(石泉寺)
신안사(身安寺)
영암사(靈巖寺)
영적암(靈寂庵)
영천암(靈泉庵)
원통사(元通寺)
원효사(元曉寺)
월봉사(月峰寺)
중서대사(中西臺寺)
청림사(靑林寺)
태고사(太古寺)
하서대사(下西臺寺)

논 산 군

고운사(孤雲寺)
　圓 新孤雲寺
관촉사(灌燭寺)
군각사(郡覺寺)
금지사(金地[池]寺)
도광사(道光寺)
　圓 開泰寺
만운사(萬雲寺)
보문사(普門寺)
봉안사(奉安寺)
불암사(佛庵寺)
상암사(上庵寺)
쌍계사(雙溪寺)

석천암(石泉庵)
송불암(松佛庵)
신흥사(新興寺)
염불암(念佛庵)
영은사(靈隱寺)
용암사(聳岩寺)
월은사(月隱寺)
정토사(淨土寺)
탑사(塔寺)
향정사(香定寺)

당 진 군

고산사(高山寺)
구룡사(九[具]龍寺)
능암사(能庵寺)
문수암(文殊庵)
보회사(保會寺)
사근사(沙斤[芹]寺)
석수암(石水庵)
성당사(聖堂寺)
숭학사(崇學寺)
신암사(申庵寺)
안국사(安國寺)
영랑사(影浪寺)
영탑사(靈塔寺)
장안사(長安寺)
해운암(海雲庵)

보 령 시

금강암(金剛庵)
　圓 玉溪寺
단원사(團圓寺)
백운사(白雲寺)
사나사(舍那寺)
선림사(禪林寺)
성당사(聖堂寺)
성주사(聖住寺)
영흥사(永興寺)
중대암(中臺庵)
천정암(天井庵)

한산사(寒山寺)

부 여 군

경룡사(驚龍寺)
고덕사(高德寺)
고란사(皇蘭寺)
공덕대사(功德大寺)
구불사(舊佛寺)
금강사(金剛寺)
금지암(金池[地]庵)
내원암(內院庵)
대조사(大鳥寺)
덕림암(德林庵)
도천사(道川[泉]寺)
동자복사(東資福寺)
맘심사(望心寺)
망월사(望月寺)
무량사(無量寺)
명적암(明寂庵)
미륵사(彌勒寺)
보각사(普覺寺)
보광사(普光寺)
보현사(普賢寺)
부강사(扶江寺)
부산사(浮山寺)
서부도암(西浮屠庵)
서운사(棲雲寺)
서자복사(西資福寺)
선정사(仙庭寺)
성림사(聖林寺)
숭각사(崇角寺)
신암(新庵)
오덕사(五德寺)
왕흥사(王興寺)
외산사(巍山寺)
용연사(龍淵寺)
인강사(印江寺)
임강사(臨江寺)
적선사(積善寺)
정각사(正覺寺)

정림사(定林寺)
주포사(周浦寺)
천보사(天寶寺)
향덕사(向[香]德寺)
향림사(香林寺)
호암사(虎岩寺)
환문암(換文庵)

서 산 군

개심사(開心寺)
경소암(警蘇庵)
경수암(慶壽庵)
금굴사(金崛寺)
도솔암(兜率庵)
동사(東寺)
문수사(文殊寺)
백련암(白蓮庵)
백암사(白庵寺)
백운암(白雲庵)
보원사(普願寺)
圓 講堂寺
보현사(普賢寺)
부석사(浮石寺)
사치사(蛇雉寺)
산길사(山吉寺)
삼선암(三仙庵)
송대사(松大寺)
수도사(修道寺)
안파사(案波寺)
운암사(雲岩寺)
일락사(日樂[落]寺)
일악사(日岳寺)
입석암(立石庵)
존현사(尊賢寺)
죽사(竹寺)
천장사(天藏寺)
태국사(泰國寺)
태봉사(胎峰寺)
태을암(太乙庵)
해남사(海南寺)

해월암(海月庵)
홍주사(興住寺)

서 천 군

고석사(孤石寺)
금수암(金水庵)
기원사(祇園寺)
대둔사(大屯寺)
만덕사(萬德寺)
망덕사(望德寺)
망일사(望日寺)
백운사(白雲寺)
보현사(普賢寺)
봉서사(鳳棲寺)
성불사(成佛寺)
숭정사(崇井寺)
영모암(永慕庵)
영수사(永守寺)
일광사(日光寺)
천방사(千方寺)
현풍사(玄風寺)
회사(回寺)
훈일사(訓逸寺)

아 산 시

간량사(間[澗]良寺)
감로사(甘露寺)
개현사(開峴[現]寺)
고정사(高井寺)
과안사(過鴈寺)
관서사(觀西寺)
관음사(觀音寺)
기린사(麒麟寺)
남산사(南山寺)
도명사(道明寺)
동림사(桐林寺)
동심사(桐深寺)
동심사(東深寺)
목사(木寺)
보림사(寶林寺)

봉곡사(鳳谷寺)
　圓 釋迦庵·石庵［岩］寺·
　鳳樓庵
불암(佛庵)
상암(上庵)
석천사(石泉寺)
세심사(洗心寺)
신심사(神心寺)
안심사(安心寺)
연암사(燕岩寺)
오봉암(五峰庵)
외암(隈庵)
　圓 巍岩寺
용화사(龍華寺)
운주암(雲住庵)
원암사(元庵寺)
인췌사(仁萃寺)
인화사(仁華寺)
천일암(千日庵)
축봉사(縮鳳寺)
한량사(閑良寺)
현암사(懸岩寺)
현우사(玄雨寺)

연 기 군

고정암(高正庵)
봉서암(鳳棲庵)
북혈사(北穴寺)
비암사(碑岩［庵］寺)
성당암(聖堂庵)
안선사(安禪寺)
연수암(延壽庵)
운점사(雲岾寺)
운주암(雲住［注］庵)
원적사(元寂寺)
홍천사(興天［泉］寺)

예 산 군

가야사(伽倻寺)
감탕사(甘湯寺)

고장사(高長寺)
관음전(觀音殿)
관정사(觀正寺)
구련사(九蓮寺)
능인암(能仁庵)
다라암(陀羅庵)
대련사(大蓮寺)
보덕사(報德寺)
봉수암(鳳首庵)
사자암(獅子庵)
서림사(西林寺)
송림사(松林寺)
수덕사(修德寺)
수암사(水庵寺)
안곡사(安谷寺)
안락산(安樂寺)
용암(龍庵)
용연사(龍淵寺)
용천사(龍泉寺)
용흥사(龍興寺)
운암사(雲庵寺)
웅곡사(熊谷寺)
은사(銀寺)
은적암(隱寂庵)
이원암(梨苑庵)
일조암(日照庵)
정수암(靜修庵)
정혜사(定慧寺)
천방암(千房庵)
향천사(香泉寺)
화엄사(華嚴寺)

천 안 시

개천사(開天寺)
관음사(觀音寺)
광덕사(廣德寺)
굴암사(窟岩寺)
귀암사(龜庵寺)
대학사(大鶴寺)
마점사(馬占寺)

만복사(萬福寺)
만시사(晩時寺)
만일사(萬［晩］日寺)
미라사(彌羅寺)
보문사(普門寺)
보문사(普門社)
서전(西殿)
성불사(成佛寺)
성월사(城月寺)
승천사(勝天寺)
신암사(新庵寺)
용화사(龍花寺)
유려왕사(留麗王寺)
은석사(銀［隱·恩］石寺)
자복사(資福寺)
전곡사(轉谷寺)
천흥사(天興寺)
태학사(泰鶴寺)
홍경사(弘慶寺)

청 양 군

계봉사(雞鳳寺)
남산사(南山寺)
남포사(藍浦寺)
도림사(道林寺)
묘봉사(妙峰寺)
백월암(白月庵)
서련사(瑞蓮寺［社］)
운곡사(雲谷寺)
운장암(雲藏庵)
월산사(月山寺)
장곡사(長谷寺)
정련사(淨蓮寺)
정혜사(定惠寺)
　圓 淨慧寺
칠악사(漆岳寺)
화정사(火［和］鼎寺)

홍 성 군

고산사(高山寺)

관음사(觀音寺)
광경사(廣景寺)
내원암(內院庵)
돈성암(頓惺庵)
법화사(法華寺)
사암(舍庵)
삼존사(三尊寺)
서방사(西方寺)
석련사(石蓮寺)
석령사(錫齡寺)
성기암(聖起庵)
약수사(藥水寺)
영대암(靈臺庵)
영봉사(靈鳳寺)
용봉사(龍鳳寺)
정암사(淨〔正〕庵寺)
청송사(靑松寺)
칠절암(七節庵)
청광사(靑光寺)

소 속 불 명

마명암(馬鳴庵)
법화사(法華寺)
불장암(佛藏庵)
상초암(上草庵)

충 청 북 도

괴 산 군

각연사(覺淵寺)
개심사(開心寺)
공림사(公〔空〕林寺)
광덕사(光德寺)
귀석사(龜石寺)
도덕암(道德庵)
미륵사(彌勒寺)
법천사(法川寺)
보광사(普光寺)
　圓 鳳鶴寺

보안사(寶安寺)
상암(上庵)
쌍계사(雙溪寺)
선정사(禪頂寺)
성불사(成佛寺)
소마사(小馬寺)
수암사(水庵寺)
심곡사(深谷寺)
연천사(連天寺)
원통사(元通寺)
의상암(義相〔湘〕庵)
입석암(立石庵)
장갑사(長岬寺)
채운암(彩雲庵)
환장사(煥章寺)

단 양 군

개원사(開原寺)
대저암사(大楮岩寺)
　圓 大楮庵
대흥사(大興寺)
덕천사(德泉寺)
묘적사(妙寂寺)
법호사(法護寺)
보곡사(保谷寺)
　圓 寶國寺
보리사(菩提寺)
　圓 一菩提寺
비조사(飛鳥寺)
수일암(守一庵)
왕길암(旺吉庵)
원당사(原堂寺)
원통암(圓通庵)
은선암(隱仙庵)
은적암(隱寂庵)
자복사(資福寺)
청련암(靑蓮庵)
향산사(香山寺)

보 은 군

관음사(觀音寺)
대장암(大藏庵)
마전사(麻田寺)
만수암(萬壽庵)
　圓 萬世庵
묘암사(妙岩寺)
법주사(法住寺)
　圓 吉祥寺 · 大法雲寺 ·
　俗離寺
사자암(獅子庵)
웅암사(熊岩寺)
은선암(隱仙庵)
정수암(晶水庵)

영 동 군

건천사(乾川寺)
마니사(摩尼寺)
박달라사(朴達羅寺)
반야사(般若寺)
쌍림사(雙林寺)
석은사(石恩寺)
선유암(仙遊庵)
심묘사(深妙寺)
영국사(寧國寺)
용화사(龍化寺)
우매사(友梅寺)
이리사(伊利寺)
적화사(赤化寺)
중화사(重華寺)
　圓 摩尼寺
태평사(太平寺)
환학암(喚鶴庵)

옥 천 군

가산사(佳山寺)
감로사(甘露寺)
건천사(乾川寺)
관사(關寺)

대성사(大聖寺)
망일암(忘日庵)
문수사(文殊寺)
수미사(須彌寺)
신암사(新庵[岩]寺)
안양사(安養寺)
영귀암(靈龜庵)
용암사(龍岩寺)
월암(月庵)
일출암(日出庵)
장일암(藏一庵)
청량사(淸凉寺)
한사(閑寺)
황정암(黃丁庵)

음 성 군

가섭사(迦葉寺)
백운사(白雲寺)
상봉악사(上鳳岳寺)
성주사(聖住寺)
청진암(淸眞庵)
圓 花寺

제 천 시

감암사(紺岩寺)
圓 白蓮寺
고산사(高山寺)
공전사(公田寺)
금봉암(金鳳庵)
남산사(南山寺)
덕주사(德周寺)
무암사(霧[務]岩寺)
문수암(文殊庵)
백련암(白蓮庵)
圓 紺岩寺
백운암(白雲庵)
벽귀암(碧龜庵)
보광암(普光庵)
복천사(福泉寺)
圓 福田庵

빈신사(頻迅寺)
산방사(山房寺)
쌍봉암(雙峰庵)
성조암(聖祖庵)
소악사(小岳寺)
수경암(水鏡庵)
수월암(水月庵)
승광암(僧光寺)
시랑사(侍郞寺)
신광사(神光寺)
신륵사(神勒寺)
신흥사(神興寺)
신흥사(新興寺)
영수암(永壽庵)
옥천암(玉泉庵)
월광사(月光寺)
월악사(月岳寺[社])
의암사(義岩寺)
자장암(慈藏庵)
장락사(長樂寺)
정금사(淨金寺)
정방사(淨方寺)
정방사(淨芳寺)
정암사(鼎岩寺)
진적사(眞績寺)
천수암(千手庵)

진 천 군

굴암사(崛庵寺)
길상사(吉祥寺)
보적사(寶寂寺)
선적사(先寂寺)
영수사(靈水寺)
용화사(龍華寺)
편각사(片角寺)

청 주 시

구룡사(九龍寺)
남악사(南岳寺)
도명사(道明寺)

동림사(桐林寺)
동화사(桐華寺)
동환희사(東歡喜寺)
목우암(牧牛庵)
묘고사(妙高寺)
백족사(白足寺)
圓 尋眞庵
보살사(菩薩寺)
복흥사(復興寺)
봉선암(奉先庵)
사뇌사(思惱寺)
서기암(瑞氣庵)
석암사(石岩寺)
성불사(成佛寺)
송천사(松泉寺)
수천암(水泉庵)
안심사(安心寺)
연화사(蓮華寺)
영천사(靈泉寺)
옥령사(玉龍寺)
옥암사(玉岩寺)
왕룡사(王龍寺)
왕암사(王庵寺)
용두사(龍頭寺)
용자사(龍子寺)
용화사(龍華寺)
운룡사(雲龍寺)
월리사(月裡寺)
유마사(維摩寺)
응천사(應天寺)
조왕사(造旺寺)
주림사(晝林寺)
진각사(眞覺寺)
청룡사(靑龍寺)
청심사(淸心寺)
현암사(懸岩寺)
圓 見佛寺
화림사(花林寺)
흥복사(興福寺)

충 주 시

가섭사(迦葉寺)
개천사(開天寺)
관집사(觀集寺)
광수원(廣修院)
　圓 彌勒院
난초사(蘭草寺)
단호사(丹湖寺)
대원사(大圓寺)
미륵사(彌勒寺)
백운사(白雲寺)
백운암(白雲庵)
보련사(寶蓮寺)
빈발사(賓鉢寺)
성전암(聖典庵)
억정사(億政寺)
영추사(靈鷲寺)
용두사(龍頭寺)
　圓 淨土寺
유학사(遊鶴寺)
죽장사(竹杖寺)
창룡사(蒼龍寺)
천림사(千林寺)
청룡사(靑龍寺)
향적사(香積寺)
화암사(禾岩寺)
화장사(華藏寺)

소 속 불 명

청계사(淸溪寺)

평 안 남 도

강 동 군

가산사(加山寺)
건달사(巾[建]達寺)
고산사(高山寺)
대산사(臺山寺)

동림사(東林寺)
벽운암(碧雲庵)
쌍봉사(雙鳳寺)
용복사(龍伏[福]寺)
제석사(帝釋寺)
청계사(淸溪寺)

강 서 군

관묘암(觀妙庵)
국안사(國安寺)
동림사(東林寺)
등고사(登高寺)
　圓 登龜寺
마전사(摩田寺)
백운암(白雲庵)
서림사(西林寺)
석수암(石水庵)
성주암(聖住庵)
심곡사(深谷寺)
영사사(靈槎寺)
용천사(龍泉寺)
원각암(圓覺庵)
은룡사(隱龍寺)
정암사(淨庵寺)
청량사(淸凉寺)
홍법사(弘法寺)
홍복사(洪福寺)

개 천 군

강련암(岡蓮庵)
관음사(觀音寺)
내원암(內院庵)
뇌사(磊寺)
대림사(大林寺)
마전사(磨磚寺)
　圓 磨磚寺
삼각사(三角寺)
석천사(石泉寺)
심정사(深淨寺)
영대사(靈臺寺)

영축암(靈竺庵)
횡계사(橫溪寺)

대 동 군

광법사(廣寺庵)
금강사(金剛寺)
남현사(南縣寺)
도등사(道登寺)
두타사(頭陀寺)
백운사(白雲寺)
봉국사(奉國寺)
삼일암(三日庵)
쌍계사(雙溪寺)
석선사(石仙寺)
송림사(松林寺)
송태사(松泰寺)
신사(新寺)
영천암(靈泉庵)
용천사(用泉寺)
운현사(雲懸寺)
월명사(月明寺)
융골사(隆骨寺)
은암(隱庵)
주암사(酒岩寺)
천림사(天林寺)
청룡사(靑龍寺)
초막사(草幕寺)
피안사(彼岸寺)
환희사(歡喜寺)
흥법사(興法寺)

덕 천 군

관음사(觀音寺)
금강암(金剛庵)
금성사(金城寺)
낙선암(落仙庵)
법련사(法蓮寺)
봉대암(鳳臺庵)
백운암(白雲庵)
월봉사(月峰寺)

장수암(長壽庵)
학소암(鶴巢庵)
학원암(鶴源庵)
흥덕사(興德寺)

맹 산 군

공암사(孔岩寺)
관음사(觀音寺)
두무사(頭[豆]無寺)
쌍계사(雙溪寺)
서림사(西林寺)
성혜암(聖惠庵)
소림사(少林寺)
우두암(牛頭庵)
원통암(圓通庵)
조월암(祖月庵)

성 천 군

대산사(垈[岱]山寺)
망일사(望日寺)
묘운사(妙雲寺)
보현사(普賢寺)
성묵사(星默寺)
성선사(醒仙寺)
안동사(安東寺)
용천사(龍泉寺)
월정사(月淨寺)
정진사(淨進寺)
청량사(清凉寺)
통선암(通仙庵)
향풍사(香楓寺)
향수암(香水庵)
회암사(檜庵寺)

숙 천 군

천불사(千佛寺)

순 천 군

관음사(觀音寺)
금강사(金剛寺)

남선사(南禪寺)
남암(南庵)
동림사(東林寺)
봉일사(奉日寺)
북천사(北泉寺)
상림사(上林寺)
서림사(西林寺)
석천사(石泉寺)
성천사(成川寺)
숙천사(肅川寺)
순안사(順安寺)
순천사(順川寺)
신흥사(新興寺)
아난굴(阿難[蘭]窟)
안국사(安國寺)
양수암(兩水庵)
연봉사(延峰寺)
영유사(永柔寺)
용흥사(龍興寺)
윤필암(潤筆庵)
은산사(殷山寺)
임제암(臨[林]濟庵)
자산사(慈山寺)
자은사(慈恩寺)
정수사(正水寺)
천성사(天聖寺)
청계사(清溪寺)
평양사(平壤寺)
학림사(鶴林寺)
황룡사(黃龍寺)
황학사(黃鶴寺)

안 주 군

개법사(開法寺)
경운사(慶雲寺)
광명사(光明寺)
금동사(金同寺)
금동사(金洞寺)
문수사(文殊寺)
미타사(彌陀寺)

백학사(白鶴寺)
보현사(普賢寺)
석천사(石泉寺)
승현사(僧賢寺)
영천사(永川寺)
오미사(五味寺)
용화사(龍華寺)
운주암(雲住庵)
원적사(圓寂寺)
원통사(圓通寺)
은적사(隱寂寺)
일출사(日出寺)
장락사(長樂寺)
천왕사(天王寺)
청룡사(青龍寺)
칠불사(七佛寺)
향래암(香來庵)
화암사(華岩寺)
휴암사(鵂岩寺)

양 덕 군

관음사(觀音寺)
두무사(豆無寺)
백운사(白雲寺)
쌍계암(雙溪庵)
쌍룡사(雙龍寺)
쌍룡암(雙龍庵)
종산암(鍾山庵)
圓 曉鍾寺

영 원 군

남산사(南山寺)
삼덕암(三德庵)
성룡사(成龍寺)
오운암(五雲庵)
운상암(雲祥庵)
운흥사(雲興寺)
월굴암(月窟庵)
은적암(隱寂庵)

용 강 군

고산사(高山寺)
내원암(內院庵)
반룡사(盤龍寺)
법천사(法泉寺)
보덕사(報德寺)
보림사(寶林寺)
보명사(普明寺)
보명사(寶明寺)
서정암(西淨庵)
석천사(石泉寺)
송림사(松林寺)
신덕사(神德寺)
안국사(安國寺)
아흥사(安興寺)
옥수암(玉水庵)
용천사(湧泉寺)
자복사(自福寺)
자정사(慈正寺)
차암암(遮岩庵)
화장사(華藏寺)
황룡사(黃龍寺)
회봉사(回鳳寺)

중 화 군

가수굴(佳殊窟)
개봉사(開峰寺)
개천사(開天寺)
개화사(開花寺)
고봉사(高峰寺)
길상사(吉祥寺)
동굴암(東窟庵)
동일사(東日寺)
망해사(望海寺)
묘명사(妙明寺)
문수암(文秀庵)
법화사(法華寺)
봉승사(峰昇寺)
수월사(岫月寺)

신수암(申秀庵)
심곡사(深谷寺)
안양사(安養寺)
옥천사(玉泉寺)
옥천암(玉川庵)
용흥사(龍興寺)
운제사(雲際寺)
은고사(銀古寺)
圓 銀口寺

평 양 시

낙안사(樂安寺)
남망일사(南望日寺)
담화사(曇和寺)
동망일사(東望日寺)
북망일사(北望日寺)
서망일사(西望日寺)
성망암(星望庵)
신호사(神護寺)
영명사(永明寺)
영탑사(靈塔寺)
원명사(元明寺)
인왕사(仁王寺)
장경사(長慶寺)
정수암(淨水庵)
중흥사(重興寺)
지은사(智恩寺)
지장사(紙場寺)
참화사(昆華寺)
홍복사(弘福寺)
홍복사(洪福寺)
화원사(花元寺)
회룡사(回龍寺)
흥국사(興國寺)
흥복사(興福寺)

평 원 군

관음사(觀音寺)
관해암(觀海庵)
금강암(金剛庵)

圓 東金剛庵
나한사(羅漢寺)
圓 羅安寺
남암사(南庵寺)
덕수암(德水庵)
동림사(東林寺)
동산사(東山寺)
두무사(杜舞寺)
망월사(望月寺)
망일사(望日寺)
圓 望月寺
망해사(望海寺)
방처사(方處寺)
백석사(白石寺)
백운사(白雲寺)
법흥사(法興寺)
보제사(普濟寺)
봉진사(鳳進寺)
북천왕사(北天王寺)
서금강사(西金剛寺)
서림사(西林寺)
석련사(石蓮寺)
수정사(水淨寺)
신적사(新寂寺)
심적사(深寂寺)
안탑사(安塔寺)
약사사(藥師寺)
영천사(靈泉寺)
圓 天王寺
영풍사(永豊寺)
오계사(五溪寺)
용참사(龍昆寺)
월은사(月隱寺)
자복사(慈福寺)
정산암(正山庵)
정수암(正水庵)
정양사(正陽寺)
천불암(千佛庵)
천일암(千日庵)
청룡사(靑龍寺)

추암사(湫[楸]岩寺)
토왕사(土王寺)
황갑사(黃甲寺)
연복사(延福寺)
　圓 飛來方丈

평 안 북 도

강 계 군

고중암(高中庵)
곤사암(昆沙庵)
관음사(觀音寺)
만경암(萬慶庵)
명월사(明月寺)
법장사(法藏寺)
보운암(普雲庵)
봉천사(奉天寺)
사자암(獅子庵)
쌍계암(雙溪庵)
서운사(棲雲寺)
심원사(深原寺)
암표암(岩表庵)
양수암(兩水庵)
염불암(念佛庵)
영각사(英覺寺)
영대암(靈臺庵)
오남사(午南寺)
옥천암(玉泉庵)
용흥사(龍興寺)
은선암(隱仙庵)
자북사(子北寺)
천왕사(天王寺)

귀 성 군

광법사(廣法寺)
굴암사(窟岩寺)
길상사(吉祥寺)
남두사(南頭寺)
동암사(東庵寺)

만능사(萬能寺)
문수사(文殊寺)
불당사(佛堂寺)
신계사(新溪寺)
안심사(安心寺)
용장사(龍藏寺)
원통사(圓通寺)
장암사(長庵寺)

박 천 군

관음사(觀音寺)
극락사(極樂寺)
금계사(金雞寺)
남산사(南山寺)
대장사(大藏寺)
동문암(東文庵)
마본암(馬本庵)
백운암(白雲庵)
보혈사(普[寶]穴寺)
서공사(西孔寺)
성전암(聖殿庵)
송림사(松林寺)
심원사(深源寺)
영천사(靈泉寺)
은선암(隱仙庵)
천황사(天皇寺)
청룡사(靑龍寺)

벽 동 군

개산사(介山寺)
묘향사(妙香寺)
삼일암(三日庵)
상암(上庵)
심원사(尋源寺)

삭 주 군

관음사(觀音寺)
동불사(東佛寺)
보현사(普賢寺)
북종사(北鍾寺)

심원사(深源寺)
약사암(藥師庵)

선 천 군

만경암(萬景庵)
묘혜사(妙惠寺)
무골사(無骨寺)
보광사(普光寺)
보덕사(寶德寺)
보록사(寶錄寺)
봉암사(鳳岩寺)
서운사(棲雲寺)
실제암(實際庵)
영안사(永安寺)
은봉암(隱峰庵)
은적암(隱寂庵)
진여원(眞如院)

영 변 군

견불암(見佛庵)
관음사(觀音寺)
금선대(金仙臺)
내빈발암(內賓鉢庵)
내원사(內院寺)
단군굴(檀君窟)
동관음사(東觀音寺)
동관음암(東觀音庵)
두타암(頭陀庵)
만합사(滿合寺)
매굴(梅窟)
백운암(白雲庵)
보월사(寶月寺)
보월사(普月寺)
보현사(普賢寺)
빈발암(賓鉢庵)
상운암(上雲庵)
서운사(棲雲寺)
선정암(禪定庵)
수국사(守國寺)
수운사(水雲寺)

심적사(深寂寺)
안심사(安心寺)
영신암(靈神庵)
오봉사(五峰寺)
용문사(龍門寺)
운계암(雲溪庵)
원적암(圓寂庵)
원효암(元曉庵)
은봉암(隱峰庵)
의상사(義相[湘]寺)
임정사(林井寺)
조계암(曹溪庵)
천등사(天登寺)
천주사(天柱寺)
학귀암(鶴歸庵)
흥성암(興成庵)

용 천 군

대흥사(大興寺)
불정사(佛頂寺)
소위포사(少爲浦寺)
신흥사(新興寺)
왕진사(王瑱寺)
용호사(龍虎寺)
용흥사(龍興寺)
운수사(雲水寺)
원적사(元寂寺)
원통사(圓通寺)
원통사(圓[元]通寺)
은봉사(隱峰寺)
진강사(鎭江寺)

운 산 군

가섭암(迦葉庵)
견성암(見聖[性]庵)
동동암(東洞庵)
동림사(東林寺)
반야사(般若寺)
벽운사(碧雲寺)
서림사(西臨[林]寺)

원적사(圓寂寺)

위 원 군

용복사(龍福寺)

의 주 군

갈산사(葛山寺)
관음굴(觀音窟)
금강사(金剛寺)
금련암(金蓮庵)
금린사(金麟寺)
나한사(羅漢寺)
남산사(南山寺)
만경암(萬景庵)
망일암(望日庵)
묘적사(妙寂寺)
미륵사(彌勒寺)
반야사(般若寺)
보라사(寶羅寺)
불장사(佛藏寺)
불정사(佛井寺)
삼성암(三聖庵)
약사암(藥師庵)
영장사(靈藏寺)
옥천사(玉泉寺)
운봉암(雲峰庵)
원통사(圓通寺)
율곡암(栗谷庵)
중암사(重岩寺)
천왕사(天王寺)
추월암(秋月庵)
한산사(寒山寺)
해장암(海藏庵)

자 성 군

담담사(澹澹寺)
만전사(萬全寺)
망월사(望月寺)
보국사(保國寺)
보민사(保民寺)

송양사(松讓寺)
진국사(鎭國寺)

정 주 군

개원사(開元[院]寺)
극락사(極樂寺)
만경암(萬景庵)
묘통암(妙通庵)
무학사(舞鶴寺)
백운암(白雲庵)
보현암(普賢庵)
봉명암(鳳鳴庵)
석련사(石蓮寺)
송흥사(松興寺)
심원사(深源寺)
인양사(安養寺)
영은사(靈隱寺)
옥계사(玉雞寺)
원통사(元通寺)
월출사(月出寺)
자성사(慈聖寺)
자운사(紫雲寺)
장경사(長頸[境]寺)
제석사(帝釋寺)
지장사(地藏寺)
진강사(鎭江寺)
탑사(塔寺)

창 성 군

복숭사(福崇寺)
상암사(上庵寺)
완항사(綏項寺)
용문사(龍門寺)
정혜사(淨惠寺)

철 산 군

국청사(國淸寺)
망일사(望日寺)
명적사(明寂寺)
백운사(白雲寺)

보광사(普光寺)
서청암(西淸庵)
석봉사(石峰寺)
석수암(石水庵)
옥동사(玉洞寺)
운암사(雲岩寺)

초 산 군

강장사(江壯寺)
나아동사(羅阿洞寺)
명조암(明照庵)
백련암(白蓮庵)
사동암(寺洞庵)
삼각암(三角庵)
쌍계암(雙溪庵)
쌍봉암(雙峰庵)
쌍수암(雙水庵)
서운암(瑞雲庵)
오화암(五花庵)
용연사(龍淵寺)
태허암(駄虛庵)

태 천 군

내원암(內院庵)
상암(上庵)
상운암(上雲庵)
송림사(松林寺)[11]
수종암(水鍾庵)
양화사(陽和寺)
원각암(圓覺庵)
원적암(圓寂庵)
원통암(圓通庵)
화장사(華藏寺)

후 창 군

관음사(觀音寺)
대승암(大乘庵)

희 천 군

고적대(高寂臺)

굴암(窟庵)
금선대(金仙臺)
낙풍암(樂豊庵)
두첩암(頭疊庵)
두타암(頭陀庵)
만년사(萬年寺)
만수암(萬壽庵)
명패암(明沛庵)
백련암(白蓮庵)
보현사(普賢寺)
삼성암(三聖庵)
서상암(西上庵)
성불암(成佛庵)
신흥암(神興庵)
영대암(靈臺庵)
영운암(靈雲庵)
원명사(圓明寺)
원흥암(元興庵)
은굴암(隱窟庵)
은선암(隱仙庵)
은적사(隱跡寺)
척반대(擲盤臺)
청학대(靑鶴臺)
풍덕암(豊德庵)
풍락암(豊樂庵)
학성암(鶴聖庵)
현성암(現聖庵)
흥복암(興福庵)

함 경 남 도

갑 산 군

봉서사(鳳棲寺)
자복사(資福寺)

고 원 군

각원암(覺圓庵)
대승암(大乘庵)
덕사(德寺)

백련암(白蓮庵)
서운사(棲雲庵)
성불암(成佛庵)
양천사(梁泉寺)
영대암(靈臺庵)
원각사(圓覺寺)
학산사(鶴山寺)

서 천 군

가퇴사(迦頹寺)
개화사(開花寺)
길상암(吉祥庵)
노동사(蘆洞寺)
대흥사(大興寺)
도덕사(道德寺)
동덕사(東德寺)
만복사(萬福寺)
보현사(普賢寺)
연화사(蓮花寺)
옥룡사(玉龍寺)
용흥사(龍興寺)
은선암(隱禪庵)
은적사(隱寂寺)
추파사(楸坡寺)
화장사(花藏寺)

덕 원 군

만경암(萬景庵)
명적사(明寂寺)
몽월암(夢月庵)
무달사(武達寺)
송림사(松林寺)
안양사(安養寺)
우달사(亏達寺)
운석사(雲石寺)
원적암(圓寂庵)
은적사(隱寂寺)
재성암(再醒庵)
적조암(寂照庵)
조계사(曹〔漕〕溪寺)

천주암(天柱庵)

문 천 군

견성암(見聖庵)
도창사(道昌寺)
쌍계암(雙溪庵)
신흥암(新興庵)
심곡사(深谷寺)
영덕사(靈德寺)
운흥사(雲興寺)
천불사(天佛寺)
청련사(靑蓮寺)

북 청 군

감로암(甘露庵)
관음사(觀音寺)
관음암(觀音庵)
광제사(廣濟寺)
노덕암(老德庵)
대인사(大仁寺)
만경암(萬景庵)
만복사(萬福寺)
圓 普德庵
만행사(萬行寺)
묘봉암(妙峰庵)
백운암(白雲庵)
벽해암(碧海庵)
보덕암(普德庵)
圓 興福寺
보성암(寶聖庵)
보현암(普賢庵)
삼성암(三聖庵)
쌍계암(雙溪庵)
수암사(水岩寺)
안정사(安靜寺)
연화암(蓮花庵)
원적사(圓寂寺)
유선암(留仙庵)
圓 觀禪庵
일요사(日曜寺)

중건암(中建庵)
진정사(鎭靜寺)
청련암(靑蓮庵)
학린암(鶴隣庵)

삼 수 군

중흥사(重興寺)
청룡사(靑龍寺)

신 흥 군

개심사(開心寺)
관음암(觀音庵)
내원암(內院庵)
돈수사(頓水寺)
방화사(訪花寺)
백악암(白岳庵)
벽송암(碧松庵)
은적암(隱寂庵)
중천사(中天寺)

안 변 군

가지사(迦智寺)
광덕사(廣德寺)
광석암(廣石庵)
백운사(白雲寺)
백운암(白雲庵)
백화암(白華庵)
보현사(普賢寺)
석보사(石寶寺)
석왕사(釋王寺)
석천암(石泉庵)
성도암(成道庵)
심적암(深寂庵)
안심암(安心庵)
양로사(養老寺)
영추암(靈鷲庵)
원통암(圓通庵)
은선암(隱仙庵)
중봉암(中峰庵)
흥국암(興國庵)

영 흥 군

견성암(見性庵)
국창사(國昌寺)
남산사(南山寺)
문수사(文殊寺)
병풍사(屛風寺)
보현사(普賢寺)
삼도관사(三都關寺)
수락사(水落寺)
안불사(安佛寺)
용연사(龍淵寺)
운수사(雲水寺)
운주사(雲住寺)
운주암(雲住庵)
원명사(圓明寺)
은적암(隱寂庵)
지흥사(地興寺)
진정사(鎭靜寺)

이 원 군

관해암(觀海庵)
난암사(卵岩寺)
다보암(多寶庵)
미타암(彌陀庵)
반룡사(盤龍寺)
보성암(寶城庵)
복흥사(福興寺)
산계암(山溪庵)
성도암(成道庵)
송림사(松林寺)
옥수암(玉水庵)
정광사(定光寺)
圓 雲興庵
정토암(淨土庵)
칠성암(七星庵)
한당사(閑堂寺)
회산사(檜山寺)

장 진 군

서흥사(西興寺)

정 평 군

관음사(觀音寺)
대흥사(大興寺)
도안사(道安寺)
동안사(東安寺)
비사문사(毘沙門寺)
쌍계사(雙溪寺)
성불사(成佛寺)
조계사(曹[漕]溪寺)
친견대(親見臺)
신흥사(新興寺)
장정사(長汀寺)
정림사(正林寺)
환희사(歡喜寺)
효순사(孝順寺)

함흥시 · 함주군

고산암(高山庵)
관음암(觀音庵)
광흥사(廣興寺)
귀주사(歸州寺)
금수암(金水庵)
난흥사(蘭興寺)
망해사(望海寺)
묘각암(妙覺庵)
범수암(泛水庵)
보문암(普門庵)
쌍계암(雙溪庵)
설봉사(雪峰寺)
수암사(水庵寺)
신흥사(新興寺)
안심사(安心寺)
용흥사(龍興寺)
운봉사(雲奉寺)
은적사(隱跡寺)
정암사(正庵寺)

태백암(太白庵)
향적암(香積庵)
흥복암(興腹庵)
흥성암(興成庵)

홍 원 군

광흥사(廣興寺)
도솔암(兜率庵)
보문암(普門[聞]庵)
불당암(佛堂庵)
영덕사(靈德寺)
영천암(靈泉庵)
은선암(隱仙庵)
은적사(隱寂寺)
은적암(隱寂庵)
중대사(中岱寺)
중암사(重庵寺)
향파암(香坡庵)
화장암(華藏庵)
흥덕암(興德庵)
흥복암(興福庵)

함 경 북 도

경 성 군

관해사(觀海寺)
대동사(大同寺)
대흥사(大興寺)
만경암(萬景庵)
방패사(防牌寺)
복흥사(福興寺)
쌍계사(雙溪寺)
신적사(新寂寺)
신흥사(新興寺)
심적사(深跡寺)
용범사(龍梵寺)
용암사(龍庵寺)
용은사(龍隱寺)
용장사(龍藏寺)

중산사(中山寺)
진림사(榛林寺)

경 원 군

만월사(滿月寺)
문수사(文殊寺)
봉무동사(鳳舞洞寺)
와룡사(臥龍寺)
운주사(雲住寺)
월명사(月明寺)
죽기사(竹基寺)
증암사(甑岩寺)
청운사(靑雲寺)
함향동사(含香洞寺)

경 흥 군

보현사(普賢寺)
월조암(月照庵)

길 주 군

광적사(廣積寺)
덕수암(德水庵)
보현사(普賢寺)
복흥사(復興寺)
용현사(龍見寺)
운흥사(雲興寺)
월정사(月淨[精]寺)
장수사(長壽寺)
진남사(鎭南寺)

명 천 군

개심사(開心寺)
금장사(金藏寺)
대동사(大同寺)
대사(大寺)
도솔암(兜率庵)
쌍계사(雙溪寺)
圓 霜桂寺
석림사(石林寺)
석문암(石門庵)

송덕사(松德寺)
신흥사(新興寺)
오봉암(五峰庵)
운주사(雲住寺)
은봉사(隱峰寺)
장동사(長同寺)
중암사(重庵寺)

무 산 군

백운사(白雲寺)
성주암(聖住庵)
수월암(水月庵)
청계사(淸溪寺)
학서사(鶴棲寺)

당 영 군

귀석사(龜石寺)
남석사(南碩寺)
보은사(報恩寺)
양수암(兩水庵)
영수암(靈水庵)
용연사(龍淵寺)
유계사(幽溪寺)
은적사(隱寂寺)
청계사(淸溪寺)

성 진 시

운흥사(雲興寺)

온 성 군

개원사(開院寺)
영월사(映月寺)
청계사(淸溪寺)

종 성 군

곡천사(谷泉寺)
관음사(觀音寺)
대성사(大聖寺)
독덕사(獨德寺)
백련사(白蓮寺)

성조암사(成造岩寺)
영봉사(靈峰[鳳]寺)
영암사(靈巖寺)
오봉사(五鳳寺)
오억동사(吳億同寺)
용운사(龍雲寺)
운주사(雲住寺)

학 성 군

광적사(廣積寺)
오봉암(五峰庵)
은선암(隱仙庵)

회 령 군

극락암(極樂庵)
대흥사(大興寺)
덕흥사(德興寺)
만경사(萬景寺)
백천사(白泉寺)
오대암사(五臺岩寺)
원각사(圓覺寺)
청룡사(靑龍寺)

소 속 불 명

정심암(淨深庵)

황 해 도

곡 산 군

고달사(高達寺)
관적사(觀寂寺)
문수굴(文殊窟)
불봉사(佛峰寺)
사효사(思孝寺)
양수사(兩水寺)
운흥사(雲興寺)
은신암(隱神[新]庵)
입암사(立岩寺)
정림사(淨林寺)

김 천 군

금강사(金剛寺)
금계사(金雞寺)
대사(大寺)
도솔암(兜率庵)
문수사(文殊寺)
문수암(文殊庵)
백련암(白蓮庵)
보월암(寶月庵)
보현사(普賢寺)
복흥사(復興寺)
쌍봉사(雙鳳寺)
석두사(石頭寺)
석양사(石陽寺)
수징사(水精寺)
승왕궁(僧王宮)
안적사(安寂寺)
영감사(靈鑑寺)
용두사(龍頭寺)
운거사(雲居寺)
운암사(雲庵寺)
원달사(元達寺)
원명사(圓[元]明寺)
원통사(元通寺)
윤필사(潤筆寺)
의상암(義相[湘]庵)
인달사(因達寺)
장춘암(長春庵)
천신사(天神寺)
현화사(玄化寺)

벽 성 군

광조사(廣照寺)
굴사(窟寺)
동고사(東皐寺)
동고산사(東高山寺)
명석사(命石寺)
묘자사(妙慈寺)
묵방사(墨房寺)

미륵굴(彌勒窟)
백련암(白蓮庵)
보현사(普賢寺)
빈발사(賓髮寺)
수다사(水多寺)
수발사(鬚髮寺)
신광사(神光寺)
신암(新庵)
우명사(牛鳴寺)
운수암(雲水庵)
원통사(圓通寺)
은동사(恩洞寺)
은적사(隱寂寺)
은적사(隱跡[寂]寺)
자비사(慈悲寺)
작작사(汋汋寺)
정각사(淨覺寺)
중대사(中臺寺)

봉 산 군

거사암(居士庵)
견성암(見性[聖]庵)
고산사(高山寺)
관불사(觀佛寺)
관성암(寬性庵)
관음전(觀音殿)
달마사(達磨寺)
덕구사(德仇寺)
도증암(道證庵)
독정사(獨亭寺)
圓 普門寺
동림사(東林寺)
망일암(望日庵)
미륵원(彌勒院)
백운사(白雲寺)
보리암(菩提庵)
봉황사(鳳凰寺)
상원사(上院寺)
성불사(成佛寺)
심적암(深積庵)

여현사(餘玄寺)
오심사(悟心寺)
우지사(亏只寺)
의수암(義守庵)
일출사(日出寺)
정림사(淨林寺)
천덕사(天德寺)
회산사(檜山寺)

서 흥 군

귀진사(歸眞寺)
圓 星宿寺
석련사(石蓮寺)
석문사(石門寺)
안국사(安國寺)
월량사(月凉寺)
자비사(慈悲寺)
자연사(紫烟寺)
황룡사(黃龍寺)

송 화 군

만월사(滿月寺)
보림사(寶林寺)
삼성암(三聖庵)
석대암(石臺庵)
수증사(壽增寺)
圓 修證寺
신흥사(新興寺)
약산사(藥山寺)
운수암(雲樹庵)
운암사(雲庵寺)
운흥사(雲興寺)
임한사(林汗寺)
청량사(淸凉寺)
화장사(華藏寺)

수 안 군

가토사(駕土寺)
반야암(般若庵)
불각사(佛覺[角]寺)

상암(上庵)
세동사(細洞寺)
세진암(洗塵庵)
송림사(松林寺)
수정사(水淨寺)
신라암(新羅庵)
양수암(兩水庵)
영대사(靈臺寺)
영천사(靈泉寺)
월명사(月明寺)
유덕사(有德寺)
은적사(隱積寺)
청암사(靑庵寺)
함굴사(函窟寺)
회선암(會仙庵)

신 계 군

밀월사(密月寺)
봉지사(鳳池寺)
상운사(上雲寺)
쌍계사(雙溪寺)
쌍계암(雙溪庵)
송천사(松泉寺)
양수사(兩水寺)
오도암(悟道庵)
월은사(月隱寺)
천개사(天蓋寺)

신 천 군

각명사(覺明寺)
견고사(堅固寺)
경월암(擎月庵)
계조암(繼祖庵)[6]
고령암(古靈庵)
광복사(廣福寺)
금강사(金剛寺)
낙달사(樂達寺)
낙산사(洛山寺)
남명암(南明庵)
망일사(望日寺)

묘각사(妙覺寺)
묘선굴(妙仙窟)
미타사(彌陀寺)
밀향사(密香寺)
반야암(般若庵)
보정사(普正寺)
사왕사(四王寺)
쌍계사(雙溪寺)
선봉사(仙鳳寺)
석천사(石泉寺)
선암사(仙庵寺)
성주사(聖住寺)
수월사(水月寺)
승암(勝庵)
안선암(安禪庵)
아양사(安養寺)
연대사(蓮臺寺)
운계사(雲溪寺)
월정사(月精寺)
은적암(隱寂庵)
인우암(印又庵)
자혜사(慈慧寺)
청석사(靑石寺)
패엽사(貝[唄]葉寺)
　圓 寒山寺・區業寺
화장사(華藏寺)
활복사(活福寺)
흥률사(興律[栗]寺)

안 악 군

고정사(高井寺)
남산사(南山寺)
두라사(豆羅寺)
보광암(普光庵)
상운암(上雲庵)
수도암(修道庵)
연등사(燃燈寺)
은적암(隱寂庵)
일출암(日出庵)
자광사(慈光寺)

정토암(淨土庵)

연 백 군

강서사(江西寺)
관음사(觀音寺)
늑암사(勒岩寺)
등암사(燈[藤]岩寺)
반야사(般若寺)
배암사(背岩寺)
범흥암(梵興庵)
벽해사(碧海寺)
봉록암(鳳簏庵)
석봉사(石峰寺)
선정사(禪定寺)
설암사(雪庵寺)
성암사(聖岩寺)
성일사(聖日寺)
수월사(水月寺)
여흥사(麗興寺)
연안사(延安寺)
용봉사(龍鳳寺)
운령사(雲嶺寺)
장수사(長壽寺)
정명사(正明寺)
정산사(定山寺)
청송사(靑松寺)
해월암(海月庵)
호국사(護[扈]國寺)
홍복사(弘福寺)

은 율 군

거선사(居仙寺)
건지사(乾止寺)
고정사(高井寺)
묘적암(妙寂庵)
봉황사(鳳凰寺)
성도암(成道庵)
신암사(神岩寺)
용천사(龍泉寺)
원정사(圓正寺)

장불사(長佛寺)
정곡사(停穀[穀]寺)
제중암(濟衆庵)
진봉암(鎭鳳庵)
학거사(鶴居寺)

장 연 군

견불사(見佛寺)
곡서사(鵠棲寺)
금사사(金沙寺)
내원암(內院庵)
망해사(望海寺)
　圓 臨江寺
명경암(明鏡庵)
쌍계암(雙溪庵)
석봉사(石峰寺)
안심사(安心寺)
영남사(永南寺)
자비사(慈悲寺)
중암사(重岩寺)
천불사(千佛寺)
천일사(千日寺)
칠봉사(七峰寺)
학림사(鶴林寺)
학서사(鶴棲寺)
해림사(海林寺)

재 령 군

묘음사(妙音[陰]寺)
백운사(白雲寺)
불지사(佛知寺)
쌍계사(雙溪寺)
쌍문사(雙門寺)
석천사(石泉寺)
선적암(禪寂庵)
신흥암(新興庵)
영월암(映月庵)
운점사(雲岾寺)
월영암(月映庵)
일출암(日出庵)

자복사(資福寺)
채진암(採眞庵)
초암(草庵)
현암(懸〔縣〕庵)

평 산 군

건동사(乾洞寺)
관남사(觀南寺)
관북사(館北寺)
남방사(南方寺)
등귀암(登龜庵)
묵방사(墨房寺)
북수사(北峀寺)
상암사(上庵寺)
산암사(山庵寺)
쌍암사(雙庵寺)
서림사(西林寺)
성불사(成佛寺)
소성불사(小成佛寺)
연봉사(烟峰寺)
영통사(靈通寺)
용정사(龍井寺)
월봉사(月峰寺)
은적사(隱寂寺)
음을사(陰乙寺)
태백사(太白寺)
　園 望月寺
해운사(海雲寺)

해 주 시

계조암(繼祖庵)
고산사(高山寺)
극락사(極樂寺)
금강사(金剛寺)
도성암(道成〔星〕庵)
백련암(白蓮庵)
보리암(菩提庵)
보제암(普提庵)
보현암(普賢庵)
쌍계암(雙溪庵)

서고산사(西高山寺)
서진사(棲眞寺)
선정사(禪定寺)
숭산사(崇山寺)
정각사(正覺寺)

황 주 군

경천사(敬天寺)
고정사(高井寺)
관음사(觀音寺)
관정사(觀淨〔井〕寺)
대흥사(大興寺)
도솔사(兜率寺)
망일사(望日寺)
서사암(西舍庵)
서원암(書院庵)
성불사(成佛寺)
성전암(聖殿庵)
송림사(松林寺)
송방사(松房寺)
신득사(新得寺)
심원사(心源寺)
심원사(深源寺)
안국사(安國寺)
원통사(圓通寺)
지장암(地藏庵)
흥복사(興福寺)

소 속 불 명

봉림암(鳳林庵)
삼성암(三聖庵)
서산암(西山庵)

저자와의
협약에 의해
인지 생략함

韓國寺刹寶鑑

初版印刷 1997年 10月 29日
初版發行 1997年 10月 31日

編　者·李東述
發行人·金東今
發行處·우리출판사
　　　　서울 西大門區 忠正路3街 1-38
登　錄　9-139號
電　話　313-5047, 313-5056
FAX　393-9696

ISBN 89-7561-089-6　91220

정가 35,000원